LANGENSCHEIDT'S
POCKET
DICTIONARIES

LANGENSCHEIDT'S POCKET POLISH DICTIONARY

ENGLISH-POLISH
POLISH-ENGLISH

BY
TADEUSZ GRZEBIENIOWSKI

LANGENSCHEIDT

CONTENTS

PREFACE

This "Pocket Polish Dictionary" is a revised and enlarged version of the "Concise English-Polish and Polish-English Dictionary", first published 1958.

The dictionary is meant to be used in all walks of life and at school. In its two parts it contains more than 50,000 vocabulary entries and phrases.

In addition to the vocabulary this dictionary contains a list of irregular English verbs and lists of geographical names, proper names, famous names and well-known characters in literature, abbreviations, weights and measures (American and British).

In order to help the learner to use a word in a sentence particular attention has been drawn to syntactic information within the entry in the dictionary.

ADVICE TO THE USER

1. Headwords

The headwords are printed in bold faced type in strictly alphabetical order. They are labelled by pertinent abbreviations indicating their grammatical categories to which they belong. Some other symbols denote the respective branches of learning or the special walks of life.

In case an English word is invariable in form irrespective of its grammatical category e.g. love (as a noun) = m i ł o ś ć and love (as a verb) = k o c h a ć its Polish equivalents are arranged, within the same entry, according to the grammatical order, e.g.:

hand [hænd] s r ę k a, d ł o ń...;
vt (także ~ in) w r ę c z y ć...

If the English headword is followed by several Polish equivalents it is the basic meaning or etymologically the earliest one that comes first. E.g.:

gath·er [ˈgæðə(r)] *vt vi* z b i e r a ć (s i ę); w n i o s k o w a ć; (*o rzece*) w z b i e r a ć; (*o wrzodzie*) n a b i e r a ć; n a r a s t a ć

If the basic meaning of an English headword has become obsolete, its Polish equivalent comes last. E.g.:

dis·com·fit [dɪˈskʌmfɪt] *vt* z m i e - s z a ć; u d a r e m n i ć; † p o - b i ć

WSKAZÓWKI DLA KORZYSTAJĄCYCH ZE SŁOWNIKA

1. Hasła

Wyrazy hasłowe podano pismem półgrubym w ścisłym porządku alfabetycznym. Opatrzono je odpowiednimi skrótami sygnalizującymi ich przynależność do poszczególnych części mowy lub do specjalnych dziedzin życia.

Jeżeli wyraz hasłowy występuje w charakterze różnych części mowy identycznych pod względem formy (jak np. the love i to love), podano go w jednym artykule hasłowym z polskimi odpowiednikami uszeregowanymi według ustalonej w gramatyce kolejności, np.:

Jeżeli wyraz hasłowy ma kilka odpowiedników polskich, na pierwszym miejscu podano znaczenie bliższe lub pierwotne, a potem, kolejno, znaczenie dalsze lub pochodne, np.:

Gdy wyraz hasłowy jest rzadko używany w swym pierwotnym znaczeniu podstawowym, pierwszeństwo w kolejności polskich odpowiedników przyznano znaczeniom późniejszym, pochodnym, nowożytnym, np.:

Homonyms are grouped under separate entries and marked with successive Arabic ciphers, e.g.:

Homonimy podano w osobnych hasłach oznaczonych kolejnymi cyframi arabskimi, np.:

grave 1. [greɪv] s g r ó b
grave 2. [greɪv] adj p o w a ż n y,
w a ż n y

Since the present dictionary is concise considerable amount of words has been left out. Many English derivatives and compounds which follow a clear pattern of derivation and combination have not been included. For this reason e.g. the noun disappointment has been left out as it is derived from the verb to disappoint; owing to the information about the grammatical function of the suffix -m e n t (see p. 9) the reader will not fail to make out the meaning of the substantival derivative if he knows the meaning of the basic form. Another example: two words moon k s i ę ż y c and light ś w i a t ł o make up a uniform compound moonlight ś w i a t ł o k s i ę ż y c a. Still some compounds had to be included because of difference in meaning or pronunciation, e.g.:

Ze względu na zwięzłość słownika pominięto poważną ilość wyrazów złożonych i pochodnych, łatwych do zrozumienia na podstawie pewnego ustalonego schematu. Poznawszy typ wyrazu i jego części składowe można łatwo odgadnąć znaczenie formy złożonej, np. wyraz moonlight składa się z części moon = k s i ę ż y c i light = ś w i a t ł o. Znalazłszy znaczenie tych oddzielnych wyrazów tworzymy całość znaczeniową „ś w i a t ł o k s i ę ż y c a". Podobnie jak rzeczownik disappointment r o z c z a r o w a n i e jest wynikiem połączenia czasownika to disappoint r o z c z a r o w a ć z przyrostkiem -ment.

W słowniku zamieszczono jednak wyrazy złożone, odrębne pod względem wymowy albo znaczenia, np.:

half·pen·ny [ˈheɪpnɪ] s (pl half-pence [ˈheɪpəns]) p ó ł p e n s a

while the two separate components of the above word are pronounced half [haf] and penny [ˈpenɪ], pence [pens].

If the headword within the same entry belongs to diverse grammatical categories, they are marked off by means of a semicolon, and labelled by a pertinent grammatical abbreviation, e.g.:

które wymawia się inaczej niż oddzielne części składowe half [haf] i penny [ˈpenɪ], pence [pens]

Jeżeli wyraz hasłowy pełni różne funkcje gramatyczne, oddzielono je średnikiem oraz oznaczono odpowiednim kwalifikatorem gramatycznym, np.:

af·ter·noon [ˈaftəˈnun] s p o p o-
ł u d n i e; adj attr p o p o ł u d-
n i o w y...

stand [stænd] ... *vi* s t a ć ; s t a ·
w i a ć s i ę ; ... *vt* s t a w i a ć ;
w y t r z y m y w a ć...; s m i e j ·
s c e , s t a n o w i s k o ...

With reference to prefixes and suffixes as elements of the English vocabulary and word-formation, they ought to be given in a very rough outline:

in- un- are prefixed to some words, especially to adjectives to express negation. E.g.:

W odniesieniu do przedrostków i przyrostków należy ogólnikowo zwrócić uwagę na ich rolę w zakresie słownictwa i słowotwórstwa angielskiego:

in- i **un-** zmieniają wyraz, nadając mu charakter przeczący, np.:

com·pre·hen·si·ble ... z r o z u m i a ·
ł y ...
in·com·pre·hen·si·ble ... n i e z r o ·
z u m i a ł y ...
be·com·ing ... s t o s o w n y ...
un·be·com·ing ... n i e s t o s o w ·
n y ...

The prefix **un-** precede some words to express reversal or deprivation. E.g.:

Przedrostek **un-** oznacza również odwrócenie lub pozbawienie, np.:

bind ... w i ą z a ć ...
unbind ... r o z w i ą z a ć ...
mask ... m a s k o w a ć ...
unmask ... d e m a s k o w a ć

re- is employed in the sense of "again" or "back". E.g.:

re- nadaje wyrazowi sens, jaki można wyrazić słowami „znowu", „z powrotem", np.:

re·pay ... s p ł a c i ć ⟨z w r ó c i ć⟩
p i e n i ą d z e ...
re·ar·range ... n a n o w o u p o ·
r z ą d k o w a ć , p r z e g r u p o ·
w a ć ...

post- is prefixed to some words to express time or order of succession in the sense of "after", "afterwards", "subsequently". E.g.:

post- nadaje wyrazowi sens następstwa w czasie lub kolejności, np.:

post-grad·u·ate ... s s t u d e n t
k o n t y n u u j ą c y n a u k ę
p o u z y s k a n i u s t o p n i a
u n i w e r s y t e c k i e g o . ...
post-war ... p o w o j e n n y

pre- relates to time or order of succession in the sense of "before", "previous to", "earlier than". The

pre- nadaje wyrazowi sens, jaki można wyrazić słowami: „uprzednio", „wcześniej". Wyrazy z przed-

prefix **pre-**, and **post-** are usually hyphened. E.g.:

rostkiem **pre-** i **post-** pisze się zwykle z łącznikiem, np.:

pre-war ... p r z e d w o j e n n y
prefabricate ... p r e f a b r y k o -
w a ć

Some adverbs or prepositions, like **under** and **over**, are sometimes used as quasiprefixes. E.g.

Role przedrostków mogą pełnić przyimki lub przysłówki, np. **over-**, **under-**:

o·ver·eat ... **oneself** p r z e j e ś ć
s i ę
un·der·feed ... n i e d o s t a t e c z -
n i e (s i ę) o d ż y w i a ć

So, owing to the information about the grammatical function of the above prefixes, the reader will not fail to make out the meaning of the derivatives if he knows the meaning of the basic forms.

Tego rodzaju wyrazy pochodne należy więc rozumieć w oparciu o ich formy podstawowe i szukać w odpowiednim miejscu słownika.

The suffixes are lexical elements which form some parts of speech from other parts of speech. E.g. the suffix **-able**, added to verbs, forms new adjectives: love k o c h a ć + **-able** results in **lovable** d a j ą c y s i ę k o c h a ć, m i ł y. Another example: bear n o s i ć, z n o s i ć + **-able** = **bearable** z n o - ś n y.

Przyrostki powodują zazwyczaj przejście danego wyrazu do innej kategorii gramatycznej. Np. przyrostek **-able** dodany do czasownika, tworzy nowy przymiotnik: love k o c h a ć + **-able** daje w rezultacie przymiotnik **lovable** d a j ą c y s i ę k o c h a ć, m i ł y. Inny przykład: bear n o s i ć, z n o s i ć | **-able** = **bearable** z n o - ś n y.

The list of suffixes given below, duly tabulated, shows clearly how new words are formed by means of some suffixes.

Niżej podajemy tablicę najważniejszych przyrostków wraz z przykładami ilustrującymi:

Przy-rostek	Wyraz pierwotny	Wyraz pochodny
-able	love kochać	lov*able* godny miłości, miły
-ful	power potęga	power*ful* potężny
-hood	false fałszywy	false*hood* fałszywość
-ible	digest trawić	digest*ible* strawny
-ish	child dziecko	child*ish* dziecinny
-less	hope nadzieja	hope*less* beznadziejny
-ment	disappoint rozczarować	disappoint*ment* rozczarowanie
-ness	clever zręczny, zdolny	clever*ness* zręczność, zdolność
-ship	comrade kolega	comrade*ship* koleżeństwo

Owing to the above key the reader will be able to make out the meaning of a new word, not included in the present dictionary.

Dzięki powyższym przykładom czytelnik będzie mógł bez trudności zrozumieć znaczenie nowego wyrazu, który nie został zamieszczony w niniejszym słowniku.

Nouns

Many English nouns denoting persons have been rendered in Polish as masculine only, e.g. teacher n a u c z y c i e l; the feminine equivalent n a u c z y c i e l - k a is not given.

Regular plurals have not, as a matter of course, been included. It is only the irregular plural forms that have been inserted, as well as those that might seem questionable (given in round brackets). E.g.:

Hasła rzeczownikowe

Znaczna część rzeczowników angielskich ma jednakową formę dla rodzaju męskiego i żeńskiego, np. teacher n a u c z y c i e l, n a u - c z y c i e l k a. Dla uproszczenia polskie odpowiedniki podano tylko w formie rodzaju męskiego.

Tylko regularne formy liczby mnogiej zostały pominięte. Formy nieregularne, lub nasuwające wątpliwości, podano w nawiasach o-krągłych, np.:

> goose [gus] s (pl geese [gis]) g ę ś
> a·nal·y·sis [ə`næləsɪs] s (pl analyses
> [ə`næləsiz]) a n a l i z a; ...

Adjectives

The degrees of comparison have been duly entered within the respective irregular adjectives.

Adjectives used only as attributes or as predicatives are provided with the labels *attr* and *praed* respectively.

Hasła przymiotnikowe

Przy przymiotnikach stopniowanych nieregularnie podano formy stopnia wyższego i najwyższego.

Przymiotniki, które można użyć tylko przydawkowo lub tylko orzecznikowo oznaczone są odpowiednio skrótami *attr* i *praed*.

Verbs

The basic forms of the regular verbs, ending in -ed, -ed, (-d, -d), are omitted. As far as the irregular verbs are concerned, three successive main forms have been singled out: infinitive, past tense (preterite) and past participle. The asterisk*, placed before the entry, refers to the list of irregular verbs, e.g.:

Hasła czasownikowe

Pominięto podstawowe formy gramatyczne czasowników, które tworzą się regularnie przez dodanie końcówki -ed lub -d. Nieregularne formy czasowników podano bezpośrednio po transkrypcji wyrazu hasłowego; na pierwszym miejscu podano formę czasu przeszłego, na drugim — imiesłów czasu przeszłego. Ponadto opatrzono całe hasło gwiazdką, odsyłającą do spisu czasowników z odmianą nieregularną, np.:

*see 1. [si], **saw** [sɔ], **seen** [sin]
vt vi w i d z i e ć

The syntactic function of the verb in a sentence, as exemplified in the present dictionary, is given within round brackets immediately after its Polish equivalent, e.g.:

Różnice w składni czasowników zaznaczamy przy pomocy odpowiednich zaimków i przyimków, w nawiasach okrągłych, tuż po polskim odpowiedniku, np.:

agree [ə`gri] *vt* z g a d z a ć s i ę
(to sth n a c o ś); u k ł a d a ć
s i ę, u m a w i a ć s i ę, p o r o -
z u m i e w a ć s i ę (on, upon sth
w s p r a w i e c z e g o ś) ...
re·act [ri`ækt] *vi* r e a g o w a ć
de·pend [dɪ`pend] *vi* z a l e ż e ć
(on sb, sth o d k o g o ś, cze-
g o ś), ...

If the English verb is transitive while its Polish equivalent is intransitive, or vice versa, then grammatical information is a necessity. E.g.:

Przykłady użycia związków składniowych stosuje się zarówno w przypadku, gdy czasownik angielski jest przechodni, a jego polski odpowiednik nieprzechodni, jak i odwrotnie. Np.:

ap·proach [ə`prəutʃ] *vt* z b l i ż a ć
s i ę, p o d c h o d z i ć (sb, sth
d o k o g o ś, d o c z e g o ś); ...
so·lic·it [sə`lɪsɪt] *vt* u b i e g a ć s i ę
(sth o c o ś), u s i l n i e p r o -
s i ć (sb for sth, sth from sb
k o g o ś o c o ś)

2. Phonetic Transcription

2. Transkrypcja

The successive headwords are followed by the phonetic script, each particular English word being transcribed and placed within square brackets. The symbols used here are those of the International Phonetic Association, based on the recent editions of British dictionaries (*A Concise Pronouncing Dictionary of British and American English* by J. Windsor Lewis and *Oxford Advanced Learner's Dictionary of Current English* by A.S. Hornby).

Przy każdym wyrazie hasłowm podano w nawiasie kwadratowym jego transkrypcję fonetyczną. Zastosowano symbole ogólnie przyjętej transkrypcji międzynarodowej, w oparciu o najnowsze wydania słowników brytyjskich (J. Windsor Lewis *A Concise Pronouncing Dictionary of British and American English* i A.S. Hornby *Oxford Advanced Learner's Dictionary of Current English*).

Phonetic transcription
Transkrypcja fonetyczna

znak graficzny dźwięku	zbliżony polski odpowiednik	przykład użycia i wymowa
samogłoski		
i	i	eat [it]
ɪ	y	sit [sɪt]
e	e	bed [bed]
æ	a/e	bad [bæd]
ɑ	a (długie)	half [hɑf]
o	o (krótkie)	not [not]
ɔ	o (długie)	law [lɔ]
u	u (krótkie)	put [put]
u	u (długie)	food [fud]
ʌ	a (krótkie)	luck [lʌk]
ɜ	e (długie)	first [fɜst]
ə	e (zanikowe)	ago [əˈgəu]
dwugłoski		
eɪ	ei (łączne)	late [leɪt]
əu	eu (łączne)	stone [stəun]
aɪ	ai (łączne)	nice [naɪs]
au	au (łączne)	loud [laud]
ɔɪ	oi (łączne)	point [pɔɪnt]
ɪə	ie (łączne)	fear [fɪə(r)]
eə	eᵃ	hair [heə(r)]
uə	uᵉ	your [juə(r)]
niektóre spółgłoski		
tʃ	cz	chin [tʃɪn]
dʒ	dż	just [dʒʌst]
v	w	voice [vɔɪs]
θ	—	thing [θɪŋ]
ð	—	then [ðen]
ʃ	sz	sharp [ʃɑp]
ʒ	ż	vision [ˈvɪʒn]
m̩	m ⎫	government [ˈgʌvm̩ənt]
n̩	n ⎬ (sylabotwórcze)	happening [ˈhæpn̩ɪŋ]
l̩	l ⎭	settling [ˈsetl̩ɪŋ]
ɾ	r	measuring [ˈmeʒɾɪŋ]
ŋ	n (nosowe)	sing [sɪŋ]
w	ł	wet [wet]
(r)	r	bryt. wymawia się, gdy następujące słowo zaczyna się od samogłoski am. wymawia się zawsze

3. Spelling

The spelling used throughout the present Dictionary is that of Great Britain and most English-speaking countries except America. Some slight modifications noticeable in the American spelling are as follows:

3. Pisownia

W słowniku niniejszym zastosowano przyjętą powszechnie w Wielkiej Brytanii i w innych krajach mówiących po angielsku, z wyjątkiem Ameryki, pisownię brytyjską. Najważniejsze odchylenia pisowni amerykańskiej od brytyjskiej przedstawiają się następująco:

Końcówki brytyjskie British endings	Końcówki amerykańskie American endings
-our favour, honour	*-or* favor, honor
-or, conqueror, carburettor	*-er* conquerer, carburetter
-re centre, theatre	*-er* center, theater
-ce pretence, licence	*-se* pretense, license

Double consonants in final unstressed syllables are reduced in America to single ones:

W nieakcentowanej zgłosce końcowej podwójna spółgłoska przed -ed i -ing ulega redukcji do pojedynczej:

Pisownia brytyjska British	Pisownia amerykańska American
travel travelled travelling	travel traveled traveling

But if the last syllable is short and stressed, the final consonant must be doubled both in Britain and in America:

Natomiast końcowa spółgłoska krótkiej, akcentowanej sylaby musi ulec podwojeniu zarówno w pisowni brytyjskiej, jak i amerykańskiej:

**fit, fitted, fitting
drop, dropped, dropping
repel, repelled, repelling**

Some slight variants found both in Britain and in America, e.g. cosy or cozy, gipsy or gypsy are, as a rule, provided with the explanatory sign (=).

Pewne oboczne formy ortograficzne, spotykane zarówno w pisowni brytyjskiej, jak i amerykańskiej, takie jak np. cosy albo cozy, gipsy albo gypsy itd., oznaczone są znakiem równości (=).

ABBREVIATIONS

SKRÓTY

adj	— przymiotnik	adjective
adv	— przysłówek	adverb
am.	— amerykański	American
anat.	— anatomia	anatomy
arch.	— architektura	architecture
astr.	— astronomia	astronomy
attr	— przydawka, przydawkowy	attribute, attributive
bank.	— bankowość	banking
biol.	— biologia	biology
bot.	— botanika	botany
bryt.	— brytyjski	British
chem.	— chemia	chemistry
comp	— stopień wyższy	comparative (degree)
conj	— spójnik	conjunction
dent.	— dentystyka	dentistry
dial.	— dialekt	dialect
dod.	— znaczenie dodatnie	positive (meaning)
dosł.	— dosłownie	literally
druk.	— drukarstwo	printing
elektr.	— elektryczność	electricity
f	— (rodzaj) żeński	feminine (gender)
filat.	— filatelistyka	philately
film	— film	film
filoz.	— filozofia	philosophy
fin.	— finansowość	finances
fiz.	— fizyka	physics
fot.	— fotografia	photography
fut	— czas przyszły	future tense
genit	— dopełniacz	genitive
geogr.	— geografia	geography
geol.	— geologia	geology
górn.	— górnictwo	mining
gram.	— gramatyka	grammar
handl.	— handlowy	commercial (term)
hist.	— historia	history
imp	— forma nieosobowa	impersonal form
inf	— bezokolicznik	infinitive
int	— wykrzyknik	interjection
interrog	— pytajnik, pytający	interrogation, interrogative
kin.	— kinematografia	cinematography

kolej.	— kolejnictwo	railway system
lit.	— literatura, wyraz literacki	literature, literary expression
lotn.	— lotnictwo	aviation
łac.	— wyraz łaciński	Latin word
m	— (rodzaj) męski	neuter (gender)
mal.	— malarstwo	painting
mat.	— matematyka	mathematics
med.	— medycyna	medicine
miner.	— mineralogia	mineralogy
mors.	— morski	marine (term)
muz.	— muzyka	music
n	— (rodzaj) nijaki	neuter (gender)
neg.	— forma przecząca	negative form
nieodm.	— wyraz nieodmienny	indeclinable (unconjugated) word
num	— liczebnik	numeral
p	— czas przeszły	past tense, preterite
part.	— partykuła	particle
pieszcz.	— pieszczotliwy	term of endearment
pl	— liczba mnoga	plural
poet.	— wyraz poetycki	word used in poetry
polit.	— polityka	politics, policy
por.	— porównaj	compare
pot.	— wyraz potoczny	colloquialism
pp	— imiesłów czasu przeszłego	past participle
p praes	— imiesłów czasu teraźniejszego	present participle
praed	— orzecznik, orzecznikowy	predicative
praef	— przedrostek	prefix
praep	— przyimek	preposition
praes	— czas teraźniejszy	present tense
prawn.	— termin prawniczy	law term
pron	— zaimek	pronoun
przen.	— przenośnie	metaphorically
reg.	— regularny	regular
rel.	— religia	religion
rów.	— również	also
s	— rzeczownik	substantive
sb, sb's	— ktoś, kogoś	somebody, somebody's
sing	— liczba pojedyncza	singular
skr.	— skrót	abbreviation
s pl	— rzeczownik w liczbie mnogiej	noun plural
sport	— sport	sport, sports
sth	— coś	something
suf	— przyrostek	suffix
sup	— stopień najwyższy	superlative (degree)
szk.	— (wyraz) szkolny	school (word)
teatr	— teatr	theatre
techn.	— technika	technics
uj.	— ujemny	pejorative

uż.	— używany	used
v	— czasownik	verb
v aux	— czasownik posiłkowy	auxiliary verb
vi	— czasownik nieprzechodni	intransitive verb
v imp	— czasownik nieosobowy	impersonal verb
vr	— czasownik zwrotny	reflexive verb
vt	— czasownik przechodni	transitive verb
wojsk.	— termin wojskowy	military term
wyj.	— wyjątek	exception
zam.	— zamiast	instead of
zbior.	— wyraz zbiorowy	collective word
zdrob.	— wyraz zdrobniały	diminutive word
znacz.	— znaczenie	meaning
zob.	— zobacz	see
zool.	— zoologia	zoology
zw.	— zwykle	usually

THE ENGLISH ALPHABET
ALFABET ANGIELSKI

a [eɪ]
b [bi]
c [si]
d [di]
e [i]
f [ef]
g [dʒi]
h [eɪtʃ]
i [aɪ]
j [dʒeɪ]
k [keɪ]
l [el]
m [em]

n [en]
o [əu]
p [pi]
q [kju]
r [a(r)]
s [es]
t [ti]
u [ju]
v [vi]
w [`dʌblju]
x [eks]
y [waɪ]
z [zed, *am.* zi]

EXPLANATORY SIGNS

ZNAKI OBJAŚNIAJĄCE

`	The grave stress mark denotes that the following syllable bears the primary' stress.	Pochylony w lewo znak akcentu (w formie transkrybowanej wyrazu hasłowego) poprzedza główną akcentowaną sylabę.
´	The acute stress mark denotes that the following syllable bears a secondary stress, weaker than the primary.	Pochylony w prawo znak akcentu wskazuje na to, że następująca po nim sylaba posiada akcent poboczny, słabszy od głównego.
·	The dot is a sign of syllable separation. Thus it shows how to divide the word.	Kropka objaśnia zasady dzielenia wyrazów zgodnie z przepisami ortografii angielskiej.
*	The asterisk, placed before the verb, refers to the list of irregular verbs (p. 419).	Gwiazdka przy czasownikach nieregularnych odsyła do tabeli czasowników z odmianą nieregularną (str. 419).
[ ]	Square brackets enclose the phonetic transcription of the headword.	W nawiasach kwadratowych umieszczono transkrypcję fonetyczną wyrazów hasłowych.
( )	Round brackets enclose the explanatory informations, irregular forms of the headwords, words and letters which can be omitted.	W nawiasach okrągłych umieszczono objaśnienia, nieregularne formy wyrazu hasłowego, wyrazy i litery, które mogą być opuszczone.
⟨ ⟩	Angular brackets enclose words and parts of the expressions which are interchangeable.	W nawiasach trójkątnych umieszczono wymienne wyrazy lub człony związków frazeologicznych.
▬	Equation sign refers the reader to the entry containing the desired equivalents.	Znak równania odsyła użytkownika do hasła, w którym znajdzie potrzebne mu odpowiedniki.

†	Archaism.	Krzyżykiem oznaczono wyrazy przestarzałe.
~	The tilde replaces the headword.	Tylda zastępuje w zwrotach hasło.
1., 2. ...	The Arabic ciphers denote the sequence of headwords having the same spelling, but differing in etymology and meaning.	Cyfry arabskie po hasłach objaśniają odrębność znaczenia i pochodzenia wyrazów o tej samej pisowni, podanych jako osobne hasła.
;	The semicolon is used to denote a distinct shade of difference in the meaning of two or more equivalents of the headword and to separate particular items of grammatical information and grammatical categories.	Średnik oddziela odpowiedniki o całkowicie różnych znaczeniach, związki frazeologiczne oraz objaśnienia i kategorie gramatyczne.
,	The comma is used to separate equivalents close in meaning.	Przecinek oddziela odpowiedniki bliskie pod względem znaczeniowym.

ENGLISH-POLISH

a

A, a 1. [eɪ] pierwsza litera alfabetu angielskiego

a 2. [ə, eɪ] *przedimek ⟨rodzajnik⟩ nieokreślony* (przed spółgłoską)

a·back [ə'bæk] *adv* wstecz, do tyłu, z tyłu, na uboczu; **taken ~ zaskoczony**

ab·a·cus ['æbəkəs] *s* (*pl* **abaci** ['æbəsaɪ] *lub* **abacuses** ['æbəkəsɪz]) liczydło

a·ban·don 1. [ə'bændən] *vt* opuścić, zaniechać; zrezygnować; *vr* ~ **oneself to sth** oddać się, poddać się (jakiemuś uczuciu)

a·ban·don 2. [ə'bændən] *s* żywioło**wość**

a·ban·don·ment [ə'bændənmənt] *s* opuszczenie, porzucenie; zaniedbanie; rezygnacja

a·bash [ə'bæʃ] *vt* zawstydzić, zmieszać

a·bate [ə'beɪt] *vt* opuścić, obniżyć; zmniejszyć; *vi* opaść; osłabnąć; zmniejszyć się

ab·ba·cy ['æbəsɪ] *s* opactwo, godność opata

ab·bess ['æbes] *s* przełożona klasztoru, ksieni

ab·bey ['æbɪ] *s* opactwo (klasztor lub kościół przyklasztorny)

ab·bot ['æbət] *s* opat

ab·bre·vi·ate [ə'briːvɪeɪt] *vt* skracać

ab·bre·vi·a·tion [ə'briːvɪ'eɪʃən] *s* skrót, skrócenie

ABC ['eɪ biː 'siː] *s* alfabet; podstawy wiedzy, nauki

ab·di·cate ['æbdɪkeɪt] *vt* rezygnować (**the office** z urzędu); abdykować (**the throne** z tronu)

ab·di·ca·tion ['æbdɪ'keɪʃn] *s* zrzeczenie się, abdykacja (**of the throne, office** z tronu, urzędu)

ab·do·men ['æbdəmən] *s* brzuch

ab·duct [æb'dʌkt] *vt* uprowadzić, porwać

ab·duc·tion [æb'dʌkʃn] *s* uprowadzenie, porwanie

ab·er·ra·tion ['æbə'reɪʃn] *s* zboczenie (z właściwej drogi), odchylenie; aberracja, odchylenie od stanu normalnego

a·bet [ə'bet] *vt* podjudzać, podżegać, współdziałać (**w przestępstwie**)

a·bey·ance [ə'beɪəns] *s* stan zawieszenia, niepewności

ab·hor [əb'hɔː(r)] *vt* czuć wstręt, żywić nienawiść (**sb, sth** do kogoś, do czegoś)

***a·bide** [ə'baɪd], **a·bode**, **a·bode** [ə'bəud] *vt* wytrzymywać, znosić; oczekiwać; *vi* pozostawać, przebywać; ~ **by sth** dotrzymywać czegoś, trzymać się czegoś

a·bid·ing [ə'baɪdɪŋ] *adj* trwały, stały

a·bil·i·ty [ə'bɪlətɪ] *s* zdolność; *pl* **abilities** talent, uzdolnienie; **to the best of my ~** ⟨**abilities**⟩ jak potrafię najlepiej, w granicach moich możliwości

ab·ject ['æbdʒekt] *adj* podły, nikczemny, godny pogardy; nędzny; nieszczęsny

ab·jure [əb'dʒuə(r)] *vt* wyrzec się (**sth** czegoś)

a·blaze [ə'bleɪz] *adv adj praed* w płomieniach; płonący

a·ble [`eɪbl] *adj* zdolny, zręczny, nadający się; **to be ~** móc, być w stanie, potrafić

a·ble-bod·ied [`eɪbl`bodɪd] *adj* silny, zdrowy

ab·nor·mal [əb`nɔːml] *adj* anormalny, nieprawidłowy

a·board [ə`bɔd] *adv i praep* na statku, na pokładzie, na pokład; *am.* także w wozie, w pociągu, do pociągu

a·bode 1. *zob.* abide

a·bode 2. [ə`bəud] *s* miejsce pobytu, siedziba; **to take up one's ~** zamieszkać

a·bol·ish [ə`bolɪʃ] *vt* znieść, usunąć, skasować, obalić

ab·o·li·tion [`æbə`lɪʃn] *s* zniesienie, usunięcie, obalenie; *am.* zniesienie niewolnictwa

A-bomb [`eɪ bom] *s* (= **atomic bomb**) bomba atomowa

a·bom·i·na·ble [ə`bomɪnəbl] *adj* wstrętny, obrzydliwy

a·bom·i·nate [ə`bomɪneɪt] *vt* czuć wstręt (sth do czegoś), brzydzić się (sth czymś)

a·bom·i·na·tion [ə`bomɪ`neɪʃn] *s* wstręt, obrzydzenie, odraza; przedmiot wstrętu

ab·o·rig·i·nal [`æbə`rɪdʒnl] *adj* pierwotny, początkowy; *s* pierwotny mieszkaniec

ab·o·rig·i·nes [`æbə`rɪdʒɪnɪz] *s pl* tubylcy, pierwotni mieszkańcy

a·bor·tion [ə`bɔʃn] *s* poronienie; *przen.* nieudane dzieło

a·bor·tive [ə`bɔtɪv] *adj* poroniony; nieudany

a·bound [ə`baund] *vi* obfitować (**in, with** sth w coś); **he ~s in courage** jest pełen odwagi

about [ə`baut] *adv* dookoła, wokół, tu i tam; mniej więcej, około; **to be ~ to do** sth mieć (zamiar) coś zrobić, zabierać się do zrobienia czegoś; *praep* przy, dookoła; odnośnie do, w sprawie; **I have no money ~ me** nie mam przy sobie pieniędzy; **what ~ leaving?** a może byśmy wyszli?

a·bove [ə`bʌv] *adv* w górze, powyżej; *praep* nad, ponad; *adj attr* powyższy, wyżej wymieniony

a·breast [ə`brest] *adv* w jednym rzędzie, obok, ramię przy ramieniu; **to keep ~ of** dotrzymywać kroku, stać na poziomie

a·bridge [ə`brɪdʒ] *vt* skrócić, streścić

a·broad [ə`brɔd] *adv* za granicą, za granicę; na zewnątrz, poza dom(em), szeroko i daleko; **there is a rumour ~** rozchodzi się pogłoska

ab·rupt [ə`brʌpt] *adj* oderwany; nagły, niespodziewany; (*o wzniesieniu*) stromy; szorstki (np. ton), opryskliwy

ab·scess [`æbses] *s* (*pl* ~es [`æbsesɪz]) wrzód

ab·sence [`æbsns] *s* nieobecność, brak; **~ of mind** roztargnienie

ab·sent [`æbsnt] *adj* nieobecny, brakujący; *vr* ~ [əb`sent] oneself być nieobecnym; **~ oneself from school** być nieobecnym w szkole

ab·sent·ee [`æbsn`ti] *s* osoba nieobecna; osoba mieszkająca poza domem (krajem)

ab·sent-mind·ed [`æbsnt`maɪndɪd] *adj* roztargniony

ab·so·lute [`æbsəlut] *adj* absolutny, bezwarunkowy, bezwzględny; nieograniczony; stanowczy; *s* absolut

ab·so·lute·ly [`æbsəlutlɪ] *adv* absolutnie, bezwarunkowo, bezwzględnie; stanowczo; *int* na pewno!, oczywiście!

ab·so·lu·tion [`æbsə`luʃn] *s rel.* rozgrzeszenie; darowanie winy

ab·so·lut·ism [`æbsə`lutɪzm] *s* absolutyzm

ab·solve [əb`zɔlv] *vt* zwolnić (**sb from** sth kogoś od czegoś), darować (**sb from** sth komuś coś); rozgrzeszyć

ab·sorb [əb`sɔb] *vt* absorbować, wsysać, pochłaniać; **he is ~ed in tennis** pochłania go tenis

ab·sorp·tion [əb`sɔpʃn] *s* wchłonięcie; zaabsorbowanie (**in** sth czymś)

ab·stain [əb`steın] vi powstrzymywać się (from sth od czegoś)

ab·stain·er [əb`steınə(r)] s abstynent

ab·sti·nence [`æbstınəns] s wstrzemięźliwość, trzeźwość

ab·stract [`æbstrækt] adj abstrakcyjny, oderwany; niejasny, mętny; s wyciąg, skrót; vt [əb`strækt] odrywać, odciągać, odejmować

ab·strac·tion [əb`strækʃn] s abstrakcja, abstrahowanie, oddzielenie; roztargnienie

ab·surd [əb`sɜd] adj niedorzeczny, absurdalny, głupi; wzbudzający śmiech

ab·sur·di·ty [əb`sɜdətı] s niedorzeczność

a·bun·dance [ə`bʌndəns] s obfitość

a·bun·dant [ə`bʌndənt] adj obfity

a·buse [ə`bjus] s nadużycie; obraza, zniesławienie; vt [ə`bjuz] nadużywać; obrażać, zniesławiać

a·bu·sive [ə`bjusıv] adj obrażający, obraźliwy, obelżywy

a·bys·mal [ə`bızml] adj bezdenny

a·byss [ə`bıs] s przepaść, otchłań

a·ca·cia [ə`keıʃə] s akacja

ac·a·dem·ic [`ækə`demık] adj akademicki; teoretyczny; s akademik, uczony

a·ca·de·mi·cian [ə`kædə`mıʃn] s członek akademii

a·cad·e·my [ə`kædəmı] s akademia, zakład naukowy, uczelnia

ac·cede [æk`sid] vi przystąpić, dołączyć się; zgodzić się, przystać (to sth na coś); wstąpić (to the throne na tron); objąć (to a post stanowisko)

ac·cel·er·ate [ək`seləreıt] vt vi przyspieszyć

ac·cel·er·a·tor [ək`seləreıtə(r)] s akcelerator, przyspieszacz

ac·cent [`æksnt] s akcent, przycisk; sposób wymawiania; vt [æk`sent] akcentować, kłaść nacisk, podkreślać

ac·cen·tu·ate [æk`sentʃueıt] vt akcentować, podkreślać, uwypuklać

ac·cept [ək`sept] vt vi przyjmować, zgadzać się; akceptować

(np. weksel)

ac·cept·a·ble [ək`septəbl] adj do przyjęcia; znośny, zadowalający; pożądany

ac·cept·ance [ək`septəns] s (chętne) przyjęcie; zgoda (of sth na coś), uznanie; handl. akcept

ac·cess [`ækses] s dostęp, dojście, dojazd; easy of ~ łatwo dostępny; ~ to power dojście do władzy; attr dojazdowy; good ~ roads dobre drogi dojazdowe

ac·ces·si·ble [ək`sesəbl] adj dostępny; przystępny

ac·ces·sion [æk`seʃn] s przystąpienie; zgoda (to sth na coś); dojście (to power do władzy); objęcie (to the throne tronu, to an office urzędu)

ac·ces·so·ry [ək`sesərı] adj praed dodatkowy; s wspólnik przestępstwa; pl accessories akcesoria, dodatki, wyposażenie

ac·ci·dent [`æksıdnt] s wypadek, nieszczęśliwy wypadek; przypadek, traf; by ~ przypadkowo; to meet with an ~ ulec wypadkowi

ac·ci·den·tal [`æksı`dentl] adj przypadkowy; nieistotny; ~ death śmierć na skutek nieszczęśliwego wypadku

ac·claim [ə`kleım] vt aklamować, przyjmować z uznaniem; oklaskiwać

ac·cla·ma·tion [`æklə`meıʃn] s aklamacja, poklask; to carry by ~ uchwalać przez aklamację

ac·cli·mate [ə`klaımeıt] am. = acclimatize

ac·cli·ma·tion [`æklaı`meıʃn] am. = acclimatization

ac·cli·ma·ti·za·tion [ə`klaımaı`zeıʃn] s aklimatyzacja

ac·cli·ma·tize [ə`klaımətaız] vt vi aklimatyzować (się)

ac·com·mo·date [ə`komədeıt] vt dostosować; zaopatrzyć (with sth w coś); ulokować, zakwaterować

ac·com·mo·dat·ing [ə`komədeıtıŋ] adj zgodny, kompromisowy; uprzejmy, usłużny

accommodation

ac·com·mo·da·tion [ə'kɔmə'deɪʃn] s dostosowanie; zaopatrzenie; wygoda; kwatera, pomieszczenie, nocleg

ac·com·pa·ni·ment [ə'kʌmpnɪmənt] s okoliczność towarzysząca, dodatek; *muz.* akompaniament

ac·com·pa·ny [ə'kʌmpnɪ] *vt* towarzyszyć; wtórować; *muz.* akompaniować

ac·com·plice [ə'kʌmplɪs] s wspólnik (przestępstwa), współwinny

ac·com·plish [ə'kʌmplɪʃ] *vt* wykończyć, wykonać, spełnić

ac·com·plished [ə'kʌmplɪʃt] *adj* skończony, doskonały; dobrze wychowany ⟨ułożony⟩, wykształcony

ac·com·plish·ment [ə'kʌmplɪʃmənt] s wykonanie, wykończenie; majstersztyk; *pl* ~s wykształcenie; walory towarzyskie, polor

ac·cord [ə'kɔd] s zgoda, harmonia; *muz.* akord; with one ~ jednomyślnie, jednogłośnie; in ~ with... zgodnie z...; of one's own ~ dobrowolnie, samorzutnie; *vt* uzgodnić (to sth z czymś); dać, przyznać, użyczyć; przyzwolić; *vi* harmonizować; zgadzać się (with sth z czymś)

ac·cord·ance [ə'kɔdns] s zgodność, zgoda; in ~ with sth zgodnie z czymś, stosownie do czegoś

ac·cord·ing [ə'kɔdɪŋ] *praep* w zwrocie: ~ to według, zgodnie z; *conj* w zwrocie: ~ as według tego ⟨w miarę⟩, jak

ac·cord·ing·ly [ə'kɔdɪŋlɪ] *adv* zgodnie z tym, stosownie do tego; odpowiednio; zatem

ac·cor·di·on [ə'kɔdɪən] s *muz.* akordeon, harmonia (instrument)

ac·cost [ə'kɔst] *vt* zwrócić się, zbliżyć się (sb do kogoś), zagadnąć

ac·count [ə'kaunt] s rachunek, konto; obliczenie; sprawozdanie, relacja; *pl* ~s księgi (rachunkowe); **księgowość**; porachunki; **balance of** ~s zamknięcie rachunków handlowych, bilans handlowy; **current** ~ rachunek bieżący; **to keep** ~s prowadzić książki

handlowe; **to leave out of** ~ nie uwzględniać, nie brać pod uwagę; **to make** ~ **of** sth przywiązywać wagę do czegoś; **to take into** ~ brać pod uwagę, uwzględniać; **to turn to** ~ obrócić na korzyść; **to give** ~ **of** zrelacjonować, wyjaśnić; **of great** ~ wiele znaczący; **of no** ~ bez znaczenia; **on all** ~s pod każdym względem; **on** ~ **of** na rachunek; ze względu na, z powodu; **on no** ~ za żadną cenę, w żadnym wypadku; *vt* obliczać; he ~s himself clever on uważa się za zdolnego; *vi* zdawać sprawę (on sth z czegoś); wytłumaczyć (for sth coś); odpowiadać (for sth za coś); wyliczać się (for sth z czegoś)

ac·count·a·ble [ə'kauntəbl] *adj* odpowiedzialny (to sb przed kimś, for sth za coś); (o *fakcie*) dający się wytłumaczyć

ac·count·an·cy [ə'kauntənsɪ] s księgowość, rachunkowość

ac·count·ant [ə'kauntənt] s księgowy, prowadzący rachunki, rachmistrz

ac·cre·dit [ə'kredɪt] *vt* upełnomocnić, akredytować; przypisać (sb with sth komuś coś)

ac·crue [ə'kru] *vi* (o *dochodach*) narastać; płynąć (from sth z czegoś)

ac·cu·mu·late [ə'kjumjuleɪt] *vt* gromadzić, akumulować; *vi* gromadzić się, narastać

ac·cu·mu·la·tion [ə'kjumju'leɪʃn] s nagromadzenie, akumulacja; **primary** ⟨**primitive**⟩ ~ akumulacja pierwotna

ac·cu·ra·cy ['ækjərəsɪ] s dokładność, ścisłość; punktualność

ac·cu·rate ['ækjərət] *adj* dokładny, ścisły; punktualny

ac·cu·sa·tion ['ækju'zeɪʃn] s oskarżenie, skarga; **to bring an** ~ wystąpić z oskarżeniem

ac·cu·sa·tive [ə'kjuzətɪv] s *gram.* biernik

ac·cuse [ə'kjuz] *vt* oskarżać (sb of sth kogoś o coś), winić

ac·cus·tom [ə'kʌstəm] *vt* przyzwyczajać; to become ⟨to get⟩ ∼ed
przyzwyczajać się

ace [eɪs] *s* (*w kartach i przen.*) as;
within an ∼ of o włos od

ache [eɪk] *s* (ciągły) ból; *vi* boleć

a·chieve [ə'tʃiv] *vt* osiągnąć (z trudem), zdobyć, dokonać

a·chieve·ment [ə'tʃivmənt] *s* osiągnięcie, dokonanie; zdobycz; this
is impossible of ∼ tego się nie da
osiągnąć

a·cid ['æsɪd] *s* kwas; *adj* kwaśny,
kwasowy; ostry (w smaku); żrący; *przen.* zgryźliwy; the ∼ test
próba na kwasowość; *przen.* próba ogniowa

ac·knowl·edge [ək'nɒlɪdʒ] *vt* uznawać, przyznawać; potwierdzać;
wyrażać podziękowanie (sth za
coś)

ac·knowl·edg·ment [ək'nɒlɪdʒmənt]
s uznanie, przyznanie; potwierdzenie; podziękowanie; in ∼ of
w dowód uznania ⟨wdzięczności⟩

a·corn ['eɪkən] *s* żołądź

a·cous·tic [ə'kustɪk] *adj* akustyczny

a·cous·tics [ə'kustɪks] *s* akustyka

ac·quaint [ə'kweɪnt] *vt* zaznajomić;
donieść (sb with sth komuś o
czymś); to ∼ oneself, to get ⟨be-
come⟩ ∼ed zaznajomić się (with
sb, sth z kimś, z czymś); poznać
(with sb, sth kogoś, coś)

ac·quaint·ance [ə'kweɪntəns] *s* znajomość; znajomy (człowiek); to
make the ∼ poznać, poznać się,
zaznajomić się (with sb, sth z
kimś, czymś); I made his ∼,
I made ∼ with him zawarłem z
nim znajomość

ac·qui·esce ['ækwi'es] *vi* pogodzić
się (in sth z czymś), przystać (in
sth na coś)

ac·qui·es·cence ['ækwɪ'esns] *s* zgoda, przyzwolenie

ac·quire [ə'kwaɪə(r)] *vt* nabywać,
osiągać, zdobywać; przyswajać
sobie

ac·quire·ment [ə'kwaɪəmənt] *s* na-

bycie, osiągnięcie; sprawność (na-
byta); *pl* ∼s nabyte rzeczy, na-
byta wiedza, umiejętność

ac·qui·si·tion ['ækwɪ'zɪʃn] *s* nabycie; zdobywanie; nabytek, doro-
bek

ac·qui·si·tive [ə'kwɪzətɪv] *adj* żądny zysku, zachłanny

ac·quit [ə'kwɪt] *vt* uwolnić, zwolnić; spłacić, uiścić; uniewinnić
(of a crime od zbrodni); *vr* ∼
oneself wywiązać się (of sth z
czegoś)

ac·qui·tal [ə'kwɪtl] *s* zwolnienie;
uniewinnienie

a·cre ['eɪkə(r)] *s* akr (miara powierzchni); † pole, rola; God's ∼
cmentarz

ac·rid ['ækrɪd] *adj* ostry, żrący;
cierpki; gryzący; *przen.* zjadliwy

ac·ri·mo·ny ['ækrɪmənɪ] *s* zjadli-
wość, szorstkość (słów, postępowania); *przen.* gorycz

ac·ro·bat ['ækrəbæt] *s* akrobata

ac·ro·bat·ic ['ækrə'bætɪk] *adj* akrobatyczny

ac·ro·bat·ics ['ækrə'bætɪks] *s* akrobatyka

a·cross [ə'krɒs] *praep* przez, w poprzek, po; to come ∼ sth natknąć się na coś, trafić na coś
przypadkiem; *adv* na krzyż;
wszerz, na szerokość; po drugiej
stronie; na przełaj; with arms ∼
ze skrzyżowanymi ramionami

act [ækt] *s* czyn, uczynek; czynność; akt; ustawa; dokument;
teatr akt; in the ∼ of w trakcie;
vi działać, czynić, postępować,
zachowywać się; występować,
grać (na scenie); to ∼ upon sth
kierować się czymś, postępować
według czegoś; *vt* odgrywać,
grać (rolę); udawać

action ['ækʃn] *s* akcja; działanie;
czyn; ruch; sprawa (sądowa);
wojsk. bitwa; to take ⟨to bring⟩
an ∼ wytoczyć sprawę (against
sb komuś)

ac·tive ['æktɪv] *adj* aktywny,
czynny, żywy; realny, rzeczywisty

ac·tiv·i·ty [æk`tɪvətɪ] s czynność, działalność, aktywność; pl **activities** zajęcie, praca, sfera działalności

ac·tor [`æktə(r)] s aktor

ac·tress [`æktrɪs] s aktorka

ac·tu·al [`æktʃʋəl] adj rzeczywisty, faktyczny; bieżący

ac·tu·al·ize [`æktʃʋəlaɪz] vt wprowadzać w czyn, realizować, przedstawiać realistycznie

ac·tu·ate [`æktʃʋeɪt] vt wprawiać w ruch; podniecać, ożywiać; wpływać (**sth** na coś)

ac·u·men [ə`kjuːmən] s bystrość (umysłu)

a·cute [ə`kjuːt] adj ostry; bystry; przenikliwy; dotkliwy

ad [æd] s pot. = advertisement

ad·age [`ædɪdʒ] s przysłowie, powiedzenie

ad·a·mant [`ædəmənt] s coś twardego (np. kamień); adj praed niewzruszony

ad·a·man·tine [`ædə`mæntaɪn] adj twardy, nieugięty

a·dapt [ə`dæpt] vt dostosować, przystosować, adaptować; przerobić

add [æd] vt vi dodawać; dołączać; powiększać; wzbogacać (**to sth** coś); **to ~ up** dodawać, sumować

ad·der [`ædə(r)] s żmija

ad·dict [ə`dɪkt] vr **~ oneself** oddawać się (**to sth** czemuś), uprawiać (**to sth** coś); vt **to be ~ed to sth** uprawiać ⟨robić⟩ coś nałogowo; s [`ædɪkt] nałogowiec; **drug ~** narkoman

ad·dic·tion [ə`dɪkʃn] s nałóg

ad·di·tion [ə`dɪʃn] s dodatek; dodawanie; **in ~** dodatkowo, również, ponadto

ad·di·tion·al [ə`dɪʃnl] adj dodatkowy, dalszy

ad·dress [ə`dres] s adres; przemówienie; odezwa; vt zwracać się

ad·dres·see [`ædre`siː] s adresat

ad·duce [ə`djuːs] vt przytaczać, cytować

ad·e·quate [`ædɪkwət] adj odpowiedni, stosowny, trafny

ad·here [əd`hɪə(r)] vi przylegać; trzymać się, dotrzymywać (**to sth** czegoś), usilnie popierać (**to sb, sth** kogoś, coś)

ad·her·ent [əd`hɪərnt] s zwolennik, stronnik; adj lgnący; przynależny

ad·he·sion [əd`hiːʒn] s przyleganie; przynależność; poparcie

ad·he·sive [əd`hiːsɪv] adj przylegający, przyczepny; **~ tape** przylepiec

ad·ja·cent [ə`dʒeɪsnt] adj przyległy, sąsiedni

ad·jec·tive [`ædʒɪktɪv] s gram. przymiotnik

ad·join [ə`dʒɔɪn] vt przyłączyć, dołączyć; vi przylegać

ad·journ [ə`dʒɜːn] vt odroczyć; zawiesić; vi pot. przenieść się (na inne miejsce)

ad·judge [ə`dʒʌdʒ] vt zasądzić; przyznać

ad·just [ə`dʒʌst] vt uporządkować, uzgodnić, dostosować; załatwić (spór)

ad·min·is·ter [əd`mɪnɪstə(r)] vt administrować, zarządzać; sprawować; wymierzać (sprawiedliwość); podawać (lekarstwo)

ad·min·is·tra·tion [əd`mɪnɪ`streɪʃn] s administracja, zarząd; wymiar (sprawiedliwości); podawanie (lekarstwa); am. rząd

ad·mi·ra·ble [`ædmrəbl] adj godny podziwu, wspaniały

ad·mi·ral [`ædmrl] s admirał

ad·mi·ral·ty [`ædmrltɪ] s admiralicja (ministerstwo marynarki); gmach admiralicji

ad·mi·ra·tion [`ædmə`reɪʃn] s podziw; przedmiot podziwu

ad·mire [əd`maɪə(r)] vt podziwiać

ad·mis·si·ble [əd`mɪsəbl] adj dopuszczalny

ad·mis·sion [əd`mɪʃn] adj dopuszczanie; wstęp, dostęp; przyznanie; **~ free** wstęp wolny

ad·mit [əd`mɪt] vt vi dopuścić, przyjąć; przyznać (się); zezwolić (**of sth** na coś)

ad·mit·tance [əd`mɪtns] s dopuszczenie; dostęp; przyjęcie; **no** ~ wstęp wzbroniony

ad·mon·ish [əd`monıʃ] *vt* upominać; ostrzegać (**against, of** sth przed czymś)

ad·mo·ni·tion [ˌædmə`nıʃn] *s* upomnienie; ostrzeżenie

a·do [ə`du] *s* hałas, wrzawa; rwetes; kłopot

ad·o·les·cence [ˌædə`lesns] *s* młodość, wiek dojrzewania

ad·o·les·cent [ˌædə`lesnt] *s* młodzieniec, dziewczyna; *adj* młodzieńczy

a·dopt [ə`dopt] *vt* adoptować; przysposabiać; przyswajać (sobie), przyjmować

a·dop·tion [ə`dopʃn] *s* adopcja

a·dop·tive [ə`doptıv] *adj* przybrany; łatwo przyjmujący

a·dor·a·ble [ə`dərəbl] *adj* godny uwielbienia

a·dor·a·tion [ˌædə`reıʃn] *s* adoracja, uwielbienie

a·dore [ə`dɔ(r)] *vt* uwielbiać, czcić; *pot.* bardzo lubić

a·dorn [ə`dɔn] *vt* zdobić, upiększać; być ozdobą (sth czegoś)

a·drift [ə`drıft] *adv* na falach, na fale; *przen.* **to turn** ~ rzucić na los szczęścia, wyrzucić na bruk

a·dult [`ædʌlt] *adj* dorosły, dojrzały, pełnoletni; \s dojrzały ⟨dorosły⟩ człowiek

a·dul·ter·ate [ə`dʌltəreıt] *vt* podrabiać, fałszować (*zw.* napoje, żywność)

a·dul·ter·y [ə`dʌltərı] *s* cudzołóstwo

ad·vance [əd`vans] *vt* posuwać naprzód; poprawiać, udoskonalać; płacić z góry; pożyczać; przedstawiać, zgłaszać (np. wniosek); podwyższać (np. cenę); *vi* posuwać się naprzód, robić postępy; (*o cenach*) iść w górę; *s* postęp, posuwanie się naprzód; udoskonalenie; awans; wniosek; zaliczka, pożyczka; podwyższenie (np. ceny); *pl* ~s uprzejmości, zaloty; **in** ~ z góry; na przedzie; **to be in** ~ wyprzedzać (**of** sb, sth

kogoś, coś), przekraczać; *adj attr* przedni, okazowy

ad·vanced [əd`vanst] *zob.* **advance** *v; adj* wysunięty naprzód; zaawansowany; postępowy; ~ **in** years podeszły wiekiem

ad·vance·ment [əd`vansmənt] *s* posunięcie naprzód, postęp; zaliczka; awans

ad·van·tage [əd`vantıdʒ] *s* korzyść, pożytek; przewaga; **to have an** ~ górować (**over** sb nad kimś); **to take** ~ wykorzystać (**of** sth coś); nadużyć, wykorzystać (**of** sb kogoś); **to turn to** ~ obrócić na korzyść; **to** ~ korzystnie; **to the best** ~ najkorzystniej

ad·ven·ture [əd`ventʃə(r)] *s* przygoda; ryzyko; *vt* ryzykować (**sth** coś); narażać (**sb** kogoś); *vi* ryzykować, odważyć się (**upon** sth na coś)

ad·ven·tur·er [əd`ventʃərə(r)] *s* poszukiwacz przygód; ryzykant

ad·verb [`ædvȝb] *s gram.* przysłówek

ad·ver·sa·ry [`ædvəsərı] *s* przeciwnik

ad·verse [`ædvȝs] *adj* przeciwny, wrogi, nie sprzyjający

ad·ver·si·ty [əd`vȝsətı] *s* zły los, nieszczęście, bieda

ad·ver·tise [`ædvətaız] *vt* zawiadamiać, ogłaszać; reklamować, anonsować; *vi* poszukiwać za pomocą ogłoszenia (**for** sb, sth kogoś, czegoś)

ad·ver·tise·ment [əd`vȝtısmənt] *s* ogłoszenie, reklama

advice [əd`vaıs] *s* rada; *am. handl.* zawiadomienie, nota; **a piece of** ~ rada; **to take** sb's ~ posłuchać czyjejś rady

ad·vis·a·ble [əd`vaızəbl] *adj* godny polecenia, wskazany, pożyteczny, rozsądny

ad·vise [əd`vaız] *vt* radzić (sb komuś); *handl.* zawiadamiać

ad·vis·er [əd`vaızə(r)] *s* radca, doradca

ad·vo·cate [`ædvəkət] *s* adwokat, obrońca; *vt* [`ædvəkeıt] podtrzymywać, bronić, występować w obronie (**sth** czegoś), przemawiać (**sth** za czymś)

aer·ate [`eəreɪt] vt przewietrzyć

aer·i·al [`eərɪəl] s antena; adj powietrzny; napowietrzny; przen. nierzeczywisty, bezcielesny

aer·o·drome [`eərədrəum] s lotnisko

aer·o·naut [`eərənɔt] s aeronauta

aer·o·plane [`eərəpleɪn] s samolot

aes·thete [`isθit] s esteta

aes·thet·ic [`is`θetɪk] adj estetyczny

aes·thet·ics [`is`θetɪks] s estetyka

a·far [ə`fa(r)] adv w zwrotach: ~ **off** w oddali; **from** ~ z dala

af·fa·bil·i·ty [`æfə`bɪlətɪ] s uprzejmość

af·fa·ble [`æfəbl] adj uprzejmy

af·fair [ə`feə(r)] s sprawa, interes; miłostka; pl ~s sprawy (np. państwowe)

af·fect 1. [ə`fekt] vt wzruszyć; dotknąć; oddziaływać, wpływać (**sth**, sth na kogoś, na coś); **to ~ one's health** odbić się na czyimś zdrowiu

af·fect 2. [ə`fekt] vt udawać (**sb, sth** kogoś, coś), pozować (**sb na** kogoś); przybierać pozory ⟨cechy⟩ (sth czegoś)

af·fec·ta·tion [`æfek`teɪʃn] s afektacja, poza, udawanie

af·fect·ed [ə`fektɪd] zob. affect 1., 2.; adj afektowany; usposobiony; dotknięty

af·fec·tion [ə`fekʃn] s przywiązanie, uczucie, sentyment, miłość

af·fi·da·vit [`æfɪ`deɪvɪt] s pisemna deklaracja pod przysięgą

af·fil·i·ate [ə`fɪlɪeɪt] vt przyjąć na członka; łączyć, przyłączyć; ~d society filia

af·fin·i·ty [ə`fɪnətɪ] s pokrewieństwo, powinowactwo; sympatia

af·firm [ə`fɜm] vt vi potwierdzać, zapewniać; twierdzić

af·fir·ma·tion [`æfə`meɪʃn] s twierdzenie, zapewnienie

af·fir·ma·tive [ə`fɜmətɪv] adj twierdzący, pozytywny

af·fix [ə`fɪks] vt przytwierdzić,

przyczepić, przybić; dołączyć

af·flict [ə`flɪkt] vt gnębić, dręczyć; dotknąć (chorobą); ~ed with sth chory na coś

af·flic·tion [ə`flɪkʃn] s przygnębienie; nieszczęście; cierpienie; choroba

af·flu·ence [`æfluəns] s obfitość, bogactwo; zgromadzenie; natłok

af·flu·ent [`æfluənt] adj dostatni; zasobny (**in sth** w coś); s dopływ (rzeki)

af·ford [ə`fɔd] vt dostarczyć, użyczyć, dać; zdobyć się, pozwolić sobie (**sth na** coś); **I can ~ it** stać mnie na to

af·front [ə`frʌnt] vt obrażać; s obraza, afront

a·field [ə`fild] adv w pole, w polu; daleko

a·flame [ə`fleɪm] adv adj praed w płomieniach; płonący; przen. w podnieceniu

a·float [ə`fləut] adv adj praed na falach, na wodzie; w powietrzu; płynący; unoszący się; przen. w obiegu

a·foot [ə`fut] adv adj praed pieszo, na nogach

a·fore·said [ə`fə sed] adj wyżej wspomniany

a·fraid [ə`freɪd] adj praed przestraszony; **to be ~ of sth** bać się czegoś; **I'm ~ I can't do it** przykro mi, ale nie mogę tego zrobić

a·fresh [ə`freʃ] adv na nowo

af·ter [`aftə(r)] praep po; za; według; o; ~ **all** mimo wszystko, a jednak; adv potem, następnie; w tyle; z tyłu; conj kiedy, skoro, po tym, jak; adj attr następny, późniejszy; tylny

af·ter·math [`aftəmæθ] s pokłosie; przen. żniwo, następstwa

af·ter·noon [`aftə`nun] s popołudnie; adj attr popołudniowy; ~ **tea** podwieczorek

af·ter·thought [`aftəθɔt] s refleksja

af·ter·ward(s) [`aftəwəd(z)] adv następnie, później

a·gain [ə`gen] adv znowu, jeszcze raz; prócz tego, również; z dru-

giej strony; ~ and ~ raz po raz;
never ~ nigdy więcej; as much
~ drugie tyle

a·gainst [ə'genst] *praep* przeciw;
wbrew; o; na

a·gate [`ægət] *s* agat

age [eɪdʒ] *s* wiek; epoka, czasy;
what is your ~? ile masz lat?
to come of ~ osiągnąć pełnolet-
ność; of ~ pełnoletni; under ~
niepełnoletni; *vi* starzeć się; *vt*
postarzać; ~d seventy years w
wieku lat siedemdziesięciu

aged [`eɪdʒɪd] *adj* stary, sędziwy

age·long [`eɪdʒlɒŋ] *adj* odwieczny;
długotrwały

a·gen·cy [`eɪdʒənsɪ] *s* działanie,
środek działania, siła działająca;
agencja; by ⟨through⟩ the ~ of
sb, sth za pośrednictwem kogoś,
czegoś

a·gen·da [ə'dʒendə] *s pl* plan zajęć, terminarz; porządek dnia

a·gent [`eɪdʒənt] *s* agent, pośred-
nik; siła działająca, czynnik

ag·gra·vate [`ægrəveɪt] *vt* obcią-
żyć, utrudnić, pogorszyć; rozdrażnić

ag·gra·va·tion [‚ægrə'veɪʃn] *s* obciążenie, utrudnienie, pogorszenie; rozdrażnienie, gniew

ag·gre·gate [`ægrɪgeɪt] *vt vi* gro-
madzić (się), łączyć, tworzyć całość; wynosić, liczyć w sumie; *s*
[`ægrɪgət] agregat; masa; całość,
łączna liczba; *adj* łączny, zbiorowy

ag·gres·sion [ə'greʃn] *s* napaść, a-
gresja

ag·gres·sive [ə'gresɪv] *adj* napastliwy, agresywny, zaczepny

ag·gres·sor [ə'gresə(r)] *s* napastnik,
agresor

ag·grieve [ə'griv] *vt* zmartwić,
przygnębić; skrzywdzić

a·ghast [ə'gast] *adj praed* przera-
żony, oszołomiony, osłupiały

a·gi·le [`ædʒaɪl] *adj* zwinny, ruch-
liwy, obrotny

ag·i·tate [`ædʒɪteɪt] *vt* poruszać,
niepokoić, podniecać, podburzać;
denerwować, roztrząsać, dysku-

tować (gwałtownie); *vi* agitować

ag·i·ta·tion [‚ædʒɪ'teɪʃn] *s* poruszenie; podniecenie; roztrząsanie,
dyskusja (gwałtowna); agitacja

ago [ə'gəʊ] *adv*: long ~ dawno temu; two years ~ dwa lata temu

ag·o·nize [`ægənaɪz] *vt* męczyć,
dręczyć; *vi* przeżywać śmiertelne
męki, wić się w bólach

a·go·ny [`ægənɪ] *s* gwałtowny ból,
cierpienie; udręka, męczarnia;
rozpaczliwa walka; agonia; ~
column lista ofiar (ogłoszona w
prasie)

a·gra·ri·an [ə'greərɪən] *adj* agrarny,
rolny

a·gree [ə'gri] *vi* zgadzać się (to sth
na coś); układać się, umawiać
się, porozumiewać się (on, upon
sth w sprawie czegoś); odpowiadać (with sth czemuś); służyć;
this food does not ~ with me to
jedzenie mi nie służy; *vt* uzgadniać, ustalać, umawiać; on the
~d day w umówionym dniu; ~d!
zgoda!

a·gree·a·ble [ə'grɪəbl] *adj* przyjemny, miły; zgodny (to sth z czymś)

a·gree·ment [ə'grimənt] *s* zgoda,
umowa, układ; in ~ with... zgodnie z...

ag·ri·cul·tu·ral [‚ægrɪ'kʌltʃərl] *adj*
rolniczy, rolny

ag·ri·cul·ture [`ægrɪkʌltʃə(r)] *s*
rolnictwo

ag·ro·no·mic [‚ægrə'nomɪk] *adj* a-
gronomiczny

ag·ro·no·my [ə'gronəmɪ] *s* agronomia

a·ground [ə'graʊnd] *adv* na mieliźnie, na mieliznę; to run ⟨to go⟩
~ osiąść na mieliźnie

a·gue [`eɪgju] *s* febra, dreszcze

a·head [ə'hed] *adv* przed siebie,
naprzód; na przedzie; dalej; to
be ⟨to get⟩ ~ of sb wyprzedzać
kogoś; the task ~ of us zadanie,
które nas czeka; to go ~ robić
postępy; kontynuować

aid [eɪd] *s* pomoc; pomocnik; zasiłek; teaching ~s pomoce naukowe; first ~ pierwsza pomoc;

~ **station** punkt pomocy lekar-
skiej; *vt* pomagać **(sb** komuś)
aide-de-camp [ˈeɪd də ˈkõ] *s* adiutant
ail [eɪl] *vt* boleć, dolegać; **what
~s him?** co mu jest?; *vi* cierpieć,
chorować
aileron [ˈeɪlərɒn] *s lotn.* lotka
ail·ment [ˈeɪlmənt] *s* niedomaganie, dolegliwość, choroba
aim [eɪm] *vt* celować, mierzyć;
mieć na celu; dążyć **(at sth** do
czegoś); *vt* mierzyć, rzucać; kierować (uwagę); *s* cel, zamiar;
to take ~ celować **(at sth** do czegoś)
ain't [eɪnt] *pot.* = **am not, is not,
are not** *zob.* **be**
air 1. [eə(r)] *s* powietrze; **by ~**
drogą powietrzną; **on the ~** na-
dany przez radio; **to take the ~**
przejść się; **~ force** siły lotnicze;
~ ministry ministerstwo lotnic-
twa; *vt* wietrzyć; suszyć (na
wietrze)
air 2. [eə(r)] *s* aria, pieśń
air 3. [eə(r)] *s* wygląd, mina; zachowanie; *zw. pl* **~s** poza; **to
give oneself ~s** pozować; pysznić się
air-con·di·tion·ing [ˈeəkənˈdɪʃnɪŋ] *s*
klimatyzacja
air·craft [ˈeəkrɑːft] *s* samolot; *zbior.*
lotnictwo
air·craft-car·ri·er [ˈeəkrɑːft kærɪə(r)]
s lotniskowiec
air·drome [ˈeədrəʊm] *s am.* = **aerodrome**
air·i·ly [ˈeərəli] *adv* impertynenc-
ko; lekko, beztrosko
air-lift [ˈeəlɪft] *s* transport powietrzny
air-line [ˈeəlaɪn] *s* linia lotnicza
air-lin·er [ˈeəlaɪnə(r)] *s* regularnie
kursujący samolot komunikacyj-
ny
air-mail [ˈeəmeɪl] *s* poczta lotnicza
air·man [ˈeəmən] *s* lotnik
air·plane [ˈeəpleɪn] *s am.* = **aeroplane**
air·port [ˈeəpɔːt] *s* lotnisko
air·proof [ˈeəpruːf] *adj* hermetycz-

ny, szczelny
air-raid [ˈeəreɪd] *s* nalot lotniczy
air-route [ˈeəruːt] *s* linia lotnicza
air·screw [ˈeəskruː] *s* śmigło
air·shel·ter [ˈeəʃeltə(r)] *s* schron
przeciwlotniczy
air·ship [ˈeəʃɪp] *s* statek powietrzny
air-tight [ˈeətaɪt] *adj* szczelny, hermetyczny
air·way [ˈeəweɪ] *s* linia lotnicza;
górn. wentyl
air·wor·thy [ˈeəwɜːðɪ] *adj* (*o samolocie*) zdolny do latania
air·y [ˈeərɪ] *adj* przewiewny, lekki; (*o człowieku*) próżny, beztroski
a·jar [əˈdʒɑː(r)] *adj praed* (*o
drzwiach, bramie*) półotwarty
a·kin [əˈkɪn] *adj praed* krewny;
podobny
a·lac·ri·ty [əˈlækrətɪ] *s* żwawość,
gotowość
a·larm [əˈlɑːm] *s* alarm; strach, popłoch, oszołomienie; **to take ~**
ulec panice; *vt* alarmować, niepokoić
a·larm-clock [əˈlɑːmklɒk] *s* budzik
a·las [əˈlæs] *int* niestety!
al·bum [ˈælbəm] *s* album
al·bu·men [ˈælbjumen] *s biol. chem.*
białko
al·che·my [ˈælkəmɪ] *s* alchemia
al·co·hol [ˈælkəhɒl] *s* alkohol, napój alkoholowy
al·co·hol·ic [ˈælkəˈhɒlɪk] *adj* alkoholowy; *s* alkoholik
al·der·man [ˈɔːldəmən] *s* radny miejski
ale [eɪl] *s* jasne piwo

a·lert [əˈlɜːt] *adj* czujny; żwawy; *s
zw. lotn.* alarm; pogotowie; **on
the ~** na straży, w pogotowiu
al·ge·bra [ˈældʒɪbrə] *s* algebra
a·li·as [ˈeɪlɪəs] *adv* inaczej; *s* przybrane nazwisko
al·i·bi [ˈælɪbaɪ] *s* alibi
al·ien [ˈeɪlɪən] *adj* obcy; cudzoziemski; *s* cudzoziemiec
al·ien·ate [ˈeɪlɪəneɪt] *vt* przenieść

(majątek na kogoś); odstręczyć, zrazić; oderwać

a·lien·a·tion [ˌeɪlɪəˈneɪʃn] s alienacja; wyobcowanie

a·light [əˈlaɪt] vi schodzić, zstępować; spadać; wysiadać; (o samolocie, ptaku) lądować z powietrza

a·lign [əˈlaɪn] vt ustawiać w rząd, szeregować; vi wojsk. równać

a·like [əˈlaɪk] adj praed podobny, jednakowy; adv podobnie, jednakowo; zarówno

a·li·men·ta·ry [ˌælɪˈmentrɪ] adj odżywczy; spożywczy; żywiący, utrzymujący; the ~ canal przewód pokarmowy

a·li·mo·ny [ˈælɪmənɪ] s alimenty

a·live [əˈlaɪv] adj praed żywy; żwawy; pełen życia; to be ~ to sth być wrażliwym na coś ⟨świadomym czegoś⟩

al·ka·li [ˈælkəlaɪ] s chem. zasada; pl ~s alkalia

al·ka·line [ˈælkəlaɪn] adj chem. alkaliczny

all [ɔl] adj i pron wszystek, cały, całkowity, każdy, wszelki; after ~ mimo wszystko; ostatecznie; ~ but prawie że, nieomal; ~ in — całkowicie, razem wziąwszy; ~ of us my wszyscy; at ~ w ogóle; before ~ przede wszystkim; for ~ that mimo wszystko; in ~ w całości, ogółem; most of ~ najbardziej, przede wszystkim; not at ~ wcale nie, nie ma za co (dziękować); once for ~ raz na zawsze; s wszystko, całość; adv całkowicie, w pełni; ~ right wszystko w porządku, dobrze; ~ the same wszystko jedno; mimo wszystko; ~ the better tym lepiej; ~ over wszędzie, na całej przestrzeni; it is ~ over with him koniec z nim; ~ told w sumie, wszystko razem

al·lay [əˈleɪ] vt uśmierzyć, uspokoić; złagodzić, osłabić

al·lege [əˈledʒ] vt twierdzić (bez dowodów); przytaczać, powoływać się (sth na coś)

al·leged [əˈledʒd] adj rzekomy, domniemany

al·le·giance [əˈliːdʒəns] s wierność, lojalność; hist. poddaństwo

al·le·gor·i·cal [ˌælɪˈɡɒrɪkl] adj alegoryczny

al·le·go·ry [ˈælɪɡərɪ] s alegoria

al·ler·gy [ˈælədʒɪ] s alergia (to sth na coś)

al·le·vi·ate [əˈliːvɪeɪt] vt ulżyć, złagodzić; zaspokoić

al·ley [ˈælɪ] s aleja; uliczka; przejście; blind ~ ślepy zaułek

al·li·ance [əˈlaɪəns] s przymierze; związek; pokrewieństwo

al·lied [ˈælaɪd] adj sprzymierzony; pokrewny, bliski

al·li·ga·tor [ˈælɪɡeɪtə(r)] s aligator

al·lit·er·a·tion [əˌlɪtəˈreɪʃn] s aliteracja

al·lo·cate [ˈæləkeɪt] vt przydzielić; wyznaczyć

al·lot [əˈlɒt] vt przydzielić, przyznać; wyznaczyć; rozdzielić; rozparcelować

al·lot·ment [əˈlɒtmənt] s przydział; cząstka; kawałek gruntu, działka

al·low [əˈlaʊ] vt pozwalać; przyznawać; przeznaczać, uznawać; vi ~ of sth dopuszczać do czegoś, zgadzać się na coś; ~ for sth brać coś pod uwagę

al·low·ance [əˈlaʊəns] s przydział, racja; (przyznany) fundusz, dotacja; renta; bonifikata; kieszonkowe; tolerowanie, pozwolenie; family ~ dodatek rodzinny; to make ~s for sth brać coś pod uwagę

al·loy [əˈlɔɪ] vt mieszać (metale); s [ˈælɔɪ] stop; próba (np. złota)

al·lude [əˈluːd] vi robić aluzję (to sth do czegoś)

al·lure [əˈljʊə(r)] vt nęcić, uwodzić

al·lu·sion [əˈluːʒn] s aluzja, przytyk

al·ly [əˈlaɪ] vt połączyć, sprzymierzyć; skoligacić; vi połączyć się, być sprzymierzonym; s [ˈælaɪ] sprzymierzeniec

al·ma·nac [ˈɒlmənæk] s almanach, kalendarz

al·might·y [ɔl'maɪtɪ] adj wszech-
potężny, wszechmocny

al·mond ['aːmənd] s migdał

al·most ['ɔlməust] adv prawie

alms [aːmz] s sing i pl jałmużna

a·loft [ə'lɔft] adv w górę, w górze

a·lone [ə'ləun] adj praed sam, sam
jeden; to let sb, sth ~ pozostawić kogoś, coś w spokoju; adv
tylko, jedynie; let ~ zwłaszcza,
a co dopiero

a·long [ə'lɔŋ] praep wzdłuż; all ~
na całą długość, przez cały czas;
~ the street ulicą; ~ with razem, wspólnie, wraz z; adv naprzód, dalej; come ~! chodź tu!;
to take ~ zabrać

a·long·side [ə'lɔŋ'saɪd] adv w jednym rzędzie, obok; praep wzdłuż,
obok, przy

a·loof [ə'luf] adv z dala; na uboczu

a·loud [ə'laud] adv głośno, na głos

al·pha·bet ['ælfəbət] s alfabet

al·pha·bet·i·cal ['ælfə'betɪkl] adj
alfabetyczny

al·pine ['ælpaɪn] adj alpejski; górski

al·pi·nist ['ælpɪnɪst] s alpinista

al·read·y [ɔl'redɪ] adv już; poprzednio

al·so ['ɔlsəu] adv także, również

al·tar ['ɔltə(r)] s ołtarz

al·ter ['ɔltə(r)] vt vi zmieniać (się)

al·ter·a·tion ['ɔltə'reɪʃn] s zmiana

al·ter·nate 1. [ɔl'tɜːnət] adj co drugi, kolejny, odbywający się na
zmianę

al·ter·nate 2. ['ɔltəneɪt] vt zmieniać
kolejno, robić coś na zmianę; vi
następować kolejno, zmieniać się

al·ter·na·tive [ɔl'tɜːnətɪv] s alternatywa; adj alternatywny

al·though [ɔl'ðəu] conj chociaż, mimo że

al·ti·tude ['æltɪtjud] s wysokość

al·to ['æltəu] s muz. alt

al·to·geth·er ['ɔltə'geðə(r)] adv całkowicie, w pełni; ogółem

al·tru·ism ['æltruɪzm] s altruizm

al·um ['æləm] s ałun

al·um·nus [ə'lʌmnəs] s (pl alumni

[ə'lʌmnaɪ]) wychowanek, absolwent

al·ways ['ɔlwɪz] adv zawsze, ciągle

am zob. be

a·mal·ga·mate [ə'mælgəmeɪt] vt vi
łączyć (się), jednoczyć (się)

a·mass [ə'mæs] vt zbierać, gromadzić

am·a·teur ['æmətə(r)] s amator

a·maze [ə'meɪz] vt zdumieć

a·maze·ment [ə'meɪzmənt] s zdumienie

amaz·ing [ə'meɪzɪŋ] ppraes i adj
zdumiewający

am·bas·sa·dor [æm'bæsədə(r)] s ambasador; minister pełnomocny;
poseł (to France we Francji; in
Paris w Paryżu)

am·ber ['æmbə(r)] s bursztyn

am·bi·gu·i·ty ['æmbɪ'gjuətɪ] s dwuznaczność, dwuznacznik, niejasność

am·big·u·ous [æm'bɪgjuəs] adj dwuznaczny, niejasny

am·bi·tion [æm'bɪʃn] s ambicja

am·bi·tious [æm'bɪʃəs] adj ambitny

am·bu·lance ['æmbjuləns] s karetka pogotowia; szpital polowy

am·bush ['æmbuʃ] s zasadzka; vt
napadać z zasadzki; robić zasadz-
kę, czyhać (sb na kogoś)

a·mel·io·rate [ə'miːlɪəreɪt] vt vi poprawiać (się), polepszać (się)

a·men ['aːmen] nieodm. amen

a·me·na·bil·i·ty [əminə'bɪlətɪ] s odpowiedzialność sądowa; uległość,
powolność

a·me·na·ble [ə'miːnəbl] adj odpowiedzialny (wobec prawa); uległy, powolny; dostępny

a·mend [ə'mend] vt poprawiać, u-
sprawniać, wnosić poprawki; vi
poprawiać się; s pl ~s zadośćuczynienie, kompensata; to make
~s for sth zrekompensować coś;
naprawić coś (np. krzywdę)

a·mend·ment [ə'mendmənt] s poprawa, naprawa; prawn. poprawka, nowela

A·mer·i·can [ə'merɪkən] s Amerykanin; *adj* amerykański

a·mi·a·bi·li·ty ['eɪmɪə'bɪlətɪ] s uprzejmość, miłe obejście

a·mi·a·ble ['eɪmɪəbl] *adj* miły, uprzejmy

a·mi·ca·ble ['æmɪkəbl] *adj* przyjacielski; polubowny

a·mid [ə'mɪd], **a·midst** [ə'mɪdst] *praep* pomiędzy, pośród

a·miss [ə'mɪs] *adv* fałszywie, błędnie, nieodpowiednio; **to come ~** przybyć nie w porę; **sth is ~ with him** z nim jest coś nie w porządku; **to take ~** brać za złe

am·i·ty ['æmətɪ] s przyjaźń; **a treaty of ~** układ o przyjaźni

am·mo·nia [ə'məunɪə] s amoniak

am·mu·ni·tion ['æmju'nɪʃn] s amunicja

am·nes·ty ['æmnəstɪ] s amnestia; *vt* udzielić amnestii

a·moe·ba [ə'mibə] s zool. ameba

a·mok [ə'mɒk] *adv* = **amuck**

a·mong [ə'mʌŋ], **a·mongst** [ə'mʌŋst] *praep* między, wśród

am·o·rous ['æmərəs] *adj* zakochany; *pot.* kochliwy

a·mor·phous [ə'mɔːfəs] *adj* bezpostaciowy, bezkształtny

a·mount [ə'maunt] *vi* stanowić (sumę), wynosić; równać się **(to sth** czemuś); **the bill ~s to £100** rachunek wynosi 100 funtów; **this ~s to nothing** nic z tego nie wychodzi; *s* suma, ilość; wartość, znaczenie, wynik

am·phib·ian [æm'fɪbɪən] s zwierzę ziemnowodne; *lotn. wojsk.* amfibia

am·phi·the·a·tre ['æmfɪθɪətə(r)] s amfiteatr

am·ple ['æmpl] *adj* obszerny, obfity; wystarczający, dostatni; rozłożysty

am·pli·fy ['æmplɪfaɪ] *vt* rozszerzać, powiększać; *elektr.* wzmacniać; *vi* rozwodzić się (**on sth** nad czymś)

am·pli·tude ['æmplɪtjud] s zasięg; obfitość; *fiz.* amplituda

am·pu·tate ['æmpjuteɪt] *vt* amputować

a·muck [ə'mʌk] *adv* w szale; **to run ~** wpaść w szał

a·muse [ə'mjuz] *vt* zabawiać

a·muse·ment [ə'mjuzmənt] s rozrywka, zabawa

an [ən, æn] przedimek ⟨*rodzajnik*⟩ *nieokreślony (przed samogłoską)*; *zob.* **a**

a·nach·ro·nic ['ænə'kronɪk], **a·nach·ro·nis·tic** [ə'nækrə'nɪstɪk] *adj* anachroniczny

a·nach·ro·nism [ə'nækrənɪzm] s anachronizm

a·nae·mi·a, **a·ne·mi·a** [ə'nimɪə] s anemia, niedokrwistość

an·aes·the·sia ['ænɪs'θizɪə] s anestezja, znieczulenie

an·aes·thet·ic ['ænɪs'θetɪk] *adj* znieczulający; s środek znieczulający

a·nal·o·gous [ə'næləgəs] *adj* analogiczny

a·nal·o·gy [ə'nælədʒɪ] s analogia

an·a·lyse ['ænəlaɪz] *vt* analizować

a·nal·y·sis [ə'næləsɪs] s (*pl* **analyses** [ə'næləsiz]) analiza; *gram.* rozbiór

an·a·lyze ['ænəlaɪz] *vt* *am.* = **analyse**

a·narch·ic(al) [æ'nakɪk(l)] *adj* anarchiczny

an·ar·chy ['ænəkɪ] s anarchia

a·nath·e·ma [ə'næθəmə] s klątwa

an·a·tom·ic(al) ['ænə'tomɪk(l)] *adj* anatomiczny

a·nat·o·my [ə'nætəmɪ] s anatomia

an·ces·tor ['ænsɪstə(r)] s przodek, antenat

an·ces·tral [æn'sestrl] *adj* dziedziczny, rodowy

an·ces·try ['ænsɪstrɪ] s zbiór. przodkowie; ród

an·chor ['æŋkə(r)] s kotwica; *vt* zakotwiczyć; *vi* stać na kotwicy

an·chor·age ['æŋkərɪdʒ] s miejsce zakotwiczenia; kotwiczne (opłata)

an·chor·ite ['æŋkəraɪt] s pustelnik

an·cient ['eɪnʃnt] *adj* dawny, stary, starożytny; wiekowy

and [ænd, ənd, ən] *conj* i, a; z;

for hours ~ hours całymi godzinami; **better** ~ **better** coraz lepiej

an·ec·dote ['ænɪkdəut] s anegdota

a·new [ə'nju] adv na nowo, powtórnie; inaczej

an·gel ['eɪndʒl] s anioł

an·gel·ic [æn'dʒelɪk] adj anielski

an·ger ['æŋgə(r)] s gniew; vt gniewać, złościć

an·gi·na [æn'dʒaɪnə] s angina

an·gle 1. ['æŋgl] s kąt; przen. punkt widzenia

an·gle 2. ['æŋgl] vi łowić ryby na wędkę

an·gler ['æŋglə(r)] s wędkarz

An·gli·can ['æŋglɪkən] adj anglikański; s anglikanin

An·glo-Sax·on ['æŋgləu 'sæksn] s Anglosas; adj anglosaski

an·gry ['æŋgrɪ] adj zagniewany; gniewny; **to be** ~ **with sb** ⟨at sth⟩ gniewać się na kogoś ⟨na coś⟩; **to get** ~ rozgniewać się

an·guish ['æŋgwɪʃ] s lęk, męka, ból

an·gu·lar ['æŋgjulə(r)] adj kątowy; narożny; kanciasty; kościsty

an·i·line ['ænɪlɪn] s chem. anilina

an·i·mal ['ænəml] s zwierzę, stworzenie; adj zwierzęcy; zmysłowy

an·i·mate ['ænɪmeɪt] vt ożywiać; pobudzać; adj ['ænɪmət] ożywiony, żywy, żwawy

an·i·ma·tion ['ænɪ'meɪʃn] s ożywienie

an·i·mos·i·ty ['ænɪ'mosətɪ] s animozja, niechęć, uraza

ani·seed ['ænɪsɪd] s anyżek

an·kle ['æŋkl] s kostka (u nogi)

an·nal·ist ['ænəlɪst] s kronikarz

an·nals ['ænlz] s pl rocznik, kronika

an·nex ['ænəks] s (także **annexe**) aneks, dodatek; przybudówka; vt [ə'neks] dołączyć, przyłączyć; anektować

an·nex·a·tion ['ænek'seɪʃn] s przyłączenie; aneksja

an·ni·hi·late [ə'naɪəleɪt] vt niszczyć, unicestwiać

an·ni·ver·sa·ry ['ænɪ'vɜsrɪ] s rocznica

Anno Dom·i·ni ['ænəu 'domɪnaɪ] roku pańskiego; naszej ery

an·no·tate ['ænəteɪt] vt objaśniać, komentować

an·no·ta·tion ['ænə'teɪʃn] s adnotacja, uwaga, komentarz

an·nounce [ə'nauns] vt zapowiadać, ogłaszać, zawiadamiać

an·nounce·ment [ə'naunsmənt] s zawiadomienie, zapowiedź, ogłoszenie, komunikat

an·noun·cer [ə'naunsə(r)] s konferansjer; **radio** ~ spiker

an·noy [ə'nɔɪ] vt dokuczać, niepokoić, drażnić

an·noy·ance [ə'nɔɪəns] s utrapienie, udręka; dokuczanie, złośliwość; **to subject sb to** ~ dokuczać komuś

an·noyed [ə'nɔɪd] zob. **annoy**; adj zagniewany, rozdrażniony; **to be** ~ **with sb** gniewać się na kogoś; **to get** ~ **at sth** zmartwić, zirytować się czymś

an·nu·al ['ænjuəl] adj roczny, coroczny; s rocznik

an·nu·i·ty [ə'njuɪtɪ] s roczna suma; renta; **life** ~ renta dożywotnia

an·nul [ə'nʌl] vt anulować, unieważniać

an·nun·ci·a·tion [ə'nʌnsɪ'eɪʃn] s oznajmienie; rel. zwiastowanie

a·nom·a·lous [ə'nomələs] adj nienormalny, anormalny, nieprawidłowy

a·nom·a·ly [ə'nɔməlɪ] s anomalia

a·non·y·mous [ə'nonɪməs] adj anonimowy; ~ **letter** anonim

an·oth·er [ə'nʌðə(r)] adj i pron inny, drugi, jeszcze jeden; **in** ~ **way** inaczej; ~ **two hours** jeszcze dwie godziny

an·swer ['ansə(r)] s odpowiedź (**to sth** na coś); rozwiązanie; vt odpowiadać (**sth** na coś); spełniać, zaspokajać (życzenie); **answer** (celowi); vi być odpowiedzialnym (**for sth to sb** za coś przed kimś); odpowiadać (**to sth** na coś)

an·swer·a·ble ['ansərəbl] adj odpowiedzialny **(for sth to sb** za coś przed kimś)

ant [ænt] s mrówka

a'nt [ant] = am not, are not; zob. be

an·tag·o·nism [æn`tægənɪzm] s antagonizm

an·tag·o·nize [`æn`tægənaɪz] vt sprzeciwiać się, przeciwdziałać; wzbudzać wrogość

ant·arc·tic [`æn`taktɪk] adj antarktyczny; s **the Antarctic** Anktarktyda

ant·eat·er [`ænt itə(r)] s zool. mrówkojad

an·te·ce·dent [`æntɪ`sidnt] adj poprzedzający **(to sth** coś), poprzedni; s poprzedzająca okoliczność; gram. poprzednik

an·te·cham·ber [`æntɪ tʃeɪmbə(r)] s przedpokój; poczekalnia

an·te·date [`æntɪ`deɪt] vt antydatować

an·te·lope [`æntɪləʊp] s antylopa

an·ten·na [æn`tenə] s (pl **antennae** [æn`teni]) antena; zool. czułek

an·te·ri·or [æn`tɪərɪə(r)] adj poprzedzający **(to sth** coś); wcześniejszy **(to sth** od czegoś), poprzedni

an·te·room [`æntɪ rʊm] s przedpokój; poczekalnia

an·them [`ænθəm] s hymn

anthill [`ænthɪl] s mrowisko

an·thol·o·gy [`æn`θolədʒɪ] s antologia

an·thro·pol·o·gy [`ænθrə`polədʒɪ] s antropologia

an·ti-air·craft [`æntɪ `eəkraft] adj attr przeciwlotniczy; s artyleria przeciwlotnicza, działo przeciwlotnicze

an·tibi·o·tic [`æntɪbaɪ`otɪk] s antybiotyk

anti·body [`æntɪbodɪ] s przeciwciało

an·tic [`æntɪk] s zw. pl ~s błazenada

an·ti·ci·pate [`æn`tɪsɪpeɪt] vt antycypować, uprzedzać; przewidywać; przyspieszać

an·ti·ci·pat·ed [`æn`tɪsɪpeɪtɪd] zob.

anticipate; adj przedterminowy; handl. wykupiony przed terminem

an·ti·ci·pa·tion [`æn`tɪsɪ`peɪʃn] s uprzedzanie, przewidywanie; przyspieszenie; zapłata z góry, zaliczka; **in ~** z góry; handl. przedterminowo

an·ti·dote [`æntɪdəʊt] s antidotum, odtrutka

an·tip·a·thy [æn`tɪpəθɪ] s antypatia

an·ti·qua·ry [`æntɪkwərɪ] s antykwariusz, zbieracz antyków

an·ti·quat·ed [`æntɪkweɪtɪd] adj przestarzały

an·tique [`æn`tik] adj starożytny, antyczny; staroświecki; s sztuka starożytna; antyk

an·tiq·ui·ty [æn`tɪkwətɪ] s starożytność; antyk

an·ti-Sem·ite [`ænti `simaɪt] s antysemita

an·tith·e·sis [æn`tɪθəsɪs] s antyteza

ant·ler [`æntlə(r)] s róg (np. jelenia)

an·vil [`ænvɪl] s kowadło

anx·i·e·ty [æŋg`zaɪətɪ] s niepokój, trwoga **(for, about sth** o coś); troska; dążenie, pożądanie

anx·ious [`æŋkʃəs] adj niespokojny, pełen troski **(for, about sth** o coś); pożądający, pragnący **(for, about sth** czegoś)

an·y [`enɪ] pron jaki, jakiś, jakikolwiek; wszelki; każdy; którykolwiek; **not ~** żaden; adv nieco, trochę, jeszcze; **~ farther** trochę dalej; **not ~ farther** ani trochę dalej; **it is not ~ good** to się na nic nie przyda

an·y·bod·y [`enɪbodɪ] pron ktokolwiek, ktoś; każdy

an·y·how [`enɪhaʊ] adv jakkolwiek, w jakikolwiek sposób; byle jak· w każdym razie; **not ... ~** w żaden sposób

an·y·one [`enɪwʌn] pron = anybody

an·y·thing [`enɪθɪŋ] pron cokolwiek, coś; wszystko; z przeczeniem: nic

an·y·way [`enɪweɪ] adv = anyhow

an·y·where [`enɪweə(r)] adv gdziekolwiek, gdzieś; wszędzie; z *prze-czeniem*: nigdzie

a·part [ə'pat] *adv* oddzielnie, na boku, na bok; osobno; w odległości; ~ **from** pomijając, abstrahując, niezależnie od, oprócz; **to get** ~ oddzielić; **to set** ~ odłożyć; **to take** ~ rozkładać, rozbierać na części

a·part·heid [ə'pathert] *s* segregacja rasowa (w Afryce), apartheid

a·part·ment [ə'patmənt] *s* pokój, mieszkanie; *am.* ~ **house** dom mieszkalny (czynszowy), kamienica

ap·a·thet·ic ['æpə'θetɪk] *adj* apatyczny, obojętny

ap·a·thy ['æpəθɪ] *s* apatia, obojętność

ape [eɪp] *s* małpa (człekokształtna); *vt* małpować

ap·er·ture ['æpətʃə(r)] *s* otwór, szczelina

a·pex ['eɪpeks] *s* (*pl* ~es ['eɪpeksɪz] *lub* apices ['eɪpɪsɪz]) szczyt, punkt szczytowy

a·piece [ə'pis] *adv* za sztukę; na każdego, na głowę

a·pol·o·gize [ə'pɒlədʒaɪz] *vi* usprawiedliwiać się (**to sb for sth** przed kimś z czegoś), przepraszać

a·pol·o·gy [ə'pɒlədʒɪ] *s* usprawiedliwienie, przeproszenie; obrona

ap·o·plex·y ['æpəpleksɪ] *s* apopleksja

a·pos·tle [ə'pɒsl] *s* apostoł; wyznawca

a·pos·tro·phe [ə'pɒstrəfɪ] *s* apostrof; apostrofa, zwrot

ap·pal [ə'pɔl] *vt* trwożyć, przerażać

ap·pa·ra·tus ['æpə'reɪtəs] *s* (*pl* ~ *lub* ~es ['æpə'reɪtəsɪz]) aparat, przyrząd, urządzenie; (*w organizmie*) narząd

ap·par·ent [ə'pærnt] *adj* widoczny, oczywisty; pozorny

ap·pa·ri·tion ['æpə'rɪʃn] *s* pojawienie się (widma, upiora itp.)

ap·peal [ə'pil] *vi* apelować, zwracać się, wzywać, usilnie prosić (**to sb for sth** kogoś o coś); nęcić,

pociągać; oddziaływać (**to sb na** kogoś); *s* apel, wezwanie; odwołanie, apelacja; zainteresowanie, pociąg; **popular** ~ popularność; **sex** ~ atrakcyjność, powab (płci); **an** ~ **to a higher court** apelacja do sądu wyższej instancji; **an** ~ **from a decision** odwołanie od (czyjejś) decyzji; **to make an** ~ **for help** prosić ⟨błagać⟩ o pomoc

ap·pear [ə'pɪə(r)] *vi* zjawiać się, pokazywać się; występować; wydawać się, zdawać się; okazywać się

ap·pear·ance [ə'pɪərns] *s* wygląd zewnętrzny; zjawienie się; wystąpienie; pozór; **at first** ~ **na pierwszy rzut oka**; **to keep up** ~s zachowywać pozory

ap·pease [ə'piz] *vt* uspokoić, uśmierzyć, złagodzić; uciszyć; zaspokoić

ap·pease·ment [ə'pizmənt] *s* uspokojenie, uśmierzenie, złagodzenie; **policy of** ~ polityka łagodzenia (sporów międzynarodowych)

ap·pel·la·tion ['æpə'leɪʃn] *s* nazwa, termin

ap·pend [ə'pend] *vt* dołączyć, dodać

ap·pen·dage [ə'pendɪdʒ] *s* dodatek, uzupełnienie

ap·pen·di·ci·tis [ə'pendə'saɪtɪs] *s med.* zapalenie wyrostka robaczkowego

ap·pen·dix [ə'pendɪks] *s* (*pl* ~es [ə'pendɪksɪz] *lub* appendices [ə'pendɪsɪz]) dodatek, uzupełnienie; *anat.* wyrostek robaczkowy

ap·per·tain ['æpə'teɪn] *vi* należeć, odnosić się

ap·pe·tite ['æpətaɪt] *s* apetyt (**for sth** na coś)

ap·pe·tiz·er ['æpətaɪzə(r)] *s* zakąska, małe danie

ap·pe·tiz·ing ['æpətaɪzɪŋ] *adj* apetyczny

ap·plaud [ə'plɔd] *vt* oklaskiwać; przyklasnąć; *vi* klaskać

apron

ap·plause [ə'plɔz] s aplauz, oklaski; pochwała

ap·ple ['æpl] s jabłko; ~ **of the eye** źrenica; *przen.* oczko w głowie

ap·pli·ance [ə'plaɪəns] s zastosowanie, użycie; narzędzie, instrument; *pl* ~s przybory

ap·pli·ca·ble ['æplɪkəbl] *adj* dający się zastosować, stosowny

ap·pli·cant ['æplɪkənt] s petent; kandydat

ap·pli·ca·tion ['æplɪ'keɪʃn] s aplikacja; podanie; zastosowanie, użycie; uwaga; pilność; ~ **form** formularz (podaniowy)

ap·ply [ə'plaɪ] *vt* stosować, używać; poświęcać (uwagę, trud); *vi* zwracać się (**to sb for sth** do kogoś o coś), starać się (**for sth** o coś); dać się zastosować, odnosić się; oddawać się (**to sth** czemuś); *vr* ~ **oneself** przykładać się (**to sth** do czegoś)

ap·point [ə'pɔɪnt] *vt* wyznaczać; mianować; określać; zarządzić; umawiać

ap·point·ment [ə'pɔɪntmənt] s wyznaczenie; nominacja; określenie; zarządzenie; stanowisko, posada; umowa; umówione spotkanie; **to keep an** ~ przyjść na spotkanie; **to make an** ~ umówić się na spotkanie

ap·po·site ['æpəzɪt] *adj* stosowny, trafny

ap·po·si·tion ['æpə'zɪʃn] s przyłożenie, zastosowanie; *gram.* dopowiedzenie

ap·praise [ə'preɪz] *vt* szacować, cenić

ap·pre·ci·a·ble [ə'priʃəbl] *adj* godny zauważenia, znaczny

ap·pre·ci·ate [ə'priʃɪeɪt] *vt* ocenić, oszacować; uznawać, wysoko sobie cenić; dziękować, być wdzięcznym (**sth** za coś); *am.* podnieść wartość; *vi* zyskiwać na wartości

ap·pre·ci·a·tion [ə'priʃɪ'eɪʃn] s ocena; uznanie; wdzięczność, podziękowanie; *am.* podwyższenie ⟨wzrost⟩ ceny

ap·pre·hend ['æprɪ'hend] *vt* rozumieć, pojmować; obawiać się; chwycić, pojmać

ap·pre·hen·sion ['æprɪ'henʃn] s pojętność, rozumienie; obawa; ujęcie, pojmanie; **beyond** ~ nie do pojęcia

ap·pre·hen·sive ['æprɪ'hensɪv] *adj* pojętny, bystry, rozumiejący (**of sth** coś); bojaźliwy, niespokojny (**for sb, of sth** o kogoś, o coś)

ap·pren·tice [ə'prentɪs] s uczeń, terminator, nowicjusz; *vt* oddać do terminu, na naukę

ap·pren·tice·ship [ə'prentɪsʃɪp] s terminowanie, nauka (rzemiosła), praktyka (w zawodzie)

ap·proach [ə'prəʊtʃ] *vt* zbliżać się, podchodzić (**sb, sth** do kogoś, do czegoś); zagadnąć (**sb** kogoś); *vi* zbliżać się, nadchodzić, być bliskim; s zbliżenie, podejście; dostęp, wejście, wjazd; **easy of** ~ łatwo dostępny

ap·pro·ba·tion ['æprə'beɪʃn] s aprobata, uznanie

ap·pro·pri·ate [ə'prəʊprɪət] *adj* odpowiedni, stosowny; *vt* [ə'prəʊprɪeɪt] przywłaszczać sobie; przypisywać sobie; użyć, przeznaczyć (**to sth** na coś); wyasygnować

ap·pro·pri·ate·ness [ə'prəʊprɪətnɪs] s stosowność, odpowiedniość; **with** ~ stosownie, trafnie, właściwie

ap·pro·pri·a·tion [ə'prəʊprɪ'eɪʃn] s przywłaszczenie; asygnowanie (*zw.* kredytów)

ap·prov·al [ə'pruvl] s uznanie, aprobata; *handl.* **on** ~ na próbę

ap·prove [ə'pruv] *vt vi* aprobować, uznawać (**sth, of sth** coś)

ap·prox·i·mate [ə'prɒksɪmeɪt] *vi* zbliżać (się), podchodzić (**to sb, sth** do kogoś, do czegoś); *vt* zbliżać; *adj* [ə'prɒksɪmət] przybliżony

ap·pur·ten·ance [ə'pɜtɪnəns] s przynależność; *pl* ~s akcesoria

a·pri·cot ['eɪprɪkɒt] s morela

A·pril ['eɪprl] s kwiecień

a·pron ['eɪprən] s fartuch; płyta lotniskowa

apt [æpt] *adj* odpowiedni; skłonny; zdolny; nadający się **(for sth do czegoś)**

ap·ti·tude [ˈæptɪtjud] *s* stosowność; skłonność; zdolność

a·qua·ri·um [əˈkweərɪəm] *s* akwarium

aq·uat·ic [əˈkwætɪk] *adj* (*o zwierzętach, roślinach, sportach*) wodny

Ar·ab [ˈærəb] *s* Arab; (*koń*) arab

A·ra·bian [əˈreɪbɪən] *adj* arabski; *s* Arab

A·ra·bic [ˈærəbɪk] *adj* arabski; *s* język arabski

a·ra·ble [ˈærəbl] *adj* orny

ar·bi·ter [ˈɑbɪtə(r)] *s* arbiter, rozjemca

ar·bi·tral [ˈɑbɪtrəl] *adj* polubowny

ar·bi·tra·ry [ˈɑbɪtrərɪ] *adj* arbitralny; dowolny, samowolny

ar·bi·trate [ˈɑbɪtreɪt] *vi* być sędzią polubownym; *vt* załatwić polubownie, rozstrzygnąć

ar·bi·tra·tion [ˌɑbɪˈtreɪʃn] *s* arbitraż, postępowanie rozjemcze

arc [ɑk] *s* mat. łuk; ~ **light** światło łukowe

arch 1. [ɑtʃ] *s* arch. łuk, sklepienie; *vt vi* wyginać (się) w łuk; nadawać ⟨przybierać⟩ formę łuku

arch 2. [ɑtʃ] *adj* wisusowski, łobuzerski

arch 3. [ɑtʃ] *praef* arcy-; archi-

ar·chae·ol·o·gy [ˌɑkɪˈolədʒɪ] *s* archeologia

ar·cha·ic [ɑˈkeɪɪk] *adj* archaiczny

ar·cha·ism [ˈɑkeɪɪzm] *s* archaizm

ar·chan·gel [ˈɑkˌeɪndʒl] *s* archanioł

arch·bish·op [ɑtʃˈbɪʃəp] *s* arcybiskup

arch·duke [ɑtʃˈdjuk] *s* arcyksiążę

arch·er [ˈɑtʃə(r)] *s* łucznik

arch·er·y [ˈɑtʃərɪ] *s* łucznictwo

ar·chi·pel·a·go [ˌɑkɪˈpeləgəʊ] *s* archipelag

ar·chi·tect [ˈɑkɪtekt] *s* architekt

ar·chi·tec·ture [ˈɑkɪtektʃə(r)] *s* architektura

ar·chives [ˈɑkaɪvz] *s pl* archiwum

arc·tic [ˈɑktɪk] *adj* arktyczny; *s* the **Arctic** Arktyka

ar·dent [ˈɑdnt] *adj* płonący, gorący; zapalony, żarliwy

ar·dour [ˈɑdə(r)] *s* żar; żarliwość, zapał

ar·du·ous [ˈɑdjʊəs] *adj* męczący, trudny; (*o skale itp.*) stromy

are [ɑ(r)] *zob.* be

a·re·a [ˈeərɪə] *s* przestrzeń, powierzchnia, płaszczyzna, plac; zakres; okolica; strefa

a·re·na [əˈrinə] *s* arena

aren't [ɑnt] = are not; *zob.* be

ar·gen·tine [ˈɑdʒəntaɪn] *adj* srebrny, srebrzysty

Ar·gen·tin·e·an [ˌɑdʒənˈtɪnɪən] *adj* argentyński; *s* Argentyńczyk

ar·gue [ˈɑgju] *vt* roztrząsać; uzasadniać, argumentować; wnioskować; wmawiać **(sb into sth komuś coś)**, przekonywać **(sb into sth kogoś o czymś)**; perswadować **(sb out of sth komuś coś)**; *vi* argumentować **(for sth za czymś, against sth przeciw czemuś)**; sprzeczać się **(about, for sth o coś)**

ar·gu·ment [ˈɑgjʊmənt] *s* argument, dowód; dyskusja, sprzeczka; teza

aria [ˈɑrɪə] *s* muz. aria

ar·id [ˈærɪd] *adj* suchy, jałowy

a·right [əˈraɪt] *adv* słusznie, prawidłowo, dobrze

*****a·rise** [əˈraɪz], **arose** [əˈrəʊz], **arisen** [əˈrɪzn] *vi* wstawać, powstawać; ukazywać się, wyłaniać się; wynikać

ar·is·toc·ra·cy [ˌærɪˈstokrəsɪ] *s* arystokracja

ar·is·to·crat [ˈærɪstəkræt] *s* arystokrata

a·rith·me·tic [əˈrɪθmətɪk] *s* arytmetyka

ark [ɑk] *s* arka

arm 1. [ɑm] *s* ramię; ręka; poręcz krzesła, oparcie; konar; ~ **of the sea** odnoga morska; ~**-in-**~ ramię w ramię, pod rękę

arm 2. [ɑm] *s* (*zw. pl* ~**s**) broń; **in** ~**s** pod bronią; **to bear** ~**s** odbywać służbę wojskową; **a call**

as

to ~s powołanie do służby wojskowej; *vt vi* zbroić (się)

ar·ma·ment [`æməmənt] s uzbrojenie, zbrojenie; *pl* ~s zbrojenia; ~ race wyścig zbrojeń

arm·chair [`amtʃeə(r)] s fotel

arm·ful [`amful] s naręcze

ar·mi·stice [`amıstıs] s zawieszenie broni, rozejm

ar·mour [`amə(r)] s zbroja, pancerz; *vt* opancerzyć

ar·mour·ed [`aməd] *adj* pancerny; zbrojony (np. beton)

ar·mour·y [`aməri] s magazyn broni, arsenał; *am.* fabryka broni

arms [amz] s *pl* herb

ar·my [`ami] s wojsko; the ~ armia; join the ~ pójść do wojska

a·ro·ma [ə`rəumə] s aromat

ar·o·mat·ic [ˌærəu`mætık] *adj* aromatyczny

a·rose zob. arise

a·round [ə`raund] *adv i praep* naokoło, dookoła; na wszystkie strony; *am.* tu i tam

a·rouse [ə`rauz] *vt* wzbudzać, podniecać, aktywizować; budzić (ze snu)

ar·raign [ə`rein] *vt* pozwać do sądu, oskarżyć

ar·range [ə`reındʒ] *vt* urządzać, porządkować, układać; umawiać, ustalać; załatwiać, łagodzić (np. spór); *vi* układać się, umawiać się

ar·range·ment [ə`reındʒmənt] s urządzenie; układ, umowa; uporządkowanie; *zw. pl* ~s plany, przygotowania

ar·ray [ə`rei] *vt* stroić; ustawiać w szeregi (bojowe); s strój; szyk bojowy; procesja

ar·rears [ə`rıəz] s *pl* zaległości; długi

ar·rest [ə`rest] *vt* aresztować; zatrzymywać; przykuwać (uwagę); s areszt, zatrzymanie; zahamowanie, wstrzymanie

ar·ri·val [ə`raıvl] s przybycie, dojście (at, in sth do czegoś); przybysz; rzecz, która nadeszła

ar·rive [ə`raıv] *vi* przybyć, dojść

(at, in sth do czegoś); osiągnąć (at sth coś)

ar·ro·gance [`ærəgəns] s arogancja

ar·ro·gant [`ærəgənt] *adj* arogancki

ar·row [`ærəu] s strzała, strzałka

ar·se·nic [`asnık] s *chem.* arsen; arszenik

ar·son [`asn] s podpalenie (akt zbrodniczy)

art [at] s sztuka; zręczność; chytrość; *pl* ~s nauki humanistyczne

ar·te·ry [`atəri] s *anat.* arteria

art·ful [`atfl] *adj* pomysłowy; zręczny; chytry

ar·thrit·ic [a`θrıtık] *adj* artretyczny

ar·thri·tis [a`θraıtıs] s artretyzm

ar·ti·cle [`atıkl] s artykuł; rozdział, punkt; paragraf; przedmiot; *gram.* rodzajnik, przedimek

ar·tic·u·late [a`tıkjuleıt] *vt vi* artykułować, (wyraźnie) wymawiać; *adj* [a`tıkjulət] artykułowany; jasno wyrażony (wyrażający się)

ar·tic·u·la·tion [a`tıkju`leıʃn] s artykulacja, wymawianie

ar·ti·fice [`atıfıs] s sztuka, sztuczka; zręczność; chytrość; pomysł, podstęp

ar·ti·fi·cial [ˌatı`fıʃl] *adj* sztuczny

ar·til·ler·y [a`tıləri] s artyleria

ar·ti·san [ˌatı`zæn] s rzemieślnik

ar·tist [`atıst] s artysta

ar·tis·tic [a`tıstık] *adj* artystyczny

art·less [`atləs] *adj* prosty, niewyszukany; naturalny; niedoświadczony

Ar·y·an [`eərıən] *adj* aryjski; s Aryjczyk

as [æz, əz] *adv* jak; jako; za; *conj* ponieważ, skoro; jak; jako; kiedy, (podczas) gdy; chociaż; w miarę, jak; as ... as tak ... jak, równie ... jak; as far as aż do, o ile; as for co się tyczy; co do; as if, as though jak gdyby: as it is faktycznie, rzeczywiście; as it were ze tak powiem; as a rule z reguły, zasadniczo; as much ⟨many⟩ as aż tyle; as soon as skoro tylko; as to co się tyczy, odnośnie do; as well również;

także; **as well as** równie dobrze, jak również; **as yet** jak dotąd; **so ... as** tak ... jak (zw. w przeczeniu **not so ... as** nie tak ... jak); **so as** (przed inf) tak, ażeby ⟨że⟩; **be so good as to tell me** bądź łaskaw powiedzieć mi

as·cend [ə'send] vi wznosić się, iść w górę; wspinać się; vt wstąpić (**the throne** na tron)

as·cend·an·cy [ə'sendənsɪ] s przewaga; władza

as·cend·ant [ə'sendənt] s: **to be in the ~** mieć przewagę, górować

as·cen·sion [ə'senʃn] s unoszenie się ku górze; wstąpienie (**to the throne** na tron); rel. **the Ascension** Wniebowstąpienie

as·cent [ə'sent] s wznoszenie (się); wchodzenie (na górę), wspinanie się (na szczyt)

as·cer·tain ['æsə'teɪn] vt ustalić, stwierdzić

as·cet·ic [ə'setɪk] adj ascetyczny; s asceta

as·cribe [ə'skraɪb] vt przypisywać

a·sep·tic [æ'septɪk] adj aseptyczny; s środek aseptyczny

ash 1. [æʃ] s (zw. pl ~es ['æʃɪz]) popiół

ash 2. [æʃ] s jesion

a·shamed [ə'ʃeɪmd] adj praed zawstydzony; **to be ~** wstydzić się (**of sth** czegoś, **for sth** z powodu czegoś)

ash-bin ['æʃ bɪn], **ash-can** ['æʃ kæn] s am. skrzynia ⟨wiadro⟩ na popiół ⟨na śmieci⟩

ash·en 1. ['æʃn] adj jesionowy

ash·en 2. ['æʃn] adj popielaty

a·shore [ə'ʃɔ(r)] adv na brzeg, na brzegu, na ląd, na lądzie; **to run** ⟨**to be driven**⟩ **~** osiąść na mieliźnie

ash-tray ['æʃ treɪ] s popielniczka

A·si·at·ic ['eɪʃɪ'ætɪk] adj azjatycki; s Azjata

a·side [ə'saɪd] adj na bok, na boku; **to put ~** odkładać

ask [ɑsk] vt pytać, prosić, upraszać (**sb** kogoś, **sth** o coś); żądać

(**sth** czegoś); **to ~ a question** zadać pytanie; vi prosić (**for sth** o coś), pytać (**for sb,** **sth** o kogoś, o coś); pytać, dowiadywać się (**about** ⟨**after**⟩ **sb,** **sth** o kogoś, o coś); **to ~ to dinner** prosić na obiad; pot. **to ~ for trouble** szukać kłopotu

a·skance [ə'skæns] adv ukosem, na ukos; w bok; **to look ~** spoglądać podejrzliwie

askew [ə'skju] adv krzywo

a·slant [ə'slɑnt] adv skośnie, na ukos

a·sleep [ə'slip] adj praed i adv śpiący, pogrążony we śnie; (o nogach) zdrętwiały; **to be ~** spać; **to fall ~** zasnąć

as·par·a·gus [ə'spærəgəs] s szparag

as·pect ['æspekt] s aspekt; wygląd; widok; zapatrywanie; wzgląd; gram. strona; postać (czasownika)

as·pen ['æspən] s bot. osika

as·phalt ['æsfælt] s asfalt

as·pir·ant ['æspɪrənt] s aspirant, kandydat

aspi·ra·tion ['æspə'reɪʃn] s aspiracja, dążenie (**after,** **for sth** do czegoś)

a·spire [ə'spaɪə(r)] vi aspirować, dążyć (**after, at, to sth** do czegoś)

as·pi·rin ['æsprɪn] s aspiryna

ass [æs] s osioł

as·sail [ə'seɪl] vt napadać, atakować

as·sail·ant [ə'seɪlənt] s napastnik

as·sas·sin [ə'sæsɪn] s morderca, skrytobójca

as·sas·si·nate [ə'sæsɪneɪt] vt mordować (skrytobójczo)

as·sault [ə'sɔlt] s napad, atak; pobicie; vt napaść (nagle), zaatakować; pobić

as·say [ə'seɪ] s badanie, próba (np. metali); vt badać, robić próbę

as·sem·ble [ə'sembl] vt gromadzić, zbierać; składać, montować; vi gromadzić się, zbierać się

as·sem·bly [ə`semblɪ] s zebranie, zgromadzenie; zbiórka; montaż

as·sent [ə`sent] vi zgadzać się, przyzwalać (**to sth** na coś); s zgoda, przyzwolenie

as·sert [ə`sɜt] vt potwierdzać; bronić (np. sprawy); twierdzić; vr ~ **oneself** bronić swych praw; żądać zbyt wiele; wywyższać się

as·ser·tion [ə`sɜʃn] s twierdzenie (stanowcze); obrona (swych praw)

as·sess [ə`ses] vt szacować, taksować; nakładać (np. podatek)

as·sess·ment [ə`sesmənt] s oszacowanie; opodatkowanie; podatek, danina

as·sess·or [ə`sesə(r)] s asesor; urzędnik podatkowy

as·set [`æset] s rzecz wartościowa, zabezpieczenie; pl ~s aktywa; własność

as·sid·u·ous [ə`sɪdjuəs] adj wytrwały, pilny, pieczołowity

as·sign [ə`saɪn] vt wyznaczać; ustalać, określać; przydzielać, przypisywać

as·sig·na·tion [ˏæsɪg`neɪʃn] s wyznaczenie; ustalenie; przydział, asygnacja

as·sim·i·late [ə`sɪməleɪt] vt vi asymilować (się), upodabniać (się)

as·sist [ə`sɪst] vt asystować; pomagać; vi być obecnym

as·sist·ance [ə`sɪstəns] s asysta; pomoc, poparcie; obecność

as·sist·ant [ə`sɪstənt] s pomocnik, asystent; ~ **master** nauczyciel szkoły średniej; ~ **manager** wicedyrektor; ~ **professor** docent; **shop** ~ ekspedient; adj pomocniczy

as·siz·es [ə`saɪzɪz] s pl okresowa sesja sądu

as·so·ci·ate [ə`səuʃɪeɪt] vt łączyć, wiązać, kojarzyć; vi obcować, współdziałać, łączyć się; s [ə`səuʃɪət] towarzysz, współuczestnik; adj związany; dołączony

as·so·ci·a·tion [əˏsəuʃɪ`eɪʃn] s stowarzyszenie, zrzeszenie; skojarzenie; obcowanie; sport ~ foot-

ball gra w okrągłą piłkę nożną (w odróżnieniu od rugby)

as·sort·ment [ə`sɔtmənt] s asortyment, dobór

as·sume [ə`sjum] vt przyjmować; brać na siebie; obejmować (np. urząd); przybierać; przypuszczać, zakładać; udawać

as·sump·tion [ə`sʌmpʃn] s przyjęcie; objęcie; przypuszczenie, założenie; udawanie; zarozumialstwo; rel. Wniebowzięcie

as·sur·ance [ə`ʃuərns] s zapewnienie; pewność (siebie); bryt. ubezpieczenie

as·sure [ə`ʃuə(r)] vt zapewniać; bryt. ubezpieczać; **to rest** ~**d** być spokojnym

as·ter·isk [`æstərɪsk] s druk. gwiazdka, odsyłacz

a·stern [ə`stɜn] adv w tyle okrętu

asth·ma [`æsmə] s astma

a·ston·ish [ə`stonɪʃ] vt zdziwić, zdumieć

a·stound [ə`staund] vt zdumiewać

a·stray [ə`streɪ] adj praed adv dost. i przen. zabłąkany; **to go** ~ zabłąkać się; **to lead** ~ wywieść na manowce

as·trol·o·gy [ə`strolədʒɪ] s astrologia

as·tro·naut [`æstrənɔt] s astronauta

as·tron·o·my [ə`stronəmɪ] s astronomia

as·tute [ə`stjut] adj chytry; bystry

a·sun·der [ə`sʌndə(r)] adv oddzielnie; w kawałkach; na kawałki; w różne strony

a·sy·lum [ə`saɪləm] s azyl; przytułek; † (także: lunatic ~) zakład dla obłąkanych

at [æt, ət] praep na oznaczenie miejsca: przy, u, na, w; **at school** w szkole; **at sea** na morzu; na oznaczenie czasu: w, o, na; **at nine o'clock** o godzinie dziewiątej; na oznaczenie sposobu, celu, stanu, ceny: na, za, z, po, w; **at once** natychmiast; **at last** w końcu; nareszcie; **at least** przynajmniej ate *zob.* eat

atel·ier [æˈtelɪeɪ] s atelier

a·the·ism [ˈeɪθɪɪzm] s ateizm

a·the·ist [ˈeɪθɪɪst] s ateista

a·the·is·tic [ˈeɪθɪˈɪstɪk] *adj* ateistyczny

ath·lete [ˈæθlit] s zapaśnik, sportowiec

ath·let·ic [æθˈletɪk] *adj* sportowy; wysportowany; mocny, silny

ath·let·ics [æθˈletɪks] s sport; atletyka

At·lan·tic [ətˈlæntɪk] *adj* atlantycki; s Atlantyk

at·las [ˈætləs] s atlas

at·mos·phere [ˈætməsfɪə(r)] s *fiz. i przen.* atmosfera

at·mos·pher·ic [ˈætməsˈferɪk] *adj* atmosferyczny

at·om [ˈætəm] s atom; *przen.* odrobina

a·tom·ic [əˈtomɪk] *adj* atomowy

a·tone [əˈtəʊn] *vi* odpokutować; rekompensować (for sth coś), zadośćuczynić

a·tro·cious [əˈtrəʊʃəs] *adj* okrutny; okropny

a·troc·i·ty [əˈtrosətɪ] s okrucieństwo; okropność

at·tach [əˈtætʃ] *vt* przywiązać, przymocować; dołączać; przydzielać; *prawn.* zająć (np. własność); *vi* być przywiązanym ⟨dołączonym⟩

at·tach·ment [əˈtætʃmənt] s przywiązanie, więź (uczuciowa); dodatek, załącznik

at·tack [əˈtæk] *vt* atakować; s atak

at·tain [əˈteɪn] *vt vi* osiągnąć, zdobyć, dojść (sth, to sth, at sth do czegoś)

at·tain·ment [əˈteɪnmənt] s osiągnięcie; zdobycie; *pl* ∼s wiadomości, sprawność, zdolności

at·tempt [əˈtempt] *vt* próbować, usiłować; s próba, usiłowanie

at·tend [əˈtend] *vt* towarzyszyć (sb komuś); uczęszczać (school do szkoły, lectures na wykłady); służyć pomocą (sb komuś); pieleg-

nować; leczyć; obsługiwać; być obecnym (a meeting na zebraniu); *vi* usługiwać (on, upon, to sb komuś), obsługiwać (to sb, sth kogoś, coś); uważać (to sth na coś), pilnować (to sth czegoś); przykładać się (to sth do czegoś)

at·tend·ance [əˈtendəns] s uwaga, baczenie; obsługa; pomoc, opieka; obecność, frekwencja; towarzyszenie

at·tend·ant [əˈtendənt] *adj* towarzyszący; s towarzysz; osoba obsługująca; pomocnik, asystent; sługa

at·ten·tion [əˈtenʃn] s uwaga; opieka; grzeczność; *pl* ∼s atencja; to pay ∼ zwracać uwagę (to sth na coś); to call sb's ∼ zwrócić czyjąś uwagę (to sth na coś); ∼! baczność!; uwaga!

at·ten·tive [əˈtentɪv] *adj* uważny; troskliwy; uprzejmy

at·ten·u·ate [əˈtenjueɪt] *vt* łagodzić; pomniejszać, osłabiać

at·test [əˈtest] *vt* stwierdzać, zaświadczać; zaprzysięgać; *vi* świadczyć (to sth o czymś)

at·tes·ta·tion [ˈætesˈteɪʃn] s zaświadczenie; świadectwo; zaprzysiężenie

at·tic [ˈætɪk] s poddasze, mansarda

at·tire [əˈtaɪə(r)] *vt* ubierać; zdobić; s ubiór, strój; ozdoba

at·ti·tude [ˈætɪtjud] s postawa, stanowisko, stosunek

at·tor·ney [əˈtɜnɪ] s obrońca, adwokat, rzecznik, pełnomocnik; letter ⟨power⟩ of ∼ pełnomocnictwo; Attorney General prokurator królewski

at·tract [əˈtrækt] *vt* przyciągać, pociągać

at·trac·tion [əˈtrækʃn] s atrakcja; pociąg; atrakcyjność; przyciąganie

at·trac·tive [əˈtræktɪv] *adj* atrakcyjny, pociągający; przyciągający

at·trib·ute [əˈtrɪbjut] *vt* przypisy-

wać; s [ˈætrɪbjut] atrybut, właściwość; gram. przydawka

at·tri·tion [əˈtrɪʃn] s tarcie; zużycie; zdarcie

at·tune [əˈtjun] vt stroić, dostroić;
zharmonizować (to sth z czymś)

au·burn [ˈɔbən] adj kasztanowaty

auc·tion [ˈɔkʃn] s aukcja, licytacja;
vt sprzedawać na licytacji

auc·tion·eer [ˈɔkʃəˈnɪə(r)] s licytator; vi prowadzić licytację

au·da·cious [ɔˈdeɪʃəs] adj śmiały,
zuchwały

au·dac·i·ty [ɔˈdæsətɪ] s śmiałość,
zuchwalstwo

au·di·ble [ˈɔdəbl] adj słyszalny

au·di·ence [ˈɔdɪəns] s publiczność,
słuchacze; audiencja

au·dit [ˈɔdɪt] s kontrola rachunków; vt kontrolować rachunki

aug·ment [ɔgˈment] vt vi powiększać (się)

aug·men·ta·tion [ˈɔgmenˈteɪʃn] s
powiększenie, wzrost

Au·gust 1. [ˈɔgəst] s sierpień

au·gust 2. [ɔˈgʌst] adj dostojny, majestatyczny

aunt [ant] s ciotka

aunt·ie [ˈantɪ] s ciocia

aus·pi·ces [ˈɔspɪsɪz] s pl piecza, patronat; under the ~ of pod aus-
picjami

aus·pi·cious [ɔˈspɪʃəs] adj dobrze
wróżący, pomyślny

aus·tere [ɔˈstɪə(r)] adj surowy, srogi; prosty; szorstki

aus·ter·i·ty [ɔˈsterətɪ] s surowość,
prostota; szorstkość

Aus·tra·lian [ɔˈstreɪlɪən] adj australijski; s Australijczyk

Aus·tri·an [ˈɔstrɪən] adj austriacki;
s Austriak

au·then·tic [ɔˈθentɪk] adj autentyczny

au·then·ti·cate [ɔˈθentɪkeɪt] vt poświadczać, nadawać ważność

au·then·ti·ci·ty [ˈɔθenˈtɪsətɪ] s autentyczność

au·thor [ˈɔθə(r)] s autor

au·thor·i·ty [ɔˈθorətɪ] s autorytet,
władza; upoważnienie; wiarygod-

ne świadectwo; źródło; pl authorities władze

au·thor·i·za·tion [ˈɔθəraɪˈzeɪʃn] s
autoryzacja, upoważnienie

au·thor·ize [ˈɔθəraɪz] vt autoryzować, upoważniać

au·thor·ship [ˈɔθəʃɪp] s autorstwo

au·to [ˈɔtəu] s am. pot. auto, samochód

au·to·bi·og·ra·phy [ˈɔtəbaɪˈogrəfɪ] s
autobiografia

au·toc·ra·cy [ɔˈtokrəsɪ] s samowładztwo, autokracja

au·to·gi·ro [ˈɔtəuˈdʒaɪərəu] s = autogyro

au·to·graph [ˈɔtəgraf] s autograf

au·to·gy·ro [ˈɔtəuˈdʒaɪərəu] s autożyro

au·to·mat [ˈɔtəmæt] s am. bar samoobsługowy

au·to·mat·ic [ˈɔtəˈmætɪk] adj automatyczny, mechaniczny

au·to·ma·tion [ˈɔtəˈmeɪʃn] s automatyzacja

au·tom·a·ton [ɔˈtomətən] s (pl au-
tomata [ɔˈtomətə]) automat

au·to·mo·bile [ˈɔtəməbil] s am. samochód

au·ton·o·mous [ɔˈtonəməs] adj autonomiczny

au·ton·o·my [ɔˈtonəmɪ] s autonomia

au·tumn [ˈɔtəm] s jesień; adj attr
jesienny

au·tum·nal [ɔˈtʌmnl] adj jesienny

aux·il·ia·ry [ɔgˈzɪlɪərɪ] adj pomocniczy; ~ verb czasownik posiłkowy

a·vail [əˈveɪl] vt przynosić korzyść,
pomagać; vi przedstawiać wartość, mieć znaczenie; vr ~ oneself korzystać (of sth z czegoś);
s korzyść, pożytek; of no ~ bezużyteczny; without ~ bez korzyści, bez powodzenia

a·vail·a·ble [əˈveɪləbl] adj do wy-
korzystania, dostępny, osiągalny

av·a·lanche [ˈævəlanʃ] s dosł. i
przen. lawina

av·a·rice [ˈævərɪs] s skąpstwo

av·a·ri·cious [ˈævəˈrɪʃəs] adj skąpy

a·venge [ə'vendʒ] vt pomścić

av·e·nue ['ævənju] s aleja, szeroka ulica

av·er·age ['ævərɪdʒ] s mat. przeciętna; przeciętność; on ⟨at⟩ an ~ przeciętnie; adj przeciętny; vt wynosić przeciętnie; znajdować przeciętną

a·verse [ə'vɜs] adj przeciwny; to be ~ to sth czuć niechęć ⟨odrazę⟩ do czegoś

a·ver·sion [ə'vɜʃn] s odraza, niechęć

a·vert [ə'vɜt] vt odwrócić; zapobiec (sth czemuś)

a·vi·a·tion ['eɪvɪ'eɪʃn] s lotnictwo

a·vi·a·tor ['eɪvɪeɪtə(r)] s lotnik

av·id ['ævɪd] adj chciwy (for, of sth czegoś)

a·void [ə'vɔɪd] vt unikać

a·void·ance [ə'vɔɪdəns] s unikanie, uchylanie się

av·oir·du·pois ['ævədə'pɔɪz] s angielski układ jednostek wagi

a·vow [ə'vaʊ] vt otwarcie przyznawać (się), wyznawać

a·vow·al [ə'vaʊəl] s przyznanie się (of sth do czegoś), wyznanie (winy)

a·wait [ə'weɪt] vt oczekiwać, czekać

*a·wake 1. [ə'weɪk], awoke, awoke [ə'wəʊk] vt. dosł. i przen. budzić; vi budzić się; uświadomić sobie (to sth coś)

a·wake 2. [ə'weɪk] adj praed czuwający, obudzony; świadomy (to sth czegoś)

a·wak·en [ə'weɪkən] = awake 1.

a·ward [ə'wɔd] vt przyznawać, przysądzać; s przyznana nagroda; wyrok (w wyniku arbitrażu)

a·ware [ə'weə(r)] adj praed świadomy, poinformowany; to be ~ uświadamiać sobie (of sth coś)

a·way [ə'weɪ] adv hen, na uboczu; poza (domem); am. right ~ natychmiast; far and ~ o wiele, znacznie; to make ⟨to do⟩ ~ pozbyć się (with sth czegoś); two miles ~ o dwie mile; ~ with it! precz z tym!

awe [ɔ] s strach, trwoga; vt napawać trwogą

aw·ful ['ɔfl] adj straszny, okropny

a·while [ə'waɪl] adj krótko, chwilowo

awk·ward ['ɔkwəd] adj niezgrabny; niezdarny; zażenowany; niewygodny; przykry; kłopotliwy

awl [ɔl] s szydło

awn·ing ['ɔnɪŋ] s dach płócienny, markiza

a·woke zob. awake 1.

a·wry [ə'raɪ] adj praed przekręcony, przekrzywiony, opaczny; adv krzywo, na opak

ax, axe [æks] s siekiera

ax·is ['æksɪs] s (pl axes ['æksiz]) mat. polit. oś

ax·le ['æksl] s oś (np. u wozu)

ay, aye [aɪ] int tak!; s głos „za"; the ~s have it większość głosów jest za (wnioskiem)

az·ure ['æʒə(r)] s lazur; adj błękitny, lazurowy

b

bab·ble ['bæbl] vt vi paplać, gadać; s paplanina, gadanie

babe [beɪb] s dzieciątko, niemowlę

ba·by ['beɪbɪ] s niemowlę, dzidzia

ba·by·hood ['beɪbɪhʊd] s niemowlęctwo

ba·by·sit·ter ['beɪbɪ sɪtə(r)] s osoba wynajmowana na kilka godzin do opieki nad dzieckiem

bait

bach·e·lor [`bætʃələ(r)] s posiadacz pierwszego stopnia uniwersyteckiego; kawaler, nieżonaty

ba·cil·lus [bə`sıləs] s (pl bacilli [bə`sılaı]) bakcyl

back [bæk] s tył, odwrotna strona; plecy; grzbiet; sport obrońca; at the ~ z tyłu; to be on one's ~ chorować obłożnie; to put one's ~ into sth ciężko nad czymś pracować; adj tylny; zaległy; odwrotny; powrotny; adv w tyle, z tyłu; z powrotem; do tyłu; to go ~ on one's word cofnąć słowo, obietnicę; vt popierać; cofać (np. auto); (w grze) stawiać (sth na coś); fin. indosować; ~ up stawiać (w grze); popierać (sb kogoś); vi cofać się, iść do tyłu; ~ out wycofać się, wykręcić się (of sth z czegoś)

back-bench [`bækbentʃ] s ława w Izbie Gmin dla mniej wybitnych członków partii rządzącej

back·bite [`bækbaıt] vt oczerniać, obmawiać

back·bone [`bækbəun] s kręgosłup

back·door [bæk`dɔ(r)] s tylne drzwi; tajne wyjście; adj attr tajemniczy, skryty; zakulisowy

back·ground [`bækgraund] s dalszy plan; tło (także polityczne, społeczne); pochodzenie, przeszłość

back·hand [`bækhænd] s sport (w tenisie) bekhend

back·ing [`bækıŋ] s poparcie; podpora; handl. pokrycie (w złocie)

back·pay·ment [`bækpeımənt] s wypłata zaległości

back·slide [bæk`slaıd] vi sprzeniewierzyć się (zasadzie), zgrzeszyć (ponownie)

back·stairs [bæk`steəz] s pl tylne schody; tajne schody; adj attr skryty, podstępny

back·ward [`bækwəd] adj tylny, położony w tyle; zacofany; opieszały; ~(s) adv w tył, ku tyłowi, z powrotem, wstecz

back·woods [`bækwudz] s pl dziewicze lasy, ostępy

ba·con [`beıkən] s boczek, słonina, bekon

bac·te·ri·um [bæk`tıərıəm] s (pl bacteria [bæk`tıərıə]) bakteria; zarazek

bad [bæd] adj (comp worse [wɜs], sup worst [wɜst]) zły, w złym stanie; niezdrowy; bezwartościowy; przykry; lichy; dokuczliwy; (o dziecku) niegrzeczny; a ~ headache silny ból głowy; a ~ need gwałtowna potrzeba; to be ~ at sth nie umieć czegoś, nie orientować się w czymś; to be taken ~ zachorować; to go ~ zepsuć się

bade zob. bid

badge [bædʒ] s oznaka, odznaka; symbol

badg·er [`bædʒə(r)] s borsuk

badg·er·dog [`bædʒədog] s jamnik

bad·ly [`bædlı] adv źle; bardzo; need gwałtowna potrzeba; to be ~ off być biednym; to need ~ gwałtownie potrzebować

baf·fle [`bæfl] vt udaremniać, krzyżować (plany); łudzić; wprawiać w zakłopotanie

bag [bæg] s worek; torba (papierowa); torebka (damska), vt włożyć do worka, zapakować; pot. buchnąć, zwędzić; vi wydymać się; (o ubraniu) wisieć jak worek

bag·ful [`bægfl] s pełny worek (czegoś)

bag·gage [`bægıdʒ] s bagaż

bag·pipes [`bægpaıps] s pl •muz. dudy

bail [beıl] s kaucja, poręka; poręczyciel; zakładnik; to go ⟨to stand⟩ ~ ręczyć (for sth za coś); on ~ za kaucją; vt ~ sb (out) zwolnić za kaucją, uzyskać zwolnienie za kaucją

bail·iff [`beılıf] s funkcjonariusz sądowy podległy szeryfowi; komornik; administrator majątku ziemskiego

bait [beıt] s przynęta, pokusa; popas; vt nęcić; łapać na przynętę; drażnić, szczuć; karmić i poić (konie); vi popasać

baize [beɪz] s sukno

bake [beɪk] vt vi piec (się); wypalać (się)

ba·ker [ˈbeɪkə(r)] s piekarz; ~'s
dozen trzynaście; to give a ~'s
dozen dać dodatkowo, dołożyć

ba·ke·ry [ˈbeɪkərɪ] s piekarnia

bal·ance [ˈbæləns] s waga; równowaga; saldo; bilans; ~ of payments ⟨accounts⟩ bilans płatniczy; ~ of trade bilans handlowy;
to strike a ~ zestawić bilans; vt
ważyć; równoważyć; bilansować,
wyprowadzać saldo; vi zachowywać równowagę; balansować; ważyć się; wahać się

bal·co·ny [ˈbælkənɪ] s balkon

bald [bɔld] adj łysy; przen. jawny,
jasny, prosty; jałowy; istny, wic-
rutny (np. kłamstwo, bzdura)

bald-head [ˈbɔldhed] s (człowiek)
łysy; pot. łysek

bald·ly [ˈbɔldlɪ] adv prosto z mostu, otwarcie

bale 1. [beɪl] s bela (sukna, papieru)

bale 2. [beɪl] s nieszczęście, zguba

bale·ful [ˈbeɪlfl] adj nieszczęsny,
zgubny

balk 1. [bɔk] s belka; przeszkoda;
niepowodzenie; vt zatrzymać; u-
daremnić; pominąć, zlekceważyć;
vi (o koniu) opierać się (przed
przeszkodą)

ball 1. [bɔl] s piłka; kula, kulka;
kłębek; ~ of the eye gałka oczna

ball 2. [bɔl] s bal

bal·lad [ˈbæləd] s ballada

bal·last [ˈbæləst] s balast; równowaga psychiczna; vt obciążyć ba-
lastem; doprowadzać do równowagi

ball-bear·ing [ˈbɔlˈbeərɪŋ] s techn.
łożysko kulkowe

bal·let [ˈbæleɪ] s balet

bal·loon [bəˈlun] s balon; vi nadymać się jak balon

bal·lot [ˈbælət] s kartka do głosowania; tajne głosowanie; vi tajnie głosować

bal·lot-box [ˈbælətbɒks] s urna wyborcza

ball-(point-)pen [ˈbɔl(pɔɪnt)ˈpen] s
długopis

balm [bam] s balsam; środek łagodzący; przen. pociecha

balm·y [ˈbamɪ] adj balsamiczny;
łagodzący

bal·us·trade [ˈbæləstreɪd] s balustrada

bam·boo [ˈbæmˈbu] s bambus

bam·boozle [bæmˈbuzl] vt okpić,
pot. nabrać

ban [bæn] vt publicznie zakazać,
zabronić; przekląć, rzucić kląt-
wę; s publiczny zakaz, potępienie
(przez opinię publiczną); klątwa;
banicja

ba·nal [bəˈnal] adj banalny

ba·nal·ity [bəˈnælətɪ] s banał

ba·na·na [bəˈnanə] s banan

band 1. [bænd] s wstążka, taśma;
opaska; pasmo; vt obwiązywać
(wstążką, taśmą)

band 2. [bænd] s grupa, gromada;
banda; orkiestra; vt vi grupować
(się), zrzeszać (się)

band·age [ˈbændɪdʒ] s bandaż; vt
bandażować

ban·dit [ˈbændɪt] s bandyta

band·mas·ter [ˈbænd mastə(r)] s
kapelmistrz

bands·man [ˈbændzmən] s muzyk

ban·dy 1. [ˈbændɪ] vt przerzucać,
odrzucać; wymieniać (słowa, ciosy)

ban·dy 2. [ˈbændɪ] adj (o nogach)
krzywy

bane [beɪn] s jad, trucizna; zguba

bang [bæŋ] s głośne uderzenie;
trzask; huk; vt zatrzasnąć; vi
trzasnąć; huknąć; adv gwałtownie; z hukiem; pot. w sam raz,
właśnie; int ~! bęc!

ban·ish [ˈbænɪʃ] vt skazać na banicję, wygnać, wydalić, usunąć;
pozbyć się (strachu)

ban·ish·ment [ˈbænɪʃmənt] s wygnanie, banicja

ban·jo [ˈbændʒəʊ] s muz. banjo

bank 1. [bæŋk] s wał, nasyp;
brzeg; ławica piaszczysta; zaspa
śnieżna

bank 2. [bæŋk] s bank; *adj attr* bankowy; *vt* składać w banku;. *vi* trzymać pieniądze w banku

bank·er [`bæŋkə(r)] s bankier

bank·hol·i·day [`bæŋk `holədɪ] s jeden z czterech dni w roku dodatkowo wolnych od pracy (poza niedzielami i świętami)

bank·ing [`bæŋkɪŋ] s bankowość

bank·note [`bæŋknəut] s banknot

bank·rupt [`bæŋkrʌpt] s bankrut; *adj* zbankrutowany

bank·rupt·cy [`bæŋkrəptsɪ] s bankructwo

ban·ner [`bænə(r)] s sztandar, chorągiew, transparent

banns [bænz] s *pl* zapowiedzi (przedślubne)

ban·quet [`bæŋkwɪt] s bankiet

ban·ter [`bæntə(r)] *vt* drażnić, nabierać, żartować sobie (sb z kogoś); *vt* przekomarzać się; s żarty, przekomarzanie

bap·tism [`bæptɪzm] s chrzest

bap·tize [bæp`taɪz] *vt* chrzcić

bar [ba(r)] s belka, sztaba, pręt, listwa; bariera; rogatka; zapora, przeszkoda; rygiel, zasuwa; *muz.* takt; trybunał sądowy; ława oskarżonych; adwokatura, palestra; bufet z wyszynkiem, bar; *pl* ~s krata; *vt* zagradzać, odgradzać, przeszkadzać, hamować; ryglować; wykluczać; *praep pot.* oprócz, z wyjątkiem

bar·ba·ri·an [ba`beərɪən] *adj* barbarzyński; s barbarzyńca

bar·bar·i·ty [ba`bærətɪ] s barbarzyństwo

bar·ba·rous [`babərəs] *adj* barbarzyński

bar·be·cue [`babɪkju] s rożen

barbed [babd] *adj* (o drucie) kolczasty

bar·ber [`babə(r)] s fryzjer

bare [beə(r)] *adj* goły, nagi, obnażony; otwarty, jasny, jedyny; pozbawiony (of sth czegoś); to lay ~ odsłonić; *vt* obnażać, odsłaniać

bare·foot [`beəfut] *adj* bosy; *adv* boso

bare·foot·ed [`beə`futɪd] *adj* bosy

bare·head·ed [`beə`hedɪd] *adj* z odkrytą ⟨gołą⟩ głową

bare·ly [`beəlɪ] *adv* ledwo, tylko

bar·gain [`bagɪn] s interes, transakcja; okazyjne kupno; **into the** ~ na dodatek; **to strike a** ~ ubić interes, dobić targu; *vi* robić interesy; targować się; umawiać się; spodziewać się (for sth czegoś)

barge [badʒ] s barka

bark 1. [bak] s kora; *vt* odzierać z kory

bark 2. [bak] *vi* szczekać; s szczekanie

bar·ley [`balɪ] s jęczmień

bar·maid [`bameɪd] s bufetowa, barmanka

bar·man [`bamən] s bufetowy, barman

barn [ban] s stodoła

ba·rom·e·ter [bə`romɪtə(r)] s barometr

bar·on [`bærən] s baron

bar·on·et [`bærənɪt] s baronet

bar·rack [`bærək] s (*zw. pl* ~s) barak(i), koszary

bar·rage [`bærɑʒ] s zapora, grobla; *wojsk.* ogień zaporowy

bar·rel [`bærl] s beczułka; rura; lufa; *techn.* cylinder, walec

bar·ren [`bærən] *adj* jałowy, suchy; bezużyteczny

bar·ri·cade [`bærəkaɪd] s barykada; *vt* [`bærə`kaɪd] barykadować

bar·ri·er [`bærɪə(r)] s bariera, zapora; przeszkoda

bar·ring [`barɪŋ] *praep pot.* oprócz, wyjąwszy

bar·ris·ter [`bærɪstə(r)] s adwokat

bar·row 1. [`bærəu] s taczki

bar·row 2. [`bærəu] s kopiec, kurhan

bar·ter [`batə(r)] s handel wymienny; *vt vi* wymieniać towary, handlować

base 1. [beɪs] s baza, podstawa; *chem.* zasada; *vt* opierać, gruntować, bazować

base 2. [beɪs] *adj* podły; niski

base·ball [`beɪsbɔl] *s sport* baseball

base·less [`beɪslɪs] *adj* bezpodstawny

base·ment [`beɪsmənt] *s* fundament; suterena

bash·ful [`bæʃfl] *adj* bojaźliwy, wstydliwy, nieśmiały

ba·sic [`beɪsɪk] *adj* podstawowy, zasadniczy; ~ **English** uproszczony język angielski do użytku międzynarodowego

ba·sin [`beɪsn] *s* miska, miednica; basen; rezerwuar

ba·sis [`beɪsɪs] *s (pl* bases [`beɪsɪz]) baza, podstawa; zasada; podłoże

bask [bask] *vi* wygrzewać się (na słońcu)

bas·ket [`baskɪt] *s* kosz

bas·ket-ball [`baskɪt bɔl] *s* koszykówka

bas·ket-work [`baskɪt wɜk] *s* plecionka

bass [beɪs] *s muz.* bas

bas·soon [bə`sun] *s muz.* fagot

bas·tard [`bæstəd] *s* bastard, dziecko nieślubne, bękart

bat 1. [bæt] *s zool.* nietoperz

bat 2. [bæt] *s* kij (w krykiecie)

batch [bætʃ] *s* wypiek (chleba); partia, paczka, grupa

bath [baθ] *s (pl* ~s [baðz]) kąpiel (w łazience); wanna, łazienka; *pl* ~s łaźnia

bathe [beɪð] *vt vi* kąpać (się); *s* kąpiel (morska, rzeczna)

bath·room [`baθrum] *s* łazienka

bath·tub [`baθtʌb] *s* wanna

bat·on [`bætõ] *s* batuta, pałeczka; buława

bat·ter [`bætə(r)] *vi* gwałtownie stukać, walić (at sth w coś); *vt* druzgotać, tłuc

bat·te·ry [`bætrɪ] *s* bateria; akumulator; pobicie; uderzenie

bat·tle [`bætl] *s* bitwa; *vi* walczyć

bat·tle-field [`bætl fild] *s* pole bitwy

bat·tle·ship [`bætl ʃɪp] *s* okręt wojenny (ciężko uzbrojony)

bat·tue [bæ`tju] *s* nagonka (myśliwska)

bawl [bɔl] *vi* *vt* wykrzykiwać, wrzeszczeć; *s* wrzask

bay 1. [beɪ] *s bot.* wawrzyn, laur

bay 2. [beɪ] *s* zatoka

bay 3. [beɪ] *s* wnęka; wykusz

bay 4. [beɪ] *s* ujadanie; wycie; osaczenie; **to be ⟨stand⟩ at ~** być przypartym do muru ⟨osaczonym⟩; **to bring to ~** zapędzić w kozi róg; przycisnąć (kogoś) do muru; **to keep at ~** trzymać w szachu; *vi* wyć, ujadać

bay 5. [beɪ] *adj (o koniu)* gniady

bay·o·net [`beɪənɪt] *s* bagnet

ba·zaar [bə`za(r)] *s* wschodni targ; bazar; wenta dobroczynna

*be [bi], am [æm, əm], is [ɪz], are [a(r)], was [wɔz], were [wɜ(r)], been [bin] *v aux* być; *w połączeniu z pp tworzy stronę bierną*: **it is done** to jest zrobione; *w połączeniu z ppraes tworzy Continuous Form*: **I am reading** czytam; *w połączeniu z inf oznacza powinność*: **I am to tell you** powinienem ⟨mam⟩ ci powiedzieć; *w połączeniu z przysłówkiem* **there** = być, znajdować się: **there are people in the street** na ulicy są ludzie; *w połączeniu z niektórymi przymiotnikami oznacza odpowiednią czynność*: **to be late** spóźnić się; *vi* być, istnieć; pozostawać, trwać; mieć się, czuć się; kosztować; *(o pogłosce)* krążyć; *(o chorobie)* panować; **how are you?** jak się masz?; **I am better** czuję się lepiej; **how much is this?** ile to kosztuje?; **be about** być czynnym; być w ruchu; być zajętym; **be off** odchodzić, odjeżdżać; **be over** minąć

beach [bitʃ] *s* brzeg (płaski), plaża

bea·con [`bikən] *s* sygnał ogniowy ⟨świetlny⟩; latarnia morska; boja; znak drogowy; sygnał radiowy

bead [bid] *s* paciorek, koralik; kropla (np. potu); *pl* ~s różaniec

beak [bik] *s* dziób (ptaka)

beak·er [ˈbiːkə(r)] s plastikowy kubek; *chem.* zlewka

beam 1. [biːm] s promień; radosny
uśmiech; *techn.* (*radio*) fala kie-
runkowa, zasięg; *vi* promieniować, świecić; radośnie się uśmiechać

beam 2. |biːm| s belka

beam·ing [ˈbiːmɪŋ] *adj* promienny,
lśniący; radosny

beam·y [ˈbiːmɪ] *adj* promienny; (*o
statku*) masywny, szeroki

bean [biːn] s (*zw. pl* ~s) fasola;
broad ~s bób

bear 1. [beə(r)] s niedźwiedź

*bear 2. [beə(r)], bore [bɔ(r)], borne
[bɔn] *vt* nosić; znosić; (*zw. pp
born* [bɔn]) rodzić; unieść, utrzymać (*ciężar*); przynosić, dawać
(*owoce, procent*); być opatrzo-
nym (*podpisem, pieczątką*); to be
born urodzić się; *vi* ciążyć, uciskać; mieć znaczenie; odnosić się
(on sth do czegoś); ~ down przezwyciężyć, pokonać; ~ out potwierdzać; ~ through przeprowadzić; ~ up podpierać; wytrzymać, trzymać się; ~ with znosić
cierpliwie, godzić się (z czymś);
to ~ company dotrzymywać towarzystwa; to ~ resemblance
wykazywać podobieństwo; to ~
witness świadczyć; to ~ in mind
mieć na myśli; to bring to ~
spowodować działanie, użyć, zastosować; *vr* ~ oneself zachowywać się

bear·able [ˈbeərəbl] *adj* znośny

beard [biəd] s broda; zarost

bear·er [ˈbeərə(r)] s posiadacz (np.
paszportu); okaziciel (np. czeku)

bear·ing [ˈbeərɪŋ] s wytrzymałość;
postawa, zachowanie, postępowanie; aspekt (sprawy); kierunek;
godło; *techn.* łożysko; *pl* ~s położenie geograficzne; szerokość
geograficzna

beast [biːst] s zwierzę, bydlę, bestia

beast·ly [ˈbiːstlɪ] *adj* zwierzęcy; bru-

talny; wstrętny; *adv* brutalnie;
pot. wściekle

*beat [biːt], beat [biːt], beaten [ˈbiːtn]
vt bić, uderzać, stukać; tłuc; kuć,
obrabiać (metal); pobić (wroga,
rekord); wybijać (takt); *vi* (*o sercu, wietrze*) walić, łomotać, tłuc
się; (*o pulsie*) bić; (*o burzy*) szaleć; walić (at sth w coś); ~ away
odpędzić; ~ back odbić; odeprzeć
(atak); ~ down złożyć (zboże);
(*o słońcu*) prażyć; ~ off odbić;
odpędzić; ~ out wybić, wyrąbać,
wymłócić, wydeptać; ~ up ubić;
to ~ the retreat trąbić na odwrót; to ~ the streets chodzić po
ulicach; s uderzenie, bicie; chód
(zegara); obchód, rewir (policjanta); *muz.* takt, wybijanie taktu

beat·en [ˈbiːtn] *zob.* beat; *adj* wy-
bity; wymęczony; zużyty; okle-
pany, powszechnie znany; *techn.*
obrobiony; (*o szlaku*) utarty

be·at·i·fy [brˈætɪfaɪ] *vt* uczynić
szczęśliwym; beatyfikować

beat·ing [ˈbiːtɪŋ] s bicie, *pot.* lanie

beau·ti·ful [ˈbjuːtəfl] *adj* piękny

beau·ti·fy [ˈbjuːtəfaɪ] *vt* upiększyć

beau·ty [ˈbjuːtɪ] s piękność; piękno

bea·ver [ˈbiːvə(r)] s bóbr

be·came *zob.* become

be·cause [brˈkɔz] *conj* ponieważ;
praep ~ of z powodu

beck·on [ˈbekən] *vt vi* skinąć (sb,
to sb na kogoś); wabić, nęcić; s
skinienie

*be·come [brˈkʌm], be·came [br-
ˈkeɪm], be·come [brˈkʌm] *vi* zostać (czymś), stać się; what has
~ of him? co się z nim stało?;
vt wypadać, licować; być do twarzy, pasować; it does not ~ you
to do this nie wypada ci tego
robić

be·com·ing [brˈkʌmɪŋ] *zob.* become;
adj stosowny, właściwy; twarzo-
wy (np. strój)

bed [bed] s łóżko; grzęda; warstwa; *techn.* łożysko; to make the
~ posłać łóżko; *vt* kłaść do łóż-
ka; układać, składać; osadzać

bed·clothes [ˈbedkləuðz] s pl pościel

bed·lam [ˈbedləm] s wrzawa, zamieszanie, pot. dom wariatów

bed·rid·den [ˈbedrɪdn] adj złożony
chorobą

bed·room [ˈbedrum] s sypialnia

bed·side [ˈbedsaɪd] s w zwrocie: at
sb's ~ przy łóżku chorego

bed·spread [ˈbedspred] s kapa (na
łóżko)

bed·stead [ˈbedsted] s łóżko (bez
materaca i pościeli)

bed·time [ˈbedtaɪm] s pora snu

bee [biː] s pszczoła; przen. to have
a ~ in one's bonnet mieć bzika

beech [biːtʃ] s buk

beef [biːf] s wołowina

beef·eat·er [ˈbiːf iːtə(r)] s strażnik
zamku londyńskiego

beef·steak [ˈbiːfsteɪk] s befsztyk

beef·tea [ˈbiːf tiː] s bulion wołowy

bee·hive [ˈbiːhaɪv] s ul

been zob. be

beer [bɪə(r)] s piwo

beet [biːt] s burak

bee·tle [ˈbiːtl] s chrząszcz, żuk

beet·root [ˈbiːt-ruːt] s burak ćwikłowy

*be·fall** [bɪˈfɔːl], **be·fell** [bɪˈfel],
be·fall·en [bɪˈfɔːlən] vt vi wydarzyć się, zdarzyć się (sb komuś)

be·fit [bɪˈfɪt] vt pasować, być odpowiednim

be·fore [bɪˈfɔː(r)] praep przed; ~
long wkrótce; ~ now już przedtem; adv z przodu; przedtem, dawniej; conj zanim

be·fore·hand [bɪˈfɔːhænd] adv z góry, naprzód; to be ~ with sb
wyprzedzać kogoś; to be ~ with
sth załatwić coś przed terminem

beg [beg] vt vi prosić (sth of
⟨from⟩ sb kogoś o coś); żebrać;
to ~ leave (to do sth) prosić o
pozwolenie (zrobienia czegoś); I
~ your pardon przepraszam; I ~
to inform you pozwalam sobie
pana poinformować

be·gan zob. begin

*be·get** [bɪˈget], **begot** [bɪˈgɔt], **be-**

gotten [bɪˈgɔtn] vt płodzić, tworzyć

beg·gar [ˈbegə(r)] s żebrak

beg·gar·ly [ˈbegəlɪ] adj żebraczy,
dziadowski

*be·gin** [bɪˈgɪn], **began** [bɪˈgæn],
begun [bɪˈgʌn] vt vi zaczynać
(się); to ~ with na początek,
przede wszystkim

be·gin·ner [bɪˈgɪnə(r)] s początkujący, nowicjusz

be·gin·ning [bɪˈgɪnɪŋ] s początek

be·gone [bɪˈgɔn] int precz!, wynoś
się!

be·got, be·got·ten zob. beget

be·grudge [bɪˈgrʌdʒ] vt zazdrościć;
skąpić (sb sth komuś czegoś)

be·guile [bɪˈgaɪl] vt oszukiwać, mamić; skracać ⟨przyjemnie spę-
dzać⟩ czas; zabawiać (kogoś)

be·gun zob. begin

be·half [bɪˈhaf] s korzyść, sprawa;
in ⟨on⟩ sb's ~ na czyjąś korzyść,
w czyjejś sprawie; on ~ of sb w
czyimś imieniu

be·have [bɪˈheɪv] vi zachowywać
(się), postępować (towards sb w
stosunku do kogoś); dobrze się
zachowywać; vr ~ oneself dobrze się zachowywać

be·hav·iour [bɪˈheɪvɪə(r)] s zachowanie, postępowanie

be·head [bɪˈhed] vt pozbawić głowy, ściąć głowę (sb komuś)

be·held zob. behold

be·hind [bɪˈhaɪnd] praep za, poza;
~ time z opóźnieniem; ~ the
times zacofany, przestarzały; adv
z tyłu, do tyłu, wstecz; to be ~
zalegać, być opóźnionym; to
leave ~ zostawić za sobą

be·hind·hand [bɪˈhaɪndhænd] adv
w tyle, z opóźnieniem; adj opóźniony, zaległy

*be·hold** [bɪˈhəuld], **beheld, beheld**
[bɪˈheld] vt spostrzegać, oglądać

be·hold·er [bɪˈhəuldə(r)] s widz

be·hove [bɪˈhəuv], am. **be·hoove**
[bɪˈhuv] vt imp wypadać, być
właściwym, koniecznym; it ~s
you (to do sth) wypada ci (coś
zrobić); trzeba (abyś coś zrobił)

beige [beiʒ] s beż; *adj* beżowy

be·ing [ˈbiːŋ] s istnienie, istota

be·lat·ed [brˈleitid] *adj* opóźniony

belch [beltʃ] *vt* wypluwać, gwałtownie wyrzucać; *vi* wybuchać, zionąć; czkać; s wybuch

bel·fry [ˈbelfri] s dzwonnica

Bel·gian [ˈbeldʒən] *adj* belgijski; s Belg

be·lief [brˈliːf] s wiara; przekonanie, zdanie (na jakiś temat)

be·lieve [brˈliːv] *vt vi* wierzyć (**sb** komuś, **sth** czemuś, **in sth** w coś); myśleć, sądzić; **to make ~** udawać; pozorować

be·lit·tle [brˈlitl] *vt* pomniejszać

bell [bel] s dzwon, dzwonek

belles-let·tres [ˈbel ˈletr] s beletrystyka

bel·li·cose [ˈbelikəus] *adj* wojowniczy

bel·lig·er·ent [bəˈlidʒərənt] *adj* prowadzący wojnę; s państwo prowadzące ⟨strona prowadząca⟩ wojnę

bel·low [ˈbeləu] *vi* ryczeć

bel·ly [ˈbeli] s brzuch

be·long [brˈlɔŋ] *vi* należeć; tyczyć się; być rodem, pochodzić (**to a place** z danej miejscowości)

be·long·ings [brˈlɔŋiŋz] s pl rzeczy; dobytek, własność

be·lov·ed [brˈlʌvid] *adj* umiłowany, ukochany

be·low [brˈləu] *praep* pod; *adv* niżej, poniżej

belt [belt] s pasek; pas; strefa; *vt* opasać, przymocować pasem

be·moan [brˈməun] *vt* opłakiwać

bench [bentʃ] s ława, ławka; sąd, trybunał

***bend** [bend], bent, bent [bent] *vt vi* zginać (się), uginać (się), pochylać (się), skręcać; s zgięcie; kolanko; zagłębienie; zakręt (drogi)

be·neath [brˈniːθ] *praep* pod, poniżej; *adv* niżej, w dole, na dół

ben·e·dic·tion [ˌbeniˈdikʃn] s błogosławieństwo

ben·e·fac·tor [ˈbenifæktə(r)] s dobroczyńca

be·nef·i·cent [brˈnefisnt] *adj* dobroczynny

ben·e·fi·cial [ˌbeniˈfiʃl] *adj* pożyteczny, korzystny

ben·e·fit [ˈbenifit] s dobrodziejstwo; korzyść; benefis; zasiłek (dla bezrobotnych itp.); *vt* przynosić korzyść, pomagać; *vi* ciągnąć korzyść, korzystać (**by** ⟨**from**⟩ **sth z** czegoś)

be·nev·o·lence [brˈnevələns] s życzliwość, dobroczynność

be·nev·o·lent [brˈnevələnt] *adj* życzliwy, dobroczynny

bent 1. *zob.* **bend**

bent 2. [bent] s wygięcie, nagięcie; skłonność, zamiłowanie (**for sth** do czegoś); napięcie łuku; wielki wysiłek; *adj* zgięty, wygięty; skłonny, zdecydowany (**on sth na** coś)

be·numb [brˈnʌm] *vt* spowodować odrętwienie; oszołomić; sparaliżować; **~ed by cold** zdrętwiały z zimna

ben·zene [ˈbenzin] s *chem.* benzen

ben·zine [ˈbenzin] s benzyna

be·queath [brˈkwiːð] *vt* zapisać w testamencie, przekazać

be·quest [brˈkwest] s zapis (w testamencie); spuścizna

***be·reave** [brˈriːv], **bereft** [brˈreft], **bereaved** [brˈriːvd] *vt* pozbawić (**of sth** czegoś); osierocić, osamotnić

be·ret [ˈberet] s beret

ber·ry [ˈberi] s jagoda

berth [bəθ] s łóżko (w wagonie), koja (na statku); miejsce zakotwiczenia statku; *przen.* **to give a wide ~** trzymać się z dala

***be·seech** [brˈsiːtʃ], **besought** [brˈsɔt] *vt* błagać, zaklinać

***be·set**, **beset**, **beset** [brˈset] *vt* oblegać, otoczyć, osaczyć; napastować

be·set·ting [brˈsetiŋ] *zob.* **beset**; *adj* dręczący; nałogowy

be·side [brˈsaid] *praep* obok; poza, oprócz; w porównaniu z

besides

be·sides [bɪ'saɪdz] adv oprócz tego, poza tym; praep oprócz, poza

be·siege [bɪ'siʤ] vt oblegać; nagabywać

be·smear [bɪ'smɪə(r)] vt zasmarować, zababrać

be·sought zob. beseech

*be·speak [bɪ'spik], bespoke [bɪ'spəuk], bespoken [bɪ'spəukn] vt świadczyć (sth o czymś)

be·spoke [bɪ'spəuk] zob. bespeak; adj zrobiony ⟨robiący⟩ na zamówienie

best [best] adj (sup od good) najlepszy; ~ man drużba; adv (sup od well) najlepiej; s najlepsza rzecz; to, co najlepsze; to make the ~ of sth wyciągać z czegoś wszelkie możliwe korzyści; at ~ w najlepszym razie; to do the ~ one can zrobić, co tylko można; to the ~ of my power ⟨my ability⟩ najlepiej jak mogę ⟨jak potrafię⟩

bes·tial [`bestɪəl] adj zwierzęcy

be·stir [bɪ'stɜ(r)] vt ruszać, wprawiać w ruch; vr ~ oneself zwijać się, krzątać się

be·stow [bɪ'stəu] vt nadać; użyczyć; okazać (sth upon sb komuś coś)

best-sell·er [`best `selə(r)] s bestseller

*bet, bet, bet [bet] vt zakładać się; I ~ you a pound zakładam się z tobą o funta; vi stawiać (on, upon sth na coś); s zakład; to make ⟨to hold⟩ a ~ zakładać się; you ~! no chyba!

be·to·ken [bɪ'təukən] vt oznaczać, zapowiadać, wskazywać

be·tray [bɪ'treɪ] vt zdradzać; oszukiwać; ujawniać

be·tray·al [bɪ'treɪəl] s zdrada

be·troth [bɪ'trəuð] vt zaręczyć; zw. w stronie biernej: to be ~ed być zaręczonym (to sb z kimś)

be·troth·al [bɪ'trəuðəl] s zaręczyny

bet·ter [`betə(r)] adj (comp od good) lepszy; (comp od well) zdrowszy, będący w lepszym stanie; adv (comp od well) lepiej;

to be ~ czuć się lepiej, być zdrowszym; to be ~ off być w lepszej sytuacji materialnej; ~ and ~ coraz lepiej; all the ~ tym lepiej; you had ~ go lepiej byś poszedł sobie; s lepsza rzecz, korzyść; przewaga; for the ~ na lepsze; to get the ~ of sb wziąć górę nad kimś; his ~ lepszy od niego ⟨mądrzejszy, mocniejszy itp.⟩; vt poprawić, ulepszyć

be·tween [bɪ'twin] praep między; adv pośrodku, w środek

bev·el [`bevl] s skos, kant; adj skośny; vt ścinać skośnie

bev·er·age [`bevrɪʤ] s napój

bev·y [`bevɪ] s stado (ptaków); gromoda, grono (osób)

be·wail [bɪ'weɪl] vt opłakiwać

be·ware [bɪ'weə(r)] vi (tylko w inf i imp) strzec się, mieć się na baczności (of sth przed czymś)

be·wil·der [bɪ'wɪldə(r)] vt wprawić w zakłopotanie, zmieszać, zbić z tropu

be·witch [bɪ'wɪtʃ] vt zaczarować

be·yond [bɪ'jond] praep za, poza, po tamtej stronie; nad, ponad; ~ measure nad miarę; ~ belief nie do uwierzenia; ~ hope bez nadziei, beznadziejny; adv dalej, hen, tam daleko

bi·as [`baɪəs] s ukos; skłonność, zamiłowanie; kierunek, pochylenie; uprzedzenie; vt ściąć ukośnie; skłonić, nachylić; wywrzeć ujemny wpływ; uprzedzić, źle usposobić

Bi·ble [`baɪbl] s Biblia

bib·li·cal [`bɪblɪkl] adj biblijny

bib·li·og·ra·phy [`bɪblɪ'ogrəfɪ] s bibliografia

bick·er [`bɪkə(r)] vi sprzeczać się (about sth o coś)

bi·cy·cle [`baɪsɪkl] s rower; vi jeździć rowerem

*bid ⸝[bɪd], bade [beɪd], bidden [`bɪdn], lub bid, bid [bɪd] vt kazać; wzywać; proponować; życzyć; licytować; podać cenę; he bade me come kazał mi przyjść; to ~ sb good-bye żegnać się z kimś; **to ~ welcome** witać; **to ~ joy** życzyć szczęścia; *vt* oferować cenę (na licytacji); **~ up** podbić cenę; zapowiadać; **to ~ fair do-, brze się zapowiadać**, zanosić; *s* oferta, cena oferowana na licytacji; *(w kartach)* zapowiedź; licytacja; **no ~** *(w kartach)* pas; **to make a ~** zabiegać **(for sth** o coś)

bid·der [`bɪdə(r)] *s* podający cenę na licytacji; **the highest ~** oferujący najwyższą cenę

bid·ding [`bɪdɪŋ] *zob.* **bid**; *s* rozkaz; zaproszenie; licytacja (w kartach)

bier [bɪə(r)] *s* mary, karawan

big [bɪg] *adj* duży, gruby, obszerny; ważny; **~ with consequences** brzemienny w następstwa ⟨w skutki⟩

big·a·my [`bɪgəmɪ] *s* bigamia

bike [baɪk] *s pot.* rower

bi·lat·er·al [baɪ`lætrl] *adj* dwustronny

bile [baɪl] *s* żółć; *przen.* gorycz; zgryźliwość

bil·ious [`bɪlɪəs] *adj* żółciowy; zgryźliwy

bill 1. [bɪl] *s* dziób

bill 2. [bɪl] *s* projekt ustawy; rachunek; poświadczenie, kwit, przekaz; afisz; program; *am.* banknot; *(także* **~ of exchange)** trata, weksel; lista; deklaracja; **~ of fare** jadłospis; *vt* rozklejać afisze; ogłaszać

bil·let [`bɪlɪt] *s* kwatera; nakaz kwaterunkowy; *vt* zakwaterować

bil·liards [`bɪlɪədz] *s pl* bilard

bil·lion [`bɪlɪən] *s bryt.* bilion; *am.* miliard

bil·low [`bɪləu] *s* duża fala, bałwan; *vi* falować, *(o falach)* piętrzyć się

bi·month·ly [`baɪ`mʌnθlɪ] *adj* dwumiesięczny; dwutygodniowy; *adv* co dwa miesiące; co dwa tygodnie; *s* dwumiesięcznik; dwutygodnik

bin [bɪn] *s* skrzynia, paka

***bind** [baɪnd], **bound, bound** [baund] *vt* wiązać, przywiązywać; opra-

wiać (książki); *(zw.* **~ up)** bandażować; *(zw.* **~ over)** zobowiązać do stawiennictwa w sądzie; *vi (o cemencie)* wiązać się, *(o śniegu)* lepić się; *vr* **~ oneself** zobowiązać się

bind·er [`baɪndə(r)] *s* wiązanie, opaska; snopowiązałka

bind·ing [`baɪndɪŋ] *s* wiązanie; opatrunek; oprawa (książki)

bi·og·ra·phy [baɪ`ɒgrəfɪ] *s* biografia

bi·ol·o·gy [baɪ`ɒlədʒɪ] *s* biologia

bi·ped [`baɪ-ped] *s* dwunożne stworzenie

birch [bɜtʃ] *s* brzoza

bird [bɜd] *s* ptak; **~'s-eye view** widok z lotu ptaka

birth [bɜθ] *s* urodzenie, narodziny, rozwiązanie; pochodzenie; **to give ~** urodzić, stworzyć; **by ~** z urodzenia, z pochodzenia

birth-con·trol [`bɜθ kəntrəul] *s* regulacja urodzeń

birth-day [`bɜθdeɪ] *s* narodziny, urodziny; rocznica urodzin

birth-rate [`bɜθ reɪt] *s* liczba urodzeń, przyrost naturalny

bis·cuit [`bɪskɪt] *s* biskwit, herbatnik

bish·op [`bɪʃəp] *s* biskup; laufer, goniec (w szachach)

bit 1. *zob.* **bite**

bit 2. [bɪt] *s* kąsek; kawałek; odrobina; **a ~** nieco, trochę; **~ by ~** po trochu, stopniowo; **a good ~** sporo; **not a ~** ani trochę; **a ~ at a time** stopniowo

bit 3. [bɪt] *s* wędzidło; ostrze (narzędzia)

bitch [bɪtʃ] *s* suka

***bite** [baɪt], **bit** [bɪt], **bitten** [`bɪtn] *lub* **bit** *vt vi* gryźć, kąsać, dziobać; szczypać; docinać; *(o bólu)* piec; *s* ukąszenie; kęs; *pot.* zakąska

bit·ter [`bɪtə(r)] *adj* gorzki; zawzięty; *(o mrozie)* przenikliwy

bi·tu·men [`bɪtʃumən] *s chem.* bitum

bi·week·ly [`baɪ`wiklɪ] *adj* dwutygodniowy; *s* dwutygodnik

bizarre

bi·zarre [bɪˈzɑ(r)] *adj* dziwaczny

blab [blæb] *vt vi* paplać, gadać

black [blæk] *adj* czarny; ponury; czarnoskóry; a ~ eye podbite oko; *s* czerń; czarny kolor; *przen.* Murzyn; *vt* czernić; ~ out zaciemnić; zamazać

black·ber·ry [ˈblækbərɪ] *s bot.* jeżyna

black·board [ˈblækbɔd] *s* tablica (szkolna)

black·en [ˈblækən] *vt* czernić; o-czerniać; *vi* czernieć

black·guard [ˈblæɡɑd] *s* łajdak; *adj attr* łajdacki, podły

black·head [ˈblækhed] *s* wągier (na skórze)

black·ing [ˈblækɪŋ] *s* czarna pasta (do butów)

black·leg [ˈblækleɡ] *s* łamistrajk; *am.* szuler, oszust

black·mail [ˈblækmeɪl] *s* szantaż; *vt* szantażować

black·out [ˈblækaut] *s* zaciemnienie, zgaszenie świateł

black·smith [ˈblæksmɪθ] *s* kowal

blad·der [ˈblædə(r)] *s* pęcherz

blade [bleɪd] *s* ostrze; miecz; liść, źdźbło; płaska część (np. wiosła)

blame [bleɪm] *vt* ganić, łajać; *s* nagana; wina

blame·less [ˈbleɪmləs] *adj* nienaganny

blanch [blɑntʃ] *vt* bielić; *vi* blednąć

bland [blænd] *adj* miły, łagodny; schlebiający

bland·ish [ˈblændɪʃ] *vt* schlebiać, pieścić

blank [blæŋk] *adj* pusty, nie zapisany; biały, blady; ślepy (nabój); biały (wiersz); (o twarzy) bez wyrazu, obojętny, bezmyślny; zaskoczony, zmieszany; *s* puste ⟨nie zapisane⟩ miejsce; pustka, próżnia

blank·et [ˈblæŋkɪt] *s* koc (wełniany), derka; pokrycie

blare [bleə(r)] *vt vi* huczeć, trąbić; wrzasnąć; *s* huk, trąbienie

blas·pheme [blæsˈfim] *vt vi* bluźnić

blast [blɑst] *s* silny podmuch wiatru, prąd powietrza; zadęcie (na trąbie); wybuch; nagła choroba, zaraza; *vt* wysadzić w powietrze; zniszczyć, zgubić

blast-fur·nace [ˈblɑst fɜnɪs] *s* piec hutniczy

bla·tant [ˈbleɪtnt] *adj* krzykliwy; rażący

blaze 1. [bleɪz] *vi* płonąć; świecić; ~ up buchnąć płomieniem; *s* płomień, błysk, wybuch; blask

blaze 2. [bleɪz] *vt* rozgłaszać

blaz·er [ˈbleɪzə(r)] *s* blezer; kurtka

bleach [blitʃ] *vt* bielić, pozbawić koloru; ufarbować (włosy); *vi* bieleć

bleak [blik] *adj* ponury, pustynny, smutny

bleat [blit] *vi vt* (o owcy, kozie) beczeć; *przen.* bąkać, mamrotać

*****bleed** [blid], **bled**, **bled** [bled] *vi dost. i przen.* krwawić; *vt* puszczać krew

blem·ish [ˈblemɪʃ] *vt* splamić; zniekształcić; skazić; *s* plama, skaza, błąd

*****blend** [blend], **blent**, **blent** [blent] *vt vi* mieszać (się), łączyć (się), zlewać (się); *s* mieszanina, mieszanka

bless [bles] *vt* błogosławić

bless·ing [ˈblesɪŋ] *s* błogosławieństwo; dobrodziejstwo

blew zob. **blow**

blight [blaɪt] *vt* niszczyć, tłumić, udaremniać; *s* śnieć (na zbożu); zaraza; zniszczenie

blind [blaɪnd] *adj* ślepy; *vt* oślepić; *s* zasłona (okienna)

blind·fold [ˈblaɪndfəʊld] *adj i adv* z zawiązanymi oczami; *vt* zawiązać oczy

blink [blɪŋk] *vi vt* mrugać; mrużyć; przymykać oczy (sth na coś); *s* mruganie; mrużenie (oczu)

bliss [blɪs] *s* radość, błogość, błogostan

blis·ter [ˈblɪstə(r)] *s* pęcherzyk

blithe [blaɪð] *adj poet.* radosny, wesoły

blitz [blɪts] *s* błyskawiczna wojna; nalot; *vt* niszczyć błyskawiczną wojną; dokonać nalotu

bliz·zard [ˈblɪzəd] *s* burza śnieżna

bloat [bləʊt] *vt vi* nadymać (się), nabrzmiewać

blob [blob] *s* kropelka (np. farby); plamka

bloc [blok] *s polit.* blok

block [blok] *s* blok, kloc; duży budynek, grupa domów; przeszkoda, zapora; *druk.* ~ letters wersaliki

block·ade [bloˈkeɪd] *s* blokada

block·head [ˈblokhed] *s* bałwan, tuman

blond [blond] *adj* (*o włosach*) jasny; *s* blondyn

blonde [blond] *s* blondynka

blood [blʌd] *s* krew; natura; pokrewieństwo; pochodzenie

blood·hound [ˈblʌdhaʊnd] *s* pies gończy, ogar

blood·shed [ˈblʌdʃed] *s* przelew krwi

bloodshot [ˈblʌdʃot] *adj* (*o oczach*) nabiegły krwią

blood·sucker [ˈblʌd sʌkə(r)] *s dosł. i przen.* pijawka

blood·thirst·y [ˈblʌd θɜstɪ] *adj* żądny krwi

blood·ves·sel [ˈblʌd vesl] *s* naczynie krwionośne

blood·y [ˈblʌdɪ] *adj* krwawy; *wulg.* przeklęty, cholerny

bloom [blum] *vi* kwitnąć; *s* kwiecie, kwiat

bloom·er [ˈblumə(r)] *s pot.* gafa

bloom·ing [ˈblumɪŋ] *adj* kwitnący; *wulg.* przeklęty, cholerny

blos·som [ˈblosəm] *s* kwiecie, kwiat; *vi* kwitnąć

blot [blot] *s* plama, skaza; *vt* plamić; ~ out wykreślić, usunąć, zatrzeć

blotch [blotʃ] *s* plama, skaza; krosta, wrzód

blot·ting-pad [ˈblotɪŋ pæd] *s* bibularz

blot·ting-pa·per [ˈblotɪŋ peɪpə(r)] *s* bibuła

blouse [blaʊz] *s* bluza, bluzka

blow 1. [bləʊ] *s* uderzenie, cios; at a ~ za jednym uderzeniem, naraz; to strike a ~ zadać cios

***blow 2.** [bləʊ], blew [blu], blown [bləʊn] *vi* dąć, wiać; *vt* nadmuchać; rozwiewać; ~ out zgasić; ~ over przeminąć, pójść w zapomnienie; ~ up wysadzić w powietrze

***blow 3.** [bləʊ], blew [blu], blown [bləʊn] *vi* kwitnąć

blown *zob.* blow 2. i 3.

bludg·eon [ˈblʌdʒən] *s* pałka

blue [blu] *adj* błękitny; *pot.* przygnębiony, smutny; true ~ wierny swym zasadom; once in a ~ moon rzadko, od święta; *s* błękit; błękitna farba

blue-jacket [ˈbludʒækɪt] *s* marynarz (floty wojennej)

blue·print [ˈblu-prɪnt] *s druk.* światłodruk

bluff 1. [blʌf] *s* stromy brzeg, stroma skała; *adj* stromy; szorstki, obcesowy

bluff 2. [blʌf] *s* oszustwo, nabieranie, zastraszenie, blaga, blef; *vt vi* blagować, zastraszać, blefować

blu·ish [ˈbluɪʃ] *adj* niebieskawy

blun·der [ˈblʌndə(r)] *s* błąd; *vi* popełnić błąd (gafę)

blunt [blʌnt] *adj* tępy, stępiony; ciężko myślący; nieokrzesany; prosty, niewymuszony; *vt* tępić

blur [blɜ(r)] *s* plama; niejasność; *vt* splamić, zamazać, zamącić, zatrzeć

blurb [blɜb] *s* notka na obwolucie (książki)

blurt [blɜt] *vt* (*zw.* ~ out) wygadać, zdradzić (sekret)

blush [blʌʃ] *vi* rumienić się; *s* rumieniec

blus·ter [ˈblʌstə(r)] *vi* rozbijać się, szaleć, huczeć; *s* hałaśliwość, huk, wrzask

boar [bɔ(r)] *s* dzik; knur

board [bɔd] *s* deska; utrzymanie, wyżywienie; ciało obradujące;

władza naczelna, rada, komisja; tablica do naklejania ogłoszeń; karton, tektura; pokład; burta; *pl* ~s deski sceniczne; ~ **of trade** ministerstwo handlu; *vt* szalować, okładać deskami; stołować; wchodzić na pokład statku, do pociągu, tramwaju itp; *vi* stołować się

board·er [`bɔːdə(r)] *s* pensjonariusz

board·ing-house [`bɔːdɪŋ haus] *s* pensjonat

board·ing-school [`bɔːdɪŋ skuːl] *s* szkoła z internatem

boast [bəust] *s* samochwalstwo; *vt vi* wychwalać się, przechwalać się; chwalić się, szczycić się (**sth, of sth, about sth** czymś)

boat [bəut] *s* łódź, statek; **by** ~ łodzią, statkiem; *vi* płynąć łodzią

boat-race [`bəutreɪs] *s* wyścigi wioślarskie, regaty

boat·swain [`bəusn] *s mors.* bosman

boat-train [`bəutreɪn] *s* pociąg mający połączenie ze statkiem

bob 1. [bob] *s* wisiorek; krótko strzyżone włosy kobiece; drganie; podskok; *vi* kiwać się; drgać; podskakiwać; *vt* krótko strzyc

bob 2. [bob] *s* (pl ~) *pot.* szyling

bob·bin [`bobin] *s* szpulka

bob·by [`bobɪ] *s pot.* policjant

bob·sleigh [`bobsleɪ] *s sport* bobslej

bode 1. zob. **bide**

bode 2. [bəud] *vt* wróżyć, zapowiadać

bod·ice [`bodɪs] *s* stanik (sukni)

bod·ily [`bodɪlɪ] *adj* cielesny, fizyczny; *adv* fizycznie; osobiście; gremialnie; w całości

bod·y [`bodɪ] *s* ciało; oddział, grupa ludzi; ogół, zasadnicza część; *mot.* karoseria

bod·y-guard [`bodɪ gɑːd] *s* straż przyboczna

bog [bog] *s* bagno

bog·ey, bo·gy [`bəugɪ] *s* szatan, straszydło, strach

bo·gus [`bəugəs] *adj* fałszywy, oszukańczy

boil [bɔɪl] *vi* gotować się, wrzeć, kipieć; *vt* gotować; ~**ing point** temperatura wrzenia

boil·er [`bɔɪlə(r)] *s* kocioł

bois·ter·ous [`bɔɪstərəs] *adj* hałaśliwy, burzliwy

bold [bəuld] *adj* śmiały, zuchwały; wyraźny, rzucający się w oczy; **to make** ~ ośmielić się

Bol·she·vik [`bolʃəvɪk] *s* bolszewik; *adj* bolszewicki

bol·ster [`bəulstə(r)] *s* podgłówek

bolt 1. [bəult] *s* zasuwa, rygiel; *vt* zamknąć na zasuwę, zaryglować

bolt 2. [bəult] *s* piorun; grom; nagły skok, wypad; ucieczka; *vi* gwałtownie rzucić się, skoczyć

bolt 3. [bəult] *vt* pytlować

bolt·er [`bəultə(r)] *s* pytel, sito

bomb [bom] *s* bomba; *vt* obrzucić bombami

bom·bard [bom`bɑːd] *vt* bombardować

bom·bast [`bombæst] *s* napuszony styl

bomb·er [`bomə(r)] *s* bombowiec; bombardier

bomb·shell [`bomʃel] *s* bomba; *przen.* rewelacja, niespodziewana wiadomość

bon·bon [`bonbon] *s* cukierek

bond [bond] *s* więź; zobowiązanie, obligacja

bond·age [`bondɪdʒ] *s* niewolnictwo

bond·hold·er [`bond həuldə(r)] *s* posiadacz obligacji, akcjonariusz

bonds·man [`bondzmən] *s* niewolnik

bone [bəun] *s* kość, ość

bon·fire [`bonfaɪə(r)] *s* ognisko

bon·net [`bonɪt] *s* czapka (damska), czepek (dziecinny); *mot.* maska (samochodu)

bon·ny [`bonɪ] *adj dial.* piękny; miły; krzepki

bo·nus [`bəunəs] *s* premia; dodatek

bon·y [`bəunɪ] *adj* kościsty

book [buk] *s* książka, księga, książeczka; *vt* księgować, zapisywać, rejestrować; kupować bilet w przedsprzedaży, rezerwować miejsce (np. w pociągu, teatrze)

book·bind·er [`buk baɪndə(r)] s introligator

book·case [`bukkeɪs] s szafa na książki, biblioteka; regał

book·ing-of·fice [`bukɪŋ ofɪs] s kasa biletowa

book·ish [`bukɪʃ] adj książkowy, naukowy

book-keep·er [`buk kipə(r)] s księgowy, buchalter

book-keep·ing [`buk kipɪŋ] s księgowość, buchalteria

book·let [`buklət] s książeczka

book-mak·er [`bukmeɪkə(r)] s bukmacher

book·mark [`bukmak] s zakładka (do książki)

book·sel·ler [`bukselə(r)] s księgarz

book·shelf [`bukʃelf] s półka na książki

book·shop [`bukʃop] s księgarnia

book·stall [`bukstɔl] s kiosk z książkami

book·stand [`bukstænd] s półka na książki, regał

book·store [`bukstɔ(r)] s am. księgarnia

boom [bum] s dźwięk; huk; nagła zwyżka kursów ⟨cen⟩; ożywienie gospodarcze; vt vi huczeć; podbijać ceny; szybko zwyżkować; dorabiać się, rozkwitać

boom·e·rang [`buməræŋ] s bumerang

boon [bun] s dar, łaska, błogosławieństwo

boor [buə(r)] s prostak, gbur

boor·ish [`buərɪʃ] adj prostacki, gburowaty

boost [bust] vt forsować przez reklamę, podnosić wartość ⟨znaczenie⟩

boost·er [`bustə(r)] s propagator

boot [but] s but

boot·black [`butblæk] s czyścibut

booth [buθ] s budka (z desek); kabina; stragan, kiosk; am. budka telefoniczna

boot·leg·ger [`butlegə(r)] s am. przemytnik alkoholu (w okresie prohibicji)

boot-polish [`but polɪʃ] s pasta do butów

boots [buts] s posługacz (hotelowy), czyścibut

boot·y [`butɪ] s łup, zdobycz

bor·der [`bɔdə(r)] s granica; brzeg; krawędź; rąbek; vt ograniczać, otaczać; obrębiać; vi graniczyć, sąsiadować (**on** sth z czymś)

bor·der·land [`bɔdəlænd] s kresy, pogranicze

bore 1. [bɔ(r)] s otwór, wydrążenie; vt wiercić, drążyć

bore 2. [bɔ(r)] s nudziarstwo, nuda; nudziarz; vt nudzić

bore 3. zob. **bear**

bore·dom [`bɔdəm] s nuda, znudzenie

born, borne zob. **bear** 2.

bor·ough [`bʌrə] s miasteczko; am. miasto o pełnym samorządzie; bryt. królewskie wolne miasto; miasto wysyłające posłów do parlamentu; dzielnica Londynu (np. the **Borough of Hampstead**)

bor·row [`borəʊ] vt vi pożyczać (od kogoś), zapożyczać się

bos·om [`buzəm] s łono

boss [bos] s pot. szef, kierownik; vi vt rządzić (się), dominować

bot·a·ny [`botənɪ] s botanika

both [bəʊθ] pron i adj oba, obaj, obie, oboje; ~ **of them** oni obydwaj; ~ **(the) books** obydwie książki; adv conj ~ ... **and** zarówno ..., jak i ...; nie tylko ..., ale i ...; ~ **he and his brother** zarówno on, jak i jego brat; ~ **good and cheap** nie tylko dobre, ale i tanie

both·er [`boðə(r)] vt niepokoić, dręczyć; zanudzać; vi kłopotać, martwić się (**about** sth o coś), zawracać sobie głowę; s kłopot, udręka, zawracanie głowy

bot·tle [`botl] s butelka; vt butelkować

bot·tom [`botəm] s dno, grunt; dół, spód; fundament, podstawa; siedzenie; ~ **up** do góry dnem; **at (the)** ~ w gruncie rzeczy; vt vi *dost. i przen.* sięgnąć dna; zgłębić

bough [baʊ] s konar

bought *zob.* buy

boul·der [ˈbəʊldə(r)] s głaz

bounce [baʊns] *vi vt* podskakiwać; odbijać (się); wpadać, wypadać (jak bomba); *am. pot.* wyrzucać (np. z posady, z lokalu); s uderzenie; odbicie (się), odskok; chełpliwość

bound 1. [baʊnd] s granica; *vt* ograniczać, być granicą

bound 2. [baʊnd] s skok; odbicie (się); *vi* skakać, odbijać (się)

bound 3. [baʊnd] *adj* skierowany (do), przeznaczony (do), odjeżdżający, udający się (do); (*o statku*) płynący (do)

bound 4. *zob.* bind

bound·a·ry [ˈbaʊndrɪ] s granica

boun·ti·ful [ˈbaʊntɪfl] *adj* hojny

bount·y [ˈbaʊntɪ] s hojność; dar; premia

bou·quet [buˈkeɪ] s bukiet

bour·geois [ˈbʊəʒwɑ] s należący do burżuazji; *pot.* burżuj; *adj* burżuazyjny

bour·geoi·sie [ˌbʊəʒwɑˈziː] s burżuazja

bow 1. [bəʊ] s łuk; smyczek; kabłąk; tęcza; kokarda, muszka

bow 2. [baʊ] s ukłon; *vt* zginać, naginać, pochylać; *vi* kłaniać się; zginać się, uginać się

bow 3. [baʊ] s dziób (łodzi, statku, samolotu)

bow·el [ˈbaʊəl] s jelito, kiszka; *pl* ~s wnętrzności

bow·er [ˈbaʊə(r)] s altana; *lit.* buduar

bowl 1. [bəʊl] s czara, miska, waza

bowl 2. [bəʊl] s kula do gry w kręgle; *pl* ~s gra w kręgle; *vt vi* toczyć, rzucać kulę (w grze)

bowl·er [ˈbəʊlə(r)] s melonik

bow·string [ˈbəʊstrɪŋ] s cięciwa (łuku)

bow-tie [ˈbəʊ ˈtaɪ] s muszka

box 1. [bɒks] s pudełko, skrzynia; kasetka; buda, budka; loża; kabina; boks (w stajni, w garażu);

vt pakować, wkładać

box 2. [bɒks] s uderzenie (dłonią); *vt* uderzać, boksować; *vi* boksować się

box·er [ˈbɒksə(r)] s bokser, pięściarz

box·ing [ˈbɒksɪŋ] s boks, pięściarstwo

Box·ing Day [ˈbɒksɪŋ deɪ] s święto obchodzone w Anglii w pierwszy powszedni dzień tygodnia po Bożym Narodzeniu

box-of·fice [ˈbɒks ɒfɪs] s kasa (w teatrze, kinie itp.)

boy [bɔɪ] s chłopiec; boy, chłopiec do posług

boy·hood [ˈbɔɪhʊd] s chłopięctwo, lata chłopięce

boy·ish [ˈbɔɪɪʃ] *adj* chłopięcy

bra [brɑ] s *pot.* stanik

brace [breɪs] s klamra; wiązadło; podpora; para (dwie sztuki); *pl* ~s [ˈbreɪsɪz] *bryt.* szelki; *vt* przytwierdzać; spinać; wiązać; podpierać; wzmacniać, krzepić; *vr* ~ oneself up zbierać siły

brace·let [ˈbreɪslət] s bransoleta

brack·et [ˈbrækɪt] s konsola; podpórka; kinkiet; (*zw. pl* ~s) nawias

brag [bræg] *vt vi* chełpić, przechwalać (się); s chełpliwość, przechwałki

brag·gart [ˈbrægət] s samochwał

braid [breɪd] s splot; warkocz; wstążka; lamówka; *vt* splatać; obszyć lamówką

brain [breɪn] s (*także pl* ~s) mózg; umysł; rozum; **to have sth on the** ~ mieć bzika na punkcie czegoś; **to rack one's** ~s **(about sth)** łamać sobie głowę (nad czymś)

brake [breɪk] s hamulec; *vt vi* hamować

bran [bræn] s *zbior.* otręby

branch [brɑntʃ] s gałąź; odgałęzienie; filia; *vi* (*także* ~ **away** ⟨forth, off, out⟩) rozgałęziać się, odgałęziać się

brand [brænd] s głownia; znak

firmowy; piętno; gatunek; *vt*
piętnować, znakować

bran·dish [ˈbrændɪʃ] *vt* wymachiwać, potrząsać

brand-new [ˈbrænd ˈnjuː] *adj* nowiuteńki

bran·dy [ˈbrændɪ] *s* brandy (wódka z wina)

brass [brɑːs] *s* mosiądz; ~ **band** orkiestra dęta

bras·sière [ˈbræzɪə(r)] *s* biustonosz

brat [bræt] *s* *pot.* bachor

brave [breɪv] *adj* śmiały, dzielny;
† wspaniały; *vt* stawiać czoło

brav·er·y [ˈbreɪvərɪ] *s* dzielność,
męstwo

brawl [brɔːl] *s* awantura, burda;
szum (wody); *vi* awanturować
się; (*o wodzie*) szumieć

brawn·y [ˈbrɔːnɪ] *adj* muskularny,
krzepki

bra·zen [ˈbreɪzn] *adj* mosiężny, spiżowy; bezczelny

Bra·zil·ian [brəˈzɪlɪən] *s* Brazylijczyk; *adj* brazylijski

breach [briːtʃ] *s* złamanie, zerwanie; wyrwa, wyłom; naruszenie;
przekroczenie

bread [bred] *s* chleb; **to earn one's**
~ zarabiać na życie; ~ **and**
butter [ˈbred nˈbʌtə(r)] chleb z
masłem, *przen.* środki utrzymania

breadth [bretθ] *s* szerokość; **to a**
hair's ~ o włos

bread·win·ner [ˈbred wɪnə(r)] *s* żywiciel

***break** [breɪk], **broke** [brəʊk], **broken** [ˈbrəʊkən] *vt* *vi* łamać (się),
rozrywać (się); przerywać (się);
kruszyć (się), tłuc (się); niszczyć,
rujnować; rozpoczynać (się); (*o*
dniu) świtać; (*o pogodzie*) zmieniać się; naruszać (całość, przepisy); zbankrutować; zerwać
przyjaźń (**with sb** z kimś); ~
away oddzielić się, oderwać się,
uciec; ~ **down** załamać (się),
przełamać, zniszczyć, zburzyć;
zepsuć (się); ~ **in** włamać (się),
wtargnąć; wtrącić się; ~ **into**
włamać się; ~ **into tears** wy-

buchnąć płaczem; ~ **off** odłamać (się); przerwać; zaniechać;
ustać; ~ **out** wybuchnąć; ~
through przedrzeć (się); ~ **up**
rozbić (się); przerwać; rozwiązać; zamknąć (się); zlikwidować; ustać; rozpocząć wakacje
(szkolne); rozejść się (np. o uczestnikach zebrania); **to** ~ **loose**
uwolnić się, zerwać pęta; **to** ~
the news zakomunikować; **to** ~
the record pobić rekord; **to** ~
the way torować drogę; *s* złamanie, przełamanie; rozbicie;
wyłom; luka; przerwa; wybuch;
zmiana; ~ **of day** świt

break·age [ˈbreɪkɪdʒ] *s* złamanie,
rozbicie; *zbior.* rzeczy połamane
⟨potłuczone⟩

break·down [ˈbreɪkdaʊn] *s* załamanie się; rozstrój nerwowy; zniszczenie; upadek, klęska; awaria, defekt, wypadek

break·er [ˈbreɪkə(r)] *s* *techn.* łamacz; fala przybrzeżna

break·fast [ˈbrekfəst] *s* śniadanie;
vi jeść śniadanie

break-through [ˈbreɪkθruː] *s* wyłom, przerwa

break-up [ˈbreɪk ʌp] *s* rozpadnięcie
się, załamanie się, upadek; koniec nauki, początek wakacji

break·water [ˈbreɪkwɔːtə(r)] *s* falochron

breast [brest] *s* pierś

breath [breθ] *s* dech, oddech; **in**
one ~ jednym tchem; **out of** ~
zadyszany; **to take** ~ zaczerpnąć
tchu

breathe [briːð] *vt* *vi* oddychać; odetchnąć; (*także* ~ **in**) wdychać;
(*także* ~ **out**) wydychać; szeptać;
to ~ **one's last** wydać ostatnie
tchnienie

bred *zob.* **breed**

breech·es [ˈbrɪtʃɪz] *s* *pl* bryczesy,
spodnie

***breed** [briːd], **bred, bred** [bred] *vt*
vi płodzić, rodzić; rozmnażać

(się); wychowywać; hodować; *s* pochodzenie; rasa; chów

breed·ing [ˈbriːdɪŋ] *s* hodowla, chów; wychowanie

breeze [briz] *s* lekki wiatr, bryza

breez·y [ˈbriːzi] *adj* wietrzny; odświeżający, rzeski; wesoły

breth·ren [ˈbreðrən] *s pl* bracia (np. klasztorni)

brev·i·ty [ˈbrevəti] *s* krótkość, zwięzłość

brew [bruː] *vt dosł. i przen.* warzyć, gotować; *vi w zwrocie:* to be ~ing wisieć w powietrzu, grozić; *s* odwar, napar

brew·er·y [ˈbruːəri] *s* browar

bri·ar, bri·er 1. [ˈbraɪə(r)] *s* dzika róża

bri·ar, bri·er 2. [ˈbraɪə(r)] *s* wrzosiec; fajka z korzenia wrzośca

bribe [braɪb] *s* łapówka; *vt* dać łapówkę, przekupić

brib·er·y [ˈbraɪbəri] *s* przekupstwo

brick [brɪk] *s* cegła; kawałek (np. mydła); *pot.* morowy chłop

brick·lay·er [ˈbrɪkleɪə(r)] *s* murarz

bri·dal [ˈbraɪdl] *s* wesele, ślub; *adj attr* weselny, ślubny

bride [braɪd] *s* panna młoda

bride·groom [ˈbraɪdɡrum] *s* pan młody, nowożeniec

bridge 1. [brɪdʒ] *s* most; *przen.* pomost; *vt* połączyć mostem, przerzucić most ⟨pomost⟩ (sth przez coś)

bridge 2. [brɪdʒ] *s* brydż

bridge·head [ˈbrɪdʒhed] *s wojsk.* przyczółek

bri·dle [ˈbraɪdl] *s* uzda, cugle; *vt* okiełznać; *przen.* opanować

brief 1. [briːf] *adj* krótki, zwięzły; to be ~ mówić zwięźle, streszczać się; in ~ słowem

brief 2. [briːf] *s* streszczenie skargi sądowej; (o adwokacie) to hold ~ for sb prowadzić czyjąś sprawę

brief·case [ˈbriːfkeɪs] *s* teka, aktówka

brief·ing [ˈbriːfɪŋ] *s* odprawa; instrukcja

bri·gade [brɪˈɡeɪd] *s* brygada

brig·a·dier [ˌbrɪɡəˈdɪə(r)] *s* brygadier

brig·and [ˈbrɪɡənd] *s* rozbójnik

bright [braɪt] *adj* jasny, promienny; błyszczący; wesoły, żwawy; bystry, inteligentny

bright·en [ˈbraɪtn] *vt vi (także* ~ up) rozjaśnić (się); ożywić (się); rozweselić (się)

bril·liant [ˈbrɪliənt] *adj* lśniący; wspaniały; znakomity

brim [brɪm] *s* krawędź, brzeg; rondo (kapelusza)

brine [braɪn] *s* solanka

*bring [brɪŋ], **brought, brought** [brɔt] *vt* przynosić; przyprowadzać; przywodzić; wnosić (np. skargę); powodować; ~ about dokonać; wywołać (skutek); ~ back przypomnieć; ~ down opuścić; osłabić; powalić; zestrzelić; upokorzyć; obniżyć (np. ceny); ~ forth wydać na świat; ujawnić; wywołać; ~ forward przedstawić; wysunąć; ~ (sth) home uświadomić (coś); unaocznić (coś); ~ in wnieść, włożyć, wprowadzić; ~ on sprowadzić, wywołać, spowodować; ~ out wykryć, wydobyć (na światło dzienne); wydać (książkę); wystawić (sztukę); wyjaśnić; ~ together złączyć, zetknąć; ~ under pokonać, opanować; ~ up wychować; poruszyć (temat); to ~ to light odkryć

brink [brɪŋk] *s* brzeg, krawędź

brisk [brɪsk] *adj* żywy, żwawy; rzeski; *vt vi (także* ~ up) ożywić (się)

bris·tle [ˈbrɪsl] *s* szczecina; *vi* jeżyć się; sierdzić się; *vt* nastroszyć

Brit·ish [ˈbrɪtɪʃ] *adj* brytyjski; *s pl* the ~ Anglicy

Brit·ish·er [ˈbrɪtɪʃə(r)] *s* Brytyjczyk

Brit·on [ˈbrɪtn] *s lit.* Brytyjczyk

brit·tle [ˈbrɪtl] *adj* kruchy

broach [brəʊtʃ] *vt* otworzyć, przedziurawić; poruszyć (temat)

broad [brɔd] *adj* szeroki, obszerny; (*o aluzji itp.*) wyraźny; (*o regule*) ogólny; pikantny, sprośny, rubaszny (np. dowcip)

broad·axe [ˈbrɔdæks] *s* siekiera

broad·cast [ˈbrɔdkɑst] *s* transmisja radiowa, audycja; *vt vi* transmitować, nadawać (przez radio); rozsypywać, rozsiewać; szerzyć (np. wiadomości)

broad·en [ˈbrɔdn] *vt vi* rozszerzać (się)

broad-mind·ed [ˈbrɔd ˈmaɪndɪd] *adj* (*o człowieku*) tolerancyjny

broad-shoul·der·ed [ˈbrɔd ˈʃəʊldəd] *adj* barczysty

broil 1. [brɔɪl] *vt vi* piec, smażyć (się)

broil 2. [brɔɪl] *s* hałas, awantura

broke 1. *zob.* break

broke 2. [brəʊk] *adj* pot. zrujnowany, zbankrutowany, bez grosza; to go ~ zbankrutować

bro·ken *zob.* break

bro·ken-down [ˈbrəʊkən daʊn] *adj* wyczerpany; zrujnowany; schorowany, załamany (duchowo); (*o maszynie*) zużyty; uszkodzony

brok·en-heart·ed [ˈbrəʊkən ˈhɑtɪd] *adj* zrozpaczony, załamany

bro·ker [ˈbrəʊkə(r)] *s* makler, pośrednik

bro·ker·age [ˈbrəʊkərɪdʒ] *s* pośrednictwo; *handl.* prowizja

bro·mine [ˈbrəʊmɪn] *s* *chem.* brom

bron·chi [ˈbrɒŋkaɪ] *s pl anat.* oskrzela

bron·chi·tis [brɒŋˈkaɪtɪs] *s med.* bronchit

bronze [brɒnz] *s* brąz, spiż

brooch [brəʊtʃ] *s* broszka

brood [brud] *s* wyląg; potomstwo; plemię; *vi* wylęgać; *przen.* rozmyślać

brook 1. [brʊk] *s* potok, strumyk

brook 2. [brʊk] *vt* znosić, cierpieć

broom [brum] *s* miotła

broth [brɒθ] *s* rosół, bulion

broth·er [ˈbrʌðə(r)] *s* brat

broth·er·hood [ˈbrʌðəhʊd] *s* braterstwo, stowarzyszenie

broth·er-in-law [ˈbrʌðər ɪn lɔ] *s* szwagier

brought *zob.* bring

brow [braʊ] *s* brew; czoło

brown [braʊn] *adj* brunatny, brązowy

brown·ie [ˈbraʊnɪ] *s* krasnoludek, duszek; harcerka z grupy zuchów

browse [braʊz] *vi* paść się; *vt* skubać (trawę); *przen.* czytać dla rozrywki, przeglądać (książkę)

bruise [bruz] *vt vi* potłuc (się), nabić guza, zadrasnąć, zranić się; *s* stłuczenie, siniak

bru·nette [bruˈnet] *s* brunetka

brunt [brʌnt] *s* główne natarcie, najsilniejszy cios; to bear the ~ przyjąć ciężar uderzenia, wytrzymać główne natarcie

brush [brʌʃ] *s* szczotka, pędzel; krzaki, zarośla; *vt* szczotkować, pędzlować, czyścić szczotką; ~ aside odsunąć; ~ away sczyścić; ~ up wygładzić, odświeżyć

brusque [brusk] *adj* obcesowy, szorstki

Brus·sels-sprouts [ˈbrʌslz ˈsprauts] *s pl* brukselka

bru·tal [ˈbrutl] *adj* brutalny

bru·tal·i·ty [bruˈtælətɪ] *s* brutalność

brute [brut] *s* bydlę; brutal; *adj* bydlęcy; brutalny

bub·ble [ˈbʌbl] *s* balonik, bańka (np. mydlana); *vi* kipieć, bulgotać

buc·ca·neer [ˌbʌkəˈnɪə(r)] *s* pirat, korsarz; *vi* uprawiać korsarstwo

buck 1. [bʌk] *s* kozioł; jeleń; samiec (zwierzyny płowej); dandys; elegant

buck 2. [bʌk] *s* *am. pot.* dolar

buck·et [ˈbʌkɪt] *s* wiadro

buck·le [ˈbʌkl] *s* klamerka, sprzączka; *vt* spinać; *vi* zapinać się

buck·wheat [ˈbʌkwit] *s* gryka

bud [bʌd] *s* pączek; *vi* (*także* to be in ~) pączkować

budge [bʌdʒ] *vi* poruszyć (się); *vt*
zw. *w zdaniach przeczących*: I
can't budge him nie mogę go ruszyć

budg·et [`bʌdʒɪt] *s* budżet; *vi* robić
budżet, planować wydatki

buf·fa·lo [`bʌfləu] *s* bawół

buff·er [`bʌfə(r)] *s* bufor

buf·fet 1. [`bʌfɪt] *s* kułak; *dosł. i*
przen. cios; *vt* okładać kułakami,
uderzać

buf·fet 2. [`bʊfeɪ] *s* kredens; bufet

buf·foon [bə`fun] *s* bufon, błazen

bug [bʌg] *s* pluskwa; *am.* insekt

bug·bear [`bʌgbeə(r)] *s* straszydło

bu·gle [`bjugl] *s* róg, trąbka; *vi*
trąbić

*build [bɪld], built, built [bɪlt] *vt*
vi budować, tworzyć; ~ up roz-
budować; wzmocnić; rozwinąć; *s*
konstrukcja, kształt, budowa

build·er [`bɪldə(r)] *s* budowniczy

build·ing [`bɪldɪŋ] *s* budynek

built zob. build

bulb [bʌlb] *s* cebulka; żarówka

Bul·gar·i·an [bʌl`geərɪən] *adj* buł-
garski; *s* Bułgar

bulge [bʌldʒ] *s* nabrzmienie, wypukłość, wydęcie; *vi* nabrzmiewać, pęcznieć, wydymać (się); *vt*
nadymać; napychać

bulk [bʌlk] *s* wielkość, objętość,
masa (*zw.* duża); większa (główna) część

bulk·y [`bʌlkɪ] *adj* duży, masywny;
nieporęczny

bull 1. [bul] *s* byk

bull 2. [bul] *s* bulla

bull 3. [bul] *s* (*także* Irish ~) nonsens

bull·dog [`buldog] *s* buldog; pedel
(woźny)

bull·doz·er [`buldəuzə(r)] *s* buldo-
żer, spychacz

bul·let [`bulɪt] *s* kula, pocisk

bul·le·tin [`bulətɪn] *s* biuletyn

bul·lion [`buljən] *s* złoto (srebro)
w sztabach

bul·lock [`bulək] *s* wół

bull's-eye [`bulz aɪ] *s* okrągłe o-
kienko; bulaj; środek tarczy
strzelniczej

bul·ly [`bulɪ] *s* osobnik terroryzu-
jący słabszych; zbir; *vt* terroryzować, znęcać się

bul·rush [`bulrʌʃ] *s* sitowie

bul·wark [`bulwək] *s* wał ochron-
ny, przedmurze, osłona

bump [bʌmp] *vt* *vi* gwałtownie u-
derzyć (sth, against sth o coś);
wpadać (sb, sth lub into sb, sth
na kogoś, na coś); toczyć się z
hałasem; *s* uderzenie, wstrząs;
guz; *pot.* ~ of locality zmysł o-
rientacyjny

bump·er [`bʌmpə(r)] *s* pełna
szklanka (pełny kielich) wina;
mot. zderzak

bump·kin [`bʌmpkɪn] *s* gamoń, fu-
jara

bump·tious [`bʌmpʃəs] *adj* zarozu-
miały, nadęty

bun [bʌn] *s* słodka bułka

bunch [bʌntʃ] *s* wiązka, pęk, bukiet

bun·dle [`bʌndl] *s* wiązka; tłumok;
pęk; plik; *vt* *vi* wiązać, zwijać
(się); bezładnie pakować, wciskać; wyprawiać (sb kogoś); (*zw.*
~ off) uchodzić w pośpiechu

bun·ga·low [`bʌŋgələu] *s* domek
(*zw.* parterowy z werandą)

bun·gle [`bʌŋgl] *vt* *vi* partaczyć; *s*
partactwo

bunk [bʌŋk] *s* łóżko (w pociągu),
koja

buoy [bɔɪ] *s* boja; *vt* (*zw.* ~ up)
utrzymywać na powierzchni;
przen. podnosić na duchu

buoy·ant [`bɔɪənt] *adj* pływający,
pławny; radosny; podniecający,
pokrzepiający

bur·den [`bɜdn] *s* ciężar, brzemię;
istota (sprawy, myśli itp.); *vt* obciążyć

bur·den·some [`bɜdnsəm] *adj* uciąż-
liwy

bu·reau [`bjuərəu] *s* biuro, urząd;
bryt. biurko

bu·reau·cra·cy [bjuə`rokrəsɪ] *s* biu-
rokracja

burg [bɜg] *s* *am. pot.* miasteczko

bur·glar [ˈbɜːglə(r)] s włamywacz

bur·i·al [ˈberɪəl] s pogrzeb

bur·i·al-ground [ˈberɪəl graund] s cmentarz

bur·lesque [bɜːˈlesk] s burleska; *adj attr* burleskowy, komiczny

*burn [bɜːn], ~t, ~t [bɜːnt] *lub* ~ed, ~ed [bɜːnd] *vt vi* palić (się), zapalać, płonąć; sparzyć (się); opalać (się)

burn·er [ˈbɜːnə(r)] s palnik

burnt *zob.* burn

bur·row [ˈbʌrəu] s nora, jama; *vt* kopać norę; *vi* ukrywać się w norze

bur·sar [ˈbɜːsə(r)] s kwestor; *szk.* stypendysta

bur·sa·ry [ˈbɜːsərɪ] s kwestura; *szk.* stypendium

*burst, burst, burst [bɜːst] *vi* pękać, trzaskać; wybuchać; *vt* spowodować pęknięcie, rozsadzić, rozerwać; to ~ with laughing, to ~ into laughter wybuchnąć śmiechem; ~ in wpaść; ~ out wybuchnąć; s pęknięcie, wybuch

bur·y [ˈberɪ] *vt* grzebać, chować

bus [bʌs] s autobus

bush [buʃ] s krzak, gąszcz; busz

bush·el [ˈbuʃl] s buszel (miara pojemności)

bush·y [ˈbuʃɪ] *adj* pokryty krzakami; krzaczasty

busi·ness [ˈbɪznəs] s interes(y); zajęcie; obowiązek; sprawa; zawód; przedsiębiorstwo handlowe; ~ hours godziny zajęć ⟨urzędowe⟩; it is none of my ~ to nie moja sprawa; mind your own ~ pilnuj swoich spraw; on ~ w interesie, w sprawie; służbowo

busi·ness·man [ˈbɪznəsmən] s kupiec, przemysłowiec; człowiek interesu

bust [bʌst] s popiersie; biust

bus·tle [ˈbʌsl] *vi* krzątać się, uwijać się; *vt* popędzać do roboty; s krzątanina, bieganina

bus·y [ˈbɪzɪ] *adj* zajęty, czynny, ruchliwy, mający dużo roboty; I am ~ writing a letter zajęty

jestem pisaniem listu; *vr* ~ oneself krzątać się; być zajętym (about, over, with sth czymś)

bus·y·bod·y [ˈbɪzɪˌbɒdɪ] s wścibski człowiek

but [bʌt, bət] *conj* ale, lecz; jednak; poza tym, że; jak tylko; I cannot ~ laugh nic mi nie pozostaje, jak tylko się śmiać, mogę tylko się śmiać; ~ yet jednakże, niemniej jednak; there was no one ~ laughed nie było nikogo, kto by się nie śmiał; I never utter a word ~ I think first nigdy nie powiem słowa, zanim nie pomyślę; he would have failed ~ that I helped him on by przepadł, gdybym mu nie pomógł; *praep* oprócz, poza; all ~ me wszyscy oprócz mnie ⟨poza mną⟩; the last ~ one przedostatni; anywhere ~ here gdziekolwiek, tylko nie tu; ~ for bez; ~ for him bez niego, gdyby nie on; ~ for that gdyby nie to; ~ then ale za to; *adv* dopiero, tylko; ~ now dopiero teraz, dopiero co; I have seen him ~ once widziałem go tylko raz; all ~ prawie; he all ~ died of hunger o mało co nie umarł z głodu

butch·er [ˈbutʃə(r)] s rzeźnik; ~'s shop sklep rzeźniczy; *vt* mordować, zarzynać

butch·er·y [ˈbutʃərɪ] s rzeźnia; rzeź, masakra

but·ler [ˈbʌtlə(r)] s szef służby

butt 1. [bʌt] s tępy koniec (broni, narzędzia); niedopałek (papierosa, cygara)

butt 2. [bʌt] s tarcza strzelnicza; cel (kpin, pośmiewiska)

butt 3. [bʌt] *vi vt* uderzać głową (at, against sth o coś), bóść; ~ in wtrącać się

butt 4. [bʌt] s beczka

but·ter [ˈbʌtə(r)] s masło; *vt* smarować masłem

but·ter·cup [ˈbʌtəkʌp] s bot. jaskier

but·ter·fly [ˈbʌtəflaɪ] s zool. motyl

but·ter·milk [ˈbʌtəmɪlk] s maślanka

but·tock [ˈbʌtək] s pośladek; pl
~s zad (konia); siedzenie (człowieka)

but·ton [ˈbʌtn] s guzik; vt vi (zw.
~ up) zapinać (się)

but·ton·hole [ˈbʌtnhəul] s dziurka
od guzika; butonierka; vt przen.
pot. nudzić, wiercić dziurę w
brzuchu

but·tress [ˈbʌtrəs] s podpora; vt
podtrzymywać

*buy [baɪ], bought, bought [bɔt]
vt kupować; ~ off opłacać; ~ up
wykupić (towar)

buy·er [ˈbaɪə(r)] s nabywca

buzz [bʌz] s brzęczenie; gwar; vi
brzęczeć, buczeć

buzz·er [ˈbʌzə(r)] s elektr. brzęczyk;
pot. syrena (fabryczna)

by [baɪ] praep przy, u, obok; nad;
przez; do; po, za; by the door
przy drzwiach; by the sea nad
morzem; by Warsaw przez War-
szawę; by moonlight przy świetle
księżyca; by 5 o'clock najdalej
do godziny 5; by then do tego
czasu; by metres na metry;
paid by the week opłacany za
tydzień ⟨tygodniowo⟩; one by one
jeden za drugim; older by 10
years starszy o 10 lat; by day
w ciągu ⟨za⟩ dnia; by night
w nocy, nocą; by name z nazwiska; by hearsay ze słyszenia;
by myself, all by myself ja sam,
sam (jeden); by train, by bus, by

land, by sea etc. (podróżować)
pociągiem, autobusem, lądem,
morzem itp.; by steam, by electricity etc. (poruszany) parą,
elektrycznością itp.; by letter,
by phone etc. (komunikować)
listownie, telefonicznie itp.; by
hand etc. ręką, ręcznie itp.; step
by step krok za krokiem; by
degrees stopniowo; by chance
przypadkiem; by heart na pamięć; by right prawnie, sprawiedliwie; by far o wiele; little
by little po trochu; adv obok,
mimo; near by, hard by tuż
obok; by the way, by the by
przy okazji, przy tej sposobności,
mimochodem; by and by wkrótce, niebawem

bye-bye [ˈbaɪ ˈbaɪ] int pot. do widzenia!

by-elec·tion [ˈbaɪ ɪlekʃn] s wybory
uzupełniające

by·gone [ˈbaɪgon] adj miniony

by-law [ˈbaɪ lɔ] s rozporządzenie
⟨przepisy⟩ lokalne

by-pass [ˈbaɪ pas] s objazd, droga objazdowa; vt objeżdżać, omijać

by·path [ˈbaɪ paθ] s boczna droga

by-prod·uct [ˈbaɪ prodʌkt] s produkt uboczny

by-stand·er [ˈbaɪ stændə(r)] s widz,
świadek

by·way [ˈbaɪ weɪ] s boczna droga

by·word [ˈbaɪ wɜd] s powiedzonko,
przysłowie; pośmiewisko

By·zan·tine [bɪˈzæntaɪn] adj bizantyjski

C

cab [kæb] s dorożka, taksówka

cab·a·ret [ˈkæbəreɪ] s kabaret

cab·bage [ˈkæbɪdʒ] s kapusta

cab·in [ˈkæbɪn] s kabina, kajuta;
chata

cab·i·net [ˈkæbɪnət] s gabinet; serwantka, szafka; polit. gabinet

ca·ble [ˈkeɪbl] s kabel; kablogram;
vt vi depeszować

cab·man [ˈkæbmən] s taksówkarz

cack·le [ˈkækl] *vi* gdakać; rechotać

cad [kæd] *s* cham, łajdak

ca·det [kəˈdet] *s* kadet; ~ **corps** szkolne przysposobienie wojskowe

cadre [ˈkɑdər] *s wojsk.* kadra

ca·fé [ˈkæfeɪ] *s* kawiarnia, bar

caf·e·te·ri·a [ˈkæfɪˈtɪərɪə] *s* bar samoobsługowy

cage [keɪdʒ] *s* klatka; winda (w kopalni); *vt* zamknąć w klatce

cais·son [ˈkeɪsn] *s wojsk.* jaszcz; *techn.* keson

ca·jole [kəˈdʒəul] *vt* przypochlebiać, uwodzić, pochlebstwami skłaniać do czegoś

cake [keɪk] *s* ciasto, ciastko; kawałek (np. mydła); tabliczka (np. czekolady)

ca·lam·i·ty [kəˈlæmətɪ] *s* klęska, plaga

cal·ci·um [ˈkælsɪəm] *s chem.* wapń

cal·cu·late [ˈkælkjuleɪt] *vt vi* obliczać; liczyć (**on, upon sth** na coś)

cal·cu·la·tion [ˈkælkjuˈleɪʃən] *s* obliczenie, kalkulacja

cal·en·dar [ˈkælɪndə(r)] *s* kalendarz

calf 1. [kɑf] *s* (*pl* **calves** [kɑvz]) cielę; skóra cielęca

calf 2. [kɑf] *s* (*pl* **calves** [kɑvz]) łydka

cal·i·bre, *am.* **cal·i·ber** [ˈkælɪbə(r)] *s* kaliber

cal·i·co [ˈkælɪkəu] *s* rodzaj perkalu

calk [kɔlk] *vt* kalkować

call [kɔl] *vi* wołać; odezwać się; budzić; (*także* ~ **up**) telefonować; wstąpić, odwiedzać (**on sb** kogoś); przybyć, przyjść (**for sb, for sth** po kogoś, po coś, **at sb's house** do czyjegoś domu); wymagać, wzywać; żądać, domagać się (**for sth** czegoś); *vt* zawołać, przywołać, powołać, wywoływać; wezwać, zwołać; nazwać; **to be ~ed for** do the odebrania na żądanie, (*na listach*) poste res-

tante; ~ **back** odwołać; ~ **forth** wywołać; ~ **in question** zakwestionować; ~ **into being** powołać do życia; ~ **into play** wprowadzić w grę; ~ **off** odwołać; ~ **out** wywołać, wyzwać; ~ **over** odczytywać listę (obecności); **to** ~ **sb's attention** zwrócić czyjąś uwagę (**to sth** na coś); **to** ~ **sb to account** zażądać od kogoś rachunku, pociągnąć kogoś do odpowiedzialności; **to** ~ **the roll** odczytywać listę nazwisk; ~ **up** przypominać, przywodzić na pamięć; powołać do wojska; **to** ~ **sb names** przezywać, wymyślać; **to** ~ **to mind** przypomnieć (sobie); *s* wołanie; krzyk; wezwanie, zew; rozmowa telefoniczna; wiadomość; wizyta; powołanie; apel; powód, potrzeba; **there is no** ~ **for worry** nie ma powodu do zmartwienia; **at (within)** ~ do usług, na wezwanie, pod ręką

call·er [ˈkɔlə(r)] *s* odwiedzający, gość

call·ing [ˈkɔlɪŋ] *s* wołanie; powołanie; zawód, zajęcie

cal·los·i·ty [kæˈlosətɪ] *s* stwardnienie, zrogowacenie skóry

cal·lous [ˈkæləs] *adj* twardy, stwardniały; zatwardziały; gruboskórny; nieczuły

cal·low [ˈkæləu] *adj* niec͏ ͏ ͏ y; *przen.* młody, niedoświa ͏ ͏ y

calm [kɑm] *adj* cichy, spoko͏ny; *s* spokój, cisza; *vt vi* (*także* ~ **down**) uspokoić, uciszyć (się)

cal·or·ie, **cal·or·y** [ˈkælərɪ] *s* kaloria

ca·lum·ni·ate [kəˈlʌmnieɪt] *vt* oczerniać, spotwarzać

cal·um·ny [ˈkæləmnɪ] *s* oszczerstwo, potwarz

calves zob. **calf**

came zob. **come**

cam·el [ˈkæml] *s zool.* wielbłąd

cam·er·a [ˈkæmrə] *s* aparat fotograficzny

cam·er·a·man [`kæmrəmæn] s foto-reporter; kinooperator

cam·ou·flage [`kæməflaʒ] s masko-wanie; vt maskować

camp [kæmp] s obóz, kemping, o-bozowisko; vi (zw. ~ out) obozo-wać, mieszkać w namiocie

cam·paign [kæm`pein] s kampania; vi prowadzić kampanię

cam·phor [`kæmfə(r)] s kamfora

camp·ing [`kæmpiŋ] s kemping, o-bozowanie; to go ~ wybrać się na kemping; ~ equipment sprzęt turystyczny

cam·pus [`kæmpəs] s teren szkoły ⟨uniwersytetu⟩

can 1. [kæn, kən] v aux (p could [kud]) móc, potrafić, umieć; I ~ speak French znam (język) fran-cuski; mówię po francusku; I ~ see widzę; I ~ hear słyszę; that ~'t be true! to niemożliwe!

can 2. [kæn] s kanister; am. pusz-ka do konserw; vt am. robić konserwę

Ca·na·dian [kə`neidiən] adj kana-dyjski; s Kanadyjczyk

ca·nal [kə`næl] s kanał; kanalik; przewód (np. pokarmowy)

can·apé [`kænəpei] s kanapka (z serem itp.)

ca·nard [`kæ`nad] s kaczka dzien-nikarska, plotka

ca·na·ry [kə`neəri] s kanarek.

can·can [`kænkæn] s kankan

can·cel [`kænsl] vt kasować, unie-ważniać, skreślać; odwoływać; stemplować (np. znaczki); ~ out mat. skracać (np. ułamek); to ~ an indicator ⟨a flasher⟩ wyłą-czyć kierunkowskaz

can·cer [`kænsə(r)] s med. rak

can·did [`kændid] adj szczery, pro-stolinijny, uczciwy

can·di·date [`kændidət] s kandy-dat

can·di·da·ture [`kændidətʃə(r)] s kandydatura

can·dle [`kændl] s świeca

can·dle·pow·er [`kændlpauə(r)] s fiz. świeca (jednostka miary światła)

can·dle·stick [`kændlstik] s lich-tarz, świecznik

can·dour [`kændə(r)] s szczerość, uczciwość

can·dy [`kændi] s twardy cukierek; zbior. słodycze; am. cukierek na-dziewany; vt kandyzować

cane [kein] s trzcina; laska; pałka; vt chłostać

ca·nine [`kænain] adj psi; ~ tooth kieł

can·ker [`kæŋkə(r)] s wrzód; przen. niszczycielski wpływ, zguba; vt żreć; niszczyć, gubić; vi nisz-czeć

canned [kænd] zob. can 2.; adj konserwowy

can·ni·bal [`kænəbl] s kanibal, lu-dożerca; adj ludożerczy

can·non [`kænən] s działo, armata; przen. ~ fodder mięso armatnie

can·non·ade [`kænə`neid] s kanona-da; vt ostrzeliwać z dział

can·not [`kænət] forma przecząca od can 1.

can·ny [`kæni] adj sprytny, chyt-ry; ostrożny

ca·noe [kə`nu] s czółno (z kory drzewa lub wydrążonego pnia); vt płynąć czółnem

can·on 1. [`kænən] s rel. muz. druk. kanon; kryterium

can·on 2. [`kænən] s kanonik

can·o·py [`kænəpi] s baldachim; sklepienie

can't [kant] = cannot

cant [kænt] s obłuda, hipokryzja; żargon

can·teen [kæn`tin] s kantyna, sto-łówka; menażka

can·vas [`kænvəs] s płótno żaglo-we, płótno malarskie; obraz olej-ny

can·vass [`kænvəs] vt vi badać, roz-trząsać; ubiegać się (for sth o coś); kaptować, zjednywać so-bie; przygotowywać wybory, za-biegać (for votes o głosy wybor-cze); s badanie; prowadzenie kampanii wyborczej; obliczanie głosów

can·yon [`kænjən] s kanion

caou·tchouc [`kautʃuk] s kauczuk

cap [kæp] s czapka; wieko, pokrywa; kapsel; vt nakładać czapkę, wieko, kapsel itp.; ukłonić się (sb komuś)

ca·pa·bil·i·ty [‚keɪpəˋbɪlətɪ] s zdolność

ca·pa·ble [`keɪpəbl] adj zdolny, nadający się (of sth do czegoś), podatny (of sth na coś); uzdolniony

ca·pa·cious [kəˋpeɪʃəs] adj pojemny

ca·pac·i·ty [kəˋpæsətɪ] s zdolność (for sth do czegoś); pojemność; nośność; charakter; kompetencja

cape 1. [keɪp] s peleryna

cape 2. [keɪp] s przylądek

ca·per [`keɪpə(r)] vi podskakiwać, fikać koziołki; s podskok, sus

cap·i·tal [`kæpɪtl] adj główny; wybitny, duży; wspaniały, kapitalny; stołeczny; ~ letter duża litera; ~ punishment kara śmierci; s stolica; kapitał; duża litera

cap·i·tal·ism [`kæpɪtlɪzm] s kapitalizm

cap·i·tal·ist [`kæpɪtlɪst] s kapitalista

cap·i·tal·is·tic [‚kæpɪtlˋɪstɪk] adj kapitalistyczny

ca·pit·u·late [kəˋpɪtʃuleɪt] vi kapitulować

ca·pit·u·la·tion [kəˋpɪtʃuˋleɪʃn] s kapitulacja

ca·pon [`keɪpən] s kapłon

ca·price [kəˋpriːs] s kaprys

ca·pri·cious [kəˋprɪʃəs] adj kapryśny

cap·size [kæpˋsaɪz] vt vi (o statku, łódce itp.) wywrócić (się)

cap·tain [`kæptɪn] s kapitan; dowódca, naczelnik

cap·tion [`kæpʃn] s tytuł, napis, podpis

cap·ti·vate [`kæptɪveɪt] vt pojmać; zniewolić; urzec

cap·tive [`kæptɪv] adj pojmany, uwięziony; s jeniec

cap·tiv·i·ty [kæpˋtɪvətɪ] s niewola

cap·ture [`kæptʃə(r)] vt pojmać, zawładnąć; s zawładnięcie; zdobycz

car [kɑ(r)] s wóz; samochód; wagon

car·a·mel [`kærəml] s karmel; karmelek

car·at [`kærət] s karat

car·a·van [`kærəvæn] s karawana; przyczepa mieszkalna do samochodu

car·bon [`kɑbən] s chem. węgiel (pierwiastek); kalka (maszynowa)

car·bon·pa·per [`kɑbən peɪpə(r)] s kalka

car·bu·ret·tor [‚kɑbjuˋretə(r)] s gaźnik

car·cass [`kɑkəs] s ciało zabitego zwierzęcia; ścierwo; szkielet (np. budynku)

card [kɑd] s karta, kartka; bilet

card·board [`kɑdbɔd] s tektura, karton

car·di·ac [`kɑdɪæk] adj sercowy; s środek nasercowy

car·di·nal [`kɑdnl] adj główny, podstawowy; four ~ points cztery strony świata; s kardynał

care [keə(r)] s troska; opieka; dozór; ostrożność; niepokój; staranność; (w adresie) ~ of (zw. skr. c/o) „z listami, na adres, do rąk"; to take ~ dbać (of sb, sth o kogoś, o coś), uważać (na kogoś, na coś); strzec się (kogoś, czegoś); vi troszczyć się, dbać (for sb, for sth o kogoś, o coś), być przywiązanym, lubić (kogoś, coś); do you ~? zależy ci na tym?

ca·reer [kəˋrɪə(r)] s kariera; losy, kolej życia; bieg, galop

care·free [`keəfri] adj beztroski

care·ful [`keəfl] adj troskliwy; ostrożny

care·less [`keələs] adj beztroski, niedbały; niechlujny

ca·ress [kəˋres] vt pieścić; s pieszczota

care·tak·er [`keəteɪkə(r)] s dozorca, stróż

care·worn [`keəwɔn] adj zgnębiony troskami

car·go [`kɑgəu] s ładunek (statku)

car·i·ca·ture [ˈkærɪkəˈtʃuə(r)] s karykatura; vt karykaturować
car·ies [ˈkeərɪz] s próchnica zębów
car·na·tion [kaˈneɪʃn] s bot. g(w)oździk; różowy kolor
car·ni·val [ˈkanɪvl] s karnawał
car·ol [ˈkærl] s kolęda; vi kolędować
ca·rol·ler [ˈkærlə(r)] s kolędnik
ca·rou·sal [kəˈrauzl] s hulanka, pijatyka
ca·rouse [kəˈrauz] vi hulać
ca·rouser [kəˈrauzə(r)] s hulaka
carp [kap] s zool. karp
car·pen·ter [ˈkapɪntə(r)] s stolarz; cieśla
car·pet [ˈkapɪt] s dywan
car·riage [ˈkærɪdʒ] s wóz; powóz; wagon; podwozie; przewóz; postawa, zachowanie
car·ri·er [ˈkærɪə(r)] s roznosiciel; posłaniec; tragarz; nosiciel (zarazków); transportowiec; bagażnik; chem. nośnik; pl ~s firma transportowa
car·ri·on [ˈkærɪən] s padlina
car·rot [ˈkærət] s marchew
car·ry [ˈkærɪ] vt nosić, przenosić; wozić; dostarczać; doprowadzić; przeprowadzić (np. uchwałę); vi (o broni) nieść; (o głosie) rozlegać się; ~ about ⟨along⟩ nosić ze sobą; ~ away uprowadzić, porwać; ~ off uprowadzić, zabrać; zdobyć (np. nagrodę); ~ on prowadzić dalej, kontynuować; ~ out wykonać, przeprowadzić; ~ over przenosić; ~ through przeprowadzić, doprowadzić do końca; to ~ into effect wprowadzić w. czyn; przen. to ~ the day wziąć górę; to ~ weight mieć wagę ⟨znaczenie⟩
cart [kat] s wóz, fura
car·tel [kaˈtel] s ekon. kartel
car·ter [ˈkatə(r)] s woźnica
cart·load [ˈkatləud] s ładunek wozu
car·ton [ˈkatn] s karton
car·toon [kaˈtun] s karykatura; rycina, szkic
car·toon-film [kaˈtun fɪlm] s film rysunkowy

car·tridge [ˈka-trɪdʒ] s nabój; blank ~ ślepy nabój
carve [kav] vt krajać, wyrzynać; rzeźbić
carv·er [ˈkavə(r)] s snycerz, rzeźbiarz; krajczy
case 1. [keɪs] s wypadek; przypadek; położenie; sprawa (np. sądowa); in ~ of w przypadku; in any ~ w każdym bądź razie; to have no ~ nie mieć podstaw
case 2. [keɪs] s pudełko; skrzynia; walizka; futerał; dressing ~ neseser
case·ment [ˈkeɪsmənt] s okno kwaterowe
cash [kæʃ] s gotówka; zapłata; pot. pieniądze; in ~ gotówką; ~ down płatne przy odbiorze; out of ~ bez gotówki; vt spieniężyć; opłacić; inkasować
cash-book [ˈkæʃbuk] s księga kasowa
cash·ier [kəˈʃɪə(r)] s kasjer
cas·ing [ˈkeɪsɪŋ] s oprawa; pokrowiec; powłoka; obudowa
casino [kəˈsinəu] s kasyno
cask [kask] s beczułka
cas·ket [ˈkaskɪt] s kasetka, szkatułka; am. trumna
*cast, cast, cast [kast] vt rzucać; zarzucać (sieci); techn. odlewać; sport powalić (przeciwnika); ~ away odrzucić; ~ down ściągnąć, spuścić; przygnębić; ~ off odrzucić; ~ out wyrzucić, wypędzić; ~ up obliczyć; to ~ a vote oddać głos; s rzut; odlew; teatr obsada
cast·a·way [ˈkastəweɪ] adj odrzucony, wyrzucony; s wyrzutek; rozbitek
caste [kast] s kasta
cast-iron [ˈkast aɪən] s żeliwo; adj attr żeliwny; przen. twardy, niewzruszony
cas·tle [ˈkasl] s zamek; wieża (w szachach); przen. ~s in the air

zamki na lodzie; *vt* robić roszadę (w szachach)

cas·tor-oil [ˈkɑstər ˈɔːl] *s* olej rycynowy

cas·trate [kæˈstreɪt] *vt* kastrować; *s* kastrat; rzezaniec

cas·u·al [ˈkæʒuəl] *adj* przypadkowy, doraźny; dorywczy; sezonowy (pracownik); niedbały; zdawkowy; banalny

cas·u·al·ty [ˈkæʒuəltɪ] *s* nieszczęśliwy wypadek; ofiara wypadku; *pl* casualties straty w ludziach

cat [kæt] *s* kot

cat·a·clysm [ˈkætəklɪzm] *s* kataklizm

cat·a·logue [ˈkætəlɒɡ] *s* katalog; *vt* katalogować

cat·a·lys·er [ˈkætlaɪzə(r)] *s* katalizator

ca·tas·tro·phe [kəˈtæstrəfɪ] *s* katastrofa

*****catch** [kætʃ], **caught, caught** [kɔt] *vt* łapać; łowić; ująć; pojąć, zrozumieć, dosłyszeć; zahaczyć, zaczepić; trafić, uderzyć; nabawić się (choroby); zarazić się (chorobą); *vi* chwytać się, czepiać się (at sth czegoś); ~ sb up dogonić kogoś; ~ up with sb dogonić kogoś, dorównać komuś; to ~ cold zaziębić się; to ~ fire zapalić się, stanąć w płomieniach; to ~ hold pochwycić (of sth coś); to ~ sight zobaczyć (of sth coś); *s* chwyt; uchwyt; łapanie; połów; łup

catch·ing [ˈkætʃɪŋ] *adj* zaraźliwy

catch·word [ˈkætʃwɜd] *s* hasło; slogan

catchy [ˈkætʃɪ] *adj* pociągający; zwodniczy

cat·e·gor·i·cal [ˈkætɪˈɡɒrɪkl] *adj* kategoryczny

cat·e·go·ry [ˈkætɪɡərɪ] *s* kategoria

ca·ter [ˈkeɪtə(r)] *vi* dostarczać żywności ⟨rozrywki⟩ (for sb komuś); obsługiwać (for sb kogoś)

ca·ter·er [ˈkeɪtərə(r)] *s* dostawca artykułów spożywczych

cat·er·pil·lar [ˈkætəpɪlə(r)] *s zool. techn.* gąsienica

ca·the·dral [kəˈθidrl] *s* katedra

cath·o·lic [ˈkæθlɪk] *adj* uniwersalny, powszechny; liberalny; katolicki; *s* **Catholic** katolik

cat·kin [ˈkætkɪn] *s* bazia, kotek

cat·tle [ˈkætl] *s* bydło rogate

Cau·ca·sian [kɔˈkeɪzɪən] *adj* kaukaski; *s* mieszkaniec Kaukazu

caught zob. **catch**

caul·dron [ˈkɔldrən] *s* kocioł

cau·li·flow·er [ˈkɒlɪflaʊə(r)] *s* kalafior

caus·al [ˈkɔzl] *adj* przyczynowy

cause [kɔz] *s* przyczyna; powód (of sth czegoś, for sth do czegoś); sprawa, proces; *vt* powodować

cause·way [ˈkɔzweɪ] *s* droga na grobli; grobla

caus·tic [ˈkɔstɪk] *s* żrący; zjadliwy, kostyczny

cau·tion [ˈkɔʃn] *s* ostrożność; przezorność; ostrzeżenie; uwaga; *vt* ostrzegać

cau·tious [ˈkɔʃəs] *adj* ostrożny, rozważny, uważny

cav·a·lier [ˈkævəˈlɪə(r)] *s* kawalerzysta; rojalista; kawaler, amant; *adj* swobodny; szarmancki; nonszalancki

cav·al·ry [ˈkævlrɪ] *s* kawaleria

cave [keɪv] *s* pieczara, jaskinia; *vt* drążyć; *vi* zapadać się

cav·ern [ˈkævən] *s* jaskinia, jama

cav·i·ar [ˈkævɪa(r)] *s* kawior

cav·il [ˈkævl] *vi* czepiać się (at sb, sth kogoś, czegoś), ganić (at sb, sth kogoś, coś); *s* złośliwa uwaga

cav·i·ty [ˈkævətɪ] *s* wydrążenie; *dent.* dziura

caw [kɔ] *vi* krakać; *s* krakanie

cease [sis] *vi* przestawać, ustawać; *vt* przerwać, zaprzestać, skończyć

cease·less [ˈsisləs] *adj* nieustanny

ce·dar [ˈsidə(r)] *s* cedr

cede [sid] *vt* ustąpić, odstąpić, cedować

ceil·ing [ˈsilɪŋ] *s* sufit

cel·e·brate [ˈseləbreɪt] *vt* świętować, obchodzić (np. uroczystość), sławić

celebrated

cel·e·brat·ed [ˈseləbreɪtɪd] *adj* sławny, powszechnie znany

ce·leb·ri·ty [səˈlebrətɪ] *s* znakomitość, sława

ce·les·tial [səˈlestɪəl] *adj* niebiański, boski

cel·i·ba·cy [ˈselɪbəsɪ] *s* celibat

cel·i·bate [ˈselɪbət] *adj* bezżenny; *s* osoba żyjąca w celibacie

cell [sel] *s* cela, komórka; *elektr.* bateria

cel·lar [ˈselə(r)] *s* piwnica

cel·lo [ˈtʃeləʊ] *s* wiolonczela

Celt [kelt, *am.* selt] *s* Celt

Cel·tic [ˈkeltɪk, *am.* ˈseltɪk] *adj* celtycki

ce·ment [sɪˈment] *s* cement; *vt* cementować; *przen.* utwierdzać

cem·e·ter·y [ˈsemətrɪ] *s* cmentarz

cen·sor [ˈsensə(r)] *s* cenzor; *vt* cenzurować

cen·sor·ship [ˈsensəʃɪp] *s* cenzura

cen·sure [ˈsenʃə(r)] *s* osąd, nagana, krytyka; *vt* ganić, krytykować, potępiać

cen·sus [ˈsensəs] *s* spis ludności

cent [sent] *s am.* cent (1/100 dolara); per ~ od sta, na sto; at 5 per ~ na 5 procent

cen·te·na·ri·an [ˈsentəˈneərɪən] *adj* stuletni; *s* stuletni starzec

cen·te·na·ry [senˈtinərɪ] *s* stulecie; *adj* stuletni

cen·ter [ˈsentər] *am.* = centre

cen·ti·grade [ˈsentɪgreɪd] *adj* stustopniowy; 100° ~ 100 stopni Celsjusza

cen·ti·me·tre [ˈsentɪmitə(r)] *s* centymetr

cen·tral [ˈsentrl] *adj* centralny, główny, śródmiejski

cen·tral·ize [ˈsentrəlaɪz] *vt* centralizować

cen·tre [ˈsentə(r)] *s* centrum, ośrodek; ~ of gravity środek ciężkości; *vt vi* umieszczać w środku; skupiać (się), koncentrować (się)

cen·trif·u·gal [senˈtrɪfjʊgl] *adj* odśrodkowy

cen·trip·e·tal [senˈtrɪpɪtl] *adj* dośrodkowy

cen·tu·ry [ˈsentʃərɪ] *s* stulecie, wiek

ce·ram·ic [sɪˈræmɪk] *adj* ceramiczny

ce·ram·ics [sɪˈræmɪks] *s* ceramika

ce·re·al [ˈsɪərɪəl] *adj* zbożowy; *s* (*zw. pl* ~s) roślina zbożowa

cer·e·bral [ˈserəbrl] *adj* mózgowy

cer·e·mo·ni·al [ˈserəˈməʊnɪəl] *adj* ceremonialny; *s* ceremoniał, obrządek

cer·e·mo·ny [ˈserəmənɪ] *s* ceremonia, uroczystość

cer·tain [ˈsɜtn] *adj* pewny; określony; przekonany; niejaki, pewien; for ~ na pewno; to make ~ ustalić, upewnić się; he is ~ to come on na pewno przyjdzie

cer·tain·ly [ˈsɜtnlɪ] *adv* na pewno, bezwarunkowo; *int* ~! oczywiście!; ~ not! nie!, nie ma mowy!

cer·tain·ty [ˈsɜtntɪ] *s* pewność

cer·tif·i·cate [səˈtɪfɪkət] *s* zaświadczenie, świadectwo

cer·ti·fy [ˈsɜtɪfaɪ] *vt vi* zaświadczać, poświadczać

cer·ti·tude [ˈsɜtɪtjud] *s* pewność

ces·sa·tion [seˈseɪʃn] *s* przerwa, ustanie; wygaśnięcie (terminu)

chafe [tʃeɪf] *vt vi* trzeć (się), drażnić, jątrzyć (się)

chafer [ˈtʃeɪfə(r)] *s* chrabąszcz

chaff [tʃæf] *s* sieczka, plewy; żarty, kpiny; *vt* żartować, droczyć się

cha·grin [ˈʃægrɪn] *s* zmartwienie; *vt* martwić się

chain [tʃeɪn] *s dosł. i przen.* łańcuch; łańcuszek; *vt* przymocować łańcuchem; skuć; *przen.* uwiązać

chair [tʃeə(r)] *s* krzesło, fotel; katedra; krzesło ⟨miejsce, funkcja⟩ przewodniczącego; to be in the ~ przewodniczyć

chair·man [ˈtʃeəmən] *s* przewodniczący, prezes

chaise [ʃeɪz] s lekki powóz, bryczka

chalk [tʃɔk] s kreda; ˈkredka; vt znaczyć kredą; szkicować

chal·lenge [ˈtʃæləndʒ] s wyzwanie; wezwanie; próba sił; vt wyzywać; wzywać

cham·ber [ˈtʃeɪmbə(r)] s sala, pokój; izba; komora; ~ music muzyka kameralna

cham·ber·lain [ˈtʃeɪmbəlɪn] s szambelan

cham·ber·maid [ˈtʃeɪmbəmeɪd] s pokojówka

cha·me·le·on [kəˈmiːlɪən] s kameleon

cham·ois-leath·er [ˈʃæmɪ leðə(r)] s ircha

cham·pagne [ʃæmˈpeɪn] s szampan

cham·pi·gnon [tʃæmˈpɪnɪən] s bot. pieczarka

cham·pi·on [ˈtʃæmpɪən] s sport mistrz, rekordzista; orędownik

chance [tʃɑːns] s traf, przypadek; możność, okazja; szansa; ryzyko; by ~ przypadkowo; to give sb a ~ dać komuś szansę; to take one's ~ próbować, ryzykować; adj attr przypadkowy; vi zdarzać się; natknąć się (on, upon sb, sth na kogoś, na coś); vt ryzykować

chan·cel·ler·y [ˈtʃɑːnslrɪ] s urząd kanclerza; biuro ambasady

chan·cel·lor [ˈtʃɑːnslə(r)] s kanclerz; rektor (uniwersytetu); Chancellor of the Exchequer minister finansów; Lord Chancellor sędzia najwyższy

chan·cer·y [ˈtʃɑːnsərɪ] s rejestr publiczny; Chancery Sąd Lorda Kanclerza

chan·de·lier [ˌʃændəˈlɪə(r)] s kandelabr

chan·dler [ˈtʃɑːndlə(r)] s drobny kupiec, kramarz

change 1. [tʃeɪndʒ] s zmiana; wymiana; przemiana; przesiadka; drobne pieniądze, reszta; small ~ drobne; for a ~ dla urozmaicenia, na odmianę; vt vi zmie-

niać (się), wymieniać; odmieniać (się); przebierać się; przesiadać się; to ~ hands zmieniać właściciela: to ~ one's mind rozmyślić się

Change 2. [tʃeɪndʒ] s (także Exchange, Stock Exchange) giełda

change·a·ble [ˈtʃeɪndʒəbl] adj zmienny

chan·nel [ˈtʃænl] s kanał (zw. morski); koryto (rzeki); kanalik; przen. droga, sposób; English Channel kanał La Manche

chant [tʃɑːnt] s pieśń (zw. kościelna); vt vi śpiewać (pieśni, psalmy)

cha·os [ˈkeɪɒs] s chaos

cha·ot·ic [keɪˈɒtɪk] adj chaotyczny

chap [tʃæp] s pot. facet, gość, człowiek

chap·el [ˈtʃæpl] s kaplica

chap·lain [ˈtʃæplɪn] s kapelan

chap·ter [ˈtʃæptə(r)] s rozdział (np. książki, życia)

char·ac·ter [ˈkærɪktə(r)] s charakter; postać, rola; osobistość; dobre ⟨złe⟩ imię, reputacja; cecha charakterystyczna; litera; dziwak; pot. indywiduum, typ

char·ac·ter·is·tic [ˌkærɪktəˈrɪstɪk] adj charakterystyczny, znamienny; s rys charakterystyczny

char·ac·ter·ize [ˈkærɪktəraɪz] vt charakteryzować, cechować; scharakteryzować, opisać (sb, sth kogoś, coś)

cha·rade [ʃəˈrɑːd] s szarada

char·coal [ˈtʃɑːkəʊl] s węgiel drzewny

charge [tʃɑːdʒ] s obciążenie, ciężar; ładunek; zarzut, oskarżenie; obowiązek, powinność, opieka; atak, szarża; nabój; koszt, opłata; on a ~ of pod zarzutem (sth czegoś); at a ~ of za opłatą; to be in ~ opiekować się, zarządzać (of sth czymś); to take ~ zająć się (of sth czymś); free of ~ bezpłatny; vt obciążać; ładować; oskarżać (with sth o coś); polecić, powierzyć (sb with sth komuś coś); policzyć, pobrać (kwotę); *vi* cenić, podawać cenę; atakować; **how much do you ~ for it?** ile za to żądasz?

char·i·ot [ˈtʃærɪət] *s* rydwan, wóz

char·i·ta·ble [ˈtʃærɪtəbl] *adj* dobroczynny, miłosierny

char·i·ty [ˈtʃærətɪ] *s* dobroczynność, miłosierdzie; jałmużna

charm [tʃɑm] *s* czar, wdzięk, urok; *vt vi* czarować, urzekać

chart [tʃɑt] *s* mapa morska; wykres

char·ter [ˈtʃɑtə(r)] *s* karta; statut; przywilej; patent; *vt* nadać patent; przyznać (prawo, przywilej); frachtować (statek)

char·wom·an [ˈtʃɑwumən] *s* posługaczka, sprzątaczka

chase 1. [tʃeɪs] *s* pogoń; polowanie; *vt* gonić, ścigać; polować (**sth** na coś)

chase 2. [tʃeɪs] *s* lufa; rowek; oprawa, ramka

chase 3. [tʃeɪs] *vt* cyzelować

chasm [ˈkæzm] *s* rozpadlina, przepaść, otchłań

chas·sis [ˈʃæsɪ] *s mot.* podwozie

chaste [tʃeɪst] *adj* niewinny, cnotliwy, czysty; prosty, bez ornamentów

chas·ten [ˈtʃeɪsn] *vt* oczyszczać; doświadczać, karać

chas·tise [tʃæˈstaɪz] *vt* karać; poskramiać; chłostać, smagać

chas·tise·ment [tʃæˈstaɪzmənt] *s* kara; chłosta

chas·ti·ty [ˈtʃæstətɪ] *s* czystość, niewinność

chat [tʃæt] *s* swobodna rozmowa, pogawędka; *vi* gawędzić, pogadać

chat·tels [ˈtʃætlz] *s pl* ruchomości; (*zw.* **goods and ~**) mienie, dobytek

chat·ter [ˈtʃætə(r)] *vi* świergotać, szczebiotać; paplać, trajkotać; szczękać; *s* szczebiot; paplanina; szczęk

chat·ter·box [ˈtʃætəbɒks] *s pot.* gaduła, trajkotka

chauf·feur [ˈʃəʊfə(r)] *s* szofer

chau·vin·ism [ˈʃəʊvɪnɪzm] *s* szowinizm

cheap [tʃip] *adj* tani, marny, bezwartościowy; *adv* tanio

cheap·en [ˈtʃipən] *vt* obniżyć cenę; *vi* potanieć

cheat [tʃit] *vt vi* oszukiwać; *s* oszustwo; oszust

check [tʃek] *vt* wstrzymywać, hamować; trzymać w szachu; kontrolować, sprawdzać; *am.* oddać na przechowanie za pokwitowaniem, nadać (np. bagaż); **~ in** zameldować się (w hotelu); **~ out** wymeldować się; *s* zatrzymanie, zahamowanie; szach; kontrola; żeton; pokwitowanie; numerek (w szatni itp.) *am.* czek; rachunek

check·er [ˈtʃekə(r)] *s am.* = **chequer**

check·mate [ˈtʃekmeɪt] *s* mat; *vt* dać mata; *przen.* udaremnić (zamiary); unicestwić

cheek [tʃik] *s* policzek; *przen.* bezczelność, zuchwalstwo

cheek·y [ˈtʃikɪ] *adj* bezczelny, zuchwały

cheer [tʃɪə(r)] *s* (*zw. pl* **~s**) radosne okrzyki, oklaski; radość; samopoczucie; jedzenie, dobry posiłek; **to be of good ~** być dobrej myśli; **what ~?** jak się czujesz?; *vt* rozweselać, zachęcać, dodawać otuchy; (*także* **~ up**) przyjmować z aplauzem, robić owacje; (*zw.* **~ up**) nabierać otuchy; **~ up!** głowa do góry!; rozchmurz się!

cheer·ful [ˈtʃɪfl] *adj* radosny, pogodny, zadowolony

cheer·less [ˈtʃɪələs] *adj* posępny, ponury, smutny

cheer·y [ˈtʃɪərɪ] *adj* pełen radości, wesoły

cheese [tʃiz] *s* ser

chem·i·cal [ˈkemɪkl] *adj* chemiczny; *s pl* **~s** chemikalia

chem·ist [ˈkemɪst] *s* chemik; *bryt.* aptekarz; **~'s shop** apteka

chem·is·try [ˈkemɪstrɪ] *s* chemia

chopper

cheque [tʃek] s bryt. czek

chequ·er [ˈtʃekə(r)] s szachownica; deseń w kratkę; vt kratkować

cher·ish [ˈtʃerɪʃ] vt lubić, pielęgnować, żywić (np. uczucie, nadzieję)

cher·ry [ˈtʃerɪ] s wiśnia, czereśnia; ~ brandy wiśniówka

chess [tʃes] s szachy

chess-board [ˈtʃesbɔd] s szachownica

chest [tʃest] s skrzynia, kufer; klatka piersiowa, pierś

chest·nut [ˈtʃesnʌt] s kasztan

chew [tʃu] vt vi żuć

chew·ing-gum [ˈtʃuɪŋ gʌm] s guma do żucia

chick·en [ˈtʃɪkɪn] s kurczę

chick·en-pox [ˈtʃɪkɪnpɔks] s med. wietrzna ospa

chic·o·ry [ˈtʃɪkərɪ] s cykoria

*chide [tʃaɪd], chid [tʃɪd], chidden [ˈtʃɪdn] vt ganić, łajać, besztać

chief [tʃif] s szef, wódz, głowa; adj główny, naczelny

chief·tain [ˈtʃiftən] s wódz, herszt

child [tʃaɪld] s (pl children [ˈtʃɪldrn]) dziecko

child·birth [ˈtʃaɪldbɜθ] s poród

child·hood [ˈtʃaɪldhud] s dzieciństwo

child·ish [ˈtʃaɪldɪʃ] adj dziecinny

chil·dren zob. child

chill [tʃɪl] s chłód; dreszcz; to catch a ~ dostać dreszczy, przeziębić się; to take the ~ off podgrzać; adj chłodny, przejmujący dreszczem; vt chłodzić, studzić; vi stygnąć, oziębiać się

chill·y [ˈtʃɪlɪ] adj chłodny, przejmujący dreszczem

chime [tʃaɪm] s kurant; harmonia, zgoda; (zw. pl ~s) dźwięk dzwonów; vt vi dzwonić, wydzwaniać; to ~ in with harmonizować z

chim·ney [ˈtʃɪmnɪ] s komin

chim·ney-sweep·er [ˈtʃɪmnɪ swipə(r)] s kominiarz

chim·pan·zee [ˈtʃɪmpænˈzi] s szympans

chin [tʃɪn] s podbródek, broda

chi·na [ˈtʃaɪnə] s porcelana

china-town [ˈtʃaɪnə taun] s chińska dzielnica (miasta)

Chi·nese [tʃaɪˈniz] s Chińczyk; adj chiński

chink 1. [tʃɪŋk] s brzęk; vt vi brzęczeć, dźwięczeć, pobrzękiwać

chink 2. [tʃɪŋk] s szpara, szczelina; vi pękać; vt uszczelniać

chip [tʃɪp] s wiór, drzazga, skrawek; pl ~s frytki; vt vi strugać; łupać; kruszyć (się); szczerbić (się)

chirp [tʃɜp], chir·rup [ˈtʃɪrəp] vt vi świergotać; s świergot

chis·el [ˈtʃɪzl] s dłuto; vt dłutować; rzeźbić (dłutem)

chiv·al·rous [ˈʃɪvlrəs] adj rycerski

chiv·al·ry [ˈʃɪvlrɪ] s rycerstwo, rycerskość

chlo·ride [ˈklɔraɪd] s chem. chlorek

chlo·rine [ˈklɔrin] s chem. chlor

chlo·ro·form [ˈklɔrəfəm] s chloroform

chock-full [ˈtʃɔk ˈful] adj pot. wypełniony po brzegi

choc·o·late [ˈtʃɔklət] s czekolada; adj czekoladowy

choice [tʃɔɪs] s wybór; chęć; dobór; rzecz wybrana; adj wyborowy, wybrany

choir [ˈkwaɪə(r)] s chór (zespół śpiewaczy i chór kościelny)

choke [tʃəuk] vt vi dusić (się); głuszyć, tłumić; (także ~ up) zatykać; s duszenie (się), dławienie (się)

chol·e·ra [ˈkɔlərə] s cholera

*choose [tʃuz], chose [tʃəuz], chosen [ˈtʃəuzn] vt wybierać, obierać; vi mieć wybór; woleć; if you ~ jeżeli masz ochotę; when you ~ kiedy zechcesz

chop [tʃɔp] vt krajać, siekać, rąbać; ~ off odciąć, odrąbać; ~ through przeciąć, przerąbać; s cięcie, rąbanie; płat; zraz; kotlet

chop·per [ˈtʃɔpə(r)] s tasak

cho·ral [ˈkɔrl] *adj* chóralny

chord [kɔd] *s* struna; cięciwa; a-kord

cho·rus [ˈkɔrəs] *s* chór; **in ~** chórem

chose, cho·sen *zob.* **choose**

Christ [kraɪst] *s* *rel.* Chrystus

chris·ten [ˈkrɪsn] *vt* chrzcić

Chris·tian [ˈkrɪstʃən] *adj* chrześcijański; *s* chrześcijanin

Christ·mas [ˈkrɪsməs] *s* Boże Narodzenie; **~ Eve** Wigilia; **~ tree** choinka

chron·ic [ˈkronɪk] *adj* chroniczny

chron·i·cle [ˈkronɪkl] *s* kronika

chron·o·log·i·cal [ˌkronəˈlɒdʒɪkl] *adj* chronologiczny

chro·nol·o·gy [krəˈnɒlədʒɪ] *s* chronologia

chrys·a·lis [ˈkrɪsəlɪs] *s* poczwarka

chub·by [ˈtʃʌbɪ] *adj* pucołowaty

chuck 1. [tʃʌk] *vt* cisnąć, rzucić; **~ out** wyrzucić, *pot.* wylać

chuck 2. [tʃʌk] *vi* gdakać; zwoływać ptactwo domowe; cmokać (na konia); *s* maleństwo, kurczątko

chuck·le [ˈtʃʌkl] *s* chichot; *vi* chichotać

chum [tʃʌm] *s* serdeczny kolega; *pot.* kumpel; *vi* przyjaźnić się, być w zażyłych stosunkach

chunk [tʃʌŋk] *s* kawał (np. chleba); kloc, bryła

church [tʃɜtʃ] *s* kościół

church·yard [ˈtʃɜtʃjad] *s* dziedziniec kościelny; cmentarz przy kościele

churl [tʃɜl] *s* gbur, grubianin, sknera

churn [tʃɜn] *s* maślnica; *vt vi* robić masło; wzburzyć (się)

cic·a·trice [ˈsɪkətrɪs], *med.* **cic·atrix** [ˈsɪkətrɪks] *s* blizna

ci·der [ˈsaɪdə(r)] *s* cydr, jabłecznik

cigar [sɪˈga(r)] *s* cygaro

cig·a·rette [ˌsɪgəˈret] *s* papieros

cig·a·rette-case [ˈsɪgəˈret keɪs] *s* papierośnica

cig·a·rette-holder [ˈsɪgəˈret həʊldə(r)] *s* cygarniczka

cin·der [ˈsɪndə(r)] *s* (*zw. pl* **~s**) popiół, żużel

Cin·der·el·la [ˌsɪndəˈrelə] *s* Kopciuszek

cin·e·ma [ˈsɪnəmə] *s* kino

cin·na·mon [ˈsɪnəmən] *s* cynamon

ci·pher [ˈsaɪfə(r)] *s* cyfra; zero; szyfr; *vi* rachować; *vt* zaszyfrować

cir·cle [ˈsɜkl] *s* *dosł. i przen.* koło; krąg, obwód; *teatr* **upper ~** balkon I piętra; *vt* okrążać, otaczać; *vi* krążyć

cir·cuit [ˈsɜkɪt] *s* obwód, linia okrężna; obieg; objazd; **short ~** krótkie spięcie

cir·cu·i·tous [sɜˈkjuɪtəs] *adj* okólny, okrężny

cir·cu·lar [ˈsɜkjulə(r)] *adj* kolisty; okólny; *s* okólnik

cir·cu·late [ˈsɜkjuleɪt] *vt* puszczać w obieg; *vi* krążyć; **circulating medium** płatniczy środek obiegowy

cir·cu·la·tion [ˌsɜkjuˈleɪʃn] *s* krążenie, obieg

cir·cum·fer·ence [sɜˈkʌmfərns] *s* obwód

cir·cum·nav·i·gate [ˌsɜkəmˈnævɪgeɪt] *vt* objechać morzem dookoła, opłynąć

cir·cum·scribe [ˈsɜkəmskraɪb] *vt* opisać, określić; ograniczyć

cir·cum·spect [ˈsɜkəmspekt] *adj* ostrożny, rozważny

cir·cum·spec·tion [ˌsɜkəmˈspekʃn] *s* ostrożność, rozwaga

cir·cum·stance [ˈsɜkəmstəns] *s* *zw. pl* **~s** okoliczności, stosunki, położenie; **under no ~s** pod żadnym warunkiem

cir·cum·stan·tial [ˌsɜkəmˈstænʃl] *adj* szczegółowy; okolicznościowy; poszlakowy

cir·cus [ˈsɜkəs] *s* cyrk; okrągły plac (u zbiegu ulic)

cis·tern [ˈsɪstən] *s* cysterna

cit·a·del [ˈsɪtədl] *s* cytadela

ci·ta·tion [saɪˈteɪʃn] *s* cytat

cite [saɪt] *vt* cytować; wzywać (do sądu)

cit·i·zen [ˈsɪtɪzn] *s* obywatel

cit·i·zen·ship [ˈsɪtɪznʃɪp] *s* obywatelstwo

cit·y [ˈsɪtɪ] *s* (wielkie) miasto; ~ council rada miejska; the City City (śródmieście Londynu będące centrum handlu i finansów); City man handlowiec i finansista z City

civ·ic [ˈsɪvɪk] *adj* obywatelski

civ·il [ˈsɪvl] *adj* cywilny, obywatelski; ~ servant urzędnik państwowy; ~ service służba ⟨administracja⟩ państwowa; ~ war wojna domowa

ci·vil·ian [səˈvɪlɪən] *adj* cywilny; *s* cywil

ci·vil·i·ty [səˈvɪlɪtɪ] *s* uprzejmość

civ·il·i·za·tion [ˈsɪvɪlaɪˈzeɪʃn] *s* cywilizacja

civ·il·ize [ˈsɪvɪlaɪz] *vt* cywilizować

clack [klæk] *s* trzask, szczęk; *vi* trzaskać, szczękać

clad *zob.* clothe

claim [kleɪm] *vt* żądać, zgłaszać pretensje (sth do czegoś); twierdzić; *s* żądanie (to sth czegoś), pretensja, roszczenie; twierdzenie; to lay ~ zgłaszać pretensję (to sth do czegoś)

claim·ant [ˈkleɪmənt] *s* pretendent

clair·voy·ance [kleəˈvɔɪəns] *s* jasnowidztwo

clam·ber [ˈklæmbə(r)] *vi* wspinać się, gramolić się

clam·my [ˈklæmɪ] *adj* lepki, wilgotny

clam·or·ous [ˈklæmərəs] *adj* krzykliwy, hałaśliwy

clam·our [ˈklæmə(r)] *s* krzyk, hałas; *vi* krzyczeć, wrzeszczeć

clamp 1. [klæmp] *s* kleszcze; imadło; klamra; *vt* zaciskać, spajać

clamp 2. [klæmp] *s* ciężkie stąpanie; *vi* ciężko stąpać

clamp 3. [klæmp] *s* sterta, kupa

clan [klæn] *s* klan

clan·des·tine [klænˈdestɪn] *adj* tajny, potajemny

clang [klæŋ] *s* dźwięk (metalu),

szczęk; *vt vi* dźwięczeć, pobrzękiwać

clap [klæp] *vt vi* trzaskać; klaskać; klepać; *s* trzask; klepanie; klaskanie; grzmot; huk

clap·trap [ˈklæptræp] *s* zbior. czcza gadanina, frazesy

claque [klæk] *s* klaka

clar·i·fy [ˈklærɪfaɪ] *vt vi* wyjaśnić (się); oczyszczać (się), klarować (się)

clar·i·net [ˈklærɪˈnet] *s muz.* klarnet

clar·i·on [ˈklærɪən] *s* trąbka; sygnał

clar·i·ty [ˈklærətɪ] *s* jasność, czystość, klarowność; przejrzystość (np. stylu)

clash [klæʃ] *s* trzask, brzęk; zderzenie, kolizja; niezgodność; konflikt; potyczka; *vt* trzasnąć, uderzyć; *vi* brzęknąć; zderzyć się, zetrzeć się; kolidować

clasp [klɑsp] *vt* zamykać, spinać, zwierać; chwytać, obejmować; *s* objęcie, uścisk; zapinka, zatrzask, klamra

clasp-knife [ˈklɑspnaɪf] *s* nóż składany, scyzoryk

class [klɑs] *s* klasa (szkolna, społeczna itp.); lekcja, kurs; ~ war walka klasowa; *vt* klasyfikować

class-con·scious·ness [ˈklɑs ˈkɒnʃəs nəs] *adj* świadomość klasowa

clas·sic [ˈklæsɪk] *adj* klasyczny; *s* klasyk

clas·si·cal [ˈklæsɪkl] = classic *adj*

clas·si·cism [ˈklæsɪsɪzm] *s* klasycyzm

clas·si·fy [ˈklæsɪfaɪ] *vt* klasyfikować, sortować

class·less [ˈklɑsləs] *adj* bezklasowy

class·mate [ˈklɑsmeɪt] *s* kolega szkolny

class·room [ˈklɑsrum] *s* klasa, sala szkolna

clat·ter [ˈklætə(r)] *vt vi* stukać, brzęczeć; robić hałas; *s* stukot, klekot, brzęk; gwar

clause [klɔz] *s* klauzula, warunek; *gram.* zdanie

claw [klɔ] *s* pazur, szpon; łapa z

clay

pazurami; kleszcze (np. raka); *vt* drapać; chwytać w szpony

clay [kleɪ] *s* glina

clean [klin] *adj* czysty, wyraźny; gładki; całkowity; przyzwoity, lojalny; *vt* czyścić; ~ up porządkować, sprzątać

clean·li·ness [`klenlɪnəs] *s* schludność; czystość

clean·ly 1. [`klenlɪ] *adj* schludny, dbający o czystość

clean·ly 2. [`klinlɪ] *adv* czysto

clean·ness [`klinnəs] *s* czystość

cleanse [klenz] *vt dosł. i przen.* oczyszczać

clear [klɪə(r)] *adj* jasny, wyraźny; całkowity, pełny; czysty (np. zysk, sumienie); wolny (of sth od czegoś); bystry, przenikliwy; all ~ droga wolna; alarm odwołany; *adv* jasno, wyraźnie; całkiem; czysto; z dala; to get ~ off wyjść na czysto, uwolnić się, pozbyć się; to keep ~ trzymać się z dala (of sth od czegoś); to stand ~ stać z dala, na uboczu; *vt* wyjaśniać, objaśniać, usprawiedliwiać, klarować; czyścić; sprzątać; zwalniać, opróżniać, opuszczać; trzebić (las); spłacać, rozliczać, wyrównywać (długi, rachunki); ~ away usunąć; ~ off wyprzedać; ~ out uprzątnąć, wyrzucić; ~ up wyjaśnić; sprzątnąć; *vi* wyjaśniać się; rozchmurzać się; *pot.* ~ out ⟨off⟩ wynieść się; (o pogodzie) ~ up przejaśniać się

clear·ance [`klɪərns] *s* zwolnienie; oczyszczenie; wyprzedaż; rozliczenie, wyrównanie kont; odprawa celna

clear·ing [`klɪərɪŋ] *s* karczowisko; polana; rozrachunek (bankowy)

clear·sight·ed [`klɪə `saɪtɪd] *adj* wnikliwy; pewny

cleav·age [`klivɪdʒ] *s* rozszczepienie; szczelina; rozłam

***cleave** 1. [kliv], **cleft** [kleft] *lub* **clove** [kləʊv], **cleft** [kleft] *lub* **cloven** [`kləʊvn] *vt vi* rozszczepiać (się), rozcinać, pękać

cleave 2. [kliv] *vi* trzymać się (to sb, sth kogoś, czegoś), być wiernym

clef [klef] *s muz.* klucz

cleft 1. *zob.* **cleave** 1.

cleft 2. [kleft] *s* szczelina, rozpadlina

clem·en·cy [`klemənsɪ] *s* łagodność; łaska; łaskawość

clench [klentʃ] *vt* ścisnąć, zacisnąć, zewrzeć; zaklepać; *vi* zewrzeć się; zacisnąć się

cler·gy [`klɜdʒɪ] *s* duchowieństwo, kler

cler·gy·man [`klɜdʒɪmən] *s* duchowny

cler·i·cal [`klerɪkl] *adj* duchowny; klerykalny; urzędniczy; biurowy; ~ error błąd pisarski ⟨maszynowy⟩

clerk [klɑk] *s* urzędnik, kancelista, biuralista

clev·er [`klevə(r)] *adj* sprytny; zdolny, utalentowany; zręczny

clever·ness [`klevənəs] *s* zręczność; zdolność; inteligencja

clew [klu] *s* = clue; *vt* zwijać w kłębek; *mors.* zwijać żagiel

cli·ché [`kliʃeɪ] *s* banał, komunał; *druk.* klisza

click [klɪk] *s* szczęknięcie, trzask; *vt vi* szczęknąć, trzasnąć

cli·ent [`klaɪənt] *s* klient

cliff [klɪf] *s* stroma ściana skalna, urwisko

cli·mate [`klaɪmɪt] *s dosł. i przen.* klimat

cli·mat·ic [`klaɪ`mætɪk] *adj* klimatyczny

cli·max [`klaɪmæks] *s* punkt kulminacyjny

climb [klaɪm] *vi* wspinać się, piąć się; *vt* wchodzić (the stairs po schodach); włazić (a tree na drzewo); *s* wspinaczka; wzniesienie (terenu)

climb·er [`klaɪmə(r)] *s* amator wspinaczki, alpinista; *przen.* karierowicz

clinch [klɪntʃ] *vt* = clench; *s* nit; zaczep

***cling** [klɪŋ], **clung, clung** [klʌŋ]

vi trzymać się kurczowo, **chwy-tać się**, czepiać się (to sth cze-goś)

clin·ic [ˈklɪnɪk] s klinika

clink [klɪŋk] *vt vi* dźwięczeć, dzwonić; s brzęk, dzwonienie

clink·er [ˈklɪŋkə(r)] s klinkier

clip 1. [klɪp] s sprzączka; uchwyt; spinacz; klips; *vt* spinać, przy-twierdzać

clip 2. [klɪp] *vt* obcinać, strzyc; *s* strzyżenie, obcięcie

clip·pers [ˈklɪpəz] s pl nożyce; szczypce; maszynka do strzyże-nia

clip·ping [ˈklɪpɪŋ] s strzyżenie; wy-cinek (np. z prasy)

clique [klik] s klika

cloak [kləuk] s płaszcz, peleryna; *przen.* płaszczyk; *vt* okrywać płaszczem; *przen.* ukrywać pod płaszczykiem

cloak-room [ˈkləukˈrum] s garde-roba, szatnia (np. w teatrze)

clock [klok] s zegar; *zob.* **o'clock**

clock·wise [ˈklokwaɪz] *adv* zgodnie z ruchem wskazówek zegara

clock·work [ˈklokwɜːk] s mecha-nizm zegara

clod [klod] s grudka, bryła

clog [klog] s kłoda, kloc; *przen.* brzemię; zawada, przeszkoda; *pl* ~s pęta; *vt* pętać; zawadzać; za-tykać; *vi* zatykać się

clois·ter [ˈklɔɪstə(r)] s klasztor; krużganek (kryty)

close 1. [kləus] *adj* zamknięty; bli-ski; ścisły; zwarty, zbity; dusz-ny; (o uwadze) napięty; grun-towny, szczegółowy; *adv* blisko, tuż obok (to sb, sth kogoś, cze-goś); ściśle; dokładnie; ~ **by** tuż obok, tuż tuż; ~ **on** prawie; ~ **on 70 years** prawie 70 lat; s ogro-dzony teren, dziedziniec

close 2. [kləuz] *vt vi* zamykać (się); kończyć (się); zewrzeć (się); s koniec; zamknięcie; **to bring to a ~** doprowadzać do końca; **to draw to a ~** zbliżać się do koń-ca

close·ly [ˈkləuslɪ] *adv* z bliska;

dokładnie; ściśle

close-up [ˈkləusʌp] s zbliżenie; zdjęcie z bliska

clo·sure [ˈkləuʒə(r)] s zamknięcie, zakończenie

clot [klot] s grudka; *med.* skrzep; *vi* krzepnąć

cloth [kloθ] s (pl ~s [kloðs]) sukno, materiał; ścierka; obrus

***clothe** [kləuð], ~**d**, ~**d** [kləuðd] lub † **clad**, **clad** [klæd] *vt* ubierać, odziewać

clothes [kləuðz] s pl ubranie, o-dzież, ubiór

cloth·ing [ˈkləuðɪŋ] s odzież

cloud [klaud] s dosł. i przen. chmura; obłok; *vt* zachmurzyć, **zaciemnić**; *vi* ~ **over** ⟨up⟩ za-chmurzyć się

cloud·y [ˈklaudɪ] *adj* chmurny

clove 1. [kləuv] s goździk (korzen-ny); ząbek (czosnku)

clove 2. *zob.* **cleave** 1.

clov·en *zob.* **cleave** 1.; *adj* rozszcze-piony na dwoje

clo·ver [ˈkləuvə(r)] s bot. koniczy-na

clown [klaun] s klown, błazen; gbur

cloy [klɔɪ] *vt* przesycić

club [klʌb] s maczuga, pałka; kij; koło, klub; (w kartach) trefl; *vt* bić pałką; *vi* łączyć się, zrzeszać się; ~ **together** zrobić składkę

cluck [klʌk] *vi* gdakać; s gdaka-nie

clue [klu] s klucz (np. do zagad-ki); wątek; trop; kłębek

clump [klʌmp] s grupa; kępa (np. drzew); masa, bryła; ciężki chód; *vi* zbijać się w masę ⟨w bryłę⟩; ciężko stąpać

clum·sy [ˈklʌmzɪ] *adj* niezgrabny; nietaktowny

clung *zob.* **cling**

clus·ter [ˈklʌstə(r)] s grono, kiść; wiązka; gromadka; kępka

clutch [klʌtʃ] s chwyt, uścisk; szpon; *techn.* sprzęgło; *vt* po-chwycić, ścisnąć w dłoni; *vi* chwytać się (at sth czegoś)

clut·ter [ˈklʌtə(r)] s zamieszanie, nieład; rozgardiasz; vt robić bałagan, zamieszanie; krzątać się (hałaśliwie); vt zawalać, zarzucać, zaśmiecać

coach [kəutʃ] s powóz, kareta; osobowy wagon kolejowy; autokar; korepetytor; *sport.* trener; vt udzielać korepetycji, uczyć; *sport* trenować

coach·man [ˈkəutʃmən] s stangret

co·ag·u·late [ˈkəuˈægjuleɪt] vi krzepnąć, tężeć, ścinać się

coal [kəul] s węgiel

co·a·li·tion [ˈkəuəˈlɪʃn] s koalicja

coal-mine [ˈkəul maɪn], coal-pit [ˈkəul pɪt] s kopalnia węgla

coarse [kɔs] adj szorstki, gruby; prostacki, ordynarny, pospolity

coast [kəust] s wybrzeże; vi pływać, kursować wzdłuż wybrzeża

coast·al [ˈkəustl] adj przybrzeżny, nadbrzeżny

coat [kəut] s marynarka; żakiet; płaszcz, palto; mundur; warstwa, powłoka; skóra, sierść; ~ of mail kolczuga; vt pokrywać, powlekać

coat·ing [ˈkəutɪŋ] s powłoka, warstwa

coax [kəuks] vt skłonić pochlebstwem, namówić; przymilać, przypochlebiać się

cob·ble 1. [ˈkobl] s okrągły kamień, brukowiec; *pot.* koci łeb; vt brukować

cob·ble 2. [ˈkobl] vt łatać (*zw.* obuwie)

co·bra [ˈkəubrə] s kobra

cob·web [ˈkobweb] s pajęczyna

co·caine [kəuˈkeɪn] s kokaina

cock [kok] s kogut; samiec (ptaków); kurek; vt podnieść, zadzierać (np. głowę)

cock·ade [koˈkeɪd] s kokarda

cock·ney [ˈkoknɪ] s londyńczyk (z proletariatu); gwara londyńska

cock·pit [ˈkokpɪt] s kabina pilota (w samolocie); arena

cock·roach [ˈkokrəutʃ] s karaluch

cock·sure [ˈkokˈʃuə(r)] adj pewny

siebie, zarozumiały

cock·tail [ˈkokteɪl] s koktajl

coco, cocoa 1. [ˈkəukəu] s kokos

co·coa 2. [ˈkəukəu] s kakao

co·co·nut [ˈkəukənʌt] s orzech kokosowy

co·coon [kəˈkun] s kokon, oprzęd

cod [kod] s dorsz

code [kəud] s kodeks; kod, szyfr; vt szyfrować

cod·fish [ˈkodfɪʃ] s = cod

cod·i·fy [ˈkəudɪfaɪ] vt kodyfikować

cod-liv·er oil [ˈkod lɪvər ˈɔɪl] s tran

co·ed·u·ca·tion [ˈkəu ˌedʒuˈkeɪʃn] s koedukacja

co·erce [kəuˈɜs] vt zmuszać, wymuszać, zniewalać

co·er·cion [kəuˈɜʃn] s przymus, bezwzględne traktowanie, zmuszanie

co·er·cive [kəuˈɜsɪv] adj przymusowy, bezwzględny

co·e·val [kəuˈivl] adj współczesny; będący w tym samym wieku; s rówieśnik

co·ex·ist·ence [ˈkəuɪgˈzɪstəns] s współistnienie

co·ex·ist·ent [ˈkəuɪgˈzɪstənt] adj współistniejący

cof·fee [ˈkofɪ] s kawa

cof·fee-hous [ˈkofɪ haus] s kawiarnia

cof·fer [ˈkofə(r)] s kufer, skrzynia, kaseta; pl the ~s skarbiec, fundusze

cof·fin [ˈkofɪn] s trumna

cog [kog] s *techn.* ząb, zębatka

co·gent [ˈkəudʒənt] adj przekonywający

co·gnac [ˈkonjæk] s koniak

cog·nate [ˈkogneɪt] adj pokrewny, bliski

cog·ni·zance [ˈkognɪzns] s wiedza, wiadomość, świadomość; kompetencja; to take ~ zaznajomić się (of sth z czymś)

co·gni·zant [ˈkognɪznt] adj wiedzący, świadomy; kompetentny (of sth w czymś)

cog-wheel [`kog wil] s *techn.* koło zębate

co·here [kəu`hiə(r)] *vi (o faktach, argumentach)* zgadzać się ze sobą

co·her·ence [kəu`hiərns] s zwartość, spoistość; zgoda; łączność

co·he·sion [kəu`hiʒn] s *fiz.* kohezja; spoistość

coif·fure [kwa`fjuə(r)] s fryzura

coil [kɔil] *vt vi* zwijać (się); s zwój; szpulka; spirala

coin [kɔin] s pieniądz, moneta; *vt* bić (pieniądze); kuć; *przen.* u-kuć (nowy wyraz)

coin·age [`kɔinidʒ] s bicie monety; wybita moneta; system monetarny; wytwór, wymysł; wprowadzanie do języka nowych słów; nowy wyraz

co·in·cide [`kəuin`said] *vi* zbiegać się; pokrywać się

co·in·ci·dence [kəu`insidəns] s zbieżność; zbieg okoliczności

coke 1. [kəuk] s koks; *vt* koksować

coke 2. [kəuk] s *pot.* coca-cola

col·an·der [`kʌləndə(r)] s cedzak

cold [kəuld] *adj* zimny, chłodny, oziębły; **I am ~** jest mi zimno; **in ~ blood** z zimną krwią; s zimno, chłód; przeziębienie; *(także ~ in the head)* katar; **to have a ~** być przeziębionym

cold-blood·ed [`kəuld `blʌdid] *adj* zimnokrwisty; *przen.* działający z zimną krwią, bezlitosny; popełniony na zimno, okrutny

col·lab·o·rate [kə`læbəreit] *vi* kolaborować

col·lab·o·ra·tion [kə`læbə`reiʃn] s kolaboracja

col·lab·o·ra·tor [kə`læbə`reitə(r)] s współpracownik; *uj.* kolaborant

col·lapse [kə`læps] *vi* runąć, zwalić się; załamać się; opaść z sił; s upadek sił, omdlenie; załamanie nerwowe; zawalenie się, katastrofa

col·lar [`kolə(r)] s kołnierz; naszyjnik; chomąto; obroża; *vt* chwy-cić za kołnierz; nałożyć chomąto, obrożę; złapać, zatrzymać

col·league [`koliq] s kolega (z pracy), współpracownik

col·lect [kə`lekt] *vt vi* zbierać (się), gromadzić (się); inkasować; podejmować; kolekcjonować; *vr* ~ **oneself** opanować się, skupić się

col·lec·tion [kə`lekʃn] s zbiór, zbiórka; inkaso; podjęcie, odbiór; pobór (podatków); kolekcja

col·lec·tive [kə`lektiv] *adj* zbiorowy; ~ **farm** spółdzielnia produkcyjna; ~ **property** własność kolektywna

col·lec·tiv·ize [kə`lektivaiz] *vt* kolektywizować

col·lec·tor [kə`lektə(r)] s poborca, inkasent; kolekcjoner

col·lege [`kolidʒ] s kolegium; uczelnia, szkoła wyższa; gimnazjum; szkoła średnia

col·le·gi·ate [kə`lidʒiət] *adj* kolegialny; akademicki

col·lide [kə`laid] *vi* zderzyć się; kolidować

col·lier [`koliə(r)] s górnik (w kopalni węgla); statek węglowy

col·lier·y [`koljəri] s kopalnia węgla

col·lision [kə`liʒn] s kolizja, zderzenie

col·lo·qui·al [kə`ləukwiəl] *adj* kolokwialny, potoczny

col·lo·quy [`koləkwi] s rozmowa

col·lu·sion [kə`luʒn] s konszachty, zmowa

co·lon [`kəulən] s dwukropek

colo·nel [`kɜnl] s pułkownik

co·lo·ni·al [kə`ləuniəl] *adj* kolonialny; s mieszkaniec kolonii

col·o·nist [`kolənist] s kolonista, osadnik

col·o·nize [`kolənaiz] *vt* kolonizować

col·o·ny [`koləni] s kolonia

co·los·sal [kə`losl] *adj* kolosalny

col·our [`kʌlə(r)] s barwa, kolor; farba, barwnik; zabarwienie, koloryt; rumieniec; *pl* ~s chorągiew; odznaki (społeczne, szkolne itp.); ~ **bar** dyskryminacja rasowa; **to put false** ~s przedstawiać w fałszywym świetle; **to give ⟨to lend⟩** ~ koloryzować, nadawać pozór prawdopodobieństwa; **to join** ~s wstąpić do wojska; **under** ~ **of** pod pozorem; *vt vi* barwić (się); koloryzować; pozorować

col·oured [ˈkʌləd] *zob.* **colour** *v*; *adj* zabarwiony; barwny; ~ **man** człowiek rasy kolorowej

colt 1. [kəult] *s* źrebię; *pot.* młokos
Colt 2. [kəult] *s* kolt (rewolwer)

col·umn [ˈkoləm] *s* kolumna, słup; szpalta, dział (gazety)

comb [kəum] *s* grzebień; *vt* czesać; *przen.* przeszukiwać

com·bat [ˈkombæt] *s* bój, walka; *vt* zwalczać; *vi* walczyć

com·bat·ant [ˈkombətənt] *adj* walczący; *s* kombatant

com·bi·na·tion [ˌkombiˈneiʃn] *s* kombinacja; zrzeszenie, związek; *pl* ~s kombinacja (damska)

com·bine [kəmˈbain] *vt vi* kombinować, wiązać; zrzeszać (się), łączyć (się); *chem.* wiązać (się); *s* [ˈkombain] kartel; kombajn

com·bus·ti·ble [kəmˈbʌstəbl] *adj* palny; *s* (*zw. pl* ~s) materiał łatwopalny

com·bus·tion [kəmˈbʌstʃən] *s* spalanie; **internal** ~ **engine** silnik spalinowy

****come** [kʌm], **came** [keim], **come** [kʌm] *vi* przyjść, przyjechać; przybyć; stawać się; nadchodzić, zbliżać się; wypadać, przypadać; pochodzić; wynosić; wychodzić; dojść do czegoś, w końcu coś zrobić; **it** ~s **to 10 pounds** to wynosi 10 funtów; **nothing will** ~ **of it, this will** ~ **to nothing** nic z tego nie wyjdzie; **to** ~ **to believe** dojść do przekonania; ~ **about** zdarzyć się, stać się; ~ **across sth** natknąć się na coś; ~ **at sth** osiągnąć coś; dostać się do czegoś; ~ **by sth** przechodzić obok czegoś; nabyć, kupić coś; ~ **in**

wejść; ~ **into force** nabrać mocy; ~ **into sight** ukazać się; ~ **of** wynikać; ~ **of age** dojść do pełnoletności; ~ **off** odejść; oderwać się; dojść do skutku; zdarzyć się; odbyć się; ~ **on** nadchodzić; ~ **out** wychodzić; ukazywać się w druku; wyjść na jaw; ~ **over** przyjść, przybyć; ~ **up** podchodzić; wspinać się; (o *roślinach*) wyrastać; natknąć się, natrafić na coś; doganiać (**with sb** kogoś); ~ **up to sb's expectations** odpowiadać czyimś oczekiwaniom; ~ **up to the mark** stanąć na wysokości zadania ⟨na odpowiednim poziomie⟩; ~ **upon sb, sth** natknąć się, wpaść na kogoś, na coś; **life to** ~ życie przyszłe; **to** ~ **to pass** zdarzyć się; **he came to be a wreck** doszło do tego, że stał się wykolejeńcem; **to** ~ **unbuttoned** rozpiąć się; **to** ~ **unlaced** rozsznurować się; **to** ~ **unsewn** rozpruć się

co·me·di·an [kəˈmidiən] *s* komediant; komik; autor komedii

com·e·dy [ˈkomədi] *s* komedia

come·ly [ˈkʌmli] *adj* powabny; miły

com·er [ˈkʌmə(r)] *s* przybysz

com·et [ˈkomit] *s* kometa

com·fort [ˈkʌmfət] *s* komfort, wygoda; otucha, pociecha, ulga; *vt* pocieszać, dodawać otuchy, przynosić ulgę

com·fort·a·ble [ˈkʌmftəbl] *adj* wygodny; zadowolony, o dobrym samopoczuciu

com·ic [ˈkomik] *adj* komiczny; komediowy; *s pl* ~s komiks, historyjka obrazkowa

com·i·cal [ˈkomikl] *adj* komiczny, zabawny

com·ing [ˈkʌmiŋ] *zob.* **come**; *adj* przyszły, nadchodzący; dobrze zapowiadający się, obiecujący; *s* nadejście, przybycie; nastanie

com·ma [ˈkomə] *s* przecinek; **inverted** ~s cudzysłów

com·mand [kə'mand] *vt* rozkazywać, komenderować, dowodzić; rozporządzać; panować, górować **(sb, sth** nad kimś, nad czymś); wzbudzać; **wymagać, domagać się (sth** czegoś); *s* komenda, dowództwo, rozkaz; panowanie **(of sth** nad czymś), opanowanie; władanie; zlecenie; **to be in ~ of sth** mieć władzę nad czymś; **to have a full ~ of English** biegle władać językiem angielskim; **at ~ na** rozkaz; do rozporządzenia

com·man·dant ['komən'dænt] *s* komendant

com·mand·er [kə'mandə(r)] *s* komendant, dowódca; komandor (orderu)

com·mand·er-in-chief [kə'mandər ɪn 'tʃiːf] *s* głównodowodzący, wódz naczelny

com·mand·ment [kə'mandmənt] *s* przykazanie (boskie)

com·man·do [kə'mandəu] *s* wojsk. jednostka bojowa (szturmowo-desantowa); komandos (żołnierz tej jednostki)

com·mem·o·rate [kə'meməreɪt] *vt* upamiętniać; czcić (pamięć); obchodzić (rocznicę)

com·mence [kə'mens] *vt vi* zaczynać (się)

com·mend [kə'mend] *vt* polecać, zalecać, powierzać

com·ment ['koment] *s* komentarz, uwaga; *vi* komentować **(on, upon sth** coś), wypowiadać się

com·men·ta·ry ['komentrɪ] *s* komentarz, przypisy

com·merce ['komɜːs] *s* handel

com·mer·cial [kə'mɜːʃl] *adj* handlowy; **~ traveller** komiwojażer

com·mis·sa·ri·at ['komɪ'sarɪət] *s* intendentura; zaopatrzenie (wojska)

com·mis·sary ['komɪsrɪ] *s* delegat; komisarz; intendent

com·mis·sion [kə'mɪʃn] *s* zlecenie, rozkaz; pełnomocnictwo; delegacja; komisja; urząd; prowizja; patent oficerski; **a person in ~** osoba delegowana (z mandatem);

to sell on ~ sprzedawać komisowo (na prowizję); *vt* zlecić; upełnomocnić; delegować; mianować

com·mis·sion·er [kə'mɪʃnə(r)] *s* pełnomocnik, mandatariusz; komisarz; członek komisji

com·mit [kə'mɪt] *vt* popełnić; powierzyć; przekazać, odesłać; zobowiązać; angażować; *vr* ~ oneself angażować się, wdawać się **(to sth** w coś)

com·mit·ment [kə'mɪtmənt] *s* popełnienie; przekazanie, odesłanie; zobowiązanie, zaangażowanie

com·mit·tee [kə'mɪtɪ] *s* komitet, komisja

com·mod·i·ty [kə'modətɪ] *s* towar, artykuł

com·mo·dore ['komədɔː(r)] *s* komandor

com·mon ['komən] *adj* wspólny; gminny; publiczny; codzienny, zwykły, pospolity; ogólny, powszechny; **~ law** prawo zwyczajowe; **~ sense** zdrowy rozsądek; *s* rzecz wspólna: wspólna łąka, wspólne pastwisko; **in ~** wspólnie; **out of the ~** niezwykły

com·mon·er ['komənə(r)] *s* szary obywatel, członek gminu; członek Izby Gmin

com·mon·place ['komənpleɪs] *s* komunał; *adj* banalny, pospolity

com·mons ['komənz] *s pl* † lud, gmin; **House of Commons** Izba Gmin

com·mon·wealth ['komənwelθ] *s* dobro publiczne; republika; wspólnota

com·mo·tion [kə'məuʃn] *s* poruszenie, tumult; rozruchy

com·mu·nal ['komjunl] *adj* gminny, komunalny

com·mune ['komjun] *s* komuna, gmina

com·mu·ni·cate [kə'mjunɪkeɪt] *vt vi* komunikować (się)

com·mu·ni·ca·tion [kə'mjunɪ'keɪʃn] *s* komunikacja, łączność; udzielanie informacji; kontakt, styczność

com·mun·ion [kə`mjunɪən] s wspólnota; łączność (duchowa); *rel.* komunia

com·mu·ni·qué [kə`mjunɪkeɪ] s komunikat

com·mu·nism [`komjunɪzm] s komunizm

com·mu·nist [`komjunɪst] s komunista; *adj* komunistyczny

com·mu·ni·ty [kə`mjunətɪ] s społeczność; wspólnota; gmina (np. religijna)

com·mute [kə`mjut] *vt vi* zamienić; *prawn.* złagodzić (karę); *am.* dojeżdżać do pracy (z biletem okresowym)

com·pact [kəm`pækt] *adj* zbity, gęsty, zwarty; *vt* stłoczyć, zbić, zgęścić; s [`kompækt] umowa, ugoda; puderniczka

com·pan·ion [kəm`pænɪən] s towarzysz; podręcznik

com·pan·ion·ship [kəm`pænɪənʃɪp] s towarzystwo, towarzyszenie

com·pa·ny [`kʌmpənɪ] s towarzystwo; kompania; *handl.* spółka; to keep sb ~ dotrzymywać komuś towarzystwa; to part ~ with sb zerwać z kimś stosunki

com·pa·ra·ble [`komprəbl] *adj* porównywalny; stosunkowy

com·par·a·tive [kəm`pærətɪv] *adj* porównawczy; s *gram.* stopień wyższy

com·pare [kəm`peə(r)] *vt* porównywać, zestawiać; *vi* dorównywać (with sb komuś), dać się porównać; s *w zwrocie*: beyond ⟨without, past⟩ ~ bez porównania; niezrównanie

com·par·i·son [kəm`pærɪsn] s porównanie

com·part·ment [kəm`patmənt] s przedział; przegroda

com·pass [`kʌmpəs] s obręb, zasięg, zakres, granica; kompas; koło; *pl* ~es cyrkiel; *vt* obejmować, otaczać; okrążać; osiągać

com·pas·sion [kəm`pæʃn] s współczucie, litość

com·pas·sion·ate [kəm`pæʃnət] *adj*

współczujący, litościwy

com·pat·i·ble [kəm`pætəbl] *adj* dający się pogodzić, zgodny

com·pel [kom`pel] *vt* zmuszać, wymuszać

com·part·ment [kəm`patmənt] s skrót, streszczenie

com·pen·sate [`kompənseɪt] *vt vi* kompensować, wynagradzać

com·pete [kəm`pit] *vi* współzawodniczyć, konkurować; ubiegać się (for sth o coś)

com·pe·tence [`kompɪtəns] s kompetencja; zadowalająca sytuacja (materialna), zamożność

com·pe·ti·tion [`kompə`tɪʃn] s konkurs; zawody; współzawodnictwo; *handl.* konkurencja

com·pet·i·tive [kəm`petətɪv] *adj* konkursowy; konkurencyjny

com·pet·i·tor [kəm`petɪtə(r)] s konkurent; biorący udział w konkursie; współzawodnik

com·pile [kəm`paɪl] *vt* kompilować, zestawiać, opracowywać

com·pla·cence [kəm`pleɪsns], **com·pla·cen·cy** [kəm`pleɪsnsɪ] s zadowolenie; samozadowolenie

com·plain [kəm`pleɪn] *vi* skarżyć się, narzekać (to sb about ⟨of⟩ sb, sth przed kimś na kogoś, na coś)

com·plaint [kəm`pleɪnt] s skarga, narzekanie; bolączka, dolegliwość

com·plai·sance [kəm`pleɪzns] s uprzejmość, usłużność

com·ple·ment [`komplɪmənt] s uzupełnienie; *gram.* dopełnienie; *vt* uzupełniać

com·ple·men·ta·ry [`komplə`mentrɪ] *adj* uzupełniający

com·plete [kəm`plit] *adj* kompletny, zupełny; skończony; *vt* kompletować; kończyć; wypełniać

com·ple·tion [kəm`pliʃn] s wypełnienie, uzupełnienie; zakończenie

com·plex [`kompleks] *adj* skomplikowany, zawiły; złożony; s kompleks

com·plex·ion [kəm`plekʃn] s cera, płeć; wygląd

con

com·plex·i·ty [kəm`pleksətɪ] s złożoność, zawiłość; gmatwanina

com·pli·ance [kəm`plaɪəns] s zgoda, kompromisowość, zgodność; uległość; in ~ with your wishes zgodnie z pańskimi ⟨waszymi⟩ życzeniami

com·pli·cate [`komplɪkeɪt] vt komplikować; wikłać, gmatwać

com·pli·ca·tion [`komplɪ`keɪʃn] s komplikacja

com·plic·i·ty [kəm`plɪsətɪ] s współudział (w przestępstwie)

comp·li·ment [`komplɪmənt] s komplement; pl ~s pozdrowienia, ukłony; to pay one's ~s przesyłać pozdrowienia, składać uszanowanie; vt [`komplɪment] prawić komplementy; pozdrawiać; gratulować (sb on, upon sth komuś czegoś)

com·ply [kəm`plaɪ] vi zgadzać się, stosować się (with sth do czegoś); spełnić (with a request prośbę)

com·po·nent [kəm`pəunənt] adj wchodzący w skład, składowy; s część składowa, składnik

com·pose [kəm`pəuz] vt (także druk.) składać; stanowić; układać; łagodzić, uspokajać; tworzyć; komponować

com·posed [kəm`pəuzd] adj opanowany, skupiony, poważny

com·pos·er [kəm`pəuzə(r)] s kompozytor

com·pos·ite [`kompəzɪt] adj złożony; s bot. roślina złożona

com·po·si·tion [`kompə`zɪʃn] s skład; układ; kompozycja; utwór; wypracowanie; mieszanina; usposobienie

com·pos·i·tor [kəm`pozɪtə(r)] s zecer

com·post [`kompost] s kompost

com·po·sure [kəm`pəuʒə(r)] s opanowanie, spokój

com·pote [`kompəut] s' kompot

com·pound 1. [`kompaund] adj złożony; mieszany; skomplikowany; s rzecz złożona, preparat; gram.

wyraz złożony; chem. związek; vt [kəm`paund] składać, mieszać, łączyć

com·pound 2. [`kompaund] s ogrodzony teren domu, fabryki itp.

com·pre·hend [`komprɪ`hend] vt obejmować; zawierać; pojmować, rozumieć

com·pre·hen·si·ble [`komprɪ`hensəbl] adj zrozumiały; dający się objąć rozumem

com·pre·hen·sion [`komprɪ`henʃn] s zrozumienie, pojmowanie; zasięg

com·pre·hen·sive [`komprɪ`hensɪv] adj obszerny, wyczerpujący; pojemny; pojętny; wszechstronny; ~ school szkoła ogólnokształcąca

com·press [kəm`pres] vt ściskać, zgęszczać; streszczać; s [`kompres] kompres; med. tampon

com·pres·sion [kəm`preʃn] s ściśnięcie, zgęszczenie; sprężenie; zwięzłość

com·prise [kəm`praɪz] vt obejmować, zawierać

com·pro·mise [`komprəmaɪz] s kompromis, ugoda; vi vt iść na ustępstwa (on, upon sth w sprawie czegoś), kompromisowo załatwiać; kompromitować; narażać

com·pul·sion [kəm`pʌlʃn] s przymus

com·pul·so·ry [kəm`pʌlsrɪ] adj przymusowy

com·punc·tion [kəm`pʌŋkʃn] s skrucha; skrupuły

com·pu·ta·tion [`kompju`teɪʃn] s obliczenie

com·pute [kəm`pjut] vt obliczać

com·put·er [kəm`pjutə(r)] s elektroniczna maszyna cyfrowa, komputer

com·rade [`komreɪd] s towarzysz, kolega

com·rade·ship [`komreɪdʃɪp] s koleżeństwo; braterstwo

con [kon] praep łac. = contra przeciw; s pl ~s głosy przeciw; zob. pro con·cave [ˈkɔŋkeɪv] *adj* wklęsły; *s* wklęsłość

con·ceal [kənˈsil] *vt* ukrywać, taić

con·ceal·ment [kənˈsilmənt] *s* ukrycie, zatajenie

con·cede [kənˈsid] *vi* ustąpić; *vt* przyznać, uznać; przyzwolić

con·ceit [kənˈsit] *s* próżność, zarozumiałość; mniemanie; † koncept

con·ceit·ed [kənˈsitɪd] *adj* próżny, zarozumiały

con·ceiv·a·ble [kənˈsivəbl] *adj* możliwy do pomyślenia ⟨wyobrażenia, zrozumienia⟩

con·ceive [kənˈsiv] *vt vi* począć dziecko, zajść w ciążę; pojąć; wpaść na pomysł; wyobrazić sobie; ująć (w formę).

con·cen·trate [ˈkɔnsntreɪt] *vt vi* koncentrować (się), skupiać (się); stężeć

con·cen·tra·tion [ˌkɔnsnˈtreɪʃn] *s* koncentracja, skupienie (się); stężenie

con·cept [ˈkɔnsept] *s* pojęcie; myśl, pomysł

con·cep·tion [kənˈsepʃn] *s* poczęcie (dziecka), zajście w ciążę; koncepcja; pojęcie

con·cern [kənˈsɜn] *vt* dotyczyć; interesować, zajmować (się); niepokoić się, powodować się troską; to be ∼ed troszczyć się, być zainteresowanym (about sth czymś); mieć do czynienia (with sth z czymś); I am not ∼ed in it to mnie nie dotyczy, nie mam z tym nic wspólnego; as ∼s co się tyczy; my life is ∼ed chodzi o moje życie; *vr* ∼ oneself with ⟨in, about⟩ sb, sth interesować się kimś, czymś; troszczyć się o kogoś, o coś; *s* zainteresowanie; związek; udział; stosunek; znaczenie; niepokój, troska; sprawa; *handl.* koncern; it's no ∼ of mine to nie moja sprawa

con·cern·ing [kənˈsɜnɪŋ] *praep* odnośnie do, co do, co się tyczy; w sprawie

con·cert [ˈkɔnsət] *s* koncert; zgoda,

porozumienie; *vt* [kənˈsɜt] wspólnie planować, układać (np. plan)

con·ces·sion [kənˈseʃn] *s* koncesja; ustępstwo; przyzwolenie

con·cil·i·ate [kənˈsɪlɪeɪt] *vt* pojednać, pogodzić; zjednać sobie

con·cil·i·a·tion [kənˌsɪlɪˈeɪʃn] *s* pojednanie, pogodzenie

con·cil·i·a·to·ry [kənˈsɪlɪətrɪ] *adj* pojednawczy

con·cise [kənˈsaɪs] *adj* zwięzły

con·clude [kənˈklud] *vt vi* kończyć (się); zawierać; wnioskować; zdecydować

con·clu·sion [kənˈkluʒn] *s* zakończenie; zawarcie (traktatu); wniosek, wynik

con·clu·sive [kənˈklusɪv] *adj* końcowy; przekonywający; decydujący; rozstrzygający

con·coct [kənˈkɔkt] *vt* sporządzić, skombinować; wymyślić

con·cord [ˈkɔŋkəd] *s* zgoda, ugoda, jedność

con·cord·ance [kənˈkɔdns] *s* zgoda, harmonia

con·course [ˈkɔŋkɔs] *s* zbiegowisko, tłum; zbieg (ulic itp.); skupienie

con·crete 1. [ˈkɔŋkrit] *adj* konkretny; betonowy; *s* konkret; beton

con·crete 2. [ˈkɔŋkrit] *vi* zgęszczać (się), tworzyć masę, tężeć

con·cur [kənˈkɜ(r)] *vi* zbiegać się; zgadzać się; współdziałać

con·cur·rence [kənˈkʌrns] *s* zbieg (okoliczności), zbieżność; współdziałanie, zgoda

con·demn [kənˈdem] *vt* potępiać; skazywać

con·dem·na·tion [ˌkɔndəmˈneɪʃn] *s* potępienie; skazanie

con·den·sa·tion [ˌkɔndenˈseɪʃn] *s* zgęszczenie, kondensacja; zwięzłość

con·dense [kənˈdens] *vt vi* zgęszczać (się), kondensować (się); streścić

con·de·scend [ˌkɔndɪˈsend] *vi* zniżyć się; raczyć, być łaskawym

con·di·ment [ˈkɔndɪmənt] *s* przyprawa

conform

con·di·tion [kən`dıʃn] s położenie; stan; warunek; pl ~s otoczenie; warunki; on ~ pod warunkiem, że, jeśli; vt warunkować; uzależniać; doprowadzać do odpowiedniego stanu; klimatyzować; med. ~ed reflex odruch warunkowy

con·di·tion·al [kən`dıʃnl] adj warunkowy; zależny (on sth od czegoś); gram. warunkowy; s gram. tryb warunkowy

con·dole [kən`dəul] vi współczuć; składać wyrazy współczucia (with sb on, upon sth komuś z powodu czegoś)

con·do·lence [kən`dəuləns] s współczucie, wyrazy współczucia

con·duce [kən`djus] vt doprowadzić; przyczynić się, sprzyjać

con·ducive [kən`djusıv] adj prowadzący; sprzyjający

con·duct [kən`dʌkt] vt vi prowadzić, kierować; dowodzić; dyrygować; vr ~ oneself prowadzić się, zachowywać się; s [`kondʌkt] prowadzenie (się), sprawowanie; kierownictwo

con·duc·tor [kən`dʌktə(r)] s konduktor; kierownik; dyrygent; (także fiz.) przewodnik

con·duit [`kondıt] s przewód, kanał, rura; elektr. rura izolacyjna

cone [kəun] s stożek; szyszka

con·fab·u·late [kən`fæbjuleıt] vi gawędzić

con·fec·tion [kən`fekʃn] s cukierek; konfekcja (damska); zbior. słodycze; konfitury

con·fec·tion·er [kən`fekʃnə(r)] s cukiernik

con·fec·tion·e·ry [kən`fekʃnrı] s fabryka cukierków; cukiernia; zbior. wyroby cukiernicze

con·fed·er·a·cy [kən`fedrəsı] s konfederacja; spisek

con·fed·er·ate [kən`fedrət] adj sprzymierzony; s sprzymierzeniec, konfederat; vi [kən`fedəreıt] sprzymierzać się; spiskować

con·fer [kən`fɜ(r)] vt nadawać (sth

on sb coś komuś); vi konferować

con·fer·ence [`konfrns] s konferencja, narada; zjazd

con·fess [kən`fes] vt vi wyznawać; przyznawać się; spowiadać (się)

con·fes·sion [kən`feʃn] s wyznanie; przyznanie się; spowiedź

con·fes·sor [kən`fesə(r)] s spowiednik; wyznawca

con·fi·dant [`konfı`dænt] s powiernik

con·fide [kən`faıd] vt dowierzać, ufać (in sb komuś); zwierzać się (to sb komuś); vt powierzać; zwierzać się (sth z czegoś)

con·fi·dence [`konfıdəns] s zaufanie; poufność; zwierzenie; pewność siebie; przeświadczenie

con·fi·dent [`konfıdənt] adj ufny; przekonany, pewny; pewny siebie; s powiernik

con·fi·den·tial [`konfı`denʃl] adj poufny; zaufany

con·fine [kən`faın] vt ograniczać; zamykać (w więzieniu); ~d to bed złożony chorobą; s [`konfaın] (zw. pl ~s) granica

con·fine·ment [kən`faınmənt] s ograniczenie; odosobnienie; zamknięcie (w więzieniu); poród; obłożna choroba

con·firm [kən`fɜm] vt potwierdzać, zatwierdzać; wzmacniać, utwierdzać; rel. konfirmować

con·fir·ma·tion [`konfə`meıʃn] s potwierdzenie; zatwierdzenie; wzmocnienie; rel. konfirmacja, bierzmowanie

con·firmed [kən`fɜmd] zob. confirm; adj zatwardziały, stały, uporczywy; nałogowy

con·fis·cate [`konfıskeıt] vt konfiskować

con·fla·gra·tion [`konflə`greıʃn] s pożar

con·flict [`konflıkt] s starcie, konflikt, kolizja; vi [kən`flıkt] ścierać się, walczyć; nie zgadzać się, kolidować

con·form [kən`fɔm] vt vi dostosować (się), upodobnić **(się)**, uzgodnić

con·form·i·ty [kən`fɔmətɪ] s dostosowanie, zgodność; **in ~ zgodnie**

con·found [kən`faund] vt pomieszać, poplątać; zaskoczyć; konfundować; burzyć, niszczyć; ~ it! do diabła!

con·front [kən`frʌnt] vt stawać naprzeciw (twarzą w twarz); konfrontować; porównywać; stawać w obliczu; stawiać czoło; stanąć (sb przed kimś); **to be ~ed with (by)** sb, sth stanąć przed kimś, czymś ⟨wobec kogoś, czegoś⟩

con·fuse [kən`fjuz] vt mieszać, plątać; zmieszać, zażenować

con·fu·sion [kən`fjuʒn] s zamieszanie, chaos, nieporządek; zmieszanie, zażenowanie

con·fute [kən`fjut] vt zbijać (argument); przekonać kogoś, że się myli

con·geal [kən`dʒil] vt zamrozić, ściąć; vi zamarznąć; krzepnąć, ścinać się

con·ge·nial [kən`dʒiniəl] adj pokrewny, bliski duchem, sympatyczny; odpowiedni

con·gen·i·tal [kən`dʒenɪtl] adj wrodzony, przyrodzony

con·ges·tion [kən`dʒestʃən] s skupienie, zatłoczenie; przeciążenie; przekrwienie

con·grat·u·late [kən`grætʃuleɪt] vt gratulować (sb on, upon sth komuś czegoś)

con·grat·u·la·tion [kən`grætʃu`leɪʃn] s (zw. pl ~s) gratulacje

con·gre·gate [`kɒŋgrɪgeɪt] vt vi gromadzić (się), skupiać (się)

con·gre·ga·tion [`kɒŋgrɪ`geɪʃn] s zgromadzenie, kongregacja; zbiór. parafia

con·gress [`kɒŋgres] s kongres; am. **Congress Kongres**

con·gress·man [`kɒŋgresmən] s am. członek Kongresu

con·ic(al) [`kɒnɪk(l)] adj stożkowy, stożkowaty

coni·fer [`kɒnɪfə(r)] n drzewo iglaste

co·nif·er·ous [kəu`nɪfərəs] adj bot. ⟨o drzewie⟩ iglasty

con·jec·tur·al [kən`dʒektʃərl] adj przypuszczalny, domniemany

con·jec·ture [kən`dʒektʃə(r)] s przypuszczenie, domniemanie, domysł; vt vi przypuszczać, domyślać się, stawiać hipotezę

con·ju·gal [`kɒndʒugl] adj małżeński

con·ju·gate [`kɒndʒugeɪt] vt gram. koniugować; vi zespalać się

con·ju·ga·tion [`kɒndʒu`geɪʃn] s zespolenie; gram. koniugacja

con·junc·tion [kən`dʒʌŋkʃn] s związek; gram. spójnik

con·junc·tive [kən`dʒʌŋktɪv] adj łączący; gram. spójnikowy; s gram. spójnik

con·junc·ture [kən`dʒʌŋktʃə(r)] s zbieg okoliczności; stan rzeczy, koniunktura

con·jure 1. [kən`dʒuə(r)] vt zaklinać, błagać

con·jure 2. [`kʌndʒə(r)] vt vi uprawiać czarnoksięstwo, czarować; ~ up wywoływać (duchy), wyczarować (w wyobraźni)

con·jur·er [`kʌndʒrə(r)] s czarnoksiężnik, magik

con·nect [kə`nekt] vt vi łączyć (się), wiązać (się); stykać (się)

con·nect·ed [kə`nektɪd] zob. connect; adj połączony, związany; pokrewny, powinowaty; **well ~** dobrze ustosunkowany

con·nec·tion, con·nex·ion [kə`nekʃn] s związek, koneksja; (także elektr.) kontakt; pokrewieństwo; znajomości; klientela; połączenie (kolejowe itp.); **in this ~** w związku z tym

con·ni·vance [kə`naɪvəns] s przyzwolenie; pobłażanie, tolerowanie

con·nive [kə`naɪv] vi przyzwalać, patrzeć przez palce (at sth na coś); brać cichy udział (at sth w czymś)

con·nois·seur ['konɪ`sɜ(r)] s znawca, koneser

con·quer [`koŋkə(r)] vt zdobyć, pokonać, zwyciężyć, podbić

con·quer·or [`koŋkərə(r)] s zdobywca

con·quest [`koŋkwest] s zdobycie, podbój, zwycięstwo

con·science [`konʃns] s sumienie

con·sci·en·tious [ˌkonʃɪ`enʃəs] adj sumienny

con·scious [`konʃəs] adj świadomy; przytomny

con·scious·ness [`konʃəsnəs] s świadomość; przytomność

con·script [`konskrɪpt] s poborowy, rekrut; adj poborowy; vt [kən`skrɪpt] brać do wojska

con·scrip·tion [kən`skrɪpʃn] s pobór; obowiązek służby wojskowej

con·se·crate [`konsɪkreɪt] vt poświęcać, konsekrować

con·se·cu·tion [ˌkonsɪ`kjuʃn] s następstwo

con·sec·u·tive [kən`sekjutɪv] adj kolejny, następny z rzędu; gram. skutkowy

con·sent [kən`sent] vi zgadzać się (to sth na coś); s zgoda; with one ~, by general ~ jednomyślnie

con·se·quence [`konsɪkwəns] s następstwo, wynik; konsekwencja; wniosek; znaczenie, doniosłość

con·se·quent [`konsɪkwent] adj wynikający, będący następstwem (on, upon sth czegoś); konsekwentny; późniejszy; s skutek, wynik, rezultat

con·se·quen·tial [ˌkonsɪ`kwenʃl] adj wynikający, logicznie uzasadniony; mający wysokie mniemanie o sobie

con·ser·va·tion [ˌkonsə`veɪʃn] s ochrona, konserwacja; rezerwat

con·ser·va·tive [kən`sɜvətɪv] adj konserwatywny; s konserwatysta

con·ser·va·toire [kən`sɜvətwɑ(r)] s konserwatorium

con·serv·a·to·ry [kən`sɜvətrɪ] s konserwatorium; cieplarnia

con·serve [kən`sɜv] vt przechowywać, konserwować; s pl ~s konserwy owocowe

con·sid·er [kən`sɪdə(r)] vt vi rozpatrywać, rozważać, brać pod uwagę; poczytywać, uważać (sb sth kogoś za coś); szanować, mieć wzgląd

con·sid·er·a·ble [kən`sɪdrəbl] adj znaczny

con·sid·er·ate [kən`sɪdrət] adj uważny, myślący; pełen względów, delikatny

con·sid·er·a·tion [kən`sɪdə`reɪʃn] s rozważanie, rozwaga; wgląd; uwaga; wynagrodzenie; uznanie, szacunek; znaczenie; wzgląd; in ~ ze względu (of sth na coś); to take into ~ uwzględnić

con·sid·er·ing [kən`sɪdrɪŋ] praep zważywszy, z uwagi, ze względu (sth na coś)

con·sign [kən`saɪn] vt przekazywać, powierzać, wydawać; przesyłać

con·sign·ment [kən`saɪnmənt] s powierzenie, przekazanie, wydanie; przesyłka, wysyłka; handl. przesyłka konsygnowana

con·sist [kən`sɪst] vi składać się, być złożonym (of sth z czegoś); polegać (in sth na czymś)

con·sist·ence [kən`sɪstəns], con·sist·en·cy [kən`sɪstənsɪ] s gęstość, zwartość, konsystencja; zgodność; konsekwencja, stanowczość

con·sist·ent [kən`sɪstənt] adj zwarty; zgodny; konsekwentny

con·so·la·tion [ˌkonsə`leɪʃn] s pocieszenie

con·sole [kən`səul] vt pocieszać; s [`konsəul] konsola

con·sol·i·date [kən`solɪdeɪt] vt vi konsolidować, utwierdzać (się); jednoczyć (się)

con·so·nance [`konsənəns] s harmonia, zgodność

con·so·nant [`konsənənt] adj harmonijny, zgodny; s gram. spółgłoska

con·sort [`konsɔt] s współmałżonek; prince ~ książę małżonek

con·spic·u·ous [kən`spɪkjuəs] *adj* widoczny, okazały; wybitny
con·spir·a·cy [kən`spɪrəsɪ] *s* spisek, konspiracja
con·spire [kən`spaɪə(r)] *vi vt* spiskować, sprzysięgać się; knuć
con·sta·ble [`kʌnstəbl] *s* policjant; konstabl
con·stan·cy [`konstənsɪ] *s* stałość, trwałość, wytrwałość; wierność
con·stant [`konstənt] *adj* stały, trwały, wytrwały; wierny
con·stel·la·tion [ˈkonstəˋleɪʃn] *s* konstelacja, gwiazdozbiór
con·ster·na·tion [ˈkɔnstəˋneɪʃn] *s* przerażenie
con·sti·pa·tion [ˈkɔnstɪˋpeɪʃn] *s* obstrukcja, *pot.* zatwardzenie
con·stit·u·en·cy [kən`stɪtʃuənsɪ] *s* wyborcy; okręg wyborczy; klientela, abonenci
con·stit·u·ent [kən`stɪtʃuənt] *adj* składowy; ustawodawczy; *s* element, część składowa; wyborca
con·sti·tute [`konstɪtjut] *vt* stanowić, tworzyć; ustanawiać, konstytuować; mianować; **to be so ~d that** ... mieć taką naturę, że...; **to be weakly ~d** mieć wątły organizm
con·sti·tu·tion [ˈkonstɪˋtjuʃn] *s* konstytucja; skład; budowa (fizyczna); struktura psychiczna; ustanowienie
con·strain [kən`streɪn] *vt* zmuszać; krępować, ograniczać
con·straint [kən`streɪnt] *s* przemoc, przymus; skrępowanie, ograniczenie
con·strict [kən`strɪkt] *vt* ściągać, zwężać, zaciskać, dusić
con·struct [kən`strʌkt] *vt* konstruować, budować
con·struc·tion [kən`strʌkʃn] *s* konstrukcja, budowa; budowla
con·struc·tive [kən`strʌktɪv] *adj* konstruktywny, twórczy; konstrukcyjny
con·strue [kən`stru] *vt* objaśniać, interpretować; *gram.* robić rozbiór (zdania); *vi* (*o zdaniu*) mieć dobrą ⟨złą⟩ składnię
con·sul [`konsl] *s* konsul
con·sul·ate [`konsjulət] *s* konsulat
con·sult [kən`sʌlt] *vt* radzić się (sb kogoś); brać pod uwagę, rozważać; **to ~ a dictionary** sięgać do słownika; *vi* naradzać się
con·sume [kən`sjum] *vt vi* spożywać; zużywać (się); niszczyć, trawić; marnować (się); spalać (się)
con·sum·er [kən`sjumə(r)] *s* spożywca, konsument; **~(s') goods** artykuły konsumpcyjne
con·sum·mate [`konsəmeɪt] *vt* dokonywać, dopełniać; kończyć; *adj* [kən`sʌmət] doskonały; zupełny; skończony
con·sum·ma·tion [ˈkonsəˋmeɪʃn] *s* dokonanie, dopełnienie; uwieńczenie
con·sump·tion [kən`sʌmpʃn] *s* spożycie; zużycie; zniszczenie, strawienie; *med.* gruźlica
con·sump·tive [kən`sʌmptɪv] *adj* niszczący; gruźliczy; *s* gruźlik
con·tact [`kontækt] *s* kontakt, styczność; **to come into ~, to make ~** kontaktować się; *vt vi* zetknąć (się), kontaktować (się) (sb z kimś)
con·ta·gion [kən`teɪdʒən] *s dosł. i przen.* zaraza, zakażenie
con·ta·gious [kən`teɪdʒəs] *adj* zakaźny, zaraźliwy
con·tain [kən`teɪn] *vt* zawierać; mieścić; powstrzymywać; *vr* **~ oneself** panować nad sobą
con·tain·er [kən`teɪnə(r)] *s* zbiornik, pojemnik, kontener, skrzynia, bak
con·tam·i·nate [kən`tæmɪneɪt] *vt* zanieczyścić, splugawić, zakazić; wywrzeć zły wpływ
con·tem·plate [`kontəmpleɪt] *vt vi* oglądać; rozmyślać; mieć na myśli; zamierzać
con·tem·po·ra·ry [kən`temprɪ] *adj* współczesny; dzisiejszy; *s* współcześnie żyjący; rówieśnik
con·tempt [kən`tempt] *s* pogarda, lekceważenie; obraza

con·tempt·i·ble [kən`temptəbl] *adj* zasługujący na pogardę; podły

con·tempt·u·ous [kən`temptʃuəs] *adj* pogardliwy; gardzący

con·tend [kon`tend] *vi* spierać się; rywalizować; ubiegać się (**for** sth o coś), walczyć; twierdzić

con·tent 1. [kən`tent] *s* zadowolenie; *adj* zadowolony; *vt* zadowalać

con·tent 2. [`kontent] *s* zawartość; istota; (*zw. pl* ~s) treść (książki itp.); **table of** ~s spis rzeczy

con·tent·ed [kən`tentid] *zob.* **content** 1.; *adj* zadowolony

con·ten·tion [kən`tenʃn] *s* spór, sprzeczka; walka, rywalizacja; twierdzenie, argument (w sporze)

con·tent·ment [kən`tentmənt] *s* zadowolenie

con·test [kən`test] *vt vi* spierać się, rywalizować; ubiegać się; kwestionować; *s* [`kontest] spór; rywalizacja; zawody, konkurs

con·text [`kontekst] *s* kontekst

con·ti·gu·i·ty [`kontɪ`gjuətɪ] *s* przyleganie, bliskość

con·tig·u·ous [kən`tɪgjuəs] *adj* przyległy, sąsiedni

con·ti·nence [`kontɪnəns] *s* wstrzemięźliwość

con·ti·nent 1. [`kontɪnənt] *s* kontynent

con·ti·nent 2. [`kontɪnənt] *adj* wstrzemięźliwy

con·tin·gen·cy [kən`tɪndʒənsɪ] *s* przypadkowość; ewentualność; nieprzewidziany wydatek

con·tin·gent [kən`tɪndʒənt] *adj* przypadkowy, ewentualny; warunkowy, uwarunkowany; *s* kontyngent; ewentualność, przypadek

con·tin·u·al [kən`tɪnjuəl] *adj* ciągły, powtarzający się, ustawiczny

con·tin·u·ance [kən`tɪnjuəns] *s* trwanie, ciągłość; dalszy ciąg

con·tin·u·a·tion [kən`tɪnjuˈeɪʃn] *s* kontynuacja, ciąg dalszy

con·tin·ue [kən`tɪnju] *vt* kontynuować, dalej coś robić, prowadzić; **to be** ~d ciąg dalszy nastąpi; *vi*

trwać nadal, ciągnąć się dalej, pozostawać w dalszym ciągu

con·tin·u·ous [kən`tɪnjuəs] *adj* dalej trwający, nieprzerwany, trwały, stały

con·tort [kən`tɔt] *vt* skrzywić; zwichnąć

con·tour [`kontuə(r)] *s* zarys, kontur; *geogr.* ~ **line** poziomica

con·tra·band [`kontrəbænd] *s* kontrabanda, przemyt

con·tra·cep·tive [`kontrəˈseptɪv] *s* środek antykoncepcyjny; *adj* antykoncepcyjny

con·tract [`kontrækt] *s* umowa, kontrakt; *vt vi* [kən`trækt] kontraktować; zobowiązywać się; zawierać (umowę, przyjaźń itp.); ściągnąć (się), skurczyć (się); zaciągnąć (dług); nabawić się (np. choroby)

con·trac·tor [kən`træktə(r)] *s* kontrahent; przedsiębiorca; dostawca

con·tra·dict [`kontrəˈdɪkt] *vt* zaprzeczać (**sth** czemuś); być w sprzeczności (sth z czymś); przeczyć (sb komuś)

con·tra·dic·tion [`kontrəˈdɪkʃn] *s* zaprzeczenie; sprzeciw; sprzeczność

con·tra·dic·to·ry [`kontrəˈdɪktərɪ] *adj* przeczący, sprzeczny, przeciwstawny

con·tra·dis·tinc·tion [`kontrədɪˈstɪŋkʃn] *s* przeciwieństwo, odróżnienie (przez kontrast)

con·tra·ry [`kontrərɪ] *adj* sprzeczny, przeciwny; niepomyślny; *s* przeciwieństwo; **on the** ~ przeciwnie, na odwrót; *adv* wbrew, przeciwnie, w przeciwieństwie

con·trast [`kontrɑːst] *s* kontrast; *vt vi* [kən`trɑːst] kontrastować; przeciwstawiać

con·trib·ute [kən`trɪbjut] *vt vi* wnieść udział ⟨wkład⟩; dołożyć się; **to** ~ **money etc. to sth** przyczynić się finansowo itp. do czegoś; **to** ~ **to a magazine** współpracować z czasopismem, pisać (artykuły) do czasopisma con·tri·bu·tion [ˈkontrɪˈbjuʃn] s przyczynek, wkład, współudział; datek; współpraca (z pismem), artykuł w piśmie; kontrybucja, odszkodowanie wojenne

con·trite [konˈtraɪt] adj skruszony

con·tri·tion [kənˈtrɪʃn] s skrucha

con·tri·vance [kənˈtraɪvəns] s pomysł, plan; pomysłowość; wynalazek; urządzenie

con·trive [kənˈtraɪv] vt vi wymyślić, obmyśleć; zaplanować; wynaleźć; doprowadzić do czegoś, uskutecznić; zrobić coś pomyślnie, zdołać

con·trol [kənˈtrəul] vt kontrolować; regulować; rządzić, kierować, zarządzać, nadzorować; wstrzymywać; panować (sth nad czymś); sterować; s nadzór, kontrola; władza, kierownictwo; kierowanie, sterowanie; regulowanie; panowanie; pl ~s techn. sterownica; przyrządy do sterowania; adj attr sterujący, regulujący; kontrolny

con·tro·ver·sial [ˈkontrəˈvɜʃl] adj sporny, polemiczny, kontrowersyjny

con·tro·ver·sy [ˈkontrəvɜsɪ] s spór, polemika, kontrowersja

con·tu·me·ly [ˈkontjumlɪ] s obelżywe traktowanie, obelga

con·tu·sion [kənˈtjuʒn] s kontuzja; stłuczenie

con·va·lesce [ˈkonvəˈles] vi przychodzić do zdrowia

con·va·les·cence [ˈkonvəˈlesns] s rekonwalescencja

con·vene [kənˈvin] vt vi zwoływać, wzywać; zbierać (się)

con·ve·nience [kənˈviniəns] s wygoda; pl ~s komfort; at your ~ kiedy ⟨jak⟩ ci będzie wygodnie; marriage of ~ małżeństwo z rozsądku

con·ve·nient [kənˈviniənt] adj wygodny, dogodny

con·ven·tion [kənˈvenʃn] s umowa; zebranie; zwyczaj; konwencja; pl ~s konwenanse

con·ven·tion·al [kənˈvenʃnl] adj umowny, zwyczajowy; konwencjonalny; stereotypowy

con·verge [kənˈvɜdʒ] vi zbiegać się (w jednym punkcie); vt skupiać

con·ver·sant [kənˈvɜsnt] adj dobrze znający (with sth coś), dobrze poinformowany (with sth o czymś), biegły

con·ver·sa·tion [ˈkonvəˈseɪʃn] s rozmowa, konwersacja

con·verse 1. [kənˈvɜs] vi rozmawiać

con·verse 2. [ˈkonvɜs] adj odwrotny, odwrócony; s odwrócenie, odwrotność

con·ver·sion [kənˈvɜʃn] s konwersja; przemiana; nawrócenie; odwrócenie

con·vert [kənˈvɜt] vt zmieniać, przemienić; sprzeniewierzyć; nawracać; konwertować; s [ˈkonvɜt] konwertyta, nawrócony

con·vex [ˈkonveks] adj wypukły

con·vey [kənˈveɪ] vt przewozić, przesyłać, przekazywać; komunikować

con·vey·ance [kənˈveɪəns] s przewóz, przenoszenie, przekazanie; doprowadzenie, komunikowanie; uzmysławianie; pojazd

con·vict [kənˈvɪkt] vt przekonywać (of sth o czymś); udowadniać (sb of sth komuś coś); uznać sądownie winnym (of sth czegoś); s [ˈkonvɪkt] skazaniec

con·vic·tion [kənˈvɪkʃn] s przekonanie; zasądzenie, osądzenie, udowodnienie winy

con·vince [kənˈvɪns] vt przekonać (of sth o czymś)

con·viv·i·al [kənˈvɪvɪəl] adj towarzyski, wesoły

con·vo·ca·tion [ˈkonvəˈkeɪʃn] s zwołanie; zebranie

con·voke [kənˈvəuk] vt zwoływać, zbierać

con·voy [ˈkonvɔɪ] s konwój, konwojowanie; vt [kənˈvɔɪ] konwojować

con·vulse [kənˈvʌls] vt wstrząsać; przyprawiać o konwulsje

correct

con·vul·sion [kən'vʌlʃn] s konwulsja; wstrząs

coo [ku] vt vi gruchać; gaworzyć

cook [kuk] vt vi gotować (się); *przen.* fałszować; s kucharz

cook·er·y [`kukərɪ] s sztuka kulinarna

cool [kul] adj chłodny; oziębły; s chłód; vt vi chłodzić (się), studzić (się); ~ **down** ostygnąć; *przen.* ochłonąć

coo·lie, coo·ly [`kulɪ] s kulis

cool·ness [`kulnəs] s chłód; *przen.* zimna krew

coop [kup] s kojec

co-op, *am.* **coop** [`kəu op] s *pot.* kooperatywa

coop·er [`kupə(r)] s bednarz

co-op·er·ate, *am.* **co·op·er·ate** [kəu`opəreɪt] vi współdziałać, współpracować

co-op·er·a·tion, *am.* **co·op·er·a·tion** [kəu`opə`reɪʃn] s współdziałanie, kooperacja

co-op·er·a·tive [kəu`oprətɪv] adj współdziałający, chętny do współdziałania; spółdzielczy; s (*także* ~ **society**) spółdzielnia; (*także* ~ **shop**) sklep spółdzielczy

co-opt [kəu`opt] vt kooptować

co-or·di·nate [`kəu `ɔdəneɪt] vt koordynować; adj [`kəu `ɔdnət] równorzędny; s. współrzędny

cop [kop] s *pot.* policjant

co-part·ner [`kəu `patnə(r)] s wspólnik, udziałowiec

cope [kəup] vi zmagać się, borykać się; radzić sobie, podołać

co·pi·ous [`kəupɪəs] adj obfity; płodny

cop·per [`kopə(r)] s miedź; miedziak

cop·pice [`kopɪs] s zarośla, lasek, zagajnik

cop·u·late [`kopjuleɪt] vi spółkować

cop·y [`kopɪ] s kopia; egzemplarz; rękopis, maszynopis; **rough** ~ brudnopis; **fair** ⟨**clean**⟩ ~ czystopis; vt vi kopiować, przepisywać; naśladować

cop·y-book [`kopɪbuk] s (szkolny) zeszyt do ćwiczeń

cop·y·right [`kopɪraɪt] s prawo autorskie; vt zastrzec sobie prawo autorskie

cor·al [`korl] s koral

cord [kɔd] s sznur, sznurek, lina; **vocal** ~ struna głosowa

cord·age [`kɔdɪdʒ] s liny; *mors.* olinowanie

cord·ial [`kɔdɪəl] adj serdeczny; s środek nasercowy

cor·di·al·i·ty [`kɔdɪ`ælətɪ] s serdeczność

cor·du·roy [`kɔdərɔɪ] s sztruks; pl ~s spodnie sztruksowe

core [kɔ(r)] s rdzeń, jądro; sedno; ogryzek (owocu); *przen.* serce, dusza

cork [kɔk] s korek; vt korkować

cork·screw [`kɔkskru] s korkociąg

corn 1. [kɔn] s ziarno, zboże; *am.* kukurydza

corn 2. [kɔn] s nagniotek, odcisk

cor·ner [`kɔnə(r)] s róg, węgieł; kąt; moment krytyczny; *mat.* wierzchołek; adj attr narożny; vt zapędzić w kąt, przyprzeć do muru

cor·ner-stone [`kɔnəstəun] s kamień węgielny

corn·flower [`kɔnflauə(r)]s bławatek

cor·nice [`kɔnɪs] s gzyms

cor·ol·la·ry [kə`rolərɪ] s wniosek; wynik

cor·o·ner [`kɔrənə(r)] s sędzia śledczy

cor·po·ral 1. [`kɔprl] adj cielesny

cor·po·ral 2. [`kɔprl] s kapral

cor·po·ra·tion [`kɔpə`reɪʃn] s korporacja; *handl.* towarzystwo, spółka

cor·por·e·al [kɔ`pɔrɪəl] adj cielesny, materialny

corps [kɔ(r)] s *wojsk.* korpus; zespół

corpse [kɔps] s zwłoki, trup

cor·pu·lent [`kɔpjulənt] adj korpulentny, otyły

cor·pus·cle [`kɔpʌsl] s *biol.* ciałko

cor·rect [kə`rekt] adj poprawny,

prawidłowy; *vt* poprawiać, robić korektę; karać

cor·rec·tion [kəˈrekʃn] *s* poprawka, poprawa; korekta; naprawa

cor·re·la·tion [ˈkorɪˈleɪʃn] *s* korelacja, współzależność

cor·re·spond [ˈkorɪsˈpond] *vi* odpowiadać, być odpowiednim, zgadzać się; korespondować

cor·re·spond·ence [ˈkorɪsˈpondəns] *s* zgodność; korespondencja

cor·ri·dor [ˈkorɪdə(r)] *s* korytarz

cor·ri·gi·ble [ˈkorɪdʒəbl] *adj* dający się poprawić

cor·rob·o·rate [kəˈrobəreɪt] *vt* potwierdzić

cor·rob·o·ra·tion [kəˈrobəˈreɪʃn] *s* potwierdzenie

cor·rode [kəˈrəud] *vt* zżerać, nadgryzać; *vi* niszczeć (na skutek korozji)

cor·ro·sion [kəˈrəuʒn] *s* korozja

cor·rupt [kəˈrʌpt] *adj* zepsuty, skorumpowany, sprzedajny; *vt vi* korumpować, psuć (się)

cor·rup·tion [kəˈrʌpʃn] *s* zepsucie, korupcja; rozkład; sprzedajność

cor·set [ˈkɔsɪt] *s* gorset

cos·met·ic [kozˈmetɪk] *adj* kosmetyczny; *s* kosmetyk; *pl* ~s kosmetyki, kosmetyka

cos·mic [ˈkozmɪk] *adj* kosmiczny

cos·mo·naut [ˈkozmənɔt] *s* kosmonauta

cos·mo·pol·i·tan [ˈkozməˈpolɪtən] *adj* kosmopolityczny; *s* kosmopolita

cos·mo·pol·ite [kozˈmopəlaɪt] *s* kosmopolita

cos·mo·pol·i·tism [ˈkozməˈpolɪtɪzm] *s* kosmopolityzm

cos·mos [ˈkozmos] *s* kosmos

*cost [kost] cost, cost [kost] *vi* kosztować; *s* koszt; at the ~ za cenę; at all ~s za wszelką cenę

cost·ly [ˈkostlɪ] *adj* kosztowny; wspaniały, doskonały

cos·tume [ˈkostjum] *s* kostium, strój

co·sy [ˈkəuzɪ] *adj* przytulny, wygodny

cot 1. [kot] *s* lekkie łóżko (polowe, dziecięce); koja (na statku)

cot 2. [kot] *s* szopa, szałas; *poet.* chata

co·te·rie [ˈkəutərɪ] *s* koteria

cot·tage [ˈkotɪdʒ] *s* domek, chata; ~ piano pianino

cot·tag·er [ˈkotɪdʒə(r)] *s* właściciel ⟨posiadacz własnego⟩ domku; wieśniak

cot·ton [ˈkotn] *s* bawełna, wyrób bawełniany; wata

cot·ton-wool [ˈkotnˈwul] *s* wata

couch [kautʃ] *s* kanapa, tapczan; legowisko; *vi* leżeć w ukryciu, czaić się; *vt* wyrażać, formułować

cough [kof] *s* kaszel; *vi* kaszleć; *vt* ~ out ⟨up⟩ wykrztusić, wykaszleć

could *zob* can 1.

coun·cil [ˈkaunsl] *s* rada (jako zespół); narada

coun·cil·lor [ˈkaunslə(r)] *s* członek rady, radny

coun·sel [ˈkaunsl] *s* rada, porada; narada; radca, doradca, rzecznik, adwokat; *vt* radzić

coun·sel·lor [ˈkaunslə(r)] *s* radca, adwokat

count 1. [kaunt] *vt vi* rachować, liczyć (się); uważać za; być uważanym za; ~ on ⟨upon⟩ sb, sth liczyć na kogoś, coś; ~ out odliczyć; nie brać w rachubę; (*w boksie*) wyliczyć, uznać za pokonanego; *s* rachunek, rachuba

count 2. [kaunt] *s* hrabia (nie angielski)

count·able [ˈkauntəbl] *adj* obliczalny, dający się policzyć

coun·te·nance [ˈkauntɪnəns] *s* wyraz twarzy, twarz, fizjonomia; opanowanie; kontenans; zachęta, poparcie; to put out of ~ zdetonować, stropić; *vt* popierać zachęcać

coun·ter 1. [ˈkauntə(r)] *s* lada, kontuar; kantor; prowadzący rachunki; liczman; żeton coun·ter 2. [ˈkauntə(r)] adj przeciwny, przeciwległy, przeciwstawny; adv przeciwnie, w przeciwnym kierunku; vt vi sprzeciwiać się, przeciwdziałać, krzyżować (plany); odparować (cios), kontrować

coun·ter·act [ˈkauntəˈrækt] vt przeciwdziałać

coun·ter·at·tack [ˈkauntər ətæk] s kontratak

coun·ter·bal·ance [ˈkauntəbæləns] s przeciwwaga; vt [ˈkauntəˈbæləns] równoważyć

coun·ter·feit [ˈkauntəfıt] s podrobienie, fałszerstwo, imitacja; adj podrobiony, fałszywy; vt podrabiać, fałszować; udawać

coun·ter·mand [ˈkauntəˈmand] vt odwołać (np. zamówienie, rozkaz); s odwołanie

coun·ter·pane [ˈkauntəpeın] s kołdra

coun·ter·part [ˈkauntəpat] s odpowiednik, pendant; kopia, duplikat

coun·ter·point [ˈkauntəpɔınt] s muz. kontrapunkt

coun·ter·poise [ˈkauntəpɔız] s przeciwwaga; równowaga; vt równoważyć, wyrównywać

coun·ter·rev·o·lu·tion [ˈkauntə ˈrevəˈluʃn] s kontrrewolucja

coun·ter·rev·o·lu·tion·a·ry [ˈkauntə ˈrevəˈluʃnərı] adj kontrrewolucyjny; s kontrrewolucjonista

coun·ter·weight [ˈkauntəweıt] s przeciwwaga

count·ess [ˈkauntıs] s hrabina

count·less [ˈkauntləs] adj niezliczony

coun·try [ˈkʌntrı] s kraj; ojczyzna; wieś; prowincja; teren; ~ gentleman obywatel ziemski; to go into the ~ wyjechać na wieś; to go to the ~ przeprowadzić powszechne wybory

coun·try·man [ˈkʌntrımən] s wieśniak; rodak

coun·try·side [ˈkʌntrısaıd] s okolica, krajobraz

coun·ty [ˈkauntı] s hrabstwo; am. okręg administracyjny; ~ town stolica hrabstwa; am. główne miasto okręgu administracyjnego

coup [ku] s wyczyn, mistrzowskie posunięcie; ~ d'état [ˈku deıˈta] zamach stanu

cou·ple [ˈkʌpl] s para (np. małżeńska); a ~ of parę, kilka; vt vi łączyć (się) parami, kojarzyć (się); techn. sprzęgać, sczepiać, spajać, lutować

cou·plet [ˈkʌplət] s dwuwiersz

cou·pling [ˈkʌplıŋ] s techn. złącze

cou·pon [ˈkupən] s kupon, odcinek, talon

cour·age [ˈkʌrıdʒ] s odwaga, męstwo

cou·ra·geous [kəˈreıdʒəs] adj odważny, mężny

course [kɔs] s kurs; bieg; ciąg; tok, przebieg; bieżnia, tor; danie (na stole); in due ~ we właściwym czasie; of ~ oczywiście; a matter of ~ rzecz oczywista

court [kɔt] s dwór; dziedziniec, plac; izba sądowa, sąd; pałac; sala, hala; sport boisko, kort; zaloty; vt zalecać się (sb do kogoś); szukać (sth czegoś); zabiegać (sth o coś)

cour·te·ous [ˈkɜtıəs] adj grzeczny, uprzejmy

cour·te·sy [ˈkɜtəsı] s grzeczność, uprzejmość

cour·ti·er [ˈkɔtıə(r)] s dworzanin

court·ly [ˈkɔtlı] adj dworski, wytworny

court·mar·tial [ˈkɔt ˈmaʃl] s sąd wojenny; vt postawić przed sądem wojennym

court·ship [ˈkɔtʃıp] s zaloty

court·yard [ˈkɔtjad] s dziedziniec, podwórze

cous·in [ˈkʌzn] s kuzyn; first ~ brat stryjeczny, siostra stryjeczna; brat cioteczny, siostra cioteczna; second ~ dalszy krewny

cov·e·nant [ˈkʌvnənt] s umowa, przymierze, związek, pakt

cov·er [ˈkʌvə(r)] vt pokrywać; przykryć, nakryć, okryć; ukryć, osłaniać; s pokrycie, przykrywka, okładka; narzuta; nakrycie; ochrona, osłona; przen. płaszczyk

cov·er·ing [ˈkʌvəriŋ] s przykrycie, osłona

cov·er·let [ˈkʌvələt] s przykrycie, kołdra, kapa

cov·ert [ˈkʌvət] adj ukryty, potajemny; ukradkowy; s schronienie, legowisko

cov·et [ˈkʌvit] vt pożądać

cov·et·ous [ˈkʌvətəs] adj pożądliwy; zawistny

cow 1. [kau] s krowa; samica (różnych ssaków)

cow 2. [kau] vt straszyć

coward [ˈkauəd] s tchórz

cow·ard·ice [ˈkauədis] s tchórzostwo

cow·ard·ly [ˈkauədli] adj tchórzliwy

cow·boy [ˈkaubɔi] s pastuch; am. kowboj

cow·er [ˈkauə(r)] vi przysiąść, przycupnąć

cox·comb [ˈkɔkskəum] s fircyk; pyszałek

cox·swain [ˈkɔksn] s sternik

coy [kɔi] adj nieśmiały, wstydliwy; zaciszny

co·zy [ˈkəuzi] adj = cosy

crab [kræb] s krab; astr. **Crab** Rak

crack [kræk] vt vi trzaskać, roztrzaskać; trzeszczeć; pękać; spowodować pęknięcie; łupać; s trzask; uderzenie; pęknięcie; szczelina, rysa; adj attr pot. wspaniały, pierwszorzędny; wojsk. szturmowy

cracked [krækt] pp i adj potrzaskany; przen. zwariowany

crack·er [ˈkrækə(r)] s petarda; (zw. pl ~s) dziadek do orzechów; pl ~s krakersy

crack·le [ˈkrækl] vi skrzypieć,

trzaskać; s trzaski; skrzypienie

cra·dle [ˈkreidl] s kołyska; przen. kolebka; vt kłaść do kołyski, kołysać; przen. wychowywać niemowlę

craft [kraft] s zręczność, biegłość; przebiegłość; rzemiosło; cech; (pl ~) statek, samolot (zw. zbior. statki, samoloty)

crafts·man [ˈkraftsmən] s rzemieślnik

craft·y [ˈkrafti] adj sprytny, zręczny; przebiegły, podstępny

crag [kræg] s skała (urwista)

cram [kræm] vt vi przepełnić, tłoczyć (się), zapchać (się); pot. (o uczeniu się) kuć

cramp [kræmp] s kurcz; techn. klamra, imadło; przen. hamulec, ograniczenie; vt wywołać kurcz; zwierać; przen. krępować, ograniczać

crane [krein] s zool. żuraw; techn. dźwig, żuraw

crank¹ [kræŋk] s korba

crank² [kræŋk] s dziwak; dziwactwo

crape [kreip] s krepa

crash [kræʃ] s trzask, łomot; gwałtowny upadek; nagłe zderzenie, katastrofa, kraksa; krach, bankructwo; vi trzasnąć, huknąć; spaść z hukiem, rozbić się, ulec katastrofie; vt zgnieść, rozbić, zniszczyć

cra·ter [ˈkreitə(r)] s krater, lej

crave [kreiv] vt vi pragnąć, pożądać (sth, for sth czegoś); usilnie prosić (sth o coś)

cra·ven [ˈkreivn] s tchórz, nikczemnik; adj tchórzliwy, nikczemny

craw·fish [ˈkrɔfiʃ] = crayfish

crawl [krɔl] vi pełzać, czołgać się; s pełzanie; pływanie kraulem

cray·fish [ˈkreifiʃ] s rak; langusta

cray·on [ˈkreiən] s kredka, pastel; vt malować kredką, pastelami; szkicować

craze [kreɪz] *vi* szaleć; *vt* doprowadzać do szału; *s* szaleństwo, szał

cra·zy [ˈkreɪzɪ] *adj* szalony, zwariowany

creak [krik] *vi* skrzypieć, trzeszczeć; *s* skrzypienie, trzeszczenie

cream [krim] *s* śmietana; krem; pasta; *przen.* śmietanka; *adj attr* kremowy; *vt* zbierać śmietankę

cream·y [ˈkrimɪ] *adj* śmietankowy, kremowy

crease [kris] *s* fałda, zmarszczka; kant (spodni); *vt vi* marszczyć (się), miąć (się)

cre·ate [kriˈeɪt] *vt* tworzyć, stwarzać; kreować; wywołać

cre·a·tion [kriˈeɪʃn] *s* tworzenie, stworzenie; kreacja

cre·a·tive [kriˈeɪtɪv] *adj* twórczy

cre·a·tor [kriˈeɪtə(r)] *s* twórca, stwórca

crea·ture [ˈkritʃə(r)] *s* stworzenie, stwór; kreatura; twór

crèche [kreɪʃ] *s* żłobek (dla dzieci)

cre·dence [ˈkridəns] *s* wiara, zaufanie

cre·den·tials [krɪˈdenʃlz] *s pl* listy uwierzytelniające

cred·i·ble [ˈkredəbl] *adj* wiarygodny

cred·it [ˈkredɪt] *s* kredyt; zaufanie; uznanie, pochwała; honor; zaszczyt; *handl.* letter of ~ akredytywa; *vt* kredytować; ufać; przypisywać (**sb with sth** komuś coś); *handl.* uznawać rachunek

cred·it·a·ble [ˈkredɪtəbl] *adj* zaszczytny, chlubny

cred·i·tor [ˈkredɪtə(r)] *s* wierzyciel

cre·du·li·ty [krəˈdjulətɪ] *s* łatwowierność

cre·du·lous [ˈkredjuləs] *adj* łatwowierny

creed [krid] *s* wiara; wyznanie wiary, credo

creek [krik] *s* zatoczka; *am.* rzeczka

***creep** [krip], **crept, crept** [krept] *vi* czołgać się, pełzać; wkradać się; (*o roślinach*) piąć się; (*o skórze*) cierpnąć; my flesh ~s ciarki

mnie przechodzą

creep·er [ˈkripə(r)] *s bot.* pnącze; *pot.* lizus

creep·y [ˈkripɪ] *adj* pełzający; wywołujący ⟨mający⟩ ciarki

cre·ma·tion [krɪˈmeɪʃn] *s* palenie zwłok, kremacja

crem·a·to·ri·um [ˌkreməˈtɔːrɪəm] *s* (*pl* **crematoria** [ˌkreməˈtɔːrɪə]) krematorium

crept *zob* **creep**

cres·cent [ˈkresnt] *s* sierp księżyca, półksiężyc; *adj* rosnący; mający kształt półksiężyca

crest [krest] *s* grzebień (np. koguta), czub, grzywa; grzbiet (fali, góry itp.); herb

crev·ice [ˈkrevɪs] *s* szczelina, rysa

crew 1. [kru] *s* załoga, ekipa

crew 2. *zob.* **crow 2.**

crib 1. [krɪb] *s* żłób; łóżko dziecięce; *vt* zamknąć

crib 2. [krɪb] *s* plagiat; *pot.* ściągaczka; *vt vi pot.* ściągać (ćwiczenia szkolne itp.)

crick [krɪk] *s* bolesny skurcz; kurcz (np. w karku)

crick·et 1. [ˈkrɪkɪt] *s* świerszcz

crick·et 2. [ˈkrɪkɪt] *s sport* krykiet

crime [kraɪm] *s* zbrodnia

crim·i·nal [ˈkrɪmənl] *adj* zbrodniczy, kryminalny; *s* zbrodniarz

crim·son [ˈkrɪmzn] *s* karmazyn, purpura; *adj* karmazynowy; *vt vi* barwić (się) na karmazyn; *przen.* rumienić się

cringe [krɪndʒ] *vi* kulić się; nisko się kłaniać, płaszczyć się (**to sb** przed kimś); *s* uniżoność, płaszczenie się

crin·kle [ˈkrɪŋkl] *s* fałda, zmarszczka; *vt vi* marszczyć (się), fałdować (się), zwijać (się)

crip·ple [ˈkrɪpl] *s* kaleka, inwalida; *vt* przyprawiać o kalectwo; paraliżować; uszkadzać

cri·sis [ˈkraɪsɪs] *s* (*pl* **crises** [ˈkraɪsiz]) kryzys

crisp [krɪsp], **crisp·y** [ˈkrɪspɪ] *adj* kędzierzawy; kruchy; (*o powietrzu*) orzeźwiający; żywy, jędrny (np. styl); *vt vi* zwijać (się), skręcać (się); stawać się kruchym

cri·te·ri·on [kraɪ'tɪərɪən] *s (pl* cri·teria [kraɪ'tɪərɪə]) kryterium

crit·ic ['krɪtɪk] *s* krytyk; recenzent

crit·i·cal ['krɪtɪkl] *adj* krytyczny

crit·i·cism ['krɪtɪsɪzm] *s* krytyka; krytycyzm; recenzja, ocena

crit·i·cize ['krɪtɪsaɪz] *vt* krytykować; recenzować

cri·tique [krɪ'tik] *s* krytyka; recenzja

croak [krəuk] *vi (o żabach)* rechotać; *(o wronach)* krakać; *pot.* zdechnąć, wykitować; *s* rechot, krakanie

cro·chet ['krəuʃeɪ] *s* robota szydełkowa; *vt vi* szydełkować

crock·er·y ['krɒkərɪ] *s zbior.* naczynia (gliniane, fajansowe itp.)

croc·o·dile ['krɒkədaɪl] *s zool.* krokodyl

cro·ny ['krəunɪ] *s pot.* bliski przyjaciel, kompan

crook [kruk] *s* hak; zagięcie; kij (pasterski); *pot.* oszust; by hook or by ~ wszelkimi sposobami; *vt vi* skrzywić (się), zgiąć (się)

crook·ed 1. [krukt] *pp zob.* crook *v*

crook·ed 2. ['krukɪd] *adj* kręty, krzywy, zgięty; nieuczciwy, przewrotny

crop [krɒp] *s* urodzaj, zbiór, plon; masa, stos; krótko ostrzyżone włosy; *vt* ścinać, strzyc; skubać; zbierać (plon); uprawiać, siać, sadzić; *vi* obrodzić, dawać plon; ~ up zjawić się nagle

cross [krɒs] *s dosł. i przen.* krzyż; skrzyżowanie; *adj* krzyżowy; poprzeczny; przecinający (się), krzyżujący (się); niepomyślny, przeciwny; zły, rozgniewany; to be ~ gniewać się (with sb na kogoś); *vt* krzyżować (ręce, rasy, plany itd.); przecinać; przejść (sth przez coś); przejechać (sth przez coś); przechodzić, przeprawić się na drugą stronę; przekreślić; udaremnić; ~ off, out skreślić, wykreślić; *vr* ~ oneself przeżegnać się; *vi* krzyżować się,

przecinać się; rozmijać się

cross-bar ['krɒsba(r)] *s* poprzeczka

cross-breed ['krɒsbrid] *vt* krzyżować (gatunki, rasy); *s* krzyżówka (ras, gatunków); mieszaniec

cross-coun·try ['krɒs'kʌntrɪ] *adj attr i adv* na przełaj

cross-ex·am·i·na·tion ['krɒs ɪg'zæmɪ 'neɪʃn] *s* badanie (sądowe) za pomocą krzyżowych pytań

cross-ex·am·ine ['krɒs ɪg'zæmɪn] *vt* badać za pomocą krzyżowych pytań

cross·ing ['krɒsɪŋ] *s* skrzyżowanie; przejście przez ulice; przepłynięcie przez morze; przeprawa

cross-ref·er·ence ['krɒs 'refrns] *s* odsyłacz

cross-roads ['krɒsrəudz] *s pl* skrzyżowanie dróg, rozdroże; *dosł. i przen.* rozstaje

cross-sec·tion ['krɒs 'sekʃn] *s* przekrój

cross-word ['krɒswɜd] *s (także* ~ puzzle) krzyżówka

crotch [krɒtʃ] *s anat.* krocze; rozwidlenie; drzewo rozwidlone

crotch·et ['krɒtʃɪt] *s* hak; kaprys; dziwactwo; *muz.* ćwierćnuta

crouch [krautʃ] *vi* przysiąść, skulić się, kucnąć; *s* kucnięcie, skulenie się

crow 1. [krəu] *s* wrona, gawron

crow 2. [krəu] *vi* piać; triumfować (over sb nad kimś)

crow-bar ['krəuba(r)] *s* łom, drąg żelazny

crowd [kraud] *s* tłum, tłok; stos (rzeczy); *vt vi* tłoczyć (się), pchać (się), zapchać

crown [kraun] *s* korona; wieniec; szczyt; ciemię; *vt* koronować, wieńczyć

cru·cial ['kruʃl] *adj* decydujący, krytyczny

cru·ci·ble ['krusəbl] *s* tygiel; *przen.* ciężka próba

cru·ci·fy ['krusɪfaɪ] *vt* ukrzyżować

crude [krud] *adj* surowy, niedojrzały; nie obrobiony; nieokrzesany, szorstki, brutalny

cru·el ['krul] *adj* okrutny

cru·el·ty [`krułtɪ] s okrucieństwo

cru·et [`kruɪt] s flaszeczka (na ocet, oliwę itp.)

cruise [kruz] vi (zw. o statku) krążyć; s krążenie po morzu, podróż morska, rejs

cruis·er [`kruzə(r)] s krążownik

crumb [krʌm] s okruszyna; przen. odrobina; vt kruszyć

crum·ble [`krʌmbl] vt vi kruszyć (się), rozpadać się

crumb·y [`krʌmɪ] adj pulchny

crum·ple [`krʌmpl] vt vi miąć (się), marszczyć (się), gnieść (się)

crunch [krʌntʃ] vt gryźć, chrupać; vi chrzęścić, skrzypieć; s chrupanie; chrzest, skrzypienie

cru·sade [kru`seɪd] s hist. wojna krzyżowa, krucjata (także przen.); vi uczestniczyć w wyprawie krzyżowej

crush [krʌʃ] vt vi gnieść (się), miażdżyć; niszczyć; tłoczyć (się); s tłok, ścisk; kruszenie, miażdżenie

crust [krʌst] s skórka (np. na chlebie); skorupa; strup; osad; vt vi pokrywać (się) skorupą, zaskorupiać (się)

crutch [krʌtʃ] s kula (dla kaleki)

cry [kraɪ] vi krzyczeć; płakać; s krzyk; wołanie; hasło; płacz

crys·tal [`krɪstl] s kryształ; adj kryształowy; krystaliczny

crys·tal·lize [`krɪstəlaɪz] vt vi krystalizować (się)

cub [kʌb] s szczenię, młode (u zwierząt)

cube [kjub] s sześcian; kostka (lodu, cukru); vt mat. podnosić do sześcianu

cu·bic [`kjubɪk] adj sześcienny, kubiczny

cuck·oo [`kuku] s kukułka

cu·cum·ber [`kjukʌmbə(r)] s ogórek

cud·dle [`kʌdl] vt vi tulić (się)

cudg·el [`kʌdʒl] s pałka, maczuga; vt okładać pałką

cue 1. [kju] s kij bilardowy

cue 2. [kju] s napomknienie, wskazówka; teatr replika

cuff 1. [kʌf] s mankiet

cuff 2. [kʌf] s uderzenie dłonią ⟨pięścią⟩; kułak; vt uderzyć pięścią ⟨dłonią⟩

cu·li·na·ry [`kʌlɪnrɪ] adj kulinarny

cull [kʌl] vt zbierać, zrywać (kwiaty itp.); przebierać

cul·mi·nate [`kʌlmɪneɪt] vi osiągać szczyt

cul·pa·ble [`kʌlpəbl] adj winny; karygodny

cul·prit [`kʌlprɪt] s winowajca; podsądny

cult [kʌlt] s kult, cześć

cul·ti·vate [`kʌltɪveɪt] vt dosł. i przen. kultywować, uprawiać

cul·ti·vat·ed [`kʌltɪveɪtɪd] zob. cultivate; adj kulturalny, wytworny, wyrobiony

cul·tur·al [`kʌltʃərl] adj kulturalny

cul·ture [`kʌltʃə(r)] s kultura; uprawa; hodowla

cul·tured [`kʌltʃəd] adj kulturalny, wykształcony

cum·ber [`kʌmbə(r)] vt obciążać; zawadzać; krępować

cum·ber·some [`kʌmbəsəm] adj uciążliwy, nieporęczny

cum·min, cum·in [`kʌmɪn] s kmin(ek)

cu·mu·late [`kjumjuleɪt] vt vi gromadzić (się), kumulować (się)

cu·mu·la·tive [`kjumjuleɪtɪv] adj kumulacyjny, skumulowany, łączny

cun·ning [`kʌnɪŋ] adj podstępny, chytry; sprytny; zręczny; s chytrość; spryt; zręczność

cup [kʌp] s filiżanka; kubek; kielich; (także sport) puchar

cup·board [`kʌbəd] s kredens; szafka

cup·fi·nal [`kʌp `faɪnl] s sport finał(y) (np. mistrzostw)

cu·pid·i·ty [kju`pɪdətɪ] s chciwość, zachłanność

cu·po·la [`kjupələ] s kopuła

cur [kɜ(r)] s kundel; przen. łajdak

curate [`kjuərət] s wikary

cu·ra·tor [kju`reɪtə(r)] s opiekun; kustosz

curb·stone [ˈkəbstəun] s = **kerbstone**

curd [kəd] s (zw. pl ~s) twaróg; zsiadłe mleko

cur·dle [ˈkədl] vt vi ścinać (się); (o mleku) zsiadać się; (o krwi) krzepnąć; przen. ścinać krew w żyłach

cure [kjuə(r)] vt leczyć; wędzić, konserwować; wulkanizować; s kuracja; lekarstwo; wyleczenie; konserwowanie; wulkanizacja

cur·few [ˈkəfju] s godzina policyjna; hist. dzwon wieczorny

cu·ri·os·i·ty [ˈkjuəriˈosəti] s ciekawość; ciekawostka, osobliwość; unikat

cu·ri·ous [ˈkjuəriəs] adj ciekawy; osobliwy

curl [kəl] s zwój, skręt; lok, pukiel; vt vi kręcić (się), zwijać (się); fryzować; falować

curl·y [ˈkəli] adj kędzierzawy, (o włosach, o wodzie) falujący

cur·rant [ˈkʌrənt] s porzeczka; rodzynek

cur·ren·cy [ˈkʌrənsi] s obieg; powszechne użycie (wyrazów); panowanie (poglądów); waluta

cur·rent [ˈkʌrənt] adj bieżący; obiegowy; powszechny; aktualny; s prąd; strumień; bieg; elektr. alternating ~ (AC) prąd zmienny; direct ~ (DC) prąd stały

cur·ric·u·lum [kəˈrikjuləm] s (pl curricula [kəˈrikjulə]) program (nauki)

curse [kəs] s przekleństwo; klątwa; vt vi przeklinać, kląć

cur·so·ry [ˈkəsəri] adj pobieżny, powierzchowny

curt [kət] adj krótki, zwięzły; szorstki

cur·tail [kəˈteil] vt skracać, obcinać, uszczuplać

cur·tain [ˈkətn] s kurtyna, zasłona, firanka, kotara

curt·s(e)y [ˈkətsi] s dyg

curve [kəv] s krzywa; wygięcie; zakręt; vt vi krzywić (się), zginać (się), zakręcać

cush·ion [ˈkuʃn] s poduszka (na kanapę); podkładka, wyściółka

cus·tard [ˈkʌstəd] s krem (deserowy)

cus·to·dy [ˈkʌstədi] s ochrona, opieka; areszt

cus·tom [ˈkʌstəm] s zwyczaj; nawyk; stałe kupowanie (w jednym sklepie); pl ~s cło; pl Customs urząd celny

cus·tom·a·ry [ˈkʌstəməri] adj zwyczajowy; zwyczajny

cus·tom·er [ˈkʌstəmə(r)] s klient

cus·tom-house [ˈkʌstəmhaus] s urząd celny

•cut [kʌt], cut, cut [kʌt] vt krajać, ciąć, przecinać, ścinać; rąbać; skracać; obniżać, redukować (ceny, płace itp.); kosić, strzyc; ignorować; vi ciąć, dać się krajać; ~ down obciąć, ściąć; ~ in, into wtrącić się; wtargnąć; ~ off odciąć, wyłączyć; przerwać; ~ out wyciąć; opuścić; odrzucić; przestać (palić, pić itp.); ~ up pokrajać, posiekać; to ~ open rozciąć; to ~ short przerwać; pot. to ~ and run szybko uciec, zwiać; s cięcie; krój; rana cięta, szrama; przecięcie, obniżenie (ceny, płacy itp.); odcięty kawałek (np. mięsa); short ~ najkrótsza droga (na przełaj), skrót

cute [kjut] adj bystry, zdolny, sprytny; am. miły, pociągający

cut·let [ˈkʌtlət] s kotlet

cut·ter [ˈkʌtə(r)] s przecinacz, przykrawacz; krojczy; kamieniarz; przyrząd do krajania; mors. kuter

cut-throat [ˈkʌtθrəut] s morderca, bandyta; adj bandycki; morderczy

cy·a·nide [ˈsaiənaid] s cyjanek

cy·cle [ˈsaikl] s cykl; rower; vi jeździć rowerem

cy·cling [ˈsaikliŋ] s kolarstwo

cy·clist [ˈsaiklist] s kolarz

cy·clone [ˈsaikləun] s cyklon

cy·clo·pae·di·a [ˈsaikləuˈpidiə] s encyklopedia

cyl·in·der [ˈsɪlɪndə(r)] s walec, wałek; techn. cylinder

cym·bal [ˈsɪmbl] s muz. czynel

cyn·ic [ˈsɪnɪk] adj cyniczny; s cynik

cyn·i·cal [ˈsɪnɪkl] adj cyniczny

cyn·i·cism [ˈsɪnɪsɪzm] s cynizm

cy·press [ˈsaɪprəs] s cyprys

czar [zɑ(r)] s car

Czech [tʃek] adj czeski; s Czech

d

D, d [di] czwarta litera alfabetu angielskiego; skr. penny, pence

dab [dæb] vt vi lekko uderzać dłonią, dotknąć, przytknąć, musnąć, przyłożyć; s lekkie uderzenie, dotknięcie, muśnięcie

dab·ble [ˈdæbl] vi pluskać się; babrać się; interesować się powierzchownie (in, at sth czymś); vt moczyć; chlapać

dad [dæd], dad·dy [ˈdædɪ] s tatko, tatuś

daf·fo·dil [ˈdæfədɪl] s bot. żółty narcyz, żonkil

dag·ger [ˈdægə(r)] s sztylet; vt zasztyletować

dai·ly [ˈdeɪlɪ] adj dzienny, codzienny; adv dziennie, codziennie; s dziennik, gazeta

dain·ty [ˈdeɪntɪ] adj wykwintny; delikatny; filigranowy; wybredny; s przysmak, frykas; pl dainties łakocie

dair·y [ˈdeərɪ] s mleczarnia; gospodarstwo mleczne

dai·sy [ˈdeɪzɪ] s bot. stokrotka

dal·ly [ˈdælɪ] vi próżnować, zabawiać się głupstwami; figlować, igrać

dam [dæm] s tama, grobla; vt zagrodzić, przegrodzić tamą

dam·age [ˈdæmɪdʒ] s szkoda, uszkodzenie; pl ~s odszkodowanie; vt uszkodzić, popsuć; zaszkodzić (sb komuś)

damn [dæm] vt potępiać, przeklinać; ganić

damned [dæmd] pp i adj pot. uj. przeklęty, cholerny; adv pot. uj. cholernie, wściekle, diabelnie

damp [dæmp] adj wilgotny, parny; s wilgoć; przen. przygnębienie; vt zwilżyć; stłumić; ~ down przytłumić; zniechęcić

dance [dɑns] vt vi tańczyć; s taniec; zabawa, bal

danc·er [ˈdɑnsə(r)] s tancerz

danc·ing [ˈdɑnsɪŋ] s taniec; dansing; adj attr taneczny

dan·de·li·on [ˈdændɪlaɪən] s bot. mlecz

dan·druff [ˈdændrʌf] s łupież

dan·dy [ˈdændɪ] s elegant, strojniś

Dane [deɪn] s Duńczyk

dan·ger [ˈdeɪndʒə(r)] s niebezpieczeństwo

dan·ger·ous [ˈdeɪndʒərəs] adj niebezpieczny

dan·gle [ˈdæŋgl] vt vi huśtać (się), dyndać; nadskakiwać (about ⟨after, around⟩ sb komuś); nęcić (sth before sb kogoś czymś)

Dan·ish [ˈdeɪnɪʃ] adj duński; s język duński

dap·per [ˈdæpə(r)] adj żywy, zwinny; elegancko ubrany; fertyczny

dap·ple [ˈdæpl] adj cętkowany, łaciaty; vt nakrapiać (farbą), cętkować

*dare [deə(r)], dared [deəd] lub † durst [dɜst], dared [deəd] vt vi śmieć, odważyć się, stawiać czoło, odważnie podjąć się czegoś; wyzwać; I ~ say śmiem twierdzić, sądzę; I ~ swear założę się; I ~ you to say it again! tylko spróbuj powiedzieć to jeszcze raz!

dare-dev·il [ˈdeə devl] s śmiałek; *adj attr* odważny do szaleństwa

dar·ing [ˈdeərɪŋ] *adj* śmiały, odważny; s śmiałość, odwaga

dark [dak] *adj* ciemny; ponury; ukryty; **it is growing ~** robi się ciemno; **to keep sth ~** trzymać coś w tajemnicy; s ciemność, zmrok

dark·en [ˈdakən] *vi vt* ciemnieć, zaciemniać (się); zasępiać (się)

dark·ness [ˈdaknəs] s ciemność; ciemnota

dar·ling [ˈdalɪŋ] s ukochany, ulubieniec, pieszcz. kochanie; *adj* drogi, kochany

darn [dan] *vt* cerować

dart [dat] s żądło; strzałka; nagły ruch, zryw; *vt vi* rzucić (się), cisnąć

dash [dæʃ] *vt* rzucić, cisnąć; roztrzaskać; spryskać, ochlapać; zniweczyć; zmieszać (coś z czymś); wprawić w zakłopotanie, zmieszać (kogoś); *vi* uderzyć się; rzucić się; przebiec; **~ off** szybko nakreślić; **~ out** wykreślić; wybiec; s cios; atak, napaść; werwa; plusk; domieszka; barwna plamka; *druk.* myślnik; **to make a ~** rzucić się (at sb, sth na kogoś, coś)

data *zob.* **datum**

date 1. [deɪt] s data; *am.* spotkanie (umówione), *pot.* randka; **to ~** do tej pory, po dzień dzisiejszy; **out of ~** przestarzały, niemodny; **up to ~** nowoczesny, modny; *vt vi* datować (się)

date 2. [deɪt] s daktyl

dat·er [ˈdeɪtə(r)] s datownik

da·tive [ˈdeɪtɪv] s *gram.* celownik

da·tum [ˈdeɪtəm] s (pl **data** [ˈdeɪtə]) dany fakt ⟨szczegół itp.⟩; *zw.* pl **data** dane

daub [dɔb] *vt* mazać, bazgrać; oblepiać; pokrywać; s smar, plama; *pot.* bohomaz

daugh·ter [ˈdɔtə(r)] s córka

daugh·ter-in-law [ˈdɔtr ɪn lɔ] s synowa

daunt [dɔnt] *vt* zastraszyć, nastraszyć; zrazić

daw·dle [ˈdɔdl] *vi* mitrężyć, marnować czas, guzdrać się; *vt* **~ away** marnować (czas)

dawn [dɔn] s świt; *vi* świtać

day [deɪ] s dzień; doba; **~ off** dzień wolny (od pracy); **work by the ~** praca na dniówki; **by ~** za dnia; **~ by ~** dzień w dzień; **the ~ before** yesterday przedwczoraj; **the ~ after** nazajutrz; **the other ~** kilka dni temu; **this ~ week** od dziś za tydzień

day·break [ˈdeɪbreɪk] s brzask

day·light [ˈdeɪlaɪt] s światło dzienne

day-nurs·er·y [ˈdeɪ nɜsərɪ] s żłobek (dla dzieci)

day·time [ˈdeɪtaɪm] s (biały) dzień

daze [deɪz] *vt* oszałamiać, ogłupiać

daz·zle [ˈdæzl] *vt* oślepić (blaskiem), olśnić

dead [ded] *adj* zmarły, *dosł. i przen.* martwy; całkowity, bezwzględny, pewny; głuchy, obojętny (to sth na coś); **~ certainty** zupełna pewność; **~ hours** głucha noc; **~ loss** kompletna strata; **~ be ~** nie funkcjonować; **to come to a ~ stop** nagle zatrzymać się; *adv* całkowicie, kompletnie; **~ drunk** kompletnie pijany; **~ tired** śmiertelnie zmęczony; s martwota; *w zwrotach:* **in the ~ of night** w głęboką noc; **in the ~ of winter** w pełni zimy; *pl* **the ~ zmarli**

dead·lock [ˈdedlok] s zastój, impas, martwy punkt

dead·ly [ˈdedlɪ] *adj* śmiertelny; *adv* śmiertelnie

deaf [def] *adj* głuchy; **~ and dumb** głuchoniemy; **to turn a ~ ear** nie słuchać (to sb, sth kogoś, czegoś)

deaf·en [ˈdefn] *vt* ogłuszać

deaf-mute [ˈdefˈmjut] s głuchoniemy

*deal [dil], **dealt, dealt** [delt] *vt*

dzielić; rozdawać (dary, karty), (także ~ out) wydzielać; zadawać (ciosy); vt załatwiać (with sth coś), mieć do czynienia, rozprawiać się (with sb z kimś); handlować (in sth czymś); postępować (by ⟨with⟩ sb z kimś), traktować (by ⟨with⟩ sb kogoś); zajmować się (with sth czymś); dotyczyć (with sth czegoś); s interes, sprawa; postępowanie; rozdanie kart; cześć; a good ⟨great⟩ ~ wielka ilość, dużo

deal·er [`dɪlə(r)] s kupiec, handlarz; rozdający karty (w grze); plain ~ człowiek szczery ⟨prostolinijny⟩

dean [din] s dziekan

dear [dɪə(r)] adj drogi; adv drogo; int ~ me! oh ~! Boże mój!, czyżby?, ojej!

dearth [dɜθ] s niedostatek; drożyzna

death [deθ] s śmierć

death-rate [`deθreɪt] s śmiertelność

de·bar [dɪ`bɑ(r)] vt wykluczyć, odsunąć; zakazać

de·bark [dɪ`bɑk] = disembark

de·bar·ka·tion [`dɪbɑ`keɪʃn] s wyładowanie (towaru); wysadzenie na ląd; wylądowanie

de·base [dɪ`beɪs] vt obniżać (wartość); poniżać

de·bate [dɪ`beɪt] vt vi omawiać, obmyślać, debatować (sth, on sth nad czymś); s debata, dyskusja

de·bauch [dɪ`bɔtʃ] vt psuć, deprawować; s rozpusta

de·bauch·er·y [dɪ`bɔtʃərɪ] s rozpusta, rozwiązłość

de·ben·ture [dɪ`bentʃə(r)] s obligacja

de·bil·i·tate [dɪ`bɪlɪteɪt] vt podciąć siły, osłabić

de·bil·i·ty [dɪ`bɪlɪtɪ] s niemoc, osłabienie

deb·it [`debɪt] s strona rachunku „winien"; vt obciążyć (rachunek) kwotą

de·bris [`deɪbrɪ] s zbior. gruzy, rumowisko

debt [det] s dług

debt·or [`detə(r)] s dłużnik

de·bunk [dɪ`bʌnk] vt pot. odbrązawiać, demaskować

de·but [`deɪbju] s debiut

dec·ade [`dekeɪd] s dekada; dziesiątka

dec·a·dence [`dekədəns] s dekadencja, upadek

de·cant·er [dɪ`kæntə(r)] s karafka

de·cay [dɪ`keɪ] vi gnić, rozpadać się, niszczeć; podupadać; s upadek, schyłek; gnicie, rozkład

de·cease [dɪ`sis] vi umierać; s zgon

de·ceased [dɪ`sist] adj zmarły; s nieboszczyk

de·ceit [dɪ`sit] s fałsz, oszustwo

de·ceive [dɪ`siv] vt zwodzić, oszukiwać

De·cem·ber [dɪ`sembə(r)] s grudzień

de·cen·cy [`disnsɪ] s przyzwoitość

de·cent [`disnt] adj dosł. i przen. przyzwoity; a ~ income przyzwoity dochód

de·cep·tion [dɪ`sepʃn] s oszukaństwo; okłamanie

de·cep·tive [dɪ`septɪv] adj zwodniczy, oszukańczy

de·cide [dɪ`saɪd] vt rozstrzygać, decydować (sth o czymś); vi postanawiać, decydować się (on sth na coś)

de·cid·ed [dɪ`saɪdɪd] pp i adj zdecydowany; stanowczy; bezsporny

de·cid·u·ous [dɪ`sɪdʒuəs] adj (o drzewie) liściasty

dec·i·mal [`desɪml] adj dziesiętny

de·ci·pher [dɪ`saɪfə(r)] vt odcyfrować; rozwiązać (zagadkę)

de·ci·sion [dɪ`sɪʒn] s decyzja; zdecydowanie

de·ci·sive [dɪ`saɪsɪv] adj decydujący; stanowczy

deck [dek] vt pokrywać; zdobić; s pokład; piętro (w tramwaju, autobusie)

de·claim [dɪ`kleɪm] vt deklamować

de·cla·ma·tion [`deklə`meɪʃn] s deklamacja

dec·la·ra·tion [`deklə`reɪʃn] s deklaracja; wypowiedzenie

declare

de·clare [dɪ`kleə(r)] *vt vi* oznajmiać, deklarować (się), oświadczać (się); wypowiadać (wojnę); zgłaszać (do oclenia)

de·clen·sion [dɪ`klenʃn] *s* odchylenie; upadek; *gram.* deklinacja

de·cline [dɪ`klaɪn] *vi* opaść, obniżać się; zmarnieć; chylić się ku upadkowi, podupadać; *vt* schylać; uchylać; odrzucać (prośbę, wniosek); *gram.* deklinować; *s* upadek; zanik; schyłek

de·cliv·i·ty [dɪ`klɪvətɪ] *s* pochyłość

de·com·pose [`dikəm`pəuz] *vt vi* rozkładać (się)

dec·o·rate [`dekəreɪt] *vt* dekorować (*także* kogoś orderem); malować (pokój)

de·co·ra·tor [`dekəreɪtə(r)] *s* dekorator; malarz pokojowy

de·co·rous [`dekərəs] *adj* przyzwoity, odpowiedni, stosowny

de·coy [dɪ`kɔɪ] *vt* wabić; wciągać w pułapkę; *s* [`dikɔɪ] przynęta; pułapka

de·crease [dɪ`kris] *vt vi* zmniejszać (się), obniżać (się), ubywać; *s* [`dikris] ubytek, pomniejszenie

de·cree [dɪ`kri] *s* dekret, rozporządzenie, wyrok, postanowienie; zarządzenie; *vt* postanawiać, dekretować, zarządzać; (*o losie*) zrządzić

de·crep·it [dɪ`krepɪt] *adj* rozpadający się; (*o człowieku*) zgrzybiały

de·cry [dɪ`kraɪ] *vt* popsuć opinię, oczernić

ded·i·cate [`dedɪkeɪt] *vt* dedykować, poświęcać

ded·i·ca·tion [`dedɪ`keɪʃn] *s* dedykacja; poświęcenie

de·duce [dɪ`djus] *vt* wyprowadzać; wnioskować

de·duct [dɪ`dʌkt] *vt* odliczać, odciągać, odejmować, potrącać

de·duc·tion [dɪ`dʌkʃn] *s* dedukcja; wniosek; odliczenie, potrącenie; rabat

deed [did] *s* dzieło, czyn, uczynek; akt (prawny), dokument

deem [dim] *vt vi* uważać, sądzić

deep [dip] *adj* głęboki; pochłonięty (**in sth** czymś); *s* głębia; *adv* głęboko

deep·en [`dipən] *vt vi* pogłębiać (się)

deer [dɪə(r)] *s* jeleń, łania itp; *zbior.* zwierzyna płowa

def·a·ma·tion [`defə`meɪʃn] *s* zniesławienie

de·fame [dɪ`feɪm] *vt* zniesławiać

de·fault [dɪ`fɔlt] *s* uchybienie (np. obowiązkom), zaniedbanie; brak; nieobecność; *prawn.* niestawiennictwo; by ~ z powodu nieobecności, zaocznie; *vi* zaniedbać; uchybić; nie dotrzymać zobowiązania; nie stawić się w sądzie; *vt* skazać zaocznie

de·feat [dɪ`fit] *s* porażka; zniszczenie; *prawn.* anulowanie, kasacja; *vt* pokonać, pobić, zniszczyć; udaremnić; *prawn.* anulować, skasować

de·fect [dɪ`fekt] *s* brak, wada, defekt

de·fec·tive [dɪ`fektɪv] *adj* wadliwy; *gram.* ułomny

de·fence, *am.* **de·fense** [dɪ`fens] *s* obrona; *prawn.* strona pozwana; obrońca

de·fend [dɪ`fend] *vt* bronić

de·fend·ant [dɪ`fendənt] *s prawn.* pozwany

de·fense = **defence**

de·fen·sive [dɪ`fensɪv] *adj* obronny; *s* defensywa; **on the** ~ w defensywie

de·fer 1. [dɪ`fɜ(r)] *vt* odwlekać, odkładać

de·fer 2. [dɪ`fɜ(r)] *vi* ustępować, ulegać (przez szacunek); mieć wzgląd (**to sth** na coś)

def·er·ence [`defərəns] *s* szacunek, respekt; uleganie

de·fi·ance [dɪ`faɪəns] *s* wyzwanie; opór

de·fi·ant [dɪ`faɪənt] *adj* wyzywający; oporny

de·fi·cien·cy [dɪ`fɪʃnsɪ] *s* brak, niedostatek, niedobór; słabość

de·fi·cient [dɪ`fɪʃnt] *adj* niedosta-

teczny, wykazujący brak ⟨niedo-
bór⟩

def·i·cit [ˈdefəsɪt] s deficyt; niedobór

de·file 1. [dɪˈfaɪl] vt zanieczysz-
czać; profanować

de·file 2. [ˈdifaɪl] vt defilować; s
wąwóz; przełęcz

de·fine [dɪˈfaɪn] vt określać, definiować

def·i·nite [ˈdefnɪt] adj określony;
stanowczy

de·fi·ni·tion [ˈdefəˈnɪʃn] s definicja, określenie

de·fin·i·tive [dɪˈfɪnətɪv] adj definitywny, stanowczy

de·fla·tion [dɪˈfleɪʃn] s wypuszczenie powietrza; fin. deflacja

de·form [dɪˈfɔm] vt zniekształcać;
szpecić

de·form·i·ty [dɪˈfɔmətɪ] vt znie-
kształcenie; kalectwo; brzydota

de·fraud [dɪˈfrɔd] vt oszukiwać;
nieuczciwie pozbawić (sb of sth
kogoś czegoś)

de·fray [dɪˈfreɪ] vt opłacać, pokrywać koszty

de·frost [dɪˈfrost] vt vi odmrażać
(się); rozmrażać (się)

deft [deft] adj zwinny, zgrabny,
zręczny

de·funct [dɪˈfʌŋkt] adj zmarły; nie-
istniejący, zlikwidowany

de·fy [dɪˈfaɪ] vt przeciwstawiać
się, opierać się (sb, sth komuś,
czemuś); wyzywać; to ~ description nie dać się opisać; być nie
do opisania

de·gen·er·a·cy [dɪˈdʒenərəsɪ] s zwyrodnienie, degeneracja

de·gen·er·ate [dɪˈdʒenərət] adj zwyrodniały; zdegenerowany; s zwy-
rodnialec; degenerat; vi [dɪˈdʒen
əreɪt] wyrodnieć, degenerować
się

deg·ra·da·tion [ˈdegrəˈdeɪʃn] s degradacja; poniżenie, upodlenie

de·grade [dɪˈgreɪd] vt vi degradować (się); poniżać (się), upadlać;
nikczemnieć

de·gree [dɪˈgri] s stopień; by ~s
stopniowo

deign [deɪn] vi raczyć (coś zrobić)

de·i·ty [ˈdeɪətɪ] s bóstwo

de·ject [dɪˈdʒekt] vt zniechęcić,
przygnębić

de·jec·tion [dɪˈdʒekʃn] s zniechęcenie, przygnębienie

de·lay [dɪˈleɪ] vi zwlekać; vt odkładać; wstrzymywać; s zwłoka

del·e·gate [ˈdelɪgeɪt] vt delegować;
zlecać, udzielać; s [ˈdelɪgət] delegat

del·e·ga·tion [ˈdelɪˈgeɪʃn] s delegacja

de·lib·er·ate [dɪˈlɪbəreɪt] vi rozmyślać, naradzać się (on ⟨upon⟩
sth nad czymś); vt rozważać (sth
coś); adj [dɪˈlɪbrət] rozmyślny;
rozważny.

de·lib·er·a·tion [dɪˈlɪbəˈreɪʃn] s rozważanie; narada; przezorność,
rozwaga

del·i·ca·cy [ˈdelɪkəsɪ] s delikatność;
wrażliwość; delikates

del·i·cate [ˈdelɪkət] adj delikatny,
czuły; wątły

de·li·cious [dɪˈlɪʃəs] adj rozkoszny,
wyborny

de·light [dɪˈlaɪt] vt vi radować
(się), zachwycać (się), rozkoszować się (in sth czymś); to be ~ed
być zachwyconym, mieć wielką
przyjemność (at ⟨with⟩ sth w
czymś); s rozkosz, radość

de·light·ful [dɪˈlaɪtfl] adj rozkoszny, czarujący

de·lin·e·ate [dɪˈlɪnɪeɪt] vt naszkicować, nakreślić

de·lin·quen·cy [dɪˈlɪŋkwənsɪ] s zaniedbanie obowiązku; przestępczość; wykroczenie

de·lin·quent [dɪˈlɪŋkwənt] s delikwent; winowajca; przestępca; adj
winny zaniedbania obowiązków;
przestępczy

de·lir·i·ous [dɪˈlɪrɪəs] adj majaczą-
cy

de·liv·er [dɪˈlɪvə(r)] vt uwolnić,
wybawić; przekazać, doręczyć,
oddać, dostarczyć; wygłosić (mowę); wymierzyć (cios); wydać
(rozkaz, bitwę); pomóc przy po-

rodzie, odebrać (dziecko); to be
~ed of a child urodzić dziecko

de·liv·er·y [dɪ'lɪvrɪ] s doręczenie,
oddanie, wydanie, dostawa; wy-
głoszenie (mowy); poród

de·lude [dɪ'lud] vt łudzić, zwodzić,
oszukiwać

del·uge ['deljudʒ] s dost. i przen.
potop

de·lu·sion [dɪ'luʒn] s złuda, złudzenie

dem·a·gog·ic ['deməˈgodʒɪk] adj de-
magogiczny

dem·a·gogue ['deməgog] s demagog

de·mand [dɪ'mand] vt żądać; wymagać; pytać; s żądanie; wymaganie; zapotrzebowanie, popyt
(for sth na coś)

de·mean·our [dɪ'minə(r)] s zachowanie (się), postawa

dem·i·john ['demɪdʒon] s gąsior,
butla

de·mil·i·ta·rize ['di'mɪlɪtəraɪz] vt
demilitaryzować

de·mo·bi·lize [dɪ'məublaɪz] vt demobilizować

de·moc·ra·cy [dɪ'mokrəsɪ] s demokracja

dem·o·crat·ic ['deməˈkrætɪk] adj
demokratyczny

de·mol·ish [dɪ'molɪʃ] vt burzyć, demolować; obalać

dem·o·li·tion ['deməˈlɪʃn] s zburzenie, rozbiórka; obalenie

de·mon ['dimən] s demon

dem·on·strate ['demənstreɪt] vt vi
wykazywać, udowadniać; demonstrować

dem·on·stra·tion ['demənˈstreɪʃn] s
przeprowadzenie dowodu; demonstracja

de·mon·stra·tive [di'monstrətɪv] adj
demonstracyjny; udowadniający;
gram. wskazujący (zaimek)

de·mor·al·i·za·tion [dɪ'morəlaɪˈzeɪʃn]
s demoralizacja, zdeprawowanie

den [den] s pieczara, nora, jaskinia; przen. schronienie

de·na·tur·ate [dɪ'neɪtʃəreɪt], de·na·
·ture [dɪ'neɪtʃə(r)] vt denaturo-
wać, skażać

de·na·tured ['dɪ'neɪtʃəd] adj skażo-

ny (np. alkohol)

de·ni·al [dɪ'naɪl] s zaprzeczenie, odmowa

den·im ['denɪm] s teksas; pl ~s
pot. dżinsy

den·i·zen ['denɪzn] s mieszkaniec

de·nom·i·nate [dɪ'nomɪneɪt] vt nazwać; określić

de·nom·i·na·tion [dɪ'nomɪˈneɪʃn] s
nazwa; określenie; rel. wyznanie;
jednostka (wagi itp.)

de·note [dɪ'nəut] vt oznaczać

de·nounce [dɪ'nauns] vt denuncjować, donosić, oskarżać; wypowiadać (np. umowę)

dense [dens] adj gęsty; spoisty

den·si·ty ['densətɪ] s gęstość; spoistość

den·tal ['dentl] adj zębowy, dentystyczny; gram. (o głosce) zębowy

den·ti·frice ['dentɪfrɪs] s pasta ⟨pro-
szek⟩ do zębów

den·tist ['dentɪst] s dentysta

den·ture ['dentʃə(r)] s sztuczna
szczęka, proteza

de·nude [dɪ'njud] vt obnażyć, ogołocić

de·nun·ci·a·tion [dɪ'nʌnsɪ eɪʃn] s
denuncjacja; oskarżenie; wypowiedzenie (np. umowy)

de·ny [dɪ'naɪ] vt zaprzeczyć; odmówić; wyprzeć się (sb, sth kogoś, czegoś)

de·part [dɪ'pat] vi wyruszać, odjeżdżać; odstąpić (from sth od
czegoś); odbiegać (od tematu
itp.)

de·part·ment [dɪ'patmənt] s departament; wydział, katedra; oddział; am. ministerstwo; ~ store
dom towarowy

de·par·ture [dɪ'patʃə(r)] s odstępstwo; odejście, odjazd; point of
~ punkt wyjścia

de·pend [dɪ'pend] vi zależeć (on sb,
sth od kogoś, czegoś); liczyć, polegać (on sb, sth na kimś, czymś)

de·pend·ence [dɪ'pendəns] s zależność; zaufanie

de·pend·en·cy [dɪ'pendənsɪ] s zależność; podległe terytorium; przyległość

de·pend·ent [dɪ'pendənt] adj zależny (on sb, sth od kogoś, czegoś), podlegający; s człowiek zależny od kogoś ⟨będący na czyimś utrzymaniu⟩; służący

de·pict [dɪ'pɪkt] vt malować, opisywać

de·plor·a·ble [dɪ'plɔrəbl] adj godny pożałowania

de·plore [dɪ'plɔ(r)] vt opłakiwać; wyrazić żal

de·port [dɪ'pɔt] vt deportować; vr ~ oneself zachowywać się

de·pose [dɪ'pəuz] vt usuwać, składać (z tronu, urzędu); vi składać zeznanie

de·pos·it [dɪ'pozɪt] s depozyt; zastaw, kaucja; osad; złoże; vt deponować; składać; chem. strącać

dep·o·si·tion [depə'zɪʃn] s zeznanie; złożenie (z tronu, urzędu)

de·pos·i·tor [dɪ'pozɪtə(r)] s depozytor

de·pot ['depəu] s skład; am. ['diːpəu] dworzec (kolejowy, autobusowy)

de·prave [dɪ'preɪv] vt deprawować

dep·re·cate ['deprəkeɪt] vt potępiać, dezaprobować, ganić; odżegnywać się (sth od czegoś)

de·pre·ci·ate [dɪ'priːʃɪeɪt] vt vi deprecjonować (się)

de·press [dɪ'pres] vt tłumić, hamować; gnębić, przygnębiać; obniżać; naciskać

de·pres·sion [dɪ'preʃn] s depresja, przygnębienie; obniżenie; zastój, kryzys

de·priv·al [dɪ'praɪvl] s pozbawienie; złożenie (z urzędu)

dep·ri·va·tion [depriˈveɪʃn] = deprival

de·prive [dɪ'praɪv] vt pozbawiać (sb of sth kogoś czegoś); złożyć (z urzędu)

depth [depθ] s głębokość, głąb, głębia

dep·u·ta·tion [depjuˈteɪʃn] s deputacja

dep·u·ty ['depjutɪ] s delegat; zastępca, wice-

de·rail [dɪ'reɪl] vt vi wykoleić (się)

de·range [dɪ'reɪndʒ] vt wprowadzać nieład, psuć, dezorganizować; doprowadzać do obłędu

de·ranged [dɪ'reɪndʒd] pp i adj umysłowo chory

de·range·ment [dɪ'reɪndʒmənt] s nieporządek; rozstrój (żołądka); obłęd

der·e·lict ['derəlɪkt] adj opuszczony, bezpański; niedbały

de·ride [dɪ'raɪd] vt wyśmiewać, szydzić

de·ri·sion [dɪ'rɪʒn] s wyśmiewanie, wyszydzanie

de·ri·sive [dɪ'raɪsɪv] adj kpiący, szyderczy

der·i·va·tion [deriˈveɪʃn] s pochodzenie; gram. derywacja

de·rive [dɪ'raɪv] vt dobywać, czerpać, wyprowadzać; vi pochodzić

der·o·gate ['derəgeɪt] vi pomniejszać (from sth coś), przynosić ujmę

de·rog·a·to·ry [dɪ'rogətrɪ] adj pomniejszający (from sth coś), przynoszący ujmę

de·scend [dɪ'send] vi schodzić; spadać; wyprowadzać; vi pochodzić wywodzić się; vt zejść (a hill etc. z góry itp.)

de·scend·ant [dɪ'sendənt] s potomek

de·scent [dɪ'sent] s zejście, zstąpienie; stok; spadek; pochodzenie

de·scribe [dɪ'skraɪb] vt opisywać, określić

de·scrip·tion [dɪ'skrɪpʃn] s opis

de·scrip·tive [dɪ'skrɪptɪv] adj opisowy; ~ geometry geometria wykreślna

des·e·crate ['desəkreɪt] vt profanować, plugawić

des·ert 1. ['dezət] s pustynia; adj attr pustynny

de·sert 2. [dɪ'zɜt] vt opuszczać; vi dezerterować

de·ser·tion [dɪ'zɜʃn] s opuszczenie; dezercja

de·serve [dɪˈzɜv] *vt vi* zasłużyć (sobie, się)

de·sign [dɪˈzaɪn] *s* plan; zamiar; cel; wzór; szkic; *vt* planować, zamierzać; przeznaczać; projektować; szkicować; rysować

de·sig·nate [ˈdezɪgneɪt] *vt* desygnować, wyznaczać

de·sign·ed·ly [dɪˈzaɪnɪdlɪ] *adv* umyślnie, celowo

de·sign·er [dɪˈzaɪnə(r)] *s* rysownik, kreślarz; projektant

de·sir·a·ble [dɪˈzaɪərəbl] *adj* pożądany; pociągający

de·sire [dɪˈzaɪə(r)] *s* pragnienie, życzenie, żądza; *vt* pragnąć, życzyć sobie, pożądać

de·sir·ous [dɪˈzaɪərəs] *adj* pragnący; to be ~ of sth pragnąć czegoś

de·sist [dɪ zɪst] *vi* zaniechać, zaprzestać (from sth czegoś)

desk [desk] *s* pulpit; biurko; (*w szkole*) ławka

des·o·late [ˈdesəleɪt] *vt* pustoszyć, niszczyć; trapić; *adj* [ˈdesələt] opustoszały; samotny; niepocieszony, stroskany

des·o·la·tion [ˌdesəˈleɪʃn] *s* spustoszenie; pustka; osamotnienie; strapienie

de·spair [dɪˈspeə(r)] *s* rozpacz; *vi* rozpaczać, tracić nadzieję (of sth na coś)

des·patch [dɪˈspætʃ] *vt s* = dispatch

des·pe·rate [ˈdespərət] *adj* rozpaczliwy, beznadziejny; zdesperowany

des·per·a·tion [ˌdespəˈreɪʃn] *s* rozpacz

des·pi·ca·ble [dɪˈspɪkəbl] *adj* godny pogardy, podły

de·spise [dɪˈspaɪz] *vt* pogardzać

de·spite [dɪˈspaɪt] *praep* mimo, wbrew

de·spond·ent [dɪˈspondənt] *adj* przygnębiony, zniechęcony

des·pot [ˈdespot] *s* despota

des·sert [dɪˈzɜt] *s* deser

des·ti·na·tion [ˌdestɪˈneɪʃn] *s* cel, przeznaczenie, miejsce przeznaczenia, adres

des·tine [ˈdestɪn] *vt* przeznaczać

des·ti·ny [ˈdestɪnɪ] *s* przeznaczenie

des·ti·tute [ˈdestɪtjut] *adj* cierpiący na brak (czegoś); pozbawiony środków do życia; ogołocony

des·ti·tu·tion [ˌdestɪˈtjuʃn] *s* nędza

de·stroy [dɪˈstrɔɪ] *vt* niszczyć, burzyć

de·stroy·er [dɪˈstrɔɪə(r)] *s mors.* niszczyciel; † kontrtorpedowiec

de·struc·tion [dɪˈstrʌkʃn] *s* zniszczenie, zburzenie; zabicie

de·struc·tive [dɪˈstrʌktɪv] *adj* niszczycielski; destrukcyjny, zgubny

des·ul·to·ry [ˈdesltərɪ] *adj* przypadkowy, bezładny, chaotyczny

de·tach [dɪˈtætʃ] *vt* oddzielać, odłączać, odrywać; odkomenderować

de·tach·ment [dɪˈtætʃmənt] *s* oddzielenie; odłączenie, oderwanie; oddział; odosobnienie; bezstronność; *wojsk.* on ~ odkomenderowany

de·tail [ˈditeɪl] *s* szczegół; in ~ szczegółowo

de·tain [dɪˈteɪn] *vt* zatrzymywać; wstrzymywać; trzymać w areszcie

de·tect [dɪˈtekt] *vt* odkrywać; wykrywać

de·tec·tion [dɪˈtekʃn] *s* odkrycie; wykrycie

de·tec·tive [dɪˈtektɪv] *adj* wywiadowczy; detektywistyczny; *s* detektyw

de·ten·tion [dɪˈtenʃn] *s* zatrzymanie, wstrzymanie; areszt

de·ter [dɪˈtɜ(r)] *vt* odstraszać, powstrzymywać (from sth od czegoś)

de·te·ri·o·rate [dɪˈtɪərɪəreɪt] *vt vi* zepsuć (się), pogorszyć (się); deprecjonować; tracić na wartości; podupaść

de·ter·mi·nant [dɪˈtɜmɪnənt] *s mat.* wyznacznik; *adj* decydujący, miarodajny

de·ter·mi·na·tion [dɪˈtɜmɪˈneɪʃn] *s*

określenie; postanowienie; zde-
cydowanie

de·ter·mine [dɪ'tɜmɪn] *vt vi* określać, ograniczać; decydować (się);
postanawiać (on sth coś); rozstrzygać; skłaniać (się) (to do sth
do zrobienia czegoś); ~d zdecydowany (on sth na coś)

de·test [dɪ'test] *vt* nienawidzić ⟨nie
cierpieć⟩ (sb, sth kogoś, czegoś)

de·test·a·ble [dɪ'testəbl] *adj* nienawistny, wstrętny

de·throne [dɪ'θrəun] *vt* detronizować

det·o·nate [`detəneɪt] *vt* wywoły-
wać detonację; *vi* eksplodować

det·o·na·tion [‚detə'neɪʃn] *s* detonacja

de·tract [dɪ'trækt] *vt vi* odciągać;
pomniejszać (from sth coś); szkodzić (from sb's reputation czyjejś reputacji)

det·ri·ment [`detrɪmənt] *s* szkoda;
to the ~ of sb ze szkodą ⟨z krzy-
wdą⟩ dla kogoś

det·ri·men·tal [‚detrɪ'mentl] *adj*
szkodliwy

deuce 1. [djuːs] *s* diabeł, licho

deuce 2. [djuːs] *s* dwójka (w kartach itp.); *sport* (*w tenisie*) równowaga

dev·as·tate [`devəsteɪt] *vt* pusto-
szyć, dewastować

de·vel·op [dɪ'veləp] *vt vi* rozwijać
(się); rozrastać się; nabawić się
(choroby); popaść (w nałóg, zwyczaj); *fot.* wywoływać

de·vel·op·ment [dɪ'veləpmənt] *s*
rozwój; *fot.* wywoływanie

de·vi·ate [`dɪvieɪt] *vi* zboczyć, od-
chylić się

de·vice [dɪ'vaɪs] *s* plan, pomysł;
urządzenie, przyrząd; dewiza; godło

dev·il [`devl] *s* diabeł

de·vi·ous [`dɪviəs] *adj* okrężny;
dost. i przen. kręty

de·vise [dɪ'vaɪz] *vt* wymyślić, wynaleźć

de·void [dɪ'vɔɪd] *adj* próżny, pozbawiony (of sth czegoś)

de·volve [dɪ'vɒlv] *vt* przenosić,
przekazać (prawa, odpowiedzialność itp.)

de·vote [dɪ'vəut] *vt* poświęcać, oddawać się (czemuś)

de·vot·ed [dɪ'vəutɪd] *pp i adj* poświęcony, poświęcający się, oddany

de·vo·tion [dɪ'vəuʃn] *s* poświęcenie,
oddanie (się); religijność; *pl* ~s
modlitwy

de·vour [dɪ'vauə(r)] *vt* pożerać

de·vout [dɪ'vaut] *adj* pobożny;
szczery

dew [djuː] *s* rosa

dex·ter·i·ty [`dek'sterətɪ] *s* zręcz-
ność

dex·ter·ous, dex·trous [`dekstrəs]
adj zręczny

di·a·bol·ic(al) [‚daɪə'bɒlɪk(l)] *adj*
diabelski, diaboliczny

di·ag·nose [`daɪəg`nəuz] *vt* rozpoznać (chorobę)

di·ag·no·sis [‚daɪəg'nəusɪs] *s* (*pl*
diagnoses [‚daɪəg'nəusiːz]) diagno-
za

di·ag·o·nal [daɪ'ægənl] *adj* przekąt-
ny; *s* przekątna

di·a·gram [`daɪəgræm] *s* diagram,
wykres

di·al [`daɪl] *s* tarcza; zegar słonecz-
ny; *vt* nakręcać numer (na tarczy
telefonu)

di·a·lect [`daɪəlekt] *s* dialekt

di·a·lec·tic·al [‚daɪə'lektɪkl] *adj* dialektyczny; ~ materialism materializm dialektyczny

di·a·lec·tics [‚daɪə'lektɪks] *s* dialektyka

di·a·logue [`daɪəlɒg] *s* dialog

di·am·e·ter [daɪ'æmɪtə(r)] *s* średnica

di·a·mond [`daɪəmənd] *s* diament;
karo (w kartach)

di·a·phragm [`daɪəfræm] *s* przegro-
da; *anat.* przepona; *fot. fiz.* przesłona

di·ar·rhoe·a [‚daɪə'rɪə] *s med.* biegunka

di·a·ry [`daɪərɪ] *s* dziennik, pa-
miętnik

dice

dice *zob.* die 2.

dic·tate [dɪk'teɪt] *vt vi* dyktować; narzucać; rozkazywać; *s* nakaz (np. sumienia)

dic·ta·tion [dɪk'teɪʃn] *s* dyktando; dyktat

dic·ta·tor ['dɪk'teɪtə(r)] *s* dyktator

dic·ta·tor·ship ['dɪk'teɪtəʃɪp] *s* dyktatura; ~ of the proletariat dyktatura proletariatu

dic·tion ['dɪkʃn] *s* dykcja; wysławianie się

dic·tion·a·ry ['dɪkʃnrɪ] *s* słownik

did *zob.* do

di·dac·tic [dɪ'dæktɪk] *adj* dydaktyczny

di·dac·tics [dɪ'dæktɪks] *s* dydaktyka

die 1. [daɪ] *vi* umierać; ~ away ⟨down⟩ zamierać, zanikać; ~ out wymierać, wygasać

die 2. [daɪ] *s* (*pl* dice [daɪs]) kość do gry; *techn.* (*pl* dies [daɪz]) sztanca, matryca

diet 1. ['daɪət] *s* dieta; *vr* ~ oneself być na diecie

diet 2. ['daɪət] *s* sejm, parlament; sesja

di·e·ta·ry ['daɪətrɪ] *adj* dietetyczny; *s* wyżywienie

di·e·tet·ic ['dɪə'tetɪk] *adj* dietetyczny

dif·fer ['dɪfə(r)] *vi* różnić się (from sb, sth od kogoś, czegoś); być innego zdania, nie zgadzać się

dif·fer·ence ['dɪfrns] *s* różnica; spór

dif·fer·ent ['dɪfrnt] *adj* różny, odmienny

dif·fer·en·ti·ate ['dɪfə'renʃɪeɪt] *vt vi* różnicować (się), różnić się; odróżniać; *mat.* różniczkować

dif·fi·cult ['dɪfɪklt] *adj* trudny

dif·fi·cul·ty ['dɪfɪkltɪ] *s* trudność

dif·fi·dent ['dɪfɪdənt] *adj* nie dowierzający własnym umiejętnościom; bojaźliwy

dif·fuse [dɪ'fjuz] *vt vi* rozlewać, rozsiewać; rozprzestrzeniać (się), rozpowszechniać (się); *fiz.* przenikać; rozpraszać (się); *adj* [dɪ'fjus] rozprzestrzeniony; rozlany; rozsiany; (*o stylu*) rozwlekły; *fiz.* rozproszony

dif·fu·sion [dɪ'fjuʒn] *s* rozlanie; rozproszenie (się); rozpowszechnianie (się); rozwlekłość (stylu); *fiz.* dyfuzja

*dig [dɪg], dug, dug [dʌg] *vt vi* kopać, ryć, wryć się; wbić; grzebać (for sth w poszukiwaniu czegoś); ciężko nad czymś pracować, przeprowadzać badania

di·gest 1. [daɪ'dʒest] *vt* trawić; *przen.* obmyślić; streścić; pojąć; porządkować, klasyfikować; *vi* być strawnym

di·gest 2. ['daɪdʒəst] *s* zbiór; wybór; wyciąg; streszczenie; kompendium

di·gest·i·ble [daɪ'dʒestəbl] *adj* strawny

di·ges·tion [daɪ'dʒestʃn] *s* trawienie

di·ges·tive [daɪ'dʒestɪv] *adj anat.* trawienny; (*o potrawie itp.*) strawny

dig·it ['dɪdʒɪt] *s* cyfra; *anat.* palec

dig·ni·fied ['dɪgnɪfaɪd] *adj* godny, pełen godności

dig·ni·ty ['dɪgnətɪ] *s* godność

di·gress [daɪ'gres] *vi* odbiegać (od tematu); zbaczać (z drogi)

di·gres·sion [daɪ'greʃn] *s* dygresja

dike [daɪk] *s* tama; przekop

dil·i·gence ['dɪlɪdʒəns] *s* pilność

dil·i·gent ['dɪlɪdʒənt] *adj* pilny

dill [dɪl] *s bot.* koper

di·lute [daɪ'ljut] *vt* rozcieńczać; *adj* rozcieńczony

di·lu·tion [daɪ'ljuʃn] *s* rozcieńczenie; roztwór

dim [dɪm] *adj* przyćmiony; mętny; wyblakły; niejasny; matowy; *vt vi* przyćmiewać; zaciemniać (się), zamazać (się)

dime [daɪm] *s am.* moneta 10-centowa

di·men·sion [dɪ'menʃn] *s* wymiar, rozmiar

di·min·ish [dɪ'mɪnɪʃ] *vt vi* zmniejszać (się), pomniejszać (się), obniżać (się)

dim·i·nu·tion [dɪmɪ'njuʃn] *s* zmniejszanie, pomniejszenie; redukcja; obniżka

din [dɪn] s łoskot, hałas; vt ogłuszać; vi hałasować

dine [daɪn] vi jeść obiad

din·gy [ˈdɪndʒɪ] adj niechlujny, brudny; mętny; ciemny

din·ing·car [ˈdaɪnɪŋ ka(r)] s wagon restauracyjny

din·ing·room [ˈdaɪnɪŋ rum] s jadalnia

din·ner [ˈdɪnə(r)] s obiad (główny posiłek dnia, zw. wieczorem)

din·ner·jack·et [ˈdɪnə dʒækɪt] s smoking

dip [dɪp] vt vi zanurzać (się), zamoczyć (się); pochylać (się); opadać; s kąpiel, nurkowanie; zanurzenie; opadnięcie, pochylenie

di·plo·ma [dɪˈpləumə] s dyplom

di·plo·ma·cy [dɪˈpləuməsɪ] s dyplomacja

dip·lo·mat [ˈdɪpləmæt] s dyplomata

dip·lo·mat·ic [ˌdɪpləˈmætɪk] adj dyplomatyczny

di·plo·ma·tist [dɪˈpləumətɪst] s dyplomata

dire [ˈdaɪə(r)] adj straszny, okropny

di·rect [dɪˈrekt] adj prosty, bezpośredni; elektr. ~ current prąd stały; vt kierować, zarządzać; wskazać; zlecić; adresować; muz. dyrygować

di·rec·tion [dɪˈrekʃn] s kierunek; kierownictwo; zarządzanie; adres; instrukcja, wskazówka

di·rect·ly [dɪˈrektlɪ] adv prosto, wprost; bezpośrednio; zaraz, wkrótce; conj skoro tylko

di·rec·tor [dɪˈrektə(r)] s dyrektor, kierownik, zarządca; muz. dyrygent; reżyser

di·rec·to·ry [dɪˈrektrɪ] s książka adresowa ⟨telefoniczna itp.⟩; am. zarząd, dyrekcja

dir·i·gi·ble [ˈdɪrɪdʒəbl] adj sterowny, ze sterem; s sterowiec

dirt [dɜt] s brud; błoto

dirt·cheap [ˈdɜtˈtʃɪp] adj pot. śmiesznie tani

dirt·y [ˈdɜtɪ] adj brudny; przen. podły, wstrętny

dis·a·bil·i·ty [ˌdɪsəˈbɪlətɪ] s niezdolność, niemożność; inwalidztwo

dis·a·ble [dɪsˈeɪbl] vt uczynić niezdolnym, pozbawić sił, obezwładnić; uszkodzić; prawn. ubezwłasnowolnić; ~d soldier inwalida wojenny

dis·ad·van·tage [ˌdɪsədˈvantɪdʒ] s wada; niekorzyść; niekorzystne położenie; szkoda

dis·af·fect [ˌdɪsəˈfekt] vt zrażać, odpychać

dis·af·fec·tion [ˌdɪsəˈfekʃn] s niezadowolenie, niechęć

dis·a·gree [ˌdɪsəˈgrɪ] vi nie zgadzać się; nie odpowiadać; (o potrawie itp.) nie służyć

dis·a·gree·a·ble [ˌdɪsəˈgrɪəbl] adj nieprzyjemny

dis·a·gree·ment [ˌdɪsəˈgrɪmənt] s niezgoda; niezgodność

dis·al·low [ˌdɪsəˈlau] vt nie pozwalać; nie aprobować

dis·ap·pear [ˌdɪsəˈpɪə(r)] vi znikać; zginąć

dis·ap·pear·ance [ˌdɪsəˈpɪərns] s zniknięcie; zginięcie

dis·ap·point [ˌdɪsəˈpɔɪnt] vt rozczarować, zawieść; to be ~ed zawieść się (in sb, sth na kimś, na czymś); być rozczarowanym, doznać zawodu (at sth w czymś)

dis·ap·point·ment [ˌdɪsəˈpɔɪntmənt] s rozczarowanie, zawód

dis·ap·prov·al [ˌdɪsəˈpruvl] s dezaprobata

dis·ap·prove [ˌdɪsəˈpruv] vt vi dezaprobować, nie pochwalać

dis·arm [dɪsˈam] vt vi rozbroić (się)

dis·ap·pear·ance [ˌdɪsəˈpɪərns] s rozbrojenie

dis·ar·range [ˌdɪsəˈreɪndʒ] vt wprowadzać nieład, rozprzęgać

dis·ar·ray [ˌdɪsəˈreɪ] vt wprowadzać zamieszanie, dezorganizować; s zamęt, nieład

dis·as·ter [dɪˈzastə(r)] s nieszczęście, klęska

dis·as·trous [dɪˈzastrəs] *adj* nieszczęsny, zgubny

dis·a·vow [ˌdɪsəˈvau] *vt* wyrzec,
wyprzeć się

dis·band [dɪsˈbænd] *vt vi* rozpuścić, rozproszyć (się), rozejść się

dis·be·lief [ˈdɪsbɪˈlif] *s* niewiara

dis·be·lieve [ˈdɪsbɪˈliv] *vt vi* nie
wierzyć, nie dowierzać

dis·bur·den [dɪsˈbɜdn] *vt* odciążyć,
uwolnić od ciężaru

dis·burse [dɪsˈbɜs] *vt* wypłacić, wyłożyć (pieniądze)

disc [dɪsk] *s* = disk

dis·card [dɪˈskad] *vt* odsunąć; odrzucić, zarzucić

dis·cern [dɪˈsɜn] *vt* rozróżniać; spostrzegać

dis·cern·ment [dɪˈsɜnmənt] *s* zdolność rozróżnienia; bystrość (u-
mysłu), wnikliwość

dis·charge [dɪsˈtʃadʒ] *vt vi* wyła-
dowywać; wypuszczać; wydzie-
lać; spełniać (obowiązki); zwalniać; spłacać; wystrzelić; odbarwić; *s* [ˈdɪstʃadʒ] wyładowanie;
zwolnienie; spełnienie (obowiązku); wydzielanie; wystrzał; spłata

dis·ci·ple [dɪˈsaɪpl] *s* uczeń

dis·ci·pline [ˈdɪsəplɪn] *s* dyscyplina; kara; *vt* utrzymywać w karności, ćwiczyć; karać

dis·claim [dɪsˈkleɪm] *vt vi* wypierać
się; zrzekać się (sth czegoś)

dis·close [dɪsˈkləuz] *vt* odsłaniać,
odkrywać, ujawniać

dis·clo·sure [dɪsˈkləuʒə(r)] *s* odsłonięcie, odkrycie, ujawnienie

dis·col·our [dɪsˈkʌlə(r)] *vt vi* odbarwić (się)

dis·com·fit [dɪsˈkʌmfɪt] *vt* zmieszać; udaremnić; † pobić

dis·com·fort [dɪsˈkʌmfət] *s* niewygoda; złe samopoczucie; niepokój

dis·con·cert [ˈdɪskənˈsɜt] *vt* wyprowadzić z równowagi; zdenerwo-
wać, zmieszać; udaremnić

dis·con·nect [ˈdɪskəˈnekt] *vt* rozłączyć, odłączyć

dis·con·nect·ed [ˈdɪskəˈnektɪd] *pp i*
adj pozbawiony związku, chaotyczny

dis·con·tent [ˈdɪskənˈtent] *s* niezadowolenie; *adj* niezadowolony; *vt*
budzić niezadowolenie (sb w
kimś)

dis·con·tin·ue [ˈdɪskənˈtɪnju] *vt*
przestać, przerwać; *vi* ustać,
skończyć się

dis·cord [ˈdɪskəd] *s* niezgoda, dys-
harmonia; *muz.* dysonans

dis·count [ˈdɪskaunt] *s bank.* dys-
konto; *vt* [dɪˈskaunt] dyskonto-
wać

dis·cour·age [dɪˈskʌrɪdʒ] *vt* zniechęcić (sb from sth kogoś do czegoś)

dis·course [ˈdɪskəs] *s* mowa; rozprawa; rozmowa; *vt* [dɪˈskəs] rozprawiać, rozmawiać

dis·cov·er [dɪˈskʌvə(r)] *vt* odkrywać

dis·cov·er·y [dɪˈskʌvɪ] *s* odkrycie;
wynalazek

dis·cred·it [dɪˈskredɪt] *s* zła sława;
niedowierzanie, nieufność; *vt*
dyskredytować; nie ufać, nie dawać wiary

dis·creet [dɪˈskrit] *adj* dyskretny;
roztropny

dis·crep·an·cy [dɪˈskrepənsɪ] *s* rozbieżność, niezgodność

dis·cre·tion [dɪˈskreʃn] *s* dyskrecja,
takt; oględność, rozsądek; własne
uznanie, wolna wola; at sb's ~
zależnie od czyjegoś uznania

dis·crim·i·nate [dɪˈskrɪmɪneɪt] *vt*
rozróżniać; dyskryminować

dis·crim·i·nat·ing [dɪˈskrɪmɪneɪtɪŋ]
adj bystry, spostrzegawczy; szczególny

dis·crim·i·na·tion [dɪˈskrɪmɪˈneɪʃn]
s dyskryminacja; rozróżnienie,
rozeznanie; roztropność

dis·cus [ˈdɪskəs] *s sport.* dysk

dis·cuss [dɪˈskʌs] *vt* dyskutować
(sth nad czymś), roztrząsać, omawiać

dis·cus·sion [dɪˈskʌʃn] *s* dyskusja,
omówienie

dis·dain [dɪs`deɪn] vt pogardzać; s pogarda

dis·ease [dɪ`ziz] s choroba

dis·em·bark [ˈdɪsɪm`bak] vt wyładować, wysadzać na ląd; vi wysiadać ze statku

dis·en·chant [ˈdɪsɪn`tʃant] vt rozczarować; odczarować

dis·en·gage [ˈdɪsɪn`geɪdʒ] vt vi uwolnić (się), odłączyć (się), rozluźniać (się)

dis·en·tan·gle [ˈdɪsɪn`tæŋgl] vt vi rozwikłać (się), rozplątać (się)

dis·es·tab·lish [ˈdɪsɪ`stæblɪʃ] vt oddzielić (kościół od państwa)

dis·fa·vour [dɪs`feɪvə(r)] s niełaska; vt nieprzychylnie traktować

dis·fig·ure [dɪs`fɪgə(r)] vt zniekształcić, szpecić

dis·fran·chise [dɪs`fræntʃaɪz] vt pozbawić praw obywatelskich (zw. prawa głosowania)

dis·grace [dɪs`greɪs] s hańba; niełaska; vt okryć hańbą; pozbawić łaski

dis·guise [dɪs`gaɪz] s przebranie; udawanie, maska; vt przebierać; maskować

dis·gust [dɪs`gʌst] s wstręt; vt napełniać wstrętem; to be ~ed czuć wstręt (with sth do czegoś)

dish [dɪʃ] s półmisek; danie

dis·har·mo·ny [dɪs`haməni] s dosł. i przen. dysharmonia

dis·heart·en [dɪs`hatn] vt zniechecić, odebrać odwagę

dis·hon·est [dɪs`ɒnɪst] adj nieuczciwy

dis·hon·our [dɪs`ɒnə(r)] s hańba; niehonorowanie (np. czeku); vt hańbić; nie honorować (czeku)

dis·hon·our·a·ble [dɪs`ɒnrəbl] adj bez honoru; haniebny

dis·il·lu·sion [ˈdɪsɪ`luʒn] s rozczarowanie; vt rozczarować

dis·in·cli·na·tion [ˈdɪsɪnklɪ`neɪʃn] s niechęć

dis·in·cline [ˈdɪsɪn`klaɪn] vt odstręczać; to be ~d nie mieć chęci, nie być skłonnym

dis·in·fect [ˈdɪsɪn`fekt] vt dezynfekować

dis·in·her·it [ˈdɪsɪn`herɪt] vt wydziedziczyć

dis·in·te·grate [dɪs`ɪntɪgreɪt] vt vi rozkładać (się), rozdrabniać, rozpadać się

dis·in·ter·est·ed [dɪs`ɪntrəstɪd] adj bezinteresowny, bezstronny

dis·join [dɪs`dʒɔɪn] vt vi rozłączyć (się)

dis·joint [dɪs`dʒɔɪnt] vt zwichnąć, wywichnąć; rozłączyć; zakłócić (rytm)

disk [dɪsk] s tarcza (np. słońca); krążek; płyta (gramofonowa)

dis·like [dɪs`laɪk] vt nie lubić; s niechęć, antypatia

dis·lo·cate [`dɪsləkeɪt] vt przesunąć, przemieścić; zwichnąć; zaburzyć

dis·lo·ca·tion [ˈdɪslə`keɪʃn] s przesunięcie, przemieszczenie; zaburzenie; zwichnięcie

dis·lodge [dɪs`lodʒ] vt usunąć; wysiedlić; wyprzeć (nieprzyjaciela)

dis·loy·al [dɪs`lɔɪl] adj nielojalny, niewierny

dis·mal [`dɪzml] adj ponury, przygnębiający

dis·man·tle [dɪs`mæntl] vt ogołocić, pozbawić (np. części); zdemontować

dis·may [dɪs`meɪ] vt przerażać; konsternować; s przerażenie, konsternacja

dis·mem·ber [dɪs`membə(r)] vt rozczłonkować, rozebrać na części

dis·miss [dɪs`mɪs] vt pozbyć się; odsunąć; zwolnić; porzucić

dis·mis·sal [dɪs`mɪsl] s odsunięcie; porzucenie; zwolnienie, odprawa, dymisja

dis·mount [`dɪs`maʊnt] vi zsiadać z konia; vt demontować; wysadzać (np. z siodła)

dis·o·be·dient [ˈdɪsə`bidɪənt] adj nieposłuszny

dis·o·bey [ˈdɪsə`beɪ] vt nie słuchać (sb kogoś), naruszać (przepisy)

disorder   112

vt sprzeciwiać się (komuś, rozka-
zom)

dis·or·der [dɪs`ɔdə(r)] s nieporzą-
dek; zamieszki; med. zaburzenie;
vt wprowadzić nieporządek; rozstroić

dis·or·der·ly [dɪs`ɔdəlɪ] adj niepo-
rządny; zakłócający porządek
(publiczny); niesforny; rozwiązły

dis·own [dɪs`əun] vt nie uznawać,
wypierać się

dis·par·age [dɪ`spærɪdʒ] vt ujem-
nie wyrażać się (sb, sth o kimś,
czymś), dyskredytować, uwłaczać

dis·par·i·ty [dɪ`spærətɪ] s nierów-
ność, różnica

dis·pas·sion·ate [dɪ`spæʃnət] adj
beznamiętny; bezstronny, obiektywny

dis·patch [dɪ`spætʃ] vt wysłać; za-
łatwić; s przesyłka, ekspedycja;
załatwienie; pośpiech

dis·pel [dɪ`spel] vt rozpędzić, roz-
proszyć, rozwiać

dis·pen·sa·ry [dɪ`spensərɪ] s apte-
ka; przychodnia

dis·pense [dɪ`spens] vt wydawać,
rozdzielać; wymierzać (sprawiedliwość); zwalniać, udzielać dys-
pensy; (o lekarstwach) sporządzać i wydawać; vi obchodzić się
(with sth bez czegoś)

dis·perse [dɪ`spɜs] vt vi rozpędzić;
rozproszyć (się); rozsypać (się),
rozsiać; rozbiec się

dis·per·sion [dɪ`spɜʃn] s rozprosze-
nie (się); rozejście się; fiz. rozszczepienie, dyspersja; rozrzut

dis·place [dɪ`spleɪs] vt przenieść,
przesunąć, przełożyć, przestawić;
usuwać, wypierać; zastępować;
~d person wysiedleniec, uchodźca

dis·place·ment [dɪ`spleɪsmənt] s
przemieszczenie, przesunięcie; za-
stąpienie, wyparcie; mors. wyporność

dis·play [dɪ`spleɪ] vt rozwinąć, u-
jawnić, wystawić na pokaz, pokazać; s pokaz, wystawa; mani-
festowanie, popis

dis·please [dɪ`spliz] vt nie podobać
się (sb komuś), urazić, narazić
się (sb komuś)

dis·pleas·ure [dɪ`spleʒə(r)] s nieza-
dowolenie, gniew

dis·po·sal [dɪ`spəuzl] s rozporządza-
nie (of sth czymś); rozkład; pozbycie się; usunięcie; at sb's ~
do czyjejś dyspozycji

dis·pose [dɪ`spəuz] vt vi rozkładać;
rozporządzać, dysponować (**sth**
⟨of sth⟩ czymś); usuwać, pozbywać się (of sth czegoś); rozpra-
wić się (of sb, sth z kimś, czymś);
skłonić (sb to sth kogoś do czegoś)

dis·po·si·tion [`dɪspə`zɪʃn] s rozmieszczenie, rozkład; dyspozycja;
usposobienie, skłonność; zarządzenie

dis·pos·sess [`dɪspə`zes] vt wywła-
szczyć

dis·pro·por·tion·ate [`dɪsprə`pɔʃnət]
adj nieproporcjonalny

dis·prove [`dɪ`spruv] vt zbijać, o-
balać (twierdzenie, zarzuty)

dis·pu·ta·ble [dɪ`spjutəbl] adj sporny

dis·pute [dɪ`spjut] vt vi rozprawiać,
dyskutować (**sth** ⟨about, on sth⟩
nad czymś); kwestionować; walczyć (sth o coś); spierać się, kłócić się; s [`dɪspjut] spór, dyspu-
ta, dyskusja; kłótnia

dis·qual·i·fy [dɪ`skwolɪfaɪ] vt dy-
skwalifikować

dis·qui·et [dɪ`skwaɪət] adj niespo-
kojny; s niepokój; vt niepokoić

dis·re·gard [`dɪsrɪ`gad] vt lekceważyć, nie zważać (sth na coś); s
lekceważenie

dis·rep·u·ta·ble [dɪs`repjutəbl] adj
haniebny, niecny; (o człowieku)
mający złą opinię; (o ubraniu
itp.) nędzny, zdarty, zniszczony

dis·re·pute [`dɪsrɪ`pjut] s zła reputacja, niesława

dis·rupt [`dɪs`rʌpt] vt rozrywać,
rozwalić

dis·sat·is·fac·tion [`dɪ`sætɪs`fækʃn]
s niezadowolenie

dis·sat·is·fy [dɪˈsætɪsfaɪ] vt wywoływać niezadowolenie (sb u kogoś)

dis·sem·ble [dɪˈsembl] vt vi ukrywać; udawać

dis·sem·i·nate [dɪˈsemɪneɪt] vt rozsiewać

dis·sen·sion [dɪˈsenʃn] s niezgoda

dis·sent [dɪˈsent] vi nie zgadzać się, mieć odmienne poglądy; s różnica zdań ⟨poglądów⟩; herezja

dis·sent·er [dɪˈsentə(r)] s dysydent, heretyk

dis·sim·i·lar [ˈdɪˈsɪmlə(r)] adj niepodobny

dis·sim·u·late [dɪˈsɪmjuleɪt] vt vi maskować (się), ukrywać; udawać

dis·si·pate [ˈdɪsɪpeɪt] vt vi rozpraszać (się); marnować (się), trwonić

dis·so·ci·ate [dɪˈsəuʃieɪt] vt rozdzielać, rozłączyć; vr ~ oneself zrywać związek

dis·sol·u·ble [dɪˈsoljubl] adj rozpuszczalny; (o związku itd.) rozerwalny

dis·so·lute [ˈdɪsəljut] adj rozwiązły

dis·so·lu·tion [ˌdɪsəˈluʃn] s rozkład; rozwiązanie (np. spółki)

dis·solve [dɪˈzolv] vt vi rozpuszczać (się); rozkładać (się); rozwiązywać (się); zrywać; zanikać

dis·suade [dɪˈsweɪd] vt odradzać (sb from sth komuś coś)

dis·taff [ˈdɪstaf] s kądziel; on the ~ side po kądzieli

dis·tance [ˈdɪstəns] s odległość; dosł. i przen. dystans; vt dystansować; oddalać

dis·tant [ˈdɪstənt] adj odległy

dis·taste [dɪˈsteɪst] s niesmak, wstręt (for sth do czegoś)

dis·tend [dɪˈstend] vt vi rozciągać (się); rozdymać (się)

dis·til [dɪˈstɪl] vt vi destylować (się); sączyć (się)

dis·tinct [dɪˈstɪŋkt] adj różny; wyraźny, dobitny

dis·tinc·tion [dɪˈstɪŋkʃn] s odróżnienie; różnica, wyróżnienie (się), odznaczenie

dis·tinc·tive [dɪˈstɪŋktɪv] adj od-

różniający; wyraźny, znamienny

dis·tin·guish [dɪˈstɪŋgwɪʃ] vt odróżniać, rozróżniać; wyróżniać; vr ~ oneself odznaczać się

dis·tin·guished [dɪˈstɪŋgwɪʃt] adj wybitny, znakomity; dystyngowany

dis·tort [dɪˈstɔt] vt przekręcać, zniekształcać

dis·tract [dɪˈstrækt] vt odciągać, odrywać (uwagę), rozpraszać; oszałamiać

dis·tract·ed [dɪˈstræktɪd] adj roztargniony

dis·trac·tion [dɪˈstrækʃn] s roztargnienie; rozrywka; rozterka

dis·tress [dɪˈstres] s nieszczęście, niedola, strapienie; bieda; krytyczna sytuacja; vt unieszczęśliwiać; trapić

dis·trib·ute [dɪˈstrɪbjut] vt rozdzielać, rozprowadzać, rozmieszczać

dis·tri·bu·tion [ˌdɪstrɪˈbjuʃn] s rozdział, rozkład, dystrybucja

dis·trib·u·tor [dɪˈstrɪbjutə(r)] s rozdzielca; handl. rozprowadzający; elektr. rozdzielacz

dis·trict [ˈdɪstrɪkt] s okręg, obwód; dzielnica; okolica

dis·trust [dɪˈstrʌst] vt nie dowierzać; s nieufność

dis·turb [dɪˈstɜb] vt niepokoić, przeszkadzać; zakłócać

dis·turb·ance [dɪˈstɜbəns] s zaburzenie, zakłócenie; niepokój

dis·u·nite [ˌdɪsjuˈnaɪt] vt vi rozłączać (się), rozdzielać (się)

dis·use [dɪsˈjus] s nieużywanie; zarzucenie; odzwyczajenie; to fall ⟨come⟩ into ~ wyjść z użycia; vt [dɪsˈjuz] zarzucić, zaprzestać (używania)

ditch [dɪtʃ] s rów, kanał

dit·ty [ˈdɪtɪ] s piosenka

di·va·gate [ˈdaɪvəgeɪt] vi błąkać się; odbiegać od tematu

dive [daɪv] vi zanurzać (się), pogrążyć (się); pot. dać nura; nurkować; lotn. pikować; s nurkowanie, skok do wody

div·er [ˈdaɪvə(r)] s nurek

di·verge [daɪ'vɜdʒ] *vi* odbiegać, rozbiegać się

di·verse [daɪ'vɜs] *adj* rozmaity; odmienny

di·ver·si·fy ['daɪ'vɜsɪfaɪ] *vt* urozmaicać

di·ver·sion [daɪ'vɜʃn] *s* odchylenie, odwrócenie; objazd; rozrywka; *wojsk.* dywersja

di·ver·si·ty ['daɪ'vɜsətɪ] *s* rozmaitość; urozmaicenie

di·vert ['daɪ'vɜt] *vt* odchylać, odciągać; zmieniać kierunek; zabawiać; odwracać uwagę

di·vest [daɪ'vest] *vt* rozbierać (of sth z czegoś); pozbawiać (of sth czegoś)

di·vide [dɪ'vaɪd] *vt vi* dzielić (się); *s geogr.* dział wód

div·i·dend ['dɪvɪdend] *s fin.* dywidenda; *mat.* dzielna

div·i·na·tion ['dɪvɪ'neɪʃn] *s* wróżenie; wróżba

di·vine 1. [dɪ'vaɪn] *vt* przepowiadać; domyślać się, zgadywać; *vi* wróżyć

di·vine 2. [dɪ'vaɪn] *adj* boski; *s* duchowny

di·vin·i·ty [dɪ'vɪnətɪ] *s* bóstwo; boskość; teologia

di·vis·i·ble [dɪ'vɪzəbl] *adj* podzielny

di·vi·sion [dɪ'vɪʒn] *s* podział; dział; przegroda; niezgoda; *mat.* dzielenie; *wojsk.* dywizja; *polit.* głosowanie (w parlamencie)

di·vi·sor [dɪ'vaɪzə(r)] *s mat.* dzielnik

di·vorce [dɪ'vɔs] *s* rozwód; *vt* rozwieść; *vi* rozwieść się (sb z kimś)

diz·zy ['dɪzɪ] *adj* zawrotny, oszałamiający; cierpiący na zawrót głowy

do [du], did [dɪd], done [dʌn], 3 pers sing praes does [daz] *vt vi* robić, czynić, sporządzać, wykonywać; skończyć; mieć się, czuć się; wystarczyć, ujść; *pot.* zwiedzać; odgrywać (rolę); nabierać, oszukiwać; pełnić (obowiązek); przynosić (np. zaszczyt); załatwić; przyznawać (np. rację); uporządkować; przebywać (odległość); **do away** usunąć, znieść (with sth

coś); **do up** zapakować; uporządkować; przyrządzić; wykończyć; **do without** sth obejść się bez czegoś; **do with** sth zadówolić się (czymś); **to be done for** ⟨up⟩ być wykończonym, być zmordowanym; **to be doing well** prosperować, rozwijać się, cieszyć się powodzeniem; **to be doing badly** nie mieć powodzenia; **how do you do?** dzień dobry, miło mi poznać; *v aux tworzy formę pytającą i przeczącą w czasach Present Simple i Simple Past:* **do you like him?** czy lubisz go?; **I did not like him** nie lubiłam go; *zastępuje orzeczenie:* **you play better than he does** grasz lepiej od niego; **do you smoke?** — **I do** ⟨I don't⟩ czy palisz? ~ tak, palę ⟨nie, nie palę⟩; *w zdaniach pytających:* **you don't like her, do you?** nie lubisz jej, prawda?; **you like her, don't you?** lubisz ją, nieprawdaż?; *oznacza emfazę:* **I did go** przecież ⟨jednak⟩ poszedłem; **do come!** bardzo proszę, przyjdź!

do·cile ['dəʊsaɪl] *adj* ulegly, posłuszny; łagodny; pojętny

do·cil·i·ty [dəʊ'sɪlətɪ] *s* uległość, posłuszeństwo; pojętność

dock 1. [dɒk] *s* dok; *vt* umieścić w doku, dokować

dock 2. [dɒk] *s* ława oskarżonych

dock 3. [dɒk] *vt* obcinać; kasować; ~ **a horse** ⟨a dog⟩ przycinać ogon koniowi ⟨psu⟩

dock·er ['dɒkə(r)] *s* robotnik portowy

dock·yard ['dɒkjɑd] *s* stocznia

doc·tor ['dɒktə(r)] *s* doktor

doc·u·ment ['dɒkjumənt] *s* dokument

dodge [dɒdʒ] *vt vi* wymijać; używać wykrętów; wymykać się; *s* wykręt; sztuczka; unik

dodg·er ['dɒdʒə(r)] *s* krętacz, spryciarz

does zob. do.

dog [dɒg] *s* pies; *vt* tropić, śledzić

dog-cheap ['dɒg'tʃip] *adj i adv pot.* tani ⟨tanio⟩ jak barszcz

dog·ged [`dogɪd] *adj* uparty, zawzięty

dog·ma [`dogmə] *s* dogmat

dog·mat·ic [dog`mætɪk] *adj* dogmatyczny

do·ing [`duɪŋ] *ppraes i s* sprawa, sprawka; czyn, trud; *pl* ~s poczynania

dole [dəul] *s* część, cząstka; zasiłek (dla bezrobotnych), zapomoga; † los; to be on the ~ pobierać zasiłek; *vt* (*zw.* ~ out) wydzielać

doll [dol] *s* lalka

dol·lar [`dolə(r)] *s* dolar

do·main [dəu`meɪn] *s* domena; posiadłość, majątek ziemski

dome [dəum] *s* kopuła; sklepienie

do·mes·tic [də`mestɪk] *adj* domowy; wewnętrzny; krajowy, rodzimy; *s* służący

do·mes·ti·cate [də`mestɪkeɪt] *vt* oswajać; cywilizować; przywiązywać do domu

dom·i·cile [`domɪsaɪl] *s* miejsce zamieszkania

dom·i·nant [`domɪnənt] *adj* panujący, dominujący

dom·i·nate [`domɪneɪt] *vt vi* panować; górować (sb, sth ⟨over sb, sth⟩ nad kimś, czymś)

dom·i·neer [`domɪ`nɪə(r)] *vi* tyranizować, okazywać swą władzę

do·min·ion [də`mɪnɪən] *s* władza; dominium

dom·i·no [`domɪnəu] *s* domino; *pl* ~es gra w domino

do·na·tion [dəu`neɪʃn] *s* dar

done *zob.* **do**

don·key [`doŋkɪ] *s* osioł

doom [dum] *s* los, przeznaczenie; † *prawn.* wyrok; *vt lit.* skazać, osądzać

door [do(r)] *s* drzwi; within ~s w domu; out of ~s poza domem, na dworze

door·keep·er [`do`kipə(r)] *s* dozorca, portier

door·way [`dowei] *s* brama, wejście

dope [dəup] *s* smar; lakier; narkotyk; *vt* narkotyzować; dawać środek podniecający

dor·mant [`domənt] *adj* śpiący; bezczynny; w stanie zawieszenia

dor·mi·to·ry [`domɪtrɪ] *s* sala sypialna; *am.* bursa

dose [dəus] *s* doza, dawka; *vt* dawkować

dot [dot] *s* kropka; *vt* stawiać kropkę; kropkować; usiać (with sth czymś)

doub·le [`dʌbl] *adj* podwójny, dwojaki, dwoisty; *s* podwójna ilość; sobowtór; dublet; *sport* gra podwójna, debel; *vt* podwoić, złożyć we dwoje; *teatr* dublować; (w kartach) kontrować; *vi* podwoić (się); to ~ up zgiąć (się), złożyć (się); *adv* podwójnie; we dwoje (jechać, spać itd.); ~ as long dwa razy taki długi

doub·le-bass [`dʌbl`beɪs] *s muz.* kontrabas

doub·le-deal·er [`dʌbl`dilə(r)] *s* człowiek dwulicowy, krętacz

doub·le-mean·ing [`dʌbl`minɪŋ] *adj* dwuznaczny; *s* dwuznacznik

doubt [daut] *s* wątpliwość; out of ~, without ⟨beyond, no⟩ ~ bez wątpienia; *vt vi* wątpić (sth w coś; of ⟨about⟩ sth o czymś)

doubt·ful [`dautfl] *adj* wątpliwy; niepewny, niezdecydowany; podejrzany

dough [dəu] *s* ciasto

dove [dʌv] *s* gołąb

dove·cot [`dʌvkət] *s* gołębnik

dow·a·ger [`dauɪdʒə(r)] *s* wdowa (dziedzicząca tytuł lub dobra)

dow·dy [`daudɪ] *adj* (*zw. o kobiecie*) o zaniedbanym wyglądzie, niemodnie ubrana

down 1. [daun] *adv* w dole, w dół, nisko; ~ to aż po; to be ~ być powalonym, leżeć; być na liście; opaść; zawziąć się (on sb na kogoś); być przygnębionym; *praep* w dół, na dół; po, z, wzdłuż; *adj* w dół, na dół; skierowany ⟨w dół; ~ train pociąg ze stolicy na pro wincję; *vt pot.* rozłożyć, położyć (przeciwnika); zrzucić, strącić; ~ **tools** zastrajkować

down 2. [daun] *s* pagórkowata, nie zalesiona okolica; wydma

down 3. [daun] *s* puch; meszek

down·cast [ˈdaunkɑst] *adj* przygnębiony

down·fall [ˈdaunfɔl] *s* upadek; zguba

down·hill [ˈdaunˈhil] *adv* z góry na dół; *s* [ˈdaunhil] pochyłość, spadek

down·pour [ˈdaunpɔ] *s* ulewa

down·right [ˈdaunrait] *adj* całkowity; szczery, otwarty; istny; oczywisty; *adv* całkowicie, w pełni; otwarcie; po prostu

down·stairs [ˈdaunˈsteəz] *adv* w dół, na dół, ze schodów; na dole podeptany; *przen.* uciskany

down·trod·den [ˈdaunˈtrodn] *adj* podeptany; *przen.* uciskany

down·ward [ˈdaunwəd] *adv* ku dołowi, w dół; *adj attr* skierowany ⟨poruszający się⟩ w dół, na dół

down·wards = **downward** *adv*

dow·ry [ˈdauəri] *s* posag; talent

doze [dəuz] *vi* drzemać; *s* drzemka

doz·en [ˈdʌzn] *s* tuzin; **baker's** ~ trzynaście

drab [dræb] *adj* bury, brudnoszary; bezbarwny; monotonny, nudny; *s* bury kolor; bure sukno; monotonia, nuda

draft [drɑft] *s* rysunek, szkic; projekt; *handl.* trata; ciągnięcie; *wojsk.* oddział wyborowy; *am.* pobór; **beast of** ~ zwierzę pociągowe; *vt* szkicować; projektować; *wojsk.* odkomenderować

drafts·man [ˈdrɑftsmən] *s* rysownik, kreślarz

drag [dræg] *vt vi* wlec (się), ciągnąć (się)

drag·on [ˈdrægən] *s* smok

drag·on·fly [ˈdrægənflai] *s zool.* ważka

drain [drein] *vt* suszyć, drenować, odprowadzać wodę; *vi (także* ~ **away)** wyciekać; *s* dren, ściek, rów odwadniający; *med.* sączek

dra·ma [ˈdrɑmə] *s* dramat

dra·mat·ic [drəˈmætik] *adj* dramatyczny

dram·a·tist [ˈdræmətist] *s* dramaturg

drank *zob.* **drink**

drape [dreip] *vt vi* drapować (się)

dra·per·y [ˈdreipəri] *s* zbior. materiały tekstylne; handel tekstyliami; draperia

dras·tic [ˈdræstik] *adj* drastyczny; silnie działający, drakoński

draught [drɑft] *s* przeciąg; ciąg; łyk; rysunek (= **draft**); połów, zarzucenie sieci; *pl* ~**s** warcaby

draughts·man 1. *zob.* **draftsman**

draughts·man 2. [ˈdrɑftsmən] *s* pionek w warcabach

***draw** [drɔ], **drew** [dru], **drawn** [drɔn] *vt vi* ciągnąć, przyciągać, ściągać, nadciągać; otrzymywać; czerpać; pobierać; *(o ziołach, herbacie)* zaparzać, naciągać; rysować; ~ **away** odbierać; odciągać; oddalać się; ~ **back** cofać (się); ~ **forth** wywoływać; ~ **in** wciągać; ~ **near** zbliżać się; ~ **off** ściągać; wycofywać się; ~ **on** naciągać; przyciągać; nadchodzić; ~ **out** wyciągać, wydobywać; wydłużać (się); sporządzić *(np.* plan); ~ **round** gromadzić się dookoła; ~ **up** podciągnąć; zestawić; sformułować; ustawić (się) w szeregu; zatrzymać (się), stanąć

draw·back [ˈdrɔbæk] *s* przeszkoda; wada, ujemna strona; *handl.* cło zwrotne

draw·bridge [ˈdrɔbridʒ] *s* most zwodzony

draw·er [ˈdrɔə(r)] *s* rysownik; *handl.* trasant; [drɔ(r)] szuflada; **chest of** ~**s** komoda; *pl* ~**s** [drɔz] kalesony, majtki

draw·ing [ˈdrɔiŋ] *s* rysunek; lekcja rysunków

draw·ing-room [ˈdrɔːɪŋrum] *s* salon

drawl [drɔl] *vt vi* przeciągać, cedzić (słowa)

drawn *zob.* draw

dread [dred] *s* strach; *adj* straszny; *vt* bać się

dread·ful [ˈdredfl] *adj* straszny

dread·nought [ˈdrednɔt] *s mors.* pancernik

***dream** [drim], **dreamt, dreamt** [dremt] *lub* **dreamed, dreamed** [drimd] *vt vi* marzyć, śnić, widzieć we śnie; *s* sen, marzenie

dreamt *zob.* dream

drear·y [ˈdrɪərɪ] *adj* mroczny, ponury

dregs [dregz] *s pl* odpadki; *dosł.* *i przen.* męty, osad

drench [drentʃ] *vt* przemoczyć

dress [dres] *vt vi* ubierać (się); stroić, ozdabiać; przyrządzać; opatrzyć (ranę); zdobić; oporządzać; włożyć strój wieczorowy; ~ up wystroić (się); *s* ubranie, strój; evening ~ smoking, suknia wieczorowa; full ~ strój uroczysty; frak; ~ coat frak

dress·ing [ˈdresɪŋ] *s* ubieranie się, toaleta; przyprawa (sos, farsz itp.); oporządzenie; dekoracja; opatrunek

dress·ing-case [ˈdresɪŋkeɪs] *s* neseser

dress·ing-gown [ˈdresɪŋgaun] *s* szlafrok

dress·ing-sta·tion [ˈdresɪŋ steɪʃn] *s* punkt opatrunkowy

dress·ing-ta·ble [ˈdresɪŋteɪbl] *s* toaleta (mebel)

dress·ma·ker [ˈdresmeɪkə(r)] *s* krawiec damski

dress·y [ˈdresɪ] *adj* wystrojony; lubiący się stroić; szykowny

drew *zob.* draw

drib·ble [ˈdrɪbl] *vi* kapać; ślinić się; *vt* odcedzić

drift [drift] *s* prąd; *mors.* dryf; unoszenie się z prądem; zaspa; zawierucha; dążność; bieg (wypadków); tok (myśli); *vt vi* nieść; nawiać, nanieść; dążyć; *mors.*

dryfować; unosić się bezwładnie; zmierzać

drill 1. [drɪl] *s* świder; *wojsk.* musztra; *vt vi* świdrować, drylować, musztrować (się), ćwiczyć (się), odbywać ćwiczenie

drill 2. [drɪl] *s* bruzda; siewnik; *vt* siać (rzędami)

drill 3. [drɪl] *s* drelich

***drink** [drɪŋk], **drank** [dræŋk], **drunk** [drʌŋk] *vt vi* pić; ~ up ⟨off⟩ wypić; *s* napój, picie, kieliszek trunku; **soft** ~ napój bezalkoholowy; **strong** ~ trunek; **to have a** ~ napić się

drip [drɪp] *vi* kapać; ociekać

***drive** [draɪv], **drove** [drəʊv], **driven** [ˈdrɪvn] *vt vi* pędzić, jechać; popędzać, zaganać; wprawiać w ruch; wieźć; powozić, kierować; wbijać; doprowadzać; zmierzać (**at sth do czegoś**); ~ **sb mad** doprowadzić kogoś do szału; *przen.* ~ **sth home to sb** przekonać, uzmysłowić coś komuś; ~ **in** wpędzić; wbić; *s* jazda, przejażdżka; napęd, energia; nagonka; wjazd, dojazd, droga dojazdowa; *am.* akcja, kampania

driv·el [ˈdrɪvl] *vi* ślinić się; pleść głupstwa; *s* ślina cieknąca z ust; gadanie od rzeczy

driv·en *zob.* drive

driv·er [ˈdraɪvə(r)] *s* woźnica; kierowca; maszynista; poganiacz

driz·zle [ˈdrɪzl] *vi* mżyć; *s* drobny deszcz, mżawka

droll [drəul] *adj* zabawny, dziwaczny

drone 1. [drəun] *vt vi* buczeć, brzęczeć; mruczeć; *s* truteń; warkot, brzęczenie

droop [drup] *vi* opadać, obwisać; omdlewać

drop [drɔp] *vi* kapać; spaść, padać; opadać; cichnąć, słabnąć; ustać; ~ **into a habit** popaść w nałóg; *vt* spuścić, opuścić; upuścić, zrzucić; zniżać; podrzucić, odwieźć (kogoś, coś); zaprzestać; ~ **asleep** zasnąć; *pot.* ~ **in** wpaść;

odwiedzić (**on** sb kogoś); ~ **off**
⟨away⟩ odpadać, zmniejszać się;
zasnąć; zamierać; ~ **out** zniknąć,
wycofać się; usunąć; wypuścić;
s kropla; obniżenie, spadek; zniżka (cen); pl ~**s** cukierki, dropsy

drought [draut] s posucha

drove zob. **drive**

drown [draun] vt topić; vi tonąć

drowse [drauz] vi drzemać; vt u-
sypiać; s drzemka

drow·sy [ˈdrauzɪ] adj senny, ospały, usypiający

drub [drʌb] vt poturbować, wy-
grzmocić

drudge [drʌdʒ] vi ciężko pracować, harować; s przen. wół ro-
boczy

drudg·er·y [ˈdrʌdʒərɪ] s ciężka,
niewdzięczna praca, harówka

drug [drʌg] s lek, lekarstwo; narkotyk; vt narkotyzować

drug·gist [ˈdrʌgɪst] s aptekarz

drug-store [ˈdrʌgstɔ(r)] s am. drogeria (z działem sprzedaży le-
karstw, kosmetyków, czasopism
i napojów chłodzących)

drum [drʌm] s bęben; werbel; vi
bębnić

drum·mer [ˈdrʌmə(r)] s dobosz

drunk 1. zob. **drink**

drunk 2. [drʌŋk] adj praed pijany

drunk·ard [ˈdrʌŋkəd] s pijak

drunk·en [ˈdrʌŋkən] adj attr pijany

dry [draɪ] adj suchy, uschnięty;
oschły; bezalkoholowy; vt suszyć; wycierać; vi schnąć ~ **up**
wysuszyć; wyschnąć

dry-clean·ing [ˈdraɪˈklinɪŋ] s pranie chemiczne

du·al [ˈdjuəl] adj dwoisty, podwójny

dub 1. [dʌb] vt pasować na rycerza; nazywać (**sb sth** kogoś
czymś); przezywać

dub 2. [dʌb] vt kin. dubbingować

du·bi·ous [ˈdjubɪəs] adj wątpliwy,
dwuznaczny; niepewny

duch·ess [ˈdʌtʃɪs] s księżna

duch·y [ˈdʌtʃɪ] s księstwo

duck 1. [dʌk] s zool. kaczka

duck 2. [dʌk] vt vi zanurzyć (**się**),
dać nurka; zgiąć się, zrobić unik

duct [dʌkt] s kanał, przewód

dud [dʌd] s niewypał; pl ~**s** ciu-
chy, łachy

due [dju] adj należny; dłużny, zobowiązany; spowodowany (**to sth**
czymś); spodziewany; odpowiedni; handl. płatny; s należność,
opłata

du·el [ˈdjuəl] s pojedynek

dug zob. **dig**

dug-out [ˈdʌg aut] s wojsk. ziemianka, schron

duke [djuk] s książę

dul·ci·mer [ˈdʌlsɪmə(r)] s muz.
cymbały

dull [dʌl] adj mętny; nudny; tępy; matowy; posępny; stłumio-
ny; vt stępić; stłumić; vi stępieć;
zmatowieć

du·ly [ˈdjulɪ] adv należycie, słusznie; w porę

dumb [dʌm] adj niemy; ~ **show**
pantomima; **to strike sb** ~ wprawić kogoś w osłupienie

dumb·found [dʌmˈfaund] vt ogłuszyć, oszołomić; odebrać mowę

dum·my [ˈdʌmɪ] s manekin; statysta, figurant; imitacja, makieta; pozór; smoczek; adj attr podrobiony, udany, naśladujący

dump [dʌmp] vt zrzucać, zsypy-
wać; wywalać; handl. zbywać towar na zasadzie dumpingu; s
stos; hałda; śmietnik

dum·ping [ˈdʌmpɪŋ] s handl. dum-
ping

dump·y [ˈdʌmpɪ] adj przysadkowaty, pękaty

dunce [dʌns] s (o uczniu) osioł,
nieuk

dune [djun] s wydma piaszczysta

dung [dʌŋ] s gnój, nawóz

dun·geon [ˈdʌndʒən] s wieża; loch,
ciemnica

dupe [djup] s ofiara oszustwa; pot.
dudek, naiwniaczek; vt oszukać,
okpić

du·pli·cate [ˈdjuplɪkət] adj podwój-

ny; s duplikat; vt [`djuplıkeıt]
kopiować, odbijać, powielać
du·pli·ca·tor [`djuplıkeıtə(r)] s po-
wielacz
du·plic·i·ty [dju`plısətı] s dwulico-
wość
du·ra·ble [`djuərəbl] adj trwały;
stały
du·ra·tion [dju`reıʃn] s czas trwa-
nia
dur·ing [`djuərıŋ] praep podczas,
przez, za
dusk [dʌsk] s zmierzch
dusk·y [`dʌskı] adj ciemny
dust [dʌst] s pył, kurz, proch; vt
zakurzyć, posypać prochem; czyścić z kurzu, z prochu, ścierać
dust·bin [`dʌstbın] s skrzynia na
śmieci
dust·y [`dʌstı] adj zakurzony; nud-
ny; niejasny, mglisty
Dutch [dʌtʃ] adj holenderski; język holenderski
Dutch·man [`dʌtʃmən] s (pl Dutch-
men [`dʌtʃmən]) Holender
du·ti·a·ble [`djutıəbl] adj podlega-
jący ocleniu
du·ti·ful [`djutıfl] adj obowiązko-
wy, sumienny; pełen szacunku,
uległy

du·ty [`djutı] s obowiązek, powin-
ność; służba; należność podatko-
wa; cło; off ~ po służbie; on ~
na służbie, na dyżurze
dwarf [dwɔf] s karzeł; adj attr
karłowaty;   vt   powstrzymać
wzrost; pomniejszyć
*dwell [dwel], dwelt, dwelt [dwelt]
vi mieszkać; zatrzymywać się;
rozwodzić się (on sth nad czymś);
kłaść nacisk

dwell·er [`dwelə(r)] s mieszkaniec
dwell·ing [`dwelıŋ] s mieszkanie
dwelt zob. dwell
dwin·dle [`dwındl] vi zanikać,
zmniejszać się

dye [daı] s barwa, farba; vt vi barwić (się), farbować (się)
dye-stuff [`daıstʌf] s barwnik
dy·ing zob. die
dyke = dike
dy·nam·ic [daı`næmık] adj dyna-
miczny; s pl ~s dynamika

dy·na·mite [`daınəmaıt] s dynamit;
vt wysadzać dynamitem
dy·nas·tic [dı`næstık] adj dyna-
styczny
dyn·as·ty [`dınəstı] s dynastia

e

each [itʃ] adj pron każdy; ~ other
nawzajem
ea·ger [`igə(r)] adj żądny (for
⟨after⟩ sth czegoś); skory, gorliwy; (o pragnieniu itp.) gorący;
to be ~ to do sth bardzo pragnąć coś zrobić
ea·gle [`igl] s orzeł
ear [ıə(r)] s ucho
earl [ɜl] s hrabia (tylko angielski)
ear·ly [`ɜlı] adj wczesny; adv wcze-
śnie
ear·mark [`ıəmak] s (u zwierząt

domowych)   piętno,   kolczyk;
przen. znak (rozpoznawczy); vt
znaczyć, znakować; przen. przeznaczać
earn [ɜn] vt zarabiać; zasługiwać
ear·nest [`ɜnıst] adj poważny;
szczery; gorliwy; s w zwrocie:
in ~ na serio, poważnie
earn·ing [`ɜnıŋ] s zarobek, dochód
ear-phone [`ıəfəun] s słuchawka
ear-ring [`ıərıŋ] s kolczyk
earth [ɜθ] s ziemia; świat, kula
ziemska; what on ~! cóż to znowu?; elektr. uziemienie; vt vi za-

kopać ⟨zagrzebać⟩ (się) w ziemi; okopać; *elektr.* uziemić

earth·en [ˈɜθn] *adj* ziemny; gliniany

earth·en·ware [ˈɜθnweə(r)] *s zbior.* wyroby garncarskie

earth·ly [ˈɜθlɪ] *adj* ziemski

earth·quake [ˈɜθkweɪk] *s* trzęsienie ziemi; wstrząs

earth·work [ˈɜθwɜk] *s* robota ziemna; nasyp

ease [iz] *s* lekkość, swoboda; wygoda; at ∼ spokojnie, wygodnie; at ∼! *wojsk.* spocznij!; ill at ∼ niedobrze, nieswojo; *vt* łagodzić; uspokajać; uwalniać

ea·sel [ˈizl] *s* sztaluga

eas·i·ness [ˈizɪnəs] *s* lekkość, wygoda, swoboda; beztroska

east [ist] *s* wschód; *adj* wschodni; *adv* na wschód, na wschodzie

East·er [ˈistə(r)] *s* Wielkanoc

east·ern [ˈistən] *adj* wschodni

east·ward [ˈistwəd] *adj* wschodni, zwrócony ku wschodowi; *adv (także* ∼s) ku wschodowi, na wschód

eas·y [ˈizɪ] *adj* łatwy; swobodny; wygodny; spokojny; ∼ of access łatwo dostępny; *adv* łatwo; lekko; swobodnie

eas·y·chair [ˈizɪtʃeə(r)] *s* fotel

*eat [it], ate [et], eaten [ˈitn] *vt vi* jeść; ∼ up zjeść, pożreć, pochłonąć

eat·a·ble [ˈitəbl] *adj* jadalny; *s pl* ∼s artykuły spożywcze, prowiant

eat·en *zob.* eat

eaves [ivz] *s pl* okap

eaves·drop [ˈivzdrop] *vi* podsłuchiwać

ebb [eb] *s* odpływ (morza); ubytek (np. sił); *vi (o morzu)* odpływać; słabnąć, ubywać

eb·on·y [ˈebənɪ] *s* heban

ec·cen·tric [ɪkˈsentrɪk] *adj* ekscentryczny, dziwaczny; *s* dziwak, ekscentryk

ec·cle·si·as·tic [ɪˈkliziˈæstɪk] *adj* kościelny, duchowny; *s* osoba duchowna, duchowny

ech·o [ˈekəʊ] *s* echo; *vt vi* odbijać się echem; powtarzać (**sb, sth za** kimś, czymś)

e·clipse [ɪˈklɪps] *s* zaćmienie; przyćmienie; *vt* zaćmiewać

e·co·nom·ic [ˈikəˈnomɪk] *adj* ekonomiczny

e·co·nom·i·cal [ˈikəˈnomɪkl] *adj* ekonomiczny, oszczędny

e·co·nom·ics [ˈikəˈnomɪks] *s* ekonomia, ekonomika

e·con·o·mist [ɪˈkonəmɪst] *s* ekonomista

e·con·o·mize [ɪˈkonəmaɪz] *vt vi* oszczędzać, oszczędnie gospodarować

e·con·o·my [ɪˈkonəmɪ] *s* ekonomia, gospodarka; organizacja; struktura; oszczędność

ec·sta·sy [ˈekstəsɪ] *s* ekstaza, zachwyt

ec·stat·ic [ɪkˈstætɪk] *adj* ekstatyczny, pełen zachwytu

ed·dy [ˈedɪ] *s* wir; *vi* wirować

E·den [ˈidn] *s* raj

edge [edʒ] *s* brzeg, krawędź, kant; ostrze; *vt* ostrzyć, toczyć; obsadzać; obszywać; **to** ∼ **one's way** przeciskać się; wśliznąć się

edg·ing [ˈedʒɪŋ] *s* brzeg, rąbek

ed·i·ble [ˈedəbl] *adj* jadalny

e·dict [ˈidɪkt] *s* edykt

ed·i·fice [ˈedɪfɪs] *s* gmach

ed·i·fy [ˈedɪfaɪ] *vt* oddziaływać (moralnie, budująco), pouczać

ed·it [ˈedɪt] *vt* wydawać; redagować

e·di·tion [ɪˈdɪʃn] *s* wydanie; nakład

ed·i·tor [ˈedɪtə(r)] *s* wydawca; redaktor

ed·i·tor·i·al [ˈedɪˈtɔrɪəl] *adj* wydawniczy; redakcyjny; *s* artykuł wstępny (od redakcji)

ed·u·cate [ˈedʒʊkeɪt] *vt* wychowywać; kształcić

ed·u·ca·tion [ˈedʒʊˈkeɪʃn] *s* wykształcenie, nauka; oświata; wychowanie; szkolenie

ed·u·ca·tion·al [ˈedʒʊˈkeɪʃnl] *adj*

wychowawczy, oświatowy, kształcący

eel [il] s węgorz

ef·face [ɪˈfeɪs] vt ścierać, zacierać, zmazywać; *przen.* przyćmiewać

ef·fect [ɪˈfekt] s wynik, skutek; efekt; oddziaływanie; *pl* ~s dobytek, ruchomości; papiery wartościowe; in ~ rzeczywiście; to **no** ~ bezskutecznie; **to give ⟨to bring to, to carry into⟩** ~ dokonać, uskutecznić, wprowadzić w życie; vt spowodować, wykonać, spełnić

ef·fec·tive [ɪˈfektɪv] adj efektywny; efektowny; *am.* mający moc prawną, obowiązujący

ef·fem·i·nate [ɪˈfemɪnət] adj zniewieściały

ef·fer·vesce [ˌefəˈves] vt musować, pienić się; *(o człowieku)* tryskać (życiem)

ef·fi·ca·cious [ˌefɪˈkeɪʃəs] adj skuteczny

ef·fi·ca·cy [ˈefɪkəsɪ] s skuteczność

ef·fi·cien·cy [ɪˈfɪʃnsɪ] s wydajność, sprawność; skuteczność

ef·fi·cient [ɪˈfɪʃnt] adj wydajny, sprawny; skuteczny

ef·figy [ˈefɪdʒɪ] s podobizna, wizerunek

ef·fort [ˈefət] s wysiłek; próba

ef·front·er·y [ɪˈfrʌntərɪ] s bezczelność

ef·fu·sion [ɪˈfjuʒn] s wylew; wydzielanie; *pl* ~s *przen.* wynurzenia

egg [eg] s jajko

e·go [ˈegəʊ] s jaźń

e·go·ism [ˈegəʊɪzm] s egoizm

e·go·ist [ˈegəʊɪst] s egoista

e·go·tism [ˈegətɪzm] s egotyzm

E·gyp·tian [ɪˈdʒɪpʃn] adj egipski; s Egipcjanin

ei·der·down [ˈaɪdədaʊn] s puch; kołdra puchowa

eight [eɪt] num osiem; s ósemka

eight·een [ˈeɪˈtin] num osiemnaście; s osiemnastka

eight·eenth [ˈeɪˈtinθ] adj osiemnasty

eighth [eɪtθ] adj ósmy

eight·i·eth [ˈeɪtɪəθ] adj osiemdziesiąty

eight·y [ˈeɪtɪ] num osiemdziesiąt; s osiemdziesiątka

ei·ther [ˈaɪðə(r)], *am.* [ˈiðər] adj pron jeden lub drugi, jeden z dwóch, każdy z dwóch; obaj, obie, oboje; którykolwiek z dwóch; conj ~ ... or albo ..., albo; z przeczeniem: ani ..., ani; adv z przeczeniem: też (nie)

e·jac·u·late [ɪˈdʒækjuleɪt] vt wytrysnąć; wykrzyknąć, wydać (okrzyk)

e·ject [ɪˈdʒekt] vt wyrzucić, wydzielić; usunąć, wydalić

eke [ik] vt (zw. ~ out) sztukować, nadrabiać, uzupełniać

e·lab·o·rate [ɪˈlæbəreɪt] vt wypracować; adj [ɪˈlæbrət] wypracowany; wymyślny, wyszukany

e·lapse [ɪˈlæps] vi (o czasie) upływać, mijać

e·las·tic [ɪˈlæstɪk] adj elastyczny; gumowy; s guma (np. do pończoch)

el·bow [ˈelbəʊ] s łokieć; vt popychać, szturchać łokciem; ~ **sb out** wypchnąć kogoś

eld·er [ˈeldə(r)] adj starszy

el·der·ly [ˈeldəlɪ] adj podstarzały

eld·est [ˈeldɪst] adj najstarszy (w rodzinie)

e·lect [ɪˈlekt] vt wybierać; adj wybrany, nowo obrany

e·lec·tion [ɪˈlekʃn] s wybór, wybory; **general** ~ wybory powszechne

e·lec·tion·eer [ɪˌlekʃənˈɪə(r)] vi agitować, przeprowadzać kampanię wyborczą

e·lec·tor [ɪˈlektə(r)] s wyborca

e·lec·tor·ate [ˈɪlektrət] s zbior. wyborcy

e·lec·tric(al) [ɪˈlektrɪk(l)] adj elektryczny

e·lec·tri·cian [ɪˌlekˈtrɪʃn] s elektrotechnik

e·lec·tric·i·ty [ɪ'lek'trɪsətɪ] s elektryczność

e·lec·tri·fi·ca·tion [ɪ'lektrɪfɪ'keɪʃn] s elektryfikacja

e·lec·tri·fy [ɪ'lektrɪfaɪ] vt elektryfikować

e·lec·tro·cute [ɪ'lektrəkjut] vt uśmiercić na krześle elektrycznym; śmiertelnie porazić prądem

e·lec·trol·y·sis [ɪ'lek'trɒləsɪs] s elektroliza

e·lec·tro·plate [ɪ'lektrəupleɪt] vt platerować, galwanizować; s zbior. platery

el·e·gance ['elɪgəns] s elegancja

el·e·gi·ac ['elɪ'dʒaɪək] adj elegijny

el·e·gy ['elədʒɪ] s elegia

el·e·ment ['eləmənt] s element; żywioł; składnik; chem. pierwiastek

el·e·men·tal ['elə'mentl] adj żywiołowy; podstawowy

el·e·men·ta·ry ['elə'mentrɪ] adj elementarny; podstawowy

el·e·phant ['elɪfnt] s słoń

el·e·vate ['eleveɪt] vt podnieść, podwyższyć, dźwignąć

el·e·va·tion ['elə'veɪʃn] s podniesienie, wzniesienie, wysokość; dostojeństwo

el·e·va·tor ['eləveɪtə(r)] s elewator; am. winda

el·ev·en [ɪ'levn] num jedenaście; s jedenastka

el·ev·enth [ɪ'levnθ] adj jedenasty

elf [elf] s (pl elves [elvz]) elf

e·lic·it [ɪ'lɪsɪt] vt ujawniać, wydobywać, wyciągać na światło dzienne; wywoływać

el·i·gi·ble ['elɪdʒəbl] adj wybieralny; godny wyboru, odpowiedni

e·lim·i·nate [ɪ'lɪmɪneɪt] vt eliminować, usuwać, wykluczać, znieść

e·lim·i·na·tion [ɪ'lɪmɪ'neɪʃn] s eliminacja, usunięcie, wykluczenie, zniesienie

elk [elk] s łoś

elm [elm] s bot. wiąz

el·o·cu·tion ['elə'kjuʃn] s wysławianie się, dykcja

e·lon·gate ['ɪlɒŋgeɪt] vt vi wydłużyć (się)

el·o·quence ['eləkwəns] s elokwencja, krasomówstwo

else [els] adv prócz tego, ponadto, jeszcze (inny); or ~ bo inaczej; sb ~ ktoś inny; sth ~ coś innego

else·where ['els'weə(r)] adv gdzie indziej

e·lu·ci·date [ɪ'lusɪdeɪt] vt wyświetlić, wyjaśnić

e·lude [ɪ'lud] vt wymijać, obejść (np. prawo); ujść (sth czemuś)

e·lu·sive [ɪ'lusɪv] adj nieuchwytny, wykrętny

elves zob. elf

e·ma·ci·ate [ɪ'meɪʃɪeɪt] vt wyniszczyć (fizycznie), wycieńczyć

em·a·nate ['eməneɪt] vi emanować, promieniować; wyłaniać się; pochodzić (from sth od czegoś)

e·man·ci·pate [ɪ'mænsɪpeɪt] vt emancypować, wyzwolić

e·mas·cu·late [ɪ'mæskjuleɪt] vt wykastrować; zniewieścić; wyjałowić; adj [ɪ'mæskjulət] zniewieściały; wyjałowiony

em·balm [ɪm'bam] vt balsamować; nasycać aromatem

em·bank·ment [ɪm'bæŋkmənt] s wał, tama; nabrzeże, bulwar

em·bar·go [ɪm'bagəu] s embargo, zakaz

em·bark [ɪm'bak] vt ładować na statek; brać na pokład; vi wsiadać na statek; przen. przedsięwziąć (on ⟨upon⟩ sth coś); wdać się (in sth w coś)

em·bar·ka·tion ['emba'keɪʃn] s ładowanie (wsiadanie) na statek

em·bar·rass [ɪm'bærəs] vt wprawić w zakłopotanie; sprawić kłopot; przeszkadzać; krępować

em·bas·sy ['embəsɪ] s ambasada; misja

em·bed [ɪm'bed] vt osadzić, wryć, wkopać, wbić; wyłożyć (np. cementem)

em·bel·lish [ɪm'belɪʃ] vt upiększyć

em·bers [ˈembəz] s pl żarzące się węgle; *przen.* zgliszcza

em·bez·zle [ɪmˈbezl] vt sprzeniewierzyć

em·bit·ter [ɪmˈbɪtə(r)] vt rozgoryczyć; zatruć (życie); rozjątrzyć

em·blem [ˈembləm] s emblemat

em·bod·i·ment [ɪmˈbodɪmənt] s ucieleśnienie, wcielenie

em·bod·y [ɪmˈbodɪ] vt ucieleśniać; urzeczywistniać; wcielać; formułować, wyrażać (w słowach, czynach); zawierać

em·boss [ɪmˈbos] vt wytłaczać; wykuwać; zdobić płaskorzeźbą

em·brace [ɪmˈbreɪs] vt vi obejmować (się), uściskać (się); ogarniać; zawierać; przyjmować (np. światopogląd); s uścisk, objęcie

em·broi·der [ɪmˈbrɔɪdə(r)] vt haftować; *przen.* upiększać

em·broi·de·ry [ɪmˈbrɔɪdərɪ] s haft; *przen.* upiększenie

em·broil [ɪmˈbrɔɪl] vt powikłać; uwikłać

em·bry·o [ˈembrɪəu] s embrion

e·mend [ɪˈmend] vt poprawiać (tekst)

em·er·ald [ˈemərld] s szmaragd

e·merge [ɪˈmɜːdʒ] vi wynurzać się, wyłaniać się, ukazywać się

e·mer·gence [ɪˈmɜːdʒəns] s pojawienie się, powstanie

e·mer·gen·cy [ɪˈmɜːdʒənsɪ] s stan wyjątkowy, krytyczne położenie, gwałtowna potrzeba; ~ exit wyjście zapasowe (np. na wypadek pożaru)

em·i·grant [ˈemɪgrənt] s emigrant

em·i·grate [ˈemɪgreɪt] vi emigrować

emigré [ˈemɪgreɪ] s emigrant polityczny

em·i·nence [ˈemɪnəns] s wysokie położenie, wzniesienie; eminencja; wybitność, znakomitość

em·i·nent [ˈemɪnənt] adj wybitny, znakomity, sławny

em·is·sa·ry [ˈemɪsrɪ] s emisariusz

e·mis·sion [ɪˈmɪʃn] s emisja; wydzielanie, wysyłanie

e·mit [ɪˈmɪt] vt emitować; wydzielać, wysyłać

e·mo·tion [ɪˈməuʃn] s wzruszenie, uczucie

e·mo·ti·onal [ɪˈməuʃnl] adj emocjonalny

em·per·or [ˈempərə(r)] s cesarz, imperator

em·pha·sis [ˈemfəsɪs] s nacisk, uwydatnienie, emfaza

em·pha·size [ˈemfəsaɪz] vt podkreślać, kłaść nacisk

em·phat·ic [ɪmˈfætɪk] adj emfatyczny; dobitny; wymówiony z naciskiem; kategoryczny; wymowny

em·pire [ˈempaɪə(r)] s imperium, cesarstwo

em·ploy [ɪmˈplɔɪ] vt zatrudniać; używać

em·ploy·ee [ˈemplɔɪˈiː] s pracownik

em·ploy·er [ɪmˈplɔɪə(r)] s pracodawca, szef

em·ploy·ment [ɪmˈplɔɪmənt] s zajęcie, zatrudnienie; zastosowanie, użycie

em·pow·er [ɪmˈpauə(r)] vt dać władzę, upoważnić

em·press [ˈemprəs] s cesarzowa

emp·ty [ˈemptɪ] adj pusty, czczy, próżny; vt vi opróżnić (się)

em·u·late [ˈemjuleɪt] vt rywalizować (sb z kimś)

en·a·ble [ɪˈneɪbl] vt dać możność, umożliwić

en·act [ɪˈnækt] vt ustanowić (dekret)

en·act·ment [ɪˈnæktmənt] s przeprowadzenie ustawy; zarządzenie; dekret

en·am·el [ɪˈnæml] s emalia; lakier; vt emaliować; lakierować

en·camp [ɪnˈkæmp] vt rozkładać obozem; vi rozłożyć się obozem, obozować

en·camp·ment [ɪnˈkæmpmənt] s rozłożenie się obozem; obozowisko

en·cash [ɪnˈkæʃ] vt spieniężyć (czek), zrealizować (weksel); inkasować

en·chain [ɪnˈtʃeɪn] vt zakuć w łań-
cuchy, uwiązać na łańcuchu;
przen. ujarzmić

en·chant [ɪnˈtʃant] vt oczarować;
zaczarować

en·cir·cle [ɪnˈsɜkl] vt okrążyć, otoczyć

en·close [ɪnˈkləuz] vt ogrodzić, o-
toczyć; zawierać; załączyć

en·clo·sure [ɪnˈkləuʒə(r)] s ogrodzenie, ogrodzone miejsce; załącznik

en·com·pass [ɪnˈkʌmpəs] vt otaczać,
obejmować; zawierać

en·core [ˈɒŋkɔ(r)] int bis!; s bis, bi-
sowanie; vt vi bisować

en·coun·ter [ɪnˈkauntə(r)] vt natknąć się (sb na kogoś); s spotkanie; starcie, potyczka

en·cour·age [ɪnˈkʌrɪdʒ] vt zachęcać; popierać; dodawać odwagi

en·croach [ɪnˈkrəutʃ] vi wdzierać
się, wkraczać (on ⟨upon⟩ sth do
czegoś); bezprawnie naruszać
(on ⟨upon⟩ sth coś)

en·crust [ɪnˈkrʌst] vt inkrusto-
wać; vi zaskorupieć się

en·cum·ber [ɪnˈkʌmbə(r)] vt zawalić, zatłoczyć; obciążyć; utrudnić,
zawadzać

en·cy·clo·pae·di·a [ɪnˈsaɪkləˈpidɪə] s
encyklopedia

end [end] s koniec; kres; cel; ∼
on rzędem; on ∼ pionowo, sztor-
cem; z rzędu; to no ∼ bezcelowo; to be at an ∼ być skończo-
nym; to bring to an ∼ położyć
kres; to serve an ∼ odpowiadać
celowi; to the ∼ that w tym celu, aby; vt kończyć; ∼ off ⟨up⟩
zakończyć; vi kończyć się (in sth
czymś)

en·dan·ger [ɪnˈdeɪndʒə(r)] vt narażać na niebezpieczeństwo

en·dear [ɪnˈdɪə(r)] vt uczynić dro-
gim (to sb dla kogoś); zdobyć
czyjeś serce

en·deav·our [ɪnˈdevə(r)] vi usiłować, starać się; dążyć (after sth
do czegoś); s dążenie, staranie,
zabiegi

end·ing [ˈendɪŋ] s zakończenie;
gram. końcówka

end·less [ˈendləs] adj nie kończący się, ustawiczny

en·dorse [ɪnˈdɔs] vt potwierdzić,
podpisać się (sth pod czymś); zaaprobować; *handl.* indosować

en·dow [ɪnˈdau] vt wyposażyć, zaopatrzyć (with sth w coś); obdarzyć; ufundować

en·dow·ment [ɪnˈdaumənt] s wyposażenie, dotacja; pl ∼s zdolności

en·dur·ance [ɪnˈdjuərns] s wytrzymałość, cierpliwość; past ⟨bey-
ond⟩ ∼ nie do zniesienia

en·dure [ɪnˈdjuə(r)] vt znosić, cierpieć, wytrzymywać; vi przetrwać

en·dur·ing [ɪnˈdjuərɪŋ] adj trwały;
wytrzymały

en·e·my [ˈenəmɪ] s wróg, przeciwnik

en·er·gy [ˈenədʒɪ] s energia

en·er·vate [ˈenəveɪt] vt osłabić

en·fee·ble [ɪnˈfibl] vt osłabić

en·fold [ɪnˈfəuld] vt otulić, zawinąć; objąć

en·force [ɪnˈfɔs] vt narzucić pod
przymusem (sth on sb coś komuś); ustawowo wprowadzić w
życie

en·fran·chise [ɪnˈfræntʃaɪz] vt obdarzyć prawami (obywatelskimi,
wyborczymi); wyzwolić; uwłasz-
czyć

en·gage [ɪnˈgeɪdʒ] vt vi angażować
(się); zobowiązywać (się); zajmować (się); najmować, przyjmować do pracy; *wojsk.* nawiązać
walkę, atakować; to be ∼d mieć
zajęcie, pracować, krzątać się (in
sth koło czegoś); to become ∼d
zaręczyć się (to sb z kimś)

en·gage·ment [ɪnˈgeɪdʒmənt] s zobowiązanie; obietnica; umowa;
przyjęcie do pracy; najęcie, zatrudnienie; zaręczyny; *wojsk.*
rozpoczęcie bitwy

en·gag·ing [ɪnˈgeɪdʒɪŋ] adj ujmujący, miły

en·gen·der [ɪnˈdʒendə(r)] vt rodzić;
powodować

en·gine [ˈendʒɪn] s maszyna; lokomotywa; silnik

en·gine-driv·er [ˈendʒɪn draɪvə(r)] s maszynista

en·gi·neer [ˈendʒɪˈnɪə(r)] s mechanik; technik; inżynier; *wojsk.* saper; *am.* maszynista; *vt* budować (drogi, mosty), montować; planować, projektować; *pot.* kombinować

en·gi·neer·ing [ˈendʒɪˈnɪərɪŋ] s inżyniera; mechanika; technika; *pot.* *pl* ∼s kombinacje, machinacje

Eng·lish [ˈɪŋglɪʃ] *adj* angielski; s język angielski; *pl* the ∼ Anglicy

Eng·lish·man [ˈɪŋglɪʃmən] s (*pl* **Englishmen** [ˈɪŋglɪʃmən]) Anglik

Eng·lish·wom·an [ˈɪŋglɪʃwumən] s (*pl* **Englishwomen** [ˈɪŋglɪʃwɪmɪn]) Angielka

en·grave [ɪnˈɡreɪv] *vt* ryć, grawerować

en·grav·ing [ɪnˈɡreɪvɪŋ] s grawerowanie; sztych

en·gross [ɪnˈɡrəʊs] *vt handl.* zmonopolizować; wykupić hurtem; opanować, pochłonąć; odpisać (dokument) dużymi literami

en·gulf [ɪnˈɡalf] *vt* pochłonąć

en·hance [ɪnˈhans] *vt* powiększyć, podwyższyć, uwydatnić

e·nig·ma [ɪˈnɪɡmə] s zagadka

e·nig·mat·ic [ˈenɪɡˈmætɪk] *adj* zagadkowy

en·join [ɪnˈdʒɔɪn] *vt* nakazać; gorąco polecać (**sth on sb** coś komuś)

en·joy [ɪnˈdʒɔɪ] *vt* znajdować przyjemność, zasmakować (**sth w** czymś); mieć, cieszyć się (np. **good health** dobrym zdrowiem); korzystać (**sth z** czegoś); *vr* ∼ **oneself** dobrze się bawić

en·joy·a·ble [ɪnˈdʒɔɪəbl] *adj* przyjemny, rozkoszny

en·joy·ment [ɪnˈdʒɔɪmənt] s przyjemność, uciecha; korzystanie (**of sth z** czegoś)

en·large [ɪnˈladʒ] *vt vi* powiększać

(się); rozszerzać (się); rozwodzić się (**on** ⟨**upon**⟩ **sth** nad czymś)

en·light·en [ɪnˈlaɪtn] *vt* oświecać, uświadamiać, objaśniać

en·light·en·ment [ɪnˈlaɪtnmənt] s oświecenie

en·list [ɪnˈlɪst] *vt* zwerbować; zjednać sobie; *vi* zaciągnąć się do wojska

en·li·ven [ɪnˈlaɪvn] *vt* ożywić

en·mi·ty [ˈenmətɪ] s wrogość

en·no·ble [ɪˈnəʊbl] *vt* uszlachetnić; nobilitować

e·nor·mi·ty [ɪˈnɔmətɪ] s potworność; ogrom, ogromne rozmiary

e·nor·mous [ɪˈnɔməs] *adj* ogromny

e·nough [ɪˈnaf] *adv* dość, dosyć; **be good** ∼ **to** ... bądź tak dobry i ...; **to be stupid** ∼ **to** ... być na tyle głupim, aby ...

en·quire, en·quir·y = inquire, inquiry

en·rage [ɪnˈreɪdʒ] *vt* doprowadzić do wściekłości

en·rich [ɪnˈrɪtʃ] *vt* wzbogacić; ulepszyć; ozdobić

en·rol(l) [ɪnˈrəʊl] *vt* zarejestrować; wciągnąć na listę członków; zwerbować; *vi* zapisać się (np. na **kurs**); zaciągnąć się (np. do wojska)

en·shrine [ɪnˈʃraɪn] *vt* zamknąć w sanktuarium; przechowywać pieczołowicie (**ze czcią**)

en·sign [ˈensaɪn] s oznaka, insygnia, odznaka; chorągiew; *mors.* bandera; † *wojsk.* chorąży

en·slave [ɪnˈsleɪv] *vt* zrobić niewolnikiem, ujarzmić

en·snare [ɪnˈsneə(r)] *vt dosł. i przen.* chwycić w sidła

en·sue [ɪnˈsju] *vi* nastąpić, wyniknąć

en·sure [ɪnˈʃʊə(r)] *vt* zapewnić; zabezpieczyć

en·tail [ɪnˈteɪl] *vt* pociągnąć za sobą, powodować; wymagać (**sth on sb** czegoś od kogoś)

en·tan·gle [ɪnˈtæŋɡl] *vt* uwikłać, zaplątać; usidlić

en·tente [ɔˈtɔt] s *polit.* porozumienie

en·ter [ˈentə(r)] *vt vi* wchodzić, wkraczać, wjechać; wstępować **(sth ⟨into sth⟩** do czegoś, np. a **school ⟨university⟩** do szkoły ⟨na uniwersytet⟩); wpisywać (się); zgłaszać (się); przeniknąć; przystępować **(on ⟨upon⟩ sth** do czegoś, np. **upon one's duties** do obowiązków); ~ **into a contract** zawierać umowę; ~ **a protest** zgłosić protest

en·ter·ic [enˈterɪk] *adj* jelitowy; ~ **(fever)** tyfus brzuszny

en·ter·prise [ˈentəpraɪz] *s* przedsięwzięcie, inicjatywa; *handl.* przedsiębiorstwo

en·ter·pris·ing [ˈentəpraɪzɪŋ] *adj* przedsiębiorczy

en·ter·tain [ˈentəˈteɪn] *vt* zabawiać; przyjmować (gości); żywić (uczucie, nadzieję); podtrzymywać, utrzymywać (np. korespondencję); *vi* prowadzić życie towarzyskie

en·ter·tain·ment [ˈentəˈteɪnmənt] *s* rozrywka; przedstawienie (rozrywkowe); przyjęcie, uczta

en·throne [ɪnˈθrəun] *vt* osadzić na tronie

en·thu·si·asm [ɪnˈθjuːzɪæzm] *s* entuzjazm

en·thu·si·as·tic [ɪnˈθjuːzɪˈæstɪk] *adj* zachwycony, entuzjastyczny, zapalony; **to be** ~ zachwycać się **(about ⟨over⟩ sth** czymś)

en·tice [ɪnˈtaɪs] *vt* uwodzić, nęcić, kusić

en·tice·ment [ɪnˈtaɪsmənt] *s* poneta; urok; wabienie

en·tire [ɪnˈtaɪə(r)] *adj* cały, całkowity

en·tire·ly [ɪnˈtaɪəlɪ] *adv* całkowicie, wyłącznie

en·ti·tle [ɪnˈtaɪtl] *vt* tytułować; upoważniać; mianować

en·ti·ty [ˈentətɪ] *s* jednostka, wyodrębniona całość; istnienie, byt; rzecz realnie istniejąca

en·trails [ˈentreɪlz] *s pl* wnętrzności

en·train [enˈtreɪn] *vt* ładować do pociągu (*zw.* wojsko); *vi* (*zw. o wojska*) wsiadać do pociągu

en·trance 1. [ˈentrns] *s* wejście, wjazd; wstęp, dostęp

en·trance 2. [ɪnˈtrans] *vt* wprowadzać w trans; zachwycić

en·trap [ɪnˈtræp] *vt* schwytać w pułapkę, usidlić

en·treat [ɪnˈtriːt] *vt vi* błagać

en·treat·y [ɪnˈtriːtɪ] *s* błaganie

en·trench [ɪnˈtrentʃ] *vt wojsk.* okopać, umocnić okopami

en·trust [ɪnˈtrʌst] *vt* powierzyć

en·try [ˈentrɪ] *s* wstęp, wjazd, wejście; hasło (w słowniku); notatka; pozycja (w księdze, spisie)

en·twine [ɪnˈtwaɪn] *vt* oplatać, owijać; splatać

e·nu·mer·ate [ɪˈnjuːməreɪt] *vt* wyliczać

e·nun·ci·ate [ɪˈnʌnsɪeɪt] *vt* wypowiedzieć, oświadczyć, głosić

en·ve·lop [ɪnˈveləp] *vt* owinąć; objąć; *wojsk.* otoczyć

en·ve·lope [ˈenvələup] *s* koperta; otoczka

en·vi·able [ˈenvɪəbl] *adj* godny pozazdroszczenia

en·vi·ous [ˈenvɪəs] *adj* zazdrosny, zawistny **(of sb, sth** o kogoś, coś)

en·vi·ron [ɪnˈvaɪərn] *vt* otaczać

en·vi·ron·ment [ɪnˈvaɪərnmənt] *s* otoczenie, środowisko

en·vi·rons [ɪnˈvaɪrənz] *s pl* okolice

en·vis·age [ɪnˈvɪzɪdʒ] *vt* patrzeć w oczy, stać w obliczu **(sth** czegoś); rozpatrywać

en·voy [ˈenvɔɪ] *s* poseł pełnomocny; wysłannik (dyplomatyczny)

en·vy [ˈenvɪ] *s* zazdrość, zawiść; przedmiot zazdrości; *vt* zazdrościć

en·wrap [ɪnˈræp] *vt* zawijać, owijać; *przen.* pogrążyć

e·phem·er·al [ɪˈfemərl] *adj* efemeryczny

ep·ic [ˈepɪk] *adj* epicki; *s* epos, poemat epicki; *pot.* długa powieść; długi film przygodowy

ep·i·dem·ic [epɪˈdemɪk] *adj* epidemiczny; *s* epidemia

e·pis·co·pal [ɪ'pɪskəpl] *adj* episkopalny, biskupi

ep·i·sode [ˈepɪsəud] *s* epizod

e·pit·o·me [ɪ'pɪtəmɪ] *s* skrót, wyciąg, streszczenie

e·poch [ˈipok] *s* epoka

e·qual [ˈikwl] *adj* równy; to be ~ równać się; dorównywać; stać na wysokości zadania; *s* człowiek równy innemu; he has no ~s on nie ma sobie równych; to live as ~s żyć jak równy z równym; *vt* równać się; dorównywać (sb komuś); not to be ~led nie do porównania, niezrównany

e·qual·i·ty [ɪ'kwolətɪ] *s* równość

e·qual·ize [ˈikwəlaɪz] *vt* wyrównywać

e·qua·nim·i·ty [ˈekwəˈnɪmətɪ] *s* równowaga ducha

e·qua·tion [ɪ'kweɪʃn] *s* wyrównanie; *mat.* równanie

e·qua·tor [ɪ'kweɪtə(r)] *s* równik

e·ques·tri·an [ɪ'kwestrɪən] *adj* konny; *s* jeździec

e·quil·i·brist [ɪ'kwɪlɪbrɪst] *s* ekwilibrysta

e·qui·lib·ri·um [ˈikwɪˈlɪbrɪəm] *s* równowaga

e·qui·nox [ˈikwɪnoks] *s* zrównanie dnia z nocą

e·quip [ɪ'kwɪp] *vt* zaopatrzyć, wyposażyć (with sth w coś)

eq·ui·ta·ble [ˈekwɪtəbl] *adj* sprawiedliwy, słuszny, bezstronny

eq·ui·ty [ˈekwətɪ] *s* sprawiedliwość, słuszność

e·quiv·a·lent [ɪ'kwɪvələnt] *adj* równoważny, równowartościowy; *s* równoważnik, równowartość

e·quiv·o·cal [ɪ'kwɪvokl] *adj* dwuznaczny; podejrzany

e·ra [ˈiərə] *s* era

e·rad·i·cate [ɪ'rædɪkeɪt] *vt* wykorzenić

e·rase [ɪ'reɪz] *vt* zeskrobać, zetrzeć (gumą); wymazać

e·raser [ɪ'reɪzə(r)] *s* guma (do wycierania); nożyk (do zeskrobywania)

ere [ɪə(r)] *praep lit.* przed; *adv* †

wcześniej; *conj* † zanim; ~ long wkrótce; ~ now już przedtem

e·rect [ɪ'rekt] *adj* prosty, wyprostowany; *vt* wyprostować; wznieść, zbudować

e·rot·ic [ɪ'rotɪk] *adj* erotyczny; *s lit.* erotyk

err [ɜ(r)] *vi* błądzić, mylić się

er·rand [ˈerənd] *s* sprawunek; zlecenie; to run ~s chodzić na posyłki

er·rant [ˈerənt] *adj* błądzący; błędny; wędrowny

er·ra·ta = erratum

er·rat·ic [ɪ'rætɪk] *adj* wędrujący; niepewny; kapryśny, nieobliczalny; *geol.* narzutowy

er·ra·tum [e'rɑːtəm] *s* (*pl* errata [e'rɑːtə]) błąd drukarski

er·ro·neous [ɪ'rəunɪəs] *adj* mylny, błędny

er·ror [ˈerə(r)] *s* omyłka, błąd

er·u·dite [ˈerudaɪt] *adj* (*o człowieku*) uczony, wykształcony; *s* erudyta

er·u·di·tion [ˈeruˈdɪʃn] *s* erudycja

e·rup·tion [ɪ'rʌpʃn] *s* wybuch; *med.* wysypka

es·ca·la·tor [ˈeskəleɪtə(r)] *s* schody ruchome

es·ca·pade [ˈeskəˈpeɪd] *s* eskapada

es·cape [ɪ'skeɪp] *vt vi* umknąć; ujść, uciec; uniknąć; ulatniać się; *s* ucieczka; wyciek; ujście; ratunek (przed śmiercią, chorobą), ocalenie; to make one's ~ wymknąć się, uciec

es·cort [ˈeskot] *s* eskorta, straż; mężczyzna towarzyszący kobiecie; *vt* [ɪ'skot] eskortować; towarzyszyć

es·pe·cial [ɪ'speʃl] *adj* specjalny, osobliwy

es·pi·o·nage [ˈespɪonaʒ] *s* szpiegostwo

es·pouse [ɪ'spauz] *vt* poślubić; zostać orędownikiem (sth czegoś)

es·py [ɪ'spaɪ] *vt* spostrzec; wyśledzić

es·quire [ɪ'skwaɪə(r)] *s* dawny szlachecki tytuł w Anglii, obecnie w adresach tytuł grzecznościowy (*skr.* Esq.)

es·say [ˈeseɪ] *s* szkic; próba; esej; wypracowanie szkolne; *vi vt* [ɪˈseɪ] próbować; poddawać próbie

es·sence [ˈesns] *s* istota, sedno; esencja, wyciąg

es·sen·tial [ɪˈsenʃl] *adj* istotny, zasadniczy; niezbędny; *s pl* ~s rzeczy niezbędne; zasady, podstawy

es·tab·lish [ɪˈstæblɪʃ] *vt* założyć; ustanowić, ustalić; *vr* ~ oneself osiedlić się, urządzić się

es·tab·lish·ment [ɪˈstæblɪʃmənt] *s* urządzenie, założenie, ustanowienie; instytucja, zakład

es·tate [ɪˈsteɪt] *s* stan; majątek, własność, posiadłość ziemska; real ~ nieruchomość

es·teem [ɪˈstim] *vt* cenić, szanować; docenić; poczytywać ⟨uważać⟩ (sth za coś); *s* szacunek

es·ti·mate [ˈestɪmeɪt] *vt* szacować; *s* [ˈestɪmət] szacunek, ocena

es·ti·ma·tion [ˌestɪˈmeɪʃn] *s* ocena, oszacowanie; osąd, opinia

es·trange [ɪˈstreɪndʒ] *vt* zrazić sobie, odsunąć od siebie, odstręczyć; *prawn.* odseparować

es·trange·ment [ɪˈstreɪndʒmənt] *s* oddalenie się (dwóch osób od siebie), oziębienie stosunków; *prawn.* separacja

es·tu·a·ry [ˈestʃuərɪ] *s* ujście (wielkiej rzeki)

etch [etʃ] *vt vi* ryć (w metalu), trawić (metal)

etch·ing [ˈetʃɪŋ] *s* grawerowanie; akwaforta

e·ter·nal [ɪˈtɜnl] *adj* wieczny

e·ter·ni·ty [ɪˈtɜnɪtɪ] *s* wieczność

e·ther [ˈiθə(r)] *s* eter

eth·i·c(al) [ˈeθɪk(l)] *adj* etyczny

eth·ics [ˈeθɪks] *s* etyka

et·y·mol·o·gy [ˌetɪˈmolədʒɪ] *s* etymologia

eu·gen·ic [juˈdʒenɪk] *adj* eugeniczny

eu·gen·ics [juˈdʒenɪks] *s* eugenika

eu·lo·gize [ˈjulədʒaɪz] *vt* chwalić, sławić

eu·lo·gy [ˈjulədʒɪ] *s* pochwalna mowa, pochwała

Eu·ro·pe·an [ˌjuərəˈpɪən] *adj* europejski; *s* Europejczyk

e·vac·u·ate [ɪˈvækjueɪt] *vt* wypróżniać; ewakuować

e·vade [ɪˈveɪd] *vt* unikać; uchylać się (sth od czegoś); obchodzić (np. ustawę)

e·val·u·ate [ɪˈvæljueɪt] *vt* szacować

e·van·gel·ic(al) [ˌivænˈdʒelɪk(l)] *adj* ewangeliczny; ewangelicki; *s* ewangelik

e·vap·o·rate [ɪˈvæpəreɪt] *vt* odparować; *vi* parować, ulatniać się

e·va·sion [ɪˈveɪʒn] *s* unikanie, uchylanie się (of sth od czegoś); obchodzenie (np. ustawy), omijanie (np. prawdy); wykręt

eve [iv] *s* wigilia; przeddzień

e·ven 1. [ˈivn] *adj* równy, gładki; *vt* (także ⫶o ~ out) wyrównywać, wygładzać; *adv* równo; właśnie; nawet

e·ven 2. [ˈivn] *s poet.* wieczór

eve·ning [ˈivnɪŋ] *s* wieczór; this ~ dziś wieczór; in the ~ wieczorem; on Sunday ~ w niedzielę wieczór

e·vent [ɪˈvent] *s* zdarzenie, wydarzenie; wypadek, przypadek

e·ven·tu·al [ɪˈventʃuəl] *adj* ewentualny, możliwy; ostateczny

e·ven·tu·al·ly [ɪˈventʃulɪ] *adv* ostatecznie, w końcu

ev·er [ˈevə(r)] *adv* zawsze; kiedyś; kiedykolwiek; ~ so much bardzo; ~ so long wieki całe; for ~ na zawsze; hardly ~ bardzo rzadko; prawie nigdy; as ~ I can jak tylko mogę; what ~ do you mean? co u licha masz na myśli?

ev·er·green [ˈevəgrin] *adj* wiecznie zielony; *s* wiecznie zielone drzewo ⟨zielona roślina⟩

ev·er·last·ing [ˌevəˈlastɪŋ] *adj* wieczny, wiekuisty; stały

eve·ry [ˈevrɪ] *adj* każdy, wszelki; ~ day codziennie; ~ other co drugi; ~ ten minutes co dziesięć minut

exception

eve·ry·bod·y [`evrɪbodɪ] *pron* każdy, wszyscy

eve·ry·day [`evrɪdeɪ] *adj attr* codzienny; pospolity

eve·ry·one [`evrɪwʌn] *pron* każdy, wszyscy

eve·ry·thing [`evrɪθɪŋ] *pron* wszystko

eve·ry·way [`evrɪweɪ] *adv* na wszystkie sposoby; pod każdym względem

eve·ry·where [`evrɪweə(r)] *adv* wszędzie

e·vict [ɪ`vɪkt] *vt* wyrzucać; wysiedlać, eksmitować

e·vic·tion [ɪ`vɪkʃn] *s* wysiedlenie, eksmisja

ev·i·dence [`evɪdəns] *s* oczywistość; dowód, materiał dowodowy; zeznanie; świadectwo; *vt vi* unaocznić; dowodzić; świadczyć

ev·i·dent [`evɪdənt] *adj* oczywisty, jawny

ev·i·dential [`evɪ`denʃl] *adj* dowodowy; świadczący **(of** sth o czymś)

e·vil [ivl] *adj* zły; nieszczęsny; *s* zło

e·vince [ɪ`vɪns] *vt* przejawiać, ujawniać

e·vis·cer·ate [ɪ`vɪsəreɪt] *vt* patroszyć; *przen.* wyjałowić

e·voke [ɪ`vəuk] *vt* wywoływać

e·vo·lu·tion [`ivə`luʃn] *s* ewolucja, rozwój

e·volve [ɪ`volv] *vt vi* rozwijać (się); wydzielać (się), wypływać

ex·a·cer·bate [ɪg`zæsəbeɪt] *vt* rozjątrzyć; pogorszyć

ex·act [ɪg`zækt] *adj* ścisły, dokładny; *vt* egzekwować, wymagać, wymuszać

ex·ac·tion [ɪg`zækʃn] *s* wymaganie (nadmierne), wymuszanie; ściąganie (np. podatków)

ex·act·i·tude [ɪg`zæktɪtjud] *s* dokładność, ścisłość

ex·ag·ger·ate [ɪg`zædʒəreɪt] *vt vi* przesadzać

ex·alt [ɪg`zɔlt] *vt* wywyższać, wynosić (ponad innych); wychwalać

ex·al·ta·tion [`egzɔl`teɪʃn] *s* wywyższanie; zachwyt; egzaltacja

ex·am [ɪg`zæm] *s pot.* = examination

ex·am·i·na·tion [ɪg`zæmɪ`neɪʃn] *s* egzamin; badanie (np. lekarskie); przesłuchanie (np. sądowe); kontrola; **to pass an ~** zdać egzamin; **to take ⟨to sit for⟩ an ~** przystępować do egzaminu, zdawać egzamin

ex·am·ine [ɪg`zæmɪn] *vt* egzaminować; badać; kontrolować; przesłuchiwać

ex·am·in·er [ɪg`zæmɪnə(r)] *s* egzaminator; inspektor

ex·am·ple [ɪg`zampl] *s* przykład, wzór; **for ~** na przykład; **to set an ~** dać przykład

ex·as·per·ate [ɪg`zaspəreɪt] *vt* rozdrażniać, irytować

ex·ca·vate [`ekskəveɪt] *vt* wykopywać; prowadzić wykopaliska

ex·ca·va·tion [`ekskə`veɪʃn] *s* wykopywanie; prace wykopaliskowe

ex·ca·va·tor [`ekskəveɪtə(r)] *s* ekskawator, koparka

ex·ceed [ɪk`sid] *vt* przewyższać, przekraczać

ex·ceed·ing [ɪk`sidɪŋ] *adj* nadzwyczajny, niezmierny

ex·cel [ɪk`sel] *vt* przewyższać; *vi* wyróżniać się, wybijać się **(in ⟨at⟩** sth w czymś)

ex·cel·lence [`eksləns] *s* wspaniałość, doskonałość; wyższość

Ex·cel·len·cy [`ekslənsɪ] *s* Ekscelencja

ex·cel·lent [`ekslənt] *adj* wspaniały, doskonały

ex·cept [ɪk`sept] *praep* wyjąwszy, poza, oprócz; **~ for** pomijając, abstrahując od; *vt* wyłączyć, wykluczyć; zastrzec; *vi* sprzeciwiać się, stawiać zarzuty **(against** sth czemuś)

ex·cept·ing [ɪk`septɪŋ] *praep* wyjąwszy, oprócz

ex·cep·tion [ɪk`sepʃn] *s* wyjątek; zarzut, sprzeciw

ex·cep·tion·al [ɪk`sepʃnl] *adj* wyjątkowy

ex·cess [ɪk`ses] *s* eksces; przekroczenie; nadwyżka; nadmiar, brak umiaru; in ~ of ponad, więcej niż

ex·cess·ive [ɪk`sesɪv] *adj* nadmierny; nieumiarkowany

ex·change [ɪks`tʃeɪndʒ] *s* wymiana; giełda; kurs (na giełdzie); centrala telefoniczna; **foreign** ~ waluta obca, dewizy; zob. **bill**; *vt* wymieniać (**sth for sth** coś na coś)

ex·cheq·uer [ɪks`tʃekə(r)] *s* skarb państwa; *bryt.* **the Exchequer** ministerstwo finansów

ex·cise [`eksaɪz] *s* akcyza

ex·cit·a·ble [ɪk`saɪtəbl] *adj* pobudliwy

ex·cite [ɪk`saɪt] *vt* podniecać, pobudzać; wzniecać; **to get** ~**d** denerwować się

ex·cite·ment [ɪk`saɪtmənt] *s* podniecenie, zdenerwowanie

ex·claim [ɪk`skleɪm] *vt vi* zawołać, wykrzyknąć

ex·cla·ma·tion [`eksklə`meɪʃn] *s* okrzyk; **mark** ⟨**point**⟩ **of** ~ wykrzyknik

ex·clude [ɪk`sklud] *vt* wykluczyć, wyłączyć

ex·clu·sion [ɪk`skluʒn] *s* wykluczenie, wyłączenie

ex·clu·sive [ɪk`sklusɪv] *adj* wyłączny; ekskluzywny; *am.* wyborowy; ~ **of** wyłączając

ex·cur·sion [ɪk`skɜʃn] *s* wycieczka

ex·cuse [ɪk`skjus] *s* wymówka, usprawiedliwienie; *vt* [ɪk`skjuz] wybaczać, usprawiedliwiać; u-walniać (**from sth** od czegoś); ~ **me** przepraszam

ex·e·cra·ble [`eksɪkrəbl] *adj* przeklęty, wstrętny

ex·e·cute [`eksɪkjut] *vt* wykonać; stracić (skazańca)

ex·e·cu·tion [`eksɪ`kjuʃn] *s* wykonanie; spustoszenie; egzekucja

ex·e·cu·tion·er [`eksɪ`kjuʃnə(r)] *s* kat

ex·ec·u·tive [ɪg`zekjutɪv] *adj* wykonawczy; *s* egzekutywa; wykonawca; *am.* urzędnik (na kierowniczym stanowisku)

ex·ec·u·tor [`eksɪkjutə(r)] *s* wykonawca; [ɪg`zekjutə(r)] wykonawca testamentu

ex·em·pla·ry [ɪg`zempləri] *adj* wzorowy; przykładowy

ex·em·pli·fy [ɪg`zemplɪfaɪ] *vt* ilustrować na przykładzie; być przykładem (**sth** czegoś)

ex·empt [ɪg`zempt] *adj* wolny, zwolniony; *vt* zwolnić (**from sth** od czegoś)

ex·emp·tion [ɪg`zempʃn] *s* zwolnienie (**from sth** od czegoś)

ex·er·cise [`eksəsaɪz] *s* ćwiczenie; zadanie (np. w podręczniku); posługiwanie się, użycie; wykonywanie, pełnienie (np. obowiązków), praktykowanie; *vt vi* ćwiczyć; używać; wykonywać, pełnić, praktykować; wywierać (np. wpływ)

ex·er·cise-book [`eksəsaɪzbuk] *s* zeszyt (do ćwiczeń szkolnych)

ex·ert [ɪg`zɜt] *vt* wytężać (siły); wywierać (np. nacisk); stosować; *vr* ~ **oneself** wysilać się (**for sth** nad czymś)

ex·er·tion [ɪg`zɜʃn] *s* wysiłek, natężenie; stosowanie, użycie

ex·ha·la·tion [`eksə`leɪʃn] *s* wydychanie; parowanie; wyziew; wybuch (gniewu)

ex·hale [eks`heɪl] *vt vi* parować; wydychać; wydzielać (**się**); dać upust

ex·haust [ɪg`zɔst] *vt* wyczerpać; wypróżnić; *s* wylot; wydech, wyziew

ex·haus·tion [ɪg`zɔstʃn] *s* wyczerpanie, opróżnienie

ex·haus·tive [ɪg`zɔstɪv] *adj* wyczerpujący

ex·hib·it [ɪg`zɪbɪt] *vt* pokazywać, wystawiać, eksponować; przedkładać; *s* eksponat; wystawa, pokaz

ex·hi·bi·tion [ˈeksɪˈbɪʃn] s pokaz;
wystawa; stypendium (studenc-
kie)

ex·hi·bi·tion·er [ˈeksɪˈbɪʃnə(r)] s
stypendysta

ex·hib·i·tor [ɪɡˈzɪbɪtə(r)] s wystawca

ex·hil·a·rate [ɪɡˈzɪləreɪt] vt rozweselić, ożywiać

ex·hort [ɪɡˈzɔt] vt upominać; namawiać; popierać

ex·hor·ta·tion [ˈeksɔˈteɪʃn] s upomnienie; namowa; rel. egzorta

ex·hu·ma·tion [ˈeksjuˈmeɪʃn] s ekshumacja

ex·hume [ɪɡˈzjum] vt ekshumować

ex·i·gence [ˈekˈsɪdʒəns] s wymaganie; gwałtowna potrzeba, krytyczne położenie

ex·i·gent [ˈekˈsɪdʒənt] adj wymagający; naglący

ex·ig·u·ous [eɡˈzɪɡjuəs] adj nikły,
znikomy

ex·ile [ˈeɡzaɪl] s wygnanie; emigrant, wygnaniec; vt skazać na
wygnanie

ex·ist [ɪɡˈzɪst] vi istnieć, znajdować się; egzystować, żyć

ex·ist·ence [ɪɡˈzɪstəns] s istnienie,
byt; to come into ~ zacząć istnieć, powstać

ex·it [ˈeksɪt] vi 3 pers sing łac. (o
aktorze) wychodzi; s wyjście;
ujście

ex·on·er·ate [ɪɡˈzonəreɪt] vt usprawiedliwić, uniewinnić, uwolnić
(od winy, obowiązku)

ex·or·bi·tant [ɪɡˈzɔbɪtənt] adj nadmierny, wygórowany

ex·ot·ic [ɪɡˈzotɪk] adj egzotyczny

ex·pand [ɪkˈspænd] vt vi rozszerzać
(się), rozprzestrzeniać (się); rozwijać (się)

ex·panse [ɪkˈspæns] s przestrzeń,
obszar

ex·pan·sion [ɪkˈspænʃn] s ekspansja, rozszerzanie (się); rozwój;
rozrost

ex·pan·sive [ɪkˈspænsɪv] adj ekspansywny; rozszerzalny; obszerny

ex·pa·tri·ate [eksˈpætrɪeɪt] vt wygnać z kraju

ex·pect [ɪkˈspekt] vt oczekiwać,
spodziewać się; przypuszczać, sądzić

ex·pec·ta·tion [ˈekspekˈteɪʃn] s o-
czekiwanie, nadzieja; prawdopodobieństwo

ex·pe·di·ent [ɪkˈspidɪənt] adj celowy, stosowny; korzystny; s środek, sposób, wybieg

ex·pe·di·tion [ˈekspɪˈdɪʃn] s wyprawa, ekspedycja; zręczność, szybkość (w działaniu)

ex·pe·di·tious [ˈekspɪˈdɪʃəs] adj
sprawny, szybki (w działaniu)

ex·pel [ɪkˈspel] vt wypędzić, wyrzucić

ex·pend [ɪkˈspend] vt wydawać
(pieniądze); zużywać; ~ care dokładać starań

ex·pend·i·ture [ɪkˈspendɪtʃə(r)] s
wydatkowanie, wydatek; zużycie

ex·pense [ɪkˈspens] s koszt, wydatek; at the ~ of kosztem

ex·pen·sive [ɪkˈspensɪv] adj drogi,
kosztowny

ex·pe·ri·ence [ɪkˈspɪərɪəns] s doświadczenie, przeżycie; vt doświadczać, przeżywać

ex·per·i·ment [ɪkˈsperɪmənt] s doświadczenie, eksperyment; vi
[ɪkˈsperɪment] eksperymentować,
robić doświadczenia

ex·pert [ˈekspɜt] s ekspert, rzeczoznawca; adj biegły

ex·pi·ate [ˈekspɪeɪt] vt pokutować
(sth za coś)

ex·pi·ra·tion [ˈekspɪˈreɪʃn] s upływ;
wygaśnięcie (np. terminu); zgon

ex·pire [ɪkˈspaɪə(r)] vi wydychać;
upływać; wygasać; umrzeć

ex·plain [ɪkˈspleɪn] vt wyjaśniać,
tłumaczyć

ex·pla·na·tion [ˈekspləˈneɪʃn] s wyjaśnienie, wytłumaczenie

ex·plan·a·tory [ɪkˈsplænətrɪ] adj
wyjaśniający

ex·plic·it [ɪkˈsplɪsɪt] adj wyraźny,
jasno postawiony, kategoryczny;
szczery

ex·plode [ɪk'spləud] *vi* wybuchnąć, eksplodować; *vt* wysadzać w powietrze; *przen.* obalać (np. teorię)

ex·ploit 1. [ɪk'splɔɪt] *vt* wyzyskiwać; eksploatować

ex·ploit 2. [`eksplɔɪt] *s* wyczyn; czyn bohaterski

ex·plo·ra·tion [ˌeksplə`reɪʃn] *s* badanie, eksploracja

ex·plore [ɪk'splɔ(r)] *vt vi* badać, poszukiwać

ex·plor·er [ɪk'splɔrə(r)] *s* badacz, odkrywca

ex·plo·sion [ɪk'spləuʒn] *s* wybuch

ex·plo·sive [ɪk'spləusɪv] *adj* wybuchowy; *s* materiał wybuchowy

ex·po·nent [ɪk'spəunənt] *s* wyraziciel; przedstawiciel; *mat.* wykładnik potęgowy

ex·port [`ekspɔt] *s* wywóz; *vt* [ɪk'spɔt] eksportować

ex·pose [ɪk'spəuz] *vt* wystawiać; narażać; demaskować; *fot.* naświetlać

ex·po·si·tion [ˌekspə`zɪʃn] *s* wystawienie; *am.* wystawa; wykład, wyjaśnienie; *fot.* naświetlanie; porzucenie (dziecka)

ex·pos·tu·late [ɪk'spostʃuleɪt] *vi* robić wyrzuty (**with sb** komuś, **about** ⟨**on**⟩ **sth** z powodu czegoś)

ex·pos·tu·la·tion [ɪk'spostʃu`leɪʃn] *s* robienie wyrzutów, wymówki

ex·po·sure [ɪk'spəuʒə(r)] *s* wystawienie, wystawa; odsłonięcie, zdemaskowanie; *fot.* czas naświetlania; porzucenie (dziecka)

ex·pound [ɪk'spaund] *vt* wytłumaczyć, wyjaśnić

ex·press [ɪk'spres] *adj* wyraźny; specjalny; terminowy, szybki; pospieszny (pociąg); *s* specjalny posłaniec; pociąg pospieszny; list ekspresowy; *adv* pospiesznie, ekspresem; umyślnie, specjalnie; *vt* wyciskać; wyrażać; *vr* ~ **oneself** wypowiedzieć się

ex·pres·sion [ɪk'spreʃn] *s* wyrażenie, wyraz; wyrażanie się; wyciskanie

ex·pres·sive [ɪk'spresɪv] *adj* wyrazisty; wyrażający (**of sth** coś)

ex·pro·pri·ate [eks`prəuprɪeɪt] *vt* wywłaszczać; zagarnąć (czyjąś własność)

ex·pul·sion [ɪk'spʌlʃn] *s* wypędzenie, wydalenie

ex·punge [ɪk'spʌndʒ] *vt* wykreślić, skasować

ex·pur·gate [`ekspəgeɪt] *vt* oczyścić, okroić (np. tekst książki), przeprowadzić czystkę

ex·qui·site [ek`skwɪzɪt] *adj* wyborny; wytworny

ex·tant [`ek`stænt] *adj* jeszcze istniejący, zachowany (np. dokument, książka)

ex·ta·sy *s* = ecstasy

ex·tem·po·rize [ek`stempəraɪz] *vt vi* improwizować

ex·tend [ɪk'stend] *vt vi* rozciągać (się); rozszerzać (się); przedłużać (się); rozwijać (się); okazywać, wyrażać

ex·ten·sion [ɪk'stenʃn] *s* rozciągnięcie, rozszerzenie (się), przedłużenie (się); rozwinięcie, rozwój; dobudówka; university ~ popularne eksternistyczne kursy uniwersyteckie; ~ (**telephone**) (numer, telefon) wewnętrzny

ex·ten·sive [ɪk'stensɪv] *adj* rozległy, obszerny

ex·tent [ɪk'stent] *s* rozciągłość; rozmiar, zasięg; **to some ~** w pewnej mierze, do pewnego stopnia

ex·ten·u·ate [ɪk'stenjueɪt] *vt* pomniejszać, osłabiać, łagodzić

ex·te·ri·or [ek`stɪərɪə(r)] *adj* zewnętrzny; *s* strona zewnętrzna; powierzchowność

ex·ter·mi·nate [ɪk'stɜmɪneɪt] *vt* niszczyć, tępić

ex·ter·mi·na·tion [ɪk'stɜmɪ`neɪʃn] *s* zniszczenie, zagłada

ex·ter·nal [ek`stɜnl] *adj* zewnętrzny; zagraniczny

ex·ter·ri·to·ri·al [ˌeks`terɪ`tɔrɪəl] *adj* eksterytorialny ex·tinct [ɪk`stɪŋkt] *adj* wygasły, wymarły

ex·tinc·tion [ɪk`stɪŋkʃn] *s* wygaszenie; wygaśnięcie; wymarcie, zanik; wytępienie, skasowanie

ex·tin·guish [ɪk`stɪŋgwɪʃ] *vt* gasić; niszczyć; kasować; unicestwiać

ex·tin·guish·er [ɪk`stɪŋgwɪʃə(r)] *s* gaśnica

ex·tir·pate [`ekstəpeɪt] *vt* wykorzenić, wytrzebić, wytępić

ex·tol [ɪk`stəul] *vt* wynosić (ponad innych), wychwalać

ex·tort [ɪk`stɔt] *vt* wymuszać; wydzierać

ex·tor·tion [ɪk`stɔʃn] *s* wymuszenie

ex·tra 1. [`ekstrə] *adj* oddzielny, specjalny, dodatkowy, nadzwyczajny; *adv* ponad (normę); oddzielnie, specjalnie, dodatkowo; *s* dodatek, dopłata

ex·tra- 2. [`ekstrə] *praef* poza-

ex·tract [ɪk`strækt] *vt* wyciągać; wydobywać; *chem.* ekstrahować; *s* [`ekstrækt] wyciąg, ekstrakt; wyjątek (z książki)

ex·trac·tion [ɪk`strækʃn] *s* wyjęcie, wydobycie, wyciągnięcie; pochodzenie

ex·tra·di·tion [`ekstrə`dɪʃn] *s* ekstradycja

ex·traor·di·na·ry [ɪk`strɔdnrɪ] *adj* nadzwyczajny, niezwykły

ex·trav·a·gant [ɪk`strævəgənt] *adj* ekstrawagancki; przesadny; nadmierny; rozrzutny

ex·treme [ɪk`strim] *adj* krańcowy, skrajny, ostateczny; *s* kraniec; krańcowość, skrajność, ostateczność

ex·treme·ly [ɪk`strimlɪ] *adv* niezmiernie; nadzwyczajnie

ex·trem·ist [ɪk`strimɪst] *s* ekstremista

ex·trem·i·ty [ɪk`stremətɪ] *s* koniec; skrajność; ostateczność; skrajna nędza; krytyczne położenie; *anat.* kończyna

ex·tri·cate [`ekstrɪkeɪt] *vt* wyplątać; *chem.* wyzwolić

ex·u·ber·ance [ɪg`zjubərəns] *s* obfitość, bogactwo

ex·ult [ɪg`zʌlt] *vi* radować się, triumfować

ex·ult·ant [ɪg`zʌltənt] *adj* pełen radości, triumfujący

ex-voto [`eks `vəutəu] *s rel.* wotum

eye [aɪ] *s* oko; ucho igielne; oczko, otworek; to keep an ~ pilnować (on sb kogoś), mieć na oku; *vt* wpatrywać się (sb, sth w kogoś, coś), mierzyć wzrokiem

eye·ball [`aɪbɔl] *s* gałka oczna

eye·brow [`aɪbrau] *s* brew

eye·glass [`aɪglas] *s* monokl; *techn.* okular; *pl* ~es [`aɪglasɪz] binokle

eye·lid [`aɪlɪd] *s* powieka

eye-piece [`aɪpɪs] *s* okular

eye·sore [`aɪsɔ(r)] *s* ohyda, obrzydliwość

f

fa·ble [`feɪbl] *s* bajka

fab·ric [`fæbrɪk] *s* wyrób; tkanina; budowla, gmach; konstrukcja, struktura

fab·ri·cate [`fæbrɪkeɪt] *vt* fabrykować, wytwarzać; zmyślić

fab·u·lous [`fæbjuləs] *adj* bajeczny, baśniowy

face [feɪs] *s* twarz; mina; wygląd; powierzchnia; przednia strona; tarcza (zegara); *przen.* śmiałość, czelność; ~ value wartość nominalna; in the ~ of wobec, w obliczu (czegoś); wbrew; to pull a ~ robić grymas; wykrzywiać się; to put on a ~ zrobić odpowied-

nią minę; **to set one's ~ against
sth** przeciwstawić się czemuś; *vt*
obrócić się twarzą, spoglądać
twarzą w twarz, znajdować się
naprzeciw **(sb** kogoś); **stawiać**
czoło (sth czemuś); **to be ~d** with
natknąć się (np. **difficulties** na
trudności); **~ the risk** być nara-
żonym na ryzyko, liczyć się z ry-
zykiem; *vi* **~ up** stawiać czoło
(to sth czemuś)

fa·ce·tious [fə`siʃəs] *adj* zabawny,
żartobliwy

fa·cil·i·tate [fə`sɪlɪteɪt] *vt* ułatwić

fa·cil·i·ty [fə`sɪlətɪ] *s* łatwość; zrę-
czność; *pl* **facilities** korzyści, u-
łatwienia, udogodnienia

fac·sim·i·le [fæk`sɪməlɪ] *s* kopia,
odpis

fact [fækt] *s* fakt; **a matter of ~**
rzecz naturalna, oczywisty fakt;
as a matter of ⟨in point of⟩ ~
w istocie rzeczy, ściśle mówiąc;
in ~ faktycznie

fac·tion [`fækʃn] *s* frakcja, odłam;
klika

fac·tious [`fækʃəs] *adj* frakcyjny

fac·ti·tious [fæk`tɪʃəs] *adj* sztucz-
ny, nieoryginalny

fac·tor [`fæktə(r)] *s* czynnik; agent
(handlowy); *mat.* mnożnik

fac·to·ry [`fæktrɪ] *s* fabryka; fak-
toria

fac·tu·al [`fæktʃuəl] *adj* faktyczny

fac·ul·ty [`fækltɪ] *s* talent, uzdol-
nienie; fakultet; *am.* grono pro-
fesorskie

fad [fæd] *s* fantazja, kaprys, chwi-
lowa moda

fade [feɪd] *vt* blednąć, więdnąć, zanikać, blaknąć; **~ away** zanikać,
marnieć

fag [fæg] *s* ciężka praca, *pot.* harówka; ciężko pracujący; (*w
szkołach angielskich*) uczeń usłu-
gujący starszym kolegom; *vi*
ciężko pracować; usługiwać; *vt*
używać do posług; męczyć, eksploatować

fag-end [`fæg end] *s* ogryzek; nie-
dopałek

fag·got [`fægət] *s* wiązka, pęk
(chrustu itp.)

fail [feɪl] *vi* nie zdołać; nie udać
się; zaniedbać, nie uczynić; zawieść; brakować; zbankrutować;
zepsuć się; zanikać, słabnąć, zamierać; **not to ~** nie omiesz-
kać; **he ~ed to pass the examination** nie udało mu się zdać
egzaminu; **he ~ed in the examination** nie zdał egzaminu; **he
never ~s to come in time** nie
zdarza mu się nie przyjść na
czas; *vt* zrobić zawód (sb komuś);
his memory ~s him pamięć go
zawodzi; *s w zwrocie:* **without
~** na pewno, niechybnie

fail·ing [`feɪlɪŋ] *s* brak, słabość,
ułomność, wada; *praep* w bra-
ku; bez; **~ his assistance** bez jego pomocy

fail·ure [`feɪljə(r)] *s* uchybienie, za-
niedbanie; fiasko, niepowodzenie;
niewypłacalność, bankructwo;
wada, defekt, brak; bankrut życiowy; **to be a ~ as a writer** okazać się kiepskim pisarzem

faint [feɪnt] *adj* słaby; lekki, nikły;
blady, niewyraźny; *s* omdlenie;
vi (*także* **~ away**) mdleć, słabnąć

fair 1. [feə(r)] *adj* jasny; blond;
sprawiedliwy, prawy, uczciwy;
odpowiedni, możliwy, dostateczny; czysty, bez skazy; (*o morzu*)
spokojny; (*o stopniu*) dostateczny; **~ copy** czystopis; **~ play**
uczciwa gra; uczciwe ⟨honorowe⟩
postępowanie; *adv* uczciwie, o-
twarcie; czysto; delikatnie; **to
bid ~** dobrze się zapowiadać; **to
write ~** przepisać na czysto

fair 2. [feə(r)] *s* jarmark; targi
(międzynarodowe)

fair·y [`feərɪ] *adj* czarodziejski,
bajeczny; *s* czarodziejka, wiesz-
czka

fair·y·land [`feərɪlænd] *s* kraina
czarów

fair·y-tale [ˈfeərɪteɪl] s bajka

faith [feɪθ] s wiara; ufność; **to keep ~** dotrzymywać słowa (**with sb** komuś)

faith·ful [ˈfeɪθfl] adj wierny; uczciwy, sumienny

faith·less [ˈfeɪθləs] adj wiarołomny, niewierny

fake [feɪk] s fałszerstwo, oszustwo; pot. kant; vt fałszować, podrabiać; zmyślać

fal·con [ˈfɔlkən] s sokół

*****fall** [fɔl], **fell** [fel], **fallen** [ˈfɔlən] vi padać; wpadać; opadać; upaść, runąć; podupadać, marnieć; przypadać, zdarzać się; **~ away** odpadać; **~ back** upaść do tyłu; wojsk. cofać się; uciekać się (**on ⟨upon⟩ sth** do czegoś); **~ down** upaść; zwalić się; **~ in zapaść** się; natknąć się (**with sb** na kogoś); zgodzić się (**with sth** na coś); dostosować się (**with sth** do czegoś); **~ off** odpadać; ubywać, zanikać; **~ out** wypadać; **~ through** przepadać, kończyć się fiaskiem; **to ~ asleep** zasnąć; **to ~ due** zapadać; (o terminie płatności) przypadać; **to ~ dumb** oniemieć; **to ~ ill** zachorować; **to ~ in love** zakochać się (**with sb w** kimś); **to ~ short** nie wystarczać, brakować; nie dopisać; nie osiągać (**of sth** czegoś); zawieść (**of expectations** nadzieje); s upadek; zwalenie się; opadanie; spadek; opad; (zw. pl **~s**) wodospad; am. jesień

fal·la·cy [ˈfæləsɪ] s złudzenie, złuda; błąd, błędne rozumowanie

fall·en zob. fall; adj upadły; poległy; leżący

fal·low [ˈfæləu] adj ugorowy; s ugór

false [fɔls] adj fałszywy; kłamliwy; zdradliwy; obłudny

false·hood [ˈfɔlshud] s kłamstwo, nieprawda; kłamliwość

fal·si·fy [ˈfɔlsɪfaɪ] vt fałszować; zawodzić (nadzieje itp.)

fal·ter [ˈfɔltə(r)] vi chwiać się;

drżeć; jąkać się, mamrotać

fame [feɪm] s sława; wieść

fa·mil·iar [fəˈmɪlɪə(r)] adj dobrze zaznajomiony, obeznany; dobrze znany; spoufalony

fa·mil·i·ar·i·ty [fəˈmɪlɪˈærətɪ] s poufałość, zażyłość; znajomość, obeznanie

fa·mil·iar·ize [fəˈmɪlɪəraɪz] vt zaznajamiać, popularyzować

fam·i·ly [ˈfæmlɪ] s rodzina; adj attr rodzinny; **in a ~ way** poufale; **in the ~ way** (o kobiecie) w ciąży

fam·ine [ˈfæmɪn] s głód; brak

fa·mous [ˈfeɪməs] adj sławny

fan 1. [fæn] s wachlarz; wentylator; vt wachlować, owiewać; rozniecać

fan 2. [fæn] s pot. entuzjasta; sport kibic

fa·nat·ic(al) [fəˈnætɪk(l)] adj fanatyczny; s fanatyk

fan·ci·ful [ˈfænsɪful] adj fantastyczny; fantazyjny; dziwaczny; kapryśny

fan·cy [ˈfænsɪ] s fantazja, upodobanie, kaprys; **to take a ~** upodobać sobie (**to sth** coś); adj attr fantastyczny; fantazyjny, ekstrawagancki; **~ articles** galanteria; **~ ball** bal kostiumowy; **~ dress** strój na bal kostiumowy; **~ work** robótki ręczne (np. haftowanie); vt wyobrażać sobie, roić sobie; upodobać sobie

fang [fæŋ] s jadowity ząb (węża); kieł (zw. psi)

fan·tas·tic [fænˈtæstɪk] adj fantastyczny

fan·ta·sy [ˈfæntəsɪ] s fantazja, wyobraźnia; kaprys

far [fa(r)] adj (comp **farther** [ˈfaðə(r)] lub **further** [ˈfɜðə(r)], sup **farthest** [ˈfaðɪst] lub **furthest** [ˈfɜðɪst]) daleki; adv daleko; **~ from it** bynajmniej, pot. gdzie tam!; **as ~ as** aż do; o ile; **by ~** o wiele, znacznie; **in so ~ as** o tyle, że; **so ⟨thus⟩ ~** dotąd, dotychczas, na razie

farce [fas] s farsa

fare [feə(r)] s opłata za podróż; pasażer; jedzenie, wikt; bill of ~ jadłospis; vt podróżować; czuć się, mieć się; how do you ~?, how does it ~ with you? jak ci się powodzi?

fare·well [ˈfeəˈwel] s pożegnanie; int żegnaj(cie)!; adj attr pożegnalny

farm [fɑm] s gospodarstwo wiejskie; vt vi uprawiać ziemię, prowadzić gospodarstwo rolne; dzierżawić (ziemię)

farm·er [ˈfɑmə(r)] s rolnik, farmer; dzierżawca

farm-hand [ˈfɑmhænd] s robotnik rolny

farm·yard [ˈfɑmjɑd] s podwórko gospodarskie

far-off [ˈfɑrˈɔf] adj attr odległy

far-sight·ed [ˈfɑˈsaɪtɪd] adj dalekowzroczny

far·ther zob. far

far·thest zob. far

far·thing [ˈfɑðɪŋ] s ćwierć pensa; przen. grosz

fas·ci·nate [ˈfæsɪneɪt] vt czarować, urzekać, fascynować

fas·ci·na·tion [ˈfæsɪˈneɪʃn] s oczarowanie, urzeczenie, fascynacja

fas·cism [ˈfæʃɪzm] s faszyzm

fas·cist [ˈfæʃɪst] s faszysta

fash·ion [ˈfæʃn] s moda; styl; wzór; zwyczaj; fason; after the ~ of na wzór; out of ~ niemodny; vt kształtować, urabiać, modelować

fash·ion·a·ble [ˈfæʃnəbl] adj modny, wytworny

fast 1. [fɑst] adj szybki; mocny, trwały; przymocowany; to make ~ umocować; the watch is ~ zegarek się spieszy; adv szybko; mocno, trwale

fast 2. [fɑst] s post; vi pościć

fast·en [ˈfɑsn] vt vi przymocować (się); zamknąć (się); chwycić się (on ⟨upon⟩ sth czegoś); spinać (się), wiązać (się)

fast·en·er [ˈfɑsnə(r)] s zszywka (do papieru); spinacz; zatrzask; klam-ra; suwak; zasuwa

fas·tid·i·ous [fəˈstɪdɪəs] adj grymaśny, wybredny (about sth w czymś)

fat [fæt] adj tłusty; gruby; tuczny; s sadło, tłuszcz; vi tyć; vt tuczyć

fa·tal [ˈfeɪtl] adj fatalny, zgubny; nieuchronny

fa·tal·i·ty [fəˈtælətɪ] s fatalność; nieszczęśliwy wypadek, nieszczęście; zgubny wpływ

fate [feɪt] s fatum, przeznaczenie, los

fate·ful [ˈfeɪtfl] adj fatalny, nieszczęsny; proroczy; nieuchronny

fa·ther [ˈfɑðə(r)] s ojciec

fa·ther-in-law [ˈfɑðr ɪn lɔ] s (pl ~s-in-law [ˈfɑðəz ɪn lɔ]) teść

fa·ther·land [ˈfɑðəlænd] s kraj ojczysty, ojczyzna

fa·ther·ly [ˈfɑðəlɪ] adj ojcowski; adv po ojcowsku

fath·om [ˈfæðəm] s sążeń (miara głębokości lub objętości); vt mierzyć głębokość; przen. zgłębiać

fath·om·less [ˈfæðəmləs] adj niezmierzony, bezdenny

fa·tigue [fəˈtig] s znużenie; trud; vt nużyć, męczyć

fat·ten [ˈfætn] vt tuczyć; użyźniać; vi tyć

fat·ty [ˈfætɪ] adj chem tłuszczowy; oleisty, tłusty; s tłuścioch

fault [fɔlt] s brak, wada; uchybienie; omyłka; wina; to find ~ krytykować (with sb, sth kogoś, coś)

fault·less [ˈfɔltləs] adj bezbłędny, nienaganny, bez zarzutu

fault·y [ˈfɔltɪ] adj wadliwy, błędny

fau·na [ˈfɔnə] s fauna

fa·vour [ˈfeɪvə(r)] s łaska, łaskawość, przychylność; przysługa, uprzejmość; in ~ na korzyść, na rzecz; out of ~ w niełasce; vt sprzyjać, faworyzować; zaszczycać

fa·vour·a·ble [ˈfeɪvrəbl] adj życzliwy, przychylny, sprzyjający

fa·vour·ite [`feɪvr̩ɪt] *adj* ulubiony; *s* ulubieniec

fear [fɪə(r)] *s* strach, obawa; *vt* bać się, obawiać się

fear·ful [`fɪəfl] *adj* straszny; bojaźliwy

fea·si·ble [`fizəbl] *adj* wykonalny, możliwy

feast [fist] *s* uczta; uroczystość; *vi* ucztować; obchodzić uroczystość; *vt* gościć, częstować

feat [fit] *s* wyczyn, czyn (bohaterski)

feath·er [`feðə(r)] *s* pióro (ptasie); *vt* upierzyć, stroić w pióra; *vi* opierzyć się

feath·er·weight [`feðəweɪt] *s* *sport* waga piórkowa

fea·ture [`fitʃə(r)] *s* rys, cecha, znamię; osobliwość, ·właściwość; ~ film film długometrażowy; *vt* znamionować, cechować; uwydatniać; opisywać; grać jedną z głównych ról (w filmie)

Feb·ru·ar·y [`februərɪ] *s* luty

fed *zob.* feed

fed·er·al [`fedrl] *adj* związkowy, federalny

fed·er·ate [`fedrət] *adj* federacyjny; *vt* *vi* [`fedərert] jednoczyć (się)

fed·er·a·tion [ˌfedə`reɪʃn] *s* federacja

fed·er·a·tive [`fedrtɪv] *adj* federalny, związkowy

fee [fi] *s* zapłata; opłata; honorarium; wpisowe

fee·ble [`fibl] *adj* słaby

*feed [fid], fed, fed [fed] *vt* *vi* karmić (się), żywić się; **paść (się)**; zasilać; ~ up tuczyć; **to be fed up** mieć dość (with sth czegoś), mieć powyżej uszu; *s* pokarm, pasza; *techn.* zasilanie

*feel [fil], felt, felt [felt] *vt* *vi* czuć (się), odczuwać; dotykać, macać; dawać się odczuć; wydawać się, robić wrażenie; szukać po omacku (for ⟨after, about⟩ sth czegoś); współczuć (for sb komuś); ~ like skłaniać się, mieć ochotę; wyglą-

dać na coś; **I don't ~ like dancing** nie mam ochoty tańczyć; ~ one's way iść po omacku; *s* czucie, odczucie, dotyk

feel·ing [`filɪŋ] *s* czucie, dotyk; uczucie, wrażenie; emocja

feet *zob.* foot

feign [feɪn] *vt* udawać

fe·lic·i·tate [fə`lɪsɪteɪt] *vt* gratulować (sb on ⟨upon⟩ sth komuś czegoś)

fe·lic·i·ty [fə`lɪsətɪ] *s* błogość, szczęście; trafność (zwrotu); trafny zwrot ⟨wyraz⟩

fell 1. *zob.* fall

fell 2. [fel] *vt* wyrąbać (drzewo), powalić

fel·low [`feləu] *s* towarzysz, kolega; człowiek równy komuś ⟨podobny do kogoś⟩; rzecz (np. skarpetka) do pary; członek (towarzystwa naukowego, kolegium uniwersyteckiego); *pot.* gość, typ, facet; ~ citizen współobywatel; ~ creature bliźni; ~ soldier towarzysz broni; ~ worker towarzysz pracy

fel·low·ship [`feləuʃɪp] *s* towarzystwo, koleżeństwo; wspólnota, współudział; korporacja, bractwo; członkostwo (towarzystwa naukowego itp.)

fel·on [`felən] *s* przestępca

felt 1. *zob.* feel

felt 2. [felt] *s* wojłok; filc

fe·male [`fimeɪl] *adj* żeński, kobiecy, płci żeńskiej; *zool.* samiczy; *s* kobieta, niewiasta; *zool.* samica

fem·i·nine [`femənɪn] *adj* żeński (rodzaj, rym), niewieści, kobiecy

fen [fen] *s* bagno, trzęsawisko

fence [fens] *s* ogrodzenie, płot; *sport* szermierka; *przen.* to sit on the ~ zachować neutralność, nie angażować się; *vt* ogrodzić; *vi* fechtować się, uprawiać szermierkę

fend·er [`fendə(r)] *s* zderzak; błotnik; krata przed kominkiem; zasłona

fen·land [ˈfenlænd] s bagnista okolica

fer·ment [ˈfɜmənt] s ferment; vt [fəˈment] poddawać fermentacji, wywoływać ferment; vi fermentować, burzyć się

fern [fɜn] s bot. paproć

fe·ro·cious [fəˈrəuʃəs] adj srogi, dziki

fe·roc·i·ty [fəˈrosətɪ] s srogość, dzikość

fer·ro-con·crete [ˈferəu ˈkoŋkrit] s żelazobeton

fer·ry [ˈferɪ] s prom; vt vi przeprawiać (się) ⟨przewozić⟩ promem ⟨łodzią⟩; lotn. dostawiać drogą powietrzną

fer·ry-boat [ˈferɪbəut] s prom

fer·ry·man [ˈferɪmən] s przewoźnik

fer·tile [ˈfɜtaɪl] adj żyzny, płodny

fer·til·i·ty [fəˈtɪlətɪ] s żyzność, płodność

fer·til·ize [ˈfɜtɪlaɪz] vt użyźniać; nawozić; zapładniać

fer·til·iz·er [ˈfɜtɪlaɪzə(r)] s nawóz

fer·vent [ˈfɜvənt] adj żarliwy, gorący

fer·vour [ˈfɜvə(r)] s żarliwość, namiętność

fes·ter [ˈfestə(r)] vi ropieć; gnić; jątrzyć się; vt powodować gnicie ⟨ropienie⟩; s ropień

fes·ti·val [ˈfestɪvl] adj świąteczny; s święto, uroczystość; festiwal

fes·tive [ˈfestɪv] adj uroczysty; wesoły

fes·tiv·i·ty [feˈstɪvətɪ] s uroczystość; wesołość, zabawa

fetch [fetʃ] vt pójść po coś, przynieść, przywieźć; uzyskać (kwotę), osiągać (cenę); wzruszać, oddziaływać na wyobraźnię; rozdrażnić; vi dotrzeć, dobrnąć

fet·ter [ˈfetə(r)] vt skuć, spętać, związać; s pl ~s pęta, kajdany, więzy

feud 1. [fjud] s waśń rodowa

feud 2. [fjud] s lenno

feu·dal [ˈfjudl] adj feudalny

feu·dal·ism [ˈfjudlɪzm] s feudalizm

fe·ver [ˈfivə(r)] s gorączka; rozgorączkowanie

few [fju] adj i pron mało, niewiele; a ~ nieco, kilku

fi·bre [ˈfaɪbə(r)] s włókno; natura, struktura

fi·brous [ˈfaɪbrəs] adj włóknisty

fickle [ˈfɪkl] adj zmienny; płochy

fic·tion [ˈfɪkʃn] s fikcja, wymysł; beletrystyka

fic·ti·tious [fɪkˈtɪʃəs] adj fikcyjny, zmyślony

fid·dle [ˈfɪdl] s pot. skrzypki; vt vi grać na skrzypkach, rzępolić; ~ away spędzać czas na niczym

fid·dler [ˈfɪdlə(r)]s skrzypek, grajek

fid·dle·stick [ˈfɪdlstɪk] s smyczek; pl ~s pot. bzdury

fi·del·i·ty [fɪˈdelətɪ] s wierność

fid·get [ˈfɪdʒɪt] vt vi denerwować (się), wiercić się; s człowiek niespokojny, pot. wiercipięta; pl ~s niespokojne ruchy, zdenerwowanie

field [fild] s pole; boisko; teren; domena

fiend [find] s diabeł; fanatyk

fierce [fɪəs] adj srogi; dziki; zagorzały; gwałtowny

fi·er·y [ˈfaɪərɪ] adj ognisty, płomienny; porywczy

fif·teen [ˈfɪfˈtin] num piętnaście; s piętnastka

fif·teenth [ˈfɪfˈtinθ] adj piętnasty

fifth [fɪfθ] adj piąty

fif·ti·eth [ˈfɪftɪəθ] adj pięćdziesiąty

fif·ty [ˈfɪftɪ] num pięćdziesiąt; s pięćdziesiątka

fig 1. [fɪg] s bot. figa

fig 2. [fɪg] s pot. strój; samopoczucie

***fight** [faɪt], fought, fought [fɔt] vt vi walczyć, zwalczać; ~ back

odeprzeć, zwalczyć; ~ out rozstrzygnąć drogą walki; s walka,
bitwa

fight·er [ˈfaɪtə(r)] s żołnierz; bojownik; lotn. myśliwiec

fig·ur·a·tive [ˈfɪgjurətɪv] adj obrazowy; przenośny; symboliczny

fig·ure [ˈfɪgə(r)] s figura, kształt;
wykres; obraz, rycina; posąg;
postać; liczba, cyfra; vt vi tworzyć, kształtować, przedstawiać;
figurować; obliczać, oceniać; ~
out wypracować; wyliczyć; zrozumieć; ~ up policzyć, zsumować

file 1. [faɪl] s kartoteka, akta; kla-
syfikator; rocznik (pisma); plik
papierów; vt układać papiery;
rejestrować; trzymać kartotekę

file 2. [faɪl] s pilnik; vt piłować

file 3. [faɪl] s rząd; in ~ rzędem,
gęsiego; vi iść w rzędzie

fil·ial [ˈfɪlɪəl] adj synowski

fil·i·gree [ˈfɪlɪgri] s filigran; adj
attr filigranowy

fill [fɪl] vt vi napełniać (się); spełniać, pełnić; wykonywać; ~ in
wypełniać; ~ out napełniać (się);
wydymać (się), pęcznieć; ~ up
napełnić (się); s pełna ilość; ładunek, porcja; to eat one's ~
najeść się do syta

fill·ing [ˈfɪlɪŋ] s materiał wypeł-
niający; plomba; zapas (np. ben-
zyny); ładunek; farsz

fill·ing-sta·tion [ˈfɪlɪŋ steɪʃn] s stacja benzynowa

fil·lip [ˈfɪlɪp] s prztyczek; bodziec; vt dać prztyczka; pobudzić, przyspieszyć

film [fɪlm] s film; błona; powłoka;
bielmo; vt vi filmować; pokrywać (się) emulsją

fil·ter [ˈfɪltə(r)] s filtr, sączek; vt
vi filtrować, sączyć (się)

filth [fɪlθ] s brud, plugastwo; sprośność

filth·y [ˈfɪlθɪ] adj brudny, plugawy; sprośny

fil·trate [ˈfɪltreɪt] vt vi filtrować,

sączyć (się); s przesącz

fi·nal [ˈfaɪnl] adj końcowy, ostateczny; s finał; in ~ w końcu

fi·nance [ˈfaɪnæns] s (także pl ~s)
finanse; vt finansować

fi·nan·cial [ˈfaɪˈnænʃl] adj finansowy

fi·nan·cier [ˈfaɪˈnænsɪə(r)] s finansista

*find [faɪnd], found, found [faund]
vt znajdować, odkrywać; natra-
fiać, zastać; konstatować, stwierdzać, orzekać; ~ sb guilty uznać
kogoś winnym; s odkrycie; rzecz
znaleziona

find·ing [ˈfaɪndɪŋ] s odkrycie;
rzecz znaleziona; pl ~s wyniki,
wnioski, dane

fine 1. [faɪn] adj piękny; delikatny, wytworny; czysty, oczyszczony; precyzyjny; pot. świetny;
adv pięknie, dobrze

fine 2. [faɪn] s grzywna, kara pieniężna; in ~ ostatecznie, koniec
końców; vt ukarać grzywną

fin·ger [ˈfɪŋgə(r)] s palec (u ręki);
vt dotykać palcami, macać

fin·ger-print [ˈfɪŋgəprɪnt] s odcisk
palca

fin·ish [ˈfɪnɪʃ] vt vi kończyć (się),
przestać; ~ off wykończyć; ~
up dokończyć, doprowadzić do
końca; s zakończenie, koniec;
wykończenie; sport finisz; techn.
apretura

fi·nite [ˈfaɪnaɪt] adj ograniczony;
mat. skończony; gram. określo-
ny

Finn [fɪn] s Fin

Fin·nish [ˈfɪnɪʃ] adj fiński; s język fiński

fir [fɜ(r)] s bot. jodła; ~ branch
jedlina

fire [ˈfaɪə(r)] s ogień, pożar, żar;
zapał; to be on ~ płonąć; to
catch ⟨take⟩ ~ zapalić się; to
set on ~, to set ~ to podpalić;
vt vi zapalić (się), płonąć; wybuchnąć; strzelać, dać ognia;
wzniecić; pot. wyrzucić (z po-

sady); ~ off wystrzelić; ~ up wybuchnąć (gniewem)

fire-arm [`faɪərɑm] s (zw. pl ~s) broń palna

fire-brand [`faɪəbrænd] s głownia, zarzewie; podżegacz

fire-bri·gade [`faɪə brɪgeɪd] s straż pożarna

fire-en·gine [`faɪərendʒɪn] s wóz straży pożarnej, sikawka

fire-ex·tin·guish·er [`faɪər ɪkstɪŋgwɪ ʃə(r)] s gaśnica

fire·man [`faɪəmən] s strażak; palacz

fire-place [`faɪəpleɪs] s kominek; palenisko

fire-proof [`faɪəpruf] adj ogniotrwały

fire·side [`faɪəsaɪd] s miejsce przy kominku; przen. ognisko domowe

fire·work [`faɪəwɜk] s fajerwerk; pl ~s sztuczne ognie

firm 1. [fɜm] s firma, przedsiębiorstwo

firm 2. [fɜm] adj mocny, trwały; jędrny; energiczny; stały; stanowczy; vt umocnić, osadzić

fir·ma·ment [`fɜməmənt] s firmament

first [fɜst] num adj pierwszy; ~ floor bryt. pierwsze piętro, am. parter; ~ name imię chrzestne; ~ night premiera; ~ thing przede wszystkim, zaraz; ~ s (o człowieku, rzeczy) pierwszy; at (the) ~ najpierw, na początku; from ~ to last od początku do końca; adv najpierw, początkowo, po pierwsze; ~ of all przede wszystkim

first·ly [`fɜstlɪ] adv po pierwsze, najpierw

first-rate [`fɜst`reɪt] adj pierwszorzędny, pierwszej kategorii

fish [fɪʃ] s (pl ~es, zbior. the ~) ryba; vt vi łowić ryby; poławiać; przen. polować, czyhać (for sth na coś)

fish-bone [`fɪʃbəun] s ość

fish·er [`fɪʃə(r)], **fish·er·man** [`fɪʃə mən] s rybak

fish·ing [`fɪʃɪŋ] s rybołówstwo; wędkarstwo; połów

fish·ing-rod [`fɪʃɪŋrod] s wędka

fish·mon·ger [`fɪʃmʌŋgə(r)] s handlarz rybami

fist [fɪst] s pięść

fit 1. [fɪt] adj odpowiedni, nadający się, zdatny (for sth do czegoś); w dobrej formie; zdolny, gotów; to feel ~ czuć się na siłach; to keep ~ zachowywać dobrą kondycję; vt dostosować, dopasować; pasować, być dostosowanym; (o ubraniu) leżeć; być stosownym; zaopatrzyć, wyposażyć; vi nadawać się, mieć kwalifikacje (into ⟨for⟩ sth do czegoś); ~ in wprawiać; pasować; uzgadniać; ~ on nakładać, przypasowywać, przymierzać (ubranie); ~ out zaopatrzyć, wyekwipować (with sth w coś); s dostosowanie, dopasowanie; krój (ubrania)

fit 2. [fɪt] s atak (np. choroby), przystęp (np. złego humoru)

fit·ful [`fɪtfl] adj spazmatyczny; kapryśny

fit-out [`fɪtaut] s wyposażenie, ekwipunek

fit·ter [`fɪtə(r)] s monter, mechanik

fit·ting [`fɪtɪŋ] s zmontowanie, zainstalowanie; wyposażenie, oprawa; pl ~s instalacje; armatura; przybory, części składowe

five [faɪv] num pięć; ~ o'clock (tea) podwieczorek; s piątka

fix [fɪks] vt przymocować; wyznaczyć, ustalić; utkwić (wzrok); założyć (np. siedzibę); wbić; wpoić; r.aprawić, uporządkować; uładzić, przygotować; am. załatwić; fot. techn. utrwalić; vi skrzepnąć; zdecydować się (on ⟨upon⟩ sth na coś); ~ up urządzić; wygładzić, uporządkować; s kłopot, położenie bez wyjścia

flab·by [`flæbɪ] adj zwiotczały; słaby

flag 1. [flæg] s flaga, bandera

flag 2. [flæg] s płyta chodnikowa; vt wykładać płytami

fling

flag 3. [flæg] *vt* zwisać, opadać; słabnąć

flag·el·late [`flædʒɪleɪt] *vt* biczować

fla·grant [`fleɪgrənt] *adj* rażący, skandaliczny; (*zw. o przestępcy*) notoryczny

flag·ship [`flægʃɪp] *s* okręt admiralski

flag·staff [`flægstaf] *s* drzewce (flagi)

flail [fleɪl] *s* cep

flake [fleɪk] *s* płatek; łuska; *vt vi* łuszczyć (się); (*o śniegu itd.*) sypać płatkami

flame [fleɪm] *s* płomień; *vi* płonąć; ~ out zapłonąć (gniewem); ~ up spłonąć rumieńcem

flank [flæŋk] *s* bok; skrzydło, *wojsk.* flanka; *vt wojsk.* strzec flanki, oskrzydlać; znajdować się z boku (czegoś)

flan·nel [`flænl] *s* flanela; *s pl* ~s ubranie flanelowe

flap [flæp] *vi* trzepotać (skrzydłami); *vt* klapnąć, trzepnąć; *s* lekkie uderzenie, klaps; trzepot; klapa, klapka

flare [fleə(r)] *vi* migotać, błyskać; *s* blysk, światło migające; sygnał świetlny; wybuch (płomienia, gniewu)

flash [flæʃ] *vi vt* błysnąć, błyszczeć, świecić; sygnalizować światłem; mignąć, przemknąć; nadawać (np. przez radio); *s* błysk, przebłysk (np. talentu)

flash·light [`flæʃlaɪt] *s* światło sygnalizacyjne; latarka elektryczna; *fot.* flesz

flask [flɑsk] *s* flaszka (kieszonkowa); butla; *chem.* kolba

flat [flæt] *adj* płaski; płytki; nudny, monotonny; stanowczy; *s* płaszczyzna; równina, nizina; mielizna; mieszkanie, apartament; *muz.* bemol; the ~ of the hand dłoń; block of ~s blok mieszkalny

flat-i·ron [`flætaɪən] *s* żelazko do prasowania

flat·ten [`flætn] *vt vi* spłaszczyć (się), wyrównać

flat·ter [`flætə(r)] *vt* pochlebiać

flat·ter·y [`flætərɪ] *s* pochlebstwo

flaunt [flɔnt] *vt vi* wystawiać na pokaz; dumnie powiewać; paradować; pysznić się (sth czymś)

fla·vour [`fleɪvə(r)] *s* zapach; posmak, smak; *vt* nadawać posmak, przyprawiać; *vi* mieć posmak, trącić (of sth czymś)

flaw [flɔ] *s* szczelina; rysa; skaza, wada; *vt vi* rozszczepiać (się), rysować się, pękać; uszkodzić

flax [flæks] *s* bot. len

flax·en [`flæksn] *adj* lniany; płowy, słomkowy (kolor)

flea [fli] *s* pchła

fleck [flek] *s* plamka, cętka; *vt* pokrywać plamkami, cętkować

fled zob. flee

fledg(e)·ling [`fledʒlɪŋ] *s* świeżo opierzony ptak; *przen.* żółtodziób

*flee [fli], fled, fled [fled] *vi vt* uciekać, omijać, unikać

fleece [flis] *s* runo; *vt* strzyc (owcę); *przen.* oskubać (kogoś), ograbić

fleet 1. [flit] *s* flota

fleet 2. [flit] *vi poet.* mknąć

Flem·ish [`flemɪʃ] *adj* flamandzki

flesh [fleʃ] *s* mięso, ciało

flesh·y [`fleʃɪ] *adj* mięsisty, tłusty

flew zob. fly 2.

flex·i·ble [`fleksəbl] *adj* elastyczny, giętki

flex·ion [`flekʃn] *s* zgięcie; *gram.* fleksja

flick·er [`flɪkə(r)] *vi* migotać; drgać; *s* migotanie; drganie

fli·er [`flaɪə(r)] *s* lotnik

flight 1. [flaɪt] *s* lot, przelot; wzlot; bieg; stado (ptaków); eskadra (samolotów); ~ of stairs kondygnacja schodów

flight 2. [flaɪt] *s* ucieczka

flim·sy [`flɪmzɪ] *adj* cienki, słaby, kruchy; błahy

flinch [flɪntʃ] *vi* cofać się, uchylać się

*fling [flɪŋ], flung, flung [flʌŋ] *vt vi* rzucać (się), ciskać, miotać; to ~ open gwałtownie otworzyć flint

flint [flɪnt] s krzemień; kamień (do zapalniczki)

flip·pant [ˈflɪpənt] adj niepoważny, swobodny, nonszalancki, lekceważący

flirt [flɜt] vi vt flirtować; machać; przytknąć; s flirciarz, kokietka

flir·ta·tion [flɜˈteɪʃn] s flirt

flit [flɪt] vi przelatywać, przemknąć; pot. przeprowadzać (się)

flitch [flɪtʃ] s połeć (np. słoniny)

float [fləut] vi płynąć, bujać ⟨unosić się⟩ (na wodzie, w powietrzu); (o pogłosce) rozchodzić się; vt spławiać, nieść (po wodzie); puszczać w obieg; rozpisać (pożyczkę); wprowadzać (w życie); s coś unoszącego się na powierzchni wody (pływak u wędki, tratwa itp.)

float·a·tion s = flotation

flock 1. [flɒk] s kłak, kosmyk

flock 2. [flɒk] s stado; przen. tłum; vi gromadzić się tłumnie, tłoczyć się

floe [fləu] s pole lodowe, kra

flog [flɒg] vt chłostać, smagać

flood [flʌd] s powódź, potop, zalew; wylew; przypływ; przen. potok (łez itp.); vt zalać, zatopić; vi wezbrać, wylać

flood·light [ˈflʌdlaɪt] s snop światła, światło reflektorów; vt oświetlić reflektorami

floor [flɔ(r)] s podłoga; piętro

flo·ra [ˈflɔrə] s flora

flor·id [ˈflɒrɪd] adj kwiecisty; ozdobny

flor·ist [ˈflɒrɪst] s sprzedawca kwiatów

flo·ta·tion [fləuˈteɪʃn] s unoszenie się; spławianie; uruchomienie (przedsiębiorstwa)

flot·sam [ˈflɒtsəm] s pływające po morzu szczątki rozbitego statku; zob. jetsam

flounce 1. [flauns] vi miotać ⟨rzucać⟩ się; s miotanie się; żachnięcie

flounce 2. [flauns] s falbana

floun·der [ˈflaundə(r)] vi brnąć, potykać się

flour [flauə(r)] s mąka

flour·ish [ˈflʌrɪʃ] vi kwitnąć; prosperować; być w rozkwicie; brzmieć; vt wymachiwać; zdobić (ornamentem); s fanfara; ozdoba

flow [fləu] vi płynąć, spływać, wypływać; (o krwi) krążyć; (o włosach) falować; s płynięcie, przepływ; prąd; przypływ (morza); potok

flow·er [ˈflauə(r)] s kwiat; vi kwitnąć; vt zdobić kwiatami

flow·er·y [ˈflauərɪ] adj kwiecisty

flown zob. fly 2.

flu [flu] s pot. grypa

fluc·tu·ate [ˈflʌktʃueɪt] vi wahać się

flue 1. [flu] s komin

flue 2. = flu

flu·en·cy [ˈfluənsɪ] s płynność, biegłość

flu·ent [ˈfluənt] adj płynny, biegły

fluff [flʌf] s puch

fluff·y [ˈflʌfɪ] adj puszysty

flu·id [ˈfluɪd] adj płynny; s płyn

flung zob. fling

flur·ry [ˈflʌrɪ] s wichura; am. ulewa; podniecenie, poruszenie, nerwowy pośpiech; vt podniecić, poruszyć, zdenerwować

flush [flʌʃ] vi vt trysnąć; (o krwi) napłynąć do twarzy; zaczerwienić się, zarumienić się; rozpłomienić (się); spłukiwać, zalewać; adj wezbrany; opływający (of sth w coś); obfity; równy, na tym samym poziomie; s strumień; napływ; wybuch; rozkwit; podniecenie; rumieniec

flus·ter [ˈflʌstə(r)] vt vi denerwować (się), wzburzyć (się); s podniecenie, wzburzenie

flute [flut] s muz. flet

flut·ter [ˈflʌtə(r)] vt vi trzepotać (się); machać; drgać; dygotać; niepokoić (się); s trzepot; drganie; niepokój, podniecenie

flux [flʌks] s dosł. i przen. potok, strumień; prąd, bieg wody; przypływ; ciągłe zmiany, płynność

fly 1. [flaɪ] s mucha

*fly 2. [flaɪ], flew [flu], flown [fləun] vi vt latać, lecieć, fruwać; pospieszyć; uciekać; powiewać; puszczać (np. latawca); ~ into a passion wpaść w pasję; ~ open nagle się otworzyć; s lot; klapa; rozporek

fly·er [ˈflaɪə(r)] s lotnik

fly·ing-boat [ˈflaɪɪŋbəut] s wodnopłatowiec, hydroplan

fly·pa·per [ˈflaɪ peɪpə(r)] s lep na muchy

foal [fəul] s źrebię

foam [fəum] s piana; vi pienić się

foam·y [ˈfəumɪ] adj pienisty, spieniony

fo·cus [ˈfəukəs] s (pl foci [ˈfəusaɪ] lub ~es [ˈfəukəsɪz]) fiz. ognisko; siedlisko, centrum, skupienie; vt vi ogniskować (się), skupiać (się)

fod·der [ˈfɒdə(r)] s pasza; vt karmić (bydło)

foe [fəu] s wróg

fog [fɒg] s mgła; vt zamglić

fo·gey [ˈfəugɪ] s (zw. old ~) człowiek staroświecki

fog·gy [ˈfɒgɪ] adj mglisty

fog-horn [ˈfɒghɔn] s okrętowa syrena (mgłowa)

fo·gy [ˈfəugɪ] s = fogey

foi·ble [ˈfɔɪbl] s słabostka

foist [fɔɪst] vt podsunąć (skrycie), podrzucić

fold 1. [fəuld] s dosł. i przen. owczarnia

fold 2. [fəuld] s zagięcie, fałda, zakładka; vt vi składać (się), zaginać (się); zawijać; tulić

fold·er [ˈfəuldə(r)] s teczka; broszurka, ulotka (np. reklamowa), folder

fold·ing [ˈfəuldɪŋ] adj składany, przystosowany do składania

fo·li·age [ˈfəulɪɪdʒ] s liście, listowie

folk [fəuk] s zbior. ludzie; lud, naród; adj attr ludowy

folk·lore [ˈfəuklɔ(r)] s folklor

fol·low [ˈfɒləu] vt vi następować, iść (sb za kimś); śledzić; wykonywać ⟨uprawiać⟩ (a profession zawód); podążać (a path ścieżką, sb's thought za czyjąś myślą); wynikać; być zwolennikiem; stosować się (sth do czegoś); słuchać, rozumieć (sb kogoś); ~ in sb's footsteps iść w czyjeś ślady; ~ out doprowadzić do końca; ~ up uporczywie coś robić, nie ustawać (w czymś)

fol·low·er [ˈfɒləuə(r)] s zwolennik; uczeń; członek świty

fol·ly [ˈfɒlɪ] s szaleństwo

fo·ment [fəˈment] vt podżegać, podsycać; med. nagrzewać

fond [fɒnd] adj czuły; miły; zamiłowany; to be ~ lubić (of sb, sth kogoś, coś)

fon·dle [ˈfɒndl] vt vi pieścić (się)

fond·ness [ˈfɒndnəs] s czułość; zamiłowanie (for sth do czegoś)

font [fɒnt] s chrzcielnica

food [fud] s żywność, pokarm, wyżywienie, jedzenie

food-stuff [ˈfudstʌf] s artykuły spożywcze

fool [ful] s głupiec, wariat; vi błaznować, wygłupiać się; vt robić błazna (sb z kogoś); okpić; wyłudzać (sb out of sth coś od kogoś)

fool·ish [ˈfulɪʃ] adj głupi

fools·cap [ˈfulskæp] s papier kancelaryjny

foot [fut] s (pl feet [fit]) stopa; noga; spód, dół; stopa (miara długości); on ~ piechotą, pieszo

foot·ball [ˈfutbɔl] s piłka nożna, futbol; piłka futbolowa

foot·hold [ˈfuthəuld] s oparcie dla stóp; przen. mocna podstawa

foot·ing [ˈfutɪŋ] s oparcie dla stóp; ostoja, punkt oparcia;. poziom; stopa (wojenna, pokojowa); wzajemny stosunek; on a friendly ~ na przyjacielskiej stopie, w przyjaznych stosunkach

foot·man [ˈfutmən] s lokaj

foot·mark [ˈfutmak] s ślad (stopy)

foot·note [ˈfutnəut] s odnośnik

foot·path [ˈfutpaθ] s ścieżka; chodnik

foot·print [ˈfutprɪnt] s = footmark

foot·wear [ˈfutweə] s obuwie

for [fɔ(r), fə(r)] *praep* dla; za; zamiast; jako; na; z powodu; przez; do; z; po; co do; mimo, wbrew; jak na; ~ **all that** mimo wszystko; ~ **ever**, ~ **good** na zawsze, na dobre; ~ **instance** ⟨example⟩ na przykład; ~ **5 miles** na przestrzeni 5 mil; ~ **years** przez całe lata; **what** ~? na co?, po co?; *conj* ponieważ, gdyż, bowiem

for·age [ˈfɔrɪdʒ] s furaż; furażowanie; *vt vi* furażować; grabić

for·bade zob. **forbid**

forbear 1. [ˈfɔbeə(r)] s przodek, antenat

*****for·bear** 2. [fəˈbeə(r)], **forbore** [fɔˈbɔ(r)], **forborne** [fɔˈbɔn] *vt vi* znosić cierpliwie, pobłażać; powstrzymać się (sth ⟨doing sth, from sth⟩ od czegoś)

*****for·bid** [fəˈbɪd], **forbade** [fəˈbeɪd], **forbidden** [fəˈbɪdn] *vt* zakazywać, zabraniać, nie pozwalać

for·bore, **for·borne** zob. **forbear** 2.

force [fɔs] s siła, moc, przemoc; *pl* ~**s** siły zbrojne; *vt* forsować, brać siłą; zmuszać, wymuszać; narzucać

forced [fɔst] *adj* przymusowy; wymuszony; forsowny

for·ci·ble [ˈfɔsəbl] *adj* gwałtowny; przymusowy; mocny; przekonywający

ford [fɔd] s bród; *vt* przejść w bród

fore [fɔ(r)] s przód, przednia część; **to the** ~ ku przodowi, na przedzie, na widoku, (o pieniądzach) pod ręką; *adj* przedni

fore·arm [ˈfɔram] s przedramię

fore·bear = **forbear** 1.

fore·bode [fɔˈbəud] *vt* przewidywać, przeczuwać; zapowiadać; wróżyć

*****fore·cast** [fɔˈkast], ~, ~ *lub* ~ed, ~ed [fɔˈkastɪd] *vt* przewidywać, zapowiadać; s [ˈfɔkast] przewidywanie, prognoza

fore·fa·ther [ˈfɔfaðə(r)] s przodek, antenat

fore·fin·ger [ˈfɔfɪŋɡə(r)] s palec wskazujący

*****fore·go** 1. [fɔˈɡəu], **forewent** [fɔˈwent], **foregone** [fɔˈɡɔn] *vt* poprzedzać

fore·go 2. = **forgo**

fore·go·ing [fɔˈɡəuɪŋ] *adj* poprzedni, powyższy

fore·gone [fɔˈɡɔn] *pp i adj* z góry powzięty, przesądzony; *adj attr* [ˈfɔɡɔn] **a** ~ **conclusion** wiadomy wniosek, nieunikniony wynik

fore·ground [ˈfɔɡraund] s przedni plan

fore·head [ˈfɔrɪd] s czoło

for·eign [ˈfɔrɪn] *adj* obcy, cudzoziemski, zagraniczny; **Foreign Office** ministerstwo spraw zagranicznych; **Foreign Secretary** minister spraw zagranicznych

for·eign·er [ˈfɔrɪnə(r)] s obcokrajowiec, cudzoziemiec

fore·land [ˈfɔlənd] s przylądek

fore·man [ˈfɔmən] s nadzorca, brygadzista; *prawn.* starszy ławy przysięgłych

fore·most [ˈfɔməust] *adj* przedni, najważniejszy, pierwszy, czołowy

fore·noon [ˈfɔnun] s przedpołudnie

fore·run·ner [ˈfɔrʌnə(r)] s prekursor, zwiastun

*****fore·see** [fɔˈsi], **foresaw** [fɔˈsɔ], **foreseen** [fɔˈsin] *vt* przewidywać

fore·seen zob. **foresee**

fore·shad·ow [fɔˈʃædəu] *vt* zapowiadać

fore·sight [ˈfɔsait] s przewidywanie; przezorność

for·est [ˈfɔrɪst] s las; *vt* zalesiać

fore·stall [fɔˈstɔl] *vt* wyprzedzić, ubiec

for·est·er [ˈfɔristə(r)] s leśniczy

*****fore·tell** [fɔˈtel], **foretold**, **foretold** [fɔˈtəuld] *vt* przepowiadać, wróżyć

for·ev·er [fəˈrevə(r)] *adv* na zawsze, wciąż

fore·went zob. **forego**

fore·word [ˈfɔwɜd] s wstęp, przedmowa

for·feit [`fɔfɪt] *vt* stracić, zaprzepaścić; *s* grzywna; utrata przez konfiskatę, przepadek (mienia); zastaw, fant

for·feit·ure [`fɔfɪtʃə(r)] *s* utrata; grzywna; konfiskata

for·gave *zob.* **forgive**

forge [fɔdʒ] *s* kuźnia; piec hutniczy; *vt* kuć; fałszować, podrabiać; zmyślać

for·ger [`fɔdʒə(r)] *s* fałszerz

for·ger·y [`fɔdʒərɪ] *s* fałszerstwo

*for·get [fə`get], **forgot** [fə`gɔt], **forgotten** [fə`gɔtn] *vt vi* zapominać; opuszczać, pomijać

for·get·ful [fə`getfl] *adj* zapominający, niepomny, nie zważający (of sth na coś); *pot.* zapominalski

for·get-me-not [fə`get mɪ nɔt] *s bot.* niezapominajka

*for·give [fə`gɪv], **forgave** [fə`geɪv], **forgiven** [fə`gɪvn] *vt* przebaczać, odpuszczać, darować

*for·go [fə`gəu], **forwent** [fə`went], **forgone** [fə`gɔn] *vt* zrzec się; powstrzymać się (sth od czegoś); obejść się (sth bez czegoś)

for·got *zob.* **forget**

for·got·ten *zob.* **forget**

fork [fɔk] *s* widelec; widły; rozwidlenie; *vt* rozwidlać się

for·lorn [fə`lɔn] *adj* opuszczony; stracony; beznadziejny; ~ hope oddział szturmowy skazany na stracenie; z góry stracona sprawa

form [fɔm] *s* forma, kształt; formalność; formularz; ławka; klasa; *vt vi* formować (się), tworzyć (się); urabiać (np. opinię)

for·mal [`fɔml] *adj* formalny, oficjalny; zewnętrzny

for·mal·i·ty [fɔ`mælətɪ] *s* formalność; etykieta, ceremonialność

for·ma·tion [fɔ`meɪʃn] *s* formowanie ⟨kształtowanie, tworzenie, wytwarzanie⟩ się; budowa, powstawanie; *wojsk. geol.* formacja

for·mer [`fɔmə(r)] *adj* poprzedni, pierwszy (z dwu); dawny, były

for·mi·da·ble [`fɔmɪdəbl] *adj* straszny, groźny

for·mu·la [`fɔmjulə] *s* (*pl* **formulae** [`fɔmjuliː] *lub* **formulas** [`fɔmjuləz]) formułka; przepis; *mat. chem.* wzór

for·mu·late [`fɔmjuleɪt] *vt* formułować

*for·sake [fə`seɪk], **forsook** [fə`suk], **forsaken** [fə`seɪkn] *vt* opuszczać, porzucać

forth [fɔθ] *adv* naprzód; **and so ~** i tak dalej

forth·com·ing [fɔθ`kʌmɪŋ] *adj* zbliżający się, mający się ukazać

forth·right [`fɔθraɪt] *adj* prosty; szczery; *adv* prosto, otwarcie; szczerze; natychmiast

forth·with [fɔθ`wɪð] *adv* bezzwłocznie

for·ti·eth [`fɔtɪəθ] *adj* czterdziesty

for·ti·fy [`fɔtɪfaɪ] *vt* wzmacniać, pokrzepiać; popierać; fortyfikować

for·ti·tude [`fɔtɪtjud] *s* męstwo, hart ducha

fort·night [`fɔtnaɪt] *s* dwa tygodnie

fort·night·ly [`fɔtnaɪtlɪ] *adj* dwutygodniowy; *adv* co dwa tygodnie; *s* dwutygodnik

for·tress [`fɔtrəs] *s* forteca

for·tu·nate [`fɔtʃunət] *adj* szczęśliwy, pomyślny

fortune [`fɔtʃən] *s* los, szczęście, przypadek; majątek; **by ~** przypadkowo

for·tune-tel·ler [`fɔtʃən telə(r)] *s* wróżbita

for·ty [`fɔtɪ] *num* czterdzieści; *s* czterdziestka

for·ward [`fɔwəd] *adj* przedni; skierowany do przodu; przedwczesny; wczesny; gotów, chętny; postępowy; pewny siebie, arogancki; *adv* (*także* ~s) naprzód, dalej; z góry; **to come ~** wystąpić; zgłosić się; *vt* przyspieszać; popierać; wysyłać, ekspediować; *s sport* napastnik

for·wards *zob.* **forward** *adv*

for·went zob. **forgo**

fos·sil [ˈfosl] adj skamieniały; s skamieniałość

fos·ter [ˈfostə(r)] vt pielęgnować; żywić (np. nadzieję); podniecać, podsycać

fos·ter-broth·er [ˈfostə brʌðə(r)] s mleczny brat

fos·ter-child [ˈfostə tʃaɪld] s przybrane dziecko

fos·ter-fath·er [ˈfostə faðə(r)] s wychowawca, opiekun

fos·ter-moth·er [ˈfostə mʌðə(r)] s mamka, piastunka

fought zob. **fight**

foul [faul] adj zgniły; cuchnący; plugawy, wstrętny; sprośny; sport nieprzepisowy; nieuczciwy, niehonorowy; ~ copy brulion; s nieuczciwe postępowanie; sport faul; vt vi brudzić (się), kalać; zatkać; zderzyć się

found 1. zob. **find**

found 2. [faund] vt zakładać; opierać (np. na faktach)

found 3. [faund] vt odlewać, topić (metal)

foun·da·tion [faunˈdeɪʃn] s podstawa, fundament; założenie; fundacja

found·er 1. [ˈfaundə(r)] s założyciel

found·er 2. [ˈfaundə(r)] s giser, odlewnik

found·er 3. [ˈfaundə(r)] vi zatonąć; zawalić się, zapaść się; vt zatopić

found·ling [ˈfaundlɪŋ] s podrzutek

found·ry [ˈfaundrɪ] s odlewnia

fount [faunt] s źródło; zbiornik

foun·tain [ˈfauntɪn] s fontanna; przen. źródło; zbiornik

foun·tain-pen [ˈfauntɪnpen] s pióro wieczne

four [fɔ(r)] num cztery; s czwórka; on all ~s na czworakach

four·fold [ˈfɔfəuld] adj czterokrotny; adv czterokrotnie

four·teen [ˈfɔˈtin] num czternaście; s czternastka

four·teenth [ˈfɔˈtinθ] adj czternasty

fourth [fɔθ] adj czwarty

fowl [faul] s ptak (domowy, dziki); zbior. drób, ptactwo

fox [foks] s lis

frac·tion [ˈfrækʃn] s ułamek; frakcja

frac·ture [ˈfræktʃə(r)] s złamanie; vt vi złamać (się), pęknąć

frag·ile [ˈfrædʒaɪl] adj kruchy, łamliwy; wątły

frag·ment [ˈfrægmənt] s fragment

fra·grance [ˈfreɪɡrəns] s zapach

frail [freɪl] adj kruchy, łamliwy; wątły; przelotny

frame [freɪm] s rama, oprawa; struktura, szkielet, zrąb; system, porządek; vt oprawiać w ramę; tworzyć, kształtować; konstruować; dostosowywać

frame-work [ˈfreɪmwɜk] s praca ramowa; zrąb, struktura

fran·chise [ˈfræntʃaɪz] s prawo wyborcze; przywilej; am. koncesja

frank [fræŋk] adj otwarty, szczery

fran·tic [ˈfræntɪk] adj szalony, zapamiętały

fra·ter·nal [frəˈtɜnl] adj braterski, bratni

fra·ter·ni·ty [frəˈtɜnətɪ] s braterstwo; bractwo

frat·er·nize [ˈfrætənaɪz] vi bratać się

fraud [frɔd] s oszustwo; oszust

fraught [frɔt] adj naładowany, pełny, brzemienny

fray [freɪ] vt vi strzępić (się)

freak [frik] s kaprys, wybryk (także natury); fenomen

freck·le [frekl] s pieg, plamka; vt vi pokryć (się) plamkami, piegami

free [fri] adj wolny; hojny; niezależny, swobodny; bezpłatny; vt uwolnić, wyzwolić

free·dom [ˈfridəm] s wolność; swoboda; prawo (of sth do czegoś); ~ of a city honorowe obywatelstwo miasta

*freeze [friz], froze [frəuz], frozen

[frəuzn] *vt* marznąć, zamarzać; *vt* zamrażać

freez·er [ˈfriːzə(r)] *s* chłodnia, zamrażalnia; zamrażarka

freez·ing-point [ˈfriːzɪŋpɔɪnt] *s* punkt zamarzania

freight [freɪt] *s* fracht; przewóz; ładunek; *vt* frachtować; ładować (na statek); obciążać; przewozić

freight-train [freɪt treɪn] *s am.* pociąg towarowy

French [frentʃ] *adj* francuski; *s* język francuski

French·man [ˈfrentʃmən] *s* (*pl* Frenchmen [ˈfrentʃmən]) Francuz

fren·zy [ˈfrenzɪ] *s* szaleństwo

fre·quen·cy [ˈfriːkwənsɪ] *s* częstość; częstotliwość

fre·quent [ˈfriːkwənt] *adj* częsty; *vt* [frɪˈkwent] uczęszczać; nawiedzać, odwiedzać, bywać

fresh [freʃ] *adj* świeży, nowy; **rześki;** ~ **water** słodka woda; *adv* świeżo, niedawno

fret [fret] *vt vi* denerwować (się); gryźć (się), wgryzać się

fret·ful [ˈfretfl] *adj* drażliwy, nerwowy

fri·a·ble [ˈfraɪəbl] *adj* rulałki, kruchy

fri·ar [ˈfraɪə(r)] *s* mnich

fric·tion [ˈfrɪkʃn] *s* tarcie, nacieranie

Fri·day [ˈfraɪdɪ] *s* piątek

fried *zob.* fry 1.

friend [frend] *s* przyjaciel, kolega; **to be** ~**s with sb** przyjaźnić się z kimś

friend·ly [ˈfrendlɪ] *adj* przyjazny, przychylny; ~ **society** towarzystwo wzajemnej pomocy

friend·ship [ˈfrendʃɪp] *s* przyjaźń

fright [fraɪt] *s* strach; **to take** ~ przestraszyć się (**at sth** czegoś)

fright·en [ˈfraɪtn] *vt* straszyć, nastraszyć; ~ **away** (**off**) odstraszyć

fright·ful [ˈfraɪtfl] *adj* straszny

frig·id [ˈfrɪdʒɪd] *adj* zimny, chłodny; *przen.* oziębły

frill [frɪl] *s* falbanka, kryza; *vt* zdobić kryzą; plisować

fringe [frɪndʒ] *s* frędzla; grzywka; rąbek, skraj; peryferie; *vt* ozdabiać frędzlami; obrębiać; *vt* graniczyć (**upon sth** z czymś)

frit·ter [ˈfrɪtə(r)] *vt* rozdrabniać, marnować (np. czas na drobiazgi)

fri·vol·i·ty [frɪˈvolətɪ] *s* lekkomyślność; błahość, błahostka

friv·o·lous [ˈfrɪvələs] *adj* frywolny; lekkomyślny; błahy

fro [frəʊ] *adv w zwrocie:* **to and** ~ tam i z powrotem

frock [frok] *s* suknia, sukienka; habit

frock-coat [ˈfrokˈkəʊt] *s* surdut

frog [frog] *s zool.* żaba

frog·man [ˈfrogmən] *s* płetwonurek

frol·ic [ˈfrolɪk] *s* swawola, zabawa; figiel; *adj* (*także* ~**some**) swawolny, figlarny; *vi* swawolić, dokazywać

from [from, frəm] *praep* od, z

front [frʌnt] *s* front, czoło, przód; **in** ~ **of** przed; **to have the** ~ mieć czelność; *adj attr* frontowy, przedni, czołowy; *vi* stać frontem; *vt* stawiać czoło

fron·tier [ˈfrʌntɪə(r)] *s* granica

frost [frost] *s* mróz

frost·y [ˈfrostɪ] *adj* mroźny, lodowaty

froth [froθ] *s* piana; *vi* pienić się

frown [fraʊn] *vi* marszczyć brwi; krzywo patrzeć (**at** ⟨**on**⟩ **sb** na kogoś); *s* kose spojrzenie, wyraz niezadowolenia

froze *zob.* freeze

fru·gal [ˈfruːgl] *adj* oszczędny (**of sth** w czymś); (**o jedzeniu**) skromny

fruit [fruːt] *s* owoc, płód; *zbior.* owoce

fruit·ful [ˈfruːtfl] *adj* owocny; płodny

frus·trate [frʌˈstreɪt] *vt* zniweczyć; udaremnić

fry 1. [fraɪ] *vt vi* smażyć (się)

fry 2. [fraɪ] *s zbior.* drobne rybki, narybek; *przen.* dzieciarnia

fry·ing-pan [ˈfraɪɪŋpæn] *s* patelnia

fu·el [ˈfjuːl] *s* opał, paliwo

fugitive

fu·gi·tive [ˈfjudʒətɪv] *adj* zbiegły;. przelotny; *s* zbieg

ful·crum [ˈfʌlkrəm] *s* (*pl* fulcra [ˈfʌlkrə]) punkt podparcia ⟨obrotu, zawieszenia⟩

ful·fil [fulˈfɪl] *vt* spełnić

full [ful] *adj* pełny; najedzony; obfity; kompletny; ~ up przepełniony, pełny po brzegi; ~ stop kropka; *s* pełnia; in ~ w całości; to the ~ w całej pełni

fum·ble [ˈfʌmbl] *vi* szperać, grzebać, gmerać (at ⟨in, with⟩ sth w czymś); *vt* pot. partaczyć

fume [fjum] *s* dym (gryzący); wybuch (gniewu); *vi* dymić; złościć się

fun [fʌn] *s* wesołość, zabawa; to make ~ żartować sobie (of sb, sth z kogoś, czegoś)

func·tion [ˈfʌŋkʃn] *s* funkcja, czynność; *vi* funkcjonować, działać

func·tion·a·ry [ˈfʌŋkʃnərɪ] *s* funkcjonariusz

fund [fʌnd] *s* fundusz zapomogowy; zapas, zasób

fun·da·men·tal [ˌfʌndəˈmentl] *adj* podstawowy; *s* podstawa, zasada

fu·ner·al [ˈfjunrəl] *adj* pogrzebowy, żałobny; *s* pogrzeb

fun·gus [ˈfʌŋgəs] *s* (*pl* fungi [ˈfʌn dʒaɪ]) grzyb

fu·nic·u·lar [fjuˈnɪkjulə(r)] *adj* (o kolejce) linowy

fun·nel [ˈfʌnl] *s* lejek; komin (statku ⟨maszyny parowej⟩)

fun·ny [ˈfʌnɪ] *adj* zabawny, wesoły, śmieszny; dziwny

fur [fɜ(r)] *s* futro, sierść

fu·ri·ous [ˈfjuərɪəs] *adj* wściekły, szalony

fur·nace [ˈfɜnɪs] *s* piec (do celów

przemysłowych); blast ~ piec hutniczy

fur·nish [ˈfɜnɪʃ] *vt* zaopatrywać (with sth w coś); dostarczać; meblować

fur·ni·ture [ˈfɜnɪtʃə(r)] *s* zbior. meble, wyposażenie; a piece of ~ mebel

fu·ro·re [fjuˈrɔrɪ] *s* furora

fur·ri·er [ˈfʌrɪə(r)] *s* kuśnierz

fur·row [ˈfʌrəu] *s* bruzda; zmarszczka; *vt* robić bruzdy; żłobić

fur·ther 1. zob. far

fur·ther 2. [ˈfɜðə(r)] *vt* popierać

fur·ther·more [ˈfɜðəˈmɔ(r)] *adv* co więcej, ponadto

fur·thest [ˈfɜðɪst] zob. far

fur·tive [ˈfɜtɪv] *adj* ukradkowy, potajemny

fu·ry [ˈfjuərɪ] *s* szał, furia; siła (burzy)

fuse [fjuz] *vt vi* stopić (się), roztapiać (się), stapiać (się); *s* zapalnik, lont; elektr. bezpiecznik

fu·se·lage [ˈfjuzlaʒ] *s* lotn. kadłub (samolotu)

fu·sion [ˈfjuʒn] *s* fuzja, zlanie (się), stopienie (się)

fuss [fʌs] *s* hałas, rwetes; krzątanina; *vt vi* robić hałas, awanturować się; wiercić się; niepokoić (się); zabiegać (over ⟨around⟩ sb, sth koło kogoś, czegoś)

fuss·y [ˈfʌsɪ] *adj* hałaśliwy, niespokojny; kapryśny; drobiazgowy

fust·y [ˈfʌstɪ] *adj* stęchły; zacofany; przestarzały

fu·tile [ˈfjutaɪl] *adj* daremny; błahy

fu·ture [ˈfjutʃə(r)] *adj* przyszły; *s* przyszłość; gram. czas przyszły

fu·tu·ri·ty [fjuˈtjuərətɪ] *s* przyszłość

fuze = fuse

g

gab·ble [`gæbl] *vi* bełkotać, mamrotać; *s* bełkot

ga·ble [`geibl] *s* szczyt (ściany)

gad·fly [`gædflaɪ] *s* giez

gag [gæg] *vt* kneblować usta; *s* knebel

gage 1. [geidʒ] *s* rękojmia; *vt* zastawiać; ręczyć (sth czymś)

gage 2. = gauge

gai·e·ty [`geiəti] *s* wesołość

gai·ly [`geili] *adv* wesoło

gain [gein] *s* zysk; zarobek; wzrost; korzyść; *vt vi* zyskać; zarobić; wyprzedzić; (*o zegarku*) spieszyć się; zdobyć, osiągnąć; ~ **ground** *przen.* robić postępy; ~ **over** przeciągnąć na swoją stronę; ~ **the upper hand** wziąć górę

gain·ing [`geiniŋ] *s* (*zw. pl* ~s) zysk, dochody

*gain·say [/gein`sei], gainsaid, gainsaid [/gein`sed] *vt* przeczyć, oponować

gait [geit] *s* chód

gai·ter [`geitə(r)] *s* (*zw. pl* ~s) kamasz(e)

ga·la [`gælə] *s* gala; *adj attr* galowy

gale [geil] *s* wichura, sztorm

gall 1. [gɔl] *s* żółć; *przen.* gorycz

gall 2. [gɔl] *s* otarcie skóry, odparzenie; *vt* ocierać, odparzyć (skórę); drażnić

gal·lant [`gælənt] *adj* dzielny, rycerski; wspaniały; szarmancki, wytworny; *s* galant; elegant

gal·lant·ry [`gæləntri] *s* dzielność, rycerskość; szarmanckie postępowanie, galanteria, wytworność

gal·ler·y [`gæləri] *s* galeria; korytarz, pasaż

gal·ley [`gæli] *s* galeria; *pl* ~s (także *przen.*) galery, ciężkie roboty

gal·lon [`gælən] *s* galon (*bryt.* = = 4,54 l; *am.* = 3,78 l)

gal·lop [`gæləp] *vi* galopować; *s* galop

gal·lows [`gæləuz] *s* szubienica

ga·loot [gə`lut] *s* *pot.* niedołęga, safanduła

ga·losh [gə`lɔʃ] *s* kalosz

gal·va·nize [`gælvənaiz] *vt* galwanizować

gam·ble [`gæmbl] *vi* uprawiać hazard; ryzykować; *s* hazard; ryzyko

gam·bol [`gæmbl] *vi* podskakiwać, swawolić; *s* wesoły podskok; *pl* ~s koziołki

game [geim] *s* gra; rozrywka, zabawa; *sport* rozgrywka, partia; zwierzyna, dziczyzna; *pl* ~s zawody

game·ster [`geimstə(r)] *s* gracz, karciarz

gam·mon 1. [`gæmən] *s* szynka (wędzona)

gam·mon 2. [`gæmən] *s* *pot.* blaga, nabieranie, oszustwo; *vt vi* oszukiwać; bzdurzyć; udawać

gam·ut [`gæmət] *s* *muz. przen.* skala, zakres

gang [gæŋ] *s* grupa (ludzi), drużyna; ekipa; szajka, banda

gang-board [`gæŋbɔd] *s* *mors.* pomost, kładka

gan·grene [`gæŋgrin] *s* gangrena; *vt* gangrenować; *vi* ulegać gangrenie

gang·ster [`gæŋgstə(r)] *s* gangster

gang·way [`gæŋwei] *s* przejście (między rzędami krzeseł itp.); *mors.* schodnia

gaol [dʒeil] *s* więzienie

gaol·er [`dʒeilə(r)] *s* dozorca więzienny

gap [gæp] *s* luka, wyrwa, przerwa; odstęp; *przen.* przepaść

gape [geip] *vi* ziewać; gapić się, rozdziawiać usta; ziać, stać otworem; rozłazić się

ga·rage [`gæraʒ] *s* garaż; *vt* garażować

garb [gɑb] *s* odzież, strój; *vt* odziewać, ubierać, stroić

garbage

gar·bage [ˈgabɪdʒ] s zbior. odpadki, śmieci

gar·den [ˈgadn] s ogród; vi pracować w ogrodzie

gar·den·er [ˈgadnə(r)] s ogrodnik

gar·den-par·ty [ˈgadnpatɪ] s przyjęcie na świeżym powietrzu

gar·gle [ˈgagl] vt vi płukać gardło

gar·ish [ˈgærɪʃ] adj jaskrawy, krzykliwy

gar·land [ˈgalənd] s girlanda; wieniec

gar·lic [ˈgalɪk] s czosnek

gar·ment [ˈgamənt] s artykuł odzieżowy; pl ~s odzież

gar·ner [ˈganə(r)] s spichrz; zbiór; vt przechowywać, gromadzić

garnish [ˈganɪʃ] vt zdobić; garnirować; s ozdoba; przybranie

gar·ret [ˈgærət] s poddasze, mansarda, strych

gar·ri·son [ˈgærɪsn] s wojsk. garnizon

gar·ter [ˈgatə(r)] s podwiązka

gas [gæs] s gaz, am. pot. benzyna; vt zagazować, zatruć gazem

gas·me·ter [ˈgæsmitə(r)] s gazomierz

gas·o·line [ˈgæsəlin] s gazolina; am. benzyna

gasp [gasp] vi ciężko dyszeć, łapać oddech; stracić oddech; s ciężki oddech, dyszenie, łapanie tchu

gas-range [ˈgæs reɪndʒ], gas-stove [ˈgæs stəʊv] s kuchenka gazowa

gate [geɪt] s brama, wrota, furtka; zasuwa; tama

gate·way [ˈgeɪtweɪ] s brama wejściowa, wjazd, furtka

gath·er [ˈgæðə(r)] vt vi zbierać (się); wnioskować; (o rzece) wzbierać; (o wrzodzie) nabierać; narastać

gath·er·ing [ˈgæðərɪŋ] s zebranie; gromada; zbiór; med. ropień

gaud·y [ˈgɔdɪ] adj (o barwie) jaskrawy; (o stroju) krzykliwy; pompatyczny; wystrojony, paradny

gauge [geɪdʒ] s przyrząd pomiaro-

wy; miara; skala; rozmiar, wymiar; kaliber; szerokość toru; sprawdzian; vt mierzyć; szacować

gaunt [gɔnt] adj chudy, nędzny; ponury

gaunt·let [ˈgɔntlət] s rękawica

gauze [gɔz] s gaza; siatka druciana; mgiełka

gave zob. give

gawk [gɔk] s ciemięga, gamoń

gay [geɪ] adj wesoły; (o barwie) żywy

gaze [geɪz] vi uporczywie patrzeć, gapić się (at sth na coś); s spojrzenie, uporczywy wzrok

ga·zette [gəˈzet] s dziennik urzędowy

gaz·et·teer [ˌgæzəˈtɪə(r)] s słownik nazw geograficznych; am. dziennikarz

gear [gɪə(r)] s przekładnia; mechanizm; bieg (w aucie); zbior. narzędzia, przybory; uprząż; in ~ włączony, w ruchu, na biegu; out of ~ wyłączony, nie działający; popsuty; vt vi włączyć (się); zazębić (się)

gear-box [ˈgɪəbɔks] s skrzynka biegów

gear-wheel [ˈgɪəwil] s koło zębate

geese zob. goose

gem [dʒem] s klejnot

gen·der [ˈdʒendə(r)] s gram. rodzaj

gen·e·al·o·gy [ˌdʒinɪˈælədʒɪ] s genealogia

gen·e·ra zob. genus

gen·er·al [ˈdʒenrl] adj ogólny; powszechny; główny; ogólnikowy; s generał

gen·er·al·ize [ˈdʒenrəlaɪz] vt uogólniać; upowszechniać

gen·er·ate [ˈdʒenəreɪt] vt rodzić, wytwarzać; powodować

gen·er·a·tion [ˌdʒenəˈreɪʃn] s pokolenie; wytwarzanie; powstawanie

gen·er·os·i·ty [ˌdʒenəˈrosətɪ] s szlachetność; wielkoduszność; szczodrość

gen·er·ous [ˈdʒenrəs] adj szlachetny; wielkoduszny; szczodry

ge·net·ics [dʒɪˈnetɪks] s genetyka

ge·nial [ˈdʒinɪəl] adj radosny; mi-

151

get

ły; uprzejmy; towarzyski; (*o po-wietrzu*) łagodny

gen·i·tive [ˈdʒenətɪv] *s gram*. dopełniacz

ge·nius [ˈdʒiniəs] *s* (*pl* ~es [ˈdʒiniə-sɪz]) geniusz, człowiek genialny; (*tylko sing*) zdolność; talent; (*pl* genii [ˈdʒiniaɪ]) duch, demon

gen·o·cide [ˈdʒenəsaɪd] *s* ludobójstwo

gen·til·i·ty [dʒenˈtɪlətɪ] *s* szlacheckie urodzenie; dobre maniery; (*ironicznie*) „lepsze" towarzystwo

gen·tle [ˈdʒentl] *adj* delikatny, łagodny; szlachetny; szlachecki

gen·tle·man [ˈdʒentlmən] *s* (*pl* gentlemen [ˈdʒentlmən] dżentelmen; szlachcic; pan; mężczyzna

gen·tle·wom·an [ˈdʒentlwumən] *s* (*pl* gentlewomen [ˈdʒentlwɪmɪn]) dama, szlachcianka, kobieta z towarzystwa

gen·try [ˈdʒentrɪ] *s* szlachta, ziemiaństwo

gen·u·ine [ˈdʒenjuɪn] *adj* prawdziwy; oryginalny; autentyczny; szczery

ge·nus [ˈdʒinəs] *s* (*pl* genera [ˈdʒenərə]) (*zw. biol.*) rodzaj, klasa

ge·od·e·sy [dʒɪˈodəsɪ] *s* geodezja

ge·o·graph·ic(al) [ˈdʒiəˈgræfɪk(l)] *adj* geograficzny

ge·og·ra·phy [dʒɪˈogrəfɪ] *s* geografia

ge·o·log·ic(al) [ˈdʒiəˈlodʒɪk(l)] *adj* geologiczny

ge·ol·o·gy [dʒɪˈolədʒɪ] *s* geologia

ge·o·met·ric(al) [ˈdʒiəˈmetrɪk(l)] *adj* geometryczny

ge·om·e·try [dʒɪˈomətrɪ] *s* geometria

germ [dʒɜm] *s* zarodek, zalążek; zarazek

Ger·man [ˈdʒɜmən] *adj* niemiecki; *s* Niemiec; język niemiecki

ger·mi·nate [ˈdʒɜmɪneɪt] *vt* kiełkować; *vt* powodować kiełkowanie

ger·on·tol·o·gy [ˈdʒeronˈtolədʒɪ] *s* gerontologia

ges·tic·u·late [dʒɪˈstɪkjuleɪt] *vt* gestykulować

ges·ture [ˈdʒestʃə(r)] *s* gest

***get** [get], got, got [got] *vt vi* dostać, otrzymać; nabyć, zdobyć, wziąć; przynieść, podać, dostarczyć; dostać się, dojść; stać się; wpływać, zmuszać, nakłaniać; I cannot ~ him to do his work nie mogę go zmusić do pracy; he got the engine to move puścił silnik w ruch; I got my hair cut dałem sobie ostrzyc włosy; I got my work finished skończyłem pracę; uporałem się ze swoją pracą; he got his leg broken złamał sobie nogę; to ~ sth ready przygotować coś; I have got pot. = I have; have you got a watch? czy masz zegarek?; I have got to = I must; it has got to be done to musi być zrobione; z bezokolicznikiem: to ~ to know dowiedzieć się; to ~ to like polubić; z imiesłowem biernym: to ~ married ożenić się, wyjść za mąż; to ~ dressed ubrać się; z rzeczownikiem: to ~ rid uwolnić się, pozbyć się (of sth czegoś); z przymiotnikiem: to ~ old zestarzeć się; to ~ ready przygotować (się); it's ~ting late robi się późno; z przyimkami i przysłówkami: ~ about chodzić, poruszać się (z miejsca na miejsce); (o wiadomościach; także ~ abroad) rozchodzić się; ~ across przeprawić się (na drugą stronę); znaleźć zrozumienie ⟨oddźwięk⟩ (to sb u kogoś); ~ ahead posuwać się naprzód, robić postępy; ~ along posuwać się, robić postępy; współżyć; dawać sobie radę; ~ away usunąć się), oddalić się, umknąć; ~ back wracać; otrzymać z powrotem; ~ down ściągać (na dół), opuszczać (się); schodzić; dobierać ⟨zabierać⟩ się (to sth do czegoś); ~ in wejść, wjechać, dostać się (do wnętrza); wnieść, wprowadzić, wcisnąć; zbierać, zwozić (plony); ~ **off**

schodzić; złazić; wysiadać; zdejmować; usuwać (się); wyruszyć; wysłać, wyprawić; wymknąć się; ~ on nakładać; posuwać (się) naprzód; mieć powodzenie; robić postępy; współżyć; easy to ~ on with łatwy w pożyciu; ~ out wydostać ⟨wydobyć⟩ (się); wyjść, wysiąść; wyprowadzić, wyciągnąć, wyrwać ⟨wykręcić⟩ (się); ~ over przenieść; pokonać, przemóc; ukończyć, załatwić (sth coś); przejść na drugą stronę; ~ through przedostać się; przeprowadzić; skończyć, uporać się (with sth z czymś); zdać (egzamin); połączyć się (telefonicznie); ~ together zebrać (się), zejść się; ~ under pokonać, opanować; ~ up podnieść (się), wstać; doprowadzić do porządku, urządzić; ubrać; dojść, dotrzeć; wystawić (sztukę w teatrze)

gew·gaw [ˈgjuː gɔ] s błyskotka

gey·ser [ˈgiːzə(r)] s geol. gejzer; piecyk gazowy (do grzania wody)

ghast·ly [ˈgɑːstlɪ] adj straszny, upiorny; adv strasznie, upiornie

gher·kin [ˈgɜːkɪn] s korniszon

ghost [gəʊst] s duch, cień, widmo

gi·ant [ˈdʒaɪənt] s olbrzym; adj attr olbrzymi

gib·bet [ˈdʒɪbɪt] s szubienica; śmierć na szubienicy

gibe [dʒaɪb] vi kpić (at sb z kogoś); s kpina

gid·di·ness [ˈgɪdɪnəs] s zawrót głowy; roztrzepanie; lekkomyślność

gid·dy [ˈgɪdɪ] adj zawrotny; oszołomiony; roztrzepany; lekkomyślny; to feel ~ mieć zawrót głowy

gift [gɪft] s prezent, dar; uzdolnienie (for sth do czegoś)

gift·ed [ˈgɪftɪd] adj utalentowany

gi·gan·tic [dʒaɪˈgæntɪk] adj olbrzymi

gig·gle [ˈgɪgl] vi chichotać; s chichot

gild 1. = guild

gild 2. [gɪld] vt złocić, pozłacać

gilt [gɪlt] s pozłota; adj pozłacany

gin [dʒɪn] s dżyn

gin·ger [ˈdʒɪndʒə(r)] s imbir

gip·sy [ˈdʒɪpsɪ] s Cygan

gi·raffe [dʒɪˈrɑːf] s żyrafa

*****gird** [gɜd], ~ed, ~ed [ˈgɜdɪd] lub **girt**, **girt** [gɜt] s opasać, otoczyć

gir·dle [ˈgɜdl] s pas; vt opasać

girl [gɜl] s dziewczynka, dziewczyna, pot. kobieta; **Girl Guide** harcerka

girt [gɜt] zob. gird; s obwód; vt mierzyć obwód

gist [dʒɪst] s istota rzeczy, sens

*****give** [gɪv], gave [geɪv], ~n [ˈgɪvn] vt dawać; oddawać, poświęcać; vi ustąpić, poddać się; rozpaść się; z rzeczownikami: to ~ ground cofać się, ustępować; to ~ a guess zgadywać; to ~ a look spojrzeć; to ~ offence obrazić; to ~ pain sprawiać ból; to ~ rise dać początek; to ~ way ustąpić; z przysłówkami: ~ away wydawać, zdradzać; oddawać, rozdawać; ~ forth wydawać, wydzielać; ~ in wręczać; podawać; poddać się, ustępować, ulegać; ~ off wydzielać, wydawać; ~ out wydawać, rozdawać; ogłaszać, rozgłaszać; (o zapasie) wyczerpywać się; ~ over przekazać, przesłać; zaprzestać, zaniechać; ~ up opuścić; zaniechać; zrezygnować; oddać (się)

giv·en zob. give

gla·cial [ˈgleɪʃl] adj lodowy, lodowaty; geol. lodowcowy

gla·cier [ˈglæsɪə(r)] s lodowiec

glad [glæd] adj rad; radosny, wesoły; I am ~ to see you cieszę się, że cię widzę

glad·den [ˈglædn] vt radować, weselić

glade [gleɪd] s przesieka, polana

gladi·olus [ˈglædɪˈəʊləs] s bot. gladiolus, mieczyk

glam·our [ˈglæmə(r)] s blask, urok, świetność

glance [glɑːns] vi spoglądać (at sth na coś); s spojrzenie; to take ⟨cast⟩ a ~ spojrzeć (at sth na coś)

gland [glænd] s gruczoł

glare [gleə(r)] vi błyszczeć, jasno świecić, razić; patrzeć (z blaskiem w oczach, ze złością); s blask; dzikie ⟨piorunujące⟩ spojrzenie; uporczywy wzrok

glass [glas] s szkło; szklanka; przedmiot ze szkła; pl ~es okulary

glass·ful [ˈglasfl] s szklanka (pełna czegoś)

glass·house [ˈglashaus] s cieplarnia; szklarnia

glass-works [ˈglas wɜks] s pl huta szkła

glaze [gleɪz] s szkliwo; emalia; glazura; vt vi szklić (się); pokrywać (się) emalią ⟨glazurą⟩; glazurować; ~d frost gołoledź

gla·zier [ˈgleɪzɪə(r)] s szklarz

gleam [glim] vi połyskiwać, migotać, błyszczeć; s błysk, promień, blask

glean [glin] vt vi zbierać (kłosy); przen. skrzętnie zbierać, starannie wybierać

glee [gli] s radość, wesołość

glen [glen] s dolina (górska)

glib [glɪb] adj gładki, (o mowie) płynny

glide [glaɪd] vi ślizgać się, sunąć; szybować; (o czasie) upływać; s ślizganie się; lotn. szybowanie, ślizg; gram. głoska przejściowa

glid·er [ˈglaɪdər()] s lotn. szybowiec

glim·mer [ˈglɪmə(r)] vi migotać; s migotanie, światełko

glimpse [glɪmps] vi ujrzeć w przelocie (at ⟨on⟩ sth coś); s przelotne spojrzenie; to catch a ~ ujrzeć w przelocie (of sth coś)

glit·ter [ˈglɪtə(r)] vi lśnić, błyszczeć, połyskiwać; s blask, połysk

gloat [gləʊt] vi napawać się, nasycać wzrok (over ⟨on⟩ sth widokiem czegoś)

globe [gləʊb] s glob; kula (ziemska); globus; klosz

glob·al [ˈgləʊbl] adj ogólny, globalny; ogólnoświatowy

gloom [glum] s mrok; przen. smutek, przygnębienie; vt vi zaciemniać ⟨się⟩; przen. posępnieć

gloom·y [ˈglumɪ] adj mroczny; przen. posępny

glor·i·fy [ˈglɔrɪfaɪ] vt sławić, gloryfikować

glo·ri·ous [ˈglɔrɪəs] adj sławny, chlubny; wspaniały

glo·ry [ˈglɔrɪ] s sława, chluba; wspaniałość; vi chlubić się (in sth czymś)

gloss 1. [glos] s połysk; blichtr; vt nadawać połysk; przen. upiększać

gloss 2. [glos] s glosa, objaśnienie

glos·sa·ry [ˈglosərɪ] s glosariusz

gloss·y [ˈglosɪ] adj lśniący, połyskujący; gładki

glove [glʌv] s rękawiczka

glow [gləʊ] vi płonąć, żarzyć się; promieniować; s żar; jasność; żarliwość

glow-worm [ˈgləʊwɜm] s robaczek świętojański

glue [glu] s klej; vt kleić

glum [glʌm] adj ponury

glut [glʌt] vt nasycić, napełnić do syta; przesycić; s nasycenie, przesyt

glu·ti·nous [ˈgiutɪnəs] adj kleisty

glut·ton [ˈglʌtn] s żarłok

glut·ton·y [ˈglʌtnɪ] s żarłoczność, obżarstwo

gnash [næʃ] vt zgrzytać

gnat [næt] s komar

gnaw [nɔ] vt vi gryźć, ogryzać; wgryzać się

gnome [nəʊm] s gnom

*****go** [gəʊ], went [went], gone [gon], 3 pers sing praes goes [gəʊz] vi iść, pójść, chodzić, poruszać się, jechać; udać się; pójść sobie, przepaść, zniknąć; stać się, przeobrazić się; obchodzić się (without sth bez czegoś); to let go puścić; to go to make stanowić, składać się (sth na coś); z przymiotnikami: to go bad zepsuć się; to go mad zwariować; to go red poczerwienieć; to go wrong

goad 154

spotkać się z niepowodzeniem, nie udać się; zepsuć się; z *przysłówkami i przyimkami*: go about krążyć, chodzić tu i tam; przystąpić, zabierać się (sth do czegoś); go after starać się, ubiegać się o coś; go ahead posuwać się naprzód; dalej coś robić; zaczynać; go along ślíć ⟨posuwać się⟩ naprzód; go asunder rozpaść się; go back wrócić; cofnąć (on one's word swoje słowo); go down schodzić; opadać; zmniejszać się; (*o słońcu*) zachodzić; go in wchodzić; zabierać się (for sth do czegoś); uprawiać, zajmować się (for sth czymś); zasiadać (for an exam do egzaminu); go off odejść; (*o broni*) wystrzelić; przeminąć; wypaść, (*o przedstawieniu, zawodach itp.*) udać się; go on posuwać się naprzód; kontynuować (with sth coś, doing sth robienie czegoś); trwać; dziać się; zachowywać się; go out wyjechać, wyjść; kończyć się; niknąć, gasnąć; go over przejść na drugą stronę; przejrzeć, zbadać, powtórzyć (sth coś); go through (*o uchwale itp.*) przejść; dobrnąć do końca (with sth czegoś); go under ulec; zginąć; zniknąć; zatonąć; go up podejść; wejść na górę; podnieść się; to go up in flames spłonąć; *s* ruch; werwa, życie; próba; posunięcie; to have a go spróbować (at sth czegoś)

goad [gəud] *vt* kłuć; dawać bodźca, popędzać, pobudzać; *s* bodziec

goal [gəul] *s* cel; *sport* gol, bramka

goal-keep·er [ˈgəulkipə(r)] *s sport* bramkarz

goat [gəut] *s* koza, kozioł

go-be·tween [ˈgəu bitwin] *s* pośrednik

god [god] *s* bóg, bóstwo; God Bóg

god-daugh·ter [ˈgoddətə(r)] *s* chrześniaczka

god·dess [ˈgodis] *s* bogini

god·fath·er [ˈgodfaðə(r)] *s* ojciec chrzestny

god·moth·er [ˈgodmʌðə(r)] *s* matka chrzestna

god·send [ˈgodsend] *s* niespodzianka, „dar niebios"

god·son [ˈgodsʌn] *s* chrześniak

goes zob. **go**

gog·gle [ˈgogl] *vi* wytrzeszczać oczy; *s pl* ~s gogle

gold [gəuld] *s* złoto; *attr* złoty

gold-dig·ger [ˈgəulddigə(r)] *s* poszukiwacz złota

gold·en [ˈgəuldn] *adj* złoty; złocisty

gold-field [ˈgəuldfild] *s* pole złotodajne, złoże złota

gold-mine [ˈgəuldmain] *s* kopalnia złota

gold·smith [ˈgəuldsmiθ] *s* złotnik

golf [golf] *s* (*gra*) golf

gone zob. **go**

good [gud] *adj* dobry (*comp* better [ˈbetə(r)] lepszy, *sup* best [best] najlepszy); (*o dzieciach*) grzeczny; (*o dokumencie*) ważny; spory; właściwy; ~ at sth biegły w czymś, zdolny do czegoś; to make ~ naprawić; wyrównać; wynagrodzić; (*przy powitaniu*) ~ morning, ~ afternoon dzień dobry; ~ evening dobry wieczór; ~ night dobranoc; *s* dobro; *pl* ~s dobra, własność; towary; ~s train pociąg towarowy; ~s van wóz dostawczy; for ~ na dobre, na zawsze; to be some ~ na coś się przydać; to be no ~ nie przydać się na nic; what's the ~ of it? na co się to przyda?

good-bye [ˈgudˈbai] *int* do widzenia!

good-look·ing [ˈgudˈlukiŋ] *adj* przystojny

good·ly [ˈgudli] *adj* piękny; spory, niemały

good-na·tured [ˈgudˈneitʃəd] *adj* dobroduszny

good·ness [ˈgudnəs] *s* dobroć; ~ gracious!, my ~! *int* mój Boże!

goods zob. **good**

good·will [ˈgudˈwɪl] s dobra wola; *handl.* majątek i reputacja firmy

goose [gus] s (*pl* geese [gis]) gęś

goose·ber·ry [ˈguzbrɪ] s agrest

gore [gɔ(r)] *vt* bóść

gorge [gɔdʒ] s czeluść, parów; † gardło; *vt vi pot.* żarłocznie jeść

gor·geous [ˈgɔdʒəs] *adj* wspaniały, okazały

gos·pel [ˈgospl] s ewangelia

gos·sa·mer [ˈgosəmə(r)] s babie lato, pajęczyna

gos·sip [ˈgosɪp] s plotka; plotkarstwo; plotkarz, plotkarka; *vi* plotkować

got *zob.* get

Goth·ic [ˈgoθɪk] *adj* gotycki; gocki; s gotyk; pismo gotyckie; język gocki

got·ten [ˈgotn] *am. pp* od get

gourd [guəd] s tykwa

gout [gaut] s podagra

gov·ern [ˈgʌvn] *vt vi* rządzić, sprawować rządy, panować (*także* nad sobą (uczuciami))

gov·ern·ment [ˈgʌvmənt] s rząd, władze; gubernia, prowincja

gov·er·nor [ˈgʌvnə(r)] s gubernator; dyrektor naczelny; naczelnik; członek zarządu

gown [gaun] s suknia, toga

grab [græb] *vt* porywać, chwytać; grabić

grace [greɪs] s gracja, wdzięk; łaska, łaskawość; *vt* zdobić; zaszczycać

grace·ful [ˈgreɪsfl] *adj* pełen wdzięku, powabny; łaskawy

gra·cious [ˈgreɪʃəs] *adj* łaskawy; good ~! mój Boże!

grade [greɪd] s stopień; gatunek; ranga, szczebel służbowy; *am.* klasa (w szkole podstawowej)

grad·u·al [ˈgrædʒuəl] *adj* stopniowy

grad·u·ate [ˈgrædʒueɪt] *vt* stopniować; oznaczać stopniami, znaczyć według skali; nadawać stopień naukowy; *vi* stopniowo przechodzić (w coś); otrzymać stopień

naukowy; s [ˈgrædʒuət] absolwent wyższej uczelni ze stopniem naukowym

grad·u·a·tion [ˌgrædʒuˈeɪʃn] s stopniowanie; ukończenie studiów ze stopniem naukowym

graft 1. [graft] *vt* szczepić; s *bot.* szczep; *med.* przeszczep

graft 2. [graft] s wymuszenie, nieuczciwy zysk, łapówka; *vi* nieuczciwie zdobywać pieniądze (wymuszeniem, przekupstwem itp.)

grain [greɪn] s ziarno; *zbior.* zboże

gram·mar [ˈgræmə(r)] s gramatyka

gram·mar-school [ˈgræməskul] s *bryt.* szkoła średnia

gramo·phone [ˈgræməfəun] s gramofon

gran·a·ry [ˈgrænərɪ] s spichlerz

grand [grænd] *adj* wielki; wytworny, wspaniały; uroczysty; główny; ~ piano fortepian

grand·child [ˈgræntʃaɪld] s wnuk, wnuczka

gran·deur [ˈgrændʒə(r)] s wielkość, majestatyczność

grand·fath·er [ˈgrændfaðə(r)] s dziadek

gran·di·ose [ˈgrændɪəus] *adj* wspaniały, majestatyczny

grand·moth·er [ˈgrændmʌðə(r)] s babka

gran·ite [ˈgrænɪt] s granit

grant [grant] *vt* użyczać; spełniać (prośbę); nadawać (własność); przyznawać (rację); s akt łaski; dar, darowizna; subwencja; to take for ~ed przyjąć za rzecz oczywistą, przesądzić

gran·u·lar [ˈgrænjulə(r)] *adj* ziarnisty

gran·u·late [ˈgrænjuleɪt] *vt vi* granulować (się), nadawać (przybierać) postać ziarnistą

grape [greɪp] s winogrono

grape·fruit [ˈgreɪpfrut] s grejpfrut

graph [græf] s wykres

graph·ic [ˈgræfɪk] *adj* graficzny

graph·ite [ˈgræfaɪt] s grafit

grap·ple [ˈgræpl] *vt* zahaczyć; *vi* chwycić; zmagać się; *s* chwyt; walka wręcz, zmaganie

grasp [grɑsp] *vt* uchwycić, ścisnąć, mocno objąć; pojąć; zrozumieć; *vi* chwytać się (at sth czegoś); *s* chwyt, uścisk; władza; pojmowanie; zasięg (ręki)

grasp·ing [ˈgrɑspɪŋ] *adj* chciwy, zachłanny

grass [grɑs] *s* trawa; ~ widow słomiana wdowa; ~ widower słomiany wdowiec; (w napisie) keep off the ~ nie deptać trawników

grass·hop·per [ˈgrɑshopə(r)] *s* konik polny

grass-snake [ˈgrɑs sneɪk] *s* zool. zaskroniec

grate 1. [greɪt] *s* krata; ruszt, palenisko; *vt* zakratować

grate 2. [greɪt] *vt* skrobać, ucierać (na tarce); skrzypieć, zgrzytać

grate·ful [ˈgreɪtfl] *adj* wdzięczny; miły

grat·i·fi·ca·tion [ˌgrætɪfɪˈkeɪʃn] *s* wynagrodzenie; zadośćuczynienie; zadowolenie

grat·i·fy [ˈgrætɪfaɪ] *vt* wynagrodzić; zadośćuczynić; zadowolić

grat·ing [ˈgreɪtɪŋ] *ppraes i s* okratowanie

gra·tis [ˈgreɪtɪs] *adv* darmo, bezpłatnie

grat·i·tude [ˈgrætɪtjud] *s* wdzięczność

gra·tu·i·tous [grəˈtjuɪtəs] *adj* bezpłatny; dobrowolny; bezpodstawny

gra·tu·i·ty [grəˈtjuətɪ] *s* wynagrodzenie, napiwek

grave 1. [greɪv] *s* grób

grave 2. [greɪv] *adj* poważny; ważny

grav·el [ˈgrævl] *s* żwir

grave·stone [ˈgreɪvstəʊn] *s* płyta nagrobna; nagrobek

grave·yard [ˈgreɪvjɑd] *s* cmentarz

grav·i·ta·tion [ˌgrævɪˈteɪʃn] *s* ciążenie

grav·i·ty [ˈgrævətɪ] *s* waga, powaga; fiz. ciężkość, ciężar (gatun-kowy); przyciąganie ziemskie; specific ~ ciężar właściwy; centre of ~ środek ciężkości

gra·vy [ˈgreɪvɪ] *s* sos od pieczeni

gray = grey

graze 1. [greɪz] *vt vi* paść (się)

graze 2. [greɪz] *vt* lekko dotknąć, musnąć; drasnąć

grease [gris] *s* tłuszcz; smar; *vt* tłuścić; smarować

greas·y [ˈgrisɪ] *adj* tłusty; zatłuszczony; brudny; wstrętny

great [greɪt] *adj* wielki, duży; pot. wspaniały; ~ in ⟨on⟩ sth zamiłowany w czymś; ~ at sth uzdolniony do czegoś

greed [grid] *s* chciwość, żądza (władzy)

greed·y [ˈgridɪ] *adj* chciwy; żarłoczny

Greek [grik] *adj* grecki; *s* Grek; język grecki

green [grin] *adj* zielony; niedojrzały; przen. niedoświadczony; *s* zieleń, łąka; pl ~s warzywa; *vt vi* zielenić się, pokrywać (się) zielenią

green·horn [ˈgrinhon] *s* pot. żółtodziób, nowicjusz

green·house [ˈgrinhaʊs] *s* cieplarnia

greet [grit] *vt* witać, kłaniać się, pozdrawiać

greet·ing [ˈgritɪŋ] *ppraes i s* przywitanie, pozdrowienie

gre·nade [grɪˈneɪd] *s* wojsk. granat

grew zob. grow

grey [greɪ] *adj* szary, siwy; *s* szary kolor

grey·hound [ˈgreɪhaʊnd] *s* zool. chart

grid [grid] *s* ruszt; krata; elektr. geogr. siatka; sieć wysokiego napięcia

grief [grif] *s* zmartwienie; żal; nieszczęście; to come to ~ spotkać się z nieszczęściem ⟨niepowodzeniem⟩, źle się skończyć

griev·ance [ˈgrivns] *s* skarga, powód do skargi, krzywda

grieve [griv] *vt vi* martwić (się), sprawiać ⟨odczuwać⟩ przykrość

griev·ous [`griːvəs] *adj* krzywdzący; bolesny, przykry

grill [grɪl] *s* krata, ruszt; mięso z rusztu; bufet; *vt vi* smażyć (się) na ruszcie

grim [grɪm] *adj* ponury; srogi, nieubłagany

gri·mace [grɪ`meɪs] *s* grymas; *vi* robić grymasy

grime [graɪm] *s* brud; *vt* brudzić, brukać

grim·y [`graɪmɪ] *adj* brudny

grin [grɪn] *vi* szczerzyć zęby, uśmiechać się (szeroko); *s* (szeroki) uśmiech, szczerzenie zębów

*grind [graɪnd], **ground**, **ground** [graund] *vt* mleć, ucierać, miażdżyć; ostrzyć; szlifować; toczyć; *vi* dać się zemleć; *pot.* wkuwać; harować

grind·stone [`graɪndstəun] *s* kamień szlifierski

grip [grɪp] *vt* chwycić (dłonią), ująć; ścisnąć; opanować; działać (sb na kogoś); *s* chwyt; ujęcie; uścisk; *przen.* władza, szpony; opanowanie, oddziaływanie

grit [grɪt] *s* piasek, żwir; *przen.* stanowczość, wytrwałość

griz·zled [`grɪzld] *adj* posiwiały

griz·zly [`grɪzlɪ] *s* *zool.* grizzly

groan [grəun] *vi* jęczeć; *s* jęk

groats [grəuts] *s pl* krupy, kasza

gro·cer [`grəusə(r)] *s* właściciel sklepu spożywczego ⟨kolonialnego⟩

gro·cer·y [`grəusrɪ] *s* sklep z towarami spożywczymi ⟨kolonialnymi⟩

groom [grum] *s* stajenny; szambelan; pan młody

groove [gruv] *s* rowek, bruzda; wpust; *przen.* szablon, rutyna; *vt* żłobić

grope [grəup] *vt vi* szukać ⟨iść⟩ po omacku

gross [grəus] *adj* gruby, duży; ordynarny; całkowity; *handl.* brutto; *s* gros (= 12 tuzinów); **in ⟨by⟩ the ~** hurtem, ogółem

gro·tesque [grəu`tesk] *adj* groteskowy; *s* groteska

ground 1. *zob.* grind

ground 2. [graund] *s* podstawa, podłoże; grunt, ziemia; dno (morza); tło; teren, plac; **~ floor** parter; *vt* gruntować; opierać; uczyć (podstaw); *elektr.* uziemić

group [grup] *s* grupa; *vt vi* grupować (się)

grove [grəuv] *s* gaj, lasek

grov·el [`grɒvl] *vi* pełzać, płaszczyć się

*grow [grəu], **grew** [gru], **grown** [grəun] *vi* rosnąć, wzrastać; stawać się; wzmagać się; *vt* hodować, sadzić; zapuszczać (np. brodę); **to ~ old** starzeć się; **it is ~ing dark** ściemnia się; **~ up** wyrastać, dorastać, dojrzewać

growl [graul] *vi* warczeć, mruczeć, burczeć; *s* warczenie, pomruk

grown-up [`grəunʌp] *adj* dorosły; *s* dorosły człowiek

growth [grəuθ] *s* rośnięcie; wzrost; rozwój; hodowla; porost; narośl

grub [grʌb] *vt vi* ryć, grzebać; karczować; *s* robak, czerw

grudge [grʌdʒ] *s* złość, niechęć, uraza; *vt* czuć urazę, zazdrościć; skąpić, żałować (sb, sth komuś czegoś); **to bear sb a ~** czuć urazę do kogoś

gru·el [`gruːl] *s* kaszka, kleik

grue·some [`grusəm] *adj* straszny, budzący zgrozę

grum·ble [`grʌmbl] *vt vi* szemrać, gderać, narzekać (at sb, sth na kogoś, coś)

grum·bler [`grʌmblə(r)] *s* gderacz, zrzęda

grunt [grʌnt] *vt vi* chrząkać; *s* chrząkanie

guar·an·tee [ˌgærən`tiː] *s* poręczyciel; gwarancja; *vt* gwarantować, ręczyć

guar·an·ty [`gærəntɪ] *s* *prawn.* = guarantee

guard [gɑd] *s* straż, warta; baczność; stróż, wartownik, strażnik; ochrona, osłona; *bryt.* konduktor (kolejowy); *pl* ~s gwardia; *vt* pilnować, osłaniać, ochraniać; *vi* strzec się; zabezpieczać się (against sth przed czymś)

guard·i·an [ˈɡɑdɪən] *s* opiekun, stróż

gue·ril·la [ɡəˈrɪlə] *s* partyzantka; partyzant

guess [ɡes] *vt vi* zgadywać; przypuszczać, domyślać się, sądzić; *s* zgadywanie; przypuszczenie, domysł; to give ⟨make⟩ a ~ zgadnąć; at ~ na chybił trafił, na oko

guest [ɡest] *s* gość

guid·ance [ˈɡaɪdns] *s* kierownictwo; informacja

guide [ɡaɪd] *s* kierownik; (*także o książce*) przewodnik; poradnik; doradca; *vt* kierować, prowadzić

guild [ɡɪld] *s* gildia, cech

guile [ɡaɪl] *s* podstęp, oszustwo

guile·less [ˈɡaɪlləs] *adj* otwarty, szczery

guil·lo·tine [ˈɡɪləˈtin] *s* gilotyna

guilt·y [ˈɡɪltɪ] *adj* winny; ~ conscience nieczyste sumienie

guin·ea [ˈɡɪnɪ] *s* gwinea (= 21 szylingów)

gui·tar [ɡɪˈta(r)] *s* gitara

gulf [ɡʌlf] *s* zatoka; otchłań; wir

gull [ɡʌl] *s* mewa

gul·let [ˈɡʌlɪt] *s* przełyk; gardziel

gul·li·ble [ˈɡʌləbl] *adj* naiwny, łatwowierny

gul·ly [ˈɡʌlɪ] *s* ściek, kanał; żleb

gulp [ɡʌlp] *vt* chłeptać, łykać (*także* łzy); powstrzymywać (łzy); *s* łyk; at one ~ jednym haustem

gum 1. [ɡʌm] *s* dziąsło

gum 2. [ɡʌm] *s* guma; klej roślinny; *vt* lepić, gumować

gun [ɡʌn] *s* działo; strzelba, karabin; rewolwer; strzelec

gun·boat [ˈɡʌnbəut] *s wojsk.* kanonierka

gun·ner [ˈɡʌnə(r)] *s* kanonier

gun·pow·der [ˈɡʌnpaudə(r)] *s* proch strzelniczy

gur·gle [ˈɡɜɡl] *vi* bulgotać; *s* bulgotanie

gush [ɡʌʃ] *vi* wylewać, tryskać; *s* wylew, wytrysk

gust [ɡʌst] *s* poryw wiatru; gwałtowna ulewa; *przen.* wybuch uczucia

gut [ɡʌt] *pl* ~s wnętrzności, jelita; *pot.* odwaga, energia

gut·ter [ˈɡʌtə(r)] *s* ściek, rynna

gut·ter·snipe [ˈɡʌtəsnaɪp] *s* dziecko ulicy

gut·tur·al [ˈɡʌtərl] *adj* gardłowy (dźwięk)

guy [ɡaɪ] *s* kukła, straszydło; *am. pot.* typ, facet

gym·na·si·um [dʒɪmˈneɪzɪəm] *s* sala gimnastyczna

gym·nas·tic [dʒɪmˈnæstɪk] *adj* gimnastyczny; *s pl* ~s gimnastyka

gynae·colo·gist [ˈɡaɪnɪˈkolədʒɪst] *s* ginekolog

gyp·sy [ˈdʒɪpsɪ] *s* = gipsy

h

hab·er·dash·er [ˈhæbədæʃə(r)] *s* kupiec pasmanteryjny i galanteryjny

hab·it [ˈhæbɪt] *s* zwyczaj; nawyk, przyzwyczajenie; nałóg; budowa ciała; habit (zakonny); *f* (*zw.* ~

of mind) usposobienie; to be in the ~ of mieć zwyczaj ⟨nałóg⟩; to fall ⟨get⟩ into the ~ of popaść w nawyk ⟨nałóg⟩; to break off the ~ odzwyczaić się; *vt* odziewać

hab·i·ta·tion ['hæbɪ'teɪʃn] s mieszkanie, zamieszkiwanie; miejsce zamieszkania

ha·bit·u·al [həˈbɪtjuəl] adj zwykły, zwyczajny; nałogowy; notoryczny

hack 1. [hæk] s oskard, kilof; cięcie; vt ciosać, rąbać, siekać

hack 2. [hæk] s koń wynajęty; szkapa; przen. pot. wyrobnik, murzyn; ~ **writer** pismak; vt wynajmować; banalizować; vi pracować jak wyrobnik

hack·ney ['hæknɪ] s koń wynajęty; dorożka; vt banalizować, pospolitować

hack·neyed ['hæknɪd] pp i adj oklepany, banalny, szablonowy

had zob. **have**

hadn't [hædnt] = **had not**; zob. **have**

haem·or·rhage ['hemərɪdʒ] s krwawienie, krwotok

hag [hæg] s wiedźma; jędza

hag·gard ['hægəd] adj wynędzniały, wychudzony; (o wzroku) nieprzytomny

hail 1. [heɪl] s grad; vi (o gradzie) padać

hail 2. [heɪl] vt witać; wołać; obwołać; vi pochodzić, przybywać (skądś); s powitanie

hair [heə] s włos; zbior. włosy

hair·cut ['heəkʌt] s strzyżenie

hair·dress·er ['heədresə(r)] s fryzjer

hair·y ['heərɪ] adj włochaty, owłosiony

hale [heɪl] adj (zw. ~ **and hearty**) (o starszych ludziach) czerstwy, krzepki

half [haf] s (pl **halves** [havz]) połowa; **one and a ~** półtora; **to go halves** dzielić się (z kimś) na pół; adj pół; ~ **a mile** pół mili; adv na pół, po połowie

half-back ['hafbæk] s sport. obrońca, pomocnik

half-broth·er ['hafbrʌðə(r)] s przyrodni brat

half-crown ['hafkraun] s półkoronówka (= dwa i pół szylinga)

half-heart·ed ['hafhatɪd] adj niezdecydowany, bez zapału

half-pen·ny ['heɪpnɪ] s (pl **half-pence** ['heɪpəns]) pół pensa

half-sis·ter ['hafsɪstə(r)] s przyrodnia siostra

half-time ['haf'taɪm] s system pracy na pół dniówki; ~ **worker** półetatowy pracownik

half-way ['haf'weɪ] adv w połowie drogi; adj attr znajdujący się w połowie drogi; przen. połowiczny

hall [hɔl] s hall; sala; hala; westybul; dwór, gmach

hall·mark ['hɔlmak] s stempel probierczy; przen. znamię

hal·lo! [həˈləu] int halo!; cześć!, czołem!

hal·low ['hæləu] vt święcić, poświęcać

hal·lu·ci·na·tion [həˈlusɪˈneɪʃn] s halucynacja

ha·lo ['heɪləu] s aureola; obwódka

halt [hɔlt] vt vi zatrzymać (się); wahać się; † chromać; s zatrzymanie się, postój

hal·ter ['hɔltə(r)] s stryczek; postronek

halves zob. **half**

ham [hæm] s szynka

ham·burg·er ['hæmbəgə(r)] s mielony kotlet wołowy (zw. podawany w przekrojonej bułce)

ham·let ['hæmlət] s wioska

ham·mer ['hæmə(r)] s młot, młotek; vt bić młotem, kuć, wbijać; przen. zadać klęskę; vi walić ⟨tłuc⟩ (at sth w coś)

ham·mock ['hæmək] s hamak

ham·per ['hæmpə(r)] vt przeszkadzać, hamować, krępować

hand [hænd] s ręka, dłoń; pracownik; pl ~**s** siły robocze, obsługa; załoga; pismo; **legible** ~ czytelne pismo; **at** ~ pod ręką; blisko; wkrótce; **by** ~ ręcznie; **in** ~ w posiadaniu; w robocie; pod kontrolą; **on** ~ w ręku; w posiadaniu; **on all** ~**s** ze wszystkich stron; **on the one** ⟨**other**⟩ ~ z jednej ⟨drugiej⟩ strony; **out of**

~ z miejsca, bezzwłocznie; poza
kontrolą; **to be a good** ~ **at sth**
umieć coś dobrze zrobić; **to bear**
⟨**lend, give**⟩ **sb a** ~ przyjść komuś z pomocą; **to get sth off**
one's ~**s** pozbyć się czegoś; u-
wolnić się od czegoś; **to have a**
~ **in sth** maczać palce w czymś;
to live from ~ **to mouth** żyć z
dnia na dzień; **to shake** ~**s** ściskać dłoń (na powitanie); **vt**
(*także* ~ **in**) włączyć; ~ **on** podać dalej; ~ **out** wydać, wypłacić; ~ **over** przekazać, dostarczyć

hand-bag [ˈhændbæg] *s* torebka
damska

hand-bill [ˈhændbɪl] *s* ulotka

hand-book [ˈhændbʊk] *s* podręcznik; poradnik

hand-cuff [ˈhændkʌf] *s zw. pl* ~**s**
kajdany; *vt* zakuć w kajdany

hand-ful [ˈhændfʊl] *s* garść (pełna
czegoś); garstka (np. osób)

hand-i-cap [ˈhændɪkæp] *s* zawada,
przeszkoda, utrudnienie; *sport*
handicap; *vt sport* dodatkowo
obciążać (zawodnika), (obciąże-
niem) wyrównywać szanse (za-
wodników); przeszkadzać, utrudniać (**sb** komuś); upośledzać, stawiać w gorszym położeniu

hand-i-craft [ˈhændɪkrɑːft] *s* rękodzieło; rzemiosło

hand-i-work [ˈhændɪwɜːk] *s* robota
ręczna

hand-ker-chief [ˈhæŋkətʃɪf] *s* chustka (*także* na szyję); chusteczka
(do nosa)

han-dle [ˈhændl] *vt* trzymać w ręku, dotykać ręką (palcami) (**sth**
czegoś); obracać, manipulować
(**sth** czymś); kierować (**sth** czymś);
mieć do czynienia, traktować, obchodzić się (**sb, sth** z kimś,
czymś); załatwiać (np. **orders** za-
mówienia); handlować (**sth**
czymś); *s* rączka, rękojeść, u-
chwyt, trzonek; klamka (u
drzwi); ucho (garnka itp.)

han-dle-bar [ˈhændlbɑː(r)] *s* kierownica (roweru)

hand-made [ˈhændˈmeɪd] *adj* ręcznie zrobiony ⟨wykonany⟩

hand-rail [ˈhændreɪl] *s* poręcz

hand-some [ˈhænsəm] *adj* ładny,
przystojny; hojny

hand-work [ˈhændwɜːk] *s* praca
ręczna ⟨fizyczna⟩

hand-writ-ing [ˈhændraɪtɪŋ] *s* charakter pisma, pismo

hand-y [ˈhændɪ] *adj* będący pod
ręką; podręczny; zręczny, sprytny; wygodny, poręczny

***hang** [hæŋ], **hung, hung** [hʌŋ]
(*gdy mowa o egzekucji, samobój-
stwie:* **hanged, hanged** [hæŋd]) *vt*
wieszać, zwieszać; *vi* wisieć, zwisać; zależeć (**on sb, sth** od kogoś,
czegoś); ~ **about** ⟨*am. także* **a-
round**⟩ trzymać się w pobliżu,
wałęsać się, *pot.* obijać się; ~
back wahać się, ociągać się; ~
on uporczywie trzymać się, czepiać się (**to sth** czegoś); ~ **out**
zwisać na zewnątrz, wychylać
się; wywieszać; ~ **together** trzymać się razem; ~ **up** powiesić,
zawiesić; wstrzymać (np. plan)

hang-er [ˈhæŋə(r)] *s* wieszak, wieszadło

hang-er-on [ˈhæŋər ˈon] *s* (*pl* ~**s-on**)
pochlebca, pieczeniarz; intruz

hang-ing [ˈhæŋɪŋ] *s* (*zw. pl* ~**s**)
draperia, kotara

hang-man [ˈhæŋmən] *s* (*pl* **hang-
men** [ˈhæŋmən]) kat

hang-over [ˈhæŋəʊvə(r)] *s* przeżytek; *pot.* kac

hank-er [ˈhæŋkə(r)] *vi* pożądać
⟨pragnąć⟩ (**after** ⟨**for**⟩ **sth** czegoś);
tęsknić (**after** ⟨**for**⟩ **sth, sb** za
czymś, kimś, do czegoś, kogoś)

hap-haz-ard [hæpˈhæzəd] *s* czysty
przypadek, los szczęścia; **at** ⟨**by**⟩
~ na chybił trafił; *adj* przypadkowy; *adv* przypadkowo, na ślepo

hap-less [ˈhæpləs] *adj* nieszczęśliwy, nieszczęsny

hap-pen [ˈhæpn] *vi* zdarzyć się,
trafić się, stać się, dziać się; ~
to do sth przypadkowo coś zrobić; natknąć się ⟨natrafić⟩ (**on**
⟨**upon**⟩ **sth** na coś)

hap·pen·ing [ˈhæpnɪŋ] s wydarzenie; przedstawienie, happening

hap·pi·ness [ˈhæpɪnəs] s szczęście

hap·py [ˈhæpɪ] s szczęśliwy; radosny; zadowolony; (o *pomyśle
itp.*) trafny, udany

ha·rangue [həˈræŋ] s przemowa,
tyrada, oracja; *vt vi* przemawiać
(sb *do kogoś*), wygłaszać tyradę
⟨orację⟩

har·ass [ˈhærəs] *vt* niepokoić, dręczyć

har·bin·ger [ˈhɑbɪndʒə(r)] s zwiastun; *vt* zwiastować

har·bour [ˈhɑbə(r)] s *dosł. i przen.*
przystań; port; schronienie; *vi*
zawijać (do portu); chronić się;
vt przygarnąć, dać przytułek; jedno
siedliskiem (np. brudu); żywić
(np. uczucie)

hard [hɑd] *adj* twardy; surowy,
srogi; ostry; trudny, ciężki; silny, mocny; ~ **worker** człowiek
ciężko pracujący; ~ **and fast**
bezwzględny, surowy; nienaruszalny; *adv* mocno, twardo; wytrwale, usilnie; ciężko, z trudem;
intensywnie; nadmiernie ⟨bez u-
miaru⟩; ~ **by** ⟨**upon**⟩ tuż ⟨obok⟩;
~ **on** ⟨**after, behind**⟩ śladem, tuż
za; **to be ~ up** być za pieniędzy

hard·en [ˈhɑdn] *vt* hartować, wzmacniać; znieczulać; *techn.* utwar-
dzać; *vi* twardnieć; hartować się;
pot. (o *cenach*) stabilizować się,
ustalać się

har·di·hood [ˈhɑdɪhʊd] s odwaga;
zuchwalstwo, bezczelność

hard·ly [ˈhɑdlɪ] *adv* surowo, twardo; z trudem; ledwo; **I can ~**
say trudno mi powiedzieć; ~
anybody mało kto; ~ **ever** rzadko, prawie nigdy; **I ~ know** nie
bardzo wiem

hard·ness [ˈhɑdnəs] s twardość;
wytrzymałość, odporność; trudność; surowość, ostrość

hard·ship [ˈhɑdʃɪp] s męka, znój,
trud; ciężkie doświadczenie; nędza, niedostatek

hard·ware [ˈhɑdweə(r)] s *zbior.*
towary żelazne

har·dy [ˈhɑdɪ] *adj* śmiały; wytrzymały

hare [heə(r)] s zając

hark [hɑk] *vi* uważnie słuchać; *int.*
słuchaj!, uwaga!

har·le·quin [ˈhɑləkwɪn] s arlekin

harm [hɑm] s szkoda, krzywda;
skaleczenie; **to do ~** zaszkodzić;
vt szkodzić, krzywdzić; skaleczyć

harm·ful [ˈhɑmfl] *adj* szkodliwy

har·mo·ni·ous [hɑˈməʊnɪəs] *adj* harmonijny, zgodny; melodyjny

har·mo·ny [ˈhɑmənɪ] s (*także muz.*)
harmonia, zgodność

har·ness [ˈhɑnɪs] s uprząż, zaprzęg;
vt zaprzęgać

harp [hɑp] s harfa; *vi* grać na har-
fie; uporczywie powtarzać jedno
i to samo (**on sth** na ten sam
temat)

har·poon [ˈhɑpun] s harpun; *vt*
ugodzić harpunem

har·row [ˈhærəʊ] s brona; *vt* bronować; *przen.* dręczyć, ranić (u-
czucia)

har·ry [ˈhærɪ] *vt* pustoszyć, grabić; dręczyć

harsh [hɑʃ] *adj* szorstki; oprysk-
wy, nieuprzejmy; przykry (dla
oka, ucha itp.); (o *opinii, klima-
cie itd.*) surowy

har·vest [ˈhɑvɪst] s żniwo; *dosł. i
przen.* żniwo, plon; *vt* zbierać
(zboże, plon)

has *zob.* have

hash [hæʃ] *vt* siekać (mięso); s
siekane mięso; *przen. pot.* bigos,
galimatias

hasn't [ˈhæznt] = **has not**; *zob.*
have

hasp [hæsp] s skobel, zasuwka;
klamra

haste [heɪst] s pośpiech; **to make
~** śpieszyć się

has·ten [ˈheɪsn] *vt* przyśpieszać;
ponaglać; *vi* śpieszyć się

hast·y [ˈheɪstɪ] *adj* pośpieszny; porywczy; nie przemyślany, pochopny

hat [hæt] s kapelusz

hatch 1. [hætʃ] s *mors.* luk; klapa; właz

hatch 2. [hætʃ] *vt vi* wysiadywać (jaja), wylęgać (pisklęta); *vi* wylęgać się; s wyleganie; wyląg

hatch·et ['hætʃɪt] s toporek; *am.* to bury the ~ pogodzić się

hate [heɪt] *vt* nienawidzić; nie znosić; s nienawiść

hath [hæθ] *†* = has

ha·tred ['heɪtrɪd] s nienawiść

haugh·ty ['hɔtɪ] *adj* wyniosły, pyszny

haul [hɔl] *vt vi* ciągnąć; wlec; *mors.* holować; przewozić; s ciągnienie; holowanie; połów; przewóz

haunch [hɔntʃ] s biodro

haunt [hɔnt] *vt* nawiedzać; (*o duchach*) straszyć; odwiedzać, bywać (*a place w jakimś miejscu*); (*o myślach*) prześladować; s miejsce częstych odwiedzin; kryjówka; spelunka

*****have** [hæv, həv], had, had [hæd, həd], *3 pers sing praes* has [hæz] *vt* mieć; miewać, posiadać; otrzymać, nabyć; zmusić ⟨dać⟩ (coś zrobić); spowodować (zrobienie czegoś); kazać (sb do sth komuś coś zrobić); twierdzić; życzyć sobie, chcieć; znosić,˙ pozwalać na coś; *przed bezokolicznikiem z* to: musieć; to ~ a good time dobrze się bawić; to ~ ˙dinner jeść obiad; to ~ a bath wykąpać się; to ~ a drink napić się; to ~ a walk przejść się; do you ~ tea for breakfast? czy pijasz herbatę na śniadanie?; do you often ~ colds? czy często się zaziębiasz?; I must ~ my watch repaired muszę dać zegarek do naprawy; I had my watch stolen ukradziono mi zegarek; let me ~ it daj mi to; G. B. Shaw has it G. B. Shaw twierdzi; I ~ to go muszę iść; I would ~ you know chciałem, żebyś wiedział; I won't ~ such conduct nie zniosę takiego zachowania; ~ on mieć na sobie; mieć w planie; ~ out dać sobie usunąć (np.

zęby); ~ up wprowadzić na górę; wezwać do sądu (na przesłuchanie)

ha·ven ['heɪvn] s *dost. i przen.* przystań

haven't ['hævnt] = have not

hav·oc ['hævək] s spustoszenie; to play ~ pustoszyć, szerzyć zniszczenie

hawk 1. [hɔk] s jastrząb

hawk 2. [hɔk] *vt* sprzedawać na ulicy (lub krążąc od domu do domu)

hawk 3. [hɔk] *vi* chrząkać

hawk·er ['hɔkə(r)] s sprzedawca uliczny; domokrążca

haw·thorn ['hɔθən] s głóg

hay [heɪ] s siano; to make ~ kosić, grabić i suszyć siano; *przen.* robić bałagan; szerzyć zamieszanie (of sth w czymś)

hay·cock ['heɪkok] s kopa siana

hay·stack ['heɪstæk] s stóg siana

haz·ard ['hæzəd] s hazard, ryzyko, niebezpieczeństwo; traf; *vt* ryzykować, narażać (się) na niebezpieczeństwo

haz·ard·ous ['hæzədəs] *adj* hazardowy, ryzykowny, niebezpieczny

haze [heɪz] s lekka mgła, mgiełka; *przen.* niepewność

ha·zel ['heɪzl] s *bot.* leszczyna; *adj attr* leszczynowy; ~ nut orzech laskowy

ha·zy ['heɪzɪ] *adj* zamglony, *dost. i przen.* mglisty

H-bomb ['eɪtʃ bom] s bomba wodorowa

he [hi] *pron* on

head [hed] s głowa; główka (np. szpilki, sałaty itd.); łeb (zwierzęcia); szef, kierownik, naczelnik; nagłówek; rubryka, dział, punkt, dziedzina; *prawn.* paragraf; szczyt, góra, górna część; przód, czoło (listy, pochodu); at the ~ na czele; to bring to a ~ doprowadzić do rozstrzygającego ⟨kulminacyjnego⟩ momentu; to keep one's ~ nie tracić głowy; to make ~ against sth stawić czoło ⟨opór⟩ czemuś; vt prowadzić, przewodzić, stać ⟨być, iść⟩ na czele; sport (w piłce nożnej) uderzyć głową; nadawać kierunek; zatytułować (np. rozdział); stawiać czoło, sprzeciwiać się (sth czemuś); vt zdążać, brać kurs (for sth na coś), zmierzać (for sth ku czemuś)

head·ache ['hedeɪk] s ból głowy

head·ing ['hedɪŋ] s nagłówek; dział; rubryka; mors. kurs

head·land ['hedlənd] s przylądek, cypel

head·light ['hedlaɪt] s przednie światło ⟨reflektor⟩ (lokomotywy, samochodu itp.)

head·line ['hedlaɪn] s. nagłówek, tytuł (w gazecie); pl ~s radio wiadomości w skrócie

head·long ['hedlɒŋ] adj gwałtowny, nagły; nierozważny; adv nagle, na łeb na szyję, na oślep; (upaść itd.) głową naprzód

head·man ['hedmən] s (pl headmen ['hedmən]) przewodnik; przywódca, wódz

head mas·ter [ˌhedˈmɑːstə(r)] s dyrektor szkoły

head·phones ['hedfəʊnz] s pl słuchawki (do radia itp.)

head·quar·ters ['hedˈkwɔːtəz] s pl wojsk. kwatera główna; dowództwo

heads·man ['hedzmən] s (pl headsmen ['hedzmən]) kat

head·way ['hedweɪ] s ruch naprzód, postęp

head·y ['hedɪ] adj gwałtowny; (o trunku itp.) oszałamiający

heal [hiːl] vt vi leczyć (się); goić (się); łagodzić

health [helθ] s zdrowie; ~ insurance ubezpieczenie na wypadek choroby; ~ resort uzdrowisko

health·y ['helθɪ] adj zdrowy

heap [hiːp] s stos, kupa; pot. masa, mnóstwo; vt (także ~ up) ułożyć ⟨usypać⟩ stos ⟨kopiec⟩ (sth z

czegoś); (także ~ up) gromadzić; ładować

*hear [hɪə(r)], heard, heard [hɜːd] vt vi słuchać, słyszeć; przesłuchać, przepytać; dowiedzieć się, otrzymać wiadomość

hear·er ['hɪərə(r)] s słuchacz

hear·ing ['hɪərɪŋ] ppraes i s słuch; posłuchanie; przesłuchanie; słyszenie (czegoś); it was said in my ~ powiedziano to w mojej obecności

hear·say ['hɪəseɪ] s wieść; pogłoska; from ~ ze słyszenia

hearse [hɜːs] s karawan

heart [hɑːt] s serce; przen. dusza; rdzeń; środek, sedno; przen. otucha, męstwo, odwaga; pl ~s kier (w kartach); ~ to ~ szczerze; to have sth at ~ mieć coś na sercu; I cannot find it in my ~ nie mogę się na to zdobyć, nie mam odwagi; by ~ na pamięć

heart-break·ing ['hɑːtbreɪkɪŋ] adj rozdzierający serce

heart-brok·en ['hɑːtbrəʊkn] adj ze złamanym sercem, zgnębiony

heart·burn ['hɑːtbɜːn] s zgaga

heart·en ['hɑːtn] vt (także ~ up) dodać otuchy ⟨serca, odwagi⟩; vi (także ~ up) nabrać odwagi

hearth [hɑːθ] s palenisko; kominek; przen. ognisko domowe

heart·sick ['hɑːtsɪk] adj przygnębiony, przybity, strapiony

heart·y ['hɑːtɪ] adj serdeczny, szczery (o posiłku) solidny; krzepki; (o glebie) żyzny

heat [hiːt] s gorąco, żar, upał; fiz. ciepło; przen. zapał; ogień; pasja; at a ~ naraz, za jednym zamachem; trial ⟨preliminary⟩ ~s zawody eliminacyjne; vt vi grzać ⟨ogrzewać, rozgrzewać⟩ (się); palić ⟨rozpalić⟩ (się)

heat·er ['hiːtə(r)] s ogrzewacz, grzejnik, grzałka, piec, kaloryfer

heath [hiːθ] s wrzosowisko

hea·then ['hiːðn] adj pogański; s (pl the ~) poganin

heath·er [ˈheðə(r)] s wrzos

heat·ing [ˈhiːtɪŋ] s ogrzewanie

***heave** [hiv], **hove**, **hove** [həʊv] lub **heaved, heaved** [hivd] vt vi podnosić (się), dźwigać (się); (o falach itp.) unosić (się) i opadać; wydać (a groan jęk); wydymać (się); s podniesienie ⟨dźwignięcie⟩ (się); nabrzmienie

heav·en [ˈhevn] s niebo, niebiosa; **for ~s sake!** na miłość boską!; **good ~(s)!** wielkie nieba!

heav·i·ness [ˈhevɪnəs] s ciężkość; ociężałość

heav·y [ˈhevɪ] adj ciężki; ociężały; (o ciosie itd.) silny, mocny; (o stracie itd.) duży, wielki; (o śnie) głęboki; (o posiłku) obfity; (o kobiecie) ciężarna; (o morzu) wzburzony; (o niebie) zachmurzony; (o deszczu) rzęsisty; **to lie ⟨hang⟩ ~** ciążyć; (o czasie) dłużyć się

heav·y-weight [ˈhevɪweɪt] s sport waga ciężka; bokser ciężkiej wagi

He·brew [ˈhibru] adj hebrajski; s Izraelita; język hebrajski

heck·le [ˈhekl] vt dręczyć ⟨przerywać mówcy⟩ (pytaniami, okrzykami)

hec·tic [ˈhektɪk] adj gorączkowy, rozgorączkowany; niszczący

he'd [hid] = he had; he would

hedge [hedʒ] s żywopłot, ogrodzenie; vt ogradzać

hedge·hog [ˈhedʒhog] s zool. jeż

heed [hid] vt uważać ⟨baczyć⟩ (sb, sth na kogoś, coś); s uwaga; baczenie; **to take ~** zważać (of sth na coś)

heed·ful [ˈhidfl] adj baczny, uważny, dbały

heed·less [ˈhidləs] adj nieuważny, niedbały, nieostrożny

heel [hil] s pięta; obcas; **to take to one's ~s** uciec, pot. wziąć nogi za pas

heel-tap [ˈhiltæp] s flek

he·ge·mo·ny [hiˈgemənɪ] s hegemonia

heif·er [ˈhefə(r)] s jałówka

height [haɪt] s wysokość; wzrost (człowieka); szczyt; pełnia, punkt kulminacyjny; wzniesienie (terenu)

height·en [ˈhaɪtn] vt vi podwyższyć (się), podnieść (się), wzmóc, powiększyć

hei·nous [ˈheɪnəs] adj (o zbrodni itp.) potworny, ohydny

heir [eə(r)] s dziedzic, spadkobierca

heir·ess [ˈeəres] s dziedziczka

heir·loom [ˈeəlum] s coś dziedziczonego w rodzinie, scheda (klejnot, talent itp.)

held zob. hold

hell [hel] s piekło; int do diabła!

he'll [hil] = he will, he shall

hel·lo [heˈləʊ] int halo!

helm [helm] s dosł. i przen. ster

hel·met [ˈhelmɪt] s hełm (żołnierza, policjanta itp.); kask

helms·man [ˈhelmzmən] s (pl helmsmen [ˈhelmzmən]) sternik

help [help] s pomoc; rada, ratunek; pomocnik; służący; **to be of ~ być pomocnym**; **to be past ~** być w beznadziejnym stanie; **there is no ~ for it** na to nie ma rady; vt pomagać, wspierać, ratować; częstować (to sth czymś); wstrzymać się; zapobiec; dać radę; **~ yourself** poczęstuj się (to sth czymś); **I can't ~ laughing** nie mogę się powstrzymać od śmiechu; **I can't ~ it** nic na to nie poradzę

help·ful [ˈhelpfl] adj pomocny, użyteczny

help·less [ˈhelpləs] adj bez oparcia, bezradny

help·mate [ˈhelpmeɪt] s towarzysz, partner; współmałżonek

hem [hem] s rąbek, obwódka; vt obrębić, obszyć; **~ in** otoczyć, okrążyć

hem·i·sphere [ˈhemɪsfɪə(r)] s półkula

hemp [hemp] s konopie

hem·stitch [ˈhemstɪtʃ] s mereżka; vt mereżkować

high

hen [hen] *s* kura; samica (ptaków)

hence [hens] *adv* a więc; stąd, odtąd

hence·forth [ˈhensˈfɔθ], hence·for·ward [ˈhensˈfɔwəd] *adv* odtąd, na przyszłość

hench·man [ˈhentʃmən] *s* (*pl* henchmen [ˈhentʃmən]) stronnik, ślepo oddany zwolennik

her [hɜ(r), ɜ(r)] *pron* ją, jej; *pot.* ona

her·ald [ˈherld] *s* herold; zwiastun; *vt* zwiastować

her·ald·ry [ˈherldrɪ] *s* heraldyka

herb [hɜb] *s* zioło

herd [hɜd] *s* stado; motłoch; *vt vi* żyć w stadach, gromadzić (się)

herds·man [ˈhɜdzmən] *s* (*pl* herdsmen [ˈhɜdzmən]) pastuch, pasterz

here [hɪə(r)] *adv* tu, tutaj; oto; from ~ stąd; in ~ tu (wewnątrz); near ~ niedaleko stąd, tuż obok; up to ~ dotąd

here·a·bout(s) [ˈhɪərəˈbaut(s)] *adv* w pobliżu, gdzieś tutaj

here·af·ter [hɪərˈaftə(r)] *adv* następnie, w przyszłości; poniżej

here·by [hɪəˈbaɪ] *adv* przez to; przy tym; tym sposobem

he·red·i·ta·ry [hɪˈredɪtrɪ] *adj* dziedziczny

he·red·i·ty [hɪˈredətɪ] *s* dziedziczność

here·in [ˈhɪərˈɪn] *adv* w tym; tu (wewnątrz)

here·of [ˈhɪərˈov] *adv* tego, niniejszego (np. dokumentu)

here's [hɪəz] = here is; here has

her·e·sy [ˈherəsɪ] *s* herezja

her·e·tic [ˈherətɪk] *s* heretyk

he·ret·i·cal [hɪˈretɪkl] *adj* heretycki

here·up·on [ˈhɪərəˈpon] *adv* na to co do tego; następnie

here·with [ˈhɪəˈwɪð] *adv* niniejszym, z niniejszym

her·i·ta·ble [ˈherɪtəbl] *adj* dziedziczny

her·i·tage [ˈherɪtɪdʒ] *s* dziedzictwo, spadek

her·met·ic [hɜˈmetɪk] *adj* hermetyczny

her·mit [ˈhɜmɪt] *s* pustelnik

he·ro [ˈhɪərəu] *s* (*pl* ~es [ˈhɪərəuz]) bohater

he·ro·ic [hɪˈrəuɪk] *adj* bohaterski, heroiczny

her·o·ine [ˈherəuɪn] *s* bohaterka

her·o·ism [ˈherəuɪzm] *s* bohaterstwo

her·on [ˈherən] *s* zool. czapla

her·ring [ˈherɪŋ] *s* zool. śledź

hers [hɜz] *pron* jej

her·self [hɜˈself] *pron* ona sama; (ona) sobie ⟨siebie, się⟩; by ~ sama (jedna), samodzielnie

he's [hɪz] = he is; he has

hes·i·tant [ˈhezɪtənt] *adj* niezdecydowany, niepewny

hes·i·tate [ˈhezɪteɪt] *vi* wahać się, być niezdecydowanym

hes·i·ta·tion [ˈhezɪˈteɪʃn] *s* wahanie, niezdecydowanie

*hew [hju] hewed [hjud], hewn [hjun] *vt* rąbać, ciosać; wyrąbać sobie (np. ścieżkę)

hew·er [ˈhjuə(r)] *s* drwal; kamieniarz; rębacz

hey·day [ˈheɪdeɪ] *s* punkt szczytowy; pełny rozkwit

hi·ber·nate [ˈhaɪbəneɪt] *vi* zimować, znajdować się w śnie zimowym

hic·cup, hic·cough [ˈhɪkʌp] *s* czkawka; *vi* mieć czkawkę

hid, hid·den zob. hide 2.

hide 1. [haɪd] *s* (nie wyprawiona) skóra

*hide 2. [haɪd], hid [hɪd], hidden [ˈhɪdn] *vt vi* ukrywać (się), chować (się)

hide-and-seek [ˈhaɪdəndˈsik] *s* zabawa w chowanego

hid·e·ous [ˈhɪdɪəs] *adj* wstrętny, ohydny, odrażający

hi·er·arch·y [ˈhaɪərakɪ] *s* hierarchia

hi·er·o·glyph [ˈhaɪərəglɪf] *s* hieroglif

high [haɪ] *adj* wysoki; wybitny;

skrajny, szczytowy; górny; **głów-ny**; wzniosły; (*o głosie*) cienki; (*o opinii*) pochlebny; (*o wietrze*) silny; (*o barwach*) żywy; ~ **af-fairs** ważne sprawy; ~ **day** jasny dzień; ~ **hand** arbitralne postę-powanie, wyniosłość; ~ **life** ży-cie wyższych sfer, wytworny świat; ~ **seas** pełne morze; ~ **spirits** radosny nastrój; ~ **tide** przypływ; ~ **water** najwyższy stan wody; ~ **words** gwałtowne ⟨ostre⟩ słowa; **to run** ~ (*o ce-nach*) iść w górę; (*o morzu, u-czuciach*) być wzburzonym

high·brow [ˈhaɪbrau] *s* (*zw.* pre-tensjonalny) intelektualista

high·flown [ˈhaɪˈfləun] *adj* górno-lotny

high-hand·ed [ˈhaɪˈhændɪd] *adj* władczy, despotyczny, arbitralny

High·land·er [ˈhaɪləndə(r)] *s* góral szkocki

high·ly [ˈhaɪlɪ] *adv* wysoko; wy-soce, w wysokim stopniu; wiel-ce, w dużej mierze; wyniośle

high·ness [ˈhaɪnəs] *s* wysokość; **Your Highness** Wasza Wyso-kość

high·road [ˈhaɪrəud] *s* gościniec, szosa

high·way [ˈhaɪweɪ] *s* szosa, głów-ny szlak

high·way·man [ˈhaɪweɪmən] *s* (*pl* **highwaymen** [ˈhaɪweɪmən]) roz-bójnik

hike [haɪk] *vi* odbywać pieszą wy-cieczkę ⟨wędrówkę⟩; *s* piesza wy-cieczka, wędrówka

hik·er [ˈhaɪkə(r)] *s* turysta (pieszy)

hi·la·ri·ous [hɪˈleərɪəs] *adj* wesoły

hi·lar·i·ty [hɪˈlærətɪ] *s* wesołość

hill [hɪl] *s* wzgórze, pagórek

hill·side [ˈhɪlsaɪd] *s* stok, zbocze

hill·y [ˈhɪlɪ] *adj* pagórkowaty

hilt [hɪlt] *s* rękojeść

him [hɪm] *pron* jemu, mu, jego, go; *pot.* on

him·self [hɪmˈself] *pron* on sam, jego samego, (on) sobie ⟨siebie, się⟩; **by** ~ sam (jeden), samo-dzielnie

hind 1. [haɪnd] *s* łania

hind 2. [haɪnd] *adj* tylny

hin·der [ˈhɪndə(r)] *vt* przeszkadzać; powstrzymywać (**sb from doing sth** kogoś od zrobienia czegoś)

hin·drance [ˈhɪndrns] *s* przeszkoda

hinge [hɪndʒ] *s* zawias(a); *przen.* punkt zaczepienia, oś (problemu itp.); *vt* umocować na zawia-sach; *vi* obracać się (**on sth** do-okoła czegoś); *przen.* zależeć (**on sth** od czegoś)

hint [hɪnt] *s* aluzja, przytyk, do-cinek; napomknienie, wzmianka; *vt vi* napomknąć (**sth** ⟨at sth⟩ o czymś), zrobić aluzję (**at sth** do czegoś)

hip [hɪp] *s* biodro

hire [ˈhaɪə(r)] *s* najem; opłata za najem; *vt* najmować

hire·ling [ˈhaɪəlɪŋ] *s* najmita, na-jemnik

his [hɪz] *pron* jego

hiss [hɪs] *vi* syczeć; *vt* wygwizdać; *s* syk; wygwizdanie

his·to·ri·an [hɪˈstɔrɪən] *s* historyk

his·tor·ic(al) [hɪˈstorɪk(l)] *adj* his-toryczny

his·to·ry [ˈhɪstrɪ] *s* historia, dzieje

his·tri·on·ic [ˈhɪstrɪˈonɪk] *adj* aktor-ski, teatralny; komediancki

*hit, hit, hit [hɪt] *vt vi* uderzyć (się); trafić; ugodzić (**at sth** w coś); ~ **off** uchwycić (np. podo-bieństwo); *s* uderzenie; celny strzał; traf; aluzja, przytyk; traf-na uwaga; sukces, udana próba

hitch [hɪtʃ] *vt* szarpnąć, przyciąg-nąć, podciągnąć; posunąć; przy-mocować, przyczepić; *vi* przy-czepić ⟨zaczepić⟩ się; *s* nerwowy ruch; szarpnięcie; zaciśnięcie; zatrzymanie; zwłoka; przeszkoda; komplikacja

hitch-hike [ˈhɪtʃ haɪk] *s* podróż au-tostopem; *vi* podróżować autosto-pem

hitch-hik·er [ˈhɪtʃ haɪkə(r)] *s* au-tostopowicz

hith·er [ˈhɪðə(r)] *adv* tu, do tego miejsca, dotąd

hith·er·to [ˈhɪðəˈtu] *adv* dotychczas, dotąd

hive [haɪv] *s* ul; *przen.* mrowisko
(ludzkie); *vt* umieszczać (pszczo-
ły) w ulu; *przen.* gromadzić; *vt*
wchodzić do ula; *przen.* żyć w
gromadzie

hoar [hɔ(r)] *adj* siwy

hoard [hɔd] *s* zapas; skarb; *vt* gromadzić ⟨zbierać⟩ (np. zapasy),
ciułać, odkładać (pieniądze)

hoard·ing [ˈhɔdɪŋ] *s* płot, parkan;
deski do naklejania afiszów

hoar·frost [ˈhɔfrɒst] *s* szron

hoarse [hɔs] *adj* ochrypły, chrapliwy

hoar·y [ˈhɔrɪ] *adj* oszroniony; siwy; sędziwy

hoax [həʊks] *s* mistyfikacja, oszustwo, *pot.* kawał; *vt* mistyfikować, *pot.* nabierać

hob·ble [ˈhɒbl] *vi* kuleć, utykać;
vt pętać (konia); *s* utykanie,
kuśtykanie; pęta (dla konia)

hob·by [ˈhɒbɪ] *s* ulubione zajęcie,
rozrywka, konik, pasja, hobby;
† konik, kucyk

hob·nail [ˈhɒbneɪl] *s* ćwiek

hob·nailed [ˈhɒbneɪld] *adj* podbity
ćwiekami

hock·ey [ˈhɒkɪ] *s* hokej; **field** ⟨**ice**⟩
~ hokej na trawie ⟨na lodzie⟩

hoe [həʊ] *s* motyka; graca; *vt vi*
kopać motyką; gracować

hog [hɒg] *s* wieprz, świnia

hoist [hɔɪst] *vt* (*także* ~ **up**) podnieść, podciągnąć w górę, wy-
wiesić (flagę)

*hold 1. [həʊld], **held, held** [held]
vt vi trzymać (się); zawierać,
mieścić; utrzymywać (się); odbywać (np. zebranie); obchodzić
(np. święto); twierdzić, uważać
(**sb guilty** kogoś za winnego,
sth to be good że coś jest dobre); obstawać (**to sth** przy
czymś); powstrzymać, hamować;
to ~ good ⟨**true**⟩ utrzymywać
się w mocy; **to ~ one's ground**
trzymać się mocno, nie ustępować; **to ~ one's own** stać na

swoim, nie poddawać się; **to ~
true** być nadal ważnym; **to ~
one's tongue** milczeć; *z przysłówkami:* ~ **back** powstrzymywać (się); taić; ociągać się; ~
in hamować (się); ~ **off** trzymać (się) z dala, powstrzymywać (się); ~ **on** trzymać (się)
mocno, trwać (**to sth** przy czymś);
wytrzymywać; ~ **out** wyciągać;
ofiarowywać, dawać; wytrzymywać; ~ **over** odkładać, odraczać;
~ **up** podtrzymywać; podnosić;
zatrzymywać; hamować; wystawiać (np. **to derision** na pośmiewisko); *s* chwyt, uchwyt; trzy-
manie; wpływ (**over sb** na kogoś); **to catch** ⟨**get, lay**⟩ ~ po-
chwycić, opanować (**of sth** coś);
to keep ~ mocno trzymać (**of
sth** coś); **to lose** ⟨**leave**⟩ **one's**
~ stracić panowanie (**of sth** nad
czymś)

hold 2. [həʊld] *s* ładownia (statku)

hold·er [ˈhəʊldə(r)] *s* posiadacz;
właściciel; dzierżawca; okaziciel;
rączka (pióra), oprawka, obsadka; naczynie, zbiornik

hold·ing [ˈhəʊldɪŋ] *ppraes* i *s* władanie; posiadłość; dzierżawa;
handl. portfel (papierów wartoś-
ciowych)

hold-up [ˈhəʊldʌp] *s* zatrzymanie
(ruchu); napad (rabunkowy)

hole [həʊl] *s* dziura, dół, otwór;
nora, jama; *vt* dziurawić, wiercić, drążyć

hol·i·day [ˈhɒlədɪ] *s* święto; dzień
wolny od pracy; (*zw. pl* ~**s**) wakacje; urlop; ferie

hol·low [ˈhɒləʊ] *s* puste miejsce,
dziura, wydrążenie, jama; kotlina, dolina; *adj* pusty, wydrążo-
ny, wklęsły; (*o policzkach, o-
czach*) zapadnięty; (*o zębie*) dziurawy; *przen.* czczy; nieszczery,
fałszywy; (*o dźwięku*) głuchy; *vt*
wydrążyć, wyżłobić; *adv pot.* całkowicie

holm [həʊm] *s* ostrów, kępa

hol·ster [ˈhəʊlstə(r)] *s* kabura, ol-
stro

holy

ho·ly [ˈhəʊlɪ] *adj* święty, poświęcony; ~ **orders** święcenia

hom·age [ˈhɒmɪdʒ] *s* hołd; **to pay** ~ składać hołd

home [həʊm] *s* dom (rodzinny), ognisko domowe; mieszkanie; przytułek; kraj (rodzinny), ojczyzna; **at** ~ w domu; w kraju; **to make oneself** ~ rozgościć się, nie krępować się; *adj* domowy, rodzinny; miejscowy; wewnętrzny, krajowy; **Home Office** ministerstwo spraw wewnętrznych; **Home Secretary** minister spraw wewnętrznych; **Home Rule** autonomia; *adv* do domu; do kraju; w domu, w kraju; **to bring** ~ unaocznić, wyjaśnić

home·less [ˈhəʊmləs] *adj* bezdomny

home·ly [ˈhəʊmlɪ] *adj* przytulny, swojski; prosty, pospolity; (np. *o rysach twarzy*) nieładny

home-made [ˈhəʊmˈmeɪd] *adj* domowego ⟨krajowego⟩ wyrobu

home·sick [ˈhəʊmsɪk] *adj* cierpiący na nostalgię

home·spun [ˈhəʊmspʌn] *adj* przędzony ⟨tkany⟩ ręcznie (w domu); prosty, domowy; *s* samodział

home·stead [ˈhəʊmsted] *s* zabudowania gospodarskie; gospodarstwo rolne

home·ward(s) [ˈhəʊmwəd(z)] *adv* ku domowi

home·work [ˈhəʊmwɜk] *s* praca domowa (*zw.* szkolna)

hom·i·cide [ˈhɒmɪsaɪd] *s* zabójca; zabójstwo

ho·mo·ge·ne·ous [ˌhəʊməˈdʒɪnɪəs] *adj* jednorodny, homogeniczny

hom·o·nym [ˈhɒmənɪm] *s* homonim

ho·mun·cule [hɒˈmʌŋkjul], **ho·mun·cu·lus** [hɒˈmʌŋkjuləs] *s* człowieczek, karzeł

hon·est [ˈɒnɪst] *adj* uczciwy, prawy; szczery; porządny

hon·es·ty [ˈɒnɪstɪ] *s* uczciwość, prawość; szczerość

hon·ey [ˈhʌnɪ] *s* miód; (*mówiąc do kogoś*) kochanie

hon·our [ˈɒnə(r)] *s* honor, cześć; zaszczyt, odznaczenie; **to pass the exam with** ~s zdać egzamin z odznaczeniem; **in** ~ **of** na cześć; *vt* honorować; czcić; zaszczycać

hon·our·a·ble [ˈɒnrbl] *adj* szanowny, czcigodny; honorowy, zaszczytny; prawy

hood [hʊd] *s* kaptur; nakrycie, osłona, daszek

hood·wink [ˈhʊdwɪŋk] *vt* zawiązać oczy; *przen.* zmylić

hoof [hʊf] *s* (*pl* ~s [hʊfs] *lub* **hooves** [hʊvz]) kopyto; **cattle on the** ~ żywiec

hook [hʊk] *s* hak; haczyk; sierp; ostry zakręt; *geogr.* cypel; ~ **and eye** konik i haftka; *vt vi* zahaczyć (się), zaczepić (się); zagiąć (się); złapać (męża), złowić (rybę)

hoop [hʊp] *s* obręcz; *vt* otoczyć ⟨ścisnąć⟩ obręczą

hoop·ing-cough [ˈhʊpɪŋkɒf] *s* koklusz

hoot [hʊt] *vi* huczeć, hukać (at sb na kogoś); (*o syrenie*) wyć; (*o klaksonie*) trąbić; wygwizdać (at sb kogoś); *vt* wygwizdać (an actor aktora); ~ **down** zagłuszyć gwizdaniem

hoot·er [ˈhʊtə(r)] *s* syrena; klakson; gwizdek

hooves *zob.* **hoof**

hop 1. [hɒp] *s* skok; *pot.* potańcówka; *vi* skakać; podskakiwać

hop 2. [hɒp] *s* (*także pl* ~s) chmiel; *vt vi* zbierać chmiel

hope [həʊp] *s* nadzieja; *vi* mieć ⟨żywić⟩ nadzieję; spodziewać się (**for sth** czegoś)

hope·ful [ˈhəʊpfl] *adj* pełen nadziei, ufny; obiecujący

hope·less [ˈhəʊpləs] *adj* beznadziejny; zrozpaczony

horde [hɒd] *s* horda

ho·ri·zon [həˈraɪzn] *s* horyzont, widnokrąg

hor·i·zon·tal [ˌhɒrɪˈzɒntl] *adj* horyzontalny, poziomy

horn [hɔn] s róg, rożek; klakson
horn·y [ˈhɔnɪ] adj rogowy; rogowaty
hor·ri·ble [ˈhɔrəbl] adj straszny,
okropny
hor·rid [ˈhɔrɪd] adj straszny, odrażający; pot. niemiły
hor·ri·fy [ˈhɔrəfaɪ] vt przerażać
hor·ror [ˈhɔrə(r)] s odraza; przera
żenie; okropność
horse [hɔs] s koń; zbior. konnica,
jazda
horse·back [ˈhɔsbæk] s grzbiet koński; on ~ konno
horse·pow·er [ˈhɔspauə(r)] s techn.
koń parowy (miara mocy)
horse-race [ˈhɔsreɪs], horse-rac·ing
[ˈhɔsreɪsɪŋ] s wyścigi konne
horse-rad·ish [ˈhɔsrædɪʃ] s chrzan
horse-shoe [ˈhɔʃʃu] s podkowa
hor·ti·cul·ture   [ˈhɔtɪkʌltʃə(r)]   s
ogrodnictwo
hose [həuz] s wąż (gumowy, do polewania itp.); zbior. wyroby pończosznicze; pończochy; trykoty;
vt polewać z węża
ho·sier [ˈhəuzɪə(r)] s handlarz wyrobami trykotarskimi, pończosznik
ho·sier·y [ˈhəuzɪərɪ] s zbior. artykuły (wyroby) trykotarskie, trykotaże; pończochy i skarpetki
hos·pice [ˈhɔspɪs] s schronisko;
przytułek
hos·pi·ta·ble [həˈspɪtəbl] adj gościnny
hos·pi·tal [ˈhɔspɪtl] s szpital
hos·pi·tal·i·ty [ˌhɔspɪˈtælətɪ] s gościnność
host 1. [həust] s orszak, zastęp;
masa, mnóstwo; tłum (np. przyjaciół)
host 2. [həust] s gospodarz, pan domu; właściciel gospody
hos·tage [ˈhɔstɪdʒ] s zakładnik
hos·tel [ˈhɔstl] s dom akademicki,
bursa; dom noclegowy
host·ess [ˈhəustɪs] s gospodyni, pani domu
hos·tile [ˈhɔstaɪl] adj wrogi (to sb,
sth komuś, czemuś)

hos·til·i·ty [hɔˈstɪlətɪ] s wrogość;
pl hostilities działania ⟨kroki⟩
wojenne
hot [hɔt] adj gorący, palący; świe
żo upieczony; (także o tropie)
świeży; (także o anegdocie) pieprzny; namiętny, pobudliwy;
(także o sporze) zawzięty; a ~
temper gwałtowne usposobienie; to get ~ over sth roznamiętnić się czymś
hot·bed [ˈhɔtbed] s inspekty
hotch·potch [ˈhɔtʃpɔtʃ] s mieszanina; przen. bigos, groch z kapustą
ho·tel [həuˈtel] s hotel
hot·house [ˈhɔthaus] s cieplarnia,
oranżeria
hound [haund] s pies myśliwski;
vt szczuć (psami), ścigać, tropić
hour [auə(r)] s godzina; office ~s
godziny urzędowe; small ~s
wczesne godziny po północy;
after ~s czas po godzinach urzędowania; at the eleventh ~ w
ostatniej chwili
hour·ly [ˈauəlɪ] adj godzinny, cogodzinny; ciągły; adv co godzina; ciągle
house [haus] s dom; gospodarstwo
(domowe); izba (w parlamencie);
dom handlowy, firma, zakład;
dynastia; teatr, widownia; to
keep ~ prowadzić dom (gospodarstwo); vt [hauz] przyjąć do
domu, gościć, umieścić pod dachem; dać mieszkanie; zaopatrzyć w mieszkania (people ludzi); magazynować, przechowywać (sth coś)
house-break·er [ˈhausbreɪkə(r)] s
włamywacz; robotnik zatrudniony przy rozbiórce starych domów
house·hold [ˈhaushəuld] s zbior. domownicy; gospodarstwo domowe;
~ goods artykuły gospodarstwa
domowego
house·keep·er [ˈhauskipə(r)] s pani
domu; gospodyni (służąca); kierownik działu gospodarczego
house·maid [ˈhausmeɪd] s pomocnica domowa, pokojówka

house·wife [`hauswaıf] s gospodyni
hove zob. **heave** v
hov·el [`hovl] s rudera; buda, szopa
hov·er [`hovə(r)] vi unosić się ⟨wisieć⟩ w powietrzu; krążyć, kręcić się **(about sb, sth** dokoła kogoś, czegoś); przen. wahać się
how [hau] adv jak, w jaki sposób; ~ **much** ⟨**many**⟩ ile; przed przymiotnikiem: jaki; ~ **nice he is!** jaki(ż) on miły!
how·ev·er [hau`evə(r)] adv jakkolwiek, jakimkolwiek sposobem; jednakowoż, jednak, tym niemniej; natomiast; conj chociaż, choćby, żeby
howl [haul] vi wyć; s wycie, ryk
hub [hʌb] s piasta (u koła); przen. centrum, ośrodek
huck·ster [`hʌkstə(r)] s kramarz; vi kupczyć, targować się
hud·dle [`hʌdl] vt vi nagromadzić, zwalić na kupę; ~ **together** stłoczyć (się); ~ **up** zwinąć (się) w kłębek; s kupa, tłum; natłok
hue 1. [hju] s zabarwienie, odcień
hue 2. [hju] s w zwrocie: ~ **and cry** krzykliwa pogoń za ściganym człowiekiem ⟨zwierzęciem⟩; przen. larum
hug [hʌg] vt tulić, ściskać, obejmować; trzymać się blisko **(sth** czegoś); s objęcie, uścisk
huge [hjudʒ] adj olbrzymi, ogromny
hull 1. [hʌl] s kadłub, zrąb
hull 2. [hʌl] s łuska, łupina, strąk; vt łuszczyć, łuskać
hum [hʌm] vt vi brzęczeć, buczeć, warkotać; mruczeć; s brzęczenie, warkot, pomruk
hu·man [`hjumən] adj ludzki; ~ **being** człowiek; s istota ludzka
hu·mane [hju`meın] adj humanitarny, ludzki; humanistyczny
hu·man·ism [`hjumənızm] s humanizm
hu·man·i·tar·i·an [hju`mænı`teərıən] adj humanitarny, filantropijny; s filantrop

hu·man·i·ty [hju`mænətı] s ludzkość; humanitarność; pl **humanities** humanistyka
hum·ble [hʌmbl] adj pokorny; skromny; niskiego stanu; vt upokarzać, poniżać
hum·bug [`hʌmbʌg] s oszustwo, blaga; oszust, blagier; brednie; vt vi blagować, oszukiwać
hum·drum [`hʌmdrʌm] adj jednostajny, banalny, nudny; s jednostajność, banalność; nudziarz, nieciekawy człowiek
hu·mid [`hjumıd] adj wilgotny
hu·mid·i·ty [hju`mıdıtı] s wilgoć, wilgotność
hu·mil·i·ate [hju`mılıeıt] vt upokarzać, poniżać
hu·mil·i·ty [hju`mılıtı] s pokora
hu·mor·ist [`hjumərıst] s humorysta
hu·mor·ous [`hjumərəs] adj humorystyczny, zabawny, śmieszny
hu·mour [`hjumə(r)] s humor; nastrój; **out of** ~ w złym nastroju ⟨humorze⟩; vt dogadzać, pobłażać, folgować
hump [hʌmp] s garb; pot. chandra; vt zgarbić; wygiąć (w łuk); vr ~ **oneself** zgarbić się; wygiąć się w łuk
hump·back [`hʌmpbæk] s garb; garbus
hunch [hʌntʃ] s garb; pajda (chleba itp.)
hun·dred [`hʌndrəd] num sto; s setka
hun·dredth [`hʌndrədθ] adj setny; s jedna setna
hun·dred·weight [`hʌndrədweıt] s cetnar
hung zob. **hang**
Hun·ga·ri·an [hʌŋ`geərıən] adj węgierski; s Węgier; język węgierski
hun·ger [`hʌŋgə(r)] s głód **(for sth** czegoś); vi głodować; pożądać **(after** ⟨**for**⟩ sth czegoś)
hun·gry [`hʌŋgrı] adj głodny, wygłodzony; **to be** ~ **for sth** pragnąć ⟨pożądać⟩ czegoś

hunt [hʌnt] vt vi polować (animals na zwierzynę); ścigać (sb ⟨for sb⟩ kogoś); poszukiwać (after ⟨for⟩ sb, sth kogoś, czegoś); ~ down dopaść, pojmać (sb kogoś); ~ out wygnać; wyszukać; s polowanie; pościg; poszukiwanie

hunt·er [ˈhʌntə(r)] s myśliwy

hunt·ing [ˈhʌntɪŋ] s polowanie, pościg; attr myśliwski

hur·dle [ˈhɜdl] s płot, płotek; sport pl ~s (także ~-race) bieg przez płotki

hurl [hɜl] vt miotać; ciskać; s rzut

hur·ri·cane [ˈhʌrɪkən] s huragan

hur·ried [ˈhʌrɪd] pp i adj pośpieszny

hur·ry [ˈhʌrɪ] s pośpiech; vt vi przyspieszać, ponaglić; (także ~ up) spieszyć się

*hurt [hɜt], hurt, hurt [hɜt] vt vi skaleczyć, zranić; zaszkodzić, uszkodzić; urazić, dotknąć; boleć; s skaleczenie, rana; ból; uszkodzenie, krzywda, szkoda, uraz (psychiczny)

hus·band [ˈhazbənd] s mąż, małżonek; vt oszczędnie gospodarować (sth czymś)

hus·band·ry [ˈhazbəndrɪ] s gospodarka; uprawa roli

hush [haʃ] vt vi uciszyć; ucichnąć; ~ up zataić, zatuszować; s cisza; int cicho! sza!

husk [hask] s łuska, łupina; vt łuszczyć, łuskać

husk·y [ˈhaskɪ] adj pokryty łupiną; łuskowaty; krzepki, czerstwy; (o głosie) ochrypły

hus·tle [ˈhasl] s rwetes, krzątanina, bieganina, popychanie (się);

vt vi tłoczyć (się), popychać (się), szturchać

hut [hat] s chata, szałas

hy·a·cinth [ˈhaɪəsɪnθ] s hiacynt

hy·ae·na [haɪˈinə] s hiena

hy·brid [ˈhaɪbrɪd] s hybryda, hybryd, krzyżówka

hy·drau·lic [haɪˈdrɔlɪk] adj hydrauliczny

hy·dro·gen [ˈhaɪdrədʒən] s chem. wodór; ~ bomb bomba wodorowa

hy·dro·plane [ˈhaɪdrəpleɪn] s lotn. wodnopłatowiec

hy·e·na = hyaena

hy·giene [ˈhaɪdʒin] s higiena

hy·gi·en·ic [ˈhaɪˈdʒinɪk] adj higieniczny

hymn [hɪm] s hymn

hy·per·bo·le [haɪˈpɜbəlɪ] s hiperbola, przesadnia

hy·phen [ˈhaɪfn] s gram. łącznik

hyp·no·sis [hɪpˈnəʊsɪs] s hipnoza

hyp·not·ic [hɪpˈnotɪk] adj hipnotyczny

hyp·no·tize [ˈhɪpnətaɪz] vt hipnotyzować

hy·poc·ri·sy [hɪˈpokrəsɪ] s hipokryzja, obłuda

hyp·o·crite [ˈhɪpəkrɪt] s hipokryta

hy·po·der·mic [ˈhaɪpəˈdɜmɪk] adj podskórny

hy·poth·e·sis [ˈhaɪˈpoθəsɪs] s (pl hypotheses [ˈhaɪˈpoθəsiz]) hipoteza

hys·te·ri·a [hɪˈstɪərɪə] s histeria

hys·ter·ical [hɪˈsterɪkl] adj histeryczny

hys·ter·ics [hɪˈsterɪks] s napad histerii

i

I [aɪ] *pron* ja

ice [aɪs] *s* lód; = ice-cream

ice·berg [ˈaɪsbɜːg] *s* góra lodowa

ice·bound [ˈaɪsbaund] *adj* skuty lodem; uwięziony w lodach

ice-break·er [ˈaɪsbreɪkə(r)] *s* łamacz lodów, lodołamacz

ice-cream [aɪsˈkriːm] *s* lody

i·ci·cle [ˈaɪsɪkl] *s* sopel

icon [ˈaɪkon] *s* ikona

i·cy [ˈaɪsɪ] *adj* lodowaty

I'd [aɪd] = I had; I should; I would

i·de·a [aɪˈdɪə] *s* idea; pojęcie, myśl, pomysł; I don't get the ~ nie rozumiem; I have the ⟨an⟩ ~ that ... mam wrażenie ⟨wydaje mi się⟩, że ...

i·de·al [aɪˈdɪəl] *adj* idealny; *s* ideał

i·de·al·ism [aɪˈdɪəlɪzəm] *s* idealizm

i·de·al·ize [aɪˈdɪəlaɪz] *vt* idealizować

i·den·ti·c(al) [aɪˈdentɪk(l)] *adj* identyczny

i·den·ti·fy [aɪˈdentɪfaɪ] *vt* utożsamiać, identyfikować; rozpoznać

i·den·ti·ty [aɪˈdentətɪ] *s* identyczność, tożsamość; ~ card dowód osobisty, legitymacja

i·de·o·log·i·cal [ˌaɪdɪəˈlodʒɪkl] *adj* ideologiczny

i·de·o·lo·gy [ˌaɪdɪˈolədʒɪ] *s* ideologia

id·i·o·cy [ˈɪdɪəsɪ] *s* idiotyzm; niedorozwój umysłowy

id·i·om [ˈɪdɪəm] *s* idiom, wyrażenie idiomatyczne; język danego kraju; dialekt, narzecze; właściwość językowa, styl

id·i·o·mat·ic [ˌɪdɪəˈmætɪk] *adj* idiomatyczny

id·i·ot [ˈɪdɪət] *s* idiota

id·i·ot·ic [ˌɪdɪˈotɪk] *adj* idiotyczny

i·dle [ˈaɪdl] *adj* leniwy; bezczynny; bez pracy; daremny; próżny; bezpodstawny; błahy, bezwartościowy; *vt* leniuchować, próżno-

wać; *vt (także* ~ away) marnować

i·dler [ˈaɪdlə(r)] *s* próżniak, leń, nierób, wałkoń

i·dol [ˈaɪdl] *s* bożyszcze, bożek

i·dol·a·try [aɪˈdolətrɪ] *s* bałwochwalstwo

i·dol·ize [ˈaɪdlaɪz] *vt* ubóstwiać, czcić bałwochwalczo

i·dyll [ˈɪdl] *s* sielanka

if [ɪf] *conj* jeżeli, jeśli, o ile; gdyby, jeśli by; *w zdaniach pytających zależnych:* czy; I wonder if he is there ciekaw jestem, czy on tam jest; if I knew gdybym wiedział; if necessary w razie potrzeby; if not w przeciwnym wypadku ⟨razie⟩; if so w takim razie ⟨wypadku⟩; as if jak gdyby

ig·ni·tion [ɪgˈnɪʃn] *s* palenie się, zapalenie; zapłon

ig·no·ble [ɪgˈnəubl] *adj* podły, haniebny

ig·no·min·i·ous [ˌɪgnəˈmɪnɪəs] *adj* haniebny, sromotny

ig·no·min·y [ˈɪgnəmɪnɪ] *s* podłość, hańba

ig·no·ra·mus [ˌɪgnəˈreɪməs] *s* nieuk, ignorant

ig·no·rance [ˈɪgnərəns] *s* ignorancja; nieznajomość (of sth czegoś)

ig·no·rant [ˈɪgnərnt] *adj* nie wiedzący (of sth o czymś), nieświadomy (of sth czegoś); niewykształcony, ciemny

ig·nore [ɪgˈnɔː(r)] *vt* ignorować, nie zwracać uwagi, nie zważać

ill [ɪl] *adj (comp* worse [wɜːs], *sup* worst [wɜːst]) zły, niedobry, szkodliwy; *praed* chory (with sth na coś); to fall ⟨get, be taken⟩ ~ zachorować; *adv* źle; niedostatecznie, niewłaściwie; ledwo, z trudem; *s* zło

I'll [aɪl] = I shall, I will

il·le·gal [ɪˈliːgl] *adj* bezprawny, nieprawny, nielegalny

il·leg·i·ble [ɪˈledʒəbl] *adj* nieczytelny

il·le·git·i·mate [ˈɪlɪˈdʒɪtɪmət] *adj* nieprawny; (*o dziecku*) nieślubny

ill·fat·ed [ˈɪlˈfeɪtɪd] *adj* nieszczęsny, nieszczęśliwy

il·lib·er·al [ɪˈlɪbrl] *adj* nieliberalny; ograniczony (umysłowo); skąpy

il·lic·it [ɪˈlɪsɪt] *adj* nielegalny, zakazany

il·lit·er·a·cy [ɪˈlɪtrəsɪ] *s* analfabetyzm, nieuctwo

il·lit·er·ate [ɪˈlɪtrət] *adj* niepiśmienny; *s* analfabeta

ill·ness [ˈɪlnəs] *s* choroba

il·log·i·cal [ɪˈlodʒɪkl] *adj* nielogiczny

ill·tem·pered [ˈɪlˈtempəd] *adj* zły, rozdrażniony; o złym usposobieniu

ill·timed [ˈɪlˈtaɪmd] *adj* będący nie na czasie ⟨nie w porę⟩; niefortunny

ill·treat [ˈɪlˈtriːt] *vt* źle traktować, maltretować

il·lu·mi·nate [ɪˈluːmɪneɪt] *vt* oświetlać; oświecać, rozjaśniać; iluminować

il·lu·mi·na·tion [ɪˈluːmɪˈneɪʃn] *s* oświetlenie; oświecenie, rozjaśnienie; iluminacja

il·lu·mine [ɪˈluːmɪn] = **illuminate**

il·lu·sion [ɪˈluːʒn] *s* złudzenie, iluzja

il·lu·sive [ɪˈluːsɪv] *adj* złudny, zwodniczy

il·lu·so·ry [ɪˈluːsərɪ] *adj* iluzoryczny, nierzeczywisty

il·lus·trate [ˈɪləstreɪt] *vt* ilustrować; objaśniać

il·lus·tra·tion [ˈɪləˈstreɪʃn] *s* ilustracja

il·lus·tra·tive [ˈɪləstrətɪv] *adj* ilustrujący (**of sth** coś)

il·lus·tri·ous [ɪˈlʌstrɪəs] *adj* wybitny, znamienity

I'm [aɪm] = **I am**

im·age [ˈɪmɪdʒ] *s* obraz, podobizna, posąg; wyobrażenie

im·age·ry [ˈɪmɪdʒrɪ] *s* obrazowość (opisu itp.); *zbior.* obrazy, wizerunki

im·ag·i·na·ble [ɪˈmædʒnəbl] *adj* dający się wyobrazić, wyobrażalny

im·ag·i·nar·y [ɪˈmædʒnrɪ] *adj* urojony, wyimaginowany

im·ag·i·na·tion [ɪˈmædʒɪˈneɪʃn] *s* imaginacja, wyobraźnia

im·ag·i·na·tive [ɪˈmædʒnətɪv] *adj* obdarzony wyobraźnią, pomysłowy

im·ag·ine [ɪˈmædʒɪn] *vt* wyobrażać sobie; przypuszczać; mieć wrażenie

im·be·cile [ˈɪmbəsɪl] *adj* niedorozwinięty umysłowo; *s* imbecyl, idiota

im·bibe [ɪmˈbaɪb] *vt* wchłaniać, absorbować, wsysać, wdychać

im·bro·glio [ɪmˈbrəuliəu] *s* powikłanie, zawikłana sytuacja

im·bue [ɪmˈbjuː] *vt* napawać; nasycać; wpajać

im·i·tate [ˈɪmɪteɪt] *vt* naśladować, imitować

im·i·ta·tion [ˈɪmɪˈteɪʃn] *s* imitacja, naśladownictwo

im·i·ta·tive [ˈɪmɪtətɪv] *adj* naśladowczy, naśladujący (**of sth** coś)

im·mac·u·late [ɪˈmækjulət] *adj* niepokalany, nieskazitelny

im·ma·te·ri·al [ˈɪməˈtɪərɪəl] *adj* niematerialny; nieistotny

im·ma·ture [ˈɪməˈtjuə(r)] *adj* niedojrzały, nierozwinięty

im·meas·ur·a·ble [ɪˈmeʒrəbl] *adj* niezmierzony, niezmierny, bezgraniczny

im·me·di·ate [ɪˈmiːdɪət] *adj* bezpośredni; najbliższy; natychmiastowy; bezzwłoczny; pilny

im·me·di·ate·ly [ɪˈmiːdɪətlɪ] *adv* bezpośrednio; natychmiast; tuż obok

im·me·mo·ri·al [ˈɪməˈmɔrɪəl] *adj* odwieczny; **from time ~** od niepamiętnych czasów

im·mense [ɪˈmens] *adj* ogromny, niezmierny

im·merse [ɪˈmɜs] *vt* zanurzyć; pogrążyć

im·mi·grant [ˈɪmɪɡrənt] *s* imigrant; *adj* imigrujący

im·mi·grate [ˈɪmɪɡreɪt] *vi* imigrować

im·mi·gra·tion [ˌɪmɪˈɡreɪʃn] *s* imigracja

im·mi·nence [ˈɪmɪnəns] *s* bezpośrednia bliskość (w czasie), bezpośrednie zagrożenie

im·mi·nent [ˈɪmɪnənt] *adj* zbliżający się, bezpośrednio zagrażający

im·mo·bile [ɪˈməʊbaɪl] *adj* nieruchomy, unieruchomiony

im·mo·bil·i·ty [ˌɪməˈbɪlətɪ] *s* nieruchomość, bezruch

im·mod·er·ate [ɪˈmɒdrət] *adj* nieumiarkowany, nadmierny

im·mod·est [ɪˈmɒdɪst] *adj* nieskromny, nieprzyzwoity

im·mor·al [ɪˈmɒrl] *adj* niemoralny

im·mor·al·i·ty [ˌɪməˈrælətɪ] *s* niemoralność

im·mor·tal [ɪˈmɔtl] *adj* nieśmiertelny

im·mor·tal·i·ty [ˌɪmɔˈtælətɪ] *s* nieśmiertelność

im·mov·a·ble [ɪˈmuvəbl] *adj* nieruchomy, niewzruszony; *s pl* ~s nieruchomości

im·mune [ɪˈmjun] *adj* odporny (**from** ⟨**against**⟩ **sth** na coś); wolny (np. od obowiązku)

im·mu·ni·ty [ɪˈmjunətɪ] *s* odporność; immunitet, nietykalność; wolność (np. od obowiązku)

im·mu·nize [ˈɪmjunaɪz] *vt* uodpornić, immunizować

im·mu·ta·ble [ɪˈmjutəbl] *adj* niezmienny, stały

imp [ɪmp] *s* diabełek, chochlik (o *dziecku*) diablę

im·pact [ˈɪmpækt] *s* uderzenie, zderzenie; wpływ, oddziaływanie, działanie

im·pair [ɪmˈpeə(r)] *vt* uszkodzić; osłabić, nadwątlić

im·pal·pa·ble [ɪmˈpælpəbl] *adj* niewyczuwalny; nieuchwytny, niepojęty

im·part [ɪmˈpɑt] *vt* użyczyć, udzielić; przekazać

im·par·tial [ɪmˈpɑʃl] *adj* bezstronny

im·par·ti·al·i·ty [ˌɪmˈpɑʃɪˈælətɪ] *s* bezstronność

im·pas·sioned [ɪmˈpæʃnd] *adj* namiętny, roznamiętniony

im·pas·sive [ɪmˈpæsɪv] *adj* beznamiętny; nieczuły

im·pa·tience [ɪmˈpeɪʃns] *s* niecierpliwość, zniecierpliwienie (**of sth** czymś)

im·pa·tient [ɪmˈpeɪʃnt] *adj* niecierpliwy, zniecierpliwiony (**of sth** czymś)

im·peach [ɪmˈpitʃ] *vt* kwestionować; podać w wątpliwość; oskarżyć

im·pec·ca·ble [ɪmˈpekəbl] *adj* bezgrzeszny; nienaganny

im·pe·cu·ni·ous [ˌɪmpɪˈkjunɪəs] *adj* niezamożny, ubogi, bez pieniędzy

im·pede [ɪmˈpid] *vt* zatrzymywać; przeszkadzać, krępować

im·ped·i·ment [ɪmˈpedɪmənt] *s* przeszkoda, zawada

im·pel [ɪmˈpel] *vt* zmusić, skłonić; poruszyć, uruchomić

im·pend [ɪmˈpend] *vi* bezpośrednio zagrażać; *dosł. i przen.* wisieć (**over sb** nad kimś)

im·pen·e·tra·ble [ɪmˈpenɪtrəbl] *adj* nieprzenikliwy, nieprzepuszczalny; niezgłębiony; niedostępny

im·per·a·tive [ɪmˈperətɪv] *adj* rozkazujący; naglący; niezbędny; władczy; *s gram.* tryb rozkazujący

im·per·cep·ti·ble [ˌɪmpəˈseptəbl] *adj* niedostrzegalny; nieuchwytny

im·per·fect [ɪmˈpɜfɪkt] *adj* niedoskonały, wadliwy; *gram.* niedokonany; *s gram.* czas przeszły niedokonany

im·per·fec·tion [ˌɪmpəˈfekʃn] *s* niedoskonałość, wadliwość; wada

im·pe·ri·al [ɪmˈpɪərɪəl] *adj* cesarski; majestatyczny, królewski

im·pe·ri·al·ism [ɪmˈpɪərɪəlɪzm] s
imperializm

im·pe·ri·al·ist [ɪmˈpɪərɪəlɪst] s imperialista; *attr* imperialistyczny

im·per·il [ɪmˈperl] *vt* narażać na
niebezpieczeństwo

im·pe·ri·ous [ɪmˈpɪərɪəs] *adj* rozkazujący, władczy; naglący, naka-
zujący

im·per·ish·a·ble [ɪmˈperɪʃəbl] *adj*
wieczny, trwały, niezniszczalny

im·per·me·a·ble [ɪmˈpɜːmɪəbl] *adj*
nieprzenikniony, nieprzepuszczalny

im·per·son·al [ɪmˈpɜːsnl] *adj* nieosobowy, bezosobowy

im·per·so·nate [ɪmˈpɜːsneɪt] *vt* ucieleśniać, personifikować, uosabiać; odgrywać (rolę)

im·per·son·a·tion [ɪmˈpɜːsnˈeɪʃn] s
ucieleśnienie, uosobienie; odgry-
wanie (roli)

im·per·ti·nence [ɪmˈpɜːtɪnəns] s impertynencja; niestosowność

im·per·ti·nent [ɪmˈpɜːtɪnənt] s impertynencki; niestosowny, nie
na miejscu

im·per·turb·a·ble [ˈɪmpəˈtɜːbəbl] *adj*
niewzruszony

im·per·vi·ous [ɪmˈpɜːvɪəs] *adj* nieprzepuszczalny; nieczuły ⟨głuchy⟩
(to sth na coś)

im·pet·u·os·i·ty [ɪmˈpetʃuˈosətɪ] s
porywczość, impulsywność, popędliwość

im·pet·u·ous [ɪmˈpetʃuəs] *adj* porywczy, impulsywny, popędliwy

im·pe·tus [ˈɪmpɪtəs] s bodziec, pęd,
impuls; rozpęd, impet

im·pi·ous [ˈɪmpɪəs] *adj* bezbożny

im·pla·ca·ble [ɪmˈplækəbl] *adj* nieubłagany, nieugięty

imp·lant [ɪmˈplɑːnt] *vt* sadzić;
przen. wpajać, wszczepiać

im·ple·ment [ˈɪmpləmənt] s narzędzie, sprzęt; *pl* ~s przybory

im·pli·cate [ˈɪmplɪkeɪt] *vt* wplątać,
wciągnąć, uwikłać; włączać; zawierać; pociągać za sobą, implikować

im·pli·ca·tion [ˈɪmplɪˈkeɪʃn] s włączenie; wplątanie, uwikłanie; su-

gestia, (ukryte) znaczenie, impli-
kacja

im·plic·it [ɪmˈplɪsɪt] *adj* dający się
wywnioskować, domniemany;
niezaprzeczalny, bezwzględny

im·plore [ɪmˈplɔː(r)] *vt* błagać

im·ply [ɪmˈplaɪ] *vt* mieścić ⟨kryć,
zawierać⟩ w sobie; oznaczać, implikować; dawać do zrozumienia;
zakładać

im·po·lite [ˈɪmpəˈlaɪt] *adj* nieuprzejmy, niegrzeczny

im·pol·i·tic [ɪmˈpolətɪk] *adj* niepolityczny; niezręczny; nierozsądny

im·port [ɪmˈpɔːt] *vt* importować;
znaczyć, oznaczać; s [ˈɪmpɔːt]
import; znaczenie, treść; doniosłość

im·por·tance [ɪmˈpɔːtns] s znaczenie, ważność

im·por·tant [ɪmˈpɔːtnt] *adj* ważny,
znaczący, doniosły

im·por·ta·tion [ˈɪmpɔːˈteɪʃn] s im-
portowanie, przywóz

im·por·tu·nate [ɪmˈpɔːtʃunət] s natarczywy, natrętny; naglący

im·por·tune [ɪmˈpɔːtʃun] *vt* dokuczać, molestować; nudzić (**sb for**
sth kogoś o coś)

im·por·tu·ni·ty [ˈɪmpəˈtjunətɪ] s
natarczywość, natręctwo, na-
przykrzanie się

im·pose [ɪmˈpəuz] *vt* nakładać, nakazywać, narzucać (**sth on sb**
coś komuś); *vi* oszukiwać, naciągać (**on** ⟨**upon**⟩ **sb** kogoś)

im·pos·ing [ɪmˈpəuzɪŋ] *ppraes i adj*
imponujący, okazały

im·po·si·tion [ˈɪmpəˈzɪʃn] s nałożenie, narzucenie; okpienie, nacią-
ganie

im·pos·si·bil·i·ty [ɪmˈposəˈbɪlətɪ] s
niemożliwość

im·pos·si·ble [ɪmˈposəbl] *adj* niemożliwy

im·post [ˈɪmpəust] s podatek, cło;
sport dodatkowe obciążenie konia

im·pos·tor [ɪmˈpostə(r)] s oszust

im·pos·ture [ɪmˈpostʃə(r)] s oszustwo

im·po·tence [`ɪmpətəns] s niemoc,
impotencja; nieudolność

im·po·tent [`ɪmpətənt] adj bezsil-
ny; nieudolny; s impotent

im·pov·er·ish [ɪm`pɒvərɪʃ] vt do-
prowadzić do ubóstwa, zubożyć;
wyniszczyć; osłabić

im·prac·ti·ca·ble [ɪm`præktɪkəbl]
adj niewykonalny; (o drodze, terenie) nie do przebycia; krnąbrny

im·pre·cate [`ɪmprɪkeɪt] vt prze-
klinać; złorzeczyć

im·preg·na·ble [ɪm`pregnəbl] adj
nie do zdobycia, niepokonany;
niezachwiany, niewzruszony

im·preg·nate [`ɪmpregneɪt] vt im-
pregnować; zaszczepić, wpoić,
wdrożyć

im·press [ɪm`pres] vt pozostawić,
odcisnąć, wycisnąć (odbicie); zrobić ⟨wywrzeć⟩ wrażenie (sb na
kimś); wryć ⟨wbić⟩ (w pamięć);
wpoić, zasugerować; przymuso-
wo wcielić do wojska; rekwirować; s [`ɪmpres] odbicie, odcisk;
piętno

im·pres·sion [ɪm`preʃn] s odbicie,
odcisk; znak, piętno; wrażenie;
druk. odbitka; nakład

im·pres·sive [ɪm`presɪv] adj robią-
cy ⟨wywołujący⟩ wrażenie, ude-
rzający, imponujący

im·press·ment [ɪm`presmənt] s
przymusowe wcielenie do wojska; rekwizycja

im·print [ɪm`prɪnt] vt odbijać, wy-
tłaczać, wyciskać, pozostawić
odbitkę ⟨odcisk⟩; wryć ⟨wbić⟩ (w
pamięć; s [`ɪmprɪnt] odbicie, od-
cisk; piętno; nadruk (firmowy)

im·pris·on [ɪm`prɪzn] vt uwięzić

im·pris·on·ment [ɪm`prɪznmənt] s
uwięzienie

im·prob·a·bil·i·ty [`ɪmprɒbə`bɪlətɪ]
s nieprawdopodobieństwo

im·prob·a·ble [ɪm`prɒbəbl] adj nie-
prawdopodobny

im·promp·tu [ɪm`prɒmptju] adj im-
prowizowany; adv (robić coś) im-
prowizując

im·prop·er [ɪm`prɒpə(r)] adj nie-

właściwy, nieodpowiedni; nieprzyzwoity

im·pro·pri·e·ty [`ɪmprə`praɪətɪ] s
niewłaściwość; nieprzyzwoitość

im·prove [ɪm`pruv] vt vi poprawić
⟨udoskonalić, ulepszyć⟩ (się);
ulepszyć, upiększyć (on ⟨upon⟩
sth coś); podnieść (wartość, jakość itd.); zyskać na wartości
⟨jakości itd.⟩

im·prove·ment [ɪm`pruvmənt] s
poprawa; ulepszenie, udoskona-
lenie; podniesienie wartości ⟨ja-
kości itd.⟩

im·prov·i·dent [ɪm`prɒvɪdənt] adj
nieprzezorny, lekkomyślny

im·pro·vise [`ɪmprəvaɪz] vt vi im-
prowizować

im·pru·dence [ɪm`prudəns] s nie-
opatrzność, nieroztropność

im·pu·dence [`ɪmpjudəns] s bez-
wstyd, zuchwalstwo

im·pugn [ɪm`pjun] vt kwestiono-
wać, zbijać (twierdzenie)

im·pulse [`ɪmpʌls] s impuls, bo-
dziec, odruch

im·pul·sive [ɪm`pʌlsɪv] adj impul-
sywny; (o sile) napędowy

im·pu·ni·ty [ɪm`pjunətɪ] s bezkar-
ność

im·pure [ɪm`pjuə(r)] adj nieczysty;
zanieczyszczony

im·pu·ri·ty [ɪm`pjuərətɪ] s nieczy-
stość; zanieczyszczenie

im·pu·ta·tion [`ɪmpju`teɪʃn] s przy-
pisywanie (np. winy), zarzut

im·pute [ɪm`pjut] vt przypisywać
(np. winę), zarzucać

in [ɪn] praep określa miejsce: w,
we, wewnątrz, na, do; czas: w
ciągu, w czasie, za; in a month
za miesiąc; in a word jednym
słowem; in fact faktycznie; in
honour ku czci; in ink atramentem; in order that ażeby; in
pairs parami; in short pokrótce
⟨krótko mówiąc⟩; in so far as
o tyle, o ile; in that w tym, że;
o tyle, że; in the morning rano;
written in my hand pisane moją
ręką; in writing na piśmie ⟨pi-
semnie⟩; adv w środku, wewnątrz,

w domu; do środka, do wewnątrz ⟨wnętrza⟩; to be in być wewnątrz ⟨w domu⟩; the train ⟨bus etc.⟩ is in pociąg ⟨autobus itd.⟩ przyjechał; to be in for sth stać przed czymś (spodziewanym), oczekiwać czegoś; to come in wejść; *s polit.* *(zw. pl)* the ins partia rządząca; the ins and outs wszystkie dane ⟨szczegóły, tajniki⟩ (sprawy)

in·a·bil·i·ty [ˌɪnəˈbɪlətɪ] s niezdolność, niemożność

in·ac·ces·si·ble [ˌɪnækˈsesəbl] *adj* niedostępny, nieprzystępny

in·ac·cu·ra·cy [ɪnˈækjərəsɪ] s niedokładność

in·ac·cu·rate [ɪnˈækjərət] *adj* niedokładny

in·ac·tion [ɪnˈækʃn] s bezczynność

in·ac·tive [ɪnˈæktɪv] *adj* bezczynny, bierny

in·ac·tiv·i·ty [ˌɪnækˈtɪvətɪ] s bezczynność, bierność

in·ad·e·qua·cy [ɪnˈædɪkwəsɪ] s nieodpowiedniość, niewystarczalność

in·ad·e·quate [ɪnˈædɪkwət] *adj* nieodpowiedni, niedostateczny

in·ad·mis·si·ble [ˌɪnədˈmɪsəbl] *adj* niedopuszczalny

in·ad·vert·ent [ˌɪnədˈvɜːtnt] *adj* niebaczny, nieuważny, niedbały

in·a·li·en·a·ble [ɪnˈeɪlɪənəbl] *adj* *prawn.* niepozbywalny, nieprzenośny

in·ane [ɪˈneɪn] *adj* próżny; głupi; bezmyślny

in·an·i·mate [ɪnˈænɪmət] *adj* nieożywiony, bezduszny, martwy

in·a·ni·tion [ˌɪnəˈnɪʃn] s wyczerpanie, wycieńczenie *(zw. z głodu)*

in·an·i·ty [ɪnˈænətɪ] s próżność; głupota, bezmyślność

in·ap·pli·ca·ble [ɪnˈæplɪkəbl] *adj* nie dający się zastosować, nieodpowiedni

in·ap·pro·pri·ate [ˌɪnəˈprəʊprɪət] *adj* niestosowny, niewłaściwy

in·apt [ɪnˈæpt] *adj* niezdolny, niezdatny; nieodpowiedni

in·ar·tic·u·late [ˌɪnɑːˈtɪkjʊlət] *adj* niewyraźny; nieartykułowany; mówiący niewyraźnie

in·as·much [ˌɪnəzˈmʌtʃ] *adv* *w połączeniu z* as: ~ as o tyle, że; o tyle, o ile; jako, że; ponieważ; wobec tego, że

in·at·ten·tive [ˌɪnəˈtentɪv] *adj* nieuważny, niebaczny

in·au·di·ble [ɪnˈɔːdəbl] *adj* niesłyszalny

in·au·gu·ral [ɪˈnɔːgjʊrl] *adj* inauguracyjny, wstępny

in·au·gu·rate [ɪˈnɔːgjʊreɪt] *vt* inaugurować; wprowadzać, intronizować; rozpoczynać

in·au·gu·ra·tion [ɪˌnɔːgjʊˈreɪʃn] s inauguracja; wprowadzenie

in·born [ˈɪnˈbɔn] *adj* wrodzony

in·bred [ˈɪnˈbred] *adj* wpojony

in·cal·cu·la·ble [ɪnˈkælkjʊləbl] *adj* nieobliczalny; nie dający się przewidzieć

in·can·des·cent [ˌɪnkænˈdesnt] *adj* żarzący się; ~ lamp żarówka

in·can·ta·tion [ˌɪnkænˈteɪʃn] s zaklęcie, formuła czarodziejska

in·ca·pa·ble [ɪnˈkeɪpəbl] *adj* niezdolny (of sth do czegoś)

in·ca·pac·i·tate [ˌɪnkəˈpæsəteɪt] *vt* uczynić niezdolnym (from ⟨for⟩ sth do czegoś)

in·ca·pac·i·ty [ˌɪnkəˈpæsətɪ] s niezdolność, nieudolność

in·car·nate [ɪnˈkɑnət] *adj* wcielony; *vt* wcielić

in·car·na·tion [ˌɪnkɑˈneɪʃn] s wcielenie

in·cen·di·ar·y [ɪnˈsendɪərɪ] *adj* zapalający; palny; podżegający; s podpalacz; podżegacz

in·cense 1. [ˈɪnsens] s kadzidło; *przen.* pochlebstwo; *vt* *vi* okadzić; palić kadzidło

in·cense 2. [ɪnˈsens] *vt* rozdrażnić, rozzłościć

in·cen·tive [ɪnˈsentɪv] *adj* podniecający; s podnieta

in·cep·tion [ɪnˈsepʃn] s początek, zapoczątkowanie

in·cep·tive [ɪnˈseptɪv] *adj* początkowy

in·cer·ti·tude [ɪnˈsɜːtɪtjud] s niepewność

in·ces·sant [ɪnˈsesnt] adj nieprzerwany, nieustający

in·cest [ˈɪnsest] s kazirodztwo

in·ces·tu·ous [ɪnˈsestʃuəs] adj kazirodczy

inch [ɪntʃ] s cal; by ~es po trochu; ~ by ~ stopniowo

in·ci·dent [ˈɪnsɪdənt] adj związany (to sth z czymś), wynikający (to sth z czegoś); ftz. padający (np. promień); s zajście, wypadek, incydent

in·ci·den·tal [ɪnsɪˈdentl] adj przypadkowy, przygodny, uboczny; związany (to sth z czymś), wynikający (to sth z czegoś)

in·cin·er·ate [ɪnˈsɪnəreɪt] vt spalić na popiół

in·cip·i·ence [ɪnˈsɪpɪəns] s początek, zaczątek

in·cip·i·ent [ɪnˈsɪpɪənt] adj zaczynający się, początkowy

in·ci·sion [ɪnˈsɪʒn] s wcięcie, nacięcie

in·ci·sive [ɪnˈsaɪsɪv] adj tnący, ostry; przenikliwy; cięty

in·ci·sor [ɪnˈsaɪzə(r)] s siekacz (ząb)

in·cite [ɪnˈsaɪt] vt pobudzać, podniecać; namawiać, podburzać

in·cite·ment [ɪnˈsaɪtmənt] s podnieta, bodziec; namowa, podburzanie

in·ci·vil·i·ty [ɪnsɪˈvɪlətɪ] s niegrzeczność

in·clem·en·cy [ɪnˈklemənsɪ] s surowość, ostrość

in·cli·na·tion [ˈɪnklɪˈneɪʃn] s nachylenie; pochyłość; skłonność

in·cline [ɪnˈklaɪn] vt vi nachylać (się), przychylać (się), skłaniać (się); s [ˈɪnklaɪn] nachylenie, pochyłość, stok

in·close [ɪnˈkləʊz] = enclose

in·clude [ɪnˈklud] vt włączać, zawierać

in·clu·sion [ɪnˈkluʒn] s włączenie

in·clu·sive [ɪnˈklusɪv] adj zawierający w sobie; obejmujący; (o sumie) globalny; from ... to ... ~ od ... do ... włącznie; ~ of ... łącznie z ...; liczony włącznie (sth z czymś)

in·co·her·ent [ˈɪnkəʊˈhɪərnt] adj nie powiązany, bez związku; chaotyczny, bezładny, niesystematyczny

in·com·bus·ti·ble [ɪnkəmˈbʌstəbl] adj niepalny

in·come [ˈɪnkəm] s dochód

in·com·ing [ɪnˈkʌmɪŋ] adj przybywający, nadchodzący; s nadejście, przybycie; dopływ; pl ~s dochody, wpływy

in·com·men·su·rate [ˈɪnkəˈmenʃərət] adj niewspółmierny, nieproporcjonalny

in·com·pa·ra·ble [ɪnˈkɒmpərəbl] adj nie do porównania (to ⟨with⟩ sb, sth z kimś, czymś); niezrównany

in·com·pat·i·ble [ɪnkəmˈpætəbl] adj nie dający się pogodzić, sprzeczny

in·com·pe·tence, **in·com·pe·ten·cy** [ɪnˈkɒmpɪtəns(ɪ)] s niekompetencja; nieudolność; niezdolność

in·com·plete [ˈɪnkəmˈplit] adj niepełny, nie zakończony; niedoskonały

in·com·pre·hen·si·ble [ˈɪnˈkɒmprɪˈhensəbl] adj niezrozumiały

in·con·ceiv·a·ble [ˈɪnkənˈsivəbl] adj niepojęty

in·con·gru·i·ty [ˈɪnkɒŋˈgruətɪ] s brak związku; niezgodność; niestosowność, niewłaściwość

in·con·gru·ous [ˈɪnˈkɒŋgruəs] adj nie mający związku; niezgodny; niestosowny, niewłaściwy; dziwaczny; bezsensowny

in·con·se·quent [ɪnˈkɒnsɪkwənt] adj niekonsekwentny, nielogiczny

in·con·sid·er·a·ble [ˈɪnkənˈsɪdrəbl] adj nieznaczny

in·con·sid·er·ate [ˈɪnkənˈsɪdrət] adj nierozważny, lekkomyślny; nie okazujący względów ⟨szacunku⟩; nieuprzejmy

in·con·sist·ence, **in·con·sist·en·cy** [ɪnkənˈsɪstəns(ɪ)] s niekonsekwencja; niezgodność, sprzeczność

in·con·sist·ent [ˈɪnkənˈsɪstənt] *adj* niekonsekwenty; niezgodny, sprzeczny

in·con·sol·a·ble [ˈɪnkənˈsəʊləbl] *adj* niepocieszony

in·con·spic·u·ous [ˈɪnkənˈspɪkjuəs] *adj* niepokaźny, nie rzucający się w oczy, niepozorny

in·con·stan·cy [ɪnˈkɒnstənsɪ] *s* niestałość, zmienność

in·con·test·a·ble [ˈɪnkənˈtestəbl] *adj* niezaprzeczalny, bezsporny

in·con·ti·nence [ɪnˈkɒntɪnəns] *s* niewstrzemięźliwość, niepowściągliwość

in·con·tro·vert·i·ble [ˈɪnkɒntrəˈvɜːtəbl] *adj* niezbity, bezsporny

in·con·ven·ience [ˈɪnkənˈviːnɪəns] *s* niewygoda; kłopot; *vt* sprawiać kłopot, przeszkadzać (sb komuś)

in·con·ven·ient [ˈɪnkənˈviːnɪənt] *adj* niewygodny; kłopotliwy, uciążliwy

in·cor·po·rate [ɪnˈkɔːpəreɪt] *vt* wcielić, włączyć; łączyć (w sobie); nadać samorząd; zarejestrować, zalegalizować; *vi* złączyć się, zjednoczyć się; *adj* [ɪnˈkɔːpərət] wcielony; zarejestrowany; zrzeszony; ~ *body* korporacja

in·cor·po·ra·tion [ɪnˈkɔːpəˈreɪʃn] *s* wcielenie; zrzeszenie; *handl.* rejestracja, zalegalizowanie; nadanie samorządu

in·cor·rect [ˈɪnkəˈrekt] *adj* nieprawidłowy, błędny, mylny, wadliwy; niestosowny

in·cor·ri·gi·ble [ɪnˈkɒrɪdʒəbl] *adj* niepoprawny

in·cor·rupt·i·ble [ˈɪnkəˈrʌptəbl] *adj* nie ulegający zepsuciu; nieprzekupny

in·crease [ɪnˈkriːs] *vt* zwiększać, wzmagać; podnosić, podwyższać; *vi* wzrastać; zwiększać ⟨wzmagać⟩ się; *s* [ˈɪnkriːs] wzrost, przyrost; powiększenie się; podwyżka; *to be on the* ~ wzrastać

in·creas·ing·ly [ɪnˈkriːsɪŋlɪ] *adv* coraz (to) więcej ⟨bardziej⟩

in·cred·i·ble [ɪnˈkredəbl] *adj* niewiarygodny, nieprawdopodobny

in·cre·du·li·ty [ˈɪnkrɪˈdjuːlətɪ] *s* niedowierzanie, nieufność

in·cred·u·lous [ɪnˈkredjuləs] *adj* niedowierzający, nieufny

in·cre·ment [ˈɪnkrəmənt] *s* wzrost, powiększenie się; (*także mat.*) przyrost; dochód

in·crim·i·nate [ɪnˈkrɪmɪneɪt] *vt* inkryminować, obwiniać

in·croach [ɪnˈkrəʊtʃ] = **encroach**

in·crust [ɪnˈkrʌst] = **encrust**

in·cu·ba·tion [ˈɪnkjuˈbeɪʃn] *s* inkubacja, wylęganie

in·cu·bus [ˈɪnkjubəs] *s* (*pl* incubi [ˈɪnkjubaɪ] *lub* ~es) zmora, zły duch; *przen.* udręka, koszmar

in·cul·cate [ˈɪnkʌlkeɪt] *vt* wpajać, wdrażać

in·cul·pate [ˈɪnkʌlpeɪt] *vt* obwiniać, oskarżać

in·cum·bent [ɪnˈkʌmbənt] *adj* ciążący (on sb na kimś); obowiązujący (kogoś); **it is** ~ **on me to** jest moim obowiązkiem

in·cur [ɪnˈkɜː(r)] *vt* narazić się (sth na coś); ściągnąć na siebie (gniew itd.); zaciągnąć (dług)

in·cur·a·ble [ɪnˈkjuərəbl] *adj* nieuleczalny

in·cur·sion [ɪnˈkɜːʃn] *s* najazd, napad, wtargnięcie

in·debt·ed [ɪnˈdetɪd] *adj* zadłużony; zobowiązany

in·de·cent [ɪnˈdiːsnt] *adj* nieprzyzwoity

in·de·ci·sion [ˈɪndɪˈsɪʒn] *s* niezdecydowanie, chwiejność

in·de·ci·sive [ˈɪndɪˈsaɪsɪv] *adj* niezdecydowany, chwiejny; nie rozstrzygnięty, nie rozstrzygający

in·deed [ɪnˈdiːd] *adv* rzeczywiście, faktycznie, naprawdę; *dla podkreślenia:* **I am very glad** ~ ogromnie się cieszę; **yes,** ~ jeszcze jak!; **no,** ~ bynajmniej!; żadną miarą!; *dla wyrażenia zdziwienia, oburzenia, ironii:* czyżby?; gdzież tam?!; nie ma mowy!

in·de·fat·i·ga·ble [ˈɪndɪˈfætɪgəbl] *adj* niezmordowany

in·de·fen·si·ble [ˈɪndɪˈfensəbl] *adj*
nie dający się obronić

in·def·i·nite [ɪnˈdefnɪt] *adj* nieokreślony, niewyraźny; nieograniczony

in·del·i·ble [ɪnˈdeləbl] *adj* nie dający się zetrzeć ⟨zmazać, zmyć⟩;
niezatarty; (*o ołówku*) chemiczny

in·dem·ni·fy [ɪnˈdemnɪfaɪ] *vt* wynagrodzić, dać odszkodowanie
(**sb for** sth komuś za coś); zabezpieczyć (**sb from** ⟨**against**⟩ sth
kogoś przed czymś)

in·dem·ni·ty [ɪnˈdemnɪtɪ] *s* odszkodowanie; zabezpieczenie; wynagrodzenie, kompensata; *prawn.*
zwolnienie (od kary)

in·dent 1. [ɪnˈdent] *vt* nacinać, wycinać, wyrzynać (w ząbki); wci-
nać, karbować; *handl.* zamawiać
(towar); *druk.* wcinać (wiersz);
s [ˈɪndent] wcięcie, nacięcie; kar-
bowanie; *handl.* zamówienie

in·dent 2. [ɪnˈdent] *vt* wgnieść,
zrobić wgłębienie; wtłoczyć; *s*
[ˈɪndent] wgłębienie

in·den·ta·tion [ˈɪndenˈteɪʃn] *s* nacięcie, wcięcie

in·den·tion [ɪnˈdenʃn] *s* wcięcie
wiersza, akapit

in·den·ture [ɪnˈdentʃə(r)] *s* obustronna umowa (pisemna), kontrakt; dokument (handlowy); *vt*
zakontraktować, związać umową

in·de·pend·ence [ˈɪndɪˈpendəns] *s*
niezależność, niepodległość; Independence Day święto narodo-
we USA (4 lipca)

in·de·pend·ent [ˈɪndɪˈpendənt] *adj*
niezależny, niepodległy, niezawisły

in·de·scrib·a·ble [ˈɪndɪˈskraɪbəbl]
adj nie do opisania

in·de·ter·mi·nate [ˈɪndɪˈtɜːmɪnət] *adj*
nieokreślony, niewyraźny

in·de·ter·mi·na·tion [ˈɪndɪˈtɜːmɪ
ˈneɪʃn] *s* nieokreślony charakter;
niezdecydowanie

in·dex [ˈɪndeks] *s* (*pl* ∼es [ˈɪndek
sɪz] *lub* **indices** [ˈɪndɪsɪz]) wskaź-

nik; wykaz, rejestr, indeks; palec wskazujący; *mat.* wykładnik
potęgowy; *fiz.* współczynnik

In·di·an [ˈɪndɪən] *adj* indyjski, hinduski; indiański; ∼ **corn** kukurydza; ∼ **ink** tusz; ∼ **summer**
babie lato; ∼ **weed** tytoń; **in** ∼
file rzędem, gęsiego; *s* Indianin;
Hindus

in·di·a·rub·ber [ˈɪndɪəˈrʌbə(r)] *s*
kauczuk, guma; guma ⟨gumka⟩
do wycierania

in·di·cate [ˈɪndɪkeɪt] *vt* wskazywać
(**sth** coś ⟨**na** coś⟩), oznaczać; wykazywać; zalecać

in·di·ca·tion [ˈɪndɪˈkeɪʃn] *s* wska-
zanie, wskazówka, oznaka

in·dic·a·tive [ɪnˈdɪkətɪv] *adj* wskazujący (**of** sth na coś); *s gram.*
tryb oznajmujący

in·di·ca·tor [ˈɪndɪkeɪtə(r)] *s* informator; *techn.* wskazówka

in·dict [ɪnˈdaɪt] *vt* oskarżać

in·dict·ment [ɪnˈdaɪtmənt] *s* oskarżenie

in·dif·fer·ence [ɪnˈdɪfrns] *s* obojętność; błahość, marność

in·dif·fer·ent [ɪnˈdɪfrnt] *adj* obojętny (**to sb, sth** dla kogoś, na
coś); błahy, marny

in·di·gence, **in·di·gen·cy** [ˈɪndɪ
dʒəns(ɪ)] *s* ubóstwo

in·di·gent [ˈɪndɪdʒənt] *adj* ubogi

in·di·gest·i·ble [ˈɪndɪˈdʒestəbl] *adj*
niestrawny

in·di·ges·tion [ˈɪndɪˈdʒestʃn] *s* niestrawność

in·dig·nant [ɪnˈdɪgnənt] *adj* oburzony (**with sb** na kogoś, **at sth**
na coś)

in·dig·na·tion [ˈɪndɪgˈneɪʃn] *s* oburzenie (**with sb** na kogoś, **at sth**
na coś)

in·dig·ni·ty [ɪnˈdɪgnətɪ] *s* obelga,
zniewaga

in·di·rect [ˈɪndɪˈrekt] *adj* pośredni;
nieuczciwy, wykrętny; okrężny;
gram. zależny; ∼ **object** *gram.*
dopełnienie dalsze

in·dis·creet [ˈɪndɪˈskriːt] *adj* niedy-

ineffective

skretny; nieroztropny; nieostrożny

in·dis·cre·tion [‚ɪndɪ'skreʃn] s niedyskrecja; nieroztropność, nieostrożność

in·dis·crim·i·nate [‚ɪndɪ'skrɪmɪnət] adj niewymagający, niewybredny; pomieszany, bezładny; (robiony) na oślep ⟨bez wyboru⟩

in·dis·pen·sa·ble [‚ɪndɪ'spensəbl] adj niezbędny, konieczny, niezastąpiony

in·dis·pose [‚ɪndɪ'spəuz] vt źle usposobić ⟨zrazić⟩ (towards sb, sth do kogoś, czegoś); zniechęcić (sb towards sth ⟨to do sth⟩ do czegoś ⟨do zrobienia czegoś⟩)

in·dis·posed [‚ɪndɪ'spəuzd] adj niedysponowany, niezdrów; niechętny

in·dis·po·si·tion [‚ɪn'dɪspə'zɪʃn] s niedyspozycja; niechęć

in·dis·pu·ta·ble [‚ɪndɪ'spjutəbl] adj niewątpliwy, bezsporny

in·dis·so·lu·ble [‚ɪndɪ'soljubl] adj nierozpuszczalny; nierozerwalny

in·dis·tinct [‚ɪndɪ'stɪŋkt] adj niewyraźny, niejasny

in·dis·tin·guish·a·ble [‚ɪndɪ'stɪŋwɪʃəbl] adj nie dający się odróżnić, nieuchwytny (np. dla oka)

in·di·vid·u·al [‚ɪndɪ'vɪdʒuəl] adj indywidualny; pojedynczy, poszczególny; s jednostka; indywiduum

in·di·vid·u·al·ism [‚ɪndɪ'vɪdʒuəlɪzm] s indywidualizm

in·di·vid·u·al·i·ty [‚ɪndɪ'vɪdʒu'ælətɪ] s indywidualność

in·di·vis·i·ble [‚ɪndɪ'vɪzəbl] adj niepodzielny

in·doc·ile [ɪn'dəusaɪl] adj nieuległy, nieposłuszny, niesforny; niepojętny

in·do·lence [‚ɪndələns] s lenistwo, opieszałość

in·dom·i·ta·ble [ɪn'domɪtəbl] adj nieposkromiony

In·do·ne·sian [‚ɪndəu'niziən] adj indonezyjski; s Indonezyjczyk

in·door [ɪn'dɔ(r)] adj znajdujący się ⟨robiony⟩ w domu, domowy; ~ care opieka ⟨leczenie⟩ w zakładzie ⟨przytułku⟩

in·doors [ɪn'dɔz] adv w ⟨wewnątrz⟩ domu; pod dachem; (wchodzić) do domu

in·dorse [ɪn'dɔs] = endorse

in·du·bi·ta·ble [ɪn'djubɪtəbl] adj niewątpliwy

in·duce [ɪn'djus] vt skłonić, namówić; wnioskować; wywołać, powodować; elektr. indukować

in·duce·ment [ɪn'djusmənt] s pobudka; powab

in·duc·tion [ɪn'dʌkʃn] s indukcja; wstęp; wprowadzenie (na urząd); med. wywołanie (choroby)

in·dulge [ɪn'dʌldʒ] vt pobłażać, dogadzać, folgować (sb in sth komuś w czymś); vi oddawać się ⟨ulegać, dawać upust⟩ (in sth czemuś), zażywać (in sth czegoś); zaspokoić (in sth coś)

in·dul·gence [ɪn'dʌldʒəns] s pobłażanie, folgowanie, uleganie; zaspokojenie; oddawanie się (in sth czemuś), dogadzanie sobie; rel. odpust

in·dul·gent [ɪn'dʌldʒənt] adj pobłażliwy, ulegający

in·dus·tri·al [ɪn'dʌstrɪəl] adj przemysłowy; s = industrialist

in·dus·tri·al·ist [ɪn'dʌstrɪəlɪst] s przemysłowiec; człowiek pracujący w przemyśle

in·dus·tri·al·i·za·tion [ɪn'dʌstrɪəlaɪ'zeɪʃn] s industrializacja

in·dus·tri·al·ize [ɪn'dʌstrɪəlaɪz] vt uprzemysłowić

in·dus·tri·ous [ɪn'dʌstrɪəs] adj pracowity, skrzętny

in·dus·try [ˈɪndəstrɪ] s przemysł; pracowitość, skrzętność

in·e·bri·ate [ɪ'nibrɪət] adj oszołomiony alkoholem; vt [ɪ'nibrɪeɪt] upić, odurzyć

in·ed·i·ble [ɪn'edəbl] adj niejadalny

in·ef·fa·ble [ɪn'efəbl] adj niewypowiedziany, niewysłowiony

in·ef·fec·tive [‚ɪnɪ'fektɪv] adj bezskuteczny, daremny; nieefektywny

in·ef·fec·tu·al [ˌɪnɪˈfektʃuəl] = ineffective

in·ef·fi·ca·cious [ˌɪnefɪˈkeɪʃəs] adj nie działający, nieskuteczny

in·ef·fi·cient [ˌɪnɪˈfɪʃnt] adj nieudolny; niewydajny; nieefektywny

in·el·i·gi·ble [ɪnˈelɪdʒəbl] adj niewybieralny; nie do przyjęcia; nie nadający się, nieodpowiedni

in·ept [ɪˈnept] adj niedorzeczny, głupi; nie na miejscu; nietrafny

in·e·qual·i·ty [ˌɪnɪˈkwolətɪ] s nierówność

in·eq·ui·ty [ɪnˈekwətɪ] s niesprawiedliwość

in·ert [ɪˈnɜt] adj bezwładny; bez ruchu; chem. obojętny

in·er·tia [ɪˈnɜʃə] s bezwład, bezczynność, inercja; fiz. bezwładność

in·es·cap·a·ble [ˌɪnɪˈskeɪpəbl] adj nieunikniony

in·es·ti·ma·ble [ɪnˈestɪməbl] adj nieoceniony

in·ev·i·ta·ble [ɪnˈevɪtəbl] adj nieunikniony

in·ex·act [ˌɪnɪgˈzækt] adj niedokładny, nieścisły

in·ex·act·i·tude [ˌɪnɪgˈzæktɪtjud] s niedokładność, nieścisłość

in·ex·cus·a·ble [ˌɪnɪkˈskjuzəbl] adj niewybaczalny

in·ex·haust·i·ble [ˌɪnɪgˈzɔstəbl] adj niewyczerpany

in·ex·o·ra·ble [ɪˈnegzərəbl] adj nieubłagany

in·ex·pen·sive [ˌɪnɪkˈspensɪv] adj niedrogi

in·ex·pe·ri·enced [ˌɪnɪkˈspɪərɪənst] adj niedoświadczony

in·ex·pert [ɪnˈekspɜt] adj niewprawny

in·ex·pli·ca·ble [ˌɪnɪkˈsplɪkəbl] adj niewytłumaczalny, niewyjaśniony

in·ex·plic·it [ˌɪnɪkˈsplɪsɪt] adj niewyraźny, niejasny

in·ex·press·i·ble [ˌɪnɪkˈspresəbl] adj

niewypowiedziany, niewymowny, niewysłowiony

in·ex·pres·sive [ˌɪnɪkˈspresɪv] adj pozbawiony wyrazu

in·ex·tri·ca·ble [ɪnˈekstrɪkəbl] adj nie dający się rozwikłać, bez wyjścia

in·fal·li·bil·i·ty [ˌɪnˈfæləˈbɪlətɪ] s nieomylność; niezawodność

in·fal·li·ble [ɪnˈfæləbl] adj nieomylny; niezawodny

in·fa·mous [ˈɪnfəməs] adj mający złą sławę; nikczemny, haniebny

in·fa·my [ˈɪnfəmɪ] s niesława; infamia; nikczemność; hańba

in·fan·cy [ˈɪnfənsɪ] s dzieciństwo, niemowlęctwo; prawn. niepełnoletność

in·fant [ˈɪnfənt] s niemowlę; dziecko (do 7 lat); prawn. niepełnoletni; ~ school przedszkole

in·fan·tile [ˈɪnfəntaɪl] adj infantylny; dziecięcy, niemowlęcy

in·fan·try [ˈɪnfəntrɪ] s wojsk. piechota

in·fat·u·ate [ɪnˈfætʃueɪt] vt pozbawić rozsądku, zawrócić głowę, zaślepić; rozkochać; to be ~d mieć zawróconą głowę, szaleć (with sb, sth za kimś, czymś)

in·fat·u·a·tion [ɪnˈfætʃuˈeɪʃn] s szaleńcza miłość; zaślepienie ⟨odurzenie⟩ (kimś, czymś)

in·fect [ɪnˈfekt] vt zarazić; zakazić; zatruć

in·fec·tion [ɪnˈfekʃn] s zaraza; zakażenie; zatruwanie

in·fec·tious [ɪnˈfekʃəs] adj zaraźliwy, zakaźny

in·fec·tive [ɪnˈfektɪv] = infectious

in·fer [ɪnˈfɜ(r)] vt wnioskować; zawierać ⟨nasuwać⟩ pojęcie (sth czegoś)

in·fer·ence [ˈɪnfərəns] s wniosek, wywód

in·fe·ri·or [ɪnˈfɪərɪə(r)] adj niższy, gorszy (to sb, sth od kogoś, czegoś); s podwładny

in·fe·ri·or·i·ty [ˌɪnfɪərɪˈorətɪ] s niższość, słabość; ~ complex kompleks niższości

in·fer·nal [ɪnˈfɜnl] *adj* piekielny

in·fest [ɪnˈfest] *vt* niepokoić, trapić; nawiedzać; (*o robactwie*) roić się (**sth w czymś**)

in·fi·del [ˈɪnfɪdl] *adj rel.* niewierny; *s rel.* niewierny

in·fi·del·i·ty [ˌɪnfɪˈdelətɪ] *s* niewierność (*zw.* małżeńska); *rel.* niewiara

in·fil·trate [ˈɪnfɪltreɪt] *vt vi* przesączać (się); nasycać; przenikać

in·fi·nite [ˈɪnfɪnɪt] *adj* nieograniczony, bezkresny, bezmierny, nieskończony; niezliczony

in·fin·i·tes·i·mal [ˌɪnfɪnɪˈtesɪml] *adj* nieskończenie mały

in·fin·i·tive [ɪnˈfɪnɪtɪv] *adj* nieokreślony; *s gram.* bezokolicznik

in·fin·i·ty [ɪnˈfɪnətɪ] *s* (*także mat.*) nieskończoność; bezkres, bezgraniczność

in·firm [ˈɪnˈfɜm] *adj* bezsilny, słaby, niedołężny

in·fir·ma·ry [ɪnˈfɜmərɪ] *s* szpital; izba chorych; lecznica

in·fir·mi·ty [ɪnˈfɜmətɪ] *s* niemoc, ułomność, niedołęstwo

in·flame [ɪnˈfleɪm] *vt vi* rozpalić (się); podniecić (się), rozdrażnić (się); rozbudzić (**sb with sth** coś w kimś)

in·flam·ma·ble [ɪnˈflæməbl] *adj* zapalny, łatwo palny; *przen.* zapalczywy; *s* materiał łatwo palny

in·flam·ma·tion [ˌɪnfləˈmeɪʃn] *s* zapalenie (się), rozniecenie

in·flam·ma·to·ry [ɪnˈflæmətrɪ] *adj* zapalny, zapalający; *przen.* podżegający

in·flate [ɪnˈfleɪt] *vt* wydymać, nadymać; napompować (dętkę itp.); podnosić (np. ceny)

in·fla·tion [ɪnˈfleɪʃn] *s* nadymanie, napompowanie; *fin.* inflacja

in·flect [ɪnˈflekt] *vt* zginać; *fiz.* załamywać; *gram.* odmieniać (części mowy); modulować (głos)

in·flec·tion [ɪnˈflekʃn] = **inflexion**

in·flex·i·ble [ɪnˈfleksəbl] *adj* nieugięty; sztywny

in·flex·ion [ɪnˈflekʃn] *s* zgięcie; *fiz.*

załamanie; *gram.* fleksja; modulacja (głosu)

in·flict [ɪnˈflɪkt] *vt* zadać (np. cios); nałożyć (np. karę); narzucić (**sth on ⟨upon⟩ sb** coś komuś)

in·flu·ence [ˈɪnfluəns] *s* wpływ; działanie, oddziaływanie; *vt* wpływać ⟨działać, oddziaływać⟩ (**sb, sth** na kogoś, coś)

in·flu·en·tial [ˌɪnfluˈenʃl] *adj* wpływowy

in·flux [ˈɪnflʌks] *s* napływ, dopływ, przypływ; wlot

in·form [ɪnˈfɔm] *vt* informować, zawiadomić (**sb of sth** kogoś o czymś); natchnąć ⟨ożywić⟩ (**sb with sth** kogoś czymś); *vi* denuncjować (**against sb** kogoś)

in·for·mal [ɪnˈfɔml] *adj* nieoficjalny, nieurzędowy, swobodny; nieformalny, nieprzepisowy

in·form·ant [ɪnˈfɔmənt] *s* informator; donosiciel

in·for·ma·tion [ˌɪnfəˈmeɪʃn] *s* informacja, wiadomość; doniesienie, denuncjacja; **a piece of ~** wiadomość; **to get ~** poinformować się

in·form·a·tive [ɪnˈfɔmətɪv] *adj* informacyjny; pouczający

in·fra-red [ˈɪnfrəˈred] *adj* podczerwony

in·fre·quent [ɪnˈfrikwənt] *adj* nieczęsty

in·fringe [ɪnˈfrɪndʒ] *vt* naruszyć, przekroczyć (*także vi* **~ on ⟨upon⟩ sth** coś)

in·fu·ri·ate [ɪnˈfjuərɪeɪt] *vt* doprowadzać do szału, rozjuszyć

in·fuse [ɪnˈfjuz] *vt* natchnąć (**sb with sth** kogoś czymś); wlać; zaparzyć (np. herbatę)

in·fu·sion [ɪnˈfjuʒn] *s* wlewanie; napar; nalewka; domieszka; natchnięcie ⟨napełnienie⟩ (**of sth into sb** kogoś czymś)

in·gen·ious [ɪnˈdʒɪnɪəs] *adj* pomysłowy, wynalazczy

in·ge·nu·i·ty [ˌɪndʒɪˈnjuəti] s pomysłowość, wynalazczość

in·gen·u·ous [ɪnˈdʒenjuəs] adj otwarty, szczery; niewinny, naiwny

in·got [ˈɪŋgət] s sztaba (kruszcu)

in·grain [ˈɪnˈgreɪn] vt utrwalić, trwale ufarbować

in·grained [ɪnˈgreɪnd] pp i adj zakorzeniony, zatwardziały

in·gra·ti·ate [ɪnˈgreɪʃɪeɪt] vr ~ oneself zyskać sobie łaskę (with sb czyjąś), ująć sobie (with sb kogoś)

in·grat·i·tude [ɪnˈgrætɪtjud] s niewdzięczność

in·gre·di·ent [ɪnˈgridɪənt] s składnik

in·gress [ˈɪngrəs] s wejście; prawo wstępu

in·hab·it [ɪnˈhæbɪt] vt zamieszkiwać

in·hab·it·ant [ɪnˈhæbɪtənt] s mieszkaniec

in·ha·la·tion [ˌɪnhəˈleɪʃn] s inhalacja; wdychanie

in·hale [ɪnˈheɪl] vt wdychać, wchłaniać, wciągać (np. zapach)

in·her·ent [ɪnˈhɪərnt] adj tkwiący, wrodzony, nieodłączny (in sth od czegoś); właściwy (in sb, sth komuś, czemuś)

in·her·it [ɪnˈherɪt] vt vi dziedziczyć, być spadkobiercą

in·her·it·ance [ɪnˈherɪtəns] s dziedzictwo, spadek, spuścizna

in·hib·it [ɪnˈhɪbɪt] vt powstrzymywać, hamować, zakazywać (sb from doing sth komuś zrobienia czegoś)

in·hi·bi·tion [ˌɪnɪˈbɪʃn] s zahamowanie, powstrzymanie; zakaz; hamulec (psychiczny)

in·hos·pi·ta·ble [ˈɪnhɒˈspɪtəbl] adj niegościnny

in·hu·man [ɪnˈhjumən] adj nieludzki

in·hu·mane [ˈɪnhjuˈmeɪn] adj niehumanitarny

in·hu·ma·tion [ˌɪnhjuˈmeɪʃn] s pochowanie, pogrzebanie, pogrzeb

in·im·i·cal [ɪˈnɪmɪkl] adj wrogi; szkodliwy

in·im·i·ta·ble [ɪˈnɪmɪtəbl] adj nie do naśladowania; niezrównany

in·iq·ui·tous [ɪˈnɪkwɪtəs] adj niesprawiedliwy; niegodziwy

in·iq·ui·ty [ɪˈnɪkwətɪ] s niesprawiedliwość; niegodziwość

in·i·tial [ɪˈnɪʃl] adj początkowy, wstępny; s pl ~s inicjały; parafa; vt podpisywać inicjałami; parafować

in·i·ti·ate [ɪˈnɪʃɪeɪt] vt inicjować, zapoczątkować; wprowadzać ⟨wtajemniczać, wdrażać⟩ (sb into sth kogoś w coś); adj [ɪˈnɪʃɪət] wtajemniczony; świeżo wprowadzony; s nowicjusz

in·i·ti·a·tion [ɪˌnɪʃɪˈeɪʃn] s zainicjowanie, zapoczątkowanie; wprowadzenie; wtajemniczenie

in·i·ti·a·tive [ɪˈnɪʃətɪv] adj początkowy, wstępny; s inicjatywa; przedsiębiorczość; on one's ~ z czyjejś inicjatywy

in·ject [ɪnˈdʒekt] vt zastrzyknąć, wstrzykiwać

in·jec·tion [ɪnˈdʒekʃn] s zastrzyk

in·ju·di·cious [ˌɪndʒʊˈdɪʃəs] adj nierozsądny; nieoględny

in·junc·tion [ɪnˈdʒʌŋkʃn] s nakaz, zalecenie

in·jure [ˈɪndʒə(r)] vt uszkodzić; skrzywdzić; skaleczyć, zranić; obrazić

in·ju·ri·ous [ɪnˈdʒʊərɪəs] adj szkodliwy, krzywdzący; obraźliwy

in·ju·ry [ˈɪndʒərɪ] s uszkodzenie; obraza; krzywda, szkoda

in·jus·tice [ɪnˈdʒʌstɪs] s niesprawiedliwość

ink [ɪŋk] s atrament; farba drukarska; vt plamić, znaczyć atramentem; powlekać farbą drukarską

ink·ling [ˈɪŋklɪŋ] s domysł, przeczucie, podejrzenie

ink·pad [ˈɪŋkpæd] s poduszka do stempli

ink·pot [ˈɪŋkpɒt] = inkstand

ink·stand [ˈɪŋkstænd] *s* kałamarz
ink-well [ˈɪŋk wel] *s* kałamarz w ławce szkolnej
in·laid [ɪnˈleɪd] *adj* wyłożony (czymś), inkrustowany
in·land [ˈɪnlənd] *adj attr* znajdujący się ⟨położony⟩ w głębi kraju (z dala od morza); wewnętrzny, krajowy; *s* wnętrze ⟨głąb⟩ kraju
in·let [ˈɪnlet] *s* wstawka, wpustka; mała zatoka; wlot, wejście; o- twór
in·mate [ˈɪnmeɪt] *s* lokator, mieszkaniec, domownik; pensjonariusz; *(w więzieniu)* więzień; *(w szpitalu)* pacjent
in·most [ˈɪnməʊst] *adj* ukryty ⟨utajony⟩ w głębi; najskrytszy
inn [ɪn] *s* gospoda, zajazd
in·nate [ɪˈneɪt] *adj* wrodzony, przyrodzony
in·ner [ˈɪnə(r)] *adj* wewnętrzny
in·ner·most [ˈɪnəməʊst] = **inmost**
inn·keep·er [ˈɪn kipə(r)] *s* właściciel gospody ⟨zajazdu⟩
in·no·cence [ˈɪnəsns] *s* niewinność; prostoduszność, naiwność; nieszkodliwość
in·no·cent [ˈɪnəsnt] *adj* niewinny; prostoduszny, naiwny; nieszkodliwy; *s* niewiniątko; prostaczek; półgłówek
in·noc·u·ous [ɪˈnɒkjuəs] *adj* nieszkodliwy
in·no·va·tion [ˌɪnəˈveɪʃn] *s* innowacja
in·no·va·tor [ˈɪnəveɪtə(r)] *s* innowator
in·nu·en·do [ˌɪnjuˈendəʊ] *s* insynuacja
in·nu·mer·a·ble [ɪˈnjumrəbl] *adj* niezliczony
in·oc·u·late [ɪˈnɒkjuleɪt] *vt* szczepić, zaszczepiać
in·oc·u·la·tion [ɪˌnɒkjuˈleɪʃn] *s* szczepienie, zaszczepienie
in·o·dor·ous [ɪnˈəʊdərəs] *adj* bezwonny
in·of·fen·sive [ˌɪnəˈfensɪv] *adj* nieszkodliwy; nie drażniący
in·op·por·tune [ɪnˈɒpətʃun] *adj*

niewczesny, nieodpowiedni, nie na czasie
in·or·di·nate [ɪˈnɔdɪnət] *adj* nie uporządkowany; nieumiarkowany; przesadny, nadmierny
in·or·gan·ic [ˌɪnɔˈgænɪk] *adj* nieorganiczny
in·quest [ˈɪnkwest] *s* badanie, śledztwo
in·quire [ɪnˈkwaɪə(r)] *vi* pytać ⟨informować⟩ się (**about** ⟨**after, for**⟩ sth o coś); dowiadywać się (**of** sb od kogoś); badać, śledzić (**into** sth coś); dochodzić, dociekać (**into** sth czegoś); *vt* pytać (sth o coś)
in·quir·er [ɪnˈkwaɪərə(r)] *s* pytający; prowadzący śledztwo
in·quir·y [ɪnˈkwaɪərɪ] *s* pytanie; badanie, śledztwo; zasięganie informacji; **to make inquiries** zasięgać informacji
in·qui·si·tion [ˌɪnkwɪˈzɪʃn] *s* badanie, śledztwo; *hist.* inkwizycja
in·quis·i·tive [ɪnˈkwɪzətɪv] *adj* ciekawy, wścibski
in·road [ˈɪnrəʊd] *s* najazd, napad
in·rush [ˈɪnrʌʃ] *s* wdarcie się; napór
in·sane [ɪnˈseɪn] *adj* umysłowo chory, obłąkany
in·san·i·ty [ɪnˈsænətɪ] *s* obłęd, szaleństwo; choroba umysłowa
in·sa·tia·ble [ɪnˈseɪʃəbl] *adj* nienasycony
in·scribe [ɪnˈskraɪb] *vt* wpisać, zapisać; wyryć (napis); zadedykować (**sth to sb** coś komuś)
in·scrip·tion [ɪnˈskrɪpʃn] *s* napis; dedykacja
in·scru·ta·ble [ɪnˈskrutəbl] *adj* niezbadany, nieprzenikniony
in·sect [ˈɪnsekt] *s* owad, insekt
in·sec·ti·cide [ɪnˈsektɪsaɪd] *s* środek owadobójczy
in·se·cure [ˌɪnsɪˈkjuə(r)] *adj* niepewny
in·sen·sate [ɪnˈsenseɪt] *adj* nieczuły; nierozumny
in·sen·si·bil·i·ty [ɪnˌsensəˈbɪlətɪ] *s* omdlenie, nieprzytomność; nie-

czułość ⟨niewrażliwość⟩ (to sth na coś)

in·sen·si·ble [ɪnˈsensəbl] *adj* nieprzytomny, bez zmysłów; niewrażliwy, nieczuły; niedostrzegalny

in·sen·si·tive [ɪnˈsensətɪv] *adj* nieczuły ⟨niewrażliwy⟩ (to sth na coś)

in·sep·a·ra·ble [ɪnˈsepərəbl] *adj* nierozłączny, nieodłączny

in·sert [ɪnˈsɜt] *vt* wstawić, włożyć, wsunąć, wprowadzić; zamieścić

in·ser·tion [ɪnˈsɜʃn] *s* wstawka, wkładka; wstawienie, włożenie, wsunięcie; ogłoszenie (w gazecie); dopisek

in·set [ˈɪnset] *s* wstawka, wkładka; *vt* [ˈɪnˈset] wstawić, wkleić

in·side [ɪnˈsaɪd] *s* wnętrze; ~ out wewnętrzną stroną na wierzch; na lewą stronę; *adj attr* wewnętrzny; *adv i praep* wewnątrz, do wnętrza

in·sid·i·ous [ɪnˈsɪdɪəs] *adj* podstępny, zdradziecki, zdradliwy

in·sight [ˈɪnsaɪt] *s* wgląd (into sth w coś); intuicja

in·sig·ni·a [ɪnˈsɪgnɪə] *s pl* insygnia

in·sig·nif·i·cant [ˌɪnsɪgˈnɪfɪkənt] *adj* nic nie znaczący, nieistotny, mało ważny

in·sin·cere [ˌɪnsɪnˈsɪə(r)] *adj* nieszczery

in·sin·cer·i·ty [ˌɪnsɪnˈserəti] *s* nieszczerość

in·sin·u·ate [ɪnˈsɪnjueɪt] *vt* insynuować; *vr* ~ oneself wkraść ⟨wśliznąć⟩ się

in·sin·u·a·tion [ɪnˌsɪnjuˈeɪʃn] *s* insynuacja; wśliźnięcie się

in·sip·id [ɪnˈsɪpɪd] *adj* bez smaku, mdły; tępy (umysłowo); bezbarwny

in·sist [ɪnˈsɪst] *vi* nalegać, nastawać; upierać się, obstawać; kłaść nacisk; domagać się (on ⟨upon⟩ sth czegoś)

in·sist·ence [ɪnˈsɪstəns] *s* naleganie; uporczywość; domaganie się

in·sist·ent [ɪnˈsɪstənt] *adj* uporczywy; naglący

in·so·lence [ˈɪnsələns] *s* zuchwalstwo, bezczelność

in·sol·u·ble [ɪnˈsɒljubl] *adj* nierozpuszczalny; nierozwiązalny

in·sol·ven·cy [ɪnˈsɒlvənsɪ] *s* niewypłacalność

in·sol·vent [ɪnˈsɒlvənt] *adj* niewypłacalny; *s* bankrut

in·som·ni·a [ɪnˈsɒmnɪə] *s* bezsenność

in·so·much [ˌɪnsəʊˈmʌtʃ] *adv* o tyle, do tego stopnia

in·spect [ɪnˈspekt] *vt* doglądać, dozorować; badać, kontrolować; wizytować

in·spec·tion [ɪnˈspekʃn] *s* inspekcja, dozór; badanie, kontrola

in·spi·ra·tion [ˌɪnspəˈreɪʃn] *s* natchnienie; wdech

in·spire [ɪnˈspaɪə(r)] *vt* natchnąć, pobudzić (sb with sth kogoś do czegoś); wzbudzić (sth coś, sb with sth coś w kimś); inspirować (sb with sth kogoś czymś); wdychać

in·sta·bil·i·ty [ˌɪnstəˈbɪlətɪ] *s* niestałość

in·stall [ɪnˈstɔl] *vt* wprowadzać na urząd; instalować, urządzać

in·stal·la·tion [ˌɪnstəˈleɪʃn] *s* wprowadzenie na urząd; instalacja, urządzenie

in·stall·ment [ɪnˈstɔlmənt] *s* rata; felieton; odcinek (powieści); zeszyt (publikacji)

in·stance [ˈɪnstəns] *s* wypadek; przykład; instancja; naleganie, żądanie; for ~ na przykład

in·stant [ˈɪnstənt] *adj* natychmiastowy, nagły, naglący; bieżący (miesiąc); *s* chwila

in·stan·ta·ne·ous [ˌɪnstənˈteɪnɪəs] *adj* momentalny; natychmiastowy

in·stant·ly [ˈɪnstəntlɪ] *adv* natychmiast

in·stead [ɪnˈsted] *adv* na miejsce ⟨zamiast⟩ tego; *praep* ~ of zamiast ⟨w miejsce⟩ (sb, sth kogoś, czegoś)

in·sti·gate [`instigeit] vt podżegać, podjudzać; wywołać (np. bunt)

in·sti·ga·tion [`insti`geiʃn] s podżeganie, prowokacja, namowa

in·stil [in`stil] vt wsączać; wpajać (np. zasady)

in·stinct [`instiŋkt] s instynkt; adj ożywiony ⟨przepojony⟩ (czymś)

in·stinc·tive [in`stiŋktiv] adj instynktowny

in·sti·tute [`institjut] s instytut; vt zakładać; urządzać; ustanawiać; zaprowadzać; wszczynać

in·sti·tu·tion [`insti`tjuʃn] s instytucja, zakład; związek, towarzystwo; ustanowienie, założenie; zwyczaj (powszechny)

in·struct [in`strʌkt] vt instruować, informować; zlecać; uczyć (in sth czegoś)

in·struc·tion [in`strʌkʃn] s instrukcja; wskazówka; polecenie; nauka, szkolenie

in·struc·tive [in`strʌktiv] adj pouczający

in·struc·tor [in`strʌktə(r)] s instruktor, nauczyciel

in·stru·ment [`instrumənt] s instrument; przyrząd, aparat; dosł. i przen. narzędzie

in·stru·men·tal [`instru`mentl] adj służący za narzędzie; pomocny; to be ~ in sth doprowadzić ⟨przyczynić się⟩ do czegoś; s gram. narzędnik

in·sub·or·di·nate [`insə`bodinət] adj nieposłuszny, niekarny

in·sub·or·di·na·tion [`insə`bodi`neiʃn] s niesubordynacja, niekarność, nieposłuszeństwo

in·suf·fer·a·ble [in`sʌfrəbl] adj nieznośny

in·suf·fi·cien·cy [`insə`fiʃnsi] s niedostatek; med. niedomoga

in·suf·fi·cient [`insə`fiʃnt] adj niewystarczalny, niedostateczny

in·su·lar [`insjulə(r)] adj wyspiarski; przen. mający ograniczony światopogląd

in·su·late [`insjuleit] vt izolować

in·su·la·tion [`insju`leiʃn] s izolacja

in·sult [in`sʌlt] vt lżyć, znieważać, obrażać; s [`insʌlt] obraza, zniewaga

in·su·per·a·ble [in`sjuprəbl] adj niepokonany, niezwyciężony; nie do przezwyciężenia

in·sup·port·a·ble [`insə`potəbl] adj nie do zniesienia

in·sur·ance [in`ʃuərns] s ubezpieczenie

in·sure [in`ʃuə(r)] vt vi ubezpieczać (się)

in·sur·gence [in`sədʒəns] s powstanie, insurekcja

in·sur·gent [in`sədʒənt] adj powstańczy; s powstaniec

in·sur·mount·a·ble [`insə`mauntəbl] adj nie do pokonania, nieprzezwyciężony

in·sur·rec·tion [`insə`rekʃn] s powstanie

in·sur·rec·tion·ist [`insə`rekʃnist] s powstaniec

in·sus·cep·ti·ble [`insə`septəbl] adj nieczuły (to sth na coś); niepodatny ⟨odporny⟩ (of sth na coś)

in·tact [in`tækt] adj nietknięty, nienaruszony, dziewiczy

in·take [`inteik] s wsysanie, pobieranie (np. wody); ilość spożyta ⟨zużyta, pobrana⟩; wlot; napływ, dopływ

in·tan·gi·ble [in`tændʒəbl] adj niedotykalny; nieuchwytny

in·te·ger [`intidʒə(r)] s całość; mat. liczba całkowita

in·te·gral [`intigrəl] adj integralny; s mat. całka; całość

in·te·grate [`intigreit] vt scalić, uzupełnić; mat. całkować

in·te·gra·tion [`inti`greiʃn] s scalenie, integracja; mat. całkowanie

in·teg·ri·ty [in`tegrəti] s integralność; rzetelność, prawość

in·tel·lect [`intəlekt] s intelekt, umysł

in·tel·lec·tu·al [`intə`lektʃuəl] adj intelektualny, umysłowy; s intelektualista, pracownik umysłowy

in·tel·li·gence [in`telidʒəns] s inte-

ligencja; informacja; wywiad; ~
service służba wywiadowcza

in·tel·li·genc·er [ɪn'telɪdʒənsə(r)] s
agent obcego wywiadu, szpieg

in·tel·li·gent [ɪn'telɪdʒənt] adj inteligentny

in·tel·li·gent·si·a [ɪn'telɪ'dʒentsɪə] s
zbiór. inteligencja, warstwy wy-
kształcone

in·tel·li·gi·ble [ɪn'telɪdʒəbl] adj zrozumiały

in·tem·per·ance [ɪn'temprəns] s
nieumiarkowanie, niepowściągliwość

in·tem·per·ate [ɪn'tempərət] adj
nieumiarkowany, niepohamowany

in·tend [ɪn'tend] vt zamierzać, zamyślać; przeznaczać; mieć na
myśli ⟨na celu⟩; chcieć

in·tense [ɪn'tens] adj intensywny;
napięty; silny; usilny; wytężony; (o uczuciu) żywy

in·ten·si·fi·ca·tion [ɪn'tensɪfɪ'keɪʃn]
s intensyfikacja, wzmacnianie,
wzmaganie

in·ten·si·fy [ɪn'tensɪfaɪ] vt vi
wzmocnić (się), napiąć, pogłębiać
(się), wzmagać (się)

in·ten·si·ty [ɪn'tensətɪ] s intensywność

in·ten·sive [ɪn'tensɪv] adj wzmożony, intensywny

in·tent [ɪn'tent] adj uważny; zajęty, zaprzątnięty; zdecydowany,
zawzięty (on ⟨upon⟩ sth na coś);
s zamiar, intencja, plan; to all
~s and purposes w istocie, faktycznie

in·ten·tion [ɪn'tenʃn] s zamiar, cel

in·ten·tion·al [ɪn'tenʃnl] adj celowy, umyślny

in·ter [ɪn't3(r)] vt grzebać, chować
(zmarłego)

in·ter·act [ɪntər'ækt] vi oddziaływać (na siebie) wzajemnie

in·ter·cede [ɪntə'siːd] vi interweniować, wstawiać się (with sb for
sb, sth u kogoś za kimś, czymś)

in·ter·cept [ɪntə'sept] vt prze-

chwycić, przejąć; przerwać, zagrodzić; odciąć

in·ter·ces·sion [ɪntə'seʃn] s wstawiennictwo

in·ter·change [ɪntə'tʃeɪndʒ] vt vi
wymieniać (między sobą); zamie-
niać (coś na coś); zmieniać (się)
kolejno; s [ɪntətʃeɪndʒ] wzajemna wymiana, kolejna zmiana

in·ter·course [ɪntəkɔːs] s obcowanie, stosunek (wzajemny), związek; to have ⟨hold⟩ ~ utrzymywać stosunki (with sb z kimś)

in·ter·dict [ɪntə'dɪkt] vt zabronić,
zakazać; s [ɪntədɪkt] = interdic-
tion

in·ter·dic·tion [ɪntə'dɪkʃn] s zakaz;
hist. interdykt

in·ter·est [ɪntrəst] s interes, zysk,
udział (np. w zyskach); dobro
(publiczne itd.); handl. odsetki;
zainteresowanie; to take an ~
interesować się (in sth czymś);
vt interesować; vr ~ oneself interesować się (in sth czymś)

in·ter·est·ing [ɪntrəstɪŋ] ppraes i
adj interesujący, zajmujący, ciekawy

in·ter·fere [ɪntə'fɪə(r)] vi mieszać
⟨wtrącać, wdawać⟩ się (with sth
w coś); przeszkadzać ⟨zawadzać⟩
(with sth czemuś), kolidować

in·ter·fer·ence [ɪntə'fɪərns] s mieszanie ⟨wtrącanie⟩ się, ingerencja, wkraczanie; przeszkoda, kolizja

in·ter·im [ɪntərɪm] s okres przejściowy; adj przejściowy

in·te·ri·or [ɪn'tɪərɪə(r)] adj wewnętrzny; ~ design architektura
wnętrz; s wnętrze; środek ⟨głąb⟩
kraju

in·ter·jec·tion [ɪntə'dʒekʃn] s o-
krzyk; gram. wykrzyknik

in·ter·lace [ɪntə'leɪs] vt vi przeplatać (się)

in·ter·lock [ɪntə'lok] vt vi spleść
(się), sprząc ⟨złączyć⟩ (się)

in·ter·loc·u·tor [ɪntə'lokjutə(r)] s
rozmówca

in·ter·lude [ˈɪntəlud] *s (także muz.)*
interludium; przerwa

in·ter·mar·riage [ˈɪntəˈmærɪdʒ] *s*
małżeństwo mieszane; małżeństwo w obrębie rodu ⟨plemienia⟩

in·ter·me·di·a·ry [ˈɪntəˈmidɪərɪ] *adj*
pośredni; pośredniczący; *s* pośrednik

in·ter·me·di·ate [ˈɪntəˈmidɪət] *adj*
pośredni; ~ **examination** egzamin składany w połowie studiów uniwersyteckich; *s* etap ⟨produkt itd.⟩ pośredni; stadium pośrednie

in·ter·ment [ɪnˈtɜmənt] *s* pogrzeb

in·ter·mi·na·ble [ɪnˈtɜmɪnəbl] *adj*
nie kończący się

in·ter·min·gle [ˈɪntəˈmɪŋgl] *vt vi*
mieszać (się), splatać (się)

in·ter·mis·sion [ˈɪntəˈmɪʃn] *s* przerwa, pauza

in·ter·mit·tent [ˈɪntəˈmɪtnt] *adj*
przerywany, sporadyczny

in·ter·mix [ˈɪntəˈmɪks] *vt vi* mieszać (się)

in·tern 1. [ɪnˈtɜn] *vt* internować

in·tern 2. [ˈɪntɜn] *s am.* lekarz-stażysta (mieszkający na terenie kliniki); student w internacie

in·ter·nal [ɪnˈtɜnl] *adj* wewnętrzny; krajowy, domowy

in·ter·na·tion·al [ˈɪntəˈnæʃnl] *adj*
międzynarodowy; *s sport* zawody międzynarodowe; uczestnik zawodów międzynarodowych; **the International** Międzynarodówka

In·ter·na·tio·nale [ˈɪntəˈnæʃənˈal]
s Międzynarodówka (hymn)

in·ter·na·tion·al·ism [ˈɪntəˈnæʃnlɪzm] *s* internacjonalizm

in·ter·na·tion·al·ize [ˈɪntəˈnæʃnəlaɪz] *vt* umiędzynarodowić

in·ter·ne·cine [ˈɪntəˈnisaɪn] *adj*
morderczy

in·tern·ment [ɪnˈtɜnmənt] *s* internowanie; ~ **camp** obóz koncentracyjny

in·ter·pel·late [ɪnˈtɜpɪleɪt] *vt* interpelować

in·ter·play [ˈɪntəpleɪ] *s* obustronna gra; wzajemne oddziaływanie

in·ter·po·late [ɪnˈtɜpəleɪt] *vt* wstawić (do tekstu); *mat.* interpolować

in·ter·pose [ˈɪntəˈpəuz] *vt vi* wstawiać, wtrącać (się); użyć (autorytetu itp.); interweniować

in·ter·pret [ɪnˈtɜprɪt] *vt* tłumaczyć, objaśniać; interpretować; vi tłumaczyć ustnie (np. na odczycie)

in·ter·pre·ta·tion [ɪnˈtɜprɪˈteɪʃn] *s*
tłumaczenie; objaśnienie, interpretacja

in·ter·pret·er [ɪnˈtɜprɪtə(r)] *s* tłumacz (ustny)

in·ter·ro·gate [ɪnˈterəgeɪt] *vt* pytać, indagować, przesłuchiwać

in·ter·ro·ga·tion [ɪnˈterəˈgeɪʃn] *s*
pytanie, indagacja, przesłuchanie; *gram.* **note of** ~ pytajnik

in·ter·rog·a·tive [ˈɪntəˈrogətɪv] *adj*
(także gram.) pytający

in·ter·rupt [ˈɪntəˈrʌpt] *vt* przerywać

in·ter·sect [ˈɪntəˈsekt] *vt* przecinać

in·ter·sperse [ˈɪntəˈspɜs] *vt* rozsypać ⟨rozrzucić⟩ (między czymś), przemieszać; urozmaicić

in·ter·twine [ˈɪntəˈtwaɪn] *vt vi*
przeplatać (się)

in·ter·val [ˈɪntəvl] *s* przerwa, odstęp; *muz.* interwał; **at** ~**s** z przerwami, tu i ówdzie

in·ter·vene [ˈɪntəˈvin] *vi* interweniować; ingerować ⟨wdawać się, wkraczać⟩ (w coś); wydarzyć się; upłynąć

in·ter·ven·tion [ˈɪntəˈvenʃn] *s* interwencja, wkroczenie (w coś)

in·ter·view [ˈɪntəvju] *s* wywiad (zw. dziennikarski); *vt* przeprowadzić wywiad (sb z kimś)

*****in·ter·weave** [ˈɪntəˈwiv], **interwove** [ˈɪntəˈwəuv], **interwoven** [ˈɪntəˈwəuvən] *vt vi* tkać, przeplatać (się), przetykać

in·tes·tine [ɪnˈtestɪn] *adj* wewnętrzny; *s pl* ~**s** wnętrzności, jelita

in·ti·ma·cy [ˈɪntɪməsɪ] *s* poufałość, intymność

in·ti·mate [ˈɪntɪmət] *adj* poufały, intymny, zażyły; gruntowny; *vt* [ˈɪntɪmeɪt] podać do wiadomości; dać do zrozumienia

in·ti·ma·tion [ˌɪntɪˈmeɪʃn] *s* podanie do wiadomości; zasugerowanie; **napomknięcie**

in·tim·i·date [ɪnˈtɪmɪdeɪt] *vt* zastraszyć, onieśmielić

in·tim·i·da·tion [ɪnˈtɪmɪˈdeɪʃn] *s* zastraszenie, onieśmielenie

in·to [ˈɪntu, ˈɪntə] *praep* dla *oznaczenia ruchu i kierunku*: w, do; **far ~ the night** do późna w nocy; *dla oznaczenia przemiany i podziału*: na, w; **to turn ~ gold** zmienić w złoto; **to divide ~ groups** dzielić na grupy

in·tol·er·a·ble [ɪnˈtolrəbl] *adj* nieznośny

in·tol·er·ance [ɪnˈtolərns] *s*. nietolerancja

in·tol·er·ant [ɪnˈtolərnt] *adj* nietolerancyjny

in·to·na·tion [ˌɪntəˈneɪʃn] *s* intonacja

in·tone [ɪnˈtəʊn] *vt* intonować

in·tox·i·cant [ɪnˈtoksɪkənt] *adj* odurzający, alkoholowy; *s* środek odurzający, napój alkoholowy

in·tox·i·cate [ɪnˈtoksɪkeɪt] *vt* odurzyć, upić

in·tox·i·ca·tion [ɪnˈtoksɪˈkeɪʃn] *s* odurzenie, upicie; *med.* zatrucie

in·trac·ta·ble [ɪnˈtræktəbl] *adj* krnąbrny; oporny, niepodatny

in·tran·si·gent [ɪnˈtrænsɪdʒənt] *adj* nieprzejednany; *s* człowiek nieprzejednany

in·tran·si·tive [ɪnˈtrænsɪtɪv] *adj* *gram.* nieprzechodni

in·tra·ve·nous [ˌɪntrəˈviːnəs] *adj* dożylny

in·trench = **entrench**

in·trep·id [ɪnˈtrepɪd] *adj* nieustraszony

in·tri·ca·cy [ˈɪntrɪkəsɪ] *s* zawiłość, gmatwanina

in·tri·cate [ˈɪntrɪkət] *adj* skomplikowany, zawiły

in·trigue [ɪnˈtriːg] *s* intryga; *vt vi* intrygować

in·trin·sic [ɪnˈtrɪnsɪk] *adj* wewnętrzny, głęboki; istotny, faktyczny

in·tro·duce [ˌɪntrəˈdjuːs] *vt* wprowadzić; przedstawić (**sb to sb** kogoś komuś); przedłożyć (np. wniosek)

in·tro·duc·tion [ˌɪntrəˈdʌkʃn] *s* wprowadzenie; przedstawienie; przedłożenie; wstęp, przedmowa

in·tro·duc·to·ry [ˌɪntrəˈdʌktrɪ] *adj* wstępny, wprowadzający; polecający

in·tro·spect [ˌɪntrəˈspekt] *vi* obserwować samego siebie, oddawać się introspekcji

in·trude [ɪnˈtruːd] *vi* wtrącać się ⟨wkraczać⟩ (**into sth** do czegoś); przeszkadzać, narzucać się (**on** ⟨**upon**⟩ **sb** komuś); zakłócać (**on** ⟨**upon**⟩ **sth** coś); *vt* narzucać (**sth on** ⟨**upon**⟩ **sb** komuś coś)

in·trud·er [ɪnˈtruːdə(r)] *s* intruz, natręt

in·tru·sion [ɪnˈtruːʒn] *s* bezprawne wkroczenie ⟨wtargnięcie⟩ (**w** coś ⟨gdzieś⟩); narzucanie (się); wciśnięcie

in·tru·sive [ɪnˈtruːzɪv] *adj* narzucający się, natrętny; wtrącony

in·trust = **entrust**

in·tu·i·tion [ˌɪntjuˈɪʃn] *s* intuicja

in·tu·i·tive [ɪnˈtjuːɪtɪv] *adj* intuicyjny

in·un·date [ˈɪnəndeɪt] *vt* zalać, zatopić

in·un·da·tion [ˌɪnənˈdeɪʃn] *s* zalew, powódź

in·ure [ɪˈnjuə(r)] *vt* przyzwyczajać, zaprawiać, hartować

in·vade [ɪnˈveɪd] *vt* najechać, wtargnąć (**a country** do kraju)

in·va·lid 1. [ˈɪnvəlɪd] *adj* chory, ułomny, niezdolny do pracy; *s* człowiek chory, kaleka, inwalida

in·va·lid 2. [ɪnˈvælɪd] *adj* nieważny, nieprawomocny

in·val·i·date [ɪnˈvælɪdeɪt] *vt* unieważnić

in·val·u·a·ble [ɪnˈvæljʊbl] *adj* bezcenny, nieoceniony

in·var·i·a·ble [ɪnˈveərɪəbl] *adj* niezmienny

in·va·sion [ɪnˈveɪʒn] *s* inwazja

in·vec·tive [ɪnˈvektɪv] *s* inwektywa, obelga

in·veigh [ɪnˈveɪ] *vt* gromić, kląć (against sb, sth kogoś, coś)

in·vei·gle [ɪnˈviːgl] *vt* uwodzić; wabić

in·vent [ɪnˈvent] *vt* wynajdować, wymyślić; zmyślić

in·ven·tion [ɪnˈvenʃn] *s* wynalazek; wymysł

in·ven·tive [ɪnˈventɪv] *adj* wynalazczy, pomysłowy

in·ven·tor [ɪnˈventə(r)] *s* wynalazca

in·ven·to·ry [ˈɪnvəntrɪ] *s* inwentarz

in·verse [ˈɪnvɜːs] *adj* odwrotny; *s* odwrotność

in·ver·sion [ɪnˈvɜːʃn] *s* odwrócenie, inwersja

in·vert [ɪnˈvɜːt] *vt* odwrócić, przestawić

in·ver·te·brate [ɪnˈvɜːtəbreɪt] *adj* zool. bezkręgowy; *przen.* bez kręgosłupa; *s* zool. bezkręgowiec

in·vest [ɪnˈvest] *vt* odziewać, ubierać (in sth w coś); otaczać (with sth czymś); inwestować, wkładać; wyposażyć, obdarzyć (with sth w coś); nadać (sb with sth komuś coś — np. przywilej, władzę)

in·ves·ti·gate [ɪnˈvestɪgeɪt] *vt* badać; dochodzić (dociekać) (sth czegoś); prowadzić śledztwo

in·ves·ti·ga·tion [ɪnˈvestɪˈgeɪʃn] *s* badanie, dociekanie, śledztwo

in·vest·ment [ɪnˈvestmənt] *s* inwestycja, lokata; odzianie, szata; *wojsk.* oblężenie

in·vet·er·ate [ɪnˈvetərət] *adj* zastarzały; głęboko zakorzeniony; uporczywy; nałogowy

in·vid·i·ous [ɪnˈvɪdɪəs] *adj* nienawistny, budzący zawiść

in·vig·i·late [ɪnˈvɪdʒɪleɪt] *vt* nadzorować przy egzaminie ⟨egzamin⟩

in·vig·o·rate [ɪnˈvɪgəreɪt] *vt* wzmacniać, pokrzepiać, orzeźwić

in·vin·ci·ble [ɪnˈvɪnsəbl] *adj* niezwyciężony

in·vi·o·la·ble [ɪnˈvaɪələbl] *adj* nienaruszalny, nietykalny

in·vi·o·late [ɪnˈvaɪələt] *adj* nienaruszony, nietknięty

in·vis·i·ble [ɪnˈvɪzəbl] *adj* niewidzialny, niewidoczny

in·vi·ta·tion [ˈɪnvɪˈteɪʃn] *s* zaproszenie

in·vite [ɪnˈvaɪt] *vt* zapraszać; zachęcać (sth do czegoś); wywoływać, powodować

in·voice [ˈɪnvɔɪs] *s* handl. faktura

in·voke [ɪnˈvəʊk] *vt* wzywać, zaklinać

in·vol·un·tar·y [ɪnˈvɒləntrɪ] *adj* mimowolny

in·vo·lu·tion [ˈɪnvəˈluːʃn] *s* powikłanie, zawiłość

in·volve [ɪnˈvɒlv] *vt* obejmować; zwijać; wciągać, pociągać za sobą; wmieszać, wplątać; uwikłać; komplikować, gmatwać

in·volved [ɪnˈvɒlvd] *pp i adj* zawiły; wplątany

in·vul·ner·a·ble [ɪnˈvʌlnrəbl] *adj* nie do zranienia, niewrażliwy (na ciosy itp.); nienaruszalny

in·ward [ˈɪnwəd] *adj* wewnętrzny; duchowy; skryty; skierowany do wewnątrz; *adv* (także ~s) do wnętrza, w głąb, w głębi; w duchu

i·o·dine [ˈaɪədiːn] *s* chem. jod; pot. jodyna (zw. tincture of ~)

i·o·ta [aɪˈəʊtə] *s* (litera) jota; odrobina

I·ra·ni·an [ɪˈreɪnɪən] *adj* irański, perski; *s* Irańczyk, Pers

i·ras·ci·ble [ɪˈræsəbl] *adj* drażliwy, skłonny do gniewu

I·rish [ˈaɪərɪʃ] *adj* irlandzki

I·rish·man [ˈaɪərɪʃmən] (*pl* Irishmen [ˈaɪərɪʃmən]) *s* Irlandczyk

irk·some [ˈɜːksəm] *adj* nużący, przykry

i·ron [ˈaɪən] *s* żelazo; żelazko (do prasowania); *pl* ~s kajdanki; cast ~ żeliwo; *vt* okuć, podkuć;

prasować (np. bieliznę); zakuć w kajdany

i·ron·clad [ˈaɪənklæd] *adj* opancerzony, pancerny; *s mors.* pancernik

i·ron·found·ry [ˈaɪənfaundrɪ] *s* huta, odlewnia żelaza

i·ron·ic(al) [aɪˈrɒnɪk(l)] *adj* ironiczny

i·ron·mon·ger [ˈaɪənmʌŋgə(r)] *s* handlarz towarami żelaznymi

i·ron·side [ˈaɪənsaɪd] *s przen.* człowiek „z żelaza"; *hist.* żołnierz armii Cromwella

i·ron·work [ˈaɪənwək] *s* konstrukcja żelazna; *zbior.* wyroby żelazne; *pl ~s* huta

i·ro·ny [ˈaɪərənɪ] *s* ironia

ir·ra·di·ate [ɪˈreɪdɪeɪt] *vt* oświetlać; naświetlać (promieniami); wyjaśniać (kwestię, sprawę itd.); *vi* promieniować

ir·ra·tion·al [ɪˈræʃnl] *adj* irracjonalny; nierozumny

ir·rec·on·cil·a·ble [ɪˈrekənˈsaɪləbl] *adj* nieprzejednany; nie dający się pogodzić

ir·re·cov·er·a·ble [ˈɪrɪˈkʌvrəbl] *adj* bezpowrotnie stracony, nie do odzyskania; nie do naprawienia

ir·ref·u·ta·ble [ˈɪrɪˈfjutəbl] *adj* niezbity, nieodparty

ir·reg·u·lar [ɪˈregjulə(r)] *adj* nieregularny, nieprawidłowy, nierówny; nieporządny; nielegalny

ir·reg·u·lar·i·ty [ˈɪˈregjuˈlærətɪ] *s* nieregularność, nieprawidłowość, nierówność; nieporządek; naruszanie norm ⟨przepisów itd.⟩

ir·rel·e·vant [ɪˈrelevənt] *adj* nie należący do rzeczy, nie odnoszący się do danej sprawy, nie mający związku z tematem

ir·re·li·gious [ˈɪrɪˈlɪdʒəs] *adj* niewierzący, bezbożny

ir·re·me·di·a·ble [ˈɪrɪˈmidɪəbl] *adj* nie do naprawienia

ir·re·mov·a·ble [ˈɪrɪˈmuvəbl] *adj* nieusuwalny, nie do usunięcia

ir·rep·a·ra·ble [ɪˈrepərəbl] *adj* nie do

naprawienia, niepowetowany

ir·re·press·i·ble [ˈɪrɪˈpresəbl] *adj* niepowstrzymany, nie do opanowania; nieodparty

ir·re·proach·a·ble [ˈɪrɪˈprəʊtʃəbl] *adj* nienaganny

ir·re·sist·i·ble [ˈɪrɪˈzɪstəbl] *adj* nieodparty

ir·res·o·lute [ɪˈrezəlut] *adj* niezdecydowany

ir·re·spec·tive [ˈɪrɪˈspektɪv] *adj* nie biorący pod uwagę; niezależny; *adv* niezależnie; ~ of bez względu na, niezależnie od

ir·re·spon·si·ble [ˈɪrɪˈsponsəbl] *adj* nieodpowiedzialny, lekkomyślny

ir·re·triev·a·ble [ˈɪrɪˈtrivəbl] *adj* niepowetowany, bezpowrotny

ir·rev·er·ent [ɪˈrevərənt] *adj* nie okazujący szacunku, lekceważący

ir·rev·o·ca·ble [ɪˈrevəkəbl] *adj* nieodwołalny

ir·ri·gate [ˈɪrɪgeɪt] *vt* nawadniać; *med.* przepłukiwać

ir·ri·ga·tion [ˈɪrɪˈgeɪʃn] *s* nawodnienie; *med.* przepłukiwanie, irygacja

ir·ri·ta·ble [ˈɪrɪtəbl] *adj* skłonny do gniewu, drażliwy

ir·ri·tate [ˈɪrɪteɪt] *vt* irytować, rozdrażniać

ir·ri·ta·tion [ˈɪrɪˈteɪʃn] *s* irytacja, rozdrażnienie

is [ɪz] *zob.* be

is·land [ˈaɪlənd] *s* wyspa

is·land·er [ˈaɪləndə(r)] *s* wyspiarz

isle [aɪl] *s* wyspa

is·let [ˈaɪlət] *s* wysepka

isn't [ɪznt] = is not; *zob.* be

i·so·late [ˈaɪsəleɪt] *vt* izolować ⟨odosobnić, wyodrębnić⟩ (from sth od czegoś)

i·so·la·tion [ˈaɪsəˈleɪʃn] *s* izolacja, odosobnienie

i·sos·ce·les [aɪˈsosⅰiz] *adj* *mat.* równoramienny (trójkąt)

i·so·tope [ˈaɪsətəʊp] *s* *fiz.* izotop

Is·ra·el·ite [ˈɪzrɪəlaɪt] *s* Izraelita

is·sue [ˈɪʃu] *s* wyjście; ujście, upływ; wynik, rezultat; potomstwo; kwestia, zagadnienie; emi·

sja; przydział; nakład, **wydanie**;
wydawanie; in the ~ w końcu;
matter at ~ sprawa sporna; to
bring to an ~ doprowadzić do
końca; to join ⟨take⟩ ~ zacząć
się spierać; *vt* wypuszczać; wydawać; emitować; *vi* wychodzić;
uchodzić; wypadać; pochodzić;
wynikać, wypływać

isth·mus [ˈɪsməs] s przesmyk

it [ɪt] *pron* ono, to; (*gdy zastępuje rzeczowniki nieżywotne i na-
zwy zwierząt*) on, ona

I·tal·ian [ɪˈtæliən] *adj* włoski; s
Włoch; język włoski

i·tal·ics [ɪˈtæliks] s *pl* kursywa,
pismo pochyłe

itch [ɪtʃ] *vi* swędzić; s swędzenie;
med. świerzb; *pot.* chętka

i·tem [ˈaɪtəm] s przedmiot; punkt;
szczegół; pozycja (w rachunku

itd.); *adv* podobnie, tak samo

i·tem·ize [ˈaɪtəmaɪz] *vt* wyszczególniać

it·er·ate [ˈɪtəreɪt] *vt* powtarzać

i·tin·er·ant [aɪˈtɪnərənt] *adj* wędrowny

i·tin·er·ar·y [aɪˈtɪnərəri] *adj* wędrowny; s trasa ⟨plan⟩ podróży;
przewodnik (książka); dziennik
podróży

i·tin·er·ate [aɪˈtɪnəreɪt] *vi* wędrować

its [ɪts] *pron* (*w odniesieniu do
dziecka, zwierząt i rzeczy*) jego,
jej, swój

it's [ɪts] = it is; zob. zob.

it·self [ɪtˈself] *pron* samo, sobie,
siebie, się; by ~ samo (jedno)

I've [aɪv] = I have

i·vo·ry [ˈaɪvri] s kość słoniowa

i·vy [ˈaɪvi] s bluszcz

j

jab·ber [ˈdʒæbə(r)] *vt vi* trajkotać,
paplać; s paplanie, trajkotanie

Jack, jack [dʒæk] s zdrob. od
John Jaś; chłopak; (*także* jack
tar) (prosty) marynarz; służący;
walet (w kartach); lewar, pod-
nośnik; *mors.* bandera; Jack of
all trades majster do wszystkiego; Jack in office biurokrata;
pot. ważniak; cheap Jack wędrowny przekupień; Union Jack
narodowa flaga brytyjska; eve-
ryman jack każdy bez wyjątku

jack·al [ˈdʒækəl] s zool. szakal

jack·ass [ˈdʒækæs] s dosł. i przen.
osioł

jack·boot [ˈdʒækbut] s but z wy-
soką cholewką

jack·daw [ˈdʒækdɔ] s zool. kawka

jack·et [ˈdʒækɪt] s żakiet, kurtka,
marynarka, kaftan; obwoluta;
teczka (na akta); skórka, łupina;

okładzina, koszulka, osłona

jack-o'-lantern [ˈdʒækəˈlæntən] s
błędny ognik

jade [dʒeɪd] s szkapa; *vt vi* zmordować (się), zmęczyć (się)

jad·ed [ˈdʒeɪdɪd] *pp i adj* sterany

jag [dʒæg] s szczerba, wyrwa;
cypel; ząb (np. piły); strzęp (materiału, kartki itd.); występ
(skalny); *vt* karbować; szczerbić;
wyrzynać; strzępić

jag·ged [ˈdʒægɪd] *pp i adj* szczerbaty; strzępiasty, ząbkowany

jag·uar [ˈdʒægjʊə(r)] s zool. jaguar

jail [dʒeɪl] s am. więzienie

jail·er [ˈdʒeɪlə(r)] s am. dozorca
więzienny

jam 1. [dʒæm] s dżem, konfitura

jam 2. [dʒæm] *vt* zaciskać, wciskać; stłoczyć; zatykać, blokować; zagłuszać (transmisję radiową); *vi* zaklinować się; zaciąć

się; *s* ucisk, ścisk; zator; zacięcie się

jam·bo·ree ['dʒæmbə`ri] *s* zlot harcerski; jamboree

jan·gle ['dʒæŋgl] *s* brzęk; klekot; *vt vi* brzęczeć, dzwonić, klekotać

jan·i·tor ['dʒænɪtə(r)] *s* odźwierny, dozorca, portier

Jan·u·a·ry ['dʒænjuərɪ] *s* styczeń

Jap·a·nese ['dʒæpə`niz] *adj* japoński; *s* Japończyk; język japoński

jar 1. [dʒa(r)] *s* słój, słoik, dzban

jar 2. [dʒa(r)] *vi* zgrzytać, brzęczeć; kłócić się; *vt* drażnić ⟨razić⟩ (np. ucho); szarpać ⟨działać na⟩ nerwy; wstrząsać; *s* zgrzyt; wstrząs; kłótnia

jas·mine ['dʒæzmɪn] *s* jaśmin

jas·per ['dʒæspə(r)] *s* miner. jaspis

jaun·dice ['dʒɔndɪs] *s* med. żółtaczka; przen. zazdrość, zawiść

jaunt [dʒɔnt] *vi* wybrać się na wycieczkę; *s* (krótka) wycieczka

jaun·ty ['dʒɔntɪ] *s* żwawy, wesoły, beztroski

jave·lin ['dʒævlɪn] *s* sport oszczep

jaw [dʒɔ] *s* szczęka

jaw·bone ['dʒɔ bəun] *s* kość szczękowa

jazz [dʒæz] *s* dżez, jazz; muzyka dżezowa ⟨jazzowa⟩

jeal·ous ['dʒeləs] *adj* zazdrosny (of sb, sth o kogoś, coś), zawistny

jeal·ous·y ['dʒeləsɪ] *s* zazdrość, zawiść

jeep [dʒip] *s* dżip, jeep, łazik (samochód wojskowy)

jeer [dʒɪə(r)] *vi* szydzić (at sb, sth z kogoś, czegoś); *s* szyderstwo

jel·ly ['dʒelɪ] *s* galareta, kisiel

jel·ly·fish ['dʒelɪ fɪʃ] *s* zool. meduza

jen·ny ['dʒenɪ] *s* techn. przędzarka (maszyna)

jeop·ard·ize ['dʒepədaɪz] *vt* narazić na niebezpieczeństwo, ryzykować (sth coś, czymś)

jeop·ard·y ['dʒepədɪ] *s* niebezpieczeństwo, ryzyko

jerk [dʒɜk] *vt* szarpnąć, targnąć;

cisnąć, pchnąć; *vi* szarpać się, nagle poruszyć się; *s* szarpnięcie, targnięcie, pchnięcie; skurcz, drgawka

jerk·y ['dʒɜkɪ] *adj* szarpiący, szarpany; konwulsyjny

jer·sey ['dʒɜzɪ] *s* sweter, golf

jest [dʒest] *s* żart; pośmiewisko; *vi* żartować (about sb, sth z kogoś, czegoś)

jest·er ['dʒestə(r)] *s* żartowniś; błazen

jet [dʒet] *s* struga, wytrysk; dysza; odrzutowiec; *adj attr* odrzutowy; *vt vi* tryskać

jet-plane ['dʒetpleɪn] *s* odrzutowiec

jet-pro·pelled ['dʒet prə`peld] *adj* odrzutowy; ~ plane odrzutowiec

jet·sam ['dʒetsəm] *s* części ładunku wyrzucane za burtę ⟨z powodu awarii⟩; przen. flotsam and ~ wyrzutki społeczeństwa, rozbitki życiowe; rzeczy bez wartości

jet·ti·son ['dʒetɪsn] *s* zrzut poza burtę; *vt* wyrzucać za burtę

jet·ty ['dʒetɪ] *s* molo; falochron

Jew [dʒu] *s* Żyd

jew·el ['dʒul] *s* klejnot; *vt* zdobić klejnotami

jew·el·ler ['dʒulə(r)] *s* jubiler

jew·el·ler·y ['dʒulrɪ] *s* biżuteria; handel biżuterią

Jew·ess [dʒu`es] *s* Żydówka

Jew·ish ['dʒuɪʃ] *adj* żydowski

jib [dʒɪb] *vi* (o koniu) płoszyć się ⟨stawać dęba⟩; przen. wzbraniać się (at sth przed czymś)

jibe = **gibe**

jif·fy ['dʒɪfɪ] *s* pot. chwilka

jig [dʒɪg] *s* skoczny taniec (giga)

jig-saw ['dʒɪgsɔ] *s* laubzega; ~ puzzle układanka

jin·gle ['dʒɪŋgl] *s vt vi* dźwięczeć, brzęczeć, pobrzękiwać; *s* dzwonienie, brzęk, dźwięczenie

jin·go ['dʒɪŋgəu] *s* szowinista

jin·go·ism ['dʒɪŋgəuɪzm] *s* szowinizm

job [dʒob] *s* robota, zajęcie, praca;

sprawa; interes; **by the** ~ **na akord; odd** ~**s okazyjna** ⟨dorywcza⟩ **praca; out of a** ~ **bezrobotny; to make a good** ~ **of sth dobrze sobie z .czymś poradzić;** *vt vi* pracować na akord; pracować dorywczo; nadużywać władzy; uprawiać machinacje handlowe; wynajmować (konia, wóz)

job·ber [ˈdʒɔbə(r)] *s* wyrobnik, robotnik akordowy; drobny spekulant (handlowy, giełdowy); aferzysta; pośrednik

job·less [ˈdʒɔbləs] *adj* bezrobotny

jock·ey [ˈdʒɔkɪ] *s* dżokej; szachraj; *vt vi* oszukiwać, szachrować

jo·cose [dʒəuˈkəus] *adj* zabawny, dowcipkujący, **wesoły**

joc·u·lar [ˈdʒɔkjulə(r)] *adj* figlarny, **wesoły**

joc·und [ˈdʒɔkənd] *adj* wesoły, pogodny

jog [dʒɔg] *vt* potrącać, popychać; potrząsać; *vi* (zw. ~ **on** ⟨along⟩) posuwać się ⟨jechać⟩ naprzód; *s* popchnięcie; szturchnięcie; wolny kłus

jog·gle [ˈdʒɔgl] *vt* potrząsać; podrzucać; *vi* trząść się

join [dʒɔɪn] *vt vi* połączyć, przyłączyć (się) (**sb do kogoś**); wstąpić (np. **the party do partii**); spoić; związać (się), zetknąć się; **to** ~ **hands** wziąć się za ręce; przystąpić do wspólnego dzieła; ~ **up** zaciągnąć się (do wojska)

join·er [ˈdʒɔɪnə(r)] *s* stolarz

joint [dʒɔɪnt] *adj* łączny, wspólny; *s* połączenie, spojenie; pieczeń, udziec; *anat.* staw; **out of** ~ zwichnięty; *przen.* zepsuty; *vt* złożyć, zestawić, spoić; rozczłonkować

joint·ly [ˈdʒɔɪntlɪ] *adv* łącznie

joint-stock [ˈdʒɔɪntˈstɔk] *adj attr*: ~ **company** spółka akcyjna

joke [dʒəuk] *s* żart, dowcip; **to crack a** ~ *pot.* palnąć dowcip; *vi* żartować (**about** ⟨**at**⟩ **sb, sth z kogoś, czegoś**)

jol·ly [ˈdʒɔlɪ] *adj* wesoły; podo-

chocony; przyjemny; *pot.* nie lada; *adv pot.* bardzo, szalenie

jolt [dʒəult] *vt* wstrząsać, podrzucać; *vi* (o **wozie**) jechać z turkotem, trząść się; *s* wstrząs, szarpnięcie, podrzucanie

jos·tle [ˈdʒɔsl] *vt vi* popychać, rozpychać (się), potrącać; *s* popchnięcie, potrącenie

jot [dʒɔt] *s* jota, odrobina; *vt* (zw. ~ **down**) skreślić w paru słowach, pośpiesznie zapisać

jour·nal [ˈdʒɜnl] *s* dziennik; żurnal

jour·nal·ese [ˈdʒɜnlˈiz] *s* język ⟨styl⟩ dziennikarski

jour·nal·ism [ˈdʒɜnlɪzm] *s* dziennikarstwo

jour·nal·ist [ˈdʒɜnlɪst] *s* dziennikarz

jour·ney [ˈdʒɜnɪ] *s* podróż (zw. lądowa); *vi* podróżować

jour·ney·man [ˈdʒɜnɪmən] *s* czeladnik

jo·vi·al [ˈdʒəuvɪəl] *adj* jowialny, **wesoły**

jowl [dʒaul] *s* szczęka; policzek

joy [dʒɔɪ] *s* radość, uciecha; *vt vi* radować (się)

joy·ful [ˈdʒɔɪfl] *adj* radosny

ju·bi·lant [ˈdʒubɪlənt] *adj* radujący się, rozradowany

ju·bi·late [ˈdʒubɪleɪt] *vi* radować się, triumfować

ju·bi·lee [ˈdʒubɪlɪ] *s* jubileusz

judge [dʒʌdʒ] *vt vi* sądzić, osądzać; uważać; *s* sędzia

judge·ment [ˈdʒʌdʒmənt] *s* sąd; wyrok; osąd; opinia, zdanie; rozsądek; **to pass** ~ wyrokować, osądzać (on ⟨upon⟩ **sb, sth kogoś, coś**)

ju·di·ca·ture [ˈdʒudɪkətʃə(r)] *s* sądownictwo, wymiar sprawiedliwości

ju·di·cial [dʒuˈdɪʃl] *adj* sądowy, sędziowski; rozsądny, krytyczny

ju·di·cious [dʒuˈdɪʃəs] *adj* rozsądny, rozważny

jug [dʒʌg] *s* dzban, garnek; *pot.* (o **więzieniu**) paka

jug·ful [ˈdʒʌgful] *s* pełny dzban ⟨garnek⟩

jug·gle [ˈdʒʌgl] *vi* żonglować; manipulować **(with sth** czymś); *vt* zwodzić, mamić; wyłudzić **(sb out of sth** coś od kogoś); *s* sztuczka, kuglarstwo, żonglerka

jug·gler [ˈdʒʌglə(r)] *s* kuglarz, żongler; oszust

juice [dʒus] *s* sok; *przen.* treść, istota

juic·y [ˈdʒusɪ] *adj* soczysty

Ju·ly [dʒuˈlaɪ] *s* lipiec

jum·ble [ˈdʒʌmbl] *s* mieszanina, bałagan; *przen.* „groch z kapustą"; *vt vi* pomieszać (się), narobić bałaganu, wprowadzić zamęt

jump [dʒʌmp] *vi* skakać, podskakiwać; skoczyć ⟨napaść⟩ **(on ⟨upon⟩ sb** na kogoś); **to ~ at ⟨to⟩ a conclusion** wyciągnąć pochopny wniosek; *vt* przeskoczyć; wstrząsnąć; *s* skok, podskok; wstrząs

jump·er 1. [ˈdʒʌmpə(r)] *s* skoczek

jump·er 2. [ˈdʒʌmpə(r)] *s* damska bluzka; damski sweterek; *mors.* bluza

junc·tion [ˈdʒʌŋkʃn] *s* połączenie; węzeł kolejowy; stacja węzłowa; skrzyżowanie

junc·ture [ˈdʒʌŋktʃə(r)] *s* połączenie, spojenie; stan rzeczy ⟨spraw⟩; krytyczna chwila; zbieg okoliczności; **at this ~** w tych okolicznościach

June [dʒun] *s* czerwiec

jun·gle [ˈdʒʌŋgl] *s* dżungla

jun·ior [ˈdʒunɪə(r)] *adj* młodszy (wiekiem, stanowiskiem); *s* junior; młodszy student ⟨uczeń⟩; podwładny

junk 1. [dʒʌŋk] *s* zbior. pot. rupiecie, złom; *przen.* nonsens; *mors.* stara lina okrętowa; solone mięso

junk 2. [dʒʌŋk] *s* dżonka

ju·ris·dic·tion [ˈdʒuərɪsˈdɪkʃn] *s* jurysdykcja

jury [ˈdʒuərɪ] *s* sąd przysięgłych; jury

just [dʒʌst] *adj* sprawiedliwy; słuszny; właściwy; *adv* właśnie; w sam raz; po prostu; zaledwie

jus·tice [ˈdʒʌstɪs] *s* sprawiedliwość; (*w tytułach*) sędzia

jus·ti·fi·ca·tion [ˈdʒʌstɪfɪˈkeɪʃn] *s* usprawiedliwienie

jus·ti·fy [ˈdʒʌstɪfaɪ] *vt* usprawiedliwić; uzasadnić

jut [dʒʌt] *vi* sterczeć, wystawać; *s* występ (np. muru)

jute [dʒut] *s bot.* juta

ju·ve·nile [ˈdʒuvənaɪl] *adj* młodzieńczy, młodociany, małoletni; młodzieżowy; *s* młodzieniec, wyrostek

jux·ta·pose [ˈdʒʌkstəˈpəuz] *vt* ustawić obok siebie, zestawić

jux·ta·po·si·tion [ˈdʒʌkstəpəˈzɪʃn] *s* ustawienie obok siebie, zestawienie

k

kan·ga·roo [ˈkæŋgəˈru] *s* kangur

keel [kil] *s mors.* kil

keen [kin] *adj* ostry; tnący; przejmujący, przenikliwy; gorliwy, zapalony, gwałtownie pożądający **(on sth** czegoś); bystry, żywy; *pot.* **to be ~ on sb, sth** przepadać za kimś, czymś

*keep [kip], kept, kept [kept] *vt* trzymać (się); utrzymywać; dotrzymywać; przechowywać; przestrzegać (np. zasady); prowadzić (np. księgi); obchodzić (np. święto); pilnować; hodować; powstrzymywać; zachowywać (pozory, tajemnicę); chronić (**sb from sth** kogoś przed czymś); pozostawać (**the house, one's bed** w domu, w łóżku); z *przymiotnikiem*: to ~ **a door** ⟨**eyes**⟩ **open** trzymać ⟨mieć⟩ drzwi ⟨oczy⟩ otwarte; z *imiesłowem*: to ~ **sb waiting** kazać komuś czekać; *vi* trzymać ⟨mieć⟩ się; ściśle stosować się (**at** ⟨**to**⟩ **sth** do czegoś); pozostawać; zachowywać się; stale ⟨wciąż⟩ coś robić; uporczywie kontynuować (**at sth** coś); to ~ **clear** trzymać się z dala (**of sth** od czegoś); to ~ **to the right** ⟨**left**⟩ iść ⟨jechać, płynąć⟩ na prawo ⟨lewo⟩; to ~ **to one's bed** pozostawać w łóżku; to ~ **to one's room** nie wychodzić z pokoju; to ~ **cool** zachowywać zimną krew; to ~ **working** ⟨**studying**⟩ ciągle pracować ⟨uczyć się⟩; to ~ **silent** milczeć; to ~ **smiling** stale się uśmiechać, zachowywać pogodę ducha; z *przysłówkami*: ~ **away** trzymać ⟨się⟩ z dala; nie dawać się zbliżyć; ~ **back** powstrzymywać ⟨się⟩; nie ujawniać; nie zbliżać się; ~ **down** trzymać w ryzach; tłumić; utrzymywać na niskim poziomie; ~ **off** trzymać ⟨się⟩ na uboczu, nie dopuszczać; ~ **on** kontynuować; he ~s **on** working on w dalszym ciągu pracuje; ~ **out** trzymać ⟨się⟩ na zewnątrz, nie puszczać do środka; ~ **under** = ~ **down**; ~ **up** podtrzymywać; trzymać do góry; utrzymywać ⟨się⟩; trzymać ⟨się⟩ na odpowiednim poziomie; nie tracić ducha; dotrzymywać kroku (**with sb** komuś), nadążać

keep·er [ˈkipə(r)] *s* stróż, dozorca; opiekun; kustosz; prowadzący (sklep, zakład)

keep·ing [ˈkipiŋ] *s* utrzymanie, opieka; przechowanie; **to be in** ~ zgadzać się, harmonizować; **to be out of** ~ nie zgadzać się, nie

licować

keep·sake [ˈkipseɪk] *s* upominek, pamiątka

keg [keg] *s* beczułka

ken·nel [ˈkenl] *s* psia buda; **psiarnia**

kept *zob.* **keep**

kerb [kɜb] *s* krawężnik

ker·chief [ˈkɜtʃɪf] *s* chustka (na głowę)

ker·nel [ˈkɜnl] *s* jądro ⟨ziarno⟩ (owocu); sedno (sprawy)

ket·tle [ˈketl] *s* kocioł; imbryk

ket·tle·drum [ˈketldrʌm] *s muz.* kocioł

key [ki] *s* klucz; klawisz; *arch.* klin; *muz.* klucz, tonacja; *vt* ~ **up** nastroić (instrumenty, kogoś do czegoś)

key·board [ˈkibɔd] *s* klawiatura

key·hole [ˈkihəul] *s* dziurka od klucza

key·note [ˈkinəut] *s muz.* tonika; *przen.* myśl przewodnia

khak·i [ˈkakɪ] *s* tkanina o barwie ochronnej; mundur o barwie khaki; żołnierz w mundurze khaki; *adj* (o kolorze) khaki

kick [kɪk] *vt vi* kopać, wierzgać; *pot.* buntować się, opierać się (**against** ⟨**at**⟩ **sth** czemuś); *pot.* ~ **away** odpędzić; *pot.* ~ **out** wypędzić; ~ **up** podnieść ⟨wzniecić, narobić⟩ (**a dust** ⟨**noise, fuss**⟩ kurzu ⟨hałasu, wrzawy⟩); *s* kopniak; uderzenie; skarga, protest

kick-off [ˈkɪk ɔf] *s sport* pierwszy strzał (początek gry w piłkę nożną)

kid [kɪd] *s* koźlę; skóra koźla; *pot.* dziecko, smyk

kid·dy [ˈkɪdɪ] *s pot.* (o dziecku) mały, brzdąc

kid-glove [ˈkɪd ˈglʌv] *s* rękawiczka z koźlej skóry

kid·nap [ˈkɪdnæp] *vt* porywać (dziecko), uprowadzić

kid·nap·per [ˈkɪdnæpə(r)] *s* kidnaper

kid·ney [ˈkɪdnɪ] *s* nerka; *pot.* ro-

kill

dzaj, natura, pokrój (człowieka)

kill [kɪl] *vt* zabijać; kasować ⟨wyrzucać⟩ (część tekstu)

kiln [kɪln] *s* piec przemysłowy (do suszenia, wypalania)

kil·o·gramme [ˈkɪləgræm] *s* kilogram

kil·o·me·tre [ˈkɪləmɪtə(r)] *s* kilometr

kil·o·watt [ˈkɪləwɒt]· *s* kilowat

kilt [kɪlt] *s* męska spódnica szkocka

kin [kɪn] *s †* ród; *zbior.* krewni; next of ~ najbliższy krewny; *adj* spokrewniony

kind [kaɪnd] *s* rodzaj; gatunek; natura; jakość; a ~ of coś w rodzaju; nothing of the ~ nic podobnego; what ~ of...? jakiego rodzaju...?, co za...?; to pay in ~ płacić w naturze ⟨w towarze⟩; *adj* miły, uprzejmy, łaskawy; very ~ of you bardzo uprzejmie z pańskiej ⟨twojej⟩ strony; *adv* pot. ~ of poniekąd, do pewnego stopnia

kin·der·gar·ten [ˈkɪndəgɑtn] *s* przedszkole

kin·dle [ˈkɪndl] *vt vi* rozpalić (się), rozżarzyć (się), rozniecić (się), podniecić

kind·ly [ˈkaɪndlɪ] *adj* dobry, dobrotliwy, uczynny, łaskawy, miły

kind·ness [ˈkaɪndnəs] *s* uprzejmość, dobroć; przysługa

kin·dred [ˈkɪndrəd] *s* pokrewieństwo; *zbior.* krewni; *adj attr* pokrewny

king [kɪŋ] *s* król

king·dom [ˈkɪŋdəm] *s* królestwo

kins·folk [ˈkɪnzfəʊk] *s zbior.* krewni, rodzeństwo

kins·man [ˈkɪnzmən] *s (pl* **kins·men** [ˈkɪnzmən]*)* krewny

kins·wom·an [ˈkɪnzwumən] *s (pl* **kinswomen** [ˈkɪnzwimin]*)* krewna

kip·per [ˈkɪpə(r)] *s* ryba wędzona (zw. śledź)

kirk [kɜk] *s szkoc.* kościół

kiss [kɪs] *s* pocałunek; *vt vi* całować (się)

kit [kɪt] *s* wyposażenie, ekwipunek; komplet narzędzi; plecak, worek ⟨torba⟩ (na rzeczy, narzędzia); cebrzyk; paczka

kit·bag [ˈkɪt bæg] *s* torba podróżna, plecak

kitch·en [ˈkɪtʃɪn] *s* kuchnia; ~ garden ogród warzywny

kite [kaɪt] *s zool.* kania; latawiec; to fly a ~ puszczać latawca

kith [kɪθ] *s w zwrocie:* ~ and kin *zbior.* przyjaciele i krewni

kit·ten [ˈkɪtn] *s* kotek

kit·ty [ˈkɪtɪ] = **kitten**

knack [næk] *s* sztuka (robienia czegoś), spryt, zręczność

knag [næg] *s* sęk

knap·sack [ˈnæpsæk] *s* plecak

knave [neɪv] *s* nikczemnik, łajdak; walet (w kartach)

knav·er·y [ˈneɪvərɪ] *s* nikczemność, łajdactwo

knav·ish [ˈneɪvɪʃ] *adj* nikczemny, łajdacki

knead [nid] *vt* miesić, ugniatać; mieszać

knee [ni] *s* kolano

*kneel [nil], **knelt**, **knelt** [nelt] *vi* klękać, klęczeć

knell [nel] *s* podzwonne; *vi* dzwonić (umarłemu); *vt* dzwonić (sth obwieszczając coś)

knelt *zob.* **kneel**

knew *zob.* **know**

knick·er·bock·ers [ˈnɪkəbɒkəz], *pot.* **knick·ers** [ˈnɪkəz] *s pl* spodnie spięte pod kolanami; pumpy

knife [naɪf] *s (pl* **knives** [naɪvz]*)* nóż

knight [naɪt] *s* rycerz; szlachcic; kawaler orderu; koń (w szachach); *vt* nadać szlachectwo ⟨tytuł, order⟩

knight·hood [ˈnaɪthud] *s* rycerstwo; tytuł szlachecki

*knit, **knit**, **knit** [nɪt] *lub* **knitted**,

knitted [ˈnɪtɪd] *vt* dziać, robić na drutach; składać, wiązać, spajać, łączyć; ściągać (brwi)

knives *zob.* knife

knob [nob] *s* gałka; guz; sęk; kawałek (np. cukru)

knock [nok] *vi* pukać, stukać (at the door do drzwi), uderzyć się (against sth o coś); *vt* uderzyć, walnąć; ~ about *pot.* rozbijać ⟨wałęsać⟩ się; ~ down powalić, zwalić z nóg; przejechać (kogoś); ~ off strącić; strzepnąć; potrącić (sumę pieniężną); skończyć (pracę); ~ out wybić, wytrząsnąć; pokonać; ~ over przewrócić; ~ together zbić (np. deski); sklecić; uderzać o siebie; ~ up podbić ku górze; *pot.* zmajstrować; znużyć; zderzyć się (against sb, sth z kimś; czymś); *s* stuk, uderzenie

knock-out [ˈnokaut] *s* nokaut (w boksie)

knoll [nəul] *s* pagórek

knot [not] *s* węzeł, pętla; sęk; guz, narośl; *przen.* powikłanie; *vt* robić węzeł; wiązać; *przen.* komplikować

knot·ty [ˈnotɪ] *adj* węzłowaty; *przen.* zawiły, kłopotliwy

*know [nəu], knew [nju], known [nəun] *vt vi* znać; rozpoznać, poznać; wiedzieć, dowiedzieć się (about ⟨of⟩ sb, sth o kimś, czymś); doświadczać, zaznać (czegoś); umieć, potrafić (coś zrobić); to get to ~ dowiedzieć się

know·ing [ˈnəuɪŋ] *ppraes i adj* rozumny, bystry; chytry, zręczny

know·ing·ly [ˈnəuɪŋlɪ] *adv* ze znajomością rzeczy; naumyślnie; chytrze, zręcznie

knowl·edge [ˈnolɪdʒ] *s* wiedza, znajomość; wiadomość, świadomość; to my ~ o ile mi wiadomo

known *zob.* know

knuck·le [ˈnʌkl] *s* kostka (palca); *vi* ~ down ⟨under⟩ ulec, ustąpić

ko·dak [ˈkəudæk] *s* kodak; *vt* fotografować kodakiem

kohl·ra·bi [ˈkəulˈrabɪ] *s* kalarepa

la·bel [ˈleɪbl] *s* napis, naklejka, etykieta; *vt* nakleić ⟨zaopatrzyć w⟩ etykietę ⟨nalepkę, naklejkę⟩; *przen.* określić (mianem), nazwać

la·bi·al [ˈleɪbɪəl] *adj* wargowy

la·bor·a·to·ry [ləˈborətrɪ] *s* laboratorium, pracownia

la·bo·ri·ous [ləˈbɔːrɪəs] *adj* pracowity; żmudny; wypracowany

la·bour [ˈleɪbə(r)] *s* praca, trud; klasa pracująca, świat pracy; siła robocza; bóle porodowe, poród; Labour Party Partia Pracy (w Anglii); *vi* ciężko pracować, mozolić się (at sth nad czymś), ponosić trudy; uginać się (under sth pod ciężarem czegoś); cierpieć (under sth z powodu czegoś); z trudem poruszać się; (o kobiecie) rodzić; *vt* starannie opracować, wypielęgnować; szczegółowo rozważać, dokładnie omawiać

la·bour·er [ˈleɪbərə(r)] *s* robotnik, wyrobnik

la·bour·ite [ˈleɪbərɪt] *s* członek Partii Pracy

lab·y·rinth [ˈlæbərɪnθ] *s* labirynt

lace [leɪs] *s* lamówka; sznurowadło; koronka; *vt* sznurować; ob-

lacerate

szyć lamówką; ozdobić koron-
ką

lac·er·ate ['læsəreɪt] *vt* szarpać,
rwać, rozrywać, rozdrapywać;
kaleczyć; *przen.* zranić (uczucia)

lack [læk] *s* brak, niedostatek;
for ~ z braku; *vt vi* brakować;
odczuwać brak, nie posiadać, nie
mieć; **I ~ money** brak mi pieniędzy

lack·ey ['lækɪ] *s* lokaj

la·con·ic [lə'kɒnɪk] *adj* lakoniczny

lac·quer ['lækə(r)] *s* lakier; *vt*
lakierować

lac·tic ['læktɪk] *adj* mleczny

lad [læd] *s* chłopiec, chłopak

lad·der ['lædə(r)] *s* drabina; spuszczone oczko (w pończosze);
przen. drabina społeczna; *vi (o
pończosze)* puszczać oczko

*****lade** [leɪd], **laded** ['leɪdɪd],
laded *lub* **laden** ['leɪdn] *vt* ładować; czerpać, wygarniać

lad·en ['leɪdn] *pp i adj* obciążo-
ny, obarczony; pogrążony (w
smutku)

la·dle ['leɪdl] *s* łyżka wazowa,
chochla; *vt* rozlewać ⟨czerpać⟩
(chochlą)

la·dy ['leɪdɪ] *s* dama, pani; tytuł
szlachecki; **lady's** ⟨**ladies'**⟩ **man**
kobieciarz

la·dy·bird ['leɪdɪbɜd] *s* biedronka

lag [læg] *vi* zwlekać, opóźniać się,
(także ~ behind) wlec się z tyłu

lag·gard ['lægəd] *adj* powolny,
ospały; *s* maruder, człowiek o-
pieszały

laid *zob.* **lay 1.**

lain *zob.* **lie 1.**

lair [leə(r)] *s* legowisko, nora,
matecznik; *przen.* melina

lake [leɪk] *s* jezioro

lamb [læm] *s* jagnię, baranek

lame [leɪm] *adj* chromy, ułomny; wadliwy; nieprzekonywają-
cy, mętny; **~ duck** pechowiec;
bankrut życiowy ⟨giełdowy⟩; *vt*
uczynić kaleką, okaleczyć; popsuć, sparaliżować

la·ment [lə'ment] *s* skarga, la-

ment; *vt vi* opłakiwać (**sb, sth**
⟨**over sb, sth**⟩ kogoś, coś), lamentować

lam·en·ta·ble ['læməntəbl] *adj* o-
płakany, godny pożałowania

lam·i·na ['læmɪnə] *s (pl ~e*
['læmɪnɪ]) blaszka

lamp [læmp] *s* lampa

lam·poon [læm'pun] *s* pamflet,
paszkwil; *vt* napisać paszkwil
(**sb, sth na kogoś, coś)**

lamp-post ['læmp pəʊst] *s* słup la-
tarni, latarnia (uliczna)

lamp-shade ['læmp ʃeɪd] *s* abażur

lance [lɑns] *s* lanca, kopia; *med.*
lancet

land [lænd] *s* ziemia, ląd; kraj;
własność ziemska, rola; **by ~**
drogą lądową; *vt* wysadzać ⟨wy-
ładowywać⟩ na ląd; zdobyć (nagrodę itp.); *pot.* wpakować (kogoś w kłopot itd.); *vi* lądować;
wysiadać, przybywać; trafić
(gdzieś)

land·ed ['lændɪd] *pp i adj* ziemski; **~ proprietor** właściciel
ziemski

land·hold·er ['lændhəʊldə(r)] *s* właściciel gruntu, gospodarz

land·ing ['lændɪŋ] *s* lądowanie;
zejście (ze statku) na ląd; po-
dest; *wojsk.* desant

land·ing-place ['lændɪŋpleɪs] *s*
przystań

land·la·dy ['lændleɪdɪ] *s* właści-
cielka domu czynszowego ⟨pen-
sjonatu, hotelu, gospody⟩; gospodyni; dziedziczka

land·lord ['lændlɒd] *s* dziedzic,
właściciel domu czynszowego
⟨pensjonatu, hotelu, gospody⟩

land·mark ['lændmɑk] *s* kamień
graniczny; *przen.* znak orienta-
cyjny; wydarzenie epokowe,
punkt zwrotny

land·own·er ['lændəʊnə(r)] *s* właściciel ziemski

land·scape ['lændskeɪp] *s* krajobraz, pejzaż

lane [leɪn] *s* droga polna, droży-
na; uliczka, zaułek

lan·guage [ˈlæŋgwɪdʒ] s język, mowa; styl

lan·guid [ˈlæŋgwɪd] adj osłabiony, znużony; powolny; tęskny

lan·guish [ˈlæŋgwɪʃ] vi więdnąć, słabnąć, marnieć; usychać z tęsknoty (after ⟨for⟩ sb, sth za kimś, czymś)

lan·guor [ˈlæŋgə(r)] s osłabienie, znużenie, powolność; tęsknota

lank [læŋk] adj chudy; cienki i długi; mizerny; (o włosach) prosty

lan·tern [ˈlæntən] s latarnia

lap 1. [læp] s poła; łono; in ⟨on⟩ sb's ~ na kolanach u kogoś; sport okrążenie (bieżni); vt otoczyć; objąć; owinąć, otulić; nakładać (over sth na coś); sport zdystansować

lap 2. [læp] vt vi mlaskać; chłeptać; chlupotać

lap-dog [ˈlæp dog] s piesek pokojowy

la·pel [ləˈpel] s klapa (marynarki)

lapse [læps] s upływ ⟨odstęp⟩ (czasu); błąd, omyłka; odstępstwo; uchybienie; obniżenie; vi opadać; wpadać ⟨zapadać, popadać, wdawać się⟩ (w coś); odstępować (od wiary itp.); mijać; upływać; mylić się; zaniedbywać (coś)

lar·ce·ny [ˈlɑːsnɪ] s (drobna) kradzież

lard [lɑːd] s smalec, słonina; vt szpikować

lard·er [ˈlɑːdə(r)] s spiżarnia

large [lɑːdʒ] adj duży, rozległy, obszerny; liczny; obfity; szeroki, swobodny; s tylko z przyimkiem: at ~ na wolności; na szerokim świecie; w pełnym ujęciu; adv w zwrocie: by and ~ w ogóle, ogólnie biorąc

large·ly [ˈlɑːdʒlɪ] adv wielce, w dużej mierze, przeważnie

lark 1. [lɑːk] s skowronek

lark 2. [lɑːk] s pot. figiel, żart; vi pot. figlować

lash 1. [læʃ] s bicz, bat; uderzenie biczem; kara chłosty; vt vi uderzać biczem, chłostać ⟨smagać⟩ (także biczem satyry)

lash 2. [læʃ] = eyelash

lass [læs] s szkoc. i poet. dziewczę, dziewczyna

las·si·tude [ˈlæsɪtjuːd] s znużenie

last 1. [lɑːst] s kopyto (szewskie), prawidło

last 2. [lɑːst] vi trwać, utrzymywać się; przetrwać; starczyć (na pewien czas)

last 3. [lɑːst] adj ostatni; miniony, zeszły, ubiegły; ostateczny, końcowy; ~ but one przedostatni; ~ but not least rzecz nie mniej ważna; s ostatnia rzecz, ostatek, koniec; at ~ na koniec, wreszcie; to breathe one's ~ wyzionąć ducha; to the very ~ do samego końca; adv po raz ostatni; ostatnio; ostatecznie

last·ing [ˈlɑːstɪŋ] ppraes i adj trwały

latch [lætʃ] s klamka; zatrzask, zasuwka

latch-key [ˈlætʃkɪ] s klucz (zw. od zatrzasku)

late [leɪt] adj późny, spóźniony; niedawny, świeżo miniony; dawny, były; (o zmarłym) świętej pamięci; to be ~ spóźnić się; of ~ ostatnimi czasy; adv późno, do późna; ostatnio; przedtem, niegdyś

late·ly [ˈleɪtlɪ] adv ostatnio, niedawno temu

la·tent [ˈleɪtnt] adj ukryty, utajony

lat·er [ˈleɪtə(r)] adj (comp od late) późniejszy; adv później; ~ on później, w dalszym ciągu, poniżej

lat·er·al [ˈlætrl] adj boczny

lat·est [ˈleɪtəst] adj (sup od late) najpóźniejszy; najnowszy

lath [lɑːθ] s listwa; deszczułka

lathe [leɪð] s tokarka, tokarnia

lath·er [ˈlɑːðə(r)] s piana mydlana; vt vi mydlić (się), pienić się

Lat·in [ˈlætɪn] *adj* łaciński: **s** łacina

lat·i·tude [ˈlætɪtjud] *s geogr.* szerokość; *przen.* swoboda, tolerancja, liberalizm

lat·ter [ˈlætə(r)] *adj* (ten) ostatni ⟨drugi⟩ (z dwóch); późniejszy, nowszy; końcowy

lat·tice [ˈlætɪs] *s* krata; *vt* okratować

laud·a·ble [ˈlɔdəbl] *adj* godny pochwały

laugh [lɑf] *vi* śmiać się (at sth z czegoś); wyśmiewać (at sb kogoś); *s* śmiech; to break into a ~ roześmiać się; to raise a ~ wywołać wesołość

laugh·ing-stock [ˈlɑfɪŋstɔk] *s* pośmiewisko

laugh·ter [ˈlɑftə(r)] *s* śmiech; to cry with ~ uśmiać się do łez

launch [lɔntʃ] *vt* puszczać, spuszczać; zrzucać; ciskać, miotać; uruchamiać; lansować; wodować; wszczynać (śledztwo); *vi* zapędzić się, puścić się (dokądś); *(także* ~ out) wypłynąć na morze; zaangażować się (w coś); *s* wodowanie; łódź motorowa, szalupa

laun·dress [ˈlɔndrəs] *s* praczka

laun·dry [ˈlɔndrɪ] *s* pralnia; bielizna do prania ⟨z pralni⟩

lau·re·ate [ˈlɔrɪət] *s* laureat

lau·rel [ˈlɔrl] *s* wawrzyn

lav·a·to·ry [ˈlævətrɪ] *s* umywalnia *(zw.* z ustępem)

lav·en·der [ˈlævəndə(r)] *s* lawenda

lav·ish [ˈlævɪʃ] *adj* rozrzutny, hojny; suty, obfity; *vt* hojnie darzyć, szafować

law [lɔ] *s* prawo; zasada, ustawa; system prawny; wiedza prawnicza; ~ court sąd; to go to ~ wnosić skargę sądową; a man of ~ prawnik

law·ful [ˈlɔfl] *adj* prawny, legalny; sprawiedliwy

law·less [ˈlɔləs] *adj* bezprawny; samowolny

lawn [lɔn] *s* murawa, trawnik

law·suit [ˈlɔsut] *s* sprawa sądowa, proces

law·yer [ˈlɔjə(r)] *s* prawnik; adwokat

lax [læks] *adj* luźny; swobodny; rozwiązły; niedbały

lax·a·tive [ˈlæksətɪv] *s med.* środek przeczyszczający

*****lay** 1. [leɪ], **laid**, **laid** [leɪd] *vt* kłaść, ułożyć, nałożyć; uciszyć, uspokoić; założyć się (o coś); przedłożyć, przedstawić (np. prośbę); to ~ bare obnażyć; to ~ claim zgłaszać roszczenie; to ~ open wyjawić; to ~ siege oblegać; to ~ stress ⟨emphasis⟩ kłaść nacisk; to ~ the table nakryć do stołu; to ~ waste spustoszyć; z przyimkami: ~ aside ⟨away, by⟩ odłożyć; ~ down składać; ustanawiać; ~ in odkładać (na zapas), magazynować; ~ on nakładać; powlekać; zakładać (np. instalację); ~ out wykładać, wydawać; ułożyć; planować, zaprojektować; ~ up zbierać, gromadzić, ciułać, przechowywać; to be laid up być złożonym chorobą

lay 2. [leɪ] *adj* świecki, laicki

lay 3. [leɪ] *s* pieśń

lay 4. *zob.* **lie** 1.

lay·er [ˈleɪə(r)] *s* warstwa, pokład; instalator

lay·man [ˈleɪmən] *s* (*pl* **laymen** [ˈleɪmən]) człowiek świecki; laik

lay-out [ˈleɪ aut] *s* plan; układ (topograficzny)

la·zi·ness [ˈleɪzɪnəs] *s* lenistwo

la·zy [ˈleɪzɪ] *adj* leniwy

la·zy-bones [ˈleɪzɪ bəunz] *s* leniuch

*****lead** 1. [lid], **led**, **led** [led] *vt* prowadzić, dowodzić, kierować; namówić, zasugerować, przekonać, nasunąć (przypuszczenie); wieść ⟨pędzić⟩ (życie); *vi* przewodzić, prowadzić (np. do celu); *s* kierownictwo, przewodnictwo; przykład; smycz; wyjście (w kartach)

legal

lead 2. [led] *s* ołów; grafit (w o-
łówku); ~ **pencil** ołówek
lead·en [ˈledn] *adj* ołowiany
lead·er [ˈliːdə(r)] *s* kierownik,
przywódca, lider; artykuł wstępny (w gazecie)
lead·er·ship [ˈliːdəʃɪp] *s* przywódz-
two
lead·ing [ˈliːdɪŋ] *ppraes i adj* kierowniczy, przewodzący, główny
leaf [liːf] *s* (*pl* **leaves** [liːvz]) liść;
kartka
leaf·let [ˈliːflət] *s* listek; ulotka
league 1. [liːg] *s* liga
league 2. [liːg] *s* mila
leak [liːk] *vi* ciecknąć, przeciekać,
sączyć się; *s* wyciek, upływ;
nieszczelność
leak·age [ˈliːkɪdʒ] *s* przeciekanie,
upływ
leak·y [ˈliːkɪ] *adj* nieszczelny
lean 1. [liːn] *adj* *dosł. i przen.*
chudy
*****lean** 2. [liːn], **leant**, **leant** [lent]
lub ~**ed**, ~**ed** *vt vi* nachylać się,
pochylać się, opierać (się); ~
out wychylać się
*****leap** [liːp], **leapt**, **leapt** [lept] *lub*
~**ed**, ~**ed** *vi* skakać; *vt* przeskoczyć; *s* skok, podskok
leap-year [ˈliːp jɜː(r)] *s* rok przestępny
*****learn** [lɜːn], **learnt**, **learnt** [lɜːnt] *lub*
~**ed**, ~**ed** [lɜːnt], *vt vi* uczyć
się; dowiadywać się
learn·ed [ˈlɜːnɪd] *adj* uczony
learn·ing [ˈlɜːnɪŋ] *s* nauka, wiedza,
erudycja
learnt *zob.* **learn**
lease [liːs] *s* dzierżawa, najem; *vt*
dzierżawić, najmować
lease·hold [ˈliːshəʊld] *s* dzierżawa;
adj dzierżawny, wydzierżawio-
ny
leash [liːʃ] *s* smycz
least [liːst] *adj* (*sup od* **little**) najmniejszy; *adv* najmniej; *s*
najmniejsza rzecz; **at** ~ przynajmniej; **not in the** ~ bynajmniej; ~ **common multiple** najmniejsza wspólna wielokrotna

leath·er [ˈleðə(r)] *s* skóra (wyprawiona)
*****leave** 1. [liːv], **left**, **left** [left] *vt*
zostawiać, opuszczać; **to** ~ **sb
alone** dać komuś spokój; **to** ~
behind pozostawić za sobą, zapomnieć (coś) wziąć; ~ **off** przerwać, zaniechać, zaprzestać; ~
out opuścić; przeoczyć; zaniedbać; ~ **over** odłożyć na później,
pozostawić; *vi* odchodzić, odjeżdżać (**for a place** dokądś)
leave 2. [liːv] *s* pozwolenie; rozstanie, pożegnanie; zwolnienie;
urlop; **to take French** ~ ulotnić
się po angielsku, odejść bez po-
żegnania; **to take** ~ pożegnać się
(**of sb** z kimś)
leav·en [ˈlevn] *s* drożdże; zaczyn;
przen. ferment; *vt* zakwasić
leaves *zob.* **leaf**
lec·ture [ˈlektʃə(r)] *s* odczyt, wykład; *vi* wygłaszać odczyt, wykładać (**on sth** coś); *vt* odbywać
⟨mieć⟩ wykłady; robić wymów-
ki, udzielić nagany
lec·tur·er [ˈlektʃərə(r)] *s* prelegent,
wykładowca
led *zob.* **lead** 1.
ledge [ledʒ] *s* występ (np. muru),
gzyms, krawędź; listwa
ledg·er [ˈledʒə(r)] *s* *handl.* księga
główna, rejestr
leech [liːtʃ] *s* pijawka
leek [liːk] *s* *bot.* por
leer [lɪə(r)] *vi* patrzeć z ukosa,
łypać okiem (**at sb** na kogoś)
lees [liːz] *s* *pl* fusy, osad, męty
left 1. *zob.* **leave** 1.
left 2. [left] *adj* lewy; *adv* na le-
wo; *s* lewa strona; **on the** ~
po lewej stronie
left·ist [ˈleftɪst] *s* lewicowiec; *adj*
lewicowy
left-o·ver [ˈleftˈəʊvə(r)] *adj* *attr*
pozostały; *s* pozostałość

leg [leg] *s* noga, nóżka
leg·a·cy [ˈlegəsɪ] *s* spadek, legat
le·gal [ˈliːgl] *adj* prawny; prawniczy; ustawowy; legalny

le·gal·ize [ˈliːɡlaɪz] *vt* legalizować

le·ga·tion [lɪˈɡeɪʃn] *s* poselstwo

leg·end [ˈledʒənd] *s* legenda

leg·ging [ˈleɡɪŋ] *s* sztylpa

leg·i·ble [ˈledʒəbl] *adj* czytelny

le·gion [ˈliːdʒən] *s* legion, legia

le·gion·ary [ˈliːdʒənrɪ] *s* legionista

leg·is·la·tion [ˌledʒɪsˈleɪʃn] *s* ustawodawstwo, prawodawstwo

leg·is·la·tive [ˈledʒɪslətɪv] *adj* ustawodawczy, prawodawczy

leg·is·la·ture [ˈledʒɪsleɪtʃə(r)] *s* władza ustawodawcza

le·git·i·mate [lɪˈdʒɪtɪmət] *adj* prawny; prawowity, ślubny; prawidłowy; *vt* [lɪˈdʒɪtɪmeɪt] legalizować; uzasadniać; uznać ⟨wykazać⟩ ślubne pochodzenie

lei·sure [ˈleʒə(r)] *s* czas wolny od pracy; at ~ bez pośpiechu; to be at ~ mieć wolny czas, nie pracować

lei·sured [ˈleʒəd] *adj* nie pracujący, bezczynny

lei·sure·ly [ˈleʒəlɪ] *adj* powolny; mający wolny czas; *adv* powoli, bez pośpiechu

lem·on [ˈlemən] *s* cytryna

•lend [lend], lent, lent [lent] *vt* pożyczać, użyczać; udzielać; nadawać, przydawać; to ~ an ear posłuchać; to ~ a hand przyjść z pomocą

lend·ing-li·brar·y [ˈlendɪŋ ˈlaɪbrərɪ] *s* wypożyczalnia książek

length [leŋθ] *s* długość; odległość; trwanie; at ~ na koniec; szczegółowo, obszernie; at full ~ na całą długość, w całej rozciągłości; at some ~ dość szczegółowo, dość obszernie; to go to the ~ of ... posunąć się aż do ...

length·en [ˈleŋθən] *vt vi* przedłużyć (się), wydłużać (się), rozciągnąć (się)

length·ways [ˈleŋθweɪz] *adv* na długość, wzdłuż

length·wise = lengthways

length·y [ˈleŋθɪ] *adj* przydługi, rozwlekły

le·ni·ent [ˈliːnɪənt] *adj* łagodny, pobłażliwy

Len·in·ism [ˈlenɪnɪzm] *s* leninizm

Len·in·ist [ˈlenɪnɪst] *adj* leninowski

lens [lenz] *s* soczewka

lent [lent] *s zob.* lend

Lent 2. [lent] *s rel.* Wielki Post; ~ term semestr wiosenny (na uczelni)

len·til [ˈlentl] *s* soczewica

leop·ard [ˈlepəd] *s zool.* lampart

lep·er [ˈlepə(r)] *s* trędowaty

lep·ro·sy [ˈleprəsɪ] *s* trąd

lese-maj·es·ty [ˈliːz ˈmædʒəstɪ] *s prawn.* obraza majestatu

less [les] *adj* (*comp* od little) mniejszy; *adv* mniej; none the ~ tym niemniej, niemniej jednak; *s* coś mniejszego; the ~ the better im mniej, tym lepiej

les·see [leˈsiː] *s* dzierżawca

less·en [ˈlesn] *vt vi* zmniejszać (się), obniżać, osłabiać, maleć, ubywać

less·er [ˈlesə(r)] *adj* mniejszy, pomniejszy

les·son [ˈlesn] *s* lekcja; nauczka; to do one's ~s odrabiać lekcje

lest [lest] *conj* ażeby nie

•let, let, let [let] *vt* pozwalać; dopuszczać, puszczać; dawać; zostawiać; najmować; to ~ alone zostawić w spokoju, dać spokój; to ~ fall upuścić; to ~ go wypuścić, zwolnić; to ~ know dać znać, zawiadomić; to ~ oneself go pofolgować sobie, dać się ponieść; *z przyimkami:* ~ down spuścić; porzucić, pozostawić własnemu losowi; obniżyć; ~ in wpuścić; ~ off wypuścić; wystrzelić; wybaczyć; ~ out wypuścić; wynająć; ~ through przepuścić; *zob.* alone

le·thar·gic [lɪˈθɑːdʒɪk] *adj* letargiczny

lie

leth·ar·gy ['leθədʒɪ] s letarg

let·ter ['letə(r)] s litera; list; to the ~ dosłownie; pl ~s literatura piękna, beletrystyka; man of ~s literat, pisarz; vt oznaczyć literami

let·ter·box ['letəboks] s skrzynka na listy

let·tered ['letəd] pp i adj wykształcony, oczytany

let·tuce ['letɪs] s sałata ogrodowa

leu·kae·mi·a [lu`kɪmɪə] s med. białaczka

lev·el ['levl] s poziom, płaszczyzna; on a ~ with ... na tym samym poziomie co ...; adj poziomy; równy; zrównoważony; vt wyrównywać; spoziomować; kierować, nastawiać

lev·er ['livə(r)] s dźwignia; lewar

lev·i·ty ['levətɪ] s lekkość; lekkomyślność

lev·y ['levɪ] s ściąganie ⟨nakładanie⟩ (podatków itp.); pobór (rekruta), zaciąg; vt ściągać ⟨nakładać⟩ (podatki itp.); zaciągnąć (rekruta), werbować

lewd |ludj adj sprośny, lubieżny

lex·i·cal ['leksɪkl] adj leksykalny

li·a·bil·i·ty [laɪə`bɪlətɪ] s zobowiązanie, obowiązek; prawn. odpowiedzialność; skłonność; pl liabilities handl. pasywa, obciążenie

li·a·ble ['laɪəbl] adj zobowiązany; odpowiedzialny; podlegający (to sth czemuś); narażony (to sth na coś); skłonny, podatny (to sth na coś); the weather is ~ to change pogoda może się zmienić

li·ai·son [lɪ`eɪzn] s stosunek (miłosny), romans; wojsk. łączność; ~ officer oficer łącznikowy

li·ar ['laɪə(r)] s kłamca

li·bel ['laɪbl] s paszkwil, potwarz; vt napisać paszkwil, zniesławić, rzucić potwarz

lib·er·al ['lɪbṛl] adj liberalny; swobodny; wyrozumiały; hojny; obfity; s liberał

lib·er·al·ism ['lɪbṛlɪzm] s liberalizm

lib·er·al·i·ty ['lɪbə`rælətɪ] s wielkoduszność, tolerancja, wyrozumiałość; szczodrość

lib·er·ate ['lɪbərert] vt uwolnić, wyzwolić

lib·er·a·tion ['lɪbə`reɪʃn] s uwolnienie, wyzwolenie

lib·er·tine ['lɪbətɪn] s libertyn, wolnomyśliciel; rozpustnik

lib·er·ty ['lɪbətɪ] s wolność; to be at ~ być wolnym; to set sb at ~ uwolnić kogoś; to take the ~ of doing sth pozwolić sobie na zrobienie czegoś; to take liberties pozwolić sobie (with sth na coś); nie krępować się

li·bra·ri·an [laɪ`breərɪən] s bibliotekarz

li·brar·y ['laɪbṛɪ] s biblioteka; seria wydawnicza

lice zob. louse

li·cence ['laɪsns] s licencja, koncesja; pozwolenie; rozwiązłość; driving ~ prawo jazdy; vt (także license) dawać licencję, ⟨patent, koncesję⟩, zezwalać

li·cense zob. licence vt

li·cen·tious [laɪ`senʃəs] adj rozwiązły

li·chen ['laɪkən] s med. liszaj; bot. porost

lick [lɪk] vt lizać, oblizywać; pot. sprawić lanie, pobić; przen. to ~ into shape wykształcić, okrzesać (kogoś); s lizanie; odrobina; pot. uderzenie

lid [lɪd] s wieko, pokrywa; powieka

*lie 1. [laɪ], lay [leɪ], lain [leɪn] vi leżeć; być (idle, under suspicion bezczynnym, podejrzanym; (o widoku, dolinie itd.) rozciągać się; rozpościerać się; (o statku) stać na kotwicy; it ~s to zależy (with sb od kogoś); to

lie   206

~ heavy ciążyć; ~ **down** położyć się; ~ **over** być w zawiesze-
niu, zostać odroczonym; ~ **up** leżeć w łóżku, chorować

lie 2. [laɪ], lied, lied [laɪd] *vi* kłamać; okłamywać (**to sb** kogoś);
s kłamstwo; **to give the** ~ zarzucać kłamstwo, zadać kłam (**sb**
komuś)

liege [liːdʒ] *adj* lenny, lenniczy; *s*
lennik, wasal

li·en [liən] *s prawn.* prawo zasta-
wu

lieu·ten·ant [lefˈtenənt], *mors.* [le-
ˈtenənt], *am.* [luːˈtenənt] *s* porucznik; zastępca; **second** ~ podporucznik

life [laɪf] *s* (*pl* **lives** [laɪvz]) życie; ożywienie, werwa; żywot,
życiorys; **Life Guards** straż przyboczna (królewska); ~ **insurance**
ubezpieczenie na życie; **true to**
~ wierny rzeczywistości, naturalny; **for** ~ na całe życie, doży-
wotnio

life-belt [ˈlaɪf belt] *s* pas ratunko-
wy

life-boat [ˈlaɪf bəʊt] *s* łódź ratun-
kowa

life-long [ˈlaɪf lɒŋ] *adj* trwający całe życie

life-sen·tence [ˈlaɪf sentəns] *s* wyrok dożywotniego więzienia

life-size [ˈlaɪf saɪz] *adj* naturalnej
wielkości

life-time [ˈlaɪftaɪm] *s* (całe) życie; **in sb's** ~ w przeciągu ⟨za⟩
czyjegoś życia

lift [lɪft] *vt vi* podnieść (się); u-
kraść, *pot.* ściągnąć; *s* podniesienie; winda; **air** ~ most powietrzny; **to give sb a** ~ podwieźć kogoś (autem itp.)

lig·a·ment [ˈlɪgəmənt] *s anat.* wiązadło

lig·a·ture [ˈlɪgətʃə(r)] *s* związanie,
podwiązanie, przewiązanie; *muz.*
druk. ligatura

light 1. [laɪt] *adj* lekki; nie obcią-
żony; mało ważny, błahy; lekkomyślny, beztroski; *adv* lekko

*light 2. [laɪt], lit, lit [lɪt] *lub*
~ed, ~ed [ˈlaɪtɪd] *vt vi* zaświecić, świecić, zapalić (się), oświetlać; rozjaśnić (się); ~ **up** zaświecić; zapłonąć; rozjaśnić się;
s światło, oświetlenie; światło
dzienne; jasność; ogień; **to bring
to** ~ wydobyć na światło dzienne; **to come to** ~ wyjść na jaw;
adj jasny

*light 3. [laɪt], lighted, lighted
[ˈlaɪtɪd] *lub* lit, lit [lɪt] *vi* natknąć się ⟨natrafić⟩ (**upon sb, sth**
na kogoś, coś); zstąpić; (**o ptaku**) osiąść; (**o wzroku**) paść

light·en 1. [ˈlaɪtn] *vt vi* oświetlać,
rozjaśniać (się); błyskać się

light·en 2. [ˈlaɪtn] *vt* ulżyć; uczynić lżejszym; odciążyć, złagodzić;
vi pozbyć się ciężaru (ładunku);
stać się lżejszym

light·er 1. [ˈlaɪtə(r)] *s* zapalniczka;
mors. lichtuga

light·er 2. [ˈlaɪtə(r)] *s* galar

light-heart·ed [ˈlaɪtˈhɑːtɪd] *adj* wesoły, niefrasobliwy

light·house [ˈlaɪt haʊs] *s* latarnia
morska

light-mind·ed [ˈlaɪtˈmaɪndɪd] *adj*
lekkomyślny

light·ning [ˈlaɪtnɪŋ] *s* piorun, błyskawica

light·ning-con·duc·tor [ˈlaɪtnɪŋ kən-
dʌktə(r)], **light·ning-rod** [ˈlaɪtnɪŋ
rod] *s* piorunochron

light-weight [ˈlaɪt weɪt] *s* człowiek
bez znaczenia; *adj* (**o bokserze**)
wagi lekkiej

like 1. [laɪk] *adj* podobny; **in** ~
manner podobnie; **it is just** ~
him to na niego wygląda, to do
niego pasuje; **it looks** ~ **rain**
będzie padać; **I don't feel** ~
working nie chce mi się pracować; *adv w zwrotach:* ~ **enough,**
very ~ prawdopodobnie; *conj*
podobnie, podobnie jak; **to be**
~ ... wyglądać jak ...; **people** ~
you ludzie tacy, jak wy; *s* rzecz
podobna ⟨taka sama⟩; coś po-

lining

dobnego; **and the** ~ i tym podobne rzeczy

like 2. [laɪk] *vt* lubić; ~ **better** woleć; mieć upodobanie ⟨przyjemność, zamiłowanie⟩; **I** ~ **this** lubię to; **to mi się podoba; I should** ~ **to go** chciałbym pójść; **I should** ~ **you to do this for me** chciałbym, ażebyś to dla mnie zrobił

like·li·hood [ˈlaɪklɪhʊd] *s* prawdopodobieństwo

like·ly [ˈlaɪklɪ] *adj* możliwy ⟨odpowiedni, nadający się⟩ (kandydat, plan itd.); prawdopodobny; **he is** ~ **to come on** prawdopodobnie przyjdzie; *adv* prawdopodobnie, pewnie (*zw.* **most** ~, **very** ~); **as** ~ **as not** prawie na pewno

lik·en [ˈlaɪkən] *vt* upodabniać; porównywać

like·ness [ˈlaɪknəs] *s* podobieństwo; podobizna, portret; **in the** ~ **of...** na podobieństwo...

like·wise [ˈlaɪkwaɪz] *adv* podobnie, również; ponadto

lik·ing [ˈlaɪkɪŋ] *ppraes i s* gust, upodobanie, pociąg (**for sth do** czegoś)

li·lac [ˈlaɪlək] *s bot.* bez; *adj* (*o kolorze*) lila

li·ly [ˈlɪlɪ] *s bot.* lilia; ~ **of the valley** konwalia

limb [lɪm] *s* kończyna; członek (ciała)

lime 1. [laɪm] *s* wapno

lime 2. [laɪm] *s* lipa (drzewo i kwiat)

lime 3. [laɪm] *s* limona (drzewo i owoc)

lime·light [ˈlaɪmlaɪt] *s* światło wapienne; *przen.* **in the** ~ na widoku (publicznym), w świetle reflektorów

lim·er·ick [ˈlɪmərɪk] *s* limeryk, fraszka

lime·stone [ˈlaɪmstəʊn] *s* wapień

lim·it [ˈlɪmɪt] *s* granica; limit; *vt* ograniczać

lim·i·ta·tion [ˌlɪmɪˈteɪʃn] *s* ograni-

czenie; zastrzeżenie; *prawn.* prekluzja

limp 1. [lɪmp] *adj* wiotki, słaby, bez energii

limp 2. [lɪmp] *vi* chromać, utykać na nogę, kuśtykać

lim·pid [ˈlɪmpɪd] *adj* przezroczysty, klarowny

lim·y [ˈlaɪmɪ] *adj* wapnisty; kleisty

lin·den [ˈlɪndən] *s bot.* lipa

line 1. [laɪn] *s* linia; lina, sznur; sznurek u wędki; szereg, rząd, *pot.* kolejka; granica; kurs, kierunek; zajęcie, rodzaj zainteresowania; linia postępowania, wytyczna; wiersz, linia, linijka; dziedzina, specjalność; *handl.* branża; *vt* liniować; kreślić; ustawiać w rząd ⟨szpaler⟩; *vi* (*także* ~ **up**) stawać ⟨ustawiać się⟩ w rzędzie

line 2. [laɪn] *vt* wyścielić, wyłożyć; podszyć (podszewką)

lin·e·age [ˈlɪnɪɪdʒ] *s* rodowód, pochodzenie

lin·e·al [ˈlɪnɪəl] *adj* pochodzący w prostej linii

line·man [ˈlaɪnmən] *s* dróżnik (kolejowy); monter (linii telegraficznej ⟨telefonicznej⟩)

lin·en [ˈlɪnɪn] *s* płótno; *zbior.* bielizna

lin·er [ˈlaɪnə(r)] *s* liniowiec, statek żeglugi liniowej; samolot regularnej linii pasażerskiej

lines·man [ˈlaɪnzmən] *s* (*pl* **linesmen** [ˈlaɪnzmən]) żołnierz liniowy; dróżnik (kolejowy); *sport* sędzia liniowy

lin·ger [ˈlɪŋɡə(r)] *vi* zwlekać, ociągać się; zasiedzieć się, przeciągać pobyt; (*także* ~ **on**) trwać, przeciągać się

lin·gual [ˈlɪŋɡwl] *adj* językowy

lin·guist [ˈlɪŋɡwɪst] *s* lingwista

lin·i·ment [ˈlɪnɪmənt] *s* płyn (leczniczy), maść

lin·ing [ˈlaɪnɪŋ] *s* podszewka, podkład, podbicie; okładzina, obudowa

link [lɪŋk] s ogniwo; więź; *vt vi* łączyć (się), wiązać (się), przyłączyć (się)

lin·seed ['lɪnsid] s siemię lniane; ~ **oil** olej lniany

lint [lɪnt] s szarpie, płótno opatrunkowe

li·on ['laɪən] s lew

li·on·ize ['laɪənaɪz] *vt* traktować kogoś jako znakomitość, ubóstwiać; oglądać ⟨pokazywać⟩ osobliwości miasta

lip [lɪp] s warga; brzeg, skraj; *pl* ~**s** usta

lip·stick ['lɪp stɪk] s kredka do ust, szminka

li·queur [lɪˈkjʊə(r)] s likier

liq·uid ['lɪkwɪd] *adj* płynny; s płyn, ciecz

liq·ui·date ['lɪkwɪdeɪt] *vt vi* likwidować (się)

liq·uor ['lɪkə(r)] s napój alkoholowy

lisp [lɪsp] *vi* seplenić; s seplenienie

list [lɪst] s lista, spis; *vt* umieszczać na liście, spisywać

lis·ten ['lɪsn] *vi* słuchać (**to sb, sth** kogoś, czegoś), przysłuchiwać się (**to sb, sth** komuś, czemuś), nadsłuchiwać (**for sth** czegoś); ~ **in** słuchać radia

lis·ten·er ['lɪsnə(r)] s słuchacz; radiosłuchacz

list·less ['lɪstləs] *adj* obojętny, apatyczny

lit *zob.* **light** 2., 3

lit·er·a·cy ['lɪtrəsɪ] s umiejętność czytania i pisania

lit·er·al ['lɪtrl] *adj* literalny, dosłowny; literowy

lit·er·ar·y ['lɪtrɪ] *adj* literacki

lit·er·ate ['lɪtrət] *adj* (*o człowieku*) piśmienny

lit·er·a·ture ['lɪtrətʃə(r)] s literatura, piśmiennictwo

lithe [laɪð] *adj* giętki, gibki

lit·i·gant ['lɪtɪgənt] *adj* procesu-

jący się; s strona procesująca się

lit·i·gate ['lɪtɪgeɪt] *vi* procesować się; *vt* kwestionować

lit·i·ga·tion [ˌlɪtɪˈgeɪʃn] s spór, sprawa sądowa

lit·mus ['lɪtməs] s *chem.* lakmus

lit·ter ['lɪtə(r)] s śmiecie, odpadki; nieporządek; wyściółka; miot, młode; *vt* podścielać; zaśmiecać

lit·tle ['lɪtl] *adj* (*comp* **less** [les], *sup* **least** [list]) mały, drobny; krótki; mało, niewiele; ~ **bread** mało ⟨trochę⟩ chleba; *adv* mało; **he sees me very** ~ on mnie mało ⟨rzadko⟩ widuje; s mała ilość, mało, niewiele; **a** ~ niewiele, trochę; ~ **by** ~ stopniowo, po trochu

lit·tle·ness ['lɪtlnəs] s małość, mały rozmiar

live 1. [lɪv] *vi* żyć; mieszkać, przebywać; przetrwać; ~ **on** żyć nadal, przetrwać; ~ **on sth** żyć z czegoś ⟨czymś⟩; ~ **through** ⟨**over**⟩ przeżyć (**war** wojnę); **to** ~ **to be** ⟨**to see**⟩ doczekać (się); **to** ~ **up to sth** żyć stosownie do czegoś ⟨zgodnie z czymś⟩; **long** ~! niech żyje!; *vt* prowadzić ⟨pędzić⟩ (**a happy life** szczęśliwe życie itd.)

live 2. [laɪv] *adj attr* żywy; ~ **coal** żarzące się węgle

live·li·hood ['laɪvlɪhud] s *pl* środki utrzymania ⟨do życia⟩

live·long ['lɪvlɒŋ] *adj* (*o dniu, roku itp.*) cały, długi

live·ly ['laɪvlɪ] *adj* żywy, ożywiony

liv·en ['laɪvn] *vt vi* (*także* ~ **up**) ożywiać (się)

liv·er ['lɪvə(r)] s wątroba

liv·er·y ['lɪvərɪ] s liberia

live-stock ['laɪvstɒk] s żywy inwentarz

liv·id ['lɪvɪd] *adj* siny

liv·ing ['lɪvɪŋ] *ppraes i adj* żyjący, żywy; **within** ~ **memory** za ludzkiej pamięci; s życie, tryb życia; ~ **conditions** warunki życia; ~ **standard** stopa życiowa; utrzymanie; **to make ⟨earn one's⟩** ~ **zarabiać na życie;** ~ **wage** płaca wystarczająca na utrzymanie

liz·ard [ˈlɪzəd] s zool. jaszczurka

lla·ma [ˈlɑmə] s zool. lama

load [ləʊd] s ciężar, obciążenie, ładunek; vt ładować, obciążać; obsypać (dárami, pochwałami); obrzucać (obelgami)

loaf 1. [ləʊf] s (pl **loaves** [ˈləʊvz]) bochenek (chleba); główka ⟨głowa⟩ (cukru, sałaty itd.)

loaf 2. [ləʊf] vi wałęsać się; s wałęsanie się, próżniactwo

loaf·er [ˈləʊfə(r)] s włóczęga, próżniak, nierób

loan [ləʊn] s pożyczka; zapożyczenie; vt pożyczyć (sth to sb coś komuś)

loath [ləʊθ] adj niechętny; **to be** ~ **to do sth** z niechęcią coś robić; **nothing** ~ chętnie

loathe [ləʊð] vt czuć wstręt, ⟨obrzydzenie⟩ (sb, sth do kogoś, czegoś)

loath·some [ˈləʊðsəm] adj wstrętny, ohydny

loaves zob. **loaf** 1.

lob·by [ˈlɒbɪ] s wcstybul, hall; poczekalnia; kuluar (w parlamencie); vt urabiać posłów w kuluarach

lobe [ləʊb] s płat, płatek

lob·ster [ˈlɒbstə(r)] s zool. homar

lo·cal [ˈləʊkl] adj miejscowy; ~ **government** samorząd

lo·cal·i·ty [ləʊˈkælətɪ] s miejscowość; położenie; rejon

lo·cal·ize [ˈləʊkəlaɪz] vt lokalizować

lo·cate [ləˈkeɪt] vt umieścić, ulokować; zlokalizować; osiedlić; am. **to be** ~**d** mieszkać

lo·ca·tion [ləʊˈkeɪʃn] s zlokalizowanie, umiejscowienie; ulokowanie, umieszczenie; miejsce zamieszkania; położenie

lock 1. [lɒk] s zamek, zamknięcie; śluza; vt vi zamykać (się) na

klucz; otaczać (np. o górach); przen. więzić; unieruchomić; zaciskać (się), zwierać (się); przechodzić ⟨przeprowadzać⟩ przez śluzę (up, down w górę, w dół); ~ **in** zamykać wewnątrz; ~ **out** wykluczyć; nie puścić (kogoś) do wewnątrz, zastosować lokaut; ~ **up** zamknąć (na klucz); uwięzić; trzymać pod kluczem

lock 2. [lɒk] s lok, kędzior

lock·er [ˈlɒkə(r)] s kabina; szafka

lock-out [ˈlɒkaʊt] s lokaut

lock·smith [ˈlɒksmɪθ] s ślusarz

lock-up [ˈlɒkʌp] s zamknięcie na klucz (zw. bramy na noc); areszt, pot. koza

lo·co·mo·tion [ˌləʊkəˈməʊʃn] s lokomocja

lo·co·mo·tive [ˌləʊkəˈməʊtɪv] s lokomotywa; adj ruchomy

lo·cust [ˈləʊkəst] s szarańcza

lo·cu·tion [ləˈkjuːʃn] s powiedzenie, zwrot

lodge [lɒdʒ] vt umieszczać, przyjmować pod dach, zakwaterować; deponować, dawać na przechowanie; wnosić (np. protest, skargę); składać (np. oświadczenie); wbić, wsadzić; vi mieszkać, znaleźć nocleg, ulokować się; s domek (dozorcy, służbowy, myśliwski); loża (masońska); stróżówka, portiernia; kryjówka, nora

lodg·er [ˈlɒdʒə(r)] s lokator

lodg·ing [ˈlɒdʒɪŋ] s zakwaterowanie, pomieszczenie; pl ~s wynajmowane mieszkanie (umeblowane)

loft [lɒft] s poddasze, strych

loft·i·ness [ˈlɒftɪnəs] s wysokość; wzniosłość; wyniosłość

lof·ty [ˈlɒftɪ] adj wysoki; wzniosły; wyniosły

log [lɒg] s kłoda, kloc; mors. log

log·book [ˈlɒgbuk] s mors. dziennik okrętowy

log·ger·head [ˈlɒgəhed] s bałwan, tępak; pot. **to be at** ~**s** kłócić się, brać się za łby

log·ic [ˈlɔdʒɪk] s logika

log-roll·ing [ˈlɔgroulɪŋ] s popieranie siebie nawzajem; kumoterstwo; *am.* wzajemna pomoc (finansowa lub polityczna)

loin [lɔɪn] s, pl ~s lędźwie; (*także* ~ chop) polędwica

loi·ter [ˈlɔɪtə(r)] vi wałęsać się, włóczyć się

loi·ter·er [ˈlɔɪtərə(r)] s włóczęga, łazik

loll [lɔl] vi (*także* ~ about ⟨around⟩) rozwalać się, przybierać niedbałą pozę; (*o psie*) wywieszać (it's tongue język)

lone [ləun] adj attr samotny; odludny

lone·li·ness [ˈləunlɪnəs] s samotność, osamotnienie

lone·ly [ˈləunlɪ] adj samotny; odludny

lone·some [ˈləunsəm] = lonely

long 1. [lɔŋ] adj długi; he is ~ in doing that on to długo robi; he won't be ~ on niedługo przyjdzie; adv długo; dawno; before ~ wkrótce; so ~! do widzenia!; ~ ago ⟨since⟩ dawno temu; s długi (dłuższy) czas; for ~ na długo; it won't take ~ to nie potrwa długo

long 2. [lɔŋ] vi pragnąć, łaknąć (for sth czegoś); tęsknić (after ⟨for⟩ sb, sth za kimś, czymś), mieć wielką chęć

lon·gev·i·ty [lɔnˈdʒəvətɪ] s długowieczność

long·ing [ˈlɔŋgɪŋ] ppraes i s chęć, pragnienie; tęsknota

lon·gi·tude [ˈlondʒɪtjud] s długość geograficzna

long-leg·ged [ˈlɔŋlegd] adj długonogi

long-range [ˈlɔŋreɪndʒ] adj attr dalekosiężny; długofalowy

long·shore·man [ˈlɔŋ ʃɔmən] s tragarz, robotnik portowy

long-sight·ed [ˈlɔŋˈsaɪtɪd] adj dalekowzroczny

long-wave [ˈlɔŋweɪv] adj attr długofalowy

long·ways [ˈlɔŋ weɪz], **long·wise** [ˈlɔŋ waɪz] adv wzdłuż; na długość

look [luk] s spojrzenie; wygląd; mina, wyraz (twarzy); to have a ~ at sth spojrzeć na coś; to give sb a kind ~ spojrzeć na kogoś życzliwie; good ~s piękna twarz, uroda; vi patrzeć; wyglądać; ~ about oglądać się; ~ after doglądać, pilnować (sb, sth kogoś, czegoś); ~ ahead patrzeć przed siebie, przewidywać; ~ at patrzeć (sb, sth na kogoś, coś); ~ for szukać (sb, sth kogoś, czegoś); ~ forward oczekiwać, wypatrywać (to sth czegoś); ~ in wpaść (on ⟨upon⟩ sb do kogoś); oglądać (to the TV telewizję); ~ into zaglądać (a room do pokoju itd.); badać (sth coś); ~ like wyglądać jak (sb, sth ktoś, coś); it ~s like rain zanosi się na deszcz; ~ on przypatrywać się (sb, sth komuś, czemuś); ~ on ⟨upon⟩ patrzeć na (sb, sth as ... kogoś, coś jak na ...); uważać ⟨mieć⟩ (sb, sth as ... kogoś, coś za ...); ~ out wyglądać; mieć się na baczności; wypatrywać (for sb kogoś); ~ over przeglądać (sth coś); ~ round rozglądać się; ~ through przejrzeć (a book książkę); patrzeć przez (a window okno); przezierać; his greed ~ed through his eyes chciwość wyzierała mu z oczu; ~ to pilnować (sth czegoś), uważać (sth na coś); ~ to it that ... uważać, ażeby ...; ~ up patrzeć w górę; szukać (czegoś w książce itp.); ~ up to sb traktować kogoś z szacunkiem; vt patrzeć, spojrzeć (sb in the face komuś w oczy); wyglądać (sb, sth na kogoś, coś)

look·er-on [ˈlukərɔn] s (pl ~s-on [ˈlukəzɔn]) widz

look·ing-glass [ˈlukɪŋ glas] s lustro, lusterko

look-out [ˈlukaut] s widok, perspektywa; czujność; to be on the ~ pilnować, czatować

loom 1. [lum] *s* warsztat tkacki

loom 2. [lum] *vi* majaczyć, zarysowywać się (np. na horyzoncie); wyłaniać się; *przen.* zagrażać; **to ~ large** wywołać ⟨budzić⟩ niepokój

loop [lup] *s* pętla; węzeł; *vt* robić pętlę ⟨węzeł⟩; **to ~ the ~** (*o samolocie*) wykonać pętlę

loop·hole [ˈlup həul] *s* otwór ⟨strzelnica⟩ w murze; *przen.* wykręt, furtka

loose [lus] *adj* luźny, swobodny; niedbały; rozwiązły; **at a ~ end** zaniedbany; bez zajęcia; **to break ~** zerwać ⟨urwać, uwolnić⟩ (się); **to come ~** rozluźnić się; **to let ~** puścić na wolność; *przen.* dać upust; *vt* rozluźnić, rozwiązać, puścić

loos·en [ˈlusn] *vt vi* rozluźnić (się), popuścić, rozwiązać; działać rozwalniająco

loot [lut] *vt vi* grabić; *s* grabież; łupy

lop 1. [lop] *vt* obcinać, obrzynać

lop 2. [lop] *vt* zwieszać, opuszczać; *vi* zwisać

lope [ləup] *s* skok, sus; *vi* biec susami

lo·qua·cious [ləuˈkweɪʃəs] *adj* gadatliwy

lord [lɔd] *s* lord; pan, dziedzic

lord·ly [ˈlɔdlɪ] *adj* wielkopański; wyniosły

lore [lɔ(r)] *s* wiedza, nauka

lor·ry [ˈlorɪ] *s* ciężarówka; platforma kolejowa

*****lose** [luz] *lost*, *lost* [lost] *vt* stracić, zgubić; **to ~ heart** upaść na duchu; **to ~ one's heart to sb** oddać komuś serce, zakochać się w kimś; **~ oneself**, **to ~ one's way** zabłądzić, zabłąkać się; **to ~ sight** stracić z oczu (*of* sth coś); **to ~ weight** stracić na wadze; **to be ⟨to go⟩ lost** zaginąć; pójść na marne; **to be lost to all sense of honour** stracić wszelkie poczucie honoru; *vt* przyprawić o stratę; zmarnować (okazję itp.); przegrać (mecz itp.); (*o zegarku*) spóźniać się

loss [los] *s* strata, zguba; utrata, ubytek; **to be at a ~** być w kłopocie, nie wiedzieć, co robić

lost *zob.* **lose**

lot [lot] *s* los, dola; udział; część; partia (towaru); parcela, działka; wielka ilość; *pot.* banda, paczka; **a ~ of people** gromada ludzi; **a ~ of money** (*także* *pl* ~s of money) masa pieniędzy; **a good ⟨quite a⟩ ~** sporo; **a ~ more** znacznie więcej

lo·tion [ˈləuʃn] *s* płyn leczniczy

lot·ter·y [ˈlotərɪ] *s* loteria

lo·tus [ˈləutəs] *s* *bot.* lotos

loud [laud] *adj* głośny; *adv* głośno

loud-speak·er [ˈlaudˈspikə(r)] *s* głośnik, megafon

lounge [laundʒ] *vi* bezczynnie spędzać czas; wygodnie siedzieć ⟨leżeć⟩; wałęsać się, próżnować; *s* wypoczynek, relaks; wałęsanie się; pokój klubowy; świetlica; kanapa, tapczan

lounge-suit [ˈlaundʒ sut] *s* garnitur na co dzień

louse [laus] *s* (*pl* **lice** [laɪs]) wesz

lous·y [ˈlauzɪ] *adj* wszawy, zawszony; *pot.* wstrętny

lout [laut] *s* gbur, prostak

love [lʌv] *s* miłość; zamiłowanie; ukochany; **to fall in ~** zakochać się (**with** sb w kimś); **to make ~** kochać się ⟨*pot.* spać⟩ (**to** sb z kimś); **for ~** bezinteresownie; dla zabawy ⟨przyjemności⟩; **in ~** zakochany; *vt* kochać, lubić (bardzo); **I should ~** bardzo bym chciał (**to do this** to zrobić)

lov·a·ble [ˈlʌvəbl] *adj* dający się lubić ⟨kochać⟩; miły

love-af·fair [ˈlʌv əfeə(r)] *s* romans

love·ly [ˈlʌvlɪ] *adj* miły; uroczy

lov·er [ˈlʌvə(r)] *s* kochanek; amator, wielbiciel

low 1. [ləu] *adj* niski; nizinny; słaby; skromny; marny; przygnębiony; (*o głosie*) cichy; pospoli-

low 212

ty, wulgarny; podły; *adv* nisko;
cicho; podle, marnie
low 2. [ləu] *vi* ryczeć; *s* ryk
low·er 1. *adj comp* od **low** 1.
low·er 2. [ˈləuə(r)] *vt vi* zniżyć (się),
opuścić (się); zmniejszyć (się);
poniżyć
low-grade [ˈləugreɪd] *adj attr* nis-
kogatunkowy, niskoprocentowy
low·land [ˈləulənd] *s* nizina
low·ly [ˈləulɪ] *adj* korny, skromny; *adv* kornie; skromnie; nisko
loy·al [ˈlɔɪl] *adj* lojalny
loy·al·ty [ˈlɔɪltɪ] *s* lojalność
lub·ber [ˈlʌbə(r)] *s* ślamazara, niedołęga
lu·bri·cant [ˈlubrɪkənt] *s* smar; *adj*
smarujący
lub·ri·cate [ˈlubrɪkeɪt] *vt* smarować, oliwić
lu·cent [ˈlusnt] *adj* lśniący; przezroczysty
lu·cid [ˈlusɪd] *adj* jasny; lśniący;
przezroczysty
lu·cid·i·ty [luˈsɪdətɪ] *s* jasność;
blask; przezroczystość
luck [lʌk] *s* szczęście, traf; **good**
~ szczęście; **bad** ~ pech
luck·y [ˈlʌkɪ] *adj* szczęśliwy, pomyślny
lu·cra·tive [ˈlukrətɪv] *adj* dochodowy, intratny
lu·di·crous [ˈludɪkrəs] *adj* śmieszny, niedorzeczny
lug [lʌg] *vt* ciągnąć, wlec, szarpać (**at sth** czymś)
lug·gage [ˈlagɪdʒ] *s* bagaż
lu·gu·bri·ous [luˈgubrɪəs] *adj* ponury, żałobny
luke·warm [ˈlukˈwɔm] *adj* letni,
ciepławy; *przen.* obojętny
lull [lʌl] *vt vi* usypiać; uśmierzać;
uspokajać (się); *s* okres spokoju,
chwila ciszy
lull·a·by [ˈlʌləbaɪ] *s* kołysanka
lum·ber [ˈlʌmbə(r)] *s* drewno, budulec; *zbior.* stare meble, *pot.*
graty, rupiecie
lum·ber-room [ˈlʌmbərum] *s* ru-

pieciarnia
lu·mi·nar·y [ˈlumɪnərɪ] *s* ciało
świetlne; luminarz
lu·mi·nous [ˈlumɪnəs] *adj* świetlny, lśniący; jasny, zrozumiały
lump [lʌmp] *s* kawałek; bryła; *pot.*
niedołęga, mazgaj; ~ **sugar** cukier w kostkach; ~ **sum** suma
globalna, ryczałt; **by** ⟨**in**⟩ **the** ~
hurtem; *vt* zwalać na stos ⟨ku-
pę⟩; scalić; *vi* zbić się
lu·na·cy [ˈlunəsɪ] *s* szaleństwo, obłęd
lu·nar [ˈlunə(r)] *adj* księżycowy;
chem. ~ **caustic** lapis
lu·na·tic [ˈlunətɪk] *adj* obłąkany,
szalony; *s* obłąkaniec, wariat
lunch [lʌntʃ] *s* drugie śniadanie,
lunch; *vi* spożywać lunch
lunch·eon [ˈlʌntʃən] = **lunch** *s*
lung [lʌŋ] *s* płuco
lurch 1. [lɜtʃ] *s w zwrocie:* **to
leave sb in the** ~ opuścić kogoś
w ciężkiej sytuacji
lurch 2. [lɜtʃ] *vi* przechylić ⟨za-
chwiać⟩ się; słaniać się; *s* przechylenie się; chwiejny chód
lure [luə(r)] *vt* nęcić, wabić; *s*
przynęta; pułapka; powab
lu·rid [ˈluərɪd] *adj* ponury, u-
piorny, niesamowity
lurk [lɜk] *vi* czaić się, czyhać (**for
sb** na kogoś); *s* ukrycie; **to be
on the** ~ czaić się
lus·cious [ˈlʌʃəs] *adj* przesłodzo-
ny, ckliwy; soczysty
lust [lʌst] *vi* pożądać (**after** ⟨**for**⟩
sth czegoś); *s* pożądliwość, lu-
bieżność, żądza
lus·tre [ˈlʌstə(r)] *s* blask, połysk;
przen. świetność
lus·trous [ˈlʌstrəs] *adj* połyskujący, lśniący
lust·y [ˈlʌstɪ] *adj* tęgi; żwawy,
pełen wigoru
lute [lut] *s muz.* lutnia
lux·u·ri·ant [lagˈʒuərɪənt] *adj* obfity, bujny; (*o stylu*) kwiecisty

lux·u·ri·ous [ləgˋʒuəriəs] *adj* luksusowy, bogaty

lux·u·ry [ˋlʌkʃəri] *s* przepych, zbytek, luksus; obfitość; *adj attr* luksusowy

lye [laɪ] *s* ług

ly·ing [ˋlaɪɪŋ] *ppraes* i *adj* kłamliwy

lynch [lɪntʃ] *vt* linczować; *s* lincz

lynx [lɪŋks] *s* zool. ryś

ly·oph·i·li·za·tion [ˈlaɪofələˋzeɪʃn] *s* liofilizacja

ly·oph·i·lize [laɪˋofəˋlaɪz] *vt* liofilizować

lyre [ˋlaɪə(r)] *s* muz. lira

lyr·ic [ˋlɪrɪk] *adj* liryczny; *s* utwór liryczny

lyr·i·cal [ˋlɪrɪkl] *adj* liryczny

ly·sol [ˋlaɪsol] *s* chem. lizol

m

ma`am [mæm] *s* proszę pani, słucham panią (*służba do pani domu, personel sklepu do klientki itd.*)

mace [meɪs] *s* maczuga; buława

mach·i·na·tion [ˈmækɪˋneɪʃn] *s* machinacja, intryga, knowanie

ma·chine [məˋʃin] *s* maszyna; agricultural ~s maszyny rolnicze; *vt* wykonywać maszynowo; *adj attr* maszynowy

ma·chine-gun [məˋʃingʌn] *s* karabin maszynowy

ma·chin·er·y [məˋʃinri] *s* maszyneria, mechanizm

mack·er·el [ˋmækrl] *s* makrela

mack·in·tosh [ˋmækɪntoʃ] *s* płaszcz nieprzemakalny

mad [mæd] *adj* szalony, obłąkany; zwariowany (after ⟨about, for, on⟩ sth na punkcie czegoś); wściekły; to go ~ zwariować; to drive ~ doprowadzić do szaleństwa

mad·am [ˋmædəm] *s w zwrotach grzecznościowych*: (Szanowna) Pani!

mad·cap [ˋmædkæp] *s* narwaniec, człowiek postrzelony

mad·den [ˋmædn] *vt* doprowadzić do szaleństwa ⟨szału⟩; *vi* szaleć

made *zob.* make

mad·ness [ˋmædnəs] *s* szaleństwo,

obłęd, furia

mag·a·zine [ˈmægəˋzin] *s* magazyn, skład; *wojsk.* skład broni; periodyk, czasopismo

mag·got [ˋmægət] *s* larwa; chimera; kaprys

ma·gi *zob.* magus

mag·ic [ˋmædʒɪk] *adj* magiczny, czarodziejski; *s* magia, czary

ma·gi·cian [məˋdʒɪʃn] *s* czarodziej, magik, iluzjonista

mag·is·trate [ˋmædʒɪstreɪt] *s* sędzia pokoju

mag·na·nim·i·ty [ˈmægnəˋnɪmətɪ] *s* wspaniałomyślność

mag·nate [ˋmægneɪt] *s* magnat

mag·ne·sia [mægˋniʃə] *s* magnezja

mag·net [ˋmægnɪt] *s* magnes

mag·net·ic [mægˋnetɪk] *adj* magnetyczny

mag·net·ize [ˋmægnɪtaɪz] *vt* magnetyzować

mag·nif·i·cence [mægˋnɪfɪsns] *s* wspaniałość; świetność

mag·nif·i·cent [mægˋnɪfɪsnt] *adj* wspaniały

mag·ni·fi·er [ˋmægnɪfaɪə(r)] *s* wzmacniacz; szkło powiększające

mag·ni·fy [ˋmægnɪfaɪ] *vt* wzmacniać; powiększać

mag·ni·tude [ˋmægnɪtjud] *s* ogrom, wielkość

mag·pie [`mægpaɪ] s sroka; *przen.* gaduła

ma·gus [`meɪgəs] s (*pl* **magi** [`meɪdʒaɪ]) mag, mędrzec Wschodu

ma·hog·a·ny [mə`hogənɪ] s mahoń

maid [meɪd] s *lit.* dziewczyna; † panna; służąca; ~ of honour dama dworu

maid·en [`meɪdn] s *lit.* dziewica, panna; *adj* dziewiczy; panieński

maid-serv·ant [`meɪd sɜvənt] s służąca, pokojówka

mail 1. [meɪl] s poczta; *vt* wysyłać pocztą

mail 2. [meɪl] s pancerz; **coat of** ~ kolczuga; ~**ed fist** *przen.* zbrojna pięść ⟨siła⟩

maim [meɪm] *vt* okaleczyć

main [meɪn] *adj* główny, przeważający, najważniejszy; s główna rura (wodociągu, gazu); *pl* ~**s** kanalizacja; *elektr.* główna linia; *poet.* pełne morze; **in the** ~ głównie, przeważnie; **with might and** ~ z całych sił

main·land [`meɪnlænd] s ląd stały

main·spring [`meɪnsprɪŋ] s główna sprężyna (zegara); *przen.* główny motyw (działania)

main·stay [`meɪnsteɪ] s *mors.* sztag grotmasztu; *przen.* ostoja

main·tain [meɪn`teɪn] *vt* podtrzymywać; utrzymywać; zachowywać; twierdzić

main·te·nance [`meɪntɪnəns] s utrzymanie; utrzymywanie; konserwacja; podtrzymywanie, podpora

maize [meɪz] s kukurydza

ma·jes·tic [mə`dʒestɪk] *adj* majestatyczny

maj·es·ty [`mædʒɪstɪ] s majestat

ma·jor [`meɪdʒə(r)] *adj* większy, ważniejszy; główny; starszy; pełnoletni; *muz.* durowy, majorowy; s człowiek pełnoletni; *wojsk.* major

ma·jor·i·ty [mə`dʒorətɪ] s większość; pełnoletność

*make [meɪk], **made, made** [meɪd]

vt vi robić, tworzyć, produkować, sporządzać; szyć (ubranie), piec (chleb itd.); zrobić ⟨ugotować, przygotować⟩ coś do jedzenia ⟨picia⟩; narobić (hałasu, kłopotu itd.); ustalić, ustanowić; powodować, doprowadzać, kazać; posłać (**a bed** łóżko); zawrzeć (**peace** pokój); wygłaszać (**a speech** mowę); okazać się (**a good soldier** dobrym żołnierzem); wybierać się; udawać się, kierować się (**for a place** dokądś); zrozumieć, wywnioskować; przerobić, przetworzyć (**sth into** coś na coś). *mat.* wynosić; to ~ **acquainted** zaznajomić; to ~ **believe** udawać, stwarzać pozory; wmawiać; to ~ **friends** zaprzyjaźnić się; to ~ **good** naprawić; to ~ **hay** przewracać siano; *przen.* wprowadzać zamieszanie (**of sth do** czegoś); to ~ **known** podać do wiadomości; to ~ **little** lekceważyć (**of sth** coś); to ~ **merry** zabawiać się, weselić się; to ~ **much of sth** wysoko coś cenić, przywiązywać wagę do czegoś; to ~ **ready** przygotowywać się; to ~ **sure** upewnić się; to ~ **understood** dać do zrozumienia; to ~ **oneself understood** porozumieć się; **I cannot** ~ **either head or tail of it** w żaden sposób nie mogę tego pojąć; **that** ~**s me think** to mi daje do myślenia, to mnie zastanawia; **what do you** ~ **the time?** która może być godzina?; to ~ **it** uzgadniać, umawiać się (**5 o'clock** na godzinę piątą); *pot.* **I made it** udało mi się; zdążyłem; *z przyimkami i przysłówkami:* ~ **away** oddalić się, uciec; usunąć; skończyć z czymś; sprzeniewierzyć; zaprzepaścić (**with sth** coś); ~ **off** zwiać, uciec; ~ **out** wystawić (np. rachunek), sporządzić (np. spis); zrozumieć, odgadnąć; odczytać; rozpoznać; ~ **over** przenieść; przekazać (np. własność); ~ **up** sporządzić; szminkować (się); odrobić, powetować (komuś, sobie) (for sth coś); załagodzić, pogodzić; ~ it up pogodzić się (with sb z kimś); ~ up one's mind postanowić; s wyrób; budowa, forma; fason, krój

make-be·lieve [ˈmeɪk bɪliv] s pozór, symulowanie; adj attr pozorny, udany; zmyślony

mak·er [ˈmeɪkə(r)] s twórca; wytwórca, konstruktor; sprawca

make·shift [ˈmeɪkʃɪft] s środek zastępczy; namiastka; adj attr tymczasowy, zastępczy, prowizoryczny

make-up [ˈmeɪk ʌp] s makijaż, charakteryzacja; struktura

mak·ing [ˈmeɪkɪŋ] ppraes i s zrobienie, tworzenie; przetwarzanie, produkcja; skład; pl ~s zarobek, dochody; pl ~s zadatki (np. of a writer na pisarza)

mal·ad·just·ment [ˈmælə`dʒʌstmənt] s złe przystosowanie, niedopasowanie

mal·ad·min·is·tra·tion [ˈmælədmɪnɪˈstreɪʃn] s zły zarząd; zła ⟨wadliwa⟩ gospodarka

mal·a·dy [ˈmælədɪ] s choroba

mal·con·tent [ˈmælkəntent] s malkontent; adj niezadowolony

male [meɪl] adj męski, płci męskiej; zool. samczy; s mężczyzna; zool. samiec

mal·e·dic·tion [ˈmælɪˈdɪkʃn] s przekleństwo

ma·lev·o·lence [məˈlevələns] s zła wola, nieżyczliwość

mal·fea·sance [mælˈfizns] s prawn. wykroczenie (zw. służbowe)

mal·ice [ˈmælɪs] s złość, złośliwość, złe zamiary

ma·li·cious [məˈlɪʃəs] adj złośliwy

ma·lign [məˈlaɪn] adj złośliwy; szkodliwy; vt oczerniać (sb kogoś)

ma·lig·nant [məˈlɪgnənt] adj złośliwy, jadowity

ma·lig·ni·ty [məˈlɪgnətɪ] s złośliwość, jadowitość

ma·lin·ger [məˈlɪŋgə(r)] vi udawać chorego, symulować

mal·let [ˈmælɪt] s drewniany młotek

mal·nu·tri·tion [ˈmælnjuˈtrɪʃn] s niedożywienie

mal·prac·tice [mælˈpræktɪs] s postępowanie niezgodne z prawem, nadużycie

malt [mɔlt] s słód

mal·treat [mælˈtrit] vt maltretować; źle traktować

mam·mal [ˈmæml] s zool. ssak

mam·moth [ˈmæməθ] s mamut

mam·my [ˈmæmɪ] s zdrob. mamusia, mateczka

man [mæn] s (pl men [men]) człowiek; mężczyzna; mąż; prosty żołnierz; robotnik; (w szachach) pionek, figura; best ~ drużba; ~ in the street szary ⟨przeciętny⟩ człowiek; to a ~ do ostatniego człowieka, co do jednego, wszyscy; vt obsadzić (np. załogą)

man·a·cle [ˈmænəkl] s (zw. pl ~s) kajdany

man·age [ˈmænɪdʒ] vt zarządzać, kierować, prowadzić; poskromić, utrzymywać w karności; zdołać ⟨potrafić⟩ (coś zrobić), dać sobie radę (sth z czymś); posługiwać się (sth czymś), obchodzić się (sb, sth z kimś, czymś); vi poradzić sobie; gospodarować

man·age·ment [ˈmænɪdʒmənt] s zarząd; umiejętne postępowanie, kierowanie; posługiwanie się

man·ag·er [ˈmænɪdʒə(r)] s zarządca; kierownik; impresario

man·da·rin [ˈmændərɪn] s mandaryn

man·date [ˈmændeɪt] s mandat; vt powierzyć zarząd (terytorium) na podstawie mandatu

man·do·lin [ˈmændəlɪn] s muz. mandolina

mane [meɪn] s grzywa

man·ful [ˈmænfl] adj mężny, nieustraszony

man·ger [ˈmeɪndʒə(r)] s żłób

man·gle 1. [ˈmæŋgl] s magiel; vt maglować

man·gle 2. [ˈmæŋgl] *vt* krajać; kaleczyć; szarpać; zniekształcać

man·gy [ˈmeɪndʒɪ] *adj* (*o zwierzętach*) parszywy; *przen.* plugawy, nędzny

man·hood [ˈmænhud] *s* męskość; wiek męski; męstwo; *zbior.* mężczyźni, ludność płci męskiej

ma·ni·a [ˈmeɪnɪə] *s* mania

ma·ni·ac [ˈmeɪnɪæk] *s* maniak

man·i·fest [ˈmænɪfest] *adj* oczywisty, jawny; *vt* ujawniać, manifestować

man·i·fes·to [ˈmænɪˈfestəu] *s* (*pl* ~s, ~es) manifest

man·i·fold [ˈmænɪfəuld] *adj* różnorodny, wieloraki; *vt* powielać

ma·nip·u·late [məˈnɪpjuleɪt] *vt* manipulować (*sth czymś*); zręcznie urabiać (*sb kogoś*); zręcznie pokierować (*sth czymś*)

man·kind [ˈmænˈkaɪnd] *s* ludzkość, rodzaj ludzki; [ˈmænkaɪnd] *zbior.* mężczyźni

man·like [ˈmænlaɪk] *adj* męski, właściwy mężczyźnie

man·ly [ˈmænlɪ] *adj* męski; mężny, dzielny

man·ner [ˈmænə(r)] *s* sposób; rodzaj; zwyczaj, sposób bycia, maniera; in a ~ poniekąd; do pewnego stopnia; *pl* ~s obyczaje, maniery, zachowanie się

ma·noeu·vre [məˈnuːvə(r)] *s* manewr, posunięcie; *vi* manewrować; *vt* manipulować

man·of·war [ˈmæn əv ˈwɔː(r)] † *s* (*pl* men·of·war [ˈmæn əv ˈwɔː(r)]) okręt wojenny

man·or [ˈmænə(r)] *s* dwór z majątkiem ziemskim

man·pow·er [ˈmænpauə(r)] *s* ludzka siła robocza; rezerwy ⟨zasoby⟩ ludzkie (np. dla armii)

man·sion [ˈmænʃn] *s* pałac, dwór; (*zw. pl* ~s) dom czynszowy

man·slaugh·ter [ˈmænslɔːtə(r)] *s* zabójstwo

man·tel [ˈmæntl], man·tel·piece [ˈmæntlpiːs] *s* obramowanie ⟨okap⟩ komina

man·tle [ˈmæntl] *s* płaszcz; okrycie, pokrycie; *vt vi* otulić płaszczem; okryć (się), pokryć (się)

man·trap [ˈmæntræp] *s* potrzask, zasadzka

man·u·al [ˈmænjuəl] *adj* ręczny; (*o pracy*) fizyczny; *s* podręcznik

man·u·fac·ture [ˈmænjuˈfæktʃə(r)] *s* produkcja; fabrykat; *vt* fabrykować, wytwarzać

man·u·fac·tur·er [ˈmænjuˈfæktʃər ə(r)] *s* fabrykant

ma·nure [məˈnjuə(r)] *s* nawóz; *vt* nawozić

man·u·script [ˈmænjuskrɪpt] *s* rękopis

man·y [ˈmenɪ] *adj* (*comp* more [mɔː(r)], *sup* most [məust]) dużo, wiele, wielu, liczni; ~ a niejeden; ~ a time nieraz; a good ⟨great⟩ ~ liczni, wielka ilość; as ~ tyle; as ~ as nie mniej niż; aż; how ~? ile?; *s* *pl* the ~ wielka ilość, masa, tłum

man·y·sid·ed [ˈmenɪ ˈsaɪdɪd] *adj* wszechstronny; wielostronny

map [mæp] *s* mapa; *vt* sporządzać mapę (*sth czegoś*), znaczyć na mapie; ~ out planować

ma·ple [ˈmeɪpl] *s* klon

mar [mɑː(r)] *vt* psuć, niszczyć

ma·raud [məˈrɔd] *vi* włóczyć się w celach rabunkowych, grasować; *vt* rabować, łupić

ma·raud·er [məˈrɔdə(r)] *s* maruder

mar·ble [ˈmɑːbl] *s* marmur; kulka (do gier)

march 1. [mɑːtʃ] *s* marsz, pochód; ~ past defilada; *vi* maszerować; ~ past defilować; *vt* prowadzić

March 2. [mɑːtʃ] *s* marzec

mar·chion·ess [ˈmɑːʃəˈnes] *s* markiza

mare [ˈmeə(r)] *s* klacz

mar·ga·rine [ˈmɑːdʒəˈriːn] *s* margaryna

marge [mɑːdʒ] = margarine, margin

mar·gin [ˈmɑːdʒɪn] *s* margines; krawędź; luz, rezerwa

mar·gin·al [ˈmɑːdʒɪnl] *adj* marginesowy

mass

mar·i·gold [`mærɪgəuld] s bot. no-
gietek

ma·rine [mə`rin] s flota, marynar-
ka (handlowa); marynarz (na o-
kręcie wojennym); pejzaż morski; adj morski, dotyczący marynarki

mar·i·ner [`mærɪnə(r)] s marynarz

mar·i·tal [`mærɪtl] adj małżeński

mar·i·time [`mærɪtaɪm] adj mor-
ski; nadmorski

mark 1. [mak] s marka (pieniądz)

mark 2. [mak] s znak, oznaka; ślad,
piętno; oznakowanie; ocena
(szkolna), nota; cel; wyróżnienie;
man of ~ wybitny człowiek; to
be up to ⟨below⟩ the ~ być ⟨nie
być⟩ na wysokości zadania ⟨na
poziomie⟩; to miss the ~ chybić
celu; wide of the ~ daleki od
celu, nietrafny, od rzeczy; vt o-
znaczać, określać; oceniać; zwracać uwagę (sth na coś); notować;
wyznaczać; cechować; ~ off oddzielać, wydzielać; ~ out wyznaczać, wyróżniać; przeznaczać

marked [makt] pp i adj wybitny,
wyraźny

mark·ed·ly [`makɪdlɪ] adv wybit-
nie, wyraźnie, dobitnie

mar·ket [`makɪt] s rynek, targ;
zbyt; vi vt znajdować zbyt, wystawiać na sprzedaż, sprzedawać

mar·ket·a·ble [`makɪtəbl] adj po-
kupny, sprzedażny

marks·man [`maksmən] s wybitny
strzelec

ma·roon 1. [mə`run] vt wysadzić
ze statku i pozostawić na odludnej wyspie, odosobnić; vt kręcić
się, pot. pętać się; s człowiek
pozostawiony na odludnej wyspie; zbiegły z niewoli Murzyn

ma·roon 2. [mə`run] adj kasztano-
wy; s kolor kasztanowy

marque [mak] s w zwrocie: letters
of ~s pl list kaperski

mar·quee [ma`ki] s markiza, daszek
ogrodowy; duży namiot

mar·riage [`mærɪdʒ] s małżeństwo,
ślub

mar·ried [`mærɪd] pp i adj żona-
ty; zamężna; małżeński

mar·row [`mærəu] s szpik, rdzeń;
przen. istota rzeczy

mar·ry [`mærɪ] vt żenić się (sb z
kimś), wychodzić za mąż (sb za
kogoś), wydawać za mąż, żenić;
kojarzyć

marsh [maʃ] s bagno

mar·shal [`maʃl] s marszałek;
mistrz ceremonii; vt formować
(szyki); ustawiać, uporządkować;
wprowadzić (uroczyście)

marsh·y [`maʃɪ] adj bagnisty

mar·tial [`maʃl] adj wojenny; wo-
jowniczy, wojskowy

mar·tyr [`matə(r)] s męczennik

mar·vel [`mavl] s cud, cudo; fe-
nomen; vt zdumiewać się (at sb,
sth kimś, czymś)

mar·vel·lous [`mavləs] adj cudow-
ny, zdumiewający

Marx·ism [`maksɪzm] s marksizm

Marx·ist [`maksɪst] adj marksis-
towski; s marksista

mas·cu·line [`mæskjulɪn] adj męs-
ki, rodzaju męskiego, płci męskiej

mash [mæʃ] s papka, miazga; mieszanka pokarmowa; zacier; vt
tłuc; gnieść; ~ed potatoes karto-
fle purée

mask [mask] s maska; przen. pozór, pretekst; vt vi maskować
(się)

ma·son [`meɪsn] s murarz, kamie-
niarz; mason; vt murować, budować (z kamienia)

ma·son·ry [`meɪsnrɪ] s murarska
⟨kamieniarska⟩ robota; obmuro-
wanie; masoneria

masque [mask] s maska (utwór
sceniczny)

mas·quer·ade [ˌmæskə`reɪd] s mas-
karada

mass 1. [mæs] s masa; pl ~es ma-
sy (pracujące); adj attr maso-
wy; vt vi masować, gromadzić
(się)

mass 2. [mæs] s msza; high ~ suma

mas·sa·cre [`mæsəkə(r)] s masak-
ra; vt masakrować

mas·sage [`mæsaʒ] s masaż; vt ma-
sować

mas·seur [mæ`sɜ(r)] s masażysta

mas·seuse [mæ`sɜz] s masażystka

mas·sive [`mæsɪv] adj masywny

mass·y [`mæsɪ] adj masywny, so-
lidny, ciężki

mast [mɑst] s maszt

mas·ter [`mɑstə(r)] s mistrz (także
w rzemiośle, sztuce); majster;
nauczyciel; pan, gospodarz, szef;
magister (stopień naukowy);
(także ~ mariner) kapitan statku handlowego; panicz (z doda-
niem imienia); vt panować, opanować; poskramiać; kierować

mas·ter·ful [`mɑstəfl] adj wład-
czy

mas·ter·hood [`mɑstəhud] s mis-
trzostwo

mas·ter·ly [`mɑstəlɪ] adj mistrzo-
wski

mas·ter·piece [`mɑstəpis] s arcy-
dzieło

mas·ter·ship [`mɑstəʃɪp] s mistrzo-
stwo; władza, panowanie, zwierzchnictwo; stanowisko nauczycie-
la

mas·ter·y [`mɑstərɪ] s władza, wła-
danie, panowanie; mistrzostwo

mas·ti·cate [`mæstɪkeɪt] vt żuć;
miażdżyć

mas·tiff [`mæstɪf] s brytan

mat 1. [mæt] s mata, słomianka;
vt vi spleść (się), splątać (się)

mat 2. [mæt] adj matowy

match 1. [mætʃ] s zapałka

match 2. [mætʃ] s odpowiedni dobór ⟨zestawienie⟩ osób ⟨rzeczy⟩;
rzecz lub osoba dobrana ⟨dopa-
sowana⟩; małżonek, małżonka;
para małżeńska, małżeństwo;
sport zawody, mecz; to be a
good ~ dorównywać, dobrze pasować (for sb, sth do kogoś, czegoś); to be no ~ nie dorównywać; to be more than a ~ przewyższać, mieć przewagę (for sb
nad kimś); to find ⟨meet⟩ one's
~ znaleźć równego sobie; to

make a good ~ dobrze się ożenić; vt dobierać rzeczy sobie od-
powiadające, zestawiać, łączyć;
kojarzyć (małżeństwo); dorównywać (sb, sth komuś, czemuś);
być dobrze dobranym; pasować
(sb, sth do kogoś, czegoś); tie
and dress to ~ krawat i ubranie dobrane (do koloru)

match·less [`mætʃləs] adj niezrów-
nany, nieprześcigniony

mate 1. [meɪt] s (w szachach) mat;
vt dać mata

mate 2. [meɪt] s towarzysz, kolega; małżonek; pomocnik; mors.
niższy oficer, mat

ma·te·ri·al [mə`tɪərɪəl] adj mate-
rialny; cielesny; istotny, rzeczowy; ważny; s materiał; raw ~
surowiec; pl ~s przybory

ma·te·ri·al·ism [mə`tɪərɪəlɪzm] s
materializm

ma·te·ri·al·is·tic [mə`tɪərɪə`lɪstɪk]
adj materialistyczny

ma·te·ri·al·ize [mə`tɪərɪəlaɪz] vt vi
zmaterializować (się), ucieleśnić
(się), urzeczywistnić (się)

ma·ter·ni·ty [mə`tɜnətɪ] s macie-
rzyństwo; ~ hospital szpital po-
łożniczy

math·e·mat·i·cal [`mæθ`mætɪkl] adj
matematyczny

math·e·ma·ti·cian [`mæθəmə`tɪʃn] s
matematyk

math·e·mat·ics [`mæθə`mætɪks] s
matematyka

mat·i·née [`mætɪneɪ] s popołudnio-
we przedstawienie teatralne

ma·tric [mə`trɪk] s pot. = matric-
ulation

ma·tric·u·late [mə`trɪkjuleɪt] vt vi
immatrykulować (się), zapisywać
(się) na wyższą uczelnię; zdawać
egzamin wstępny na wyższą u-
czelnię

ma·tric·u·la·tion [mə`trɪkjuleɪʃn] s
immatrykulacja; egzamin wstępny na wyższą uczelnię

mat·ri·mo·ni·al [`mætrɪ`məunɪəl]
adj matrymonialny, małżeński

mat·ri·mo·ny [`mætrɪmənɪ] s stan

meantime

małżeński; małżeństwo, ślub;
mariasz (w kartach)
ma·tron [`meitrən] s matrona;
przełożona
mat·ter [`mætə(r)] s materia; substancja; istota; sprawa; rzecz;
kwestia, temat; *med.* ropa; a ~
of course rzecz zrozumiała sama
przez się; as a ~ of fact w istocie rzeczy; for that ~ jeśli o to
chodzi; in the ~ of co do, co
się tyczy; it's no laughing ~ to
nie żarty; no ~ mniejsza o to,
to nie ma znaczenia; printed ~
druki; reading ~ lektura; to
make much ~ of sth robić z
czegoś wielką sprawę; what's
the ~? o co chodzi?; what's the
~ with him? co się z nim dzieje?; *vi* mieć znaczenie; it does
not ~ to nie ma znaczenia;
mniejsza o to
mat·ter-of-fact [`mætərəv`fækt] *adj
attr* rzeczowy, realny, praktyczny, prozaiczny
mat·ting [`mætɪŋ] s materiał na
maty, mata; rogoża
mat·tock [`mætək] s kilof
mat·tress [`mætrəs] s materac
ma·ture [mə`tʃuə(r)] *adj* dojrzały;
handl. płatny; *vi* dojrzewać; *vt*
przyspieszać dojrzewanie
ma·tu·ri·ty [mə`tjuərəti] s dojrza
łość; *handl.* termin płatności
maud·lin [`mɔdlɪn] *adj* ckliwy,
rzewny
maul [mɔl] *vt* tłuc; kaleczyć, zniekształcać; miażdżyć krytyką
mau·so·le·um [`mɔsə`liəm] s mauzoleum
mauve [məʊv] *adj* różowoliliowy;
s kolor różowoliliowy
mawk·ish [`mɔkɪʃ] *adj* ckliwy, sentymentalny
max·im [`mæksɪm] s maksyma
max·i·mum [`mæksɪməm] s (*pl
maxima* [`mæksɪmə], ~s) maksimum; *adj attr* maksymalny
may 1. [mei] *v aux* (*p* might
[mait]) I ~ mogę, wolno mi; he
~ be back soon może szybko

wróci; long ~ he live oby długo żył
May 2. [mei] s maj
may·be [`meibi] *adv* być może
May-Day [`mei dei] s święto 1 Maja; ~ watchwords hasła pierwszomajowe
may·or [meə(r)] s mer, burmistrz
maze [meiz] s labirynt, gmatwanina; oszołomienie; wprowadzenie w błąd; *vt* sprowadzić na
manowce, wprowadzić w błąd;
oszołomić
mazy [`meizi] *adj* powikłany; zdezorientowany
me [mi] *pron* mi, mnie; *pot.* ja;
with ~ ze mną; *pot.* it's me
to ja
mead 1. [mid] s miód (pitny)
mead 2. [mid] s *poet.* łąka
mead·ow [`medəʊ] s łąka
mea·gre [`migə(r)] *adj* chudy, cienki; *pot.* marny
meal 1. [mil] s mąka (nie pytlowana)
meal 2. [mil] s posiłek; jedzenie
mean 1. [min] *adj* podły, niski,
nędzny, marny
mean 2. [min] *adj* średni, pośredni; s przeciętna, średnia; *pl* ~s
środki utrzymania, zasoby pieniężne; (*zw. pl* ~s, *w znacz.
sing*) środek; by this ~s tym
sposobem; by ~s of za pomocą;
by no ~s w żaden sposób; man
of ~s człowiek zamożny
*mean 3. [min], meant, meant
[ment] *vt vi* myśleć (coś), mieć
na myśli; znaczyć, mieć znaczenie; mieć zamiar, zamierzać;
przeznaczać (sth for sb coś dla
kogoś); to ~ business poważnie
traktować sprawę; to ~ well
mieć dobrą wolę, odnosić się
życzliwie
me·an·der [mi`ændə(r)] s kręta linia, zakręt; *vi* tworzyć zakręty,
wić się
mean·ing [`minɪŋ] s znaczenie,
sens, treść
meant *zob.* mean
mean·time [`min-taim] *adv* tym

czasem; w międzyczasie; *s w zwrocie*: in the ~ tymczasem; w międzyczasie

mean·while ['min`waɪl] = **meantime**

mea·sles ['mizlz] *s med.* odra

meas·ure ['meʒə(r)] *s* miara; miarka; środek, sposób, zabieg; *lit.* metrum; *muz.* takt; stopień; to ~ na miarę; in a ⟨some⟩ ~ do pewnego stopnia; in great ⟨large⟩ ~ w znacznym stopniu; out of ~ nadmiernie; *mat.* the greatest common ~ największy wspólny dzielnik; *vt* mierzyć, mieć wymiar; szacować; ~ off ⟨out⟩ odmierzać

meas·ure·ment ['meʒəmənt] *s* pomiar; miara, wymiar, rozmiar

meat [mit] *s* mięso (jadalne); † posiłek, potrawa

me·chan·ic [mɪ'kænɪk] *s* mechanik; technik

me·chan·i·cal [mɪ'kænɪkl] *adj* mechaniczny; maszynowy

me·chan·ics [mɪ'kænɪks] *s* mechanika

mech·an·ism [mekənɪzm] *s* mechanizm

med·al ['medl] *s* medal

med·dle ['medl] *vi* mieszać się; wtrącać się (with ⟨in⟩ sth do czegoś)

med·dle·some ['medlsm] *adj* wścibski

me·di·ae·val ['medɪ`ivl] = **medieval**

me·di·al ['midɪəl] *adj* środkowy; średni; pośredni

me·di·ate ['midɪeɪt] *vi vt* pośredniczyć; doprowadzić pośrednictwem (sth do czegoś)

me·di·a·tor ['midɪeɪtə(r)] *s* pośrednik, rozjemca

med·i·cal ['medɪkl] *adj* lekarski, medyczny

me·dic·a·ment [mɪ'dɪkəmənt] *s* lek, lekarstwo

med·i·cine ['medsn] *s* medycyna; lekarstwo

med·i·cine-man ['medsn mæn] *s* znachor, czarownik

me·di·e·val ['medɪ`ivl] *adj* średniowieczny

me·di·o·cre ['midɪ`əukə(r)] *adj* przeciętny, mierny

me·di·oc·ri·ty ['midɪ`okrətɪ] *s* przeciętność, mierność

med·i·tate ['medɪteɪt] *vt vi* rozmyślać, rozważać; planować

med·i·ta·tive ['medɪtətɪv] *adj* oddany rozmyślaniom, medytacyjny, kontemplacyjny

med·i·ter·ra·ne·an ['medɪtə`reɪnɪən] *adj* śródziemny; śródziemnomorski

me·di·um ['midɪəm] *s* (*pl* media ['midɪə], ~s) środek; sposób; ośrodek; środowisko; medium; through ⟨by⟩ the ~ of za pomocą ⟨pośrednictwem⟩; *adj attr* środkowy, średni

med·ley ['medlɪ] *s* mieszanina; rozmaitości; *muz.* potpourri; *adj* różnorodny; pstry

meek [mik] *adj* łagodny; potulny

*****meet** [mit], **met**, **met** [met] *vt vi* spotykać (się); zobaczyć się (with sb z kimś); zbierać ⟨gromadzić⟩ się; stykać ⟨łączyć⟩ się; odpowiadać (gustom, wymaganiom), zgadzać się; spełniać, zaspokajać; stawić czoło, spojrzeć w oczy (np. niebezpieczeństwu); stosować się; *handl.* honorować ⟨spłacić⟩ (np. weksel); natknąć się, natrafić (sb, sth ⟨with sb, sth⟩ na kogoś, coś); wyjść naprzeciw (komuś); *s* styk; spotkanie ⟨zbiórka⟩ (myśliwych itd.)

meet·ing ['mitɪŋ] *s* spotkanie, zejście się, zetknięcie się; zebranie, wiec, zbiórka

meg·a·phone ['megəfəun] *s* megafon

mel·an·chol·y ['melənkolɪ] *s* melancholia; *adj* melancholijny

mel·io·rate ['miliəreɪt] *vt vi* ulepszać (się), uszlachetniać (się)

mel·low ['meləu] *adj* dojrzały; soczysty; pełny; miękki; (*o człowieku*) pogodny; *vt* zmiękczyć, łagodzić; *vi* mięknąć, łagodnieć; (np. *o winie, owocu*) dojrzewać

me·lo·di·ous [məˈləudiəs] *adj* melodyjny

mel·o·dra·ma [ˈmelədrɑmə] *s* melodramat

mel·o·dy [ˈmelədɪ] *s* melodia

melt [melt] *vt* topić, roztapiać, przetapiać; rozpuszczać; *vi* topnieć, rozpuszczać się; *przen.* rozpływać się; *s* stop, wytop

melt·ing-point [ˈmeltɪŋ pɔɪnt] *s* temperatura topnienia

mem·ber [ˈmembə(r)] *s* członek (np. organizacji); człon

mem·ber·ship [ˈmembəʃɪp] *s* członkostwo

mem·brane [ˈmembreɪn] *s* błona

mem·oir [ˈmemwɑ(r)] *s* rozprawa (naukowa); *pl* ~s życiorys; pamiętnik; seria (wydawnicza ⟨rozpraw naukowych⟩)

mem·o·ra·ble [ˈmemrəbl] *adj* pamiętny

mem·o·ran·dum [ˈmeməˈrændəm] *s* memorandum; notatka

me·mo·ri·al [məˈmɔrɪəl] *adj* pamięciowy; pamiątkowy; *s* petycja; pomnik; *pl* ~s pamiętnik, kronika

mem·o·rize [ˈmeməraɪz] *vt* zapamiętać, nauczyć się na pamięć

mem·o·ry [ˈmemərɪ] *s* pamięć; wspomnienie

men *zob.* man

men·ace [ˈmenəs] *s* groźba; *vt vi* grozić, zagrażać

me·nag·er·ie [məˈnædʒərɪ] *s* menażeria

mend [mend] *vt vi* naprawiać, poprawiać (się); *s* poprawa; naprawa

men·da·cious [menˈdeɪʃəs] *adj* kłamliwy, zakłamany

men·dac·i·ty [menˈdæsətɪ] *s* kłamliwość, zakłamanie

men·di·cant [ˈmendɪkənt] *adj* żebraczy, żebrzący; *s* żebrak; mnich żebrzący

me·ni·al [ˈminɪəl] *adj* służebny; ~ work czarna robota; *s* służący, popychadło

men·in·gi·tis [ˈmenɪnˈdʒaɪtɪs] *s* zapalenie opon mózgowych

men·su·ra·tion [ˈmensjuˈreɪʃn] *s* pomiar

men·tal [ˈmentl] *adj* umysłowy; chory umysłowo; (*o szpitalu*) psychiatryczny

men·tal·i·ty [menˈtælətɪ] *s* umysłowość, mentalność

men·tion [ˈmenʃn] *s* wzmianka; *vt* wspominać, nadmieniać; don't ~ it! nie ma o czym mówić, nie ma za co, proszę bardzo!

mer·can·tile [ˈmɜkəntaɪl] *adj* handlowy

mer·ce·nar·y [ˈmɜsnrɪ] *adj* najemny; interesowny; *s* najemnik

mer·cer [ˈmɜsə(r)] *s* kupiec bławatny

mer·cer·y [ˈmɜsərɪ] *s* towary bławatne; handel towarami bławatnymi

mer·chan·dise [ˈmɜtʃəndaɪz] *s* zbior. towar(y)

mer·chant [ˈmɜtʃənt] *s* kupiec, handlowiec; *adj* kupiecki, handlowy; ~ service marynarka handlowa

mer·chant·man [ˈmɜtʃəntmən] *s* statek handlowy

mer·ci·ful [ˈmɜsɪfl] *adj* litościwy, miłosierny

mer·ci·less [ˈmɜsɪləs] *adj* bezlitosny

mer·cu·ry [ˈmɜkjurɪ] *s* rtęć, żywe srebro; *przen.* żywość

mer·cy [ˈmɜsɪ] *s* miłosierdzie, litość; łaska; at the ~ of na łasce (czegoś)

mere [mɪə(r)] *adj* czczy, zwykły, zwyczajny; ~ words puste słowa; he is a ~ child on jest tylko ⟨po prostu⟩ dzieckiem

mere·ly [ˈmɪəlɪ] *adv* po prostu, jedynie; zaledwie

merge [mɜdʒ] *vt vi* łączyć (się), zlewać (się), stapiać (się)

merg·er [ˈmɜdʒə(r)] *s* fuzja, połączenie (się)

me·rid·i·an [məˈrɪdɪən] *adj* południowy; *przen.* szczytowy; *s* południk; zenit; *przen.* szczyt

mer·it [`merɪt] s zasługa; zaleta;
vt zasłużyć (sth na coś)

mer·i·to·ri·ous [`merɪ`tɔrɪəs] adj
zasłużony; chwalebny

mer·maid [`mɜːmeɪd] s syrena (z
baśni)

mer·ri·ment [`merɪmənt] s weso-
łość, uciecha

mer·ry [`merɪ] adj wesoły; miły;
to make ~ weselić ⟨bawić⟩ się

mer·ry-go-round [`merɪ gəu raund]
s karuzela

me·seems [mɪ`siːmz] v impers †
zdaje mi się

mesh [meʃ] s oko ⟨oczko⟩ (w sieci); pl ~es sieci; vt vi ⟨dać się⟩
złapać w sieci; zazębiać (się)

mess [mes] s wojsk. kasyno; mors.
mesa; zamieszanie, nieporządek,
pot. bałagan; kłopot; vt vi zabrudzić; pot. zabałaganić; zaprzepaścić (sprawę); spartaczyć
(coś); żywić (np. wojsko); vi
wspólnie jadać

mes·sage [`mesɪdʒ] s posłanie, o-
rędzie; wiadomość, pismo; zlecenie

mes·sen·ger [`mesɪndʒə(r)] s po-
słaniec; zwiastun

mess·mate [`mesmeɪt] s wojsk.
mors. towarzysz przy stole

mess·y [`mesɪ] adj nieporządny,
brudny

mes·ti·zo [me`stiːzəu] s Metys

met zob. meet

met·al [`metl] s metal

me·tal·lic [mə`tælɪk] adj metalicz-
ny

me·tal·lur·gy [mɪ`tælədʒɪ] s meta-
lurgia

met·a·mor·pho·sis [`metə`mɔːfəsɪs] s
⟨pl metamorphoses [`metə`mɔːfə-
siːz]⟩ metamorfoza

met·a·phor [`metəfə(r)] s metafo-
ra

met·a·phys·ics [`metəfɪzɪks] s me-
tafizyka

mete [miːt] vt zmierzyć; (także ~
out) wymierzyć (np. karę)

me·te·or [`miːtɪə(r)] s meteor

me·te·or·ol·o·gy [`miːtɪə`rɒlədʒɪ] s
meteorologia

me·ter [`miːtə(r)] s licznik (np. ga-
zowy)

me·thinks [mɪ`θɪŋks] v impers (p
methought) † zdaje mi się

meth·od [`meθəd] s metoda

me·thod·i·cal [mə`θɒdɪkl] adj meto-
dyczny

Meth·od·ist [`meθədɪst] s metodys-
ta

me·thought zob. methinks

meth·yl·at·ed [`meθleɪtɪd] pp i adj
denaturowany, skażony

me·tic·u·lous [mɪ`tɪkjuləs] adj dro-
biazgowy, skrupulatny

me·tre [`miːtə(r)] s metr; metrum
(miara wiersza)

met·ric [`metrɪk] adj metryczny

me·trop·o·lis [mə`trɒpəlɪs] s stoli-
ca, metropolia

met·ro·pol·i·tan [`metrə`pɒlɪtən] adj
stołeczny

met·tle [`metl] s charakter, tem-
perament; odwaga; zapał

mew 1. [mjuː] vi miauczeć

mew 2. [mjuː] s mewa

Mex·i·can [`meksɪkən] adj meksy-
kański; s Meksykanin

mice [maɪs] zob. mouse

mi·crobe [`maɪkrəub] s mikrob

mi·cro·phone [`maɪkrəfəun] s mi-
krofon

mi·cro·scope [`maɪkrəskəup] s mi-
kroskop

mid [mɪd] adj środkowy; in ~
summer w połowie lata; in ~
air w powietrzu

mid·day [`mɪd`deɪ] s południe

mid·dle [`mɪdl] s środek, połowa;
adj środkowy, średni

mid·dle-aged [`mɪdl `eɪdʒd] adj w
średnim wieku

mid·dle·man [`mɪdlmæn] s pośred-
nik

mid·dle-weight [`mɪdl weɪt] s sport
waga średnia

mid·dling [`mɪdlɪŋ] adj średni,
przeciętny; adv średnio, przeciętnie; pot. tak sobie, nieźle

midge [mɪdʒ] s zool. muszka

midg·et [ˈmɪdʒɪt] s karzełek;
przen. maleństwo

mid·land [ˈmɪdlənd] *adj* środkowy,
znajdujący się wewnątrz kraju,
śródlądowy; s środkowa część
kraju

mid·night [ˈmɪdnaɪt] s północ; at
~ o północy; *adj attr* północny

mid·ship·man [ˈmɪdʃɪpmən] s *mors.
bryt.* podchorąży marynarki; *am.*
kadet marynarki

midst [mɪdst] s środek; in the ~
of w środku; pośród; wśród;
między, pomiędzy

mid·sum·mer [ˈmɪdˈsʌmə(r)] s środek lata; ~ night noc święto-
jańska

mid·way [ˈmɪdˈweɪ] *adv* w połowie ⟨w pół⟩ drogi; *adj attr* leżący w połowie drogi

mid·wife [ˈmɪdwaɪf] s (*pl* midwives
[ˈmɪdwaɪvz]) akuszerka

mid·win·ter [ˈmɪdˈwɪntə(r)] s środek zimy

might 1. zob. may 1.

might 2. [maɪt] s potęga, moc

might·y [ˈmaɪtɪ] *adj* potężny; *adv
pot.* bardzo, wielce

mi·grant [ˈmaɪgrənt] *adj* wędrowny, koczowniczy; s wędrowiec,
tułacz, koczownik; s emigrant

mi·grate [maɪˈgreɪt] *vi* wędrować,
koczować; przesiedlać się; emigrować

mi·gra·to·ry [ˈmaɪgrətərɪ] = **mi-
grant** *adj*

mike [maɪk] s *pot.* = **microphone**

mil·age = **mileage**

mild [maɪld] *adj* łagodny, delikatny

mil·dew [ˈmɪldju] s pleśń

mile [maɪl] s mila

mile·age [ˈmaɪlɪdʒ] s odległość w
milach

mile·stone [ˈmaɪlstəun] s kamień
milowy

mi·lieu [ˈmiliɜ] s środowisko, otoczenie

mil·i·tant [ˈmɪlɪtənt] *adj* bojowy,

wojowniczy

mil·i·tar·y [ˈmɪlɪtrɪ] *adj* wojskowy; s *zbior* the ~ wojskowi,
wojsko

mil·i·tate [ˈmɪlɪteɪt] *vi* walczyć
(against sb, sth z kimś, czymś)

mi·li·tia [mɪˈlɪʃə] s milicja

milk [mɪlk] s mleko; *vt vi* doić

milk·maid [ˈmɪlk meɪd] s dojarka;
mleczarka

milk·man [ˈmɪlkmən] s mleczarz

milk-tooth [ˈmɪlk tuθ] s ząb mleczny

milk·y [ˈmɪlkɪ] *adj* mleczny

mill [mɪl] s młyn; fabryka; walcownia; *vt* mleć; obrabiać; ubijać, ucierać; walcować; karbować

mil·len·ni·um [mɪˈleniəm] s tysiąclecie

mill·er [ˈmɪlə(r)] s młynarz

mil·let [ˈmɪlɪt] s proso

mill-hand [ˈmɪl hænd] s robotnik
fabryczny

mil·li·me·tre [ˈmɪlɪmitə(r)] s milimetr

mil·li·ner [ˈmɪlɪnə(r)] s modyst-
ka

mil·lion [ˈmɪlɪən] s milion

mil·lion·aire [ˈmɪlɪəˈneə(r)] s milioner

mill·stone [ˈmɪl stəun] s kamień
młyński

mime [maɪm] s mim (aktor i sztuka); *vt* grać mimicznie

mim·e·o·graph [ˈmɪmɪəugraf] s powielacz; *vt* powielać

mim·ic [ˈmɪmɪk] *adj* mimiczny;
naśladowczy; s mimik; naśladowca; *vt* (*p i pp* mimicked [ˈmɪ-
mɪkt]) naśladować

mim·ic·ry [ˈmɪmɪkrɪ] s mimika;
naśladownictwo; *bot.* mimetyzm

mince [mɪns] *vt* krajać (drobno),
siekać, kruszyć; ~ one's words
mówić z afektacją ⟨sztucznie⟩;
not to ~ one's words mówić bez
ogródek ⟨prosto z mostu⟩; s siekanina

mince·meat [ˈmɪnsmiːt] *s* legumina z mieszanych owoców i bakalii

minc·er [ˈmɪnsə(r)] *s* maszynka do mięsa

mind [maɪnd] *s* umysł, rozum, świadomość; myśl(i); pamięć; zdanie, opinia; skłonność, ochota, zamiar; decyzja; duch, psychika; absence of ~ roztargnienie; presence of ~ przytomność umysłu; peace of ~ spokój ducha; state (frame) of ~ stan ducha, nastrój; turn of ~ mentalność; sound in ~ zdrowy na umyśle; to be of unsound ~ nie być przy zdrowych zmysłach; to be of sb's ~ podzielać czyjeś zdanie; to bring (to call) to ~ przypomnieć sobie; to change one's ~ zmienić zdanie (zamiar); to enter sb's ~ przyjść komuś na myśl; to go out of ~ wyjść z pamięci; to have (to keep, to bear) sb (sth) in ~ pamiętać o kimś (o czymś); to have a good (great) ~ to ... mieć (wielką) ochotę ...; to make up (to set) one's ~ postanowić; to speak one's ~ wypowiedzieć się, wygarnąć prawdę; to my ~ moim zdaniem; *vt vi* uważać, baczyć, zwracać uwagę; starać się; pamiętać; brać sobie do serca, przejmować się (sth czymś); sprzeciwiać się, mieć coś przeciw (sth czemuś); do you ~ if I smoke?, do you ~ my smoking? czy masz coś przeciwko temu, żebym zapalił?, czy pozwolisz, że zapalę?; I don't ~ jest mi obojętne, nie przeszkadza mi; never ~ mniejsza o to

mind·ful [ˈmaɪndfl] *adj* uważający (of sth na coś); troskliwy

mine 1. [maɪn] *pron* mój, moja, moje, moi

mine 2. [maɪn] *s* kopalnia; mina; *vt* kopać, wydobywać (rudę itd.); zaminować

min·er [ˈmaɪnə(r)] *s* górnik

min·er·al [ˈmɪnɹl] *s* minerał; *pl* ~s wody mineralne; *adj* mineralny

min·er·al·o·gy [ˌmɪnəˈrælədʒɪ] *s* mineralogia

mine·sweep·er [ˈmaɪn swiːpə(r)] *s* poławiacz min, *mors.* trałowiec

mine·throw·er [ˈmaɪn θrəʊə(r)] *s* *wojsk.* moździerz

min·gle [ˈmɪŋgl] *vt vi* mieszać (się); obracać się (w towarzystwie)

min·ia·ture [ˈmɪnɪtʃə(r)] *s* miniatura

min·i·mal [ˈmɪnɪml] *adj* minimalny

min·i·mize [ˈmɪnɪmaɪz] *vt* sprowadzić (zredukować) do minimum, pomniejszyć

min·i·mum [ˈmɪnɪməm] *s* (*pl* minima [ˈmɪnɪmə]) minimum; *adj attr* minimalny

min·ing [ˈmaɪnɪŋ] *s* górnictwo; zaminowanie

min·is·ter [ˈmɪnɪstə(r)] *s* minister; poseł; pastor; *vi* służyć (to sb komuś); przyczyniać się (to sth do czegoś); dbać (to sb's wants (pleasures) o czyjeś potrzeby (przyjemności)); odprawiać nabożeństwo (w kościele protestanckim); *vt* udzielać (np. pomocy)

min·is·te·ri·al [ˌmɪnɪˈstɪərɪəl] *adj* ministerialny; usłużny; pomocny; kościelny, duszpasterski

min·is·try [ˈmɪnɪstrɪ] *s* ministerstwo; pomoc, usługa; stan duchowny, kler, obowiązki duszpasterskie

mink [mɪŋk] *s* norka; norki (futro)

mi·nor [ˈmaɪnə(r)] *adj* mniejszy; podrzędny, drugorzędny; młodszy (z rodzeństwa); *s* niepełnoletni

mi·nor·i·ty [maɪˈnɒrətɪ] *s* mniejszość (np. narodowa); niepełnoletność

min·ster [ˈmɪnstə(r)] *s* kościół klasztorny; katedra

mishap

min·strel [`mɪnstrəl] s minstrel, bard

min·strel·sy [`mɪnstrlsɪ] s zbiór pieśni ⟨ballad⟩; zbior. minstrelowie; sztuka minstrelska

mint 1. [mɪnt] s mennica; vt bić monetę; adj czysty, nie używany

mint 2. [mɪnt] s bot. mięta

mi·nus [`maɪnəs] praep minus, mniej

min·ute 1. [`mɪnɪt] s minuta; notatka, zapisek; pl ~s protokół; to keep the ~s protokołować; any ~ lada chwila; wait a ~!, zaraz, zaraz!

mi·nute 2. [maɪ`njuːt] adj drobny, nieznaczny; szczegółowy

mir·a·cle [`mɪrəkl] s cud; (także ~ play) misterium (dramat średniowieczny)

mi·rac·u·lous [mɪ`rækjuləs] adj cudowny

mire [`maɪə(r)] s błoto; vt vi pogrążyć ⟨się⟩ w błocie, ubłocić

mir·ror [`mɪrə(r)] s lustro, zwierciadło; vt odzwierciedlać, odbijać obraz

mirth [mɜːθ] s radość, wesołość

mis·ad·ven·ture [`mɪsəd`ventʃə(r)] s nieszczęście, nieszczęśliwy wypadek, niepowodzenie

mis·al·li·ance [`mɪsə`laɪəns] s mezalians

mis·an·thrope [`mɪsnθrəup] s mizantrop

mis·an·thro·py [mɪs`ænθrəpɪ] s mizantropia

mis·ap·ply [`mɪsə`plaɪ] vt źle zastosować

mis·ap·pre·hend [`mɪs`æprɪ`hend] vt źle ⟨fałszywie⟩ zrozumieć

mis·be·have [`mɪsbɪ`heɪv] vi (także vr ~ oneself) źle ⟨nieodpowiednio⟩ prowadzić ⟨zachowywać⟩ się

mis·cal·cu·late [`mɪs`kælkjuleɪt] vt źle obliczyć; vi przeliczyć się

mis·car·riage [mɪs`kærɪdʒ] s niepowodzenie; zaginięcie (np. listu); poronienie; pomyłka

mis·car·ry [mɪs`kærɪ] vi nie udać się; chybić; doznać niepowodze-

nia; (o statku, liście) nie dojść; poronić

mis·cel·la·ne·ous [`mɪsə`leɪnɪəs] adj rozmaity; różnorodny

mis·cel·la·ny [mɪ`selənɪ] s zbieranina, zbiór rozmaitości

mis·chance [mɪs`tʃæns] s niepowodzenie, pech, nieszczęście

mis·chief [`mɪstʃɪf] s niegodziwość; szkoda; psota

mis·chie·vous [`mɪstʃɪvəs] adj złośliwy; szkodliwy; psotny

mis·con·cep·tion [`mɪskən`sepʃn] s błędne pojęcie ⟨zrozumienie⟩

mis·con·duct [mɪs`kondʌkt] s złe prowadzenie się; złe kierownictwo; vt [`mɪskən`dʌkt] źle prowadzić ⟨kierować⟩; vr ~ oneself źle się prowadzić

mis·con·strue [`mɪskən`struː] vt mylnie objaśniać ⟨rozumieć⟩

mis·cre·ant [`mɪskrɪənt] adj nikczemny; s nikczemnik, łajdak

mi·ser [`maɪzə(r)] s skąpiec

mis·er·a·ble [`mɪzrəbl] adj godny litości, żałosny, nieszczęśliwy; nędzny, godny pogardy; przykry, wstrętny

mi·ser·ly [`maɪzəlɪ] adj skąpy

mis·er·y [`mɪzərɪ] s nędza; nieszczęście; cierpienie

misfit [`mɪsfɪt] s źle dobrane ubranie, zły krój; przen. człowiek nie przystosowany (do otoczenia)

mis·for·tune [`mɪs`fɔːtʃən] s nieszczęście, zły los, pech

*mis·give [`mɪs`gɪv], mis·gave [`mɪs`geɪv], mis·given [`mɪs`gɪvn] vt wzbudzić obawę ⟨złe przeczucie⟩ (sb w kimś)

mis·giv·ing [`mɪs`gɪvɪŋ] ppraes i s niepokój; złe przeczucie

mis·gov·ern [`mɪs`gʌvən] vt źle rządzić

mis·guide [`mɪs`gaɪd] vt fałszywie kierować, wprowadzać w błąd

mis·han·dle [`mɪs`hændl] vt źle ⟨nieumiejętnie⟩ obchodzić się (sb, sth z kimś, czymś)

mis·hap [`mɪshæp] s niepowodzenie, nieszczęście, nieszczęśliwy wypadek

mis·in·form ['mɪsɪn'fɔm] *vt* źle poinformować

*mis·lay ['mɪs'leɪ], mislaid, mis·laid ['mɪs'leɪd] *vt* położyć nie na swoim miejscu, zapodziać

*mis·lead ['mɪs'lɪd], misled, mis·led ['mɪs'led] *vt* wprowadzić w błąd, zmylić

mis·man·age ['mɪs'mænɪdʒ] *vt* źle zarządzać ⟨kierować⟩

mi·sog·y·nist [mɪ'sodʒɪnɪst] *s* wróg kobiet

mis·place [mɪs'pleɪs] *vt* źle u·mieścić ⟨ulokować⟩, położyć nie na swoim miejscu

mis·print ['mɪsprɪnt] *s* błąd drukarski; *vt* [mɪs'prɪnt] błędnie wydrukować

mis·pro·nounce ['mɪsprə'naʊns] *vt* błędnie wymawiać

mis·rep·re·sent ['mɪs'reprɪ'zent] *vt* fałszywie przedstawić, przekręcać

mis·rule [mɪs'rul] *s* złe rządy; *vt* źle rządzić

miss 1. [mɪs] *vt* chybić, nie trafić; opuścić, przepuścić; stracić (okazję); nie zastać ⟨sb kogoś⟩; spóźnić się (the bus ⟨train⟩ na autobus ⟨pociąg⟩); tęsknić (sb za kimś); odczuwać brak; zawodzić; nie dosłyszeć ⟨nie dostrzec, nie zrozumieć⟩ (sth czegoś); *s* chybiony strzał; nieudany krok

miss 2. [mɪs] *s* (przed imieniem ⟨nazwiskiem⟩) panna; panienka

mis·sha·pen [mɪs'ʃeɪpən] *adj* zniekształcony, niekształtny

mis·sile ['mɪsaɪl] *s* pocisk

mis·sion ['mɪʃn] *s* misja, posłannictwo, zlecenie

mis·sion·a·ry ['mɪʃnrɪ] *s* misjonarz

*mis·spell [mɪs'spel], mis·spelt, mis·spelt [mɪs'spelt] *vt* napisać z błędem ortograficznym

mist [mɪst] *s* mgła, mgiełka; *vt* *vi* pokrywać (się) mgiełką, zamglić (się); zajść parą; mżyć

*mis·take [mɪ'steɪk], mis·took

[mɪ'stʊk], mis·tak·en [mɪ'steɪkn] *vt* brać ⟨wziąć⟩ (sb for sb else kogoś za kogoś innego, sth for sth else coś za coś innego); pomylić się (sth co do czegoś); źle zrozumieć; *s* omyłka, błąd; to make a ~ popełnić błąd

mis·tak·en [mɪ'steɪkn] *pp* i *adj* mylny, błędny; to be ~ mylić się, być w błędzie

mis·ter ['mɪstə(r)] *s* (przed nazwiskiem) Pan; (w piśmie) skr. = Mr.

mis·tle·toe ['mɪsltəʊ] *s bot.* jemioła

mis·took zob. mistake

mis·tress ['mɪstrəs] *s* pani, pani domu; nauczycielka, guwernantka; kochanka; Mistress ['mɪsɪz] (przed nazwiskiem mężatki) Pani; (w piśmie) skr. = Mrs.

mis·trust ['mɪs'trʌst] *s* niedowierzanie, nieufność; *vt* niedowierzać, nie ufać

mist·y ['mɪstɪ] *adj* mglisty

*mis·un·der·stand ['mɪs'ʌndə'stæ nd], misunderstood, misunderstood ['mɪs'ʌndə'stʊd] *vt* źle rozumieć

mis·un·der·stand·ing ['mɪs'ʌndə'stæ ndɪŋ] *s* złe zrozumienie, nieporozumienie

mis·un·der·stood zob. misunderstand

mis·use [mɪs'juz] *vt* niewłaściwie używać; źle traktować; nadużywać; *s* [mɪs'jus] niewłaściwe u·życie, nadużycie

mite [maɪt] *s* drobna rzecz, kruszynka; grosz (wdowi)

mit·i·gate ['mɪtɪgeɪt] *vt* łagodzić, uspokajać

mi·tre ['maɪtə(r)] *s* infuła

mitt [mɪt] = mitten

mit·ten ['mɪtn] *s* rękawica (z jednym palcem); rękawiczka (bez palców), mitenka; *sport* rękawica bokserska

mix [mɪks] *vt* *vi* mieszać (się); preparować, przyrządzać (np. napoje); obcować (towarzysko); ~

up zmieszać, pomieszać; wplątać, uwikłać

mix·er [ˈmɪksə(r)] s barman; mik-ser; a good ~ człowiek towarzyski

mix·ture [ˈmɪkstʃə(r)] s mieszanina, mieszanka, mikstura

mix-up [ˈmɪks ʌp] s pomieszanie, zamieszanie, gmatwanina

moan [məun] vt vi jęczeć, lamentować, opłakiwać (sb kogoś); s jęk

moat [məut] s fosa

mob [mob] s tłum, pospólstwo, tłuszcza; vt (o tłumie) rzucać się (sb, sth na kogoś, coś); vi gromadzić się tłumnie

mo·bile [ˈməubaɪl] adj ruchomy; ruchliwy

mo·bil·i·ty [məuˈbɪlətɪ] s ruchliwość

mo·bil·ize [ˈməubl̩aɪz] vt vi mobilizować (się)

mo·cha [ˈmokə] s (kawa) mokka

mock [mok] vt vi szydzić, wyśmiewać, żartować sobie (at sb, sth z kogoś, czegoś); s pośmiewisko, kpiny; adj attr podrobiony, udany, pozorny

mock·er·y [ˈmokərɪ] s szyderstwo; pośmiewisko

mock-he·ro·ic [ˈmokhɪˈrəuɪk] adj heroikomiczny

mode [məud] s sposób; obyczaj; tryb (życia, postępowania); moda; gram. tryb

mod·el [ˈmodl] s model, wzór; modelka; vt modelować, kształtować, kopiować; vr ~ oneself wzorować się (on ⟨upon, after⟩ sb na kimś)

mod·er·ate [ˈmodəreɪt] vt vi poskramiać, hamować, powściągać, uspokajać (się); łagodzić; powstrzymywać (się); adj [ˈmodrət] umiarkowany, wstrzemięźliwy; przeciętny

mod·er·a·tion [ˈmodəˈreɪʃn] s umiarkowanie

mod·ern [ˈmodn] adj nowoczesny, nowożytny

mod·est [ˈmodɪst] adj skromny

mod·es·ty [ˈmodɪstɪ] s skromność

mod·i·fy [ˈmodɪfaɪ] vt modyfikować, zmieniać

mod·u·late [ˈmodjuleɪt] vt modulować

moiety [ˈmoɪətɪ] s prawn. połowa

moist [moɪst] adj wilgotny

mois·ten [ˈmoɪsn] vt zwilżyć; vi wilgotnieć

mois·ture [ˈmoɪstʃə(r)] s wilgoć

mo·lar [ˈməulə(r)] adj trzonowy (ząb); s ząb trzonowy

mo·las·ses [məˈlæsɪz] s pl melasa

mold, molder = mould, moulder

mole 1. [məul] s zool. kret

mole 2. [məul] s molo, grobla

mole 3. [məul] s pieprzyk (na skórze)

mol·e·cule [ˈmolɪkjul] s fiz. cząsteczka

mole-hill [ˈməul hɪl] s kretowisko

mo·lest [məˈlest] vt molestować, dokuczać

mol·li·fy [ˈmolɪfaɪ] vt miękczyć; łagodzić

molt zob. moult

mol·ten [ˈməultən] adj stopiony, lity

mo·ment [ˈməumənt] s moment, chwila; znaczenie, ważność; at the ~ w tej (właśnie) chwili; for the ~ na razie; in a ~ za chwilę, po chwili; to the ~ co do minuty; of great ⟨little⟩ ~ bardzo ⟨nie bardzo⟩ ważny

mo·men·tar·y [ˈməuməntrɪ] adj chwilowy

mo·men·tous [məˈmentəs] adj ważny, doniosły

mo·men·tum [məˈmentəm] s pęd, rozpęd; fiz. ilość ruchu

mon·arch [ˈmonək] s monarcha

mon·ar·chy [ˈmonəkɪ] s monarchia

mon·as·ter·y [ˈmonəstrɪ] s klasztor

Mon·day [ˈmʌndɪ] s poniedziałek

mon·e·tar·y [ˈmʌnɪtrɪ] adj monetarny

mon·ey [ˈmʌnɪ] s zbior. pieniądze; ready ~ gotówka

mon·ger [ˈmʌŋgə(r)] s handlarz, przekupień

mon·grel [ˈmʌŋgrəl] s kundel; mieszaniec; adj attr (o krwi, rasie) mieszany

mon·i·tor [ˈmɔnɪtə(r)] s monitor; najstarszy uczeń w klasie pilnujący porządku; urządzenie kontrolne; vt vt nasłuchiwać, kontrolować

mon·i·tor·ing [ˈmɔnɪtərɪŋ] s (w radiu) nasłuch

monk [mʌŋk] s mnich

mon·key [ˈmʌŋkɪ] s małpa

mon·key·ish [ˈmʌŋkɪɪʃ] adj małpi

monk·ish [ˈmʌŋkɪʃ] adj mnisi

mo·nog·a·my [məˈnɔgəmɪ] s monogamia

mon·o·logue [ˈmɔnəlɔg] s monolog

mo·nop·o·lize [məˈnɔpəlaɪz] vt monopolizować

mo·nop·o·ly [məˈnɔpəlɪ] s monopol

mo·not·o·nous [məˈnɔtənəs] adj monotonny

mon·ster [ˈmɔnstə(r)] s potwór; adj attr potworny; monstrualny

mon·stros·i·ty [mɔnˈstrɔsətɪ] s potworność

mon·strous [ˈmɔnstrəs] adj potworny; monstrualny

mon·tage [ˈmɔntaʒ] s fot. kino montaż

month [mʌnθ] s miesiąc

month·ly [ˈmʌnθlɪ] adj miesięczny; adv miesięcznie; co miesiąc; s miesięcznik

mon·u·ment [ˈmɔnjumənt] s pomnik

mood 1. [mud] s nastrój, humor

mood 2. [mud] s gram. tryb; muz. tonacja

mood·y [ˈmudɪ] adj nie w humorze, markotny; o zmiennym usposobieniu

moon [mun] s księżyc; full ~ pełnia; once in a blue ~ bardzo rzadko, raz od wielkiego święta

moon·beam [ˈmunbim] s promień księżyca

moon·light [ˈmunlaɪt] s światło księżyca

moon·lit [ˈmunlɪt] adj oświetlony światłem księżyca

moon·shine [ˈmunʃaɪn] s światło księżyca; przen. rojenia

moon·shin·er [ˈmunʃaɪnə(r)] s pot. am. nielegalny producent ⟨przemytnik⟩ napojów alkoholowych

moor 1. [muə(r)] s otwarty teren, błonie; wrzosowisko; torfowisko

moor 2. [muə(r)] vt mors. cumować

Moor 3. [muə(r)] s Maur

moor·ings [ˈmuərɪŋz] s pl mors. cumy; miejsce cumowania

moor·land [ˈmuələnd] s pustynna okolica (zw. pokryta wrzosem, torfem itp.)

moot [mut] vt rozważać, poddać pod dyskusję (sth coś); s hist. zgromadzenie, narada; adj attr sporny

mop 1. [mop] s zmywak na kiju (do podłogi, okien itd.); vt wycierać, zmywać

mop 2. [mop] s w zwrocie: ~s and mows grymasy, miny; vi w zwrocie: ~ and mow stroić miny, robić grymasy

mope [məup] vi być przygnębionym; s człowiek przygnębiony

mor·al [ˈmɔrl] adj moralny; ~ rał; pl ~s moralność

mo·rale [məˈral] s morale, duch (np. wojska)

mor·al·ist [ˈmɔrlɪst] s moralista

mo·ral·i·ty [məˈrælətɪ] s moralność; moralitet (dramat)

mor·al·ize [ˈmɔrlaɪz] vi moralizować; vt umoralniać

mo·rass [məˈræs] s bagno, trzęsawisko

mor·bid [ˈmɔbɪd] adj chorobliwy; chorobowy

more [mɔ(r)] adj (comp od much, many) więcej; adv więcej, bardziej; s więcej; ~ and ~ coraz więcej; ~ or less mniej więcej; ~ than ponad; never ~ już nigdy; no ~ już nie, więcej nie;

dość; **once** ~ jeszcze **raz; so**
much the ~ o tyle więcej; **the** ~
tym bardziej; **the** ~ ... **the** ~ im
więcej ... tym więcej

more·o·ver [mor`əuvə(r)] *adv* co
więcej, prócz tego, ponadto

morn [mɔn] *s poet.* = morning

morn·ing [`mɔnɪŋ] *s* rano, pora-
nek; przedpołudnie; **good** ~!
dzień dobry!; **in the** ~ rano; **this**
~ dziś rano; ~ **call** wizyta przed-
południowa; ~ **coat** żakiet

mo·roc·co [mə`rɔkəu] *s* marokin
(safian)

mo·rose [mə`rəus] *adj* ponury,
markotny

mor·phol·o·gy [mɔ`fɔlədʒɪ] *s* mor-
fologia

mor·row [`mɔrəu] *s* † następny
dzień; **on the** ~ nazajutrz

mor·sel [`mɔsl] *s* kąsek

mor·tal [`mɔtl] *adj* śmiertelny; *s*
śmiertelnik

mor·tal·i·ty [mɔ`tælətɪ] *s* śmiertel-
ność

mor·tar [`mɔtə(r)] *s* moździerz; za-
prawa murarska

mort·gage [`mɔgɪdʒ] *s* zastaw; hi-
poteka; *vt* zastawić; obciążyć hi-
potecznie

mor·ti·fy [`mɔtɪfaɪ] *vt* umartwiać,
dręczyć, upokarzać; *vi* zamierać;
ulegać gangrenie

mor·tu·ar·y [`mɔtʃuərɪ] *adj* pogrze-
bowy; *s* kostnica

mo·sa·ic [məu`zeɪɪk] *s* mozaika

Mos·lem [`mɔzləm] *adj* muzułmań-
ski; *s* muzułmanin

mosque [mɔsk] *s* meczet

mos·qui·to [mə`skitəu] *s* (*pl* ~es)
moskit

moss [mɔs] *s* mech

most [məust] *adj* (*sup od* much,
many) najwięcej, najbardziej;
adv najbardziej, najwięcej; *s*
największa ilość, przeważająca
większość, maksimum; **at (the)**
~ najwyżej, w najlepszym razie;
to make the ~ **of** sth wykorzystać coś maksymalnie; najko-
rzystniej przedstawić

most·ly [`məustlɪ] *adv* najczęściej,
przeważnie

mote [məut] *s* pyłek

mo·tel [məu`tel] *s* motel

moth [mɔθ] *s* mól; ćma

moth·|er [`mʌðə(r)] *s* matka; ~
country ojczyzna; ~ **of pearl** macica perłowa; ~ **tongue** mowa
ojczysta

moth·er·hood [`mʌðəhud] *s* macie-
rzyństwo

mother-in-law [`mʌðr in lɔ] *s* (*pl*
mothers-in-law [`mʌðz ɪn lɔ]) teś-
ciowa, świekra

moth·er·ly [`mʌðəlɪ] *adj* macierzyń-
ski

motif [məu`tif] *s* motyw

mo·tion [`məuʃn] *s* ruch; chód
⟨bieg⟩ (silnika); skinienie; gest;
wniosek; ~ **picture** film; **to**
carry a ~ przeprowadzić ⟨przy-
jąć⟩ wniosek; **to put ⟨set⟩ in** ~
wprawić w ruch; *vt vi* dać znak
(ręką), skinąć

mo·ti·vate [`məutɪveɪt] *vt* być
bodźcem (sb, sth dla kogoś, czegoś); powodować; motywować

mo·tive [`məutɪv] *adj* napędowy;
s motyw; bodziec

mot·ley [`mɔtlɪ] *s* pstrokacizna;
rozmaitości; strój błazeński; *adj*
pstry; rozmaity

mo·tor [`məutə(r)] *s* motor; sil-
nik; *adj* ruchowy, motoryczny;
vt vi jechać ⟨wieźć⟩ samochodem ⟨motocyklem⟩

mo·tor·bi·cy·cle [`məutəbaɪsɪkl] *s*
motocykl

mo·tor·bike [`məutəbaɪk] *s* pot.
motocykl

mo·tor·boat [`məutəbəut] *s* łódź
motorowa

mo·tor·bus [`məutəbʌs] *s* autobus

mo·tor·car [`muətəka(r)] *s* samo-
chód

mo·tor·coach [`məutəkəutʃ] *s* auto-
kar

mo·tor·cycle [`məutəsaɪkl] *s* moto-
cykl

mo·tor·ist [`məutərɪst] *s* automo-
bilista

mo·tor·man [ˈməʊtəmən] s (pl motormen [ˈməʊtəmən]) motorniczy

mo·tor·scoot·er [ˈməʊtə skuːtə(r)] s skuter

mo·tor·way [ˈməʊtəweɪ] s autostrada

mot·tle [ˈmɒtl] vt pstrzyć, cętkować, nakrapiać; s cętka, (barwna) plamka

mot·to [ˈmɒtəʊ] s (pl ~es, ~s) motto

mould 1. [məʊld] s czarnoziem, ziemia ⟨gleba⟩ (luźna)

mould 2. [məʊld] s pleśń; vi pleśnieć

mould 3. [məʊld] s forma, odlew; typ ⟨pokrój⟩ (człowieka); vt odlewać; kształtować

mould·er [ˈməʊldə(r)] vi butwieć, rozpadać się

moult [məʊlt] vi linieć; s linienie

mound [maʊnd] s nasyp, kopiec

mount 1. [maʊnt] s góra, szczyt (zw. przed nazwą)

mount 2. [maʊnt] vt vi wznosić (się), podnosić (się); wsiadać, sadzać (na konia, rower itp.); wspinać się, wchodzić do góry (a ladder, the stairs etc. po drabinie; schodach itd.); montować; ustawiać; oprawiać (np. klejnot); to ~ guard zaciągnąć wartę, stanąć na warcie; ~ed troops oddziały konne

moun·tain [ˈmaʊntɪn] s góra

moun·tain·eer [ˌmaʊntɪˈnɪə(r)] s góral; alpinista

moun·tain·eer·ing [ˌmaʊntɪˈnɪərɪŋ] s sport alpinistyka, wspinaczka wysokogórska

moun·tain·ous [ˈmaʊntɪnəs] adj górzysty

moun·te·bank [ˈmaʊntɪbæŋk] s szarlatan

mourn [mɔːn] vt opłakiwać; vi być w żałobie; płakać ⟨lamentować⟩ (for ⟨over⟩ sb nad kimś)

mourn·ful [ˈmɔːnfl] adj żałobny

mourn·ing [ˈmɔːnɪŋ] s żałoba; przen. smutek; in deep ~ w głębokiej żałobie

mouse [maʊs] s (pl mice [maɪs]) mysz

mouse-trap [ˈmaʊs træp] s pułapka na myszy

mous·tache [məˈstɑːʃ] s wąsy

mouth [maʊθ] s usta; pysk; ujście (rzeki), wylot

mouth·ful [ˈmaʊθful] s kęs, łyk

mouth·piece [ˈmaʊθpiːs] s ustnik (np. instrumentu); wyraziciel, rzecznik; muszla mikrofonu

mov·a·ble [ˈmuːvəbl] adj ruchomy; s pl ~s ruchomości

move [muːv] vt vi ruszać ⟨poruszać⟩ (się), być w ruchu, posuwać (się); przeprowadzać (się); rozczulać, wzruszać; zachęcać, pobudzać; stawiać wniosek; ~ in wnieść; wprowadzić (się); ~ out wynieść; wyprowadzić (się); s posunięcie, ruch; przeprowadzka; to be on the ~ być w ruchu ⟨w marszu⟩

move·ment [ˈmuːvmənt] s ruch; chód, bieg; muz. część utworu, fraza

mov·ies [ˈmuːvɪz] s pl pot. kino; let's go to the ~ chodźmy do kina

*mow [məʊ], mowed [məʊd], mown [məʊn] vt kosić

mow·er [ˈməʊə(r)] s kosiarz; (maszyna) kosiarka

mown zob. mow

much [mʌtʃ] adj i adv dużo, wiele; bardzo, wielce; ~ the same mniej więcej taki sam ⟨to samo⟩; as ~ tyleż; as ~ as tyle samo, co; so ~ tyle; so ~ the better ⟨worse⟩ tym lepiej ⟨gorzej⟩; he is not ~ of a poet on jest słabym poetą; how ~? ile?

muck [mʌk] s gnój, nawóz; błoto; pot. paskudztwo; szmira

mud [mʌd] s błoto, muł

mud-bath [ˈmʌdbɑːθ] s kąpiel borowinowa

mud·dle [ˈmʌdl] vt mącić, gmatwać, bałaganić; zamroczyć; vi ~ on ⟨along⟩ radzić sobie jakoś; ~

through wybrnąć z ciężkiej sytuacji; s powikłanie; bałagan, nieład; trudne położenie

mud·dy [ˈmʌdɪ] *adj* błotnisty; mętny, brudny

mud·guard [ˈmʌdgad] *s* błotnik

muff 1. [mʌf] *s* zarękawek, mufka

muff 1. [mʌf] *vt* fuszerować; *s* fuszerka; fuszer; mazgaj

muf·fin [ˈmʌfɪn] *s* bułeczka (*zw.* na gorąco z masłem)

muf·fle [ˈmʌfl] *vt* owijać, otulać; tłumić

muf·fler [ˈmʌflə(r)] *s* szalik; tłumik; *sport* rękawica bokserska

mug [mʌg] *s* kubek, kufel; *pot.* gęba

mu·lat·to [mjuˈlætəu] *s* (*pl* ~es, ~s) Mulat

mul·ber·ry [ˈmʌlbrɪ] *s* morwa (owoc i drzewo)

mule [mjul] *s* *zool.* muł

mul·ti [ˈmʌltɪ] *praef* wielo-

mul·ti·form [ˈmʌltɪfɔm] *adj* wielokształtny

mul·ti·lat·er·al [ˈmʌltɪˈlætrl] *adj* wielostronny

mul·ti·ple [ˈmʌltɪpl] *adj* wieloraki; wielokrotny; złożony; *s mat.* wielokrotna; least common ~ najmniejsza wspólna wielokrotna

mul·ti·plex [ˈmʌltɪpleks] = **multiple** *adj*

mul·ti·pli·ca·tion [ˈmʌltɪplɪˈkeɪʃn] *s* mnożenie (się); *mat.* ~ table tabliczka mnożenia

mul·ti·pli·er [ˈmʌltɪplaɪə(r)] *s mat.* mnożnik; *fiz.* powielacz

mul·ti·ply [ˈmʌltɪplaɪ] *vt vi* mnożyć (się); rozmnażać się; ~ 4 by 6 pomnóż 4 przez 6

mul·ti·tude [ˈmʌltɪtjud] *s* mnóstwo; tłum

mum 1. [mʌm] *adj* niemy, cichy; to keep ~ milczeć; *int* sza!

mum 2. [mʌm] *vi* grać w pantomimie

mum 3. [mʌm] *s pot.* **mamusia**

mum·ble [ˈmʌmbl] *vt vi* mruczeć,

mamrotać, bełkotać

mum·my 1. [ˈmʌmɪ] *s* mamusia

mum·my 2. [ˈmʌmɪ] *s* mumia

mumps [mʌmps] *s med.* świnka

munch [mʌntʃ] *vt vi* głośno żuć, chrupać

mun·dane [ˈmʌndeɪn] *adj* ziemski; światowy

mu·nic·i·pal [mjuˈnɪsɪpl] *adj* komunalny, miejski

mu·nic·i·pal·i·ty [mjuˈnɪsɪˈpælətɪ] *s* gmina samorządowa, zarząd miejski

mu·nif·i·cence [mjuˈnɪfɪsns] *s* hojność, szczodrość

mu·ni·tion [mjuˈnɪʃn] *s* (*zw. pl* ~s) sprzęt wojenny, amunicja

mu·ral [ˈmjuərl] *adj* ścienny; *s* malowidło ścienne

mur·der [ˈmɜdə(r)] *s* morderstwo; *vt* mordować

mur·der·er [ˈmɜdərə(r)] *s* morderca

murk·y [ˈmɜkɪ] *adj* mroczny

mur·mur [ˈmɜmə(r)] *vt vi* szeptać, mruczeć; szemrać; szumieć; *s* szept, szmer; szum; pomruk, mruczenie

mus·cle [ˈmʌsl] *s* mięsień

mus·cu·lar [ˈmʌskjulə(r)] *adj* muskularny; mięśniowy

muse 1. [mjuz] *vi* rozmyślać ⟨dumać⟩ (on ⟨about, upon⟩ sth o czymś)

muse 2. [mjuz] *s* muza

mu·se·um [mjuˈzɪəm] *s* muzeum

mush [mʌʃ] *s* kleik, papka

mush·room [ˈmʌʃrum] *s* grzyb; of ~ growth rosnący jak grzyby po deszczu

mu·sic [ˈmjuzɪk] *s* muzyka; *zbior.* nuty

mu·si·cal [ˈmjuzɪkl] *adj* muzyczny; muzykalny; dźwięczny; *s* komedia muzyczna

mu·sic-hall [ˈmjuzɪk hɔl] *s* teatr rewiowy ⟨rozmaitości⟩

mu·si·cian [mjuˈzɪʃn] *s* muzyk

musk [mʌsk] *s* piżmo

mus·lin [ˈmʌzlɪn] *s* muślin

must 1. [mʌst, məst] *v aux* nie-

odm. muszę, musisz itd.; I ~ muszę; I ~ not nie wolno mi, nie mogę

must 2. [mʌst] *s* pleśń

must 3. [mʌst] *s* moszcz

mus·tard [ˈmʌstəd] *s* musztarda

mus·ter [ˈmʌstə(r)] *vt vi* gromadzić (się); zbierać (się); *wojsk.* robić przegląd; *s wojsk.* przegląd; apel; zgromadzenie

mus·ty [ˈmʌstɪ] *adj* zapleśniały, stęchły

mu·ta·ble [ˈmjutəbl] *adj* zmienny

mute [mjut] *adj* niemy; *s* niemowa; *teatr* statysta

mu·ti·late [ˈmjutɪleɪt] *vt* kaleczyć; okroić, zniekształcić (tekst itp.)

mu·ti·neer [mjutɪˈnɪə(r)] *s* buntownik

mu·ti·ny [ˈmjutɪnɪ] *s* bunt

mut·ter [ˈmʌtə(r)] *vt vi* mruczeć, mamrotać; szemrać (at ⟨against⟩ sb, sth na kogoś, coś)

mut·ton [ˈmʌtn] *s* baranina

mu·tu·al [ˈmjutʃuəl] *adj* wzajemny

muz·zle [ˈmʌzl] *s* pysk; kaganiec; wylot lufy; *vt* nałożyć kaganiec

my [maɪ] *pron* mój, moja, moje, moi

my·ope [ˈmaɪəup] *s* krótkowidz

my·o·pi·a [maɪˈəupɪə] *s* krótkowzroczność

myr·i·ad [ˈmɪrɪəd] *s* miriada

myr·tle [ˈmɜtl] *s bot.* mirt

my·self [maɪˈself] *pron* sam, ja sam, się; siebie, sobą, sobie; by ~ ja sam, sam jeden

mys·te·ri·ous [mɪˈstɪərɪəs] *adj* tajemniczy

mys·ter·y [ˈmɪstrɪ] *s* tajemnica

mys·tic [ˈmɪstɪc] *adj* mistyczny; *s* mistyk

mys·ti·fy [ˈmɪstɪfaɪ] *vt* mistyfikować

myth [mɪθ] *s* mit

myth·o·log·i·cal [ˈmɪθəˈlodʒɪkl] *adj* mitologiczny

my·thol·o·gy [mɪˈθolədʒɪ] *s* mitologia

n

nag [næg] *vt* dokuczać (komuś), dręczyć; *vi* gderać (at sb na kogoś)

nai·ad [ˈnaɪæd] *s* rusałka, najada

nail [neɪl] *s* paznokieć; pazur; gwóźdź; *vt* przybić gwoździem podbić gwoździami, przygwoździć; *przen.* przykuć (np. uwagę); *pot.* przydybać; ~ **down** przybić gwoździem; *przen.* trzymać (kogoś) za słowo

na·ïve [naɪˈiv] *adj* naiwny

na·ked [ˈneɪkɪd] *adj* nagi, goły

name [neɪm] *s* imię, nazwisko, nazwa; **family** ~ nazwisko; **first** ⟨**Christian**⟩ ~ imię; **full** ~ imię i nazwisko; **by** ~ na imię, po nazwisku; **to call sb** ~**s** obrzucać kogoś wyzwiskami; *vt* dawać imię, nazywać; wyznaczać, wymieniać

name-day [ˈneɪmdeɪ] *s* imieniny

name·less [ˈneɪmləs] *adj* bezimienny; nieznany; niewysłowiony; *uj.* niesłychany

name·ly [ˈneɪmlɪ] *adv* mianowicie

name·sake [ˈneɪmseɪk] *s* imiennik

nap [næp] *s* drzemka; **to take a** ~ zdrzemnąć się; *vi* drzemać

na·palm [ˈneɪpam] *s* napalm

nape [neɪp] *s* kark

nap·kin [ˈnæpkɪn] *s* serwetka; pieluszka

nar·cot·ic [naˈkɒtɪk] *adj* narkotyczny; *s* narkotyk

nar·co·tize [ˈnɑːkətaɪz] *vt* narkotyzować

nar·rate [nəˈreɪt] *vt* opowiadać

nar·ra·tion [nəˈreɪʃn] *s* opowiadanie

nar·ra·tive [ˈnærətɪv] *adj* narracyjny; *s* opowiadanie, opowieść

nar·row [ˈnærəʊ] *adj* wąski, ciasny, ścisły; **to have a ~ escape** ledwo umknąć; *vt vi* zwężać (się); ściągać ⟨kurczyć⟩ (się)

nar·row-gauge [ˈnærəʊɡeɪdʒ] *adj attr* wąskotorowy

nar·row-mind·ed [ˈnærəʊ ˈmaɪndɪd] *adj* (umysłowo) ograniczony

na·sal [ˈneɪzl] *adj* nosowy; *s gram.* głoska nosowa

nas·ty [ˈnɑːstɪ] *adj* wstrętny, przykry; groźny; złośliwy; plugawy; *pot.* świński

na·tal [ˈneɪtl] *adj* rodzinny; (*o dniu, miejscu*) urodzenia

na·ta·tion [neɪˈteɪʃn] *s* pływanie

na·tion [ˈneɪʃn] *s* naród; państwo

na·tion·al [ˈnæʃnl] *adj* narodowy; państwowy; **~ service** obowiązkowa służba wojskowa; *s* poddany, obywatel państwa

na·tion·al·ism [ˈnæʃnlɪzm] *s* nacjonalizm

na·tion·al·i·ty [ˈnæʃnˈælətɪ] *s* narodowość; państwowość; przynależność państwowa, obywatelstwo

na·tion·al·i·za·tion [ˈnæʃnlaɪˈzeɪʃn] *s* upaństwowienie, nacjonalizacja; naturalizacja

na·tion·al·ize [ˈnæʃnlaɪz] *vt* unarodowić; nacjonalizować, upaństwowić; naturalizować

na·tive [ˈneɪtɪv] *adj* rodzimy, rodzinny, ojczysty; wrodzony; krajowy, tubylczy; **~ land** ojczyzna; *s* tubylec, autochton; **a ~ of** Warsaw rodowity warszawianin

na·tiv·i·ty [nəˈtɪvətɪ] *s* narodzenie (zw. Chrystusa)

nat·ty [ˈnætɪ] *adj* schludny, czysty

nat·u·ral [ˈnætʃərl] *adj* naturalny; dziki, pierwotny; przyrodniczy; przyrodzony, wrodzony; (*o dziecku*) nieślubny; **~ history** przyroda; *s muz.* nuta naturalna; *muz.* kasownik; idiota

nat·u·ral·ism [ˈnætʃrlɪzm] *s* naturalizm

nat·u·ral·ize [ˈnætʃrlaɪz] *vt vi* naturalizować (się)

na·ture [ˈneɪtʃə(r)] *s* natura, przyroda; istota; charakter; rodzaj; **by ~** z natury

naught [nɔt] *s i pron* nic; zero

naugh·ty [ˈnɔtɪ] *adj* (*o dziecku*) niegrzeczny; nieprzyzwoity

nau·sea [ˈnɔsɪə] *s* nudności, mdłości; obrzydzenie

nau·se·ate [ˈnɔsɪeɪt] *vt* przyprawiać o mdłości, budzić wstręt; czuć wstręt (**sth** do czegoś); *vi* dostawać mdłości

nau·seous [ˈnɔsɪəs] *adj* przyprawiający o mdłości, obrzydliwy

nau·ti·cal [ˈnɔtɪkl] *adj* morski

na·val [ˈneɪvl] *adj* morski; dotyczący marynarki wojennej; okrętowy

nave 1. [neɪv] *s* nawa

nave 2. [neɪv] *s* piasta (u koła)

na·vel [ˈneɪvl] *s anat.* pępek

nav·i·ga·ble [ˈnævɪɡəbl] *adj* spławny, nadający się do żeglugi

nav·i·gate [ˈnævɪɡeɪt] *vt vi* żeglować; kierować statkiem ⟨samolotem⟩; pilotować

nav·i·ga·tion [ˈnævɪˈɡeɪʃn] *s* żegluga, nawigacja

nav·vy [ˈnævɪ] *s* robotnik drogowy, wyrobnik

na·vy [ˈneɪvɪ] *s* marynarka wojenna; **~ cut** tytoń fajkowy (drobno krajany)

navy-blue [ˈneɪvɪˈblu] *adj* granatowy; *s* kolor granatowy

nay [neɪ] *adv ✝* nie; nawet, co więcej; **to say ~** zaprzeczyć; *s* sprzeciw (w głosowaniu)

near [nɪə(r)] *adj* bliski, blisko spokrewniony; trafny; dokładny; **to
have a ~ escape** ledwo uciec,
uniknąć o włos; *adv i praep* blisko, niedaleko, obok; **~ by** tuż
obok; **~ upon** blisko; tuż przed
⟨po⟩ czymś; prawie; **to come ~**
zbliżyć się; *vt* zbliżać się (sth do
czegoś)

near·by [`nɪəbaɪ] *adj* bliski, są-
siedni

near·ly [`nɪəlɪ] *adv* blisko; prawie
(że)

neat [nit] czysty, schludny; gustowny; grzeczny; miły; staranny,
porządny

neb·u·lous [`nebjuləs] *adj* mglisty,
zamglony

nec·es·sar·y [`nesəsrɪ] *adj* koniecz-
ny, niezbędny; **if ~** w razie potrzeby; *s* rzecz konieczna; *pl*
necessaries of life artykuły pierwszej potrzeby

ne·ces·si·tate [nɪ`sesɪteɪt] *vt* czy-
nić koniecznym ⟨niezbędnym⟩;
wymagać

ne·ces·si·ty [nɪ`sesɪtɪ] *s* koniecz-
ność, potrzeba; bieda; **of ~** z ko-
nieczności; **to be under the ~ of
doing sth** być zmuszonym coś
zrobić

neck [nek] *s* szyja, kark; szyjka
(np. flaszki); przesmyk; cieśnina;
vt vi am. pot. obejmować (się)
za szyję; pieścić się

neck·lace [`nekləs] *s* naszyjnik

neck·tie [`nektaɪ] *s* krawat

ne·crol·o·gy [nɪ`krolədʒɪ] *s* nekro-
log; lista zgonów

need [nid] *s* potrzeba; ubóstwo,
bieda; **to have** ⟨**stand in, be in**⟩
~ of potrzebować czegoś; *vt* potrzebować, wymagać ⟨czegoś⟩; *vi*
być w potrzebie; **I ~ not** nie
muszę

need·ful [`nidfl] *adj* potrzebny, ko-
nieczny

nee·dle [`nidl] *s* igła; iglica

need·less [`nidləs] *adj* niepotrzeb-
ny, zbędny

nee·dle·work [`nidlwɜk] *s* robótka

(szycie, haftowanie)

need·n't [nidnt] = **need not**

need·y [`nidɪ] *adj* będący w po-
trzebie

ne'er [neə(r)] *poet.* = **never**

ne·ga·tion [nɪ`geɪʃn] *s* przeczenie,
negacja

neg·a·tive [`negətɪv] *adj* przeczący,
negatywny; *mat.* ujemny; *s* zaprzeczenie; odmowa; *gram.* forma przecząca; *mat.* wartość u-
jemna; *fot.* negatyw; **in the ~**
negatywnie, przecząco

neg·lect [nɪ`glekt] *vt* zaniedbywać,
lekceważyć; nie zrobić (sth czegoś); *s* zaniedbanie, lekceważenie, pominięcie

neg·li·gence [`neglɪdʒəns] *s* nied-
balstwo, zaniedbanie

neg·li·gent [`neglɪdʒənt] *adj* nie-
dbały, lekceważący; zaniedbany

neg·li·gi·ble [`neglɪdʒəbl] *adj* nie-
godny uwagi, mało znaczący

ne·go·ti·a·ble [nɪ`gəʊʃəbl] *adj*
handl. sprzedażny, możliwy do
spieniężenia; dający się opanować ⟨pokonać⟩

ne·go·ti·ate [nɪ`gəʊʃɪeɪt] *vt vi* za-
łatwiać ⟨omawiać⟩ (sprawy po-
lityczne, handlowe); prowadzić
rokowania ⟨pertraktować⟩ (sth w
sprawie czegoś); *handl.* puszczać
w obieg (np. weksel); realizować,
spieniężać; przezwyciężać, poko-
nywać

ne·go·ti·a·tion [nɪ`gəʊʃɪeɪʃn] *s* ro-
kowania ⟨pertraktacje⟩ (polity-
czne, handlowe); *handl.* spieniężenie, realizowanie; pokonanie
(trudności)

Ne·gress [`nigrəs] *s* Murzynka

Ne·gro [`nigrəʊ] *s* (*pl* **~es**) Mu-
rzyn

neigh [neɪ] *vi* rżeć

neigh·bour [`neɪbə(r)] *s* sąsiad; *vt
vi* sąsiadować

neigh·bour·hood [`neɪbəhʊd] *s* są-
siedztwo; okolica

nei·ther [`naɪðə(r), *am.* `niðə(r)]
pron ani jeden, ani drugi, żaden z dwóch; *adv* ani; **~ ... nor**

ani ..., ani; he could ~ eat nor drink nie mógł jeść, ani pić; *conj* też nie; he doesn't like it, ~ do I on tego nie lubi, i ja też nie

ne·on [`nion] *s fiz.* neon (gaz); ~ sign neon (reklama); ~ lamp lampa neonowa

neph·ew [`nevju] *s* siostrzeniec; bratanek

nerve [nɜv] *s* nerw; *przen.* siła, energia; opanowanie; tupet; to get on sb's ~s działać komuś na nerwy; *vt* wzmocnić, dodać otuchy; *vr* ~ oneself zebrać siły (for sth do czegoś), wziąć się w garść

nerv·ous [`nɜvəs] *adj* nerwowy; niespokojny

nest [nest] *s* gniazdo; *vi* wić gniazdo; gnieździć się

nes·tle [`nesl] *vt* przycisnąć, przytulić; *vi* gnieździć się; tulić się, wygodnie się usadowić

net 1. [net] *adj* (o zysku itp.) czysty; netto; *vt* zarobić na czysto

net 2. [net] *s dosł. i przen.* sieć, siatka; *sport* net; *vt* łowić siecią (np. ryby)

net·tle [`netl] *s* pokrzywa; *vt* parzyć pokrzywą; *przen.* drażnić, irytować, docinać

net·work [`netwɜk] *s* sieć (kolejowa, radiowa itp.)

neu·ras·the·ni·a [ˌnjuərəs`θiniə] *s* neurastenia

neu·rol·o·gy [njuə`rolədʒi] *s* neurologia

neu·ro·sis [njuə`rəusis] *s* (*pl* neuroses [njuə`rousiz]) *med.* nerwica

neu·ter [`njutə(r)] *adj gram.* nijaki (rodzaj); nieprzechodni (czasownik); neutralny; to stand ~ zachowywać neutralność

neu·tral [`njutrl] *adj* neutralny; nieokreślony

neu·tral·i·ty [nju`trælətɪ] *s* neutralność

neu·tral·ize [`njutrlaɪz] *vt* neutra-

lizować

neu·tron [`njutron] *s fiz.* neutron

nev·er [`nevə(r)] *adv* nigdy; bynajmniej

nev·er·more [ˌnevə`mɔ(r)] *adv* już nigdy, nigdy więcej

nev·er·the·less [ˌnevəðə`les] *adv* mimo wszystko ⟨tego, to⟩; (tym) niemniej

new [nju] *adj* nowy; świeży

new·com·er [`njukʌmə(r)] *s* przybysz

news [njuz] *s* nowość; nowina; wiadomość; kronika, aktualności

news-a·gent [`njuzeɪdʒənt] *s* właściciel kiosku z czasopismami

news·boy [`njuzbɔɪ] *s* gazeciarz

news·cast [`njuskast] *s* dziennik radiowy

news·pa·per [`njuspeɪpə(r)] *s* gazeta

news·reel [`njuzril] *s* kronika filmowa

news·ven·dor [`njuzvendə(r)] *s* sprzedawca gazet

news·y [`njuzɪ] *adj pot.* pełen najświeższych wiadomości, plotkarski

next [nekst] *adj* najbliższy; następny; ~ of kin najbliższy krewny; ~ to nothing prawie nic; *adv* następnie, z kolei, zaraz potem; *praep* tuż obok ⟨przy⟩; po (kimś, czymś)

nib [nɪb] *s* kolec; koniuszek, ostrze, szpic; stalówka

nib·ble [`nɪbl] *vt vi* gryźć, obgryzać, nadgryzać (sth ⟨at sth⟩ coś)

nice [naɪs] *adj* ładny; miły, przyjemny; wrażliwy; delikatny, subtelny; wybredny; skrupulatny

nice-look·ing [`naɪslukɪŋ] *adj* przystojny; ładny

ni·ce·ty [`naɪsətɪ] *s* delikatność, subtelność; precyzja, dokładność; to a ~ możliwie najdokładniej; starannie, *przen.* na ostatni guzik; *pl* niceties drobiazgi, subtelności

niche [nɪtʃ] s nisza

nick [nɪk] s nacięcie, wcięcie; odpowiednia chwila; in the ~ of time w samą porę; in the ~ of doing sth w momencie robienia czegoś; vt nacinać, karbować; trafić, zgadnąć; to ~ a train zdążyć w ostatniej chwili na pociąg; to ~ the time zdążyć ⟨przyjść⟩ w samą porę

nick·el [ˈnɪkl] s nikiel; am. pot. pięciocentówka

nick·name [ˈnɪkneɪm] s przezwisko; przydomek; vt przezywać

niece [nis] s siostrzenica; bratanica

nig·gard [ˈnɪɡəd] s skąpiec, sknera; adj skąpy

nig·ger [ˈnɪɡə(r)] s pog. Murzyn

nigh [naɪ] adj i adv poet. = near

night [naɪt] s noc; wieczór; by ⟨at⟩ ~ nocą, w nocy; at ~ wieczorem; last ~ ubiegłej nocy; wczoraj wieczorem; the ~ before last przedostatniej nocy; przedwczoraj wieczorem; first ~ teatr premiera

night·fall [ˈnaɪtfɔl] s zmierzch

night·in·gale [ˈnaɪtɪŋɡeɪl] s słowik

night·ly [ˈnaɪtlɪ] adj nocny, conocny; wieczorny; powtarzający się co wieczór; adv co noc; co wieczór

night·mare [ˈnaɪtmeə(r)] s koszmar (nocny)

night·time [ˈnaɪttaɪm] s noc, pora nocna

ni·hil·ism [ˈnaɪhɪlɪzm] s nihilizm

nil [nɪl] s nic; sport zero

nim·ble [ˈnɪmbl] adj zwinny, zgrabny; rączy; (o umyśle) bystry

nine [naɪn] num dziewięć; s dziewiątka

nine·pins [ˈnaɪnpɪnz] s pl kręgle

nine·teen [ˈnaɪnˈtin] num dziewiętnaście; s dziewiętnastka

nine·teenth [ˈnaɪnˈtinθ] adj dziewiętnasty

nine·ti·eth [ˈnaɪntɪəθ] adj dziewięćdziesiąty

nine·ty [ˈnaɪntɪ] num dziewięćdzie

siąt; s dziewięćdziesiątka

ninth [naɪnθ] adj dziewiąty

nip [nɪp] vt szczypnąć; ścisnąć; ucinać; zwarzyć ⟨zmrozić⟩ (roślinę); ~ sth in the bud zdusić coś w zarodku

nip·ple [ˈnɪpl] s sutka; smoczek

ni·tric [ˈnaɪtrɪk] adj azotowy

ni·tro·gen [ˈnaɪtrədʒen] s azot

no [nəu] adj nie; żaden; ~ doubt niewątpliwie; ~ entrance wstęp wzbroniony; ~ end bez końca; to ~ end bez celu; ~ smoking nie wolno palić; adv nie; s przecząca odpowiedź; odmowa

no·bil·i·ty [nəuˈbɪlətɪ] s szlachectwo; szlachetność; szlachta, arystokracja

no·ble [ˈnəubl] adj szlachetny; szlachecki; s = nobleman

no·ble·man [ˈnəublmən] s szlachcic (wysokiego rodu), arystokrata

no·bod·y [ˈnəubədɪ] pron nikt; s nic nie znaczący człowiek, zero

noc·tur·nal [nɒkˈtɜnl] adj nocny

nod [nɒd] vt skinąć (to sb na kogoś); ukłonić się, kiwnąć głową; drzemać; vi kiwnąć ⟨skinąć⟩ (one's head głową); s skinienie, ukłon, kiwnięcie głową; drzemka

noise [nɔɪz] s hałas; odgłos; szum

noi·some [ˈnɔɪsəm] adj szkodliwy, niezdrowy; wstrętny

nois·y [ˈnɔɪzɪ] adj hałaśliwy

no·mad [ˈnəumæd] s koczownik; adj koczowniczy

no·mad·ic [nəuˈmædɪk] adj koczowniczy

nom·i·nal [ˈnɒmɪnl] adj nominalny; imienny

nom·i·nate [ˈnɒmɪneɪt] vt mianować; wyznaczyć; wysunąć jako kandydata

nom·i·na·tion [ˌnɒmɪˈneɪʃn] s nominacja; wyznaczenie; wysunięcie kandydatury

nom·i·na·tive [ˈnɒmnətɪv] s gram. mianownik

non- [nɒn] praef nie-; bez-

non·age [ˈnəunɪdʒ] s niepełnoletność

non·ag·gres·sion [ˈnɔnəˈgreʃn] *s* nieagresja; ~ **pact** pakt o nieagresji

non·cha·lant [ˈnɔnʃələnt] *adj* nonszalancki

non·com·ba·tant [ˈnɔnˈkɔmbətənt] *adj* nie walczący; *s* żołnierz nieliniowy (np. sanitariusz)

non·com·mis·sioned [ˈnɔn kəˈmɪ ʃnd] *adj* nie mający stopnia oficerskiego; ~ **officer** podoficer

non·con·form·ist [ˈnɔn kənˈfɔmɪst] *s hist.* dysydent

non·co·op·er·a·tion [ˈnɔnkəuˈopə ˈreɪʃn] *s* brak współdziałania, bierny opór

non·de·script [ˈnɔndɪskrɪpt] *adj* nie dający się opisać ⟨określić⟩; dziwaczny; *s* osoba ⟨rzecz⟩ nieokreślonego wyglądu; człowiek bez określonego zajęcia; dziwak

none [nʌn] *pron* nikt, żaden, nic; ~ of this ⟨that⟩ nic z tego; ~ of that! dosyć tego!; *adv* wcale ⟨bynajmniej⟩ nie; **I feel** ~ **the better** wcale nie czuję się lepiej; ~ **the less** tym niemniej

non·en·ti·ty [nɔnˈentətɪ] *s* nicość; fikcja; człowiek bez znaczenia, zero

none·such = **nonsuch**

non·i·ron [ˈnɔnˈaɪən] *adj* nie wymagający prasowania

non·par·ty [ˈnɔnˈpatɪ] *adj attr* bezpartyjny

non·plus [nɔnˈplʌs] *s* zakłopotanie; impas; *vt* zakłopotać; zapędzić w kozi róg

non·res·i·dent [ˈnɔnˈrezɪdənt] *adj* (uczeń, lekarz itp.) dojeżdżający, zamiejscowy

non·sense [ˈnɔnsns] *s* niedorzeczność, nonsens

non·smok·er [ˈnɔnˈsməukə(r)] *s* niepalący; wagon ⟨przedział⟩ dla niepalących

non·stop [ˈnɔnˈstɔp] *adj attr* bezpośredni, bez postoju, bez lądowania; nieprzerwany

non·such [ˈnʌnsʌtʃ] *s* unikat; osoba ⟨rzecz⟩ niezrównana

noo·dle 1. [ˈnudl] *s* makaron

noo·dle 2. [ˈnudl] *s* głuptas

nook [nuk] *s* kąt, zakątek

noon [nun] *s* południe (pora dnia)

noon·day [ˈnundeɪ] *s* = **noon**; *adj attr* południowy

noon·tide [ˈnuntaɪd] = **noonday**

noose [nus] *s* lasso, pętla; *przen.* sidła; *vt* złapać w pętlę ⟨w sidła⟩; wiązać na pętlę; *przen.* usidlić

nor [nɔ(r)] *adv* ani; także ⟨też⟩ nie; **he doesn't know her,** ~ **do I** on jej nie zna, ani ja ⟨i ja też nie⟩

norm [nɔm] *s* norma

nor·mal [ˈnɔml] *adj* normalny

north [nɔθ] *s geogr.* północ; *adj* północny; *adv* na północ, w kierunku północnym; na północy

north·er·ly [ˈnɔðəlɪ] *adj* północny

north·ern [ˈnɔðən] *adj* północny

north·ward [ˈnɔθwəd] *adj* (o kierunku) północny; *adv* (także ~s) ku północy, na północ

north·west·er [ˈnɔθˈwestə(r)] *s* wiatr północno-zachodni

Nor·we·gian [nɔˈwidʒən] *adj* norweski; *s* Norweg; język norweski

nose [nəuz] *s* nos; *vt vi* czuć zapach (sth czegoś), wąchać (at sth coś); węszyć (sth *after* sth) za czymś); ~ **down** *lotn.* pikować; ~ **out** wywęszyć

nose·dive [ˈnəuzdaɪv] *vi* (o samolocie) pikować; spadać prosto w dół; *s lotn.* pikowanie; nurkowanie

nose·gay [ˈnəuzgeɪ] *s* bukiet

nos·tril [ˈnɔstrɪl] *s* nozdrze

not [nɔt] *adv* nie; ~ **at all** ⟨a bit⟩ ani trochę, wcale nie; ~ **a word** ani słowa

no·ta·bil·i·ty [ˈnəutəˈbɪlətɪ] *s* (o człowieku) znakomitość; znaczenie, sława

no·ta·ble [ˈnəutəbl] *adj* godny uwagi; wybitny, sławny

no·ta·ry [ˈnəutərɪ] *s* notariusz

no·ta·tion [nəuˈteɪʃn] *s* oznaczanie

symbolami ⟨znakami⟩; system znaków

notch [nɔtʃ] s wcięcie, nacięcie; znak; *vt* nacinać, robić znaki ⟨nacięcia, karby⟩

note [nəut] s notatka, uwaga; bilecik, list; nota (dyplomatyczna); uwaga; znaczenie, sława; banknot; rachunek; znak, piętno; nuta; **to make a ~** zanotować (of sth coś); **to take a ~** zanotować sobie (of sth coś); zwrócić uwagę (of sth na coś); przyjąć do wiadomości (of sth coś); *vt* (*także ~ down*) notować, zapisywać; robić adnotacje; zwracać uwagę (na coś)

note·book [`nəutbuk] s notatnik, notes

not·ed [`nəutɪd] pp i adj znany, wybitny

note·pa·per [`nəut peɪpə(r)] s papier listowy

note·wor·thy [`nəutwɜ:ðɪ] adj godny uwagi, wybitny

noth·ing [`nʌθɪŋ] s nic; **all to ~** wszystko na nic; **for ~** bezpłatnie; bez powodu; na próżno; **~ at all** w ogóle nic; (*grzecznościowo*) proszę, nie ma za co; **~ but ...** nic (jak) tylko ...; nic oprócz ...; **~ much** nic ważnego; **~ to speak of** nie ma o czym mówić; nie warto wspominać; **to say ~ of** nie mówiąc o; pomijając; **a co** dopiero; **there's ~ for it but...** nie ma innej rady ⟨nic mi nie pozostaje⟩ jak tylko ...; *adv* wcale ⟨bynajmniej⟩ nie; **this will help you ~** to ci wcale nie pomoże; **I'm ~ the better for it** wcale mi nie lepiej z tego powodu, nic na tym nie zyskuję

no·tice [`nəutɪs] s notatka, wiadomość, ogłoszenie; uwaga; spostrzeżenie; ostrzeżenie; wypowiedzenie; termin; **at one month's ~** w terminie jednomiesięcznym; **z jednomiesięcznym wypowiedzeniem; to bring

sth to sb's ~** zwrócić komuś na coś uwagę, powiadomić kogoś o czymś; **to come to sb's ~** dojść do czyjejś wiadomości; **to come into ~** zwrócić na siebie uwagę, stać się znanym; **to take ~** zwrócić uwagę, zauważyć (of sth coś); *vt* zauważyć, spostrzec; robić uwagi, komentować; wypowiedzieć (posadę itd.)

no·tice·a·ble [`nəutɪsəbl] adj widoczny, dostrzegalny; godny uwagi

no·tice-board [`nəutɪsbɔd] s tablica ogłoszeń

no·ti·fi·ca·tion [`nəutɪfɪ'keɪʃn] s zawiadomienie ⟨ogłoszenie⟩ (of sth o czymś)

no·ti·fy [`nəutɪfaɪ] vt obwieścić (sth to sb coś komuś), zawiadomić (sb of sth kogoś o czymś)

no·tion [`nəuʃn] s pojęcie, wyobrażenie; myśl, pogląd; zamiar; kaprys

no·to·ri·e·ty [`nəutə'raɪətɪ] s (*zw. uj.*) sława, rozgłos

no·tor·i·ous [nəu'tɔrɪəs] adj notoryczny; osławiony

not·with·stand·ing [`nɔtwɪð'stændɪŋ] praep mimo, nie bacząc na; adv mimo to, niemniej jednak, jednakże

nought [nɔt] = **naught**

noun [naun] s gram. rzeczownik

nour·ish [`nʌrɪʃ] vt karmić, żywić (*także* uczucie); podtrzymywać

nour·ish·ment [`nʌrɪʃmənt] s pokarm; żywienie

nov·el [`nɔvl] s powieść; adv nowy, nieznany; oryginalny

nov·el·ist [`nɔvlɪst] s powieściopisarz

nov·el·ty [`nɔvltɪ] s nowość; oryginalność

No·vem·ber [nəu'vembə(r)] s listopad

nov·ice [`nɔvɪs] s nowicjusz

now [nau] adv obecnie, teraz; **~ and again** od czasu do czasu; **every ~ and again** co chwilę; **just ~** dopiero co, przed chwi-

lą; otóż, przecież, no; s chwila
obecna; before ~ już; przedtem;
by ~ już; do tego czasu; from
~ on odtąd; w przyszłości; till
⟨until, up to⟩ ~ dotąd, dotychczas; *conj* ~ (that) teraz gdy;
skoro (już)

now·a·days [ˈnauədeɪz] *adv* obecnie, w dzisiejszych czasach

no·where [ˈnəuweə(r)] *adv* nigdzie

nox·ious [ˈnɔkʃəs] *adj* szkodliwy,
niezdrowy

noz·zle [ˈnɔzl] *s* dziobek (np. imbryka); wylot (np. rury)

nu·cle·ar [ˈnjukliə(r)] *adj* biol. fiz.
jądrowy, nuklearny

nu·cle·us [ˈnjuklɪəs] *s* biol. fiz.
jądro; zawiązek

nude [njud] *adj* nagi; *s* akt (w
malarstwie, rzeźbie)

nudge [nʌdʒ] *vt* trącić łokciem
(dla zwrócenia czyjejś uwagi); *s*
trącenie łokciem

nug·get [ˈnʌgɪt] *s* bryłka (np. złota)

nui·sance [ˈnjusns] *s* przykrość;
dokuczliwość; osoba ⟨rzecz⟩ do-
kuczliwa ⟨uciążliwa⟩; to be a ~
zawadzać, dokuczać, dawać się
we znaki; what a ~ that child
is! jakie to dziecko jest nieznoś-
ne!

null [nʌl] *adj* nie istniejący, niebyły; *prawn.* nieważny; *prawn.*
~ and void nie mający praw-
nego znaczenia

nul·li·fy [ˈnʌlɪfaɪ] *vt* unieważnić

numb [nʌm] *adj* zdrętwiały, bez
czucia

num·ber [ˈnʌmbə(r)] *s* liczba; numer; *gram.* liczebnik; a ~ of
dużo; in ~s w wielkich iloś-
ciach, gromadnie; without ~ bez

liku; *vt* liczyć; liczyć sobie; za-
liczyć (among ⟨in⟩ do); numerować

num·ber·less [ˈnʌmbələs] *adj* niezliczony

nu·mer·al [ˈnjumərl] *s* cyfra;
gram. liczebnik; *adj* liczbowy

nu·mer·a·tor [ˈnjuməreɪtə(r)] *s*
mat. licznik

nu·mer·ous [ˈnjumərəs] *adj* liczny

nun [nʌn] *s* zakonnica

nun·ci·o [ˈnʌnsɪəu] *s* nuncjusz

nup·tial [ˈnʌpʃl] *adj* ślubny, małżeński

nurse [nɜs] *s* niańka, mamka; pielęgniarz, pielęgniarka; bona; *vt*
niańczyć, pielęgnować; karmić;
hodować; żywić (uczucie)

nurse·ling [ˈnɜslɪŋ] *s* osesek

nurs·er·y [ˈnɜsrɪ] *s* pokój dziecinny; szkółka drzew; (*także* day
~) żłobek; ~ school przedszkole

nur·ture [ˈnɜtʃə(r)] *vt* karmić; wychowywać; kształcić; *s* opieka,
wychowanie; kształcenie; pożywienie

nut [nʌt] *s* orzech

nut·meg [ˈnʌtmeg] *s* gałka muszkatołowa

nu·tri·ment [ˈnjutrɪmənt] *s* pokarm, środek odżywczy

nu·tri·tion [njuˈtrɪʃn] *s* odżywianie

nu·tri·tious [njuˈtrɪʃəs] *adj* pożywny, odżywczy

nu·tri·tive [ˈnjutrɪtɪv] *adj* odżywczy; *s* środek odżywczy

nut·shell [ˈnʌtʃel] *s* łupina orzecha; in a ~ jak najkrócej, w
paru słowach

ny·lon [ˈnaɪlon] *s* nylon; *pl* ~s ny-
lony (pończochy)

nymph [nɪmf] *s* nimfa

O

O, o [əu] zero

oak [əuk] s (*także* ~ **tree**) dąb

oak·en [`əukən] *adj* dębowy

oak·um [`əukəm] s pakuły

oar [ɔ(r)] s wiosło; **to pull a good** ~ dobrze wiosłować; *przen.* **to put in one's** ~ wtrącać się w nieswoje sprawy; *vt vi* wiosłować

oars·man [`ɔzmən] s wioślarz

o·a·sis [əu`eisis] s (*pl* **oases** [əu`eisiz]) oaza

oat [əut] s (*zw. pl* ~s) owies

oath [əuθ] s przysięga; przekleństwo; **to take ⟨make, swear⟩ an** ~ przysięgać

oat·meal [`əutmil] s owsianka

ob·du·rate [`obdjuərət] *adj* nieczuły; zatwardziały; uparty

o·be·dience [ə`bidiəns] s posłuszeństwo

o·be·dient [ə`bidiənt] *adj* posłuszny

o·bei·sance [əu`beisns] s głęboki ukłon; hołd; **to make ⟨pay⟩** ~ złożyć hołd

ob·e·lisk [`obəlisk] s obelisk

o·bese [əu`bis] *adj* otyły

o·bes·i·ty [əu`bisəti] s otyłość

o·bey [ə`bei] *vt vi* słuchać, być posłusznym, przestrzegać (praw itp.)

o·bit·u·ar·y [ə`bitʃuəri] *adj* pośmiertny, żałobny; s nekrolog; ~ **notice** klepsydra

ob·ject 1. [`obdʒikt] s przedmiot; rzecz; cel; *gram.* dopełnienie

ob·ject 2. [əb`dʒekt] *vt vi* zarzucać ⟨mieć do zarzucenia⟩ (coś komuś); protestować, oponować; sprzeciwiać się (**to** sth czemuś)

ob·jec·tion [əb`dʒekʃn] s zarzut; sprzeciw; przeszkoda, trudność; **I have no** ~ **to it** nie mam nic przeciwko temu

ob·jec·tion·a·ble [əb`dʒekʃnəbl] *adj* budzący sprzeciw; niewłaściwy;

niepożądany; naganny; wstrętny

ob·jec·tive [ob`dʒektiv] *adj* obiektywny, bezstronny; przedmiotowy; *gram.* ~ **case** biernik; s cel; obiektyw

ob·jec·tiv·i·ty [`obdʒek`tivəti] s obiektywność

ob·ject-les·son [`obdʒikt lesn] s lekcja poglądowa

ob·jec·tor [ob`dʒektə(r)] s wnoszący sprzeciw, oponent; **conscientious** ~ człowiek uchylający się od służby wojskowej z powodu nakazów sumienia

ob·li·ga·tion [`obli`geiʃn] s zobowiązanie; obligacja, dług; **to be under an** ~ być zobowiązanym; **to undertake an** ~ zobowiązać się

ob·lig·a·to·ry [ə`bligətri] *adj* obowiązujący, obowiązkowy, wiążący

o·blige [ə`blaidʒ] *vt* zobowiązywać; zmuszać; obowiązywać; mieć moc wiążącą; sprawić przyjemność, wyświadczyć grzeczność, usłużyć (**sb with** sth komuś czymś)

o·blig·ing [ə`blaidʒiŋ] *adj* uprzejmy

ob·lique [ə`blik] *adj* skośny, nachylony; pośredni; *przen.* wykrętny, nieszczery; *gram.* zależny

ob·liq·ui·ty [ə`blikwəti] s pochyłość, nachylenie; *przen.* nieszczerość, dwulicowość

ob·lit·er·ate [ə`blitəreit] *vt* zatrzeć, zetrzeć, wykreślić; zniszczyć

ob·liv·i·on [ə`bliviən] s zapomnienie, niepamięć

ob·liv·i·ous [ə`bliviəs] *adj* zapominający, niepomny; **to be** ~ nie pamiętać (**of** sth o czymś)

ob·long [`obloŋ] *adj* podłużny; prostokątny

ob·lo·quy [ˈobləkwɪ] s obmowa, zniesławienie; hańba

ob·nox·ious [əbˈnokʃəs] adj wstrętny, odpychający, przykry

o·boe [ˈəubəu] s muz. obój

ob·scene [əbˈsin] adj nieprzyzwoity, obsceniczny

ob·scen·i·ty [əbˈsenətɪ] s niemoralność, sprośność

ob·scure [əbˈskjuə(r)] adj ciemny; niezrozumiały; nieznany; niejasny; niewyraźny; fiz. ~ rays promienie niewidzialne; vt zaciemniać; przyćmiewać

ob·scu·ri·ty [əbˈskjuərətɪ] s ciemność; niezrozumiałość; zapomnienie; to live in ~ żyć z dala od świata

ob·se·quies [ˈobsɪkwɪz] s pl uroczystości żałobne, uroczysty pogrzeb

ob·se·qui·ous [əbˈsikwɪəs] adj służalczy, uległy

ob·serv·ance [əbˈzɜvəns] s przestrzeganie ⟨poszanowanie⟩ (prawa, zwyczaju itp.); obchodzenie (świąt); obrzęd, rytuał

ob·serv·ant [əbˈzɜvənt] adj przestrzegający; uważny, spostrzegawczy

ob·ser·va·tion [ˈobzəˈveɪʃn] s obserwacja, spostrzeganie; spostrzegawczość; uwaga, spostrzeżenie

ob·serv·a·to·ry [əbˈzɜvətrɪ] s obserwatorium

ob·serve [əbˈzɜv] s obserwować; spostrzegać; zauważyć, zrobić uwagę ⟨spostrzeżenie⟩; przestrzegać (ustaw itd.); zachowywać (zwyczaj itp.); obchodzić (święta itp.)

ob·serv·er [əbˈzɜvə(r)] s obserwator; człowiek przestrzegający (prawa, zwyczaju itp.)

ob·sess [əbˈses] vt (o myślach) prześladować; (o duchach) nawiedzać; nie dawać spokoju (sb komuś)

ob·ses·sion [əbˈseʃn] s obsesja, opętanie; natręctwo (myślowe)

ob·so·lete [ˈobsəlit] adj przestarzały, nie będący (już) w użyciu

ob·sta·cle [ˈobstəkl] s przeszkoda; ~ race bieg z przeszkodami

ob·stet·rics [əbˈstetrɪks] s położnictwo

ob·sti·na·cy [ˈobstɪnəsɪ] s upór, zawziętość

ob·sti·nate [ˈobstɪnət] adj uparty, zawzięty; uporczywy

ob·struct [əbˈstrʌkt] vt zagradzać; wywoływać zator; przeszkadzać; hamować; wstrzymywać; zatykać, zapychać; powodować zaparcie

ob·struc·tion [əbˈstrʌkʃn] s przeszkoda; zator; zatamowanie; obstrukcja, zaparcie; utrudnienie

ob·tain [əbˈteɪn] vt otrzymać, uzyskać, osiągnąć; vi utrzymywać się, trwać; być w użyciu ⟨w mocy⟩; panować

ob·tain·a·ble [əbˈteɪnəbl] adj osiągalny, możliwy do nabycia

ob·trude [əbˈtrud] vt narzucać (sth on ⟨upon⟩ sb coś komuś); vi narzucać się (on ⟨upon⟩ sb komuś)

ob·tru·sion [əbˈtruʒn] s narzucanie się (on sb komuś); natręctwo

ob·tru·sive [əbˈtrusɪv] adj narzucający się, natrętny

ob·tuse [əbˈtjus] adj przytępiony; tępy, głupi; mat. (o kącie) rozwarty

ob·vi·ate [ˈobvɪeɪt] vt zapobiec (sth czemuś); ustrzec się; ominąć (przeszkodę)

ob·vi·ous [ˈobvɪəs] adj oczywisty

oc·ca·sion [əˈkeɪʒn] s okazja, sposobność; powód, przyczyna; on ~ okazyjnie, przy sposobności; to rise to the ~ stanąć na wysokości zadania; to take ~ skorzystać ze sposobności; vt spowodować, wywołać, wzbudzić

oc·ca·sion·al [əˈkeɪʒnl] adj okolicznościowy; przypadkowy, nieregularny; rzadki

Oc·ci·dent [ˈoksɪdənt] s Zachod

oc·cult [oˈkʌlt] adj tajemny; okultystyczny

oc·cult·ism [oˈkʌltɪzm] s okultyzm

oc·cu·pant [ˈokjupənt] s posiadacz; mieszkaniec, lokator, użytkownik; pasażer (w pojeździe); ckupant

oc·cu·pa·tion [ˌokjuˈpeɪʃn] s okupacja; zajęcie, zawód; zajmowanie ⟨zamieszkiwanie⟩ (lokalu itd.)

oc·cu·pa·tion·al [ˌokjuˈpeɪʃnl] adj (o ryzyku, chorobie itp.) zawodowy

oc·cu·py [ˈokjupaɪ] vt okupować; zajmować; posiadać

oc·cur [əˈkɜː(r)] vi zdarzać się; trafiać się, występować; przychodzić na myśl

oc·cur·rence [əˈkʌrns] s wydarzenie, wypadek; występowanie

o·cean [ˈəʊʃn] s ocean

o'clock [əˈklok] six ~ szósta godzina; zob. **clock**

Oc·to·ber [okˈtəʊbə(r)] s październik

oc·to·pus [ˈoktəpəs] s (pl ~es, octopi [ˈoktəpaɪ] zool. ośmiornica

oc·u·lar [ˈokjulə(r)] adj oczny; naoczny; s okular

oc·u·list [ˈokjulɪst] s okulista

odd [od] adj dziwny, dziwaczny; (o liczbie) nieparzysty; dodatkowy, ponad normę, z okładem; zbywający; przypadkowy; ~ jobs drobne ⟨dorywcze⟩ zajęcia; an ~ shoe (jeden) but nie do pary

odd·i·ty [ˈodətɪ] s dziwactwo, osobliwość

odd·ments [ˈodmənts] s pl odpadki, resztki

odds [odz] s pl nierówność; nierówna ilość; nierówna szansa; przewaga; różnica; niezgoda; prawdopodobieństwo, możliwość; it is no ~ to obojętne; it makes no ~ to nie stanowi różnicy; what's the ~? jaka różnica?; czy to nie wszystko jedno?; to be at ~ kłócić się, być w sprzeczności; ~ and ends = oddments

ode [əʊd] s oda

o·di·ous [ˈəʊdɪəs] adj wstrętny, nienawistny, ohydny

o·dour [ˈəʊdə(r)] s zapach, woń; posmak; reputacja

o'er [ɔː(r)] poet. = over

of [ov, əv] praep od, z, ze, na; służy do tworzenia dopełniacza i przydawki: author of the book autor książki; a friend of mine mój przyjaciel; the city of London miasto Londyn; a man of tact człowiek taktowny; określa miejsce lub pochodzenie: a man of London człowiek z Londynu, londyńczyk; czas: of a nice day pewnego pięknego dnia; of late ostatnio; przyczynę: to die of typhus umrzeć na tyfus; tworzywo: made of wood zrobiony z drewna; zawartość: a bottle of milk butelka mleka; przynależność, podział, udział: to be one of the party należeć do towarzystwa; one of us jeden z nas; odległość: within one mile of the school w obrębie jednej mili od szkoły; stosunek: regardless of his will bez względu na jego wolę; it is kind of you to uprzejmie z twojej strony; wiek: a man of forty człowiek czterdziestoletni; po przymiotniku ⟨przysłówku⟩ w stopniu najwyższym: the best of all najlepszy ze wszystkich

off [of] praep od, z, ze; od strony; spoza; z dala; na boku; w odległości; to take the picture ~ the wall zdjąć obraz ze ściany; to stand ~ the road stać w pewnej odległości od drogi; to take 10% ~ the price potrącić 10% z ceny; ~ the mark nietrafny, chybiony (strzał); to be ~ duty nie być na służbie; adv precz, hen daleko, daleko od (środka, celu, głównego tematu itd.); hands ~! precz z rękami!; the button is ~ guzik się urwał; the electricity is ~ elektryczność jest wyłączona; I must be ~ muszę odejść; you ought to keep ~ powinieneś trzymać się na uboczu ⟨z dala⟩; **this dish is ~** to danie jest skreślone z karty; **~ and on, on and ~** od czasu do czasu; z przerwami; *adj* dalszy, odległy; leżący obok; **~ street** boczna ulica; **~ day, day ~** dzień wolny od pracy; **well ~** zamożny

of·fal [`ofl] s *zbior.* odpadki; mięso ⟨ryby⟩ najniższego gatunku (np. podroby)

of·fence [ə`fens] s obraza; zaczepka; przestępstwo, przekroczenie; **to take ~** obrażać się (at sth z powodu czegoś); **to give ~** obrazić ⟨dotknąć⟩ (to sb kogoś)

of·fend [ə`fend] *vt* obrazić, urazić; *vi* wykroczyć (against sth przeciwko czemuś)

of·fend·er [ə`fendə(r)] s obrażający; winowajca, popełniający wykroczenie, przestępca; **first ~** przestępca karany po raz pierwszy

of·fen·sive [ə`fensɪv] *adj* zaczepny, napastliwy; obraźliwy; odrażający; s ofensywa; **to be on the ~** być w ofensywie; **to take the ~** przejść do ofensywy

of·fer [`ofə(r)] *vt* ofiarować, oferować; przedkładać; proponować; okazywać gotowość; wystawiać na sprzedaż (**goods** towary); **to ~ resistance** stawiać opór; *vi* wystąpić z propozycją; oświadczyć się; (*o okazji itp.*) trafić się; s propozycja, oferta (*także handl.*)

of·fer·ing [`ofrɪŋ] *ppraes* i s ofiara; propozycja, oferta

off-hand [of `hænd] *adv* szybko, z miejsca, bez przygotowania; bezceremonialnie; *adj attr* szybki; improwizowany, zrobiony od ręki; bezceremonialny

of·fice [`ofɪs] s urząd, biuro; ministerstwo; urzędowanie, służba, posada, obowiązek służbowy; nabożeństwo; przysługa; **to be in ~** piastować urząd, sprawować rzą-

dy; **to be out of ~** być w opozycji (np. o partii); **to take** ⟨**enter upon**⟩ **~** objąć urząd

of·fi·cer [`ofɪsə(r)] s oficer; urzędnik; funkcjonariusz

of·fi·cial [ə`fɪʃl] *adj* oficjalny, urzędowy; s urzędnik

of·fi·ci·ate [ə`fɪʃɪeɪt] *vi* urzędować; pełnić obowiązki (urzędowe, religijne itd.)

of·fi·cious [ə`fɪʃəs] *adj* półurzędowy; natrętny, narzucający się; nadgorliwy

off-li·cence [`of laɪsns] s *bryt.* koncesja na sprzedaż alkoholu na wynos

off-print [`of prɪnt] s odbitka (artykułu)

off·set [`ofset] s odgałęzienie, odnoga; potomek; wynagrodzenie, wyrównanie (straty, długu); *druk.* offset; *vt* wyrównać, zrównoważyć; wynagrodzić; drukować offsetem

off·shoot [`ofʃut] s odgałęzienie, odrośl; potomek z bocznej linii

off·spring [`ofsprɪŋ] s potomek

of·ten [`ofn] *adv* często

o·gle [`əʊgl] *vt* zerkać (patrzeć zalotnie) (sb na kogoś); *vi* robić oko (at sb do kogoś); s zerkanie

o·gre [`əʊgə(r)] s ludożerca (w bajkach)

oil [ɔɪl] s oliwa, olej; farba olejna; nafta; **to strike ~** trafić na źródło nafty; *przen.* mieć szczęście; *przen.* **to pour ~ on the flame** dolać oliwy do ognia; *vt* smarować, oliwić

oil·cloth [`ɔɪlkloθ] s cerata

oil·col·our [`ɔɪl kʌlə(r)] s farba olejna

oil·field [`ɔɪl fild] s pole naftowe

oil-paint·ing [`ɔɪl peɪntɪŋ] s malarstwo olejne; obraz olejny

oil·skin [`ɔɪl skɪn] **=** oilcloth; *pl* **~s** ubranie nieprzemakalne

oil·y [`ɔɪlɪ] *adj* oleisty; natłuszczony; *przen.* gładki, pochlebczy, służalczy

oint·ment [ˈɔɪntmənt] *s* maść

O.K., okay [ˈəʊˈkeɪ] *adv pot.* dobrze, w porządku; *interj* dobrze!; *adj praed* (będący) w porządku ⟨w dobrym stanie, na miejscu⟩; *vt pot.* zaaprobować

old [əʊld] *adj* stary; dawny; były; ~ age starość; ~ age pension renta starcza; ~ hand stary praktyk; ~ pupil były uczeń, absolwent; times of ~ dawno minione czasy

old-fash·ioned [ˈəʊldˈfæʃnd] *adj* staromodny; niemodny

ol·ive [ˈɔlɪv] *s* oliwka; (*także* ~-tree) drzewo oliwne

olive-branch [ˈɔlɪvbrɑːntʃ] *s* gałązka oliwna

Olym·pic [əˈlɪmpɪk] *adj* olimpijski; the ~ Games igrzyska olimpijskie

o·men [ˈəʊmen] *s* zły znak, wróżba, omen

om·i·nous [ˈɔmɪnəs] *adj* złowieszczy, fatalny

o·mis·sion [əˈmɪʃn] *s* opuszczenie, przeoczenie; zaniedbanie

o·mit [əˈmɪt] *adj* opuścić, pominąć, przeoczyć

om·ni·bus [ˈɔmnɪbəs] *s* omnibus

om·nip·o·tent [ɔmˈnɪpətənt] *adj* wszechmocny

om·nis·cient [ɔmˈnɪʃnt] *adj* wszechwiedzący

on [ɔn] *praep* na, nad, u, przy, po, w; **on foot** piechotą; **on horseback** konno; **on Monday** w poniedziałek; **on my arrival** po moim przybyciu; *adv* dalej, naprzód; na sobie; **and so on** i tak dalej; **from now on** od tej chwili (na przyszłość); **read on** czytaj dalej; **with my overcoat on** w palcie; **the light is on** światło jest zapalone; **the play is on** sztuka jest grana na scenie

once [wʌns] *adv* raz, jeden raz; kiedyś (w przyszłości); (*także* ~ **upon a time**) pewnego razu; nie-

gdyś; ~ **again** ⟨**more**⟩ jeszcze raz; ~ **and again** raz po raz; ~ **for all** raz na zawsze; **all at** ~ nagle; **at** ~ naraz, od razu, zaraz, natychmiast; równocześnie; *conj* skoro, skoro już, skoro tylko; *s* raz; **for this** ~ tylko tym razem

one [wʌn] *num adj* jeden, jedyny, niejaki, pewien; *pron* ktoś; **no** ~ nikt; *w połączeniu z* **the, this, that** *i przymiotnikami:* ten; **this** ~ ten; **the red** ~ ten czerwony; *pron impers* ~ lives żyje się; ~ **never knows** nigdy nie wiadomo; *pron zastępczy:* **I don't want this book, give me another** ~ nie chcę tej książki, daj mi inną

one-armed [ˈwʌnˈɑmd] *adj* jednoręki

one-eyed [ˈwʌnˈaɪd] *adj* jednooki

one·self [wʌnˈself] *pron* sam, sam jeden, bez pomocy; (samego) siebie, się, sobie, sobą

one-sid·ed [ˈwʌnˈsaɪdɪd] *adj* jednostronny

on·ion [ˈʌnɪən] *s* cebula

on·look·er [ˈɔnlʊkə(r)] *s* widz

on·ly [ˈəʊnlɪ] *adj* jedyny; *adv* tylko, jedynie; dopiero

on·rush [ˈɔnrʌʃ] *s* napad; napór; poryw

on·set [ˈɔnset] *s* najście; zryw; początek

on·ward [ˈɔnwəd] *adj* idący ⟨skierowany⟩ naprzód ⟨ku przodowi⟩; *adv* naprzód, dalej, ku przodowi

on·wards [ˈɔnwədz] = onward *adv*

ooze [uz] *s* muł, szlam; *vi* (*także* ~ **out** ⟨**away**⟩) przeciekać, sączyć się

o·pen [ˈəʊpən] *adj* otwarty; odsłonięty, obnażony; publiczny; szczery; skłonny; ~ **air** wolne ⟨świeże⟩ powietrze; ~ **to doubt** wątpliwy; **to lay** ~ odsłonić, ujawnić; *vt vi* otwierać (się); objawiać, ogłaszać; rozpoczynać (się); *s* wolna przestrzeń, otwarte pole, świeże powietrze

o·pen-heart·ed [ˈəupənˈhatɪd] *adj*
szczery, serdeczny

o·pen·ing [ˈəupnɪŋ] *ppraes* i *s* otwór; otwarcie; początek; wolna
przestrzeń; wakans; okazja, szansa

o·pen-mind·ed [ˈəupənˈmaɪndɪd] *adj*
mający szerokie poglądy; bez u-
przedzeń, bezstronny

op·er·a [ˈɔprə] *s* opera

op·er·a-glass [ˈɔprəglas] *s* (*zw.* pl
~es) lornetka teatralna

op·er·ate [ˈɔpəreɪt] *vt vi* działać;
powodować działanie; oddziały-
wać; operować (**on** ⟨**upon**⟩ **sb** kogoś); wprawiać w ruch, obsługi-
wać (np. maszynę); spekulować
(**na** giełdzie); *am.* kierować
(czymś), eksploatować (coś)

op·er·at·ic [ˈɔpəˈrætɪk] *adj* opero-
wy

op·er·a·tion [ˌɔpəˈreɪʃn] *s* operacja;
działanie; *am.* kierownictwo, eksploatacja

op·er·a·tive [ˈɔprətɪv] *adj* czynny,
skuteczny, działający; obowiązujący; praktyczny; techniczny; o-
peracyjny; *s* robotnik obsługują-
cy maszynę

op·er·a·tor [ˈɔpəreɪtə(r)] *s* operator; robotnik ⟨pracownik⟩ obsłu-
gujący maszynę, aparat itd.; te-
lefonista; *am.* kierownik

op·er·et·ta [ˈɔpəˈretə] *s* operetka

o·pin·ion [əˈpɪnɪən] *s* opinia, zdanie, pogląd; **in my** ~ moim zdaniem; **public** ~ opinia publiczna;
~ **poll** badanie opinii (publicznej)

op·por·tune [ˈɔpətjun] *adj* dogodny; pomyślny; odpowiedni

op·por·tun·ism [ˈɔpəˈtjunɪzm] *s* o-
portunizm

op·por·tu·ni·ty [ˈɔpəˈtjunətɪ] *s* sposobność; to take ⟨**seize**⟩ **the** ~
skorzystać ze sposobności

op·pose [əˈpəuz] *vt* przeciwstawiać
⟨sprzeciwiać⟩ się (**sb, sth** komuś,
czemuś); oponować; **to be** ~**d**
sprzeciwiać się (**to sb, sth** ko-

muś, czemuś); stanowić przeciwieństwo (**to sb, sth** kogoś, czegoś)

op·po·site [ˈɔpəzɪt] *adj* przeciwległy, przeciwny; (znajdujący
się) naprzeciwko; *s* przeciwieństwo; *adv praep* naprzeciwko

op·po·si·tion [ˈɔpəˈzɪʃn] *s* opozycja, opór; przeciwstawienie

op·press [əˈpres] *vt* uciskać, gnębić; męczyć

op·pres·sion [əˈpreʃn] *s* ucisk; znużenie

op·pres·ive [əˈpresɪv] *adj* uciska-
jący, gnębiący; ciążący; męczący;
(*o pogodzie*) duszny

op·pro·bri·um [əˈprəubrɪəm] *s* hańba, niesława

op·tic [ˈɔptɪk] *adj* optyczny

op·tics [ˈɔptɪks] *s* optyka

op·ti·mism [ˈɔptɪmɪzm] *s* optymizm

op·ti·mis·tic [ˈɔptɪˈmɪstɪk] *adj* op-
tymistyczny

op·tion [ˈɔpʃn] *s* prawo wyboru,
wybór

op·tion·al [ˈɔpʃnl] *adj* dowolny;
nadobowiązkowy, fakultatywny

op·u·lence [ˈɔpjuləns] *s* zamożność,
bogactwo, obfitość

or [ɔ(r)] *conj* lub, albo; bo inaczej;
czy; czyli

or·a·cle [ˈɔrəkl] *s* wyrocznia

o·ral [ˈɔrl] *adj* ustny; *med.* doust-
ny

or·ange [ˈɔrɪndʒ] *s* pomarańcza;
adj attr (*o kolorze*) pomarańczo-
wy

or·ange·ade [ˈɔrɪnˈdʒeɪd] *s* oranżada

o·rang-ou·tang [ɔˈræŋ uˈtæŋ] *s* o-
rangutan

o·ra·tion [ɔˈreɪʃn] *s* mowa, uroczyste przemówienie

or·a·tor [ˈɔrətə(r)] *s* mówca, orator

or·bit [ˈɔbɪt] *s* orbita

or·chard [ˈɔtʃəd] *s* sad

or·ches·tra [ˈɔkɪstrə] *s* orkiestra;
teatr. parter

or·chid [ˈɔkɪd] *s bot.* storczyk

or·dain [ɔˈdeɪn] *vt* zarządzić; mianowaċ; (o losie itd.) zrządzić; rel. wyświęcić (na księdza)

or·deal [ɔ'dɪl] s sąd Boży; próba (życiowa, ognia); ciężkie przeżycie

or·der ['ɔdə(r)] vt rozkazywać; zarządzać; zamawiać; porządkować; ~ away odprawić; ~ out kazać wyjść (sb komuś); s rozkaz; dekret, zarządzenie; porządek; zamówienie; cel, zamiar; order; bank. zlecenie; biol. mat. rząd; pl ~s święcenia kapłańskie; in working ~ zdatny do użytku; działający; out of ~ nie w porządku, zepsuty; made to ~ zrobiony na zamówienie; money ⟨postal⟩ ~ przekaz pieniężny; in ~ that, in ~ to ażeby

or·der·ly ['ɔdəlɪ] adj porządny; systematyczny; spokojny, zdyscyplinowany; wojsk. służbowy; s posługacz (w szpitalu); wojsk. ordynans

or·di·nal ['ɔdɪnl] adj porządkowy; s gram. liczebnik porządkowy

or·di·nance ['ɔdnəns] s zarządzenie; rel. obrzęd

or·di·na·ry ['ɔdnrɪ] adj zwyczajny; s rzecz zwyczajna; norma, przeciętność; in ~ stały, etatowy; physician in ~ lekarz nadworny

ord·nance ['ɔdnəns] s zbior. armaty, artyleria; intendentura (wojskowa); uzbrojenie (broń i amunicja)

ord·nance-map ['ɔdnəns mæp] s mapa sztabu generalnego

ore [ɔ(r)] s geol. ruda; kruszec

or·gan ['ɔgən] s organ; muz. organy

or·gan·ic [ɔ'gænɪk] adj organiczny

or·gan·ism ['ɔgənɪzm] s organizm

or·gan·i·za·tion [ˌɔgənaɪ'zeɪʃn] s organizacja

or·gan·ize ['ɔgənaɪz] vt organizować

or·gy ['ɔdʒɪ] s orgia

o·ri·ent ['ɔrɪənt] s lit. wschód; vt = orientate

o·ri·en·tal [ˌɔrɪ'entl] adj orientalny, wschodni; s mieszkaniec Bliskiego Wschodu

o·ri·en·tate ['ɔrɪənteɪt] vt orientować, nadawać kierunek; vr ~ oneself orientować się (w terenie według stron świata)

o·ri·en·ta·tion [ˌɔrɪən'teɪʃn] s orientacja

or·i·fice ['ɔrəfɪs] s otwór, ujście, wylot

or·i·gin ['ɔrədʒɪn] s pochodzenie, początek, geneza

o·rig·i·nal [ə'rɪdʒnl] adj oryginalny; początkowy, pierwotny; s oryginał

o·rig·i·nal·i·ty [əˌrɪdʒə'nælətɪ] s oryginalność

o·rig·i·nate [ə'rɪdʒɪneɪt] vt dawać początek, zapoczątkowywać, tworzyć; vi powstawać (in sth z czegoś); pochodzić (from sth od czegoś)

o·rig·i·na·tion [əˌrɪdʒɪ'neɪʃn] s pochodzenie; powstawanie

o·rig·i·na·tor [ə'rɪdʒɪneɪtə(r)] s twórca, sprawca

or·na·ment ['ɔnəmənt] s ornament, ozdoba; vt ['ɔnəment] zdobić, upiększać

or·nate [ɔ'neɪt] adj zdobny; (o stylu) kwiecisty

or·phan ['ɔfən] s sierota; adj sierocy, osierocony

or·phan·age ['ɔfənɪdʒ] s sieroctwo; sierociniec

or·tho·dox ['ɔθədɔks] adj ortodoksyjny; rel. prawosławny

or·thog·ra·phy [ɔ'θɔgrəfɪ] s ortografia

os·cil·late ['ɔsɪleɪt] vi oscylować; wahać się

os·su·ar·y ['ɔsjərɪ] s kostnica

os·ten·si·ble [ɔ'stensəbl] adj pozorny, rzekomy

os·ten·ta·tion [ˌosten'teɪʃn] s ostentacja

os·ten·ta·tious [ˌosten'teɪʃəs] adj ostentacyjny

outgone

ost·ler [`oslə(r)] s stajenny

os·trich [`ostritʃ] s zool. struś

oth·er [`ʌðə(r)] adj pron inny, drugi, jeszcze jeden; each ~ jeden drugiego, nawzajem; every ~ day co drugi dzień; on the ~ hand z drugiej strony; the ~ day onegdaj

oth·er·wise [`ʌðəwaiz] adv inaczej, w inny sposób; skądinąd, poza tym, z innych powodów; pod innym względem; w przeciwnym razie, bo inaczej

ot·ter [`otə(r)] s zool. wydra

ought [ɔt] v aux powinienem, powinieneś itd.; it ~ to be done powinno się ⟨należy⟩ to zrobić

ounce [auns] s uncja (jednostka ciężaru)

our [`auə(r)] pron nasz (przed rzeczownikiem)

ours [`auəz] pron nasz (bez rzeczownika); this house is ~ ten dom jest nasz

our·selves [a`selvz] pron sami, my sami; się, (samych) siebie, sobie, sobą

oust [aust] vt wyrzucić, usunąć, wyrugować

out [aut] adv na zewnątrz; hen; precz; poza domem, na dworze; ~ with him! precz z nim!; he is ~ nie ma go w domu; the ministers are ~ ministrowie nie są u władzy; the fire is ~ ogień zgasł; the week is ~ tydzień minął; my patience is ~ moja cierpliwość się wyczerpała; the book is ~ książka wyszła drukiem; the secret is ~ tajemnica wyszła na jaw; the flowers are ~ kwiaty rozkwitły; praep w połączeniu z of poza; bez; z, przez; ~ of curiosity przez ciekawość; ~ of date przestarzały, niemodny; ~ of doors na świeżym powietrzu; ~ of doubt bez wątpienia; ~ of favour w niełasce; ~ of place nie na miejscu; ~ of reach poza zasięgiem; ~ of sight poza zasięgiem wzroku, niewidoczny; ~

of spite ze złości; ~ of work bez pracy, bezrobotny; adj zewnętrzny; sport nie na własnym boisku; s pl ~s nieobecni, ci, których już nie ma (w urzędzie, grze itd.); vt wyrzucić; sport znokautować

out·bal·ance [aut`bæləns] vt przeważyć

*out·bid [aut`bid], outbade [aut`beid], outbidden [aut`bidn] lub outbid, outbid vt przelicytować

out·break [`autbreik] s wybuch (wojny, epidemii, gniewu)

out·burst [`autbɜst] s wybuch (także śmiechu, gniewu itd.);

out·cast [`autkast] adj wypędzony, odepchnięty; s wyrzutek; banita

out·caste [`autkast] s człowiek wykluczony z kasty (w Indiach)

out·come [`autkʌm] s wynik

out·cry [`autkrai] s okrzyk, krzyk; wrzask

*out·do [aut`du], outdid [aut`did], outdone [aut`dʌn] vt przewyższyć, prześcignąć

out·door [aut`dɔ(r)] adj attr będący poza domem; (np. o sportach) na świeżym powietrzu; pozazakładowy; (o ubraniu) wyjściowy

out·doors [aut`dɔz] adv na zewnątrz (domu), na świeżym powietrzu

out·er [`autə(r)] adj zewnętrzny; the ~ man zewnętrzny wygląd człowieka

out·er·most [`autəməust] adj najdalszy od centrum ⟨środka⟩

out·fit [`autfit] s wyposażenie, sprzęt, ekwipunek; komplet narzędzi

out·flow [`autfləu] s odpływ (np. wody)

*out·go [aut`gəu], outwent [aut`went], outgone [aut`gon] vt prześcignąć, wyprzedzić

out·go·ing [aut`gəuiŋ] s wyjście, odejście; pl ~s wydatki; adj odchodzący; (o rządzie itp.) ustępujący

out·gone zob. outgo

***out·grow** [aut`grɔu], **outgrew** [aut
`gru], **outgrown** [aut`grɔun] *vt*
przerastać (kogoś); wyrastać (np.
z ubrania)

out·growth [`autgrɔuθ] *s* wyrostek,
narośl; wynik, następstwo

out·ing [`autiŋ] *s* wycieczka, wy-
pad

out·land·ish [aut`lændiʃ] *adj* cu-
dzoziemski, obcy; odległy

out·last [aut`last] *vt* trwać dłużej
(sth niż coś); przetrwać, przeżyć

aut·law [`autlɔ] *s* banita, człowiek
wyjęty spod prawa; *vt* wyjąć
spod prawa; zakazać

out·lay [`autlei] *s* wydatek

out·let [`autlet] *s* wylot, ujście

out·line [`autlain] *s* zarys, szkic;
vt zarysować, naszkicować

out·live [aut`liv] *vt* przeżyć, prze-
trwać

out·look [`autluk] *s* widok; pogląd;
obserwacja, punkt obserwacyjny;
to be on the ~ rozglądać się (**for**
sth za czymś), czatować

out·ly·ing [`autlaiiŋ] *adj* leżący na
uboczu, oddalony

out·most [`autmɔust] *adj* = **outer-**
most; *s w zwrocie*: **at the ~**
najwyżej

out·num·ber [aut`nʌmbə(r)] *vt* prze-
wyższać liczebnie

out-of-date [`aut əv deit] *adj* prze-
starzały, niemodny

out-of-doors [`aut əv dɔz] *adj* =
outdoor; *adv* = **outdoors**

out-of-the-way [`aut əv ðə `wei] *adj*
attr leżący z dala od drogi, odległy, oddalony; niezwykły, dziwny

out-pa·tient [`autpeiʃnt] *s* pacjent
ambulatoryjny

out·post [`autpɔust] *s* posterunek
(wysunięty), przednia placówka

out·pour [aut`pɔ(r)] *vt vi* wylewać
(się); *s* [`autpɔ(r)] wylew

out·put [`autput] *s* produkcja, wy-
dajność; plon; *górn.* wydobycie

out·rage [`aut-reid3] *s* obraza (cięż-
ka), zniewaga; pogwałcenie; *vt*
[aut`reid3] znieważyć; pogwałcić;

zhańbić; urągać (przyzwoitości
itd.)

out·ra·geous [aut`reid3əs] *adj* ob-
rażający, znieważający; skandaliczny, niesłychany

out·ran *zob.* **outrun**

***out·ride** [aut`raid], **out·rode** [aut
`rəud], **out·rid·den** [aut`ridn] *vt*
prześcignąć (w jeździe), wyprzedzić; (*o statku*) przetrzymać (burzę)

out·right [`aut-rait] *adj* otwarty,
szczery, uczciwy; całkowity, zupełny; *adv* [aut`rait] otwarcie,
szczerze, wprost; całkowicie, w
pełni; natychmiast, z miejsca

***out·run** [aut`rʌn], **out·ran** [aut
`ræn], **out·run** [aut`rʌn] *vt* wyprzedzić w biegu, prześcignąć;
wykroczyć (**sth** poza coś)

out·set [`autset] *s* początek

out·side [aut`said] *adv* zewnątrz,
na zewnątrz; *praep* (*także ~ of*)
poza (przed) czymś; na zewnątrz
(czegoś); *s* zewnętrzna strona; zewnętrzny wygląd; *adj attr*
[`autsaid] zewnętrzny; (*leżący, ro-
biony* itd.) poza domem

out·sid·er [aut`saidə(r)] *s* (człowiek)
postronny, obcy; laik; outsider

out·size [aut`saiz] *adj* (*o rozmiarze*)
nietypowy; (*o sklepie*) dla nie-
typowych

out·skirts [`autskɜts] *s pl* kraniec;
peryferie, kresy

out·spo·ken [aut`spəukən] *adj* szcze-
ry, otwarty; mówiący szczerze;
powiedziany otwarcie

out·spread [aut`spred] *adj* rozpo-
starty

out·stand·ing [aut`stændiŋ] *adj* wy-
bitny; wystający; zaległy, nie
załatwiony

out·stay [aut`stei] *vt* pozostać dłu-
żej (**sb** niż ktoś), przetrzymać
(**sb** kogoś)

out·stretch [aut`stretʃ] *vt* rozcią-
gać, rozpościerać

out·strip [aut`strip] *vt* prześcignąć;
przewyższyć

overdue

out·vote [aut`vəut] *vt* przegłosować

out·ward [`autwəd] *adj* zewnętrzny; skierowany na zewnątrz; widoczny; powierzchowny; odjeżdżający *(zw.* za granicę); *(o podróży, bilecie zw.* za granicę) docelowy; s strona zewnętrzna; powierzchowność; *adv* = outwards

out·wards [`autwədz] *adv* po stronie zewnętrznej, na zewnątrz; poza granice (kraju, miasta)

out·weigh [aut`wei] *vt* przeważyć; przewyższyć

out·went *zob.* outgo

out·wit [aut`wit] *vt* przechytrzyć, podstępnie podejść (sb kogoś)

out·work [`autw3k] s praca wykonywana poza domem ⟨poza zakładem pracy⟩; praca chałupnicza; *wojsk.* umocnienie zewnętrzne

out·worn [aut`wɔn] *adj* znoszony; przestarzały; znużony

o·val [`əuvl] *adj* owalny; s owal

o·va·ry [`əuvəri] s *anat.* jajnik

o·va·tion [əu`veiʃn] s owacja

ov·en [ʌvn] s piec

o·ver 1. [`əuvə(r)] *praep* nad, ponad, powyżej; na, po, w; przez, poprzez; po drugiej stronie, za, poza, all ~ wszędzie, po całym (np. pokoju); *adv* na drugą stronę, po drugiej stronie; po powierzchni; całkowicie; od początku do końca; więcej, zbytnio, z okładem; ponownie, jeszcze raz, znowu; all ~ wszędzie, po całym (świecie, mieście itd.); od początku ⟨końca⟩ do końca; to be ~ minąć; it is ~ with him on jest skończony; ~ again raz jeszcze; ~ and again co jakiś czas

o·ver 2. [`əuvə(r)] *praef* nad-, na-, prze-

o·ver·all [`əuvər`ɔl] *adj* ogólny, kompletny; s *pl* ~s [`əuvərɔls] kombinezon; kitel

o·ver·ate *zob.* overeat

o·ver·awe [`əuvər`ɔ] *vt* trwożyć, przejmować strachem

o·ver·bal·ance [`əuvə`bæləns] *vt* przeważyć, przewrócić; *vi* stracić równowagę, przewrócić się; s przewaga

*o·ver·bear [`əuvə`beə(r)], o·ver·bore [`əuvə`bɔ(r)], o·ver·borne [`əuvə`bɔn] *vt* przemóc, pokonać; ciemiężyć; przewyższyć; lekceważyć

o·ver·bear·ing [`əuvə`beəriŋ] *adj* dumny, wyniosły, butny; władczy; despotyczny

o·ver·board [`əuvəbɔd] *adv* za burtę; to throw ~ *przen.* porzucić, poniechać

o·ver·bore *zob.* overbear

o·ver·borne *zob.* overbear

o·ver·bur·den [`əuvə`b3dn] *vt* przeciążyć

o·ver·came *zob.* overcome

*o·ver·cast, overcast, overcast [`əuvə`kast] *vt* pokryć; zasłonić; zaciemnić; przygnębić; *adj* pochmurny, posępny

o·ver·charge [`əuvə`tʃadʒ] *vt* przeładować, przeciążyć; zażądać zbyt wysokiej ceny; s przeciążenie; nałożenie ⟨żądanie⟩ nadmiernej ceny

o·ver·coat [`əuvəkəut] s palto, płaszcz

*o·ver·come [`əuvə`kʌm], overcame [`əuvə`keim], overcome *vt* przemóc, opanować, pokonać, przezwyciężyć

o·ver·crowd [`əuvə`kraud] *vt* przepełnić (ludźmi), zatłoczyć

*o·ver·do [`əuvə`du], overdid [`əuvə`did], overdone [`əuvə`dʌn] *vt* przebrać miarę; przekroczyć (granice przyzwoitości itd.); przesadzić (w czymś); przegotować, przesmażyć itp.; przeciążyć pracą

o·ver·draft [`əuvədraft] s *handl.* przekroczenie konta; czek bez pokrycia

over·dress [`əuvə`dres] *vt vi* stroić (się); ubierać (się) zbyt strojnie ⟨drogo⟩

o·ver·due [`əuvə`dju] *adj* opóźnio-

ny; *handl.* (*o terminie*) przekro-
czony; (*o rachunku*) zaległy

*o·ver·eat ['əuvər`it], **overate** ['əu
vər`et], **overeaten** ['əuvər`itn] *vr*
~ oneself przejeść się

o·ver·es·ti·mate ['əuvər`estimeit] *vt*
przecenić wartość ⟨znaczenie⟩
(**sb, sth** kogoś, czegoś); *s* ['əuvər
`estimət] zbyt wysokie oszaco-
wanie

o·ver·flow ['əuvə`fləu] *vt vi* prze-
lewać się (**sth** przez coś); przepełniać, zalewać; (*o rzece*) wylewać; obfitować (**with sth** w
coś); *s* ['əuvəfləu] zalew, wylew;
nadmiar

*o·ver·grow ['əuvə`grəu], **overgrew**
['əuvə`gru], **overgrown** ['əuvə
`grəun] *vt* porastać, zarastać;
przerastać; *vi* szybko ⟨nadmier-
nie⟩ rosnąć

o·ver·growth ['əuvəgrəuθ] *s* pokrywa roślinna; zbyt szybki ⟨bujny⟩
wzrost; rozrost, przerost

*o·ver·hang ['əuvə`hæŋ], **overhung**,
overhung ['əuvə`hʌŋ] *vt vi* zwi-
sać, wisieć, wystawać; zagrażać,
wisieć nad głową

o·ver·haul ['əuvə`hɔl] *vt* gruntow-
nie przeszukać, dokładnie zbadać; poddać kapitalnemu remon-
towi; *s* ['əuvəhɔl] gruntowny
przegląd; **general** ~ remont kapitalny

o·ver·head ['əuvə`hed] *adv* nad
głową, u góry; powyżej; *adj attr*
['əuvəhed] znajdujący się u góry
⟨nad głową⟩; górny; napowietrz-
ny; *handl.* ~ **charges** ⟨**costs**⟩ koszty ogólne; *s pl* ~**s** ['əuvəhedz]
koszty ogólne

*o·ver·hear ['əuvə`hiə(r)] **over-
heard, overheard** ['əuvə`h3d] *vt*
podsłuchać

o·ver·hung *zob.* overhang

o·ver·land ['əuvə`lænd] *adv* lądem;
adj attr ['əuvəlænd] lądowy

o·ver·lap ['əuvə`læp] *vt vi* zacho-
dzić jedno na drugie ⟨na siebie⟩
(np. o dachówkach); (częściowo)

pokrywać się

o·ver·load ['əuvə`ləud] *vt* przecią-
żyć, przeładować; *s* ['əuvələud]
przeciążenie, przeładowanie

o·ver·look ['əuvə`luk] *vt* przeoczyć,
pominąć; zamykać oczy (**sth** na
coś); wystawać ⟨wznosić się⟩ (**sth**
ponad coś); (*o oknie*) wychodzić
(**the street** etc. na ulicę itd.);
nadzorować

o·ver·night ['əuvə`nait] *adv* przez
noc, na noc; (*od*) poprzedniego
wieczoru

o·ver·paid *zob.* overpay

o·ver·pass ['əuvə`pas] *vt* przejść,
przejechać; przekroczyć; przezwyciężyć; pominąć; *s am.* wiadukt

*o·ver·pay ['əuvə`pei], **o·ver·paid,
o·ver·paid** ['əuvə`peid] *vt* przepła-
cić, nadpłacić

o·ver·pop·u·late ['əuvə`popjuleit] *vt*
przeludnić

o·ver·pow·er ['əuvə`pauə(r)] *vt* prze-
móc, pokonać; przytłoczyć, zmóc
(kogoś czymś)

o·ver·print ['əuvəprint] *s* nadruk;
vt ['əuvə`print] nadrukować

o·ver·pro·duc·tion ['əuvəprə`dʌkʃn]
s nadprodukcja

o·ver·ran *zob.* overrun

o·ver·rate ['əuvə`reit] *vt* przecenić

*o·ver·ride ['əuvə`raid], **overrode**
['əuvə`rəud], **overridden** ['əuvə
`ridn] *vt* przejechać; podeptać;
zajeździć (konia); *przen.* potraktować z góry; odrzucić (np. propozycję); przełamać (np. opór)

o·ver·rule ['əuvə`rul] *vt* opanować;
wziąć górę (**sb, sth** nad kimś,
czymś); *prawn.* unieważnić, odrzucić, uchylić; zlekceważyć

*o·ver·run ['əuvə`rʌn], **overran**
['əuvə`ræn], **overrun** ['əuvə`rʌn]
vt najechać (np. kraj); pokonać;
spustoszyć; przekroczyć granice
(**sth** czegoś); (*o wodzie*) zalewać
(okolicę itd.)

o·ver·sea(s) ['əuvə`si(z)] *adv* za mo-
rzem, za morze; *adj attr* zamorski

o·ver·se·er [ˈəuvəsiə(r)] s nadzorca

o·ver·shad·ow [ˈəuvəˈʃædəu] vt dosł. i przen. rzucać cień (sth na coś); przyciemnić; zaćmić

o·ver·shoe [ˈəuvəʃu] s kalosz, bot

o·ver·sight [ˈəuvəsait] s przeoczenie; nadzór

o·ver·size [ˈəuvəˈsaiz] adj zbyt ⟨za⟩ duży

*o·ver·sleep [ˈəuvəˈsliːp], overslept, overslept [ˈəuvəˈslept] vt przespać; vi (także vr ~ oneself) zaspać

*o·ver·spread, overspread, overspread [ˈəuvəˈspred] vt pokrywać

o·ver·state [ˈəuvəˈsteit] vt przesadzić (sth w czymś)

o·ver·step [ˈəuvəˈstep] vt przekroczyć

o·ver·stock [ˈəuvəˈstok] vt przepełnić (zapasami), zapchać (towarem itd.)

o·ver·strain [ˈəuvəˈstrein] vt naciągnąć; dosł. i przen. przeciągnąć (strunę); przeciążyć (np. pracą); s [ˈəuvəstrein] wyczerpanie (nadmierną pracą), przemęczenie

o·vert [ˈəuvɜːt] adj otwarty, jawny

*o·ver·take [ˈəuvəˈteik], overtook [ˈəuvəˈtuk], overtaken [ˈəuvəˈteikən] vt dopędzić, dosięgnąć; (zw. o samochodzie) wyprzedzić; zaskoczyć; odrobić (zaległości)

o·ver·tax [ˈəuvəˈtæks] vt przeciążyć (podatkami); przecenić; przen. przeliczyć się (z siłami itd.)

*o·ver·throw [ˈəuvəˈθrəu], overthrew [ˈəuvəˈθruː], overthrown [ˈəuvəˈθrəun] vt przewrócić; obalić; pobić; zniweczyć; s [ˈəuvəθrəu] obalenie, przewrót

o·ver·time [ˈəuvətaim] s czas pracy nadprogramowej, godziny nadliczbowe; adj attr nadliczbowy; adv nadliczbowo, nadprogramowo

o·ver·took zob. overtake

o·ver·ture [ˈəuvətʃə(r)] s muz. uwertura; (zw. pl ~s) rokowania

wstępne; zabieganie o czyjeś względy

o·ver·turn [ˈəuvəˈtɜːn] vt vi przewrócić (się), obalić; s [ˈəuvətɜːn] obalenie, przewrót

o·ver·weigh [ˈəuvəˈwei] vt vi przeważać, więcej ważyć

o·ver·weight [ˈəuvəweit] s nadwyżka wagi

o·ver·whelm [ˈəuvəˈwelm] vt zalać, zasypać; przygnieść; pognębić; dosł. i przen. przytłoczyć; zakłopotać (hojnością itd.); (o uczuciach) ogarniać

o·ver·work [ˈəuvəˈwɜːk] vt zmuszać do nadmiernej pracy, przeciążać pracą; vi przepracowywać się; s [ˈəuvəwɜːk] przemęczenie, przepracowanie

o·ver·wrought [ˈəuvəˈrɔːt] adj przemęczony; wyczerpany nerwowo; (o stylu) mozolnie wypracowany

owe [əu] vt być winnym ⟨dłużnym⟩; zawdzięczać (sth to sb coś komuś)

ow·ing [ˈəuiŋ] adj należny; dłużny; wynikający (to sth z czegoś); praep ~ to dzięki, na skutek, z powodu

owl [aul] s sowa

owl·ish [ˈauliʃ] adj sowi

own 1. [əun] adj własny; to be on one's ~ być samodzielnym ⟨niezależnym⟩; to have sth for one's ~ mieć coś na własność; to hold one's ~ trzymać się, nie poddawać się

own 2. [əun] vt vi posiadać; wyznawać (winę itd.); przyznawać (się); uznawać; ~ up pot. przyznawać się

own·er [ˈəunə(r)] s właściciel

own·er·ship [ˈəunəʃip] s posiadanie, własność

ox [oks] s (pl oxen [ˈoksn]) wół

ox·ide [ˈoksaid] s chem. tlenek

ox·i·dize [ˈoksidaiz] vt vi utleniać ⟨oksydować⟩ się

Ox·o·ni·an [okˈsəuniən] adj oksfordzki; s Oksfordczyk

ox·tail [`oks teɪl] s ogon wołowy;
~ soup zupa ogonowa
ox·y·gen [`oksɪdʒən] s tlen
oys·ter [`ɔɪstə(r)] s ostryga
oys·ter-knife [`ɔɪstə naɪf] s nóż do
otwierania (muszli) ostryg
oz = ounce (pl ozs = ounces)
o·zone [`əʊzəʊn] s chem. ozon;
pot. świeży luft, świeże powietrze

p

pa [pɑ] s pot. tatuś
pace [peɪs] s krok; chód; to keep
~ with sb dotrzymywać komuś
kroku; vt vi kroczyć, stąpać
pa·ci·fic [pə`sɪfɪk] adj spokojny;
pokojowy; s the Pacific (Ocean)
Ocean Spokojny, Pacyfik
pac·i·fism [`pæsɪfɪzm] s pacyfizm
pac·i·fist [`pæsɪfɪst] s pacyfista
pac·i·fy [`pæsɪfaɪ] vt uspokajać;
pacyfikować
pack [pæk] s pakiet; wiązka; pakunek, paczka; tłumok, bela;
handl. partia towaru; gromada;
sfora (psów), stado; pot. banda;
talia (kart); vt vi (także ~ up)
pakować (się); gromadzić ⟨tło-
czyć, ścieśnić⟩ (się); zbierać (się)
w stado ⟨sforę⟩; ~ in zapakować; ~ off odprawić, wyprawić
(sb kogoś); zabrać się (skądś);
~ out wypakować, wyładować;
~ up spakować (się); pot. przen.
przerwać pracę
pack·age [`pækɪdʒ] s pakiet, pacz-
ka, pakunek
pack-an·i·mal [`pækænəml] s zwie-
rzę juczne
pack·et [`pækɪt] s pakiet, paczka,
plik; (także ~-boat) statek pocztowy
pack·ing [`pækɪŋ] s pakowanie;
opakowanie; materiał do pako-
wania ⟨uszczelnienia itp.⟩; u-
szczelka; med. tampon; zawijanie
pack·man [`pækmən] s domokrąż-
ca
pact [pækt] s pakt, umowa
pad 1. [pæd] s podkładka, wyściółka; poduszka (palca, łapy, ło-
żyska maszyny, do pieczątek, do
igieł); bibularz, blok (papieru,
rysunkowy); vt wypychać, wyściełać; nabijać, obijać
pad 2. [pæd] s droga, ścieżka;
wierzchowiec; vi chodzić pieszo,
wędrować
pad·ding [`pædɪŋ] s wyściółka;
podbicie; podszycie (płaszcza
itd.); obicie
pad·dle 1. [`pædl] s wiosło; vt vi
wiosłować
pad·dle 2. [`pædl] vi brodzić, tap-
lać się w wodzie
pad·dle-wheel [`pædlwil] s łopat-
kowe koło napędowe (statku)
pad·dock [`pædək] s wybieg dla
koni, wygon
pad·lock [`pædlok] s kłódka; vt za-
mykać na kłódkę
pa·gan [`peɪgən] adj pogański; s
poganin
page 1. [peɪdʒ] s stronica
page 2. [peɪdʒ] s paź
pag·eant [`pædʒənt] s pokaz, wi-
dowisko; parada, korowód
paid zob. pay
pail [peɪl] s wiadro
pain [peɪn] s ból; troska; przykrość; † kara; pl ~s trud; bóle
porodowe; to take ~s zadawać
sobie trud; to give ~ zadawać
ból, sprawiać przykrość; vt vi
boleć, zadawać ból; gnębić, dręczyć; smucić; I am ~ed to learn
it przykro mi, że się o tym do-
wiaduję

pain·ful [ˈpeɪnfl] *adj* bolesny, przykry

pains·tak·ing [ˈpeɪnzteɪkɪŋ] *adj* pracowity, dbały, staranny

paint [peɪnt] *s* farba; szminka; *vt* malować; szminkować; opisywać ⟨przedstawiać⟩ obrazowo

paint·er [ˈpeɪntə(r)] *s* (artysta) malarz

paint·ing [ˈpeɪntɪŋ] *s* malarstwo; obraz, malowidło

pair [peə(r)] *s* para; in ~s parami; *vt vi* łączyć (się) w pary, dobierać (się) do pary; (o *zwierzętach*) parzyć się; ~ off rozbijać się na pary, odchodzić parami; pobrać się

pa·jam·as [pəˈdʒaməz] *s am.* = pyjamas

pal [pæl] *s pot.* towarzysz, kompan; *vi* (*także* ~ up) zaprzyjaźnić się (with sb z kimś)

pal·ace [ˈpælɪs] *s* pałac

pal·at·a·ble [ˈpælətəbl] *adj* smaczny, przyjemny

pal·a·tal [ˈpælətəl] *adj* podniebienny

pal·ate [ˈpælət] *s* podniebienie; gust

pa·lav·er [pəˈlavə(r)] *s pot.* gadanina; *vi* paplać

pale 1. [peɪl] *s* pal; granica; zakres; **within the ~ of** w granicach ⟨w obrębie⟩ ⟨czegoś⟩; *vt* (*także* ~ in) ogrodzić, otoczyć

pale 2. [peɪl] *adj* blady; **to turn ~** zblednąć; *vi* blednąć; *vt* powodować bladość

pal·ette [ˈpælɪt] *s* paleta

pal·i·sade [ˌpælɪseɪd] *s* palisada; *vt* otoczyć palisadą

pall 1. [pɔl] *s* całun; *vt* okryć całunem

pall 2. [pɔl] *vi* sprzykrzyć się ⟨obrzydnąć⟩ (on sb komuś)

pal·let 1. [ˈpælɪt] *s* siennik; nędzne łoże, barłóg

pal·let 2. [ˈpælɪt] = palette

pal·li·a·tive [ˈpælɪətɪv] *adj* uśmierzający, łagodzący; *s* środek łagodzący; półśrodek; wymówka, usprawiedliwienie

pal·lid [ˈpælɪd] *adj* blady

pal·lor [ˈpælə(r)] *s* bladość

palm 1. [pɑm] *s* palma; **Palm Sunday** Niedziela Palmowa

palm 2. [pɑm] *s* dłoń

palm·is·try [ˈpɑmɪstrɪ] *s* chiromancja

palm·y [ˈpɑmɪ] *adj* palmowy; pomyślny

pal·pa·ble [ˈpælpəbl] *adj* namacalny, wyczuwalny dotykiem

pal·pi·tate [ˈpælpɪteɪt] *vi* (o *sercu*) bić, kołatać; drżeć

pal·pi·ta·tion [ˌpælpɪˈteɪʃn] *s* silne bicie serca, palpitacja; drżenie

pal·sy [ˈpɔlzɪ] *s* paraliż; *vt* sparaliżować

pal·try [ˈpɔltrɪ] *adj* nędzny, lichy

pam·per [ˈpæmpə(r)] *vt* rozpieszczać, dogadzać

pam·phlet [ˈpæmflət] *s* broszura; pamflet

pam·phlet·eer [ˌpæmfləˈtɪə(r)] *s* autor broszur; pamflecista

pan [pæn] *s* (*także* frying-~) patelnia; (*także* sauce-~) rondel

pan·cake [ˈpænkeɪk] *s* naleśnik

pan·cre·as [ˈpænkrɪəs] *s anat.* trzustka

pan·der [ˈpændə(r)] *vi* stręczyć; *s* stręczyciel, rajfur

pane [peɪn] *s* szyba; (kwadratowa) płaszczyzna; kratka (wzoru)

pan·e·gyr·ic [ˌpænɪˈdʒɪrɪk] *s* panegiryk

pan·el [ˈpænl] *s* płyta; filunek, kaseton; wstawka ⟨klin⟩ (w sukni); poduszka (u siodła); *urzędowy* wykaz lekarzy; *prawn.* skład sędziów przysięgłych; komisja (np. konkursowa); ~ **discussion** dyskusja rzeczoznawców; ~ **patient** pacjent korzystający z ubezpieczeń społecznych; *vt* zdobić płytkami, kasetonami itp.; wszywać wstawkę (do sukni)

pang [pæŋ] *s* ostry ból, spazm bólu; ~s of conscience wyrzuty sumienia

pan·ic [ˈpænɪk] *adj* paniczny; *s* panika

pan·ick·y [`pænıkı] *adj pot.* paniczny; łatwo ulegający panice; alarmistyczny

pan·o·ram·a [ˌpænə`ramə] *s* panorama

pan·sy [`pænzı] *s bot.* bratek

pant [pænt] *vi* dyszeć; sapać; (*o sercu*) kołatać; (*o piersi*) falować; pożądać ⟨łaknąć⟩ ⟨for ⟨after⟩ sth czegoś⟩; *s* dyszenie; sapanie; kołatanie (serca)

pan·ther [`pænθə(r)] *s* pantera

pan·to·mime [`pæntəmaım] *s* pantomima

pan·try [`pæntrı] *s* spiżarnia

pants [pænts] *s pl pot.* kalesony; *am.* spodnie

pa·pa [pə`pa] *s zdrob.* tatuś

pa·pa·cy [`peıpəsı] *s* papiestwo

pa·pal [`peıpl] *adj* papieski

pa·per [`peıpə(r)] *s* papier; gazeta, czasopismo; tapeta; praca pisemna; referat, rozprawa; *pl* ~s papiery, dokumenty; *adj* papierowy; *vt* wyłożyć papierami; pakować ⟨zawijać⟩ w papier; tapetować

pa·per·back [`peıpə bæk] *s* książka broszurowana ⟨w papierowej okładce⟩

pa·per·clip [`peıpə klıp] *s* spinacz do papieru

pa·per·weight [`peıpəweıt] *s* przycisk

pa·pist [`peıpıst] *s* papista

pap·ri·ka [`pæprıkə] *s* papryka

par [pa(r)] *s handl.* parytet; równość; **at** ~ na równi; **above** ⟨**below**⟩ ~ powyżej ⟨poniżej⟩ parytetu ⟨przeciętnej⟩; **to be on a** ~ dorównywać (**with sb, sth** komuś, czemuś)

par·a·ble [`pærəbl] *s* przypowieść

pa·rab·o·la [pə`ræbələ] *s* parabola

par·a·chute [`pærəʃut] *s* spadochron; *adj attr* spadochronowy; *vt* zrzucić na spadochronie; *vi* spadać na spadochronie

par·a·chut·ist [`pærəʃutıst] *s* spadochroniarz

pa·rade [pə`reıd] *s* parada; popis,

pokaz; *wojsk.* apel, przegląd; *vt* wystawiać na pokaz; *wojsk.* robić przegląd; *vi* paradować

par·a·dise [`pærədaıs] *s* raj

par·a·dox [`pærədoks] *s* paradoks

par·af·fin [`pærəfın] *s* parafina; (*także* ~ **oil**) nafta

par·a·gon [`pærəgən] *s* wzór (np. cnoty)

par·a·graph [`pærəgraf] *s* paragraf; ustęp (w książce), akapit

par·al·lel [`pærəlel] *adj* równoległy; analogiczny; ~ **bars** *sport* drążki; *s* (linia) równoległa; odpowiednik; porównanie; *geogr.* równoleżnik

par·a·lyse [`pærəlaız] *vt* paraliżować

pa·ral·y·sis [pə`ræləsıs] *s* paraliż

par·a·mount [`pærəmaunt] *adj* najważniejszy, główny

par·a·mour [`pærəmə(r)] *s* kochanek, kochanka

par·a·phrase [`pærəfreız] *s* parafraza

par·a·site [`pærəsaıt] *s* pasożyt

par·a·sit·ic [ˌpærə`sıtık] *adj* pasożytniczy

par·a·sol [`pærəsol] *s* parasolka (od słońca)

par·a·troops [`pærətrups] *s pl* wojska spadochronowe

par·cel [`pasl] *s* paczka; przesyłka; partia (towaru); parcela; *vt* paczkować; dzielić; (*także* ~ **out**) parcelować

parch [patʃ] *vt* suszyć, prażyć, palić (kawę); *vi* schnąć

parch·ment [`patʃmənt] *s* pergamin

par·don [`padn] *s* przebaczenie; **I beg your** ~ przepraszam; *rel.* odpust; *vt* przebaczać; ~ **me** przepraszam

par·don·a·ble [`padnəbl] *adj* wybaczalny

par·ent [`peərnt] *s* ojciec, matka; *pl* ~s rodzice

par·ent·age [`peərntıdʒ] *s* pochodzenie, ród

pa·ren·tal [pə`rentl] *adj* rodzicielski

pa·ren·the·sis [pə`renθəsɪs] *s* nawias

par·ish [`pærɪʃ] *s* parafia; gmina; ~ register księga metrykalna

Pa·ri·sian [pə`rɪzɪən] *adj* paryski; *s* paryżanin

par·i·ty [`pærətɪ] *s* równość; parytet

park [pɑk] *s* park; parking; *wojsk.* park (artyleryjski itd.); *vt* parkować

park·ing [`pɑkɪŋ] *s* parkowanie; parking; ~ lot miejsce do parkowania; ~ meter licznik parkingowy

par·lance [`pɑləns] *s* mowa, język

par·ley [`pɑlɪ] *s* narada, rokowania; *vi* paktować, pertraktować

par·lia·ment [`pɑləmənt] *s* parlament

par·lia·men·tar·i·an [´pɑləmen`teərɪən] *adj* parlamentarny; *s* parlamentarz

par·lour [`pɑlə(r)] *s* salon, pokój przyjęć

par·lour-car [`pɑləkə(r)] *s am.* salonka (w pociągu)

par·lour-maid [`pɑlə mərd] *s* pokojówka

pa·ro·chi·al [pə`rəʊkɪəl] *adj* parafialny; *przen.* ograniczony

par·o·dy [`pærədɪ] *s* parodia

pa·role [pə`rəʊl] *s* słowo honoru; *wojsk.* hasło; *vt* zwolnić z aresztu na słowo honoru ⟨warunkowo⟩

par·quet [`pɑkeɪ] *s* parkiet

par·ri·cide [`pærɪsaɪd] *s* ojcobójstwo; ojcobójca

par·rot [`pærət] *s* papuga; *vi* mówić jak papuga; *vt* powtarzać (coś) jak papuga

par·ry [`pærɪ] *vt* odparować, odpierać; *s* odparcie, odparowanie (np. ciosu)

parse [pɑz] *vt gram.* zrobić rozbiór (a sentence zdania)

par·si·mo·ny [`pɑsɪmənɪ] *s* oszczędność; skąpstwo

pars·ley [`pɑslɪ] *s* pietruszka

pars·nip [`pɑsnɪp] *s* pasternak

par·son [`pɑsn] *s* proboszcz, pastor

par·son·age [`pɑsnɪdʒ] *s* probostwo; plebania

part [pɑt] *s* część; udział, rola; strona; *pl* ~s okolica, strony; zdolności, talent; **for my** ~ co do mnie; **for the most** ~ przeważnie, po większej części; **in great** ~ w znacznej mierze; **in** ~ częściowo; **on my** ~ z mojej strony, co do mnie; **to do one's** ~ zrobić swoje; **to take** ~ brać udział ⟨pomagać⟩ (**in sth** w czymś); **to take sth in good** ~ brać coś za dobrą monetę; **this is not my** ~ to nie moja rzecz; *vt* dzielić, rozdzielać; rozrywać; **to** ~ **company** rozstawać się; *vi* rozdzielić się; rozłączyć się; rozejść się; rozstać się; rozstapić się; rozstać się (**from sb** z kimś, **with sth** z czymś)

*•**par·take** [pɑ`teɪk], **partook** [pɑ`tuk], **partaken** [pɑ`teɪkən] *vi* uczestniczyć (**in** ⟨**of**⟩ **sth** w czymś); spożywać (**of sth** coś); mieć w sobie (**of sth** coś); trącić (**of sth** czymś); *vt* podzielać (czyjś los itd.)

par·tial [`pɑʃl] *adj* częściowy; stronniczy; **to be** ~ **to sth** lubić coś, mieć słabość do czegoś

par·tial·i·ty [´pɑʃɪ`ælətɪ] *s* stronniczość; upodobanie (**for sth** do czegoś)

par·tic·i·pant [pɑ`tɪsɪpənt] *s* uczestnik

par·tic·i·pate [pɑ`tɪsɪpeɪt] *vi* uczestniczyć (**in sth** w czymś); podzielać (**in sth** coś)

par·ti·ci·ple [`pɑtəsɪpl] *s gram.* imiesłów

par·ti·cle [`pɑtɪkl] *s* cząstka; *gram.* partykuła

par·tic·u·lar [pə`tɪkjulə(r)] *adj* szczególny, specjalny, specyficzny; szczegółowy, dokładny; wy-

bredny; grymaśny, wymagający
(about sth pod względem czegoś);
nadzwyczajny, osobliwy; uważny, staranny; in ~ w szczególności; s szczegół

par·tic·u·lar·ity [pəˈtɪkjuˈlærətɪ] s
osobliwość; szczegół; szczegółowość, dokładność; wybredność

part·ing [ˈpɑːtɪŋ] ppraes i s rozdział; przedział; geogr. dział wodny; rozstanie, pożegnanie, odejście

par·ti·san [ˈpɑːtɪˈzæn] s zwolennik,
stronnik; partyzant

par·ti·tion [pɑːˈtɪʃn] s podział; rozbiór (państwa); (oddzielona)
część; przedział; przepierzenie;
vt dzielić; ~ off oddzielać, odgradzać

part·ner [ˈpɑːtnə(r)] s partner,
wspólnik, współuczestnik; vt być
czyimś partnerem (np. w tańcu)

part·ner·ship [ˈpɑːtnəʃɪp] s współudział, współuczestnictwo; spółka

par·took zob. partake

par·tridge [ˈpɑːtrɪdʒ] s zool. kuropatwa

part-time [ˈpɑːtaɪm] adj attr zw. w
połączeniach: ~ worker ⟨work⟩
pracownik ⟨praca⟩ na niepełnym
etacie; adv na niepełnym etacie

par·ty [ˈpɑːtɪ] s partia; towarzystwo; grupa; zespół; przyjęcie towarzyskie, zabawa; strona (np. w
sądzie); współuczestnik; to be a
~ współuczestniczyć (to sth w
czymś)

pass [pɑːs] vt vi przechodzić (przebiegać, przejeżdżać itd.) ⟨obok
⟨przez coś⟩); mijać; przekraczać;
przewyższać; spędzać (czas);
przeżywać (through sth coś);
pominąć, przeoczyć, przepuścić;
zaniedbać; zdać (egzamin); zatwierdzić, przeprowadzić (uchwałę); (o uchwale) przejść; podać
dalej, posłać; (także ~ on) przekazać; wydać (wyrok, opinię);
zdarzyć się; być uważanym, uchodzić (for sth za coś); zacho-

dzić, dziać się; ~ away minąć,
zniknąć; umrzeć; ~ off mijać,
przemijać; ~ oneself off podawać się (as ⟨for⟩ sb, sth za kogoś, coś); ~ out wyjść; zemdleć;
~ over przepuścić, pominąć;
przejść (np. na drugą stronę);
przeminąć; s przejście; przepustka, paszport; złożenie (egzaminu); krytyczna sytuacja; przesmyk; przełęcz; sport podanie
piłki; to bring to ~ dokonać (sth
czegoś); to come to ~ zdarzyć się

pass·a·ble [ˈpɑːsəbl] adj nadający
się do przejścia ⟨przebycia, przeprawy, przejazdu⟩; znośny; (o
stopniu) dostateczny

pas·sage [ˈpæsɪdʒ] s przejście,
przejazd, przeprawa; korytarz; ustęp (w książce); pasaż

pas·sen·ger [ˈpæsndʒə(r)] s pasażer

pass·er-by [ˈpɑːsə ˈbaɪ] s (pl passers-by [ˈpɑːsəz ˈbaɪ]) przechodzień

pas·sing [ˈpɑːsɪŋ] adj przemijający,
przelotny; rzucony mimochodem

pas·sion [ˈpæʃn] s namiętność ⟨pasja⟩ (for sth do czegoś)

pas·sion·ate [ˈpæʃnət] adj namiętny; zapalczywy; żarliwy

pas·sive [ˈpæsɪv] adj bierny; gram.
~ voice strona bierna

pass·port [ˈpɑːspɔt] s paszport

pass·word [ˈpɑːswɜd] s hasło

past [pɑːst] adj miniony, przeszły;
ubiegły, ostatni (tydzień itd.); s
przeszłość; gram. czas przeszły;
praep za (czymś); obok; po; ~
all belief nie do wiary; ~ comparison nie do porównania; ~
hope beznadziejny; ten ~ two
dziesięć (minut) po drugiej; ~
work niezdolny (już) do pracy;
a man ~ forty mężczyzna po
czterdziestce; adv obok, mimo;
march ~ defilować

paste [peɪst] s ciasto; klej; pasta;
vt kleić, lepić; ~ up naklejać;
smarować pastą

paste·board [`peɪstbɔd] s tektura, karton

pas·tel [`pæstl] s pastel (kredka i obraz)

pas·time [`pastaɪm] s rozrywka

pas·tor [`pastə(r)] s pastor, duszpasterz

pas·to·ral [`pastərl] adj pasterski; s sielanka (utwór); list pasterski

pas·try [`peɪstrɪ] s ciasto; zbior. wyroby cukiernicze

pas·tur·a·ble [`pastʃərəbl] adj pastewny

pas·ture [`pastʃə(r)] s pastwisko; pasza; vt vi paść (się)

past·y 1. [`pæstɪ] s pasztet, pasztecik, pieróżek

past·y 2. [`peɪstɪ] adj ciastowaty, papkowaty

pat [pæt] s klepnięcie, klaps; tupot; krążek (np. masła); vt poklepywać; vi postukiwać, tupać; adj pot. szczęśliwy, trafny; adv pot. trafnie, w sam raz, akurat, w samą porę

patch [pætʃ] s łata, łatka; plaster; opatrunek na oku; skrawek; płat (np. ziemi); grządka; vt (także ~ up) łatać, naprawiać

patch·work [`pætʃwɜk] s łatanina; mieszanina (kawałków, skrawków); szachownica (np. pól)

pat·ent [`peɪtənt] s patent; przywilej; adj patentowy, opatentowany; otwarty, jawny, oczywisty; ~ leather skóra lakierowana; letters ~ patent (dokument); vt opatentować

pa·ter·nal [pə`tɜnl] adj ojcowski; (o krewnym) po ojcu

pa·ter·ni·ty [pə`tɜnətɪ] s ojcostwo; pochodzenie

path [paθ] s (pl ~s [paðz]) ścieżka, droga (dla pieszych i przen.); tor (pocisku itd.)

pa·thet·ic [pə`θetɪk] adj patetyczny

pa·thol·o·gy [pə`θolədʒɪ] s patologia

pa·thos [`peɪθos] s patos

pa·tience [`peɪʃns] s cierpliwość

pa·tient [`peɪʃnt] adj cierpliwy; s pacjent

pa·tri·ot [`peɪtrɪət] s patriota

pa·tri·ot·ic [ˌpeɪtrɪ`otɪk] adj patriotyczny

pa·trol [pə`trəul] s patrol; vt vi patrolować

pa·trol·man [pə`trəulmən] s am. policjant

pa·tron [`peɪtrən] s patron, opiekun; stały klient

pat·ron·age [`pætrənɪdʒ] s patronat, opieka; protekcjonalność

pat·ron·ize [`pætrənaɪz] vt patronować, otaczać opieką; okazywać łaskę; traktować protekcjonalnie; być stałym klientem

pat·ter 1. [`pætə(r)] vt vi (lekko) stukać, tupotać; s (lekkie) stukanie, tupot

pat·ter 2. [`pætə(r)] vt vi klepać (np. pacierz); trajkotać; s żargon, gwara (środowiskowa); trajkotanie

pat·tern [`pætn] s wzór; próbka; szablon, wykrój; model, forma; vt ozdabiać wzorem; to ~ sth after ⟨on⟩ sth wzorować się na czymś

pat·ty [`pætɪ] s pasztecik

pau·ci·ty [`posətɪ] s mała ilość, szczupłość

pau·per [`pɔpə(r)] s żebrak; ubogi (człowiek)

pau·per·ize [`pɔpəraɪz] vt spauperyzować

pause [pɔz] s pauza, przerwa; vi pauzować, robić przerwę, zatrzymać się

pave [peɪv] vt brukować; przen. torować (drogę)

pave·ment [`peɪvmənt] s bruk, nawierzchnia; chodnik

pa·vil·ion [pə`vɪlɪən] s duży namiot; pawilon

paw [pɔ] s łapa; vt uderzać ⟨skrobać⟩ łapą; pot. obłapiać; vi (o koniu) grzebać nogą

pawn 1. [pɔn] s dosł. i przen. pionek

pawn 2. [pɔn] s zastaw, fant; vt dawać w zastaw

pawn·broker [ˈpɔnbrəukə(r)] s właściciel lombardu

pawn·shop [ˈpɔnʃɔp] s lombard

*pay [peɪ] paid, paid [peɪd] vt vi płacić, wynagradzać, opłacać (się); to ~ attention uważać (to sth na coś); to ~ (sb) a compliment powiedzieć (komuś) komplement; to ~ one's respects to sb złożyć komuś uszanowanie; to ~ a visit złożyć wizytę; to ~ one's way pokrywać koszty ⟨zobowiązania⟩; z przysłówkami: ~ back odpłacić; zwrócić pieniądze; ~ down wypłacić gotówką; ~ in wpłacić; ~ off spłacić; ~ out wypłacić; ~ up całkowicie spłacić; s wypłata, zapłata; wynagrodzenie, płaca; to be in sb's ~ być zatrudnionym u kogoś; być na czyimś żołdzie

pay·a·ble [ˈpeɪəbl] adj płatny; opłacalny

pay·ing [ˈpeɪɪŋ] ppraes i adj płacący; pópłatny, dochodowy

pay·ment [ˈpeɪmənt] s zapłata, wypłata, wynagrodzenie, wpłata

pay·roll [ˈpeɪrəul], **pay·sheet** [ˈpeɪʃit] s lista płac

pea [pi] s groch, ziarnko grochu

peace [pis] s pokój; spokój; at ~ w spokoju; na stopie pokojowej

peace·ful [ˈpisful] adj spokojny; pokojowy

peace·mak·er [ˈpismeɪkə(r)] s pojednawca, arbiter

peach [pitʃ] s brzoskwinia (owoc i drzewo)

pea·cock [ˈpikɔk] s paw

peak [pik] s szczyt (góry), wierzchołek; szpic; daszek (u czapki); adj attr szczytowy

peal [pil] s melodia ⟨bicie⟩ dzwonów, kurant; huk; vi rozbrzmiewać; huczeć

pea·nut [ˈpinʌt] s orzech ziemny

pear [peə(r)] s gruszka (owoc i drzewo)

pearl [pɜl] s perła

peas·ant [ˈpeznt] s chłop, wieśniak, rolnik

peas·ant·ry [ˈpezntrɪ] s chłopstwo

pease [piz] s groch

peat [pit] s torf

peat·bog [ˈpitbɔg] s torfowisko

peb·ble [ˈpebl] s kamyk; geol. otoczak

peck 1. [pek] s garniec (miara); pot. wielka ilość, masa

peck 2. [pek] vt vi dziobać (sth, at sth coś); s dziobanie

pe·cul·iar [prˈkjuliə(r)] adj szczególny, specyficzny; osobliwy, dziwny; właściwy (to sb, sth komuś, czemuś)

pe·cu·li·ar·i·ty [prˈkjulɪ'ærətɪ] s osobliwość; właściwość

pe·cu·ni·ar·y [prˈkjuniərɪ] adj pieniężny, finansowy

ped·a·gog·ic(al) [ˈpedəˈgɒdʒɪk(l)] adj wychowawczy, pedagogiczny

ped·a·gog·ics [ˈpedəˈgɒdʒɪks] s pedagogika

ped·a·gogue [ˈpedəgɒg] s zw. uj. wychowawca, belfer

ped·al [ˈpedl] s pedał; vt naciskać pedał; vi pedałować (na rowerze)

ped·ant [ˈpednt] s pedant

pe·dan·tic [prˈdæntɪk] adj pedantyczny

ped·dle [ˈpedl] vi uprawiać handel domokrążny; vt kolportować (towary, plotki)

ped·es·tal [ˈpedɪstl] s piedestał

pe·des·tri·an [prˈdestrɪən] adj pieszy; przen. przyziemny, nudny; s pieszy, przechodzień, piechur

ped·i·gree [ˈpedɪgri] s rodowód, pochodzenie

ped·lar [ˈpedlə(r)] s domokrążca

peel [pil] s łupina, skórka; vt obierać (ziemniaki, owoce); zdzierać (korę, skórę); vi (także ~ off) łuszczyć się; zrzucać skórę

peep 1. [pip] vi zaglądać z ciekawości (into sth do czegoś), zerkać (at sb, sth na kogoś, coś); podglądać (at sb, sth kogoś, coś); s ukradkowe spojrzenie, zerknięcie

peep 2. [pip] vi ćwierkać; s ćwierkanie

peep-hole [ˈpiphəul] s otwór do zaglądania; judasz (w drzwiach)

peer 1. [pɪə(r)] s par, lord; (człowiek) równy drugiemu; to be sb's ~ dorównywać komuś

peer 2. [pɪə(r)] vi (badawczo) patrzeć (spoglądać) (at sb, sth na kogoś, coś); wyzierać, wyglądać

peer-less [ˈpɪələs] adj niezrównany, bezkonkurencyjny

pee-vish [ˈpiviʃ] adj skłonny do irytacji, drażliwy

peg [peg] s kołek, czop, szpunt; vt kołkować, przytwierdzać kołkami; vi ~ away zawzięcie pracować

pel-i-can [ˈpelɪkən] s zool. pelikan

pell-mell [ˈpel ˈmel] adv bezładnie, chaotycznie; adj bezładny, chaotyczny; s chaos, bałagan

pelt 1. [pelt] s skóra (zwierzęca), skórka (na futro)

pelt 2. [pelt] vt obrzucić (obelgami, kamieniami itd.); vi gęsto padać, (np. o gradzie) bębnić; s grad (np. kul)

pel-vis [ˈpelvis] s (pl pelves [ˈpelviz]) anat. miednica

pen 1. [pen] s zagroda (dla bydła, drobiu itd.); vt zamknąć w zagrodzie; uwięzić

pen 2. [pen] s pióro; vt pisać, kreślić; zapisywać

pe-nal [ˈpinl] adj prawn. karny; karalny

pe-nal-ize [ˈpinlaɪz] vt prawn. karać sądownie

pen-al-ty [ˈpenltɪ] s prawn. kara sądowa, grzywna

pen-ance [ˈpenəns] s rel. pokuta

pence zob. penny

pen-cil [ˈpensl] s ołówek; vt szkicować, rysować

pen-dant [ˈpendənt] s wisząca ozdoba, wisiorek; para (pendant) (to sth do czegoś); odpowiednik (to sth czegoś)

pend-ent [ˈpendənt] adj wiszący; będący w toku; s = pendant

pend-ing [ˈpendɪŋ] adj nie rozstrzygnięty; praep w oczekiwaniu, do (czasu)

pen-du-lum [ˈpendjuləm] s wahadło

pen-e-trate [ˈpenɪtreɪt] vt vi przeniknąć, przebić; zanurzyć (się), wcisnąć się, wtargnąć

pen-e-tra-tion [ˈpenɪˈtreɪʃn] s penetracja, przenikanie; przenikliwość

pen-hold-er [ˈpenhəuldə(r)] s obsadka (do pisania)

pen-i-cil-lin [ˈpenɪˈsɪlɪn] s penicylina

pe-nin-su-la [pəˈnɪnsjulə] s półwysep

pen-i-tent [ˈpenɪtənt] adj skruszony; s pokutnik

pen-i-ten-tial [ˈpenɪˈtenʃl] adj pokutny

pen-i-ten-tia-ry [ˈpenɪˈtenʃərɪ] adj poprawczy; prawn. penitencjarny; s dom poprawczy; am. więzienie

pen-knife [ˈpennaɪf] s (pl pen-knives [ˈpennaɪvz]) scyzoryk

pen-man [ˈpenmən] s pisarz, autor

pen-name [ˈpenneɪm] s pseudonim (autora)

pen-ni-less [ˈpenɪləs] adj bez grosza

pen-ny [ˈpenɪ] s (pl pence [pens]) pens (kwota); (pl pennies [ˈpenɪz]) moneta jednopensowa; przen. grosz

pen-sion [ˈpenʃn] s emerytura, renta; [ˈpɑ̃siɔ̃] pensjonat; vt przyznawać emeryturę, wypłacać rentę; ~ off przenieść na emeryturę

pen-sion-ar-y [ˈpenʃnərɪ] adj emerytalny; s emeryt, rencista

pen·sion·er [`penʃnə(r)] = **pension-ary** s

pen·sive [`pensɪv] *adj* zadumany

pen·ta·gon [`pentəgən] s pięciokąt, pięciobok

pen·tath·lon [pen`tæθlən] s *sport* pięciobój

pent·house [`penthaus] s przybudówka, nadbudówka; wystający dach ochronny, okap

pe·nul·ti·mate [pen`ʌltɪmət] *adj* przedostatni

pe·nu·ri·ous [pɪ`njuərɪəs] *adj* biedny, ubogi; skąpy

pen·u·ry [`penjuərɪ] s bieda; brak; skąpstwo

pe·on [`piən] s (*w Indiach*) żołnierz pieszy; policjant; posłaniec; sługący; *am.* wyrobnik

peo·ple [`pipl] s naród, lud; *zbior.* osoby, ludzie, obywatele; ludność; członkowie rodziny; pracownicy (zakładu); *vt* zaludniać

pep [pep] s *pot.* wigor, werwa

pep·per [`pepə(r)] s pieprz; *vt* pieprzyć

per [pɜ(r)] *praep łac.* przez, za pośrednictwem; ~ **day** za dzień, na dzień, dziennie; ~ **post** pocztą; ~ **cent** od sta; 5 ~ **cent**, 5 p.c. 5 procent

per·am·bu·late [pə`ræmbjuleɪt] *vt* wędrować (**fields** po polach); *vi* przechadzać się

per·am·bu·la·tor [pə`ræmbjuleɪtə(r)] s wózek dziecięcy

per·ceive [pə`siv] *vt* odczuć, zauważyć, spostrzec; postrzegać

per·cent·age [pə`sentɪdʒ] s procent, odsetek

per·cep·ti·ble [pə`septəbl] *adj* dający się odczuć; dostrzegalny

per·cep·tion [pə`sepʃn] s percepcja

perch [pɜtʃ] s żerdź; grzęda; *vi* siadać, usadowić się; *vt* sadzać; usadowić

per·co·late [`pɜkəleɪt] *vt vi* przesączać (się); filtrować; przeciekać

per·cuss [pə`kʌs] *vt* wstrząsać; *med.* opukiwać

per·cus·sion [pə`kʌʃn] s wstrząs,

uderzenie; *muz.* perkusja; *med.* opukiwanie

per·di·tion [pə`dɪʃn] s zatracenie, potępienie

per·emp·to·ry [pə`remptərɪ] *adj* ostateczny, stanowczy; apodyktyczny

per·en·ni·al [pə`renɪəl] *adj* wieczny; trwały; s *bot.* bylina

per·fect [`pɜfɪkt] *adj* doskonały; skończony; zupełny; *gram.* dokonany; s *gram.* czas. przeszły dokonany; *vt* [pə`fekt] doskonalić; kończyć, dokonać (czegoś)

per·fec·tion [pə`fekʃn] s doskonałość; dokonanie ⟨ukończenie⟩ (czegoś)

per·fid·i·ous [pə`fɪdɪəs] *adj* wiarołomny, przewrotny, perfidny

per·fi·dy [`pɜfɪdɪ] s wiarołomność, przewrotność, perfidia

per·fo·rate [`pɜfəreɪt] *vt* perforować, dziurkować

per·fo·ra·tion [ˌpɜfə`reɪʃn] s dziurkowanie, perforacja, przekłucie

per·force [pə`fɔs] *adv* z konieczności

per·form [pə`fɔm] *vt* dokonywać, wykonywać, spełniać; grać (sztukę); *vi* występować (na scenie)

per·form·ance [pə`fɔməns] s dokonanie, wykonanie, spełnienie; wyczyn; wystawienie (sztuki), przedstawienie; odegranie (roli)

per·fume [`pɜfjum] s perfumy; zapach; *vt* [pə`fjum] perfumować, rozsiewać zapach

per·func·to·ry [pə`fʌŋktərɪ] *adj* powierzchowny; niedbały

per·haps [pə`hæps] *adv* może, być może

per·il [`perl] s niebezpieczeństwo

per·il·ous [`perləs] *adj* niebezpieczny, ryzykowny

per·im·e·ter [pə`rɪmɪtə(r)] s perymetr, obwód

pe·ri·od [`pɪərɪəd] s okres, cykl; *gram.* kropka; **to put a** ~ postawić kropkę; położyć kres

pe·ri·od·i·cal [ˈpɪərɪˈodɪkl] *adj* o-
kresowy; *s* czasopismo, periodyk
per·ish [ˈperɪʃ] *vi* ginąć, niszczeć;
vt niszczyć
per·ish·a·ble [ˈperɪʃəbl] *adj* (łatwo)
psujący się; *s pl* ~s łatwo psu-
jące się towary
per·i·wig [ˈperɪwɪg] *s* peruka
per·jure [ˈpɜdʒə(r)] *vr* ~ oneself
krzywoprzysięgać
per·ju·ry [ˈpɜdʒərɪ] *s* krzywoprzysięstwo
perk [pɜk] *vt vi* ożywiać (się);
(*także* ~ up) zadzierać nosa;
nabierać ⟨dodawać⟩ animuszu;
rozzuchwalać się
perk·y [ˈpɜkɪ] *adj* buńczuczny
perm [pɜm] *s pot.* trwała ondulacja; *vt* trwale ondulować
per·ma·nent [ˈpɜmənənt] *adj* stały, ciągły, trwały; ~ wave trwała ondulacja
per·me·a·ble [ˈpɜmɪəbl] *adj* prze-
nikalny, przepuszczalny
per·me·ate [ˈpɜmɪeɪt] *vt vi* przenikać, przesiąkać (through sth
przez coś)
per·mis·si·ble [pəˈmɪsəbl] *adj* dopuszczalny, dozwolony
per·mis·sion [pəˈmɪʃn] *s* pozwolenie
per·mit [pəˈmɪt] *vt* pozwalać (sth
na coś); *vi* dopuszczać ⟨znosić⟩
(of sth coś); *s* [ˈpɜmɪt] zezwolenie (pisemne), przepustka
per·ni·cious [pəˈnɪʃəs] *adj* zgubny
per·pen·dic·u·lar [ˈpɜpənˈdɪkjulə(r)]
adj pionowy; *s* linia prostopadła;
pion
per·pe·trate [ˈpɜpɪtreɪt] *vt* popełnić (przestępstwo, błąd itd.)
per·pe·tra·tor [ˈpɜpɪtreɪtə(r)] *s*
sprawca, przestępca
per·pet·u·al [pəˈpetʃuəl] *adj* wieczny; bezustanny
per·pet·u·ate [pəˈpetʃueɪt] *vt* unie-
śmiertelnić, uwiecznić
per·pe·tu·i·ty [ˈpɜpɪˈtjuətɪ] *s* wieczność; dożywotnia renta
per·plex [pəˈpleks] *vt* zakłopotać,

zmieszać
per·plex·i·ty [pəˈpleksətɪ] *s* zakłopotanie; dylemat; zamieszanie
per·se·cute [ˈpɜsɪkjut] *vt* prześladować
per·se·cu·tion [ˈpɜsɪˈkjuʃn] *s* prześladowanie
per·se·cu·tor [ˈpɜsɪkjutə(r)] *s* prze-
śladowca
per·se·ver·ance [ˈpɜsɪˈvɪərns] *s* wytrwałość
per·se·vere [ˈpɜsɪˈvɪə(r)] *vi* trwać
(in sth przy czymś), uporczywie
robić (in sth coś)
Per·sian [ˈpɜʃn] *adj* perski; *s* Pers;
język perski

per·sist [pəˈsɪst] *vi* upierać się
⟨obstawać⟩ (in sth przy czymś);
wytrwać; utrzymywać się
per·sist·ence [pəˈsɪstəns] *s* uporczywość, wytrwałość; trwałość
per·son [ˈpɜsn] *s* osoba, osobnik;
in ~ osobiście
per·son·age [ˈpɜsnɪdʒ] *s* osobistość, (wielka) figura; postać (u-
tworu itd.)
per·son·al [ˈpɜsnl] *adj* osobisty,
prywatny, własny; osobowy
per·son·al·i·ty [ˈpɜsəˈnælətɪ] *s* osobistość; indywidualność; prezencja
per·son·al·ty [ˈpɜsnltɪ] *s* osobiste
mienie; *zbior.* ruchomości
per·son·ate [ˈpɜsəneɪt] *vt* przedstawiać; odgrywać rolę; uosabiać
per·son·i·fi·ca·tion [pəˈsonɪfɪˈkeɪʃn]
s uosobienie, personifikacja
per·son·i·fy [pəˈsonɪfaɪ] *vt* uosabiać
per·son·nel [ˈpɜsnˈel] *s* personel
per·spec·tive [pəˈspektɪv] *adj* per-
spektywiczny; *s* perspektywa
per·spi·ca·cious [ˈpɜspɪˈkeɪʃəs] *adj*
bystry, przenikliwy
per·spi·cu·i·ty [ˈpɜspɪˈkjuətɪ] *s*
jasność, zrozumiałość, wyrazistość
per·spic·u·ous [pəˈspɪkjuəs] *adj*
jasny, wyraźny, zrozumiały

per·spi·ra·tion [ˈpɜspəˈreɪʃn] s pot.
pocenie się

per·spire [pəˈspaɪə(r)] vi pocić się;
vt wypacać

per·suade [pəˈsweɪd] vt przekonywać, namawiać (sb into sth kogoś do czegoś); I was ~d that...
byłem przekonany, że...

per·sua·sion [pəˈsweɪʒn] s prze-
konywanie, perswazja, namowa;
przekonanie; rel. wyznanie

per·sua·sive [pəˈsweɪsɪv] adj przekonywający

pert [pɜt] adj bezczelny, wyzywający

per·tain [pəˈteɪn] vi należeć (to
sth do czegoś); odnosić się (to
sb, sth do kogoś, czegoś); mieć
związek (to sth z czymś); być
właściwym (to sth czemuś)

per·ti·na·cious [ˈpɜtɪˈneɪʃəs] adj
uporczywy, uparty; wytrwały

per·ti·nac·i·ty [ˈpɜtɪˈnæsətɪ] s u-
porczywość, wytrwałość

per·ti·nent [ˈpɜtɪnənt] adj stosowny, trafny; związany z tematem,
celowy

per·turb [pəˈtɜb] vt niepokoić, zakłócać (porządek), wzburzyć

per·tur·ba·tion [ˈpɜtəˈbeɪʃn] s niepokój, zamieszanie, zamęt, zakłócenie (porządku)

pe·ru·sal [pəˈruzl] s uważne czytanie, dokładne przeglądanie

pe·ruse [pəˈruz] vt uważnie czytać, dokładnie przeglądać

per·vade [pəˈveɪd] vt przenikać,
nurtować, ogarniać

per·va·sive [pəˈveɪsɪv] adj prze-
nikający, ogarniający; dominujący

per·verse [pəˈvɜs] adj przewrotny; perwersyjny

per·ver·sion [pəˈvɜʃn] s przewrotność; zboczenie, perwersja

per·vert [pəˈvɜt] vt psuć, deprawować, wypaczać; odciągać, odwodzić; s [ˈpɜvɜt] zboczeniec; odstępca

pes·si·mism [ˈpesɪmɪzm] s pesymizm

pest [pest] s zaraza, plaga; szkodnik (chwast, insekt)

pes·ter [ˈpestə(r)] vt dręczyć, dokuczać, dawać się we znaki

pes·ti·lence [ˈpestɪləns] s zaraza,
epidemia

pes·ti·lent [ˈpestɪlənt], pes·ti·len·tial
[ˈpestɪˈlenʃl] adj zaraźliwy;
szkodliwy; zabójczy

pes·tle [ˈpesl] s tłuczek (do moź-
dzierza)

pet [pet] vt pieścić; s (także o
zwierzęciu) pieszczoch, ulubieniec; adj attr pieszczotliwy; ulubiony

pet·al [ˈpetl] s płatek (kwiatu)

pe·ti·tion [pɪˈtɪʃn] s prośba, petycja, podanie; vt zwracać się z
prośbą (zw. pisemną), wnosić pe-
tycję; vi błagać (for sth o coś)

pe·ti·tion·er [pɪˈtɪʃnə(r)] s petent

pet·ri·fy [ˈpetrɪfaɪ] vt petryfiko-
wać; przen. wprawić w osłupienie; vi skamienieć; przen. osłupieć

pet·rol [ˈpetrl] s benzyna (mieszanka); adj benzynowy ~ station
stacja benzynowa

pe·tro·le·um [pɪˈtrəʊlɪəm] s ropa
naftowa

pet·ti·coat [ˈpetɪkəʊt] s halka;
przen. kobieta, dziewczyna

pet·tish [ˈpetɪʃ] adj drażliwy, o-
pryskliwy

pet·ty [ˈpetɪ] adj drobny, mało
znaczący

pet·u·lance [ˈpetjʊləns] s drażliwość; rozdrażnienie

pew [pju] s ławka (w kościele)

pe·wit [ˈpiwɪt] s zool. czajka

pew·ter [ˈpjutə(r)] s naczynie cynowe

pha·lanx [ˈfælæŋks] s (pl ~es
[ˈfælæŋksɪz] lub phalanges
[fæˈlændʒɪz]) falanga

phan·tasm [ˈfæntæzm] s zjawa,
przywidzenie, urojenie

phan·ta·sy [ˈfæntəsɪ] s = fantasy

phan·tom [ˈfæntəm] s widmo,
zjawa, fantom; złudzenie

Phar·i·see [ˈfærɪsi] s faryzeusz, hipokryta

phar·ma·cy [ˈfɑməsɪ] s apteka; farmacja

phase [feɪz] s faza

pheas·ant [ˈfeznt] s zool. bażant

phe·nom·e·non [fɪˈnɒmɪnən] s (pl **phenomena** [fɪˈnɒmɪnə]) fenomen, zjawisko

phi·al [ˈfaɪəl] s fiolka, flaszeczka

phi·lan·thro·pist [fɪˈlænθrəpɪst] s filantrop

phi·lat·e·list [fɪˈlætəlɪst] s filatelista

phi·lat·e·ly [fɪˈlætəlɪ] s filatelistyka

Phi·lis·tine [ˈfɪlɪstaɪn] s wróg (sztuki, literatury itd.); filister

phil·o·log·i·cal [ˈfɪləˈlɒdʒɪkl] adj filologiczny

phi·lol·o·gist [fɪˈlɒlədʒɪst] s filolog

phi·lol·o·gy [fɪˈlɒlədʒɪ] s filologia

phi·los·o·pher [fɪˈlɒsəfə(r)] s filozof

phil·o·soph·ic(al) [ˈfɪləˈsɒfɪk(l)] adj filozoficzny

phi·los·o·phy [fɪˈlɒsəfɪ] s filozofia

pniz [fɪz] s pot. gęba, facjata

phlegm [flem] s flegma

phleg·mat·ic [flegˈmætɪk] adj flegmatyczny

phone 1. [fəʊn] s gram. głoska

phone 2. [fəʊn] s pot. = **telephone**; vt vi dzwonić, telefonować

pho·net·ic [fəˈnetɪk] adj fonetyczny

pho·net·ics [fəˈnetɪks] s fonetyka

pho·ney [ˈfəʊnɪ] adj pot. fałszywy, udawany

phos·phate [ˈfɒsfeɪt] s chem. fosfat, fosforan; miner. fosforyt

phos·phor·us [ˈfɒsfərəs] s chem. fosfor

photo [ˈfəʊtəʊ] s skr. = **photograph** s

pho·to·graph [ˈfəʊtəgrɑf] s fotografia, zdjęcie; vt fotografować

pho·tog·ra·pher [fəˈtɒgrəfə(r)] s fotograf

pho·tog·ra·phy [fəˈtɒgrəfɪ] s foto-

grafia (sztuka fotografowania)

phrase [freɪz] s zwrot, fraza

phra·se·ol·o·gy [ˈfreɪzɪˈɒlədʒɪ] s frazeologia

phthi·sis [ˈθaɪsɪs] s med. gruźlica

phys·ic [ˈfɪzɪk] s lekarstwo; vt leczyć (lekarstwami)

phys·i·cal [ˈfɪzɪkl] adj fizyczny

phy·si·cian [fɪˈzɪʃn] s lekarz

phys·i·cist [ˈfɪzɪsɪst] s fizyk

phys·ics [ˈfɪzɪks] s fizyka

phys·i·og·no·my [ˈfɪzɪˈɒnəmɪ] s fizjonomia

phys·i·o·log·i·cal [ˈfɪzɪəˈlɒdʒɪkl] adj fizjologiczny

phys·i·ol·o·gy [ˈfɪzɪˈɒlədʒɪ] s fizjologia

phy·sique [fɪˈzik] s budowa ciała

pi·an·ist [ˈpɪənɪst] s pianista

pi·an·o [pɪˈænəʊ] s fortepian; **cottage** ⟨upright⟩ ~ pianino

pick [pɪk] vt wybierać, sortować; kopać (motyką, kilofem); przetykać; skubać; dłubać (w zębach, w nosie); okradać; zbierać ⟨przebierać⟩ (np. owoce); **to ~ sb's pocket** wyciągnąć coś komuś z kieszeni; vi kraść; **to ~ at one's food** jeść małymi kęsami; dłubać w talerzu; **to ~ at sb** czepiać się kogoś; **~ off** zrywać, zdzierać; powystrzelać; **~ out** wybierać; wyrywać; wyśledzić; **~ up** podnosić; zbierać; zgarniać; nauczyć się (sth czegoś); natrafić ⟨natknąć się⟩ (sth na coś); (o taksówce, kierowcy) zabrać (sb kogoś); złapać (w radiu); **~ up courage** zebrać się na odwagę; **~ up an acquaintance** zawrzeć okolicznościową znajomość; **~ up a quarrel** wywołać kłótnię; s motyka, kilof; uderzenie kilofem ⟨motyką⟩; wybór, elita, przen. śmietanka; zbiór (owoców itd.)

pick·a·back [ˈpɪk ə bæk] adv (nieść) na plecach, (o dziecku) na barana

pick·axe [ˈpɪkæks] s oskar, kilof, motyka

pick·et [ˈpɪkɪt] s kół, pal; pikieta;

pickle 264

vt vi otaczać palami; obstawiać pikietami, pikietować

pick·le [`prkl`] *s* marynata; *pl* ~s marynowane jarzyny, pikle; *vt* marynować

pick·pock·et [`pɪkpokɪt`] *s* złodziej kieszonkowy

pick-up [`pɪkʌp`] *s* przygodna znajomość; adapter; *sport* odbicie piłki; *am.* mały samochód półciężarowy

pic·nic [`pɪknɪk`] *s* piknik; *vi* urządzać piknik

pic·to·ri·al [pɪk`tɔrɪəl`] *adj* malowniczy; malarski; ilustrowany; *s* pismo ilustrowane

pic·ture [`pɪktʃə(r)`] *s* obraz, rycina, rysunek; portret; zdjęcie; to take a ~ zrobić zdjęcie; *pl* ~s film, kino; *vt* wyobrażać, przedstawiać, malować

pic·ture-house [`pɪktʃəhaus`] *s* kino (budynek)

pic·tur·esque [ˌpɪktʃə`resk`] *adj* malowniczy

pidg·in [`pɪdʒɪn`] *s* (*także* ~ English) łamana angielszczyzna

pie 1. [paɪ] *s* sroka

pie 2. [paɪ] *s* pasztecik, pierożek; ciastko, placek

piece [pis] *s* kawałek; część; sztuka; utwór (sceniczny, muzyczny); moneta; *wojsk.* działo; robota akordowa; in ~s w kawałkach; ~ by ~ po kawałku; to go to ~s rozlecieć się na kawałki; stracić panowanie nad sobą; to take to ~s rozebrać na części; *vt* sztukować, łatać; ~ on nałożyć, dosztukować; ~ out uzupełnić; zestawić; ~ together złożyć w całość; ~ up połatać

piece·meal [`pismil`] *adj* częściowy, robiony częściami ⟨po kawałku⟩; *adv* częściami, po kawałku; na części

piece-work [`piswɜk`] *s* praca akordowa

pier [pɪə(r)] *s* molo, falochron

pierce [pɪəs] *vt* przebić, przeszyć, przekłuć; przeniknąć; wbić się

pi·e·ty [`paɪətɪ`] *s* pobożność

pig [pɪg] *s* prosiak, świnia

pig·eon [`pɪdʒən`] *s* gołąb

pig·eon-hole [`pɪdʒən həul`] *s* przegródka, szufladka (w biurku itd.); wejście do gołębnika; *vt* umieszczać w przegródkach, segregować (papiery); *przen.* odłożyć (sprawę) do szuflady

pig·gish [`pɪgɪʃ`] *adj* świński, brudny; ordynarny, wstrętny

pig·head·ed [`pɪg`hedɪd`] *adj* głupi; uparty

pig-iron [`pɪg aɪən`] *s* żeliwo, surówka (metalu)

pig·my = **pygmy**

pig·sty [`pɪgstaɪ`] *s* chlew

pig·tail [`pɪgteɪl`] *s* warkocz; tytoń pleciony

pike 1. [paɪk] *s* pika, włócznia; kilof; ostrze

pike 2. [paɪk] *s* szczupak

pile 1. [paɪl] *s* kupa, sterta, stos; *elektr.* bateria, stos; gmach; blok; *vt* rzucać na kupę; (*także* ~ on ⟨up⟩) gromadzić; piętrzyć

pile 2. [paɪl] *s* pal; *vt* wbijać pale

pile 3. [paɪl] *s* meszek (na tkaninie), wełna

pil·fer [`pɪlfə(r)`] *vt* ukraść, *pot.* zwędzić

pil·grim [`pɪlgrɪm`] *s* pielgrzym

pil·grim·age [`pɪlgrɪmɪdʒ`] *s* pielgrzymka

pill [pɪl] *s* pigułka

pil·lage [`pɪlɪdʒ`] *s* grabież, rabunek; *vt* rabować, grabić

pil·lar [`pɪlə(r)`] *s* słup, filar

pill-box [`pɪl boks`] *s* pudełko na pigułki; mała okrągła czapeczka; *wojsk.* schron betonowy

pil·lar-box [`pɪlə boks`] *s* skrzynka pocztowa (stojąca)

pil·lion [`pɪlɪən`] *s* tylne siodełko (motocykla)

pil·lo·ry [`pɪlərɪ`] *s* pręgierz; *vt* postawić pod pręgierzem

pil·low [`pɪləu`] *s* poduszka

pil·low-case [`pɪləu keɪs`] *s* poszewka

pi·lot [`paɪlət] s pilot; vt pilotować

pi·lot·age [`paɪlətɪdʒ] s pilotaż

pim·ple [`pɪmpl] s pryszcz

pim·pled [`pɪmpld], pim·ply [`pɪm plɪ] adj pryszczaty

pin [pɪn] s szpilka; vt przyszpilić, przymocować, przygwoździć

pin·a·fore [`pɪnəfɔ(r)] s fartuszek (dziecinny)

pin·cers [`pɪnsəz] s pl szczypce, kleszcze, obcążki

pinch [pɪntʃ] vt vi szczypać; przycisnąć; (o bucie) uciskać, uwierać; pot. porwać; buchnąć; s uszczypnięcie, szczypanie; ucisk; nagły ból; szczypta

pine 1. [paɪn] s sosna; pot. bot. ananas

pine 2. [paɪn] vt schnąć, marnieć; bardzo tęsknić (after ⟨for⟩ sb, sth za kimś, czymś); ~ away marnieć, ginąć

pine·ap·ple [`paɪnæpl] s bot. ananas

pin·ion [`pɪnɪən] s koniec (ptasiego) skrzydła, lotka; kółko zębate; vt podciąć skrzydła; związać ręce, skrępować

pink 1. [pɪŋk] s bot. goździk; kolor różowy; adj różowy; vt zaróżowić

pink 2. [pɪŋk] vt przebijać; dziurkować, ząbkować

pin·na·cle [`pɪnəkl] s szczyt, wierzchołek; wieżyczka

pin·point [`pɪn pɔɪnt] s koniec szpilki; vt dokładnie określić, ustalić położenie; zbombardować

pint [paɪnt] s pół kwarty

pi·o·neer [ˌpaɪə`nɪə(r)] s pionier; vt vi wykonywać pionierską pracę, torować drogę

pi·ous [`paɪəs] adj pobożny

pip [pɪp] s ziarnko (pestka) owocu; gwiazdka (oficerska); oczko (w grze)

pipe [paɪp] s rura, rurka; przewód; fujarka; fajka; pl ~s kobza; (także bagpipe) dudy; vt vi grać na fujarce ⟨piszczałce, kobzie⟩ świstać, gwizdać; świergotać;

skanalizować (a house dom)

pipe·line [`paɪplaɪn] s rurociąg

pip·er [`paɪpə(r)] s grający na fujarce; kobziarz; to pay the ~ ponosić konsekwencje

pip·ing [`paɪpɪŋ] ppraes i s instalacja rurowa; sieć wodociągowa ⟨gazowa itd.⟩; gra na fujarce ⟨kobzie itp.⟩; świst; świergot

pi·quant [`pikənt] adj pikantny

pique [pik] vt ubóść, dotknąć ⟨kogoś⟩; obrazić; zaciekawić; s uraza, żal

pi·rate [`paɪərət⟩ s pirat, korsarz; plagiator; vt vi rabować, uprawiać korsarstwo

pis·til [`pɪstl] s bot. słupek

pis·tol [`pɪstl] s pistolet

pis·ton [`pɪstn] s techn. tłok

pit [pɪt] s dół, jama; kopalnia, szyb; pułapka, wilczy dół; am. miejsce transakcji giełdowych

pitch 1. [pɪtʃ] s smoła; vt smołować

pitch 2. [pɪtʃ] vt ustawiać, lokować; wystawiać (towary); rozbijać (namiot, obóz); wojsk. ustawiać w szyku bojowym; stroić (instrument); nadziewać (np. na widły); sport rzucać (oszczepem itd.); vi rzucić się (into sb na kogoś); opaść, zapaść się; s szczyt, wierzchołek; stopień, natężenie; wysokość głosu ⟨tonu⟩; poziom lotu; spadek, upadek; rzut; miejsce (przekupnia, żebraka itd.); stanowisko

pitch·er [`pɪtʃə(r)] s dzban; sport (w baseballu) zawodnik rzucający piłkę; kamień brukowy

pitch·fork [`pɪtʃfɔk] s widły

pit·e·ous [`pɪtɪəs] adj żałosny

pit·fall [`pɪtfɔl] s pułapka

pith [pɪθ] s rdzeń, szpik; przen. wigor

pit·head [`pɪthed] s wejście do szybu, nadszybie

pith·y [`pɪθɪ] adj rdzeniowy; przen. pełen wigoru ⟨energii⟩, jędrny; treściwy

pit·i·a·ble [`pɪtɪəbl] adj żałosny

pit·i·ful [`pɪtɪfl] *adj* litościwy, współczujący; żałosny, nędzny

pit·i·less [`pɪtɪləs] *adj* bezlitosny

pit·man [`pɪtmən] *s* górnik

pit·tance [`pɪtns] *s* nędzne wynagrodzenie; nędzna porcja, ochłap

pit·y [`pɪtɪ] *s* litość, politowanie; szkoda; **to take** ⟨have⟩ ~ litować się (on ⟨upon⟩ sb nad kimś); **what a** ~! jaka szkoda!; **a thousand pities** wielka szkoda; *vt* litować się (sb nad kimś); żałować (sb kogoś)

piv·ot [`pɪvət] *s* oś; czop (osi); *przen.* oś ⟨sedno⟩ (sprawy)

plac·ard [`plækəd] *s* plakat, afisz; *vt* rozlepiać afisze, ogłaszać

pla·cate [plə`keɪt] *vt* łagodzić, zjednywać sobie

place [pleɪs] *s* miejsce; miejscowość; siedziba; lokal; ulica, plac; dom, posiadłość; lokal, zakład; posada, zawód; **to give** ~ ustąpić; **to take** ~ odbyć ⟨wydarzyć, zdarzyć⟩ się; **to take the** ~ **of** sb, sth zastąpić kogoś, coś; **in** ~ na miejscu; stosowny; **in** ~ **of** zamiast; **out of** ~ nie na miejscu, nieodpowiedni; **in the first** ~ przede wszystkim; *vt* umieścić, pomieścić; kłaść, stawiać; określić miejsce, umiejscowić

plac·id [`plæsɪd] *adj* spokojny, łagodny

pla·gi·a·rize [`pleɪdʒəraɪz] *vt* popełniać plagiat

pla·gi·a·ry [`pleɪdʒərɪ] *s* plagiat; plagiator

plague [pleɪg] *s* zaraza, plaga; *vt* dotknąć plagą; *przen.* dręczyć

plaid [plæd] *s* pled (*zw.* w kratę)

plain [pleɪn] *adj* gładki, prosty; zrozumiały, jasny; wyraźny; otwarty, szczery; pospolity, zwyczajny; ~ **dealing** uczciwe postępowanie; ~ **living** prosty tryb życia; **in** ~ **clothes** w cywilnym ubraniu; ~ **clothes man** policjant w cywilnym ubraniu; *pot.* taj-

niak

plain·tiff [`pleɪntɪf] *s prawn.* oskarżyciel, powód

plain·tive [`pleɪntɪv] *adj* żałosny

plait [plæt] *s* fałda; warkocz; plecionka; *vt* układać w fałdy; splatać

plan [plæn] *s* plan, projekt, zamiar; *vt* planować, zamierzać

plane 1. [pleɪn] *s* samolot; *vi* lecieć samolotem, szybować

plane 2. [pleɪn] *adj* płaski, równy; *s* płaszczyzna; poziom; hebel, strug; *vt* gładzić, wyrównywać; heblować

plan·et [`plænɪt] *s* planeta

plank [plæŋk] *s* deska; (główny) punkt programu politycznego; *vt* obijać deskami, szalować

plant [plant] *s* roślina; instalacje, warsztaty, urządzenie fabryki; fabryka; *vt* sadzić; siać; wsadzać, wtykać; wszczepić, wpoić; osiedlać; umieszczać, ustawiać; założyć (miasto itd.)

plan·ta·tion [plæn`teɪʃn] *s* plantacja

plant·er [`plantə(r)] *s* plantator; maszyna do flancowania sadzonek

plaque [plak] *s* plakietka; płyta pamiątkowa

plash [plæʃ] *vt vi* pluskać; *s* plusk

plas·ter [`plastə(r)] *s* gips; tynk; *med.* plaster; *vt* gipsować; tynkować; przyłożyć plaster

plas·tic [`plæstɪk] *adj* plastyczny; plastykowy; *s* plastyk, tworzywo sztuczne

plas·tron [`plæstrən] *s* gors; napierśnik

plate [pleɪt] *s* płyta, tafla; talerz; klisza; sztych; *zbior.* naczynia metalowe, platery; *vt* platerować, pokryć metalem; opancerzyć

pla·teau [`plætəʊ] *s* płaskowzgórze; taca, patera

plat·form [`plætfəm] *s* platforma; peron; trybuna, estrada

plat·i·num [`plætnəm] *s* platyna

pledge

plat·i·tude [ˈplætɪtjud] s płytkość (wypowiedzi itd.); banał

pla·toon [pləˈtun] s wojsk. pluton

plau·si·ble [ˈplɔzəbl] adj możliwy do przyjęcia, prawdopodobny, pozornie uzasadniony

play [pleɪ] vt vi bawić się (at sth w coś; with sth czymś); igrać, swawolić; grać (at sth w coś); grać ⟨odgrywać⟩ rolę; udawać; sport rozegrać (mecz); (o świetle, kolorach) mienić się; to ~ cards ⟨football⟩ grać w karty ⟨w piłkę nożną⟩; to ~ fair grać przepisowo; przen. postępować uczciwie; to ~ (on) the violin grać na skrzypcach; to ~ tricks płatać figle; to ~ the fool udawać głupiego; ~ away przegrać (majątek itd.); ~ down lekceważyć, nie doceniać; ~ off symulować; żartować sobie ⟨sb z kogoś⟩; ~ out grać do końca; ~ed out zgrany, zużyty, przebrzmiały; s gra, zabawa, rozrywka; figiel, żart; sztuka sceniczna; sport rozgrywka

play·er [ˈpleɪə(r)] s gracz; aktor; muzyk; sport zawodowiec

play·fel·low [ˈpleɪfeləʊ] s towarzysz zabaw dziecięcych

play·ful [ˈpleɪfl] adj figlarny, wesoły; żartobliwy

play·ground [ˈpleɪgraʊnd] s boisko

play·house [ˈpleɪhaʊs] s teatr

play·ing-field [ˈpleɪɪŋ fild] s boisko

play·mate [ˈpleɪmeɪt] = playfellow

play·off [ˈpleɪɔf] s sport dogrywka

play·thing [ˈpleɪθɪŋ] s zabawka

play·wright [ˈpleɪraɪt] s dramaturg

plea [pli] s usilna prośba; usprawiedliwienie; pretekst; prawn. obrona (wygłaszana przez oskarżonego)

plead [plid] vt vi ujmować się (for sb ⟨in sb's favour⟩ za kimś); błagać (with sb for sth kogoś o coś); usprawiedliwiać się; powoływać się (sth na coś); prawn. bronić

(w sądzie), wygłaszać mowę obrończą; to ~ ignorance tłumaczyć się nieświadomością; to ~ guilty przyznać się do winy

plead·er [ˈplidə(r)] s prawn. obrońca

pleas·ant [ˈplezənt] adj miły, przyjemny; figlarny

pleas·ant·ry [ˈplezntrɪ] s żartobliwość, figlarność; żart

please [pliz] vt vi podobać się, sprawiać przyjemność, być miłym; uznać ⟨uważać⟩ za stosowne ⟨odpowiednie⟩; zadowolić, zaspokoić; vr ~ oneself znajdować upodobanie; robić po swojemu; ~ come in! proszę wejść!; if you ~ proszę bardzo; ~ not to go out proszę nie wychodzić; to be ~d być zadowolonym (with sth z czegoś); mieć przyjemność (at sth w czymś); raczyć; I am ~d to say z przyjemnością stwierdzam ⟨mówię⟩; do as you ~ rób, jak chcesz

pleas·ing [ˈplizɪŋ] ppraes i adj miły, ujmujący

pleas·ure [ˈpleʒə(r)] s przyjemność; to take ~ in doing sth mieć ⟨znajdować⟩ przyjemność w czymś; at ~ do woli; at your ~ według twego upodobania

pleas·ure-boat [ˈpleʒəbəʊt] s łódź spacerowa

pleas·ure-ground [ˈpleʒəgraʊnd] s park przeznaczony do zabaw (gier)

pleat [plit] s fałda, zakładka, plisa; vt układać w fałdy, plisować

ple·be·ian [plɪˈbiən] adj plebejski; s plebejusz

pleb·i·scite [ˈplebɪsɪt] s plebiscyt

pledge [pledʒ] s zastaw, gwarancja; ślubowanie; zobowiązanie; to take the ~ ślubować wstrzemięźliwość (od alkoholu); vt dawać w zastaw, zastawiać; ślubować; zobowiązywać się pod słowem honoru (sth do czegoś); to ~ one's word dawać słowo honoru;

vr ~ oneself zobowiązywać się pod słowem honoru

ple·na·ry [ˈpliːnərɪ] *adj* plenarny; całkowity

plen·i·po·ten·ti·ar·y [ˈplenɪpəˈtenʃərɪ] *adj* pełnomocny; *s* pełnomocnik

plen·i·tude [ˈplenɪtjuːd] *s* pełnia ⟨obfitość⟩ (of sth czegoś)

plen·ti·ful [ˈplentɪfl] *adj* obfity, liczny

plen·ty [ˈplentɪ] *s* obfitość, duża ilość; ~ of dużo

ple·num [ˈpliːnəm] *s* plenum

pli·a·ble [ˈplaɪəbl] *adj* giętki, podatny, ustępliwy

pli·ant [ˈplaɪənt] = **pliable**

pli·ca [ˈplaɪkə] *s* (*pl* ~e [ˈplaɪsiː]) *med.* kołtun; *anat.* fałda

pli·ers [ˈplaɪəz] *s pl* szczypce, kleszcze

plight 1. [plaɪt] *s* położenie (*zw.* trudne), sytuacja

plight 2. [plaɪt] *s* przyrzeczenie, ślubowanie; *vt* przyrzekać, ślubować; *vr* ~ oneself ślubować wierność

plod [plod] *vi* wlec się z trudem; (*także* ~ along) ciężko pracować, harować (at sth nad czymś); wkuwać (lekcje itd.)

plod·der [ˈplodə(r)] *s* człowiek wytrwale ⟨ciężko⟩ pracujący

plot 1. [plot] *s* kawałek gruntu, działka

plot 2. [plot] *s* spisek, intryga; temat ⟨fabuła, akcja⟩ (powieści, dramatu); *vt* spiskować, intrygować, knuć

plot·ter [ˈplotə(r)] *s* intrygant, spiskowiec

plough [plaʊ] *s* pług; *vt vi* orać; pruć (fale, powietrze); *pot.* oblać egzamin; ~ up przeorać, zorać

plough·man [ˈplaʊmən] *s* oracz

plow, plow·man *am.* = **plough, ploughman**

pluck [plʌk] *vt* skubać, rwać, szarpać, pociągać; wyrywać; *pot.* ścinać przy egzaminie; ~ up one's courage zebrać się na odwagę;

vi szarpać (at sth coś); *s* skubanie, szarpnięcie; *zbior.* podróbki; *pot.* oblanie egzaminu; odwaga, śmiałość

pluck·y [ˈplʌkɪ] *adj* odważny, śmiały

plug [plʌg] *s* szpunt, czop, wtyczka; sztyft; tampon; świeca (w silniku); *dent.* plomba; *vt* szpuntować, zatykać; ~ in wetknąć wtyczkę (do kontaktu)

plum [plʌm] *s* śliwka; rodzynek (w cieście)

plum·age [ˈpluːmɪdʒ] *s* upierzenie; *zbior.* pióra

plumb [plʌm] *s* kulka ołowiana (u pionu); (*także* ~-line) pion; out of ~ nie w pionie, nie prostopadle; *adj* pionowy; *adv* pionowo, prosto; *pot.* całkowicie, dokładnie; *vt* badać ⟨ustalać⟩ pion, sondować; *przen.* zgłębiać, przenikać

plumb·er [ˈplʌmə(r)] *s* monter, hydraulik

plume [pluːm] *s* pióro; pióropusz; *vt* zdobić w pióra ⟨pióropuszem⟩; *vr* ~ oneself pysznić się

plump 1. [plʌmp] *adj* pulchny, tłusty; *vt* tuczyć; *vi* nabierać ciała

plump 2. [plʌmp] *vt* cisnąć, rzucić; *vi* ciężko upaść; *s* (ciężki) upadek; *adj* kategoryczny, bez ogródek; *adv* prosto z mostu, otwarcie; nagle; ciężko

plum-pud·ding [ˈplʌmˈpʊdɪŋ] *s* budyń z rodzynkami

plun·der [ˈplʌndə(r)] *vt vi* plądrować, grabić; *s* grabież; łup

plunge [plʌndʒ] *vt vi* zanurzać ⟨pogrążać, zagłębiać⟩ (się) (into sth w coś); nurkować, rzucać się, wpadać; wsadzać, wtykać; *s* zanurzenie (się), skok do wody, nurkowanie

plung·er [ˈplʌndʒə(r)] *s* nurek

plu·per·fect [ˈpluːˈpɜːfɪkt] *adj gram.* zaprzeszły; *s gram.* czas zaprzeszły

plu·ral [ˈpluərl] *adj* pluralny; *gram.* mnogi; *s gram.* liczba mnoga

plu·ral·i·ty [pluəˈrælətɪ] *s* wielość, mnogość; większość

plus [plʌs] *adv i praep* plus; i; *adj* dodatkowy, dodatni; *s* plus, znak dodawania

plus-fours [ˈplʌsˈfɔz] *s pl* pumpy

plush [plʌʃ] *s* plusz

ply 1. [plaɪ] *s* fałda; skłonność; warstwa; zwój, pasmo

ply 2. [plaɪ] *vt vi* wykonywać, uprawiać (sth coś); bez przerwy (pilnie) pracować; regularnie kursować; natarczywie częstować; zasypywać (pytaniami, faktami itd.)

ply·wood [ˈplaɪwud] *s* dykta, sklejka

pneu·mat·ic [njuˈmætɪk] *adj* pneumatyczny

pneu·mat·ics [njuˈmætɪks] *s* pneumatyka

pneu·mo·ni·a [njuˈməunɪə] *s* zapalenie płuc

poach 1. [pəutʃ] *vi* uprawiać kłusownictwo; (*o ziemi*) rozmiękać; *vt* rozdeptywać

poach 2. [pəutʃ] *vt* gotować (jajko) bez skorupy

poach·er [ˈpəutʃə(r)] *s* kłusownik

pock·et [ˈpɔkɪt] *s* kieszeń; *vt* włożyć do kieszeni; *adj attr* kieszonkowy; ~ edition wydanie kieszonkowe

pock·et-book [ˈpɔkɪtbuk] *s* notatnik; portfel

pock·et-knife [ˈpɔkɪtnaɪf] (*pl* pock-et-knives [ˈpɔkɪtnaɪvz]) *s* scyzoryk

pock·et-mon·ey [ˈpɔkɪt mʌnɪ] *s* kieszonkowe

pock-marked [ˈpɔkmɑkt] *adj* dziobaty, ospowaty

pod [pɔd] *s* strączek; kokon

podg·y [ˈpɔdʒɪ] *adj* pękaty, przysadzisty

po·em [ˈpəuɪm] *s* poemat, wiersz

po·et [ˈpəuɪt] *s* poeta

po·et·ic(al) [pəuˈetɪk(l)] *adj* poetyczny, poetycki

po·et·ry [ˈpəuɪtrɪ] *s* poezja

poign·ant [ˈpɔɪnjənt] *adj* przejmujący, chwytający za serce; dojmujący; ostry; cierpki; sarkastyczny

point [pɔɪnt] *s* punkt; cel, zamiar; istota rzeczy, sedno sprawy; sens; kwestia, sprawa; pozycja, szczegół; chwila, moment; punkt widzenia, teza; ostry koniec, ostrze; stopień (np. napięcia); kreska (na termometrze); cecha charakterystyczna; ~ of exclamation *gram.* wykrzyknik; ~ of interrogation *gram.* pytajnik; full ~ *gram.* kropka; to carry ⟨win⟩ one's ~ osiągnąć cel ⟨swoje⟩; in ~ trafny, w sam raz; the case in ~ odpowiedni ⟨stosowny⟩ wypadek; to, o co chodzi; this is not the ~ to nie należy do rzeczy, nie o to chodzi; in ~ of pod względem, odnośnie do; in ~ of fact faktycznie; to the ~ do rzeczy; off the ~ nie na temat; to make a ~ of sth uważać coś za rzecz konieczną; at ⟨in⟩ all ~s całkowicie; to be on the ~ of doing sth mieć właśnie coś zrobić; I see your ~ rozumiem, o co ci chodzi; to make a ~ uważać za rzecz zasadniczą; *vt* punktować; kropkować; ostrzyć; wskazywać; nastawiać, celować (np. the revolver at sb z rewolweru do kogoś); *vi* wskazywać (at ⟨to⟩ sb, sth na kogoś, coś); ukazywać (to sth coś); zwracać uwagę (at sth na coś); zmierzać ⟨dążyć⟩ (at ⟨towards⟩ sth do czegoś); ~ out wykazywać, uwydatniać, zaznaczać

point-blank [ˈpɔɪnt ˈblæŋk] *adv* bezpośrednio, wprost; kategorycznie

point-du·ty [ˈpɔɪnt djutɪ] *s* służba na posterunku

point·ed [ˈpɔɪntɪd] *pp i adj* zaostrzony; spiczasty; ostry; dosadny, dobitny; cięty, zjadliwy

poise [pɔɪz] *vt* ważyć, równoważyć, utrzymywać w równowadze; trzymać w powietrzu; *przen.* rozważać; *vi* wisieć 〈unosić się〉 w powietrzu; być zrównoważonym; *s* równowaga; spokój; zrównoważona postawa; postawa, sposób trzymania głowy, stan zawieszenia

poi·son [ˈpɔɪzn] *s* trucizna; *vt* truć

poi·son·ous [ˈpɔɪznəs] *adj* trujący

poke [pəuk] *vt* wtykać, wpychać, szturchać; grzebać (np. w piecu); to ~ fun żartować sobie (at sb, sth z kogoś, czegoś); *vi* szperać, myszkować; szturchać, trącać (at sb, sth kogoś, coś)

pok·er 1. [ˈpəukə(r)] *s* pogrzebacz

pok·er 2. [ˈpəukə(r)] *s* poker (gra)

po·lar [ˈpəulə(r)] *adj* polarny; *mat. geogr.* biegunowy

pole 1. [pəul] *s* biegun

pole 2. [pəul] *s* drąg, słup, tyka, maszt; *sport* ~ jump skok o tyczce

Pole 3. [pəul] *s* Polak, Polka

pole·cat [ˈpəulkæt] *s zool.* tchórz

po·lem·ic [pəˈlemɪk] *adj* polemiczny; *s* polemista; polemika

po·lem·ics [pəˈlemɪks] *s* polemika

po·lice [pəˈlis] *s* policja; *zbior.* policjanci; *vt* utrzymywać porządek za pomocą policji; patrolować

po·lice·man [pəˈlismən] *s* policjant

po·lice·sta·tion [pəˈlis steɪʃn] *s* posterunek policji

pol·i·cy 1. [ˈpoləsɪ] *s* polityka (jako racja stanu), mądrość polityczna; kierunek; kurs, linia, taktyka; dyplomacja

pol·i·cy 2. [ˈpoləsɪ] *s* polisa (ubezpieczeniowa)

pol·i·o [ˈpəulɪəu], **pol·i·o·my·e·li·tis** [ˈpəulɪəuˌmaɪəˈlaɪtɪs] *s med.* paraliż dziecięcy, Heine-Medina

pol·ish 1. [ˈpolɪʃ] *s* połysk; politura; pasta; ogłada; *vt* politurować; nadawać połysk; czyścić

(np. buty); nadać ogładę 〈polor〉 (sb komuś)

Pol·ish 2. [ˈpəulɪʃ] *adj* polski; *s* język polski

pol·ished [ˈpolɪʃt] *adj* wytworny, z ogładą

po·lite [pəˈlaɪt] *adj* grzeczny, uprzejmy

pol·i·tic [ˈpolətɪk] *adj* przezorny, rozsądny, zręczny; † the body ~ państwo (jako organizm państwowy)

po·lit·i·cal [pəˈlɪtɪkl] *adj* polityczny

pol·i·ti·cian [ˌpoləˈtɪʃn] *s* polityk

pol·i·tics [ˈpolətɪks] *s* polityka (jako praktyczna umiejętność rządzenia państwem), taktyka polityczna

pol·i·ty [ˈpolətɪ] *s* polityka administracyjna, forma rządzenia, ustrój

poll [pəul] *s* spis wyborców; głosowanie (wyborcze); obliczanie głosów; ankieta; *vt* obcinać rogi; przycinać (np. drzewo); oddawać (głos); liczyć głosy; otrzymać (głosy); *vi* głosować

pol·lute [pəˈlut] *vt* zanieczyścić, skazić

pol·lu·tion [pəˈluʃn] *s* zanieczyszczenie, skażenie; polucja

pol·y·gon [ˈpolɪgən] *s* wielokąt

pol·y·syl·lab·ic [ˌpolɪsɪˈlæbɪk] *adj* wielozgłoskowy

pol·y·tech·nic [ˌpolɪˈteknɪk] *s* politechniczny; *s* zawodowa szkoła techniczna

pome·gran·ate [ˈpomɪgrænət] *s bot.* granat (owoc i drzewo)

po·mi·cul·ture [ˈpomɪˌkʌltʃə(r)] *s* sadownictwo

pomp [pomp] *s* pompa, wystawność, parada

pom·pous [ˈpompəs] *adj* pompatyczny, nadęty; paradny, okazały

pond [pond] *s* staw

pon·der [ˈpondə(r)] *vt* rozważać; *vi* rozmyślać, zastanawiać się 〈on 〈over〉 sth nad czymś〉

pon·der·a·bil·i·ty ['pondərə'bɪlɪtɪ] s
ważkość

pon·der·ous ['pondərəs] adj ciężki;
ważny

pon·iard ['ponjəd] s sztylet

pon·tiff ['pontɪf] s arcykapłan; biskup

pon·tif·i·cate [pon'tɪfɪkeɪt] s pon-
tyfikat

pon·toon 1. [pon'tun] s ponton

pon·toon 2. [pon'tun] s gra hazar-
dowa w „oko"

pon·y ['pəʊnɪ] s kucyk

poo·dle ['pudl] s pudel

pool 1. [pul] s kałuża; sadzawka;
basen (pływacki)

pool 2. [pul] s pula (w grze);
wspólny fundusz; totalizator;
handl. rodzaj kartelu; vt gromadzić wspólny kapitał; gospoda-
rzyć wspólnym kapitałem

poor [pʊə(r)] adj ubogi; lichy; nie
mający znaczenia; nędzny; biedny, nieszczęśliwy

poor·ly ['pʊəlɪ] adv ubogo; licho;
adj niezdrów, mizerny

pop [pop] vt trzasnąć; rozerwać;
wystrzelić; cisnąć; vi rozrywać
się z trzaskiem, pęknąć; pot. ~
in zajrzeć ⟨wpaść⟩ (on sb do kogoś); ~ off zwiać, uciec; s trzask,
wystrzał; adv pot. z trzaskiem
⟨hukiem⟩

pope 1. [pəʊp] s papież

pope 2. [pəʊp] s pop (prawosławny)

pop·ish ['pəʊpɪʃ] adj uj. papieski

pop·lar ['poplə(r)] s topola

pop·lin ['poplɪn] s popelina

pop·py ['popɪ] s mak

pop·u·lace ['popjʊləs] s tłum, pospólstwo, lud

pop·u·lar ['popjʊlə(r)] adj ludowy;
popularny; potoczny

pop·u·lar·i·ty ['popjʊ'lærətɪ] s popularność

pop·u·lar·ize ['popjʊləraɪz] vt popularyzować

pop·u·late ['popjʊleɪt] vt zaludniać

pop·u·la·tion ['popjʊ'leɪʃn] s zaludnienie, ludność

pop·u·lous ['popjʊləs] adj ludny,
gęsto zaludniony

porce·lain ['poslɪn] s porcelana

porch [potʃ] s portyk; ganek; am.
weranda

pore 1. [po(r)] s anat. por; otworek

pore 2. [po(r)] vi ślęczeć (over sth
nad czymś); zamyślać się (upon
⟨at⟩ sth nad nad czymś)

pork [pok] s wieprzowina

por·nog·ra·phy [po'nogrəfɪ] s pornografia

po·ros·i·ty [po'rosətɪ] s porowatość

po·rous ['porəs] adj porowaty

por·ridge ['porɪdʒ] s kasza owsia-
na, owsianka

port 1. [pot] s mors. port

port 2. [pot] s techn. otwór, wlot;
brama miejska; mors. otwór ła-
dunkowy; (także ~hole) ilumina-
tor; lewa burta

port 3. [pot] s postawa, wygląd

port 4. [pot] s (także ~-wine) port-
wajn (rodzaj słodkiego wina)

port·a·ble ['potəbl] adj przenośny

por·tal ['potl] s arch. portal

por·tend [po'tend] vt zapowiadać,
przepowiadać

por·tent ['potent] s zapowiedz ⟨o-
znaka⟩ (np. burzy); omen

por·ten·tous [po'tentəs] adj zło-
wróżbny; nadzwyczajny, cudowny

por·ter 1. ['potə(r)] s portier

por·ter 2. ['potə(r)] s bagażowy

por·ter 3. ['potə(r)] s porter (gatunek piwa)

port·fo·li·o ['potfəʊlɪəʊ] s teka, aktówka; handl. portfel wekslowy

port·hole ['pothəʊl] s mors. ilumi-
nator; mors. † otwór strzelniczy

por·tion ['poʃn] s porcja, udział,
cząstka; partia (czegoś); los, dola; posag; vt dzielić (na porcje
⟨części⟩); (także ~ out) wydzielać

port·ly ['potlɪ] adj pełen godności; okazały; korpulentny

port·man·teau [pot'mæntəʊ] s walizka

por·trait [`pɔtrɪt] s portret

por·tray [pɔ`treɪ] vt portretować; odtwarzać, przedstawiać

por·tray·al [pɔ`treɪl] s portret; portretowanie; opis, przedstawienie

Por·tu·guese [`pɔtʃu`gɪz] adj portugalski; s Portugalczyk

pose [pəuz] s poza, postawa; vi pozować; vt stawiać (pytanie), wygłaszać (opinię)

pos·er [`pəuzə(r)] s łamigłówka, trudne pytanie

po·si·tion [pə`zɪʃn] s pozycja, położenie; pozycja społeczna; możność, stan; stanowisko; vt umieszczać; ustalać położenie

pos·i·tive [`pozətɪv] adj pozytywny; twierdzący; pewny, przekonany; dodatni; bezwzględny, stanowczy; gram. równy; s fot. pozytyw

pos·sess [pə`zes] vt posiadać; to be ~ed of sth posiadać coś na własność; władać (sth czymś); opętać

pos·sessed [pə`zest] pp i adj opanowany (także self-~); opętany (by the devil przez diabła)

pos·ses·sion [pə`zeʃn] s posiadanie; władanie (of sth czymś); posiadłość, posiadany przedmiot; panowanie nad sobą; to take ~ of sth objąć coś w posiadanie, zawładnąć czymś

pos·ses·sive [pə`zesɪv] adj dotyczący posiadania; (o chęci itd.) posiadania; gram. dzierżawczy; ~ case dopełniacz; s gram. dopełniacz; zaimek dzierżawczy

pos·ses·sor [pə`zesə(r)] s właściciel, posiadacz

pos·si·bil·i·ty [`posə`bɪlətɪ] s możliwość, możność

pos·si·ble [`posəbl] adj możliwy; ewentualny; as soon as ~ jak najszybciej

post 1. [pəust] s słup; vt naklejać na słupie, rozlepiać afisze, ogłaszać za pomocą afiszów, wywieszać (afisz, kartkę itp.)

post 2. [pəust] s poczta; by ~ pocz-

tą; by return of ~ odwrotną pocztą; vt posłać pocztą, wrzucić (list) do skrzynki pocztowej

post 3. [pəust] s posterunek; stanowisko, posada; vt umieścić na stanowisku, wyznaczyć (zadania, obowiązki)

post·age [`pəustɪdʒ] s opłata pocztowa

post·age·stamp [`pəustɪdʒ stæmp] s znaczek pocztowy

post·al [`pəustl] adj pocztowy; ~ card (am. ~) pocztówka

post·card [`pəustkad] s kartka pocztowa; picture ~ widokówka

post·er [`pəustə(r)] s afisz

pos·te·ri·or [po`stɪərɪə(r)] adj późniejszy, następny; tylny; s tył, tylna część

pos·ter·i·ty [po`sterətɪ] s potomność, potomkowie

post·free [`pəust `frɪ] adj wolne od opłaty pocztowej

post·grad·u·ate [`pəust `grædʒuət] adj dotyczący studiów po uzyskaniu stopnia uniwersyteckiego; s student kontynuujący naukę po uzyskaniu stopnia uniwersyteckiego, doktorant

post·hu·mous [`postjuməs] adj pośmiertny

post·man [`pəustmən] s listonosz

post·mark [`pəustmak] s stempel pocztowy

post·mas·ter [`pəustmastə(r)] s naczelnik poczty

post·mor·tem [pəust `mɔtem] adj attr pośmiertny; ~ examination obdukcja; s obdukcja

post·of·fice [`pəust ofɪs] s urząd pocztowy

post·paid [`pəust `peɪd] adj (o przesyłce pocztowej) opłacony

post·pone [pə`spəun] vt odraczać, odwlekać; podporządkowywać (sth to sth coś czemuś)

post·script [`pəusskrɪpt] s postscriptum

pos·tu·late [`postjuleɪt] vt domagać się; postulować; s postulat

pos·ture [`postʃə(r)] s położenie; postawa, poza

post-war [`pəustwə(r)] adj powojenny

po·sy [`pəuzi] s bukiet, wiązanka

pot [pot] s garnek; dzban; wazon; doniczka; czajniczek (do herbaty, kawy); nocnik; pot. sport puchar; to make the ~ boil z trudem zarabiać na kawałek chleba; vt włożyć do garnka; przechowywać ⟨konserwować⟩ w garnku; sadzić w doniczce

po·ta·to [pə`teitəu] s (pl ~es) ziemniak, kartofel

po·ta·to-bee·tle [pə`teitəu bitl] s stonka ziemniaczana

pot-boil·er [`potbɔilə(r)] s mierna praca autorska pisana dla zarobku, szmira, chałtura

po·tent [`pəutnt] adj silny, potężny; przekonywający; skuteczny

po·ten·tate [`pəutnteit] s potentat

po·ten·tial [pə`tenʃl] adj potencjalny

po·tion [`pəuʃn] s napój (zw. leczniczy)

pot-lid [`potlid] s pokrywka, przykrywka

pot·ter [`potə(r)] s garncarz

pot·ter·y [`potəri] s garncarstwo; wyroby garncarskie; garncarnia

pouch [pautʃ] s woreczek; kapciuch (na tytoń); kieszeń; wojsk. ładownica; vt włożyć do woreczka ⟨kieszeni⟩; wydymać

pouf [puf] s puf, miękki taboret

poul·tice [`pəultis] s gorący okład

poul·try [`pəultri] s drób

pounce [pauns] s pazur, szpon; gwałtowny ruch (ptaka drapieżnego); vt chwycić w szpony; vi błyskawicznie spaść ⟨skoczyć, rzucić się⟩ (upon sth na coś)

pound 1. [paund] s funt; (także ~ sterling) funt szterling

pound 2. [paund] vt vi tłuc ⟨walić⟩ (sth coś; at ⟨on⟩ sth w coś)

pound 3. [paund] s zagroda (dla zwierząt); vt zamknąć w zagrodzie

pour [pɔ(r)] vt vi nalewać, rozlewać, lać; ~ in napływać; ~ out wylewać (się); s ulewa

pout [paut] vt vi wydymać wargi; przen. robić kwaśną minę

pov·er·ty [`povəti] s ubóstwo

pow·der [`paudə(r)] s proch; proszek; puder; to posypać (proszkiem itd.); sproszkować; pudrować

pow·er [`pauə(r)] s potęga, moc, władza; możność, zdolność; mocarstwo; elektr. energia, siła; mat. potęga

pow·er·ful [`pauəfl] adj potężny, mocny; wpływowy

pow·er-nouse [`pauə haus] s elektrownia; pot. osoba pełna energii

pow·er·less [`pauəlis] adj bezsilny

pow·er-sta·tion [`pauə steiʃən] s = power-house

prac·ti·ca·ble [`præktikəbl] adj możliwy, do przeprowadzenia, wykonalny; nadający się do użytku

prac·ti·cal [`præktikl] adj praktyczny; realny; faktyczny

prac·ti·cal·ly [`præktikli] adv praktycznie; faktycznie, w istocie rzeczy, właściwie

prac·tice [`præktis] s praktyka, ćwiczenie; to be out of ~ wyjść z wprawy; to put in ⟨into⟩ ~ zrealizować

prac·tise [`præktis] vt praktykować; ćwiczyć (się)

prac·ti·tion·er [præk`tiʃnə(r)] s (zw. o lekarzu) praktyk; general ~ lekarz praktykujący ogólnie

prai·rie [`preəri] s preria

praise [preiz] vt chwalić, sławić; s chwała, pochwała

praise-wor·thy [`preizwɜði] adj godny pochwały, chwalebny

pram [præm] s pot. skr. = perambulator

prance [prans] vi (o koniu) stawać dęba; harcować; pot. (o człowieku) dumnie kroczyć; zadzierać nosa

prank 1. [præŋk] s psota, figiel, wybryk; **to play** ~s **dokazywać**; płatać figle (**on sb** komuś)

prank 2. [præŋk] vt stroić, zdobić

prate [preɪt] vt vi paplać; s paplanina

prat·tle [ˈprætl] vt vi paplać, bajdurzyć; szczebiotać; s paplanina; szczebiot

pray [preɪ] vt vi prosić ⟨błagać, modlić się⟩ (**for sth** o coś); ~! proszę!

prayer [ˈpreə(r)] s modlitwa; prośba; [ˈpreɪə(r)] modlący się

pre [priː] praef łac. przed-

preach [priːʃ] vi wygłaszać kazanie; vt głosić, wygłaszać (kazanie)

preach·er [ˈpriːʃə(r)] s kaznodzieja

pre·am·ble [priˈæmbl] s wstęp, wstępna uwaga

pre·ca·ri·ous [priˈkeərɪəs] adj niepewny, wątpliwy; niebezpieczny

pre·cau·tion [priˈkɔʃn] s ostrożność, środek ostrożności; **to take** ~s **zastosować środki ostrożności**

pre·cede [priˈsid] vt vi poprzedzać (w czasie); iść przodem; mieć pierwszeństwo (**sb, sth** przed kimś, czymś)

pre·ced·ence [ˈpresɪdəns] s pierwszeństwo

prec·e·dent 1. [ˈpresɪdənt] s precedens

pre·ced·ent 2. [priˈsidənt] adj poprzedzający, uprzedni

pre·ced·ing [priˈsidɪŋ] ppraes i adj poprzedzający, poprzedni; powyższy

pre·cept [ˈprisept] s reguła; nauka moralna, przykazanie; prawn. nakaz

pre·cep·tor [priˈseptə(r)] s nauczyciel, instruktor

pre·cinct [ˈprisɪŋkt] s obręb, zakres, granica; pl ~s najbliższe otoczenie, okolice; am. okręg wyborczy

pre·cious [ˈpreʃəs] adj drogocenny, wartościowy, cenny; (o kamieniu

itd.) szlachetny; afektowany; ukochany; pot. skończony, kompletny (np. dureń); adv pot. bardzo, szalenie

prec·i·pice [ˈpresəpɪs] s przepaść

pre·cip·i·tate [priˈsɪpɪteɪt] vt zrzucić, strącić; przyspieszyć; chem. strącić; vi spaść; osadzić się; vr ~ **oneself** rzucić się (**on** ⟨upon⟩ **sb, sth** na kogoś, coś); adj [priˈsɪpɪtət] spadzisty; gwałtowny, pośpieszny, nagły; s [priˈsɪpɪtət] osad

pre·cip·i·ta·tion [priˌsɪpɪˈteɪʃn] s zepchnięcie, zrzucenie; upadek; pośpiech, nagłość; chem. strącenie, osad

pre·cip·i·tous [priˈsɪpɪtəs] adj przepastny; stromy, urwisty

pré·cis [ˈpreɪsɪ] s streszczenie

pre·cise [priˈsaɪs] adj dokładny, ścisły; (o człowieku) skrupulatny

pre·ci·sion [priˈsɪʒn] s precyzja, ścisłość

pre·clude [priˈklud] vt uniemożliwiać, zapobiegać

pre·clu·sion [priˈkluʒn] s wykluczenie; zapobieżenie (**from sth** czemuś)

pre·clu·sive [priˈklusɪv] adj uniemożliwiający, wykluczający

pre·co·cious [priˈkəʊʃəs] adj przedwcześnie rozwinięty ⟨dojrzały⟩; przedwczesny

pre·coc·i·ty [priˈkɒsətɪ] s przedwczesny rozwój

pre·con·ceive [ˌprikənˈsiv] vt powziąć z góry (sąd, opinię), uprzedzić się (**sth** do czegoś)

pre·con·cep·tion [ˌprikənˈsepʃn] s z góry powzięty sąd; uprzedzenie

pre·cur·sor [priˈkɜsə(r)] s poprzednik, prekursor

pred·a·to·ry [ˈpredətərɪ] adj drapieżny; łupieżczy

pre·de·ces·sor [ˈpridɪsesə(r)] s poprzednik; przodek, antenat

pre·des·ti·nate [priˈdestɪneɪt] vt predestynować

pre·des·ti·na·tion [ˌpriˌdestɪˈneɪʃn] s predestynacja

pre·des·tine [pri`destin] = **predestinate**

pre·dic·a·ment [pri`dikəmənt] *s* ciężkie położenie, kłopot

pred·i·cate [`predikeit] *vt* orzekać, twierdzić; *s* [`predikət] *gram.* orzeczenie

pred·ic·a·tive [pri`dikətiv] *adj* orzekający; *gram.* orzecznikowy; *s gram.* orzecznik

pre·dict [pri`dikt] *vt* przepowiadać, prorokować

pre·di·lec·tion [`pridi`lekʃn] *s* szczególne upodobanie (**for** sth do czegoś)

pre·dis·po·si·tion [`pri`dispə`ziʃn] *s* skłonność ⟨predyspozycja⟩ (**to** sth do czegoś)

pre·dom·i·nant [pri`dominənt] *adj* dominujący, przeważający

pre·dom·i·nate [pri`domineit] *vi* przeważać, dominować; przewyższać (**over** sb, sth kogoś, coś)

pre·em·i·nent [pri`eminənt] *adj* górujący, wybitny

pre·fab [`prifæb] *s pot. skr.* dom z prefabrykatów

pre·fab·ri·cate [`pri`fæbrikeit] *vt* prefabrykować

pref·ace [`prefis] *s* przedmowa; *vt* poprzedzić przedmową

pre·fect [`prifekt] *s* prefekt

pre·fer [pri`fɜ(r)] *vt* woleć (**sb**, **sth** **to** ⟨rather than⟩ sb, sth kogoś, coś od kogoś, czegoś); wnosić, przedkładać (np. skargę); awansować

pref·er·a·ble [`prefrəbl] *adj* bardziej wskazany ⟨lepszy, milszy⟩ (**to** sb, sth aniżeli ktoś, coś)

pref·er·ence [`prefrəns] *s* pierwszeństwo; preferencja, przedkładanie (**of** sth **to** ⟨over⟩ sth czegoś nad coś)

pre·fix [pri`fiks] *vt* umieścić na wstępie, poprzedzić (**sth** **to** sth coś czymś); *s* [`prifiks] *gram.* przedrostek

preg·nan·cy [`pregnənsi] *s* ciąża, brzemienność

preg·nant [`pregnənt] *adj* ciężarna, brzemienna; *przen.* brzemienny;

pełen treści, ważki; sugestywny

pre·his·tor·ic [`prihi`storik] *adj* prehistoryczny

prej·u·dice [`predʒədis] *s* uprzedzenie, złe nastawienie (**against** sb, sth do kogoś, czegoś); przychylne nastawienie (**in favour of** sb, sth do kogoś, czegoś); przesąd; szkoda, uszczerbek; **to the** ~ **of** sb ze szkodą dla kogoś; *vt* uprzedzić (fakt itd.); uprzedzić, z góry źle usposobić (**sb against** sb, sth kogoś do kogoś, czegoś); przychylnie nastawić (**sb in favour of** sb, sth kogoś od kogoś, czegoś); zaszkodzić, przynieść uszczerbek

prej·u·di·cial [`predʒu`diʃl] *adj* szkodliwy (**to** sb, sth dla kogoś, czegoś)

prel·ate [`prelət] *s* prałat, dostojnik kościelny

pre·lim·i·na·ry [pri`liminəri] *adj* wstępny, przygotowawczy; *s* (*zw.* *pl* **preliminaries**) preliminaria, wstępne kroki ⟨rozmowy⟩

prel·ude [`preljud] *s* wstęp; *muz.* preludium; *vt* zapowiadać; wprowadzić, poprzedzić wstępem; *vi* stanowić wstęp (**to** sth do czegoś)

pre·ma·ture [`premətʃə(r)] *adj* przedwczesny

pre·med·i·tate [pri`mediteit] *vt* z góry obmyślić

pre·med·i·ta·tion [`pri`medi`teiʃn] *s* premedytacja

pre·mi·er [`premiə(r)] *adj* pierwszy; *s* premier

prem·ise [`premis] *s* *filoz.* przesłanka; założenie; *pl* ~**s** lokal; parcela z zabudowaniami

pre·mi·um [`primiəm] *s* premia

pre·oc·cu·pa·tion [`pri`okju`peiʃn] *s* zaabsorbowanie, troska; uprzednie zajęcie (np. miejsca); uprzedzenie, przesąd

pre·oc·cu·py [pri`okjupai] *vt* absorbować, pochłaniać uwagę; uprzednio zająć

pre·paid [`pri`peid] *adj* z góry opłacony

prep·a·ra·tion [ˌprepəˈreɪʃn] s przygotowanie; sporządzenie

pre·par·a·to·ry [prɪˈpærətərɪ] adj przygotowawczy

pre·pare [prɪˈpeə(r)] vt vi przygotowywać ⟨naszykować⟩ (się); sporządzić

pre·pared [prɪˈpeəd] pp i adj gotowy

pre·pon·der·ance [prɪˈpondərəns] s przewaga

pre·pon·der·ate [prɪˈpondəreɪt] vi przeważać ⟨mieć przewagę⟩ (over sb, sth nad kimś, czymś)

prep·o·si·tion [ˌprepəˈzɪʃn] s gram. przyimek

pre·pos·sess [ˌpriːpəˈzes] vt uprzedzać, usposabiać (zw. przychylnie), ujmować (zachowaniem itd.); natchnąć (sb with sth kogoś czymś)

pre·pos·ter·ous [prɪˈpostərəs] adj absurdalny, niedorzeczny

pres·age [ˈpresɪdʒ] s przepowiednia, zapowiedź; przeczucie; vt [prɪˈseɪdʒ] przepowiadać; zapowiadać

pre·scribe [prɪˈskraɪb] vt przepisywać, zarządzać, zalecać; prawn. unieważnić z powodu przedawnienia

pre·scrip·tion [prɪˈskrɪpʃn] s przepis, zarządzenie; recepta; prawn. positive ~ nabycie przez zasiedzenie; negative ~ przedawnienie

pres·ence [ˈprezns] s obecność; prezencja, powierzchowność; ~ of mind przytomność umysłu

pres·ent 1. [ˈpreznt] adj obecny, teraźniejszy, niniejszy; s teraźniejszość; gram. czas teraźniejszy; at ~ teraz, obecnie; for the ~ na razie; up to ⟨until⟩ the ~ dotychczas

pre·sent 2. [ˈpreznt] s prezent; vt [prɪˈzent] robić prezent, podarować (sb with sth komuś coś); prezentować, przedstawiać, przedkładać; ~ compliments ⟨regards⟩ pozdrawiać, składać uszanowa-

nie; vr ~ oneself zgłosić ⟨stawić⟩ się

pre·sent·a·ble [prɪˈzentəbl] adj (o człowieku) mający dobrą prezencję

pres·en·ta·tion [ˌpreznˈteɪʃn] s przedstawienie; przedłożenie; podarowanie; ~ copy egzemplarz autorski

pre·sen·ti·ment [prɪˈzentɪmənt] s przeczucie

pres·en·tly [ˈprezntlɪ] adv wkrótce, zaraz

pres·er·va·tion [ˌprezəˈveɪʃn] s zachowywanie, przechowanie; ochrona

pre·serve [prɪˈzɜːv] vt zachowywać, przechowywać; zabezpieczać, ochraniać; konserwować (owoce itp.); s konserwa; rezerwat

pre·side [prɪˈzaɪd] vi przewodniczyć (at ⟨over⟩ the meeting zebraniu)

pres·i·dent [ˈprezɪdənt] s prezydent; prezes, przewodniczący; rektor

press [pres] vt vi cisnąć (się), ściskać, uciskać, naciskać; nalegać; naglić; prasować; tłoczyć; wymuszać, narzucać; gnębić, ciążyć; ~ in wciskać (się); wdzierać się; ~ on pędzić naprzód; popędzać; ~ out wyciskać; ~ through przeciskać się; to be ~ed for money mieć trudności pieniężne; s nacisk; ścisk, tłok, napór; nawał; opresja; ciężkie położenie; prasa (także drukarska); in ⟨the⟩ ~ pod prasą, w druku; to go to ~ iść do druku; a good ~ dobra recenzja (w prasie)

press-clip·ping [ˈpres ˌklɪpɪŋ], press-cut·ting [ˈpres ˌkʌtɪŋ] s wycinek prasowy

press·ing [ˈpresɪŋ] ppraes i adj naglący, pilny; natarczywy

pres·sure [ˈpreʃə(r)] s ciśnienie; nacisk; ucisk; elektr. napięcie; presja; nawał (spraw, pracy); to

prime

put ~ wywierać nacisk (on ⟨upon⟩ sth na coś)

pres·tige [pre`stiʒ] s prestiż

pre·sume [prɪ`zjum] vt vi przypuszczać, domyślać się, zakładać; pozwalać sobie, ośmielać się; wykorzystywać, nadużywać (on ⟨upon⟩ sth czegoś); polegać (on ⟨upon⟩ sth na czymś)

pre·sumed [prɪ`zjumd] pp i adj przypuszczalny, domniemany

pre·sump·tion [prɪ`zʌmpʃn] s przypuszczenie, domniemanie; zarozumiałość

pre·sump·tive [prɪ`zʌmptɪv] adj przypuszczalny

pre·sump·tu·ous [prɪ`zʌmptʃʊəs] adj zarozumiały, pewny siebie

pre·sup·pose [`prisə`pəuz] vt przyjmować ⟨zakładać⟩ z góry

pre·tence [prɪ`tens] s pretensja; roszczenie; udawanie; pretekst; pozory

pre·tend [prɪ`tend] vt vi pozorować, udawać; wysuwać jako pretekst; rościć pretensje, pretendować (to sth do czegoś)

pre·tend·er [prɪ`tendə(r)] s udający, symulant; pretendent

pre·ten·sion [prɪ`tenʃn] s pretensja, roszczenie; aspiracja; pretensjonalność

pre·ten·tious [prɪ`tenʃəs] adj pretensjonalny

pret·er·ite [`pretərɪt] adj gram. przeszły; s gram. czas przeszły

pre·text [`pritekst] s pretekst

pret·ty [`prɪtɪ] adj ładny, śliczny; dobry; spory; adv pot. sporo, dość

pre·vail [prɪ`veɪl] vi przeważać; brać górę (over ⟨against⟩ sb nad kimś); skłonić (kogoś); wymóc (on ⟨upon⟩ sb to do sth na kimś, aby coś zrobił); być powszechnie przyjętym, panować

prev·a·lent [`prevələnt] adj przeważający; powszechny, panujący

pre·vent [prɪ`vent] vt przeszkadzać (sth czemuś; sb from doing sth

komuś w robieniu czegoś); powstrzymywać; zapobiegać (sth czemuś)

pre·ven·tion [prɪ`venʃn] s profilaktyka, zapobieganie; przeszkoda

pre·ven·tive [prɪ`ventɪv] adj zapobiegawczy; s środek zapobiegawczy

pre·vi·ous [`priviəs] adj poprzedni, uprzedni; poprzedzający (to sth coś); adv w zwrocie: ~ to sth przed czymś

pre·war [`pri `wɔ(r)] adj przedwojenny

prey [preɪ] s łup, ofiara; to fall a ~ paść ofiarą (to sth czegoś); beast ⟨bird⟩ of ~ drapieżnik; vi grabić; żerować (on ⟨upon⟩ sb, sth na kimś, czymś); polować (on ⟨upon⟩ sth na coś); przen. trawić, dręczyć (on sb's mind kogoś)

price [praɪs] s cena; at the ~ po cenie, za cenę; vt ocenić, wycenić

price·less [`praɪsləs] adj bezcenny

price·list [`praɪs lɪst] s cennik

prick [prɪk] s ukłucie; ~s of conscience wyrzuty sumienia; vt ukłuć, przekłuć, nakłuć; ~ up one's ears nadstawiać uszu

prick·le [`prɪkl] s kolec, cierń; vt vi kłuć; szczypać

pride [praɪd] s duma; to take ~ szczycić się (in sth czymś); vr ~ oneself szczycić się ⟨pysznić się⟩ (on ⟨upon⟩ sth czymś)

priest [prist] s kapłan, duchowny

prig [prɪg] s pedant; zarozumialec

prim [prɪm] adj pot. schludny; afektowany; wyszukany; pedantyczny

pri·ma·cy [`praɪməsɪ] s prymat

pri·ma·ry [`praɪmrɪ] adj początkowy, pierwotny; pierwszorzędny, zasadniczy, główny; ~ school szkoła podstawowa

pri·mate [`praɪmeɪt] s prymas

prime [praɪm] adj pierwszy, najważniejszy, główny; at ~ cost po kosztach własnych; Prime Minister premier; s początek, zaranie; *przen.* wiosna, rozkwit; in the ~ of life w kwiecie wieku

prim·er [`praimə(r)] *s* elementarz, podręcznik dla początkujących

prim·i·tive [`primitiv] *adj* prymitywny; początkowy, pierwotny

prim·rose [`primrəuz] *s bot.* pierwiosnek

prince [prins] *s* książę

prin·cess [`prin`ses] *s* księżna, księżniczka

prin·ci·pal [`prinsəpl] *adj* główny; *s* kierownik, szef, dyrektor; kapitał (bez procentów)

prin·ci·pal·i·ty [`prinsə`pæləti] *s* księstwo

prin·ci·ple [`prinsəpl] *s* zasada; podstawa

print [print] *s* druki, druk; sztych; odbicie, ślad, odcisk; odbitka; perkal; (*o książce*) in ~ wydrukowany; będący w sprzedaży; out of ~ wyczerpany; *vt* drukować; wytłaczać, wyciskać

print·er [`printə(r)] *s* drukarz

print·ing [`printiŋ] *s* drukowanie, druk; nakład

print·ing-house [`printiŋ haus] *s* drukarnia

print·ing-of·fice [`printiŋ ofis] = printing-house

pri·or [`praiə(r)] *adj* poprzedni, wcześniejszy, uprzedni; ważniejszy (to sb, sth od kogoś, czegoś); *adv w zwrocie:* ~ to sth przed czymś; *s* przeor

pri·or·i·ty [prai`orəti] *s* pierwszeństwo, priorytet

prism [`prizm] *s fiz.* pryzmat; *mat.* graniastosłup

pris·on [`prizn] *s* więzienie

pris·on·er [`priznə(r)] *s* więzień, jeniec; ~ of war jeniec wojenny; to take ~ wziąć do niewoli

pri·va·cy [`privəsi] *s* samotność, odosobnienie, izolacja; skrytość; utrzymywanie w tajemnicy

pri·vate [`praivit] *adj* osobisty, własny, prywatny; tajny, poufny; keep sth ~ trzymać coś w tajemnicy; odosobniony; *wojsk.* sze-

regowy; *s wojsk.* szeregowiec

pri·va·teer [`praivi`tiə(r)] *s* statek korsarski; kaper, korsarz

pri·va·tion [prai`veiʃn] *s* pozbawienie; niedostatek, brak

priv·i·lege [`privilidʒ] *s* przywilej; nietykalność (poselska); *vt* uprzywilejować, nadać przywilej

priv·y [`privi] *adj* tajny; wtajemniczony (to sth w coś); *s* ustęp, ubikacja

prize 1. [praiz] *s* nagroda, premia; wygrana (na loterii); *vt* wysoko cenić

prize 2. [praiz] *s* łup wojenny (zdobyty na morzu); *pot.* gratka; to make a ~ zdobyć (zająć) (of sth coś)

pro [prəu] *praep łac.* za, na, pro; *adv w zwrocie:* ~ and con za i przeciw; *s w zwrocie:* ~s and cons (fakty itd.) za i przeciw

prob·a·bil·i·ty [`probə`biləti] *s* prawdopodobieństwo; in all ~ według wszelkiego prawdopodobieństwa

prob·a·ble [`probəbl] *adj* prawdopodobny

pro·ba·tion [prə`beiʃn] *s* staż; próba; nowicjat; *prawn.* warunkowe zwolnienie z więzienia i oddanie pod nadzór sądowy; on ~ na stażu; pod nadzorem sądowym

pro·ba·tion·a·ry [prə`beiʃnri] *adj* (*o okresie*) próbny

pro·ba·tion·er [prə`beiʃnə(r)] *s* pracownik w okresie próby, praktykant, stażysta; nowicjusz; *prawn.* zwolniony więzień oddany pod nadzór sądowy

probe [prəub] *s* sonda; *vt* sondować; *przen.* badać; *vi* zagłębiać się (into sth w coś)

pro·bi·ty [`prəubəti] *s* rzetelność

prob·lem [`probləm] *s* problem

prob·lem·at·ic(al) [`problə`mætik(l)] *adj* problematyczny

pro·ce·dure [prə`sidʒə(r)] *s* procedura, postępowanie

pro·ceed [prə`sid] *vi* podążać, posuwać się naprzód; udać się (dokądś); kontynuować (with sth coś); wynikać ⟨pochodzić⟩ **(from sth z czegoś)**; przystąpić ⟨zabrać się⟩ **(to sth do czegoś)**; z kolei ⟨następnie⟩ zrobić **(to sth coś)**; toczyć się, ciągnąć się, przebiegać; wytoczyć proces **(against sb komuś)**

pro·ceed·ing [prə'siːdɪŋ] s postępowanie; poczynanie; *pl* ~s sprawozdanie (z działalności), protokóły; debaty (obrady); *prawn.* **legal** ~s przewód sądowy

pro·ceeds [ˈprəusiːdz] s *pl* dochód, zysk

pro·cess [ˈprəuses] s przebieg, tok, proces; **in** ~ w toku; **in** ~ **of time z** biegiem czasu; *vt* obrabiać, poddawać procesowi ⟨działaniu⟩

pro·ces·sion [prə'seʃn] s procesja, pochód

pro·claim [prə'kleim] *vt* proklamować; zakazywać **(sth czegoś)**

proc·la·ma·tion [ˌprɒklə'meiʃn] s proklamacja; zakaz

pro·cliv·i·ty [prəu'kliviti] s skłonność, inklinacja **(to ⟨towards⟩ sth do czegoś)**

pro·cras·ti·nate [prəu'kræstineit] *vt* odwlekać; *vi* ociągać się

pro·cre·ate [ˈprəukrieit] *vt* rodzić, wydawać na świat

pro·cure [prə'kjuə(r)] *vt* dostarczyć **(sth for sb coś komuś)**; sprawić (sobie), postarać się **(sth o coś)**; dostać; *vi* stręczyć (do nierządu)

pro·cur·er [prə'kjuərə(r)] s pośrednik; stręczyciel

prod [prɒd] s szturchnięcie; bodziec; *vt* szturchać; popędzać

prod·i·gal [ˈprɒdigl] *adj* rozrzutny, marnotrawny

pro·dig·ious [prə'didʒəs] *adj* zdumiewający, cudowny; ogromny

prod·i·gy [ˈprɒdidʒi] s cudo, cud; cudowne dziecko; nadzwyczajny talent

pro·duce [prə'djuːs] *vt* produkować, wytwarzać; wydobywać; powodować; wywoływać; wydawać

(książkę, plony, potomstwo itd.); przynieść (np. zysk, dawać (rezultaty); okazywać, przedkładać, przedstawiać (np. dowody); wystawiać (sztukę); s [ˈprɒdjuːs] wynik; plon, zbiór; płody, produkty; produkcja, wydobycie

pro·duc·er [prə'djuːsə(r)] s producent; *am.* dyrektor teatru

prod·uct [ˈprɒdʌkt] s produkt, wyrób; wynik; *mat.* iloczyn

pro·duc·tion [prə'dʌkʃn] s produkcja, wytwórczość; utwór (literacki itd.); wystawienie (sztuki)

pro·duc·tive [prə'dʌktiv] *adj* produktywny; płodny, żyzny

pro·fane [prə'fein] *vt* profanować; *adj* bluźnierczy; podgański; nieczysty; pospolity; świecki

pro·fess [prə'fes] *vt* wyznawać (wiarę); oświadczać, twierdzić; uprawiać (zawód)

pro·fessed [prə'fest] *pp i adj* jawny; zawodowy; rzekomy

pro·fes·sion [prə'feʃn] s zawód, zajęcie; wyznanie (wiary); oświadczenie; **by** ~ z zawodu

pro·fes·sion·al [prə'feʃnl] *adj* zawodowy, fachowy; s fachowiec

pro·fes·sor [prə'fesə(r)] s profesor

prof·fer [ˈprɒfə(r)] *vt* proponować ⟨oferować⟩ (swoje usługi itd.)

pro·fi·cien·cy [prə'fiʃnsi] s biegłość, sprawność

pro·fi·cient [prə'fiʃnt] *adj* biegły, sprawny

pro·file [ˈprəufail] s profil

prof·it [ˈprɒfit] s korzyść, pożytek; dochód; **to turn to** ~ wykorzystać; *vt* przynosić korzyść (pożytek); *vi* korzystać **(by ⟨from⟩ sth z czegoś)**; zyskać **(by sth na czymś)**

prof·it·a·ble [ˈprɒfitəbl] *adj* korzystny, pożyteczny; zyskowny

prof·it·eer [ˌprɒfi'tiə(r)] s spekulant, *pot.* paskarz; *vi* spekulować, *pot.* paskować

prof·li·gate [ˈprɒfligət] *adj* rozpustny; rozrzutny; s rozpustnik; rozrzutnik

pro·found [prə'faund] *adj* (*o ukło-nie, zainteresowaniu itp.*) głębo-ki; (*o wiedzy itp.*) gruntowny

pro·fun·di·ty [prə'fʌndəti] *s* głębo-kość, głębia

pro·fuse [prə'fjus] *adj* hojny, roz-rzutny; obfity

pro·fu·sion [prə'fjuʒn] *s* hojność, rozrzutność; obfitość

pro·gen·itor [prəu'dʒenitə(r)] *s* przodek, antenat

prog·e·ny ['prodʒini] *s* potomstwo, *zbior.* potomkowie

prog·nos·tic [prog'nostik] *s* progno-styk, oznaka

pro·hib·i·tive [prə'hibətiv] *adj* pro-gram; *vt* układać program

prog·ress ['prəugres] *s* postęp; roz-wój; bieg; *vi* [prə'gres] posuwać się naprzód; robić postępy; być w toku

pro·gres·sion [prə'greʃn] *s* postęp, progresja

pro·gres·sive [prə'gresiv] *adj* po-stępowy; progresywny; *gram.* ciągły; *s* postępowiec

pro·hib·it [prə'hibit] *vt* zakazywać; wstrzymywać

pro·hi·bi·tion ['prəui'biʃn] *s* zakaz; prohibicja

pro·hib·i·tive [prə'hibətiv] *adj* pro-hibicyjny; (*o cenach*) nieprzy-stępny

pro·ject ['prodʒekt] *s* projekt; *vt* [prə'dʒekt] projektować; rzucać, wyrzucać; rzutować; wyświetlać (na ekranie); *vi* wystawać, ster-czeć

pro·jec·tile [prə'dʒektail] *adj* da-jący się wyrzucić; *s* pocisk

pro·jec·tion [prə'dʒekʃn] *s* rzut, wyrzucenie; rzutowanie; wyświe-tlanie, projekcja; projektowanie, planowanie; występ, wystawa-nie; wyświetlony obraz

pro·jec·tion·ist [prə'dʒekʃnist] *s* o-perator kinowy (wyświetlający film)

pro·le·ta·ri·an ['prəuli'teəriən] *adj* proletariacki; *s* proletariusz

pro·le·ta·ri·at ['prəuli'teəriət] *s* pro-

letariat

pro·lif·ic [prə'lifik] *adj* płodny

pro·lix ['prəuliks] *adj* rozwlekły

pro·logue ['prəulog] *s* prolog

pro·long [prə'loŋ] *vt* przedłużać, prolongować

pro·longed [prə'loŋd] *pp i adj* dłu-gotrwały, przedłużający się

prom·e·nade ['promə'nad] *s* prze-chadzka; promenada; *vt vi* prze-chadzać się

prom·i·nent ['prominənt] *adj* wy-stający; wybitny, sławny; widocz-ny

prom·is·cu·i·ty ['promi'skjuəti] *s* mieszanina, bezład; stosunek po-zamałżeński

pro·mis·cu·ous [prə'miskjuəs] *adj* mieszany, różnorodny; nie czy-niący różnicy; pozamałżeński

prom·ise ['promis] *s* obietnica; to keep a ~ dotrzymać obietnicy; to show ~ dobrze się zapowia-dać; *vt vi* obiecywać (sb sth ⟨sth to sb⟩ komuś coś); zapowiadać (się)

prom·on·to·ry ['promentri] *s* przy-lądek

pro·mote [prə'məut] *vt* posuwać naprzód; popierać, sprzyjać, za-chęcać; promować; dawać awans; to be ~d awansować

pro·mo·tion [prə'məuʃn] *s* promo-cja, awans; poparcie

prompt [prompt] *adj* szybki; goto-wy, zdecydowany; natychmiasto-wy; *vt vi* pobudzić, dodać bodź-ca; nakłonić; podpowiadać, *teatr* suflerować

prompt·er ['promptə(r)] *s teatr* su-fler

promp·ti·tude ['promptitjud] *s* szybkość; gotowość (**of sth do czegoś**)

prompt·ness ['promptnəs] = promptitude

prom·ul·gate ['promlgeit] *vt* pu-blicznie ogłaszać; szerzyć (poglą-dy itd.)

prom·ul·ga·tion ['proml'geiʃn] *s* o-głoszenie, opublikowanie; szerze-nie (poglądów itd.)

prone [prəun] *adj* pochyły, pochylony, stromy; leżący twarzą na dół; skłonny (to do sth do zrobienia czegoś)

prong [prɒŋ] *s* ząb (np. widelca); kolec, ostrze

pro·noun [ˈprəunaun] *s gram.* zaimek

pro·nounce [prəˈnauns] *vt* wymawiać; wypowiadać, oświadczać; *vi* wypowiadać się (on sth w jakiejś sprawie; for sb, sth za kimś, czymś; against sb, sth przeciwko komuś, czemuś)

pro·nounced [prəˈnaunst] *pp i adj* wyraźnie zaznaczony; zdecydowany (kolor itd.)

pro·nounce·ment [prəˈnaunsmənt] *s* wypowiedź, oświadczenie

pro·nun·ci·a·tion [prəˈnʌnsiˈeiʃn] *s* wymowa

proof [pruf] *s* dowód; badanie, próba; korekta; *adj* mocny, trwały, odporny

proof-read·er [ˈpruf ridə(r)] *s* korektor

proof-sheet [ˈpruf ʃit] *s* korekta (szpalta, arkusz)

prop [prɒp] *s* podpórka; podpora; *vt* (*także* ~ up) podpierać, podtrzymywać

prop·a·gan·da [ˈprɒpəˈgændə] *s* propaganda

prop·a·gate [ˈprɒpəgeit] *vt* mnożyć, krzewić; propagować

pro·pel [prəˈpel] *vt* wprawiać w ruch, poruszać; napędzać; popędzać; pchnąć ⟨rzucić⟩ naprzód

pro·pel·ler [prəˈpelə(r)] *s lotn.* śmigło; *mors.* śruba okrętowa; siła napędowa

pro·pen·si·ty [prəˈpensəti] *s* skłonność ⟨popęd⟩ (to sth do czegoś)

prop·er [ˈprɒpə(r)] *adj* właściwy, odpowiedni, należyty, stosowny; (*o imieniu*) własny

prop·er·ty [ˈprɒpəti] *s* własność, posiadłość; posiadanie; własność, właściwość; *teatr zbior.* rekwizyty

proph·e·cy [ˈprɒfisi] *s* proroctwo

proph·e·sy [ˈprɒfisai] *vt vi* prorokować

proph·et [ˈprɒfit] *s* prorok

pro·phy·lac·tic [ˈprɒfiˈlæktik] *adj* profilaktyczny

pro·pin·qui·ty [prəˈpiŋkwəti] *s* bliskość; pokrewieństwo

pro·pi·ti·ate [prəˈpiʃieit] *vt* jednać sobie względy; przejednywać

pro·pi·tious [prəˈpiʃəs] *adj* pomyślny; sprzyjający; łaskawy

pro·por·tion [prəˈpɔʃn] *s* proporcja; udział; out of ~ nieproporcjonalny; *vt* dostosować; proporcjonalnie rozdzielić

pro·por·tion·al [prəˈpɔʃnl] *adj* proporcjonalny

pro·por·tion·ate [prəˈpɔʃnət] *adj* proporcjonalny

pro·pos·al [prəˈpəuzl] *s* propozycja; oświadczyny

pro·pose [prəˈpəuz] *vt* proponować; wysunąć (wniosek, kandydaturę); zamierzać; zaplanować; *vi* oświadczyć się

prop·o·si·tion [ˈprɒpəˈziʃn] *s* propozycja; wniosek; *mat.* twierdzenie

pro·pound [prəˈpaund] *vt* przedkładać, proponować; zgłaszać

pro·pri·e·tar·y [prəˈpraiətri] *adj* własnościowy; (*o prawie*) posiadania; posiadający

pro·pri·e·tor [prəˈpraiətə(r)] *s* właściciel, posiadacz

pro·pri·e·ty [prəˈpraiəti] *s* słuszność, stosowność, właściwość, trafność; przyzwoitość, dobre wychowanie

pro·rogue [prəuˈrəug] *vt* odraczać

pro·sa·ic [prəuˈzeiik] *adj* prozaiczny

pro·scribe [prəuˈskraib] *vt* wyjąć spod prawa; skazać na banicję ⟨na wygnanie⟩

pro·scrip·tion [prəuˈskripʃn] *s* proskrypcja, wyjęcie spod prawa

prose [prəuz] *s* proza; *vi* nudno mówić ⟨pisać⟩

pros·e·cute [ˈprɒsikjut] *vt* prowadzić (np. badania); wykonywać (np. pracę); kontynuować; sprawować, pełnić (np. obowiązki); ścigać sądownie

pros·e·cu·tion ['prɔsɪ'kjuʃn] s wykonywanie ⟨kontynuowanie⟩ (np. pracy); pełnienie ⟨sprawowanie⟩ (obowiązków); dochodzenie sądowe

pros·e·cu·tor ['prɔsɪkjutə(r)] s oskarżyciel sądowy; **public ~** prokurator

pros·o·dy ['prɔsədɪ] s prozodia

pros·pect ['prɔspekt] s perspektywa; widok; działka złotonośna; vt vi [prə'spekt] przeszukiwać (teren złotodajny itp.), poszukiwać (**for gold** ⟨**oil**⟩ złota, nafty itd.)

pro·spec·tive [prə'spektɪv] adj odnoszący się do przyszłości; przewidywany

pro·spec·tor [prə'spektə(r)] s poszukiwacz (złota, nafty itd.)

pro·spec·tus [prə'spektəs] s prospekt

pros·per ['prɔspə(r)] vi prosperować

pros·per·i·ty [prɔ'sperətɪ] s pomyślność; dobrobyt; dobra koniunktura

pros·per·ous ['prɔspərəs] adj cieszący się pomyślnością ⟨dobrobytem⟩, kwitnący; pomyślny

pros·ti·tute ['prɔstɪtjut] s prostytutka; vt prostytuować; marnować (np. zdolności); vr ~ **oneself** uprawiać prostytucję

pros·trate ['prɔstreɪt] adj leżący plackiem ⟨twarzą ku ziemi⟩; przen. będący w prostracji, zgnębiony; vt [prɔ'streɪt] powalić na ziemię; przen. skrajnie wyczerpać, zgnębić, doprowadzić do prostracji

pro·tect [prə'tekt] vt chronić ⟨bronić, osłaniać, zabezpieczać⟩ (**from** ⟨**against**⟩ **sb, sth** przed kimś, czymś)

pro·tec·tion [prə'tekʃn] s ochrona, obrona, zabezpieczenie (**against** **sth** przed czymś); protekcja, opieka; **system ochrony celnej**

pro·tec·tion·ism [prə'tekʃnɪzm] s polityka ochrony celnej

pro·tec·tive [prə'tektɪv] adj ochronny, zabezpieczający

pro·tec·tor [prə'tektə(r)] s obrońca, opiekun; techn. osłona

pro·tec·tor·ate [prə'tektərət] s protektorat

pro·tein ['prəutin] s białko, proteina

pro·test ['prəutest] s protest; uroczyste zapewnienie, oświadczenie; vt vi [prə'test] protestować; uroczyście zapewniać, oświadczać

Prot·es·tant ['prɔtɪstənt] s protestant; adj protestancki

prot·es·ta·tion ['prɔtɪ'steɪʃn] s protestowanie; uroczyste zapewnienie

pro·to·col ['prəutəkɔl] s protokół (dyplomatyczny)

pro·to·type ['prəutətaɪp] s prototyp

pro·tract [prə'trækt] vt przewlekać, przedłużać

pro·trac·tor [prə'træktə(r)] s mat. kątomierz

pro·trude [prə'trud] vi wystawać, sterczeć; vt wysuwać

pro·tru·sion [prə'truʒn] s wysunięcie; wystawanie

proud [praud] adj dumny (**of sth z** czegoś); wspaniały

prove [pruv] vt udowadniać; badać, próbować; sprawdzać; vi (także vr ~ **oneself**) okazywać się

prov·erb ['prɔvɜb] s przysłowie

pro·ver·bi·al [prə'vɜbɪəl] adj przysłowiowy

pro·vide [prə'vaɪd] vt vi dostarczać (**sb with sth** ⟨**sth for sb**⟩ komuś czegoś); zaspokoić potrzeby, zaopatrywać; (o ustawie) postanawiać, zarządzać; przedsiębrać kroki (w przewidywaniu czegoś), zabezpieczyć się (**for sth na** wypadek czegoś); prawn. postanawiać (**for sth** coś)

pro·vid·ed [prə'vaɪdɪd] pp i conj

public

o ile, pod warunkiem, byle (tylko)

prov·i·dence [ˈprɔvɪdns] s przezorność; oszczędność; opatrzność

prov·i·dent [ˈprɔvɪdənt] adj przezorny; oszczędny

prov·i·den·tial [ˌprɔviˈdenʃl] adj opatrznościowy

prov·ince [ˈprɔvɪns] s prowincja; zakres, dziedzina

pro·vin·cial [prəˈvɪnʃl] adj prowincjonalny; rejonowy; s prowincjał

pro·vi·sion [prəˈvɪʒn] s zaopatrzenie (of sth w coś); zabezpieczenie (for ⟨against⟩ sth przed czymś); zastosowanie środków, podjęcie kroków; klauzula, zastrzeżenie; warunek; zarządzenie, postanowienie; pl ~s zapasy żywności, prowianty; vt zaprowiantować

pro·vi·sion·al [prəˈvɪʒnl] adj tymczasowy, prowizoryczny

pro·vi·sion·mer·chant [prəˈvɪʒn ˈmɜ tʃənt] s sprzedawca artykułów spożywczych

pro·vi·so·ry [prəˈvaɪzərɪ] adj prowizoryczny; warunkowy

prov·o·ca·tion [ˌprɔvəˈkeɪʃn] s prowokacja; rozdrażnienie; powód

pro·voke [prəˈvəuk] vt prowokować, podburzać; wywoływać, powodować; rozdrażniać, irytować, złościć

prov·ost [ˈprɔvəst] s przełożony; rektor; (w Szkocji) burmistrz

prow [prau] s dziób (okrętu)

prow·ess [ˈprauɪs] s waleczność, męstwo

prowl [praul] vt grasować, polować na zdobycz

prowl·er [ˈpraulə(r)] s maruder

prox·im·i·ty [prɔkˈsɪmətɪ] s bliskość ⟨sąsiedztwo⟩ (of ⟨to⟩ sth czegoś)

prox·y [ˈprɔksɪ] s zastępstwo; pełnomocnictwo; strona upełnomocniona; handl. prokura; by ~ na podstawie pełnomocnictw, w zastępstwie

prude [prud] s kobieta pruderyjna, świętoszka

pru·dence [ˈprudns] s roztropność; ostrożność; rozwaga

pru·dent [ˈprudnt] adj roztropny; ostrożny; rozważny

pru·den·tial [pruˈdenʃl] adj podyktowany roztropnością ⟨rozwagą⟩

prud·er·y [ˈprudərɪ] adj pruderia

prune 1. [prun] vt czyścić drzewa (obcinając gałęzie); okrawać

prune 2. [prun] s suszona śliwka

Prus·sian [ˈprʌʃn] adj pruski; s Prusak

prus·sic [ˈprʌsɪk] adj chem. (o kwasie) pruski

pry [praɪ] vi podpatrywać; wścibiać nos (into sth w coś); szperać

psalm [sam] s psalm

psal·ter [ˈsɔltə(r)] s psałterz

pseu·do [ˈsjudəu] praef pseudo-; adj rzekomy

pseu·do·nym [ˈsjudənɪm] s pseudonim

psy·che [ˈsaɪkɪ] s psyche, dusza; usposobienie; mentalność

psy·chi·a·try [saɪˈkaɪətrɪ] s psychiatria

psy·chic [ˈsaɪkɪk] adj psychiczny, duchowy; metapsychiczny; s medium

psy·chi·cal [ˈsaɪkɪkl] adj psychiczny, duchowy

psy·cho·a·nal·y·sis [ˌsaɪkəu əˈnælə sɪs] s psychoanaliza

psy·cho·log·i·c(al) [ˌsaɪkəˈlodʒɪk(l)] adj psychologiczny

psy·chol·o·gy [saɪˈkolədʒɪ] s psychologia

psy·cho·sis [saɪˈkəusɪs] s psychoza

pub [pʌb] s pot. piwiarnia, knajpa, bar

pu·ber·ty [ˈpjubətɪ] s okres dojrzewania płciowego

pub·lic [ˈpʌblɪk] adj publiczny; ogólny, powszechny; jawny; obywatelski, społeczny; urzędowy; ~ debt dług państwowy; ~ house szynk, piwiarnia, knajpa; ~

school *bryt.* ekskluzywna szkoła średnia z internatem; *am.* państwowa szkoła średnia; ~ **service** służba państwowa; s publiczność; in ~ publicznie

pub·li·ca·tion ['pʌblɪ'keɪʃn] s publikacja; ogłoszenie

pub·lic·i·ty [pʌb'lɪsəti] s reklama, rozgłos

pub·lish ['pʌblɪʃ] *vt* publikować, wydawać; ogłaszać; ~ing house firma wydawnicza, wydawnictwo

pub·lish·er ['pʌblɪʃə(r)] s wydawca

puck [pʌk] s chochlik

pud·ding ['pudɪŋ] s pudding

pud·dle ['pʌdl] s kałuża; *pot.* bałagan; *vt vi* chlapać (się), babrać (się); *pot.* bałaganić

puff [pʌf] *vt vi* dmuchać; pykać; sapać; *przen.* przesadnie zachwalać; (*także* ~ up) nadymać się; s podmuch, dmuchnięcie; kłąb (dymu itd.); bufa (rękawa); przesadna pochwała; hałaśliwa reklama; puszek (do pudru)

puff-ball ['pʌfbɔl] s *bot.* purchawka

puff·y ['pʌfɪ] *adj* porywisty; pękaty; nadęty; napuszony

pu·gil·ist ['pjudʒɪlɪst] s pięściarz

pug·na·cious [pʌg'neɪʃəs] *adj* wojowniczy

pull [pul] *vt vi* ciągnąć, szarpać; wyrywać, zrywać; wiosłować; ~ away ⟨back⟩ odciągnąć; ~ down ściągnąć; rozebrać (dom); osłabić; ~ in wciągnąć; powściągnąć (np. konia); zatrzymać się; ograniczyć (wydatki); ~ off ściągnąć, zdjąć; zdobyć (np. nagrodę); przeprowadzić (plan, przedsięwzięcie), dokonać (czegoś); ~ out wyciągnąć, wyrwać; odejść, wycofać się; ~ through wyciągnąć (kogoś) z trudnego położenia; przebrnąć przez trudności; powracać powoli do zdrowia; ~ (oneself) together zebrać siły, przyjść do siebie; opamiętać się;

~ up podciągnąć; wyrwać z korzeniami; zatrzymać (się); dogonić (with ⟨to⟩ sb, sth kogoś, coś); s pociągnięcie, szarpnięcie; przyciąganie, ciąg; uchwyt; wysiłek; wpływ (with sb na kogoś); przewaga (of ⟨over⟩ sb nad kimś)

pul·let ['pulɪt] s kurczę; pularda

pul·ley ['pulɪ] s *techn.* rolka (linowa), blok (do podnoszenia), koło transmisyjne

pull-over ['pul əuvə(r)] s pulower

pul·lu·late ['pʌljuleɪt] *vi* kiełkować; krzewić się; roić się

pulp [pʌlp] s miękka masa; miazga; miękisz; papka

pul·pit ['pulpɪt] s ambona; *przen.* kaznodziejstwo; *zbior.* kaznodzieje

pul·sate [pʌl'seɪt] *vi* pulsować, tętnić

pulse [pʌls] s puls, tętno; to feel sb's ~ badać komuś puls; *vi* pulsować

pul·ver·ize ['pʌlvəraɪz] *vt vi* sproszkować (się); zetrzeć (się) na proch; *przen.* zniszczyć

puma ['pjumə] s *zool.* puma

pump [pʌmp] s pompa; *vt* pompować; *przen.* wypytywać, wyciągać wiadomości

pump·kin ['pʌmpkɪn] s *bot.* dynia

pun [pʌn] s kalambur, gra słów; dwuznacznik; *vi* bawić się kalamburami ⟨dwuznacznikami⟩

punch 1. [pʌntʃ] *vt* bić pięścią; poganiać (bydło); s uderzenie pięścią, kułak

punch 2. [pʌntʃ] *vt* dziurkować, przebijać; kasować (np. bilet); s dziurkacz, przebijak

punch 3. [pʌntʃ] s poncz

punc·tu·al ['pʌŋktʃuəl] *adj* punktualny

punc·tu·ate ['pʌŋktʃueɪt] *vt* stosować interpunkcję; podkreślać

punc·tu·a·tion ['pʌŋktʃu'eɪʃn] s interpunkcja

punc·ture ['pʌŋktʃə(r)] s przekłucie, przebicie; *vt* przekłuwać; *vi* przedziurawić się

pun·gent [ˈpʌndʒənt] *adj* kłujący;
(o smaku, zapachu) ostry; pikantny; zgryźliwy

pun·ish [ˈpʌnɪʃ] *vt* karać

pun·ish·a·ble [ˈpʌnɪʃəbl] *adj* karalny

pun·ish·ment [ˈpʌnɪʃmənt] *s* kara

pu·ni·tive [ˈpjunɪtɪv] *adj* karny;
karzący

punt [pʌnt] *s* łódź płaskodenna

pup [pʌp] *s* szczenię

pu·pil 1. [ˈpjupl] *s* uczeń

pu·pil 2. [ˈpjupl] *s* źrenica

pup·pet [ˈpʌpɪt] *s* kukiełka, marionetka

pup·py [ˈpʌpɪ] *s* szczenię

pur·chase [ˈpɜtʃəs] *s* kupno, nabytek; *vt* kupować, nabywać

pure [pjuə(r)] *adj* czysty; szczery; nie fałszowany; bez domieszki

pur·ga·tion [pɜˈgeɪʃn] *s* oczyszcze-
nie (się); *med.* przeczyszczenie

pur·ga·tive [ˈpɜgətɪv] *adj* przeczyszczający; *lit.* oczyszczający; *s*
środek przeczyszczający

pur·ga·to·ry [ˈpɜgətrɪ] *s* czyściec

purge [pɜdʒ] *vt* oczyszczać; *s* o-
czyszczanie; czystka

pu·ri·fy [ˈpjuərɪfaɪ] *vt vi* oczyszczać (się)

Pu·ri·tan [ˈpjuərɪtən] *adj* purytań-
ski; *s* purytanin

pu·ri·ty [ˈpjuərətɪ] *s* czystość

pur·loin [pɜˈlɔɪn] *vt* ukraść

pur·ple [ˈpɜpl] *s* purpura; *vt* barwić na purpurowo

pur·port [ˈpɜpət] *s* treść, sens, znaczenie; doniosłość; *vt* świadczyć,
znaczyć, oznaczać; wydawać się;
to ~ to be wydawać się być, rzekomo być

pur·pose [ˈpɜpəs] *s* cel, plan, zamiar; wola, stanowczość; on ~
umyślnie, celowo; to little ~ z
małą korzyścią, z niewielkim
skutkiem; to no ~ bezcelowo, na
darmo; bezcelowy; with the ~ of
celem, w celu; *vt* zamierzać,
mieć na celu

purr [pɜ(r)] *vi* (o kocie) mruczeć;

warkotać; *s* mruczenie; warkot

purse [pɜs] *s* portfel, portmonetka;
sakiewka; *vt* włożyć do portfelu
(portmonetki, sakiewki); ściągnąć (brwi), zacisnąć (usta),
zmarszczyć (czoło)

pur·su·ance [pəˈsjuəns] *s* wykonywanie; pójście w ślady; in ~ of
zgodnie z (planem itd.), stosownie do (instrukcji itd.)

pur·sue [pəˈsju] *vt* prześladować,
ścigać; dążyć; uprawiać, wykonywać; kontynuować

pur·suit [pəˈsjut] *s* ściganie, pościg (of sb, sth za kimś, czymś);
dążenie; *pl* ~s interesy, sprawy,
zajęcia

pur·vey [pɜˈveɪ] *vt* zaopatrzyć, dostarczyć; *vi* robić zapasy; być
dostawcą (for sb czyimś)

pur·vey·or [pɜˈveɪə(r)] *s* dostawca

pus [pʌs] *s med.* ropa

push [puʃ] *vt vi* popychać; ~ along
pośpieszyć się; ~ in wepchnąć;
~ off odepchnąć; ~ out wypchnąć; posuwać (się) naprzód;
popędzić, nakłonić (sb to sth kogoś do czegoś); popierać (sb, sth
kogoś, coś); *s* pchnięcie; posunięcie; wysiłek; poparcie

puss [pus] *s* kot

pus·sy 1. [ˈpʌsɪ] *adj* ropny

pus·sy 2. [ˈpusɪ] *s* (także ~-cat)
kotek

• **put, put, put** [put] *vt vi* stawiać,
kłaść, umieszczać; zadawać (pytania); wypowiadać, wyrażać;
skazać (to death na śmierć); nastawić (np. zegarek); zaprząc (sb
to work kogoś do pracy); a horse
to the cart konia do wozu); poddać (to the test próbie); to ~
right naprawić; to ~ a stop położyć kres, przerwać; z przysłówkami i przyimkami: ~ away
⟨aside⟩ odłożyć; ~ back cofnąć;
powstrzymać; cofnąć (zegarek);
~ by odkładać (np. pieniądze);
uchylać się (sth od czegoś); zbywać (sb kogoś); ~ down złożyć;
stłumić (np. powstanie); ukrócić,

poskromić; wysadzić (np. pasażerów); zapisać; zmniejszyć (wydatki); przypisywać (**sth to sb** coś komuś); ~ **forth** wytężać (np. siły); puszczać (pąki); wydać (książkę); ~ **forward** wysuwać, przedkładać, przedstawiać; posuwać naprzód; ~ **in** wkładać, wsuwać; wtrącać; wnosić (np. skargę); wprowadzać; ~ **in mind** przypominać (**sb of sth** komuś o czymś); ~ **in order** doprowadzić do porządku; ~ **off** odłożyć; zdjąć (np. ubranie); zbyć, odprawić; odroczyć; ~ **on** nakładać, wdziewać; przybierać (np. postać); wystawiać (sztukę); ~ **out** wysuwać ⟨wyciągać⟩ (np. rękę); gasić; *sport* eliminować; wywiesić (np. bieliznę); wybić; wydać (drukiem); ~ **out of countenance** skonfundować; ~ **out of doors** wyrzucić za drzwi; ~ **out of order** wprowadzić nieład; ~ **over** przeprowadzić; zapewnić uznanie (np. a film dla filmu); ~ **through** przepchnąć ⟨przeprowadzić⟩ (np. sprawę); połączyć telefonicznie (**to sb z** kimś); ~ **together** zestawić, zmontować; zebrać, zsumować; ~ **up** podnieść, dźwignąć; ustawiać, instalować; wywieszać (np. ogłoszenie); zaplanować, ukartować (podstępnie); schować, wetknąć (np. do kieszeni); zapakować; podnieść

(np. cenę); wystawić (np. towar na sprzedaż); wysunąć (kandydaturę); wnieść (prośbę); dać nocleg (**sb** komuś); zatrzymać się (**at a hotel w** hotelu); pogodzić się (**with sb z** kimś); ścierpieć (**with sth** coś); zadowolić się (**with sth** czymś); namawiać ⟨nakłaniać⟩ (**sb to sth** kogoś do czegoś); s rzut

pu·ta·tive [ˈpjuːtətɪv] *adj* domniemany

pu·tre·fac·tion [ˈpjuːtrɪˈfækʃn] s gnicie

pu·tre·fy [ˈpjuːtrɪfaɪ] *vi* psuć się, gnić; *vt* powodować gnicie ⟨rozkład⟩

pu·trid [ˈpjuːtrɪd] *adj* zgniły, zepsuty

put·ty [ˈpʌtɪ] *adj* kit

put-up [ˈput ʌp] *adj attr* zaplanowany, ukartowany (podstępnie)

puz·zle [ˈpʌzl] s zagadka; *vt* zaintrygować; wprawić w zakłopotanie

puz·zle·ment [ˈpʌzlmənt] s zaintrygowanie; zakłopotanie

pyg·my [ˈpɪgmɪ] s pigmej

py·ja·mas [pəˈdʒaməz] s *pl* piżama

pyr·a·mid [ˈpɪrəmɪd] s piramida; *mat.* ostrosłup

pyre [ˈpaɪə(r)] s stos (*zw.* pogrzebowy)

py·ro·tech·nics [ˈpaɪərəuˈtekniks] s pirotechnika

py·thon [ˈpaɪθən] s *zool.* pyton

q

quack 1. [kwæk] s znachor, szarlatan

quack 2. [kwæk] *vi* kwakać; s kwakanie

quad·ran·gle [ˈkwodræŋgl] s dziedziniec; *mat.* czworokąt

quad·ri·lat·er·al [ˈkwodrɪˈlætərl]

adj czworoboczny; s *mat.* czworokąt

quad·ru·ped [ˈkwodruped] s *zool.* czworonóg; *adj* czworonożny

quad·ru·ple [ˈkwodrupl] *adj* poczwórny, czterokrotny

quaff [kwof] *vt vi* wychylać jed-

nym haustem, pić wielkimi łykami

quag [kwæg] s bagno

quag·gy [ˈkwægɪ] adj bagnisty,
grzski

quag·mire [ˈkwægmaɪə(r)] s bagno,
trzsawisko

quail 1. [kweɪl] vi ocigać się, lękać się; cofać się (before sth
przed czymś)

quail 2. [kweɪl] s (pl ~) zool.
przepiórka

quaint [kweɪnt] adj dziwny, dziwaczny

quake [kweɪk] vi trząść się, drżeć;
s drżenie; pot. trzęsienie ziemi

Quak·er [ˈkweɪkə(r)] s kwakier

qual·i·fi·ca·tion [ˈkwɒlɪfɪˈkeɪʃn] s
kwalifikacja; określenie; zastrzeżenie

qual·i·fy [ˈkwɒlɪfaɪ] vt kwalifikować; określać; warunkować; modyfikować; łagodzić; vi zdobyć
kwalifikacje zawodowe; otrzymać dyplom

qual·i·ta·tive [ˈkwɒlɪtətɪv] adj jakościowy

qual·i·ty [ˈkwɒlətɪ] s jakość; gatunek; cecha, właściwość, zaleta;
charakter

qualm [kwɑm] s mdłości; skrupuł;
niepewność, niepokój

quan·da·ry [ˈkwɒndərɪ] s ciężkie
położenie, kłopot, dylemat

quan·ti·ta·tive [ˈkwɒntɪtətɪv] adj
ilościowy

quan·ti·ty [ˈkwɒntətɪ] s ilość; iloczas; pl quantities masa, obfitość

quar·rel [ˈkwɒrl] s kłótnia; vi kłócić się

quar·rel·some [ˈkwɒrlsəm] adj kłótliwy

quar·ry 1. [ˈkwɒrɪ] s kamieniołom

quar·ry 2. [ˈkwɒrɪ] s zwierzyna (u-
polowana); łup

quart [kwɔt] s kwarta

quar·ter [ˈkwɒtə(r)] s ćwierć,
czwarta część; kwadrans; kwartał; strona świata; kwadra (ksi-

życa); dzielnica, rewir; źródło
(informacji); am. moneta 25-cen-
towa; pl ~s sfery; apartamenty,
mieszkanie; wojsk. kwatery; at
close ~s z bliska; (o walce)
wręcz; to take up ~s zamieszkać; vt ćwiartować; wojsk. zakwaterować; vi wojsk. kwaterować, stacjonować

quar·ter·ly [ˈkwɔtəlɪ] adj kwartalny; adv kwartalnie; s kwartalnik

quartz [kwɔts] s miner. kwarc

quash [kwɒʃ] vt zgnieść, stłumić;
skasować, unieważnić

qua·si [ˈkweɪsaɪ] adj, adv i praef
prawie, niemal; niby

quat·rain [ˈkwɒtreɪn] s czterowiersz

qua·ver [ˈkweɪvə(r)] vi (zw. o głosie) drżeć, drgać; śpiewać tremo-
lando; s wibrujący głos, tremo-
lo; muz. tryl; muz. ósemka

quay [ki] s nadbrzeże

quea·sy [ˈkwizɪ] adj wrażliwy;
grymaśny; skłonny do mdłości;
przyprawiający o mdłości

queen [kwin] s królowa; żona króla; dama (w kartach)

queer [kwɪə(r)] adj dziwaczny; podejrzany, wątpliwy; nieswój; to
feel ~ czuć się niedobrze ⟨kiep-
sko⟩

quell [kwel] vt tłumić, dławić

quench [kwentʃ] vt gasić; tłumić;
studzić (np. zapał)

quer·u·lous [ˈkwerələs] adj gder-
liwy, zrzędny

que·ry [ˈkwɪərɪ] s pytanie; znak
zapytania; vt vi zapytywać; badać; stawiać znak zapytania

quest [kwest] s poszukiwanie; vt
vi poszukiwać (sth ⟨for sth, after sth⟩ czegoś)

ques·tion [ˈkwestʃən] s .pytanie;
zastrzeżenie, kwestia; to ask
⟨put⟩ a ~ zadać pytanie; to call
in ~ zakwestionować; in ~ będący przedmiotem rozważań, to,
o co chodzi; out of the ~ nie
wchodzący w rachubę; beyond

⟨past, without, out of the⟩ ~
niewątpliwie; *vt* zadawać pytania, pytać; indagować; badać;
kwestionować

ques·tion·a·ble [ˈkwestʃənəbl] *adj*
wątpliwy, sporny

ques·tion-mark [ˈkwestʃən mɑk] *s*
znak zapytania

ques·tion·naire [ˌkwestʃəˈneə(r)] *s*
kwestionariusz

queue [kju] *s* szereg ludzi, kolejka (w sklepie itd.); warkocz; =
cue; *vi* (*także* ~ up) stać w
kolejce

quib·ble [ˈkwɪbl] *s* gra słów; wykręt, wybieg (w rozmowie); *vi*
uprawiać grę słów; mówić wy-
krętnie

quick [kwɪk] *adj* szybki; bystry;
zwinny; (*o zmysłach*) zaostrzony; *adv* szybko, żwawo; zaraz; *s*
żywe ciało; czuły punkt; *przen.*
to sting to the ~ dotknąć do żywego

quick·en [ˈkwɪkən] *vt vi* przyśpie-
szyć; ożywić (się); wracać do
życia

quick-lime [ˈkwɪk-laɪm] *s* nie ga-
szone wapno

quick·sand [ˈkwɪksænd] *s* lotne
⟨ruchome⟩ piaski

quick·sil·ver [ˈkwɪksɪlvə(r)] *s* rtęć;
przen. żywe srebro

quick-tem·pered [ˈkwɪk ˈtempəd]
adj nieopanowany, porywczy

quid [kwɪd] *s* *pot.* funt szterling

qui·es·cent [kwaɪˈesnt] *adj* spokojny, nieruchomy; bierny

qui·et [ˈkwaɪət] *adj* spokojny; cichy; *s* spokój; cisza; *vt* uspokajać; uciszać; *vi* (*zw.* ~ down) u-
spokajać, uciszać się

qui·et·ism [ˈkwaɪətɪzm] *s* *filoz.*
kwietyzm

qui·e·tude [ˈkwaɪətjud] *s* spokój

quill [kwɪl] *s* lotka; gęsie pióro
(do pisania); kolec (np. jeża)

quilt [kwɪlt] *s* kołdra; *vt* pikować

qui·nine [kwɪˈnin] *s* chinina

quin·tuple [ˈkwɪntjupl] *adj* pięciokrotny

quirk [kwɜk] *s* gra słów, kalambur;
wykręt; kaprys

quit [kwɪt] *vt vi* opuszczać (miejsce, posadę itd.); rezygnować;
odejść, odjechać; *lit.* odpłacać;
adj wolny (of sth od czegoś)

quite [kwaɪt] *adv* zupełnie, całkiem; całkowicie; wcale; ~ a
treat istna biesiada; it's ~ the
thing to jest właśnie to, o co
chodzi; to ostatni krzyk mody;
~ so! zupełna racja! właśnie!

quiv·er 1. [ˈkwɪvə(r)] *vi* drżeć,
drgać; *s* drżenie, drganie

quiv·er 2. [ˈkwɪvə(r)] *s* kołczan

quiz [kwɪz] *vt* nabierać, kpić; żartować sobie (sb, sth z kogoś,
czegoś); *am.* egzaminować, badać
(inteligencję); *s* nabieranie, żarty; *am.* egzamin, test; kwiz;
kpiarz

quo·ta [ˈkwəutə] *s* określony u-
dział; kontyngent

quo·ta·tion [kwəuˈteɪʃn] *s* cytat;
cytowanie; *handl.* notowanie kur-
su (na giełdzie)

quo·ta·tion-marks [kwəuˈteɪʃn maks]
s pl cudzysłów

quote [kwəut] *vt* cytować, powoływać się (sth na coś); *handl.*
notować ⟨podawać⟩ kurs (na
giełdzie)

quo·tient [ˈkwəuʃnt] *s* *mat.* iloraz

r

R, r [ɑ(r)]: the three R's wykształcenie elementarne (**reading**, (w)**riting**, (a)**rithmetic** czytanie, pisanie, arytmetyka)

rab·bi [ˈræbaɪ] s rabin

rab·bit [ˈræbɪt] s królik

rab·ble [ˈræbl] s motłoch

rab·id [ˈræbɪd] adj wściekły, rozwścieczony, szalony

ra·bies [ˈreɪbiz] s med. wścieklizna

race 1. [reɪs] s rasa, ród

race 2. [reɪs] s bieg, gonitwa, wyścig; nurt, prąd; **armaments ~** wyścig zbrojeń; **to run a ~** sport brać udział w biegu, biec; pl ~s wyścigi konne; vt vi gonić ⟨ścigać⟩ (się); brać udział w wyścigach, iść w zawody; puszczać w zawody (np. konia); popędzać (konia)

race·course [ˈreɪs kɔs], **race-track** [ˈreɪs træk] s tor wyścigowy

ra·cial [ˈreɪʃl] adj rasowy

ra·cial·ism [ˈreɪʃlɪzm] s rasizm

rac·ing [ˈreɪsɪŋ] s wyścigi (konne), biegi, regaty, zawody; adj attr wyścigowy

rac·ism [ˈreɪsɪzm] s rasizm

rack 1. [ræk] s wieszak (na palta); stojak; półka (np. w wagonie); drabinka stajenna

rack 2. [ræk] s koło tortur; vt łamać kołem, torturować; **to ~ one's brains for sth** łamać sobie głowę nad czymś

rack 3. [ræk] s zniszczenie; **to go to ~ and ruin** ulec zniszczeniu; wykoleić się

rack·et 1. [ˈrækɪt] s sport rakieta

racket 2. [ˈrækɪt] s hałas, huk, wrzawa; hulanka; pot. szantaż, wymuszanie, granda; vi hałasować; hulać

rack·et·eer [ˈrækɪˈtɪə(r)] s pot. szantażysta, grandziarz; vi uprawiać szantaż ⟨grandę⟩

rac·y [ˈreɪsɪ] adj pełen życia; dosadny; pikantny; (bardzo) charakterystyczny, typowy

ra·dar [ˈreɪdɑ(r)] s radar

ra·di·al [ˈreɪdɪəl] adj promieniowy

ra·di·ance [ˈreɪdɪəns] s promieniowanie; blask

ra·di·ant [ˈreɪdɪənt] adj promieniujący; promienny

ra·di·ate [ˈreɪdɪeɪt] vt vi promieniować; **wysyłać** ⟨emitować⟩ (promienie, światło, energię, ciepło)

ra·di·a·tion [ˈreɪdɪˈeɪʃn] s promieniowanie; napromienienie

ra·di·a·tor [ˈreɪdɪeɪtə(r)] s radiator; kaloryfer, grzejnik; techn. chłodnica

rad·i·cal [ˈrædɪkl] adj radykalny; s radykał; mat. pierwiastek

ra·di·o [ˈreɪdɪəʊ] s radio; vt nadawać przez radio

ra·di·o·ac·tive [ˈreɪdɪəʊ ˈæktɪv] adj promieniotwórczy, radioaktywny

ra·di·o·ac·tiv·i·ty [ˈreɪdɪəʊ ækˈtɪvtɪ] s promieniotwórczość, radioaktywność

ra·di·o·gram [ˈreɪdɪəʊgræm] s depesza radiowa; zdjęcie rentgenowskie

ra·di·o·graph [ˈreɪdɪəʊgrɑf] s zdjęcie rentgenowskie; vt robić zdjęcie rentgenowskie

ra·di·ol·o·gy [ˈreɪdɪˈɒlədʒɪ] s radiologia; rentgenologia

rad·ish [ˈrædɪʃ] s rzodkiewka

ra·di·um [ˈreɪdɪəm] s chem. rad

ra·di·us [ˈreɪdɪəs] s (pl **radii** [ˈreɪdɪaɪ]) promień

raf·fle [ˈræfl] s loteria (fantowa); vt sprzedawać na loterii; vi grać na loterii

raft [rɑft] s tratwa; vt spławiać tratwą; vi przeprawiać się tratwą

rag [ræg] s szmata, gałgan

rag·a·muf·fin [ˈrægəmʌfɪn] s obdartus

rage 290

rage [reɪdʒ] s wściekłość, gniew,
pasja, furia; mania (**for** sth czegoś); pasja (**for** sth do czegoś);
(najnowsza) moda; *vi* szaleć;
wściekać się (**at** ⟨**against**⟩ sb na
kogoś)

rag·ged [ˈrægɪd] *adj* obszarpany,
obdarty; poszarpany, nierówny,
szorstki

rag·time [ˈrægtaɪm] s ragtime
(wczesna forma jazzu o rytmie
synkopowanym); synkopowana
muzyka murzyńska

raid [reɪd] s najazd, napad; nalot;
obława; *vt* najeżdżać (np. kraj),
robić napad ⟨nalot⟩; urządzać
obławę

rail 1. [reɪl] s balustrada, poręcz;
listwa; szyna; sztacheta; kolej
żelazna; **by ~** koleją; **to get off
the ~s** wykoleić się; *vt* (*także*
~ in ⟨**off, round**⟩) ogrodzić; o-
kratować; przewozić koleją; *vi*
jechać koleją

rail 2. [reɪl] *vi* złorzeczyć, uskar-
żać się (**at** sb, sth na kogoś, coś);
szydzić (**at** sb z kogoś); urągać
(**at** sb komuś)

rail·ing [ˈreɪlɪŋ] *pl* **raes** i s ogrodzenie; okratowanie; poręcz

rail·road [ˈreɪlrəud] *am.* = **railway**

rail·way [ˈreɪlweɪ] s kolej żelazna; *vi* jechać ⟨podróżować⟩ koleją

rain [reɪn] s deszcz; *vi* (*o deszczu*) padać

rain·bow [ˈreɪnbəu] s tęcza

rain·coat [ˈreɪnkəut] s płaszcz nieprzemakalny

rain·fall [ˈreɪnfɔl] s opad (deszczu); ulewa

rain·y [ˈreɪnɪ] *adj* deszczowy,
dżdżysty; *przen.* **~ day** czarna
godzina

raise [reɪz] *vt* podnosić, dźwignąć,
podwyższać; wznosić (budynek
itd.); budzić, wywoływać; ożywiać; poruszać (sprawę); ściągać
(podatki itp.); werbować; mobilizować; hodować, uprawiać; wychowywać (dzieci)

rai·sin [ˈreɪzn] s rodzynek

rake 1. [reɪk] s grabie; pogrzebacz;
vt vi grabić, zgarniać; grzebać
(się), szperać; **~ out** wygrzebać;
~ up zgrzebywać, zgarniać; rozgrzebywać

rake 2. [reɪk] s łajdak, hulaka

ral·ly 1. [ˈrælɪ] s zjazd, zlot, zbiórka; poprawa (zdrowia itd.); *vt
vi* zbiegać się, zbierać (się), gromadzić (się); zebrać siły (np. po
chorobie); otrząsnąć się, przyjść
do siebie

ral·ly 2. [ˈrælɪ] *vt* wyszydzać, wy-
kpiwać

ram [ræm] s baran; taran; dźwig
hydrauliczny; tłok; *vt* uderzać
(taranem); ubijać, wbijać, tłuc,
wtłaczać

ram·ble [ˈræmbl] s wędrówka,
przechadzka; *vi* wałęsać ⟨włó-
czyć⟩ się; wędrować; (np. o
ścieżce) wić się; zbaczać (z tematu)

ram·bler [ˈræmblə(r)] s wędrowiec,
włóczęga; pnącze, roślina pnąca

ram·i·fi·ca·tion [ˌræmɪfɪˈkeɪʃn] s
rozgałęzienie

ram·i·fy [ˈræmɪfaɪ] *vt vi* rozgałęziać ⟨rozwidlać⟩ (się)

ram·mer [ˈræmə(r)] s kafar; ubi-
jak

ramp [ræmp] s pochyłość; nachylenie (muru itd.); pochyła
droga, podjazd w górę; rampa;
vi wznosić się ⟨opadać⟩ pochyło; *pot.* wściekać się

ram·pant [ˈræmpənt] *adj* obficie
krzewiący się, bujny; szerzący
⟨srożący, panoszący⟩ się; nieokiełznany, gwałtowny

ram·part [ˈræmpat] s wał (obronny), szaniec; *przen.* obrona, osłona

ram·shack·le [ˈræmʃækl] *adj* roz-
padający się, rozklekotany, w
ruinie

ran *zob.* **run**

ranch [rantʃ] s *am.* ranczo, gospodarstwo hodowlane; *vi* prowadzić
gospodarstwo hodowlane

ranch·er [ˈrɑntʃə(r)] s właściciel rancza ⟨farmy hodowlanej⟩

ran·cid [ˈrænsɪd] adj zjełczały

ran·cor·ous [ˈræŋkərəs] adj rozgoryczony; zawzięty, zajadły

ran·cour [ˈræŋkə(r)] s rozgoryczenie, uraza; złośliwość

ran·dom [ˈrændəm] s w zwrocie: at ~ na chybił trafił; adj przypadkowy, pierwszy lepszy

randy [ˈrændɪ] adj hałaśliwy, krzykliwy

rang zob. ring

range [reɪndʒ] s szereg, rząd; zasięg, rozpiętość; zakres, sfera; teren ⟨pole⟩ (badań itd.); wędrówka; łańcuch (gór); piec kuchenny; strzelnica; vt szeregować, porządkować; ciągnąć się ⟨biec⟩ (sth wzdłuż .czegoś); przemierzać (kraj itd.); vi rozciągać ⟨ciągnąć⟩ się (from sth to sth od czegoś do czegoś); wałęsać się, wędrować (over ⟨through⟩ po czymś, przez coś); (o temperaturze, cenach) wahać się; zaliczać się (np. among the rebels do buntowników); (o roślinach, zwierzętach) spotykać ⟨trafiać⟩ się; sięgać; the prices ~d from £5 to £7 ⟨beween £5 and £7⟩ ceny wahały się od pięciu do siedmiu funtów

rang·er [ˈreɪndʒə(r)] s włóczęga, wędrowiec; strażnik lasu; żołnierz ⟨policjant⟩ konny; am. komandos

rank 1. [ræŋk] s rząd; szereg; klasa, sfera; ranga, stopień, kategoria; the ~ and file, the ~s szeregowi żołnierze; przen. szara masa (społeczeństwa); to join the ~s wstąpić do wojska; vt ustawiać w szeregu; zaszeregować; sklasyfikować; nadać rangę ⟨sb komuś⟩; vi zajmować rangę; mieć ⟨zajmować⟩ stanowisko ⟨pozycję⟩; liczyć się (as sb jako ktoś)

rank 2. [ræŋk] adj bujny, wybujały; żywotny; (o glebie) zbyt żyzny; zgniły, cuchnący; istny, wierutny, skończony

ran·kle [ˈræŋkl] vi jątrzyć (się), ropieć; przen. drażnić, dręczyć

ran·sack [ˈrænsæk] vt przewrócić do góry nogami, przetrząsnąć; plądrować

ran·som [ˈrænsəm] s okup; vt odkupić, wykupić

rant [rænt] s napuszona mowa, tyrada; vt vi mówić stylem napuszonym

rap [ræp] vt lekko uderzać; vi stukać (at ⟨on⟩ the door do drzwi); s lekkie uderzenie, kuksaniec; stukanie

ra·pa·cious [rəˈpeɪʃəs] adj drapieżny, zachłanny

rape 1. [reɪp] vt porwać (kobietę); zgwałcić; pogwałcić (np. prawa); s porwanie (kobiety); zgwałcenie, gwałt; pogwałcenie (np. praw)

rape 2. [reɪp] s rzepa

rap·id [ˈræpɪd] adj szybki; wartki, rwący; s (zw. pl ~s) bystry nurt rzeki (na progach), katarakta

ra·pi·er [ˈreɪpɪə(r)] s rapier

rap·ine [ˈræpaɪn] s rabunek

rap·proche·ment [ræˈprɔʃmɔ̃] s pojednanie, przywrócenie dobrych stosunków (zw. między państwami)

rapt [ræpt] adj pochłonięty, zaabsorbowany; zachwycony, urzeczony

rap·ture [ˈræptʃə(r)] s zachwyt, upojenie

rare [reə(r)] adj rzadki

rar·i·ty [ˈreərətɪ] s rzadkość, niezwykłość

ras·cal [ˈrɑskl] s łotr, łajdak, łobuz

rash 1. [ræʃ] adj pospieszny, nieroztropny, nie przemyślany

rash 2. [ræʃ] s med. wysypka, nalot

rasp [rɑsp] s raszpla; zgrzyt; vt skrobać raszplą; drażnić; vi zgrzytać

rasp·ber·ry [ˈrɑzbrɪ] s malina

rat [ræt] s szczur; *przen.* to smell
a ~ podejrzewać coś

rate [reɪt] s stosunek (ilościowy),
proporcja; ustalona cena, taryfa,
taksa; norma; tempo; stawka;
podatek (samorządowy itd.); kurs
(wymiany itd.); stopa; wskaźnik; ocena, oszacowanie; at any
~ w każdym razie; za każdą cenę; birth ~ wskaźnik urodzeń;
death ~ śmiertelność; ~ of exchange kurs dewizowy; giełdowy
kurs wymiany pieniędzy; ~ of
interest stopa procentowa; ~ of
living stopa życiowa; *vt* szacować, taksować, oceniać; klasyfikować; opodatkować; *vi* być za-
liczanym

rate-pay·er [ˈreɪt ˌpeɪə(r)] s płatnik
podatku samorządowego

rath·er [ˈrɑðə(r)] *adv* raczej; dość;
właściwie; poniekąd; oczywiście; I had ⟨would⟩ ~ go wolał-
bym pójść; the ~ that ... tym
bardziej, że ...

rat·i·fi·ca·tion [ˌrætɪfɪˈkeɪʃn] s ratyfikacja

rat·i·fy [ˈrætɪfaɪ] *vt* ratyfikować

ra·ti·o [ˈreɪʃɪəʊ] s stosunek (liczbowy, ilościowy), proporcja

ra·tion [ˈræʃn] s racja, przydział;
vt racjonować, wydzielać

ra·tion·al [ˈræʃnl] *adj* racjonalny,
rozumowy; rozumny; *mat.* wymierny; s stworzenie rozumne;
mat. liczba wymierna

ra·tion·al·ism [ˈræʃnəlɪzm] s racjonalizm

rat·tle [ˈrætl] s klekot, grzechot;
brzęk; stukot, turkot; grzechotka; gaduła; *vt vi* klekotać, grzechotać; stukotać, turkotać; szczękać, brzęczeć; terkotać; rzęzić;
paplać, trajkotać

rat·tle-snake [ˈrætlsneɪk] s *zool.*
grzechotnik

rav·age [ˈrævɪdʒ] *vt* pustoszyć,
plądrować; s spustoszenie, zniszczenie

rave [reɪv] *vi* szaleć; bredzić; zachwycać się (about sb, sth kimś,

czymś)

rav·el [ˈrævl] *vt vi* wikłać ⟨plątać,
gmatwać⟩ (się); (*zw.* ~ out) strzępić; s powikłanie; plątanina;
strzępy

ra·ven [ˈreɪvn] s *zool.* kruk

rav·en·ous [ˈrævnəs] *adj* zachłanny; drapieżny

ra·vine [rəˈviːn] s wąwóz, parów

rav·ish [ˈrævɪʃ] *vt* zachwycić, o-
czarować; porwać; zgwałcić (kobietę)

raw [rɔː] *adj* surowy; nie wykoń-
czony, niewyrobiony; (*o człowieku*) niedoświadczony; (*o ranie*) otwarty; ~ material surowiec; s świeża rana; otarcie
(skóry); żywe ciało; *przen.* czułe
miejsce

ray [reɪ] s promień; *vt vi* (także ~ forth ⟨off, out⟩) promieniować

ray·on [ˈreɪɒn] s sztuczny jedwab

raze [reɪz] *vt* zetrzeć, wykreślić;
zburzyć, zrównać z ziemią

ra·zor [ˈreɪzə(r)] s brzytwa; ~
blade żyletka; safety ~ maszynka do golenia

re- [riː] *praef* ponownie, po raz
drugi

reach [riːtʃ] *vt vi* sięgać; dosięgnąć,
osiągnąć; dojść, dojechać, dogonić; rozciągać się; wyciągać rękę, sięgać (for ⟨after⟩ sth po
coś); s zasięg, zakres; beyond
⟨out of⟩ ~ poza zasięgiem; within
~ w zasięgu; within easy ~ łatwo osiągalny; dostępny

re·act [riˈækt] *vi* reagować (to sth
na coś); oddziaływać (upon sth
na coś); przeciwdziałać (against
sth czemuś)

re·ac·tion [riˈækʃn] s reakcja; od-
dzaływanie; przeciwdziałanie

re·ac·tion·ar·y [riˈækʃnəri] *adj* reakcyjny; s reakcjonista

re·ac·tor [riˈæktə(r)] s reaktor

* read 1. [riːd], read, read [red] *vt
vi* czytać; (*o tekście*)
brzmieć; (*o ustawie*) głosić; przygotowywać się (for an examina-

tion do egzaminu); **this book** ~**s
well** tę książkę dobrze się czyta;
~ **over ⟨through⟩** przeczytać (od
początku do końca); ~ **up** zapoznajomić
się z tematem na podstawie
lektury; s [rid] lektura; **to
have a** ~ poczytać sobie
read 2. [red] *adj w zwrocie:* **well
⟨deeply⟩** ~ oczytany
read·er ['rida(r)] s czytelnik; lektor,
wykładowca; korektor; wybór
czytanek, wypisy
read·i·ly ['redɪlɪ] *adv* chętnie, z
gotowością; z łatwością
read·i·ness ['redɪnəs] s gotowość;
chęć; łatwość, obrotność; bystrość
read·ing ['ridɪŋ] *ppraes* i s czytanie;
oczytanie; lektura; odczytywanie
read·ing-book ['ridɪŋ buk] s książka
do czytania; wypisy
read·ing-room ['ridɪŋ rum] s czytelnia
re·ad·just ['riə'dʒʌst] *vt* ponownie
uporządkować ⟨dopasować⟩
read·y ['redɪ] *adj* gotowy; skłonny,
chętny; łatwy; szybki; bystry;
~ **money** gotówka; **to get
⟨make⟩** ~ przygotować się; *vt*
przygotować
ready-to-wear *am.* = ready-made
ready-made ['redɪ 'meɪd] *adj (o
ubraniu)* gotowy, nie na miarę;
przen. banalny, oklepany
re·a·gent [ri'eɪdʒənt] s *chem.* odczynnik
re·al [rɪəl] *adj* rzeczywisty, istotny,
prawdziwy; ~ **estate ⟨property⟩**
nieruchomość; s rzecz realnie
istniejąca, autentyk; *adv
am.* naprawdę; bardzo
re·al·ism ['rɪəl-izm] s realizm
re·al·ist ['rɪəlɪst] *adj* realistyczny
re·al·i·ty [ri'ælɪtɪ] s rzeczywistość;
realność, prawdziwość
re·al·i·za·tion ['rɪəlaɪ'zeɪʃn] s realizacja;
uświadomienie sobie,
zrozumienie; *handl.* spieniężenie,
upłynnienie (kapitału)
re·al·ize ['rɪəlaɪz] *vt* urzeczywist-

nić; uświadomić sobie, zrozumieć;
handl. spieniężyć, upłynnić
(kapitał); zrealizować (np. czek)
re·al·ly ['rɪəlɪ] *adv* naprawdę, rzeczywiście;
istotnie
realm [relm] s królestwo; *przen.*
dziedzina, sfera
re·al·tor ['rɪəltə(r)] s *am.* pośrednik
w handlu nieruchomościami
re·al·ty ['rɪəltɪ] s nieruchomość,
własność gruntowa, realność
reap [rip] *vt vi* zbierać (plon, żniwo);
żąć, kosić
reap·er ['ripə(r)] s żniwiarz; żniwiarka
(maszyna)
re·ap·pear ['riə'pɪə(r)] *vi* pojawić
⟨ukazać⟩ się ponownie
rear 1. [rɪə(r)] *vt* hodować, uprawiać;
wychowywać; budować,
wznosić; *vi (o koniu)* stawać dęba
rear 2. [rɪə(r)] s tył, tylna strona;
wojsk. tyły; **in the** ~ **w tyle;**
wojsk. na tyłach
rear-guard ['rɪəgad] s *wojsk.* tylna
straż
re·arm [ri'am] *vt vi* ponownie
zbroić (się), dozbrajać (się)
re·ar·ma·ment [ri'aməmənt] s ponowne
zbrojenie, dozbrojenie
re·ar·range ['riə'reɪndʒ] *vt* na nowo
uporządkować, przegrupować,
przestawić, przemienić
rear·ward ['rɪəwəd] *adj* zwrócony
ku tyłowi, tylny, końcowy;
wsteczny; *adv (także* ~s) ku
tyłowi, wstecz
rea·son ['rizn] s rozum, intelekt;
rozwaga; powód (**of sth** czegoś,
for sth do czegoś); uzasadnienie;
by ~ **of, for** ~s **of** z powodu; **to
bring to** ~ przywodzić do rozsądku;
to hear ⟨to listen to⟩ ~
słuchać głosu rozsądku, dać się
przekonać; **it stands to** ~ **to** jest
zrozumiałe ⟨oczywiste⟩, nie można
temu zaprzeczyć; **out of** ~
nierozsądnie; *vt vi* rozumować;
rozważać; uzasadniać; wnioskować;
wyperswadować (**sb out of
sth** komuś coś); przekonać, na-

mówić (**sb into sth** kogoś do czegoś)

rea·son·a·ble [ˈriznəbl] *adj* rozsądny; (np. *o cenach*) umiarkowany

re·as·sem·ble [ˈriəˈsembl] *vt vi* ponownie zebrać (się)

re·as·sume [ˈriəˈsjum] *vt* na nowo podjąć ⟨objąć⟩

re·as·sure [ˈriəˈʃuə(r)] *vt* przywrócić zaufanie, rozproszyć obawy

re·bate [ˈriˈbeɪt] *vt* zmniejszyć; *handl.* potrącić; udzielić rabatu; *s* [ˈriːbeɪt] *handl.* rabat

reb·el [ˈrebl] *s* buntownik; *adj* buntowniczy; *vi* [rɪˈbel] buntować się

re·bel·lion [rɪˈbeliən] *s* bunt, rebelia

re·bel·lious [rɪˈbeliəs] *adj* buntowniczy, zbuntowany

re·bound [rɪˈbaʊnd] *vi* odskakiwać, odbijać się

re·buff [rɪˈbʌf] *vt* odepchnąć, odtrącić; dać odprawę; odmówić; *s* odmowa; odepchnięcie, odprawa

* **re·build** [ˈriˈbɪld], rebuilt, **rebuilt** [ˈriˈbɪlt] *vt* odbudować, przebudować, odnowić

re·buke [rɪˈbjuk] *s* wymówka, zarzut, nagana; *vt* robić wymówki, ganić, karcić

re·cal·ci·trant [rɪˈkælsɪtrənt] *adj* oporny, krnąbrny

re·call [rɪˈkɔl] *vt* odwoływać (np. ambasadora); cofać (np. obietnicę); przypominać sobie; wskrzeszać (wspomnienia); kasować; *s* odwołanie; nakaz powrotu

re·cant [rɪˈkænt] *vt* odwołać, cofnąć, wyprzeć się

re·ca·pit·u·late [ˈriˈkəˈpɪtʃuleɪt] *vt* rekapitulować, podsumować, streścić

re·cast [ˈriˈkast] *vt* przetopić ⟨przelać⟩ (metal); przekształcić, przerobić; *s* przeróbka

re·cede [rɪˈsid] *vi* cofnąć ⟨wycofać⟩ się, odstąpić

re·ceipt [rɪˈsit] *s* odbiór; potwierdzenie odbioru, pokwitowanie; recepta; przepis; *pl* ~s przychód;

wpływy; *vt* kwitować

re·ceive [rɪˈsiv] *vt* otrzymywać, odbierać; przyjmować; zawierać; doznawać

re·ceived [rɪˈsivd] *pp i adj* uznany, powszechnie przyjęty

re·ceiv·er [rɪˈsivə(r)] *s* odbiorca; poborca; odbiornik (radiowy); słuchawka (telefoniczna); paser

re·cent [ˈrisnt] *adj* świeży, niedawny, świeżej daty; nowoczesny

re·cent·ly [ˈrisntli] *adv* ostatnio, niedawno

re·cep·ta·cle [rɪˈseptəkl] *s* naczynie, zbiornik

re·cep·tion [rɪˈsepʃn] *s* recepcja, przyjęcie; odbiór (radiowy); ~ office recepcja, portiernia

re·cep·tive [rɪˈseptɪv] *adj* podatny, chłonny, wrażliwy

re·cess [rɪˈses] *s* odejście, ustąpienie, odwrót; ferie (*zw.* sądowe lub parlamentarne); zakątek, zakamarek, ustronie; wgłębienie; nisza, alkowa; *am.* wakacje; *vt* ustawić we wgłębieniu; *vi* zrobić wgłębienie; zaprzestać działalności

re·ces·sion [rɪˈseʃn] *s* recesja, cofnięcie się; *handl.* zastój

rec·i·pe [ˈresəpɪ] *s* przepis (kulinarny); *med.* recepta

re·cip·ro·cal [rɪˈsɪprəkl] *adj* wzajemny; *s mat.* odwrotność

re·cip·ro·cate [rɪˈsɪprəkeɪt] *vt vi* odwzajemniać (się); odpłacać ⟨rewanżować się⟩ (sth za coś)

rec·i·proc·i·ty [ˈresɪˈprosətɪ] *s* wzajemność

re·cit·al [rɪˈsaɪtl] *s* recytacja; wyłożenie ⟨przedstawienie⟩ (faktów itp.); *muz.* recital

rec·i·ta·tion [ˈresɪˈteɪʃn] *s* recytacja, deklamacja

re·cite [rɪˈsaɪt] *vt* recytować, deklamować; wyliczać

reck·less [ˈrekləs] *adj* beztroski, lekkomyślny; niebaczny (**of** danger etc. na niebezpieczeństwo itd.)

reck·on [ˈrekən] *vt vi* liczyć (się);

rachować; być zdania, sądzić; zaliczać (sb, sth among ⟨with⟩ ...
kogoś, coś do ...); ~ in wliczyć,
włączyć, uwzględnić; ~ off odliczyć

reck·on·ing [ˈrekniŋ] *ppraes i s* rachunek, obliczenie, rozliczenie;
rachuba, kalkulacja

re·claim [rɪˈkleɪm] *vt* zażądać
zwrotu; wnieść reklamację; poprawiać, reformować; meliorować (grunt), użyźniać (pustkowie); cywilizować

rec·la·ma·tion [ˈrekləˈmeɪʃn] *s* reklamacja; poprawienie, reforma;
melioracja; wzięcie pod uprawę
(nieużytków); cywilizowanie

re·cline [rɪˈklaɪn] *vt* złożyć ⟨po-
łożyć, oprzeć⟩ (głowę); *vi* wyciągnąć się; spoczywać (pół) le-
żąc

re·cluse [rɪˈkluːs] *adj* samotny, od-
osobniony; *s* samotnik; pustelnik

rec·og·ni·tion [ˈrekəgˈnɪʃn] *s* rozpoznanie; uznanie (zasług itd.)

rec·og·nize [ˈrekəgnaɪz] *vt* rozpoznać; uznać; przyznać się (sb,
sth do kogoś, czegoś)

re·coil [rɪˈkɔɪl] *vi* cofnąć się; odskoczyć, odbić się; wzdragać
⟨wzbraniać⟩ się (from sth przed
czymś)

rec·ol·lect [ˈrekəˈlekt] *vt* przypominać sobie, wspominać

rec·ol·lec·tion [ˈrekəˈlekʃn] *s* przypomnienie, pamięć, wspomnie-
nie

re·com·mence [ˈrikəˈmens] *vt vi*
zacząć (się) na nowo

rec·om·mend [ˈrekəˈmend] *vt* polecić

rec·om·men·da·tion [ˈrekəmən-
ˈdeɪʃn] *s* polecenie, rekomendacja

rec·om·pense [ˈrekəmpens] *vt* wynagradzać; kompensować (np.
stratę); *s* wynagrodzenie; rekompensata

rec·on·cile [ˈrekənsaɪl] *vt* pojednać; pogodzić, uzgodnić; to become ~d pogodzić się (with sb z

kimś, to sth z czymś)

rec·on·cil·i·a·tion [ˈrekənˈsɪlɪˈeɪʃn] *s*
pojednanie

re·con·nais·sance [rɪˈkɒnɪsns] *s*
wojsk. rekonesans; *przen.* zo-
rientowanie się w sytuacji

rec·on·noi·tre [ˈrekəˈnɔɪtə(r)] *vt vi*
badać (np. sytuację); rozpozna-
wać (teren); *wojsk.* robić rekonesans

re·con·sid·er [ˈrikənˈsɪdə(r)] *vt* na
nowo rozważyć ⟨rozpatrzyć⟩

re·con·struct [ˈrikənˈstrʌkt] *vt*
przebudować, odtworzyć, zrekonstruować

re·cord [ˈrekɔd] *s* zarejestrowanie,
zapisanie; spis, zapis, rejestr; akta (personalne); świadectwo; protokół; notatka, wzmianka; rekord
(np. sportowy); płyta (gramofonowa); *pl* ~s archiwa; zapiski;
kroniki; on ~ zanotowany, zapisany; to have a good ~ być dobrze notowanym, mieć nieskazi-
telną przeszłość; to break ⟨beat⟩
the ~ pobić rekord; *vt* [rɪˈkɔd]
notować, zapisywać; rejestrować;
nagrywać (na płycie ⟨taśmie⟩)

re·cord·ing [rɪˈkɔdɪŋ] *s* nagranie

re·count 1. [ˈriˈkaunt] *vt* opowiadać, relacjonować

re·count 2. [ˈrikaunt] *s* przeliczenie
(zw. głosów); *vt* [ˈriˈkaunt] przeliczyć

re·course [rɪˈkɔs] *s* zwrócenie ⟨u-
ciekanie⟩ się (to sth do czegoś);
have ~ uciekać się (to sth do
czegoś)

re·cov·er [rɪˈkʌvə(r)] *vt* odzyskać;
otrzymać zwrot ⟨rekompensatę⟩;
wynagrodzić sobie; ocucić; wyleczyć; *vi* przyjść do siebie, o-
przytomnieć; wyzdrowieć; wrócić do normy

re·cov·er·y [rɪˈkʌvrɪ] *s* odzyskanie;
rekompensata, zwrot; powrót do
zdrowia; poprawa; past ~ w beznadziejnym stanie

rec·re·a·tion [ˈrekrɪˈeɪʃn] *s* odpoczynek (po pracy), rozrywka;
przerwa (między lekcjami)

re·crim·i·na·tion [rɪˈkrɪmɪˌneɪʃn] s
wzajemne oskarżanie się

re·cruit [rɪˈkrut] s rekrut; nowicjusz; vt vi rekrutować; wracać
do zdrowia, odzyskiwać siły

rec·tan·gle [ˈrektæŋgl] s prostokąt

rec·tan·gu·lar [rekˈtæŋgjulə(r)] adj
prostokątny

rec·ti·fi·ca·tion [ˌrektɪfɪˈkeɪʃn] s
sprostowanie, poprawka; chem.
rektyfikacja

rec·ti·fy [ˈrektɪfaɪ] vt prostować,
poprawiać; chem. rektyfikować

rec·ti·tude [ˈrektɪtjud] s prostoli-
nijność, uczciwość

rec·tor [ˈrektə(r)] s rektor; dyrektor (szkoły średniej); proboszcz
(anglikański)

re·cum·bent [rɪˈkʌmbənt] adj leżący, w pozycji leżącej

re·cu·per·ate [rɪˈkjupəreɪt] vt
przywracać siły, regenerować; vi
odzyskiwać siły, wracać do zdrowia

re·cur [rɪˈkɜ(r)] vi powtarzać się;
powracać (na myśl)

re·cur·rence [rɪˈkʌrns] s powtarzanie się; powrót (to sth do czegoś)

re·cur·rent [rɪˈkʌrnt] adj powtarzający się, periodyczny; powrotny

red [red] adj czerwony; rudy, ryży; przen. krwawy; rewolucyjny, lewicowy; to see ~ dostać
uderzenia krwi do głowy; szaleć
z gniewu; s czerwień; radykał,
rewolucjonista, komunista

red·den [ˈredn] vt vi czerwienić
(się)

red·dish [ˈredɪʃ] adj czerwonawy

re·deem [rɪˈdim] vt wykupić, spłacić; odkupić, zbawić; uratować
(np. honor); skompensować (np.
wady); uwolnić; odpokutować

re·deem·a·ble [rɪˈdiməbl] adj od-
kupny, zwrotny

re·deem·er [rɪˈdimə(r)] s zbawca,
zbawiciel

re·demp·tion [rɪˈdempʃn] s wykup,
spłacenie; uwolnienie; zbawie-

nie; odpokutowanie

red-hand·ed [ˈred ˈhændɪd] adj
mający ręce splamione krwią; to
be caught ~ być złapanym na
gorącym uczynku

red-hot [ˈred ˈhot] adj rozpalony
do czerwoności

red-let·ter [ˈred ˈletə(r)] adj attr
świąteczny, odświętny; pamięt-
ny (np. dzień)

red·o·lent [ˈredələnt] adj wonny;
pachnący ⟨zalatujący⟩ (of sth
czymś)

re·doub·le [rɪˈdʌbl] vt vi podwoić
(się); rekontrować (w kartach)

re·doubt·a·ble [rɪˈdautəbl] adj straszny, groźny

re·dress [rɪˈdres] vt naprawić, wyrównać, wynagrodzić; przywrócić
(równowagę); ulżyć; s naprawa,
rekompensata

red·skin [ˈredskɪn] s i adj czer-
wonoskóry

re·duce [rɪˈdjus] vt pomniejszać,
redukować; obniżać (np. cenę);
osłabiać; sprowadzać ⟨doprowa-
dzać⟩ (np. sth to an absurdity
coś do absurdu); pokonać, u-
jarzmić; degradować; vi zmniejszyć się; pot. chudnąć; odchudzać się

re·duc·tion [rɪˈdʌkʃn] s redukcja;
zmniejszenie; obniżka (np. cen);
osłabienie; zdegradowanie; doprowadzenie, sprowadzenie (kogoś ⟨czegoś⟩ do jakiegoś stanu)

re·dun·dant [rɪˈdʌndənt] adj nadmierny; zbyteczny; rozwlekły

reed [rid] s trzcina, szuwar; piszczałka

reef [rif] s rafa

reek [rik] vi dymić, kopcić; śmierdzieć; s dym; zbior. opary; fetor, smród

reel [ril] s zataczanie ⟨kręcenie⟩
się; wir; szpulka, cewka; rolka
(papieru, filmu); przen. off the
~ gładko, jednym tchem; vt
(także ~ in ⟨up⟩) nawijać, motać; (także ~ off) odwijać, roz-

refusal

wijać; *vi* kręcić się, wirować; zataczać się; chwiać się

re·en·ter [ri`entə(r)] *vt vi* ponownie wejść, wrócić; ponownie wprowadzić ⟨zgłosić⟩

re·es·tab·lish [`ri ıs`tæblıʃ] *vt* zrekonstruować, przywrócić

re·fer [rı`fɜ(r)] *vt vi* odsyłać, kierować; odnosić (się), wiązać (się), nawiązywać; powoływać się; zwracać się, udawać się; **to ~ to the dictionary** zajrzeć do słownika

ref·er·ee [`refə`ri] *s* arbiter; *sport* sędzia; *vi* sędziować

ref·er·ence [`refrns] *s* powołanie się (**to** sth na coś); odesłanie ⟨odniesienie⟩ (**to** sth do czegoś); polecenie, referencja; adnotacja; wzmianka; sprawdzanie ⟨szukanie⟩ (w słowniku, encyklopedii); informacja; **~ book, a book of ~** książka podręczna (słownik, encyklopedia, informator itp.); **with ⟨in⟩ ~ to** odnośnie do, co się tyczy

re·fill [`ri`fıl] *vt vi* ponownie napełnić (się); *s* [`rifıl] zapas ⟨wkład⟩ (do ołówka automatycznego, długopisu, latarki itd.)

re·fine [rı`fain] *vt* oczyszczać, rafinować; uszlachetniać; nadawać polor; *vt* oczyszczać ⟨rafinować⟩ się; wyszlachetnieć; nabrać poloru

re·fine·ment [rı`fainmənt] *s* oczyszczanie, rafinowanie; wyrafinowanie (np. smaku); wytworność

re·fin·er·y [rı`fainrı] *s* rafineria

re·flect [rı`flekt] *vt* odbijać (np. fale); odzwierciedlać; *vi* rozważać (**on** sth coś); zastanawiać się (**on ⟨upon⟩** sth nad czymś); robić uwagi (**on** sb, sth o kimś, o czymś), krytykować; czynić zarzuty

re·flec·tion [rı`flekʃn] *s* odbicie (np. fal); odzwierciedlenie; namysł, zastanowienie, refleksja; **on ~** po namyśle; krytyka (**on** sb, sth kogoś, czegoś)

re·flec·tive [rı`flektıv] *adj* odbijający (np. fale); myślący, refleksyjny; *gram.* = reflexive

re·flec·tor [rı`flektə(r)] *s* reflektor

re·flex [`rifleks] *s* odbicie (się); odruch, refleks; *adj* (o świetle *itp.*) odbity; odruchowy

re·flex·ion = reflection

re·flex·ive [rı`fleksıv] *adj gram.* zwrotny

re·form [rı`fɔm] *vt vi* reformować; poprawiać (się); *s* reforma; poprawa

ref·or·ma·tion [`refə`meıʃn] *s* nawrócenie, poprawa; *hist.* **the Reformation** Reformacja

re·form·er [rı`fɔmə(r)] *s* reformator

re·fract [rı`frækt] *vt fiz.* załamywać (promienie)

re·frac·to·ry [rı`fræktərı] *adj* oporny, uparty; *techn.* ogniotrwały

re·frain 1. [rı`frein] *vt* powstrzymywać, hamować; *vi* powstrzymywać się (**from** sth od czegoś)

re·frain 2. [rı`frein] *s* refren

re·fresh [rı`freʃ] *vt* odświeżać; pokrzepiać, posilać

re·fresh·er [rı`freʃə(r)] *s* środek odświeżający; odświeżenie; napój orzeźwiający; **~ course** kurs odświeżający ⟨zdobyte⟩ wiadomości; powtórka

re·fresh·ment [rı`freʃmənt] *s* odświeżenie; pokrzepienie; wypoczynek; lekki posiłek, przekąska; **~ room** bufet

re·frig·er·ate [rı`frıdʒəreit] *vt vi* chłodzić ⟨zamrażać⟩ się

re·frig·er·a·tor [rı`frıdʒəreitə(r)] *s* chłodnia; lodówka

ref·uge [`refjudʒ] *s* schronienie; azyl; przytułek; wysepka bezpieczeństwa (na jezdni); **to take ~** schronić się

ref·u·gee [`refju`dʒi] *s* zbieg, uchodźca

re·fund [rı`fʌnd] *vt* zwracać pieniądze; *s* [`rifʌnd] zwrot ⟨spłata⟩ (pieniędzy)

re·fu·sal [rı`fjuzl] *s* odmowa

re·fuse 1. [ri'fjuz] vt vi odmówić, odrzucić (propozycję), dać odpowiedź odmowną

ref·use 2. ['refjus] s zbiór. odpadki, nieczystości, śmieci

ref·u·ta·tion ['refju'teiʃn] s zaprzeczenie, obalenie (teorii), odparcie (zarzutów)

re·fute [ri'fjut] vt zaprzeczyć, obalić (teorię), odeprzeć (zarzuty)

re·gain [ri'gein] vt odzyskać

re·gal ['rigl] adj królewski

re·gale [ri'geil] vt gościć, raczyć, wystawnie przyjmować; być rozkoszą (dla oka, ucha); vr ~ oneself uraczyć ⟨cieszyć⟩ się (with sth czymś); vi ucztować; delektować się (on sth czymś)

re·ga·li·a [ri'geiliə] s pl insygnia królewskie

re·gard [ri'gad] s wzgląd; spojrzenie; uwaga, baczenie; szacunek; pl ~s ukłony, pozdrowienia; in ⟨with⟩ ~ w odniesieniu (to ⟨of⟩ sth do czegoś); in ⟨with⟩ this ~ pod tym względem; vt oglądać, patrzeć; uważać (sb, sth as... kogoś, coś za...); dotyczyć ⟨odnosić się do⟩ (sb, sth kogoś, czegoś); brać pod uwagę; ~ing, as ~s co się tyczy, co do, odnośnie do

re·gard·less [ri'gadləs] adj niebaczny, nieuważny; niedbały; nie liczący się (of sth z czymś); adv bez względu, nie bacząc (of sth na coś); nie licząc się (of sth z czymś)

re·gen·er·ate [ri'dʒenəreit] vt vi regenerować (się), odnawiać (się), odradzać (się)

re·gent ['ridʒənt] s regent

reg·i·cide ['redʒisaid] s królobójca; królobójstwo

ré·gime [rer'ʒim] s ustrój, reżim

reg·i·ment ['redʒimənt] s pułk; przen. zastęp; vt ['redʒiment] organizować (w pułki, grupy); trzymać w dyscyplinie

re·gion ['ridʒən] s rejon, zakres; okolica; strefa

re·gion·al ['ridʒənl] adj regionalny; rejonowy

reg·is·ter ['redʒistə(r)] s rejestr; wykaz, spis; ~ office urząd stanu cywilnego; vt vi rejestrować (się); meldować się; notować; (o liście, bagażu) nadawać jako polecony

reg·is·tra·tion ['redʒi'streiʃn] s rejestracja, zapis, meldowanie

reg·is·try ['redʒistri] s rejestracja; (także ~ office) urząd stanu cywilnego

re·gress ['rigres] s regres, cofanie się; vi [ri'gres] cofać się

re·gres·sion [ri'greʃn] s powrót, regresja, cofanie się

re·gret [ri'gret] s żal; vt żałować; boleć (sth nad czymś), opłakiwać

re·gret·ta·ble [ri'gretəbl] adj godny pożałowania, opłakany

reg·u·lar ['regjulə(r)] adj regularny, prawidłowy; systematyczny, uporządkowany; przepisowy; pot. istny, skończony

reg·u·lar·i·ty ['regjə'lærəti] s prawidłowość, regularność; systematyczność; reguła

reg·u·late ['regjəleit] vt regulować; porządkować

reg·u·la·tion ['regjə'leiʃn] s regulacja; przepis, zarządzenie

re·ha·bil·i·tate ['riə'biliteit] vt rehabilitować; przywrócić do normalnego stanu; uzdrowić

re·ha·bil·i·ta·tion ['riə'bili'teiʃn] s rehabilitacja; przywrócenie do normalnego stanu; uzdrowienie

re·hears·al [ri'hɜsl] s próba (przedstawienia, występu); powtórka; recytowanie, wyliczanie; dress ~ próba generalna

re·hearse [ri'hɜs] vt zrobić próbę (teatralną); powtarzać (np. lekcję); recytować, wyliczać

reign [rein] vi władać, panować; s panowanie, władza

re·im·burse ['riim'bɜs] vt zwrócić (pieniądze)

rein [rein] s cugiel, lejc; to give the ~s popuścić cugli; przen. puszczać wodze; vt trzymać (konia za lejce; *przen.* trzymać na wo- dzy ⟨w ryzach⟩, kierować

re·in·car·na·tion ['riːɪnkaˈneɪʃn] s reinkarnacja

rein·deer [ˈreɪndɪə(r)] s zool. re- nifer

re·in·force [ˈriːɪnˈfɔːs] vt wzmocnić, zasilić; poprzeć, podeprzeć; ~d concrete żelazobeton

re·in·force·ment [ˈriːɪnˈfɔːsmənt] s wzmocnienie, zasilenie; (zw. pl ~s) wojsk. posiłki; podpora; po- parcie

re·in·state [ˈriːɪnˈsteɪt] vt przywra- cać (np. na poprzednie stano- wisko)

re·in·sure [ˈriːɪnˈʃuə(r)] vt vi reasa- kurować (się), ponownie (się) zabezpieczyć

re·it·er·ate [riˈɪtəreɪt] vt stale po- wtarzać

re·ject [rɪˈdʒekt] vt odrzucać

re·jec·tion [rɪˈdʒekʃn] s odrzuce- nie, odmowa

re·joice [rɪˈdʒɔɪs] vt cieszyć, spra- wiać przyjemność (sb komuś); vi radować ⟨cieszyć⟩ się (in ⟨at, over⟩ sth czymś)

re·join 1. [rɪˈdʒɔɪn] vt odpowiadać, replikować

re·join 2. [ˈriˈdʒɔɪn] vt złożyć na nowo; połączyć się na nowo (sb z kimś); powrócić (sb do kogoś), na nowo nawiązać stosunki (sb z kimś); vi połączyć się na nowo, zejść się ponownie

re·join·der [rɪˈdʒɔɪndə(r)] s odpo- wiedź, replika

re·ju·ve·nate [rɪˈdʒuvəneɪt] vt od- mładzać; vi odmłodnieć·

re·lapse [rɪˈlæps] s nawrót (into sth do czegoś); recydywa; vi po- nownie popaść (into silence etc. w milczenie itd.); powrócić (into vice etc. na drogę grzechu itd.); ~ into illness ponownie zachoro- wać

re·late [rɪˈleɪt] vt opowiadać, rela- cjonować; wiązać, nawiązywać, łączyć; vt odnosić się (to sb, sth do kogoś, czegoś), wiązać się (to sb, sth z kimś, czymś)

re·lat·ed [rɪˈleɪtɪd] pp i adj wiążą- cy się ⟨związany⟩ (to sth z czymś); spokrewniony (to sb z kimś)

re·la·tion [rɪˈleɪʃn] s opowiadanie, relacja; związek, stosunek; po- krewieństwo; krewny

re·la·tion·ship [rɪˈleɪʃnʃɪp] s zwią- zek; pokrewieństwo

rel·a·tive [ˈrelətɪv] adj względny, stosunkowy; dotyczący (to sth czegoś); s krewny; gram. zaimek względny; adv odnośnie (to sth do czegoś)

re·lax [rɪˈlæks] vt vi osłabić; osła- bnąć; rozluźnić (się), odprężyć (się)

re·lax [rɪˈlæks] vt vi osłabić; osła- bienie, rozluźnienie; odprężenie, relaks

re·lay [rɪˈleɪ] vt luzować; zmie- niać; retransmitować; przekazy- wać; s luzowanie; zmiana; szych- ta; konie rozstawne; jazda roz- stawna; retransmisja; sport szta- feta; elektr. przekaźnik; ~ race bieg sztafetowy

re·lease [rɪˈlis] vt zwolnić, wyzwo- lić; wypuścić (z rąk, z druku, na wolność itd.); s zwolnienie, wy- zwolenie; wypuszczenie (na ry- nek, na wolność itd.)

rel·e·gate [ˈreləgeɪt] vt przenosić (np. na niższe stanowisko); re- legować, wydalać; oddalać; prze- kazywać ⟨kierować⟩ (dalej)

re·lent [rɪˈlent] vi łagodnieć, mięk- nąć, ustępować·

rel·e·vant [ˈreləvənt] adj stosowny, na miejscu, trafny; dotyczący (to sth czegoś), związany (to sth z czymś)

re·li·a·bil·i·ty [rɪˈlaɪəˈbɪlətɪ] s nie- zawodność, solidność, pewność

re·li·a·ble [rɪˈlaɪəbl] adj godny za- ufania; solidny, pewny, nieza- wodny

re·li·ance [rɪˈlaɪəns] s zaufanie; to have ⟨place, feel⟩ ~ in ⟨on, upon⟩ sb, sth mieć zaufanie do kogoś, czegoś; polegać na kimś, czymś

rel·ic [ˈrelɪk] s relikwia; pozostałość; pamiątka

re·lief 1. [rɪˈliːf] s ulga; odciążenie; obniżenie (grzywny itd.); zapomoga; zmiana (np. warty), nowa szychta; odsiecz

re·lief 2. [rɪˈliːf] s płaskorzeźba; uwypuklenie; **to bring into ~** uwypuklić; uwydatnić

re·lieve [rɪˈliːv] vt ulżyć; uśmierzyć (np. ból); pomóc; odciążyć, zmniejszyć; zastąpić, zluzować; uwolnić (sb of sth kogoś od czegoś)

re·li·gion [rɪˈlɪdʒən] s religia

re·li·gious [rɪˈlɪdʒəs] adj religijny; kościelny, zakonny

re·lin·guish [rɪˈlɪŋkwɪʃ] vt opuścić, porzucić, zaniechać; zrezygnować; odstąpić (sth od czegoś)

rel·ish [ˈrelɪʃ] s smak, posmak; urok, powab; przyjemność; upodobanie (pociąg) (for sth do czegoś); przysmak; przyprawa; vt lubić; rozkoszować się (sth czymś); jeść ze smakiem; dodawać smaku; vi smakować, mieć posmak

re·luc·tance [rɪˈlʌktəns] s niechęć, opór

re·luc·tant [rɪˈlʌktənt] adj niechętny, oporny

re·ly [rɪˈlaɪ] vi polegać (on sb, sth na kimś, czymś)

re·main [rɪˈmeɪn] vi pozostawać; s pl ~s pozostałość; resztki; zwłoki

re·maind·er [rɪˈmeɪndə(r)] s pozostałość, reszta

re·mand [rɪˈmɑːnd] vt odesłać do więzienia

re·mark [rɪˈmɑːk] vt zauważyć; zanotować; vi zrobić uwagę (on ⟨upon⟩ sb, sth o kimś, czymś); s uwaga; spostrzeżenie; notatka

re·mark·a·ble [rɪˈmɑːkəbl] adj godny uwagi, niepospolity, wybitny

rem·e·dy [ˈremədɪ] s lekarstwo, środek; naprawa; vt naprawić, zaradzić

re·mem·ber [rɪˈmembə(r)] vt pamiętać; przypominać (sobie), wspominać; **~ me to your sister** przekaż siostrze ukłony ode mnie

re·mem·brance [rɪˈmembrns] s pamiątka; pozdrowienia, ukłony

re·mind [rɪˈmaɪnd] vt przypominać (sb of sth coś komuś)

re·mind·er [rɪˈmaɪndə(r)] s pamiątka; przypomnienie; upomnienie

rem·i·nis·cence [ˈremɪˈnɪsns] s wspomnienie, reminiscencja

rem·i·nis·cent [ˈremɪˈnɪsnt] adj wspominający, pamiętający, przypominający (sobie); to be ~ przypominać ⟨przypominać sobie⟩ (of sth coś)

re·miss [rɪˈmɪs] adj opieszały; niedbały

re·mis·sion [rɪˈmɪʃn] s osłabienie, zmniejszenie, złagodzenie; przebaczenie ⟨odpuszczenie⟩ (grzechów itd.); umorzenie (długu)

re·mit [rɪˈmɪt] vt osłabić, zmniejszyć, złagodzić; przebaczyć; odpuścić (grzechy); umorzyć (dług); przekazać sprawę, pieniądze itd.); vi osłabnąć, zelżeć, złagodnieć, zmniejszyć się

re·mit·tance [rɪˈmɪtns] s przesyłka pieniężna, należność, wpłata, przekaz

rem·nant [ˈremnənt] s reszta, pozostałość

re·mon·strance [rɪˈmɒnstrəns] s wystąpienie protestacyjne, skarga publiczna; napominanie

re·mon·strate [ˈremənstreɪt] vi (publicznie) protestować, występować ze skargą; robić wymówki (with sb on ⟨upon⟩ sth komuś z powodu czegoś)

re·morse [rɪˈmɔːs] s wyrzut sumienia; skrucha

re·mote [rɪˈməʊt] adj odległy, daleki; obcy

re·mov·al [rɪˈmuːvl] s usunięcie; zdjęcie; zniesienie; przeprowadzka

re·move [rɪˈmuːv] vt vi usunąć (się); oddalić (się); zdjąć; sprząnąć; odwołać, zwolnić (np. ze służby); pozbyć się; przenieść ⟨przeprowadzić⟩ (się); *s* oddalenie, odstęp; przejście do wyższej klasy, promocja

re·mu·ner·ate [rɪ`mjunəreɪt] *vt* wynagradzać

re·mu·ner·a·tion [rɪ`mjunə`reɪʃn] *s* wynagrodzenie

re·mu·ner·a·tive [rɪ`mjunərətɪv] *adj* dochodowy, opłacalny, korzystny

Re·nais·sance [rɪ`neɪsns] *s* Odrodzenie, Renesans

re·nas·cence [rɪ`næsns] *s* odrodzenie, powrót do życia; = **Renaissance**

* **rend** [rend], **rent, rent** [rent] *vt vi* rozrywać ⟨rwać⟩ (się); drzeć (się); rozszczepiać ⟨rozłupać⟩ (się)

ren·der [`rendə(r)] *vt* zrobić, sprawić, wyświadczyć; oddać, zwrócić, odpłacić; przedstawić, odtworzyć; przetłumaczyć (**into English** na angielski); okazać (pomoc itd.); przedkładać, składać

ren·dez·vous [`rõndɪvu] *s* spotkanie (umówione), pot. randka

ren·e·gade [`renɪgeɪd] *s* renegat, odstępca; zdrajca

re·new [rɪ`nju] *vt* odnowić; wznowić; odświeżyć; prolongować

re·new·al [rɪ`njul] *s* odnowienie; wznowienie; odświeżenie; prolongata

re·nounce [rɪ`naʊns] *vt* zrzekać ⟨wyrzekać⟩ się (**sth** czegoś); wypowiedzieć (np. umowę); odmówić uznania (np. władzy); wyprzeć się

ren·o·vate [`renəveɪt] *vt* odnawiać, naprawiać; remontować

ren·o·va·tion [`renə`veɪʃn] *s* odnowienie; naprawa; remont

re·nown [rɪ`naʊn] *s* sława, rozgłos

re·nowned [rɪ`naʊnd] *adj* sławny, głośny

rent 1. *zob.* **rend**

rent 2. [rent] *s* renta (dzierżawna), czynsz, dzierżawa; *vt* wynajmować, dzierżawić; *vi* być do wynajęcia (**at the price** za cenę)

rent 3. [rent] *s* dziura, rozdarcie; szczelina; rozłam

rent·al [`rentl] *s* czynsz, komorne

re·nun·ci·a·tion [rɪ`nʌnsɪ`eɪʃn] *s* zrzeczenie ⟨wyrzeczenie⟩ się (**of sth** czegoś); rezygnacja (**of sth z** czegoś); wypowiedzenie (umowy itp.); wyparcie się

re·o·pen [`ri`əʊpən] *vt vi* ponownie otworzyć (się); wznowić (np. działalność)

re·or·gan·i·za·tion [`ri`ɔgənaɪ`zeɪʃn] *s* reorganizacja

re·or·gan·ize [`ri`ɔgənaɪz] *vt vi* reorganizować (się)

rep [rep] *s* ryps

re·pair 1. [rɪ`peə(r)] *vt* naprawiać, reperować; wynagrodzić, rekompensować; *s* naprawa, reperacja, remont; **in good ⟨bad⟩** ~ w dobrym ⟨złym⟩ stanie; **out of** ~ w złym stanie; **under** ~ w reperacji

re·pair 2. [rɪ`peə(r)] *vi* udawać się, iść

rep·a·ra·tion [`repə`reɪʃn] *s* remont, naprawa; odszkodowanie; reparacja

rep·ar·tee [`repə`ti] *s* ostra odpowiedź, odcięcie się

re·par·ti·tion [`repə`tɪʃn] *s* repartycja; *vt* dokonać podziału ⟨repartycji⟩

re·past [rɪ`past] *s* jedzenie, posiłek

re·pat·ri·ate [ri`pætrɪeɪt] *vt* repatriować

re·pay [rɪ`peɪ] *vt vi* spłacić ⟨zwrócić⟩ (pieniądze, dług); odpłacić ⟨zrewanżować⟩ się; dać odszkodowanie, wynagrodzić

re·pay·a·ble [rɪ`peɪəbl] *adj* zwrotny

re·peal [rɪ`pil] *vt* odwołać, unieważnić, uchylić; *s* odwołanie, unieważnienie

re·peat [rɪ`pit] *vt vi* powtarzać (się)

re·peat·ed [rɪ`pitɪd] *pp i adj* stale powtarzający się

re·pel [rɪ'pel] *vt* odpychać, odrzucać, odpierać

re·pel·lent [rɪ'pelənt] *adj* odpychający, wstrętny; *s* płyn ⟨środek⟩ przeciw komarom itp.

re·pent [rɪ'pent] *vt* żałować (sth czegoś); *vi* odczuwać żal (of sth z powodu czegoś), okazywać skruchę

re·pent·ance [rɪ'pentəns] *s* żal, skrucha

re·pent·ant [rɪ'pentənt] *adj* skruszony, żałujący

re·per·cus·sion ['ripə'kʌʃn] *s* odbicie się, odgłos, echo; *przen.* następstwo; oddźwięk; *muz.* reperkusja

re·per·cus·sive ['ripə'kʌsɪv] *adj muz. fiz.* reperkusyjny

rep·er·toire ['repətwɑ(r)] *s* repertuar

rep·er·to·ry ['repətrɪ] *s* zbiór (dokumentów, materiałów itp.); *teatr.* repertuar; ~ theatre teatr stały

rep·e·ti·tion ['repə'tɪʃn] *s* powtórzenie; kopia (obrazu); repetycja

re·pine [rɪ'paɪn] *vi* szemrać; narzekać (at ⟨against⟩ sb, sth na kogoś, coś)

re·place [rɪ'pleɪs] *vt* postawić ⟨położyć⟩ na tym samym miejscu; przywrócić (kogoś na dawne stanowisko); zastąpić (sb, sth with ⟨by⟩ sb, sth kogoś, coś kimś, czymś)

re·plen·ish [rɪ'plenɪʃ] *vt* napełnić ponownie, uzupełnić; zaopatrzyć

re·plete [rɪ'plit] *adj* wypełniony ⟨przepełniony⟩ (with sth czymś)

re·ple·tion [rɪ'pliʃn] *s* wypełnienie; nasycenie; przesyt, nadmiar

re·ply [rɪ'plaɪ] *vi* odpowiadać (to a question na pytanie); *s* odpowiedź

re·port [rɪ'pɔt] *vt vi* zdawać sprawę ⟨relację⟩, referować; donosić, informować; meldować (się); zgłaszać (się); *s* raport, sprawozdanie; doniesienie; protokół; komunikat; reputacja; świadectwo szkolne; pogłoska, plotka; detonacja

re·port·age [rɪ'pɔtɪdʒ] *s* reportaż

re·port·ed [rɪ'pɔtɪd] *adj gram.* zależny; ~ speech mowa zależna

re·pose [rɪ'pəʊz] *vt* opierać (np. głowę na czymś); *vi* odpoczywać, spoczywać; opierać się (on sb, sth na kimś, czymś); *s* odpoczynek, wytchnienie

re·pos·i·to·ry [rɪ'pozɪtrɪ] *s* skład, przechowalnia, magazyn

rep·re·hend ['reprɪ'hend] *vt* ganić, robić wymówki

rep·re·sent ['reprɪ'zent] *vt* opisywać; symbolizować, oznaczać; reprezentować; występować w ⟨czyimś⟩ imieniu; przedstawiać, wyobrażać

rep·re·sen·ta·tion ['reprɪzen'teɪʃn] *s* reprezentacja, przedstawicielstwo; przedstawienie, wyobrażenie

rep·re·sent·a·tive ['reprɪ'zentətɪv] *adj* reprezentatywny; charakterystyczny; okazowy; *s* reprezentant; przedstawiciel

re·press [rɪ'pres] *vt* tłumić; uciskać; poskramiać

re·pres·sion [rɪ'preʃn] *s* tłumienie; ucisk, represja; poskromienie

re·pres·sive [rɪ'presɪv] *adj* represyjny

re·prieve [rɪ'priv] *vt* odroczyć wykonanie wyroku (a convict skazańcowi); przynieść tymczasową ulgę (sb komuś); udzielić zwłoki (np. a debtor dłużnikowi); *s* zwłoka (w terminie); odroczenie wyroku; ulga

rep·ri·mand ['reprɪmɑnd] *vt* ganić, karcić; *s* ['reprɪmɑnd] nagana, besztanie, bura

re·print [rɪ'prɪnt] *vt* przedrukować, wznowić (książkę); *s* ['ri·prɪnt] przedruk, wznowienie

re·pris·al [rɪ'praɪzl] *s* represja, odwet

re·proach [rɪ'prəʊtʃ] *vt* wyrzucać ⟨wymawiać, zarzucać⟩ (sb with

resentful

⟨for⟩ sth komuś coś); s zarzut, wyrzut; hańba

re·proach·ful [rɪˈprəutʃfl] adj pełen wyrzutu

rep·ro·bate [ˈreprəbeɪt] vt potępiać; adj rozpustny; zatwardziały w grzechu; s rozpustnik, nikczemnik; potępieniec

re·pro·duce [ˈriprəˈdjus] vt reprodukować, odtwarzać; rozmnażać

re·pro·duc·tion [ˈriprəˈdʌkʃn] s reprodukcja, odtworzenie; rozmnożenie (się)

re·pro·duc·tive [ˈriprəˈdʌktɪv] adj reprodukcyjny; rozrodczy

re·proof [rɪˈpruf] s wyrzut, zarzut, nagana

re·prove [rɪˈpruv] vt ganić, czynić wyrzuty

reps s = rep

rep·tile [ˈreptaɪl] adj (o gadzie) pełzający; s zool. gad

re·pub·lic [rɪˈpʌblɪk] s republika, rzeczpospolita

re·pub·li·can [rɪˈpʌblɪkən] adj republikański; s republikanin

re·pu·di·ate [rɪˈpjudɪeɪt] vt odrzucić; wyrzec się; odmówić zapłaty; rozwieść się (sb z kimś); wyprzeć się; odmówić uznania

re·pu·di·a·tion [rɪˈpjudɪˈeɪʃn] s odrzucenie; wyrzeczenie się; wyparcie się; odmowa; rozwód (of sb z kimś)

re·pug·nance [rɪˈpʌgnəns] s wstręt, odraza

re·pug·nant [rɪˈpʌgnənt] adj wstrętny, odrażający, odpychający

re·pulse [rɪˈpʌls] vt odpierać, odtrącać; s odparcie; odprawa; odmowa

re·pul·sion [rɪˈpʌlʃn] s wstręt; fiz. odpychanie

re·pul·sive [rɪˈpʌlsɪv] adj wstrętny; fiz. odpychający

rep·u·ta·ble [ˈrepjutəbl] adj szanowany; cieszący się poważaniem

rep·u·ta·tion [ˈrepjuˈteɪʃn] s reputacja

re·pute [rɪˈpjut] vt uważać (kogoś

za coś); to be ∼d mieć reputację, być uważanym ⟨uchodzić⟩ (an honest man za uczciwego człowieka); s sława, reputacja; of ∼ słynny

re·put·ed [rɪˈpjutɪd] adj słynny, powszechnie znany; rzekomy

re·quest [rɪˈkwest] s prośba; życzenie; popyt; ∼ stop przystanek na żądanie; by ∼ na życzenie; in great ∼ pożądany, cieszący się popytem; vt prosić (sth o coś); as ∼ed według życzenia; the public is ∼ed ... uprasza się publiczność o ...

re·quire [rɪˈkwaɪə(r)] vt żądać, wymagać, potrzebować (sth of sb czegoś od kogoś)

re·quire·ment [rɪˈkwaɪəmənt] s wymaganie, żądanie

req·ui·site [ˈrekwɪzɪt] adj niezbędny, konieczny, wymagany; s rzecz niezbędna; rekwizyt

req·ui·si·tion [ˈrekwɪˈzɪʃn] s żądanie, zapotrzebowanie; rekwizycja; vt rekwirować

re·quit·al [rɪˈkwaɪtl] s zapłata, wynagrodzenie; odpłata, odwet

re·quite [rɪˈkwaɪt] vt wynagrodzić; odwzajemnić się; (sth with, for sth czymś za coś); odpłacić; ∼ like for like odpłacić się tym samym ⟨tą samą monetą⟩

res·cue [ˈreskju] s ratunek, ocalenie; vt ratować, ocalić

re·search [rɪˈsɜtʃ] s badanie (into sth czegoś); praca badawcza (on sth nad czymś); poszukiwanie (after, for sth czegoś); ∼ work praca naukowa; vt prowadzić badania (into sth nad czymś)

re·search·er [rɪˈsɜtʃə(r)] s badacz

re·sem·blance [rɪˈzembləns] s podobieństwo

re·sem·ble [rɪˈzembl] vt być podobnym (sb, sth do kogoś, czegoś)

re·sent [rɪˈzent] vt czuć się urażonym (sth z powodu czegoś), mieć za złe

re·sent·ful [rɪˈzentfl] adj urażony, rozżalony, dotknięty (of sth czymś) re·sent·ment [rɪˈzentmənt] s uraza, przykrość, rozżalenie

res·er·va·tion [ˌrezəˈveɪʃn] s zastrzeżenie; ograniczenie; *am.* rezerwacja (miejsca, pokoju itd.); rezerwat (np. przyrody)

re·serve [rɪˈzɜːv] *vt* mieć w zapasie ⟨w rezerwie⟩; rezerwować (pokój, bilet itp.); zastrzegać (sobie); s rezerwa; zapas; zastrzeżenie, ograniczenie; *am.* rezerwat; zarezerwowane miejsce; without ~ bez zastrzeżeń

re·served [rɪˈzɜːvd] *adj* zastrzeżony; zarezerwowany; (*o człowieku*) zachowujący się z rezerwą; ostrożny

re·side [rɪˈzaɪd] *vi* rezydować; przebywać

res·i·dence [ˈrezɪdəns] s rezydencja; miejsce stałego pobytu; mieszkanie

res·i·dent [ˈrezɪdənt] *adj* mieszkający, zamieszkały; s rezydent; stały mieszkaniec

res·i·den·tial [ˌrezɪˈdenʃl] *adj* mieszkaniowy; ~ area ⟨district⟩ dzielnica mieszkaniowa

re·sid·u·al [rɪˈzɪdjʊəl] *adj* pozostały; s *mat.* reszta

res·i·due [ˈrezɪdjuː] s pozostałość; *chem.* osad

re·sign [rɪˈzaɪn] *vt* rezygnować (sth z czegoś); zrzekać się; ustąpić (sth to sb coś komuś); *vr* ~ oneself poddać się z rezygnacją, pogodzić się (to sth z czymś)

res·ig·na·tion [ˌrezɪgˈneɪʃn] s rezygnacja, dymisja; zrzeczenie się; pogodzenie się z losem, rezygnacja

re·sil·i·ence [rɪˈzɪlɪəns] s elastyczność, sprężystość; zdolność odbijania

res·in [ˈrezɪn] s żywica

re·sist [rɪˈzɪst] *vt* opierać się (sth czemuś), przeciwstawiać się

re·sist·ance [rɪˈzɪstəns] s opór, przeciwstawienie się; *elektr.* oporność, opornik; ~ movement ruch oporu

res·o·lute [ˈrezəluːt] *adj* zdecydowany

res·o·lu·tion [ˌrezəˈluːʃn] s rezolucja; postanowienie; zdecydowana postawa; rozwiązanie (np. zadania); rozłożenie, rozkład

re·solve [rɪˈzɒlv] *vt vi* rozwiązać; rozpuścić (się); rozłożyć (się); postanowić (on, upon sth coś), zdecydować się; s postanowienie, decyzja; stanowczość

re·solved [rɪˈzɒlvd] *adj* stanowczy, zdecydowany

res·o·nance [ˈrezənəns] s rezonans, odgłos

res·o·nant [ˈrezənənt] *adj* dźwięczny, brzmiący; akustyczny

re·sort [rɪˈzɔːt] *vi* uciekać się; często odwiedzać (np. to the seaside wybrzeże); s resort; kurort; ucieczka; zwrócenie się; ratunek; health ~ uzdrowisko; summer ~ letnisko; the last ~ ostateczność; without ~ bez uciekania się, bez stosowania

re·sound [rɪˈzaʊnd] *vi* dźwięczeć, rozbrzmiewać; odbijać się echem

re·source [rɪˈsɔːs] s środek zaradczy; źródło, zapas, pomysłowość; natural ~s bogactwa naturalne

re·source·ful [rɪˈsɔːsfl] *adj* pomysłowy, wynalazczy

re·spect [rɪˈspekt] s szacunek; wzgląd; odniesienie; związek; *pl* ~s pozdrowienia, ukłony; with ~ w odniesieniu (to sth do czegoś); in ~ pod względem (of sth czegoś); *vt* szanować; mieć wzgląd (sth na coś); dotyczyć

re·spect·a·bil·i·ty [rɪˌspektəˈbɪlətɪ] s ogólne poważanie, szacunek

re·spect·a·ble [rɪˈspektəbl] *adj* godny szacunku, szanowny; poważny, znaczny

re·spect·ful [rɪˈspektfl] *adj* pełen szacunku

re·spect·ing [rɪˈspektɪŋ] *praep* odnośnie do, co do

re·spec·tive [rɪˈspektɪv] *adj* odnośny; poszczególny

res·pi·ra·tion [ˌrespəˈreɪʃn] s oddychanie

re·spir·a·to·ry [rɪ`spaɪərətrɪ] *adj* oddechowy

re·spire [rɪ`spaɪə(r)] *vi* oddychać

res·pite [`respaɪt] *s* przerwa; odroczenie, zwłoka; *vt* odroczyć (ogłoszenie wyroku); sprolońgować (termin wykonania)

re·splend·ent [rɪ`splendənt] *adj* lśniący

re·spond [rɪ`spond] *vi* odpowiadać; reagować (to sth na coś)

re·sponse [rɪ`spons] *s* odpowiedź; reakcja, *przen.* echo

re·spon·si·bil·i·ty [rɪ`sponsə`bɪlɪtɪ] *s* odpowiedzialność

re·spon·si·ble [rɪ`sponsəbl] *adj* odpowiedzialny

re·spon·sive [rɪ`sponsɪv] *adj* odpowiadający; reagujący, wrażliwy (to sth na coś)

rest 1. [rest] *s* odpoczynek, spokój; podpora, podstawa; *muz.* pauza; to be at ~ spoczywać; to have ⟨take⟩ a ~ wypocząć; to lay to ~ złożyć do grobu; to retire ⟨go⟩ to ~ udać się na spoczynek, położyć się spać; to set to ~ uspokoić, dać spocząć; to set a question at ~ załatwić sprawę; *vt* uspokoić, dać spocząć; podpierać, opierać; *vi* wypoczywać, leżeć; polegać; opierać się, wspierać się; *vr* to ~ oneself zażywać wypoczynku

rest 2. [rest] *s* reszta; for the ~ co do reszty, poza tym, zresztą; *vi* pozostawać; zależeć; this ~s with you to od ciebie zależy; to ⟨jest⟩ w twoich rękach; to ~ assured być pewnym

res·tau·rant [`restrõ] *s* restauracja

rest-cure [`rest kjuə(r)] *s* kuracja wypoczynkowa

rest·ful [`restfl] *adj* spokojny, uspokajający

rest·ing-place [`restɪŋpleɪs] *s* miejsce wypoczynku

res·ti·tu·tion [`restɪ`tjuʃn] *s* restytucja; zwrot; przywrócenie; odszkodowanie

rest·less [`restləs] *adj* niespokojny

res·to·ra·tion [`restə`reɪʃn] *s* restauracja, odbudowa; przywrócenie

re·store [rɪ`stə(r)] *vt* odrestaurować, odbudować; przywrócić (do zdrowia, do życia itp.); odnowić, wznowić

re·strain [rɪ`streɪn] *vt* powstrzymywać, hamować

re·straint [rɪ`streɪnt] *s* zahamowanie; ograniczenie; powściągliwość; without ~ swobodnie; bez skrępowania

re·strict [rɪ`strɪkt] *vt* ograniczać; zastrzegać

re·stric·tion [rɪ`strɪkʃn] *s* ograniczenie; zastrzeżenie

re·sult [rɪ`zalt] *vt* wynikać (from sth z czegoś); kończyć się (in sth czymś); *s* wynik, skutek; as a ~ w następstwie, na skutek; in the ~ ostatecznie; *gram.* ~ clause zdanie skutkowe

re·sult·ant [rɪ`zaltənt] *adj* wynikający; *fiz.* wypadkowy; *s* *fiz.* wypadkowa

re·sume [rɪ`zjum] *vt* odzyskać; podjąć na nowo; streścić

ré·sumé [`rezumeɪ] *s* streszczenie

re·sump·tion [rɪ`zampʃn] *s* podjęcie na nowo, wznowienie

res·ur·rect [`rezə`rekt] *vt* wskrzesić; wznowić; *vt vi* powstać z martwych

res·ur·rec·tion [`rezə`rekʃn] *s* wskrzeszenie; *rel.* zmartwychwstanie

re·tail [`riteɪl] *s* sprzedaż detaliczna; *adj attr* detaliczny; *adv* detalicznie; *vt* [rɪ`teɪl] sprzedawać detalicznie

re·tain [rɪ`teɪn] *vt* zatrzymywać; najmować, zatrudniać; zachowywać w pamięci

re·tain·er [rɪ`teɪnə(r)] *s* zaliczka; *hist.* służący, lokaj (w liberii); członek świty, wasal; *pl* ~s orszak, świta; czeladź

re·tal·i·ate [rɪ`tælɪeɪt] *vt vi* odpłacać (się), odwzajemniać (się)

re·tal·i·a·tion [rɪ`tælɪ`eɪʃn] *s* odpłata, odwet

re·tard [ri`tad] *vt vi* opóźnić (się);
s opóźnienie

re·ten·tion [ri`tenʃn] *s* zatrzyma-
nie; wstrzymywanie

re·ten·tive [ri`tentiv] *adj* (*o glebie*)
nie przepuszczający; (*o pamięci*)
trwały

ret·i·cence [`retisns] *s* powściągli-
wość w słowach

ret·i·cent [`retisnt] *adj* powściąg-
liwy w słowach, milczący, skry-
ty

ret·i·na [`retinə] *s* (*pl* **retinae**
[`retini]) *anat.* siatkówka oka

ret·i·nue [`retinju] *s* orszak, świta

re·tire [ri`taiə(r)] *vt vi* odchodzić,
wychodzić, cofać (się), usuwać
(się); iść na emeryturę; rezygnować ze stanowiska; podać się
do dymisji; to ~ to rest ⟨to bed,
for the night⟩ iść spać, udać się
na spoczynek

re·tired [ri`taiəd] *adj* samotny, o-
samotniony; emerytowany; ~
pay emerytura

re·tire·ment [ri`taiəmənt] *s* od-
wrót, cofanie się; emerytura; dymisja; osamotnienie

re·tort [ri`tɔt] *vt vi* ostro odpo-
wiedzieć, dać odprawę, odciąć się;
odpłacić (się); odeprzeć; *s* ostra
odpowiedź, odcięcie się

re·touch [`ri`tʌtʃ] *vt* retuszować;
s retusz

re·trace [ri`treis] *vt* cofnąć się
(**sth** do czegoś); zawrócić; odtworzyć; przypominać sobie

re·tract [ri`trækt] *vt vi* ciągnąć z
powrotem, wciągać; cofać (się),
wycofać (się); odwołać

re·trac·ta·tion [`ri`træk`teiʃn], **re-
·trac·tion** [ri`trækʃn] *s* retrakcja,
cofnięcie; odwołanie

re·treat [ri`trit] *vi* cofać się; *s* od-
wrót; usunięcie się; *rel.* rekolekcje

re·trench [ri`trentʃ] *vt* obciąć, skró-
cić; zredukować; *wojsk.* okopać,
oszańcować

re·trench·ment [ri`trentʃmənt] *s*
obcięcie, skrócenie, redukcja;

wojsk. szaniec

ret·ri·bu·tion [`retri`bjuʃn] *s* kara,
odpłata, odwet

re·trieve [ri`triv] *vt* odzyskać; na-
prawić, powetować (np. stratę);
przywrócić; wynagrodzić

ret·ro·ac·tive [`retrəu`æktiv] *adj*
prawn. z mocą retroaktywną,
działający wstecz

ret·ro·grade [`retrəgreid] *adj* (*o
ruchu*) wsteczny; (*o polityce*) reakcyjny

ret·ro·spect [`retrəspekt] *s* spojrze-
nie wstecz, retrospekcja

re·turn [ri`tɜn] *vt vi* wracać; zwra-
cać, oddawać; odpowiadać; wy-
brać (posła); przynosić (dochody); odpłacić (się); *s* powrót;
zwrot; dochód; wynik (głosowania); *pl* ~s wpływy (kasowe);
by ~ of post odwrotną pocztą;
in ~ w zamian (for sth za coś);
adj attr powrotny; ~ **ticket** bilet
powrotny

re·veal [ri`vil] *vt* odsłonić, odkryć,
objawić, ujawnić

rev·el [`revl] *s* uczta, zabawa; *vi*
ucztować, zabawiać się; hulać;
rozkoszować się (**in sth** czymś)

rev·e·la·tion [`revə`leiʃn] *s* wyja-
wienie, ujawnienie; rewelacja,
odkrycie; *rel.* objawienie

rev·el·ler [`revlə(r)] *s* biesiadnik;
hulaka

rev·el·ry [`revlri] *s* uczta (hałaśli-
wa), pohulanka

re·venge [ri`vendʒ] *vt* mścić; to
be ~d mścić się; *vr* to ~ oneself
mścić się (**on sb** na kimś); *s*
zemsta; to take one's ~ zemścić
się

re·venge·ful [ri`vendʒfl] *adj* mści-
wy

rev·e·nue [`revənju] *s* dochód (pań-
stwowy); urzędy skarbowe

re·ver·ber·ate [ri`vɜbəreit] *vt vi*
odbijać (światło); rozlegać się, (*o
głosie*) brzmieć echem; promieniować, odbijać się

re·vere [ri`viə(r)] *vt* szanować,
czcić

rickety

rev·er·ence [ˈrevərəns] s szacunek; vt czcić

rev·er·end [ˈrevərənd] adj czcigodny; (o duchownym) the Reverend Wielebny

rev·er·ent [ˈrevərənt] adj pełen szacunku

rev·er·en·tial [ˌrevəˈrenʃl] adj pełen szacunku

rev·er·ie [ˈrevərɪ] s marzenie, zaduma

re·ver·sal [rɪˈvɜsl] s odwrócenie, zwrot

re·verse [rɪˈvɜs] vt odwrócić (przedmiot, kierunek itd.), przewrócić na drugą stronę; cofać; przemieścić; s odwrotna strona; przeciwieństwo; odwrotny kierunek; strata (finansowa); porażka, niepowodzenie; adj odwrotny; przeciwny

re·vers·i·ble [rɪˈvɜsəbl] adj odwracalny; odwołalny

re·vert [rɪˈvɜt] vt vi odwracać, zawracać, powracać

re·view [rɪˈvju] s inspekcja, rewia; czasopismo, przegląd wydarzeń; recenzja; vt przeglądać; odbywać rewię; rewidować; recenzować

re·view·er [rɪˈvjuə(r)] s recenzent, krytyk

re·vile [rɪˈvail] vt vi lżyć, wymyślać (sb, against ⟨at⟩ sb komuś)

re·vise [rɪˈvaiz] vt rewidować, przeglądać, poprawiać

re·vi·sion [rɪˈviʒn] s rewizja, przegląd

re·viv·al [rɪˈvaivl] s odżycie, powrót do życia; wznowienie (np. sztuki w teatrze); odrodzenie, ożywienie, odnowienie

re·vive [rɪˈvaiv] vt ożywiać, przywracać do życia; odnawiać; vi odżyć, odrodzić się, ożywić się

rev·o·ca·tion [ˌrevəˈkeiʃn] s odwołanie; unieważnienie

re·voke [rɪˈvəuk] vt odwołać; skasować; unieważnić

re·volt [rɪˈvəult] s rewolta, bunt;

to rise in ~ zbuntować się; vi buntować się; (at sth z powodu czegoś); budzić odrazę

rev·o·lu·tion [ˌrevəˈluʃn] s rewolucja; obracanie się, pełny obrót (ziemi, koła itd.)

rev·o·lu·tion·ar·y [ˌrevəˈluʃnrɪ] adj rewolucyjny; s rewolucjonista

rev·o·lu·tion·ist [ˌrevəˈluʃnɪst] s rewolucjonista

rev·o·lu·tion·ize [ˌrevəˈluʃnaiz] vt rewolucjonizować

re·volve [rɪˈvolv] vt vi obracać (się), krążyć

re·volv·er [rɪˈvolvə(r)] s rewolwer

re·vue [rɪˈvju] s teatr. rewia

re·vul·sion [rɪˈvʌlʃn] s zwrot (w opinii, reakcji)

re·ward [rɪˈwod] s nagroda; vt nagradzać

re·write [ˈriˈrait] vt przepisać; przerobić (tekst)

rhet·o·ric [ˈretərɪk] s retoryka

rhe·tor·i·cal [rɪˈtorɪkl] adj retoryczny

rheu·mat·ic [ruˈmætik] adj reumatyczny

rheu·ma·tism [ˈrumətizm] s reumatyzm

rhi·no [ˈrainəu] s pot. nosorożec

rhi·noc·er·os [raiˈnosərəs] s zool. nosorożec

rhomb [rom] s mat. romb

rhyme [raim] s rym; wiersz; neither ⟨without⟩ ~ nor ⟨or⟩ reason bez sensu; vt vi rymować (się)

rhythm [ˈriðm] s rytm

rib [rib] s żebro

rib·ald [ˈribld] adj sprośny, ordynarny; s człowiek sprośny ⟨ordynarny⟩

rib·bon [ˈribən] s wstążka, tasiemka; taśma

rice [rais] s ryż

rich [ritʃ] adj bogaty; obfity

rich·es [ˈritʃiz] s pl bogactwo

rick [rik] s stóg, sterta (np. siana)

rick·ets [ˈrikits] s med. krzywica

rick·et·y [ˈrikiti] adj słaby, ra-

chityczny; rozwalający się, po-
krzywiony, rozklekotany

ric·o·chet [ˈrɪkəʃeɪ] s rykoszet

*rid, rid, rid [rɪd] vt uwolnić,
oczyścić (of sth z czegoś); **to get**
~ uwolnić się, pozbyć się (of
sth czegoś)

rid·dance [ˈrɪdns] s uwolnienie,
pozbycie się

rid·den zob. **ride**

rid·dle 1. [ˈrɪdl] s zagadka

rid·dle 2. [ˈrɪdl] s sito (duże); vt
przesiewać; podziurawić (jak
sito)

*ride [raɪd], rode [rəud], ridden
[ˈrɪdn] vt vi jeździć (na koniu,
rowerem, autem itp.); przejeżdżać (np. the street ulicą); ~ a
race brać udział w wyścigach
konnych; ~ **down** vi zjechać w
dół; vt stratować; przen. źle potraktować; ~ **over** vi wygrać na
wyścigach; vt przen. zlekceważyć; s jazda, przejażdżka

rid·er [ˈraɪdə(r)] s jeździec; (w pojeździe) pasażer

ridge [rɪdʒ] s grzbiet; krawędź,
brzeg; skiba

rid·i·cule [ˈrɪdɪkjuːl] s śmieszność;
pośmiewisko; szyderstwo, kpiny;
vt wyśmiewać, ośmieszać

ri·dic·u·lous [rɪˈdɪkjələs] adj śmieszny; absurdalny

rife [raɪf] adj praed rozpowszechniony; pełny, obfity, znajdujący
się w wielkiej ilości; **to grow**
~ wzmagać się

riff-raff [ˈrɪfræf] s motłoch, hołota

ri·fle 1. [ˈraɪfl] vt ograbić, zrabo-
wać, obrabować

ri·fle 2. [ˈraɪfl] s karabin; wojsk.
pl ~s strzelcy, pułk strzelecki

ri·fle·man [ˈraɪflmən] s strzelec

rift [rɪft] s szczelina; vt vi rozszczepić (się), rozłupać (się)

rig [rɪg] s mors. takielunek; przen.
strój, powierzchowność; vt mors.
otaklować; przen. to ~ sb out
(with sth) wyekwipować, zaopatrzyć (kogoś w coś); pot. wy-

stroić

right [raɪt] adj (o stronie) prawy;
prawidłowy, słuszny; ~ angle kąt
prosty; **to be** ~ mieć rację; **to**
get ~ doprowadzić do porządku,
dojść do normalnego stanu; **to**
set ⟨to put⟩ ~ uporządkować,
uregulować; **all** ~ wszystko w
porządku ⟨dobrze⟩; int. dobrze!;
zgoda!; **on the** ~ ⟨side⟩ po pra-
wej stronie; adv słusznie, prawidłowo; prosto; am. ~ **away**
⟨off⟩ w tej chwili, natychmiast;
~ **out** wprost, natychmiast; całkowicie; s prawo; słuszność;
to be in the ~ mieć rację; **to do**
~ sprawiedliwie potraktować, oddać sprawiedliwość (sb komuś);
by ~ prawnie; na podstawie, z
tytułu (of sth czegoś); vt nadać prawidłowe położenie; naprawić; wymierzyć sprawiedliwość

right-an·gled [ˈraɪt ˈæŋgld] adj prostokątny; mat. ~ **triangle** trójkąt prostokątny

right·eous [ˈraɪtʃəs] adj sprawiedliwy, prawy

right·ful [ˈraɪtfl] adj legalny, słuszny, sprawiedliwy

right-mind·ed [ˈraɪt ˈmaɪndɪd] adj
zrównoważony; pot. zdrowy na
umyśle

rig·id [ˈrɪdʒɪd] adj sztywny; (o
człowieku) nieugięty; bezwzględny

rig·ma·role [ˈrɪgmərəul] s bzdury,
pot. koszałki opałki

rig·or·ous [ˈrɪgərəs] adj rygorystyczny, surowy

rig·our [ˈrɪgə(r)] s. rygor, surowość

rill [rɪl] s strumyczek, struga

rim [rɪm] s obwódka; obręcz;
brzeg; oprawa (okularów); vt o-
toczyć obręczą; oprawić

rime 1. [raɪm] s szron

rime 2. [raɪm] s = **rhyme**

rind [raɪnd] s skórka; kora; łupina

ring 1. [rɪŋ] s pierścień, krąg, koło; arena; *handl.* i *sport.* ring; klika, szajka; *vt* tworzyć koło; obrączkować; ~ in ⟨round, about⟩ okrążyć

* **ring** 2. [rɪŋ], **rang** [ræŋ], **rung** [rʌŋ] *vt vi* dzwonić, dźwięczeć; ~ up telefonować (**sb do kogoś); s dźwięk, brzmienie dzwonka, dzwonienie; dzwonek (telefonu)

ring-fin-ger [ˈrɪŋ fɪŋgə(r)] s palec serdeczny

ring-leader [ˈrɪŋ lidə(r)] s prowodyr

ring-let [ˈrɪŋlət] s mały pierścionek, kółeczko

rink [rɪŋk] s ślizgawka, lodowisko; tor do jazdy na wrotkach

rinse [rɪns] *vt* (także ~ out) płukać, przemywać; ~ down popijać (przy jedzeniu)

ri-ot [ˈraɪət] s bunt, rozprzężenie; to run ~ *przen.* brykać, szaleć; *vi* wszczynać rozruchy, szaleć, hulać

ri-ot-ous [ˈraɪətəs] *adj* burzliwy, buntowniczy, niesforny

rip [rɪp] *vt vi* rwać, rozrywać; trzaskać, pękać; to ~ open rozpruć, rozerwać (np. kopertę); ~ off odpruć, oderwać; ~ up spruć, rozgrzebać

ripe [raɪp] *adj* dojrzały; to grow ~ dojrzeć

rip-en [ˈraɪpn] *vi* dojrzewać; *vt* przyspieszać dojrzewanie

rip-ple [ˈrɪpl] s zmarszczka (na powierzchni wody), mała fala; plusk; szmer; *vi* (o *powierzchni wody*) marszczyć się; pluskać; szemrać

* **rise** [raɪz], **rose** [rəʊz], **risen** [ˈrɪzn] *vi* wstawać, podnosić się; powstawać; wzrastać; to ~ (up) in arms chwytać za broń; to ~ to the occasion stanąć na wysokości zadania; the House of Commons rose Izba Gmin zakończyła obrady; s wzrost; podniesienie się; wzniesienie; wschód (słońca); to give ~ dać początek, za-

początkować; dać powód

ris-ing [ˈraɪzɪŋ] s powstanie (zbrojne); podniesienie się; wzrost, rozwój; zamknięcie (obrad)

risk [rɪsk] s ryzyko; to run ⟨to take⟩ the ~ ⟨~s⟩ ryzykować; *vt* ryzykować

risk-y [ˈrɪskɪ] *adj* ryzykowny

rite [raɪt] s obrzęd

rit-u-al [ˈrɪtʃuəl] *adj* rytualny; s rytuał, obrządek

ri-val [ˈraɪvl] s rywal; *adj attr* rywalizujący, konkurencyjny; *vt* rywalizować, iść w zawody; równać się (**sb z kimś)

ri-val-ry [ˈraɪvlrɪ] s rywalizacja

riv-er [ˈrɪvə(r)] s rzeka

riv-er-basin [ˈrɪvə beɪsn] s dorzecze

riv-er-bed [ˈrɪvə bed] s koryto rzeki

riv-er-side [ˈrɪvəsaɪd] s brzeg rzeki

riv-et [ˈrɪvɪt] s *techn.* nit; *vt* nitować; wzmocnić; przykuć

riv-u-let [ˈrɪvjulət] s rzeczka, strumień

road [rəʊd] s droga, jezdnia; podróż; *pl mors.* ~s reda; hy ~ drogą lądową; on the ~ w drodze, w podróży

road-hog [ˈrəʊd hɒg] s pirat drogowy

road-side [ˈrəʊdsaɪd] s pobocze (drogi); *attr* przydrożny (np. zajazd)

road-stead [ˈrəʊdsted] s *mors.* reda

road-way [ˈrəʊdweɪ] s szosa, jezdnia

roam [rəʊm] *vi vt* wędrować, wałęsać się; s wędrówka

roar [rɔ(r)] *vi* huczeć, ryczeć, grzmieć; s huk, ryk, grzmot

roast [rəʊst] *vt vi* piec, smażyć (się); s pieczeń; *adj* pieczony, smażony; ~ beef rostbef; ~ mutton pieczeń barania; ~ veal pieczeń cielęca

rob [rɒb] *vt* okradać (**sb of sth

kogoś z czegoś); *vt* uprawiać rabunek

rob·ber [´robə(r)] *s* rozbójnik, rabuś

rob·ber·y [´robərɪ] *s* rozbój, grabież

robe [rəub] *s* suknia; toga; *vt* ubierać w suknię ⟨togę⟩

rob·in [´robɪn] *s zool.* rudzik

ro·bot [´rəubot] *s* robot

ro·bust [rəu´bʌst] *adj* mocny, krzepki

rock 1. [rok] *s* skała; kamień; twardy cukierek

rock 2. [rok] *vt vi* kołysać (się)

rock·et [´rokɪt] *s* rakieta (pocisk, ogień sztuczny)

rock·ing-chair [´rokɪŋ tʃeə(r)] *s* krzesło ⟨fotel⟩ na biegunach, bujak

rock-salt [´rok ´sɔlt] *s* sól kamienna

rock·y [´rokɪ] *adj* skalisty

rod [rod] *s* pręt, rózga; fishing-~ wędka

rode *zob.* ride

ro·dent [´rəudnt] *s zool.* gryzoń

roe 1. [rəu] *s zool.* sarna

roe 2. [rəu] *s* ikra; soft ~ mlecz rybi

rogue [rəug] *s* łajdak, szelma

rogu·ish [´rəugɪʃ] *adj* łajdacki, szelmowski

role [rəul] *s* rola

roll 1. [rəul] *s* zwój; zawiniątko; walec; rolka; bułka (okrągła); spis, lista; to call the ~ odczytać listę (obecności)

roll 2. [rəul] *vt vi* obracać (się), toczyć (się); falować, kołysać (się); rolować; skręcać, zwijać; ~ down stoczyć (się); ~ over przewalić (się); ~ up zwinąć; zakasać (rękawy)

roll-call [´rəul kɔl] *s* odczytanie nazwisk; *wojsk.* apel

roll·er [´rəulə(r)] *s* walec; wałek; duża fala, bałwan (morski)

roll·er-skate [´rəulə skeɪt] *vi* jeździć na wrotkach; *s pl* ~s wrotki

rol·lick [´rolɪk] *vi* hałaśliwie się bawić; swawolić; *s* hałaśliwa zabawa; swawola

roll·ing-mill [´rəulɪŋ mɪl] *s* walcownia

roll·ing-pin [´rəulɪŋ pɪn] *s* wałek do ciasta

roll·ing-stock [´rəulɪŋ stok] *s* tabor kolejowy

Ro·man [´rəumən] *adj* rzymski; *s* Rzymianin

ro·mance [rə´mæns] *s* romans; romanca; romantyka; romantyczność; Romance (languages) języki romańskie; *adj attr* romański, romanistyczny

ro·man·tic [rə´mæntɪk] *adj* romantyczny

ro·man·ti·cism [rə´mæntɪsɪzm] *s* romantyzm

romp [romp] *s* hałaśliwa zabawa, wybryki, swawola; sowizdrzał; *vi* bawić się hałaśliwie, brykać, swawolić

rood [rud] *s* krzyż; krucyfiks

roof [ruf] *s* dach; *lotn.* pułap

rook 1. [ruk] *s zool.* gawron; szuler, oszust; *vt* oszukiwać

rook 2. [ruk] *s* wieża (w szachach)

rook·er·y [´rukərɪ] *s* kolonia gawronia; kolonia pingwinów; *zbior.* rudery

room [rum, rum] *s* pokój, izba; miejsce, przestrzeń; zakres możliwości; in my ~ na moim miejscu; zamiast mnie; to make ~ ustąpić miejsca, zrobić miejsce; *vi* mieszkać; najmować mieszkanie; *vt* dawać mieszkanie, przyjąć pod dach

room-mate [´rum meɪt] *s* współlokator

room·y [´rumɪ] *adj* przestronny

roost [rust] *s* grzęda, żerdź (dla kur); *vi* siedzieć na grzędzie

roost·er [´rustə(r)] *s* kogut

root [rut] *s* korzeń; podstawa; sedno; *mat.* pierwiastek; *gram.* rdzeń, źródłosłów; ~ and branch z korzeniem, gruntownie, całkowicie; to get at the ~ of the matter dotrzeć do sedna sprawy;

to strike ⟨take⟩ ~ zapuścić korzenie; *vt* głęboko sadzić; przytwierdzić do ziemi; *vi* zakorzenić się; *vt* ~ **out** wykorzenić; wyrywać z korzeniami

rope [rəup] *s* lina, sznur; *vt* przywiązywać; ciągnąć po linie

rope-danc·er [`rəup dansə(r)] *s* tancerz na linie, linoskoczek

rope-lad·der [`rəup `lædə(r)] *s* drabina sznurowa

rope-mak·er [`rəup meikə(r)] *s* powroźnik

ro·sace [`rəuzeis] *s* rozeta

ro·sa·ry [`rəuzəri] *s* różaniec; rozarium

rose 1. [rəuz] *zob.* **rise**

rose 2. [rəuz] *s* róża; kolor róży; rozeta; a bed of ~s przyjemności życia; *hist.* **the Wars of the Roses** wojna Dwu Róż; *adj attr* różowy, różany; *vt* barwić na różowo

rose·mary [`rəuzməri] *s bot.* rozmaryn

ros·in [`rozin] *s* żywica, kalafonia

ros·y [`rəuzi] *adj* różowy, różany

rot [rot] *vi* gnić; *vt* powodować gnicie; *o gnicie*; zgnilizna; *pot.* (*także* **tommy-rot**) bzdury, brednie

ro·ta·ry [`rəutəri] *adj* obrotowy

ro·tate [rəu`teit] *vt vi* obracać (się), wirować; zmieniać (się) kolejno

ro·ta·tion [rəu`teiʃn] *s* obrót, obieg; kolejność, rotacja; płodozmian; **by** ⟨**in**⟩ ~ po kolei, na przemian

rot·ten [`rotn] *adj* zgniły, cuchnący, zepsuty

ro·tund [rəu`tʌnd] *adj* okrągły; (*o człowieku*) pękaty; (*o stylu itp.*) napuszony

rouge [ruʒ] *s* czerwona szminka, róż; *vt* szminkować

rough [rʌf] *adj* szorstki, nierówny; (*o morzu*) wzburzony; zrobiony z grubsza, grubo ciosany; brutalny; gruboskórny; surowy; nie obrobiony; ~ **copy** brulion; ~ **sketch** szkic; *vt* grubo ciosać;

z grubsza opracowywać; szorstko traktować; **to** ~ **it** pędzić życie pełne trudów i niewygód

rough-cast [`rʌf kast] *s* szkic, zarys; tynk; *vt* naszkicować; otynkować

rough·en [`rʌfən] *vt vi* stawać się szorstkim, gruboskórnym

* **rough-hew** [`rʌf `hju] *vt* (*pp* **rough-hewn** [`rʌf`hjun]) ociosać (z grubsza); naszkicować (powierzchownie)

round [raund] *adj* okrągły, zaokrąglony; (*o podróży*) okrężny; otwarty, szczery, uczciwy; należyty; dosadny; *s* krąg, cykl; obieg; (*przy częstowaniu*) kolejka; kolejność; bieg (życia itp.) przechadzka; objazd; obchód służbowy, inspekcja; *muz.* kanon; *sport* runda; *adv* naokoło, kołem; ~ **about** dookoła; naokoło; **all** ~ ogółem, w całości; *praep* wokół, dookoła; ~ **the corner** za węgłem ⟨rogiem⟩; *vt vi* zaokrąglić (się); okrążać; ~ **off** zaokrąglić, wykończyć; zakończyć; ~ **up** spędzić (*np.* bydło); zrobić obławę

round·a·bout [`raundəbaut] *adj attr* okólny, okrężny; rozwlekły; **okrężna droga**; karuzela; (*w ruchu ulicznym*) rondo

round-up [`raundʌp] *s* spędzenie (bydła); obława, łapanka; *am.* przegląd (wiadomości itp.)

rouse [rauz] *vt* wstrząsnąć, pobudzić, podniecić; podburzyć; obudzić; *s wojsk.* pobudka

rout 1. [raut] *s* raut; wesołe towarzystwo

rout 2. [raut] *vt* rozgromić; *s* rozgromienie; rozsypka, bezładny odwrót

route [rut] *s* droga, trasa, marszruta; *wojsk.* **column of** ~ kolumna marszowa

rou·tine [ru`tin] *s* rutyna; **the** ~ **procedure** normalna ⟨zwykła⟩ procedura, normalne ⟨zwykłe⟩ postępowanie

rove [rəuv] *vt vi* wędrować, błąkać się

rov·er [ˈrəuvə(r)] *s* wędrowiec, włóczęga; pirat; starszy harcerz

row 1. [rəu] *s* rząd, szereg

row 2. [rəu] *vt vi* wiosłować; **to ~ a race** brać udział w zawodach wioślarskich; *s* wiosłowanie, przejażdżka łodzią

row 3. [rau] *s* pot. hałas, burda, zamieszanie; **to kick up a ~** narobić hałasu, wywołać awanturę; *vi* pot. hałasować, kłócić się; *vt* skrzyczeć, zbesztać

row·dy [ˈraudɪ] *adj* hałaśliwy, awanturniczy; *s* awanturnik

row·er [ˈrauə(r)] *s* wioślarz

row·lock [ˈrɒlək] *s sport* dulka

roy·al [ˈrɔɪəl] *adj* królewski; wspaniały

roy·al·ty [ˈrɔɪəltɪ] *s* królewskość; osoba królewska; władza królewska; opłata na rzecz króla; honorarium (np. autorskie); *pl* **royalties** rodzina królewska

rub [rʌb] *vt vi* trzeć, ocierać (się); wycierać, czyścić; **~ down** wycierać, zeskrobywać; **~ in** wcierać; **~ off** wycierać; **~ on** przedzierać się, przebijać się; **~ out** wykreślać, ścierać; usuwać z drogi; **~ up** polerować; *s* tarcie; nacieranie, masaż; pociągnięcie (np. szczotką); cios; przeszkoda

rub·ber [ˈrʌbə(r)] *s* guma; rober (w brydżu); *pl* **~s** kalosze

rub·bish [ˈrʌbɪʃ] *s* śmieci, graty; tandeta; **to talk ~** pleść bzdury

rub·ble [ˈrʌbl] *s* tłuczeń; gruz

ru·by [ˈrʌbɪ] *s* rubin; kolor rubinowy

ruck·sack [ˈrʌksæk] *s* plecak

rud·der [ˈrʌdə(r)] *s* ster (statku, samolotu)

rud·dy [ˈrʌdɪ] *adj* rumiany; rudy; (o cerze) świeży

rude [rud] *adj* gruboskórny, ordynarny; nie ociosany, prymitywny; szorstki; **to be ~** być niegrzecznym (**to sb** dla kogoś)

ru·di·ment [ˈrudɪmənt] *s* szczątek; *pl* **~s** podstawy, podstawowe wiadomości

ru·di·men·tal [ˈrudɪˈmentl], **ru·di·men·ta·ry** [ˈrudɪˈmentrɪ] *adj* szczątkowy; podstawowy, zasadniczy

rue [ru] *vt* żałować; *s* żal, smutek

rue·ful [ˈrufl] *adj* żałosny, smutny; pełen skruchy

ruff [rʌf] *s* kreza

ruf·fian [ˈrʌfɪən] *s* awanturnik; brutal

ruf·fle [ˈrʌfl] *vt vi* marszczyć (się), mierzwić, wichrzyć (się); rozdrażnić, wzburzyć (się), zamącić; surowy

rug [rʌg] *s* dywanik, kilim; kocyk

rug·by [ˈrʌgbɪ] *s* (także **~ football**) *sport* rugby

rug·ged [ˈrʌgɪd] *adj* chropowaty, nierówny; (o charakterze) szorstki, surowy

ruin [ˈruɪn] *s* ruina; *vt* rujnować

ru·in·ous [ˈruɪnəs] *adj* zrujnowany, leżący w gruzach; zgubny

rule [rul] *s* prawidło, reguła, zasada; rząd(y); przepis; linia, linijka; *prawn.* zarządzenie, orzeczenie; **as a ~** zasadniczo; **by ~** według zasady, przepisowo; **to make it a ~** przyjąć za zasadę; **~s and regulations** regulamin; *vt vi* rządzić, panować, kierować; *prawn.* orzekać, stanowić; liniować; **~ out** wykluczyć, wykreślić; **~ off** oddzielić linią; *handl.* **prices ~ high** ceny utrzymują się na wysokim poziomie

rul·er [ˈrulə(r)] *s* rządca, władca; linijka, liniał

rul·ing [ˈrulɪŋ] *s prawn.* zarządzenie, orzeczenie

rum [rʌm] *s* rum

rum·ble [ˈrʌmbl] *s* grzmot, huk; *vi* grzmieć, huczeć

ru·mi·nant [ˈrumɪnənt] *s zool.* przeżuwacz; *adj* przeżuwający

ru·mi·nate [ˈrumɪneɪt] *vt vi* przeżuwać; *przen.* przemyśliwać (**over** ⟨**about, on, of**⟩ sth o czymś, nad czymś)

rum·mage [ˈrʌmɪdʒ] *vt vi* przeszukiwać, szperać; *s* szperanie

ru·mour [ˈruːmə(r)] *s* pogłoska; *vt* puszczać pogłoskę (**sth** o czymś); it is ~ed krążą wieści

rum·ple [ˈrʌmpl] *vt* miąć; **mierzwić**

rump·steak [ˈrʌmp steɪk] *s* rumsztyk

* run [rʌn], ran [ræn], run [rʌn] *vi* biec; (*o pojazdach*) jechać, kursować; (*o płynie*) ciec; (*o zdaniu*) brzmieć; funkcjonować; być w ruchu; upływać; trwać; (*o rozmowie*) toczyć się; *vt* prowadzić (np. interes); kierować (np. maszyną); przebiegać (np. pole, ulice); skłonić do biegu (np. konia); uruchomić; pędzić, wpędzać; przesuwać; wbijać; ~ **up against sb** natknąć się na kogoś; **to ~ dry** wyschnąć, wyczerpać się; **to ~ errands** biegać na posyłki; **to ~ for** sth ubiegać się o coś; **to ~ high** podnosić się; ożywiać się; **to ~ short** kończyć się, wyczerpywać się; **to ~ wild** dziczeć; ~ **down** upływać; przemóc; wyczerpać; ~ **in** dotrzeć (samochód); ~ **out** wybiec, upływać, kończyć się; niszczeć; być na wyczerpaniu, wyczerpać się; ~ **over** przebiec na drugą stronę; przejechać; powierzchownie przeglądnąć; ~ **through** przebiegać, przeszukiwać, badać (np. przekłuciem), przenikać; *s* bieg; rozbieg, rozpęd; przejażdżka, przejazd; trasa, tor; zjazd (dla narciarzy); nieprzerwana seria, ciąg; (*o urzędowaniu itp.*) okres; typ; pokrój; norma; *handl.* run; **in the long ~** ostatecznie, w końcu; **had a long ~** (*o sztuce*) długo szła; (*o filmie*) długo był wyświetlany; **a ~ of bad luck** seria ⟨pasmo⟩ nieszczęść; **the ~ of events** bieg wypadków; **at a ~** biegiem

run·a·way [ˈrʌnəweɪ] *adj attr* zbiegły; *s* zbieg, uciekinier

rung 1. *zob.* ring 2.

rung 2. [rʌŋ] *s* szczebel

run·ner [ˈrʌnə(r)] *s* **biegacz**; goniec; koń wyścigowy; (spuszczone) oczko w pończosze

run·ning [ˈrʌnɪŋ] *adj* kolejny; bieżący; ciągły; płynny; ~ **in** (*o samochodzie*) niedotarty; **six months ~** sześć miesięcy z rzędu

run·way [ˈrʌnweɪ] *s* bieżnia; *lotn.* pas startowy

rup·ture [ˈrʌptʃə(r)] *s* zerwanie; *med.* przepuklina; pęknięcie; *vt vi* zrywać, przerywać (się)

ru·ral [ˈruərl] *adj* wiejski; rolny

ruse [ruːz] *s* podstęp, przebiegłość

rush 1. [rʌʃ] *vi* pędzić; mknąć; gwałtownie pchać się; rzucić się; nagle upaść; *vt* popędzać, gwałtownie przyspieszać; ~ **to a conclusion** pochopnie wyciągnąć wniosek; *s* pęd, napływ, tłok; **gold ~** gorączka złota; ~ **hours** godziny szczytu (w tramwajach itp.); **be in a ~** bardzo się spieszyć

rush 2. [rʌʃ] *s* sitowie

rusk [rʌsk] *s* sucharek

rus·set [ˈrʌsɪt] *s* brunatny samodział; *adj* brunatny, rdzawy

Rus·sian [ˈrʌʃn] *adj* rosyjski; *s* Rosjanin; język rosyjski

rust [rʌst] *s* rdza; *vi* rdzewieć

rus·tic [ˈrʌstɪk] *adj* wiejski; nieokrzesany, prosty

rus·ti·cate [ˈrʌstɪkeɪt] *vt* relegować (z uniwersytetu); *vi* zamieszkać na wsi; przybrać chłopskie maniery

rus·tle [ˈrʌsl] *vi* szeleścić; *s* szelest

rust·less [ˈrʌstləs] *adj* nierdzewny

rust·y 1. [ˈrʌstɪ] *adj* zardzewiały; rdzawy; znoszony, zniszczony; (*o człowieku*) zaniedbany

rust·y 2. [ˈrʌstɪ] *adj* zjełczały

rut 1. [rʌt] *s* koleina, wyżłobienie; *przen.* rutyna, nawyki

rut 2. [rʌt] *s* ruja; *vi* być w okresie rui, parzyć się

ruth [ruːθ] *s* litość

ruth·less [ˈruːθləs] *adj* bezlitosny

rye [raɪ] *s* żyto; żytniówka

S

`s skr. = is; has; us; końcówka
Saxon Genitive

Sab·bath [ˈsæbəθ] s szabas; dzień
świętą; sabat

sa·ble 1. [ˈseɪbl] s zool. soból

sa·ble 2. [ˈseɪbl] s poet. czarny kolor, czerń; pl ~s poet. czarna o-
dzież, żałoba; adj czarny, ciemny

sab·o·tage [ˈsæbətɑːʒ] s sabotaż; vt
vi sabotować

sa·bre [ˈseɪbə(r)] s szabla

sac·cha·rine [ˈsækərɪn] s sacharyna

sack 1. [sæk] s worek; pot. zwolnienie z pracy; † płaszcz (szeroki, luźny); pot. give the ~
wyrzucić z pracy; vt włożyć do
worka; pot. wyrzucić z pracy

sack 2. [sæk] s grabież; łupy; vt
grabić; splądrować (miasto)

sack·cloth [ˈsækkloθ] s materiał na
worki

sac·ra·ment [ˈsækrəmənt] s sakrament

sa·cred [ˈseɪkrəd] adj święty, poświęcony

sac·ri·fice [ˈsækrɪfaɪs] s poświęcenie; ofiara; vt poświęcać; ofiarować

sac·ri·fi·cial [ˈsækrɪˈfɪʃl] adj ofiarny, ofiarniczy

sac·ri·lege [ˈsækrɪlɪdʒ] s świętokradztwo

sad [sæd] adj smutny; przygnębiony; żałosny; (o barwie) ciemny, ponury

sad·den [ˈsædn] vt vi smucić (się)

sad·dle [ˈsædl] s siodło; siodełko;
comber (barani); vt siodłać; obciążać

sad·dler [ˈsædlə(r)] s siodlarz, rymarz

safe [seɪf] adj pewny, bezpieczny,
nie narażony na niebezpieczeństwo; ~ and sound zdrowo, bez
szwanku; s bezpieczny schowek,

kasa ogniotrwała, sejf; ~ conduct list żelazny

safe·guard [ˈseɪf gɑːd] s ochrona;
gwarancja; vt chronić, zabezpieczać

safe-keep·ing [ˈseɪf ˈkiːpɪŋ] s bez-
pieczne przechowanie

safe·ty [ˈseɪftɪ] s bezpieczeństwo

safe·ty-belt [ˈseɪftɪ belt] s pas bezpieczeństwa

safe·ty-hel·met [ˈseɪftɪ helmɪt] s
kask ochronny

safe·ty-lamp [ˈseɪftɪ læmp] s lampa
bezpieczeństwa

safe·ty-match [ˈseɪftɪ mætʃ] s zapałka szwedzka

safe·ty-pin [ˈseɪftɪ pɪn] s agrafka

safe·ty razor [ˈseɪftɪ reɪzə(r)] s
maszynka do golenia

safe·ty-valve [ˈseɪftɪ vælv] s klapa
bezpieczeństwa

sag [sæg] vi opadać, zwisać; s o-
padanie; wygięcie

sa·ga·cious [səˈɡeɪʃəs] adj rozumny, bystry

sa·gac·i·ty [səˈɡæsətɪ] s bystrość,
przenikliwość; roztropność, mądrość

sage [seɪdʒ] adj mądry; s mędrzec

sago [ˈseɪɡəu] s sago

said zob. say

sail [seɪl] s żagiel; skrzydło wiatraka; przejażdżka żaglówką,
podróż morska; to have a ~ odbywać przejażdżkę morską; to
set ~ wyruszyć w podróż morską; vt vi żeglować, podróżować
morzem

sail-cloth [ˈseɪl kloθ] s płótno żaglowe

sail·ing-boat [ˈseɪlɪŋ bəut] s ża-
glówka

sail·or [ˈseɪlə(r)] s żeglarz, marynarz

saint [seɪnt] adj święty; skr. St
[snt]; s święty

sake [seɪk] s *w wyrażeniach*: for the ~ of sb dla ⟨na rzecz⟩ kogoś; for my ~ dla mnie, ze względu na mnie; for Heaven's ~! nieba!, na Boga!; na miłość Boską!

sal·ad [`sæləd] s sałata, sałatka (np. jarzynowa, owocowa)

sal·a·ry [`sælərɪ] s uposażenie, pensja, płaca

sale [seɪl] s sprzedaż, zbyt; on ⟨for⟩ ~ na sprzedaż, do sprzedania

sale·able [`seɪləbl] adj pokupny

sales·man [`seɪlzmən] s sprzedawca, ekspedient; komiwojażer

sa·lient [`seɪlɪənt] adj wystający; wybitny, wydatny; s występ

sa·line [`seɪlaɪn] adj słony; s chem. salina

sa·li·va [sə`laɪvə] s ślina

sal·low 1. [`sæləʊ] adj blady, ziemisty

sal·low 2. [`sæləʊ] s bot. iwa, wiklina

sal·ly [`sælɪ] s wypad, wyskok; błyskotliwa myśl, dowcipny pomysł; vt robić wypad, wyruszyć (na wycieczkę, spacer itd.)

salm·on [`sæmən] s łosoś

sa·loon [sə`lun] s bryt. bar 1. klasy, am. knajpa; zakład (z apartamentem); salonka

salt [sɔlt] s sól; adj słony; vt solić

salt-cel·lar [`sɔlt selə(r)] s solniczka

salt·pe·tre [sɔlt`pitə(r)] s chem. saletra

salty [`sɔltɪ] adj słony

sa·lu·bri·ous [sə`lubrɪəs] adj zdrowy, zdrowotny

sal·u·tar·y [`sæljutrɪ] adj zbawienny, dobroczynny

sal·u·ta·tion [`sæljʊ`teɪʃn] s pozdrowienie, powitanie

sa·lute [sə`lut] s ukłon, powitanie; salut; vt kłaniać się, witać; salutować

sal·vage [`sælvɪdʒ] s ratowanie (tonącego statku, płonącego mie-

nia); uratowane mienie; vt ratować

sal·va·tion [sæl`veɪʃn] s zbawienie

salve 1. [salv] s maść (lecznicza), balsam; vt smarować maścią, łagodzić (np. ból)

salve 2. [sælv] vt ratować

sal·ver [`sælvə(r)] s tacka

same [seɪm] adj, pron i adv sam; równy; wyżej wspomniany; jednolity; all the ~ wszystko jedno; much the ~ prawie jedno i to samo, prawie taki sam; the very ~ zupełnie ten sam

same·ness [`seɪmnəs] s identyczność; monotonia

sam·ple [`sampl] s wzór, próbka

san·a·to·ri·um [`sænə`tɔrɪəm] s (pl sanatoria [`sænə`tɔrɪə]) sanatorium

sanc·ti·fy [`sæŋktɪfaɪ] vt święcić, uświęcać

sanc·tion [`sæŋkʃn] s sankcja; vt sankcjonować

sanc·tu·a·ry [`sæŋktʃʊərɪ] s sanktuarium; azyl

sand [sænd] s piasek; vt posypać piaskiem

san·dal [`sændl] s sandał

sand·glass [`sænd glas] s zegar piaskowy, klepsydra

sand·pa·per [`sændpeɪpə(r)] s papier ścierny

sand·stone [`sændstəʊn] s piaskowiec

sand·wich [`sænwɪdʒ] s sandwicz, kanapka

sand·y [`sændɪ] adj piaszczysty, piaskowy

sane [seɪn] adj zdrowy na umyśle, rozumny; rozsądny

sang *zob.* sing

san·gui·nar·y [`sæŋgwɪnərɪ] adj krwawy

san·guine [`sæŋgwɪn] adj pełnokrwisty, sangwiniczny; (o cerze) rumiany; pewny, pełen nadziei

san·i·tar·y [`sænɪtrɪ] adj sanitarny, higieniczny

san·i·ty [`sænɪtɪ] s zdrowie (psychiczne), zdrowy rozsądek

sank zob. **sink**

sap 1. [sæp] s wojsk. okop, podkop; vt vi dosł. i przen. podkopywać; podminowywać

sap 2. [sæp] s sok (roślin); przen. żywotność, werwa; vt pozbawiać soku; przen. wycieńczać

sap 3. [sæp] vt pot. kuć, wkuwać; s pot. kujon

sap·ling [ˈsæpliŋ] s drzewko, młode drzewo; przen. młodzik

sap·per [ˈsæpə(r)] s wojsk. saper

sap·phire [ˈsæfaiə(r)] s szafir

sap·py [ˈsæpi] adj soczysty; przen. pełen energii

sar·cas·tic [saˈkæstik] adj sarkastyczny

sar·dine [saˈdin] s sardynka

sar·don·ic [saˈdonik] adj sardoniczny

sash 1. [sæʃ] s rama okna zasuwanego (pionowo)

sash 2. [sæʃ] s szarfa; pas

sash-win·dow [ˈsæʃ windəu] s okno zasuwane (pionowo)

sat zob. **sit**

satch·el [ˈsætʃl] s tornister (szkolny)

sate [seit] vt nasycić, zaspokoić

sa·teen [sæˈtin] s satyna

sat·el·lite [ˈsætəlait] s satelita

sa·ti·ate [ˈseiʃieit] vt nasycić, zaspokoić

sat·in [ˈsætin] s atłas; satyna; adj attr atłasowy; satynowy

sat·ire [ˈsætaiə(r)] s satyra

sa·tir·i·cal [saˈtirikl] vt satyryczny

sat·i·rize [ˈsætəraiz] vt satyryzować

sat·is·fac·tion [ˌsætisˈfækʃn] s satysfakcja; zaspokojenie; zadośćuczynienie, wynagrodzenie

sat·is·fac·to·ry [ˌsætisˈfæktri] adj zadowalający, dostateczny

sat·is·fy [ˈsætisfai] vt zadowolić, dać satysfakcję; zaspokoić; wyrównać (dług); przekonać

sat·u·rate [ˈsætʃəret] vt nasycić

Sat·ur·day [ˈsætədi] s sobota

sauce [sɔs] s sos; pot. bezczelność, tupet; vt przyprawić sosem; pot. bezczelnie potraktować

sauce·pan [ˈsɔspən] s rondel

sau·cer [ˈsɔsə(r)] s spodek

sau·cy [ˈsɔsi] adj impertynencki; pot. szykowny, zgrabny

sau·er·kraut [ˈsauəkraut] s kiszona kapusta

saun·ter [ˈsɔntə(r)] vi chodzić powoli, powłóczyć nogami; s przechadzka

sau·sage [ˈsɔsidʒ] s kiełbasa

sav·age [ˈsævidʒ] adj dziki; s dzikus

save [seiv] vt ratować, chronić; zbawiać; oszczędzać; zachować, odłożyć; vi robić oszczędności (także ~ up); praep wyjąwszy, oprócz; all ~ him wszyscy oprócz niego

sav·ing [ˈseiviŋ] adj zbawczy; oszczędny; prawn. zastrzegający; s ratunek; oszczędność, oszczędzanie; praep oprócz, wyjąwszy

sav·ings-bank [ˈseiviŋz bæŋk] s kasa oszczędności

sav·iour [ˈseiviə(r)] s zbawca, zbawiciel

sa·vour [ˈseivə(r)] s smak, posmak; vi mieć smak (of sth czegoś); pachnąć, zalatywać (of sth czymś)

sa·vour·y [ˈseivəri] adj smakowity; wonny

*__saw__ 1. [sɔ], sawed [sɔd], sawn [sɔn]) vt vi piłować, przecinać; s piła

saw 2. zob. **see**

saw·dust [ˈsɔdʌst] s trociny

saw·mill [ˈsɔmil] s tartak

sawn zob. **saw** 1.

saw·yer [ˈsɔjə(r)] s tracz

Sax·on [ˈsæksn] adj saksoński

*__say__ [sei], said [sed], said [sed] vt vi mówić, powiedzieć (to sb komuś); przypuszczać; wygłaszać; I ~! słuchaj! halo!; (ze zdziwieniem) no wiesz!; I should ~ rzekłbym, myślę, przypuszczam; ~ dajmy na to, przypuśćmy; ~ over (again) powtórzyć; so to ~ że tak powiem; that is to ~ to znaczy; s powiedzenie, zdanie, głos; it is my ~ now teraz ja mam głos

say·ing [ˈseiiŋ] s powiedzenie; as

the ~ goes jak to się mówi; that goes without ~ to się rozumie samo przez się; nie ma co o tym mówić; there is no ~ trudno powiedzieć

scab [skæb] s świerzb; pot. łamistrajk

scab·bard [`skæbəd] s pochwa (miecza itp.)

scaf·fold [`skæfld] s estrada; szafot; rusztowanie; vt otoczyć rusztowaniem, podeprzeć

scaf·fold·ing [`skæfldɪŋ] s rusztowanie

scald 1. [skɔld] vt sparzyć; wyparzyć; s oparzenie

scald 2. [skɔld] s skald (pieśniarz nordycki)

scale 1. [skeɪl] s łuska, łupina; vt vi łuszczyć (się); skrobać, oczyszczać z łusek

scale 2. [skeɪl] s szala (wagi); przen. to tip ⟨turn⟩ `the ~ przeważyć; pl ~s (także pair of ~s) waga; vt ważyć

scale 3. [skeɪl] s skala; gama; stopniowanie; vt wspinać się (a mountain na górę); rysować według skali

scalp [skælp] s skalp; vt skalpować

scamp 1. [skæmp] vt źle wykonywać robotę, fuszerować

scamp 2. [skæmp] s łajdak, szubrawiec

scamp·er 1. [`skæmpə(r)] s fuszer

scamp·er 2. [`skæmpə(r)] vi (zw. o zwierzętach) pierzchać, uciekać w popłochu; przen. przelecieć galopem; s szybka ucieczka, gonitwa; pobieżne przeczytanie, przejrzenie

scamp·ish [`skæmpɪʃ] adj łajdacki

scan [skæn] vt dokładnie badać, oglądać, pilnie się przyglądać; skandować

scan·dal [`skændl] s skandal; oszustwo, obmowa; zgorszenie

scan·dal·ize [`skændəlaɪz] vt gorszyć; obmawiać; zniesławiać

scan·dal·mon·ger [`skændlmʌŋgə(r)]

s plotkarz, oszczerca

scan·dal·ous [`skændələs] adj skandaliczny; oszczerczy; gorszący

scant [skænt] adj skąpy, niedostateczny, ograniczony; vt skąpić

scant·y [`skæntɪ] adj ledwo wystarczający, skąpy, ograniczony

scape·goat [`skeɪpgəʊt] s przen. kozioł ofiarny

scar [ska(r)] s blizna; vt kiereszować, kaleczyć; vi (także ~ over) zabliźniać się

scarce [skeəs] adj skąpy, niedostateczny; rzadki

scarce·ly [`skeəslɪ] adv ledwo, zaledwie

scar·ci·ty [`skeəsətɪ] s niedobór, brak

scare [skeə(r)] vt straszyć; ~ away ⟨off⟩ odstraszyć, wypłoszyć; s strach; panika

scare·crow [`skeəkrəʊ] s strach na wróble

scarf [skɑf] s (pl scarves [skɑvz]) szarfa, szal

scar·let [`skɑlət] s szkarłat; adj attr szkarłatny; med. ~ fever szkarlatyna

scarp [skɑp] s skarpa

scat·ter [`skætə(r)] vt vi rozsypać (się), rozproszyć (się)

scav·en·ger [`skævɪndʒə(r)] s zamiatacz ulic

sce·na·ri·o [sɪ`nɑrɪəʊ] s scenariusz

scene [sin] s scena; widownia; widok, obraz; pl ~s kulisy; behind the ~s dosł. i przen. za kulisami

scene-paint·er [`sin peɪntə(r)] s dekorator teatralny

scen·er·y [`sinərɪ] s sceneria, krajobraz; dekoracja teatralna

scent [sent] vt wąchać, węszyć, wietrzyć; perfumować; s węch; zapach; perfumy; trop

scep·tic [`skeptɪk] adj sceptyczny; s sceptyk

scep·ti·cal [`skeptɪkl] = sceptic adj

scep·ti·cism [`skeptɪsɪzm] s sceptycyzm

scep·tre [ˈseptə(r)] s berło

sched·ule [ˈʃedjul] s spis, lista, tabela, plan; rozkład jazdy; on ~ na czas, punktualnie; vt wpisać na listę, umieścić w planie, zanotować

scheme [skim] s schemat, zarys, plan; intryga; vt planować; knuć

schism [ˈsɪzm] s schizma

schis·mat·ic [sɪzˈmætɪk] s schizmatyk; adj schizmatycki

schol·ar [ˈskɒlə(r)] s uczeń; uczony; stypendysta

schol·ar·ship [ˈskɒləʃɪp] s wiedza, erudycja; stypendium

scho·las·tic [skəˈlæstɪk] adj nauczycielski, szkolny; scholastyczny

school [skul] s szkoła, nauka (w szkole); vt szkolić

school-board [ˈskul bɔd] s rada szkolna

school-book [ˈskul bʊk] s podręcznik szkolny

school·boy [ˈskulbɔɪ] s uczeń

school·fel·low [ˈskul feləʊ] s kolega szkolny

school·girl [ˈskulgɜl] s uczennica

school·mas·ter [ˈskulmɑstə(r)] s nauczyciel

school·mate [ˈskulmeɪt] s kolega szkolny

school·mis·tress [ˈskulmɪstrəs] s nauczycielka

school·room [ˈskulrum] s sala szkolna, klasa

schoo·ner [ˈskunə(r)] s mors. szkuner

sci·at·i·ca [saɪˈætɪkə] s med. ischias

sci·ence [ˈsaɪəns] s wiedza, nauka; natural ~ nauki przyrodnicze; ~ fiction literatura fantastyczno--naukowa

sci·en·tif·ic [ˈsaɪənˈtɪfɪk] adj naukowy

sci·en·tist [ˈsaɪəntɪst] s naukowiec

scin·til·late [ˈsɪntɪleɪt] vi iskrzyć się

scion [ˈsaɪən] s latorośl; bot. pęd

scis·sors [ˈsɪzəz] s pl nożyce

scoff [skɒf] s szyderstwo; vi szydzić (at sth z czegoś)

scoff·er [ˈskɒfə(r)] s kpiarz, szyderca

scold [skəʊld] vt vi łajać, złorzeczyć (sb, sth, at sb, sth komuś, czemuś); gderać; s zrzęda, jędza, sekutnica

scoop [skup] s chochla, szufelka, czerpak; vt czerpać, wygarniać

scoot·er [ˈskutə(r)] s (także motor-~) skuter; hulajnoga; ślizgacz (np. na wodzie)

scope [skəʊp] s cel; zakres; pole działania; to be within the ~ wchodzić w zakres; to be beyond one's ~ przechodzić czyjeś możliwości

scorch [skɔtʃ] vt vi przypiekać, spalać (się), prażyć (się); s oparzenie

score [skɔ(r)] s nacięcie; rysa; znak; rachunek; dwudziestka; sport ilość zdobytych punktów; muz. partytura; three ~ sześćdziesiąt; to keep the ~ notować punkty w grze; on that ~ pod tym względem; on what ~? z jakiej racji?; vt nacinać; liczyć; sport rachować punkty (w grze); zdobywać (punkty); osiągać; notować; ~ out wykreślić; ~ under podkreślić

scorn [skɔn] s pogarda, lekceważenie; vt pogardzać, lekceważyć

scorn·ful [ˈskɔnfl] adj lekceważący, pogardliwy

scor·pion [ˈskɔpɪən] s zool. skorpion

Scot [skɒt] s Szkot

Scotch 1. [skɒtʃ] adj szkocki; n the ~ Szkoci; szkocka whisky

scotch 2. [skɒtʃ] s nacięcie; vt naciąć; przen. udaremnić

Scotch·man [ˈskɒtʃmən] s Szkot

scot-free [ˈskɒt ˈfri] adj cały, bez szwanku, nietknięty; to get off ~ wyjść cało (z jakiejś sytuacji); ujść bezkarnie

Scots [skɒts] adj szkocki

Scots·man [ˈskɒtsmən] s Szkot

Scot·tish [ˈskotɪʃ] *adj poet.* szkocki

scoun·drel [ˈskaundrl] *s* łajdak

scour 1. [ˈskauə(r)] *vt* czyścić, szorować; *s* czyszczenie, szorowanie

scour 2. [ˈskauə(r)] *vt vi* biegać (w poszukiwaniu czegoś); przeszukać; grasować

scourge [skɜdʒ] *s* bicz; kara; plaga; *vt* biczować; karać, nękać

scout 1. [skaut] *s* zwiadowca; harcerz; zwiady; *lotn.* samolot wywiadowczy; *vi* robić rekonesans

scout 2. [skaut] *vt* odrzucić z pogardą, zlekceważyć

scow [skau] *s* łódź płaskodenna

scowl [skaul] *vi* patrzeć wilkiem, ⟨spode łba⟩; *s* groźne spojrzenie

scram·ble [ˈskræmbl] *vi* wspinać się, gramolić się (na czworakach); usilnie zabiegać (for sth o coś); nawzajem sobie wydzierać (for sth coś); *vt* bezładnie rzucać; bełtać; ~d eggs jajecznica; *s* gramolenie się; ubieganie się; dobijanie się (for sth o coś)

scrap [skræp] *s* kawałek, ułamek; świstek; wycinek; złom, szmelc; *pl.* ~s resztki, odpadki; *vt* wyrzucić, przeznaczyć na szmelc, wybrakować

scrap·book [ˈskræp buk] *s* album (wycinków, obrazków itp.)

scrape [skreɪp] *vt vi* skrobać, drapać; szurać, ocierać (się); zgrzytać; to ~ a living jako tako zarabiać na życie; ~ away ⟨off, out⟩ wyskrobać, wykreślić; ~ through z trudem przedostać się; ~ up ⟨together⟩ z trudem nagromadzić, uciułać (pieniądze); *s* skrobanie, szuranie; trudne położenie, tarapaty

scrap·er [ˈskreɪpə(r)] *s* drapacz; skrobak; zgarniak; sknera; shoe ~ wycieraczka do butów

scrap·heap [ˈskræp hip] *s* stos szmelcu

scrap·iron [ˈskræp aɪən] *s* złom żelazny

scratch [skrætʃ] *vt* drapać, skro-

bać; bazgrać (piórem); skreślić ⟨także ~ off ⟨out⟩⟩; *s* skrobanie, draśnięcie; *sport* linia startu; to come to ~ stanąć na linii startu

scrawl [skrɔl] *vt vi* bazgrać, gryzmolić; *s* bazgranina

scream [skrim] *vi* piszczeć, wrzeszczeć, wyć; *vt* powiedzieć krzykliwym tonem; *s* pisk, wrzask, wycie

screech [skritʃ] *vi* skrzeczeć, piszczeć; *vt* powiedzieć wrzaskliwym głosem; *s* wrzask, pisk

screen [skrin] *s* osłona, zasłona; parawan; ekran; *techn.* sito; *fot.* przesłona; *vt* osłaniać, chronić; maskować; wyświetlać (na ekranie); filmować; przesiewać; ~ off odgrodzić (np. parawanem)

screw [skru] *s* śruba; zwitek papieru; *pot.* sknera; *vt* śrubować; przyciskać, naciskać, ugniatać; wykręcać, skręcać; ~ down przyśrubować; ~ out odśrubować; wycisnąć, wydobyć; ~ up zaśrubować; zwijać (np. papier); *pot.* śrubować w górę (np. ceny)

screw·driv·er [ˈskru draɪvə(r)] *s* śrubokręt

scrib·ble [ˈskribl] *vt vi* gryzmolić, bazgrać; *s* bazgranina; szmira

scribe [skraɪb] *s* skryba, pisarz (niższy urzędnik)

scrim·mage [ˈskrimɪdʒ] *s* bijatyka, bójka

scrimp [skrimp] *vt vi* skąpić

script [skript] *s* pismo odręczne; skrypt; scenariusz filmowy; tekst audycji radiowej

scrip·tur·al [ˈskriptʃərl] *adj* biblijny

scrip·ture [ˈskriptʃə(r)] *s* ⟨także the Holy Scripture⟩ Pismo Święte, Biblia

scroll [skrəul] *s* zwój papieru; spirala; *arch.* woluta; *vt vi* zwijać (się); ozdabiać wolutą

scrub 1. [skrʌb] *s* krzak (karłowaty), zarośle; wiecheć

scrub 2. [skrʌb] *vt* szorować, ścierać

scru·ple [`skrupl] *s* skrupuł; drobnostka; *vi* mieć skrupuły, wahać się

scru·pu·lous [`skrupjələs] *adj* drobiazgowy, skrupulatny, sumienny

scru·ti·nize [`skrutınaız] *vt* dokładnie badać

scru·ti·ny [`skrutını] *s* badanie, dokładne sprawdzenie

scud [skʌd] *vi* biec, mknąć; *s* bieg, ucieczka

scuf·fle [`skʌfl] *s* bójka; *vi* bić się, szamotać się

scull [skʌl] *s* krótkie wiosło; mała łódka; *vi* wiosłować

scul·ler·y [`skʌlərı] *s* pomywalnia (naczyń)

sculp·tor [`skʌlptə(r)] *s* rzeźbiarz

sculp·ture [`skʌlptʃə(r)] *s* rzeźba; rzeźbiarstwo; *vt* rzeźbić

scum [skʌm] *s* piana; *dosł. i przen.* szumowiny, męty; *vt* zbierać pianę; *vi* pienić się

scur·ril·ous [`skʌrıləs] *adj* ordynarny, nieprzyzwoity, sprośny

scur·ry [`skʌrı] *vi* biegać, pędzić; *s* bezładna ucieczka

scur·vy [`skɜvı] *s med.* szkorbut; *adj* nikczemny, podły

scutch·eon [`skʌtʃən] *s* tarcza (z herbem); tabliczka, płytka (np. na drzwiach z nazwiskiem)

scut·tle 1. [`skʌtl] *s* kosz, wiadro na węgiel

scut·tle 2. [`skʌtl] *s mors.* właz, otwór (zamykany klapą); *techn.* wlot

scut·tle 3. [`skʌtl] *vi* umykać; *s* ucieczka

scythe [saıð] *s* kosa; *vt* kosić

sea [si] *s* morze; ocean; at ~ na morzu; *przen.* w kłopocie, zdezorientowany; by ~ morzem; on the high ~s na pełnym morzu; to follow the ~ być marynarzem; to go to ~ wypłynąć na morze; obrać zawód marynarza; to put to ~ odpłynąć, zacząć rejs

sea-board [`sibɔd] *s* brzeg morski

sea-borne [`si bɔn] *adj (o towarze)* przewożony morzem, zamorski

sea-coast [`si kəust] *s* brzeg morski

sea-dog [`si dog] *s zool.* foka; *przen.* wilk morski

sea·far·ing [`si feərıŋ] *s* żegluga morska; *adj* podróżujący morzem; żeglarski

sea·go·ing [`si gəuıŋ] *adj (o statku)* służący do żeglugi morskiej

sea-gull [`si gʌl] *s zool.* mewa

seal 1. [sil] *s zool.* foka

seal 2. [sil] *s* pieczęć, stempel; opieczętowanie; plomba; under ~ of secrecy w tajemnicy; *vt* pieczętować, stemplować; lakować, plombować, zatykać

seal·ing-wax [`silıŋ wæks] *s* lak (do pieczęci)

seam [sim] *s* szew; *geol.* żyła minerału, złoże; *vt* zszywać

sea·man [`simən] *s* żeglarz, marynarz

sea·mew [`si mju] *s zool.* mewa

seam·less [`simləs] *adj* bez szwu

seam·stress [`semstrəs] *s* szwaczka

seam·y [`simı] *adj* pokryty szwami; ~ side odwrotna strona (ubrania); *przen.* druga strona medalu

sea·plane [`si-pleın] *s* hydroplan, wodnopłat

sea·port [`si-pɔt] *s* port morski

sear [sıə(r)] *adj* suchy, zwiędły; *vt* wysuszyć, wypalić; zwarzyć (np. liście)

search [sɜtʃ] *vt vi* szukać, przeszukiwać; badać; poszukiwać (after, for sth czegoś); rewidować; dociekać (into sth czegoś); *s* szukanie, przeszukiwanie; badanie; rewizja; in ~ w poszukiwaniu (of sth czegoś); to make ~ poszukiwać (after, for sth czegoś)

search·ing [`sɜtʃıŋ] *adj* badawczy; dokładny

search-light [`sɜtʃlaɪt] s reflektor

search-war·rant [`sɜtʃ wornt] s nakaz rewizji

sea-rov·er [`si rəuvə(r)] s pirat; statek piracki

sea·shore [`si-ʃɔ(r)] s brzeg morski

sea·sick [`si-sɪk] adj cierpiący na chorobę morską

sea·side [`si-saɪd] s wybrzeże morskie; **at the ~** nad morzem

sea·son [`sizn] s pora (roku), sezon; **in ~** w porę; vt przyzwyczajać, hartować; przyprawiać; powodować dojrzewanie; suszyć (np. drewno); vi dojrzewać; przyzwyczajać się

sea·son·a·ble [`siznəbl] adj będący na czasie, trafny, stosowny

sea·son·al [`siznl] adj sezonowy

seat [sit] s siedzenie, miejsce siedzące; krzesło; siedziba; **to keep one's ~** siedzieć na miejscu; **to take a ~** usiąść; vt posadzić, usadowić; **to be ~ed** usiąść, siedzieć; vr ~ **oneself** usiąść

sea·ward [`siwəd] adj skierowany ku morzu; adv (także ~s) w stronę morza

sea·weed [`siwid] s wodorost

sea·wor·thy [`siwɜðɪ] adj (o statku) nadający się do żeglugi

se·cede [sɪ`sid] vi odstąpić, oderwać się

se·ces·sion [sɪ`seʃn] s odstępstwo, secesja

se·clude [sɪ`klud] vt oddzielić, odosobnić

se·clu·sion [sɪ`kluʒn] s oddzielenie, odosobnienie

sec·ond [`sekənd] adj drugi, następny; uboczny, drugorzędny; **every ~ day** co drugi dzień; ~ **best** drugiej jakości; ~ **floor** drugie piętro, am. pierwsze piętro; **on ~ thoughts** po rozważeniu sprawy; ~ **to none** nikomu nie ustępujący; s sekunda; drugi zwycięzca; druga nagroda; sekundant; vt sekundować, wtórować, popierać

sec·on·dar·y [`sekəndrɪ] adj drugorzędny, pochodny; (o szkole) średni

sec·ond-hand [`sekənd `hænd] adj attr pochodzący z drugiej ręki, używany

sec·ond·ly [`sekəndlɪ] adv po drugie

sec·ond-rate [`sekənd `reɪt] adj attr drugorzędny

se·cre·cy [`sikrəsɪ] s tajemnica; dyskrecja

se·cret [`sikrət] s sekret; adj tajny

sec·re·tar·iat [`sekrə`teərɪæt] s sekretariat

sec·re·tar·y [`sekrətrɪ] s sekretarz, sekretarka; minister, sekretarz (np. stanu)

se·crete [sɪ`krit] vt ukrywać; biol. wydzielać

se·cre·tion [sɪ`kriʃn] s wydzieliny; biol. wydzielina

se·cre·tive [`sikrətɪv] adj skryty, milczący; [sɪ`kritɪv] biol. wydzielający

sect [sekt] s sekta

sec·tar·i·an [sek`teərɪən] adj sekciarski; s sekciarz

sec·tion [`sekʃn] s sekcja; przekrój; cięcie; rozdział; oddział; odcinek; część; paragraf; **cross ~** przekrój poprzeczny; vt przecinać, rozkładać na części

sec·tion·al [`sekʃnl] adj sekcyjny; klasowy

sec·tor [`sektə(r)] s sektor, odcinek; gałąź (np. przemysłu)

sec·u·lar [`sekjulə(r)] adj stuletni; wieczny; świecki

se·cure [sɪ`kjuə(r)] adj bezpieczny; pewny; solidny; vt zabezpieczyć, zapewnić; upewnić się; zapewnić sobie; osiągnąć

se·cu·ri·ty [sɪ`kjuərətɪ] s bezpieczeństwo; pewność; gwarancja, kaucja; solidność; pl **securities** papiery wartościowe; **Security Council** Rada Bezpieczeństwa

se·date [sɪ`deɪt] adj opanowany, spokojny, ustatkowany

sedative 322

sed·a·tive [ˈsedətɪv] *adj* uspokajający; *s* środek uspokajający

sed·en·tar·y [ˈsedntrɪ] *adj* (o *trybie życia*) siedzący; *zool.* osiadły

sed·i·ment [ˈsedɪmənt] *s* osad

se·di·tion [sɪˈdɪʃn] *s* bunt

se·di·tious [sɪˈdɪʃəs] *adj* buntowniczy

se·duce [sɪˈdjuːs] *vt* uwodzić

se·duc·tion [sɪˈdʌkʃn] *s* uwiedzenie; powab

se·duc·tive [sɪˈdʌktɪv] *adj* uwodzicielski

sed·u·lous [ˈsedjuləs] *adj* skrzętny, pilny

*see 1. [si], saw [sɔ], seen [sin] *vt vi* widzieć, zobaczyć, oglądać; pojmować; doświadczać; baczyć, uważać; odwiedzać; odprowadzać; **I ~** rozumiem; **to ~ a thing done** dopilnować, żeby coś zostało zrobione; **to ~ about** sth postarać się o coś; **to ~ after** sth doglądać czegoś; **to ~ to** sth pilnować czegoś; **~ off** odprowadzić; **~ through** przeprowadzić; doczekać się; doprowadzić do końca; przejrzeć

see 2. [si] *s* biskupstwo; **the Holy See** Stolica Apostolska

seed [sid] *s* nasienie; *vt vi* 'siać, rozsiewać się; obsiewać; drylować

seed·ling [ˈsidlɪŋ] *s* sadzonka

seed·y [ˈsidɪ] *adj* (o *roślinie*) z nasieniem; *pot.* marny, zużyty; niedysponowany; **to feel ~** czuć się niedobrze

*seek [sik], sought, sought [sɔt] *vt* szukać; potrzebować; pożądać; *vi* ubiegać się, dążyć (after, for sth do czegoś); przeszukać (through the pockets kieszenie)

seem [sim] *vi* wydawać się; wyglądać; mieć (robić) wrażenie; **it ~s to me** wydaje mi się; **he ~s to be ill** wygląda na chorego

seem·ly [ˈsimlɪ] *adj* przyzwoity, odpowiedni

seen *zob.* **see**

seer [sɪə(r)] *s* jasnowidz

see·saw [ˈsiː-sɔ] *s* huśtawka (na desce); *vt vi* huśtać (się)

seethe [sið] *vt* wrzeć, kipieć; *vt* gotować

seg·ment [ˈsegmənt] *s* segment, odcinek (np. koła), człon; *vt vi* dzielić (się) na człony, rozczłonkowywać

seg·re·gate [ˈsegrɪgeɪt] *vt vi* segregować, oddzielać (się)

seg·re·ga·tion [ˌsegrɪˈgeɪʃn] *s* segregacja, oddzielenie

seize [siz] *vt* chwycić, złapać; zająć; opanować, pojąć; *vt* zawładnąć, skwapliwie chwycić się (on, upon, sth czegoś); **to ~ the opportunity** wykorzystać okazję ⟨sposobność⟩

sei·zure [ˈsiːʒə(r)] *s* konfiskata; porwanie; aresztowanie; atak (choroby)

sel·dom [ˈseldəm] *adv* rzadko

se·lect [sɪˈlekt] *vt* wybierać, dobierać; *adj* wybrany, doborowy

se·lec·tion [sɪˈlekʃn] *s* wybór, dobór

se·lec·tive [sɪˈlektɪv] *adj* selekcyjny

self [self] *s* (*pl* **selves** [selvz]) jaźń, osobowość, własna osoba; *pron* sam

self-ac·cu·sa·tion [ˈself ækjuˈzeɪʃn] *s* samooskarżenie

self-ad·ver·tise·ment [ˈself ədˈvɜːtɪsmənt] *s* autoreklama

self-com·mand [ˈself kəˈmand] *s* panowanie nad sobą

self-com·pla·cency [ˈself kəmˈpleɪsnsɪ] *s* zadowolenie z samego siebie

self-con·ceit [ˈself kənˈsit] *s* zarozumiałość

self-con·scious [ˈself ˈkɒnʃəs] *adj* nieśmiały, zakłopotany

self-con·trol [ˈself kənˈtrəul] *s* panowanie nad sobą, opanowanie

self-de·fence [ˈself dɪˈfens] *s* samoobrona

self-den·i·al [ˈself dɪˈnaɪəl] *s* samozaparcie

self-de·ter·mi·na·tion ['self dɪ'tɜmɪ
'neɪʃn̩] s samookreślenie

self-dis·ci·pline ['self 'dɪsəplɪn] s
dyscyplina wewnętrzna

self-ed·u·cat·ed ['self 'edʒukeɪtɪd]
adj ~ man samouk

self-em·ployed ['self ɪm'plɔɪd] *adj*
zatrudniony we własnym przed-
siębiorstwie

self-es·teem ['self ɪ'stiːm] s poczucie własnej godności, ambicja

self-ev·i·dent ['self 'evɪdənt] s o-
czywisty

self-ig·ni·tion ['self ɪg'nɪʃən] s
techn. samozapłon

self-gov·ern·ment ['self 'gʌvnmənt]
s samorząd

self·ish ['selfɪʃ] *adj* egoistyczny

self-made ['self 'meɪd] *adj* za-
wdzięczający wszystko samemu
sobie

self-por·trait ['self 'pɔtrət] s autoportret

self-pos·sessed ['self pə'zest] *adj* o-
panowany, panujący nad sobą

self-pres·er·va·tion ['self'prezə'veɪ
ʃn] s instynkt samozachowawczy,
samoobrona

self-re·li·ant ['self rɪ'laɪənt] *adj*
polegający na samym sobie

self-re·spect ['self rɪ'spekt] s poczucie własnej godności

self-sac·ri·fice ['self 'sækrɪfaɪs] s
samopoświęcenie

self-same ['self 'seɪm...] *adj* ten
sam, identyczny

self-seek·er ['self 'sikə(r)] s egoista

self-seek·ing ['self 'sikɪŋ] *adj* egoistyczny

self-ser·vice ['self 'sɜvɪs] s samo-
obsługa

self-styled ['self 'staɪld] *adj* samozwańczy

self-suf·fi·cien·cy ['self sə'fɪʃnsɪ] s
samowystarczalność

self-suf·fi·cient ['self sə'fɪʃnt] *adj*
samowystarczalny

self-will ['self 'wɪl] s narzucanie
własnej woli, upór

self-willed ['self 'wɪld] *adj* uparty;
nieusłuchany

* **sell** [sel], **sold** [səuld], **sold**
[səuld] *vt* sprzedawać; *vi* iść,
mieć zbyt; ~ out ⟨off⟩ wyprzedawać

sell·er ['selə(r)] s sprzedawca

selves *zob.* self

sem·a·phore ['seməfɔ(r)] s *kolej.*
semafor

sem·blance ['sembləns] s wygląd;
pozór

semi- ['semɪ] *praef* pół-

sem·i·cir·cle ['semɪsɜkl] s półkole

sem·i·co·lon ['semɪ 'kəulən] s *gram.*
średnik

semi-fi·nal ['semɪ 'faɪnl] s *sport*
półfinał

sem·i·nar ['semɪnɑ(r)] s seminarium (na uniwersytecie)

sem·i·nar·ist ['semɪnərɪst] s uczestnik ćwiczeń seminaryjnych; kleryk

sem·i·na·ry ['semɪnərɪ] s seminarium (instytut wychowawczy,
zw. teologiczny)

sem·i·nude ['semɪ 'njud] *adj* pół-
nagi

semi-of·fi·cial ['semɪ ə'fɪʃl] *adj*
półurzędowy

Sem·ite ['simaɪt] s Semita

Se·mit·ic [sɪ'mɪtɪk] *adj* semicki

sem·o·li·na ['semə'linə] s kasza
manna, grysik

sen·ate ['senət] s senat

sen·a·tor ['senətə(r)] s senator

* **send** [send], **sent**, **sent** [sent] *vt*
posyłać; sprawiać, zrządzić; to ~
flying zmusić do ucieczki; rozpędzić, rozproszyć; to ~ mad doprowadzić do szaleństwa; to ~
word posłać wiadomość; ~ away
odsyłać; ~ forth wydawać, wydzielać; wydobywać na światło
dzienne; wypuszczać; ~ in wpuścić; nadesłać; złożyć; ~ off odsyłać; ~ on posłać dalej; prze-
adresować (np. list); ~ out wysyłać; wyrzucać; ~ up podnieść,
podrzucić (do góry), wypuścić (w
górę); zgłosić; podać (np. do stołu); *vt* posyłać (for sb po kogoś)

se·nile ['sinaɪl] *adj* starczy

sen·ior [ˈsiniə(r)] *adj* starszy (rangą, studiami); ~ forms wyższe klasy (w szkole); *s* senior, człowiek starszy; my ~ by ten years starszy ode mnie o dziesięć lat

sen·ior·i·ty [ˈsiniˈorəti] *s* starszeństwo

sen·sa·tion [senˈseɪʃn] *s* uczucie, wrażenie; sensacja

sense [sens] *s* uczucie, poczucie; zmysł; świadomość; rozsądek; znaczenie, sens; **common** ~ zdrowy rozsądek; **a man in his** ~**s** człowiek przy zdrowych zmysłach; **a man of** ~ człowiek rozsądny; **to come to one's** ~**s** odzyskać przytomność; opamiętać się; **to make** ~ mieć sens; **to talk** ~ mówić do rzeczy; *vt* odczuwać, wyczuwać, rozeznać; *am.* rozumieć

sense·less [ˈsensləs] *adj* bezmyślny, niedorzeczny; nieprzytomny; nieczuły

sen·si·bil·i·ty [ˈsensəˈbiləti] *s* wrażliwość, uczuciowość

sen·si·ble [ˈsensəbl] *adj* dający się uchwycić zmysłami; świadomy; uczuciowy, wrażliwy; rozsądny; znaczny, poważny; **to become** ~ uzmysławiać sobie (**of** sth coś)

sen·si·tive [ˈsensətiv] *adj* zmysłowy; uczuciowy, czuły, wrażliwy; łatwo obrażający się; *bot.* ~ plant mimoza

sen·si·tize [ˈsensətaiz] *vt med.* uczulać; *fot.* uczulać na światło

sen·su·al [ˈsenʃuəl] *adj* zmysłowy

sen·su·al·i·ty [ˈsenʃuˈæləti] *s* zmysłowość

sen·su·ous [ˈsenʃuəs] *adj* zmysłowy, czuciowy

sent *zob.* send

sen·tence [ˈsentəns] *s* sentencja, powiedzenie; wyrok, decyzja; *gram.* zdanie; **to pass a** ~ wydać wyrok; **to serve a** ~ odbywać karę sądową; *vt* osądzić, skazać

sen·ti·ment [ˈsentimənt] *s* sentyment, uczucie, odczucie; zdanie, opinia

sen·ti·men·tal [ˈsentiˈmentl] *adj* sentymentalny

sen·ti·nel [ˈsentinl] *s* placówka, posterunek; wartownik; **to stand** ~ stać na warcie

sen·try [ˈsentri] *s* placówka, posterunek

sep·a·ra·ble [ˈsepərəbl] *adj* rozdzielny, rozłączny

sep·a·rate [ˈsepəreit] *vt vi* oddzielić (się), rozłączyć (się); *adj* [ˈsepərət] oddzielny

sep·a·ra·tion [ˈsepəˈreiʃn] *s* separacja, rozłączenie; ~ **allowance** dodatek (do pensji) za rozłąkę; *prawn.* judicial ⟨legal⟩ ~ separacja (małżonków)

Sep·tem·ber [sepˈtembə(r)] *s* wrzesień

sep·tic [ˈseptik] *adj* septyczny

se·pul·chral [siˈpʌlkrl] *adj* grobowy, ponury

sep·ul·chre [ˈseplkə(r)] *s litt. rel.* grób

se·quel [ˈsikwl] *s* następstwo, ciąg dalszy

se·quence [ˈsikwəns] *s* następstwo, kolejność; **in** ~ kolejno; *gram.* ~ **of tenses** następstwo czasów

se·ques·ter [siˈkwestə(r)] *vt* oddzielić, odosobnić; konfiskować

sere [siə(r)] *adj* = **sear**

ser·e·nade [ˈserəˈneid] *s* serenada; *vt vi* śpiewać serenadę

se·rene [siˈrin] *adj* pogodny, jasny; spokojny

se·ren·i·ty [siˈrenəti] *s* pogoda, spokój

serf [sɜːf] *s* niewolnik; *hist.* chłop pańszczyźniany

serf·dom [ˈsɜːfdəm] *s* niewolnictwo; *hist.* poddaństwo, pańszczyzna

ser·geant [ˈsadʒənt] *s wojsk.* sierżant

se·ri·al [ˈsiəriəl] *adj* seryjny, kolejny; *s* serial; powieść drukowana w odcinkach (w gazecie); periodyk

se·ries [ˈsiəriz] *s* (*pl* ~) seria, szereg; **in** ~ seryjnie; *elektr.* szeregowo

se·ri·ous [ˈsiəriəs] *adj* poważny

ser·jeant s = **sergeant**

ser·mon [`sɜmən`] s kazanie

ser·mon·ize [`sɜmənaɪz`] *vi* wygłaszać kazanie; *vt* napominać, strofować

ser·pent [`sɜpənt`] s wąż

ser·pen·tine [`sɜpəntaɪn`] *adj* wężowy; wężowaty, wijący się; s serpentyna

ser·ried [`serɪd`] *adj* stłoczony, zwarty

se·rum [`sɪərəm`] s surowica

serv·ant [`sɜvənt`] s służący, sługa; **civil ⟨public⟩ ~** urzędnik państwowy

serve [sɜv] *vt vi* służyć, obsługiwać; podawać (przy stole); wyrządzić; odpowiadać (celowi); odbywać (karę, służbę, praktykę itp.); traktować; *sport* serwować; **it ~s you right** dobrze ci tak, masz za to; **to ~ one's time** odbyć kadencję; **to ~ time** odsiedzieć karę; **~ out** rozdzielić; odpłacić się; s *sport* serwis, serw

serv·ice [`sɜvɪs`] s służba, obsługa; pomoc; przysługa; nabożeństwo; (*zastawa*) serwis; *sport* serwis; **civil ~** służba państwowa ⟨urzędnicza⟩; **train ~** komunikacja kolejowa; **public ~s** instytucje użyteczności publicznej; **social ~s** świadczenia społeczne; **~ area** ⟨*radio*⟩ zasięg odbioru; **~ station** stacja benzynowa ⟨obsługi⟩; sklep ⟨warsztat⟩ usługowy; **to be of ~** przydać się; **to do one's ~** odbywać służbę; **to do** ⟨**to render**⟩ **~** oddać przysługę

ser·vi·ette [`sɜvɪ'et`] s serwetka

ser·vile [`sɜvaɪl`] *adj* niewolniczy; służalczy

ses·sion [`seʃn`] s posiedzenie; sesja; okres posiedzeń; *am.* (*także* **in Szkocji**) rok akademicki; *am.* **summer ~** letni kurs uniwersytecki

* **set** [set] *vt vi* (**set, set** [set]) stawiać, kłaść, ustawiać, zastawiać (stół); montować; wzmacniać; kierować; nastawiać; nakłaniać; zapędzać (np. **to work** do roboty); podjudzać; (*o słońcu*) zachodzić; zanikać, kończyć się; opadać; regulować (np. zegarek); (*o pogodzie*) ustalić się; (*o organizmie*) rozwinąć się; (*o cieczy*) krzepnąć; nastroić (fortepian); zadać (pytanie); zabierać się (**about,** to sth do czegoś); skłaniać się (**towards,** to ku czemuś); **to ~ an example** dać przykład; **to ~ the fashion** ustanowić modę; **to ~ fire** podłożyć ogień, podpalić (**to sth** coś); **to ~ on fire** podpalić (**sth** coś); **to ~ free** uwolnić; **to ~ in motion** uruchomić; **to ~ at rest** uspokoić; **to ~ sail** odpłynąć; **to ~ sb a task** dać komuś zadanie; *z ppraes* wprawić w ruch, spowodować; **to ~ flying** wypuścić w powietrze; **to ~ going** nadać bieg; **to ~ thinking** dać do myślenia; *z adv:* **~ about** rozpowszechnić; **~ apart** oddzielić, odsunąć; **~ aside** odłożyć na bok; zignorować; *prawn.* anulować; **~ back** cofnąć; **~ by** odłożyć na bok; **~ down** położyć, złożyć; wyłożyć na piśmie; przypisać; zsadzić, wysadzić; ustalić (np. regułę); **~ forth** wyłożyć, wykazać; uwydatnić; przedstawić (np. projekt); wyruszyć; **~ forward** posunąć się naprzód; wyruszyć; podsunąć, wysunąć; **~ in** wprawić; nastać, nastąpić; **~ off** wyruszyć w drogę; oddzielić, odłożyć, usunąć; uwydatnić; wyodrębnić; wyrównać; **~ on** podjudzać; rozpoczynać; napadać; wyruszać w dalszą drogę; **~ out** rozpoczynać, przedsiębrać; wykładać, przedstawiać, wystawiać; zdobić; wyruszać; **~ up** ustawiać, nastawiać, instalować, montować; założyć; podnieść; ustanowić; urządzić (życiowo); zaopatrzyć; osiedlić się; **~ up for sth** podawać się za coś; **~ up in business** założyć przedsiębiorstwo; **to be ~ up** być dobrze zaopatrzonym; **~ to** zabrać się do

czegoś; zacząć (walczyć, kłócić się); *s* seria, asortyment, komplet, kolekcja, wybór; serwis (stołowy); zaprząg; gatunek; grupa; zachód (słońca); postawa, budowa ciała; układ; kierunek; próba; *sport* set; (radio) ~ aparat radiowy; *adj* uporządkowany, ustalony, zdecydowany; nieruchomy; (*o ciele ludzkim*) zbudowany; **to be hard** ~ być w ciężkim położeniu; **of** ~ **purpose** z mocnym postanowieniem

set-back [`set bæk] *s* cofnięcie się; niepowodzenie

set-off [`set ɔf] *s* kontrast; przeciwwaga; wyrównanie; dekoracja, tło (ozdobne); *handl.* kompensata

set-out [set`aut] *s* początek; wyjazd

set-square [`set skweə(r)] *s* ekierka

set-tee [se`ti] *s* sofa

set-ting [`setɪŋ] *s* oprawa, obramowanie; układ, ustawienie; tło, otoczenie; inscenizacja; ilustracja; ilustracja muzyczna

set-tle [`setl] *vt vi* posadzić, osadzić, ułożyć; (*także* ~ **down**) osiąść, osiedlić się; ustalić (się); rozstrzygnąć; uporządkować, uregulować; uspokoić; ustanowić; zdecydować (się); *vr* ~ **oneself** osiąść; dostosować się; zabrać się, zasiąść (**to sth do** czegoś); ustatkować się; ~ **up** uregulować (zobowiązania)

set-tled [`setld] *adj* stały, ustalony; ~ **weather** ustabilizowana ⟨stała⟩ pogoda; **a man of** ~ **convictions** człowiek o stałych przekonaniach; (*na rachunku*) „~" „zapłacono"

set-tle-ment [`setlmənt] *s* ustalenie, załatwienie, rozstrzygnięcie; układ; uspokojenie; wyrównanie, rozliczenie; osiadanie; osiedlenie się; osiedle, osada; założenie (interesu)

set-tler [`setlə(r)] *s* osadnik, osiedleniec

sev-en [`sevn] *num* siedem; *s* siódemka

sev-en-teen [ˈsevn`tin] *num* siedemnaście; *s* siedemnastka

sev-en-teenth [ˈsevn`tinθ] *adj* siedemnasty; *s* siedemnasta część

sev-enth [`sevnθ] *adj* siódmy; *s* siódma część

sev-en-ti-eth [`sevntɪəθ] *adj* siedemdziesiąty; *s* siedemdziesiąta część

sev-en-ty [`sevntɪ] *num* siedemdziesiąt; *s* siedemdziesiątka

sev-er [`sevə(r)] *vt vi* oddzielić (się), oderwać (się); *przen.* rozstać się; zerwać

sev-er-al [`sevrl] *adj* oddzielny; różny; poszczególny; podzielny; liczny; *pron* kilka, kilkanaście

sev-er-al-ly [`sevrlɪ] *adv* poszczególnie; różnie; indywidualnie; **jointly and** ~ zbiorowo i indywidualnie

sev-er-ance [`sevərəns] *s* oddzielenie, oderwanie; zerwanie

se-vere [sə`vɪə(r)] *adj* surowy, bezwzględny, srogi; ostry; poważny; obowiązujący

se-ver-i-ty [sə`verətɪ] *s* bezwzględność, surowość, srogość; ciężki stan

* **sew** [səu], **sewed** [səud] **sewn** [səun] *vt vi* szyć; ~ **on** naszywać, przyszywać; ~ **up** zszywać, łatać

sew-age [`suɪdʒ] *s* woda ściekowa, nieczystości; ~ **system** kanalizacja

sew-er [`suə(r)] *s* ściek, rynsztok; *vt* kanalizować

sew-er-age [`suərɪdʒ] *s* kanalizacja; wody ściekowe

sew-ing-ma-chine [`səuɪŋ məʃin] *s* maszyna do szycia

sewn *zob.* **sew**

sex [seks] *s* płeć

sex-ap-peal *zob.* **appeal**

sex-ton [`sekstn] *s* zakrystian

sex-u-al [`sekʃuəl] *adj* płciowy

sex-y [`seksɪ] *adj* zmysłowy, pociągający

shark

shab·by [`ʃæbɪ] *adj* lichy, zniszczony, stargany, nędznie ubrany; nędzny, podły

shack [ʃæk] *s* chata, rudera

shack·le [`ʃækl] *s* ogniwo łańcuchowe; sprzęgło, klamra; *pl* ~s (*także przen.*) kajdany; *vt* skuć, spętać

shade [ʃeɪd] *s* cień, mrok; odcień; abażur; parasolka; *am.* roleta, stora; a ~ coś niecoś, odrobinę; *vt vi* zaciemnić; cieniować; zasłaniać; stopniowo zmieniać (odcień); (*także* ~ off ⟨away⟩) tuszować, łagodzić

shad·ow [`ʃædəʊ] *s* cień (odbicie kształtu człowieka, drzewa itp.); mrok; ułuda; zjawa, widmo; *vt* zacieniać; śledzić

shad·ow·y [`ʃædəʊɪ] *adj* cienisty; ciemny, niejasny

shad·y [`ʃeɪdɪ] *adj* cienisty; ciemny; mętny, dwuznaczny; podejrzany

shaft [ʃaft] *s* trzon, łodyga; drzewce; dyszel; promień; błyskawica; ostrze; strzała; *górn.* szyb

shag [ʃæg] *s* zmierzwione włosy; kudły; włochaty materiał; gatunek tytoniu

shag·gy [`ʃægɪ] *adj* włochaty, kudłaty

* shake [ʃeɪk] *vt vi* (shook [ʃʊk], shaken [`ʃeɪkn]) trząść (się), potrząsać, wstrząsnąć; drżeć, chwiać się; to ~ hands podawać sobie ręce; ~ down strząsnąć; ~ off odrzucić, zrzucić, pozbyć się; ~ out wytrząsnąć, wyrzucić, wysypać; ~ up potrząsnąć, rozruszać; *s* potrząsanie, trzęsienie, drżenie; *pl* ~s dreszcze

shake-up [`ʃeɪkʌp] *s* wstrząs, poruszenie; przetasowanie, reorganizacja

shak·y [`ʃeɪkɪ] *adj* drżący; chwiejny, niepewny

shall [ʃæl, ʃl] *v aux* służy do tworzenia *fut*: I ~ be there będę tam; you ~ not see him nie zobaczysz go; powinien; ~ he wait? czy ma czekać?

shal·low [`ʃæləʊ] *adj* płytki; *przen.* niepoważny, powierzchowny; *s* płycizna, mielizna

sham [ʃæm] *vt vi* udawać, symulować, pozorować; *s* udawanie, symulowanie, fikcja; *adj* udawany, fałszywy, rzekomy, pozorny

sham·ble [`ʃæmbl] *vi* powłóczyć nogami; *s* niezgrabny chód

shame [ʃeɪm] *s* wstyd; *vt* zawstydzić; wymóc (sb into sth coś na kimś); odwieść (out of sth od czegoś); ~ on you! wstydź się! jak ci nie wstyd!

shame·faced [`ʃeɪmfeɪst] *adj* wstydliwy, nieśmiały

shame·ful [`ʃeɪmfl] *adj* haniebny, sromotny

shame·less [`ʃeɪmləs] *adj* bezwstydny

sham·poo [ʃæm`puː] *s* szampon; *vt* myć szamponem

sham·rock [`ʃæmrok] *s bot.* biała koniczyna

shank [ʃæŋk] *s* goleń

shan't [ʃant] = shall not

shan·ty [`ʃæntɪ] *s* buda, szałas

shape [ʃeɪp] *s* kształt, wygląd; obraz, rysunek; in ⟨the⟩ ~ of w postaci; out of ~ zniekształcony; in good ⟨poor⟩ ~ w dobrej ⟨złej⟩ formie; *vt vi* kształtować (się); tworzyć; wyobrażać sobie

shape·ly [`ʃeɪplɪ] *adj* ładnie zbudowany, kształtny, zgrabny

share [ʃeə(r)] *vt vi* dzielić, podzielać; uczestniczyć; ~ out rozdzielać; *s* część; udział; działka; przyczynek; *handl.* akcja; to go ~s podzielić się (in sth czymś); uczestniczyć; to have a ~ przyczynić się (in sth do czegoś); to hold ~s *handl.* być akcjonariuszem; to take ~ brać udział

share-bro·ker [`ʃeə brəʊkə(r)] *s* makler

share-hold·er [`ʃeə həʊldə(r)] *s* akcjonariusz

shark [ʃak] *s* rekin; *przen.* oszust; *vt* oszukiwać

sharp [ʃap] *adj* ostry, spiczasty; przenikliwy, bystry; przebiegły; *adv* bystro; punktualnie; *s muz.* krzyżyk

sharp·en [ˈʃapn] *vt vi* ostrzyć (się)

shat·ter [ˈʃætə(r)] *vt* roztrzaskać, rozbić; *vi* rozlecieć się; *s zw. pl* ~s odłamki, strzępy

shave [ʃeɪv] *vt vi* golić (się); strugać; *s* golenie; **to have a** ~ ogolić się; **close** ⟨**near**⟩ ~ sytuacja o włos od niebezpieczeństwa

shav·en [ˈʃeɪvn] *adj* (*także* **clean** ~) wygolony

shav·ing [ˈʃeɪvɪŋ] *s* golenie; struganie; *pl* ~s wióry, odpadki

shawl [ʃɔl] *s* szal

she [ʃɪ] *pron* ona

sheaf [ʃif] *s* (*pl* **sheaves** [ʃivz]) snop, wiązka

* **shear** [ʃɪə(r)] *vt* (**sheared** [ʃɪəd], **shorn** [ʃɔn]) strzyc; *przen.* ogoła‧cać, pozbawiać; *s* strzyżenie

shears [ʃɪəz] *s pl* nożyce (np. kra‧wieckie, ogrodnicze)

sheath [ʃiθ] *s* (*pl* **sheaths** [ʃiθz]) po‧chwa, futerał

sheathe [ʃið] *vt* wkładać do po‧chwy ⟨futerału⟩

sheath·ing [ˈʃiðɪŋ] *s* ochronne po‧krycie, powłoka

sheave [ʃiv] *vt* wiązać w snopy

sheaves *zob.* **sheaf**

she'd [ʃid] *skr.* = **she had, she would**

* **shed 1.** shed, shed [ʃed] *vt* ronić; gubić, zrzucać; wylewać, przele‧wać; rozsiewać

shed 2. [ʃed] *s* szopa; zajezdnia

sheep [ʃip] *s* (*pl* ~) owca, baran

sheep-hook [ˈʃip huk] *s* kij paster‧ski

sheep·ish [ˈʃipɪʃ] *adj* bojaźliwy; zakłopotany; zbaraniały; nie‧śmiały

sheep·skin [ˈʃipskɪn] *s* owcza skó‧ra; pergamin; dyplom

sheep·walk [ˈʃipwɔk] *s* pastwisko dla owiec

sheer [ʃɪə(r)] *adj* zwyczajny; czy‧sty; istny; prosty; pionowy; ~

nonsense istny nonsens; **by** ~ **force** po prostu siłą; *adv* całko‧wicie; wprost; pionowo

sheet [ʃit] *s* prześcieradło; arkusz; kartka (papieru); powierzchnia, tafla, płyta; *mors.* szot; *vt* na‧kryć prześcieradłem

sheet-iron [ˈʃit aɪən] *s* blacha

shelf [ʃelf] *s* (*pl* **shelves** [ʃelvz]) półka; wystająca skała, rafa; lis‧twa

shell [ʃel] *s* skorupa, łupina, mu‧szla; nabój armatni; *vt vi* wyłus‧kiwać; *wojsk.* ostrzelać

she'll [ʃil] *skr.* = **she will**

shel·ter [ˈʃeltə(r)] *s* schronienie, schron, przytułek; *vt vi* chronić (się), osłaniać; udzielić przytuł‧ku; znaleźć przytułek

shelve [ʃelv] *vt* położyć na półce; odłożyć, odstawić; oddalić, zwol‧nić (np. ze służby)

shelves *zob.* **shelf**

shep·herd [ˈʃepəd] *s* pastuch; *przen. i lit.* pasterz; *vt vi* strzec; paść owce

sher·ry [ˈʃerɪ] *s* gatunek wina (Xe‧res)

she's [ʃiz] = **she is, she has**

shield [ʃild] *s* tarcza, osłona; *vt* ochraniać, osłaniać

shift [ʃɪft] *vt vi* przesuwać (się), przestawiać (się); zmieniać miej‧sce pobytu, przenosić się; zmie‧niać (np. ubranie); *s* zmiana; przesunięcie; sposób, środek, za‧bieg; szychta; **to make (a)** ~ u‧porać się, dać sobie radę; **to work in** ~s pracować na zmia‧ny

shift·y [ˈʃɪftɪ] *adj* przebiegły, prze‧myślny

shil·ling [ˈʃilɪŋ] *s* szyling; **a** ~'s **worth** za szylinga

shim·mer [ˈʃɪmə(r)] *vi* migotać; *s* migotanie

shin [ʃɪn] *s* goleń; *vt* ~ **up** wspi‧nać się, wdrapywać się (**the tree** na drzewo)

* **shine** [ʃaɪn], **shone, shone** [ʃɔn] *vi* świecić, jaśnieć; *vt* nadawać

blask, czyścić do połysku; *s*
blask, połysk

shin·gle 1. [ˈʃɪŋgl] *s* gont; *am.* tabliczka; krótko strzyżone wło-
sy; *vt* kryć gontami; krótko
strzyc włosy

shin·gle 2. [ˈʃɪŋgl] *s* kamyk; *zw.*
zbior. kamyki, żwir

shin·y [ˈʃaɪnɪ] *adj* błyszczący

ship [ʃɪp] *s* statek; okręt; *vt* przewozić okrętem; ładować na o-
kręt; *vi* zaokrętować się

ship·board [ˈʃɪpbɔd] *s* pokład; on ~
na statku

ship·build·ing [ˈʃɪpbɪldɪŋ] *s* budownictwo okrętowe

ship·car·riage [ˈʃɪp kærɪdʒ] *s*
transport okrętowy

ship·mas·ter [ˈʃɪp mɑstə(r)] *s* kapitan statku (handlowego)

ship·ment [ˈʃɪpmənt] *s* załadowanie na okręt, przewóz okrętem

ship·own·er [ˈʃɪp əʊnə(r)] *s* armator

ship·ping [ˈʃɪpɪŋ] *s* żegluga; transport okrętem; załadowanie na o-
kręt; marynarka (handlowa)

ship·shape [ˈʃɪpʃeɪp] *adj i adv* we
wzorowym porządku; to put ~
doprowadzić do wzorowego stanu

ship·wreck [ˈʃɪp-rek] *s* rozbicie o-
krętu; *przen.* katastrofa, klęska;
vt spowodować rozbicie okrętu;
przen. rozbić, zniweczyć; to be
~ed (*o okręcie*) ulec rozbiciu,
rozbić się; *przen.* ulec zniszczeniu

ship·yard [ˈʃɪp-jɑd] *s* stocznia

shirt [ʃɜt] *s* koszula męska; bluzka damska

shirt-sleeves [ˈʃɜt slivz] *s pl* rękawy koszuli; in one's ~ bez marynarki, w samej koszuli

shiv·er 1. [ˈʃɪvə(r)] *vi* trząść się,
drżeć; *s* drżenie, dreszcz

shiv·er 2. [ˈʃɪvə(r)] *s* kawałek, ułamek; *vt vi* rozbić (się) na kawałki

shoal 1. [ʃəʊl] *s* ławica (ryb); *przen.*
tłum, gromada, masa

shoal 2. [ʃəʊl] *s* mielizna; *adj* płytki; *vi* stawać się płytkim

shock 1. [ʃɔk] *s* gwałtowne uderzenie, cios; wstrząs, szok; *wojsk.*
~ troops oddziały szturmowe; *vt*
gwałtownie uderzyć, zadać cios;
gwałtownie wstrząsnąć; urazić;
zgorszyć

shock 2. [ʃɔk] *s* bróg, kopka

shock-ab·sorb·er [ˈʃɔk əbsɔbə(r)] *s*
amortyzator

shock-proof [ˈʃɔk pruf] *adj* odporny na wstrząsy

shock-work·er [ˈʃɔk wɜkə(r)] *s*
przodownik pracy

shod *zob.* shoe *vt*

shod·dy [ˈʃɔdɪ] *s* licha wełna (z
odpadków); tandeta; *adj* tandetny

shoe [ʃu] *s* but, trzewik; podkowa; okucie; *vt* *shoe (shod, shod
[ʃɔd]) obuć; okuć (konia); obić
żelazem

shoe·black [ˈʃublæk] *s* czyścibut,
pucybut

shoe·horn [ˈʃu hɔn] *s* łyżka do butów

shoe·lace [ˈʃu leɪs] *s* sznurowadło

shoe·mak·er [ˈʃumeɪkə(r)] *s* szewc

shone *zob.* shine

shook *zob.* shake

* **shoot** [ʃut] *vt vi* (shot, shot
[ʃot]) strzelać (at sb do kogoś);
zastrzelić, rozstrzelać; ciskać,
miotać; fotografować, (*o filmie*)
nakręcać; wystawać; wypędzać,
wyrzucać (*także* ~ out); wyskoczyć; wpaść; wypuszczać (pącz-
ki); (*o bólu*) rwać; mknąć, prze-
mykać; to ~ dead zastrzelić; to
~ past szybko przelecieć (koło
czegoś); ~ down zestrzelić;
gwałtownie spadać; ~ forth kiełkować; rozciągać się; ~ off wystrzelić; odstrzelić; pomknąć; ~
out wystawać, sterczeć; wypaść,
wylecieć; wyrzucić; (*o pączkach*)
wypuścić; wystrzelać; ~ up
strzelać w górę; szybko rosnąć;
podnosić się, podskoczyć; *przen.*
~ Niagara ryzykować życie; *s*

strzelanie; polowanie; wodotrysk; kiełek, pęd; ostry ból

shoot·er [ˈʃuːtə(r)] s strzelec; broń palna, rewolwer

shoot·ing-star [ˈʃuːtɪŋ stɑː(r)] s spadająca gwiazda

shop [ʃɔp] s sklep; warsztat; interes; zakład; *przen.* profesja, zawód, sprawy zawodowe; *vi* robić zakupy, załatwiać sprawunki w sklepach; to go ~ping chodzić po zakupy, załatwiać sprawunki

shop-as·sis·tant [ˈʃɔp əsɪstənt] s ekspedient (sklepowy)

shop·keep·er [ˈʃɔpkiːpə(r)] s drobny kupiec, sklepikarz

shop·man [ˈʃɔpmən] s drobny kupiec; sklepikarz; ekspedient, sprzedawca

shop-win·dow [ˈʃɔp ˈwɪndəu] s okno wystawowe

shore [ʃɔː(r)] s brzeg (morza, jeziora), wybrzeże

shorn *zob.* shear

short [ʃɔːt] *adj* krótki; niski, mały; niedostateczny, szczupły, będący na wyczerpaniu; ~ circuit krótkie spięcie; ~ cut skrót, najkrótsza droga, droga na przełaj; ~ story nowela; ~ weight niepełna waga; ~ of breath zadyszany; little ~ of a miracle prawie ᵌcud; to be ~ of sth odczuwać brak czegoś; pozostawać w tyle za czymś; nie być na poziomie czegoś; to come ~ chybić, nie osiągnąć (of sth czegoś); to fall ~ zawieść, nie dopisać (of sth pod względem czegoś); to get ⟨become, grow⟩ ~ ulegać skróceniu, stawać się krótszym, zbliżać się do końca; to make ~ work of sth szybko załatwić się z czymś; to run ~ wyczerpywać się, kończyć się (np. o zapasach); odczuwać brak, mieć już niewiele (of sth czegoś); to stop ~ nagle zatrzymać (się), nagle przerwać; at ~ range z bliska, na krótką metę; s skrócenie, skrót; *kino* (także ~ sub-

ject) film krótkometrażowy; *pl* ~s krótkie spodnie; in ~ pokrótce, krótko mówiąc

short·age [ˈʃɔːtɪdʒ] s niedostateczna ilość, niedobór, brak

short-cir·cuit [ˈʃɔt ˈsɜːkɪt] s *elektr.* krótkie spięcie; *vt* wywołać krótkie spięcie

short·com·ing [ˈʃɔːtkʌmɪŋ] s brak, wada, uchybienie; *handl.* manko

short·en [ˈʃɔtn] *vt vi* skracać (się), zmniejszać (się)

short·hand [ˈʃɔːthænd] s stenografia

short-lived [ˈʃɔt ˈlɪvd] *adj* krótkotrwały

short·ly [ˈʃɔtlɪ] *adv* pokrótce; wkrótce

short-sight·ed [ˈʃɔt ˈsaɪtɪd] *adj* krótkowzroczny

shot 1. *zob.* shoot; *adj* lśniący, mieniący się

shot 2. [ʃɔt] s strzał; strzelec; pocisk, kula; *fot.* kino zdjęcie migawkowe; *pot.* zastrzyk, dawka; big ~ gruba ryba; to make a good ~ trafić; *przen.* zgadnąć

should [ʃud] *p* od shall; oznacza *warunek:* I ~ go poszedłbym; *powinność:* you ~ work powinieneś pracować; *przypuszczenie:* I should say so chyba tak

shoul·der [ˈʃəuldə(r)] s ramię, bark; to give ⟨show, turn⟩ the cold ~ traktować oziębłe; ~ to ~ ramię w ramię; *vt* wziąć na ramię; popychać; potrącać ramionami; *przen.* (także ~ up) brać na swoje barki

shouldn't [ˈʃudnt] *skr.* = should not

shout [ʃaut] *vi* krzyczeć (at sb na kogoś); s krzyk, wołanie; okrzyk

shove [ʃʌv] *vt vi* posuwać (się), popychać (się); *pot.* wpakować, wsadzić; ~ down zepchnąć; ~ off odepchnąć; odbić (np. od brzegu); s posunięcie (się), pchnięcie

shov·el [ˈʃʌvl] s szufla, łopata; *vt* szuflować

shut

* show [ʃəu] *vt vi* (showed [ʃəud], shown [ʃəun]) pokazywać (się), wykazywać, okazywać; ukazać się, zjawić się; prowadzić, pokazywać drogę, oprowadzać (round the town po mieście); ~ down sprowadzić na dół; wyłożyć karty na stół; ~ in wprowadzić; ~ off wystawić na pokaz; popisywać się (sth czymś), paradować; ~ out wyprowadzić; ~ up zdemaskować, obnażyć; uwydatniać (się); zjawiać się; *vr* ~ oneself pokazywać się publicznie; *s* widok; wystawa; pokaz; parada; widowisko; *teatr* przedstawienie

show-case [ʃəu keis] *s* gablotka

show-down [ʃəu daun] *s* wyłożenie kart na stół; *przen.* gra w otwarte karty

show-er [ʃauə(r)] *s* przelotny deszcz; *przen.* powódź (np. listów); *vi* (o *deszczu*) padać, lać; *vt* zalewać strumieniem

show-er-bath [ʃauə baθ] *s* tusz, prysznic

show-er-y [ʃəuəri] *adj* ulewny

show-girl [ʃəu gɜːl] *s* piosenkarka (tancerka) w rewii, klubie nocnym itd.

shown *zob.* show

show-room [ʃəu rum] *s* lokal wystawowy

show-win-dow [ʃəu windəu] *s* okno wystawowe

show-y [ʃəui] *adj* okazały, paradny, ostentacyjny

shrank *zob.* shrink

shrap-nel [ʃræpnl] *s* szrapnel

shred [ʃred] *s* strzęp; skrawek; odrobina; *vt* strzępić, ciąć na strzępy

shrew [ʃru] *s* sekutnica, jędza

shrewd [ʃrud] *adj* bystry, przenikliwy; chytry, ostry; dotkliwy

shrew-ish [ʃruiʃ] *adj* swarliwy, złośliwy

shriek [ʃrik] *vt vi* krzyczeć, piszczeć, wykrzykiwać; *s* krzyk, pisk, przeraźliwy gwizd

shrill [ʃril] *adj* przeraźliwy, przenikliwy

shrimp [ʃrimp] *s* krewetka

shrine [ʃrain] *s* sanktuarium; relikwiarz

*shrink [ʃriŋk] *vt vi* (shrank [ʃræŋk], shrunk [ʃrʌŋk]) ściągać (się), kurczyć (się), dekatyzować; marszczyć się; cofać się; zanikać; wzdragać się (from sth przed czymś); *s* ściągnięcie; zmarszczka; skurcz

shrink-age [ʃriŋkidʒ] *s* skurczenie, ściągnięcie; ubytek, zanik

*shrive [ʃraiv], shrove [ʃrəuv], shriven [ʃrivn] *vt* wyspowiadać i rozgrzeszyć

shriv-el [ʃrivl] *vt vi* ściągać (się), marszczyć (się)

shriv-en *zob.* shrive

shroud [ʃraud] *s* całun; *przen.* okrycie, osłona; *vt* owijać całunem, *przen.* okrywać

shrove *zob.* shrive

Shrove Tues-day [ʃrəuv tjuzdi] *s* tłusty wtorek

shrub [ʃrʌb] *s* krzak

shrub-ber-y [ʃrʌbəri] *s* zarośla, krzaki

shrug [ʃrʌg] *vt vi* wzruszać ramionami; *s* wzruszenie ramionami

shrunk-en [ʃrʌŋkən] *adj* skurczony; *pp od* shrink

shud-der [ʃʌdə(r)] *vi* drżeć, wzdrygać się

shuf-fle [ʃʌfl] *vt vi* szurać, powłóczyć (nogami); suwać; tasować (karty), mieszać; kręcić, wykręcać się; ~ off strząsnąć z siebie; odejść powłócząc nogami; ~ out wykręcić się; *s* szuranie nogami; włóczenie; posunięcie; wykręt; chwyt; tasowanie

shun [ʃʌn] *vt* unikać

shunt [ʃʌnt] *vt vi* przetaczać (wagony); przesunąć na bok; odłożyć (do szuflady)

*shut, shut, shut [ʃʌt] *vt vi* zamykać (się); ~ in zamknąć (w środku), otoczyć; ~ off odgrodzić; wyłączyć (np. prąd); ~ out wykluczyć; zostawić na zewnątrz; przesłonić (widok); ~ up zamy-

kać (dokładnie); więzić; *pot.* zamykać usta; *pot.* ~ up! cicho
bądź! zamknij się!

shut·ter [ˈʃʌtə(r)] *s* pokrywa; o-
kiennica; zasłona; okienko (np.
w kasie); *fot.* migawka

shut·tle [ˈʃʌtl] *s* czółenko (tkackie)

shy 1. [ʃaɪ] *adj* bojaźliwy, nieśmiały; ostrożny; to be ~ of sth
unikać czegoś; to fight ~ unikać,
wystrzegać się (of sth czegoś);
vi bać się (at sth czegoś), płoszyć się

shy 2. [ʃaɪ] *vt vi pot.* cisnąć, rzucić; *s* rzut

sick [sɪk] *adj* czujący się niedobrze, mający mdłości; *attr* chory
(of sth na coś); to be ~ uprzykrzyć sobie, mieć powyżej uszu
(of sth czegoś); tęsknić (for sth
za czymś); to feel ⟨to be⟩ ~
mieć mdłości

sick·en [ˈsɪkn] *vt* przyprawiać o
mdłości, napełniać obrzydzeniem;
vi chorować; słabnąć; marnieć;
zrażać się (of sth do czegoś);
czuć obrzydzenie (at sth do czegoś)

sick·le [ˈsɪkl] *s* sierp

sick-leave [ˈsɪk liːv] *s* urlop chorobowy

sick-list [ˈsɪk lɪst] *s* lista chorych

sick·ly [ˈsɪklɪ] *adj* chorowity; (o
powietrzu, okolicy) niezdrowy;
powodujący mdłości

sick·ness [ˈsɪknəs] *s* choroba; niedomaganie, złe samopoczucie;
mdłości

side [saɪd] *s* strona, bok; brzeg;
~ by ~ jeden przy drugim, w
jednym rzędzie; by the ~ po
stronie (of sth czegoś); *sport.*
off ~ na pozycji spalonej; on
my ~ po mojej stronie, z mojej
strony; on all ~s ze wszystkich
stron; on this ~ the barricade
po tej stronie barykady; on the
safe ~ bezpiecznie; to change
~s przejść do przeciwnej grupy;
to take ~s stanąć po stronie
(with sb kogoś); *vi* stać po stro-

nie (with sb kogoś)

side-arms [ˈsaɪdamz] *s* broń boczn-
na (szabla, bagnet)

side-board [ˈsaɪdbɔd] *s* kredens

side·car [ˈsaɪd ka(r)] *s* przyczepa
motocyklowa

side-glance [ˈsaɪd glans] *s* spojrzenie z ukosa

side-is·sue [ˈsaɪd ɪʃu] *s* sprawa u-
boczna

side-light [ˈsaɪd laɪt] *s* światło bo-
czne

side·long [ˈsaɪdlɒŋ] *adj* boczny,
skośny; *adv* bokiem, na ukos

side-track [ˈsaɪd træk] *s* boczny
tor; *vt* przesunąć na boczny tor;
pot. zmienić temat rozmowy

side-view [ˈsaɪd vju] *s* widok z
boku

side-walk [ˈsaɪdwɔk] *s am.* chodnik

side·wards [ˈsaɪdwədz], **side·ways**
[ˈsaɪdweɪz] *adv* bokiem; na bok

side-whis·kers [ˈsaɪd wɪskəz] *s pl*
bokobrody

side·wise [ˈsaɪdwaɪz] = sidewards

sid·ing [ˈsaɪdɪŋ] *s* bocznica

siege [sidʒ] *s* oblężenie; to lay ~
przystąpić do oblężenia (to a
town miasta); to raise the ~
zaprzestać oblężenia

sieve [sɪv] *s* sito; *vt* przesiewać

sift [sɪft] *vt* przesiewać; *przen.*
selekcjonować; dokładnie badać

sigh [saɪ] *vi* wzdychać; tęsknić
(after, for sth do czegoś); *s* westchnienie

sight [saɪt] *s* widok; wzrok; *pot.*
wielka ilość, masa; at first ~
na pierwszy rzut oka; at ~ natychmiast, bez przygotowania;
handl. za okazaniem; by ~ z widzenia; in ⟨within⟩ ~ w polu
widzenia; out of ~ poza zasięgiem wzroku; to catch ⟨get⟩ ⟨a⟩
~ zobaczyć (of sth coś); spostrzec; to come into ~ ukazać
się; to keep out of ~ ukrywać
(się), chować (się); to lose ~
stracić z oczu (of sth coś); to

see ~s oglądać osobliwości (miasta); *vt* zobaczyć, obserwować; celować (z broni palnej)

sight·ly [`saɪtlɪ] *adj* przyjemny dla oka, ujmujący; widoczny

sight·see·ing [`saɪtsiɪŋ] *s* zwiedzanie (np. miasta)

sight·seer [`saɪtsɪə(r)] *s* turysta, zwiedzający

sign [saɪn] *s* znak, objaw, symbol; szyld; skinienie; by ~s na migi; in ~ na znak; *vt vi* znaczyć, znakować, dawać znak; podpisywać; ~ away przepisać (własność, prawa); ~ up zapisać się (for sth na coś)

sig·nal [`sɪgnl] *s* sygnał; *vt vi* dawać sygnały, sygnalizować; *adj* znakomity, wybitny

sig·nal·ize [`sɪgnlaɪz] *vt* wyróżniać, uświetniać

sig·na·to·ry [`sɪgnətrɪ] *adj* podpisujący (np. umowę); *s* sygnatariusz

sig·na·ture [`sɪgnətʃə(r)] *s* sygnatura, podpis; ~ tune *radio* melodia rozpoczynająca program; *muz.* oznaczenie tonacji

sign·board [`saɪnbɔd] *s* szyld, wywieszka

sig·nif·i·cance [sɪg`nɪfɪkəns] *s* znaczenie, doniosłość

sig·nif·i·cant [sɪg`nɪfɪkənt] *adj* mający znaczenie, doniosły, ważny

sig·ni·fi·ca·tion [ˌsɪgnɪfɪ`keɪʃn] *s* znaczenie, sens

sig·nif·i·ca·tive [sɪg`nɪfɪkətɪv] *adj* znaczący, oznaczający (of sth coś)

sig·ni·fy [`sɪgnɪfaɪ] *vt* znaczyć, oznaczać; *vi* znaczyć, mieć znaczenie, dawać do zrozumienia

sign·post [`saɪnpəust] *s* drogowskaz

si·lence [`saɪlns] *s* milczenie, cisza; in ~ milcząco; to keep ~ zachować ciszę; to pass over in ~ pominąć ⟨zbyć⟩ milczeniem; to put to ~ zmusić do milczenia; *vt* skłonić do milczenia; uspokoić, uciszyć; ~! proszę o spokój!; cisza!

si·lenc·er [`saɪlənsə(r)] *s* tłumik

si·lent [`saɪlnt] *adj* milczący

sil·hou·ette [`sɪlu`et] *s* sylweta

sil·i·ca [`sɪlɪkə] *s* chem. krzemionka

sil·i·con [`sɪlɪkən] *s* chem. krzem

silk [sɪlk] *s* jedwab

silk·en [`sɪlkən], silk·y [`sɪlkɪ] *adj* jedwabisty; delikatny, miękki

sill [sɪl] *s* próg; parapet

sil·ly [`sɪlɪ] *adj* głupi, niedorzeczny

si·lo [`saɪləu] *s* techn. silos

silt [sɪlt] *s* osad, muł; *vt vi* zamulić (się)

sil·ver [`sɪlvə(r)] *s* srebro; *adj* srebrny, srebrzysty; *vt vi* srebrzyć (się)

sil·ver·plate [`sɪlvə `pleɪt] *s* zbior. srebro stołowe

sil·ver·smith [`sɪlvəsmɪθ] *s* wytwórca ⟨sprzedawca⟩

sim·i·lar [`sɪmɪlə(r)] *adj* podobny

sim·i·lar·i·ty [`sɪmɪ`lærətɪ] *s* podobieństwo

sim·i·le [`sɪmɪlɪ] *s* porównanie

si·mil·i·tude [sɪ`mɪlɪtjud] *s* podobieństwo

sim·mer [`sɪmə(r)] *vi* gotować się; *przen.* być podnieconym; *vt* gotować na wolnym ogniu

sim·per [`sɪmpə(r)] *vi* uśmiechać się sztucznie ⟨obłudnie⟩; *s* wymuszony uśmiech

sim·ple [`sɪmpl] *adj* prosty; naturalny; naiwny

sim·ple·ton [`sɪmpltən] *s* prostak, głuptas

sim·plic·i·ty [sɪm`plɪsətɪ] *s* prostota; naiwność

sim·pli·fy [`sɪmplɪfaɪ] *vt* upraszczać, ułatwiać

sim·ply [`sɪmplɪ] *adv* prosto; po prostu

sim·u·late [`sɪmjuleɪt] *vt* symulować; naśladować

si·mul·ta·ne·ous [`sɪml`teɪnɪəs] *adj* równoczesny

sin [sɪn] *s* grzech; *vi* grzeszyć

since [sɪns] *adv* (także ever ~) od owego ⟨tego⟩ czasu; ... temu;

long ~ dawno temu; many years
~ wiele lat temu; *praep* od (o-
kreślonego czasu); ~ **Sunday** od
niedzieli; ~ **when? od kiedy?**;
conj odkąd; ponieważ, skoro; ~
I last saw you odkąd cię widziałem

sin·cere [sın`sıə(r)] *adj* szczery

sin·cer·i·ty [sın`serətı] *s* szczerość

sine [saın] *s mat.* sinus

sin·ew [`sınju] *s* ścięgno; *przen.*
tężyzna, energia

sin·ew·y [`sınjuı] *adj* muskularny,
silny

sin·ful [`sınfl] *adj* grzeszny

*sing [sıŋ], sang [sæŋ], sung [sʌŋ]
vt vi śpiewać

singe [`sındʒ] *vt vi* (p *praes* singe-
ing [`sındʒıŋ] przypalić (się),
przypiec (się); opalić (się)

sing·er [`sıŋə(r)] *s* śpiewak

sin·gle [`sıŋgl] *adj* pojedynczy;
sam jeden; oddzielny; jedyny w
swym rodzaju; nieżonaty; niezamężna; *s* bilet w jedną stronę;
sport gra pojedyncza; *vt* ~ **out**
wyróżnić, wydzielić

sin·gle·ness [`sıŋglnəs] *s* jedność;
prostota, szczerość; stan bezżenny

sing·song [`sıŋsoŋ] *s* monotonny
śpiew, monotonna recytacja

sin·gu·lar [`sıŋgjulə(r)] *adj* poje-
dynczy; szczególny, niezwykły,
dziwny; *s gram.* liczba pojedyncza

sin·gu·lar·i·ty [‚sıŋgju`lærətı] *s* nie-
zwykłość, osobliwość

sin·is·ter [`sınıstə(r)] *adj* złowiesz-
czy, ponury

*sink [sıŋk], sank [sæŋk], sunk
[sʌŋk] *vt vi* zanurzyć (się); topić (się), tonąć; opadać; po-
grążać (się); zanikać; słabnąć;
handl. i prawn. umarzać; *s* zlew;
ściek

sink·ing-fund [`sıŋkıŋ fʌnd] *s* fun-
dusz amortyzacyjny

sin·ner [`sınə(r)] *s* grzesznik

sin·u·ate [`sınjuet] *adj* kręty

sin·u·os·i·ty [‚sınju`osətı] *s* zakręt;
linia falista

sin·u·ous [`sınjuəs] *adj* kręty, wi-
jący się

sip [sıp] *vt* wolno pić, sączyć (np.
kawę); *s* łyczek

si·phon [`saıfən] *s* syfon

sir [sɜ(r)] *s* (*bez imienia i nazwiska*) pan(ie), proszę pana!; (*przed
imieniem lub imieniem z nazwiskiem*) tytuł szlachecki: np.
Sir Winston Churchill; Yes, Sir
tak, proszę pana!; Sir, it is my
duty... Panie, moim obowiązkiem
jest...; (*w listach*) **(Dear) Sir!**
Szanowny Panie

si·ren [`saıərən] *s* syrena

sis·kin [`sıskın] *s zool.* czyżyk

sis·ter [`sıstə(r)] *s* siostra

sis·ter-in-law [`sıstr ın lɔ] *s* szwa-
gierka, bratowa

*sit [sıt], sat, sat [sæt] *vi* siedzieć; zasiadać; (*o ubraniu*) leżeć; mieć sesję, obradować; studiować (**under** sb pod czyimś
kierunkiem); pozować (to a painter for one's portrait malarzowi do portretu); to ~ **for** an examination zasiadać do egzaminu; to ~ **in judgment** wyrokować; to ~ **on a committee** zasiadać w komitecie; ~ **down** siadać, usiąść; ~ **out** siedzieć na
zewnątrz; wysiedzieć do końca;
~ **through** siedzieć przez cały
czas, przesiedzieć; ~ **up** podnieść się (w łóżku); nie spać,
czuwać, przesiadywać do późna

sit-down [`sıtdaun] *adj attr:* ~
strike strajk okupacyjny

site [saıt] *s* położenie; miejscowość; działka, parcela; miejsce

sit·ting [`sıtıŋ] *s* siedzenie; posie-
dzenie

sit·ting-room [`sıtıŋ rum] *s* ba-
wialnia, salonik

sit·u·ate [`sıtʃueıt] *vt* umieszczać

sit·u·at·ed [`sıtʃueıtıd] *adj* poło-
żony; sytuowany; badly ~ (znajdujący się) w ciężkiej sytuacji

sit·u·a·tion [‚sıtʃu`eıʃn] *s* sytuacja,
położenie; stanowisko

six [sıks] *num* sześć; *s* szóstka;

slake

at ~es and sevens w zupełnym
zamieszaniu

six·pence [ˈsɪkspəns] s sześciopensówka (moneta)

six·teen [ˈsɪkˈstin] num szesnaście; szesnastka

six·teenth [ˈsɪkˈstinθ] adj szesnasty

sixth [ˈsɪksθ] adj szósty

six·ti·eth [ˈsɪkstɪəθ] adj sześćdziesiąty

six·ty [ˈsɪkstɪ] num sześćdziesiąt

siz·able [ˈsaɪzəbl] adj wielki, po-
każnych rozmiarów

size 1. [saɪz] s rozmiar, wielkość;
format; wymiar; vt szacować według rozmiaru

size 2. [saɪz] s klej; vt kleić

skate [skeɪt] vi ślizgać się (na
łyżwach); s łyżwa; (także roller-
-~) wrotka

skat·ing-ground [ˈskeɪtɪŋ graʊnd],
skat·ing-rink [ˈskeɪtɪŋ rɪŋk] s lodowisko; tor łyżwiarski

skein [skeɪn] s motek, pasmo (przędzy); przen. plątanina

skel·e·ton [ˈskelɪtən] s dosł. i
przen. szkielet, kościotrup; zarys; ~ key wytrych

sketch [sketʃ] s rysunek, szkic;
skecz; vt kreślić, szkicować

sketch-book [ˈsketʃ bʊk] s szkicownik

sketch·er [ˈsketʃə(r)] s kreślarz

sketch·y [ˈsketʃɪ] adj zrobiony w
zarysie, szkicowy, pobieżny

ski [ski] s narty; vi jeździć na
nartach

skid [skɪd] s podpórka; klocek ha-
mulcowy; pochylnia; ześlizg; poślizg; lotn. płoza; vt hamować;
vi poślizgnąć się; (o samochodzie) zarzucić, wpaść w poślizg

ski·er [ˈskiə(r)] s narciarz

ski·ing [ˈskiɪŋ] s narciarstwo

skil·ful [ˈskɪlfl] adj zręczny; to
be ~ at sth dobrze coś umieć

skill [skɪl] s zręczność, sprawność,
umiejętność

skilled [skɪld] adj wprawny; (o
pracy) fachowy; (o robotniku)

wykwalifikowany

skim [skɪm] vt zbierać (śmietanę);
szumować; vt lekko dotykać powierzchni; przerzucać (książkę)

skim-milk [ˈskɪmmɪlk] s mleko
zbierane

skin [skɪn] s skóra (na ciele), skórka (rośliny); vt zdjąć skórę,
obedrzeć ze skóry

skin·ny [ˈskɪnɪ] adj chudy

skip [skɪp] vt vi skakać, przeska-
kiwać; opuszczać, pomijać; s
skok

skip·per [ˈskɪpə(r)] s kapitan statku handlowego

skip·ping-rope [ˈskɪpɪŋ rəʊp] s skakanka

skir·mish [ˈskɜmɪʃ] s potyczka

skirt [skɜt] s spódnica; poła

skit·tle [ˈskɪtl] s (także ~-pin) krę-
giel; pl ~s ⟨~-pins⟩ gra w kręgle

skulk [skʌlk] vi czaić się, kryć
się

skull [skʌl] s czaszka

skunk [skʌŋk] s zool. skunks;
skunksy (futro)

sky [skaɪ] s niebo; under the open
~ pod gołym niebem

sky·lark [ˈskaɪlak] s skowronek;
vi psocić, swawolić

sky·light [ˈskaɪ laɪt] s okno w su-
ficie, świetlik

sky·line [ˈskaɪ laɪn] s linia hory-
zontu; sylweta (np. miasta) na
tle nieba

sky·scrap·er [ˈskaɪ skreɪpə(r)] s
drapacz chmur, wieżowiec

sky·wards [ˈskaɪwɔdz] adv ku nie-
bu, wzwyż

sky·way [ˈskaɪweɪ] s droga powietrzna

slab [slæb] s płyta

slack [slæk] adj wiotki, słaby; o-
spały, leniwy; s zastój, bezczynność; miał węglowy; pl ~s spodnie

slack·en [ˈslækən] vt vi słabnąć,
maleć; popuszczać, rozluźniać;
zwalniać (tempo)

slain zob. slay

slake [sleɪk] vt gasić, lasować

slam

(wapno); gasić (pragnienie); o-
paść, osłabnąć

slam [slæm] *vt vi* trzaskać (np.
drzwiami), zatrzaskiwać (się),
gwałtownie zamykać; *s* trzaśnięcie, trzask; (*w kartach*) szlem

slan·der [ˈslɑːndə(r)] *s* potwarz; *vt*
rzucać oszczerstwa

slan·der·er [ˈslɑːndərə(r)] *s* oszczerca

slan·der·ous [ˈslɑːndərəs] *adj* oszczerczy

slang [slæŋ] *s* slang, żargon

slant [slɑːnt] *vi* skośnie padać, być
nachylonym; *vt* nadawać skoś-
ny kierunek, nachylać; *adj* skośny, nachylony; *s* skośny kierunek, skos, nachylenie

slap [slæp] *vt* klepać, uderzać dłonią; ~ **down** położyć z trzaskiem; *s* klaps, uderzenie dłonią;
przen. ~ **in the face** policzek

slap·dash [ˈslæpdæʃ] *adv* niedbale, byle jak; *adj attr* niedbały,
byle jaki; ~ **fuszerka**, robota
na kolanie; *vt* robić coś na kolanie, fuszerować

slash [slæʃ] *vt* ciąć, smagać, kaleczyć; *s* cięcie, szrama

slash·ing [ˈslæʃɪŋ] *adj* cięty, zjadliwy; okrutny

slat 1. [slæt] *s* deszczułka, listew-
ka

slat 2. [slæt] *vi* trzepotać, łopotać

slate 1. [sleɪt] *vt pot.* besztać, ganić

slate 2. [sleɪt] *s* łupek; dachówka
z łupku; *vt* pokrywać łupkiem

slaugh·ter [ˈslɔːtə(r)] *s* rzeź; ubój;
vt zarzynać; mordować

slaugh·ter·house [ˈslɔːtə haus] *s* rzeźnia

Slav [slɑv] *s* Słowianin; *adj* słowiański

slave [sleɪv] *s* niewolnik; *vi* pracować niewolniczo, harować po-
nad siły; *vt* zmuszać do pracy
niewolniczej

slave-driv·er [ˈsleɪv draɪvə(r)] *s*
nadzorca niewolników

slav·er 1. [ˈsleɪvə(r)] *s* handlarz

niewolnikami

slav·er 2. [ˈsleɪvə(r)] *vi* ślinić się;
vt poślinić; *s* ślina

slav·e·ry [ˈsleɪvərɪ] *s* niewolnictwo

Slav·ic [ˈslavɪk] *adj* słowiański

slav·ish [ˈsleɪvɪʃ] *adj* niewolniczy

Sla·von·ic [sləˈvonɪk] *adj* słowiański; *s* język słowiański

slay [sleɪ], **slew** [slu], **slain** [sleɪn]
vt zabijać

sled [sled] *s* sanie, sanki; *vi* jechać
saniami; saneczkować się; *vt*
przewozić saniami

sledge 1. [sledʒ] = **sled**

sledge 2. [sledʒ], **sledge-hammer**
[ˈsledʒ hæmə(r)] *s* młot kowalski

sleek [slik]*; adj* gładki; *vt* gładzić;
łagodzić

sleep [slip], **slept, slept** [slept], *vi*
spać; *s* sen

sleep·er [ˈslipə(r)] *s* człowiek śpiący; wagon sypialny; miejsce sy-
pialne; podkład

sleep·ing-car [ˈslipɪŋ ka(r)] *s* wagon
sypialny

sleep·less [ˈsliplas] *adj* bezsenny

sleep-walk·er [ˈslip wɔkə(r)] *s* lunatyk

sleep·y [ˈslipɪ] *adj* senny, śpiący;
ospały

sleep·y·head [ˈslipɪ hed] *s* śpioch

sleet [slit] *s* deszcz ze śniegiem; *v
imp* it ~s pada deszcz ze śnie-
giem

sleeve [sliv] *s* rękaw; *przen.* to
laugh up one's ~ śmiać się w
kułak

sleigh [sleɪ] *s* sanie, sanki; *vi*
jechać saniami; saneczkować się

slen·der [ˈslendə(r)] *adj* wysmukły,
szczupły; cienki

slept *zob.* **sleep**

sleuth [sluθ] *s* pies policyjny; detektyw, szpicel

slew *zob.* **slay**

slice [slaɪs] *s* kromka, płat, płatek (np. szynki); *vt* cienko krajać

slow

slick [slɪk] *adj* gładki, zręczny, układny; *adv* gładko; wprost; od razu; całkowicie

* slide [slaɪd], slid, slid [slɪd] *vi* pośliznąć się, ślizgać się, sunąć; *vt* posuwać, zsuwać; *s* pośliznięcie się; śliski zjazd; *toř* saneczkowy; suwak; przeźrocze; szkiełko w mikroskopie; *fot.* slajd

slide·rule [ˈslaɪd ruːl] *s mat.* suwak logarytmiczny

slight [slaɪt] *adj* nieznaczny, drobny, niegodny uwagi; cienki, szczupły; *s* lekceważenie; *vt* lekceważyć, pogardliwie traktować

slight·ness [ˈslaɪtnəs] *s* słabość, delikatność; małe znaczenie

slim [slɪm] *adj* cienki; smukły; nieistotny, mało znaczący

slime [slaɪm] *s* muł; *vt* zamulić

slim·y [ˈslaɪmɪ] *adj* mulisty, grząski; *przen.* płaszczący się, służalczy

* sling [slɪŋ], slung, slung [slʌŋ], [slʌŋ] *vt* rzucać, miotać; zawiesić (np. na ramieniu), zarzucić (na ramię); *s* cios, rzut; rzemień; temblak

* slink [slɪŋk], slunk, slunk [slʌŋk] *vi* skradać się, przekradać się

slip 1. [slɪp] *vi* pośliznąć się; wśliznąć się, niepostrzeżenie wpaść; przemówić się, zrobić przypadkowy błąd; *vt* niepostrzeżenie wsunąć, ukradkiem włożyć; to let ~ spuścić, wypuścić (z rąk); to ~ one's notice ujść czyjejś uwagi; ~ in wkraść się; ~ off ześlizgnąć się; ujść; zrzucić (z siebie ubranie); ~ out wymknąć się, wyrwać się; ~ over wciągnąć, naciągnąć (np. koszulę przez głowę); *s* pośliznięcie się; wykolejenie; błąd, omyłka, lapsus; świstek (papieru), kartka; pasek; kawałek; *pl* ~s kąpielówki, slipy

slip·per [ˈslɪpə(r)] *s* pantofel (domowy)

slip·per·y [ˈslɪpərɪ] *adj* śliski; chwiejny, niestały; nierzetelny

slip·shod [ˈslɪpʃɒd] *adj* niedbały, nieporządny

* slit, slit, slit [slɪt] *vt* rozszczepić (podłużnie), rozłupać, rozpłatać, rozpruć; *vi* rozedrzeć się, pęknąć; *s* szczelina, szpara

slob·ber [ˈslɒbə(r)] *vt vi* ślinić (się); roztkliwiać się; partaczyć; *s* ślina (na ustach); rozczulenie się

slo·gan [ˈsləʊgən] *s* slogan, hasło

slop 1. [slɒp] *vt vi* rozlać (się), przelać (się), przelewać się (przez wierzch), zalać; *s* rozlana ciecz, mokra plama; *pl* ~s pomyje

slop 2. [slɒp] *s* (*zw pl* ~s) luźna odzież, chałat; tania konfekcja

slope [sləʊp] *s* pochyłość, nachylenie; zbocze; *vt vi* nachylać (się), opadać pochyło, być pochylonym

sloped [sləʊpt] *adj* pochyły, spadzisty

slop·py [ˈslɒpɪ] *adj* błotnisty; niechlujny, zaniedbany

slop·shop [ˈslɒpʃɒp] *s* sklep z tanią konfekcją

slop·work [ˈslɒpwɜːk] *s* wyrób taniej konfekcji, tania konfekcja

slot [slɒt] *s* szczelina, szpara

sloth [sləʊθ] *s* lenistwo, ospałość; *zool.* leniwiec

slot·ma·chine [ˈslɒt məʃiːn] *s* automat (sprzedający bilety, papierosy itp.)

slouch [slaʊtʃ] *vt* opuścić (np. rondo kapelusza); niedbale zwiesić (np. głowę); *vi* zwisać; chodzić ociężale; *s* zaniedbana powierzchowność; ociężały chód; przygarbienie; *pot.* niedołęga

slough 1. [slaʊ] *s* bagno, trzęsawisko

slough 2. [slʌf] *s* zrzucona skóra (węża); *vt* zrzucać (skórę); *vi* linieć

slov·en [ˈslʌvn] *s* brudas

slov·en·ly [ˈslʌvnlɪ] *adj* niechlujny, niedbały

slow [sləʊ] *adj* wolny, powolny; spóźniony, spóźniający się; to be ~ ociągać się, zwlekać; (*o ze-*

garku) późnić się; *vt vi* (zw. ~
down ⟨**up, off**⟩) zwalniać, zmniejszać szybkość; *adv* wolno, powoli
slow-worm [ˈsləuwɜːm] *s zool.* padalec
sludge [slʌdʒ] *s* gęste błoto, muł
slug·gard [ˈslʌɡəd] *s* próżniak
slug·gish [ˈslʌɡɪʃ] *adj* leniwy, ociężały; ciężko myślący
sluice [sluːs] *s* śluza; *vt* puszczać
przez śluzę, zalewać
slum [slʌm] *s* (zw. *pl* ~**s**) dzielnica ruder
slum·ber [ˈslʌmbə(r)] *vi* drzemać; *s*
drzemka
slump [slʌmp] *s* gwałtowny spadek cen, krach; *vi* (*o cenach*)
gwałtownie spaść
slung *zob.* **sling**
slunk *zob.* **slink**
slur [slɜː(r)] *vt* zacierać, tuszować;
oczerniać; niewyraźnie wyma-
wiać; *muz.* grać legato; *s* plama;
nagana; oszczerstwo; *muz.* legato
slush [slʌʃ] *s* śnieg z błotem, chla-
pa
slush·y [ˈslʌʃɪ] *adj* błotnisty, grząski
slut [slʌt] *s* niechlujna kobieta,
flejtuch
sly [slaɪ] *adj* chytry
smack 1. [smæk] *s* przedsmak; posmak; *vt* mieć posmak, trącić (*of*
sth czymś)
smack 2. [smæk] *vt* trzaskać (*z bicza*); mlaskać, cmokać; chlas-
tać; *s* trzaśnięcie; cmoknięcie;
trzepnięcie
small [smɔːl] *adj* mały, drobny;
bardzo młody; nieważny; małostkowy; ~ **change** drobne (pieniądze); ~ **hours** wczesne godziny ranne; ~ **talk** rozmowa o
byle czym
small-pox [ˈsmɔːlpɒks] *s med.* ospa
smart [smɑːt] *vi* boleć; cierpieć,
czuć ból; *s* ostry ból; *adj* bolesny, dotkliwy; ostry, bystry;

sprytny; elegancki, modny
smash [smæʃ] *vt vi* rozbić (się),
potłuc, pogruchotać, zniszczyć;
sport ściąć (piłkę tenisową); *s*
gwałtowne uderzenie, rozbicie,
zniszczenie, katastrofa; *sport*
smecz
smat·ter·ing [ˈsmætərɪŋ] *s* powierzchowna wiedza
smear [smɪə(r)] *vt* smarować, mazać; *s* plama
*****smell** [smel], **smelt, smelt** [smelt]
vi pachnieć (*of sth czymś*); *vt*
wąchać, węszyć, wietrzyć; czuć
zapach (*sth czegoś*); *s* zapach;
węch, powonienie
smell·y [ˈsmelɪ] *adj pot.* śmierdzący
smelt 1. *zob.* **smell**
smelt 2. [smelt] *vt* topić, wytapiać
(metal)
smile [smaɪl] *s* uśmiech; *vi* uśmiechać się (*on, upon sb do kogoś,*
at sth do czegoś); *vt* wyrazić u-
śmiechem; ~ **away** rozproszyć
uśmiechem
smirch [smɜːtʃ] *vt* plamić, brudzić;
s brudne miejsce, plama
smirk [smɜːk] *vi* uśmiechać się nie-
szczerze ⟨niemądrze⟩; *s* uśmiech
nieszczery ⟨niemądry⟩
*****smite** [smaɪt], **smote** [sməut],
smit·ten [ˈsmɪtn] *vt* uderzać, walić, porazić; ~ **off** odtrącić, strącić; ściąć (głowę); **to be smitten**
doznać wstrząsu, przejąć się
(*with sth czymś*); zadurzyć się
smith [smɪθ] *s* kowal; *vt* kuć
smith·er·eens [ˈsmɪðəˈriːnz] *s pl pot.*
kawałeczki, drzazgi, strzępy
smith·y [ˈsmɪθɪ] *s* kuźnia
smit·ten *zob.* **smite**
smock [smɒk] *s* chałat, kitel; †
koszula damska
smock-frock [ˈsmɒkfrɒk] *s* chałat,
kitel, ubranie robocze
smog [smɒg] *s* mgła zmieszana z
dymem, smog
smoke [sməuk] *s* dym; kopeć; palenie (papierosa); **to have a** ~
zapalić papierosa ⟨cygaro⟩; *vt vi*

dymić, kopcić; palić (tytoń); wędzić

smok·er [ˋsməukə(r)] s palacz; *kolej.* przedział dla palących

smoke-screen [ˋsməuk skrin] s zasłona dymna

smoke-stack [ˋsməuk stæk] s komin (fabryczny, lokomotywy)

smok·y [ˋsməukɪ] *adj* dymiący, dymny

smooth [smuð] *adj* gładki, równy; *vt (także* **smoothe***)* gładzić, wyrównywać

smote *zob.* **smite**

smoth·er [ˋsmʌðə(r)] *vt vi* dusić (się), dławić (się); tłumić; *s* dławiący dym; chmura dymu ⟨kurzu⟩; *przen.* **from the smoke into the ~ z** deszczu pod rynnę

smoul·der [ˋsməuldə(r)] *vi* tlić się; *s* tlący się ogień

smudge [smʌdʒ] *vt* plamić, brudzić; *s* plama, brudne miejsce

smudge 2. [smʌdʒ] *s* dławiący dym

smug [smʌg] *adj* dufny, zadowolony z siebie, próżny

smug·gle [ˋsmʌgl] *vt* przemycać; *vi* uprawiać przemyt

smug·gler [ˋsmʌglə(r)] *s* przemytnik

smut [smʌt] *s* sadza; brud, plama; *vt* zanieczyścić ⟨zabrudzić⟩ sadzą

smut·ty [ˋsmʌtɪ] *adj* zabrudzony ⟨poplamiony⟩ sadzą

snack [snæk] *s* zakąska, przekąska; **~ bar** bufet; **to have a ~** przekąsić

snaf·fle [ˋsnæfl] *s* uzda; *vt* nałożyć uzdę; *pot.* porwać, zwędzić

snag [snæg] *s* pieniek; przeszkoda, zapora

snag·gy [ˋsnægɪ] *adj* sękaty

snail [sneɪl] *s zool.* ślimak

snake [sneɪk] *s zool.* wąż

snap [snæp] *vt vi* chwycić, porwać; trzasnąć, uderzyć; zatrzasnąć się; *fot.* zrobić migawkowe zdjęcie; rozerwać (się), rozłupać (się); ugryźć; **~ off** odgryźć; nagle oderwać; przerwać; *s* trzaśnięcie; porwanie; zatrzask; *fot.* zdjęcie migawkowe; *adj* nagły,

niespodziewany; zaskakujący

snap-fas·ten·er [ˋsnæp fasnə(r)] *s* zatrzask (do ubrania)

snap-lock [ˋsnæp lok] *s* zatrzask (u drzwi)

snap·py [ˋsnæpɪ] *adj* zgryźliwy, zjadliwy; żywy, energiczny

snap-roll [ˋsnæp rəul] *s lotn.* beczka

snap·shot [ˋsnæpʃot] *s fot.* zdjęcie migawkowe

snare [sneə(r)] *s* pułapka, sidła; *vt* złapać w sidła, usidlić

snarl 1. [snal] *vi* warczeć; *s* warczenie

snarl 2. [snal] *s* węzeł; plątanina; *vt* zaplątać, zagmatwać

snatch [snætʃ] *vt* porwać, urwać; *vi* chwytać się (**at sth** czegoś); *s* szybki chwyt; kęs; urywek

sneak [snik] *vi* wkradać się; *pot.* skarżyć (**on sb na** kogoś); *s* nikczemnik; *pot.* donosiciel, skarżypyta

sneer [snɪə(r)] *vi* szyderczo się śmiać (**at sb, sth z** kogoś, czegoś); *s* szyderczy uśmiech

sneer·ing·ly [ˋsnɪərɪŋlɪ] *adv* szyderczo

sneeze [sniz] *vi* kichać; *s* kichnięcie

snick·er [ˋsnɪkə(r)] = **snigger**

sniff [snɪf] *vt* wąchać, węszyć; *vi* pociągać nosem

snif·fle [ˋsnɪfl] *vi* = **snuffle**

snif·fy [ˋsnɪfɪ] *adj pot.* pogardliwy; śmierdzący

snig·ger [ˋsnɪgə(r)] *vi* chichotać; *s* chichot

snip [snɪp] *vt* ciąć nożycami; *s* cięcie; skrawek; *pot.* okazja

snipe¹ [snaɪp] *s (pl ~) zool.* bekas

snipe² [snaɪp] *vi* strzelać z ukrycia ⟨z dalekiej odległości⟩ (**at sb, sth do** kogoś, czegoś)

snip·er [ˋsnaɪpə(r)] *s* strzelec wyborowy, snajper

sniv·el [ˋsnɪvl] *vi* pociągać nosem; biadolić; pochlipywać; *s* pochlipywanie

snob [snob] *s* snob

snob·ber·y [`snobərɪ] s snobizm

snooze [snuz] s pot. drzemkʰ; vi pot. drzemać; zdrzemnąć się

snore [snɔ(r)] vi chrapać; s chrapanie

snort [snɔt] vi parskać, sapać

snout [snaut] s pysk; techn. wlot, dysza

snow [snəu] s śnieg; vi (o śniegu) padać; vt przysypać śniegiem

snow·ball [`snəubɔl] s kula śniegowa; **to play at ~s** bawić się w śnieżki

snow·drop [`snəudrop] s bot. śnieżyczka; przebiśnieg

snow·flake [`snəuflerk] s płatek śniegu

snow-man [`snəumæn] s bałwan śniegowy

snow-slide [`snəu slaɪd] s lawina śnieżna

snow-storm [`snəu stɔm] s burza śnieżna; zadymka

snow·y [`snəuɪ] adj śnieżny, śnieżysty

snub [snʌb] vt zrobić afront, pot. dać po nosie; s ofuknięcie; afront

snub·nose [`snʌb `nəuz] s perkaty nos

snuff [snʌf] vt vi pociągać nosem, wąchać; zażywać tabaki; s tabaka, szczypta tabaki

snuff-box [`snʌf boks] s tabakiera

snuf·fle [`snʌfl] vi ciężko oddychać (przez nos), sapać; mówić przez nos

snug [snʌg] adj miły, wygodny; przytulny; (o ubraniu) przylegający; vt vi tulić (się), wygodnie ułożyć (się)

so [səu] adv tak, w ten sposób; **so as to** ażeby, żeby; **so far** dotąd, na razie; **so far as** o ile; **so long as** jak długo; o ile; **so much for that** dość tego; **so much more** tym więcej; **so much the better** o tyle lepiej; **not so much** nie tak wiele; ani nawet; **he would not so much as talk to me** on nawet mówić ze mną nie chciał; zastępuje wyrażoną

poprzednio myśl: **he is honest but his partner is not so** on jest uczciwy, ale jego wspólnik nie jest (uczciwy); or so mniej więcej; **5 pounds or so** mniej więcej 5 funtów; **so so** tak sobie; **so and so** taki a taki, ten a ten; **so to say** że tak powiem; **so long!** tymczasem!; do widzenia!; **just (quite) so!** tak właśnie!, racja!; conj więc, a więc; **she asked me to go, so I went** prosiła żebym poszedł, więc poszedłem

soak [səuk] vt zmoczyć, zamoczyć, przemoczyć, namoczyć; vi zamoknąć, nasiąknąć wilgocią; pot. chlać; **to get a nice ~ing** przemoknąć do nitki

soap [səup] s mydło; vt vi namydlić, mydlić (się)

soap·y [`səupɪ] adj mydlany

soar [sɔ(r)] vi unosić się, wzbijać się, ulatać

sob [sob] vi łkać, szlochać; s szloch

so·ber [`səubə(r)] adj trzeźwy; trzeźwo myślący, rozumny; **as ~ as a judge** zupełnie trzeźwy; śmiertelnie poważny; vt otrzeźwić; vi wytrzeźwieć; **~ down** opamiętać się

so·bri·e·ty [sə`braɪətɪ] s trzeźwość, rozsądek

soc·cer [`sokə(r)] s pot. sport piłka nożna

so·cia·ble [`səuʃəbl] adj towarzyski; przyjacielski, miły

so·cial [`səuʃl] adj socjalny, społeczny; towarzyski; **~ welfare worker** społecznik, działacz społeczny; **~ security** ubezpieczenia społeczne

so·cial·ism [`səuʃɪzm] s socjalizm

so·cial·ist [`səuʃlɪst] adj socjalistyczny; s socjalista

so·cial·is·tic [`səuʃəlɪstɪk] adj socjalistyczny

so·cial·ize [`səuʃlaɪz] vt socjalizować, uspołeczniać

so·ci·e·ty [sə`saɪətɪ] s społeczeństwo; towarzystwo

so·ci·o·log·i·cal [ˈsəusɪəˈlodʒɪkl] *adj* socjologiczny

so·ci·ol·o·gist [ˈsəusɪˈolədʒɪst] *s* socjolog

so·ci·ol·o·gy [ˈsəusɪˈolədʒɪ] *s* socjologia

sock [sok] *s* skarpetka; *przen.* to **pull up one's ~s** wziąć się w garść

sock·et [ˈsokɪt] *s* wgłębienie, jama; *techn.* gniazdko; oprawka

sod [sod] *s* darnina, gruda darniny

so·da [ˈsəudə] *s* soda; **~ water** woda sodowa

so·di·um [ˈsəudɪəm] *s* chem. sód

so·fa [ˈsəufə] *s* sofa

soft [soft] *adj* miękki, łagodny, przyjemny, delikatny; cichy; **~ drink** napój bezalkoholowy

soft-boiled [ˈsoft ˈbɔɪld] *adj* (o jajku) ugotowany na miękko

soft·en [ˈsofn] *vt* zmiękczyć, złagodzić; *vi* mięknąć, łagodnieć

sog·gy [ˈsogɪ] *adj* rozmokły, mokry

soil 1. [sɔɪl] *s* gleba, ziemia

soil 2. [sɔɪl] *vt vi* plamić (się), brudzić (się); *s* plama, brud

so·journ [ˈsodʒən] *s* pobyt; *vi* przebywać

so·lace [ˈsolɪs] *vt* pocieszać; *s* pocieszenie, pociecha

so·lar [ˈsəulə(r)] *adj* słoneczny

sold zob. **sell**

sol·der [ˈsoldə(r)] *vt* lutować, spawać; *s* lut

sol·der·ing-iron [ˈsoldrɪŋ aɪən] *s* kolba lutownicza

sol·dier [ˈsəuldʒə(r)] *s* żołnierz; *vi* służyć w wojsku, być żołnierzem

sole 1. [səul] *s* podeszwa, zelówka; *vt* zelować

sole 2. [səul] *adj* jedyny, wyłączny

sole 3. [səul] *s* zool. sola (ryba)

so·le·cism [ˈsolɪsɪzm] *s* błąd językowy

sol·emn [ˈsoləm] *adj* uroczysty

so·lem·ni·ty [səˈlemnətɪ] *s* uroczystość

sol·em·nize [ˈsoləmnaɪz] *vt* święcić, uroczyście obchodzić

so·lic·it [səˈlɪsɪt] *vt* ubiegać się (**sth** o coś), usilnie prosić (**sb for sth**, **sth from sb** kogoś o coś)

so·lic·i·ta·tion [səˈlɪsɪˈteɪʃn] *s* molestowanie, nagabywanie, staranie, zabiegi

so·lic·i·tor [səˈlɪsɪtə(r)] *s* adwokat (występujący w niższych instancjach); *am. handl.* akwizytor; *bryt.* **Solicitor General** zastępca rzecznika Korony (najwyższy radca prawny)

so·lic·i·tous [səˈlɪsɪtəs] *adj* troskliwy; zatroskany (**about, for sth** o coś); chcący, pragnący (**of sth** czegoś)

so·lic·i·tude [səˈlɪsɪtjud] *s* troska, troskliwość

sol·id [ˈsolɪd] *adj* solidny; masywny; stały, trwały; poważny; pewny; *mat.* trójwymiarowy; **~ geometry** stereometria; *s* ciało stałe; *mat.* bryła

sol·i·dar·i·ty [ˈsolɪˈdærətɪ] *s* solidarność

so·lid·i·ty [səˈlɪdətɪ] *s* solidność, masywność, trwałość

sol·il·o·quy [səˈlɪləkwɪ] *s* monolog

sol·i·tar·y [ˈsolɪtrɪ] *adj* samotny; *s* samotnik

sol·i·tude [ˈsolɪtjud] *s* samotność

sol·stice [ˈsolstɪs] *s* przesilenie dnia z nocą

sol·u·ble [ˈsoljubl] *adj* rozpuszczalny

so·lu·tion [səˈluʃn] *s* rozwiązanie (np. problemu); rozłączenie; przerwanie; rozpuszczenie; *chem.* roztwór

solve [solv] *vt* rozwiązać

sol·ven·cy [ˈsolvənsɪ] *s* wypłacalność

sol·vent [ˈsolvənt] *adj* chem. rozpuszczający; *handl.* wypłacalny; *s* chem. rozpuszczalnik

som·bre [ˈsombə(r)] *adj* ciemny; ponury

some [sʌm] *adj pron* pewien, jakiś, niejaki; trochę, nieco, kilka; część; *adv* około, mniej więcej

some·bod·y [ˈsʌmbədɪ] *pron* ktoś

some·way [ˈsʌmweɪ] *adv* jakoś

some·one [ˈsʌmwʌn] *pron* ktoś

som·er·sault [ˈsʌməsɔlt] *s* koziołek; **to turn a ~** przekoziołkować, wywrócić koziołka

some·thing [ˈsʌmθɪŋ] *pron* coś; *adv* trochę, nieco; (*także* **~ like**) mniej więcej

some·time [ˈsʌmtaɪm] *adv* niegdyś, kiedyś; *adj attr* były

some·times [ˈsʌmtaɪmz] *adv* czasem, niekiedy

some·way [ˈsʌmweɪ] *adv* jakoś

some·what [ˈsʌmwɔt] *adv* nieco, poniekąd

some·where [ˈsʌmweə(r)] *adv* gdzieś; **~ else** gdzieś indziej

son [sʌn] *s* syn

song [sɒŋ] *s* śpiew; pieśń

song·ster [ˈsɒŋstə(r)] *s* śpiewak

son-in-law [ˈsʌn ɪn lɔ] *s* zięć

son·net [ˈsɒnɪt] *s* sonet

son·ny [ˈsʌnɪ] *s* synek

so·no·rous [səˈnɔrəs] *adj* dźwięczny, donośny

soon [sun] *adv* wkrótce; wcześnie; szybko; **as ~ as** skoro tylko; **as ~ as possible** możliwie najwcześniej; **as ~** chętnie; **I would as ~ ...** chętnie bym ...; **~er** chętniej; **I would ~er ...** chętniej ⟨raczej⟩ bym ...; **no ~er than** natychmiast potem jak, ledwo

soot [sut] *s* sadza; *vt* zabrudzić sadzą

sooth [suθ] *s lit.* prawda; **in (good) ~** naprawdę

soothe [suð] *vt* łagodzić, koić; pochlebiać

sooth·say·er [ˈsuθ seɪə(r)] *s* wróżbita

sop [sɒp] *s* maczanka; *przen.* łapówka; *vt* maczać, rozmoczyć; *vi* być przemoczonym; **~ up** zbierać ⟨wycierać⟩ płyn (np. gąbką)

so·phis·ti·cate [səˈfɪstɪkeɪt] *vt* używać sofizmatów; *vt* przekręcać

(np. tekst); fałszować

so·phis·ti·cat·ed [səˈfɪstɪkeɪtɪd] *adj* wyszukany, wymyślny, przemądrzały, wyrafinowany

soph·ist·ry [ˈsɒfɪstrɪ] *s* sofistyka

so·po·rif·ic [ˌsɒpəˈrɪfɪk] *adj* nasenny; *s* środek nasenny

sorb [sɔb] *s bot.* jarzębina

sor·cer·er [ˈsɔsərə(r)] *s* czarodziej, czarnoksiężnik

sor·cer·y [ˈsɔsərɪ] *s* czarnoksięstwo

sor·did [ˈsɔdɪd] *adj* brudny; podły; skąpy

sor·dine [sɔˈdin] *s muz.* tłumik

sore [sɔ(r)] *adj* bolesny, wrażliwy; rozdrażniony, zmartwiony; drażliwy; **he has a ~ throat** ⟨head⟩ boli go gardło ⟨głowa⟩; *s* bolesne miejsce, otarcie, rana; *przen.* bolesne ⟨przykre⟩ wspomnienie

sor·rel [ˈsɒrl] *s bot.* szczaw

sor·row [ˈsɒrəu] *s* smutek; *vi* smucić się (at ⟨for, over⟩ sth czymś)

sor·row·ful [ˈsɒrəufl] *adj* smutny; żałosny

sor·ry [ˈsɒrɪ] *adj* smutny; zmartwiony; **to be ~** żałować (for sb, sth kogoś, czegoś); **to be ~** martwić się (about sth czymś); **(I am) ~** przykro mi, przepraszam; **I am ~ for you** żal mi ciebie; **I am ~ to tell you that ...** z przykrością muszę ci powiedzieć, że ...

sort [sɔt] *s* rodzaj, jakość, gatunek; **in a ~ w** pewnej mierze, w pewnym sensie; **nothing of the ~** nic podobnego; **of all ~s** wszelkiego rodzaju; **out of ~s** w złym nastroju; *pot.* **~ of** coś w tym rodzaju, jakiś tam; **what ~ of ...?** jaki to ...?; **he is the right ~** to jest odpowiedni człowiek; *vt* sortować; *vi* zgadzać się; być stosowanym (with sth do czegoś)

sor·tie [ˈsɔtɪ] *s wojsk.* wypad; *lotn.* lot bojowy

so-so [ˈsəu səu] *adj* taki sobie; *adv* tak sobie, jako tako

sot [sɒt] *s* pijaczyna; *vi* pić nałogowo

sot·tish [`sɔtıʃ] *adj* ogłupiony alkoholem, głupi

sought *zob.* seek

soul [səul] *s* dusza; poor ~ biedaczysko; All Souls' Day Zaduszki; heart and ~ całą duszą; in my ~ of ~s w głębi duszy; to keep body and ~ together żyć jako tako, wegetować

sound 1. [saund] *adj* zdrowy; cały; tęgi; rozsądny; solidny; słuszny; *adv* zdrowo; mocno

sound 2. [saund] *s* dźwięk; *vt vi* dźwięczeć, wydawać dźwięki, brzmieć, dzwonić, wydzwaniać; głośno ogłaszać; dawać sygnał (sth do czegoś); zagrać (the horn na rogu)

sound 3. [saund] *s geogr.* cieśnina

sound 4.[saund] *s med. mors.* sonda; *vt* sondować

sound-box [`saund bɔks] *s* głowica (gramofonu)

sound-film [`saund fılm] *s* film dźwiękowy

sound-head·ed [`saund hedıd] *adj* rozsądny

soup [sup] *s* zupa

sour [`sauə(r)] *adj* kwaśny; zgorzkniały; cierpki; ~ milk zsiadłe mleko; *vt* kwasić; rozgoryczać; psuć humor; *vi* kwaśnieć

source [sɔs] *s dosł. i przen.* źródło; pochodzenie

sour·dine [suə`din] *s muz.* tłumik, surdyna

souse [saus] *s* peklowane mięso, marynata; zanurzenie; *vt* peklować; zanurzać, moczyć; *vt* zanurzać się, moknąć; *pot.* upijać się

south [sauθ] *s geogr.* południe; *adj* południowy; *adv* na południe

south·er·ly [`sʌðəlı] *adj* zwrócony ku południowi, południowy

south·ern [`sʌðən] *adj* południowy

south·ward [`sauθwəd] *adj* zwrócony ku południowi; *adv* = southwards

south-wards [`sauθwədz] *adv* ku południowi

sou·ve·nir [`suvə`nıə(r)] *s* pamiątka

sov·er·eign [`sovrın] *s* suweren; monarcha; złoty funt angielski; *adj* suwerenny, zwierzchni, najwyższy

sov·er·eign·ty [`sovrəntı] *s* suwerenność

So·vi·et [`səuvıət] *s* rada; obywatel radziecki; *adj* radziecki; the Union of ~ Socialist Republics Związek Socjalistycznych Republik Rad; the ~ Union Związek Radziecki

*sow 1. [səu], sowed [səud], sown [səun] *vt* siać, zasiewać

sow 2. [sau] *s zool.* locha, maciora

sow·er [`səuə(r)] *s* siewca

sow·ing-ma·chine [`səuıŋ mə`ʃin] *s* siewnik

sox [sɔks] *s pl handl.* skarpety, skarpetki

spa [spa] *s* zdrojowisko, miejscowość uzdrowiskowa (ze zdrojem)

space [speıs] *s* przestrzeń, obszar; okres czasu; *druk.* spacja, odstęp; outer ~ przestrzeń kosmiczna; *vt* rozstawiać; *druk.* (także ~ out) spacjować

space-ship [`speıʃʃıp], space-craft [`speıs krɑʃt] *s* statek kosmiczny

spa·cious [`speıʃəs] *adj* obszerny

spade [speıd] *s* łopata; *pl* ~s piki (w kartach); to call a ~ a ~ nazwać rzecz po imieniu; *vt* kopać łopatą

spall [spɔl] *s* odłamek; *vt vi* odłamać (się), rozbić (się)

span [spæn] *s* piędź; rozpiętość; przęsło; okres; zasięg; zaprzęg; *vt vi* sięgać, pokrywać, obejmować; rozciągać się; łączyć brzegi (mostem); mierzyć (odległość)

span·gle [`spæŋgl] *s* błyskotka; *vt* pokryć błyskotkami

Span·iard [`spænıəd] *s* Hiszpan

span·iel [`spænıəl] *s zool.* spaniel

Span·ish [`spænıʃ] *adj* hiszpański; *s* język hiszpański

spank [spæŋk] s uderzenie dłonią, klaps; vt dać klapsa; popędzać

span·ner [ˋspænə(r)] s techn. klucz do nakrętek

spar 1. [spa(r)] s mors. drąg, część omasztowania

spar 2. [spa(r)] vi kłócić się, bić się; sport boksować się, ćwiczyć boks; s kłótnia; sport mecz sparringowy

spar 3. [spa(r)] miner. szpat

spare [speə(r)] vt oszczędzić, zaoszczędzić, skąpić; mieć na zbyciu; móc obejść się; odstąpić; użyczyć; łagodnie traktować; enough and to ~ w nadmiarze; aż zanadto; I have some bread to ~ mam ⟨zostało mi⟩ trochę chleba; I have no time to ~ nie mam ani chwili wolnego czasu; vi oszczędnie żyć, robić oszczędności; adj szczupły, skąpy; zbywający; zapasowy; ~ cash wolna gotówka; ~ parts części zapasowe ⟨zamienne⟩; ~ time wolny czas; s część zapasowa ⟨zamienna⟩

spar·ing [ˋspeərɪŋ] adj oszczędny; wstrzemięźliwy

spark [spak] s iskra; odrobina; przen. żywość, witalność; inteligencja; ślad; modniś, elegant; lekkoduch; vt krzesać iskry; vi iskrzyć (się)

spark·ing-plug [ˋspakɪŋ plʌg] s techn. świeca (zapłonowa)

spar·kle [ˋspakl] vi iskrzyć się; s iskrzenie się, migotanie

spark·ling [ˋspaklɪŋ] adj (o winie) musujący

spark-plug [ˋspak plʌg] s = sparking-plug

spar·ring [ˋsparɪŋ] s sport sparring

spar·row [ˋspærəu] s wróbel

sparse [spas] adj rzadki; rzadko rosnący; rozsypany, rozsiany

spasm [ˋspæzm] s spazm, skurcz

spas·mod·ic [spæzˋmodɪk] adj spazmatyczny

spat 1. zob. spit

spat 2. [spæt] s (zw pl ~s) getry pl

spate [speɪt] s zalew, powódź, ulewa

spa·tial [ˋspeɪʃl] adj przestrzenny

spat·ter [ˋspætə(r)] vt vi bryzgać, chlapać

spawn [spon] s ikra; pog. nasienie; vt vi składać ikrę; przen. mnożyć się

*__speak__ [spik], spoke [spəuk], spoken [ˋspəukn] vt vi mówić (about ⟨of⟩ sb, sth o kimś, o czymś); rozmawiać; przemawiać; świadczyć, dowodzić; ~ for sb wstawić się ⟨przemawiać⟩ za kimś; ~ out głośno powiedzieć; otwarcie wypowiedzieć się; ~ up głośno powiedzieć; ~ one's mind powiedzieć, co się ma na myśli; nothing to ~ of nic ważnego ⟨szczególnego⟩, nic godnego wzmianki

speak·er [ˋspikə(r)] s mówiący, mówca; głośnik (radiowy); Speaker przewodniczący Izby Gmin ⟨am. Reprezentantów⟩

speak·ing [ˋspikɪŋ] p praes adj mówiący; wiele mówiący, pełen znaczenia; a ~ likeness uderzające podobieństwo; to be on ~ terms with sb znać się na tyle, aby z kimś rozmawiać

spear [spɪə(r)] s dzida, włócznia; harpun; vt przebić dzidą; złowić harpunem

spear·head [ˋspɪə hed] s ostrze włóczni; wojsk. czołówka

spe·cial [ˋspeʃl] adj specjalny; szczególny, osobliwy; nadzwyczajny

spe·cial·ist [ˋspeʃlɪst] s specjalista

spe·ci·al·i·ty [ˋspeʃɪˋælətɪ] s specjalność; szczególny wypadek·

spe·cial·ize [ˋspeʃlaɪz] vt vi specjalizować (się); przeznaczyć, przystosować

spe·cie [ˋspiʃɪ] s bilon, moneta

spe·cies [ˋspiʃɪz] s (pl ~) rodzaj; biol. gatunek; the origin of ~ pochodzenie gatunków

spe·cif·ic [spəˋsɪfɪk] adj swoisty; ściśle określony; charakterystyczny; gatunkowy

spec·i·fi·ca·tion [ˌspesɪfɪˈkeɪʃn] s specyfikacja, wyszczególnienie; dokładny opis

spec·i·fy [ˈspesɪfaɪ] vt specyfikować, wyszczególniać; dokładnie określać, precyzować

spec·i·men [ˈspesɪmən] s wzór, okaz; próbka; pot. dziwak

spe·cious [ˈspiʃəs] adj łudzący, pozornie prawdziwy, na pozór słuszny

speck 1. [spek] s plamka; kruszynka, odrobina; vt pstrzyć, pokrywać plamkami

speck 2. [spek] s am. słonina; tłuszcz (wielorybi)

speck·le [ˈspekl] s plamka; vt znaczyć plamkami, pstrzyć

spec·ta·cle [ˈspektəkl] s dosł. i przen. widowisko; niezwykły widok; pl ~s (także a pair of ~s) okulary

spec·ta·tor [spekˈteɪtə(r)] s widz

spec·tral [ˈspektrəl] adj widmowy; fiz. spektralny

spec·tre [ˈspektə(r)] s widmo, zjawa

spec·trum [ˈspektrəm] s (pl spectra [ˈspektrə]) s fiz. widmo

spec·u·late [ˈspekjuleɪt] vi spekulować (in sth czymś); rozważać (on, upon sth coś)

spec·u·la·tion [ˌspekjuˈleɪʃn] s rozważanie; spekulacja

spec·u·la·tive [ˈspekjulətɪv] adj teoretyczny; badawczy; spekulacyjny

spec·u·la·tor [ˈspekjuleɪtə(r)] s spekulant

sped zob. **speed**

speech [spitʃ] s mowa; przemówienie; to deliver ⟨to make⟩ a ~ wygłosić mowę

speech·less [ˈspitʃləs] adj milczący

*speed [spid], **sped, sped** [sped] vi spieszyć się, pospieszać; vt żegnać, życzyć powodzenia; ~ up przyspieszać; s pośpiech, szybkość

speed·y [ˈspidɪ] adj pospieszny, szybki

spell 1. [spel] s urok, czar

spell 2. [spel] s okres czasu; krótki okres; a cold ~ okres zimna; vt zastąpić ⟨zmienić⟩ (w pracy)

* **spell 3.** [spel], **spelt, spelt** [spelt] vt sylabizować, literować, podawać (pisownię) litera po literze; przen. znaczyć, oznaczać

spell·bound [ˈspelbaʊnd] adj oczarowany, urzeczony

spell·ing [ˈspelɪŋ] s pisownia; ortografia

spelt zob. **spell 3.**

* **spend** [spend], **spent, spent** [spent] vt wydawać (pieniądze), trwonić; wyczerpywać; spędzać (czas)

spend·thrift [ˈspendθrɪft] s rozrzutnik, marnotrawca

spent zob. **spend**

sphere [ˈsfɪə(r)] s (także astr.) kula; sfera, zakres

spherical [ˈsferɪkl] adj sferyczny, kulisty

spice [spaɪs] s zbior. korzenie; przyprawa; pikanteria; vt przyprawiać (korzeniami)

spick [spɪk] adj tylko w zwrocie: ~ and span nowiuteńki, czyściutki

spic·y [ˈspaɪsɪ] adj pieprzny; pikantny

spi·der [ˈspaɪdə(r)] s zool. pająk

spike [spaɪk] s długi gwóźdź, żelazny kolec; vt przymocować ⟨zabić⟩ gwoździami

spile [spaɪl] s szpunt, kołek

* **spill** [spɪl], **spilt, spilt** [spɪlt] vt vi rozlewać (się), rozsypywać (się), wysypywać (się)

* **spin** [spɪn], **spun, spun** [spʌn] vt vi prząść; kręcić (się), wiercić (się), wprawiać w ruch obrotowy, wirować; lotn. opadać korkociągiem; ~ along toczyć się; mknąć; ~ out rozciągać; spędzać (czas); s kręcenie się, ruch obrotowy; lotn. korkociąg

spin·ach [ˈspɪnɪdʒ] s szpinak

spi·nal [ˈspaɪnl] adj krzyżowy, pacierzowy; ~ column kręgosłup

spin·dle [`spɪndl] s wrzeciono
spine [spaɪn] s anat. kręgosłup;
grzbiet (np. książki)
spin·ner [`spɪnə(r)] s przędzarz,
prządka
spin·ster [`spɪnstə(r)] s stara panna
spin·y [`spaɪnɪ] adj kolczasty
spi·ral [`spaɪərl] adj spiralny; s spirala
spire [`spaɪə(r)] s wieża spiczasta,
iglica
spir·it [`spɪrɪt] s duch; charakter;
męstwo; zapał, energia; spirytus;
pl ~s nastrój; napoje alkoholowe; animal ~s zapał, radość życia; in high ⟨in low⟩ ~s w doskonałym ⟨w złym⟩ nastroju; vt
dodać otuchy
spir·it·ed [`spɪrɪtɪd] adj pełen polotu ⟨zapału⟩, ożywiony
spir·i·tu·al [`spɪrɪtʃuəl] adj duchowy; duchowny; s (także Negro
~) religijna pieśń murzyńska
spir·i·tu·al·ism [`spɪrɪtʃulɪzm] s spirytyzm; spirytualizm
spit 1. [spɪt] s rożen; geogr. cypel
*spit 2. [spɪt], spat, spat [spæt] vt
vi pluć; spat ~ it out! mów!, gadaj!; s plucie; plwocina
spite [spaɪt] s złość, gniew; in ~
of sth pomimo czegoś; na złość
⟨na przekór⟩ czemuś; vt gniewać,
drażnić, robić na złość
spite·ful [`spaɪtfl] adj złośliwy,
pełen złości
spit·fire [`spɪtfaɪə(r)] s człowiek
porywczy, raptus; lotn. typ my
śliwca
spit·tle [`spɪtl] s plwocina
spit·toon [spɪ`tun] s spluwaczka
spiv [spɪv] s pot. niebieski ptak,
spekulant (na czarnym rynku)
splash [splæʃ] vt vi bryzgać, pluskać (się), chlapać (się); s bryzganie, plusk; szum, sensacja; to
make a ~ wzbudzić sensację
spleen [splin] s anat. śledziona;
przen. zły humor, chandra; zgry
źliwość
splen·did [`splendɪd] adj wspania
ły, doskonały

splen·dour [`splendə(r)] s wspania
łość, splendor
splice [splaɪs] vt splatać, łączyć;
pot. kojarzyć (pary)
splint [splɪnt] s drzazga; łyko,
deszczułka; med. szyna
splin·ter [`splɪntə(r)] s drzazga,
odłamek; vt vi rozszczepić (się),
rozłupać (się)
• **split** [splɪt], split, split [splɪt]
vt vi rozszczepić (się), rozłupać
(się), rozerwać (się), rozbić (się),
przepołowić; ~ open rozewrzeć
(się); pęknać; s rozłam, rozbicie; pl ~s szpagat (w tańcu, gimnastyce akrobatycznej)
split·ter [`splʌtə(r)] s = sputter
* **spoil** [spɔɪl], spoilt, spoilt [spɔɪlt]
vt psuć, niszczyć, unicestwiać;
psuć ⟨rozpieszczać⟩ (dziecko itp.);
rabować; vi psuć się, niszczeć;
s (zw. pl ~s) łupy wojenne, trofea; zdobycz
spoil·age [`spɔɪlɪdʒ] s zbiór. odpadki; makulatura
spoilt zob. spoil
spoke 1. zob. speak
spoke 2. [spəuk] s szprycha; szczebel; drąg (do hamowania)
spo·ken zob. speak
spokes·man [`spəuksmən] s rzecznik
spo·li·ate [`spəulɪeɪt] vt rabować
sponge [spʌndʒ] s gąbka; pasożyt,
darmozjad; vt myć gąbką; wchłaniać; vi pasożytować (on sb na
kimś), wyłudzać (on sb for sth
coś od kogoś)
spon·sor [`spɒnsə(r)] s poręczyciel;
ojciec chrzestny, matka chrzestna; handl. opłacający reklamę
(np. radiową)
spon·ta·ne·ous [spɒn`teɪnɪəs] adj
spontaniczny, samorzutny; ~
combustion samozapalenie się
spool [spul] s szpulka; vt nawijać
spoon [spun] s łyżka; vt czerpać
łyżką
spoon·ful [`spunfl] s zawartość
łyżki, pełna łyżka (czegoś)
spo·rad·ic [spə`rædɪk] adj sporadyczny

sport [spɔt] s sport; żart; pot. porządny chłop; pl ~s zawody lekkoatletyczne; athletic ~s lekkoatletyka; in ⟨for⟩ ~ w żarcie, dla żartu; to make ~ żartować sobie, zabawiać się (of sb, sth kimś, czymś); vt wystawiać na pokaz, popisywać się (sth czymś); vi uprawiać sport; bawić się, żartować (with sb, sth z kogoś, czegoś)

sport·ive [ˈspɔtɪv] adj wesoły, zabawny; sportowy

sports·man [ˈspɔtsmən] s sportowiec

spot [spɔt] s miejsce; plama; kropka; krosta; handl. ~ cash zapłata gotówką; on the ~ na miejscu; od razu; attr natychmiastowy, na miejscu; vt nakrapiać, pstrzyć; plamić; rozpoznać, wykryć; plamić się

spot·less [ˈspɔtləs] adj nieskazitelny, nienaganny

spot·ted [ˈspɔtɪd] adj nakrapiany, pstry; poplamiony

spouse [spauz] s małżonek, małżonka

spout [spaut] vt vi trysnąć, wyrzucić z siebie; wypowiedzieć; s dziobek (np. imbryka); kurek; otwór wylotowy; strumień (np. wody)

sprain [spreɪn] vt zwichnąć; s zwichnięcie

sprang zob. spring

sprat [spræt] s zool. szprot, szprotka

sprawl [sprɔl] vi wyciągać się, rozwalać się, leżeć jak długi; rozprzestrzeniać się, rozrastać się; s rozwalanie się

spray 1. [spreɪ] s gałązka

spray 2. [spreɪ] s pył wodny; rozpylacz; vt vi rozpylać (się), opryskiwać

* spread [spred], spread, spread [spred] vt vi rozpościerać (się), rozprzestrzeniać (się); rozkładać (się), rozwijać (się); rozpowszechniać (się); powlekać; roz-

lewać (się); s rozprzestrzenienie, przestrzeń; rozłożenie; rozłożystość; rozpiętość; rozstęp; rozpowszechnienie; pot. uczta

spree [spri] s wesoła zabawa, hulanka; vi bawić się, hulać

sprig [sprɪg] s gałązka; latorośl; pot. młodzieniaszek

spright·ly [ˈspraɪtlɪ] adj żywy, wesoły

* spring [sprɪŋ], sprang [spræŋ], sprung [sprʌŋ] vi skakać, podskakiwać; tryskać, buchać; wyrastać; pochodzić; pękać, rozpadać się; vt spowodować pęknięcie, rozbić; płoszyć; zaskoczyć; wysadzić w powietrze; ~ up podskakiwać; wyrastać; wypływać; ukazywać się; s skok; wiosna; źródło; sprężyna; elastyczność; pęknięcie; pl ~s resory, resorowanie

spring-board [ˈsprɪŋ bɔd] s trampolina; przen. odskocznia

sprin·kle [ˈsprɪŋkl] vt vi pryskać, spryskiwać; s kropienie, spryskiwanie; szczypta; drobny deszcz

sprin·kling [ˈsprɪŋklɪŋ] s drobna ilość, szczypta

sprint [sprɪnt] s sport sprint; vi sprintować

sprint·er [ˈsprɪntə(r)] s sprinter

sprite [spraɪt] s chochlik

sprout [spraut] s kiełek, pęd; vi kiełkować, puszczać pędy

spruce 1. [sprus] adj schludny; elegancki

spruce 2. [sprus] s bot. świerk

sprung zob. spring

spry [spraɪ] adj żywy, żwawy

spun zob. spin

spur [spɜ(r)] s ostroga; odnoga (górska); przen. podnieta; vt spinać ostrogami; przen. popędzać, podniecać

spu·ri·ous [ˈspjuərɪəs] adj nieautentyczny, podrobiony

spurn [spɜn] vt odepchnąć, odtrącić; pogardliwie traktować; s odepchnięcie, odtrącenie; pogardliwe traktowanie

spurt [spɜt] *vt vi* tryskać; *s* wytrysk; zryw

sput·ter [ˈspʌtə(r)] *vi* bryzgać śliną (przy mówieniu); *vt* mówić bełkocąc

spy [spaɪ] *s* szpieg; *vi* szpiegować (on, upon sb kogoś); dokładnie badać (into sth coś); *vt* dostrzegać

spy·glass [ˈspaɪ glas] *s* luneta, mały teleskop

squab·ble [ˈskwobl] *s* sprzeczka; *vi* sprzeczać się

squad [skwod] *s wojsk.* oddział; grupa, brygada (robocza); **firing** ~ pluton egzekucyjny

squad·ron [ˈskwodrən] *s wojsk.* szwadron; *lotn. mors.* eskadra

squal·id [ˈskwolɪd] *adj* brudny; nędzny

squall 1. [skwɔl] *s mors.* szkwał

squall 2. [skwɔl] *s* wrzask; *vt vi* wrzeszczeć, wykrzykiwać

squal·or [ˈskwolə(r)] *s* brud; nędza

squan·der [ˈskwondə(r)] *vt* trwonić, marnować

squan·der·er [ˈskwondərə(r)] *s* marnotrawca

square [skweə(r)] *s* kwadrat; czworobok; (kwadratowy) plac, skwer; blok budynków; *mat.* druga potęga liczby; *adj* kwadratowy; czworokątny; szczery, uczciwy; załatwiony, uporządkowany; solidny; jasno postawiony; kompletny; ~ **deal** uczciwe postępowanie; *mat.* ~ **root** pierwiastek; *vt* nadać kształt kwadratu; wyrównać (rachunek); uzgodnić; dostosować; *mat.* podnieść do kwadratu; rozprostować (ramiona); *vi* pasować; zgadzać się; ~ **up** rozliczyć się; przybrać postawę bojową (to sb wobec kogoś); *adv* **pod** kątem prostym; rzetelnie, uczciwie; wprost, w sam środek

squash [skwoʃ] *vt vi* gnieść (się), wyciskać; *s* zgnieciona masa; **lemon** ~ napój z (wyciśniętej) cytryny

squat [skwot] *vi* kucać, przykucnąć; nielegalnie się osiedlić; *s* przysiad

squat·ter [ˈskwotə(r)] *s* nielegalny osadnik; dziki lokator

squaw [skwɔ] *s* Indianka (zw. zamężna)

squeak [skwik] *vi* piszczeć; *s* pisk

squeal [skwil] *vi* skomleć, kwiczeć; *s* skomlenie, kwiczenie

squeam·ish [ˈskwimɪʃ] *adj* drażliwy, wrażliwy; grymaśny

squeeze [skwiz] *vt vi* cisnąć (się), ściskać, pchać się; ~ **out** wycisnąć; ~ **through** przeciskać (się); ~ **up** ścisnąć; *s* ścisk; uścisk; odcisk

squib [skwɪb] *s* fajerwerk; *przen.* paszkwil, satyra polityczna

squint [skwɪnt] *s* zez; *adj* zezowaty; *vi* patrzeć zezem

squire [ˈskwaɪə(r)] *s* obywatel ziemski

squir·rel [ˈskwɪrl] *s zool.* wiewiórka

squirt [skwɜt] *vi* tryskać; *vt* strzykać; *s* wytrysk; strzykawka; sikawka; *pot.* zarozumialec

stab [stæb] *vt* pchnąć sztyletem, zasztyletować; *vi* (o bólu) rwać; *s* pchnięcie sztyletem; *pot.* próba

sta·bil·i·ty [stəˈbɪlətɪ] *s* stałość, trwałość

sta·bi·lize [ˈsteɪblaɪz] *vt* stabilizować

sta·ble 1. [ˈsteɪbl] *adj* stały, trwały

sta·ble 2. [ˈsteɪbl] *s* stajnia; stadnina

stack [stæk] *s* stóg, sterta; komin (okrętowy *lub* fabryczny)

sta·di·um [ˈsteɪdɪəm] *s* (*pl* **sta·di·a** [ˈsteɪdɪə]) *sport* stadion; stadium

staff [staf] *s* (*pl* **staves** [steɪvz] *lub* ~s [stafs]) kij, drąg, drzewce (flagi); *muz.* pięciolinia; (*pl* staffs) sztab, personel

stag [stæg] *s zool.* jeleń; *pot.* spekulant giełdowy; *am.* samotny mężczyzna

stage [steɪdʒ] s scena, estrada; rusztowanie; stadium, etap, o-kres; ~ **manager** reżyser; vt wystawiać na scenie

stage-coach [`steɪdʒ kəutʃ] s dyliżans

stag·ger [`stægə(r)] vi chwiać się; zataczać się; wahać się; vt oszołomić; s chwiejny chód; wahanie; pl ~s zawrót głowy

stag·nant [`stægnənt] adj stojący w miejscu; (będący) w zastoju, martwy

stag·na·tion [stæg`neɪʃn] s zastój

stag·y [`steɪdʒɪ] adj teatralny; afektowany

staid [steɪd] adj zrównoważony, stateczny

stain [steɪn] s plama; zabarwienie; vt plamić; zabarwiać; ~ed glass witraż

stain·less [`stemləs] adj nie splamiony; nienaganny; (o stali) nierdzewny

stair [steə(r)] s stopień (schodów); pl ~s schody

stair·case [`steəkeɪs] s klatka schodowa

stake [steɪk] s pal, słup; stawka, ryzyko; wkład, udział; stos całopalny; to be at ~ wchodzić w grę; life is at ~ tu chodzi o życie; vt wzmacniać palami; ryzykować; zakładać się (sth o coś); przywiązać do pala; wbić na pal

sta·lac·tite [`stæləktaɪt] s miner. stalaktyt

sta·lag·mite [`stæləgmaɪt] s miner. stalagmit

stale [steɪl] adj suchy; (o chlebie) czerstwy, nieświeży; pozbawiony smaku; zużyty; stary; vi zużyć się, zestarzeć się

stale·mate [`steɪlmeɪt] s pat (w szachach); przen. martwy punkt

stalk 1. [stɔk] s łodyga, szypułka, źdźbło

stalk 2. [stɔk] vi kroczyć (z dumą); przen. (o epidemii itp.) panować; vt podkradać się, podchodzić (the game do zwierzyny); s wyniosły chód

stall [stɔl] s stragan, buda, stoisko, kiosk; przegroda w stajni; pl ~s teatr miejsca na parterze

stal·lion [`stæliən] s zool. ogier

stal·wart [`stɔlwət] adj mocny, silny; wierny, lojalny

sta·men [`steɪmən] s bot. pręcik

stam·i·na [`stæmɪnə] s zbiór. siły życiowe, energia, wytrzymałość

stam·mer [`stæmə(r)] vi jąkać się; vt (także ~ out) wyjąkać; s jąkanie się

stam·mer·er [`stæmərə(r)] s jąkała

stamp [stæmp] vt vi stemplować, pieczętować; nalepić znaczek pocztowy; przen. wbić (w pamięć); deptać, tupać; ~ out zgnieść, zmiażdżyć; przen. zniszczyć; s stempel, pieczęć; znaczek pocztowy; tupanie, deptanie, tętent; przen. piętno, cecha

stamp-album [`stæmp ælbəm] s album na znaczki pocztowe, klaser

stamp-col·lec·tor [`stæmp kəlektə(r)] s filatelista

stam·pede [stæm`pid] s paniczna ucieczka, popłoch; vi pędzić w popłochu; vt siać popłoch

stanch 1. [stantʃ], **staunch** [stɔntʃ] vt tamować, zatrzymywać (krew)

stanch 2. [stantʃ] adj = **staunch** 2.

stan·chion [`stanʃən] s podpora; vt podpierać

* **stand** [stænd], **stood**, **stood** [stud] vi stać; stawiać się; pozostawać; znajdować się (w pewnej sytuacji); vt stawiać; wytrzymywać, znosić; podtrzymywać; to ~ to sth trzymać się czegoś, dotrzymywać; trwać przy czymś; it ~s to reason to się rozumie samo przez się, to jest oczywiste; to ~ firm trzymać się, nie odstępować (od swego zdania); to ~ good być w mocy, obowiązywać; to ~ prepared być gotowym; to ~ for sth popierać coś; zastępować coś; wytrzymać w obronie czegoś; to ~ for Parliament kandydować do parlamen-

tu; ~ on sth nalegać na coś, polegać na czymś; ~ **back** cofać się, być cofniętym; ~ **forth** ⟨**forward**⟩ występować, wystawać; to ~ **out** wystawać, występować; opierać się (**against** sth czemuś); kontrastować (**against** sth **z** czymś); odznaczać się, wyróżniać się; ~ **over** ulec zwłoce, zalegać; ~ **up** powstać, podnieść się; opierać się, stawiać czoło (**to** sb, sth komuś, czemuś); *s* miejsce, stanowisko; stoisko; podstawa, podstawka; stojak; pulpit (do nut); trybuna; zastój, przerwa; postój; okres pobytu; opór; **to bring to a** ~ zatrzymać, unieruchomić; **to come to a** ~ zatrzymać się; **to make a** ~ zatrzymać się; stawiać opór (**against** sb, sth komuś, czemuś); stanąć w obronie (**for** sth czegoś); **to take a** ~ zająć stanowisko

stand·ard [ˈstændəd] *s* sztandar, flaga; norma, przeciętna miara; poziom; gatunek; wzór; standard; stopa (życiowa); ~ **time** urzędowy czas miejscowy; **up to (the)** ~ zgodnie z wzorem; **na odpowiednim poziomie**

stand·ard·ize [ˈstændədaɪz] *vt* normalizować, ujednolicać

stand·ing [ˈstændɪŋ] *s* stanie; miejsce; stanowisko; trwanie; *adj* stojący; trwający; obowiązujący; ~ **corn** zboże na pniu; ~ **orders** regulamin

stand·point [ˈstænd pɔɪnt] *s* punkt widzenia, stanowisko

stand·still [ˈstænd stɪl] *s* zastój; martwy punkt

stand-up [ˈstænd ʌp] *attr* stojący, na stojąco

stank zob. **stink**

stan·za [ˈstænzə] *s* zwrotka

sta·ple 1. [ˈsteɪpl] *s* skład towarów; magazyn; podstawowy towar; główny temat; *attr* główny

sta·ple 2. [ˈsteɪpl] *s* hak; klamra; *vt* spinać klamrą

star [stɑ(r)] *s* gwiazda; **shooting** ~

gwiazda spadająca; **the Stars and Stripes** flaga St. Zjednoczonych; *vt* zdobić gwiazdami; *vi teatr* występować w głównej roli

star·board [ˈstɑbəd] *s mors.* sterbort, prawa burta

starch [stɑtʃ] *s* krochmal; *vt* krochmalić

stare [steə(r)] *vt vi* uporczywie patrzeć, wytrzeszczać oczy (**at** sb, sth na kogoś, coś); *s* uporczywy wzrok

stark [stɑk] *adj* całkowity; istny; *poet.* sztywny; *adv* całkowicie

star·light [ˈstɑlaɪt] *s* światło gwiazd

star·ling [ˈstɑlɪŋ] *s zool.* szpak

star·ry [ˈstɑrɪ] *adj* gwiaździsty

star-span·gled [ˈstɑ spæŋgld] *adj* usiany gwiazdami; **the** ~ **banner** gwiaździsta flaga USA

start [stɑt] *vi* wyruszyć, wystartować; wybierać się (**on** a journey w drogę); wzdrygać się; zrywać się; płoszyć się; skoczyć, podskoczyć; zacząć; podjąć się (**on** sth czegoś); *vt* wprowadzić w ruch; poruszyć; ustanowić; rozpocząć; przerazić; spłoszyć; założyć (np. przedsiębiorstwo); spowodować, wywołać (np. pożar); ~ **back** nagle cofnąć się; wyruszyć w drogę powrotną; ~ **off** wyruszyć, odjechać; zacząć się (**with** sth od czegoś); ~ **out** wystąpić, ukazać się; odjechać; ~ **up** podskoczyć, zerwać się; wszcząć; **to** ~ **with** na początek; po pierwsze; *s* start; podskok; odjazd; wstrząs; początek; pierwszeństwo; zryw; **at the** ~ na początku; **to get the** ~ wyprzedzać (**of** sb kogoś); **to make a new** ⟨**fresh**⟩ ~ rozpocząć na nowo

star·tle [ˈstɑtl] *vt vi* przerazić (się); zaskoczyć; wstrząsnąć

star·va·tion [stɑˈveɪʃn] *s* głodowanie, głód

starve [stɑv] *vi* głodować, umierać

z głodu; *vt* głodzić; tęsknić, przepadać (for sth za czymś)

starve·ling [`stɑːvlɪŋ] *s* głodomór

state [steɪt] *s* stan; stanowisko;
położenie; państwo; uroczystość,
pompa; in ~ uroczyście, ceremo-
nialnie; z całym ceremoniałem;
**the United States Stany Zjedno-
czone**; *am.* **Secretary of State**
minister spraw zagranicznych; *vt*
stwierdzać; oświadczać; przedstawiać (np. sprawę); *attr* państwowy; stanowy; urzędowy; paradny; *am.* **State Department**
ministerstwo spraw zagranicznych

state·craft [`steɪtkrɑːft] *s* umiejęt-
ność rządzenia państwem

state·ly [`steɪtlɪ] *adj* okazały, wspa-
niały; wzniosły, pełen godności

state·ment [`steɪtmənt] *s* stwier-
dzenie; oświadczenie; zeznanie

states·man [`steɪtsmən] *s* mąż sta-
nu

states·man·ship [`steɪtsmənʃɪp] *s* u-
miejętność kierowania sprawami
państwa, działalność męża stanu

stat·ic [`stætɪk] *adj* statyczny

stat·ics [`stætɪks] *s* statyka

sta·tion [`steɪʃn] *s* stacja; miejsce;
położenie; posterunek; stan; u-
rząd; *vt* umieścić, osadzić; rozlokować

sta·tion·ar·y [`steɪʃnrɪ] *adj* stacjo-
narny, nieruchomy; niezmienny;
stały

sta·tion·er [`steɪʃnə(r)] *s* właści-
ciel sklepu z artykułami piśmien-
nymi

sta·tion·er·y [`steɪʃnrɪ] *s* zbior. ar-
tykuły piśmienne; papier listo-
wy

sta·tion·mas·ter [`steɪʃn mɑːstə(r)]
s zawiadowca stacji

sta·tis·tic [stə`tɪstɪk], **sta·tis·ti·cal**
[stə`tɪstɪkl] *adj* statystyczny

stat·is·ti·cian [ˌstætɪ`stɪʃn] *s* staty-
styk

sta·tis·tics [stə`tɪstɪks] *s* statysty-
ka

stat·u·ar·y [`stætʃuərɪ] *adj* rzeź-

biarski; *s* rzeźbiarstwo posągo-
we; rzeźba, zbiór rzeźb; rzeźbiarz

stat·ue [`stætʃuː] *s* statua

stat·ure [`stætʃə(r)] *s* postawa,
wzrost

sta·tus [`steɪtəs] *s* stan (prawny
itp.); położenie; stanowisko

stat·ute [`stætʃuːt] *s* ustawa; sta-
tut; ~ **law** ustawy parlamentarne

staunch 1. *zob.* **stanch 1.**

staunch 2. [stɔːntʃ] *adj* mocny, niewzruszony; lojalny, pewny, wier-
ny

stave 1. [steɪv] *s* kij; klepka; *muz.*
takt; zwrotka

****stave 2.** [steɪv], ~d, ~d [steɪvd]
lub stove, stove [stəʊv] *vt (także*
~ in) wgniatać; robić dziurę; ~
off zapobiegać (np. niebezpieczeństwu)

staves *zob.* **staff**

stay [steɪ] *vi* zatrzymać się, przebywać, pozostawać, mieszkać;
wstrzymywać się; *vt* zatrzymywać, powstrzymywać, hamować;
podpierać; wytrzymywać; **to** ~
with sb gościć u kogoś; ~**ing
power** wytrzymałość; ~ **away**
trzymać się z dala, nie zjawiać
się; ~ **in** pozostawać w domu;
~ **out** pozostawać poza domem;
~ **up** nie siadać, nie kłaść się
spać; *s* przebywanie, pobyt; postój; zwłoka; zastój; hamowanie;
podpora, podpórka; *pl* ~**s** gorset

stay-at-home [`steɪ ət həʊm] *s* do-
mator

stay-in [`steɪ ɪn] *attr* ~ **strike**
strajk okupacyjny

stead [sted] *s lit.* miejsce; korzyść;
in my ~ na moim miejscu; to
stand in good ~ wyjść na korzyść

stead·fast [`stedfɑst] *adj* trwały,
solidny, niezachwiany

stead·y [`stedɪ] *adj* mocny, silny;
niezachwiany, stały; zrównowa-

żony; spokojny; *vt* utwierdzić, wzmocnić; uspokoić; doprowadzić do równowagi; *vi* okrzepnąć; ustalić się; dojść do równowagi; *adv* spokojnie; *pot.* (o *chłopcu, dziewczynie*) to go ~ chodzić ze sobą

steak [sterk] *s* kawałek mięsa; stek

* **steal** [stil], **stole** [stəul], **stolen** [ˈstəuln] *vt* kraść; *vi* skradać się; ~ **away** wymknąć się; ~ **in** wkraść się; ~ **out** wyśliznąć się

stealth [stelθ] *s w zwrocie:* in ⟨by⟩ ~ ukradkiem

stealth·y [ˈstelθɪ] *adj* tajemny, skryty

steam [stim] *s* para (wodna); *vt* parować, gotować na parze; *vi* wytwarzać parę; (o *pociągu, parowcu*) jechać

steam·boat [ˈstimbəut] *s* parowiec

steam-boil·er [ˈstim bɔɪlə(r)] *s* kocioł parowy

steam·er [ˈstimə(r)] *s* parowiec; maszyna parowa

steam-pow·er [ˈstim pauə(r)] *s* siła parowa

steam·ship [ˈstimʃɪp] *s* = **steamboat**

steed [stid] *s lit.* rumak

steel [stil] *s* stal; *vt* hartować

steel·on [ˈstilon] *s* stylon

steel·works [ˈstil wɜks] *s* stalownia

steep 1. [stip] *adj* stromy; *pot.* (o *wymaganiach*) wygórowany

steep 2. [stip] *vt* zanurzyć, zamoczyć, zmiękczyć

stee·ple [ˈstipl] *s* iglica; wieża strzelista

stee·ple·chase [ˈstipl tʃeɪs] *s sport* wyścigi konne z przeszkodami

steer [ˈstɪə(r)] *vt vi* sterować; dążyć (**for** sth w stronę czegoś); to ~ **clear** unikać (**of** sth czegoś)

steer·age [ˈstɪərɪdʒ] *s* sterowanie; przedział najtańszej klasy na statku

steer·ing-wheel [ˈstɪərɪŋ wil] *s* koło sterowe; kierownica

steers·man [ˈstɪəzmən] *s* sternik

stem 1. [stem] *s* trzon; pień, łodyga; *gram.* temat

stem 2. [stem] *vt* tamować, wstrzymywać; wybudować tamę (**a river** na rzece)

stench [stentʃ] *s* smród

sten·cil [ˈstensl] *s* szablon, patron, matryca; *vt* malować szablonem; matrycować

ste·nog·ra·pher [stəˈnogrəfə(r)] *s* stenograf

sten·o·graph·ic [ˈstenəˈɡræfɪk] *adj* stenograficzny

step [step] *s* krok; stopień; próg; **flight of** ~s kondygnacja schodów; ~ **by** ~ krok za krokiem; stopniowo; **to keep** ~ dotrzymywać kroku (**with** sb komuś); **to take** ~s przedsięwziąć kroki; *vi* kroczyć; deptać; ~ **back** cofnąć się; ~ **down** schodzić na dół; ~ **forth** ⟨**forward**⟩ wystąpić; ~ **in** wkroczyć

step·daugh·ter [ˈstep dɔtə(r)] *s* pasierbica

step·fa·ther [ˈstep faðə(r)] *s* ojczym

step·moth·er [ˈstep mʌðə(r)] *s* macocha

step·ping-stone [ˈstepɪŋ stəun] *s przen.* środek wiodący do celu, odskocznia

step·son [ˈstep sʌn] *s* pasierb

ster·e·o·metry [ˈstɪərɪˈomɪtrɪ] *s* stereometria

ster·e·o·phon·ic [ˈstɪərɪəˈfonɪk] *adj* stereofoniczny

ster·ile [ˈsteraɪl] *adj* bezpłodny

ster·i·lize [ˈsterɪlaɪz] *vt* sterylizować

ster·ling [ˈstɜlɪŋ] *s* (funt) szterling; *adj przen.* prawdziwy; solidny; nieskazitelny

stern 1. [stɜn] *adj* surowy, groźny

stern 2. [stɜn] *s mors.* rufa; tył

stew [stju] *vt* dusić (potrawę); *vi* dusić się; *s* duszona potrawa mięsna, gulasz

stew·ard [ˈstjuəd] *s* zarządca, gospodarz; steward

stew·ard·ess [ˈstjuəˈdes] *s* stewardesa

* **stick** [stɪk], **stuck, stuck** [stʌk] *vt* wetknąć, wepchnąć; przebić; przymocować; przykleić; *vi* tkwić; przyczepić się (**to sth** czegoś); trzymać się; trwać (**to sth** przy czymś); ~ **around** *pot.* kręcić się w pobliżu; ~ **out** wysunąć; wystawać; ~ **up** podnieść do góry; sterczeć; *s* laska, pałka, kij; baton; mydło do golenia; *pot.* nudziarz, człowiek nadęty ⟨napuszony⟩

stick·y [ˈstɪkɪ] *adj* lepki, kleisty

stiff [stɪf] *adj* sztywny; uparty; (*o egzaminie*) trudny; silny, mocny (wiatr, trunek itd.); *s pot.* trup

stiff·en [ˈstɪfn] *vt* usztywnić; utwierdzić w uporze; utrudnić (np. egzamin); *vi* zesztywnieć; uprzeć się

sti·fle [ˈstaɪfl] *vt vi* dusić (się); dławić (się), tłumić

stig·ma [ˈstɪgmə] (*pl* **stigmata** [stɪgˈmatə]) *s* piętno, stygmat

stig·ma·tize [ˈstɪgmətaɪz] *vt* piętnować

still 1. [stɪl] *adj* cichy, spokojny; ~ **life** martwa natura; *s* cisza, spokój; fotografia; *vt vi* uciszyć (się), uspokoić (się); *adv* ciągle, jeszcze, stale, nadal; mimo wszystko, przecież

still 2. [stɪl] *vt* destylować; *s* aparat destylacyjny

still-born [ˈstɪl bɔn] *adj* martwo urodzony

stilt [stɪlt] *s* szczudło

stilt·ed [ˈstɪltɪd] *adj* nienaturalny, afektowany

stim·u·lant [ˈstɪmjulənt] *adj* podniecający; *s* środek podniecający; bodziec

stim·u·late [ˈstɪmjuleɪt] *vt* podniecać; zachęcać, pobudzać

* **sting** [stɪŋ], **stung, stung** [stʌŋ] *vt* użądlić, kłuć; sparzyć (pokrzywą); podniecać; przypiekać; *vi* piec, boleć

stin·gi·ness [ˈstɪndʒɪnəs] *s* sknerstwo

stin·gy [ˈstɪndʒɪ] *adj* skąpy

* **stink** [stɪŋk], **stunk, stunk** [stʌŋk] *vi* śmierdzieć (**of** sth czymś); *s* smród

stint [stɪnt] *vt* ograniczyć; skąpić (**sb of** sth komuś czegoś); *s* ograniczenie; wyznaczona ilość pracy, norma

sti·pend [ˈstaɪpend] *s* pensja (zw. duchownego)

stip·u·late [ˈstɪpjuleɪt] *vt vi* żądać; ustalać warunki, zastrzegać sobie (**for** sth coś)

stip·u·la·tion [ˌstɪpjuˈleɪʃn] *s* uzgodnienie warunków, warunek (układu), zastrzeżenie

stir [stɜ(r)] *vt vi* ruszać (się); wzruszać (się); wprawiać w ruch; podniecać; pomieszać; krzątać się; *s* poruszenie; podniecenie; krzątanina

stir·rup [ˈstɪrəp] *s* strzemię

stitch [stɪtʃ] *s* ścieg; oczko (np. w pończosze); kłucie (w boku); *vt vi* robić ścieg; szyć

stock [stɒk] *s* trzon, pień; ród; zapas, zasób; inwentarz; (*także* live ~) żywy inwentarz; majątek; *handl.* kapitał zakładowy, akcja, obligacja; *teatr* repertuar; rolling ~ tabor kolejowy; ~ **exchange** giełda; teatr ~ **piece** sztuka repertuarowa; ~ **tale** ciągle powtarzana historyjka; **to take** ~ robić inwentarz ⟨remanent⟩ (**of** sth czegoś); **in** ~ w zapasie; **out of** ~ wyprzedany; *vt* robić zapas, zaopatrzyć; trzymać na składzie; osadzać (narzędzie itp.); *handl.* prowadzić sprzedaż

stock·ade [stɒˈkeɪd] *s* palisada; *vt* otoczyć palisadą

stock-bro·ker [ˈstɒkbrəukə(r)] *s* makler giełdowy

stock-ex·change [ˈstɒk ɪkstʃeɪndʒ] *s* giełda

stock·ing [ˈstɒkɪŋ] *s* pończocha

stock-in-trade [ˈstɒk ɪn ˈtreɪd] *s* zapas towarów w sklepie

stock-tak·ing [ˈstɒk teɪkɪŋ] *s* inwentaryzacja, remanent

stock·y [ˈstɒkɪ] *adj* krępy

stock·yard [ˈstɒkjɑd] *s* zagroda dla bydła (na targu, w rzeźni)

sto·ic [ˈstəʊɪk] *s* stoik

sto·i·cal [ˈstəʊɪkl] *adj* stoicki

stoke [stəʊk] *vt* palić (w lokomotywie, piecu hutniczym)

stoke·hold [ˈstəʊk həʊld] *s mors.* kotłownia (na statku)

stole 1. [stəʊl] *s rel.* stuła

stole 2. *zob.* steal

sto·len *zob.* steal

stol·id [ˈstɒlɪd] *adj* obojętny; flegmatyczny; bierny

stom·ach [ˈstʌmək] *s anat.* żołądek, *pot.* brzuch; chętka; *vt* jeść z apetytem; znosić, ścierpieć

stom·ach·ache [ˈstʌmək eɪk] *s* ból brzucha

stone [stəʊn] *s* kamień; ziarnko (owocu), pestka; *bryt.* miara ciężaru; *vt* ukamienować; drylować (owoce)

stone·ma·son [ˈstəʊnmeɪsn] *s* kamieniarz

stone·ware [ˈstəʊnweə(r)] *s zbior.* naczynia ⟨wyroby⟩ kamionkowe

ston·y [ˈstəʊnɪ] *adj* kamienisty; kamienny

stood *zob.* stand

stool [stuːl] *s* stołek; *med.* stolec

stoop [stuːp] *vt vi* schylić (się), zgiąć (się); poniżyć (się); raczyć; być przygarbionym; *s* pochylenie; przygarbienie

stop [stɒp] *vt* zatkać, zatrzymać, zahamować; zaprzestać, skończyć; napełnić, zaplombować; powstrzymać; *vi* zatrzymać się, stanąć; przestać, skończyć (się), ustać; ~ **short** urwać, nagle przerwać; *s* zatrzymanie (się); postój; przystanek; przerwa; koniec; zatyczka; *gram.* głoska zwarta; *gram.* **full** ~ kropka; **to come to a** ~ stanąć; ustać; **to put a** ~ położyć kres

stop·light [ˈstɒp laɪt] *s* światło stopowe; sygnał zatrzymania

stop·page [ˈstɒpɪdʒ] *s* zatrzymanie; wstrzymanie (np. pracy); zawie-

szenie (np. terminu płatności); zastój

stop·per [ˈstɒpə(r)] *s* szpunt, korek

stop·press [ˈstɒp ˈpres] *attr* ~ **news** wiadomości (z ostatniej chwili)

stor·age [ˈstɔːrɪdʒ] *s* magazynowanie, gromadzenie, zapas; **cold** ~ przechowywanie w chłodni; chłodnia

store [stɔː(r)] *s* zapas; skład; magazyn; *am.* sklep; *pl* ~**s** dom towarowy; **to set** ~ przykładać wagę, przywiązywać znaczenie (**by sth** do czegoś); *vt* zaopatrywać, ekwipować; (*także* ~ **up**) magazynować, przechowywać, gromadzić (np. zapasy)

store·house [ˈstɔː haʊs] *s* magazyn

store·keep·er [ˈstɔː kiːpə(r)] *s* magazynier; *am.* kupiec

sto·rey, sto·ry [ˈstɔːrɪ] *s* piętro

stork [stɔːk] *s* bocian

storm [stɔːm] *s* burza; *mors.* sztorm; szturm; *vi* krzyczeć, złościć się; **it** ~**s** burza szaleje; *vt* szturmować

storm·y [ˈstɔːmɪ] *adj* burzliwy, gwałtowny; zapowiadający burzę

sto·ry 1. [ˈstɔːrɪ] *s* historia; opowiadanie, opowieść; fabuła; **short** ~ nowela; **the** ~ **goes that ...** mówią, że ...; podobno ...

sto·ry 2. *zob.* storey

stout [staʊt] *adj* mocny, mocno zbudowany; tęgi; otyły; solidny; stanowczy; *s* mocny porter

stove [stəʊv] *s* piec

stow [stəʊ] *vt* umieścić; zapakować; (*także* ~ **away**) schować, usunąć; *vi* ukryć się; jechać bez biletu (*zw.* na statku)

stow·age [ˈstəʊɪdʒ] *s mors.* pakownia; pakowanie; ładunek ułożony; opłaty za ładunek

stow·a·way [ˈstəʊ əweɪ] *s* pasażer na gapę (na statku)

strad·dle [ˈstrædl] *vt vi* stać z rozkraczonymi nogami; siedzieć okrakiem

strag·gle [ˈstrægl] *vi* rozejść się;

rozproszyć się, być rozproszonym ⟨rozciągniętym⟩

strag·gler [ˈstræglə(r)] s włóczęga, maruder

straight [streɪt] *adj* prosty, sztywny; prostolinijny; uporządkowany; pewny; rzetelny; **to put ~** uporządkować, poprawić, wyrównać; *adv* prosto; **~ away** natychmiast; **z miejsca; ~ out** wprost, bez wahania

straight·en [ˈstreɪtn] *vt vi* wyprostować (się); uporządkować; wyrównać

straight·for·ward [streɪtˈfɔwəd] *adj* prosty; prostolinijny, szczery

strain 1. [streɪn] *vt* napinać, wytężać, forsować; przesadzać; przekraczać; cedzić, filtrować; *vi* wysilać się, wytężać się; usilnie dążyć (**after** sth **do** czegoś); *s* napięcie, natężenie; wysiłek; (*zw. pl* ~s) *poet.* melodia, ton

strain 2. [streɪn] *s* ród, rasa, pochodzenie

strait [streɪt] *adj †* wąski, ciasny; **~ jacket** kaftan bezpieczeństwa; *s* (*zw. pl* ~s) cieśnina; ciężkie położenie, kłopoty

strand 1. [strænd] *s* brzeg, nabrzeże; *vt* osadzić na brzegu ⟨na mieliźnie⟩; osiąść na brzegu ⟨na mieliźnie⟩

strand 2. [strænd] *s* skręcona nitka (przędzy, sznura); splot (włosów), warkocz

strange [streɪndʒ] *adj* dziwny, niezwykły; obcy; **to feel ~** czuć się nieswojo ⟨obco⟩; **~ to say** ... dziwne, że ...

strang·er [ˈstreɪndʒə(r)] *s* obcy człowiek; nieznajomy, przybysz; człowiek nie obeznany (**to** sth **z** czymś)

stran·gle [ˈstræŋgl] *vt* dusić, dławić

stran·gu·late [ˈstræŋgjuleɪt] *vt* dusić; *med.* podwiązywać (np. żyłę)

strap [stræp] *s* rzemień; uchwyt (*np.* w tramwaju); *vt* opasać rze-

mieniem, przewiązać; sprawić lanie

stra·ta *zob.* **stratum**

strat·a·gem [ˈstrætədʒəm] *s* podstępny plan, fortel

stra·te·gic [strəˈtidʒɪk] *adj* strategiczny

strat·e·gy [ˈstrætɪdʒɪ] *s* strategia

strato·sphere [ˈstrætəsfɪə(r)] *s* stratosfera

stra·tum [ˈstratəm] *s* (*pl* strata [ˈstratə]) *geol.* warstwa; *przen.* grupa ⟨warstwa⟩ społeczna

straw [strɔ] *s* słoma; *i przen.* **I don't care a ~** nic mnie to nie obchodzi, nie dbam o to; **it isn't worth a ~** to nie ma żadnej wartości

straw·ber·ry [ˈstrɔbrɪ] *s* truskawka; (*także* **wild ~**) poziomka

stray [streɪ] *vi* błąkać się, błądzić; odłączyć się (**od** grupy); zejść z właściwej drogi; *adj attr* zabłąkany; przypadkowy; **s przybłęda;** *pl* ~s zakłócenia atmosferyczne

streak [strɪk] *s* pasmo; smuga; rys; **like a ~ of lightning** błyskawicznie, z szybkością błyskawicy

stream [strim] *s* strumień; prąd; **a ~ of people** masa ludzi; tłum; **to go with the ~** iść z prądem ⟨duchem⟩ czasu; *lit.* **~ of consciousness** strumień świadomości; **down ~** z prądem; **up ~** pod prąd; *vi* uciec, płynąć, spływać

stream·let [ˈstrimlət] *s* strumyk

stream·line [ˈstrim laɪn] *s* linia opływowa

street [strit] *s* ulica; **the man in the ~** szary ⟨przeciętny⟩ człowiek

street-car [ˈstrit kɑ(r)] *s am.* tramwaj

street-walk·er [ˈstrit wɔkə(r)] *s* ulicznica, prostytutka

strength [streŋθ] *s* siła, moc

strength·en [ˈstreŋθn] *vt vi* wzmocnić (się)

stren·u·ous [ˈstrenjuəs] *adj* gorliwy; usilny; wymagający wysiłku

stress [stres] s nacisk, przycisk; presja, ciśnienie; *gram.* akcent; *vt* naciskać; podkreślać; *gram.* akcentować

stretch [stretʃ] *vt vi* wyciągać (się), rozciągać (się), naciągać (się); s rozpostarcie; napięcie; rozpiętość; elastyczność; przeciąg czasu; jednolita przestrzeń; **at a ~** jednym ciągiem

stretch·er [ˈstretʃə(r)] s nosze; rama do napinania

*****strew** [struː], **strewed** [struːd], **strewn** [struːn] *vt* sypać, rozsypywać

strick·en [ˈstrɪkən] *adj* trafiony, dotknięty; **~ in years** w podeszłym wieku

strict [strɪkt] *adj* ścisły, dokładny

stric·ture [ˈstrɪktʃə(r)] s *med.* zwężenie, skurcz; *(zw. pl* **~s)** ostra krytyka

*****stride** [ˈstraɪd], **strode** [strəud], **strid·den** [ˈstrɪdn] *vt vi* kroczyć; przekroczyć; siedzieć okrakiem **(sth na czymś)**; s krok; rozkrok; **to take sth in one's ~** zrobić coś bez wysiłku

stri·dent [ˈstraɪdnt] *adj (o dźwięku)* zgrzytający, piskliwy

strife [straɪf] s walka, spór

*****strike** [straɪk], **struck**, **struck** [strʌk] *vt vi* uderzyć, ugodzić; strajkować; *(o zegarze)* bić; krzesać *(ogień);* zapalać (zapałkę); zadać (cios); wybijać (np. monetę); kończyć, zamykać (np. bilans); natknąć się **(sth na coś)**; skreślić (np. **off a list** z listy); **to ~ a bargain** ubić interes; **to ~ blind** oślepić; **to ~ dead** uśmiercić; **to ~ root** zapuścić korzenie; **to ~ the tent** zwinąć namiot; **~ down** powalić; zbić; **~ off** odciąć; odejść; potrącić (np. procent); skreślić; **~ out** wykreślić; szybko ruszyć *(rzucić się)* **(for sth** ku czemuś); **~ up** zawrzeć (znajomość); zacząć grać *(śpiewać);* s strajk; trafienie; **to be on ~** strajkować

strike-break·er [ˈstraɪk breɪkə(r)] s łamistrajk

strik·er [ˈstraɪkə(r)] s strajkujący

*****string** [strɪŋ], **strung**, **strung** [strʌŋ] *vt* naciągać, napinać; nawlekać; zaopatrzyć w struny; wiązać sznurem; *vt* napinać się; *(np. o kleju)* ciągnąć się; **~ up** powiesić (człowieka); napinać; s sznur, szpagat; struna; cięciwa; *muz.* **~ instruments** instrumenty smyczkowe

stringed [strɪŋd] *adj* zaopatrzony w struny; smyczkowy

strin·gent [ˈstrɪndʒənt] *adj* ścisły; surowy; ograniczony (np. brakiem pieniędzy); ciasny (rynek)

strip 1. [strɪp] s pasek, skrawek

strip 2. [strɪp] *vt* zdejmować, zrywać; obdzierać **(sb of sth** kogoś z czegoś); obnażać; *vi* rozebrać się, obnażyć się

stripe [straɪp] s pasek, kreska, smuga

striped [straɪpt] *adj* pasiasty, w pasy, prążkowany

strip·ling [ˈstrɪplɪŋ] s wyrostek, młokos

strip-tease [ˈstrɪp ˈtiz] s strip-tease

*****strive** [straɪv], **strove** [strəuv], **striv·en** [ˈstrɪvn] *vt* dążyć **(for ⟨after⟩ sth** do czegoś); walczyć, zmagać się **(with ⟨against⟩ sb, sth** z kimś, czymś)

strode *zob.* **stride**

stroke 1. [strəuk] *vt* głaskać, gładzić; s głaskanie

stroke 2. [strəuk] s uderzenie, cios; pociągnięcie; kreska; nagły pomysł, przebłysk; atak (choroby); *sport* styl (pływania); ruch (ramion, wiosła itp.)

stroll [strəul] *vi* wędrować, przechadzać się; s przechadzka

strong [strɔŋ] *adj* silny, mocny, energiczny; **~ drink** napój alkoholowy; **~ language** przekleństwa

strong-box [ˈstrɔŋ bɔks] s sejf

strong-hold [ˈstrɔŋ həuld] s forteca

strop [strop] s pasek do ostrzenia brzytwy; *vt* ostrzyć na pasku

strove *zob.* strive

struck *zob.* strike

struc·tur·al [`strʌktʃərl] *adj* strukturalny; budowlany

struc·ture [`strʌktʃə(r)] s struktura; budowa

strug·gle [`strʌgl] s walka; *vi* walczyć; zmagać się, usiłować; ~ in z wysiłkiem wtargnąć do wnętrza; ~ through z wysiłkiem przedostać się

strum [strʌm] *vt* *vi* rzępolić, brząkać

strum·pet [`strʌmpɪt] s ulicznica

strung *zob.* string; *adj* ~ up znajdujący się w napięciu nerwowym

strut [strʌt] *vi* dumnie kroczyć, chodzić z nadętą miną

stub [stʌb] s pień; niedopałek (papierosa); pieniek (zęba); kikut; odcinek (czeku, biletu); *vt* (także ~ out ⟨up⟩) trzebić, karczować; trącić (against sth o coś)

stub·ble [`stʌbl] s ściernisko; szczecina; broda nie golona

stub·born [`stʌbən] *adj* uparty

stuc·co [`stʌkəu] s sztukateria

stuck *zob.* stick

stud 1. [stʌd] s stadnina

stud 2. [stʌd] s gwóźdź z płaską główką, ćwiek; mały krążek; spinka; *vt* nabić gwoździami

stu·dent [`stjudnt] s student; człowiek studiujący; uczony

stud·ied [`stʌdɪd] *adj* oczytany; przemyślany; wyrafinowany; udawany

stu·dio [`stjudɪəu] s atelier, studio

stu·di·ous [`stjudɪəs] *adj* pilny, pracowity, oddany studiom; przemyślany

stud·y [`stʌdɪ] s studium; badanie; dążenie, staranie; pracownia, gabinet; *vt* studiować, badać; *vi* odbywać studia; przygotowywać się (for an exam do egzaminu); starać się

stuff [stʌf] s materiał, tworzywo, tkanina; istota, rzecz; *pl* food ~s artykuły żywnościowe; green ~s warzywa; *vt* napychać, wypychać; nabijać; faszerować

stuff·ing [`stʌfɪŋ] s nabicie; wypchanie; nadzienie, farsz

stuff·y [`stʌfɪ] *adj* duszny; nudny; *am. pot.* zły, skwaszony

stul·ti·fy [`stʌltɪfaɪ] *vt* udaremnić; ośmieszyć

stum·ble [`stʌmbl] *vi* potykać się; *przen.* robić błędy; jąkać się; natknąć się; s potknięcie; błąd

stum·bling-block [`stʌmblɪŋ blok] s zapora, przeszkoda, trudność

stump [stʌmp] s pniak; niedopałek (papierosa); pieniek (zęba); kikut; ~ orator okolicznościowy mówca; agitator polityczny; *vt* zapędzić w kozi róg; szerzyć agitację; *vi* iść sztywnym krokiem

stump·y [`stʌmpɪ] *adj* krępy

stun [stʌn] *vt* ogłuszyć (uderzeniem)

stung *zob.* sting

stunt 1. [stʌnt] s *pot.* pokaz, popis; wyczyn; *vt* dokonać czegoś sensacyjnego; popisać się (np. akrobatyką lotniczą)

stunt 2. [stʌnt] *vt* hamować (w rozwoju); s zahamowanie (w rozwoju)

stunt·ed [`stʌntɪd] *adj* karłowaty

stu·pe·fac·tion [ˌstjupɪˈfækʃn] s osłupienie; oszołomienie, otępienie

stu·pe·fy [`stjupɪfaɪ] *vt* oszołomić, otępić; wprawić w osłupienie

stu·pen·dous [stjuˈpendəs] *adj* zdumiewający

stu·pid [`stjupɪd] *adj* głupi

stu·pid·i·ty [stjuˈpɪdətɪ] s głupota; głupstwo; nonsens

stu·por [`stjupə(r)] s osłupienie; odrętwienie

stur·dy [`stɜdɪ] *adj* mocny, krzepki; nieugięty

stur·geon [`stɜdʒən] s *zool.* jesiotr

stut·ter [`stʌtə(r)] *vi* jąkać się

sty 1. [staɪ] s chlew

sty(e) 2. [staɪ]'s med. jęczmień (na oku)

style [staɪl] s styl; moda; sposób tytułowania; szyk; wzór; sztyft; rylec; vt nazywać, tytułować

styl·ish [ˈstaɪlɪʃ] adj stylowy, modny

suave [swav] adj przyjemny, uprzejmy

sub- [sʌb] praef pod-

sub·al·tern [ˈsʌbltən] adj (o oficerze) niższy rangą; s wojsk. oficer poniżej kapitana

sub·com·mit·tee [ˈsʌb kəmɪtɪ] s podkomisja, podkomitet

sub·con·scious [ˈsʌbˈkonʃəs] adj podświadomy

sub·cu·ta·ne·ous [ˈsʌbkjuˈteɪnɪəs] adj podskórny

sub·di·vi·sion [ˈsʌbdɪˈvɪʒn] s poddział

sub·due [səbˈdju] vt pokonać, ujarzmić, przytłumić

sub·ject [ˈsʌbdʒɪkt] s podmiot (także gram.); temat; poddany; przedmiot (np. nauki); adj podległy; podlegający; narażony (to sth na coś); skłonny (to sth do czegoś); adv z zastrzeżeniem, pod warunkiem (to sth czegoś); vt [səbˈdʒekt] podporządkować; ujarzmić; poddać; narazić (to sth na coś)

sub·jec·tion [səbˈdʒekʃn] s podporządkowanie (się); ujarzmienie; uzależnienie

sub·jec·tive [səbˈdʒektɪv] adj subiektywny; gram. ~ case mianownik

sub·ject-mat·ter [ˈsʌbdʒɪkt mætə(r)] s temat; treść; tematyka

sub·join [sʌbˈdʒɔɪn] vt dołączyć, załączyć

sub·ju·gate [ˈsʌbdʒugeɪt] vt ujarzmić

sub·junc·tive [səbˈdʒʌŋktɪv] adj gram. łączący; s gram. tryb łączący

sub·lime [səˈblaɪm] adj wzniosły; wspaniały; najwyższy

sub·ma·rine [ˈsʌbməˈrin] adj podwodny; s łódź podwodna

sub·merge [səbˈmɜdʒ] vt vi zatopić, zanurzyć (się)

sub·mis·sion [səbˈmɪʃn] s podporządkowanie; uległość, posłuszeństwo

sub·mis·sive [səbˈmɪsɪv] adj uległy, posłuszny

sub·mit [səbˈmɪt] vt poddawać pod rozwagę; pozostawiać do decyzji; przedkładać, proponować; vi podporządkować się, ulegać

sub·or·di·nate [səˈbɔdnət] adj podporządkowany, podwładny; gram. ~ clause zdanie podrzędne; s podwładny; vt [səˈbɔdɪneɪt] podporządkować, uzależnić

sub·or·di·na·tion [səˈbɔdɪˈneɪʃn] s podporządkowanie; uległość, posłuszeństwo, subordynacja

sub·scribe [səbˈskraɪb] vt podpisać; dopisać; pisemnie złożyć, zaofiarować (np. sumę pieniężną); vi podpisać się (to sth pod czymś); popierać (to sth coś); prenumerować (for ⟨to⟩ sth coś)

sub·scrib·er [səbˈskraɪbə(r)] s subskrybent; abonent

sub·scrip·tion [səbˈskrɪpʃn] s podpis; abonament; subskrypcja; składka członkowska

sub·se·quent [ˈsʌbsɪkwənt] adj następny, późniejszy; ~ to sth wynikający z czegoś

sub·serve [səbˈsɜv] vt służyć (sprawie), przynosić korzyść

sub·side [səbˈsaɪd] vi opadać; zapadać się; uspokajać się

sub·sid·i·ar·y [səbˈsɪdɪərɪ] adj pomocniczy; dodatkowy; s pomocnik

sub·si·dy [ˈsʌbsɪdɪ] s subwencja

sub·sist [səbˈsɪst] vi istnieć, żyć (by sth z czegoś, dzięki czemuś); żywić się (on sth czymś); utrzymywać się (w mocy, w zwyczaju itp.)

sub·sist·ence [səbˈsɪstəns] s istnienie; życie; utrzymywanie się; utrzymanie

sub·stance [ˈsʌbstəns] s substancja; istota, treść, znaczenie; trwałość; posiadłość, majątek

sub·stan·tial [səbˈstænʃl] adj istotny; rzeczywisty; konkretny; solidny

sub·stan·tive [səbˈstæntɪv] adj rzeczywisty, konkretny; s gram. rzeczownik

sub·sti·tute [ˈsʌbstɪtjut] s zastępca; substytut, namiastka; vt podstawić, użyć zastępczo (sth for sth czegoś zamiast czegoś), zastąpić

sub·sti·tu·tion [ˌsʌbstɪˈtjuʃn] s substytucja; podstawienie; zastępowanie

sub·ter·fuge [ˈsʌbtəfjudʒ] s podstęp

sub·ter·ra·ne·an [ˌsʌbtəˈreɪnɪən] adj podziemny

sub·title [ˈsʌbtaɪtl] s podtytuł

sub·tle [ˈsʌtl] adj subtelny; misterny

sub·tract [səbˈtrækt] vt mat. odejmować

sub·trac·tion [səbˈtrækʃn] s mat. odejmowanie

sub·trop·i·cal [ˌsʌbˈtropɪkl] adj podzwrotnikowy

sub·urb [ˈsʌbɜb] s przedmieście; pl ~s peryferie

sub·ur·ban [səˈbɜbən] adj podmiejski

sub·ven·tion [səbˈvenʃn] s subwencja

sub·ver·sion [səbˈvɜʃn] s przewrót, akcja wywrotowa

sub·ver·sive [səbˈvɜsɪv] adj wywrotowy

sub·vert [sʌbˈvɜt] vt przewrócić, obalić

sub·way [ˈsʌbweɪ] s przejście podziemne; am. kolej podziemna, metro

suc·ceed [səkˈsid] vi mieć powodzenie, z powodzeniem coś robić; odziedziczyć (to an estate posiadłość); I ~ed in finishing my work udało mi się skończyć pracę; vt nastąpić (sb, sth po kimś, po czymś)

suc·cess [səkˈses] s powodzenie, pomyślność; sukces; człowiek, który ma powodzenie (w życiu)

suc·cess·ful [səkˈsesfl] adj mający powodzenie, udany, pomyślny; I was ~ in doing that udało mi się to zrobić

suc·ces·sion [səkˈseʃn] s następstwo, kolejność; seria; sukcesja, dziedziczenie; in ~ kolejno; in quick ~ raz za razem, szybko po sobie

suc·ces·sive [səkˈsesɪv] adj kolejny

suc·ces·sor [səkˈsesə(r)] s następca (to sb do czyjś); sukcesor, dziedzic

suc·cinct [səkˈsɪŋkt] adj krótki, zwięzły

suc·cour [ˈsʌkə(r)] s pomoc; vt wspomagać, przyjść z pomocą

suc·cu·lent [ˈsʌkjulənt] adj soczysty

suc·cumb [səˈkʌm] vi ulec, poddać się (to sth czemuś); umrzeć

such [sʌtʃ] adj pron taki; no, some, any, every, another, many, all poprzedzają such; rodzajnik a następuje po such, np.: no ~ thing nic takiego, ~ a thing coś takiego; ~ a nice day taki piękny dzień; ~ as taki, jak ...; ~ that ... taki (tego rodzaju), że ...

such·like [ˈsʌtʃlaɪk] adj podobny (do tego), tego rodzaju

suck [sʌk] vt ssać, wsysać; przen. czerpać (np. korzyść); s ssanie

suck·er [ˈsʌkə(r)] s osesek; zool. ssak; ssawka; techn. tłok ssący; bot. odrost, kiełek; pot. oszust, szantażysta; naiwniak; pot. młokos

suck·le [ˈsʌkl] vt karmić piersią

suck·ling [ˈsʌklɪŋ] s osesek

suc·tion [ˈsʌkʃn] s ssanie

suc·tion-pump [ˈsʌkʃn pʌmp] s pompa ssąca

sud·den [ˈsʌdn] adj nagły; s tylko w zwrocie: all of a ~ nagle

suds [sʌdz] s pl mydliny

sue [su] vt ścigać sądownie, procesować się (sb z kimś, for sth o coś); vi błagać (for sth o coś);

prosić (kobietę o rękę); wnosić skargę (to a court do sądu)·

su·et [`suɪt] *s* łój

suf·fer [`sʌfə(r)] *vt* cierpieć (from sth na coś, for sth za coś); chorować; cierpieć (sth z powodu czegoś); ~ **hunger** cierpieć głód; *vt* znosić, tolerować; ponosić (np. karę); pozwalać (sth na coś)

suf·fer·a·ble [`sʌfrəbl] *adj* znośny, dopuszczalny

suf·fer·ance [`sʌfrəns] *s* tolerowanie; cierpliwość, wytrzymałość; **to be on** ~ być tolerowanym; **beyond** ~ nie do wytrzymania

suf·fer·er [`sʌfrə(r)] *s* człowiek cierpiący; ponoszący szkodę (from sth z powodu czegoś)

suf·fer·ing [`sʌfrɪŋ] *s* cierpienie

suf·fice [sə`faɪs] *vt vi* wystarczać; zadowalać; ~ **it to say** wystarczy powiedzieć

suf·fi·cien·cy [sə`fɪʃnsɪ] *s* dostateczna ilość; wystarczające środki do życia

suf·fi·cient [sə`fɪʃnt] *adj* wystarczający, dostateczny

suf·fix [`sʌfɪks] *s gram.* przyrostek

suf·fo·cate [`sʌfəkeɪt] *vt vi* dusić (się)

suf·frage [`sʌfrɪdʒ] *s* prawo głosowania; głosowanie; głos

suf·fuse [sə`fjuz] *vt* zalać (np. łzami); pokryć (np. farbą)

sug·ar [`ʃʊgə(r)] *s* cukier; *vt* cukrzyć

sug·ar·ba·sin [`ʃʊgə beɪsn] *s* cukiernica

sug·ar·beet [`ʃʊgə bit] *s bot.* burak cukrowy

sug·ar·cane [`ʃʊgə keɪn] *s bot.* trzcina cukrowa

sug·ar·loaf [`ʃʊgə ləʊf] *s* głowa cukru

sug·gest [sə`dʒest] *vt* sugerować, podsuwać myśl, dawać do zrozumienia; proponować

sug·ges·tion [sə`dʒestʃən] *s* sugestia; propozycja

sug·ges·tive [sə`dʒestɪv] *adj* sugestywny, nasuwający myśl (of sth o czymś); wiele mówiący; dwu-

znaczny

su·i·cide [`suɪsaɪd] *s* samobójca; samobójstwo

suit [sut] *s* podanie; sprawa sądowa, proces; zachody; zaloty; seria; garnitur, ubranie; kostium (damski); zestaw, komplet; kolor (w kartach); **to follow** ~ dodać do koloru; *przen.* pójść w ślady; *vt vi* odpowiadać, nadawać się, pasować (sth do czegoś); dostosowywać; być do twarzy; zadowolić, dogodzić; ~ **yourself** rób, jak uważasz; **this dress** ~s **you** do twarzy ci w tej sukni

suit·a·ble [`sutəbl] *adj* odpowiedni, stosowny; należyty

suit·case [`sutkeɪs] *s* walizka

suite [swit] *s* świta, orszak; seria; *muz.* suita; ~ **of rooms** amfilada (pokoi), apartamenty

suit·or [`sutə(r)] *s* zalotnik, konkurent; petent; *prawn.* powód (strona w sądzie)

sulk [sʌlk] *vi* dąsać się; *s pl* ~s dąsy, fochy

sulk·y [`sʌlkɪ] *adj* nadąsany

sul·len [`sʌlən] *adj* ponury

sul·ly [`sʌlɪ] *vt* kalać, plamić; zaciemniać

sul·phate [`sʌlfeɪt] *s chem.* siarczan

sul·phur [`sʌlfə(r)] *s chem.* siarka

sul·phu·ric [sʌl`fjʊərɪk] *adj chem.* siarkowy

sul·phur·ous [`sʌlfərəs] *adj chem.* siarkawy

sul·tan [`sʌltən] *s* sułtan

sul·tan·a [sl`tɑnə] *s* sułtanka; [səl`tɑnə] rodzynek

sul·try [`sʌltrɪ] *adj* duszny, parny

sum [sʌm] *s* suma, wynik; treść, sedno; zadanie arytmetyczne; *pl* ~s rachunki (w szkole); **in** ~s krótko mówiąc; *vt* sumować; ~ **up** dodawać; podsumowywać; streszczać

sum·ma·rize [`sʌmraɪz] *vt* streścić, zreasumować

sum·ma·ry [`sʌmrɪ] *adj* krótki; pobieżny; *prawn.* sumaryczny; *s* streszczenie, zwięzłe ujęcie

sum·mer [ˈsʌmə(r)] *s* lato; Indian ~ babie lato; ~ school kurs wakacyjny; *vt* spędzać lato

sum·mer·y [ˈsʌmərɪ] *adj* letni

sum·mit [ˈsʌmɪt] *s (także przen.)* szczyt

sum·mon [ˈsʌmən] *vt* wezwać, zawezwać; zwołać; zebrać; ~ up powołać; zebrać się, zdobyć się (sth na coś)

sum·mons [ˈsʌmənz] *s* wezwanie, nakaz; *vt* wezwać (do sądu)

sump·tu·ous [ˈsʌmptʃʊəs] *adj* pełen przepychu, wspaniały, wystawny

sun [sʌn] *s* słońce; in the ~ na słońcu; *vt* wystawiać na słońce: *vi* wygrzewać się na słońcu

sun·beam [ˈsʌn biːm] *s* promień słońca

sun·burn [ˈsʌnbɜːn] *s* opalenizna

sun·burnt [ˈsʌnbɜːnt] *adj* opalony, ogorzały

sun·dae [ˈsʌndeɪ] *s* lody z owocami i śmietaną

Sun·day [ˈsʌndɪ] *s* niedziela; *attr* niedzielny; *pot.* ~ best odświętne ubranie

sun·dial [ˈsʌn daɪl] *s* zegar słoneczny

sun·dry [ˈsʌndrɪ] *adj* różny, rozmaity; all and ~ wszyscy bez wyjątku; *s pl* sundries rozmaitości

sun·flow·er [ˈsʌnflaʊə(r)] *s bot.* słonecznik

sung *zob.* sing

sunk *zob.* sink

sunk·en [ˈsʌŋkən] *pp* od sink; *adj* zanurzony, zatopiony; zapadnięty, zapadły; leżący poniżej poziomu

sun·kissed [ˈsʌnkɪst] *adj* nasłoneczniony; dojrzewający w słońcu

sun·light [ˈsʌn laɪt] *s* światło słoneczne

sun·ny [ˈsʌnɪ] *adj* słoneczny; (o usposobieniu) pogodny, wesoły

sun·ray [ˈsʌn reɪ] *s* promień słońca

sun·rise [ˈsʌnraɪz] *s* wschód słońca; at ~ o świcie

sun·set [ˈsʌnset] *s* zachód słońca; at ~ o zachodzie słońca

sun·shade [ˈsʌnʃeɪd] *s* parasolka (od słońca); markiza

sun·shine [ˈsʌnʃaɪn] *s* światło słoneczne; słoneczna pogoda

sun·stroke [ˈsʌnstrəʊk] *s* udar słoneczny

sup [sʌp] *vi* jeść kolację

su·per 1. [ˈsuːpə(r)] *adj pot.* wspaniały, pierwszorzędny; *s pot.* teatr statysta; *pot.* kierownik, przełożony; *pot.* szlagier

su·per 2. [ˈsuːpə(r)] *praef* nad-; prze-, *np.*: superman nadczłowiek; to superheat przegrzewać

su·per·a·bound [ˈsuːpərəˈbaʊnd] *vi* być w nadmiarze

su·per·a·bun·dant [ˈsuːpərəˈbændənt] *adj* będący w nadmiarze

su·per·an·nu·ate [ˈsuːpərˈænjʊeɪt] *vt* zarzucić (coś przestarzałego); przenieść w stan spoczynku; usunąć (ucznia ze szkoły)

su·per·an·nu·at·ed [ˈsuːpərˈænjʊeɪtɪd] *adj* emerytowany; przestarzały, zużyty

su·perb [suˈpɜːb] *adj* wspaniały

su·per·cil·i·ous [ˈsuːpəˈsɪlɪəs] *adj* zarozumiały, wyniosły

su·per·e·roga·to·ry [ˈsuːpərəˈrɒgətrɪ] *adj* zbyteczny, nadobowiązkowy

su·per·fi·cial [ˈsuːpəˈfɪʃl] *adj* dotyczący powierzchni; (o uczuciach, wiedzy) powierzchowny

su·per·fi·ci·es [ˈsuːpəˈfɪʃiːz] *s* powierzchnia

su·per·flu·i·ty [ˈsuːpəˈfluːɪtɪ] *s* zbędność; nadmiar; zbędna rzecz

su·per·flu·ous [suˈpɜːfluəs] *adj* zbędny; nadmierny

su·per·high·way [ˈsuːpə ˈhaɪweɪ] *s am.* autostrada

su·per·hu·man [ˈsuːpəˈhjuːmən] *adj* nadludzki

su·per·in·tend·ent [ˈsuːprɪnˈtendənt]

s nadzorca; inspektor; kierownik

su·pe·ri·or [sə'pɪərɪə(r)] *adj* wyższy; przeważający; starszy rangą; wyniosły; zwierzchni; przedni; to be ~ przewyższać; wznosić się (to sb, sth ponad kogoś, coś); s zwierzchnik, przełożony; człowiek górujący; he has no ~ in ... nikt go nie przewyższa pod względem ...

su·pe·ri·or·i·ty [sə'pɪərɪ'orətɪ] s wyższość; starszeństwo; przewaga

su·per·la·tive [su'pəlɪtɪv] *adj* nieprześcigniony, najlepszy; *gram.* (o *stopniu*) najwyższy; s *gram.* stopień najwyższy; *przen.* wyraz najwyższego uznania, superlatyw

su·per·man ['supəmæn] s nadczłowiek

su·per·nat·u·ral ['supə'nætʃərl] *adj* nadprzyrodzony

su·per·nu·mer·a·ry ['supə'njumərərɪ] *adj* nadliczbowy; zbędny; nieetatowy; rzecz zbędna; *teatr* statysta; pracownik nieetatowy

su·per·scribe ['supə'skraɪb] *vt* napisać u góry, umieścić napis; adresować

su·per·scrip·tion ['supəskrɪpʃn] s napis; adres

su·per·sede ['supə'sid] *vt* wyprzeć, usunąć, zastąpić

su·per·son·ic ['supə'sonɪk] s *fiz.* ultradźwiękowy

su·per·sti·tion ['supə'stɪʃn] s przesąd, zabobon

su·per·sti·tious ['supə'stɪʃəs] *adj* przesądny, zabobonny

su·per·struc·ture ['supəstrʌktʃə(r)] s nadbudowa

su·per·vene ['supə'vin] *vt* niespodziewanie nadejść, nastąpić

su·per·vise ['supəvaɪz] *vt* dozorować, kontrolować

su·per·vi·sion ['supə'vɪʒn] s dozór, nadzór, kontrola

su·per·vi·sor ['supəvaɪzə(r)] s nad-

zorca, kontroler; kierownik

sup·per ['sʌpə(r)] s kolacja

sup·plant [sə'plɑnt] *vt* wyprzeć, zająć miejsce

sup·ple ['sʌpl] *adj* giętki, uległy

sup·ple·ment ['sʌplɪmənt] s uzupełnienie, dodatek; *vt* uzupełnić, zaopatrzyć w suplement

sup·ple·men·ta·ry ['sʌplɪ'mentrɪ] *adj* uzupełniający

sup·pli·cate ['sʌplɪkeɪt] *vt* błagać (sb for sth kogoś o coś)

sup·plier [sə'plaɪə(r)] s dostawca

sup·ply [sə'plaɪ] *vt* dostarczyć (sb with sth komuś czegoś), dostawić; zaopatrzyć (sb with sth kogoś w coś); uzupełnić; zastąpić; ~ the demand zaspokoić popyt; s dostawca; podaż; zaopatrzenie; zastępca; *pl* supplies kredyty (zw. państwowe); zasiłki; *handl.* artykuły; *wojsk.* zaopatrzenie; posiłki; food ~ aprowizacja; short ~ niedostateczne zaopatrzenie, niedobór; ~ and demand podaż i popyt

sup·port [sə'pɔt] *vt* podpierać; popierać, pomagać, utrzymywać; podtrzymywać; znosić, cierpieć; s podpora; poparcie, pomoc; utrzymanie; in ~ na poparcie (of sth czegoś); *wojsk.* w rezerwie

sup·pose [sə'pəuz] *vt vi* przypuszczać, zakładać; he is ~ed to be ... przypuszcza się, że on jest ⟨powinien być⟩ ...; ~ przypuśćmy, dajmy na to; I ~ so ⟨not⟩ myślę, że tak ⟨że nie⟩, chyba tak ⟨nie⟩

sup·pos·ing [sə'pəuzɪŋ] *conj* o ile, jeśli

sup·po·si·tion ['sʌpə'zɪʃn] s przypuszczenie; on the ~ przypuszczając

sup·po·si·to·ry [sə'pozɪtrɪ] s *med.* czopek

sup·press [sə'pres] *vt* stłumić; znieść; zakazać; powstrzymać; ukryć, zataić

sup·pres·sion [sə'preʃn] s stłumienie; zniesienie; zakaz; powstrzymanie; ukrycie, zatajenie sup·pu·rate [ˈsʌpjʊreɪt] *vt med.* ropieć, jątrzyć się

su·prem·a·cy [səˈpreməsɪ] *s* supremacja, zwierzchnictwo

su·preme [səˈpriːm] *adj* najwyższy; ostateczny

sur·charge [ˈsɜːtʃɑːdʒ] *vt* dodatkowo obciążyć, przeciążyć; zażądać zbyt wysokiej ceny; *s* przeciążenie; nadwaga; dopłata; *filat.* nadruk

surd [sɜːd] *adj mat.* niewymierny; *gram.* bezdźwięczny; *s mat.* liczba niewymierna; *gram.* głoska bezdźwięczna

sure [ʃʊə(r)] *adj* pewny, niezawodny; be ~ to come przyjdź koniecznie (na pewno); he is ~ to do it on na pewno to zrobi; for ~ na pewno tak, oczywiście; to make ~ upewnić się; *adv* na pewno

sure·ly [ˈʃʊəlɪ] *adv* pewnie, niezawodnie

surf [sɜːf] *s* fale rozbijające się o brzeg; piana na falach

sur·face [ˈsɜːfɪs] *s* powierzchnia; wygląd zewnętrzny

sur·feit [ˈsɜːfɪt] *s* przesyt, nadmiar; *vt* przesycić

surge [sɜːdʒ] *vi (o falach)* podnosić się; *s* wysoka fala

sur·geon [ˈsɜːdʒən] *s* chirurg; lekarz wojskowy ⟨okrętowy⟩

sur·ger·y [ˈsɜːdʒərɪ] *s* chirurgia; zabieg chirurgiczny; sala operacyjna; pokój przyjęć pacjentów

sur·gi·cal [ˈsɜːdʒɪkl] *adj* chirurgiczny

sur·ly [ˈsɜːlɪ] *adj* ponury, nieprzyjazny; gburowaty

sur·mise [ˈsɜːmaɪz] *s* przypuszczenie; podejrzenie; *vt* [sɜːˈmaɪz] przypuszczać; podejrzewać

sur·mount [səˈmaʊnt] *vt* wznosić się (sth ponad coś); opanować, przezwyciężyć

sur·name [ˈsɜːneɪm] *s* nazwisko; przydomek

sur·pass [səˈpɑːs] *vt* przewyższać, przekraczać (oczekiwania itd.)

sur·plus [ˈsɜːpləs] *s* nadwyżka, dodatek; *adj attr* dodatkowy; ~ value wartość dodatkowa

sur·prise [səˈpraɪz] *s* zaskoczenie; niespodzianka; zdziwienie; by ~ niespodziewanie; *vt* zaskoczyć; zdziwić

sur·ren·der [səˈrendə(r)] *vt* poddać, wydawać; przekazać; zrzec się, zrezygnować (sth z czegoś); *vi* poddać się, ulec, oddać się; *s* poddanie się; kapitulacja; oddanie (się); rezygnacja; wykup (np. polisy)

sur·rep·ti·tious [ˌsʌrəpˈtɪʃəs] *adj* skryty, tajny

sur·round [səˈraʊnd] *vt* otaczać

sur·round·ings [səˈraʊndɪŋz] *s pl* otoczenie; okolica

sur·veil·lance [sɜːˈveɪləns] *s* nadzór (zw. policyjny)

sur·vey [ˈsɜːveɪ] *s* przegląd, inspekcja; pomiar (terenu); mapa (terenowa); *vt* [sɜːˈveɪ] przeglądać, dokładnie badać; lustrować; mierzyć (grunty), dokonywać pomiarów

sur·vey·or [sɜːˈveɪə(r)] *s* nadzorca; kontroler, inspektor; mierniczy

sur·viv·al [səˈvaɪvl] *s* przeżycie, przetrwanie, utrzymanie się przy życiu; pozostałość, resztka; przeżytek; *biol.* the ~ of the fittest ewolucja drogą doboru naturalnego

sur·vive [səˈvaɪv] *vt vi* przeżyć, przetrwać, utrzymać się przy życiu

sus·cep·ti·bil·i·ty [səˈseptəˈbɪlətɪ] *s* podatność (to sth na coś), wrażliwość

sus·cep·ti·ble [səˈseptəbl] *adj* wrażliwy, podatny (to sth na coś); nadający się, dopuszczający możliwość (of sth czegoś)

sus·pect [səˈspekt] *vt vi* podejrzewać (sb of sth kogoś o coś); obawiać się; *s* [ˈsʌspekt] człowiek podejrzany; *adj* podejrzany

sus·pend [səˈspend] *vt* zawiesić, wstrzymać

sus·pend·ers [sə'spendəz] *s pl* pod-
wiązki; *am.* szelki
sus·pense [sə'spens] *s* stan zawieszenia; niepewność
sus·pen·sion [sə'spenʃn] *s* zawieszenie; wstrzymanie; zwłoka; ~
bridge most wiszący
sus·pi·cion [sə'spiʃn] *s* podejrzenie
sus·pi·cious [sə'spiʃəs] *adj* podejrzliwy; podejrzany
sus·tain [sə'stein] *vt* podtrzymywać; utrzymywać; przetrzymy-
wać; znosić; ponosić
sus·te·nance ['sʌstinəns] *s* utrzymanie, wyżywienie; *zbior.* środki utrzymania
swad·dle ['swodl] *vt* owijać, przewijać (niemowlę)
swag·ger ['swægə(r)] *vi* przechwalać się, zadzierać nosa; *s* chełpliwość, zarozumiałość
swal·low 1. ['swoləu] *s zool.* jaskółka; *sport* ~ **dive** skok do wody
jaskółką
swal·low 2. ['swoləu] *vt* połykać;
pochłaniać; *s* łyk
swam *zob.* swim
swamp [swomp] *s* bagno, trzęsawisko; *vt* zanurzyć, pogrążyć; zasypać
swamp·y ['swompi] *adj* bagnisty
swan [swon] *s zool.* łabędź
swap [swop] = swop
sward [swoːd] *s* darń
swarm [swoːm] *s* rój; *vi* roić się
swarth·y ['swoːði] *adj* śniady
swash·buck·ler ['swoʃbʌklə(r)] *s* zawadiaka
swathe [sweið] *vt* owijać, bandażować; *s* bandaż
sway [swei] *vt vi* kołysać (się);
przechylać (się); wahać się; mieć
władzę, panować, przeważać; *s*
kołysanie, przerzucanie się; władza, panowanie
* **swear** [sweə(r)], **swore** [swoː(r)],
sworn [swoːn] *vi* przysięgać (by
sth na coś); kląć (at sb, sth na
kogoś, na coś); *vt* zaprzysięgać;
to ~ an oath złożyć przysięgę; ~
in zaprzysięgać; ~ **off** odwołać,

wyrzec się pod przysięgą
swear·ing ['sweəriŋ] *s* przysięga,
zaprzysiężenie; przekleństwo,
przeklinanie
sweat [swet] *s* pot, pocenie się;
trud; **in the ~ of one's brow** w
pocie czoła; *vi* pocić się; trudzić
się, ciężko pracować; *vt* wywoływać poty; wydzielać; zmuszać do
pracy w pocie czoła, wyzyskiwać; ~ed **industry** przemysł o-
party na wyzysku; ~ing **system**
system eksploatacji pracownika,
wyzysk
sweat·er ['swetə(r)] *s* sweter; wyzyskiwacz (robotników)
Swede [swiːd] *s* Szwed
Swed·ish ['swiːdiʃ] *adj* szwedzki; *s*
język szwedzki
* **sweep** [swiːp], **swept**, **swept**
[swept] *vt* zamiatać, wymiatać,
zmiatać; przesuwać, przeciągać;
vi wędrować, przebiegać, mknąć;
s zamiatanie; rozmach, zamaszysty ruch; rozległość; **to make a
clean ~ (of sth)** pozbyć się (czegoś) za jednym zamachem
sweep·er ['swiːpə(r)] *s* zamiatacz;
zamiatarka (mechaniczna)
sweep·ing ['swiːpiŋ] *adj* zamaszysty; gwałtowny, radykalny; rozległy; stanowczy
sweep·stake ['swiːpsteik] *s* (*także*
pl ~s) rodzaj totalizatora (na
wyścigach konnych)
sweet [swiːt] *adj* słodki; delikatny;
miły, ujmujący; melodyjny; łagodny; **it's (how) ~ of you to**
miło z twojej strony; *pot.* **to be
~ on sb** kochać się w kimś; *s*
cukierek; legumina, deser; kochana osoba; *pl* ~s słodycze; roz-
kosze
sweet·en ['swiːtn] *vt* słodzić; *vi* stać
się słodkim
sweet·heart ['swiːthɑːt] *s* kochana
osoba, kochanie
sweet·meat ['swiːtmiːt] *s* cukierek
sweet·shop ['swiːt ʃop] *s* sklep ze
słodyczami
* **swell** [swel], **swelled** [sweld],

swollen [`swəulən] *vt* puchnąć, nabrzmiewać; wzbierać; wzmagać się; *vt* nadymać; powiększać; wzmagać; *s* nabrzmienie, obrzęk; wzniesienie; wzmaganie się; *pot.* modniś, elegant; *przen.* gruba ryba; mistrz (**at sth w** czymś); *adj pot.* elegancki, modny; ważny, nadzwyczajny; ~ **society** lepsze towarzystwo, wyższa sfera

swell·ing [`swelɪŋ] *s* nabrzmienie, obrzęk, opuchlina; wypukłość; *adj* nadęty; (*o stylu*) napuszony

swel·ter [`sweltə(r)] *vi* omdlewać od upału; *s* upał, skwar

swept *zob.* sweep

swerve [swɜv] *vt vi* odchylić (się), zboczyć; *s* odchylenie

swift [swɪft] *adj* szybki, prędki; *adv* szybko, prędko

* **swim** [swɪm], **swam** [swæm], **swum** [swʌm] *vi* pływać, płynąć; kręcić się (w głowie); *vt* przepłynąć; *s* pływanie; zawrót głowy

swim·ming-bath [`swɪmɪŋ bɑθ] *s* pływalnia

swim·ming-match [`swɪmɪŋ mætʃ] *s* zawody pływackie

swim·ming-pool [`swɪmɪŋ pul] *s* basen pływacki, pływalnia

swin·dle [`swɪndl] *vt* oszukiwać, wyłudzać (**sb of sth od kogoś** coś); *s* oszustwo

swin·dler [`swɪndlə(r)] *s* oszust

swine [swaɪn] *s* świnia

* **swing** [swɪŋ], **swung**, **swung** [swʌŋ] *vt vi* kołysać (się), huśtać (się); zakręcać; wymachiwać; *s* kołysanie; rozmach; ruch wahadłowy; huśtawka; rytm (wiersza, muzyki itd.); **in full ~ w** pełnym toku

swing-door [`swɪŋ dɔ(r)] *s* drzwi wahadłowe

swin·ish [`swaɪnɪʃ] *adj* świński

swirl [swɜl] *s* wir; zwój; *vi* wirować

swish 1. [swɪʃ] *s* świst, szmer; *vi* świszczeć; *vt pot.* chłostać

swish 2. [swɪʃ] *adj pot.* elegancki, modny

Swiss [swɪs] *adj* szwajcarski; *s* Szwajcar

switch [swɪtʃ] *s* wyłącznik; pręt; zwrotnica; *vt* bić prętem; trzaskać (np. z bata); *elektr.* połączyć; wyrwać; porwać; skierować (np. pociąg); ~ **off** wyłączyć (światło, prąd itp.); ~ **on** włączyć (światło); połączyć (telefonicznie); ~ **over** przełączyć

switch-board [`swɪtʃbɔd] *s* tablica rozdzielcza

switch-man [`swɪtʃmæn] *s* zwrotniczy

swol·len *zob.* swell

swoon [swun] *s* omdlenie; *vi* (*także* ~ **away**) zemdleć

swoop [swup] *vi* rzucać się (z góry); (*o ptakach drapieżnych*) nagle spaść; *lotn.* pikować

swop [swop], **swap** [swop] *vt pot.* wymienić, przehandlować (**sth for sth coś na coś**); *s* wymiana

sword [sɔd] *s* miecz, szabla, szpada; (*o pochodzeniu*) **on the ~ side po mieczu**

swore *zob.* swear

sworn *zob.* swear

swum *zob.* swim

swung *zob.* swing

syc·o·phant [`sɪkəfənt] *s* służalczy pochlebca

syl·lab·ic [sɪ`læbɪk] *adj* sylabowy, zgłoskowy

syl·la·ble [`sɪləbl] *s* zgłoska, sylaba

syl·la·bus [`sɪləbəs] *s* (*pl* **syllabi** [`sɪləbaɪ] *lub* ~**es**) kompendium, konspekt; program studiów, spis wykładów

sym·bol·ic·(al) [sɪm`bolik(l)] *adj* symboliczny

sym·met·ric [sɪ`metrɪk] *adj* symetryczny

sym·me·try [`sɪmɪtrɪ] *s* symetria

sym·pa·thet·ic [͵sɪmpə`θetɪk] *adj* współczujący, pełen sympatii, życzliwy; pełen zrozumienia (dla drugich); *med.* współczulny; (*o atramencie*) sympatyczny, niewidoczny; (*o działaniu*) solidarny

sym·pa·thize [ˈsɪmpəθaɪz] *vi* sympatyzować, współczuć, wyrażać współczucie; wzajemnie się rozumieć

sym·pa·thy [ˈsɪmpəθɪ] *s* współczucie, sympatia; wzajemne zrozumienie; **letter of** ~ list kondolencyjny; **in** ~ na znak współczucia; harmonijnie, solidarnie

sym·pho·ny [ˈsɪmfənɪ] *s* symfonia

sym·po·si·um [sɪmˈpəʊzɪəm] *s* sympozjum; sesja, konferencja

symp·tom [ˈsɪmptəm] *s* symptom, objaw

symp·to·mat·ic [ˈsɪmptəˈmætɪk] *adj* symptomatyczny

syn·a·gogue [ˈsɪnəgog] *s* synagoga

syn·chro·nize [ˈsɪŋkrənaɪz] *vt* synchronizować; *vi* zbiegać się w czasie, przebiegać równocześnie

syn·co·pe [ˈsɪŋkəpɪ] *s gram. muz.* synkopa

syn·di·cate [ˈsɪndɪkət] *s* syndykat

syn·o·nym [ˈsɪnənɪm] *s* synonim

syn·on·y·mous [sɪˈnɒnɪməs] *adj* synonimiczny

syn·op·sis [sɪˈnopsɪs] *s* (*pl* **synopses** [sɪˈnopsiz]) zwięzły przegląd, zarys; zestawienie; *film* skrót scenariusza

syn·tac·tic·(al) [sɪnˈtæktɪk(l)] *adj gram.* składniowy

syn·tax [ˈsɪntæks] *s gram.* składnia

syn·the·sis [ˈsɪnθəsɪs] *s* (*pl* **syntheses** [ˈsɪnθəsiz]) synteza

syn·thet·ic [sɪnˈθetɪk] *adj* syntetyczny

sy·phon [ˈsaɪfən] = siphon

syr·inge [sɪˈrɪndʒ] *s* strzykawka; *vt* wstrzykiwać, przepłukać strzykawką

syr·up [ˈsɪrəp] *s* syrop

sys·tem [ˈsɪstəm] *s* system; metoda; organizm (człowieka); ustrój

sys·tem·at·ic [ˈsɪstəˈmætɪk] *adj* systematyczny

t

tab [tæb] *s* pętelka, wieszak (np. płaszcza); język (buta); etykietka

table [ˈteɪbl] *s* stół; tablica, tabela; płyta; **at** ~ przy stole; *mat.* **multiplication** ~ tabliczka mnożenia; ~ **of contents** spis rzeczy; *vt* kłaść na stół; układać w tabelę, tabularyzować; poddawać pod dyskusję ⟨do rozpatrzenia⟩

table·cloth [ˈteɪbl kloθ] *s* obrus

table·land [ˈteɪbl lænd] *s* płaskowzgórze

tab·let [ˈtæblət] *s* tabliczka; tabletka, pastylka; bloczek (do notatek)

ta·boo [təˈbuː] *s* tabu; świętość nietykalna; *adj* zakazany, nietykalny; *vt* objąć nakazem nietykal-

ności, zakazać

tab·ou·ret [ˈtæbərət] *s* taboret

tac·it [ˈtæsɪt] *adj* milczący, cichy

tac·i·turn [ˈtæsɪtɜn] *adj* milczący, małomówny

tack [tæk] *s* sztyft, gwóźdź tapicerski, pluskiewka; *pl* ~s fastryga; *przen.* linia postępowania, taktyka; *vt* przytwierdzić (sztyftem), przymocować; fastrygować; *vt* lawirować; zmieniać postępowanie

tack·le [ˈtækl] *vt* borykać się (**sb, sth** z kimś, czymś); uporać się; **zatrzymać**; zebrać się, przystąpić (**sth do** czegoś); przymocować; *vi pot.* energicznie wziąć się (**to sth do** czegoś); *s mors.* takielunek; sprzęt (*zw.* rybacki); *sport* złapanie i przytrzymanie przeciwnika

tack·ling [`tæklɪŋ] *s* sprzęt (*zw.* rybacki); *mors.* takielunek

tact [tækt] *s* takt

tact·ful [`tæktfl] *adj* taktowny

tac·ti·cal [`tæktɪkl] *adj* taktyczny; zręczny

tac·tics [`tæktɪks] *s* taktyka

tact·less [`tæktləs] *adj* nietaktowny

tad·pole [`tædpəul] *s* *zool.* kijanka

tag [tæg] *s* uchwyt; ucho (buta); pętelka; przyczepka; przyczepiona kartka, nalepka, etykieta; dodatek (np. do przemówienia, tekstu itp.), końcówka; okolicznościowy frazes; gra w berka; *vt* oznaczyć etykietą; dołączyć, doczepić (coś na końcu); śledzić, chodzić za kimś; *vt pot.* deptać po piętach (after, behind sb komuś)

tail [teɪl] *s* ogon; warkocz (długi); tył; orszak; *vt* sztukować; *vi* natrętnie włóczyć się (after sb za kimś)

tail·coat [`teɪl kəut] *s* frak

tai·lor [`teɪlə(r)] *s* krawiec

tai·lor·ing [`teɪlərɪŋ] *s* krawiectwo

taint [teɪnt] *s* plama, skaza; hereditary ~ dziedziczne obciążenie; *vt* splamić, skazić; *vi* ulec skażeniu, zepsuć się

* **take** [teɪk], took [tuk], taken [`teɪkən] *vt* brać, przyjmować; powziąć; spożywać (pokarm), zażywać (lekarstwo); uważać, wychodzić z założenia; wsiadać (do pociągu, tramwaju); zdejmować, robić zdjęcie (fotograficzne); pochwycić, zająć; zarazić się, dostać (kataru, gorączki itd.); obrać (kurs, drogę); to ~ account wziąć pod uwagę, uwzględnić (of sth coś); to ~ advantage wykorzystać (of sth coś); to ~ sb's advice zasięgnąć czyjejś rady; to ~ the air zaczerpnąć powie-

trza, odetchnąć; to ~ care troszczyć się (of sth o coś); to ~ the chair objąć przewodnictwo; to ~ courage nabrać odwagi; to ~ one's degree otrzymać stopień naukowy; to ~ effect nabrać mocy, wejść w życie; to ~ an examination zdawać egzamin; to ~ a fancy znaleźć upodobanie, polubić (to sth coś); to ~ fright przestraszyć się (at, of sth czegoś); to ~ a glance spojrzeć (at sth na coś); to ~ heart nabrać ducha; to ~ hold pochwycić (of sth coś); to be ~n ill zachorować; to ~ interest interesować się (in sth czymś); to ~ it easy nie przejmuj się, nie wysilaj się; to ~ liberties pozwalać sobie, nie krępować się (with sb, sth kimś, czymś); to ~ notes ⟨a note⟩ notować (of sth coś); to ~ notice zauważyć (of sth coś); to ~ an oath przysiąc; to ~ offence obrazić się (at sth o coś); to ~ the offensive przejść do ofensywy; to ~ orders przyjąć święcenia kapłańskie; to ~ pains zadać sobie trud; to ~ part brać udział; to ~ a picture ⟨a photograph⟩ zrobić zdjęcie; to ~ pity litować się (on sb nad kimś); to ~ place odbywać się; to ~ pleasure znajdować przyjemność; to ~ possession brać w posiadanie (of sth coś); to ~ pride szczycić się (in sth czymś); to ~ prisoner wziąć do niewoli; to ~ root zapuścić korzenie; to ~ a seat usiąść; to ~ sides opowiedzieć się ⟨stanąć⟩ (with sb po czyjejś stronie); to ~ steps przedsięwziąć kroki, zastosować środki; to ~ stock inwentaryzować; *przen.* zaopatrywać; badać (of sth coś); it ~s time na to trzeba trochę czasu; it took me two hours to do this to zajęło mi dwie godziny czasu; to ~ trouble zadawać sobie trud, robić sobie kłopot; *z przysłówkami i przyimkami:* **aback** zaskoczyć, przerazić; ~ af-

take-in

ter kształtować się według, u-podabniać się do; ~ away zabrać, uprowadzić; ~ down zdjąć, zerwać; poniżyć; zapisać; zdemontować, rozebrać (np. maszynę); ~ for uważać za; to ~ for granted uważać za rzecz oczywistą, przesądzać; ~ in wziąć ⟨wprowadzić⟩ do środka, włączyć; objąć; wciągnąć; przyjmować do domu, wprowadzać, brać do siebie; abonować (gazetę); naciągać, oszukiwać; to ~ into account brać pod uwagę; to ~ into one's head ubzdurać sobie; ~ off zdjąć; zabrać; odjąć; usunąć; naśladować; wyruszyć; odprowadzić; odbić się (od ziemi, wody); lotn. startować; ~ on przybrać; przyjąć; wziąć na siebie; podjąć się; ~ out wyjąć; wyprowadzić; wywabić; wyciągnąć, wydostać; ~ over przejąć; przewieźć; następować z kolei, luzować (from sb kogoś); ~ to zabrać się do; oddać się (np. nałogowi), poświęcić się czemuś; ustosunkować się; to ~ to the stage poświęcić się sztuce scenicznej; ~ up podnieść; wziąć na siebie, podjąć (się); zająć się (sth ‹czymś›); wchłaniać; przyjąć (np. zakład); zająć (miejsce, czas); zaprzątać (np. umysł); obcować, zadawać się; zadowalać się (with sth czymś)

take-in [`teɪk ɪn] s oszustwo, naciąganie

taken zob. take

take-off [`teɪk ɔf] s naśladownictwo; parodia; lotn. start; sport odbicie się, odskok

tak·ing [`teɪkɪŋ] s wzięcie, pobieranie; pl ~s dochód, wpływy kasowe; adj pociągający; (o chorobie) zaraźliwy

talc [tælk], **talcum** [`tælkəm] s talk

tale [teɪl] s opowiadanie, powiastka; bajka; † ilość, liczba, rachu-

nek; **fairy** ~s bajki; **to tell** ~s plotkować; skarżyć

tal·ent [`tælənt] s talent, uzdolnienie

tal·ent·ed [`tæləntɪd] adj utalentowany, zdolny

tal·is·man [`tælɪzmən] s talizman

talk [tɔk] vt vi mówić, rozmawiać, gadać; **to** ~ **big** chwalić się; ~ **down** nie dać przyjść do słowa (sb komuś); ~ **into** sth namówić do czegoś; ~ **over** omówić; ~ **round** omówić wyczerpująco, wyczerpać temat; przekonać; **to** ~ **sense** mówić do rzeczy; **to** ~ **shop** mówić o sprawach zawodowych; s rozmowa, gadanie, pogadanka; prelekcja; pogłoska; **small** ~ rozmowa o niczym

talk·a·tive [`tɔkətɪv] adj gadatliwy

talk·er [`tɔkə(r)] s gawędziarz; gaduła

talk·ie [`tɔkɪ] s pot. film dźwiękowy

talk·ing-pic·ture [`tɔkɪŋ pɪktʃə(r)] s film dźwiękowy

tall [tɔl] adj wysoki, wysokiego wzrostu; pot. nieprawdopodobny; niesłychany; przesadny; ~ **talk** przechwałki; **to talk** ~ przechwalać się

tal·low [`tæləu] s łój, tłuszcz

tal·ly [`tælɪ] s karb; znak; kartka; rachunek; odpowiednik; duplikat; vt oznaczać; liczyć; zestawiać; vi zgadzać się, odpowiadać sobie

tal·on [`tælən] s szpon

tame [teɪm] adj oswojony; łagodny; uległy; vt oswoić; poskromić

tame·less [`teɪmləs] adj nieokiełznany, dziki

tam·er [`teɪmə(r)] s poskramiacz

tam·per [`tæmpə(r)] vi wtrącać się (with sth do czegoś); dobierać się; manipulować

tam·pon [`tæmpən] s tampon; vt tamponować

tatter

tan [tæn] s opalenizna; garbnik; kolor żółtobrązowy; *vt* garbować; brązowić; opalać (się)

tan·dem [ˈtændəm] s tandem

tang 1. [tæŋ] s posmak; ostry zapach

tang 2. [tæŋ] s brzęk, dźwięk; *vi* brzęczeć, dźwięczeć

tan·gent [ˈtændʒənt] *adj* styczny; s *mat.* styczna

tan·gi·ble [ˈtændʒəbl] *adj* dotykalny, namacalny

tan·gle [ˈtæŋgl] *vt vi* gmatwać (się), wikłać (się); s gmatwanina, plątanina

tank [tæŋk] s basen, cysterna; *wojsk.* czołg; *vt* gromadzić w basenie; tankować

tank·ard [ˈtæŋkəd] s kufel, dzban (z pokrywą)

tan·ner 1. [ˈtænə(r)] s garbarz

tan·ner 2. [ˈtænə(r)] s *pot.* sześciopensówka

tan·ner·y [ˈtænərɪ] s garbarnia

tan·ta·lize [ˈtæntəlaɪz] *vt* dręczyć, kusić

tan·ta·mount [ˈtæntəmaunt] *adj* równoznaczny (**to** sth z czymś), równowartościowy

tap 1. [tæp] s kran; szpunt, kurek; zawór; napój z beczki; bar; *vt* otwierać (beczkę), puszczać płyn (kurkiem), czerpać (ze źródła); zaopatrywać w kurek; nawiązać stosunek; napocząć; podsłuchiwać rozmowę telefoniczną

tap 2. [tæp] *vt vi* pukać, lekko stukać (**at the door** do drzwi); podkuć (obcas); s pukanie, lekkie uderzenie; podkucie (obcasa), flek

tape [teɪp] s wstążka, taśma; *przen.* **red** ~ biurokracja; *vt* związać taśmą

ta·per [ˈteɪpə(r)] s cienka świeczka; słabe światło; stożek; *vi* kończyć się ostro, zwężać się ku końcowi

tape-re·cord·er [ˈteɪp rɪkɔːdə(r)] s magnetofon

tape-re·cord·ing [ˈteɪp rɪkɔːdɪŋ] s nagrywanie na taśmę

tap·es·try [ˈtæpɪstrɪ] s dekoracyjne obicie, gobelin

tape-worm [ˈteɪpwɜːm] s *med.* tasiemiec

ta·pir [ˈteɪpə(r)] s *zool.* tapir

tap·room [ˈtæp ruːm] s bar, bufet

tar [tɑː(r)] s smoła; *pot.* (*także* **Jack** ~) marynarz; *vt* smarować smołą

tar·dy [ˈtɑːdɪ] *adj* powolny, ociężały

tare [teə(r)] s tara, waga opakowania

tar·get [ˈtɑːgɪt] s tarcza, cel

tar·iff [ˈtærɪf] s taryfa, system ceł

tar·nish [ˈtɑːnɪʃ] *vt* przyciemnić, zrobić matowym; *vi* ściemnieć, zmatowieć; s utrata połysku, zmatowienie

tar·pau·lin [tɑːˈpɔːlɪn] s płótno żaglowe, brezent

tar·ry [ˈtærɪ] *vi* zwlekać, ociągać się

tart 1. [tɑːt] s ciastko ⟨placek⟩ z owocami

tart 2. [tɑːt] *adj* uszczypliwy, cierpki

tar·tan [ˈtɑːtn] s materiał w szkocką kratę, tartan

Tar·tar [ˈtɑːtə(r)] s Tatar

task [tɑːsk] s zadanie, praca, zajęcie; **to set a** ~ dać zadanie (sb komuś); **to take to** ~ zrobić wymówkę (sb komuś); *vt* dać pracę do wykonania, obarczyć pracą; zmusić do wysiłku, męczyć

tas·sel [ˈtæsl] s pęk ozdobnych frędzli, chwast; zakładka (w książce)

taste [teɪst] s smak; zamiłowanie; *vt vi* próbować (smaku); smakować; mieć smak (**of** sth czegoś); zaznawać, czuć smak

taste·ful [ˈteɪstfl] *adj* gustowny

taste·less [ˈteɪstləs] *adj* niesmaczny; niegustowny

tast·y [ˈteɪstɪ] *adj* smaczny

tat·ter [ˈtætə(r)] s (*zw. pl* ~**s**) szmata, łachman

tat·tered [ˈtætəd] adj obdarty, obszarpany

tat·too 1. [təˈtu] s capstrzyk

tat·too 2. [təˈtu] s tatuaż; vt tatuować

taught zob. **teach**

taunt [tɔnt] s złośliwa uwaga, urąganie; vt docinać, urągać (**sb with sth** komuś za coś)

taut [tɔt] adj napięty, mocno naciągnięty

taut·en [ˈtɔtn] vt napinać

tav·ern [ˈtævn] s tawerna, karczma

taw·dry [ˈtɔdrɪ] adj niegustowny; (o ubiorze) krzykliwy

tax [tæks] s podatek (państwowy); cło; ciężar; vt szacować; obciążać (podatkiem, cłem itp.); obarczać ciężarem, przemęczać; obciążać winą; wystawiać na próbę

tax·a·tion [tækˈseɪʃn] s opodatkowanie

tax·col·lec·tor [ˈtæks kəlektə(r)] s poborca podatkowy; ~'s **office** urząd skarbowy

tax·i [ˈtæksɪ] s taksówka; vi jechać taksówką

tax·i·cab [ˈtæksɪ kæb] s taksówka

tax·pay·er [ˈtæks peɪə(r)] s podatnik

tea [ti] s herbata; herbatka (przyjęcie); podwieczorek

* **teach** [titʃ], **taught, taught** [tɔt] vt uczyć (**sb sth** kogoś czegoś)

teach·er [ˈtitʃə(r)] s nauczyciel

tea·cup [ˈti kʌp] s filiżanka do herbaty

tea·ket·tle [ˈti ketl] s czajnik, imbryk

team [tim] s zaprzęg; zespół, drużyna; vt zaprzęgać; vi ~ **up** zespolić się (do wspólnej pracy), pracować zespołowo

team·work [ˈtimwɜk] s praca zespołowa

tea·par·ty [ˈti patɪ] s zebranie towarzyskie przy herbacie, herbatka

tea·pot [ˈtipot] s imbryk, czajniczek

tear 1. [tɪə(r)] s łza

* **tear** 2. [teə(r)], **tore** [tɔ(r)], **torn** [tɔn] vt vi rwać (się), szarpać, targać, drzeć (się); ~ **along** umykać; ~ **away** oderwać; zmykać; ~ **in** wpaść; ~ **off** oderwać, zerwać; ~ **open** rozerwać; ~ **out** wyrwać; ~ **up** porwać, potargać; wyrwać; rozkopać; s rozdarcie, pęknięcie

tear·ful [ˈtɪəfl] adj zalany łzami

tea·room [ˈti rum] s herbaciarnia, cukiernia

tease [tiz] vt drażnić, docinać (**sb** komuś)

teas·er [ˈtizə(r)] s kpiarz; człowiek dokuczający; pot. trudne zadanie, trudne pytanie

tea·spoon [ˈtispun] s łyżeczka do herbaty

teat [tit] s sutka, brodawka sutkowa

tech·ni·cal [ˈteknɪkl] adj techniczny

tech·nics [ˈteknɪks] s technika, nauki techniczne

tech·nique [tekˈnik] s technika, sprawność, sposób wykonywania

tech·nol·o·gy [tekˈnolədʒɪ] s technologia; technika

ted·dy·bear [ˈtedɪ beə(r)] s miś (zabawka)

ted·dy·boy [ˈtedɪ bɔɪ] s bikiniarz; rozrabiacz

te·di·ous [ˈtidɪəs] adj nudny, męczący

te·di·um [ˈtidɪəm] s nuda, nudy

tee [ti] s cel, tarcza (w grze)

teem [tim] vi roić się (**with sth** od czegoś), obfitować

teen·ag·er [ˈtineɪdʒə(r)] s nastolatek

teens [tinz] s pl wiek od 13 do 19 lat; **she is in her** ~ ona jeszcze nie ma 20 lat; **to be in one's** ~ mieć naście lat

teeth zob. **tooth**

tee·to·tal·ler [tiˈtəutlə(r)] s abstynent

tel·e·cast [ˈtelɪkast] vi = **televise**

tel·e·gram [ˈtelɪɡræm] s telegram

tel·e·graph [ˈtelɪɡraf] s telegraf; vt vi telegrafować

te·lep·a·thy [tɪˈlepəθɪ] s telepatia

tel·e·phone [ˈteləfəʊn] s telefon; by ~ telefonicznie; vt vi telefonować

tel·e·pho·to [ˈtelɪˈfəʊtəʊ] s fotografia zdalna

tel·e·pho·tog·ra·phy [ˈtelɪfəˈtɒɡrəfɪ] s telefotografia

tel·e·scope [ˈtelɪskəʊp] s teleskop

te·le·type [ˈtelɪtaɪp] s dalekopis

tel·e·view·er [ˈtelɪvjuə(r)] s telewidz

tel·e·vise [ˈtelɪvaɪz] vt nadawać w telewizji ⟨drogą telewizyjną⟩

tel·e·vi·sion [ˈtelɪvɪʒn] s telewizja; ~ set telewizor, aparat telewizyjny

tel·ex [ˈteleks] s dalekopis, teleks

* **tell** [tel], **told**, **told** [təʊld] vt vi mówić, powiadać, powiedzieć, opowiadać; poznawać, odróżniać; wywierać wpływ, robić wrażenie; kazać (sb to do sth komuś coś zrobić); mieć znaczenie; liczyć; **all told** wszystkiego ⟨wszystkich⟩ razem; ~ **over** opowiedzieć na nowo; przeliczyć

tell·er [ˈtelə(r)] s narrator; kasjer (bankowy)

tell·ing [ˈtelɪŋ] adj znaczący, wpływowy; skuteczny; s mówienie, opowiadanie; nakaz

tell·tale [ˈtelteɪl] s plotkarz; licznik; wskaźnik; attr plotkarski; zdradziecki; ostrzegawczy; kontrolny

tell·y [ˈtelɪ] s pot. telewizja

te·mer·i·ty [tɪˈmerətɪ] s śmiałość, zuchwalstwo

tem·per [ˈtempə(r)] s usposobienie, natura, nastrój, humor; irytacja; opanowanie; stopień twardości (stali); zaprawa (murarska), domieszka; **to get into a** ~ **wpaść w złość; to lose one's** ~ stracić panowanie nad sobą, rozgniewać się; **out of** ~ w gniewie, w stanie irytacji; vt vi temperować, łagodzić (się), hamować (się); u-

rabiać (np. glinę); techn. hartować (się)

tem·per·a·ment [ˈtemprəmənt] s temperament, usposobienie

tem·per·a·men·tal [ˈtemprəˈmentl] adj z temperamentem; wrodzony; pobudliwy, wybuchowy

tem·per·ance [ˈtemprəns] s umiarkowanie, wstrzemięźliwość, trzeźwość; ~ **restaurant** restauracja bezalkoholowa

tem·per·ate [ˈtemprət] adj umiarkowany, trzeźwy

tem·per·a·ture [ˈtemprətʃə(r)] s temperatura; **to take one's** ~ zmierzyć komuś gorączkę

tem·pest [ˈtempɪst] s burza

tem·ple 1. [ˈtempl] s świątynia

tem·ple 2. [ˈtempl] s anat. skroń

tem·po [ˈtempəʊ] s tempo

tem·po·ral [ˈtempərl] adj czasowy; doczesny; świecki

tem·po·rar·y [ˈtemprɪ] adj tymczasowy, przejściowy

tempt [tempt] vt kusić, wabić; **to be** ~**ed** być skłonnym, mieć ochotę (**to do sth** coś zrobić)

temp·ta·tion [tempˈteɪʃn] s pokusa, kuszenie

ten [ten] num dziesięć; s dziesiątka

ten·a·ble [ˈtenəbl] adj dający się utrzymać; (o urzędzie) piastowany

te·na·cious [təˈneɪʃəs] adj trwały, wytrzymały, uporczywy

te·nac·i·ty [təˈnæsətɪ] s trwałość, wytrzymałość, uporczywość

ten·an·cy [ˈtenənsɪ] s dzierżawa

ten·ant [ˈtenənt] s dzierżawca; lokator; vt dzierżawić

tend 1. [tend] vi zmierzać, dążyć; skłaniać się

tend 2. [tend] vt pilnować, strzec; pielęgnować (chorego)

tend·en·cy [ˈtendənsɪ] s tendencja, kierunek, skłonność

ten·der 1. [ˈtendə(r)] adj delikatny, łagodny, czuły; młodociany

ten·der 2. [ˈtendə(r)] vt podawać, wręczać, przekazywać, oferować, przedkładać; s oferta; **legal** ~ środek płatniczy

ten·der 3. [ˈtendə(r)] s *kolej. mors.* tender; dozorca (np. maszyny)

ten·don [ˈtendən] s *anat.* ścięgno

ten·e·ment [ˈtenəmənt] s parcela dzierżawna; mieszkanie czynszowe; dom czynszowy

ten·e·ment-house [ˈtenəmənt haus] s dom czynszowy, kamienica

ten·et [ˈtenət] s zasada; dogmat

ten·fold [ˈtenfəuld] adj dziesięciokrotny; adv dziesięciokrotnie

ten·ner [ˈtenə(r)] s pot. banknot dziesięciofuntowy, dziesiątka

ten·nis [ˈtenɪs] s sport tenis

ten·or [ˈtenə(r)] s treść, istota; brzmienie; przebieg; *muz.* tenor

tense 1. [tens] s gram. czas

tense 2. [tens] adj napięty

ten·sion [ˈtenʃn] s napięcie, naprężenie ·

tent [tent] s namiot; vt nakryć namiotem; vi obozować pod namiotem

ten·ta·cle [ˈtentəkl] s zool. macka

ten·ta·tive [ˈtentətɪv] adj próbny; s próba; propozycja

ten·ta·tive·ly [ˈtentətɪvlɪ] adv próbnie, tytułem próby

tenth [tenθ] adj dziesiąty; s dziesiąta (część)

ten·u·ous [ˈtenjuəs] adj cienki, delikatny, nieznaczny

ten·ure [ˈtenjuə(r)] s posiadanie, tytuł własności; okres posiadania ⟨użytkowania, urzędowania⟩

tep·id [ˈtepɪd] adj letni, ciepławy

ter·e·ben·thene [ˈterəˈbenθin] s chem. terpentyna

term [tɜm] s termin; semestr (akademicki); kadencja (sądowa, urzędowa itp.); termin, wyraz fachowy; (zw. pl ~s) stosunek; warunek; **to be on good** ~s być w dobrych stosunkach; **to be on speaking** ~s **with sb** znać się z kimś powierzchownie, ograniczać

znajomość do okolicznościowej rozmowy; **to come to** ~s dojść do porozumienia; **in** ~s **of money** przeliczywszy na pieniądze; vt o-kreślać, nazywać·

ter·mi·nal [ˈtɜmɪnl] adj końcowy; s kres, koniec; stacja końcowa; gram. końcówka

ter·mi·nate [ˈtɜmɪneɪt] vt vi kończyć (się), zakończyć (się)

ter·mi·nol·o·gy [ˈtɜmɪˈnɒlədʒɪ] s terminologia

ter·mi·nus [ˈtɜmɪnəs] s (pl **termini** [ˈtɜmɪnaɪ]) stacja końcowa

ter·race [ˈterəs] s taras

ter·res·tri·al [təˈrestrɪəl] adj ziemski; lądowy

ter·ri·ble [ˈterəbl] adj straszny, okropny

ter·rif·ic [təˈrɪfɪk] adj straszliwy, budzący strach; pot. cudowny, wspaniały

ter·ri·fy [ˈterɪfaɪ] vt napędzić strachu, przerazić

ter·ri·to·ri·al [ˈterɪˈtɔrɪəl] adj terytorialny

ter·ri·to·ry [ˈterɪtrɪ] s terytorium

ter·ror [ˈterə(r)] s terror, groza, przerażenie

ter·ror·ize [ˈterəraɪz] vt terroryzować

terse [tɜs] adj zwięzły

ter·ti·ar·y [ˈtɜʃərɪ] adj trzeciorzędny

test [test] s próba, test, sprawdzian, egzamin; vt próbować, poddawać próbie, badać (**for sth** na coś)

tes·ta·ment [ˈtestəmənt] s testament

tes·ti·fy [ˈtestɪfaɪ] vt vi świadczyć (**to sth** ·o czymś); deklarować (się); stwierdzać

tes·ti·ly [ˈtestɪlɪ] adv w rozdrażnieniu, z gniewem

tes·ti·mo·ni·al [ˈtestɪˈməunɪəl] s zaświadczenie, świadectwo

tes·ti·mo·ny [ˈtestɪmənɪ] s świadectwo, dowód; zeznanie

test-tube [ˈtest tjub] s chem. probówka

tes·ty [ˈtestɪ] *adj* łatwy do roz-
drażnienia, gniewny

teth·er [ˈteðə(r)] *s* łańcuch, postronek; *przen.* to be at the end of
one's ~ być u kresu wytrzyma-
łości ⟨sił⟩; *vt* przywiązać (np. ko-
zę, krowę), spętać

text [tekst] *s* tekst

text-book [ˈtekstbuk] *s* wypisy,
podręcznik

tex·tile [ˈtekstaɪl] *adj* tekstylny; *s*
wyrób tekstylny

tex·ture [ˈtekstʃə(r)] *s* tkanina;
struktura

than [ðæn; ðən] *conj* niż, aniżeli

thank [θæŋk] *vt* dziękować; *s* (*zw.*
pl ~s) dzięki, podziękowanie;
praep ~s to ... dzięki ..., zawdzię-
czając ...

thank·ful [ˈθæŋkfl] *adj* wdzięczny

thank·less [ˈθæŋkləs] *adj* niewdzięczny

thanks·giv·ing [θæŋksˈgivɪŋ] *s*
dziękczynienie

that [ðæt] *pron* (*pl* those [ðəuz])
ów, tamten; który, którzy; *conj*
że; ażeby

thatch [θætʃ] *s* strzecha; *vt* kryć
strzechą

thau·ma·turge [ˈθɔmətɜdʒ] *s* cudotwórca

thaw [θɔ] *vi* tajać, topnieć; *vt* topić, roztapiać; *s* odwilż

the {ðə, *przed samogłoską, w pozy-*
cji akcentowanej: ðɪ} *rodzajnik*
⟨*przedimek*⟩ *określony:* **what**
was ~ **result?** jaki był wynik?;
~ **best way** najlepszy spòsób; *w*
funkcji zaimka wskazującego:
call ~ **man** zawołaj tego człowieka; *adv przed przymiotni-*
kiem lub przysłówkiem w comp:
all ~ **better** tym lepiej; ~ **short-**
er ~ **days** ~ **longer** ~ **nights** im
krótsze dni, tym dłuższe noce; ~
more he gets, ~ **more he wants**
im więcej ma, tym więcej chce
mieć

the·a·tre [ˈθɪətə(r)] *s* teatr

the·at·ri·cal [θɪˈætrɪkl] *adj* teatralny; *s pl* ~s przedstawienie teat-

ralne (*zw.* amatorskie)

theft [θeft] *s* kradzież

their [ðeə(r)] *adj* ich

theirs [ðeəz] *pron* ich

them *zob.* **they**

theme [θim] *s* temat, przedmiot;
wypracowanie szkolne; ~ **song**
muz. film radło melodia przewodnia; *am.* sygnał stacji radiowej

them·selves [ðmˈselvz] *pron* oni
sami, ich samych, się, sobie, siebie

then [ðen] *adv* wtedy; następnie;
zresztą; (*zno.*) a więc, zatem; **but**
~ **ale przecież;** by ~ już przedtem; **now** ~ otóż; *adj attr* ówczesny

thence [ðens] *adv* dlatego, skutkiem tego; † stamtąd, stąd

the·o·lo·gian [ˈθɪəˈləudʒən] *s* teolog

the·o·lo·gy [θɪˈolədʒɪ] *s* teologia

the·o·rem [ˈθɪərəm] *s* teoremat;
mat. twierdzenie

the·o·ret·i·cal [θɪəˈretɪkl] *adj* teoretyczny

the·o·ry [ˈθɪərɪ] *s* teoria; przypuszczenie

ther·a·peu·tic [ˈθerəˈpjutɪk] *adj* te-
rapeutyczny; *s* ~s terapia

there [ðeə(r), ðə(r)] *adv* tam; ~ **is,**
~ **are** jest, są; istnieje, istnieją;
from ~ stamtąd; **over** ~ tam, po
drugiej stronie; *int* no!, otóż to!;
~ **now!** otóż to!; *s* to miejsce;
ta miejscowość; **near** ~ w pobliżu tego miejsca

there·a·bout(s) [ˈðeərəbaut(s)] *adv*
gdzieś tam, w tamtych okoli-
cach; (*po wymienieniu liczby*
itp.) coś koło tego, mniej więcej

there·af·ter [ðeərˈaftə(r)] *adv* następnie, później; według tego

there·by [ðeəˈbaɪ] *adv* przez to,
przy tym; skutkiem tego

there·fore [ˈðeəfɔ(r)] *adv* dlatego

there·of [ðeərˈov] † *adv* tego, z tego, o tym

there·with [ðeəˈwɪθ] *adv* z tym

ther·mal [ˈθɜml] *adj* cieplny

ther·mic [ˈθɜmɪk] *adj* termiczny

ther·mom·e·ter [θə'mɒmɪtə(r)] s
termometr

ther·mos ['θɜːmɒs] s (także ~ flask)
termos

ther·mo·stat·ics ['θɜːmə'stætɪks] s
termostatyka

the·sau·rus [θɪ'sɔːrəs] s (pl the·sau·ri
[θɪ'sɔːraɪ], ~es) skarbiec; leksy-
kon; zbiór (wyrazów, wyrażeń,
cytatów itp.)

these zob. this

the·sis ['θiːsɪs] s (pl theses ['θiːsiːz])
teza; rozprawa, praca pisemna

they [ðeɪ] pron oni, one; (przypadek zależny) them [ðem, ðəm,
əm]) im, ich, je

they'd [ðeɪd] = they had; they
should; they would

they'll [ðeɪl] = they shall; they
will

they're [ðeə(r)] = they are

they've [ðeɪv] = they have

thick [θɪk] adj gruby, tłusty; gęsty; głupi, tępy; s gruba część
czegoś; in the ~ of a forest w
gąszczu leśnym; przen. in the ~
of the fight w wirze walki

thick·en ['θɪkən] vi grubieć; gęstnieć; vt zagęszczać

thick·et ['θɪkɪt] s gąszcz, gęstwina

thick·ness ['θɪknəs] s grubość; gęstość

thick·set ['θɪk'set] adj gęsto sa-
dzony; (o człowieku) przysadzisty

thick·skinned ['θɪk 'skɪnd] adj
przen. gruboskórny

thief [θiːf] s (pl thieves [θiːvz] złodziej

thieve [θiːv] vi vt kraść

thieves zob. thief

thigh [θaɪ] s anat. udo

thill [θɪl] s dyszel

thim·ble ['θɪmbl] s naparstek;
techn. tulejka

thin [θɪn] adj cienki; szczupły; słaby; rzadki, rzadko rosnący; vt
rozcieńczyć; rozrzedzić; pomniejszyć; zwęzić; vi (także ~ away,
~ down) zeszczupleć, zmniejszyć
się, zrzednąć

thing [θɪŋ] s rzecz, sprawa, przedmiot; istota; pl ~s prawn. własność; poor (little) ~! biedactwo!;
all ~s English wszystko to, co
angielskie; how are ~s (going)?
co słychać; I don't feel quite the
~ nie czuję się dobrze, marnie
się czuję; that's the ~ o to chodzi, w tym rzecz; for one ~ po
pierwsze

* think [θɪŋk], thought, thought
[θɔt] vt myśleć (about, of sth o
czymś), sądzić, uważać; zamierzać; to ~ much wysoko cenić,
być dobrego zdania (of sb, sth
o kimś, czymś); to ~ little nie
cenić wysoko, mieć niepochlebne
zdanie (of sb, sth o kimś, czymś);
vt mieć na myśli; uważać; to ~
no harm nie mieć na myśli nic
złego; to ~ sb silly uważać kogoś za głupca; ~ out wymyślić;
przemyśleć do końca; ~ over obmyślić; rozważyć ponownie; ~
through przemyśleć

think·er ['θɪŋkə(r)] s myśliciel

think·ing ['θɪŋkɪŋ] s myślenie; zdanie, opinia

thin·ness ['θɪnnəs] s cienkość;
szczupłość, chudość

third [θɜːd] adj trzeci; ~ degree
trzeci stopień przesłuchania (w
sądzie, na policji); s trzecia
część; techn. trzeci bieg

third·ly ['θɜːdlɪ] adv po trzecie

third·rate ['θɜːd 'reɪt] adj trzeciorzędny

thirst [θɜːst] s pragnienie; vi pragnąć (after, for sth czegoś)

thirst·y ['θɜːstɪ] adj spragniony,
pragnący

thir·teen ['θɜː'tiːn] num trzynaście;
s trzynastka

thir·teenth ['θɜː'tiːnθ] adj trzynasty;
s trzynasta część

thir·ti·eth ['θɜːtɪəθ] adj trzydziesty;
s trzydziesta część

thir·ty ['θɜːtɪ] num trzydzieści; s
trzydziestka; the thirties lata
trzydzieste

this [ðɪs] pron (pl these [ðiːz]) ten,

ta, to; ~ **morning** ⟨**evening**⟩ dziś rano ⟨wieczór⟩; ~ **way** tędy

this·tle [ˈθɪsl] s bot. oset

thith·er [ˈðɪðə(r)] adv † tam, w o-wą stronę, do tamtego miejsca

tho' [ðəu] = **though**

thong [θɒŋ] s rzemień, kańczug

thorn [θɔn] s cierń, kolec

thorn·y [ˈθɔnɪ] adj ciernisty, kolący

thor·ough [ˈθʌrə] adj całkowity, gruntowny

thor·ough·bred [ˈθʌrəbred] adj rasowy; s koń czystej krwi, zwierzę rasowe

thor·ough·fare [ˈθʌrəfeə(r)] s przejazd, wolna droga; arteria komunikacyjna

thor·ough·go·ing [ˈθʌrə ˈgəuɪŋ] adj stanowczy, bezkompromisowy; gruntowny

thor·ough·ly [ˈθʌrəlɪ] adv gruntownie

those zob. **that**

though [ðəu] conj chociaż; **as** ~ jak gdyby; adv jednak, przecież

thought 1. zob. **think**

thought 2. [θɔt] s myśl; namysł; pomysł; zamiar; **on second** ~s po rozważeniu, po namyśle; **he had no** ~ **of** ... nie miał wcale zamiaru ...

thought·ful [ˈθɔtfl] adj myślący, głęboki, rozważny

thought·less [ˈθɔtləs] adj bezmyślny, lekkomyślny, nierozważny

thou·sand [ˈθauznd] num tysiąc

thou·sandth [ˈθauznθ] adj tysięczny; s tysięczna część

thral·dom [ˈθrɒldəm] s niewolnictwo, niewola

thrall [θrɒl] s niewolnik (**of** sb czyjś; **to** sth czegoś)

thrash [θræʃ] vt młócić; chłostać, bić; ~ **out** debatować; dokładnie przedyskutować

thrash·ing [ˈθræʃɪŋ] s młócenie; lanie, chłosta; **to give sb a good** ~ sprawić komuś solidne lanie

thread [θred] s nić, nitka; wątek

(opowiadania, rozmowy itp.); vt nizać, nawlekać; przesuwać się, przeciskać się (**sth przez coś**)

thread·bare [ˈθredbeə(r)] adj wytarty, przeświecający

threat [θret] s groźba

threat·en [ˈθretn] vt grozić; vi zagrażać, zapowiadać się groźnie

three [θri] num trzy; s trójka

three-cor·ner·ed [ˈθri ˈkɒnəd] adj trójkątny

three-deck·er [ˈθri ˈdekə(r)] s statek trójpokładowy

three·fold [ˈθri-fəuld] adj trzykrotny; adv trzykrotnie

three-mas·ter [ˈθri ˈmɑstə(r)] s statek trójmasztowy

three·pence [ˈθrepəns] s trzy pensy (moneta trzypensowa)

three·score [ˈθri ˈskɔ(r)] num sześćdziesiąt

thresh [θreʃ] = **thrash**

thresh·old [ˈθreʃhəuld] s próg; przen. przedsionek, próg, początek

threw zob. **throw**

thrift [θrɪft] s oszczędność, gospodarność

thrift·y [ˈθrɪftɪ] adj oszczędny, gospodarny

thrill [θrɪl] s dreszcz, drżenie; vt przejmować dreszczem, mocno wzruszać; vi drżeć, dygotać

thrill·er [ˈθrɪlə(r)] s sensacyjny film; przejmująca sztuka ⟨powieść⟩, dreszczowiec

* **thrive** [θraɪv], **throve** [θrəuv], **thriven** [ˈθrɪvən] vi pięknie się rozwijać, prosperować, kwitnąć

thro' [θru] = **through**

throat [θrəut] s gardło; gardziel; **sore** ~ ból gardła; **to clear one's** ~ odchrząknąć

throb [θrɒb] vi (o sercu, pulsie) bić, drgać, tętnić; s bicie (serca, pulsu); drganie, dreszcz

throe [θrəu] s gwałtowny ból; pl ~s bóle porodowe; (także ~s of death) agonia

throne [θrəun] s tron; **to come to the** ~ wstąpić na tron

throng [θroŋ] s tłum, tłok; *vt vi* tłoczyć (się), tłumnie gromadzić (się)

thros·tle [`θrosl] s *zool.* drozd

throt·tle [`θrotl] s gardziel; *techn.* przepustnica; *vt* dusić, dławić, tłumić

through [θru] *praep* przez, poprzez; z powodu, dzięki; *adv* na wskroś, dokładnie, na wylot, od początku do końca; ~ **and** ~ całkowicie, najzupełniej; **to be** ~ skończyć (**with sb, sth** z kimś, czymś); **to get** ~ przebyć; doprowadzić do końca, skończyć; połączyć się telefonicznie; *adj* bezpośredni, tranzytowy; **a** ~ **train to** ... pociąg bezpośredni do ...

through·out [θru`aut] *praep* przez, poprzez; ~ **his life** przez całe jego życie; ~ **the year** przez cały rok; *adv* wszędzie; od początku do końca; pod każdym względem

throve zob. **thrive**

* **throw** [θrəu], **threw** [θru], **thrown** [θrəun] *vt* rzucać, zrzucać, narzucać; **to** ~ **a glance** rzucić okiem (**at sb** na kogoś); ~ **away** odrzucać, wyrzucać; ~ **down** porzucić, zrzucić, obalić; ~ **in** wrzucić, wtrącić; **to** ~ **in one's lot with sb** podzielić czyjś los; związać się; ~ **off** zrzucić; pozbyć się (**sth** czegoś); ~ **on** narzucić, nałożyć; ~ **open** rozewrzeć, szeroko otworzyć; udostępnić; ~ **out** wyrzucić, wypędzić; wydać; ~ **over** porzucić, zarzucić; przewrócić; ~ **up** podrzucić, rzucić w górę; podwyższyć; porzucić, zrezygnować; *s* rzut; obalenie

throw·out [`θrəu aut] s rzecz odrzucona; odsiew; odpadki

thru [θru] *am.* = **through**

thrum [θrʌm] *vt vi* bębnić, rzępolić; *s* bębnienie, rzępolenie

thrush [θrʌʃ] s *zool.* drozd

* **thrust** [θrʌst], **thrust**, **thrust**

[θrʌst] *vt* pchnąć, wbić; wtrącić; przebić; *vi* ~ **past** przepychać się obok; *s* pchnięcie; *wojsk.* atak, wypad

thud [θʌd] s głuche stuknięcie, głuchy łomot; *vi* ciężko zwalić się, głucho stuknąć

thug [θʌg] s skrytobójca, bandyta

thumb [θʌm] s kciuk; **rule of** ~ praktyczna zasada; ~**s up!** brawo!; **Tom Thumb** Tomcio Paluch; *vt* przewracać kartki (książki), wertować; brzdąkać

thump [θʌmp] *vi* głucho stukać, grzmocić (np. pięścią); s głuche stukanie, ciężkie uderzenie

thun·der [`θʌndə(r)] s grzmot; *vi* grzmieć; *vt* ciskać (np. groźbę)

thun·der·bolt [`θʌndə bəult] s piorun, grom

thun·der·clap [`θʌndə klæp] s trzask piorunu, *przen.* piorunująca wiadomość

thun·der·ous [`θʌndərəs] *adj* grzmiący

thun·der·storm [`θʌndə stɔm] s burza z piorunami

thun·der·struck [`θʌndə strʌk] *adj* rażony piorunem; oszołomiony

Thurs·day [`θɜzdɪ] s czwartek

thus [ðʌs] *adv* tak, w ten sposób; ~ **far** dotąd, dotychczas; do tego stopnia; ~ **much** tyle

thwart [θwɔt] *vt* krzyżować, udaremniać

thy [ðaɪ] *pron* twój

tick 1. [tɪk] *vt vi* (o zegarze) tykać; robić znak kontrolny; odfajkować; s tykanie; znak kontrolny; chwilka

tick 2. [tɪk] s *pot.* kredyt; **on** ~ na kredyt

tick·et [`tɪkɪt] s bilet, karta wstępu; etykieta, znaczek; licencja (np. pilota); *am. polit.* lista kandydatów

tick·le [`tɪkl] *vt* łaskotać; zabawiać; *vi* swędzić; s łaskotanie

tick·lish [`tɪklɪʃ] *adj* łaskotliwy; drażliwy

tid·dly-winks [ˈtɪdlɪ wɪŋks] s (gra w) pchełki

tide [taɪd] s przypływ i odpływ morza; prąd, bieg; *przen.* fala; pora, czas; **high** ~ przypływ; **low** ~ odpływ; *vi* płynąć z prądem; ~ **over** przepływać; *przen.* przezwyciężyć (np. trudności)

ti·dings [ˈtaɪdɪŋz] s pl wiadomości

ti·dy [ˈtaɪdɪ] *adj* czysty, schludny, porządny; *vt (także* ~ **up**) doprowadzić do porządku, oczyścić

tie [taɪ] s więź, węzeł; krawat; sznurowadło; *sport* remis; *vt (p praes* tying) wiązać, łączyć; krępować; zobowiązywać (**sb to sth** kogoś do czegoś)

tier [tɪə(r)] s rząd; piętro; kondygnacja; *teatr* rząd krzeseł

ti·ger [ˈtaɪgə(r)] s *zool.* tygrys

tight [taɪt] *adj* napięty; obcisły, ciasny; szczelny, spoisty; niewystarczający, skąpy; *pot.* pijany, wstawiony; **to be in a ~ corner** być przyciśniętym do muru; **to sit ~** *przen.* obstawać przy swoim; s pl ~s trykoty; rajstopy; *adv* ciasno, szczelnie

tight·en [ˈtaɪtn] *vt vi* ściągnąć (się), ścieśnić (się); napiąć; zacisnąć

tight-fist·ed [ˈtaɪt ˈfɪstɪd] *adj* skąpy

ti·gress [ˈtaɪgrəs] s tygrysica

tike [taɪk] = tyke

tile [taɪl] s dachówka; kafel; płyta; *vt* kryć dachówką, wykładać (kaflami itp.)

till 1. [tɪl] *praep* do, aż do; *conj* aż, dopóki nie

till 2. [tɪl] s kasa sklepowa

till 3. [tɪl] *vt* uprawiać (ziemię), orać

till·age [ˈtɪlɪdʒ] s uprawa ziemi

till·er 1. [ˈtɪlə(r)] s rolnik

till·er 2. [ˈtɪlə(r)] s *mors.* rączka steru, sterownica

tilt 1. [tɪlt] *vt vi* przechylać (się); rzucić się, atakować (np. lancą);

przen. napadać (**at sb** na kogoś); s nachylenie, przechył; napaść

tilt 2. [tɪlt] s nakrycie, osłona (z brezentu)

tim·ber [ˈtɪmbə(r)] s drewno, budulec; belka; *am.* las

time [taɪm] s czas, pora; termin; raz; tempo; takt; okres kary więziennej; okres służby wojskowej; **a long ~ ago** dawno temu; **at a ~** naraz; **at ~s** czasami; **at any ~** kiedykolwiek; **at one ~** swego czasu, niegdyś; **at the same ~** równocześnie; pomimo tego; **behind one's ~** spóźniony; **behind the ~s** konserwatywny, zacofany; **for the ~ being** w razie, chwilowo; **in due ~** we właściwym czasie, w porę; **in ~** na czas; w takt, do taktu; **in no ~** wkrótce, zaraz, natychmiast; **many a ~** niejednokrotnie; **many ~s** wielokrotnie, często; **most of the ~** przeważnie; najczęściej; **once upon a ~** pewnego razu; dawno temu; **out of ~** nie w porę, nie na czasie; **some ~ or other** kiedyś tam (w przyszłości), przy sposobności; ~ **after** ~ raz za razem; ~ **and again** od czasu do czasu; ~ **is up** czas upłynął; **to do ~** odsiadywać karę więzienia; **to gain ~** zyskać na czasie; (*o zegarze*) śpieszyć się; **to have a good ~** dobrze się bawić; używać sobie; **to keep ~** tańczyć ⟨grać itp.⟩ do taktu; **to serve one's ~** odbywać (służbę, wyrok, praktykę itp.); **to take one's ~** nie śpieszyć się; **what ~ is it?, what is the ~?** która godzina?; *vt* wyznaczać według czasu, dostosować do czasu; określać czas, regulować; zrobić w odpowiedniej chwili; *vi* dostosowywać się, dotrzymywać kroku (**with sb, sth** komuś, czemuś); *adj praed* czasowy; terminowy

time-bomb [ˈtaɪm bɒm] s bomba zegarowa

time·ly [ˈtaɪmlɪ] *adj* będący na czasie, aktualny; dogodny

ti·mer [ˈtaɪmə(r)] s stoper; regulator czasu

time·serv·er [ˈtaɪm sɜvə(r)] s oportunista

time·serv·ing [ˈtaɪm sɜvɪŋ] adj oportunistyczny; s oportunizm

time-ta·ble [ˈtaɪm teɪbl] s rozkład zajęć; rozkład jazdy

time-work [ˈtaɪm wɜk] s praca dniówkowa

time-worn [ˈtaɪm wɔn] adj zużyty, sfatygowany; przestarzały; starodawny

tim·id [ˈtɪmɪd] adj bojaźliwy, nieśmiały

ti·mid·i·ty [tɪˈmɪdətɪ] s bojaźliwość

tim·or·ous [ˈtɪmərəs] adj lękliwy

tin [tɪn] s cyna, blacha; naczynie blaszane; puszka konserwowa; vt pobielać; konserwować w puszkach, pakować do puszek

tinc·ture [ˈtɪŋktʃə(r)] s nalewka; domieszka; odcień, zabarwienie

ting [tɪŋ] vt vi dzwonić, dźwięczeć; s dźwięczenie, dzwonienie

tinge [tɪndʒ] s lekki odcień, zabarwienie; vt zabarwiać, nadawać odcień

tin·gle [ˈtɪŋgl] vt dźwięczeć, brzmieć; świerzbieć, swędzić; powodować ciarki; s dźwięczenie, brzęk; swędzenie; ciarki

tink·er [ˈtɪŋkə(r)] s naprawiacz kotłów; druciarz

tin·kle [ˈtɪŋkl] vt dzwonić; s dzwonienie

tin·ned [tɪnd] pp zob. tin; adj konserwowy; ~ food artykuły żywnościowe w konserwach

tin-opener [ˈtɪn əupnə(r)] s klucz do konserw

tin-plate [ˈtɪn pleɪt] s blacha cynowa

tin·sel [ˈtɪnsl] s zbior. błyskotki; świecidełka; przen. fałszywy blask, blichtr

tint [tɪnt] s zabarwienie, odcień; vt lekko barwić, cieniować

tin·ware [ˈtɪnweə(r)] s zbior. wyroby cynowe ⟨blaszane⟩

ti·ny [ˈtaɪnɪ] adj drobny, bardzo mały

tip 1. [tɪp] s koniuszek; szpic (np. buta); skuwka; on the ~ of one's tongue na końcu języka; vt pokryć koniuszek; obić, okuć

tip 2. [tɪp] vt vi dotknąć; przechylić (się); skinąć, dać znak; poczęstować; dać napiwek; s przechylenie, nachylenie; lekkie dotknięcie; znak, aluzja, wskazówka; napiwek

tip-car [ˈtɪp ka(r)] s wóz-wywrotka

tip·sy [ˈtɪpsɪ] adj pijany, wstawiony

tip·toe [ˈtɪptəu] adv (zw. on ~) na czubkach palców; vi chodzić na czubkach palców

tip·top [ˈtɪp ˈtop] s pot. szczyt doskonałości; adj doskonały, pierwszorzędny

ti·rade [taɪˈreɪd] s tyrada

tire 1. [ˈtaɪə(r)] vt vi męczyć (się); to be ~d of sth mieć czegoś dosyć; to be ⟨get⟩ ~d zmęczyć się (of sth czymś); mieć czegoś dość; uprzykrzyć sobie (of sth coś); ~ out krańcowo wyczerpać

tire 2. [ˈtaɪə(r)] s obręcz (koła); opona; guma (rowerowa); vt nałożyć obręcz; nałożyć oponę ⟨gumę⟩

tire·less [ˈtaɪələs] adj niezmordowany

tire·some [ˈtaɪəsm] adj męczący; nudny

'tis [tɪz] = it is

tis·sue [ˈtɪʃu] s tkanina (delikatna); biol. tkanka

tis·sue-pa·per [ˈtɪʃu peɪpə(r)] s bibułka

tit [tɪt] s w zwrocie: ~ for tat pięknym za nadobne, wet za wet

tit-bit [ˈtɪtbɪt] s smakołyk; przen. interesująca plotka ⟨nowina⟩

tithe [taɪð] s dziesięcina

ti·tle [ˈtaɪtl] s tytuł

ti·tled [ˈtaɪtld] adj utytułowany

tit·ter [ˈtɪtə(r)] vi chichotać; s chichot

tit·u·lar [ˈtɪtjulə(r)] adj tytularny

to [tu, tə] praep (kierunek) do, ku;

(*granica przestrzeni lub czasu*)
aż, do, po; (*zgodność*) ku, według; to a man do ostatniego
człowieka; **to my mind** moim
zdaniem, według mnie; **to perfection** doskonale; **to this day**
po dzień dzisiejszy; **to the right**
(w kierunku) na prawo; (*porównanie*) od, niż: **inferior to me**
niższy (np. służbowo) ode mnie;
(*stosunek*) dla, na, wobec: **he has
been very good to me** był dla
mnie bardzo dobry; **ten to one**
dziesięć do jednego; **za dziesięć
minut pierwsza;** (*wynik*) ku: **to
my surprise** ku memu zdziwieniu; *cel:* **man eats to live** człowiek je, ażeby żyć; *tłumaczy się
przez 3. przypadek:* **give it to
me** not to him daj to mnie, nie
jemu; *kwalifikator bezokolicznika:* to see widzieć; *zastępuje bezokolicznik:* he was to have come
but forgot to miał przyjść, ale
zapomniał (przyjść); *adv w wyrażeniach:* **to and fro** tu i tam;
the door is to drzwi są zamknięte

toad [təud] *s zool.* ropucha

toad·y [`təudɪ] *s* pochlebca, lizus;
vt płaszczyć się (sb przed kimś),
wkradać się w łaski (sb czyjeś)

toast [təust] *s* grzanka, tost; toast;
vt przypiekać; wznosić toast (sb
na czyjąś cześć)

to·bac·co [tə`bækəu] *s* tytoń

to·bac·co·nist [tə`bækənɪst] *s* właściciel sklepu tytoniowego

to·bog·gan [tə`bogən] *s sport* toboggan; *vi* jeździć na toboggania

to·bog·gan-shoot [tə`bogən ʃut], **to·bog·gan-slide** [tə`bogən slaɪd] *s
sport* tor saneczkowy

to·day, to-day [tə`deɪ] *adv* dziś; *s*
dzień dzisiejszy

tod·dle [`todl] *vi* chodzić chwiejnym krokiem; *s* chwiejny krok

tod·dy [`todɪ] *s* sok z palmy; rodzaj grogu

to-do [tə `du] *s* hałas, zamieszanie, krzątanina

toe [təu] *s* palec u nogi; **from top
to ~** od stóp do głów; *vt w
zwrocie:* **to ~ the line** *sport* stanąć na starcie; *przen.* podporządkować się ogółowi, być solidarnym

tof·fee [`tofɪ] *s* toffi, karmelek

to·geth·er [tə`geðə(r)] *adv* razem;
na raz; for weeks ~ całymi tygodniami; **to get ~** zbierać (się)

toil [tɔɪl] *s* trud; *vi* trudzić się,
ciężko pracować; (*także ~ along*)
wlec się z trudem

toil·er [`tɔɪlə(r)] *s* ciężko pracujący człowiek

toil·et [`tɔɪlət] *s* toaleta

to·ken [`təukən] *s* znak; pamiątka;
bon; żeton

told *zob.* tell

tol·er·a·ble [`tolrəbl] *adj* znośny,
możliwy

tol·er·ance [`tolərəns] *s* tolerancja,
pobłażliwość

tol·er·ate [`toləreɪt] *vt* tolerować,
znosić

toll 1. [təul] *s* myto, opłata; *przen.*
~ of lives żniwo śmierci

toll 2. [təul] *vt vi* dzwonić (przeciągle); *s* głos dzwonu (*zw.* pogrzebowego)

toll-bar [`təul ba(r)] *s* rogatka

tom·a·hawk [`tomahok] *s* indiański
topór bojowy, tomahawk

to·ma·to [tə`matəu] *s* pomidor

tomb [tum] *s* grobowiec; grób

tom·boy [`tombɔɪ] *s* (dziewczyna)
urwis ⟨trzpiot⟩

tomb·stone [`tumstəun] *s* kamień
grobowy

tom·fool [tom`ful] *s* głupiec; błazen; *vi* błaznować

tom·my [`tomɪ] *s* żołnierz brytyjski; szeregowiec; *pot.* **~ rot**
głupstwa, brednie

tom·my-gun [`tomɪ gʌn] *s* ręczny
karabin maszynowy

to·mor·row, to-mor·row [tə`morəu]
adv jutro; *s* dzień jutrzejszy;
the day after ~ pojutrze

ton

ton [tʌn] s tona; *zw. pl* ~s *pot.* mnóstwo, niezliczona ilość

tone [təun] s ton, dźwięk; *gram.* akcent toniczny; *vt* stroić, nastrajać; tonować; harmonizować; ~ **down** tonować, łagodzić; tonować się, łagodnieć; ~ **up** podnieść, wzmocnić; wzmagać się, potężnieć

tongs [tɒŋz] s *pl* szczypce, obcęgi

tongue [tʌŋ] s język; mowa; sposób mówienia; języczek; serce (dzwonu); **mother** ~ język ojczysty; **to find one's** ~ **again** odzyskać mowę; **to have lost one's** ~ zapomnieć języka w gębie; **to hold one's** ~ trzymać język za zębami

ton·ic [ˈtɒnɪk] *adj* wzmacniający, toniczny; *gram.* tonalny, akcentowany; s środek wzmacniający ⟨tonizujący⟩

to·night, to-night [təˈnaɪt] *adv* dziś w nocy ⟨wieczorem⟩; s dzisiejsza noc, dzisiejszy wieczór; ~'s **paper** dzisiejsza gazeta wieczorna

too [tu] *adv* także, prócz tego, w dodatku; doprawdy; wielce, bardzo, aż nadto; **all** ~ aż nadto; **none** ~ **good** niezbyt dobry, nieszczególny; **I'm only** ~ **glad** jestem bardzo rad

took *zob.* **take**

tool [tul] s narzędzie

toot [tut] s dźwięk (rogu, klaksonu itp.), sygnał; *vt vi* dąć w róg, buczeć

tooth [tuθ] s (*pl* **teeth** [tiθ]) ząb; **in the teeth of sth** wbrew czemuś, nie zważając na coś; ~ **and nail** energicznie, zawzięcie

tooth·ache [ˈtuθeɪk] s ból zębów

tooth-brush [ˈtuθbrʌʃ] s szczoteczka do zębów

tooth-paste [ˈtuθpeɪst] s pasta do zębów

tooth-pick [ˈtuθpɪk] s wykałaczka

top 1. [tɒp] s szczyt, najwyższy punkt; wierzch, powierzchnia, górna część; głowa (stołu); *mors.* kosz, bocianie gniazdo; pierw-

sze miejsce w klasie; *adj attr* górny, szczytowy; ~ **boy** najlepszy uczeń w klasie; *vt vi* pokrywać od góry; wznosić się; przewyższać; ~ **off** zakończyć; ~ **up** dopełnić

top 2. [top] s bąk (zabawka); **to sleep like a** ~ spać jak suseł

top-hat [ˈtop hæt] s cylinder

to·pi, to·pee [ˈtəupɪ] s hełm tropikalny

top·ic [ˈtopɪk] s przedmiot, temat

top·i·cal [ˈtopɪkl] *adj* miejscowy; dotyczący tematu, aktualny

top·most [ˈtopməust] *adj* najwyższy

to·pog·ra·phy [təˈpogrəfɪ] *adj* topografia

top·ping [ˈtopɪŋ] *adj* wybitny; *pot.* świetny, kapitalny

top·ple [ˈtopl] *vt* (*także* ~ **down** ⟨**over**⟩) powalić; *vi* zwalić się

top·sy-tur·vy [ˈtopsɪ ˈtɜvɪ] *adv* do góry nogami; *adj* przewrócony do góry nogami

torch [tɔtʃ] s pochodnia; latarka elektryczna

tore *zob.* **tear** 2.

tor·ment [ˈtɔment] s męka, tortury; *vt* [tɔˈment] męczyć, dręczyć

torn *zob.* **tear** 2.

tor·na·do [tɔˈneɪdəu] s tornado

tor·pe·do [tɔˈpidəu] s torpeda; *vt* torpedować

tor·pedo-boat [tɔˈpidəu bəut] s *wojsk.* kuter torpedowy

tor·pid [ˈtopɪd] *adj* zesztywniały, zdrętwiały

tor·por [ˈtopə(r)], **tor·pid·i·ty** [tɔˈpɪdətɪ] s zesztywnienie, odrętwienie

tor·rent [ˈtorənt] s potok (rwący); ulewa

tor·ren·tial [toˈrenʃl] *adj* wartki; ulewny

tor·rid [ˈtorɪd] *adj* wypalony (słońcem); skwarny

tor·sion [ˈtɔʃn] s skręt, skręcenie; *mat.* torsja

tor·toise [ˈtɔtəs] s *zool.* żółw

tor·toise-shell [`tɔtəs ʃel] s szylkret

tor·tu·qus [`tɔtʃuəs] adj kręty, wijący się

tor·ture [`tɔtʃə(r)] s tortury, męczarnia; vt torturować, dręczyć; przekręcać (np. słowa)

To·ry [`tɔrɪ] s polit. torys

toss [tos] vt rzucać w górę, podrzucać, potrząsać; niepokoić; vi przewracać się, wiercić się; (o morzu, drzewie) kołysać się; ~ off wypić duszkiem; załatwić od ręki; s rzucanie, rzut; potrząsanie

to·tal [`təutl] adj całkowity, totalny; s suma globalna, ogólny wynik; vt vi sumować; wynosić w całości

to·tal·i·ty [təu`tæləti] s całość, ogół

to·tal·i·za·tor [`təutʃaɪzeɪtə(r)], pot. tote [təut] s totalizator

tot·ter [`tɔtə(r)] vi chwiać się, iść na niepewnych nogach

touch [tʌtʃ] vt vi dotknąć; poruszyć, wspomnieć (on, upon sth coś); wzruszyć; (także ~ off) zarysować, naszkicować; dorównać; natknąć się; to ~ to the quick dotknąć do żywego; ~ up poprawić (np. obraz), wyretuszować; to ~ wood odpukiwać; s dotyk, dotknięcie; kontakt; lekki atak (choroby); pociągnięcie (np. pędzlem); posmak; powierzchowna próba; to get in ~ skontaktować się; to· keep in ~ utrzymywać kontakt; finishing ~ ostatnie pociągnięcie

touch·ing [`tʌtʃɪŋ] adj wzruszający; praep odnośnie do, co się tyczy

touch·stone [`tʌtʃstəun] s kamień probierczy; przen. standard, kryterium

touch·y [`tʌtʃɪ] adj drażliwy

tough [tʌf] adj twardy, oporny, trudny; (o mięsie) łykowaty, żylasty; tęgi, mocny, wytrzymały

tour [tuə(r)] s podróż (zw. okrężna), objazd; wycieczka; on ~ w podróży; to make a ~ of the world objechać świat; vt vi ob-

jeżdżać, zwiedzać

tour·ism [`tuərɪzm] s turystyka

tour·ist [`tuərɪst] s turysta

tour·na·ment [`tuənəmənt] s zawody, rozgrywki; hist. turniej

tou·sle [`tauzl] vt targać, mierzwić

tout [taut] vi kaptować, nachodzić (for sb kogoś); czynić starania (for sth o coś)

tow [təu] vt holować, ciągnąć na linie, wlec za sobą; s holowany statek; lina do holowania; to have in ~ holować; to take in ~ wziąć na hol

to·ward(s) [tu`wɔdz] praep ku, w kierunku; w stosunku do; (o czasie) pod, około; na; ~ expenses na wydatki

tow·el [`tauļ] s ręcznik (z materiału, papieru itd.)

tow·er [`tauə(r)] s wieża; baszta; the Tower (of London) zamek londyński (średniowieczne więzienie); vi wznosić się, piętrzyć się

town [taun] s miasto; out of ~ na prowincji, (wyjechać itd.) z miasta, za miasto, na wieś

town·let [`taunlət] s miasteczko

towns·folk [`taunzfouk] s zbior. mieszkańcy miasta, mieszczanie

towns·peo·ple [`taunzpipl] = townsfolk

tox·ic [`tɔksɪk] adj trujący

toy [tɔɪ] s zabawka; vi bawić się; igrać

trace 1. [treɪs] s ślad; vt śledzić; iść śladem; zrekonstruować; szkicować, kreślić; ~ back wywodzić (sth to sth coś od czegoś); ~ over kalkować

trace 2. [treɪs] s postronek; pl ~s uprząż

trac·er [`treɪsə(r)] s traser; kreślarz; (także ~ bullet ⟨shell⟩) pocisk smugowy

track [træk] s ślad, trop; ścieżka, szlak, trakt; tor (kolejowy, wyścigowy); the beaten ~ wydeptana droga; utarty szlak; to leave ⟨to come off⟩ the ~ wyko-

leić się; **to lose** ~ zgubić się (of
sth w czymś); stracić kontakt (of
sb, sth z kimś, czymś); vt śledzić; znaczyć śladami; ~ **down**
⟨out⟩ wyśledzić

trac·ta·ble [ˈtræktəbl] adj uległy,
podatny

trac·tion [ˈtrækʃn] s trakcja

trac·tor [ˈtræktə(r)] s traktor, ciągnik

trade [treid] s rzemiosło; handel;
przemysł (budowlany, hotelowy
itd.); branża; zawód, zawodowe
zajęcie; **home** ⟨**foreign**⟩ ~ handel wewnętrzny ⟨zagraniczny⟩; ~
mark ochronny znak fabryczny;
~ **union** związek zawodowy;
Board of Trade ministerstwo
przemysłu i handlu; vi handlować (**in** sth czymś; **with** sb z
kimś)

trad·er [ˈtreidə(r)] s handlowiec;
statek handlowy

trades·man [ˈtreidzmən] s kupiec

trade-wind [ˈtreidwind] s pasat

tra·di·tion [trəˈdiʃn] s tradycja

tra·di·tion·al [trəˈdiʃnl] adj tradycyjny

traf·fic [ˈtræfik] s komunikacja;
ruch uliczny; transport; handel;
~ ⟨**control**⟩ **lights** światła regulu-
jące ruch uliczny; ~ **regulations**
przepisy drogowe; vi handlować
(**in** sth czymś)

tra·ge·di·an [trəˈdʒidiən] s autor
tragedii; aktor tragiczny

trag·e·dy [ˈtrædʒədi] s tragedia

trag·i·cal [ˈtrædʒik(l)] adj tragiczny

trail [treil] s szlak, ślad, trop; wlokący się ogon, smuga (np. dy-
mu); vt wlec za sobą; tropić;
deptać; vi wlec się

trail·er [ˈtreilə(r)] s tropiciel; przyczepa (do samochodu itd.)

train [trein] s pociąg; wlokący się
ogon, tren; sznur (ludzi, wozów);
orszak; vt vi trenować, uczyć
(się), tresować; kształcić, zaprawiać (**for** sth do czegoś)

train·er [ˈtreinə(r)] s trener, in-

struktor

train·ing [ˈtreiniŋ] s trening, ćwiczenia, tresura

trait [treit] s rys (np. charakteru)

trai·tor [ˈtreitə(r)] s zdrajca

trai·tor·ous [ˈtreitərəs] adj zdradziecki

tram [træm] s tramwaj

tram-car [ˈtræm ka(r)] s wóz tramwajowy

tram·mel [ˈtræml] s (długa) sieć;
pętla (dla konia); przeszkoda;
(także pl ~s) więzy; vt łapać,
pętać, plątać, przeszkadzać

tramp [træmp] vi vt włóczyć się;
deptać, ciężko stąpać; s włóczęga, łazik; wędrówka; ciężkie stąpanie

tramp·er [ˈtræmpə(r)] s włóczęga

tram·ple [ˈtræmpl] vt deptać, tratować

tram·way [ˈtræmwei] s tramwaj

trance [trans] s trans

tran·quil [ˈtræŋkwil] adj spokojny

tran·quil·i·ty [træŋˈkwiləti] s spokój

trans·act [trænˈzækt] vt przeprowadzić, doprowadzić do skutku;
vi układać się, pertraktować

trans·ac·tion [trænˈzækʃn] s transakcja

tran·scribe [trænˈskraib] vt transkrybować; przepisywać; radio
nagrywać na taśmę

tran·scrip·tion [trænˈskripʃn] s
transkrypcja; przepisywanie; radio nagranie ⟨odtwarzanie⟩ na
taśmie

trans·fer [trænsˈfɜ(r)] vt vi przenosić (się); przekazywać; przewozić; przesiadać się; handl. cedować; s [ˈtrænsfɜ(r)] przeniesienie; przewóz; przekazanie; przelew; handl. cesja

trans·fig·ure [trænsˈfigə(r)] vt
przekształcać

trans·fix [trænsˈfiks] vt przebić,
przeszyć, przekłuć; unieruchomić, sparaliżować

trans·form [træns`fɔm] vt prze-
kształcać

trans·form·er [træns`fɔmə(r)] s
elektr. transformator

trans·fuse [træns`fjuz] vt przele-
wać, przetaczać; przepoić

trans·fu·sion [træns`fjuʒn] s trans-
fuzja

trans·gress [trænz`gres] vt vi prze-
kroczyć, naruszyć (np. ustawę);
popełnić przekroczenie

trans·gres·sion [trænz`greʃn] s
przekroczenie

tran·ship zob. **trans-ship**

tran·sient [`trænziənt] adj prze-
mijający, przejściowy

tran·sis·tor [træn`zɪstə(r)] s tranzy-
stor

tran·sit [`trænsɪt] s tranzyt; prze-
jazd

tran·si·tion [træn`zɪʃn] s przejście;
okres przejściowy

tran·si·tion·al [træn`zɪʃnl] adj
przejściowy

tran·si·tive [`trænsətɪv] adj gram.
przechodni

tran·si·to·ry [`trænsɪtrɪ] adj przejś-
ciowy, efemeryczny, przemijają-
cy

trans·late [trænz`leɪt] vt tłumaczyć
(into English na angielski)

trans·la·tion [trænz`leɪʃn] s tłuma-
czenie

trans·la·tor [trænz`leɪtə(r)] s tłu-
macz

trans·lit·er·ate [trænz`lɪtəreɪt] vt
transliterować

trans·mis·sion [trænz`mɪʃn] vt
transmisja

trans·mit [trænz`mɪt] vt przeka-
zywać, doręczać; przenosić;
transmitować

trans·mit·ter [trænz`mɪtə(r)] s apa-
rat transmitujący, przekaźnik;
nadajnik

trans·par·en·cy [træn`spærənsɪ] s
przeźroczystość

trans·par·ent [træn`speərnt] adj
przeźroczysty

tran·spi·ra·tion [ˌtrænspɪ`reɪʃn] s
parowanie; pocenie się

tran·spire [træn`spaɪə(r)] vt vi wy-
dzielać (się); parować; pocić się;
wydychać; *przen.* wychodzić na
jaw, okazywać się; zdarzać się

trans·plant [træns`plant] vt przesa-
dzać, przenosić, przeszczepiać

trans·plan·ta·tion [ˌtrænsplan`teɪʃn]
s *med.* przeszczep, transplanta-
cja

trans·port [træn`spɔt] vt transpor-
tować, przewozić, przenosić; porwać, zachwycić, unieść; *hist.* zesłać (zbrodniarza); s [`trænspɔt]
transport, przewóz, przeniesienie;
zachwyt, poryw, uniesienie

trans·por·ta·tion [ˌtrænspɔ`teɪʃn] s
transport, przewóz, przeniesienie; zesłanie

trans·pose [træn`spəuz] vt przesta-
wiać; *muz.* transponować

trans-ship [træns`ʃɪp] vt przełado-
wywać

trans·ver·sal [trænz`vɜsl] adj po-
przeczny; s linia poprzeczna

trans·verse [trænz`vɜs] adj poprze-
czny

trap [træp] s pułapka, potrzask,
zasadzka; *przen.* podstęp; vt łapać w potrzask, zastawiać pułapkę

trap·door [træp`dɔ(r)] s zapadnia,
klapa

tra·peze [trə`piz] s trapez (w gi-
mnastyce)

tra·pe·zi·um [trə`piziəm] s *mat.*
trapez

trap·e·zoid [`træpɪzɔɪd] s *mat.* tra-
pezoid

trap·per [`træpə(r)] s traper

trash [træʃ] s tandeta; szmira;
bzdury; *am.* śmieci; *am.* hołota

trav·el [`trævl] vi podróżować, jeź-
dzić, jechać; s podróż

trav·el·ler, *am.* **trav·el·er** [`træv-
lə(r)] s podróżny; podróżnik; komiwojażer

trav·erse [`trævɜs] s trawers, po-
przeczka; vt przecinać w poprzek, przejeżdżać; krzyżować
(plany); dokładnie badać

trav·es·ty [`trævɪstɪ] s trawesta-
cja; vt trawestować

trawl [trɔl] s niewód; vt łowić niewodem

trawl·er [ˈtrɔlə(r)] s `mors.` trawler

tray [treɪ] s taca

treach·er·ous [ˈtretʃərəs] adj zdradziecki

treach·er·y [ˈtretʃərɪ] s zdrada

trea·cle [ˈtrikl] s melasa, syrop

*tread [tred] vi vt (trod [trod], trod·den [ˈtrodn]) stąpać, kroczyć (on sth po czymś); deptać (on the grass trawę); ~ a measure tańczyć; ~ out zadeptać, zgnieść; s chód, kroki

tread·mill [ˈtred mɪl] s kierat; przen. monotonna praca, kierat

trea·son [ˈtrizn] s zdrada; high ~ zdrada stanu

trea·son·able [ˈtriznəbl] adj zdradziecki

treas·ure [ˈtreʒə(r)] s skarb; vt wysoko szacować; (zw. ~ up) chować jak skarb; fin. tezauryzować

treas·ur·er [ˈtreʒərə(r)] s skarbnik

treas·ure-trove [ˈtreʒə ˈtrəuv] s znaleziony skarb

treas·ur·y [ˈtreʒrɪ] s skarbiec; the Treasury skarb państwa; am. ministerstwo skarbu

treat [trit] vt traktować, uważać (as sth za coś); rozpatrywać; leczyć (sb for sth kogoś na coś); poddawać działaniu; fundować, częstować (sb to sth kogoś czymś); gościć, przyjmować; vi prowadzić pertraktacje (with sb for sth z kimś w sprawie czegoś); rozprawiać (of sth o czymś); s przyjemność, rozkosz; poczęstunek

trea·tise [ˈtritɪz] s traktat, rozprawa naukowa

treat·ment [ˈtritmənt] s traktowanie, obchodzenie się; leczenie; under ~ w leczeniu

trea·ty [ˈtritɪ] s traktat, umowa

tre·ble [ˈtrebl] adj potrójny; muz. sopranowy; vt vi potroić (się)

tree [tri] s drzewo; prawidło (do butów)

tre·foil [ˈtriˈfɔɪl] s bot. koniczyna

trel·lis [ˈtrelɪs] s krata drewniana (dla pnączy); altanka (z kraty)

trem·ble [ˈtrembl] vi drżeć; s drżenie

tre·men·dous [trɪˈmendəs] adj ogromny, kolosalny; pot. wspaniały

trem·or [ˈtremə(r)] s drżenie; trzęsienie

trem·u·lous [ˈtremjuləs] adj drżący

trench [trentʃ] s rów; wojsk. okop; ~ coat trencz; vi kopać rowy; wkraczać, wdzierać się (on sth w coś); graniczyć (on sth z czymś); vt przekopywać, przecinać rowem

trend [trend] s skłonność, kierunek, tendencja; vi skłaniać się; dążyć (towards ⟨to⟩ sth ku czemuś); objawiać tendencję

trep·i·da·tion [ˌtrepɪˈdeɪʃn] s drżenie

tres·pass [ˈtrespəs] vi popełnić przekroczenie, naruszyć (on ⟨upon⟩ the law prawo); zgrzeszyć (against sth przeciwko czemuś); wkroczyć (na zakazany teren); nadużyć (on ⟨upon⟩ sth czegoś); s przekroczenie; grzech; wina

tres·pass·er [ˈtrespəsə(r)] s winny przekroczenia; winowajca; nieprawnie wkraczający na zakazany teren

tri·al [ˈtraɪl] s próba, doświadczenie; badanie; przesłuchanie; rozprawa sądowa; sport rozgrywka eliminacyjna; on ~ na próbę; to put to ~ poddać próbie

tri·an·gle [ˈtraɪæŋgl] s trójkąt

tri·an·gu·lar [traɪˈæŋgjulə(r)] adj trójkątny

trib·al [ˈtraɪbl] adj plemienny

tribe [traɪb] s plemię, szczep

trib·u·la·tion [ˌtrɪbjuˈleɪʃn] s udręka, wielkie zmartwienie

tri·bu·nal [traɪˈbjunl] s trybunał

trib·une [ˈtrɪbjun] s trybuna; hist. trybun

trib·u·tar·y [ˈtrɪbjutərɪ] *adj* zobowiązany do płacenia należności (czynszu, podatku); pomocniczy, wspomagający; poddany; hołdowniczy; (*o rzece*) wpadający; s płatnik; hołdownik; dopływ (rzeki)

trib·ute [ˈtribjut] s przyczynek; danina, podatek, należność; uznanie, hołd; **to pay ~** płacić daninę; wyrażać uznanie, składać hołd

trick [trik] s figiel, sztuczka, chwyt; przyzwyczajenie, *uj.* nawyk; spryt; lewa (w kartach); to **play a ~** spłatać figla (on sb komuś); **to play ~s** pokazywać sztuczki; *vt* podejść, oszukać, zwieść; *vi* figlować

trick·er·y [ˈtrɪkərɪ] s nabieranie, oszustwo

trick·le [ˈtrikl] *vi* kapać, sączyć się; *vt* przesączać

trick·ster [ˈtrikstə(r)] s kawalarz; oszust, naciągacz

tri·col·our [ˈtrikələ(r)] *adj* trójbarwny; s flaga trójbarwna

tri·cy·cle [ˈtraɪsɪkl] s rower na trzech kółkach

tried [traɪd] *pp* zob. **try**; *adj* wypróbowany, wierny

tri·fle [ˈtraɪfl] s drobnostka, bagatela; *vi* żartować sobie; swawolić; postępować niepoważnie; *vt* (*zw.* **~ away**) marnować, trwonić

tri·fling [ˈtraɪflɪŋ] *adj* mało znaczący, drobny, błahy

trig·ger [ˈtrɪgə(r)] s cyngiel, spust

trill [tril] s trel; *vi* wywodzić trele; *vt* wymawiać z wibracją

tril·lion [ˈtrɪlɪən] *num* trylion

tril·o·gy [ˈtrilədʒɪ] s trylogia

trim [trim] *adj* schludny, utrzymany w porządku, prawidłowy; *vt* czyścić, porządkować; wygładzać, wyrównywać; przycinać; przybierać; s stan, kondycja; porządek

trim·ming [ˈtrimiŋ] s uporządkowanie; wykończenie; przycięcie;

(*zw. pl* **~s**) przyprawa, dodatek (do potrawy); obszywka; dodatkowa ozdoba

trin·i·ty [ˈtrɪnətɪ] s trójca, trójka

trin·ket [ˈtriŋkit] s błyskotka, ozdóbka

trip [trip] s lekki chód; (krótka) wycieczka, przejażdżka; potknięcie; *vt* iść drobnym, szybkim krokiem; potknąć się; pomylić się; odbyć krótką podróż; (*także* **~ up**) podstawić nogę

tripe [traɪp] s wnętrzności wołowe; flaki; *pot.* bzdura; lichota; szmira

tri·ple [ˈtripl] *adj* potrójny; *vt vi* potroić (się)

tri·plet [ˈtriplɪt] s zespół trzech jednakowych rzeczy ⟨osób⟩; *pl* **~s** trojaczki

tri·pod [ˈtraɪpod] s trójnóg; *fot.* statyw

trip·ping [ˈtripiŋ] *adj* lekki, zwinny

trite [traɪt] *adj* oklepany, banalny

tri·umph [ˈtraɪʌmf] s triumf; *vi* triumfować

tri·um·phant [traɪˈʌmfnt] *adj* triumfujący

triv·et [ˈtrɪvit] s trójnożna podstawka żelazna

triv·i·al [ˈtrɪvɪəl] *adj* nieważny, błahy; pospolity, banalny

trod, trod·den *zob.* **tread**

trol·ley [ˈtrolɪ] s drezyna, wózek; odbierak krążkowy (tramwaju, trolejbusu)

trol·ley-bus [ˈtroli bʌs] s trolejbus

trom·bone [tromˈbəun] s *muz.* puzon

troop [trup] s grupa, gromadka; oddział wojskowy; *teatr* trupa; *pl* **~s** wojsko; grupa, gromadzić się; **~ing the colour** parada wojskowa

troop·er [ˈtrupə(r)] s kawalerzysta; *am.* policjant konny

tro·phy [ˈtrəufɪ] s łup wojenny,

trofeum; *sport* nagroda, pamiątka honorowa

trop·ic [ˈtropɪk] s zwrotnik; *adj* tropikalny

trop·i·cal [ˈtropɪkl] *adj* tropikalny, podzwrotnikowy

trot [trot] s kłus; *am. pot.* bryk; *przen.* to keep on the ~ popędzać, utrzymywać w ruchu; *vi* kłusować; *vt także* ~ out puszczać kłusem; popisywać się (sth czymś)

troth [trəʊθ] s † wierność; słowo honoru; to plight one's ~ ręczyć słowem honoru

trou·ble [ˈtrʌbl] s niepokój, kłopot, troska, trud; zakłócenie; dolegliwość; to ask for ~ szukać kłopotu, narażać się na kłopoty; to get into ~ popaść w tarapaty; to take the ~ zadać sobie trud; *vt vi* niepokoić (się), dręczyć (się); przeszkadzać; fatygować (się); martwić (się); mącić

trou·ble·some [ˈtrʌblsəm] *adj* niepokojący, kłopotliwy, uciążliwy

trough [trof] s koryto

troupe [trup] s *teatr* trupa

trou·sers [ˈtraʊzəz] s pl spodnie

trout [traʊt] s *zool.* pstrąg

trow·el [ˈtraʊl] s kielnia, łopata

tru·an·cy [ˈtruənsɪ] s absencja; wagary

tru·ant [ˈtruənt] s opuszczający pracę; uczeń na wagarach; to play ~ chodzić na wagary

truce [trus] s rozejm

truck 1. [trʌk] s wózek ciężarowy, wózek ręczny; lora, platforma; samochód ciężarowy; *vt* przewozić wózkiem ⟨platformą itp.⟩; ładować na wózek ⟨platformę itp.⟩

truck 2. [trʌk] s wymiana; handel wymienny; wynagrodzenie w naturze; drobne artykuły codziennego użytku; *am.* jarzyny; *vt vi* wymieniać; prowadzić handel wymienny ⟨domokrążny⟩

truc·u·lent [ˈtrʌkjulənt] *adj* srogi,

dziki, barbarzyński, gwałtowny

trudge [trʌdʒ] *vi* wlec się, iść z trudem; s uciążliwy marsz

true [tru] *adj* prawdziwy; wierny; rzetelny; zgodny (np. z rzeczywistością); to come ~ sprawdzić się; (it's) ~!; quite ~! słusznie!, racja!

true-blue [ˈtru ˈblu] *adj* lojalny

tru·ly [ˈtrulɪ] *adv* prawdziwie, wiernie; szczerze; rzeczywiście

trump [trʌmp] s atut; *vt* przebić atutem; ~ up zmyślić, sfingować

trump·er·y [ˈtrʌmpərɪ] s *zbior.* tandeta, bezwartościowe błyskotki; bzdury; paplanina; *adj* tandetny

trum·pet [ˈtrʌmpɪt] s trąbka; trąba; dźwięk trąby; to blow the ~ grać na trąbce; *przen.* to blow one's own ~ chwalić się; *vt vi* trąbić

trun·cate [trʌnˈkeɪt] *vt* obciąć, okaleczyć

trun·cheon [ˈtrʌntʃn] s pałka (policjanta); buława; *vt* bić pałką

trun·dle [ˈtrʌndl] s rolka; wózek na rolkach; *vt vi* toczyć (się)

trunk [trʌŋk] s pień; tułów; kadłub; trąba słonia; kufer, skrzynka; (także ~-line) (telefoniczna) linia międzymiastowa

trunk-call [ˈtrʌŋk kɔl] s (telefoniczna) rozmowa międzymiastowa

trunk-line [ˈtrʌŋk laɪn] s (telefoniczna) linia międzymiastowa; magistrala kolejowa

trunk-road [ˈtrʌŋk rəʊd] s główna droga

truss [trʌs] s wiązka; *mors.* więźba; pęk; *med.* pas przepuklinowy; *vt vi* wiązać; pakować (się)

trust [trʌst] s zaufanie, wiara; trust; *vi* ufać, wierzyć (sb komuś); pokładać ufność (in sb w kimś); polegać (on sb, sth na kimś, czymś); *vi* powierzyć (sb with sth, sth to sb coś komuś)

trus·tee [trʌˈstiː] s powiernik; kurator; członek zarządu

trust·ful [ˈtrʌstfl] *adj* ufny

trust·wor·thy [ˈtrʌst-wɜðɪ] *adj* godny zaufania, pewny

trust·y [ˈtrʌstɪ] *adj* † wierny

truth [truθ] *s* prawda, prawdziwość; wierność; rzetelność

truth·ful [ˈtruθfl] *adj* prawdziwy; prawdomówny

try [traɪ] *vt* próbować; doświadczać; sądzić (*sb* kogoś, *for sth* za coś); badać; *vi* starać się (*for sth* o coś); usiłować; ~ **on** przymierzać; ~ **out** wypróbować; *s* próba; usiłowanie; **to have a** ~ spróbować

try·cycle [ˈtraɪsɪkl] *s* rower na trzech kołach

try·ing [ˈtraɪɪŋ] *adj* męczący; przykry

tsar, tsarina *zob.* tzar, tzarina

tub [tʌb] *s* kadź; wanna; (*także* wash-~) balia

tuba [ˈtjubə] *s muz.* tuba

tube [tjub] *s* rura; dętka (roweru, opony); tubka; przewód; *pot.* (*w Londynie*) kolej podziemna, metro

tu·ber·cu·lar [tjuˈbɜkjulə(r)] *adj* gruźliczy

tu·ber·cu·lo·sis [tjuˈbɜkjuˈləusɪs] *s* gruźlica

tuck [tʌk] *s* fałda, zakładka; *zbior. pot.* łakocie; *vt* składać w fałdy, podwijać; wtykać, chować; ~ **away** schować; ~ **in** wpychać; zbierać; owijać; ~ **up** podwijać, zakasywać

Tues·day [ˈtjuzdɪ] *s* wtorek

tuft [tʌft] *s* kiść, pęk

tug [tʌg] *vt vi* ciągnąć; holować; szarpać; wysilać się; *s* pociągnięcie; zmaganie; holownik

tug·boat [ˈtʌg bəut] *s* holownik

tu·i·tion [tjuˈɪʃn] *s* szkolenie, nauka; opłata za naukę

tu·lip [ˈtjulɪp] *s bot.* tulipan

tum·ble [ˈtʌmbl] *vt vi* przewrócić (się), wywrócić (się); upaść; potoczyć się; *s* upadek; nieład

tum·bler [ˈtʌmblə(r)] *s* akrobata; kuglarz; szklanka, kubek

tum·brel [ˈtʌmbrəl] *s* wózek, wywrotka

tu·me·fy [ˈtjumɪfaɪ] *vi* obrzęknąć; *vt* powodować obrzęk

tu·mid [ˈtjumɪd] *adj* nabrzmiały

tu·mour [ˈtjumə(r)] *s med.* guz, tumor, nowotwór

tu·mult [ˈtjumʌlt] *s* tumult, hałas; zamęt

tu·mu·lus [ˈtjumjuləs] *s* (*pl* tumuli [ˈtjumjulaɪ]) kurhan, kopiec

tu·na [ˈtjunə] *s* = tunny

tune [tjun] *s* ton; melodia, pieśń; harmonia; *vt vi* harmonizować; stroić; ~ **in** nastawić radio (**to a wave na daną** *falę*); ~ **up** nastroć się; zacząć grać, zaintonować; **out of** ~ (*o instrumencie*) rozstrojony; (*o dźwięku*) fałszywy

tune·ful [ˈtjunfl] *adj* melodyjny

tu·nic [ˈtjunɪk] *s* tunika; bluza (wojskowa)

tun·ing-fork [ˈtjunɪŋ fɔk] *s muz.* kamerton

tun·nel [ˈtʌnl] *s* tunel; przewód, rura

tun·ny [ˈtʌnɪ] *s zool.* tuńczyk

tur·ban [ˈtɜbən] *s* turban

tur·bid [ˈtɜbɪd] *adj* mętny

tur·bine [ˈtɜbaɪn] *s* turbina

tur·bu·lent [ˈtɜbjulənt] *adj* burzliwy; buntowniczy

tu·reen [tjuˈrin] *s* waza (na zupę)

turf [tɜf] *s* murawa, darń; torf; **the** ~ tor wyścigowy; wyścigi konne

tur·gid [ˈtɜdʒɪd] *adj* nabrzmiały; *przen.* (*o stylu*) napuszony

Turk [tɜk] *s* Turek

tur·key [ˈtɜkɪ] *s zool.* indyk

Turk·ish [ˈtɜkɪʃ] *adj* turecki; *s* język turecki

tur·moil [ˈtɜmɔɪl] *s* zamieszanie, wrzawa

turn [tɜn] *vt vi* obracać (się), przewracać (się), zwracać (się); zmieniać (się), przeistaczać (się); stawać się; tłumaczyć; nicować; **to** ~ **the corner** skręcić na rogu (ulicy), minąć zakręt; *przen.* przeżyć kryzys; **to** ~ **loose** wypuścić

na wolność; to ~ a deaf ear
puszczać mimo uszu, nie słuchać;
to ~ one's coat zmienić przekonania, przejść do przeciwnej partii; to ~ pale zblednąć; to ~ soldier zostać żołnierzem, wstąpić
do wojska; *przen. z przysłówka-*
mi: ~ aside odbić (np. cios); odchylić się; ~ away uchylić; usunąć, wypędzić; odstąpić; ~ back
odwrócić (się); powrócić; ~ down
zagiąć; obalić; ~ in zawinąć, założyć do środka; wejść, wstąpić;
pójść spać; ~ off odwrócić (się);
odkręcić (się); usunąć (się), odsunąć (się); poniechać; to ~ off the
light zgasić światło; ~ on na-
kręcić; nastawić; to ~ on the
light zapalić światło, zaświecić;
~ out wywrócić; wyrzucić, wypędzić; wytrącić; zostać wytrą-
conym; wystąpić, ukazać się; o-
kazać się; to ~ out well wyjść
na dobre, dobrze się skończyć; ~
over przewracać; przekazywać;
przejść na drugą stronę; przemyśleć; ~ round obrócić (się); przekręcić (się); kręcić (się); *przen.*
zmienić przekonania; ~ up wywracać ku górze; podnosić (się);
dziać się, stawać się; zdarzać się;
odkrywać (np. zakopany skarb);
zjawić się; *s* obrót, zwrot, skręt;
skłonność; kierunek; uzdolnienie; właściwość; kształt; kolejność, kolej; turnus; wyczyn, u-
czynek; cel, korzyść; *pot.* kawał;
~ of mind mentalność; to give
~ for ~ odpłacić pięknym za nadobne; to take a ~ wyjść na
przechadzkę; skręcić; to take a
~ of work popracować jakiś
czas; it is my ~ teraz na mnie
kolej; does it serve your ~? czy
to ci się na coś przyda?; at every
~ przy każdej sposobności; in
~, by ~s po kolei

turn·a·bout [ˈtɜnəbaut] *s* zwrot,
obrót

turn·coat [ˈtɜnkəut] *s* renegat,
sprzeniewierca

turn·er [ˈtɜnə(r)] *s* tokarz

turn·ing [ˈtɜnɪŋ] *s* zakręt, zwrot;
to take a ~ skręcić

turn·ing-point [ˈtɜnɪŋ pɔɪnt] *s*
punkt zwrotny, przesilenie

tur·nip [ˈtɜnɪp] *s bot.* rzepa; *pot.*
(*zegarek*) cebula

turn·key [ˈtɜnki] *s* dozorca więzienny, klucznik

turn·out [ˈtɜn aut] *s* zgromadzenie,
publiczność; mundur (*zw.* wojskowy); strajk; zaprzęg; rozjazd
(kolejowy); stawienie się; ekwipunek; produkcja, wydajność

turn·o·ver [ˈtɜnəuvə(r)] *s handl.* obrót; zwrot (w stanowisku, poglądach); kapotaż

turn·pike [ˈtɜnpaɪk] *s* rogatka,
szlaban

turn·sole [ˈtɜnsəul] *s* roślina helio-
tropiczna

turn-up [ˈtɜnʌp] *s* mankiet u spodni; *przen.* bijatyka

tur·pen·tine [ˈtɜpəntaɪn] *s* terpentyna

tur·pi·tude [ˈtɜpɪtjud] *s* nikczemność

tur·quoise [ˈtɜkwɔɪz] *s* turkus

tur·ret [ˈtʌrət] *s* wieżyczka

tur·tle [ˈtɜtl] *s zool.* żółw (morski)

tur·tle-dove [ˈtɜtl ˈdʌv] *s zool.* tur-
kawka

tusk [tʌsk] *s* kieł (słonia)

tu·te·lage [ˈtjutlɪdʒ] *s* kuratela

tu·tor [ˈtjutə(r)] *s* guwerner, korepetytor; wychowawca; kierujący
pracą studentów

tux·e·do [tʌkˈsidəu] *s am.* smoking

twad·dle [ˈtwɒdl] *vi* paplać, gadać;
s paplanie

twain [tweɪn] *num poet. dial.* dwa

twang [twæŋ] *vt vi* brzdąkać;
brzęczeć; mówić przez nos; *s*
brzdęk; wymowa nosowa

'twas [twɒz] = it was

tweed [twid] *s* tweed

tweed·le [ˈtwidl] *vi* brzdąkać

'tween [twin] *praep poet.* = between

tweez·ers [ˈtwizəz] *s pl* szczypczy-
ki, pincetka

twelfth [twelfθ] *adj* dwunasty

Twelfth-night ['twelfθ `naɪt] *s* wi-
gilia Trzech Króli

twelve [twelv] *num* dwanaście; *s*
dwunastka

twelve-month ['twelvmʌnθ] *s* rok;
this day ~ od dziś za rok; od
roku

twen·ti·eth ['twentɪəθ] *adj* dwudziesty

twen·ty ['twentɪ] *num* dwadzieścia

'twere [twɜ(r), twə(r)] *poet.* = it
were

twice [twaɪs] *adv* dwa razy

twid·dle ['twɪdl] *vt* kręcić, przebierać (palcami)

twig [twɪg] *s* gałązka; różdżka;
anat. żyłka

twi·light ['twaɪlaɪt] *s* brzask,
zmierzch, półmrok

'twill [twɪl] = it will

twin [twɪn] *s* bliźniak; *attr* bliźniaczy

twine [twaɪn] *s* sznur, szpagat;
zwój; *vt vi* zwijać (się), splatać
(się)

twinge [twɪndʒ] *vt* rwać, kłuć, silnie boleć; *s* rwanie, kłucie, silny
ból; ~ of conscience ⟨remorse⟩
wyrzuty sumienia

twin·kle ['twɪŋkl] *vt* migotać; *s*
migotanie

twirl [twɜl] *vt vi* wiercić (się),
szybko kręcić (się); *s* wirowanie,
kręcenie (się)

twist [twɪst] *s* skręt, zakręt, skręcenie; splot; zwitek; skłonność,
nastawienie; (taniec) twist; *vt vi*
kręcić (się), wić (się), wikłać (się),
splatać (się); wykręcać; przekręcać; ~ off odkręcić; ~ up skręcić, zwinąć

twitch [twɪtʃ] *vt vi* szarpać, rwać;
nerwowo drgać; wykrzywiać
(się); *s* szarpnięcie; drgawka

twit·ter ['twɪtə(r)] *vi* ćwierkać,
świergotać; *s* świergot

'twixt [twɪkst] *poet.* = betwixt

two [tu] *num* dwa; *s* dwójka; ~
and ~, by ~s, in ~s dwójkami,
parami

two-deck·er ['tu dekə(r)] *s* mors.
dwupokładowiec

two·fold ['tu-fəʊld] *adj* podwójny

two·pence ['tʌpns] *s* dwupensów-
ka, moneta wartości dwóch pen-
sów

two-piece ['tu`pis] *s* zestaw dwu-
częściowy (np. kostium); *adj attr*
dwuczęściowy

ty·coon [taɪ`kun] *s* pot. magnat,
przemysłowiec

ty·ing ['taɪɪŋ] *p praes od* tie *vt*

tyke [taɪk] *s* kundel

type [taɪp] *s* typ; wzór; czcionka,
zbiór. czcionki; druk; bold ~
tłuste czcionki, tłusty druk; to
be in ~ być złożonym; to appear
in ~ ukazać się w druku; *vt* pisać na maszynie

type·script ['taɪpskrɪpt] *s* maszynopis

• type·write [taɪp-raɪt], typewrote
['taɪp-rəʊt], typewritten ['taɪp-
-rɪtn] *vt vi* pisać na maszynie

type·writ·er ['taɪp-raɪtə(r)] *s* maszyna do pisania

type·writ·ten *zob.* typewrite

type·wrote *zob.* typewrite

ty·phoid ['taɪfɔɪd] *adj med.* tyfoi-
dalny; ~ fever tyfus, dur brzuszny

ty·phoon [taɪ`fun] *s* tajfun

ty·phus ['taɪfəs] *s med.* tyfus pla-
misty

typ·i·cal ['tɪpɪkl] *adj* typowy (of
sth dla czegoś)

typ·i·fy ['tɪpɪfaɪ] *vt* stanowić typ,
być wzorem

typ·ist ['taɪpɪst] *s* maszynistka, o-
soba pisząca na maszynie

ty·pog·ra·phy [taɪ`pogrəfɪ] *s* typo-
grafia; szata graficzna

ty·ran·ni·cal [tɪ`rænɪkl] *adj* tyrań-
ski

tyr·an·nize ['tɪrənaɪz] *vt* być tyra-
nem; *vt* tyranizować

tyr·an·ny ['tɪrənɪ] *s* tyrania

ty·rant ['taɪərənt] *s* tyran

tyre *zob.* tire 2.

tzar [za(r)] *s* car

tza·ri·na [za`rinə] *s* caryca

u

u·biq·ui·tous [juˈbɪkwətəs] adj wszędzie obecny; (o człowieku) wszędobylski

ud·der [ˈʌdə(r)] s wymię

ug·li·fy [ˈʌɡlɪfaɪ] vt szpecić, zeszpecić

ug·li·ness [ˈʌɡlɪnəs] s brzydota

ug·ly [ˈʌɡlɪ] adj brzydki

U·krain·i·an [juˈkreɪnɪən] adj ukraiński; s język ukraiński

ul·cer [ˈʌlsə(r)] s med. wrzód

ul·cer·ate [ˈʌlsəreɪt] vt spowodować owrzodzenie; rozjątrzyć; vi owrzodzieć

ul·te·ri·or [ʌlˈtɪərɪə(r)] adj dalszy

ul·ti·mate [ˈʌltɪmət] adj ostateczny; podstawowy

ul·ti·ma·tum [ˈʌltɪˈmeɪtəm] s ultimatum

ul·tra 1. [ˈʌltrə] adj krańcowy

ul·tra- 2. [ˈʌltrə] praef ponad-, poza-

um·brage [ˈʌmbrɪdʒ] s uraza; obraza; to take ~ at sth obrazić się o coś

um·brel·la [ʌmˈbrelə] s parasol, parasolka

um·pire [ˈʌmpaɪə(r)] s arbiter; sport sędzia; vi vt sędziować, rozstrzygać

un- [ʌn-] praef nie-, od-, rozun·a·bat·ed [ˈʌnəˈbeɪtɪd] adj nie zmniejszony, nie słabnący

un·a·ble [ʌnˈeɪbl] adj niezdolny; to be ~ nie móc

un·a·bridged [ˈʌnəˈbrɪdʒd] adj nie skrócony

un·ac·cept·a·ble [ˈʌnəkˈseptəbl] adj nie do przyjęcia

un·ac·count·a·ble [ˈʌnəˈkaʊntəbl] adj niewytłumaczalny; nieodpowiedzialny

un·af·fect·ed [ˈʌnəˈfektɪd] adj niewymuszony, niekłamany; niewzruszony

un·al·loyed [ˈʌnəˈlɔɪd] adj nie zmieszany, czysty; bez domieszki

un·al·ter·a·ble [ʌnˈɔltərəbl] adj niezmienny

u·na·nim·i·ty [ˈjunəˈnɪmətɪ] s jednomyślność

u·nan·i·mous [juˈnænɪməs] adj jednomyślny

un·an·swer·a·ble [ʌnˈansrəbl] adj wykluczający odpowiedź; bezsporny

un·ap·peas·a·ble [ˈʌnəˈpizəbl] adj nienasycony; nie zaspokojony; nieubłagany

un·ap·proach·a·ble [ˈʌnəˈprəʊtʃəbl] adj niedostępny; niedościgniony

un·as·sail·a·ble [ˈʌnəˈseɪləbl] adj nie do zdobycia; nienaruszalny; bezsporny

un·as·sum·ing [ˈʌnəˈsjumɪŋ] adj bezpretensjonalny, skromny

un·at·tain·a·ble [ˈʌnəˈteɪnəbl] adj nieosiągalny

un·a·vail·ing [ˈʌnəˈveɪlɪŋ] adj bezużyteczny; bezskuteczny

un·a·void·a·ble [ˈʌnəˈvɔɪdəbl] adj nieunikniony

un·a·ware [ˈʌnəˈweə(r)] adj nieświadomy, nie wiedzący (of sth o czymś)

un·a·wares [ˈʌnəˈweəz] adv nieświadomie; niespodziewanie

un·bal·ance [ʌnˈbæləns] vt wytrącić z równowagi; s brak równowagi

un·bar [ʌnˈba(r)] vt odryglować, otworzyć

un·bear·a·ble [ʌnˈbeərəbl] adj nieznośny, nie do wytrzymania

un·be·com·ing [ˈʌnbɪˈkʌmɪŋ] adj nie na miejscu, nielicujący, niestosowny; it is ~ of you to ... nie wypada ci ...

un·be·liev·a·ble [ˈʌnbɪˈlivəbl] adj niewiarygodny, nie do wiary

un·be·liev·er [ˈʌnbɪˈlivə(r)] s człowiek niewierzący, ateista

un·bend [ˈʌnˈbend] vt vi (formy zob. bend) odgiąć (się), odprężyć (się); wyprostować (się)

un·bend·ing ['ʌn`bendɪŋ] adj nieu-
gięty

un·bent zob. unbend

un·bi·assed [ʌn`baɪəst] adj bez-
stronny, nieuprzedzony

un·bid·den [ʌn`bɪdn] adj niepro-
szony; spontaniczny

un·bind [ʌn`baɪnd] vt (formy zob.
bind) rozwiązać, odwiązać; zwolnić (z więzów), rozkuć

un·blem·ished [ʌn`blemɪʃt] adj
nieskazitelny

un·born ['ʌn`bɔn] adj nie urodzo-
ny; (o pokoleniu) przyszły

un·bos·om [ʌn`buzəm] vt vi wy-
wnętrzyć (się), wynurzyć (się)

un·bound [ʌn`baund] pp zob. un-
bind; adj (o książce) nie opra-
wiony

un·bound·ed [ʌn`baundɪd] adj nie-
ograniczony, bezgraniczny

un·bred [ʌn`bred] adj bez wycho-
wania

un·bri·dled [ʌn`braɪdld] adj nieo-
kiełznany; wyuzdany, rozwydrzony

un·bro·ken [ʌn`brəukən] adj nie
złamany; niezłomny; nieprzerwany

un·bur·den [ʌn`bɜdn] vt zdjąć cię-
żar (sb, sth z kogoś, czegoś); odciążyć

un·but·ton [ʌn`bʌtn] vt rozpiąć

un·called [ʌn`kɔld] adj nie woła-
ny; ~ for niepożądany; nie na
miejscu; nie sprowokowany; bezpodstawny

un·can·ny [ʌn`kænɪ] adj niesamo-
wity

un·cer·tain [ʌn`sɜtn] adj niepewny,
wątpliwy

un·chain [ʌn`tʃeɪn] vt uwolnić z
więzów, rozkuć, rozpętać; spuścić z łańcucha

un·chart·ed [ʌn`tʃɑtɪd] adj nie o-
znaczony na mapie; nie zbadany

un·checked [ʌn`tʃekt] adj niepo-
wstrzymany, nieposkromiony; nie
kontrolowany

un·civ·il [ʌn`sɪvl] adj nieuprzej-
my; niekulturalny

un·claimed [ʌn`kleɪmd] adj nie żą-
dany; nie poszukiwany; (o przedmiocie itp.) do którego nikt nie
rości pretensji

un·clasp [ʌn`klɑsp] vt rozewrzeć;
uwolnić z uścisku; otworzyć (np.
scyzoryk)

un·cle [`ʌŋkl] s wuj; stryj

un·close [ʌn`kləuz] vt vi otworzyć
(się); ujawnić (tajemnicę itp.)

un·cloud [ʌn`klaud] vt rozproszyć
chmury; przen. rozchmurzyć
(twarz)

un·cocked [ʌn`kɔkt] adj (o strzel-
bie) ze spuszczonym kurkiem

un·coil [ʌn`kɔɪl] vt vi odwinąć
(się), rozwinąć (się)

un·com·fort·a·ble [ʌn`kʌmftəbl] adj
niewygodny, nieprzytulny; nieprzyjemny; czujący się niedobrze
⟨nieswojo⟩

un·com·mon [ʌn`komən] adj nie-
zwykły

un·com·pro·mis·ing [ʌn`komprəmaɪ
zɪŋ] adj bezkompromisowy

un·con·cern ['ʌnkən`sɜn] s obojęt-
ność, beztroska

un·con·cerned ['ʌnkən`sɜnd] adj o-
bojętny, beztroski, nie zaintere-
sowany

un·con·di·tion·al ['ʌnkən`dɪʃnl] adj
bezwarunkowy

un·con·quer·a·ble [ʌn`koŋkərəbl]
adj niepokonany

un·con·scious [ʌn`konʃəs] adj nie-
świadomy; nieprzytomny

un·con·sid·ered ['ʌnkən`sɪdəd] adj
nierozważny

un·con·solable ['ʌnkən`səuləbl] adj
niepocieszony

un·con·trol·la·ble ['ʌnkən`trəuləbl]
adj nie do opanowania, niepohamowany

un·cork [ʌn`kɔk] vt odkorkować

un·count·a·ble [ʌn`kauntəbl] adj
niezliczony, nie dający się policzyć; gram. niepoliczalny

un·coup·le [ʌn`kʌpl] vt rozłączyć,
odpiąć; spuścić ze smyczy (psa)

un·couth [ʌn`kuθ] adj nieokrzesany; niezgrabny; dziwny

un·cov·er [ʌn`kʌvə(r)] vt vi odsłonić (się), odkryć (się); zdjąć (pokrywę, kapelusz)

unc·tion [`ʌŋkʃn] s rel. namaszczenie; balsam, ukojenie

unc·tu·ous [`ʌŋktjuəs] adj tłusty; przen. namaszczony, napuszony

un·daunt·ed [ʌn`dɔntɪd] adj nieustraszony

un·de·ceive [`ʌndɪ`siv] vt wyprowadzić z błędu

un·de·cid·ed [`ʌndɪ`saɪdɪd] adj niezdecydowany

un·de·liv·ered [`ʌndɪ`lɪvəd] adj nie uwolniony; nie dostarczony, nie doręczony

un·de·mon·stra·tive [`ʌndɪ`monstrətɪv] adj pełen rezerwy, opanowany

un·de·ni·a·ble [`ʌndɪ`naɪəbl] adj niezaprzeczalny

un·der 1. [`ʌndə(r)] praep pod, poniżej; według (np. umowy); w trakcie (np. naprawy); adv poniżej, u dołu; adj poniższy, dolny

un·der- 2. [`ʌndə(r)] praef pod-

un·der·brush [`ʌndəbrʌʃ] s zarośla; podszycie (lasu)

un·der·car·riage [`ʌndəkærɪdʒ] s podwozie (np. samochodu)

un·der·clothes [`ʌndəkləʊðz] s pl, un·der·cloth·ing [`ʌndəkləʊðɪŋ] s bielizna

un·der·cur·rent [`ʌndəkʌrənt] s prąd podwodny; przen. nurt

un·der·de·vel·oped [`ʌndədɪ`veləpt] adj niedostatecznie rozwinięty; gospodarczo zacofany

un·der·done [`ʌndə`dʌn] adj (o mięsie) nie dosmażony

un·der·es·ti·mate [`ʌndər`estɪmeɪt] vt nie doceniać

un·der·fed [`ʌndə`fed] adj niedożywiony

un·der·foot [`ʌndə`fut] adv pod nogami, u dołu

un·der·go [`ʌndə`gəʊ] vt (formy zob. go) poddać się, doświad-

czyć, doznać; być poddanym próbie; przechodzić; (o egzaminie) składać

un·der·grad·u·ate [`ʌndə`grædʒuət] s student

un·der·ground [`ʌndə`graund] adv pod ziemią; the ~ movement podziemny ruch oporu; s [`ʌndəgraund] podziemie; kolej podziemna; metro; adj podziemny

un·der·growth [`ʌndəgrəʊθ] s niepełny wzrost, niedorozwój; podszycie (lasu)

un·der·hand [`ʌndə`hænd] adj potajemny, skryty, zakulisowy, podstępny; adv potajemnie, skrycie

un·der·laid zob. underlay 2.

un·der·lain zob. underlie

un·der·lay 1. zob. underlie

un·der·lay 2. [`ʌndə`leɪ] vt (formy zob. lay) podkładać

un·der·lie [`ʌndə`laɪ] vt (formy zob. lie) leżeć (sth pod czymś); leżeć u podstaw (sth czegoś); znajdować się poniżej (sth czegoś)

un·der·line [`ʌndə`laɪn] vt podkreślać; s [`ʌndəlaɪn] podkreślenie; podpis

un·der·ly·ing p praes od underlie; adj podstawowy; ukryty

un·der·mine [`ʌndə`maɪn] vt podkopać (fundament, zaufanie itd.)

un·der·most [`ʌndəməust] adj najniższy, znajdujący się u samego dołu

un·der·neath [`ʌndə`niθ] praep pod; adv poniżej, u dołu

un·der·paid zob. underpay

un·der·pay [`ʌndə`peɪ] vt (formy zob. pay) niedostatecznie opłacać, źle wynagradzać

un·der·plot [`ʌndəplot] s lit. wątek uboczny

un·der·rate [`ʌndə`reɪt] vt nie doceniać

un·der·score [`ʌndə`skɔ(r)] vt podkreślać

un·der·sec·re·tar·y [`ʌndə`sekrətrɪ] s podsekretarz (stanu), wiceminister un·der·sell [ˌʌndə'sel] vt (formy zob. sell) sprzedawać poniżej ceny

un·der·sign [ˌʌndə'saɪn] vt podpisać

un·der·sized [ˌʌndə'saɪzd] adj wzrostu ⟨rozmiarów⟩ poniżej normy, drobny

un·der·sold zob. undersell

un·der·stand [ˌʌndə'stænd] vt vi (formy zob. stand) rozumieć; słyszeć, dowiadywać się; znać się (sth na czymś); to make oneself understood porozumieć się; it is understood zakłada się; rozumie się samo przez się

un·der·stand·ing [ˌʌndə'stændɪŋ] s rozum; rozumienie; porozumienie; założenie; adj rozumny; wyrozumiały

un·der·state·ment [ˌʌndə'steɪtmənt] s niedomówienie

un·der·stood zob. understand

un·der·stud·y [ˌʌndəstʌdɪ] s teatr aktor dublujący rolę ⟨zastępujący innego aktora⟩

un·der·take [ˌʌndə'teɪk] vt vi (formy zob. take) brać na siebie, zobowiązywać się, podejmować się

un·der·tak·er [ˌʌndəteɪkə(r)] s właściciel zakładu pogrzebowego

un·der·tak·ing [ˌʌndə'teɪkɪŋ] s przedsięwzięcie; przedsiębiorstwo; zobowiązanie

un·der·tone [ˌʌndətəun] s przytłumiony ton, półgłos

un·der·took zob. undertake

un·der·val·ue [ˌʌndə'vælju] vt nie doceniać, nisko cenić

un·der·wear [ˌʌndəweə(r)] s bielizna

un·der·went zob. undergo

un·der·world [ˌʌndəwɜld] s świat zmarłych, zaświaty; podziemie (przestępcze)

un·der·write [ˌʌndə'raɪt] vt (formy zob. write) podpisywać; podpisywać polisę, ubezpieczać

un·der·writ·er [ˌʌndəraɪtə(r)] s

agent ubezpieczeniowy, asekurator

un·der·writ·ten zob. underwrite

un·der·wrote zob. underwrite

un·de·sir·a·ble [ˌʌndɪ'zaɪərəbl] adj niepożądany; s człowiek niepożądany

un·did zob. undo

un·dig·ni·fied [ʌn'dɪgnɪfaɪd] adj niegodny; bez godności

un·di·vid·ed [ˌʌndɪ'vaɪdɪd] adj niepodzielny, całkowity

un·do [ˌʌn'du] vt (formy zob. do) rozewrzeć, otworzyć; rozpuścić; rozpiąć; zniweczyć; skasować

un·doubt·ed [ʌn'dautɪd] adj niewątpliwy

un·dreamed [ʌn'drimd], un·dreamt [ʌn'dremt] adj (zw. ~-of) niesłychany, nieprawdopodobny, nie do pomyślenia

un·dress [ʌn'dres] vt vi rozbierać (się); zdejmować opatrunek; s strój domowy; negliż

un·due [ʌn'dju] adj nie należący; niesłuszny; niewłaściwy; nadmierny

un·du·late [ˌʌndjuleɪt] vi falować; być falistym; vt powodować falowanie, nadawać wygląd falisty

un·du·la·tion [ˌʌndju'leɪʃn] s falowanie

un·dy·ing [ʌn'daɪɪŋ] adj nieśmiertelny

un·earth [ʌn'ɜθ] vt odkopać, odgrzebać; wydobyć na światło dzienne

un·earth·ly [ʌn'ɜθlɪ] adj nieziemski; niesamowity

un·eas·y [ʌn'izɪ] adj niewygodny; przykry; niespokojny; nieswój

un·em·ployed [ˌʌnɪm'plɔɪd] adj bezrobotny; nie wykorzystany

un·em·ploy·ment [ˌʌnɪm'plɔɪmənt] s bezrobocie

un·end·ing [ʌn'endɪŋ] adj nie kończący się, wieczny

un·e·qual [ʌn'ikwəl] adj nierówny; niewyrównany

un·e·quiv·o·cal [ˌʌnɪ'kwɪvəkl] adj niedwuznaczny

unerring 394

un·err·ing [ʌnˈɜːrɪŋ] *adj* nieomylny
un·es·sen·tial [ˈʌnɪˈsenʃ] *adj* nieistotny
un·e·ven [ʌnˈiːvən] *adj* nierówny; nieparzysty
un·ex·am·pled [ˈʌnɪgˈzæmpld] *adj* bezprzykładny
un·ex·cep·tion·a·ble [ˈʌnɪkˈsepʃnəbl] *adj* nienaganny, bez zarzutu
un·fail·ing [ʌnˈfeɪlɪŋ] *adj* niezawodny
un·fair [ʌnˈfeə(r)] *adj* nieuczciwy; niesprawiedliwy; (o grze) nieprzepisowy
un·faith·ful [ʌnˈfeɪθfl] *adj* niewierny (to sb komuś)
un·fa·mil·iar [ˈʌnfəˈmɪliə(r)] *adj* nie zaznajomiony, nie przyzwyczajony; obcy, nieznany
un·fashion·able [ˈʌnˈfæʃnəbl] *adj* niemodny
un·fas·ten [ʌnˈfɑːsn] *vt* rozluźnić; rozpiąć, otworzyć
un·fath·omed [ʌnˈfæðəmd] *adj* niezgłębiony, niezbadany
un·fa·vour·a·ble [ʌnˈfeɪvrəbl] *adj* nieprzychylny, niepomyślny
un·feas·i·ble [ʌnˈfiːzəbl] *adj* niewykonalny
un·feel·ing [ʌnˈfiːlɪŋ] *adj* nieczuły, bez serca
un·fet·ter [ʌnˈfetə(r)] *vt* uwolnić z więzów, rozpętać
un·fit [ʌnˈfɪt] *adj* nieodpowiedni, nie nadający się; niezdolny (for sth do czegoś)
un·flinch·ing [ʌnˈflɪntʃɪŋ] *adj* niezachwiany
un·fold [ʌnˈfəʊld] *vt* rozwijać, rozchylać, odsłaniać; ujawniać
un·for·get·ta·ble [ˈʌnfəˈgetəbl] *adj* niezapomniany
un·for·giv·able [ˈʌnfəˈgɪvəbl] *adj* niewybaczalny
un·for·tu·nate [ʌnˈfɔːtʃʊnət] *adj* niefortunny, nieszczęśliwy
un·found·ed [ʌnˈfaʊndɪd] *adj* bezpodstawny
un·fre·quent·ed [ˈʌnfrɪˈkwentɪd] *adj* nie odwiedzany, samotny

un·fruit·ful [ʌnˈfruːtfl] *adj* bezpłodny; daremny; bezowocny
un·furl [ʌnˈfɜːl] *vt* rozwijać, rozpościerać
un·gain·ly [ʌnˈgeɪnlɪ] *adj* niezgrabny
un·gov·ern·a·ble [ʌnˈgʌvnəbl] *adj* niesforny, nie do opanowania
un·grate·ful [ʌnˈgreɪtfl] *adj* niewdzięczny
un·grudg·ing [ʌnˈgrʌdʒɪŋ] *adj* hojny, szczodry
un·guard·ed [ʌnˈgɑːdɪd] *adj* nie strzeżony; niebaczny; nierozważny
un·hand·y [ʌnˈhændɪ] *adj* niezgrabny; nieporęczny; niezdarny
un·hap·py [ʌnˈhæpɪ] *adj* nieszczęśliwy; niepomyślny, nieudany
un·harmed [ʌnˈhɑːmd] *adj* nie uszkodzony, nietknięty, bez szwanku
un·health·y [ʌnˈhelθɪ] *adj* niezdrowy
un·heard [ʌnˈhɜːd] *adj* nie słyszany; ~ of niesłychany, niebywały
un·heed·ing [ʌnˈhiːdɪŋ] *adj* nieuważny, niebaczny (of sth na coś)
un·hes·i·tat·ing [ʌnˈhezɪteɪtɪŋ] *adj* nie wahający się, stanowczy
un·hinge [ʌnˈhɪndʒ] *vt* wysadzić z zawiasów, wyważyć; wytrącić z równowagi
uni- [ˈjuːnɪ] *praef* jedno-
u·ni·cel·lu·lar [ˈjuːnɪˈseljʊlə(r)] *adj* biol. jednokomórkowy
u·ni·corn [ˈjuːnɪkɔːn] *s* (mityczny) jednorożec
u·ni·form [ˈjuːnɪfɔːm] *adj* jednolity; *s* mundur
u·ni·form·i·ty [ˈjuːnɪˈfɔːmɪtɪ] *s* jednolitość
u·ni·fy [ˈjuːnɪfaɪ] *vt* jednoczyć, ujednolicać
u·ni·lat·er·al [ˈjuːnɪˈlætrl] *adj* jednostronny
un·im·por·tant [ˈʌnɪmˈpɔːtənt] *adj* mało ważny
un·in·vit·ing [ˈʌnɪnˈvaɪtɪŋ] *adj* nie zachęcający, nie ujmujący

un·ion [ˈjunɪən] s unia, związek, zjednoczenie; **the Union Jack** narodowa flaga brytyjska; **the Union of Soviet Socialist Republics** Związek Socjalistycznych Republik Radzieckich; **trade ~** związek zawodowy

un·ion·ist [ˈjunɪənɪst] s członek związku zawodowego

u·nique [juˈnik] adj jedyny (w swoim rodzaju); s unikat

u·ni·son [ˈjunɪzn] s zgodne brzmienie, zgoda

u·nit [ˈjunɪt] s jednostka; techn. zespół

u·nite [juˈnaɪt] vt vi jednoczyć (się), łączyć (się)

u·ni·ty [ˈjunətɪ] s jedność

u·ni·ver·sal [ˈjunɪˈvɜsl] adj uniwersalny, powszechny

u·ni·verse [ˈjunɪvɜs] s wszechświat

u·ni·ver·si·ty [ˈjunɪˈvɜsətɪ] s uniwersytet

un·just [ʌnˈdʒʌst] adj niesprawiedliwy, niesłuszny

un·jus·ti·fi·a·ble [ʌnˈdʒʌstɪfaɪəbl] adj nieuzasadniony

un·kempt [ʌnˈkempt] adj nieuczesany; zaniedbany, niechlujny

un·kind [ʌnˈkaɪnd] adj nieuprzejmy; nieżyczliwy

un·lace [ʌnˈleɪs] vt rozsznurować

un·lade [ʌnˈleɪd] vt (formy zob. lade) rozładować, wyładować

un·learn [ʌnˈlɜn] vt (formy zob. learn) oduczyć się

un·leash [ʌnˈliʃ] vt spuścić (psa) ze smyczy; przen. rozpętać

un·less [ənˈles] conj jeśli nie, chyba, że

un·let·tered [ʌnˈletəd] adj niewykształcony

un·like [ʌnˈlaɪk] adj niepodobny; praep niepodobnie, nie tak, jak

un·like·ly [ʌnˈlaɪklɪ] adj nieprawdopodobny; **he is ~ to come on** prawdopodobnie nie przyjdzie

un·load [ʌnˈləud] vt rozładować, wyładować

un·lock [ʌnˈlok] vt otworzyć (zamek)

un·loose [ʌnˈlus], **unloosen** [ʌnˈlusn] vt rozluźnić (się), rozwiązać (się)

un·luck·y [ʌnˈlʌkɪ] adj nieszczęśliwy, niefortunny

un·mask [ʌnˈmɑsk] vt demaskować

un·matched [ʌnˈmæʃt] adj niezrównany

un·mean·ing [ʌnˈminɪŋ] adj nie mający znaczenia, nic nie mówiący

un·meant [ʌnˈment] adj mimowolny, nie zamierzony

un·mis·tak·a·ble [ˈʌnmɪˈsteɪkəbl] adj niewątpliwy, oczywisty

un·moved [ʌnˈmuvd] adj niewzruszony

un·named [ʌnˈneɪmd] adj nie nazwany, bezimienny

un·nat·u·ral [ʌnˈnætʃərl] adj nienaturalny

un·nec·es·sary [ʌnˈnesəsrɪ] adj niepotrzebny, zbyteczny

un·nerve [ʌnˈnɜv] vt zniechęcić, odebrać odwagę

un·no·ticed [ʌnˈnəutɪst] adj nie zauważony; zlekceważony

un·ob·jec·tion·a·ble [ˈʌnəbˈdʒekʃnəbl] adj nienaganny, bez zarzutu

un·of·fend·ing [ˈʌnəˈfendɪŋ] adj nieszkodliwy, niewinny

un·pack [ʌnˈpæk] vt vi rozpakować (się)

un·paid [ʌnˈpeɪd] adj nie zapłacony; nieodpłatny

un·pal·at·a·ble [ʌnˈpælətəbl] adj niesmaczny; nieprzyjemny

un·par·al·leled [ʌnˈpærəleld] adj niezrównany; bezprzykładny

un·par·don·a·ble [ʌnˈpɑdnəbl] adj niewybaczalny

un·pen·e·tra·ble [ʌnˈpenɪtrəbl] adj nie do przebycia

un·pleas·ant [ʌnˈpleznt] adj nieprzyjemny

un·prec·e·dent·ed [ʌnˈpresɪdəntɪd] adj bez precedensu

un·prej·u·diced [ʌnˈpredʒədɪst] adj nieuprzedzony, bezstronny

un·pre·ten·tious [ˌʌnprɪˈtenʃəs] *adj*
bezpretensjonalny

un·pro·duc·tive [ˌʌnprəˈdʌktɪv] *adj*
nieproduktywny

un·prof·it·a·ble [ʌnˈprofɪtəbl] *adj*
niekorzystny

un·qual·i·fied [ʌnˈkwolɪfaɪd] *adj*
nie mający kwalifikacji; bezwarunkowy, bezwzględny

un·ques·tion·a·ble [ʌnˈkwestʃənəbl]
adj nie ulegający wątpliwości,
bezsporny

un·quote [ʌnˈkwəut] *vt* skończyć
cytat

un·rav·el [ʌnˈrævl] *vt vi* rozpleść;
rozplątać (się); strzępić (się)

un·read [ʌnˈred] *adj* nie przeczyta-
ny; nieoczytany, niewykształcony

un·rea·son·a·ble [ʌnˈriznəbl] *adj*
nierozsądny; niedorzeczny; (*o cenie*) wygórowany, nadmierny

un·re·mit·ting [ˌʌnrɪˈmɪtɪŋ] *adj* nie
słabnący; nieustanny

un·re·served [ˌʌnrɪˈzɜːvd] *adj* nie
zastrzeżony; nieograniczony; bezwzględny; otwarty, szczery

un·rest [ʌnˈrest] *s* niepokój; wzburzenie

un·rid·dle [ʌnˈrɪdl] *vt* rozwiązać
zagadkę, wyjaśnić

un·ri·valled [ʌnˈraɪvld] *adj* niezrównany, bezkonkurencyjny

un·roll [ʌnˈrəul] *vt vi* rozwinąć
(się), odsłonić (się)

un·ru·ly [ʌnˈruːlɪ] *adj* niesforny

un·safe [ʌnˈseɪf] *adj* niebezpieczny,
niepewny

un·said [ʌnˈsed] *adj* nie powiedziany

un·say [ʌnˈseɪ] *vt* (*formy zob.* say)
cofnąć słowo, odwołać

un·scru·pu·lous [ʌnˈskruːpjələs] *adj*
nie mający skrupułów, bez skrupułów

un·seal [ʌnˈsiːl] *vt* odpieczętować

un·sea·son·a·ble [ʌnˈsiznəbl] *adj* nie
będący na czasie, niewczesny;
niestosowny

un·seem·ly [ʌnˈsimlɪ] *adj* niestosowny, nieprzyzwoity

un·seen [ʌnˈsin] *adj* nie widziany;

nie oglądany; s tłumaczenie tekstu (bez przygotowania)

un·set·tle [ʌnˈsetl] *vt* zdezorganizować, zakłócić, zachwiać

un·set·tled [ʌnˈsetld] *adj* zakłóco-
ny; niespokojny; niepewny; bezdomny; nie załatwiony

un·sew [ʌnˈsəu] *vt* (*formy zob.* sew)
rozpruć

un·shak·en [ʌnˈʃeɪkn] *adj* niewzruszony

un·sight·ly [ʌnˈsaɪtlɪ] *adj* brzydki

un·skilled [ʌnˈskɪld] *adj* nie mający wprawy; niewykwalifikowa-
ny (robotnik)

un·so·phis·ti·cat·ed [ˌʌnsəˈfɪstɪkeɪt-
ɪd] *adj* naturalny, prostolinijny,
szczery; nieskomplikowany, prosty

un·sound [ʌnˈsaund] *adj* niezdrowy; zepsuty; wadliwy; niepew-
ny

un·spar·ing [ʌnˈspeərɪŋ] *adj* nie
szczędzący; bezlitosny (*of sb* dla
kogoś)

un·speak·a·ble [ʌnˈspikəbl] *adj* niewypowiedziany

un·stead·y [ʌnˈstedɪ] *adj* nietrwa-
ły, chwiejny, niepewny

un·stick [ʌnˈstɪk] *vt* (*formy zob.*
stick) odkleić, rozkleić

un·stitch [ʌnˈstɪtʃ] *vt* rozpruć

un·stuck *zob.* unstick

un·suc·cess·ful [ˌʌnsəkˈsesfl] *adj*
nie mający powodzenia; nieuda-
ny, niepomyślny

un·suit·a·ble [ʌnˈsjuːtəbl] *adj* nieodpowiedni, nie nadający się

un·sur·passed [ˌʌnsəˈpɑːst] *adj* nieprześcigniony

un·ten·a·ble [ʌnˈtenəbl] *adj* (*o teorii, pozycji itp.*) nie do utrzymania

un·think·a·ble [ʌnˈθɪŋkəbl] *adj* nie
do pomyślenia

un·thought [ʌnˈθɔt] *adj* nie pomy-
ślany; ~ **of** przechodzący wszelkie wyobrażenie, nieoczekiwany,
nieprzewidziany

un·ti·dy [ʌnˈtaɪdɪ] *adj* nieporządny; niechlujny

uphill

un·tie [ʌnˈtaɪ] *vt vi* rozwiązać (się), odwiązać (się)

un·til [ʌnˈtɪl] = till

un·time·ly [ʌnˈtaɪmlɪ] *adj* nie na czasie, nie w porę, niewczesny; przedwczesny

un·tir·ing [ʌnˈtaɪərɪŋ] *adj* niezmordowany

un·to [ˈʌntu] *praep* = to

un·told [ʌnˈtəʊld] *adj* niewypowiedziany, niesłychany; niepoliczony

un·to·ward [ˈʌntuˈwɔd] *adj* niepomyślny, niefortunny; niewczesny, niestosowny; oporny

un·true [ʌnˈtru] *adj* niezgodny z prawdą

un·truth [ʌnˈtruθ] *s* nieprawda

un·truth·ful [ʌnˈtruθfl] *adj* nieprawdziwy, kłamliwy

un·u·su·al [ʌnˈjuʒʊəl] *adj* niezwykły

un·ut·ter·a·ble [ʌnˈʌtrəbl] *adj* niewypowiedziany; nie do wymówienia

un·veil [ʌnˈveɪl] *vt* odsłonić; wyjawić (np. tajemnicę)

un·voic·ed [ʌnˈvɔɪst] *adj* nie wypowiedziany; *gram.* bezdźwięczny

un·wel·come [ʌnˈwelkəm] *adj* niepożądany, niemile widziany

un·well [ʌnˈwel] *adj praed* niezdrowy

un·wield·y [ʌnˈwildɪ] *adj* nieporadny; nieporęczny

un·will·ing [ʌnˈwɪlɪŋ] *adj* niechętny

un·wise [ʌnˈwaɪz] *adj* niemądry

un·wit·ting [ʌnˈwɪtɪŋ] *adj* nieświadomy (of sth czegoś)

un·wom·an·ly [ʌnˈwumənlɪ] *adj* niekobiecy

un·wont·ed [ʌnˈwəʊntɪd] *adj* nieprzywykły; niezwykły

un·world·ly [ʌnˈwɜdɪ] *adj* nie z tego świata, nieziemski

un·wor·thy [ʌnˈwɜðɪ] *adj* niegodny, niewart

un·wrap [ʌnˈræp] *vt* rozwinąć, rozpakować

un·yield·ing [ʌnˈjildɪŋ] *adj* nieustępliwy

up [ʌp] *adv* w górze, w górę; do góry; w pozycji stojącej ⟨podniesionej⟩; **up and down** w górę i w dół; ze zmiennym szczęściem; **up there** tam, w górze; **up to aż do, do samego** (szczytu itp.), po (np. kolana); do (czasów, okresu itp.); **up to date na czasie, w modzie; this side up** tą stroną do góry; **up with sth** na równi, na równym poziomie; **to be up by na nogach;** **byc̀ w stanie wzburzenia** ⟨wrzenia, buntu⟩; **to be up against sth** mieć trudności z czymś; **to be up for sth** sprostać czemuś; zajmować się czymś; być skłonnym do czegoś; **to be up for an examination** zdawać egzamin; **there is sth up** coś się dzieje; **what's up?** co się dzieje?; **what are you up to here?** co porabiasz?; **the road is up** droga jest rozkopana; **up (with you)!** wstawaj!; **up with ...!** niech żyje ...!; *po niektórych czasownikach oznacza zakończenie czynności*, *np.*: **to burn up** spalić doszczętnie; **to eat up** zjeść; **our time is up** nasz czas upłynął; *praep* w górę (po czymś) **up the stairs** w górę po schodach; **up the river** w górę rzeki; **up the stream** przeciw prądowi; *adj* idący ⟨prowadzący⟩ w górę; **up train** pociąg w kierunku stolicy; *s pl* **ups and downs** wzniesienia i spadki, góry i doliny; *przen.* wzloty i upadki, powodzenia i klęski

up·braid [ʌpˈbreɪd] *vt* ganić, robić wyrzuty

up·bring·ing [ˈʌpbrɪŋɪŋ] *s* wychowanie

up·heav·al [ʌpˈhivl] *s* wstrząs; *polit.* przewrót

up·held *zob.* uphold

up·hill [ˈʌpˈhɪl] *adv* w górę; *adj* [ˈʌphɪl] prowadzący w górę, stromy; *przen.* żmudny

uphold

up·hold [ʌpˈhəuld] *vt* (*formy zob.* hold) podtrzymywać; popierać

up·hol·ster [ʌpˈhəulstə(r)] *vt* wyściełać (meble), tapetować (pokój), zdobić (np. firankami)

up·hol·ster·er [ʌpˈhəulstərə(r)] *s* tapicer

up·hol·ster·y [ʌpˈhəulstərɪ] *s* tapicerstwo

up·keep [ˈʌpkɪp] *s* utrzymanie, koszty utrzymania

up·land [ˈʌplənd] *s* wyżyna; okolice górskie; **the ~s** okolice górskie; podhale

up·lift [ʌpˈlɪft] *vt* podnieść; *s* [ˈʌplɪft] wzniesienie, podniesienie

up·on [əˈpɔn] = **on**

up·per [ˈʌpə(r)] *adj* górny, wyższy; **~ hand** przewaga (**of sb** nad kimś)

up·per·most [ˈʌpəməust] *adj* najwyższy, górujący; *adv* na (samej) górze, na górze

up·raise [ʌpˈreɪz] *vt* podnieść

up·right [ˈʌp·raɪt] *adj praed* prosty, wyprostowany, pionowy; *przen.* prostolinijny, rzetelny; **~ piano** pianino; *s* pion; *adv* prosto, pionowo

up·rise [ʌpˈraɪz] *vi* (*formy zob.* rise) powstać, podnieść się; *s* [ˈʌpraɪz] podniesienie się; wschód; awans

up·ris·en *zob.* uprise

up·ris·ing [ˈʌpˈraɪzɪŋ] *s* podniesienie się; *polit.* powstanie

up·roar [ˈʌp·rɔ(r)] *s* hałas, zamieszanie, rozruchy

up·root [ʌpˈrut] *vt* wyrwać z korzeniem, wykorzenić

up·rose *zob.* uprise

up·set [ʌpˈset] *vt vi* (*formy zob.* set) przewrócić (się); zdezorganizować (się); wyprowadzić z równowagi; zdenerwować; udaremnić; *s* [ʌpˈset] przewrócenie; dezorganizacja; nieporządek; niepokój; rozstrój (żołądka); *adj* [ˈʌpset] przewrócony; zaniepokojony; zdenerwowany; **to become ⟨to get⟩ ~** zdenerwować się

up·shot [ˈʌpʃɔt] *s* wynik, rezultat

up·side [ˈʌpsaɪd] *s* górna strona; **~ down** do góry nogami

up·stairs [ˈʌpˈsteəz] *adv* w górę (po schodach); na górze; na piętrze

up·start [ˈʌpstɑt] *s* parweniusz

up·stream [ˈʌpˈstrim] *adv* pod prąd

up·to·date [ˈʌp tə ˈdeɪt] *adj* nowoczesny, modny, aktualny

up·turn [ˈʌpˈtɜn] *vt* przewrócić; *s* [ˈʌptɜn] przewrót

up·ward [ˈʌpwəd] *adj* zwrócony ku górze; *adv* = **upwards**

up·wards [ˈʌpwədz] *adv* w górę, ku górze; **~ of** ponad, powyżej

u·ra·ni·um [juˈreɪnɪəm] *s chem.* uran

ur·ban [ˈɜbən] *adj* miejski

ur·bane [ɜˈbeɪn] *adj* wytworny, grzeczny, uprzejmy

ur·ban·i·ty [ɜˈbænətɪ] *s* ogłada, wytworność, uprzejmość

ur·chin [ˈɜtʃɪn] *s* urwis

urge [ɜdʒ] *vt* nalegać, przynaglać, popędzać; mocno podkreślać; *s* popęd, bodziec

ur·gen·cy [ˈɜdʒənsɪ] *s* naleganie; nagła potrzeba, nagląca konieczność, nagłość

ur·gent [ˈɜdʒənt] *adj* nagły, naglący; natarczywy

u·rine [ˈjuərɪn] *s* mocz

urn [ɜn] *s* urna; dzbanek (na herbatę itp.)

us *zob.* we

us·age [ˈjuzɪdʒ] *s* zwyczaj; sposób używania; stosowanie (np. wyrazu); traktowanie

use [juz] *vt* używać, stosować; traktować; **~ up** zużyć, wyczerpać; zniszczyć; **~d** [ˈjust]+*bezokolicznik oznacza powtarzanie się czynności, np.:* **I ~d to** miałem zwyczaj; **he ~d to say** miał zwyczaj mówić, mawiał; *s* [jus] użytek, zastosowanie, używalność, użyteczność; zwyczaj; **to be of ~** być pożytecznym, przydać się; **to have no ~ for a thing** nie potrzebować czegoś; **it's no ~ (of) going there** nie ma sensu tam chodzić; what's the ~ (of) doing it? na co się to przyda?; in ~ w użyciu; out of ~ nie używany, wycofany z użycia, przestarzały

used adj [`juzd] używany; ~ up zużyty, wyczerpany, skończony; [`just] przyzwyczajony (**to** sth do czegoś); **to get** ⟨**to become**⟩ ~ przyzwyczaić się

use·ful [`jusfl] adj pot. pożyteczny

use·less [`juslas] adj bezużyteczny

ush·er [`ʌʃə(r)] s odźwierny, woźny sądowy; bileter; uj. belfer; vt (zw. ~ in) wprowadzać, inicjować

u·su·al [`juʒuəl] adj zwyczajny, zwykły

u·su·rer [`juʒərə(r)] s lichwiarz

u·surp [ju`zɜp] vt uzurpować; przywłaszczać sobie

u·su·ry [`juʒəri] s lichwa

u·ten·sil [ju`tensl] s naczynie; narzędzie; pl ~s naczynia, przybo-

ry, utensylia

u·til·i·tar·i·an [ju`tɪlɪ`teəriən] adj utylitarny

u·til·i·ty [ju`tɪləti] s użyteczność; (także public ~) zakład użyteczności publicznej

u·til·i·za·tion [`jutɪlaɪ`zeɪʃn] s użytkowanie

u·ti·lize [`jutɪlaɪz] vt użytkować

ut·most [`ʌtməust] adj krańcowy, najdalszy; najwyższego stopnia; s kraniec; ostateczna możliwość; najwyższy stopień; **I'll do my** ~ uczynię, co w mej mocy

u·to·pi·a [ju`təupɪə] s utopia

ut·ter 1. [`ʌtə(r)] adj krańcowy; całkowity

ut·ter 2. [`ʌtə(r)] vt wydawać (np. okrzyk), wyrażać, wypowiadać; puszczać w obieg

ut·ter·ance [`ʌtərəns] s wypowiedzenie, wypowiedź; wyrażenie (np. uczuć), wyraz; wymowa

ut·ter·most [`ʌtəməust] = **utmost**

V

va·can·cy [`veɪkənsɪ] s próżnia, pustka; bezmyślność; wolny etat

va·cant [`veɪkənt] adj próżny, wolny, wakujący; bezmyślny

va·cate [və`keɪt] vt opróżnić, zwolnić, opuścić

va·ca·tion [və`keɪʃn] s opróżnienie, zwolnienie; wakacje

vac·ci·nate [`væksɪneɪt] vt med. szczepić

vac·ci·na·tion [`væksɪ`neɪʃn] s med. szczepienie

vac·cine [`væksin] s med. szczepionka

vac·il·late [`væsəleɪt] vi chwiać się, wahać się

vac·il·la·tion [`væsə`leɪʃn] s chwianie się, wahanie się

vac·u·um [`vækjuəm] s próżnia; ~ **bottle** ⟨**flask**⟩ termos; ~ **cleaner**

odkurzacz

vag·a·bond [`vægəbond] adj włóczęgowski, wędrowny; s włóczęga

va·gar·y [`veɪgərɪ] s grymas, kaprys

va·grant [`veɪgrənt] adj włóczęgowski, wędrowny; s włóczęga

vague [veɪg] adj nieokreślony, niejasny, mglisty

vain [veɪn] adj próżny; daremny; **in** ~ na próżno

vale [veɪl] s poet. dolina

val·et [`vælɪt] s służący; vt usługiwać

val·e·tu·di·nar·i·an [`vælɪ`tjudɪ`neəriən] adj chorowity, słabowity; s cherlak; chuchro

val·iant [`væliənt] adj dzielny

val·id [`vælɪd] *adj* ważny; mający prawne ⟨naukowè⟩ podstawy

va·lid·i·ty [vəˈlɪdətɪ] *s* ważność; moc prawna ⟨naukowa⟩

va·lise [vəˈliz] *s* waliza

val·ley [`vælɪ] *s* dolina

val·or·ous [`vælərəs] *adj* waleczny

val·our [`vælə(r)] *s* waleczność

val·u·a·ble [`væljubl] *adj* cenny, wartościowy; *s pl* ~s kosztowności

val·ue [`vælju] *s* wartość, cena; **of little** ~ małowartościowy; **of no** ~ bezwartościowy; *vt* cenić, szacować

valve [vælv] *s techn.* zawór; klapa, wentyl; *elektr.* lampa elektronowa

vamp [væmp] *s* wamp, uwodzicielka; *vt* uwodzić

vam·pire [`væmpaɪə(r)] *s* wampir

van 1. [væn] *s* wóz ciężarowy (kryty); *kolej.* wagon (służbowy); **luggage** ~ wagon bagażowy

van 2. [væn] *s wojsk.* straż przednia; *przen.* awangarda

vane [veɪn] *s* chorągiewka (na dachu)

van·guard [`vængɑd] *s wojsk.* awangarda

va·nil·la [vəˈnɪlə] *s* wanilia

van·ish [`vænɪʃ] *vi* znikać

van·i·ty [`vænətɪ] *s* próżność, marność; ~ **bag** ⟨**case**⟩ kosmetyczka

van·quish [`væŋkwɪʃ] *vt* zwyciężyć

van·tage [`vɑntɪdʒ] *s* korzystna pozycja; *sport* przewaga

van·tage-ground [`vɑntɪdʒ graund] *s* korzystna pozycja (*zw.* obserwacyjna)

vap·id [`væpɪd] *adj* zwietrzały; mdły; jałowy; bezduszny

va·por·ize [`veɪpəraɪz] *vt* (wy)parować; *vi* odparowywać

va·pour [`veɪpə(r)] *s* para; mgła; *vi* parować; *przen.* przechwalać się

var·i·a·ble [`veərɪəbl] *adj* zmienny; *s mat.* zmienna; *mors.* wiatr zmienny

var·i·ance [`veərɪəns] *s* niezgodność, sprzeczność; zmienność; **to be at** ~ nie zgadzać się, być w sprzeczności

var·i·ant [`veərɪənt] *s* odmiana, wariant

var·i·a·tion [ˌveərɪˈeɪʃn] *s* zmiana, zmienność; odchylenie

var·i·ces *zob.* **varix**

va·ried [`veərɪd] *adj* różnorodny

var·i·e·gate [`veərɪgeɪt] *vt* urozmaicać; rozmaicie barwić, pstrzyć

va·ri·e·ty [vəˈraɪətɪ] *s* rozmaitość; wybór; bogactwo (np. towarów); odmiana (np. rośliny); **a** ~ **of books** rozmaite książki

var·i·ous [`veərɪəs] *adj* różny, rozmaity; **at** ~ **times** kilkakrotnie

var·ix [`værɪks] *s* (*pl* **varices** [`værɪsiz]) *med.* żylak

var·nish [`vɑnɪʃ] *s* lakier, politura; werniks; *vt* lakierować, politurować

var·si·ty [`vɑsətɪ] *s pot.* uniwerek, uniwersytet

var·y [`veərɪ] *vt vi* zmieniać (się), urozmaicać, różnić się

vase [vɑz] *s* waza, wazon

vas·e·line [`væslɪn] *s* wazelina

vast [vɑst] *adj* obszerny, rozległy

vast·ly [`vɑstlɪ] *adv* wybitnie, niezmiernie

vat [væt] *s* kadź

vault 1. [vɔlt] *s* sklepienie; podziemie, piwnica; krypta

vault 2. [vɔlt] *vi* skoczyć; *vt* przeskoczyć

vaunt [vɔnt] *vt* wychwalać; *vi* przechwalać się; *s* samochwalstwo

've [v] = **have**

veal [vil] *s* cielęcina

ve·dette [vɪˈdet] *s wojsk.* czujka

veer [vɪə(r)] *vi* skręcać, zmieniać kierunek; *przen.* zmieniać przekonania

veg·e·ta·ble [`vedʒtəbl] *adj* roślinny; *s* roślina; jarzyna

veg·e·tar·i·an [ˈvedʒɪˈteərɪən] *adj* wegetariański; *s* wegetarianin

veg·e·tate [ˈvedʒɪteɪt] *vi* wegetować; rosnąć

veg·e·ta·tion [ˈvedʒɪˈteɪʃn] *s* wegetacja; roślinność; *med.* narośl

veg·e·ta·tive [ˈvedʒɪtətɪv] *adj* wegetacyjny; roślinny

ve·he·ment [ˈvɪəmənt] *adj* gwałtowny

ve·hi·cle [ˈvɪːkl] *s* wóz, pojazd, środek lokomocji; *przen.* narzędzie, środek; *med.* nosiciel (choroby)

veil [veɪl] *s* welon; zasłona; *przen.* maska; to take the ~ wstąpić do klasztoru (żeńskiego); *vt* zasłaniać; *przen.* ukrywać, maskować

vein [veɪn] *s* żyła; warstwa; *przen.* wena, nastrój

ve·loc·i·ty [vəˈlosətɪ] *s* szybkość, prędkość

ve·lum [ˈviːləm] *s* (*pl* vela [ˈviːlə]) *biol.* błona; *anat.* podniebienie miękkie

vel·vet [ˈvelvɪt] *s* welwet, aksamit

ve·nal [ˈviːnl] *adj* sprzedajny

vend·ing-ma·chine [ˈvendɪŋ məʃɪn] automat do sprzedaży (np. papierosów)

ven·dor [ˈvendə(r)] *s* sprzedawca

ve·neer [vɪˈnɪə(r)] *s* fornir; *vt* fornirować; *przen.* nadawać polor

ven·er·a·ble [ˈvenrəbl] *adj* czcigodny

ven·er·a·tion [ˈvenəˈreɪʃn] *s* cześć, szacunek

ve·ne·re·al [vɪˈnɪərɪəl] *adj med.* weneryczny

venge·ance [ˈvendʒəns] *s* zemsta

ve·ni·al [ˈviːnɪəl] *adj* przebaczalny; *rel.* powszedni (grzech)

ven·i·son [ˈvenɪsn] *s* dziczyzna

ve·nom [ˈvenəm] *s* jad

ven·om·ous [ˈvenəməs] *adj* jadowity

vent [vent] *s* otwór; wentyl, wylot; to give ~ dać folgę ⟨upust⟩ (to sth czemuś); *vt* wiercić otwór; wypuszczać, dawać upust

vent-hole [ˈvent həʊl] *s* lufcik, wywietrznik

ven·ti·late [ˈventɪleɪt] *vt* wentylować; *przen.* roztrząsać

ven·ti·la·tion [ˈventɪˈleɪʃn] *s* wentylacja

ven·ture [ˈventʃə(r)] *s* ryzykowny krok, ryzyko; impreza (handlowa), przedsięwzięcie; at a ~ na chybił trafił, na los szczęścia; *vt vi* ryzykować, odważyć się (sth, on sth na coś)

ve·ra·cious [vəˈreɪʃəs] *adj* prawdomówny; zgodny z prawdą

ve·rac·i·ty [vəˈræsətɪ] *s* prawdomówność; zgodność z prawdą

ve·ran·da(h) [vəˈrændə] *s* weranda

verb [vɜːb] *s gram.* czasownik

ver·bal [ˈvɜːbl] *adj* słowny; dosłowny; ustny; *gram.* czasownikowy; ~ noun rzeczownik odsłowny

ver·ba·tim [vɜːˈbeɪtɪm] *adv* dosłownie; *adj* dosłowny

ver·bos·i·ty [vɜːˈbosətɪ] *s* wielomówność, rozwlekłość

ver·dict [ˈvɜːdɪkt] *s prawn.* werdykt

ver·di·gris [ˈvɜːdɪgrɪs] *s* grynszpan

ver·dure [ˈvɜːdʒə(r)] *s* zieleń

verge 1. [vɜːdʒ] *s* kraniec, krawędź; pręt; berło

verge 2. [vɜːdʒ] *vi* chylić się, zbliżać się (to, towards sth ku czemuś); graniczyć (on, upon sth z czymś)

ver·i·fy [ˈverɪfaɪ] *vt* sprawdzić; potwierdzić

ver·i·ta·ble [ˈverɪtəbl] *adj* prawdziwy, istny

ver·i·ty [ˈverətɪ] *s* prawda, prawdziwość

ver·mil·ion [vəˈmɪlɪən] *s* cynober; *vt* malować na kolor cynobrowy

ver·min [ˈvɜːmɪn] *s* zbiór. robactwo, szkodniki

ver·nac·u·lar [vəˈnækjʊlə(r)] *adj* rodzimy, miejscowy, tubylczy; *s* język rodzimy, mowa ojczysta

ver·sa·tile [ˈvɜːsətail] *adj* (o *umyśle*) bystry; wszechstronny

ver·sa·til·i·ty [ˈvɜːsəˈtilətɪ] *s* bystrość (umysłu); wszechstronność

verse [vɜːs] *s* wiersz; poezja; zwrotka

versed [vɜːst] *adj* obeznany (in sth z czymś), biegły

ver·si·fy [ˈvɜːsɪfaɪ] *vt vi* układać wierszem; pisać wiersze

ver·sion [ˈvɜːʃn] *s* wersja; przekład

ver·sus [ˈvɜːsəs] *praep łac.* przeciw

ver·te·bra [ˈvɜːtɪbrə] *s* (*pl* **vertebrae** [ˈvɜːtɪbriː]) *anat.* kręg

ver·ti·bral [ˈvɜːtɪbrəl] *adj* kręgowy

ver·tex [ˈvɜːteks] *s* (*pl* **vertices** [ˈvɜːtɪsiːz]) szczyt; *mat.* wierzchołek

ver·ti·cal [ˈvɜːtɪkl] *adj* pionowy; szczytowy; *mat.* wierzchołkowy

ver·y [ˈverɪ] *adv* bardzo; prawdziwie; bezpośrednio, zaraz; on the ~ next day zaraz następnego dnia; *adj* istotny, prawdziwy, tenże sam; to the ~ end do samego końca; the ~ thought of it już sama myśl o tym

ves·i·cle [ˈvesɪkl] *s anat.* pęcherzyk

ves·sel [ˈvesl] *s* naczynie; statek

vest 1. [vest] *s* kamizelka; kaftanik

vest 2. [vest] *vt* nadawać, przekazywać (sb with sth komuś coś)

vest·ed [ˈvestɪd] *adj* prawnie nabyty, ustalony; *handl.* inwestowany

ves·tige [ˈvestɪdʒ] *s* ślad

vest·ment [ˈvestmənt] *s* strój (oficjalny, uroczysty)

ves·try [ˈvestrɪ] *s* zakrystia; rada parafialna

vet 1. [vet] *s bryt. pot.* weterynarz; *vt* badać (zwierzę)

vet 2. [vet] *s am. pot.* weteran

vet·er·an [ˈvetərən] *s* weteran; *adj* wysłużony; zahartowany w boju

vet·er·i·nar·y [ˈvetrɪnərɪ] *adj* weterynaryjny; *s* weterynarz

ve·to [ˈviːtəu] *s* weto; *vt* zakładać weto (sth przeciw czemuś)

vex [veks] *vt* dręczyć

vex·a·tion [vekˈseɪʃn] *s* udręka; strapienie; przykrość

via [ˈvaɪə] *praep łac.* przez (daną miejscowość)

vi·a·duct [ˈvaɪədʌkt] *s* wiadukt

vi·al [ˈvaɪəl] *s* fiolka, flaszeczka

vi·ands [ˈvaɪəndz] *s pl* wiktuały

vi·brant [ˈvaɪbrənt] *adj* wibrujący, drgający

vi·brate [vaɪˈbreɪt] *vi* wibrować, drgać

vi·bra·tion [vaɪˈbreɪʃn] *s* wibracja, drganie

vic·ar [ˈvɪkə(r)] *s* proboszcz (anglikański); wikary (rzymskokatolicki)

vice 1. [vaɪs] *s* wada; nałóg; występek

vice 2. [vaɪs] *s techn.* imadło

vice 3. [vaɪs] *praef* wice-

vice·roy [ˈvaɪsrɔɪ] *s* wicekról

vi·ce·ver·sa [ˈvaɪsɪ ˈvɜːsə] *adv łac.* na odwrót; vice versa

vi·cin·i·ty [vɪˈsɪnətɪ] *s* sąsiedztwo, najbliższa okolica

vi·cious [ˈvɪʃəs] *adj* występny; wadliwy, błędny

vi·cis·si·tude [vɪˈsɪsɪtjuːd] *s* zmienność, nietrwałość

vic·tim [ˈvɪktɪm] *s* ofiara

vic·tim·ize [ˈvɪktɪmaɪz] *vt* składać w ofierze; gnębić; oszukiwać

vic·tor [ˈvɪktə(r)] *s* zwycięzca

vic·to·ri·ous [vɪkˈtɔːrɪəs] *adj* zwycięski

vic·to·ry [ˈvɪktrɪ] *s* zwycięstwo

vic·tuals [ˈvɪtlz] *s pl* wiktuały

vi·de·li·cet [vɪˈdiːlɪset] *adv* mianowicie; to znaczy

vie [vaɪ] *vi* współzawodniczyć (for sth o coś)

view [vjuː] *s* widok; pole widzenia; pogląd; przegląd; zamiar; to be in ~ być widocznym; to have in ~ mieć na oku ⟨widoku⟩; the end in ~ powzięty zamiar, za-

vital

mierzony cel; **point of** ~ punkt widzenia; **on** ~ wystawiony; **private** ~ prapremiera, wernisaż (wystawy); **in my** ~ moim zdaniem; **in** ~ **of sth** biorąc coś pod uwagę, wobec czegoś; **with a** ~ **to sth** w zamiarze czegoś; *vt* oglądać, rozpatrywać

view·er [ˈvjuə(r)] *s* widz

view-point [ˈvju pɔint] *s* punkt widzenia; zapatrywanie (**of sth** na coś)

vig·il [ˈvidʒil] *s* czuwanie; wigilia

vig·i·lance [ˈvidʒiləns] *s* czujność

vig·or·ous [ˈvigərəs] *adj* pełen wigoru, energiczny

vig·our [ˈvigə(r)] *s* wigor; siła, energia

vile [vail] *adj* podły; *pot.* wstrętny

vil·i·fy [ˈvilifai] *vt* oczernić; upodlić

vil·la [ˈvilə] *s* willa

vil·lage [ˈvilidʒ] *s* wieś

vil·lag·er [ˈvilidʒə(r)] *s* wieśniak; prostak

vil·lain [ˈvilən] *s* łajdak, nikczemnik

vil·lain·y [ˈviləni] *s* łajdactwo, nikczemność

vin·di·cate [ˈvindikeit] *vt* brać w obronę; oczyszczać z zarzutu, usprawiedliwiać; dochodzić

vin·dic·tive [vinˈdiktiv] *adj* mściwy

vine [vain] *s* winna latorośl

vin·e·gar [ˈvinigə(r)] *s* ocet

vine·yard [ˈvinjəd] *s* winnica

vin·tage [ˈvintidʒ] *s* winobranie

vint·ner [ˈvintnə(r)] *s* winiarz

vi·o·late [ˈvaiəleit] *vt* naruszyć; pogwałcić

vi·ola [viˈəulə] *s muz.* altówka

vi·o·la·tion [ˌvaiəˈleiʃn] *s* naruszenie; pogwałcenie

vi·o·lence [ˈvaiələns] *s* gwałt; gwałtowność; naruszenie; **by** ~ gwałtem

vi·o·let [ˈvaiələt] *s bot.* fiołek; *adj* fioletowy

vi·o·lin [ˌvaiəˈlin] *s muz.* skrzypce

vi·per [ˈvaipə(r)] *s zool.* żmija

vir·gin [ˈvɜdʒin] *s* dziewica; *attr* dziewiczy

vir·ile [ˈvirail] *adj* męski

vir·tu·al [ˈvɜtʃuəl] *adj* faktyczny, właściwy; potencjalny

vir·tue [ˈvɜtʃu] *s* cnota; zaleta; wartość; skuteczność; **by (in)** ~ **of** na mocy

vir·tu·os·i·ty [ˌvɜtʃuˈosəti] *s* wirtuozostwo; zamiłowanie do sztuk pięknych

vir·tu·ous [ˈvɜtʃuəs]. *adj* cnotliwy, moralny

vir·u·lent [ˈvirələnt] *adj* jadowity; zadliwy

vi·rus [ˈvaiərəs] *s* jad; *med.* wirus; *przen.* trucizna (moralna)

vi·sa [ˈvizə] *s* wiza; *vt* wizować

vis·age [ˈvizidʒ] *s* oblicze

vis·cer·a [ˈvisərə] *s pl anat.* wnętrzności

vis·cos·i·ty [visˈkosəti] *s* lepkość

vis·count [ˈvaikaunt] *s* wicehrabia

visé [ˈvizei] *s* wiza

vis·i·bil·i·ty [ˌvizəˈbiləti] *s* widzialność; widoczność

vis·i·ble [ˈvizəbl] *adj* widzialny; widoczny

vi·sion [ˈviʒn] *s* widzenie, wzrok; wizja

vi·sion·ar·y [ˈviʒnri] *adj* wizjonerski; *s* wizjoner

vis·it [ˈvizit] *s* wizyta; pobyt; wizytacja; **to be on a** ~ być z wizytą; **to pay a** ~ złożyć wizytę; *vt* odwiedzać, zwiedzać; nawiedzać, doświadczać

vis·it·a·tion [ˌviziˈteiʃn] *s* odwiedziny, wizytacja; nawiedzenie; dopust

vis·i·tor [ˈvizitə(r)] *s* gość

vi·sor [ˈvaizə(r)] *s hist.* przyłbica; daszek (u czapki)

vis·ta [ˈvistə] *s* widok, perspektywa; aleja

vis·u·al [ˈviʒuəl] *adj* wzrokowy

vis·u·al·ize [ˈviʒuəlaiz] *vt* unaoczniać, uzmysłowić sobie

vi·tal [ˈvaitl] *adj* życiowy, żywotny; istotny, niezbędny

vi·tal·i·ty [vaɪ'tælətɪ] s żywotność

vit·a·min ['vɪtəmɪn] s witamina

vi·ti·ate ['vɪʃɪeɪt] vt zepsuć, skazić; unieważnić

vit·re·ous ['vɪtrɪəs] adj szklany, szklisty

vi·tu·per·ate [vɪ'tjupəreɪt] vt lżyć, pomstować (sb na kogoś)

vi·va·cious [vɪ'veɪʃəs] adj żywy, pełen życia

vi·vac·i·ty [vɪ'væsətɪ] s żywość

viv·id ['vɪvɪd] adj żywy

viv·i·sect ['vɪvɪ'sekt] vt dokonywać wiwisekcji

vix·en ['vɪksn] s jędza; zool. lisica

viz. skr. łac. = videlicet

vo·cab·u·lar·y [və'kæbjulərɪ] s słowniczek; słownictwo, zasób słów

vo·cal ['vəukl] adj wokalny, głosowy; gram. samogłoskowy

vo·ca·tion [vəu'keɪʃn] s powołanie; zawód

vo·cif·er·ate [və'sɪfəreɪt] vt vi krzyczeć, wrzeszczeć

vodka ['vodkə] s wódka

vogue [vəug] s popularność; moda; to be the ~ ⟨in ~⟩ być w modzie; to have a great ~ cieszyć się dużą popularnością

voice [vɔɪs] s głos; gram. strona; vt głosić, wypowiadać

voiced [vɔɪst] adj gram. dźwięczny

voice·less ['vɔɪsləs] adj niemy; gram. bezdźwięczny

void [vɔɪd] adj pusty, próżny; bezwartościowy; prawn. nieważny; pozbawiony (of sth czegoś); s próżnia, pustka; vt opróżnić; prawn. unieważnić

vol·a·tile ['vɔlətaɪl] adj chem. lotny; przelotny, zmienny

vol·can·ic [vol'kænɪk] adj wulkaniczny

vol·ca·no [vol'keɪnəu] s wulkan

vo·li·tion [və'lɪʃn] s wola

vol·ley ['vɔlɪ] s salwa; przen. potok (np. słów, przekleństw); sport wolej

vol·ley·ball ['vɔlɪ bɔl] s sport siat-

kówka

volt·age ['vəultɪdʒ] s elektr. woltaż, napięcie

vol·u·ble ['vɔljubl] adj (o mowie) płynny, pełen swady

vol·u·me ['vɔljum] s tom; objętość; zwój; siła (głosu, dźwięku itd.)

vo·lu·mi·nous [və'luminəs] adj wielkich rozmiarów; obszerny

vol·un·tar·y ['vɔləntrɪ] adj dobrowolny

vol·un·teer ['vɔlən'tɪə(r)] s ochotnik; attr ochotniczy; vt ochotniczo podjąć się (sth czegoś); vi zgłosić się na ochotnika

vo·lup·tu·ar·y [və'lʌptʃuərɪ] s lubieżnik

vo·lup·tu·ous [və'lʌptʃuəs] adj lubieżny

vom·it ['vomɪt] vt vi wymiotować; zwracać; s wymioty

vo·ra·cious [və'reɪʃəs] adj żarłoczny

vor·tex ['vɔteks] s (pl vortices ['vɔtɪsiz]) wir

vote [vəut] s głosowanie; głos; wotum; vt uchwalać; vi głosować (for sb, sth za kimś, czymś; against sb, sth przeciwko komuś, czemuś)

vot·er ['vəutə(r)] s głosujący, wyborca

vouch [vautʃ] vt vi ręczyć, gwarantować

vouch·er ['vautʃə(r)] s poręczyciel; poświadczenie, kwit, bon

vouch·safe [vautʃ'seɪf] vi vt raczyć; łaskawie udzielić

vow [vau] s ślub, ślubowanie; to take ⟨to make⟩ a ~ ślubować; to take ~s złożyć śluby zakonne; vt ślubować; vi składać śluby

vow·el ['vau]] s gram. samogłoska

voy·age ['vɔɪdʒ] s podróż (zw. morska); to go on a ~ wyruszyć w podróż

vul·can·ize ['vʌlkənaɪz] vt wulkanizować

walk

vul·gar [ˈvʌlgə(r)] *adj* wulgarny; pospolity
vul·gar·i·ty [vʌlˈgærəti] *s* wulgarność
vul·gar·ize [ˈvʌlgəraiz] *vt* wulgaryzować
vul·ner·a·ble [ˈvʌlnṛəbl] *adj* podat-

ny na zranienie, narażony na ciosy; wrażliwy; (w brydżu) po partii
vul·ture [ˈvʌltʃə(r)] *s* zool. sęp
vul·tur·ine [ˈvʌltʃərain], **vul·tur·ish** [ˈvʌltʃəriʃ] *adj* sępi

W

wab·ble = **wobble**
wad [wod] *s* wałek, (miękka) zatyczka, podkład (z miękkiego materiału); *vt* wypychać, upychać, nabijać; podkładać, watować
wad·ding [ˈwodiŋ] *s* wata (do upychania); watolina, podkład
wad·dle [ˈwodl] *vi* chodzić kołysząc się
wade [weid] *vt vi* brnąć, brodzić
wa·fer [ˈweifə(r)] *s* wafel; opłatek
waft [woft] *vi* unosić się, bujać, sunąć (po wodzie, w powietrzu); *vt* nieść, posuwać, z powiew, podmuch; śmignięcie
wag 1. [wæg] *s* filut, żartowniś
wag 2. [wæg] *vt vi* kiwać (się), ruszać (się), machać; *s* poruszenie, kiwnięcie
wage [weidʒ] *s* (zw. pl ~s) zarobek, płaca (zw. tygodniowa); living ~ minimum środków utrzymania; *vt* prowadzić (wojnę)
wa·ger [ˈweidʒə(r)] *s* zakład; to lay ⟨to make⟩ a ~ założyć się; *vt vi* zakładać się
wag·on, wag·gon [ˈwægən] *s* wóz, platforma
waif [weif] *s* mienie bezpańskie; zbior. porzucone rzeczy; porzucone dziecko; zabłąkane zwierzę; ~s and strays bezdomne dzieci
wail [weil] *s* żałosny płacz, la-

ment; *vi* żałośnie płakać, zawodzić; *vt* opłakiwać
wain·scot [ˈweinskət] *s* boazeria; *vt* okładać boazerią
waist [weist] *s* kibić, talia, pas
waist·coat [ˈweistkəut] *s* kamizelka
wait [weit] *vi* czekać (for sb na kogoś); usługiwać (on, upon sb komuś); czyhać (for sb na kogoś); *s* czekanie; zasadzka; pl the ~s kolędnicy
wait·er [ˈweitə(r)] *s* kelner; taca
wait·ing-room [ˈweitiŋ rum] *s* poczekalnia
wait·ress [ˈweitrəs] *s* kelnerka
waive [weiv] *vt* zaniechać, zrezygnować
waiv·er [ˈweivə(r)] *s* zrzeczenie się (praw, przywilejów itd.)
* **wake** 1. [weik], **woke** [wəuk] *lub* **waked** [weikt], **woken** [ˈwəukən] *lub* **waked** [weikt] *vt vi* budzić (się); † czuwać, nie spać; *s* (w Irlandii) czuwanie (przy zwłokach); bryt. odpust
wake 2. [weik] *s* mors. kilwater; przen. ślad; to follow in sb's ~ iść czyimś śladem; in the ~ of sth w ślad za czymś
wake·ful [ˈweikfl] *adj* czuwający, czujny
wak·en [ˈweikən] *vt vi* budzić (się); ożywiać (się)
walk [wɔk] *vi* chodzić, kroczyć, przechadzać się; *vt* przechodzić, chodzić (po czymś); ~ away ⟨off⟩ odchodzić; pot. ~ away ⟨off⟩

with sth porwać, ukraść coś; ~
out wychodzić; *am.* strajkować;
sport ~ over wygrać walkowe-
rem; *s* spacer; chód; ~ of life
zawód, zajęcie

walk-out [`wɔk aut] *s am.* strajk

walk-o·ver [`wɔk əuvə(r)] *s sport*
walkower

wall [wɔl] *s* ściana, mur; *vt* otoczyć murem; *(także* ~ up) zamurować

wal·let [`wɔlɪt] *s* portfel; † tor-
ba

wal·low [`wɔləu] *vi* tarzać się

wall·pa·per [`wɔlpeɪpə(r)] *s* tape-
ta

wal·nut [`wɔlnʌt] *s bot.* orzech
włoski

wal·rus [`wɔlrəs] *s zool.* mors

waltz [wɔls] *s* walc; *vi* tańczyć
walca

wan [wɔn] *adj* blady, mizerny

wand [wɔnd] *s* różdżka

wan·der [`wɔndə(r)] *vi* wędrować;
~ away odbiegać; *s* wędrówka

wan·der·er [`wɔndərə(r)] *s* wędro-
wiec

wan·der·ing [`wɔndərɪŋ] *s* wędrów-
ka; *pl* ~s majaki; *adj* wędrowny; wędrujący; tułaczy

wane [weɪn] *vi* zanikać, ubywać;
marnieć

want [wɔnt] *s* potrzeba; brak; *vt*
vi potrzebować; chcieć; odczuwać
brak; brakować

want-ad [`wɔnt æd] *s pot.* drobne
ogłoszenie (w gazecie)

want·ing [`wɔntɪŋ] *adj* brakujący;
pozbawiony (in sth czegoś); to be
~ brakować; she is ~ in intelligence brak jej rozumu

wan·ton [`wɔntən] *adj* swawolny,
wesoły; nieokiełznany; złośliwy

war [wɔ(r)] *s* wojna; at ~ w stanie wojny; to make ~ wojować;
War Office, *am.* War Department ministerstwo wojny; ~
criminal przestępca wojenny; *vi*
wojować

war·ble [`wɔbl] *s* szczebiot; *vi*
szczebiotać

ward [wɔd] *s* straż, nadzór, opieka; podopieczny, wychowanek;
cela więzienna; sala szpitalna;
dzielnica; *vt* opiekować się; u-
mieścić (np. w sali szpitalnej);
~ off odbić, odparować (cios);
uchylić (niebezpieczeństwo)

ward·en [`wɔdn] *s* stróż; opiekun;
przełożony; kustosz

ward·er [`wɔdə(r)] *s* strażnik wię-
zienny

ward·robe [`wɔ-drəub] *s* szafa (na
ubranie)

ward·ship [`wɔdʃɪp] *s* kuratela

ware [weə(r)] *s* towar, wyrób

ware·house [`weəhaus] *s* magazyn;
dom towarowy; *vt* magazynować

war·fare [`wɔfeə(r)] *s* prowadze-
nie wojny, wojna

war·i·ness [`weərɪnəs] *s* ostrożność

war·like [`wɔ laɪk] *adj* wojowni-
czy, wojenny

warm [wɔm] *adj* ciepły; gorliwy;
ożywiony; *vt vi* grzać, nagrzewać
(się); ~ up rozgrzać, podgrzać
(się); ożywić (się)

war·mong·er [`wɔmʌŋgə(r)] *s* pod-
żegacz wojenny

warmth [wɔmθ] *s* ciepło; gorliwość, zapał

warn [wɔn] *vt* ostrzegać, przypominać; uprzedzać (sb of sth kogoś o czymś)

warn·ing [`wɔnɪŋ] *s* ostrzeżenie;
uprzedzenie; wypowiedzenie (posady)

warp [wɔp] *vt vi* paczyć (się), wykrzywiać (się), zniekształcać
(się); *mors.* holować; *s* wypacze-
nie, osnowa (tkacka); *mors.* lina
holownicza

war·rant [`wɔrənt] *s* pełnomoc-
nictwo, uprawnienie; rękojmia;
zabezpieczenie; nakaz sądowy;
vt uprawnić; gwarantować; u-
zasadnić; usprawiedliwić

war·ri·or [`wɔrɪə(r)] *s* wojak, żoł-
nierz

war·ship [`wɔʃɪp] *s* okręt wojenny

wart [wɔt] *s* brodawka

war·y [`weərɪ] *adj* ostrożny, czujny

waterproof

was [woz, wəz] p *sing* od to be
wash [woʃ] *vt vi* myć (się); prać;
płukać, oblewać; ~ away zmyć;
~ down spłukać; ~ off zmyć;
dać się zmyć; ~ out wymyć,
wypłukać; skasować; zejść (w
praniu); zalać; zatuszować; ~
up wymyć, zmywać (naczynia);
(o *morzu*) wyrzucić na brzeg;
s mycie (się), pranie; płyn do
płukania; pomyje; namuł
wash·a·ble [ˈwoʃəbl] *adj* nadający
się do prania
wash-basin [ˈwoʃ beisn] s miednica; umywalka
wash-board [ˈwoʃ bɔd] s tara (do
prania)
wash-bowl [ˈwoʃ bəul] s *am.* =
= wash-basin
wash·er [ˈwoʃə(r)] s pomywacz;
płuczka; *techn.* uszczelka
wash·er·wom·an [ˈwoʃə wumən] s
praczka
wash·ing [ˈwoʃiŋ] s mycie, pranie;
bielizna do prania; ~ machine
pralka
wash-out [ˈwoʃ aut] s podmycie
⟨zapadnięcie⟩ terenu; *pot.* pech,
klapa; bankrut życiowy, pechowiec
wash·stand [ˈwoʃ stænd] s umywalka
wash·tub [ˈwoʃ tʌb] s balia
wasn't [ˈwoznt] = was not
wasp [wosp] s *zool.* osa
wast·age [ˈweistidʒ] s marnotrawstwo; *zbior.* straty; wybrakowa-
ny towar; *zbior.* odpadki
waste [weist] *adj* pusty, pustynny;
jałowy; zużyty; niepotrzebny; ~
land teren nieuprawny; nieużyt-
ki; ~ paper makulatura; ~ products odpadki; to go ~ marnować się, niszczeć; to lie ~ leżeć
odłogiem; to lay ~ pustoszyć;
s marnowanie, marnotrawstwo;
nieużytek; strata; ubytek; pustynia, pustkowie; *zbior.* odpadki;
vt pustoszyć; marnować, niszczyć; *vi* niszczeć, psuć się; ubywać; ~ away marnieć, zanikać;

niszczeć
waste·ful [ˈweistfl] *adj* marnotrawny
watch [wotʃ] s czuwanie; straż;
zegarek; to be on the ~ wypatrywać, oczekiwać (for sth czegoś), czatować; to keep ~ być na
straży; pilnować (on, over sth
czegoś); *vt* czuwać; wyglądać
(for sth czegoś); czatować (for
sth na coś); pilnować (over sth
czegoś); *vt* uważać; obserwować,
oglądać; śledzić
watch·ful [ˈwotʃfl] *adj* czujny, u-
ważny
watch·mak·er [ˈwotʃ meikə(r)] s
zegarmistrz
watch·man [ˈwotʃmən] s stróż
watch·tow·er [ˈwotʃ tauə(r)] s
strażnica
watch·word [ˈwotʃwɜd] s *wojsk.*
hasło; slogan
wa·ter [ˈwotə(r)] s woda; ślina; *pl*
~s fale; wody lecznicze; high ~
przypływ; low ~ odpływ; by ~
drogą wodną; to get into hot ~
popaść w tarapaty; in deep ~s
w opałach; still ~s run deep cicha woda brzegi rwie; *vt* polać,
nawodnić; rozwodnić; poić (zwierzę itp.); *vi* ciec, ślinić się; łzawić
wa·ter-clos·et [ˈwotə klozit] s klozet
wa·ter-col·our [ˈwotə kʌlə(r)] s a-
kwarela
wa·ter·fall [ˈwotəfol] s wodospad
wa·ter·glass [ˈwotə glas] s klepsydra wodna
wa·ter·ing-can [ˈwotriŋ kæn] s polewaczka
wa·ter·li·ly [ˈwotə lili] s *bot.* grzy-
bień biały
wa·ter·man [ˈwotəmən] s przewoźnik; wioślarz
wa·ter·mark [ˈwotəmak] s znak
wodny; wodowskaz
wa·ter·mel·on [ˈwotə melən] s *bot.*
arbuz
wa·ter·proof [ˈwotəpruf] *adj* wodoszczelny, nieprzemakalny; s tka-

nina nieprzemakalna, płaszcz nieprzemakalny; *vt* impregnować; uszczelnić

wa·ter·shed [ˈwɔtəʃəd] *s* dział wód

wa·ter·side [ˈwɔtəsaɪd] *s* brzeg

wa·ter·sup·ply [ˈwɔtə səplaɪ] *s* sieć wodociągowa, zaopatrzenie w wodę

wa·ter·tight [ˈwɔtə taɪt] *adj* wodoszczelny

wa·ter·tow·er [ˈwɔtə taʊə(r)] *s* wieża ciśnień

wa·ter·wave [ˈwɔtə weɪv] *s* ondulacja wodna; *vt* robić ondulację wodną

wa·ter·way [ˈwɔtəweɪ] *s* droga wodna

wa·ter·works [ˈwɔtəwɜːks] *s* zakład wodociągowy; wodociągi

wa·ter·y [ˈwɔtərɪ] *adj* wodnisty

wat·tle [ˈwɔtl] *s* pręt; plecionka z prętów; *bot.* akacja australijska

wave [weɪv] *s* fala; falistość; machnięcie ręką, skinienie; *vi* falować; machnąć, skinąć (to sb na kogoś); *vt* witać, żegnać (one's hand machnięciem ręki), powiewać (one's handkerchief chusteczką)

wave-band [ˈweɪv bænd] *s* (*w radiu*) zakres fal

wa·ver [ˈweɪvə(r)] *vi* chwiać się, wahać się

wav·y [ˈweɪvɪ] *adj* falisty

wax 1. [wæks] *vi* (*o księżycu*) przybywać; † stawać się

wax 2. [wæks] *s* wosk; *vt* woskować

wax·en [ˈwæksn] *adj* woskowy

way [weɪ] *s* droga; kierunek; sposób; właściwość, zwyczaj, sposób postępowania; ~ in wejście; ~ out wyjście; by (the) ~ of London przez Londyn; by ~ of za pomocą; zamiast; w charakterze; w celu; w formie; by the ~ à propos, mówiąc nawiasem; any ~ w jakikolwiek sposób; w każdym razie; this ~ tędy; w ten sposób; that ~ tamtędy; to

clear the ~ usuwać przeszkody; to have one's ~ postawić na swoim; let him have his ~ niech robi, co chce; to keep out of the ~ trzymać się na uboczu; to make ⟨to give⟩ ~ ustąpić; to make one's ~ odbywać drogę; to stand ⟨to be⟩ in the ~ przeszkadzać, zawadzać; over the ~ po drugiej stronie drogi; some ~ or other tym czy innym sposobem; under ~ w trakcie, w przygotowaniu

way·far·er [ˈweɪfeərə(r)] *s* wędrowiec, podróżnik

way·lay [weɪˈleɪ] *vt* (*formy zob.* lay) czaić się, napaść z zasadzki (sb na kogoś)

way·side [ˈweɪ-saɪd] *s* brzeg drogi; *adj attr* przydrożny

way·ward [ˈweɪwəd] *adj* przewrotny; kapryśny; krnąbrny

way·worn [ˈweɪwɔn] *adj* znużony podróżą

we [wi] *pron pl* my; *przypadek zależny:* us [ʌs, əs] nam, nas

weak [wik] *adj* słaby, wątły

weak·en [ˈwikən] *vt* osłabić; *vi* osłabnąć

weak·ling [ˈwiklɪŋ] *s* cherlak, chuchro

weak·ly [ˈwiklɪ] *adj* słabowity

weak·ness [ˈwiknəs] *s* słabość

weal [wil] = wale

wealth [welθ] *s* bogactwo

wealth·y [ˈwelθɪ] *adj* bogaty

wean [win] *vt* odłączyć od piersi (dziecko); odsunąć, odzwyczaić (from sth od czegoś)

weap·on [ˈwepən] *s* broń; nuclear ~ broń nuklearna

* wear [weə(r)], wore [wɔ(r)], worn [wɔn] *vt vi* nosić (na sobie, np. odzież, ozdobę), nosić się; znosić (się); zużyć (się); wycierpać, zmęczyć; (*o czasie*) upływać; ~ away ⟨off, out⟩ zużyć (się), znosić (się), zniszczyć (się), wycierpać (się); skończyć (się); ~ down zedrzeć, zniszczyć; *s* noszenie; odzież, strój; trwałość (materia-

well

łu); zużycie; ~ and tear zużycie, zniszczenie

wea·ri·ness [ˈwɪərɪnəs] s zmęczenie; nuda

wea·ri·some [ˈwɪərɪsʌm] adj męczący; nudny

wea·ry [ˈwɪərɪ] adj zmęczony; męczący, nużący; vt vi męczyć (się), nużyć (się)

wea·sel [ˈwizl] s zool. łasica

weath·er [ˈweðə(r)] s pogoda; vt wystawiać na działanie atmosferyczne; przetrwać, wytrzymać (burzę); przen. stawić czoło; vi wietrzeć

weath·er·beat·en [ˈweðə bitn] adj zahartowany; (o cerze) ogorzały

weath·er·cock [ˈweðəkɔk] s chorągiewka (na dachu, wieży itp.), kurek

weath·er·fore·cast [ˈweðə fɔkɑst] s prognoza pogody

weath·er·glass [ˈweðəglɑs] s barometr

weath·er·sta·tion [ˈweðə steɪʃn] s stacja meteorologiczna

* **weave** [wiv], wove [wəuv], woven [ˈwəuvn] vt tkać; przen. snuć, układać wątek; knuć (spisek)

weav·er [ˈwivə(r)] s tkacz

web [web] s tkanina; pajęczyna; tkanka; płetwa

wed [wed] vt poślubić; połączyć, skojarzyć; vi ożenić się, wyjść za mąż

we'd [wid] = we had, we should, we would

wed·ding [ˈwedɪŋ] s ślub, wesele

wedge [wedʒ] s klin; vt zaklinować; rozbić klinem

wed·lock [ˈwedlok] s małżeństwo

Wednes·day [ˈwenzdɪ] s środa

weed [wid] s chwast; pot. tytoń, papieros; vt (także ~ out) plewić, oczyszczać z chwastów

weeds [widz] s pl (zw. widow's ~) żałoba wdowia

week [wik] s tydzień; by the ~ tygodniowo

week·day [ˈwik deɪ] s dzień po-

wszedni

week-end [wik ˈend] s koniec tygodnia, weekend

week·ly [ˈwiklɪ] adj tygodniowy; adv tygodniowo; s tygodnik

* **weep** [wip], wept, wept [wept] vi płakać; vt opłakiwać

weft [weft] s wątek (tkaniny)

weigh [weɪ] vt vi ważyć; ~ down przeważać, przygniatać; ~ out rozważać; mors. ~ anchor podnieść kotwicę

weight [weɪt] s (także przen.) waga; znaczenie, doniosłość; ciężar; odważnik; to put on ~ tyć; vt obciążać

weight·y [ˈweɪtɪ] adj ciężki; ważny, ważki; przekonywający

weir [wɪə(r)] s grobla, tama

weird [wɪəd] adj fatalny; niesamowity, tajemniczy, dziwny; s lit. fatum; niesamowite zdarzenie; czary

wel·come [ˈwelkəm] adj mile widziany; to make ~ gościnnie przywitać ⟨przyjąć⟩; you are ~ to do do as you please rób, co ci się żywnie podoba; to be ~ to do sth mieć swobodę w zrobieniu czegoś, móc korzystać z upoważnienia; you are ~ bardzo proszę; nie ma za co ⟨dziękować⟩; s przywitanie, gościnne przyjęcie; to bid ~ serdecznie witać; vt powitać, gościnnie przyjąć; int witaj!, witajcie!

weld [weld] vt vi spawać (się); s spawanie; spoina

wel·fare [ˈwelfeə(r)] s dobrobyt, powodzenie; ~ work dobroczynność; praca społeczna; social ~ opieka społeczna; ~ State państwo z rozbudowanym systemem opieki społecznej

well 1. [wel] adv (comp better, sup best) dobrze; odpowiednio; chętnie; as ~ równie dobrze, również; as ~ as zarówno jak; ~ read oczytany; ~ done! brawo!, doskonale!; adj praed zdrowy; pomyślny; w porządku; to be ~

być zdrowym; mieć się dobrze; to be ~ off żyć dostatnio, być zamożnym; to get ~ ⟨better⟩ wyzdrowieć; ~ up in sth dobrze z czymś obeznany, dobrze opanowany; *int* no, no!; nareszcie!; a więc, otóż; ~ then? a więc?

well 2. [wel] *s* studnia, źródło; szyb; *vi* (*zw.* ~ up, ~ out) tryskać, buchać

we'll [wil] = we shall, we will

well·ad·vised ['wel əd'vaɪzd] *adj* rozsądny, roztropny

well·bal·anced ['wel 'bælənst] *adj* zrównoważony

well·be·haved ['wel bɪ'heɪvd] *adj* dobrze wychowany, układny

well·be·ing ['wel 'biɪŋ] *s* powodzenie, pomyślność; dobre samopoczucie

well·bred ['wel 'bred] *adj* dobrze wychowany

well·nigh ['wel 'naɪ] *adv poet.* nieomal, prawie

well·off ['wel 'ɔf] *adj* dobrze sytuowany, zamożny

well·to·do ['wel tə 'du] *adj* zamożny

well·worn ['wel 'wɔn] *adj* znoszony; oklepany

Welsh [welʃ] *adj* walijski; *s* język walijski

Welsh·man ['welʃmən] *s* Walijczyk

wel·ter ['weltə(r)] *vi* przewalać się, tarzać się; *s* zamieszanie, chaos

wench [wentʃ] *s* dziewka

went [went] *zob.* go

wept [wept] *zob.* weep

were [wɜ(r), wə(r)] *zob.* be

we're [wɪə(r)] = we are

weren't [wɜnt] = were not

west [west] *s* zachód; *adj* zachodni; *adv* na zachód

west·er·ly ['westəlɪ] *adj* (*o kierunku*) zachodni; (*o wietrze*) z zachodu; *adv* na zachód

west·ern ['westən] *adj* zachodni; *s* człowiek z zachodu; film z życia Dzikiego Zachodu, western

west·ward ['westwəd] *adj* (*o kierunku*) zachodni, zwrócony ku zachodowi; *adv* ku zachodowi

west·wards ['westwədz] *adv* ku zachodowi, na zachód

wet [wet] *adj* mokry; dżdżysty; *am.* używający alkoholu; *s* wilgoć; dżdżysta pogoda; *vt* moczyć, zwilżać

we've [wiv] = we have

whack [wæk] *vt* grzmotnąć; *s* głośne uderzenie; *pot.* próba; udział, cząstka

whale 1. [weɪl] *s* wieloryb; *vi* polować na wieloryby

whale 2. [weɪl] *vt* bić, grzmocić

whale·bone ['weɪlbəun] *s* fiszbin

whal·er ['weɪlə(r)] *s* łowca wielorybów; statek do połowu wielorybów

wharf [wɔf] *s* (*pl* ~s *lub* wharves [wɔvz]) przystań, nadbrzeże

what [wɔt] *adj* co; jaki; ile; to co, ten, który; co za; ~ for? po co?; ~ are these apples? ile kosztują te jabłka?; ~ is he like? jak on wygląda?, jaki on jest?; ~ if ... cóż, że ..., co z tego, że ...; ~'s up? co się dzieje?; ~ use is it? na co się to przyda?

what·ev·er [wɔt'evə(r)] *adj* cokolwiek, jakikolwiek; not any ~ w ogóle żaden; I'll tell you ~ coś ci powiem; not anything ~ w ogóle nic

what's [wɔts] = what is

what·so·ev·er ['wɔtsəu'evə(r)] = whatever

wheat [wit] *s* pszenica

wheat·en ['witn] *adj* pszenny

whee·dle ['widl] *vt* przypochlebiać się, wdzięczyć się; skłonić

wheel [wil] *s* koło; kierownica; *mors.* ster; *vt vi* toczyć (się), kręcić (się); wozić (np. na taczkach)

wheel·bar·row ['wil bærəu] *s* taczki

wheeze [wiz] *vi* sapać; *s* sapanie

whelp [welp] *s* szczenię; *vi* oszczenić się

when [wen] *adv* kiedy; *pron* gdy, kiedy; since ~ odkąd; till ~ dokąd, do czasu, gdy

whence [wens] *adv* skąd; *pron rel.* skąd, z którego (*także* from ~); w następstwie czego

where [weə(r)] *adv conj pron* gdzie, dokąd; from ~ skąd

where·a·bouts ['weərə'bauts] *adv* gdzie mniej więcej; *s* miejsce pobytu

where·as [weər'æz] *conj* podczas gdy

where·by [weə'baɪ] *adv conj* przez co; *rel.* za pomocą czego (którego)

where·fore ['weəfɔ(r)] *adv* dlaczego, dlaczego to; dlatego

wher·ev·er [weər'evə(r)] *adv* gdziekolwiek, dokądkolwiek

where·with [weə'wɪð] = with what, with which

whet [wet] *vt* ostrzyć; podniecać, pobudzać

wheth·er ['weðə(r)] *conj* czy

whet·stone ['wetstəun] *s* kamień do ostrzenia

whey [weɪ] *s* serwatka

which [wɪtʃ] *pron* który; co

which·ev·er [wɪtʃ'evə(r)], **which·so·ev·er** ['wɪtʃsəu'evə(r)] *pron* którykolwiek

whiff [wɪf] *s* podmuch, dmuchnięcie; kłąb dymu; *vt vi* pykać

whig [wɪg] *s polit.* wig

while [waɪl] *s* chwila; for a ~ na chwilę; chwilowo; for the ~ tymczasem; na razie; it's worth ~ warto, opłaci się; *adj conj* podczas gdy, gdy; *vt* ~ away spędzać beztrosko (the time czas)

whilst [waɪlst] *conj* (podczas) gdy

whim [wɪm] *s* grymas, zachcianka

whim·per ['wɪmpə(r)] *vi* kwilić, skomleć; *s* kwilenie, skomlenie

whim·si·cal ['wɪmzɪkl] *adj* kapryśny; dziwaczny

whim·sy ['wɪmzɪ] *s* kaprys; urojenie

whine [waɪn] *vi* jęczeć, skomleć; jęk, skomlenie

whin·ny ['wɪnɪ] *vi* rżeć; *s* rżenie

whip [wɪp] *s* bicz; woźnica; naga-

niacz (w parlamencie); *vt* biczować, bić batem; ubijać; *vi* szybko umknąć

whir [wɜ(r)] *vi* warkotać; *s* warkot

whirl [wɜl] *s* wir; *vt vi* wirować, krążyć, kręcić się

whirl·pool ['wɜpul] *s* wir (wodny)

whirl·wind ['wɜlwɪnd] *s* trąba powietrzna

whirr [wɜ(r)] = whir

whisk [wɪsk] *s* kosmyk; miotełka; trzepaczka; machnięcie; śmignięcie; *vt* zmiatać; machać; śmigać; *vi* zniknąć, umknąć

whisk·ers ['wɪskəz] *s pl* bokobrody, baczki; wąsy (u zwierząt)

whis·ky, whis·key ['wɪskɪ] *s* whisky, wódka (angielska)

whis·per ['wɪspə(r)] *vt vi* szeptać; *s* szept

whis·tle ['wɪsl] *s* gwizd, świst; gwizdek; *vt vi* gwizdać, świstać

whit [wɪt] *s ɫ* odrobina; no (not a) ~ ani krzty, wcale

white [waɪt] *adj* biały; *s* biel, biały kolor; biały człowiek; białko; *vt* bielić

whit·en ['waɪtn] *vt* bielić; *vi* bieleć

white·wash ['waɪtwoʃ] *s* wapno do bielenia; wybielanie; *vt* bielić, wybielać

whith·er ['wɪðə(r)] *adv pron* (*zw. rel.*) dokąd

whit·ing ['waɪtɪŋ] *s* bielidło

whit·tle ['wɪtl] *vt* strugać; *przen.* stopniowo zmniejszać

whiz(z) [wɪz] *vi* świszczeć; *s* świst

who [hu] *pron przypadek dzierżawczy:* whose [huz]; *przypadek zależny:* whom [hum] kto, który, którzy

who·ev·er [hu'evə(r)] *pron* ktokolwiek

whole [həul] *adj* cały; *mat.* całkowity; *s* całość; as a ~ w całości

whole·sale ['həul-seil] *s* hurt, sprzedaż hurtowa; *adj* hurtowy; *adv* hurtem

whole·some [ˈhəul-səm] *adj (o kli-
macie itp.)* zdrowy

who'll [hul] = who will

whol·ly [ˈhəullɪ] *adv* całkowicie

whom *zob.* who

whoop·ing·cough *zob.* = hooping
cough

whose *zob.* who

why [waɪ] *adv* dlaczego; *int* przecież!, jak to!, oczywiście!

wick [wɪk] *s* knot

wick·ed [ˈwɪkɪd] *adj* zły, niegodziwy

wick·er [ˈwɪkə(r)] *s* łozina; wyrób
koszykarski

wick·et [ˈwɪkɪt] *s* furtka; okienko (kasowe); *sport* bramka (w
krykiecie)

wide [waɪd] *adj* szeroki, obszerny;
daleki (of sth od czegoś); *adv*
szeroko; daleko

wide-awake [ˈwaɪd əˈweɪk] *adj*
czujny, uważny

wid·en [ˈwaɪdn] *vt vi* rozszerzyć
(się)

wide-spread [waɪd ˈspred] *adj* rozpowszechniony

wid·ow [ˈwɪdəu] *s* wdowa

wid·ow·er [ˈwɪdəuə(r)] *s* wdowiec

width [wɪtθ] *s* szerokość

wield [wild] *vt* dzierżyć, władać

wife [waɪf] *s (pl* wives [waɪvz])
żona; † kobieta

wig [wɪg] *s* peruka

wig·wam [ˈwɪgwæm] *s* wigwam,
szałas (indiański)

wild [waɪld] *adj* dziki; szalony;
pustynny; fantastyczny; *pot.* zły,
rozgniewany; *s* dzika okolica;
pustynia

wil·der·ness [ˈwɪldənəs] *s* dzika
przestrzeń; puszcza

wild·fire [ˈwaɪldfaɪə(r)] *s* ogień
grecki; *przen. (o wiadomości itp.)*
to spread like ~ szerzyć się lo-
tem błyskawicy

wile [waɪl] *s* podstęp, fortel; *vt*
podstępnie zwabić, zmamić

wil·ful [ˈwɪlfl] *adj* umyślny; samowolny, uparty

will [wɪl] *s* wola; testament; ener-

gia; zapał; *v aux służy do tworzenia czasu przyszłego, np.:* he
~ do it on to zrobi; *vt* chcieć

will·ing [ˈwɪlɪŋ] *adj* chętny

will-o'-the-wisp [ˈwɪl ə ðə ˈwɪsp]
s błędny ognik

wil·low [ˈwɪləu] *s bot.* wierzba

wil·low·y [ˈwɪləuɪ] *adj* porosły
wierzbami; giętki

wil·ly-nil·ly [ˈwɪlɪ ˈnɪlɪ] *adv* chcąc
nie chcąc

wil·y [ˈwaɪlɪ] *adj* chytry

* win [wɪn], won, won [wʌn] *vt vi*
zyskać; wygrać; zwyciężyć; zdobyć; ~ over pozyskać sobie (kogoś); to ~ the day odnieść zwycięstwo

wince [wɪns] *vi* drgnąć, skrzywić
się (z bólu); *s* drgnięcie

winch [wɪntʃ] *s* dźwig; korba

wind 1. [wɪnd] *s* wiatr; dech; to
get ~ zwęszyć (of sth coś); *vt*
węszyć; *vt* [waɪnd] dąć (the horn
w róg)

* wind 2. [waɪnd], wound, wound
[waund] *vt vi* wić (się), kręcić
(się), nawijać, nakręcać; ~ off
odwinąć (się); ~ up nawinąć, na-
kręcić; zlikwidować

wind·fall [ˈwɪndfɔl] *s* strącony o-
woc; niespodziewane szczęście,
gratka

wind·in·stru·ment [ˈwɪnd ɪnstru
mənt] *s muz.* instrument dęty

wind·lass [ˈwɪndləs] *s* kołowrót,
wyciąg

wind·mill [ˈwɪndmɪl] *s* wiatrak

win·dow [ˈwɪndəu] *s* okno

win·dow-dres·sing [ˈwɪndəu dresɪŋ]
s urządzenie wystawy sklepowej;
przen. gra pozorów, poza, obłuda

win·dow-pane [ˈwɪndəu peɪn] *s* szyba okienna

win·dow-shop·ping [ˈwɪndəu ʃɒpɪŋ]
s oglądanie wystaw sklepowych

wind·screen [ˈwɪndskrin] *s* szyba
ochronna (przed kierownicą)

wind·y [ˈwɪndɪ] *adj* wietrzny

wine [waɪn] *s* wino

wing [wɪŋ] *s* skrzydło; *lotn.* dywizjon; *teatr pl* ~s kulisy; *vt* u-

skrzydlić; *vi* lecieć; ~ the air (*o ptaku*) unosić się w powietrzu

wink [wɪŋk] *vt vi* mrugać; patrzeć przez palce (**at sth** na coś); s mrugnięcie

win·ner [`wɪnə(r)] s wygrywający, zwycięzca

win·ning [`wɪnɪŋ] *adj* zwycięski, wygrywający; ujmujący; s wygrana

win·now [`wɪnəu] *vt* wiać (ziarno, zboże); przesiewać; przebierać

win·ter [`wɪntə(r)] s zima; *vi* zimować; *vt* żywić przez zimę

win·try [`wɪntrɪ] *adj* zimowy; *przen.* chłodny, nieprzyjazny

wipe [waɪp] *vt* (*także* ~ **off** ⟨**out**⟩) ścierać, wycierać

wire [`waɪə(r)] s drut; *pot.* depesza; **to pull the** ~s wpłynąć na bieg sprawy, poruszyć wszystkie sprężyny; *vt* zaopatrzyć w drut; depeszować

wire·less [`waɪələs] *adj* bez drutu; radiowy; ~ **station** radiostacja; s radio; *vt* komunikować przez radio

wir·y [`waɪərɪ] *adj* druciany; muskularny, żylasty

wis·dom [`wɪzdəm] s mądrość

wise 1. [waɪz] *adj* mądry; *ltt. poet.* ~ **man** czarodziej; ~ **woman** czarownica; **to be** ⟨**get**⟩ ~ dowiedzieć się (**to sth** o czymś); zmądrzeć, mądrze postąpić

wise 2. [waɪz] s sposób

wise·a·cre [`waɪzeɪkə(r)] s mędrek

wise·crack [`waɪzkræk] s dowcip

wish [wɪʃ] *vt vi* życzyć (sobie), pragnąć, czekać z utęsknieniem (**for sth** na coś); s życzenie; ochota

wish·ful [`wɪʃfl] *adj* pragnący; ~ **thinking** pobożne życzenia

wisp [wɪsp] s wiązka, kosmyk

wist·ful [`wɪstfl] *adj* zadumany; tęskny

wit [wɪt] s rozum; dowcip; dowcipniś; człowiek inteligentny; *pl* ~**s** zdrowy rozum, zdolności;

to be at one's ~**'s end** nie wiedzieć co robić; **to have slow** ~**s** być tępym; *vt* † wiedzieć; **to** ~ mianowicie, to znaczy

witch [wɪtʃ] s czarownica, wiedźma

witch·craft [`wɪtʃkraft] s czary; czarnoksięstwo

with [wɪð] *praep* z, przy, u, za pomocą

• **with·draw** [wɪð`drɔ] *vt vi* (*formy zob.* **draw**) cofać (się); odchodzić; odwoływać; odsuwać; zabierać

with·draw·al [wɪð`drɔl] s wycofanie (się); odwołanie; zabranie

with·er [`wɪðə(r)] *vi* usychać, zamierać, zanikać; *vt* wysuszać, powodować zanik

• **with·hold** [wɪð`həuld] *vt* (*formy zob.* **hold**) wstrzymać; odmówić; wycofać

with·in [wɪð`ɪn] *praep* wewnątrz; w obrębie; w zasięgu; w granicach (czasu, przestrzeni); *adv* wewnątrz, w środku; w domu

with·out [wɪð`aut] *praep* bez; na zewnątrz; *adv* na zewnątrz; na dworze

with·stand [wɪð`stænd] *vt* (*formy zob.* **stand**) opierać się, oponować; wytrzymywać

wit·ness [`wɪtnəs] s świadectwo; świadek; zeznanie; **to bear** ~ świadczyć (**to sth** o czymś); *vt* poświadczać; być świadkiem (**sth** czegoś); potwierdzać

wit·ti·cism [`wɪtɪsɪzm] s dowcip, bystra uwaga

wit·ty [`wɪtɪ] *adj* dowcipny

wives *zob.* **wife**

wiz·ard [`wɪzəd] s czarodziej

wob·ble [`wobl] *vi* chwiać się, kiwać się

woe [wəu] s *poet.* nieszczęście, niedola; ~ **to** ...! biada ...!

woke, woken *zob.* **wake**

wolf [wulf] s (*pl* **wolves** [vulvz]) wilk; **to cry** ~ podnieść fałszywy alarm

wolf-cub [ˈwulf kʌb] s wilczę; (w harcerstwie) zuch

wolf-ish [ˈwulfɪʃ] adj wilczy

wolves zob. **wolf**

wom·an [ˈwumən] s (pl **women** [ˈwimin]) kobieta

wom·an·hood [ˈwumənhud] s kobiecość; zbior. kobiety

wom·an·ish [ˈwumənɪʃ] adj kobiecy; zniewieściały

wom·an·kind [ˈwumənˈkaind] s zbior. kobiety, ród kobiecy

wom·an·ly [ˈwumənlı] adj kobiecy

womb [wum] s anat. macica; (także przen.) łono

wom·en zob. **woman**

wom·en·folk [ˈwiminfəuk] s zbior. pot. kobiety

won zob. **win**

won·der [ˈwʌndə(r)] s cud; dziwo; zdziwienie; no ⟨small⟩ ~ nic dziwnego; vt dziwić się (at sth czemuś); być ciekawym, chcieć wiedzieć; I ~ where he is ciekaw jestem, gdzie on jest

won·der·ful [ˈwʌndəfl] adj cudowny; zadziwiający

wont [wəunt] s przyzwyczajenie, zwyczaj; adj praed przyzwyczajony, mający zwyczaj; to be ~ mieć zwyczaj; vi mieć zwyczaj

won't [wəunt] = will not

wont·ed [ˈwəuntid] adj zwyczajny, zwykły

woo [wu] vt zalecać się, umizgać się (sb do kogoś); przen. ubiegać się (sth o coś)

wood [wud] s drzewo, drewno; (także ~s) las; vt zalesiać

wood·cut [ˈwudkʌt] s drzeworyt

wood·cut·ter [ˈwudkʌtə(r)] s drwal; drzeworytnik

wood·en [ˈwudn] adj drewniany; przen. głupi, tępy

wood·en·grav·er [ˈwud ingreivə(r)] s drzeworytnik

wood·land [ˈwudlənd] s lesista okolica

wood·man [ˈwudmən] s gajowy; drwal

wood·peck·er [ˈwudpekə(r)] s zool. dzięcioł

wood·pulp [ˈwudpʌlp] s miazga drzewna; masa papiernicza

wood·work [ˈwudwɜk] s wyroby z drewna

wood·y [ˈwudı] adj lesisty; drzewny

woof [wuf] = **weft**

wool [wul] s wełna; to loose one's ~ rozzłościć się; much cry and little ~ dużo hałasu o nic

wool·len [ˈwulən] adj wełniany

wool·ly [ˈwulı] adj wełnisty; przen. mętny, mglisty

wool·sack [ˈwulsæk] s worek z wełną; poduszka z wełny

word [wɜd] s wyraz, słowo; wiadomość; rozkaz; hasło; a play upon ~s gra słów; to keep ⟨break⟩ one's ~ dotrzymywać ⟨nie dotrzymywać⟩ słowa; upon my ~! słowo daję!; by ~ of mouth ustnie; to have a ~ with sb zamienić z kimś parę słów; vt ująć w słowa, wyrazić

word·ing [ˈwɜdıŋ] s słowne ujęcie, sformułowanie

word·y [ˈwɜdı] adj wielosłowny, rozwlekły

wore zob. **wear**

work [wɜk] s praca; dzieło, utwór; uczynek; at ~ czynny; przy pracy; out of ~ nieczynny; bezrobotny; to make short ~ szybko uporać się (of sth z czymś); to set to ~ zabrać się do roboty; zaprząc do roboty; pl ~s fabryka, warsztat; zakłady (przemysłowe); mechanizm; wojsk. fortyfikacja; vt vi pracować, odpracowywać; odrabiać; działać; manipulować; wprawiać w ruch; zmuszać do pracy, eksploatować; ~ off oderwać się; pozbyć się; ~ out wypracować; wyjść, okazać się; rozwiązać (np. zadanie); zrealizować; ~ over przerobić, obrobić; ~ up wypracować; podnosić (się); podniecić

work·a·ble [ˈwɜkəbl] adj nadający się do obróbki; wykonalny

work·day [ˈwɜːkdeɪ] s dzień powszedni

work·er [ˈwɜːkə(r)] s pracownik, robotnik

work·house [ˈwɜːkhaus] s dom dla ubogich, przytułek; *am.* dom poprawczy (z przymusową pracą)

work·ing [ˈwɜːkɪŋ] *adj* pracujący; czynny; the ~ class klasa pracująca; świat pracy; in ~ order w stanie używalności; ~ capital kapitał obrotowy; ~ costs koszty eksploatacji; ~ knowledge of English praktyczna znajomość angielskiego; s działanie; obróbka; eksploatacja

work·man [ˈwɜːkmən] s robotnik, pracownik (fizyczny)

work·man·ship [ˈwɜːkmənʃɪp] s sztuka, umiejętność, zręczność; wykonanie, wyrób (fachowy)

work·people [ˈwɜːk piːpl] s pl pracownicy, świat pracy

work·shop [ˈwɜːkʃɔp] s warsztat

work·wom·an [ˈwɜːkwumən] s pracownica (fizyczna)

world [wɜːld] s świat; ziemia, kula ziemska; sfery (naukowe itp.); mnóstwo; the next ~, the ~ to come tamten świat; to go out of this ~ zejść z tego świata; a ~ of trouble cała masa kłopotu; not for all the ~ za nic w świecie

world·ly [ˈwɜːldlɪ] *adj* światowy; świecki; ziemski

worm [wɜːm] s robak; dżdżownica; *vt* to ~ one's way przekradać się; *vr* ~ oneself wkręcić się

worm-gear [ˈwɜːm gɪə(r)] s *techn.* przekładnia ślimakowa

worm-wheel [ˈwɜːm wiːl] s *techn.* koło ślimakowe

worm·wood [ˈwɜːmwud] s *bot.* piołun

worm·y [ˈwɜːmɪ] *adj* robaczywy

worn zob. **wear**

wor·ry [ˈwʌrɪ] *vt vi* martwić (się), niepokoić (się), dręczyć (się); s zmartwienie, troska, niepokój

worse [wɜːs] *adj* (*comp od* bad, ill) gorszy; bardziej chory; to be ~ czuć się gorzej; *adv* gorzej; s gorsza rzecz, coś gorszego

wors·en [ˈwɜːsn] *vt vi* pogorszyć (się)

wor·ship [ˈwɜːʃɪp] s kult, oddawanie czci, nabożeństwo; *vt* czcić, wielbić; *vi* być na nabożeństwie

worst [wɜːst] *adj* (*sup od* bad, ill) najgorszy; *adv* najgorzej; s to, co najgorsze; at the ~ w najgorszym razie; *vt* pokonać

worth [wɜːθ] *adj* wart; zasługujący; it is ~ reading warto to przeczytać; it isn't ~ while nie warto; to niewarte zachodu; s wartość

wor·thy [ˈwɜːðɪ] *adj* godny, zasługujący (of sth na coś); s człowiek godny, wybitna jednostka

would [wud] *p i conditional od* will

would-be [ˈwud bɪ] *attr* rzekomy; niedoszły

wound 1. *zob.* **wind** 2.

wound 2. [wund] s rana; *vt* ranić

wove, woven *zob.* **weave**

wrack [ræk] = **wreck**; to go to ~ and ruin ulec zagładzie; wykoleić się

wran·gle [ˈræŋgl] s kłótnia, spór; *vi* spierać się

wrap [ræp] *vt* (*także* ~ up) owijać, pakować; s szal, chusta

wrap·per [ˈræpə(r)] s opakowanie; narzutka; szlafrok; futerał; obwoluta

wrath [rɔθ] s *lit.* gniew

wreath [riːθ] s (*pl* ~s [riːðz]) wieniec, girlanda; kłąb (np. dymu)

wreathe [riːð] *vt* pleść, zwijać; *vi* kłębić się

wreck [rek] s rozbicie (statku); szczątki, wrak; rozbitek; *vt vi* rozbić (się), zniszczyć

wreck·age [ˈrekɪdʒ] s rozbicie; szczątki rozbitego okrętu

wrench [rentʃ] s skręt; zwichnięcie; szarpnięcie; *techn.* klucz

(nakrętkowy); *vt* skręcić; zwichnąć; szarpnąć; ~ **out** wyrwać
wrest [rest] *vt* skręcić, przekręcić
(np. fakty); wyrwać (**sth from
sb** coś komuś); *s* wykręcanie;
muz. klucz do strojenia
wres·tle [`resl] *vt* wyrywać, wy-
dzierać; *vi* borykać się, zmagać
się (**w zapasach**); *s* zapasy; zmaganie, walka
wres·tler [`restlə(r)] *s* zapaśnik
wretch [retʃ] *s* nieszczęśliwy człowiek; łajdak, nikczemnik
wretch·ed [`retʃɪd] *adj* nieszczęśli-
wy, godny pożałowania; nędzny;
lichy
wrig·gle [`rɪgl] *vt vi* wywijać (się),
skręcać (się), wyginać (się)
• **wring** [rɪŋ], **wrung, wrung** [rʌŋ]
vt wyciskać, wyżymać; wymu-
szać; skręcać; **to ~ one's hands**
załamywać ręce
wring·er [`rɪŋə(r)] *s* wyżymaczka
wrin·kle [`rɪŋkl] *s* zmarszczka,
fałd; *vt vi* marszczyć (się)
wrist [rɪst] *s* przegub
wrist·band [`rɪstbænd] *s* mankiet
wrist·watch [`rɪst wotʃ] *s* zegarek
na rękę
• **write** [raɪt], **wrote** [rəut], **written** [`rɪtn] *vt vi* pisać, wypisy-
wać; **to ~ a good hand** mieć ładny charakter pisma; ~ **back** odpisać; ~ **down** zapisać; ~ **out**
napisać w całości, przepisać, wy-
pisać; ~ **over** przepisać; ~ **up**

doprowadzić do dnia bieżącego
(np. pamiętnik); chwalić, napisać
pochwałę
writ·er [`raɪtə(r)] *s* pisarz
writhe [raɪð] *vt vi* wić (się), skręcać (się)
writ·ing [`raɪtɪŋ] *s* pismo; utwór;
dokument
writ·ten *zob.* write
wrong [roŋ] *adj* niesłuszny; niewłaściwy; fałszywy; niesprawiedliwy; nieodpowiedni, nie w porządku, niedobry; ~ **side** lewa
strona (materiału); **to be ~** nie
mieć racji; **to go ~** chybić; popsuć się; **sth is ~** coś nie w porządku; *adv* niesłusznie, źle, nie
w porządku; *s* krzywda, niesprawiedliwość; zło; błąd; wina; wykroczenie; **to be in the ~** nie
mieć racji; być winnym; **to do
sb ~** wyrządzić komuś krzywdę;
to do ~ źle postępować; *vt* krzywdzić, szkodzić, być niesprawie-
dliwym
wrong-doer [`roŋ duə(r)] *s* wino-
wajca, grzesznik
wrong·ful [`roŋfl] *adj* niesprawie-
dliwy, szkodliwy, krzywdzący
wrote *zob.* write
wrought [rɔt] *adj* obrobiony; (*o
metalu*) kuty
wrung *zob.* wring
wry [raɪ] *adj* krzywy, skręcony;
to make a ~ face skrzywić się,
zrobić kwaśną minę

xe·rog·ra·phy [zə`rogrəfɪ] *s* kserο-
grafia
Xmas [`krɪsməs] = **Christmas**
X-ray [`eks-reɪ] *vt* prześwietlać
(promieniami Roentgena); *adj*

[`eksreɪ] rentgenowski; *s pl* ~**s**
[`eks`reɪz] promienie rentgenowskie
xy·log·ra·phy [zaɪ`logrəfɪ] *s* drze-
worytnictwo

Y

yacht [jot] s jacht; vi pływać jachtem

Yale-lock [ˋjeɪllɔk] s zatrzask, zamek automatyczny

Yan·kee [ˋjæŋkɪ], pot. Yank [ˋjæŋk] s Jankes

yard 1. [jad] s jard, mors. reja

yard 2. [jad] s dziedziniec

yarn [jan] s przędza

yawl [jɔl] s jolka (łódź żaglowa)

yawn [jɔn] vi ziewać; zionąć; s ziewanie

yea [jeɪ] = yes; s głos za wnioskiem (w głosowaniu); twierdzenie

year [jɜ(r)] s rok; ~ by ~ rok za rokiem; ~ in ~ out jak rok długi, rokrocznie; to grow in ~s starzeć się

year·book [ˋjɜbuk] s rocznik (np. statystyczny)

year·ly [ˋjɜlɪ] adj roczny, coroczny; adv corocznie; raz na rok

yearn [jɜn] vi tęsknić (for ⟨after⟩ sb, sth za kimś, za czymś)

yearn·ing [ˋjɜnɪŋ] s tęsknota

yeast [jist] s drożdże

yell [jel] vt vi wyć (with pain z bólu); wykrzykiwać; s wycie

yel·low [ˋjeləu] adj żółty; przen. zazdrosny; s żółta barwa; żółtko; vt barwić na żółto; vi żółknąć

yel·low·back [ˋjeləu bæk] s tania powieść sensacyjna

yel·low·ish [ˋjeləuɪʃ] adj żółtawy

yelp [jelp] vi skomleć; s skomlenie

yeo·man [ˋjəumən] s chłop średniorolny; hist. drobny właściciel ziemski; hist. konny ochotnik; Yeoman of the Guard żołnierz królewskiej straży przybocznej

yeo·man·ry [ˋjəumənrɪ] s klasa chłopów średniorolnych; hist. drobni właściciele ziemscy; hist. królewska gwardia przyboczna; hist. konna formacja wojskowa

yes [jes] adv tak

yes·ter·day [ˋjestədɪ] adv wczoraj; s dzień wczorajszy; the day before ~ przedwczoraj

yet [jet] adv jeszcze; (w pytaniach) już; dotychczas, do tej pory; przecież, jednak; as ~ jak dotąd, na razie; nor ~ ani nawet, także nie

yew [ju] s bot. cis

yield [jild] vt wytwarzać, wydawać; dostarczać; dać (wynik itd.); przyznawać; oddawać; vi ulegać, poddawać się, ustępować; s produkcja; wynik; wydajność; plon

yoke [jəuk] s jarzmo; przen. władza; vt ujarzmić; zaprzęgnąć

Yo·kel [ˋjəukl] s uj. chłopek, kmiotek; prostak

yolk [jəuk] s żółtko

yon·der [ˋjɔndə(r)] adv lit. tam, po tamtej stronie; pron adj tamten

you [ju] pron ty, wy, pan, pani, państwo; tłumaczy się bezosobowo, np.: ~ can never tell nigdy nie wiadomo

you'd [jud] = you had, you would

you'll [jul] = you will

young [jʌŋ] adj młody, młodzieńczy; niedoświadczony; s zbior. (o zwierzętach) młode, potomstwo

young·ster [ˋjʌŋstə(r)] s chłopak, młodzik

your [jɔ(r), juə(r)] pron twój, wasz, pański itd.

you're [jɔ(r), juə(r)] = you are

yours [jɔz, juəz] pron twój, wasz, pański itd.

your·self [jɔˋself] pron ty sam, pan sam itd.; siebie, sobie, się; pl yourselves [jɔˋselvz] wy sami, państwo sami itd.; siebie, sobie, się

youth [ju0] s młodość; młodzież;
(pl ~s [juðz]) młodzieniec
youth·ful ['ju0fl] adj młodzieńczy
you've [juv] = you have

Yu·go·slav [ˈjugəuslav] s Jugosło-
wianin; adj jugosłowiański
Yu·go·slav·ian [ˈjugəuˈslavɪən] =
Yugoslav adj

Z

zeal [zil] s gorliwość
zeal·ot [ˈzelət] s gorliwiec
zeal·ous [ˈzeləs] adj gorliwy
ze·bra [ˈzibrə] s zool. zebra
ze·nith [ˈzenɪθ] s zenit
zeph·yr [ˈzefə(r)] s zefir
ze·ro [ˈzɪərəu] s zero; fiz. absolute
~ zero bezwzględne ⟨absolutne⟩;
wojsk. ~ hour godzina rozpoczę-
cia działania ⟨ataku⟩
zest [zest] s przyprawa, aromat;
pikanteria; chęć, zapał
zig·zag [ˈzɪgzæg] s zygzak
zinc [zɪŋk] s cynk
zip [zɪp] s suwak, zamek błyskawiczny; świszczący dźwięk (np.
pocisku)
zip·fas·ten·er [ˈzɪp ˈfasnə(r)], zipper [ˈzɪpə(r)], zip [zɪp] s zamek
błyskawiczny
zith·er [ˈzɪθə(r)] s muz. cytra
zlo·ty [ˈzlotɪ] s (pl ~s) złoty (polski)
zo·di·ac [ˈzəudɪæk] s astr. zodiak
zone [zəun] s pas, strefa
zoo [zu] s ogród zoologiczny
zo·o·log·i·cal [ˈzəuəˈlodʒɪkl] adj zoologiczny; ~ garden ogród zoologiczny
zo·ol·o·gy [zəuˈolədʒɪ] s zoologia

A LIST OF IRREGULAR VERBS

CZASOWNIKI Z ODMIANĄ TZW. NIEREGULARNĄ *

Infinitive Bezokolicznik	Past Czas przeszły	Past Participle Imiesłów czasu przeszłego
abide [ə`baɪd]	abode [ə`bəud] abided [ə`baɪdɪd]	abode [ə`bəud] abided [ə`baɪdɪd]
arise [ə`raɪz]	arose [ə`rəuz]	arisen [ə`rɪzn]
awake [ə`weɪk]	awoke [ə`wəuk]	awoke [ə`wəuk]
be [bi]	was [woz, wəz] pl were [wɜ(r), wə(r)]	been [bin]
bear [beə(r)]	bore [bɔ(r)]	borne [bɔn] born [bɔn]
beat [bit]	beat [bit]	beaten [`bitn]
become [bɪ`kʌm]	became [bɪ`keɪm]	become [bɪ`kʌm]
beget [bɪ`get]	begot [bɪ`got]	begotten [bɪ`gotn]
begin [bɪ`gɪn]	began [bɪ`gæn]	begun [bɪ`gʌn]
behold [bɪ`həuld]	beheld [bɪ`held]	beheld [bɪ`held]
bend [bend]	bent [bent]	bent [bent] bended [`bendɪd]
bereave [bɪ`riv]	bereaved [bɪ`rivd] bereft [bɪ`reft]	bereaved [bɪ`rivd] bereft [bɪ`reft]
beseech [bɪ`sitʃ]	besought [bɪ`sɔt]	besought [bɪ`sɔt]
bet [bet]	bet [bet] betted [`betɪd]	bet [bet] betted [`betɪd]
bid [bɪd]	bade [beɪd, bæd] bid [bɪd]	bidden [`bɪdn] bid [bɪd]
bind [baɪnd]	bound [baund]	bound [baund]
bite [baɪt]	bit [bɪt]	bitten [`bɪtn] bit [bɪt]
bleed [blid]	bled [bled]	bled [bled]
blend [blend]	blended [`blendɪd] blent [blent]	blended [`blendɪd] blent [blent]
blow [bləu]	blew [blu]	blown [bləun]
break [breɪk]	broke [brəuk]	broken [`brəukən]
breed [brid]	bred [bred]	bred [bred]

---

* Czasowników ułomnych (defective verbs) o jednej tylko formie, jak np. ought, lub dwóch formach, jak np. can, could, należy szukać w odpowiednich miejscach słownika.

Infinitive Bezokolicznik	Past Czas przeszły	Past Participle Imiesłów czasu przeszłego
bring [brɪŋ]	brought [brɔt]	brought [brɔt]
build [bɪld]	built [bɪlt]	built [bɪlt]
burn [bɜn]	burnt [bɜnt]	burnt [bɜnt]
	burned [bɜnd]	burned [bɜnd]
burst [bɜst]	burst [bɜst]	burst [bɜst]
buy [baɪ]	bought [bɔt]	bought [bɔt]
cast [kɑst]	cast [kɑst]	cast [kɑst]
catch [kætʃ]	caught [kɔt]	caught [kɔt]
chide [tʃaɪd]	chid [tʃɪd]	chid [tʃɪd]
		chidden [ˈtʃɪdn]
choose [tʃuz]	chose [tʃəuz]	chosen [ˈtʃəuzn]
cleave [kliv]	clove [kləuv]	cloven [ˈkləuvn]
	cleft [kleft]	cleft [kleft]
cling [klɪŋ]	clung [klʌŋ]	clung [klʌŋ]
clothe [kləuð]	clothed [kləuðd]	clothed [kləuðd]
	clad [klæd]	clad [klæd]
come [kʌm]	came [keɪm]	come [kʌm]
cost [kost]	cost [kost]	cost [kost]
creep [krip]	crept [krept]	crept [krept]
cut [kʌt]	cut [kʌt]	cut [kʌt]
dare [deə(r)]	dared [deəd]	dared [deəd]
	† durst [dɜst]	
deal [dil]	dealt [delt]	dealt [delt]
dig [dɪg]	dug [dʌg]	dug [dʌg]
do [du]	did [dɪd]	done [dʌn]
draw [drɔ]	drew [dru]	drawn [drɔn]
dream [drim]	dreamt [dremt]	dreamt [dremt]
	dreamed [drimd]	dreamed [drimd]
drink [drɪŋk]	drank [dræŋk]	drunk [drʌŋk]
		drunken [ˈdrʌŋkən]
drive [draɪv]	drove [drəuv]	driven [ˈdrɪvn]
dwell [dwel]	dwelt [dwelt]	dwelt [dwelt]
	dwelled [dweld]	dwelled [dweld]
eat [it]	ate [et, am. eɪt]	eaten [ˈitn]
fall [fɔl]	fell [fel]	fallen [ˈfɔlən]
feed [fid]	fed [fed]	fed [fed]
feel [fil]	felt [felt]	felt [felt]
fight [faɪt]	fought [fɔt]	fought [fɔt]
find [faɪnd]	found [faund]	found [faund]
flee [fli]	fled [fled]	fled [fled]
fling [flɪŋ]	flung [flʌŋ]	flung [flʌŋ]
fly [flaɪ]	flew [flu]	flown [fləun]
forbear [fəˈbeə(r)]	forbore [fəˈbɔ(r)]	forborne [fəˈbɔn]
forbid [fəˈbɪd]	forbade [fəˈbeɪd]	forbidden [fəˈbɪdn]
	forbad [fəˈbæd]	
forget [fəˈget]	forgot [fəˈgot]	forgotten [fəˈgotn]
forgive [fəˈgɪv]	forgave [fəˈgeɪv]	forgiven [fəˈgɪvn]

421

Infinitive Bezokolicznik	Past Czas przeszły	Past Participle Imiesłów czasu przeszłego
forsake [fə'seɪk]	forsook [fə'suk]	forsaken [fə'seɪkən]
freeze [friz]	froze [frəuz]	frozen [`frəuzn]
get [get]	got [got]	got [got] † i am. gotten [`gotn]
gird [gɜd]	girded [`gɜdɪd] girt [gɜt]	girded [`gɜdɪd] girt [gɜt]
give [gɪv]	gave [geɪv]	given [`gɪvn]
go [gəu]	went [went]	gone [gon]
grind [graɪnd]	ground [graund]	ground [graund]
grow [grəu]	grew [gru]	grown [grəun]
hang [hæŋ]	hung [hʌŋ] hanged [hæŋd]	hung [hʌŋ] hanged [hæŋd]
have [hæv]	had [hæd]	had [hæd]
hear [hɪə(r)]	heard [hɜd]	heard [hɜd]
heave [hiv]	heaved [hivd] hove [həuv]	heaved [hivd] hove [həuv]
hew [hju]	hewed [hjud]	hewn [hjun] hewed [hjud]
hide [haɪd]	hid [hɪd]	hidden [`hɪdn] hid [hɪd]
hit [hɪt]	hit [hɪt]	hit [hɪt]
hold [həuld]	held [held]	held [held]
hurt [hɜt]	hurt [hɜt]	hurt [hɜt]
keep [kip]	kept [kept]	kept [kept]
kneel [nil]	knelt [nelt]	knelt [nelt]
knit [nɪt]	knit [nɪt] knitted [`nɪtɪd]	knit [nɪt] knitted [`nɪtɪd]
know [nəu]	knew [nju]	known [nəun]
lade [leɪd]	laded [`leɪdɪd]	laden [`leɪdn]
lay [leɪ]	laid [leɪd]	laid [leɪd]
lead [lid]	led [led]	led [led]
lean [lin]	leant [lent] leaned [lind]	leant [lent] leaned [lind]
leap [lip]	leapt [lept] leaped [lipt, lept]	leapt [lept] leaped [lipt, lept]
learn [lɜn]	learnt [lɜnt] learned [lɜnd]	learnt [lɜnt] learned [lɜnd]
leave [liv]	left [left]	left [left]
lend [lend]	lent [lent]	lent [lent]
let [let]	let [let]	let [let]
lie [laɪ]	lay [leɪ]	lain [leɪn]
light [laɪt]	lighted [`laɪtɪd] lit [lɪt]	lighted [`laɪtɪd] lit [lɪt]
lose [luz]	lost [lost]	lost [lost]
make [meɪk]	made [meɪd]	made [meɪd]
mean [min]	meant [ment]	meant [ment]
meet [mit]	met [met]	met [met]

Infinitive Bezokolicznik	Past Czas przeszły	Past Participle Imiesłów czasu przeszłego
mistake [mɪˈsteɪk]	mistook [mɪˈstuk]	mistaken [mɪˈsteɪkn]
mow [məu]	mowed [məud]	mown [məun], am. mowed [məud]
pay [peɪ]	paid [peɪd]	paid [peɪd]
put [put]	put [put]	put [put]
read [rid]	read [red]	read [red]
rend [rend]	rent [rent]	rent [rent]
rid [rɪd]	rid [rɪd] ridded [ˈrɪdɪd]	rid [rɪd] ridded [ˈrɪdɪd]
ride [raɪd]	rode [rəud]	ridden [ˈrɪdn]
ring [rɪŋ]	rang [ræŋ]	rung [rʌŋ]
rise [raɪz]	rose [rəuz]	risen [ˈrɪzn]
run [rʌn]	ran [ræn]	run [rʌn]
saw [sɔ]	sawed [sɔd]	sawn [sɔn] sawed [sɔd]
say [seɪ]	said [sed]	said [sed]
see [si]	saw [sɔ]	seen [sin]
seek [sik]	sought [sɔt]	sought [sɔt]
sell [sel]	sold [səuld]	sold [səuld]
send [send]	sent [sent]	sent [sent]
set [set]	set [set]	set [set]
sew [səu]	sewed [səud]	sewed [səud] sewn [səun]
shake [ʃeɪk]	shook [ʃuk]	shaken [ˈʃeɪkən]
shear [ʃɪə(r)]	sheared [ʃɪəd] shore [ʃɔ(r)]	sheared [ʃɪəd] shorn [ʃɔn]
shed [ʃed]	shed [ʃed]	shed [ʃed]
shine [ʃaɪn]	shone [ʃon]	shone [ʃon]
shoe [ʃu]	shod [ʃod]	shod [ʃod]
shoot [ʃut]	shot [ʃot]	shot [ʃot]
show [ʃəu]	showed [ʃəud]	shown [ʃəun] showed [ʃəud]
shrink [ʃrɪŋk]	shrank [ʃræŋk]	shrunk [ʃrʌŋk]
shrive [ʃraɪv]	shrived [ʃraɪvd] shrove [ʃrəuv]	shrived [ʃraɪvd] shriven [ˈʃrɪvn]
shut [ʃʌt]	shut [ʃʌt]	shut [ʃʌt]
sing [sɪŋ]	sang [sæŋ]	sung [sʌŋ]
sink [sɪŋk]	sank [sæŋk]	sunk [sʌŋk]
sit [sit]	sat [sæt]	sat [sæt]
slay [sleɪ]	slew [slu]	slain [sleɪn]
sleep [slip]	slept [slept]	slept [slept]
slide [slaɪd]	slid [slɪd]	slid [slɪd] slidden [ˈslɪdn]
sling [slɪŋ]	slung [slʌŋ]	slung [slʌŋ]
slink [slɪŋk]	slunk [slʌŋk]	slunk [slʌŋk]
slit [slɪt]	slit [slɪt]	slit [slɪt]

Infinitive Bezokolicznik	Past Czas przeszły	Past Participle Imiesłów czasu przeszłego
smell [smel]	smelt [smelt] smelled [smeld]	smelt [smelt] smelled [smeld]
smite [smaɪt]	smitten [ˈsmɪtn]	smote [sməut]
sow [səu]	sown [səun] sowed [səud]	sowed [səud]
speak [spik]	spoke [spəuk]	spoken [ˈspəukən]
speed [spid]	sped [sped] speeded [ˈspidɪd]	sped [sped] speeded [ˈspidɪd]
spell [spel]	spelt [spelt] spelled [speld]	spelt [spelt] spelled [speld]
spend [spend]	spent [spent]	spent [spent]
spill [spɪl]	spilt [spɪlt] spilled [spɪld]	spilt [spɪlt] spilled [spɪld]
spin [spɪn]	spun [spʌn] span [spæn]	spun [spʌn]
spit [spɪt]	spit [spɪt] spat [spæt]	spit [spɪt] spat [spæt]
split [splɪt]	split [splɪt]	split [splɪt]
spoil [spɔɪl]	spoilt [spɔɪlt] spoiled [spɔɪld]	spoilt [spɔɪlt] spoiled [spɔɪld]
spread [spred]	spread [spred]	spread [spred]
spring [sprɪŋ]	sprung [sprʌŋ]	sprang [spræŋ] sprung [sprʌŋ]
stand [stænd]	stood [stud]	stood [stud]
stave [steɪv]	staved [steɪvd] stove [stəuv]	staved [steɪvd] stove [stəuv]
steal [stil]	stole [stəul]	stolen [ˈstəulən]
stick [stɪk]	stuck [stʌk]	stuck [stʌk]
sting [stɪŋ]	stung [stʌŋ]	stung [stʌŋ]
stink [stɪŋk]	stunk [stʌŋk] stank [stæŋk]	stunk [stʌŋk]
strew [stru]	strewed [strud]	strewn [strun] strewed [strud]
stride [straɪd]	strode [strəud]	stridden [ˈstrɪdn]
strike [straɪk]	struck [strʌk]	struck [strʌk] † stricken [ˈstrɪkən]
string [strɪŋ]	strung [strʌŋ] † stringed [strɪŋd]	strung [strʌŋ] † stringed [strɪŋd]
strive [straɪv]	strove [strəuv]	striven [ˈstrɪvn]
swear [sweə(r)]	swore [swɔ(r)]	sworn [swɔn]
sweep [swip]	swept [swept]	swept [swept]
swell [swel]	swelled [sweld]	swelled [sweld] swollen [ˈswəulən]
swim [swɪm]	swam [swæm]	swum [swʌm] † swam [swæm]
swing [swɪŋ]	swung [swʌŋ]	swung [swʌŋ]
take [teɪk]	took [tuk]	taken [ˈteɪkən]

Infinitive Bezokolicznik	Past Czas przeszły	Past Participle Imiesłów czasu przeszłego
teach [titʃ]	taught [tɔt]	taught [tɔt]
tear [teə(r)]	tore [tɔ(r)]	torn [tɔn]
tell [tel]	told [təuld]	told [təuld]
think [θiŋk]	thought [θɔt]	thought [θɔt]
thrive [θraɪv]	throve [θrəuv] thrived [θraɪvd]	thriven [ˈθrɪvən] thrived [θraɪvd]
throw [θrəu]	threw [θru]	thrown [θrəun]
thrust [θrʌst]	thrust [θrʌst]	thrust [θrʌst]
tread [tred]	trod [trod]	trodden [ˈtrodn] trod [trod]
understand [ˈʌndə-ˈstænd]	understood [ˈʌndəˈstud]	understood [ˈʌndəˈstud]
wake [weɪk]	woke [wəuk] waked [weɪkt]	woken [ˈwəukən] waked [weɪkt]
wear [weə(r)]	wore [wɔ(r)]	worn [wɔn]
weave [wiv]	wove [wəuv]	woven [ˈwəuvn] wove [wəuv]
weep [wip]	wept [wept]	wept [wept]
win [wɪn]	won [wʌn]	won [wʌn]
wind [waɪnd]	wound [waund]	wound [waund]
wring [rɪŋ]	wrung [rʌŋ]	wrung [rʌŋ]
write [raɪt]	wrote [rəut]	written [ˈrɪtn]

GEOGRAPHICAL NAMES

NAZWY GEOGRAFICZNE*

Aden ['eɪdn] Aden

Adriatic [ˌeɪdrɪ'ætɪk] Adriatyk; Adriatic Sea [ˌeɪdrɪ'ætɪk `si] Morze Adriatyckie

Afghanistan [æf'gænɪˌstæn] Afganistan

Africa ['æfrɪkə] Afryka

Alabama [ˌæləˈbæmə] Alabama

Alaska [əˈlæskə] Alaska

Albania [ælˈbeɪnɪə] Albania; People's Socialist Republic of Albania ['pɪplz 'səʊʃlɪst rɪ'pʌblɪk əv ælˈbeɪnɪə] Ludowa Socjalistyczna Republika Albanii

Algeria [ælˈdʒɪərɪə] Algieria (kraj)

Algiers [ælˈdʒɪəz] Algier (miasto)

Alps [ælps] Alpy

Amazon ['æməzn] Amazonka

America [əˈmerɪkə] Ameryka

Amsterdam [`æmstədæm] Amsterdam

Andes ['ændiz] Andy

Ankara [`æŋkərə] Ankara

Antarctic [ænˈtaktɪk], Antarctic Continent [`kontɪnənt] Antarktyda

Antilles [ænˈtɪliz] Antyle

Appenines [`æpɪnaɪnz] Apeniny

Arabian Sea [əˈreɪbɪən si] Morze Arabskie

Arctic [`aktɪk] Arktyka; Arctic Ocean [`aktɪk əʊʃn] Ocean Lodowaty Północny, Morze Arktyczne

Argentina [ˌadʒənˈtinə] Argentyna

Arizona [ˌærɪˈzəʊnə] Arizona

Arkansas [`akənsɔ] Arkansas

Athens [`æθnz] Ateny

Atlantic, Atlantic Ocean [ətˈlæntɪk əʊʃn] Atlantyk, Ocean Atlantycki

Atlas Mts [`ætləs maʊntɪnz] góry Atlas

Auckland [`ɔklənd] Auckland

Australia [oˈstreɪlɪə] Australia

Austria [`ostrɪə] Austria

Azerbaijan [aˈzɜbaɪˌdʒan] Azerbejdżan

Azores [əˈzɔz] Azory

Baghdad, Bagdad [bægˈdæd] Bagdad

Balkans [`bolkənz] Bałkany; Balkan Peninsula [`bolkən pəninsjulə] Półwysep Bałkański

Baltic [`boltɪk] Bałtyk; Baltic Sea [`boltɪk si] Morze Bałtyckie

Bangladesh ['bæŋglədeʃ] Bangladesz

Barents Sea [`barents si] Morze Barentsa

Bath [baθ] Bath

Beirut [berˈrut] Bejrut

Belfast [`belfast] Belfast

Belgium [`beldʒəm] Belgia

Belgrade [belˈgreɪd] Belgrad

Bengal [beŋˈgɔl] Bengalia

Bering Sea [`berɪŋ si] Morze Beringa; Bering Strait [`berɪŋ straɪt] Cieśnina Beringa

Berlin [bɜˈlɪn] Berlin; West Berlin ['west bɔˈlɪn] Berlin Zachodni

---

* *Uwaga: skróty „Ils" i „Mts" odpowiadają wyrazom „Islands" i „Mountains".*

Bern, Berne [bɜn] Berno

Birmingham [ˈbɜmɪŋəm] Birmingham

Black Sea [ˈblæk si] Morze Czarne

Bolivia [bəˈlɪvɪə] Boliwia

Bombay [bomˈbeɪ] Bombaj

Bonn [bon] Bonn

Borneo [ˈbɔnɪəu] Borneo

Bosphorus [ˈbosfərəs], **Bosporus** [ˈbospərəs] Bosfor

Boston [ˈbostən] Boston

Brazil [brəˈzɪl] Brazylia

Brighton [ˈbraɪtn] Brighton

Britain = Great Britain

British Columbia [ˈbrɪtɪʃ kəˈlʌmbɪə] Kolumbia Brytyjska

British Commonwealth (of Nations) [ˈbrɪtɪʃ ˈkomənwelθ (əv neɪʃənz)] Brytyjska Wspólnota Narodów

Brooklyn [ˈbruklɪn] Brooklyn

Brussels [ˈbrʌslz] Bruksela

Bucharest [ˈbjukəˈrest] Bukareszt

Buckingham [ˈbʌkɪŋəm] Buckingham

Budapest [ˈbjudəˈpest] Budapeszt

Buenos Aires [ˈbweɪnəs ˈeərɪz] Buenos Aires

Bulgaria [bʌlˈgeərɪə] Bułgaria; **People's Republic of Bulgaria** [ˈpiplz rɪˈpʌblɪk əv bʌlˈgeərɪə] Ludowa Republika Bułgarii

Burma [ˈbɜmə] Birma

Cairo [ˈkaɪərəu] Kair

Calcutta [kælˈkʌtə] Kalkuta

California [ˈkælɪˈfɔnɪə] Kalifornia

Cambodia [kæmˈbəudɪə] Kambodża

Cambridge [ˈkeɪmbrɪdʒ] Cambridge

Canada [ˈkænədə] Kanada

Canary Ils [kəˈneərɪ aɪləndz] Wyspy Kanaryjskie

Canberra [ˈkænbərə] Canberra

Capetown, Cape Town [ˈkeɪptaun] Kapsztad, Capetown

Cardiff [ˈkɑdɪf] Cardiff

Caribbean Sea [ˈkærɪˈbɪən si] Morze Karaibskie

Carpathians [kɑˈpeɪθɪənz], **Carpathian Mts** [kɑˈpeɪθɪən mauntɪnz] Karpaty

Caspian Sea [ˈkæspɪən si] Morze Kaspijskie

Caucasus, the [ˈkɔkəsəs] Kaukaz

Celebes [səˈlibɪz] Celebes

Ceylon [sɪˈlon] Cejlon

Channel Ils [ˈtʃænl aɪləndz] Wyspy Normandzkie

Chelsea [ˈtʃelsɪ] Chelsea (w Londynie)

Chicago [ʃɪˈkɑgəu] Chicago

Chile [ˈtʃɪlɪ] Chile

China [ˈtʃaɪnə] Chiny; **Chinese People's Republic** [tʃaɪˈniz ˈpiplz rɪˈpʌblɪk] Chińska Republika Ludowa

Cleveland [ˈklivlənd] Cleveland

Colorado [ˈkoləˈrɑdəu] Kolorado

Columbia [kəˈlʌmbɪə] Kolumbia

Congo [ˈkoŋgəu] Kongo

Connecticut [kəˈnetɪkət] Connecticut

Constantinople [ˈkonstəntɪˈnəupl] *hist.* Konstantynopol, Stambuł

Copenhagen [ˈkəupnheɪgən] Kopenhaga

Cordilleras [ˈkɔdɪlˈjeərəz] Kordyliery

Cornwall [ˈkonwl] Kornwalia

Corsica [ˈkɔsɪkə] Korsyka

Cracow [ˈkrækəu] Kraków

Crete [krit] Kréta

Crimea [kraɪˈmɪə] Krym

Cuba [ˈkjubə] Kuba

Cyprus [ˈsaɪprəs] Cypr

Czechoslovakia [ˈtʃekəusləˈvækɪə] Czechosłowacja; **Socialist Republic of Czechoslovakia** [ˈsəuʃəlɪst rɪˈpʌblɪk əv ˈtʃekəusləˈvækɪə] Czechosłowacka Republika Socjalistyczna

Damascus [dəˈmæskəs] Damaszek

Danube [ˈdænjub] Dunaj

Dardanelles [ˈdɑdəˈnelz] Dardanele

Delaware [ˈdeləweə(r)] Delaware

Delhi [ˈdelɪ] Delhi

Denmark [ˈdenmɑk] Dania

Djakarta [dʒəˈkɑtə] Djakarta

Dover [ˈdəuvə(r)] Dover; **Strait of Dover** [ˈstreɪt əv ˈdəuvə(r)] Cieśnina Kaletańska

Dublin [ˈdʌblɪn] Dublin

Edinburgh [ˈednbrə] Edynburg

Egypt [ˈidʒɪpt] Egipt

Eire [ˈeərə] Irlandia (Republika Irlandzka)

England [ˈɪŋglənd] Anglia

English Channel [ˈɪŋglɪʃ ˈtʃænl] kanał La Manche

Erie [ˈɪərɪ] Erie

Ethiopia [ˈiɵˈəʊpɪə] Etiopia

Europe [ˈjʊərəp] Europa

Everest [ˈevərɪst] Everest

Federal Republic of Germany [ˈfedrl rɪˈpʌblɪk əv ˈdʒɜːmənɪ] Republika Federalna Niemiec

Finland [ˈfɪnlənd] Finlandia

Florida [ˈflorɪdə] Floryda

France [frɑns] Francja

Geneva [dʒɪˈniːvə] Genewa

Georgia [ˈdʒɔːdʒə] Georgia

German Democratic Republic [ˈdʒɜːmən deməˈkrætɪk rɪˈpʌblɪk] Niemiecka Republika Demokratyczna

Gibraltar [dʒɪˈbrɔːltə(r)] Gibraltar

Glasgow [ˈglɑzgəʊ] Glasgow

Great Britain [ˈgreɪt ˈbrɪtn] Wielka Brytania

Greece [griːs] Grecja

Greenland [ˈgriːnlənd] Grenlandia

Greenwich [ˈgrɪnɪdʒ] Greenwich

Guinea [ˈgɪnɪ] Gwinea

Hague, the [heɪg] Haga

Haiti [ˈheɪtɪ] Haiti

Hanoi [hæˈnɔɪ] Hanoi

Havana [həˈvænə] Hawana

Hawaii [həˈwaɪɪ], Hawaiian Ils [həˈwaɪən aɪləndz] Hawaje, Wyspy Hawajskie

Hebrides [ˈhebrədɪz] Hebrydy

Helsinki [ˈhelsɪŋkɪ] Helsinki

Himalayas [ˌhɪməˈleɪəz] Himalaje

Hiroshima [ˈhɪrəˈʃiːmə] Hiroszima

Holland [ˈholənd] Holandia

Houston [ˈhjustən] Houston

Hudson Bay [ˈhʌdsn beɪ] Zatoka Hudsona

Hull [hʌl] Hull

Hungary [ˈhʌŋgərɪ] Węgry; Hungarian People's Republic [hʌŋˈgeərɪən ˈpiːplz rɪˈpʌblɪk] Węgierska Republika Ludowa

Iceland [ˈaɪslənd] Islandia

Idaho [ˈaɪdəhəʊ] Idaho

Illinois [ˈɪlɪˈnɔɪ] Illinois

India [ˈɪndɪə] Indie (państwo); Półwysep Indyjski

Indiana [ˈɪndɪˈænə] Indiana

Indian Ocean [ˈɪndɪən əʊʃn] Ocean Indyjski

Indonesia [ˈɪndəˈniːzɪə] Indonezja

Iowa [ˈaɪəwə] Iowa

Iran [ɪˈrɑn] Iran

Iraq [ɪˈrɑk] Irak

Ireland [ˈaɪələnd] Irlandia

Israel [ˈɪzreɪl] Izrael

Italy [ˈɪtəlɪ] Włochy

Jamaica [dʒəˈmeɪkə] Jamajka

Japan [dʒəˈpæn] Japonia

Java [ˈdʒɑvə] Jawa

Jerusalem [dʒəˈruːsələm] Jerozolima

Jordan [ˈdʒɔdn] Jordan; Jordania

Jugoslavia = Yugoslavia

Kansas [ˈkænzəs] Kansas

Kentucky [kenˈtʌkɪ] Kentucky

Korea [kəˈrɪə] Korea; Democratic People's Republic of Korea [deməˈkrætɪk ˈpiːplz rɪˈpʌblɪk əv kəˈrɪə] Koreańska Republika Ludowo-Demokratyczna; South Korea [ˈsaʊɵ kəˈrɪə] Korea Południowa

Labrador [ˈlæbrədə(r)] Labrador

Laos [ˈlɑ-us] Laos

Lebanon [ˈlebənən] Liban

Leeds [lidz] Leeds

Leicester [ˈlestə(r)] Leicester

Leningrad [ˈlenɪngræd] Leningrad

Libya [ˈlɪbɪə] Libia

Lisbon [ˈlɪzbən] Lizbona

Liverpool [ˈlɪvəpul] Liverpool

London [ˈlʌndən] Londyn

Londonderry [ˈlʌndənˈderɪ] Londonderry

Los Angeles [ˈlos ˈændʒəlɪz] Los Angeles

428

Luisiana [lu'izɪ'ænə] Luisiana

Luxemburg ['lʌksmbɜg] Luksemburg

Madagascar ['mædə'gæskə(r)] Madagaskar

Madrid [mə'drɪd] Madryt

Magellan [mə'gelən], **Strait of Magellan** ['streɪt əv mə'gelən] Cieśnina Magellana

Maine [meɪn] Maine

Malay Archipelago [mə'leɪ akɪ'pel ɪgəʊ] Archipelag Malajski

Malay Peninsula [mə'leɪ pɪ'nɪnsjulə] Półwysep Malajski

Malaysia [mə'leɪzɪə] Malezja

Manchester ['mæntʃɪstə(r)] Manchester

Manitoba ['mænɪ'təubə] Manitoba

Maryland ['meərɪlænd] Maryland

Massachusetts ['mæsə'tʃusɪts] Massachussets

Mediterranean Sea ['medɪtə'reɪnɪən si] Morze Śródziemne

Melanesia ['melə'nizɪə] Melanezja

Melbourne ['melbən] Melbourne

Mexico ['meksɪkəʊ] Meksyk

Miami [maɪ'æmɪ] Miami

Michigan ['mɪʃɪgən] Michigan

Minnesota ['mɪnɪ'səʊtə] Minnesota

Mississippi ['mɪsɪ'sɪpɪ] Missisipi

Missouri [mɪ'zuərɪ] Missouri

Mongolia [mɒŋ'gəʊlɪə] Mongolia; **Mongolian People's Republic** [mɒŋ'gəʊlɪən 'piplz rɪ'pʌblɪk] Mongolska Republika Ludowa

Montana [mɒn'tænə] Montana

Mont Blanc ['mõ'blõ] Mont Blanc

Montevideo ['mɒntɪvɪ'deɪəʊ] Montevideo

Montreal ['mɒntrɪ'ɔl] Montreal

Morocco [mə'rɒkəʊ] Maroko

Moscow ['mɒskəʊ] Moskwa

Munich ['mjunɪk] Monachium

Nebraska [nɪ'bræskə] Nebraska

Netherlands ['neðələndz] Niderlandy, Holandia

Nevada [nɪ'vɑdə] Nevada

New Delhi ['nju'delɪ] Nowe Delhi

Newfoundland ['njufənd'lænd] Nowa Fundlandia

New Guinea ['nju 'gɪnɪ] Nowa Gwinea

New Hampshire [nju 'hæmpʃə(r)] New Hampshire

New Jersey ['nju 'dʒɜzɪ] New Jersey

New Mexico [nju 'meksɪkəʊ] Nowy Meksyk

New Orleans ['nju ɔ'lɪənz] Nowy Orlean

New South Wales ['nju sauθ 'weɪlz] Nowa Południowa Walia

New York ['nju 'jɒk] Nowy Jork

New Zealand ['nju 'zɪlənd] Nowa Zelandia

Niagara Falls [naɪ'ægrə fɔlz] Wodospad Niagara

Niger ['naɪdʒə(r)] Niger

Nigeria [naɪ'dʒɪərɪə] Nigeria

Nile [naɪl] Nil

North America ['nɔθ ə'merɪkə] Ameryka Północna

North Carolina ['nɔθ 'kærə'laɪnə] Karolina Północna

North Dakota ['nɔθ də'kəutə] Dakota Północna

Northern Ireland ['nɔðən 'aɪələnd] Irlandia Północna

Northern Territory ['nɔðən 'terɪtərɪ] Terytorium Północne

North Sea ['nɔθ si] Morze Północne

Norway ['nɔweɪ] Norwegia

Nova Scotia ['nəuvə 'skəʊʃə] Nowa Szkocja

Oder ['əudə(r)] Odra

Ohio [əʊ'haɪəu] Ohio

Oklahoma ['əuklə'həumə] Oklahoma

Ontario [ɒn'teərɪəu] Ontario

Oregon ['ɒrɪgən] Oregon

Oslo ['ɒzləu] Oslo

Ottawa ['ɒtəwə] Ottawa

Oxford ['ɒksfəd] Oksford, Oxford

Pacific Ocean [pə'sɪfɪk əʊʃn] Pacyfik, Ocean Spokojny

Pakistan ['pakɪ'stan] Pakistan

Panama ['pænə'ma] Panama; **Panama Canal** ['pænə'ma kənæl] Kanał Panamski

429

Paris [ˈpærɪs] Paryż
Peking [ˈpiˈkɪŋ] Pekin
Pennsylvania [ˌpenslˈveɪnɪə] Pensylwania
Persia [ˈpɜʃə] Persja; Persian Gulf [ˈpɜʃən gʌlf] Zatoka Perska
Peru [pəˈru] Peru
Philadelphia [ˌfɪləˈdelfɪə] Filadelfia
Philippines [ˈfɪlɪpinz] Filipiny
Plymouth [ˈplɪməθ] Plymouth
Poland [ˈpəʊlənd] Polska; Polish People's Republic [ˈpəʊlɪʃ ˈpiplz rɪˈpʌblɪk] Polska Rzeczpospolita Ludowa
Polynesia [ˌpɒlɪˈnizɪə] Polinezja
Portugal [ˈpɔtʃugl] Portugalia
Prague [prɑg] Praga
Pyrenees [ˈpɪrəˈniz] Pireneje

Quebec [kwɪˈbek] Quebec
Queensland [ˈkwinzlənd] Queensland

Reading [ˈredɪŋ] Reading
Red Sea [ˈred si] Morze Czerwone
Republic of South Africa [rɪˈpʌblɪk əv ˈsaʊθ ˈæfrɪkə] Republika Południowej Afryki
Reykjavik [ˈreɪkjəvɪk] Reykjavik
Rhine [raɪn] Ren
Rhode Island [ˈrəʊd aɪlənd] Rhode Island
Rhodesia [rəʊˈdiʃə] Rodezja
Rio de Janeiro [ˈrɪəʊ dɪ dʒəˈneərəʊ] Rio de Janeiro
Rockies [ˈrokɪz], Rocky Mts [ˈrokɪ maʊntɪnz] Góry Skaliste
Rome [rəʊm] Rzym
Rumania [ruˈmeɪnɪə] Rumunia; Socialist Republic of Rumania [ˈsəʊʃəlɪst rɪˈpʌblɪk əv ruˈmeɪnɪə] Socjalistyczna Republika Rumunii
Russia [ˈrʌʃə] Rosja

Sahara [səˈhɑrə] Sahara
Saigon [saɪˈgon] Sajgon
San Francisco [ˈsæn frənˈsɪskəʊ] San Francisco
Santiago [ˈsæntɪˈɑgəʊ] Santiago
Sardinia [sɑˈdɪnɪə] Sardynia

Saskatchewan [səsˈkætʃəwən] Saskatchewan
Saudi Arabia [ˈsaʊdɪ əˈreɪbɪə] Arabia Saudyjska
Scandinavia [ˈskændɪˈneɪvɪə] Skandynawia
Scotland [ˈskotlənd] Szkocja
Seine [seɪn] Sekwana
Seoul [səʊl] Seul
Shanghai [ʃæŋˈhaɪ] Szanghaj
Siam [saɪˈæm] = Thailand
Sicily [ˈsɪslɪ] Sycylia
Singapore [ˈsɪŋgəˈpɔ(r)] Singapur
Sofia [ˈsəʊfɪə] Sofia
South America [ˈsaʊθ əˈmerɪkə] Ameryka Południowa
Southampton [saʊˈθæmptən] Southampton
South Australia [ˈsaʊθ ɒsˈtreɪlɪə] Australia Południowa
South Carolina [ˈsaʊθ ˈkærəˈlaɪnə] Karolina Południowa
South Dakota [ˈsaʊθ dəˈkəʊtə] Dakota Południowa
Southern Yemen [ˈsʌðən jemən] Jemen Południowy
Spain [speɪn] Hiszpania
Stamboul [stæmˈbul] Stambuł
Stockholm [ˈstokhəʊm] Sztokholm
Sudan [suˈdæn] Sudan
Suez [ˈsuɪz] Suez; Suez Canal [ˈsuɪz kənæl] Kanał Sueski
Sumatra [suˈmatrə] Sumatra
Sweden [ˈswidn] Szwecja
Switzerland [ˈswɪtsələnd] Szwajcaria
Sydney [ˈsɪdnɪ] Sydney
Syria [ˈsɪrɪə] Syria

Taiwan [ˈtaɪwan] Taiwan
Tatra Mts [ˈtætrə maʊntɪnz] Tatry
Teheran [teəˈran] Teheran
Tel-Aviv [ˈteləvɪv] Tel-Awiw
Tennessee [ˈtenəˈsi] Tennessee
Texas [ˈteksəs] Teksas
Thailand [ˈtaɪlænd] Tajlandia; hist. Syjam
Thames [temz] Tamiza
Tiber [ˈtaɪbə(r)] Tyber
Tibet [tɪˈbet] Tybet
Tirana [tɪˈranə] Tirana

Tokyo [`təʊkɪəʊ] Tokio
Toronto [tə`rontəʊ] Toronto
Tunis [`tjunɪs] Tunis (miasto)
Tunisia [tju`nɪzɪə] Tunezja (kraj)
Turkey [`tɜkɪ] Turcja

Ulan-Bator [`ulɑn bɑtɔ(r)] Ułan Bator
Ulster [`ʌlstə(r)] Ulster
Union of Soviet Socialist Republics [`junɪən əv `səʊvɪət `səʊʃəlɪst rɪ`pʌblɪks] Związek Socjalistycznych Republik Radzieckich
United Kingdom of Great Britain and Northern Ireland [ju`naɪtɪd `kɪŋdəm əv `greɪt `brɪtən ənd `nɔðən `aɪələnd] Zjednoczone Królestwo Wielkiej Brytanii i Północnej Irlandii
United States of America [ju`naɪtɪd `steɪts əv ə`merɪkə] Stany Zjednoczone Ameryki
Ural [`jʊərəl] Ural
Uruguay [`jʊərəgwaɪ] Urugwaj
Utah [`jutɑ] Utah

Venezuela [`venɪ`zweɪlə] Wenezuela
Venice [`venɪs] Wenecja
Vermont [və`mont] Vermont
Victoria [vɪk`tɔrɪə] Wiktoria
Vienna [vɪ`enə] Wiedeń

Vietnam [vɪət`næm] Wietnam; Socialist Republic of Vietnam [`səʊʃəlɪst rɪ`pʌblɪk əv vɪət`næm] Socjalistyczna Republika Wietnamu
Virginia [və`dʒɪnɪə] Wirginia
Vistula [`vɪstʃulə] Wisła
Volga [`volgə] Wołga

Wales [weɪlz] Walia
Warsaw [`wɔsɔ] Warszawa
Washington [`woʃŋtən] Waszyngton
Wellington [`welɪŋtən] Wellington
Wembley [`wemblɪ] Wembley
West Virginia [`west və`dʒɪnɪə] Wirginia Zachodnia
Wisconsin [wɪs`konsɪn] Wisconsin
Wyoming [waɪ`əʊmɪŋ] Wyoming

Yangtze-Kiang [`jæŋtse kjaŋ] Jangcy-ciang, Jangcy
Yemen [`jemən] Jemen
Yugoslavia [`jugəʊ`slavɪə] Jugosławia; Socialist Federative Republic of Yugoslavia [`səʊʃəlɪst `fedərətɪv rɪ`pʌblɪk əv `jugəʊ`slavɪə] Socjalistyczna Federacyjna Republika Jugosławii
Yukon [`jukon] Yukon

Zaire [za`ɪə(r)] Zair
Zambia [`zæmbɪə] Zambia

A LIST OF PROPER NAMES
SPIS IMION WŁASNYCH

Abigail [ˈæbɪgeɪl] Abigail
Adam [ˈædəm] Adam
Adrian [ˈeɪdrɪən] Adrian
Agatha [ˈægəθə] Agata
Agnes [ˈægnɪs] Agnieszka
Alan [ˈælən] Alan
Alastair [ˈæləstə(r)] Alastair
Albert [ˈælbət] Albert
Alec, Alex [ˈælɪk, ˈælɪks] zdrob. od Alexander
Alexander [ˈælɪgˈzandə(r)] Aleksander
Alexandra [ˈælɪgˈzandrə] Aleksandra
Alfred [ˈælfrɪd] Alfred
Alice [ˈælɪs] Alicja
Alison [ˈælɪsn] zdrob. od Alice
Amanda [əˈmændə] Amanda
Amelia [əˈmiːlɪə] Amelia
Andrew [ˈændru] Andrzej
Andy [ˈændɪ] zdrob. od Andrew
Angus [ˈæŋgəs] Angus
Ann [æn], Anna [ˈænə] Anna
Anthony [ˈæntənɪ] Antoni
Archibald [ˈɑtʃɪbəld] Archibald
Arnold [ˈɑnld] Arnold
Arthur [ˈɑθə(r)] Artur
Audrey [ˈɔdrɪ] Audrey

Barbara [ˈbɑbrə] Barbara
Barry [ˈbærɪ] Barry
Bartholomew [bɑˈθɒləmju] Bartłomiej
Basil [ˈbæzl] Bazyli
Beatrice [ˈbɪətrɪs] Beatrycze, Beatriks
Becky [ˈbekɪ] zdrob. od Rebecca
Belinda [bəˈlɪndə] Belinda
Ben [ben] zdrob. od Benjamin
Benjamin [ˈbendʒəmɪn] Beniamin

Bernard [ˈbɜnəd] Bernard
Bert [bɜt] zdrob. od Bertram, Albert, Gilbert, Herbert, Robert
Bertram [ˈbɜtrəm] Bertram
Beryl [ˈberl] Beryl
Betty [ˈbetɪ] zdrob. od Elisabeth
Bill [bɪl] zdrob. od William
Bob [bob] zdrob. od Robert
Brenda [ˈbrendə] Brenda
Brian, Bryan [ˈbraɪən] Brian
Bridget [ˈbrɪdʒɪt] Brygida
Bruce [brus] Bruce

Carol [ˈkærl] zdrob. od Caroline
Caroline [ˈkærəlaɪn] Karolina
Catherine [ˈkæθrɪn] Katarzyna
Cecil [ˈsesl] Cecyl
Cecilia [səˈsɪlɪə], Cecily [ˈsesəlɪ] Cecylia
Charles [tʃɑlz] Karol
Chris [krɪs] zdrob. od Christopher
Christina [krɪˈstinə], Christine [ˈkrɪstin] Krystyna
Christopher [ˈkrɪstəfə(r)] Krzysztof
Clara [ˈkleərə], Clare [kleə(r)] Klara
Clarence [ˈklærəns] Clarence
Clive [klaɪv] Clive
Colin [ˈkolɪn] zdrob. od Nicholas
Connie [ˈkonɪ] zdrob. od Constance
Constance [ˈkonstəns] Konstancja
Constantine [ˈkonstəntaɪn] Konstanty
Cynthia [ˈsɪnθɪə] Cynthia
Cyril [ˈsɪrl] Cyryl

Daisy [ˈdeɪzɪ] Daisy
Daniel [ˈdænɪəl] Daniel
Danny [ˈdænɪ] zdrob. od Daniel

Daphne [`dæfnɪ] Dafne
Dave [deɪv] zdrob. od David
David [`deɪvɪd] Dawid
Deborah [`debərə] Debora
Denis [`denɪs] Denis
Derek [`derɪk] Derek
Diana [daɪ`ænə] Diana
Dick [dɪk] zdrob. od Richard
Dinah [`daɪnə] Dinah
Dolly [`dolɪ] zdrob. od Dorothy
Donald [`donld] Donald
Dora [`dɔrə] zdrob. od Dorothy
Doris [`dɔrɪs] zdrob. od Dorothy
Dorothy [`dorəθɪ] Dorota
Douglas [`dʌgləs] Douglas

Edgar [`edgə(r)] Edgar
Edith [`idɪθ] Edyta
Edmund [`edmənd] Edmund
Edward [`edwəd] Edward
Eleanor [`elɪnə(r)] Eleonora
Elisabeth, Elizabeth [ɪ`lɪzəbəθ]
  Elżbieta
Emily [`emǝlɪ] Emilia
Eric [`erɪk] Eryk
Ernest [`ɜnɪst] Ernest
Esther [`estə(r)] Estera
Ethel [`eθəl] Ethel
Eugene [ju`dʒin] Eugeniusz
Eve [iv] Ewa
Evelyn [`ivlɪn] Ewelina

Fanny [`fænɪ] zdrob. od Frances
Felix [`filɪks] Feliks
Florence [`florns] Florentyna
Frances [`fransɪs] Franciszka
Frank [fræŋk] Franciszek
Frieda [`fridə] zdrob. od Winifred

Gabriel [`geɪbrɪəl] Gabriel
Gay [geɪ] Gay
Gene [dʒin] zdrob. od Eugene
Geoffrey [`dʒefrɪ] Geoffrey
George [dʒɔdʒ] Jerzy
Georgie, Georgy [`dʒɔdʒɪ] zdrob.
  od George
Gerald [`dʒerld] Gerald
Gerard [`dʒerəd] Gerard
Gilbert [`gɪlbət] Gilbert
Giles [dʒaɪlz] Giles, Idzi
Gladys [`glædɪs] Gladys
Gloria [`glɔrɪə] Gloria

Gordon [`gɔdn] Gordon
Grace [greɪs] Gracja
Graham(e) [`greɪəm] Graham
Gregory [`gregərɪ] Grzegorz
Guy [gaɪ] Guy

Harold [`hærld] Harold
Harriet [`hærɪət] Henryka
Harry [`hærɪ] zdrob. od Henry
Hazel [`heɪzl] Hazel
Helen [`helɪn], Helena [`helənə]
  Helena
Henry [`henrɪ] Henryk
Herbert [`hɜbət] Herbert
Horace [`horɪs] Horacy
Hugh [hju] Hugo

Ian [`ɪən] zdrob. od John
Irene [aɪə`rinɪ] Irena
Isabel [`ɪzəbel] Izabela
Ivan [`aɪvən] zdrob. od John

Jack [dʒæk] zdrob. od John
James [dʒeɪmz] Jakub
Jane [dʒeɪn] Janina
Janet [`dʒænɪt] zdrob. od Jane
Jean [dʒin] zdrob. od Joan
Jen(n)ifer [`dʒenɪfə(r)] Jennifer
Jenny [`dʒenɪ] zdrob. od Jane
Jessica [`dʒesɪkə] Jessica
Jessie [`dʒesɪ] zdrob. od Jessica
Jill [dʒɪl] zdrob. od Julia
Jim [dʒɪm] zdrob. od James
Joan [dʒəun], Joanna [dʒəu`ænə]
  Joanna
Jocelyn [`dʒoslɪn] Jocelyn
Joe [dʒəu] zdrob. od Joseph
John [dʒon] Jan
Johnny [`dʒonɪ] zdrob. od John
Jonathan [`dʒonəθən] Jonatan
Joseph [`dʒəuzɪf] Józef
Josephine [`dʒəuzɪfin] Józefina
Joy [dʒɔɪ] Joy
Joyce [dʒɔɪs] Joyce
Judith [`dʒudɪθ] Judyta
Judy [`dʒudɪ] zdrob. od Judith
Julia [`dʒulɪə] Julia
Julian [`dʒulɪən] Julian
Juliet [`dʒulɪət] zdrob. od Julia
June [dʒun] June

Kate [keɪt] zdrob. od Catherine
Katherine = Catherine

Kathleen [`kæθlin] *zdrob. od* Catherine
Keith [kiθ] Keith
Kenneth [`kenɪθ] Kenneth
Kit [kɪt] *zdrob. od* Christopher
Kitty [`kɪtɪ] *zdrob. od* Catherine

Larry [`lærɪ] *zdrob. od* Laurence
Laura [`lɔrə] Laura
Laurence, Lawrence [`lorns] Laurenty, Wawrzyniec
Leonard [`lenəd] Leonard
Leslie, Lesley [`lezlɪ] Leslie
Lewis [`luɪs] Leon
Lil(l)ian [`lɪlɪən] Liliana
Linda [`lɪndə] Linda
Lionel [`laɪənl] Lionel
Lisa, Liza [`laɪzə], Liz [lɪz] *zdrob. od* Elisabeth
Lucy [`lusɪ] Łucja
Luke [luk] Łukasz
Lydia [`lɪdɪə] Lidia

Mabel [`meɪbl] Mabel
Magdalene [`mægdəlin] Magdalena
Margaret [`mɑgrət] Małgorzata
Maria [mə`rɪə] Maria
Marjorie, Marjory [`mɑdʒərɪ] *zdrob. od* Margaret
Mark [mɑk] Marek
Martha [`mɑθə] Marta
Martin [`mɑtɪn] Marcin
Mary [`meərɪ] Maria
Matthew [`mæθju] Mateusz
Maud [mɔd] Maud
Michael [`maɪkl] Michał
Micky [`mɪkɪ] *zdrob. od* Michael
Mike [maɪk] *zdrob. od* Michael
Miles [`maɪlz] Miles
Moll [mol], Molly [`molɪ] *zdrob. od* Mary
Muriel [`mjuərɪəl] Muriel

Nan [næn], Nancy [`nænsɪ] *zdrob. od* Ann
Ned [ned] *zdrob. od* Edgar, Edmund, Edward
Nell [nel], Nelly [`nelɪ] *zdrob. od* Eleonor, Helen
Nicholas [`nɪkləs] Mikołaj
Nick [nɪk] *zdrob. od* Nicholas

Oliver [`olɪvə(r)] Oliwier
Oscar [`oskə(r)] Oskar
Owen [`əuən] Owen

Pamela [`pæmlə] Pamela
Pat [pæt] *zdrob. od* Patrick
Patricia [pə`trɪʃə] Patrycja
Patrick [`pætrɪk] Patrycy
Paul [pol] Paweł
Pauline [po`lin] Paulina
Pearl [pɜl] Pearl
Peggy [`pegɪ] *zdrob. od* Margaret
Penelope [pə`neləpɪ] Penelopa
Peter [`pitə(r)] Piotr
Phil [fɪl] *zdrob. od* Philip
Philip [`fɪlɪp] Filip
Polly [`polɪ] *zdrob. od* Mary
Prudence [`prudəns] Prudence

Quentin [`kwentɪn] Quentin

Rachel [`reɪtʃl] Rachela
Ralph [rælf] Ralf
Ray [reɪ] *zdrob. od* Raymond
Raymond [`reɪmənd] Rajmund
Rebecca [rə`bekə] Rebeka
Reginald [`redʒɪnld] Reginald
Richard [`rɪtʃəd] Ryszard
Rick [rɪk] Rick
Rob [rob] *zdrob. od* Robert
Robert [`robət] Robert
Robin [`robɪn] *zdrob. od* Robert
Roger [`rodʒə(r)] Roger
Roland [`rəulənd] Roland
Ronald [`ronld] Ronald
Rose [rəuz] Róża
Rosemary [`rəuzmərɪ] Rosemary
Ruby [`rubɪ] Ruby
Ruth [ruθ] Ruth

Sally [`sælɪ] *zdrob. od* Sarah
Salomon [`soləmən] Salomon
Sam [sæm], Sammy [`sæmɪ] *zdrob. od* Samuel
Samuel [`sæmjuəl] Samuel
Sandra [`sændrə] *zdrob. od* Alexandra
Sara(h) [`seərə] Sara
Sean [ʃɔn] Jan
Sheila [`ʃɪlə] Sheila
Shirley [`ʃɜlɪ] Shirley
Sidney [`sɪdnɪ] Sidney

10 *Pocket Polish I + Polish II*

Simon [ˈsaɪmən] Szymon
Sophia [səˈfaɪə], Sophie [ˈsəʊfɪ] Zofia
Stella [ˈstelə] Stella
Stephen [ˈstivn] Stefan
Steve [stiv] zdrob. od Stephen
Stewart [ˈstjuət] Stewart
Sue [su] zdrob. od Susan
Susan [ˈsuzn] Zuzanna
Sybil [ˈsɪbl] Sybilla
Sylvia [ˈsɪlvɪə] Sylwia

Ted [ted] zdrob. od Theodore, Edward
Terence [ˈterns] Terence
Teodore [ˈθɪədə(r)] Teodor
Teresa [təˈreɪzə] Teresa
Thomas [ˈtoməs] Tomasz
Timothy [ˈtɪməθɪ] Tymoteusz
Tom [tom], Tommy [ˈtomɪ] zdrob. od Thomas
Tony [ˈtəʊnɪ] zdrob. od Anthony

Ursula [ˈɜsjulə] Urszula

Valentine [ˈvæləntaɪn] Walenty
Vanessa [vəˈnesə] Vanessa
Veronica [vəˈronɪkə] Weronika
Victor [ˈvɪktə(r)] Wiktor
Victoria [vɪkˈtɔrɪə] Wiktoria
Vincent [ˈvɪnsnt] Wincenty
Viola [ˈvaɪələ] Wioletta
Virginia [vəˈdʒɪnɪə] Wirginia
Vivian, Vivien [ˈvɪvɪən] Vivian, Vivien

Wa(l)t [wot] zdrob. od Walter
Walter [ˈwoltə(r)] Walter
Wendy [ˈwendɪ] Wendy
Will [wɪl] zdrob. od William
William [ˈwɪlɪəm] Wilhelm
Winifred [ˈwɪnɪfrəd] Winifreda
Winston [ˈwɪnstən] Winston

Yvonne [ɪˈvon] Iwona

A LIST OF ABBREVIATIONS IN COMMON USE

SPIS NAJCZĘŚCIEJ UŻYWANYCH SKRÓTÓW

a/a	for account of — na rachunek
A.A.	Automobile Association — Związek Automobilowy
abbr., abbrev.	abbreviated — skrócony; abbreviation — skrót, skrócenie
ABC	atomic, biological and chemical (weapons) — (broń) atomowa, biologiczna i chemiczna
A.B.C.	the alphabet — abecadło; alphabethical train time-table — alfabetyczny rozkład jazdy pociągów; American Broadcasting Company — Amerykańskie Radio
A-bomb	atomic bomb — bomba atomowa
a/c; A/c, A/C	account/current — bank. rachunek bieżący
A.C.	ante Christum łac. = before Christ — przed narodzeniem Chrystusa
acc.	account — rachunek
A.D.	Anno Domini łac. — w roku Pańskim, po narodzeniu Chrystusa, n.e.
adm., Adm.	Administration — administracja
adv., advt	advertisement — ogłoszenie
Adv.	advance — zaliczka; advice — awiz; advised — awizowany
AEC	Atomic Energy Commission — Komisja do spraw Energii Atomowej
Afr.	Africa — Afryka; African — afrykański
aft.	afternoon — popołudnie
agr., agric.	agricultural — rolny; agriculture — rolnictwo
A.L.P.	Australian Labour Party — Australijska Partia Pracy
a.m.	ante meridiem łac. = before noon — przed południem; above mentioned — wyżej wspomniany
Am.	America — Ameryka; American — amerykański
A.M.	Artium Magister — magister nauk humanistycznych
A.P.	Associated Press — amerykańska agencja prasowa
Apr.	April — kwiecień
arr.	arrives — przyjeżdża (w rozkładzie jazdy pociągów itp.)
AR	Agency Reuter — Agencja Reutera (w Wielkiej Brytanii)
Ass., Assoc.	association — stowarzyszenie, związek
Asst	assistant — asystent
Att.	Attorney — adwokat
Austral.	Australian — australijski

Av., Ave Avenue — aleja, ulica
avdp. avoirdupois — system wag handlowych

b. bachelor — niższy od stopnia magistra naukowy stopień uniwersytecki, bakalaureus; **born** — urodzony
B.A. Bachelor of Arts — bakalaureus nauk humanistycznych; **British Academy** — Akademia Brytyjska; **British Airways** — Brytyjskie Linie Lotnicze
B.Agr(ic). Bachelor of Agriculture — bakalaureus rolnictwa
b.b.b. bed, breakfast and bath — pokój ze śniadaniem i kąpielą
B.B.C. British Broadcasting Corporation — Brytyjskie Radio
B.C. Before Christ — przed Chrystusem; p.n.e.; **Bachelor of Chemistry** — bakalaureus chemii; **British Council** — Brytyjska Rada Wymiany Kulturalnej
B.Com. Bachelor of Commerce — bakalaureus nauk ekonomicznych
B.E. Bachelor of Engineering — bakalaureus nauk technicznych
BEA, B.E.A. British European Airways — Brytyjskie Europejskie Linie Lotnicze
B.Ed. Bachelor of Education — bakalaureus nauk pedagogicznych
B/H Bill of Health — świadectwo zdrowia
B.L. Bachelor of Law — bakalaureus prawa
bldg, Bldg building — budynek
B.Litt. Bachelor of Letters — bakalaureus literatury
blvd, Blvd boulevard — bulwar
B.M. Bachelor of Medicine — bakalaureus medycyny
B.O.A.C. British Overseas Airways Corporation — Towarzystwo Brytyjskich Zamorskich Linii Lotniczych
B.O.T. Board of Trade — Ministerstwo Handlu
B.P. Bachelor of Philosophy — bakalaureus filozofii
B.R. British Railways — Koleje Brytyjskie
Brit. Britain — Wielka Brytania; **British** — brytyjski
Bros Brothers — bracia
B.Sc. Bachelor of Science — bakalaureus nauk matematyczno-przyrodniczych
bush. (bu., bus.) bushel — buszel (*miara*)

c. cent; centime; central; chapter; circa — cent; centym; centralny; rozdział; około
Can. Canada — Kanada
Care, CARE Co-operative American Remittance for Europe — Amerykańskie Spółdzielcze Towarzystwo Przesyłek do Europy
c.c. cubic centimetre — centymetr sześcienny
C.C. Chamber of Commerce — Izba Handlowa; **Consular Corps** — Korpus Konsularny; **Concentration Camp** — obóz koncentracyjny; **continuous current** — prąd stały
cent. century — stulecie, wiek
Cent. centigrade — stopień (*w skali Celsjusza*)

cert.	certificate — zaświadczenie
c.g.s., C.G.S.	centimetre-gramme-second-system — system metryczny centymetr-gram-sekunda
c.h., C.H.	central heating — centralne ogrzewanie
C.H.	Custom House — Urząd Celny
ch., chap.	chapter — rozdział
C.I.	Channel Islands — Wyspy Normandzkie
C/I	Certificate of Insurance — polisa ubezpieczeniowa
CIA	Central Intelligence Agency — Centralna Agencja Wywiadowcza (*w USA*)
C.I.D.	Criminal Investigation Department — Wydział Śledczy do spraw Kryminalnych (Scotland Yard)
C.-in-C.	Commander-in-Chief — naczelny wódz
cit.	citation — cytat
C.J.	Chief Justice — Prezes Sądu Najwyższego
cm.	centimetre — centymetr
CMEA	Council for Mutual Economic Assistance — Rada Wzajemnej Pomocy Gospodarczej
CN	Commonwealth of Nations — Wspólnota Narodów
Co.	Company — kompania; towarzystwo, spółka
c/o	care of — z listami ... (w adresie)
C.O.	Commanding Officer — dowódca
C.O.D.	Concise Oxford Dictionary — Oksfordzki Słownik Podręczny
Coll.	College — szkoła wyższa; szkoła średnia
Comecon	zob. CMEA
Co.-op.	Co-operative Society — spółdzielnia, towarzystwo spółdzielcze
Corn.	Cornwall — Kornwalia
cp.	compare — porównaj
CP	Conservative and Unionist Party — Partia Konserwatywna (*w Wielkiej Brytanii*)
CPC	Communist Party of Canada — Komunistyczna Partia Kanady
C.P.S.U.	Communist Party of the Soviet Union — Komunistyczna Partia Związku Radzieckiego
C.P.U.S.	Communist Party of the United States — Komunistyczna Partia Stanów Zjednoczonych
cwt	hundredweight — cetnar (*waga*)
d.	penny (*łac.* denarius); died; date; daughter; degree — pens; zmarł; data; córka; stopień
D.	department; deputy; district; doctor — departament; deputowany; okręg; doktor
d.c.	direct current *elektr.* prąd stały
D.C.	District of Columbia — Okręg Kolumbii (*obszar Kolumbii z Waszyngtonem, stolicą St. Zjednoczonych*)
d-d	damned — przeklęty
Dec.	December — grudzień
deg.	degree — stopień temperatury
dep.	departs — odjeżdża (*w rozkładzie jazdy pociągów itp.*)
dept	department — dział, oddział; *uniw.* katedra

D.M.	**Doctor of Medicine** — doktor medycyny
doc.	doktor
dol. (dols)	**dollar(s)** — dolar(y)
doz.	**dozen** — tuzin
D.P.	**Democratic Party** — Partia Demokratyczna (*w USA*)
d.p.	**displaced person** — wysiedlony uchodźca
D.Phil.	**Doctor of Philosophy** — doktor filozofii
Dr	**Doctor** — doktor
D.Sc.	**Doctor of Science** — doktor nauk przyrodniczych
D.S.O.	**Distinguished Service Order** — order za wybitne zasługi
E.	**East; England; English** — wschód, wschodni okręg pocztowy w Londynie; Anglia; angielski
E.C.	**East Central** — wschodni okręg pocztowy w śródmieściu Londynu
EEC	**European Economic Community** — Europejska Wspólnota Gospodarcza (EWG)
E.F.T.A.	**European Free Trade Association** — Europejskie Stowarzyszenie Wolnego Handlu
e.g.	**exempli gratia** *łac.* = **for example** — na przykład
Eng., Engl.	**England** — Anglia; **English** — angielski
E.R.	**Elizabeth Regina** *łac.* = **Queen Elizabeth** — Królowa Elżbieta
Esq.	**Esquire** — Wielmożny Pan (*tytuł w adresie, po nazwisku*)
etc.	**et cetera** *łac.* = **and so on** — i tak dalej
EURATOM	**European Atomic Energy Community** — Europejska Wspólnota Energii Atomowej
eve.	**evening** — wieczorem
exc.	**except** — z wyjątkiem
ext.	**extension (telephone)** — telefon wewnętrzny
f.	**foot, feet** — stopa, stopy; **franc** — frank
F.A.	**Football Association** — Związek Piłki Nożnej
FAO, F.A.O.	**Food and Agriculture Organization** — Organizacja do spraw Wyżywienia i Rolnictwa (ONZ)
F.B.I.	**Federal Bureau of Investigation** — *am.* Federalne Biuro Śledcze (*kontrwywiad USA*); **Federation of British Industries** *bryt.* — Związek Przemysłów Brytyjskich
F.C.	**Football Club** — Klub Piłki Nożnej
Feb.	**February** — luty
F.I.F.A.	**Fédération Internationale de Football Associations** *fr.* = **International Football Federation** — Międzynarodowa Federacja Związków Piłki Nożnej
F.O.	**Foreign Office** — Ministerstwo Spraw Zagranicznych (*w Wielkiej Brytanii*)
fr.	**franc(s)** — frank(i)
Fr	**Father** — ksiądz
Fr.	**French** — francuski
Fr., Fahr.	**Fahrenheit** — w skali Fahrenheita
FRG, F.R.G.	**Federal Republic of Germany** — Republika Federalna Niemiec
Fri.	**Friday** — piątek

g.	gram(me) — gram; **guinea** — gwinea (21 szylingów)
G.A.	**General Assembly** — Zgromadzenie Ogólne
gal., gall.	**gallon** — galon
G.A.T.T.	**General Agreement on Tariffs and Trade** — Układ Ogólny w sprawie Ceł i Handlu
GB, G.B.	**Great Britain** — Wielka Brytania
GDR, G.D.R.	**German Democratic Republic** — Niemiecka Republika Demokratyczna
Ger.	**German** — niemiecki
G.H.Q.	**General Headquarters** — główna kwatera
G.I.	**government issue** — „emisja rządowa" (*popularna nazwa żołnierza amerykańskiego*)
G.M.T.	**Greenwich Mean Time** — średni czas zachodnioeuropejski (Greenwich)
gn(s)	**guinea(s)** — gwinea, gwinee
Gov., Govt.	**Government** — rząd
G.P.O.	**General Post Office** — *bryt.* Główny Urząd Pocztowy
G.S.	**General Secretary** — Sekretarz Generalny
h.	**hour(s)** — godzina, godziny
H	**hard** — twardy (*ołówek o twardym graficie*)
h. and c.	**hot and cold (water)** — gorąca i zimna woda
H.C.	**House of Commons** — Izba Gmin
Hi-Fi, hi-fi	**high fidelity** — wysoka wierność (*odtwarzania*)
H.L.	**House of Lords** — Izba Lordów
H.M.S.	**His ⟨Her⟩ Majesty's Service** — w służbie Jego ⟨Jej⟩ Królewskiej Mości; **His ⟨Her⟩ Majesty's Ship** — okręt Jego ⟨Jej⟩ Królewskiej Mości
H.O.	**Home Office** — Ministerstwo Spraw Wewnętrznych (*w Wielkiej Brytanii*)
hosp.	**hospital** — szpital; szpitalny
h.p., H.P.	**horse power** — *techn.* koń mechaniczny
H.P.	**Houses of Parliament** — Parlament Brytyjski
H.R.	**House of Representatives** — *am.* Izba Reprezentantów
H.R.H.	**His ⟨Her⟩ Royal Highness** — Jego ⟨Jej⟩ Królewska Wysokość
I.A.F.	**International Automobile Federation** — Międzynarodowa Federacja Automobilowa
ib., ibid.	**ibidem** *łac.* = in the same place — tamże
I.C.J.	**International Court of Justice** — Międzynarodowy Trybunał Sprawiedliwości
I.C.R.C.	**International Committee of the Red Cross** — Międzynarodowy Komitet Czerwonego Krzyża
id.	**idem** *łac.* = also, likewise — (*o autorze*) tenże
I.D.	**Intelligence Department** — oddział wywiadowczy
i.e.	**id est** *łac.* = that is — to jest
IMF	**International Monetary Fund** — Międzynarodowy Fundusz Walutowy
in.	**inch** — cal
inc.	**incorporated** — zarejestrowany; *am.* (∼ **company**) spółka akcyjna

incl.	**including** — włącznie
I.N.S.	**International News Service** — Międzynarodowa Agencja Informacyjna (*U.S.A.*)
inst.	**instant (of the current month)** — bieżącego miesiąca
INTERPOL	**International Criminal Police Commission** — Międzynarodowa Organizacja Policji Kryminalnej
IOC	**International Olympic Committee** — Międzynarodowy Komitet Olimpijski
IOU	**I owe you** — rewers, *dosł.* jestem ci winien
I.Q.	**Intelligence Quotient** — współczynnik inteligencji
I.R.A.	**Irish Republican Army** — Irlandzka Armia Republikańska
I.R.C.	**International Red Cross** — Międzynarodowy Czerwony Krzyż
I.S.	**Intelligence Service** — Tajna Służba Wywiadowcza
I.S.C.	**International Students' Council** — Międzynarodowa Rada Studencka
I.T.A.	**International Touring Alliance** — Międzynarodowy Związek Turystyczny
I.T.V.	**Independent Television** telewizja niezależna (*w W. Brytanii*)
I.U.S.	**International Union of Students** — Międzynarodowy Związek Studentów
I.U.S.Y.	**International Union of Socialist Youth** — Międzynarodowy Związek Młodzieży Socjalistycznej
I.Y.H.F.	**International Youth Hostel Federation** — Międzynarodowa Federacja Schronisk Młodzieżowych
Jan.	**January** — styczeń
Jul.	**July** — lipiec
Jun.	**June** — czerwiec
jun., junr	**junior** — junior
kg.	**kilogram** — kilogram
K.K.K.	**Ku-Klux-Klan** — tajna organizacja amerykańska (*skrajnie reakcyjna*)
km.	**kilometre** — kilometr
k.o., K.O.	**knock-out; knocked out** — nokaut; znokautowany
kw., kW.	**kilowatt** — kilowat
l.	**litre** — litr
L., Lab.	**Labour** — Partia Pracy; świat pracy
L., £	**libra** *łac.* = **sovereign, pound sterling** — suweren, funt szterling
lb.	**libra** *łac.* = **pound** — funt (*waga*)
Lb.P.	**Liberal Party** — Partia Liberalna (*w Wielkiej Brytanii*)
Ld	**limited** — ograniczony
L.h., L.H.	**left-hand** — lewy, lewostronny
Lon., Lond.	**London** — Londyn
LP	**longplay** — *muz.* płyta długogrająca
L.P.	**Labour Party** — Partia Pracy (*w Wielkiej Brytanii*)

L.P.A.	**Liberal Party of Australia** — Partia Liberalna Australii
Ltd	**Limited (Company)** — spółka (z ograniczoną odpowiedzialnością)
£.s.d., £.S.D.	**librae, solidi, denari** *łac.* **= pounds, shillings and pence** — funty, szylingi i pensy
m, m.	**metre** — metr; **mile** — mila
M.A.	**Master of Arts** — magister nauk humanistycznych
mar.	**maritime** — morski
Mar.	**March** — marzec
max.	**maximum** — maksimum
M.C.	**Member of Congress** — *am.* Członek Kongresu; **Military Cross** — Krzyż Wojenny
M.D.	**Medicinae Doctor** *łac.* **= Doctor of Medicine** — doktor medycyny
memo.	**memorandum** — memorandum
Messrs	**Messieurs** — Panowie
mg.	**milligram(s)** — miligram(y)
m.g.	**machine gun** — karabin maszynowy
M.G.M.	**Metro Goldwyn Mayer** — nazwa amerykańskiej wytwórni filmowej
M.O.	**money order** — przekaz pieniężny; **Medical Officer** — lekarz wojskowy
Mon.	**Monday** — poniedziałek
M.P.	**Member of Parliament** — członek parlamentu, poseł
m.p.h.	**miles per hour** — mil na godzinę
Mr	**Mister** — pan (*przed nazwiskiem*)
Mrs	**Mistress** — pani (*przed nazwiskiem*)
Ms., MS.	**manuscript** — rękopis
M/S, M.S.	**Motor Ship** — statek motorowy
M.Sc.	**Master of Science** — magister nauk matematyczno-przyrodniczych
Mt.	**mountain** — góra
N.	**North** — północ; północny okręg pocztowy w Londynie
NASA	**National Aeronautics and Space Administration** — Narodowa Agencja do spraw Aeronautyki i Przestrzeni Kosmicznej (*w U.S.A.*)
N.A.T.O.	**North Atlantic Treaty Organization** — Organizacja Paktu Północnego Atlantyku
NBC	**National Broadcasting Company** — Radio Amerykańskie
N.E.	**North East** — północny wschód; **New England** — Nowa Anglia
N.E.D.	**New English Dictionary** — Nowy Słownik Angielski (*wielki słownik oksfordzki*)
No.	**number** — liczba
Nov.	**November** — listopad
N.S.W.	**New South Wales** — Nowa Południowa Walia (*w Australii*)

N.W.	**North-West** — północny zachód; **North-Western** — północno-zachodni okręg pocztowy w Londynie
N.Y.(C)	New York City — miasto Nowy Jork
N.Z.	New Zealand — Nowa Zelandia
N.Z.L.P.	New Zealand Labour Party — Partia Pracy Nowej Zelandii
N.Z.N.P.	New Zealand National Party — Nowozelandzka Partia Narodowa
OAS	**Organization of American States** — Organizacja Państw Amerykańskich
Oct.	**October** — październik
O.E.	**Old English** — język staroangielski
O.E.C.D.	**Organization for Economic Co-operation and Development** — Organizacja Współpracy Gospodarczej i Rozwoju
O.E.D.	**Oxford English Dictionary** — (Wielki) Słownik Oksfordzki Języka Angielskiego
O.H.M.S.	**On His ⟨Her⟩ Majesty's Service** — w służbie Jego ⟨Jej⟩ Królewskiej Mości
O.K.	**Okay** = **all correct** — wszystko w porządku, bardzo dobrze
oz, ozs	**ounce, ounces** — uncja, uncje
p.	**page; pint** — strona; pinta, kwarta (*miara*)
P.	**(car) park; pedestrian (crossing); police; post; president** — postój; parking; przejście dla pieszych; policja; poczta; prezydent
p.c.	**postcard** — karta pocztowa
P.E.N.(-Club)	**International Association of Poets, Playwrights, Essayists, Editors and Novelists** — Pen Club, Międzynarodowy Związek Poetów, Dramaturgów, Eseistów, Wydawców i Powieściopisarzy
ph.	**per hour** — na godzinę
Ph.D.	**Philosophiae Doctor** *łac.* = **Doctor of Philosophy** — doktor filozofii
p.m.	**post meridiem** *łac.* — po południu, po godz. 12 w południe, do północy
P.O.	**Post Office** — urząd pocztowy; **postal order** — przekaz pocztowy
P.O.B.	**post-office box** — skrzynka pocztowa
P.O.S.B.	**Post Office Savings Bank** — Pocztowa Kasa Oszczędności
P.O.W.	**Prisoner of War** — jeniec wojenny
pp.	**pages** — stronice
prof., Prof.	**professor** — profesor
prox.	**proximo** *łac.* = **next month** — następnego miesiąca
p.s.	**per second** — na sekundę
P.S.	**Police Sergeant; postscript** — policjant; dopisek (*w liście*)
pt.	**pint** — pinta, kwarta (*miara*)
P.T.O.	**please turn over** — proszę odwrócić, verte

q., qr.	quarter; quarterly — kwartał; kwartalnik, kwartalny
Q.	Queen — królowa
qual.	quality — jakość
R.	River; Réaumur; Rex, Regina — rzeka; w skali Réaumura; król, królowa
R.A.	Royal Academy — Akademia Królewska
R.A.F.	Royal Air Force — Królewskie Lotnictwo Wojskowe
R.C.	Red Cross — Czerwony Krzyż; Roman Catholic — wyznania rzymskokatolickiego
R.C.A.	Radio Corporation of America — Radio Amerykańskie
rd, Rd	road — droga, ulica
reg., regd	registered — zarejestrowany, polecony
r.h.	right hand — prawy, prawostronny
R.N.	Royal Navy — Królewska Marynarka Wojenna
R.P.	Republican Party — Partia Republikańska (w U.S.A.)
R.R.	railroad — am. kolej
R.S.P.C.A.	Royal Society for the Prevention of Cruelty to Animals — Królewskie Towarzystwo Ochrony Zwierząt
Ry	railway — bryt. kolej
s.	second; shilling; singular; son — sekunda; szyling; pojedynczy; syn
S.	South — południe
$	dollar — dolar
S.A.	Salvation Army — Armia Zbawienia
SALT	Strategic Armaments Limitation Talks — Rokowania w sprawie Ograniczenia Zbrojeń Strategicznych
SAS	Scandinavian Airlines System — Skandynawskie Linie Lotnicze
Sat.	Saturday — sobota
sch.	school — szkoła
scil.	scilicet ['sailiset] łac. = namely — mianowicie
S.D.	State Department — ministerstwo spraw zagranicznych (w U.S.A.)
SE, S.E.	South-East — południowy wschód; South-Eastern — południowo-wschodni okręg pocztowy w Londynie
S.E.A.T.O.	South-east Asian Treaty Organization — Organizacja Paktu Południowo-Wschodniej Azji
Sec.	Secretary — sekretarz
Sep., Sept.	September — wrzesień
sh.	shilling(s) — szyling(i)
Soc.	society — towarzystwo
SOS, S.O.S.	save our souls — wezwanie pomocy (na morzu)
sq.	square — kwadrat, plac
Sr	Senior — senior
s/s, s.s.	steamship — statek parowy
St	Saint — święty; street — ulica
stg	sterling — szterling
Sov. Un.	Soviet Union — Związek Radziecki
Sun.	Sunday — niedziela

SW, S.W.	**South-West** — południowy zachód; **South-western** — południowo-zachodni okręg pocztowy w Londynie
syn.	**synonym** — synonim
t.	**ton** — tona
tel.	**telegram; telegraph; telephone** — telegram; telegraf; telefon
temp.	**temperature** — temperatura
Thurs.	**Thursday** — czwartek
t.m.	**trade mark** — fabryczna marka ochronna
T.U.	**Trade Union** — związek zawodowy
T.U.C.	**Trades Union Congress** — Kongres Związków Zawodowych
Tues.	**Tuesday** — wtorek
T.V.	**television** — telewizja
UEFA	**Union of European Football Associations** — Unia Europejskich Związków Piłki Nożnej
uhf, UHF, U.H.F.	**ultra-high frequency** — fale ultrakrótkie (UKF) (*o dużych częstotliwościach drgań*)
U.K.	**United Kingdom (of Great Britain and Northern Ireland)** — Zjednoczone Królestwo (Wielkiej Brytanii i Irlandii Północnej)
ult.	**ultimo** *łac.* = **last month** — ostatniego miesiąca
U.N.	**United Nations** — Narody Zjednoczone
U.N.E.S.C.O.	**United Nations Educational Scientific and Cultural Organization** — Organizacja Narodów Zjednoczonych do spraw Nauki i Kultury
UNGA	**United Nations General Assembly** — Zgromadzenie Ogólne Narodów Zjednoczonych
UNICEF	**United Nations Children's Fund** — Fundusz Narodów Zjednoczonych Pomocy Dzieciom
U.N.O.	**United Nations Organization** — Organizacja Narodów Zjednoczonych
U.N.R.R.A.	**United Nations Relief and Rehabilitation Administration** — Organizacja Narodów Zjednoczonych do spraw Pomocy i Odbudowy
U.P.	**United Press** — *am.* Prasa Zjednoczona (*agencja prasowa*)
U.P.I.	**United Press International** — *am.* Zjednoczona Prasa Międzynarodowa (*agencja prasowa*)
U.S.A.	**United States of America** — Stany Zjednoczone Ameryki
U.S.A.F.	**United States Air Force** — Lotnictwo Wojskowe Stanów Zjednoczonych
U.S.N.	**United States Navy** — Marynarka Wojenna Stanów Zjednoczonych
U.S.S.R.	**Union of Soviet Socialist Republics** — Związek Socjalistycznych Republik Radzieckich
usu.	**usually** — zwykle
v.	**versus** *łac.* = **against** — przeciw; **verse; volt; volume** — wiersz; wolt; tom

V.-Day	Victory Day — Dzień Zwycięstwa
vet.	veterinary surgeon — weterynarz
v.g.	very good — bardzo dobry, bardzo dobrze
V.I.P.	Very Important Person — bardzo ważna osobistość
viz	videlicet łac. = namely — mianowicie
vol., vols	volume, volumes — tom, tomy
v.v.	vice versa ['vaɪsɪ'vɜsə] łac. — na odwrót
W.	Welsh — walijski; West — zachód; zachodni okręg po-cztowy w Londynie
W.C.	West Central — zachodni okręg pocztowy w śródmieściu Londynu
w.c.	water closet — ustęp
W.C.P.	World Council of Peace — Światowa Rada Pokoju
Wed.	Wednesday — środa
W.F.D.Y.	World Federation of Democratic Youth — Światowa Federacja Młodzieży Demokratycznej
W.F.T.U.	World Federation of Trade Unions — Światowa Federacja Związków Zawodowych
W.H.O.	World Health Organization — Światowa Organizacja Zdrowia
wt	weight — ciężar, waga
Xmas	Christmas — Boże Narodzenie
y., yd	yard — jard
Y.H.A.	Youth Hostels Association — Stowarzyszenie Schronisk Młodzieżowych
Y.M.C.A.	Young Men's Christian Association — Chrześcijańskie Stowarzyszenie Młodzieży Męskiej
yr	year — rok; your — wasz
yrs	yours — wasz
Y.W.C.A.	Young Women's Christian Association — Chrześcijańskie Stowarzyszenie Młodzieży Żeńskiej
Z.G.	Zoological Gardens — Ogród Zoologiczny
zl.	zloty — złoty

MONEY

PIENIĄDZE

I. British Brytyjskie
£1 (1 pound) = 100 p (100 pence)

Notes Banknoty

£ 20 — twenty pounds ['twentɪ 'paundz]
£ 10 — ten pounds ['ten 'paundz]
£ 5 — five pounds ['faɪv 'paundz]
£ 1 — a pound [ə'paund]

Coins Monety

50p — fifty pence ['fɪftɪ 'pens]
10p — ten pence ['ten 'pens]
5p — five pence ['faɪv 'pens]
2p — twopence ['tʌpəns], two pence ['tu 'pens]
1p — a penny [ə'penɪ]
1/2p — a halfpenny [ə'heɪpnɪ], half a penny ['haf ə'penɪ]

II. American (USA) Amerykańskie (St. Zjednoczone)
$1 (1 dollar) = 100c (100 cents)

Notes Banknoty

$ 20 — twenty dollars ['twentɪ 'doləz]
$ 10 — ten dollars ['ten 'doləz]
$ 5 — five dollars ['faɪv 'doləz]
$ 1 — a dollar [ə'dolə(r)]

Coins Monety

50 c — half-dollar ['haf dolə(r)]
25 c — twenty five cents ['twentɪ 'faɪv 'sents], pot. a quarter [ə 'kwɔtə(r)]
10 c — ten cents ['ten 'sents], pot. a dime [ə 'daɪm]
5 c — five cents ['faɪv 'sents], pot. a nickel [ə'nɪkl]
1 c — a cent [ə 'sent], pot. a penny [ə'penɪ]

WEIGHTS AND MEASURES
MIARY I WAGI

I. British Brytyjskie

a) Measures of length and surface
Miary długości i powierzchni

1 mile [maɪl] = 1 760 yards [jɑdz]	1 609,3 m
1 yard [jɑd] = 3 feet [fit] . . .	91,44 cm
1 foot [fut] = 12 inches [`ɪntʃɪz] . . .	30,48 cm
1 inch [ɪntʃ]	2,54 cm
1 square [skweə(r)] mile = 640 acres [`eɪkəz] . .	258,99 ha
1 acre [`eɪkə(r)] = 4 840 square yards	0,40 ha
1 square yard = 9 square feet	0,836 m²
1 square foot = 144 square inches	929 cm²
1 square inch	6,45 cm²

b) Measures of capacity
Miary pojemności

1 quarter [`kwɔtə(r)] = 8 bushels [`buʃlz] . . .	290,941 l
1 bushel [`buʃl] = 8 gallons [`gæ1ənz]	36,368 l
1 gallon [`gæ1ən] = 4 quarts [kwɔts]	4,546 l
1 quart [kwɔt] = 2 pints [paɪnts]	1,136 l
1 pint [paɪnt]	0,568 l

c) Weights (avoirdupois)
Wagi (handlowe, tzw. avoirdupois)

1 ton [tʌn] = 20 hundredweight [`hʌndrədweɪt] . . .	1 016,047 kg
1 hundredweight [`hʌndrədweɪt] = 112 pounds [paundz] .	50,802 kg
1 pound [paund] = 16 ounces [`aunsɪz]	453,59 g
1 ounce [auns] = 16 drams [dræmz]	28,35 g
1 dram [dræm] = 3 scruples [skruplz]	1,77 g
1 scruple [skrupl]	0,59 g
1 grain [greɪn]	64,7989 mg

Poza tym istnieją jeszcze następujące układy wag:

1) troy weight, używany w handlu kruszcami oraz
2) apothecaries weight, używany w aptekach. "Grain" we wszystkich powyższych układach jest identyczny.

II. American Amerykańskie (U.S.A.)

a) Measures of length and surface, as British
Miary długości i powierzchni — jak brytyjskie

b) Measures of capacity
Miary pojemności

1 bushel ['buʃl] = 8 gallons ['gælənz]	35,238 l
1 gallon ['gælən] = 4 quarts [kwɔts]	3,785 l
1 quart [kwɔt] = 2 pints [paɪnts]	0,946 l
1 pint [paɪnt]	0,473 l

c) Weights (avoirdupois)
Wagi (handlowe, tzw. avoirdupois)

1 ton [tʌn] = 20 hundredweight ['hʌndrədweɪt] . . .	907,185 kg
1 hundredweight ['hʌndrədweɪt] = 100 pounds [paundz]	45,359 kg
1 pound [paund] = 16 ounces ['aunsɪz]	453,59 g
1 ounce ['auns] = 16 drams [dræmz]	28,35 g
1 dram [dræm] = 3 scruples [skruplz]	1,77 g
1 scruple [skrupl]	0,59 g

POLISH-ENGLISH

ADVICE
TO THE USER

1. Headwords

The headwords are printed in bold-faced type in strictly alphabetical order. They are labelled by pertinent abbreviations indicating their grammatical categories, the others denoting the respective branches of learning or the special walks of life.

Homonyms are grouped under separate entries and marked with successive Arabic ciphers, e.g.:

muł 1. *m* s l i m e, o o z e
muł 2. *m zool.* m u l e

If a Polish headword contains various English meanings or denotes different grammatical functions, the particular lexical units on the Polish side are separated by means of a semicolon and, besides, they are provided with a pertinent grammatical label, e.g.:

palący *p praes i adj* b u r n -
i n g; (*tytoń*) s m o k i n g;
sm s m o k e r;...

If an entry, or a part of it, or an explanatory note, is provided with the abbreviation *zob.* the reader is asked to refer to some other entry, or to some information found elsewhere in the Dictionary.

Nouns

Some Polish nouns of feminine gender have been omitted since their masculine and feminine

WSKAZÓWKI
DLA KORZYSTAJĄCYCH
ZE SŁOWNIKA

1. Hasła

Wyrazy hasłowe podano pismem półgrubym w ścisłym porządku alfabetycznym. Objaśniano je, zależnie od przynależności do poszczególnych części mowy lub do specjalnych dziedzin życia, odpowiednimi skrótami umownymi.

Homonimy podano jako osobne hasła oznaczone kolejnymi cyframi arabskimi, np.:

Jeżeli poszczególne wyrazy hasłowe zawierają odpowiedniki o różnych znaczeniach, albo pełnią różne funkcje gramatyczne — oddzielono je średnikiem oraz odpowiednim kwalifikatorem gramatycznym, np.:

Jeżeli wyraz hasłowy opatrzony jest skrótem *zob.* oznacza to, że hasła tego wraz z odpowiednikami należy szukać w artykule hasłowym, do którego wyraz ten odesłano.

Hasła rzeczownikowe

Ze względu na rozmiary słownika pominięto pewną ilość rzeczowników żeńskich, które w języku

equivalents are identical in English, e.g.: **nauczyciel** t e a c h e r, **nauczycielka** t e a c h e r, **Niemiec** G e r m a n, **Niemka** G e r m a n.

Most Polish diminutives have been omitted as they have no lexical equivalents in English; so their diminutive nouns are usually formed by means of adjectives "**l i t t l e**" or "**s m a l l**".

But if a Polish diminutive has evolved a distinct additional meaning, its inclusion has been considered necessary. E.g.

> **rączka** *f* l i t t l e h a n d; (*u-chwyt*) h a n d l e; (*steru*) t i l l e r; (*obsadka do pióra*) p e n -h o l d e r

Most verbal nouns have been left out, too, e.g.: **pisanie**, which is˙ derived from the infinitive **pisać**, writing ⟨to write⟩ (*zob.* **maszyna do pisania**, **pisanie na maszynie**).

But if there are no English derivatives in -ing, other equivalents have been, of necessity, inserted, e.g.:

> **głosować** *vi* v o t e, (*tajnie*) b a l -l o t; ...
> **głosowanie** *n* v o t i n g, p o l l, (*tajne*) b a l l o t

Adjectives

Polish adjectives which correspond to English nouns used attributively here are not included, e.g.: the noun **kamień** = t h e s t o n e is being also used as an adjective: **kamienny** = s t o n e. But if there are two variant adjectival forms, both of them are given as equivalents of the Polish headwords, but used in a different meaning. E.g.:

angielskim mają formę identyczną z odpowiednimi rzeczownikami męskimi, np.: **nauczyciel** t e a c h -e r, **nauczycielka** t e a c h e r, **Niemiec** G e r m a n, **Niemka** G e r m a n itp.

Pominięto też większość rzeczowników zdrobniałych. W takich wypadkach odpowiedniki angielskie tworzy się zastępczo, stosując przymiotniki „l i t t l e" i „s m a l l".

Uwzględniono jednak te polskie rzeczowniki zdrobniałe, których znaczenia różnią się od form pierwotnych, np.:

Dla oszczędności miejsca wyeliminowano większość rzeczowników odsłownych, gdyż znajomość form bezokolicznikowych odpowiedników angielskich wystarcza do utworzenia odpowiednich form rzeczownikowych.

Wyjątek stanowią te wypadki, gdy angielskie odpowiedniki nie posiadają końcówki słowotwórczej, np.:

Hasła przymiotnikowe

Ponieważ w języku angielskim zasadniczo nie ma formalnej różnicy pomiędzy przymiotnikiem a rzeczownikiem, np. **kamień** = t h e s t o n e i **kamienny** *adj* = s t o n e, haseł przymiotnikowych nie zamieszczamy. Uwzględniono jednak te formy oboczne, które różnią się pod względem znaczenia, np.:

złoty 1. *adj* g o l d, *przen.* g o l d -
e n; ~ wiek g o l d e n a g e
złoty 2. *m (jednostka monetarna)*
z ł o t y

Verbs

The reader is sometimes faced
with very serious difficulties
whenever he may occasionally
have to deal with verbal aspects
we find in English as compared
with those in Polish, e.g.: siadać and siedzieć and usiąść —
t o s i t and t o b e s i t t i n g
and t o s i t d o w n, padać and
upaść — t o b e f a l l i n g and
t o f a l l (d o w n), myć się and
umyć się — t o w a s h and t o
h a v e a w a s h etc. The above
and similar verbs may be rendered
by means of a variety of forms.

Most verbs, with regard to their
aspects, are neutral: pisać — t o
w r i t e, napisać — t o w r i t e.

As a rule, in the present D i c -
t i o n a r y the verbs ought to be
looked up in their imperfect
form.
If the Polish headword is a verb,
its syntactic function in a sentence is shown, between round
brackets, alongside of the corre-
sponding function of its English
equivalent.
The same refers to transitive
verbs which require the direct
object in either language; so their
use in a sentence will hardly present any difficulties. E.g.:

Hasła czasownikowe

Brak analogii w tworzeniu postaci dokonanej i niedokonanej
czasownika w języku polskim i angielskim nastręcza wiele trudności. Tak np. dokonana postać czasownika paść, upaść — t o f a l l
zmienia się w niedokonaną przez
zastosowanie *Continuous Form* —
t o b e f a l l i n g. W innych wypadkach czasownik o postaci niedokonanej siadać — t o s i t,
zmienia postać przez dodanie przy-
słówka d o w n: siąść — t o s i t
d o w n. Stosuje się także formę
opisową: umyć się — t o h a v e a
w a s h itp. Polską formę dokona-
ną można też czasami oddać przez
angielską formę gramatyczną.
W większości wypadków angielskie postaci czasownikowe są z
natury neutralne: pisać — t o
w r i t e, napisać — t o w r i t e.
Czasowników należy szukać pod
ich formą podstawową w jej postaci zasadniczo niedokonanej.

Różnice w składni czasowników
zaznaczamy za pomocą odpowiednich zaimków i przyimków, u-
mieszczonych w nawiasach okrągłych, tuż po czasowniku.

Takie przykłady użycia związków składniowych stosuje się zarówno w przypadku, gdy czasownik polski i jego angielski odpowiednik występują w tej samej
funkcji przechodniej lub nieprzechodniej, np.:

reagować *vi* r e a c t (na coś t o
s t h)
darzyć *vt* p r e s e n t (kogoś
czymś s b w i t h s t h) ...

But if the English verb is transitive and its Polish equivalent intransitive or vice versa, grammatical information is a necessity, e.g.:

jak też i wówczas, gdy polskiemu czasownikowi w funkcji przechodniej odpowiada angielski czasownik w funkcji nieprzechodniej, lub odwrotnie. Np.:

> operować *vt* o p e r a t e (kogoś
> o n, u p o n s b)
> zbliżać ... się *vr* a p p r o a c h (do
> kogoś s b) ...

2. Equivalents

The English equivalents of the Polish headwords and their expressions are given in light type. Their synonyms printed along with them, if any, are separated by commas, those more distant in meaning are marked off by semicolons. In case of need the given synonyms have been provided with explanations, placed in round brackets, concerning their meaning and usage. E.g.:

2. Odpowiedniki

Angielskie odpowiedniki wyrazów, wyrażeń i zwrotów podano pismem jasnym. Odpowiedniki bliskoznaczne oddzielono przecinkami; odpowiedniki dalsze — średnikami. W wypadkach koniecznych — przed angielskimi odpowiednikami — umieszczono w nawiasach okrągłych objaśnienia, drukowane kursywą, dotyczące zakresu, znaczenia i zastosowania wyrazu, np.:

> chować *vt* (*ukrywać*) h i d e,
> c o n c e a l; (*przechowywać*)
> k e e p; (*wkładać, np. do szu-*
> *flady*) p u t (u p); (*grzebać*
> *zwłoki*) b u r y; (*hodować*)
> b r e e d, r e a r; (*wychowywać*)
> b r i n g u p, e d u c a t e; ...

EXPLANATORY SIGNS

ZNAKI OBJAŚNIAJĄCE

The angled stress mark denotes that the syllable following it is the principal stressed syllable.

Pochylony znak akcentu (w formie transkrybowanej wyrazu hasłowego) poprzedza główną akcentowaną sylabę.

[ ] Square brackets enclose the pronunciation of some Polish words (e.g. marznąć [r-z]) or that of loanwords.

W nawiasach kwadratowych zaznaczono wymowę niektórych wyrazów polskich, np. marznąć [r-z] oraz wymowę wyrazów pochodzenia obcego.

( ) Round brackets enclose the explanatory informations, irregular forms of the headwords, words and letters which can be omitted.

W nawiasach okrągłych umieszczono objaśnienia, nieregularne formy wyrazu hasłowego, wyrazy i litery, które mogą być opuszczone.

⟨ ⟩ Angular brackets enclose words and parts of the expressions which are interchangeable.

W nawiasach trójkątnych umieszczono wymienne wyrazy lub człony związków frazeologicznych.

† Archaism.

Krzyżykiem oznaczono wyrazy przestarzałe.

~ The tilde replaces the headword, or as much of it as has been cut off by a vertical line.

Tzw. tylda zastępuje w zwrotach hasło lub tę jego część, która jest odcięta pionową kreską.

| The vertical line separates that part of the headword which has been replaced in phrases by the tilde.

Kreska pionowa oddziela część hasła zastąpioną w zwrotach tyldą.

1., 2. ... The Arabic ciphers denote the sequence of the headwords having the same spelling, but differing in etymology and meaning.

Cyfry arabskie po hasłach objaśniają odrębność znaczenia i pochodzenia wyrazów o tej samej pisowni, podanych jako osobne hasła.

The semicolon is used to denote a distinct shade of difference in the meaning of two or more equivalents of the headword and to separate particular items of grammatical informations.

Średnik oddziela odpowiedniki o całkowicie różnym znaczeniu, związki frazeologiczne oraz objaśnienia gramatyczne.

The comma is used to separate equivalents close in meaning.

Przecinek oddziela odpowiedniki bliskie pod względem znaczeniowym.

ABBREVIATIONS

SKRÓTY

adj	— adjective	przymiotnik
adv	— adverb	przysłówek
am.	— American	amerykański
anat.	— anatomy	anatomia
arch.	— architecture	architektura
astr.	— astronomy	astronomia
attr	— attribute, attributive	przydawka, przydawkowy
bank.	— banking	bankowość
biol.	— biology	biologia
bot.	— botany	botanika
bryt.	— British	brytyjski
chem.	— chemistry	chemia
comp	— comparative (degree)	stopień wyższy
conj	— conjunction	spójnik
dent.	— dentistry	dentystyka
dial.	— dialect	dialekt
dod.	— positive (meaning)	znaczenie dodatnie
dosł.	— literal, literally	dosłowny, dosłownie
druk.	— printing	drukarstwo
elektr.	— electricity	elektryczność
f	— feminine (gender)	(rodzaj) żeński
filat.	— philately	filatelistyka
filoz.	— philosophy	filozofia
fin.	— finances	finansowość
fiz.	— physics	fizyka
fot.	— photography	fotografia
fut	— future tense	czas przyszły
genit	— genitive	dopełniacz

geogr.	— geography	geografia
geol.	— geology	geologia
górn.	— mining	górnictwo
gram.	— grammar	gramatyka
handl.	— commerce	handlowość
hist.	— history	historia
imp	— impersonal form	forma nieosobowa
inf	— infinitive	bezokolicznik
itp.	— and so on	i tym podobne
int	— interjection	wykrzyknik
inter	— interrogation, interrogative	pytajnik, pytający
kin.	— cinematography	kinematografia
kolej.	— railway system	kolejnictwo
lit.	— literature	literatura
lotn.	— aviation	lotnictwo
łac.	— Latin word	wyraz łaciński
m	— masculine (gender)	(rodzaj) męski
mal.	— painting	malarstwo
mors.	— marine	morski
mat.	— mathematics	matematyka
med.	— medicine	medycyna
miner.	— mineralogy	mineralogia
muz.	— music	muzyka
n	— neuter (gender)	(rodzaj) nijaki
neg	— negative form	forma przecząca
nieodm.	— indeclinable word	wyraz nieodmienny
np.	— for example	na przykład
num	— numeral	liczebnik
p	— past tense, preterite	czas przeszły
part	— particle	partykuła
pl	— plural	liczba mnoga
poet.	— word used in poetry	wyraz poetycki
polit.	— politics, policy	polityka
pot.	— colloquialism	wyraz potoczny
pp	— past participle	imiesłów przeszły
p praes	— present participle	imiesłów czasu teraźniejszego
praed	— predicative	orzecznik, orzecznikowy
praef	— prefix	przedrostek
praep	— preposition	przyimek
praes	— present tense	czas teraźniejszy
prawn.	— law term	termin prawniczy
pron	— pronoun	zaimek
przen.	— metaphorically	przenośnie
przysł.	— proverb	przysłowie
reg.	— regular	regularny
rel.	— religion	religia
rów.	— also	również
s	— substantive	rzeczownik
sb, sb's	— somebody, somebody's	ktoś, kogoś, komuś
sing	— singular	liczba pojedyncza
skr.	— abbreviation	skrót
s pl	— noun plural	rzeczownik w liczbie mnogiej

sport	— sport, sports	sport, sportowy
sth	— something	coś
suf	— suffix	przyrostek
sup	— superlative	stopień najwyższy
teatr	— theatre	teatr
techn.	— technical	techniczny
uj.	— pejorative	ujemny
uż.	— used	używany
v	— verb	czasownik
v aux	— auxiliary verb	czasownik posiłkowy
vi	— intransitive verb	czasownik nieprzechodni
v imp	— impersonal verb	czasownik nieosobowy
vr	— reflexive verb	czasownik zwrotny
vt	— transitive verb	czasownik przechodni
wojsk.	— military term	termin wojskowy
wyj.	— exception	wyjątek
zam.	— instead of	zamiast
zbior.	— collective word	wyraz zbiorowy
zdrob.	— diminutive	wyraz zdrobniały
znacz.	— meaning	znaczenie
zob.	— see	zobacz
zool.	— zoology	zoologia
zw.	— usually	zwykle

THE POLISH ALPHABET

The order of the letters in the Polish alphabet is as follows:

a [a]	m [m]
ą [ɔ̃]	n [n]
b [b]	ń [ŋ]
c [ts], ch [x], cz [tʃ]	o [ɔ]
ć [tɕ]	ó [u]
d [d], dz [dz], dź [dz], dż [dʒ]	p [p]
e [ɛ, e]	r [r], rz [ʒ, ʃ]
ę [ɛ̃]	s [s], sz [ʃ]
f [f]	ś [ɕ]
g [g]	t [t]
h [x]	u [u]
i [i]	w [v]
j [j]	y [i]
k [k]	z [z]
l [l]	ź [z]
ł [w]	ż [ʒ]

a

A, a pierwsza litera alfabetu; od „a" do „z" from beginning to end; **gdy się powiedziało „a", trzeba powiedzieć i „b"** in for a penny, in for a pound; *conj* and; but; *int* ah!

abażur *m* lampshade

abdykacja *f* abdication (**z czegoś** of sth)

abdykować *vi* abdicate (**z czegoś** sth)

abecadło *n* A.B.C., ABC, alphabet

aberracja *f* aberration

Abisyńczyk *m* Abyssinian

abisyński *adj* Abyssinian

abiturient *m* school-leaving pupil

abnegacja *f* abnegation

abonament *m* subscription (**czegoś, na coś** to sth); (**w teatrze, tramwaju, na kolei**) season-ticket

abonent *m* subscriber (**czegoś** to sth)

abonować *vt* subscribe (**coś** to sth); (**w teatrze**) buy a season-ticket

absencja *f* absence

absolucja *f* absolution (**czegoś** of sth; **od czegoś** from sth)

absolut *m* absolute

absolutny *adj* absolute, complete

absolutorium *n* absolution, release; school-leaving ⟨university-leaving⟩ certificate

absolutyzm *m* absolutism

absolwent *m* school-leaving student ⟨pupil⟩, alumnus

absorbować *vt* absorb

absorpcja *f* absorption

absorpcyjny *adj* absorptive

abstrah|ować *vi* abstract; (**pomijać**) take no account (**od czegoś** of sth); **~ując od tego, że ...** without counting that ...

abstrakcja *f* abstraction

abstrakcyjny *adj* abstract

abstynencja *f* abstinence, temperance; **~ całkowita (od alkoholu)** teetotalism

abstynent *m* abstainer, teetotaller

absurd *m* absurdity; **sprowadzić do ~u** reduce to absurdity

absurdalność *f* absurdity

absurdalny *adj* absurd

aby *conj* that, in order that; (**przed bezokolicznikiem**) to, in order to; **~ wrócić wcześniej (in order) to come back soon; ~ nie** lest; in order not to; **~m mógł** so that I may

aceton *m chem.* acetone

acetylen *m chem.* acetylene

ach! *int* ah!, oh!

achromatyczny *adj fiz.* achromatic

a conto *adv handl.* on account

aczkolwiek *conj* though, although

adamaszek *m* damask

adaptacja *f* adaptation

adapter *m* pick-up; record player

adaptować *vt* adapt

adiunkt *m* (**uniwersytecki**) senior assistant ⟨lecturer⟩

adiutant *m wojsk.* adjutant; (**generała**) aide-de-camp

administracja *f* administration, management

administracyjny *adj* administrative

administrator *m* administrator, manager

administrować *vt* administer, manage (czymś sth)
admiralicja *f* admiralty
admirał *m* admiral
adnotacja *f* annotation
adopcja *f* adoption
adoptować *vt* adopt
adoracja *f* adoration
adorator *m* adorer
adorować *vt* adore
adres *m* address; pod ~em to ⟨at⟩ the address
adresat *m* addressee
adresować *vt* address
adwent *m* advent
adwokacki *adj* lawyer's, barrister's, solicitor's
adwokat *m* lawyer, barrister, (niższy) solicitor; przen. advocate
adwokatura *f* legal profession, bar
aerodynamiczny *adj* aerodynamic
aerodynamika [-'na-] *f* aerodynamics
aeroklub *m* flying club
aerometr *m* aerometer
aeronauta *m* aeronaut
aeronautyczny *adj* aeronautic
aeronautyka [-'nau-] *f* aeronautics
aeroplan *m* aeroplane; *am.* airplane
aerostatyczny *adj* aerostatic
aerostatyka [-'sta-] *f* aerostatics
afek|t *m* affection, emotion; działać w ~cie act in severe mental strain
afektacja *f* affectation
afektowany *adj* affected
afera *f* bad job, shady transaction, scandal
aferzysta *m* swindler, bad jobber
Afgańczyk *m* Afghan
afgański *adj* Afghan
afisz *m* poster, bill
afiszować się *vr* make a show (z czymś of sth), show off
aforyzm *m* aphorism
afront *m* affront, insult; zrobić komuś ~ affront sb
Afrykanin *m* African
afrykański *adj* African
agat *m* miner. agate
agencja *f* agency; ~ prasowa news

agency
agenda *f* branch of business; (terminarz) agenda
agent *m* agent; (giełdowy) broker; (podróżujący) commercial traveller; ~ obcego wywiadu intelligencer
agentura *f* agency; ~ wywiadu intelligence agency
agitacja *f* agitation; (wyborcza) canvassing, campaign
agitator *m* agitator; (wyborczy) canvasser
agitować *vt* agitate; (w wyborach) canvass, campaign
agnostycyzm *m* agnosticism
agnostyk *m* agnostic
agonia *f* agony of death, death-agony
agrafka *f* safety-pin, clasp
agrarn|y *adj* agrarian; reforma ~a land reform
agresja *f* aggression
agresor *m* aggressor
agrest *m* gooseberry
agresywny *adj* aggressive
agronom *m* agronomist
agronomia *f* agronomy
agronomiczny *adj* agronomic
agrotechnika *f* agrotechnics
ajencja, ajent zob. agencja, agent
akacja *f* bot. acacia
akademia *f* academy; (uroczyste zebranie) session of celebration, commemorative meeting
akademicki *adj* academic(al); dom ~ students' hostel
akademik *m* (członek akademii) academician; (student) (university) student; pot. (dom akademicki) hostel
akcelerator *m* accelerator
akcent *m* accent, stress
akcentować *vt* accent, accentuate, stress
akcentowanie *n* accentuation
akcept *m* handl. acceptance, accepted draft
akceptacja *f* acceptance
akceptować *vt* accept
akces *m* accession
akcesoria *s pl* accessories *pl*

akcj|a f action; *handl.* share; ~a ratunkowa rescue action; ~a powieści, sztuki plot, action; ~a wyborcza election campaign; ~a żniwna harvesting campaign; prowadzić ~ę carry on a campaign; wszcząć ~ę launch a compaign

akcjonariusz *m handl.* shareholder, stockholder

akcyjn|y *adj handl.* bank ~y joint-stock bank; kapitał ~y joint stock; spółka ~a joint--stock company

akcyza f excise, (*miejska*) toll

aklamacj|a f acclamation; uchwalić przez ~ę carry by acclamation

aklimatyzacja f acclimatization

aklimatyzować *vt* acclimatize; ~ się *vr* become acclimatized

akomodacja f accomodation, adjustment

akomodować *vt* accomodate, adjust

akompaniamen|t *m* accompaniment; przy ~cie accompanied (*czegoś* by sth)

akompaniator *m* accompanist

akompaniować *vi* accompany (*komuś* sb)

akord *m muz.* chord, harmony; praca na ~ piece-work, job--work; pracować na ~ do piece--work, work by the job

akordeon *m muz.* accordion

akordow|y *adj muz.* accordant; praca ~a piece-work, job-work; robotnik ~y piece-worker, jobber

akr *m* acre

akredytować *vt* accredit (przy rządzie to a government)

akredytywa f *fin.* letter of credit

akrobata *m* acrobat

akrobatyczny *adj* acrobatic

akrobatyka f acrobatics

aksamit *m* velvet

aksjomat *m* axiom

aksjomatyczny *adj* axiomatic

akt *m* act, deed; (*w malarstwie, rzeźbie*) nude; ~ kupna purchase deed; ~ oskarżenia bill of indictment; ~ zgonu death certificate; *pl* ~a deeds, records

aktor *m* actor

aktorka f actress

aktorski *adj* histrionic; zespół ~ troupe, company of actors; (*objazdowy*) touring company

aktorstwo *n* stage-playing, histrionics; staging

aktualnoś|ć f reality, present-day interest; ~ci dnia current events

aktualny *adj* current, topical

aktyw *m* active body, action group

aktywa *s pl* holdings, *fin.* assets

aktywista *m* active member, activist

aktywizować *vt* activate

aktywność f activity

aktywny *adj* active

akumulacja f accumulation; ~ pierwotna primary ⟨primitive⟩ accumulation

akumulator *m elektr.* accumulator, (storage) battery

akumulować *vt* accumulate; ~ się *vr* accumulate

akurat *adv* just, exactly

akuratny *adj* accurate

akustyczny *adj* acoustic

akustyka [-ˈku-] f acoustics

akuszer *m* obstetrician

akuszerka f midwife

akuszerstwo *n* obstetrics, midwifery

akwaforta f etching

akwarela f water colour

akwarium *n* aquarium

akwatynta f aquatint

akwedukt *m* aqueduct

akwizycja f (*nabywanie*) acquisition; (*zjednywanie klienteli*) solicitation

akwizytor *m* solicitor; (*ubezpieczeniowy*) insurance-agent

alabaster *m* alabaster

alarm *m* alarm; (*zw. lotn.*) alert; uderzyć na ~ sound the alarm

alarmować *vt* alarm

alarmowy *adj* alarm *attr*; dzwonek ~ alarm-bell

Albańczyk *m* Albanian

albański *adj* Albanian
albatros *m zool.* albatross
albinos *m* albino
albo *conj* or; ~, ... ~ ... either ...
or ...; ~ ten, ~ tamten either
of them ⟨of the two⟩; ~ tędy, ~ tamtędy either this way
or that; either way; ~ też or
else
albowiem *conj* for, because
album *m* album; ~ do znaczków
pocztowych stamp-album
alchemia *f* alchemy
alchemik *m* alchemist
ale *conj* but; however, yet; *int* ~!
there now!
alegoria *f* allegory
alegoryczny *adj* allegoric(al)
aleja *f* avenue, alley
alembik *m* alembic
alergia *f med.* allergy
ależ *conj* but; ~ tak! why yes!;
why of course!
alfabet *m* alphabet
alfabetyczny *adj* alphabetical
algebra *f* algebra
algebraiczny *adj* algebraic(al)
alians *m* alliance
aliant *m* ally
alibi *n nieodm.* alibi; udowodnić
⟨wykazać⟩ swoje ~ to establish
one's alibi
alienacja *f* alienation
alienować *vt* alienate
aligator *m zool.* alligator
alimenty *s pl* alimony
alkalia *s pl chem.* alkali(e)s
alkaliczny *adj chem.* alkaline
alkaloid *m* alkaloid
alkohol *m* alcohol; ~ skażony
denaturated alcohol
alkoholik *m* alcoholic
alkoholizm *m* alcoholism
alkoholowy *adj* alcoholic
alkowa *f* alcove
almanach *m* almanac
aloes *m bot.* aloe
alopatia *f* allopathy
al pari *adv handl.* at par
alpejski *adj* alpine; *bot.* fiołek ~

cyclamen
alpinista *m* alpinist
alt *m muz.* alto
altana *f* bower
alternatywa *f* alternative
alternatywny *adj* alternative
altówka *f muz.* viola
altruista *m* altruist
altruistyczny *adj* altruistic
altruizm *m* altruism
aluminium *n* aluminium
aluwialny *adj* alluvial
aluwium *n* alluvium
aluzj|a *f* allusion, hint; robić ~ę
allude (do czegoś to sth), hint
(do czegoś at sth)
Alzatczyk *m* Alsatian
ałun *m chem.* alum
amalgamat *m* amalgam
amant *m* lover
amarant *m* amaranth
amator *m* amateur, lover, fan
amatorski *adj* amateurish, amateur;
teatr ~ amateur theatricals
amatorstwo *n* amateurism
amazonka *f* Amazon; (ubiór) (woman's) riding-habit
ambaras *m* embarrassment; być w
~ie be embarrassed
ambasada *f* embassy
ambasador *m* ambassador (w Polsce to Poland)
ambicja *f* ambition
ambitny *adj* ambitious
ambona *f* pulpit
ambrozja *f* ambrosia
ambulans *m* ambulance
ambulatorium *n* out-patients' department, dispensary (for out-
-patients), infirmary
ambulatoryjny *adj*, pacjent ~ out-
-patient
ameba *f zool.* amoeba
amen *nieodm.* amen; *pot.* na ~
completely, most surely; już ~
it's finished; pewne jak ~ w
pacierzu as sure as fate, dead
sure
Amerykanin *m* American
amerykanizm *m* Americanism

Amerykanka *f* American
amerykański *adj* American
ametyst *m* amethyst
amfibia *f* zool. amphibian; (*czołg*)
  amphibious tank
amfilada *f* suite of rooms
amfiteatr *m* amphitheatre
amfora *f* amphora
amnestia *f* amnesty
amnestiować *vt* amnesty
amon *m* chem. ammonium
amoniak *m* chem. ammonia
amortyzacja *f* handl. prawn. a-
  mortization, sinking; techn.
  shock-absorption
amortyzacyjny *adj* sinking
amortyzator *m* techn. shock-ab-
  sorber
amortyzować *vt* handl. prawn. a-
  mortize, sink; techn. absorb
  shocks
amper *m* elektr. ampere
ampułka *f* ampoule
amputacja *f* amputation
amputować *vt* amputate
amulet *m* amulet
amunicja *f* ammunition, muni-
  tion
anachroniczny *adj* anachronistic
anachronizm *m* anachronism
analfabeta *m* illiterate
analfabetyzm *m* illiteracy
analityczny *adj* analytical
analityka [-'li-] *f* analytics
analiza *f* analysis
analizować *vt* analyse
analogia *f* analogy; (*odpowiednik*)
  analogue; przez ~ę by (way of)
  analogy; przeprowadzić ~ę anal-
  ogize (*czegoś* sth)
analogiczny *adj* analogous
ananas *m* pineapple
anarchia *f* anarchy
anarchiczny *adj* anarchic(al)
anarchista *m* anarchist
anatom *m* anatomist
anatomia *f* anatomy
anatomiczny *adj* anatomical
androny *pl* pot. foolish talk; pleść
  ~ talk nonsense
andrus *m* pot. street Arab, urchin
andrut *m* wafer cake

anegdota *f* anecdote
anegdotyczny *adj* anecdotical
aneks *m* annex
aneksja *f* annexation
anektować *vt* annex
anemia *f* anaemia
anemiczny *adj* anaemic
aneroid *m* aneroid
anewryzm *m* aneurism
angażować *vt* engage; ~ się *vr*
  engage (do czegoś for sth, w coś
  in sth), be engaged (w czymś in
  sth), commit oneself (w coś to
  sth)
angażowanie *n* engagement; ~ się
  commitment
Angielka *f* Englishwoman
angielski *adj* English; med. choroba ~a (*krzywica*) rickets;
  mówić po ~u speak English;
  ulotnić się po ~ take French
  leave
angielszczyzna *f* English
angina *f* angina
Anglik *m* Englishman
anglikanin *m* Anglican
anglikański *adj* Anglican; kościół
  ~ Church of England
anglista *m* student of English;
  (*naukowiec*) anglist, anglicist
anglistyka *f* English studies,
  English philology
Anglosas *m* Anglo-Saxon
anglosaski *adj* Anglo-Saxon
ani *conj* not even, not a, neither;
  ~ nawet not even; ~ razu not
  even once; ~ to, ~ tamto neither this nor that; ~ więcej, ~
  mniej neither more nor less; ~
  żywej duszy not a living soul;
  ~ jeden człowiek nie widział not
  a man saw; ~ mi się śni never
  in my life
anielski *adj* angelic(al)
anilana *f* aniline
animozja *f* animosity
anioł *m* angel
aniżeli *conj* than
ankieta *f* questionnaire; public
  opinion poll
ano *part* well then, now then
anoda *f* elektr. anode

anomalia f anomaly
anonim m anonym; (list) anonymous letter
anonimowy adj anonymous
anons m announcement
anonsować vt announce
anormalność f anomaly, abnormality
anormalny adj abnormal
ans|a f grudge; czuć ~ę do kogoś bear sb a grudge
antagonista m antagonist
antagonistyczny adj antagonistic
antagonizm m antagonism
antałek m barrel, cask
antarktyczny adj Antarctic
antena f (zewnętrzna) aerial; ~ pokojowa indoor antenna
antenat m ancestor
antologia f anthology
antracen m anthracene
antracyt m anthracite
antrakt m interval
antresola f entresol
antropolog m anthropologist
antropologia f anthropology
antropologiczny adj anthropological
antropometria f anthropometry
antybiotyk m antibiotic
antyczny adj antique
antydatować vt antedate
antyk m antique, old curiosity, antiquity
antykwa f druk. roman (type)
antykwariat m old curiosity shop; (książkowy) second-hand bookshop
antykwariusz m antiquary; (handlujący książkami) second-hand bookseller
antykwarski adj antiquarian
antykwaryczn|y adj antiquarian; książka ~a second-hand book
antylopa f zool. antelope
antymon m chem. antimony
antypatia f antipathy
antypatyczny adj repugnant
antysemicki adj anti-Semitic
antysemita m anti-Semite
antysemityzm m anti-Semitism
antyseptyczny adj antiseptic

antyteza f antithesis
anulować vt annul, cancel
anulowanie n annulment
a nuż conj and if
anyż m anise
aorta f anat. aorta
apanaż m ap(p)anage
aparat m apparatus; appliance; ~ fotograficzny camera; ~ nadawczy broadcasting apparatus; ~ odbiorczy receiver; ~ radiowy wireless (set), radio set
apartament m apartment, suite of rooms
apatia f apathy
apatyczny adj apathetic
apel m appeal; (odczytanie obecności) roll-call, call-over; stanąć do ~u turn out for roll-call
apelacj|a f appeal; wnieść ~ę appeal (do kogoś to sb)
apelacyjny adj appealing; sąd ~ court of appeal
apelować vi appeal (do kogoś to sb, w sprawie czegoś for sth)
apetyczny adj appetizing
apetyt m appetite
aplauz m applause; przyjąć z ~em applaud; spotkać się z ~em meet with applause
aplikacja f application; (staż) probation, practice
aplikant m probationer, apprentice
aplikować vt apply; vi (odbywać staż) practise, undergo training
apodyktyczny adj peremptory
apolityczny adj non-political
apologia f apology
apopleksja f med. apoplexy
apoplektyczny adj med. apoplectic
apostolski adj apostolic; Stolica Apostolska Holy See
apostolstwo n apostolate
apostoł m apostle
apostrof m apostrophe
apostrofa f apostrophe
apoteoza f apotheosis
apretura f dressing, finishing
aprioryczny adj a priori

aprobat|a f approval; spotkać się z
~ą approve (kogoś, czegoś of
sb, sth)
aprobować vt approve (coś sth, of
sth)
aprowizacja f provisioning, food
supply
apteczka f medicine chest
apteka f chemist's (shop), am.
druggist's (shop), pharmacy, (w
szpitalu) dispensary
aptekarstwo n pharmacy
aptekarz m chemist, am. druggist
Arab m Arab
arabski adj Arabian, Arabic; język ~ Arabic
arak m arrack
aranżer m organizer; muz. arrang-
er
aranżować vt organize, także muz.
arrange
arbiter m arbiter
arbitralność f arbitrariness
arbitralny adj arbitrary
arbitraż m arbitration
arbitrażowy adj arbitral
arbuz m bot. watermelon
archaiczny adj archaic
archaizm m archaism
archaizować vt archaize
archanioł m archangel
archeolog m archaeologist
archeologia f archaeology
archeologiczny adj archaeological
archipelag m archipelago
architekt m architect
architektoniczny adj architectonic,
architectural
architektonika f architectonics
architektura f architecture; ~
wnętrz interior decoration
archiwista m archivist
archiwum n archive(s)
arcy- praef arch-
arcybiskup m archbishop
arcydzieło m masterpiece
arcykapłan m high priest
aren|a f także przen. arena, ring;
~ polityczna arena of politics;
przen. wkraczać na ~ę come
into prominence

areometr m areometer
areszt m arrest; (więzienie) prison;
położyć ~ seize (na coś sth)
aresztant m prisoner
aresztować vt arrest, imprison
aresztowani|e n arrest, imprison-
ment; nakaz ~a writ of arrest;
capias
Argentyńczyk m Argentine
argentyński adj Argentine
argument m argument; wysuwać,
przytaczać ~y put forward argu-
ments (na coś for sth)
argumentacja f argumentation
argumentować vi argue
aria f muz. aria, air
arianin m Arian
ariański adj Arian
arka f ark
arkada f arcade
arkana s pl arcana
arktyczny adj Arctic
arkusz m sheet
armata f gun, cannon
armatni adj gun; ogień ~ gun-
-fire; przen. mięso ~e cannon
fodder
armator m shipowner
armatura f fitting; elektr. arma-
ture
Armeńczyk m Armenian
armeński adj Armenian
armia f army
arogancja f arrogance
arogancki adj arrogant
arogant m arrogant fellow
aromat m aroma, flavour
aromatyczny adj aromatic, fragrant
arras m arras
arsen m chem. arsenic
arsenał m arsenal
arszenik m arsenic trioxide, pot.
arsenic
arteria f artery
artezyjski adj artesian
artretyczny adj med. arthritic
artretyzm m med. arthritis
artykulacja f articulation
artykuł m article; commodity; ~
wstępny (do gazety) leader,
editorial; ~y spożywcze articles
of consumption

artyleria *f* artillery; ~ **przeciwlot-nicza** anti-aircraft
artylerzysta *m* artillerist, gunner
artysta *m* artist
artystyczn|y *adj* artistic; **rzemiosło** ~**e** artistic handicraft
artyzm *m* artistry
Aryjczyk *m* Aryan
aryjski *adj* Aryan
arystokracja *f* aristocracy
arystokrata *m* aristocrat
arystokratyczny *adj* aristocratic
arytmetyczny *adj* arithmetical
arytmetyka *f* arithmetic
arytmometr *m* arithmometer
as *m* także *przen.* ace; **największy** ~ the ace of aces
asceta *m* ascetic
ascetyczny *adj* ascetic(al)
ascetyzm *m* asceticism
asekuracja *f* insurance
asekurować *vt* insure; ~ **się** *vr* insure (oneself)
aseptyczny *adj* aseptic
aseptyka *f* asepsis
asfalt *m* asphalt
asocjacja *f* association
asortyment *m* assortment
aspekt *m* aspect; **rozważyć coś we wszystkich** ~**ach** consider a thing in all its bearings; **sprawa ma inny** ~ the problem has another complexion
aspiracja *f* aspiration
aspirować *vi* aspire (**do czegoś** to, after sth)
aspiryna *f* aspirin
aster *m bot.* aster
astma *f med.* asthma
astmatyczny *adj* asthmatic
astmatyk *m* asthmatic
astrofizyka *f* astrophysics
astrologia *f* astrology
astrologiczny *adj* astrological
astronauta *m* astronaut
astronautyka [-'nau-] *f* astronautics
astronom *m* astronomer
astronomia *f* astronomy
astronomiczny *adj także przen.* astronomic(al)

asygnata *f* assignation, allocation
asygnować *vt* assign
asymetria *f* asymmetry
asymilacja *f* assimilation
asymilacyjny *adj* assimilative
asymilować *vt* assimilate; ~ **się** *vr* assimilate, become assimilated
asy|sta *f* attendance, escort, assistance; **w** ~**ście** attended by (**kogoś** sb)
asystent *m* assistant
asystować *vi* assist (**komuś** sb, **przy czymś** at sth)
atak *m* attack; (*choroby*) fit; *sport* (**w piłce nożnej**) the forwards; *med.* ~ **serca** heart attack
atakować *vt* attack
atawizm *m* atavism
ateista *m* atheist
ateistyczny *adj* atheistic
ateizm *m* atheism
atlantycki *adj* Atlantic
atlas *m* atlas
atleta *m* athlete; (**w zapasach**) wrestler; (**w cyrku**) strong man
atletyczny *adj* athletic
atletyka *f sport zw.* **lekka** ~ athletics
atłas *m* satin
atmosfera *f* atmosphere
atmosferyczny *adj* atmospheric(al)
atol *m geogr.* atoll
atomow|y *adj* atomic; **bomba** ~**a** atomic bomb, A-bomb; **broń** ~**a** nuclear weapon; *chem.* **ciężar** ~**y** atomic weight; **stos** ~**y** atomic pile
atrakcja *f* attraction
atrakcyjny *adj* attractive
atrament *m* ink
atramentowy *adj*, **ołówek** ~ ink-pencil
atrofia *f med.* atrophy
atrybut *m* attribute
atut *m* trump
atutować *vt* trump
audiencj|a *f* audience; **przyjąć na** ~**i** receive in audience
audycja *f* broadcast (service), programme
audytorium *n* (**sala**) auditorium; (**słuchacze**) audience

aukcja f auction

aula f hall, aula

aureola f halo, aureole

auspicje pl auspices; pod ~ami ... under the auspices of ...

Australijczyk m Australian

australijski adj Australian

austriacki adj Austrian

Austriak m Austrian

autentyczność f authenticity

autentyczny adj authentic

auto n auto

autobiografia f autobiography

autobiograficzny adj autobiographical

autobus m bus; coach; jechać ~em go by bus

autochton m native, aboriginal, autochthon

autochtoniczny adj autochthonous

autograf m autograph

autokar m (motor-)coach

autokracja f autocracy

automacja f automation

automat m automatic device ⟨machine⟩; (do sprzedaży biletów itp.) slot-machine; ~ telefoniczny public telephone

automatyczny adj automatic

automatyzacja f automation

automobilista m motorist

autonomia f autonomy, self-government; (miejska) local government

autonomiczny adj autonomous, self-governing

autoportret m self-portrait

autopsja f autopsy

autor m author

autorka f authoress

autorstwo n authorship

autorytatywny adj authoritative

autorytet m authority

autoryzacja f authorization

autoryzować vt authorize

autostop m hitch-hike, hitch-hiking; podróżować ~em hitch-hike

autostopowicz m hitch-hiker

autostrada f motorway; am. super-highway

autożyro m autogyro

awangarda f vanguard

awans m promotion, advancement; (zaliczka) advance; dać ~ promote (komuś sb); dostać ~ be promoted; ~ społeczny social advancement

awansować vt promote; vi be promoted (na wyższe stanowisko to a higher rank)

awantur|a f brawl, row; zrobić ~ę make a scene, pot. kick up a row

awanturniczy adj rowdy

awanturnik m brawler, rowdy fellow

awanturować się vr brawl, make a row

awaria f damage

awaryjn|y adj damage (report etc.); wyjście ~e emergency exit

awersja f aversion

awionetka f babyplane, aviette

awitaminoza f avitaminosis

awizacja f letter of advice

awizo n advice (note)

awizować vt advice

azalia f bot. azalea

azbest m asbestos

azbestowy adj asbestic

Azjata m Asiatic

azjatycki adj Asiatic

azot m nitrogen

azotan m nitrate

azotawy adj chem. nitrous

azotowy adj chem. nitrogenous, nitric

azyl m asylum, refuge, sanctuary; prawo ~u right of sanctuary; skorzystać z prawa ~u take refuge; szukać ~u seek refuge; u-dzielić komuś ~u grant asylum

azymut m mat. geogr. azimuth

aż conj till, until; part z praep a) (o czasie) aż do, aż po till, until; as late as; aż do 1965 r. till 1965; aż dotąd ⟨do tej chwili⟩ till now, up to now; b) (o przestrzeni) aż do as far as; aż do Warszawy as far as Warsaw; aż dotąd ⟨do tego miejsca⟩ up to here; c) (o ilości) as much as, as

many as; **aż tysiąc książek** as
many as one thousand books; **aż
za dużo** only too much
ażeby *conj* = aby

ażio *n fin.* agio, premium
ażur *m* open ⟨pierced⟩ work
ażurow|y *adj* open-work, pierced;
~**a robota** open work

b

ba! *int* really!, indeed!, well!
baba *f pot.* old woman; *(wieśniaczka)* peasant woman
babka *f* grandmother; *pot.* old
woman; *(ciasto)* brioche
babrać się *vr* puddle, dabble
babski *adj* womanly, old woman's;
~**e gadanie** old wives' tale
bachor *m pot.* brat
bacznoś|ć *f* attention; *(ostrożność)*
caution; **mieć się na** ~**ci** stand
on one's guard, look out; **stać na**
~**ć** stand at attention; **stanąć na**
~**ć** come to attention
baczny *adj* attentive (**na coś** to
sth); *(ostrożny)* cautious
baczyć *vi* pay attention (**na coś** to
sth); ~ **ażeby** mind ⟨watch out⟩
that
bać się *vr* be afraid (**kogoś, czegoś**
of sb, of sth), fear (**kogoś, czegoś** sb, sth, **o kogoś, o coś** for
sb, for sth); *(bardzo się bać)*
dread; **nie bój się!** never fear!
badacz *m* investigator, explorer,
research worker
badać *vt* investigate, explore, stud-
y, do research work; *(chorego,
świadka itp.)* examine
badanie *n* investigation, explora-
tion, research, study; *(chorego,
świadka itp.)* examination
badawcz|y *adj* searching, scruti-
nizing; **praca** ~**a** research work;
zakład ~**y** research institution
badyl *m* stalk
bagatela *f* trifle
bagatelizować *vt* slight, disregard;

~ **sobie** make nothing (**coś** of
sth)
bagaż *m* luggage, *am.* baggage;
oddać na ~ register one's luggage; **przechowalnia** ~**u** left-lug-
gage office
bagażnik *m* (luggage-)container;
(w samochodzie) boot
bagażowy *adj,* **wagon (wóz)** ~ lug-
gage-van; *m* porter
bagnet *m* bayonet
bagnisty *adj* marshy, swampy, bog-
gy
bagno *n* marsh, swamp, bog
bajdurzyć *vi pot.* twaddle
bajeczka *f* fairy-tale, fable
bajeczny *adj* fabulous
bajka *f* fable, fairy-tale
bajkopisarz *m* fabulist
bajoro *n* puddle
bak *m* tank
bakalie *s pl* sweetmeats, dainties
bakcyl *m* bacillus
baki *s pl* side-whiskers
bakier, na ~ *adv* crossways, slantwise, awry; **w kapeluszu na** ~
with one's hat cocked; *przen.* **być
z kimś na** ~ be cross with sb
bakteria *f* bacterium
bakteriobójczy *adj* bactericidal
bakteriolog *m* bacteriologist
bakteriologia *f* bacteriology
bakteriologiczny *adj* bacteriologi-
cal
bal 1. *m (zabawa)* ball; ~ **kostiumowy** fancy-dress ball; ~ **ma-
skowy** masked ball
bal 2. *m (belka)* beam, log

balast *m* ballast; **obciążyć** ~**em** ballast

baldachim *m* canopy, baldachin

baleron *m* ham in bladder

balet *m* ballet

baletmistrz *m* ballet-master

baletnica *f* ballerina

balia *f* wash-tub

balistyczny *adj* ballistic

balistyka *f* ballistics

balkon *m* balcony

ballada *f* ballad

balon *m* balloon; (*sterowy*) dirigible (balloon); (*wywiadowczy*) blimp; ~ **na uwięzi captive** balloon

balotować *vt* ballot

balotowanie *n* ballot(ing)

balować *vi* attend balls

balsam *m* balsam, balm

balsamiczny *adj* balsamic

balsamować *vt* embalm

balustrada *f* balustrade, rail

bałagan *m* pot. mess, muddle; na- robić ~u make a mess (w czymś of sth)

bałamucić *vt* seduce; confuse; muddle; embarrass; mislead

bałamut *m* seducer; (*kobieciarz*) ladies' man

bałamutny *adj* muddling; misleading; confusing

bałkański *adj* Balcan

bałtycki *adj* Baltic

bałwan *m* (*fala*) billow; (*bożysz- cze*) idol; (*głupiec*) blockhead; (*ze śniegu*) snowman

bałwochwalca *m* idolater

bałwochwalczy *adj* idolatrous

bałwochwalstwo *n* idolatry

bambus *m* bamboo

banalność *f* banality

banalny *adj* hackneyed, banal, commonplace, trite

banał *m* banality, commonplace

banan *m* banana

banda *f* (*grupa*) gang, band; *sport* (*krawędź*) border

bandaż *m* bandage

bandażować *vt* bandage, dress

bander|a *f* flag; **podnieść ⟨opuścić⟩** ~ę hoist ⟨haul down⟩ a flag

banderola *f* banderole

bandycki *adj* bandit's; **napad** ~ robbery with assault

bandyta *m* bandit

bandytyzm *m* banditry

bania *f* (*naczynie*) receptacle; (*ku- la*) ball, globe; *bot.* gourd

banicj|a *f* banishment; **skazać na** ~ę banish, outlaw

banita *m* outlaw

bank *m* bank; ~ **emisyjny bank** of issue; ~ **handlowy commer- cial bank**

bankier *m* banker

bankrut *m* bankrupt

banknot *m* (bank-)note

bankowiec *m* banker, bank em- ployee

bankowość *f* banking

bankructwo *n* bankruptcy; **ogłosić czyjeś** ~ **to adjudge sb bank- rupt**

bankrut *m* bankrupt

bankrutować *vi* go bankrupt, fail

bańk|a *f* (*naczynie*) can; *med.* cupping glass, cup; (*powietrzna, mydlana itp.*) bubble; (*kula*) ball, globe; puszczać ~i blow bubbles; *med.* stawiać ~i cup (komuś sb)

bar 1. *m* bar; ~ **kawowy coffee bar**; ~ **samoobsługowy snack- -bar**

bar 2. *m chem.* barium

barak *m* barrack

baran *m* ram; *przen.* wziąć na ~a take pick-a-back

baranek *m* lamb

baranina *f* mutton

baraszkować *vi* dally, trifle, frivol

barbarzyńca *m* barbarian

barbarzyński *adj* barbarian, bar- barous

barbarzyństwo *n* barbarity

barchan *m* fustian

barczysty *adj* broad-shouldered

barć *f* wild beehive

bardz|o *adv* very; (*z czasownikiem*) much, greatly; ~iej more, bet- ter; coraz ~iej more and more; tym ~iej all the more; najbar-

dziej most, best; **nie** ~o not quite, hardly
bariera *f* bar, barrier
bark *m anat.* shoulder
barka *f* barge
barkarola *f muz.* barcarole
barkowy *adj anat.* scapular, shoulder-(joint etc.)
barłóg *m* pallet
barman *m* barman, bartender
barmanka *f* barmaid
barok *m* baroque
barometr *m* barometer
barometryczny *adj* barometric(al); **niż** ~ depression; low pressure; **wyż** ~ high pressure
baron *m* baron
baronowa *f* baroness
baronowski *adj* baronial
barszcz *m* borsch, beetroot soup
bartnictwo *n* wild-bee rearing
bartnik *m* wild-bee keeper
barwa *f* colour, hue; (*farba*) dye; ~ **ochronna** protective colouring
barwić *vt* colour, dye
barwnik *m* colouring matter, dye; pigment
barwny *adj* coloured
barykada *f* barricade
barykadować *vt* barricade
baryłka *f* barrel
baryton *m* baritone
bas *m* bass
basen *m* basin; tank; ~ **pływacki** ⟨**kąpielowy**⟩ swimming pool
basista *m* (*grający*) bass-player; (*śpiewak*) bass-singer
basta! *int* enough! that'll do!
bastion *m* bastion
baszta *f* dungeon
baśniowy *adj* fabulous, fairy
baśń *f* fable, fabulous tale
bat *m* whip; **dać** ⟨**dostać**⟩ ~y give ⟨get⟩ a licking; **trzaskać** ~em crack the whip
batalion *m* battalion
batalista *m* battle-painter
bateria *f* battery
batog *m* whip
batuta *f* baton; **pod** ~ą conducted by

batyst *m* cambric, batiste
bawełna *f* cotton; *przen.* **owijać w** ~ę beat about the bush
bawialnia *f* drawing-room, parlour
bawić *vt* amuse, entertain; ~ **się** *vr* amuse oneself, enjoy oneself; play (**w coś** at sth); toy, trifle (**czymś** with sth); **dobrze się** ~ have a good time; *vi* (*przebywać*) stay
bawół *m* buffalo
baza *f* basis, base
bazalt *m* basalt
bazar *m* bazaar
bazgrać *vt* scrawl, scribble
bazgranina *f* scrawl, scribble
bazia *f bot.* catkin
bazować *vt vi* base, rely (**na czymś** on, upon sth)
bazylika *f* basilica
bazyliszek *m zool.* basilisk
bażant *m zool.* pheasant
bąbel *m* bubble; *med.* blister
bądź *imp od* **być** be; ~ **co** ~ at any rate; ~ ... ~ ... either ... or ...
bąk *m* (*owad*) bumble-bee; (*zabawka*) (humming) top; *pot.* (*dziecko*) brat; *pot.* **strzelić** ~a make a bloomer; **zbijać** ~i **idle** time away
bąkać *vt vi* mumble, mutter
beczeć *vi* bleat; *pot.* (*o człowieku*) blubber
beczka *f* cask, barrel; *lotn.* barrel-roll; **piwo z** ~i beer on draft; ~a **wina** caskful of wine
beczkować *vt* barrel
beczułka *f* keg
bednarstwo *n* coopery
bednarz *m* cooper
befsztyk *m* beefsteak
bejca *f* mordant
bejcować *vt* mordant; (*mięso*) pickle
bek *m* bleat; (*płacz*) blubber
bekas *m zool.* snipe
bekon *m* bacon
beksa *m f pot.* blubberer

bela f log; (*materiału*) bale; ~ papieru ten reams of paper
beletrysta m belletrist
beletrystyka f belles-lettres
belfer m pot. usher
Belg m Belgian
belgijski adj Belgian
belka f beam; pot. wojsk. (*na-szywka*) bar; ~ stropowa tie-beam
bełkot m (*o mowie*) gabble; mumble
bełkotać vi vt (*o mowie*) gabble; mumble
bełtać vt stir
bemol m muz. flat
bengalski adj Bengal(i)
beniaminek f favourite
benzen m, **benzol** m chem. benzene
benzyna f (*czysta*) benzine; (*pali-wo*) petrol, am. gasolene
benzynow|y adj benzine, petrol, am. gasolene; **stacja** ~a filling-station, am. gas station
berek m (*zabawa*) tag
beret m beret
berlinka f barge
berło n sceptre; **dzierżyć** ~ hold the sceptre
bernardyn m Bernardine; (*pies*) St. Bernard's dog
bessa f handl. slump
bestia f beast
bestialski adj bestial
bestialstwo n bestiality
besztać vt scold
beton m concrete; ~ zbrojony reinforced concrete
betonować vt concrete
bez 1. m bot. lilac; (*dziki*) elder
bez 2. praep without; ~ butów (*kapelusza*) with no shoes 〈hat〉 on; ~ deszczu, słońca rainless, sunless; ~ grosza penniless; ~ ogródek without mincing words; ~ wątpienia doubtless; ~ względu na coś regardless of sth; ~ ustanku unceasingly, incessantly
beza f meringue

bezalkoholowy adj non-alcoholic; (*o napoju*) soft
bezapelacyjny adj unappealable, beyond appeal
bezbarwny adj colourless
bezbłędny adj faultless
bezbolesny adj painless
bezbożnik m atheist
bezbożny adj atheistic, impious
bezbronność f defencelessness
bezbronny adj defenceless
bezbrzeżny adj boundless, limitless
bezcelowość f aimlessness, uselessness
bezcelowy adj aimless, useless, to no purpose
bezcen, za ~ adv dirt-cheap, pot. for a mere song
bezcenny adj priceless, invaluable
bezceremonialnie adv in a free and easy way; roughly; off-hand
bezceremonialność f free and easy way; unceremoniousness; informality; bluntness
bezceremonialny adj free and easy, unceremonious; informal; downright; blunt
bezchmurny adj cloudless
bezcielesny adj incorporeal, fleshless, immaterial
bezczelność f insolence, impertinence, pot. cheek
bezczelny adj insolent, impertinent, pot. cheeky, outrageous
bezcześcić vt desecrate, profane
bezczynność f inactivity, inaction, idleness
bezczynny adj inactive, idle
bezdenny adj bottomless, fathomless, abysmal
bezdeszczowy adj rainless
bezdomny adj homeless
bezdroż|e n impassable way, unbeaten track; przen. zejść na ~a go astray
bezdrzewny adj treeless, woodless; papier ~ rag paper
bezduszny adj soulless, lifeless, dull

bezdymny *adj* smokeless

bezdzietny *adj* childless

bezdźwięczny *adj* soundless, hollow; *gram.* surd, unvoiced

bezecność *f* villainy, infamy

bezecny *adj* villainous, infamous

bezgorączkowy *adj* feverless

bezgraniczny *adj* boundless, infinite

bezgrzeszny *adj* sinless, impeccable

bezhołowie *n pot.* confusion, mess

bezimienność *f* namelessness, anonymousness

bezimienny *adj* nameless, anonymous

bezinteresowność *f* disinterestedness

bezinteresowny *adj* disinterested

bezkarnie *adv* with impunity; ujść ~ go unpunished, *pot.* get off scot-free, get away with it

bezkarność *f* impunity

bezkarny *adj* unpunished

bezklasowy *adj* classless; społeczeństwo ~e classless society

bezkompromisowy *adj* uncompromising

bezkonkurencyjny *adj* unrivalled

bezkresny *adj* boundless

bezkrólewie *n* interregnum

bezkrwawy *adj* bloodless

bezkrwisty *adj* anaemic

bezkrytyczny *adj* uncritical, indiscriminate

bezksiężycowy *adj* moonless

bezkształtność *f* shapelessness

bezkształtny *adj* shapeless

bez liku *adv* no end (czegoś of sth)

bezlitosny *adj* merciless, ruthless

bezludny *adj* desolate, uninhabited

bezludzie *n* wilderness, waste

bezład *m* confusion, disorder, chaos

bezładny *adj* confused, disorderly; (*np. o mowie*) disconnected, incoherent

bez mała *adv* nearly, almost, all but

bezmiar *m* immensity, infinity

bezmierny *adj* immense, infinite, immeasurable

bezmięsny *adj* fleshless; emaciated; (*postny*) meatless

bezmyślność *f* thoughtlessness, carelessness

bezmyślny *adj* thoughtless, careless

beznadziejnie *adv* hopelessly, beyond hope

beznadziejność *f* hopelessness

beznadziejny *adj* hopeless, desperate

beznamiętny *adj* dispassionate

beznogi *adj* legless, footless

bezokolicznik *m gram.* infinitive

bezosobowy *adj* impersonal

bezowocny *adj* fruitless, unproductive, ineffectual

bezpańsk|i *adj* ownerless, masterless, unclaimed; ~i pies stray dog; ziemia ~a no man's land

bezpartyjny *adj* non-party *attr*; independent

bezpieczeństw|o *n* safety, security; klapa ~a safety-valve; środki ~a measures of precaution, precautionary measures; Rada Bezpieczeństwa Security Council

bezpiecznik *f gram.* safety-cock, safety--tap; *elektr.* fuse

bezpieczny *adj* safe, secure

bezpieniężny *adj* moneyless

bezplanowy *adj* planless

bezpłatnie *adv* gratuitously, gratis, free (of charge)

bezpłatny *adj* gratuitous, free (ticket, instruction etc.)

bezpłciowość *f* sexlessness

bezpłciowy *adj* sexless, *biol.* asexual

bezpłodność *f* barrenness, sterility, infertility

bezpłodny *adj* barren, sterile, infertile

bezpodstawność *f* groundlessness, baselessness

bezpodstawny *adj* groundless, baseless

bezpostaciowy *adj* amorphous

bezpośredni *adj* direct, immediate; (*o człowieku*) straightforward; **pociąg** ⟨**bilet**⟩ ~ through train ⟨ticket⟩

bezpośrednio *adv* directly, immediately

bezpośredniość *f* directness, immediateness

bezpotomnie *adv* without issue ⟨progeny⟩

bezpotomny *adj* heirless, issueless

bezpowrotnie *adv* irretrievably, beyond retrieve

bezpowrotny *adj* irretrievable, irredeemable, irreparable

bezprawie *n* lawlessness; illegal action

bezprawny *adj* lawless, unlawful, illegal

bezpretensjonalny *adj* unpretentious, unpretending, unassuming

bezprocentowy *adj* without interest

bezprzedmiotowy *adj* insubstantial, matterless, purposeless

bezprzykładny *adj* unexampled, unprecedented

bezradność *f* helplessness, perplexity

bezradny *adj* helpless, perplexed

bezręki *adj* handless, armless

bezrobocie *n* unemployment

bezrobotn|y *adj* unemployed, out of work; *pl* ~i the unemployed

bezrolny *adj* landless

bezruch *m* immobility, standstill; **w** ~**u** at a standstill

bezsenność *f* sleeplessness

bezsenny *adj* sleepless

bezsens *m* nonsense, absurdity

bezsensowny *adj* absurd

bezsilnikowy *adj* motorless

bezsilność *f* impotence

bezsilny *adj* powerless, impotent

bezskutecznie *adv* to no avail, in vain

bezskuteczność *f* ineffectiveness

bezskuteczny *ddj* ineffective, unavailing

bezspornie *adv* undeniably, beyond dispute

bezsporność *f* incontestability

bezsporny, bezsprzeczny *adj* incontestable, undisputed

bezstronnie *adv* impartially, dispassionately

bezstronność *f* impartiality

bezstronny *adj* impartial, dispassionate

bezterminowo *adv* without time-limit

bezterminowy *adj* termless

beztreściowy *adj* void of substance, empty

beztroska *f* unconcern

beztroski *adj* unconcerned, careless

bezustannie *adv* incessantly, without intermission

bezustanny *adj* incessant

bezużyteczność *f* uselessness

bezużyteczny *adj* useless, (of) no use

bezwartościowy *adj* worthless

bezwarunkowo *adv* unconditionally; absolutely

bezwarunkowy *adj* unconditional; absolute

bezwiednie *adv* unknowingly; involuntarily

bezwiedny *adj* unknowing, unconscious; involuntary

bezwład *m* inertia; *med.* paralysis

bezwładność|ć *f* inertness, inertia; *fiz.* siła ~ci force of inertia

bezwładny *adj* inert; (*np. o inwalidzie*) disabled

bezwłasnowolny *adj* (*prawnie*) legally incapable, disabled

bezwodny *adj* waterless; *chem.* anhydrous

bezwolny *adj* involuntary; passive; undecided

bezwonny *adj* inodorous

bezwstyd *m* impudence, shamelessness

bezwstydnie *adv* impudently

bezwstydnik *m* impudent fellow

bezwstydny *adj* impudent, shameless

bezwyznaniowiec *m* irreligionist

bezwyznaniowy *adj* irreligious; (*o szkole*) undenominational

bezwzględność *f* absoluteness; peremptoriness; positiveness

bezwzględny *adj* absolute; peremptory; positive

bezzębny *adj* toothless

bezzwłocznie *adv* immediately, instantly, without delay

bezzwłoczny *adj* immediate, instant

bezzwrotny *adj* unrepayable, unredeemable

bezżenny *adj s m* celibate

bezżeństwo *n* celibacy

beż *m* beige

beżowy *adj* beige

bęben *m* drum

bębenek *m muz.* tambourine; *anat.* tympanum

bębnić *vi* drum

bęcwał *m* dolt, dullard

bękart *m* bastard

biada *int* woe!

biadać *vi* wail, groan and moan; deplore (nad czymś sth)

białaczka *f med.* leukaemia

białawy *adj* whitish

białko *n* (oka, jajka) white; *chem.* albumen

Białorusin *m* Byelorussian

białoruski *adj* Byelorussian

białość *f* whiteness

białowłosy *adj* white-haired

biał|y *adj* white; ~a broń cold steel; ~y dzień broad daylight; ~y wiersz blank verse; czarno na ~ym black and white

biblia *f* Bible

biblijny *adj* biblical

bibliofil *m* bibliophile

bibliograf *m* bibliographer

bibliografia *f* bibliography

biblioteka *f* library; (szafa) bookcase

bibliotekarz *m* librarian

bibularz *m* blotting-pad

bibuła *f* blotting-paper; *pot.* (prasa nielegalna) illegal press

bibułka *f* tissue-paper

bicz *m* whip; ~ boży scourge; trzaskać z ~a crack the whip

biczować *vt* lash, whip, flagellate

biczowanie *n* flagellation

bić *vt vi* beat, strike; ~ brawo applaud (komuś sb); ~ czołem prostrate oneself; ~ w dzwony ring the bells; ~ kogoś po twarzy slap sb's face; ~ pieniądze mint coins; coin (money); ~ rekordy break records; ~ z działa fire the gun; biją pioruny lightning bolts strike; ~ się *vr* fight; (na pięści) box; ~ się z myślami be in two minds; ~ się w piersi beat one's breast; to bije w oczy this strikes the eyes

biec *zob.* biegać

bied|a *f* poverty, misery; want, need; (zły los) adversity, distress; (kłopot) embarrassment; klepać ~ę *pot.* bite on the bit; narobić sobie ~y get into a mess

biedactwo *n* poor devil ⟨soul, thing⟩

biedak *m* poor man, pauper

biedny *adj* poor, miserable; *s m* poor man

biedota *f zbior.* (biedacy) poor people, the poor, the destitute

biedować *vi* suffer want, eke out one's existence

biedronka *f zool.* ladybird

biedzić się *vr* take pains (nad czymś with, over sth), toil (nad czymś at, on sth)

bieg *m* run, race; (życia, czasu, rzek) course; *techn.* gear; pierwszy ~ first gear; najwyższy ~ top gear; skrzynka ~ów gearbox; włączyć ~ engage the gear; sport krótki ~ sprint; ~ sztafetowy relay-race; ~ z przeszkodami obstacle race; w pełnym ~u at full speed; z ~iem lat in the course of years

biegacz *m* runner, racer

biegać *vi* run (za czymś after sth); ~ na posyłki run errands

biegle *adv* fluently

biegłość *f* (w mowie) fluency; (zręczność) skill, dexterity; (wprawa) routine

biegły *adj* skilful, skilled, expert (w czymś in sth); *s m* expert

biegnąć *zob.* biegać

biegun *m fiz. geogr.* pole; *(np. kołyski)* rocker; koń na ~ach rocking-horse; krzesło na ~ach rocking-chair

biegunka *f med.* diarrhoea; krwawa ~ dysentery

biegunowo *adv* diametrically

biegunowy *adj* polar

biel *f* white; ~ cynkowa zink white; ~ ołowiowa white lead; ~ do malowania ścian whitewash

bielić *vt* whiten; *(naczynia metalowe)* tin; *(ściany)* whitewash; *(bieliznę)* bleach

bielidło *n* whitewash

bielizna *f* linen, underwear; ~ pościelowa bed-linen; ~ damska lingerie

bielmo *n med.* leucoma, film; ~ na oku web eye

biernie *adv* passively

biernik *m gram.* accusative (case)

bierność *f* passivity

bierny *adv* passive; ~ opór non--cooperation; *handl.* ~ stan *(rachunków)* liabilities

biesiada *f* feast

biesiadnik *m* feaster

biesiadować *vi* feast, banquet

bieżący *adj* running, current; *(o miesiącu w dacie)* instant; dług ~ floating debt; rachunek ~ current account

bieżnia *f* running track; *(na torze wyścigowym)* race-course

bigamia *f* bigamy

bigamista *m* bigamist

bigos *m* sauerkraut stew; *przen.* mess, jumble; narobić ~u make a mess (z czymś of sth)

bijatyka *f* scrimmage, scuffle

bikiniarz *m* Teddy boy

bilans *m* balance; ~ handlowy balance of trade; ~ płatniczy balance of accounts; sporządzić ~ make up the balance, balance; zestawić ~ strike the balance

bilansow|y *adj*, zestawienie ~e balance sheet

bilard *m* billiards

bilet *m* ticket; *(wizytowy)* visiting card; ~ ulgowy reduced ticket; ~ w jedną stronę ⟨powrotny⟩ single ⟨return⟩ ticket

bileter *m* ticket-collector

bilion *m* billion

bilon *m* coins; small change

binokle *pl* eye-glasses

biochemia *f* biochemistry

biodro *n* hip, haunch

biograf *m* biographer

biografia *f* biography

biograficzny *adj* biographic(al)

biolog *m* biologist

biologia *f* biology

biologiczny *adj* biologic(al)

biret *m* beret; *(księży)* biretta

bis *int* i *s m* encore

biskup *m* bishop

biskupstwo *n* bishopric

bisować *vt vi* encore

biszkopt *m* sponge-cake

bitka *f* scuffle, scrimmage

bitny *adj* warlike, brave

bitw|a *f* battle; pole ~y battle--field; wydać ~ę give battle

biuletyn *m* bulletin

biuralista *m* official, clerk

biurko *n* writing-table, desk

biuro *n* office; ~ informacyjne information office; ~ podróży travel agency

biurokracja *f* bureaucracy, *przen.* red tape

biurokrata *m* bureaucrat, *przen.* red tapist

biust *m* breast; bust

biustonosz *m* brassière, *pot.* bra

biwak *m* bivouac

biwakować *vi* bivouac

bizantyjski *adj* Byzantine

bizmut *m* bismuth

biżuteria *f* jewellery

blacha *f (biała)* tin plate; *(ciemna)* sheet iron; *(kuchenna)* (kitchen-) range

blacharnia *f* sheet-iron works ⟨shop⟩

blacharz *m* tinsmith
bladoczerwony *adj* pale-red, pink
bladoróżowy *adj* pale-pink
bladość *f* paleness
blady *adj* pale, pallid
blaga *f* blague, hoax
blagier *m* liar, hoaxer
blagować *vt* blague, hoax
blaknąć *vt* discolour, fade
blamować się *vr* ridicule oneself, discredit oneself
blankiet *m* (blank) form
blanko, czek in ~ handl. blank cheque
blask *m* brilliance, brightness, splendour; *(np. słońca)* glare
blaszanka *f* can
blaszany *adj* tin, tinplate
blaszka *f* metal plate; *bot.* lamina, blade
blat *m* sheet, plate; ~ **stołu** table top
blednąć *vt* grow pale; *(o barwach)* fade
blednica *f* *med.* chlorosis, green-sickness
blenda *f* *geol.* blende; *fot.* diaphragm
blichtr *m* tinsel, false show
bliski *adj* near, close; *(zbliżający się — np. o nieszczęściu)* imminent; ~ **śmierci** on the point (on the verge) of death; ~ **znajomy** close (intimate) acquaintance; **pozostawać w ~ch stosunkach** be in close (intimate) relations; ~**e podobieństwo** close resemblance
blisko *adv* near(ly), close(ly); ~ **spokrewniony** closely related; ~ **dwa miesiące** nearly two months; **być ~ czegoś** be quite close to sth; **daleko i ~** far and near; *praep* ~ **rzeki** near the river; ~ **siebie** close to each other
bliskość *f* nearness, proximity; *(w czasie)* imminence
bliskoznaczny *adj* synonymous
blizna *f* scar
bliźni *m* fellow creature, neighbour

bliźniaczy *adj* twin
bliźniak *m* twin
bliżej *adv* nearer, closer, more nearly (closely)
bliższy *adj* nearer, closer
bloczek *m* pad, (small) notebook; *filat.* miniature-sheet
blok *m* block; *techn.* pulley; ~ **kasowy** cash-block; ~ **mieszkalny** block of flats; ~ **rysunkowy** drawing-block
blokada *f* blockade
blokować *vt* block
blond *adj nieodm.* fair(-haired), blond
blondyn *m* blond (man)
blondynka *f* blond woman, blonde
blotka *f* *(w kartach)* low card
bluszcz *m* *bot.* ivy
bluza *f* blouse; *wojsk.* tunic
bluzgać *vt* spout, squirt
bluzka *f* blouse
bluźnić *vt* blaspheme
bluźnierca *m* blasphemer
bluźnierstwo *n* blasphemy
błagać *vt* implore, beseech, supplicate
błagalny *adj* imploring, beseeching, suppliant
błaganie *n* imploration; entreaty
błahostka *f* trifle
błahy *adj* trifling, futile
błam *m* fur-lining
bławatek *m* *bot.* cornflower
błazen *m* fool, buffoon, clown
błazeński *adj* clownish; **czapka ~a** fool's cap
błazeństwo *n* foolery, buffoonery
błaznować *vt* play the fool, fool around
błąd *m* mistake, error, fault; ~ **drukarski** misprint
błądzić *vt* err, blunder; wander, roam
błąkać się *vr* stray, roam
błędny *adj* faulty, incorrect, erroneous; ~**e koło** vicious circle; ~**y rycerz** knight errant; ~**e oczy** wild look; ~**y ognik** jack-o'-lantern, will-o'-the-wisp; **na ~ej drodze** on the wrong track
błękit *m* sky-blue, azure

bok

błękitnooki *adj* blue-eyed

błękitny *adj* sky-blue

błogi *adj* blissful, happy

błogosławić *vt* bless

błogosławieństwo *n* blessing

błogostan *m* blissfulness

błona *f* membrane; film

błoniasty *adj* membraneous, filmy

błonica *f med.* diphtheria

błonie *n* pasturage; (*wiejskie*) village green

błonka *f* pellicle, film

błotnik *m* mudguard, wing, *am.* fender

błotnisty *adj* muddy, swampy

błoto *n* mud, muck, dirt

błysk *m* glitter, flash; (*rażący*) glare

błyska|ć *vt* flash, glitter; ~ się it lightens

błyskawica *f* (flash of) lightning

błyskawicznie *adv* like lightning, in no time at all; *pot.* like a streak

błyskawiczn|y *adj* swift, rapid; wojna ~a blitz; zamek ~y zip fastener, zipper

błyskotk|a *f* gewgaw; *zbior.* ~i tinsel

błyskotliwość *f* brightness; *uj.* gaudiness

błyskotliwy *adj* flashy; *uj.* gaudy

błysnąć *vi* flash

błyszczący *adj* brilliant, shining

błyszczeć *vi* shine, glitter

bo *conj* because, for

boazeria *f* wainscot(ing)

bobkow|y *adj* liście ~e bay leaves

bobo *n nieodm. pot.* babe, kiddy

bobslej *m sport.* bobsleigh

bochen(ek) *m* loaf

bocian *m zool.* stork

boczek *f* flank, side; (*wędlina*) flitch of bacon

bocznica *f* siding (track)

boczn|y *adj* lateral, side *attr*; ~e światło side-light; ~a ulica by-street, off street

boczyć się *vr pot.* be sulky (na kogoś with sb)

boćwina *f* red-beet leaves; (*zupa*) red-beet soup

bodaj *part* may...; ~by tak było may it be so

bodziec *m* stimulus, incentive, goad; dodać bodźca stimulate (komuś sb)

bogacić *vt* enrich; ~ się *vr* enrich oneself, grow rich

bogactwo *n* wealth, riches

bogacz *m* rich man

bogaty *adj* rich, wealthy

bogini *f* goddess

boginka *f* nymph

bogobojny *adj* godly, pious

bohater *m* hero

bohaterka *f* heroine

bohaterski *adj* heroic

bohaterstwo *n* heroism

bohomaz *m* daub

boisko *n sport* sports field, playground; (*szkolne*) close

boja *f* buoy; ~ świetlna beacon-buoy

bojaźliwość *f* shyness, timidity

bojaźliwy *adj* shy, timid

bojaźń *f* awe, fear

bojer *m sport* ice boat

bojkot *m* boycott

bojkotować *vt* boycott

bojler *m* boiler

bojownik *m* fighter; champion; ~ o pokój peace-fighter

bojow|y *adj* pugnacious, combative; gotowość ~a alert; okrzyk ~y battle-cry; szyk ~y battle-array; siły ~e striking force

bojówka *f* fighting group, armed band

bok *m* side, flank; ~iem sidelong; patrzeć ~iem look askance (na kogoś at sb); pod ~iem near by, at hand; *przen.* to mi ~iem wychodzi I'm fed up with it; zrywać ~i ze śmiechu split one's sides with laughing; robić ~ami be on one's last legs; przy czymś ~u at sb's side; na ~, na ~u aside, apart; uwaga na ~u side note; zarobić coś na ~u earn sth on the side; kłucie w ~u stitch in the side; stać na ~u

stand aloof; z ~u from the side;
widok z ~u side-view; uderzenie z ~u side-blow, by-blow
bokobrody s pl sidewhiskers
boks 1. m (pięściarstwo) boxing
boks 2. m (skóra) box-calf
bokser m boxer
boksować vt box; ~ się vr box
bolący adj painful, aching
bolączka f pain; grief, worry
boleć vi ache, hurt, pain; (żałować) regret, grieve; ~i mnie głowa ⟨ząb⟩ I have a headache ⟨a
toothache⟩; ~i mnie palec my
finger hurts, I have a sore finger; ~i mnie gardło I have a
sore throat; co cię ~i? what ails
⟨hurts⟩ you?; ~eję nad jego
śmiercią I mourn over his death
bolesny adj painful, sore; (moralnie) grievous
boleść f (moralna) grief; pl ~ci
pains
bolszewicki adj Bolshevist, Bolshevik
bolszewik adj Bolshevik
bolszewizm m Bolshevism
bomba f bomb; (czekoladowa) ball;
(kufel) pint; (sensacja) startling
piece of news, sensation; ~ a-
tomowa atomic bomb, A-bomb;
~ wodorowa hydrogen bomb, H-
-bomb; wpaść jak ~ rush in,
burst in; ~ pękła it has come
off
bombardować vt bombard
bombardowanie n bombardment
bombastyczny adj bombastic
bombonierka f bonbonnière
bombowiec m wojsk. lotn. bomb-
er
bon m bill, bond, ticket, coupon;
fin. ~ skarbowy treasury bond
bonifikacja f compensation, indemnity, allowance
bonifikować vt compensate (komuś coś sb for sth)
boraks m chem. borax
bordo n i adj nieodm. (kolor)
crimson-dark red; (wino) Bor-
deaux

borny adj kwas ~ boric acid
borówka f bilberry, whortleberry
borsuk m zool. badger
borykać się vr wrestle, grapple
bosak m boat-hook; fire-hook; na
~a barefoot
boski adj divine, godlike; oddawać cześć ~ą worship; na litość
~ą! for goodness' sake!; rany
~ie! good heavens!
boskość f divinity
bosman m mors. boatswain
boso adv barefoot
bosy adj barefooted
bot m (high) overshoe
botaniczny adj botanical
botanika f botany
bowiem conj for
bożek m idol, god
boży adj divine; ~a krówka lady-
bird; Boże Ciało Corpus Christi;
Boże Narodzenie Christmas
bożyszcze n idol
bób m (broad) beans
bóbr m beaver; płakać jak ~
melt into tears
Bóg m God; mój Boże! good God!,
dear me!; chwała Bogu! thank
God!; nie daj Boże! God forbid!;
szczęść Boże! God speed you!
bój m fight, battle; prowadzić ~
fight, battle
bójka f scrimmage, scuffle
ból m pain, ache; ~ głowy headache; ~ gardła sore throat; ~
zębów toothache
bór m forest
bóstwo n deity
bóść vt gore
bóżnica f synagogue
bractwo n confraternity
brać vt take; ~ do wojska enlist; ~ górę get the upper hand
(nad kimś, czymś of sb, sth); ~
na serio take seriously; ~ na siebie obowiązek take on duty; ~
pod uwagę take into consideration; ~ ślub get married (z kimś
to sb), wed (z kimś sb); ~ udział
take part; ~ w rachubę take into account; ~ za dobrą monetę

take in good part; ~ za złe take amiss; **bierze mnie chęć** I feel inclined, I have a mind; **bierze mróz** it begins to freeze; ~ **się do dzieła** set about one's work

brak m lack, deficiency, absence, want; (*wada*) fault, shortcoming; (*o towarze*) defective article; ~ **mi pieniędzy** I lack money; **cierpieć na** ~ **czegoś** lack sth; suffer from the lack of sth; **nie** ~ **mu odwagi** he abounds in courage; **z** ~**u czasu** for lack of time; **zaspokoić** ~ supply a want

brakarz m sorter

brakorób m defective worker, bungler

brakoróbstwo n defective work, bungling

brakować 1. vt (*sprawdzać jakość*) cast off, reject, sort

brak|ować 2. vi it be wanting, be missing, be deficient; ~**uje wielu książek** many books are missing; ~**uje pieniędzy** there is lack of money, money is lacking; ~**uje mi pieniędzy** I lack money; ~**uje mi słów** words fail me; ~**uje mi sił** my power fails me; **nic mi nie** ~**uje** nothing is the matter with me

brama f gate; ~ **wjazdowa** gateway

bramk|a f sport goal; **zdobyć** ~**ę** score a goal

bramkarz m sport goalkeeper

branka f (*pobór*) impressment; † (*kobieta*) (female) captive

bransolet(k)a f bracelet

branża f line (of business); branch; craft

brat m brother; (*zakonny*) brother (pl brethren); **bracia czescy** Moravian Brethren; ~ **cioteczny** first cousin; ~ **przyrodni** stepbrother; **być za pan** ~ be on easy terms (**z kimś** with sb)

bratać się vr fraternize

bratanek m nephew

bratanica f niece

bratanie się n fraternization

bratek m bot. pansy

braterski adj brotherly, fraternal

braterstwo n brotherhood, fraternity; (*brat i bratowa*) brother and his wife

bratni adj = braterski

bratowa f sister-in-law

brawo int bravo; applause; **bić** ~ applaud (**komuś** sb)

brawura f gallantry, bravery; *muz.* bravura

Brazylijczyk m Brazilian

brazylijski adj Brazilian

brąz m bronze; (*kolor*) brown

brązownik m brazier

brązowy adj bronze; (*o kolorze*) brown

bredni|a f (*zw. pl* ~e) bosh

bredzić vi rave, maunder

brelok m trinket

brew f brow

brewerie s pl uproar, row; **wyprawiać** ~ make a row

brewiarz m breviary

brezent m canvas, tarpaulin

brnąć vi flounder, wade; ~ **w długi** incur debts over head and ears

broczyć vi (*ociekać*) ~ **krwią** bleed, drip with blood

brod|a f chin; (*zarost*) beard; **zapuścić** ~**ę** grow a beard

brodaty adj bearded

brodawka f wart; (*sutkowa*) nipple

brodzić vi wade

broić vi be up to mischief, skylark

brokat m brocade

brom m chem. bromine

brona f harrow

bronchit m med. bronchitis

bronić vt defend (**przed kimś, czymś** against ⟨from⟩ sb, sth); (*pokoju, kraju*) guard, protect; (*poglądów, honoru itp.*) vindicate; (*praw, sprawy itp.*) assert; (*orędować*) advocate (**za czymś** sth); ~ **czyjejś sprawy** plead sb's cause; ~ **się** vr defend oneself

bronować vt harrow

broń f weapon, arms; ~ biała cold weapon; ~ boczna side-arms; ~ palna fire-arms; pod bronią in arms; chwycić za ~ take up arms; składać ~ lay down arms

broszka f brooch

broszura f pamphlet; (prospekt, u-lotka) folder

broszurowan|y adj stitched, unbound; książka ~a paperback

browar m brewery

bród m ford; przechodzić w ~ ford

bródka f little beard; kozia ~ goatee

bróg m (hay-)rick

brud m dirt; filth; pl ~y (brudna bielizna) dirty linen

brudas m sloven

brudn|y adj dirty, filthy; pisać na ~o make a rough copy

brudzić vt soil, make dirty; ~ sobie twarz, ręce soil one's face, hands; ~ się vr get soiled, become dirty

bruk m pavement, paved road; przen. szlifować ~i loaf about; wyrzucić na ~ turn out adrift

brukać vt soil, make dirty

brukiew f bot. (Swedish) turnip

brukować vt pave, cobble

brukowiec m paving-stone, cobble; (gazeta) gutter paper

brukow|y adj paving; prasa ~a gutter press

brukselka f bot. Brussels sprouts

brulion m rough copy (notebook)

brunatny adj brown

brunet m dark-haired man

brunetka f brunette

brusznica f bot. cranberry

brutal m brute

brutalność f brutality; (w grze) roughness

brutaln|y adj brutal; (o grze) rough

brutto adv (in) gross; cena ~ gross price; waga ~ gross weight

bruzda f furrow

bruździć vt furrow; vi pot. make difficulties, muddle, obstruct

bryczka f britzka

brydż m bridge

brydżysta m bridge-player

brygada f brigade

brygadier m brigadier

brygadzista m foreman

brygadzistka f forewoman

bryk m pot. crib; am. pony'

brykać vi (o koniu) rear, kick; (swawolić) frolic, gambol, jump about

brykiet m briquette; zbior. ~y patent fuel

brylant m brilliant, diamond

bryła f block, lump, (ziemi) clod; mat. solid

bryłka f lump, clot

bryłkowaty adj cloddy, clotty

bryłowaty adj lumpy, massive

bryndza f ewe's cheese

brystol m Bristol board

brytan m mastiff

brytfanna f frying-pan

Brytyjczyk m British subject, am. Britisher

brytyjski adj British

bryza f breeze

bryzg m splash

bryzgać vi splash (wodą water)

brzask m dawn, daybreak; z ~iem at daybreak

brzdąc m brat

brzdąkać vi strum

brzdęk int twang!

brzeg m bank, riverside; (morza, jeziora) shore, coast; seaside, seashore; (plaża) beach; (przepaści) brink; (krawędź) edge; (stronicy) margin; (sukni, lasu) skirt; (kapelusza, kubka itp.) brim; na ~, na ~u ashore; wyrzucić na ~ strand; osiąść na ~u run ashore

brzemienność f pregnancy

brzemienny adj pregnant

brzemię n burden, lit. burthen

brzezina f birchwood

brzęcz|eć vi ring; (o metalu) thinkle, clink, chink; (o pieniądzach) jingle; (o owadach) buzz, hum; (o talerzach) clatter; ~ąca moneta hard cash

brzęczyk m buzzer

brzęk m ring, clink, jingle; buzz

brzmieć vt (re)sound, ring; (o tekście, ustawie itp.) purport; tekst ~ jak następuje the text runs as follows; to ~ dziwnie this rings (sounds) strange

brzmienie n sound; (tekstu, umowy itp.) purport, tenor, wording

brzoskwinia f peach

brzoza f birch

brzuch m belly, stomach, pot. paunch

brzuchacz m pot. pot-belly, paunchy man

brzuchaty adj big-bellied

brzuchomówca m ventriloquist

brzuszny adj abdominal; med. dur ~ enteric (typhoid) (fever)

brzydactwo n ugliness; ugly thing (person)

brzydal m ugly man

brzydki adj ugly

brzydnąć vi become ugly

brzydota f ugliness

brzydzić się vr abhor, loathe (czymś sth), have an aversion (czymś to sth)

brzytwa f razor; przysł. tonący ~y się chwyta a drowning man catches at a straw

buchać vi (o płynach) gush; (o dymie, ogniu) belch; pot. (kraść) pinch, lift, filch; ~ płomieniem blaze forth

buchalter m book-keeper

buchalteria f book-keeping

bucik m shoe, boot

buczeć vi buzz, drone

buczyna f beech-wood, beech-grove

buda f shed, shack; (jarmarczna) booth; psia ~ kennel

budka f shelter, cabin; (np. strażnika) box; ~ telefoniczna telephone (call) box; telephone booth

budowa f construction, structure; building; biuro ~y building-office; plac ~y building-site; ~a ciała structure of the body, build; ~a zdania sentence structure

budować vt build, construct; (moralnie oddziaływać) edify; przen. ~ zamki na lodzie build castles in the air

budowla f building, edifice

budowlanly adj building, architectural; przedsiębiorca ~y builder, building contractor; przedsiębiorstwo ~e building enterprise

budownictwo n architecture; ~ socjalistyczne socialist public work; ~ wielkopłytowe system-building

budowniczy m builder

budulec m timber, am. lumber

budynek m building

budyń m pudding

budzić vt wake (up), waken, awake, awaken, rouse, call; (uczucie) prompt; (sympatię, podejrzenia) arouse; (zaufanie) inspire; ~ się vr wake (up), awake, start up

budzik m alarm-clock; nastawić ~ na siódmą (godzinę) set the alarm-clock for seven (o'clock)

budżet m budget

budżetowy adj budgetary; rok ~ financial year

bufet m (mebel) sideboard, cupboard; (w restauracji) bar; (w teatrze, szkole itp.) refreshment room

bufetowa f barmaid

bufetowy m barman

bufon m buffoon

bufonada f buffoonery

bufor m buffer

buhaj m bull

bujać vi (unosić się) float, hover, soar; (wałęsać się) roam; (kiełkować) sprout, shoot; pullulate; vt (huśtać) rock, swing; pot. (nabierać) spoof, hoax

bujak m rocking-chair

bujda f pot. spoof, hoax

bujny adj exuberant, abundant, luxuriant; (o włosach) bushy; (o fantazji, pomyśle) fertile

buk m beech

bukiecik m posy, nosegay

bukiet m bouquet; bunch of flowers

bukmacher m bookmaker

bukmacherstwo n booking

bukszpan m boxtree, box-wood

buldog m bulldog

buldozer, buldożer zob. **spychacz**

bulgot m bubble, gurgle

bulgotać vi bubble, gurgle

bulier m techn. boiler

bulion m bouillon, broth, beef-tea

bulla f bull

bulwa f bot. bulb, tuber

bulwar m boulevard, avenue; (nad rzeką) embankment

bulwiasty adj bulbous, tuberous

bułanek m dun horse

buława f mace, truncheon; (marszałkowska) baton

Bułgar m Bulgarian

bułgarski adj Bulgarian

bułka f roll; ~ tarta (bread) crumbs; słodka ~ bun

bumelanctwo n loafing, shirking, absenteeism

bumelant m loafer, shirker, absentee; am. pot. bummer

bumelować vi shirk

bumerang m boomerang

bunkier m wojsk. pill-box

bunt m rebellion, revolt, sedition, mutiny; **podnieść** ~ rise in revolt

buntować vt stir (up), rouse to revolt; ~ **się** vr revolt, rebel

buntowniczy adj rebellious, seditious

buntownik m rebel, mutineer

buńczuczny adj cocky, perky

burja f pot. reprimand, scolding; **dać** ~**ę** reprimand (komuś sb), give a scolding; scold, pot. give it hot; **dostać** ~**ę** get a scold, pot. get it hot

burak m beet (root); ~ **cukrowy** white beet; ~ **ćwikłowy** red beet

burczeć vi rumble; (gderać) grumble (na kogoś at sb)

burda f brawl

burgund m (wino) Burgundy

burmistrz m mayor

burnus m burnoose

bursa f pupils' hostel

bursztyn m amber

burt|a f mors. (ship's) side, (ship) board; **lewa** ~**a** port side; **prawa** ~**a** starboard side; **wyrzucić za** ~**ę** throw overboard

bury adj dark-grey, grizzly

burza f storm, tempest; przen. ~ **w szklance wody** a storm in a teacup

burzliwy adj stormy, tempestuous, turbulent

burzyciel m destroyer

burzycielski adj destructive

burzyć vt destroy, demolish; (rozebrać, np. dom, maszynę) pull down; (podburzać) stir up, raise; ~ **się** vr rebel, rise in revolt

burżuazja f bourgeoisie

burżuazyjny adj bourgeois

burżuj m pog. bourgeois

busola f compass

buszować vi rummage

but m boot, shoe; **głupi jak** ~ as dull as ditch water

buta f haughtiness, insolence

butelka f bottle

butelkować vt bottle

butla f demijohn, (opleciona) carboy

butny adj haughty, overbearing, insolent

butonierka f buttonhole

butwieć vi rot, moulder

by zob. **aby**; part warunkowa: **on by to zrobił** he would do it

byczek m bull calf

byczy adj bull, bull's, taurine; pot. capital, glorious; pot. ~ **chłop** brick

być vi, v aux be; ~ **dobrej myśli** be of good cheer; ~ **może** perhaps, maybe; **niech będzie, co chce** come what may; **niech i tak będzie** let it be so; ~ **u siebie** be at home; **co z nim będzie?** what will become of him?

bydlę n beast, brute

bydło n cattle

byk *m* bull; (*gafa*) bloomer, howler; walka ~ów bullfight; wziąć ~a za rogi take the bull by the horns; palnąć ⟨strzelić⟩ ~a make a bloomer; jak czerwona płachta na ~a like a red rag to a bull

byle *adv* ~ co anything; ~ kto anybody; ~ jak anyhow; ~ gdzie anywhere; ~ jaki any, any... whatever; ~ jaka odzież any dress whatever; to nie ~ jaki uczeń he is no mean pupil; nie ~ jak in no mean fashion

bylina *f* bot. perennial

były *adj* former, past, old, ex-, late; ~ prezydent ex-president, late president

bynajmniej *adv* not at all, by no means, not in the least; (*z oburzeniem*) I should say ⟨think⟩ not

bystrość *f* (*szybkość*) rapidity, quickness; (*bystrość umysłu*) keenness, shrewdness, acuteness

bystry *adj* (*szybki*) rapid, quick; (*umysłowo*) keen, keenwitted,

acute; (*o wzroku*) sharp, keen

byt *m* existence; walka o ~ struggle for existence ⟨life⟩; mieć zapewniony ~ have one's existence ⟨living⟩ secured

bytność *f* sojourn, stay

bytow|y *adj* existential; warunki ~e living conditions

bywa|ć *vi* frequent (**w pewnym miejscu** some place); to be ⟨to go⟩ often ...; frequently call (**u kogoś** on sb); (*zdarzać się*) happen; ~j zdrów! farewell!

bywalec *m* frequenter, habitué

bywały *adj* experienced

bzdur|a *f* nonsense, absurdity, silly talk, rubbish; pleść ~y talk nonsense

bzdurny *adj* nonsensical, absurd

bzik *m* pot. eccentricity, craze; oddity; (*wariat*) crank, loony; mieć ~a be crazy, *przen.* have a screw loose, have a bee in one's bonnet

bzykać *vi* buzz, hiss

C

cacko *n* knick-knack, trinket

cal *m* inch

calówka *f* folding rule

całka *f* mat. integral

całkiem *adv* quite, entirely, completely

całkować *vt* mat. integrate

całkowicie *adv* altogether, throughout, entirely, completely

całkowit|y *adj* entire, total, complete; liczba ~a integer

całkowy *adj* mat. integral; rachunek ~ integral calculus

cało *adv* safely, unharmed; wyjść ~ get off safe and sound

całodzienny *adj* full day's, daylong

całokształt *m* totality, the whole

całonocny *adj* full night's, nightlong

całopalenie *n* holocaust

całoroczny *adj* full year's

całoś|ć *f* totality, entirety, whole, bulk, (complete) body; w ~ci on the whole

całować *vt* kiss, embrace; ~ się *vr* kiss

całun *m* shroud

całus *m* kiss

cał|y *adj* whole, all, entire; (*zdrów*) safe; ~y rok all the year (round); ~a Europa all ⟨the whole of⟩ Europe; przez ~y

dzień all day long; ~ymi godzinami for hours and hours; zdrów
i ~y safe and sound

cap *m* male goat, buck

capstrzyk *m* tattoo

car *m* tsar, tzar, czar

carat *m* tsarism, tsardom

carowa *f* tsarina, tzarina, czarina

cebler *m* tub; *przen.* **leje jak z
~ra** it rains cats and dogs

cebula *f* onion

cebulka *f* onion; *(np. kwiatowa,
włosowa)* bulb

cebulkowaty *adj* bulbous

cech *m* guild, corporation

cecha *f* feature, character, quality;
stamp, seal, mark; *(stempel probierczy)* hallmark

cechować *vt* characterize, brand;
(znaczyć) mark, stamp

cedować *vt* cede (coś na kogoś sth
to sb), transfer

cedr *m bot.* cedar

ceduła *f* schedule, list; ~ **giełdowa**
list of quotations

cedzak *m* strainer, cullender

cedzić *vt* filter; *przen.* ~ **słówka**
drawl one's words

cegielnia *f* brick-yeard, brick-field

cegiełka *f* (little) brick; *(składka)*
share

ceglasty *adj* brick-coloured

cegła *f* brick

cel *m* aim, purpose, end, object,
goal; *(tarcza strzelnicza i przen.)*
target; *(środek tarczy)* bull's eye;
brać na ~ take aim (coś at sth);
mieć na ~u have in view; **osiągnąć swój** ~ gain one's end; **trafić do** ~u hit the mark; **chybić**
~u miss the mark; ~**em for the**
purpose (czegoś of sth); **w tym**
~u for this purpose, with this
end in view; **to nie ma** ~u that's
of no avail; **strzelanie do** ~u
target practice; ~ **podróży** destination; ~ **pośmiewiska** laugh-
ing-stock

cela *f* cell

celebracja *f* celebration

celebrować *vt* celebrate

celibat *m* celibacy

celnik *m* custom-house ⟨customs⟩
officer

celność *f* accuracy (of aiming),
precision; *(dobre strzelanie)*
marksmanship

celny 1. *adj (trafny)* accurate, ac-
curately-aimed

celn|y 2. *adj* custom, relating to
customs; **deklaracja** ~a custom-
-house declaration; **opłata** ~a
(customs) duty; **rewizja** ~a customs inspection; **urząd** ~y custom-house; **odprawa** ~a customs
clearance

celofan *m* cellophane

celować *vi* aim, take aim (do czegoś at sth); *(z karabinu)* level
one's gun (do czegoś at sth);
(przodować) excel (w czymś in
sth)

celownik *m gram.* dative

celowo *adv* on purpose, intentionally

celowość *f* suitableness, purpose-
fulness, expediency

celowy *adj* suitable, purposeful,
expedient; *gram.* (o zdaniu) final

Celsjusz, *x* **stopni** ~a *x* degrees
centigrade

Celt *m* Celt, Kelt

celtycki *adj* Celtic, Keltic

celujący *adj* excellent

celuloza *f* cellulose

cembrować *vt* board, frame with
boards

cembrowina *f* boarding

cement *m* cement

cementować *vt* cement

cen|a *f* price, value; ~**a stała**
fixed price; ~**a zniżona** reduced
price; **po tej** ~**ie** at that price;
za wszelką ~**ę** at any price

cenić *vt (wyceniać)* price; *(wysoko sobie cenić)* prize

cennik *m* price-list

cenny *adj* valuable, precious

cent *m* cent

centrala *f* head-office, headquarters; (*techniczna*) central station; (*telefoniczna*) exchange

centralizacja *f* centralization

centralizować *vt* centralize

centralny *adj* central

centrum *n sing nieodm.* centre, *am.* center; ~ **handlowe miasta** city ⟨town⟩ centre

centryfuga *f* centrifugal machine

centymetr *m* centimetre

cenzor *m* censor

cenzura *f* (*urząd*) censorship; (*krytyka*) censure; (*szkolna*) school report

cenzurować *vt* (*przeprowadzać cenzurę*) censor; (*ganić*) censure

cenzus *m* (*spis*) census; ~ **naukowy** degree of education; ~ **majątkowy** property requirement

cep *m* flail

cera 1. *f* (*twarzy*) complexion

cera 2. *f* (*cerowane miejsce*) darn, darning

ceramiczny *adj* ceramic

ceramika *f* ceramics, pottery

cerata *f* oilcloth

ceregiele *s pl* fuss, ceremony; **robić** ~ stand on ⟨upon⟩ ceremony (z **kimś** with sb), make a fuss (z **kimś, czymś** of sb, sth)

ceremonia *f* ceremony, fuss

ceremonialny *adj* ceremonial, ceremonious

ceremoniał *m* ceremonial

cerkiew *f* Orthodox church

cerować *vt* darn

cesarski *adj* imperial

cesarstwo *n* empire

cesarz *m* emperor

cesarzowa *f* empress

cesja *f prawn.* cession

cetnar *m* centner, hundredweight, quintal

cewka *f* reel, bobbin; *techn.* spool; *elektr.* coil; *anat.* duct; ~ **moczowa** urethra

cęgi *s pl* tongs

cętka *f* speckle, spot

cętkować *vt* speckle, spot

cętkowany *adj* spotted

chaber *m bot.* cornflower

chałupa *f* hut, cabin

chałupnictwo *n* outwork, domestic work

chałupnik *m* outworker

chałwa *f* halva(h)

cham *m* cad, boor

chamski *adj* caddish, boorish

chamstwo *n* caddishness, boorishness

chan *m* khan

chandr|a *f* doldrums, blues; **mieć** ~ę have ⟨get⟩ the blues

chaos *m* chaos

chaotyczny *adj* chaotic

charakte|r *m* character; (*rola, funkcja*) capacity; ~**r pisma** handwriting; **człowiek z** ~**rem** man of character; **brak** ~**ru** lack of principle, want of backbone; **w** ~**rze dyrektora** in the capacity of director

charakterystyczny *adj* characteristic (**dla kogoś, czegoś** of sb, sth)

charakterystyka *f* (description of the) character

charakteryzacja *f* characterization; *teatr* make-up

charakteryzować *vt* characterize; *teatr* make up (**na kogoś** for sb); ~ **się** *vr* make up

charczeć *vi* rattle in one's throat

charkać *vi* cough up, expectorate

charkot *m* rattling in the throat, rattle

chart *m* greyhound

charytatywny *adj* charitable, charity *attr*

chaszcze *s pl* brushwood, thicket

chata *f* hut, cabin

chcąc|y *adj* willing; *przysł.* **dla** ~**ego nie ma nic trudnego** where there's a will there's a way

chcieć *vt vi* want, be willing, intend, desire, wish; **chce mi się** I want, I have (half) a mind (**czegoś** to do sth); **chce mi się spać** I want to sleep, I feel **as if I** could sleep, I have (half) a mind to go to sleep; **chce mi się pić**

I am thirsty; **chciałbym** I should like; **chcę, żeby wrócił** I want him to come back; **on sam nie wie, czego chce** he does not know his own mind

chciwiec m greedy man

chciwość f greed, covetousness

chciwy adj greedy, covetous

chełpić się vr boast (**czymś** of sth), pride oneself (**czymś** on sth)

chełpliwy adj boastful

chemia f chemistry

chemiczny adj chemical; **ołówek ~ indelible pencil; związek ~ chemical compound**

chemik m chemist

cherlak m cachectic creature, valetudinarian

cherlawy adj cachectic

cherubin m cherub

chęć f (wola) will, willingness; (życzenie) desire, inclination; (zamiar) intention; **dobre ~ci good intentions; mieć ~ć have a mind; ~ć mnie bierze I have a mind ⟨a wish⟩; z miłą ~cią with pleasure**

chętk|a f fancy, desire; pot. itch; **nabrać ~i take a fancy (do czegoś for, to sth); mam ~ę I itch (na coś for sth)**

chętnie adv willingly, readily

chętny adj willing, ready; **~ do nauki** eager to learn

chichot m chuckle, giggle

chichotać vi chuckle, giggle

Chilijczyk m Chilean

chilijski adj Chilean

chimera f (w mitologii) chimera; (przywidzenie) phantom, fancy; (kaprys) caprice, whim

chimeryczny adj chimerical; capricious, whimsical; fanciful

chinina f quinine

Chińczyk m Chinese

chiński adj Chinese

chiromancja f chiromancy, palmistry

chirurg m surgeon

chirurgia f surgery

chirurgiczny adj surgical

chlapać vi splash

chlasnąć vt whack, flap, slap

chleb m bread; **~ z masłem** bread and butter; **~ powszedni** daily bread; **zarabiać na ~** earn one's daily bread

chlebodawca m employer, master

chlew m sty, pigsty

chlipać vt lap up; vi (szlochać) sob

chlor m chem. chlorine

chloran m chem. chlorate

chlorek m chem. chloride

chlorofil m bot. chlorophyll

chloroform m chloroform

chloroformować vt chloroform

chlorować vt chlorinate

chlorowy adj chloric

chlub|a f glory, pride; **to mu przynosi ~ę** this does him credit

chlubić się vr boast (**czymś** of sth), glory (**czymś** in sth)

chlubny adj glorious; (o opinii) honourable, excellent

chlupać vi splash; gurgle

chlustać vt spout, splash

chłeptać vt lap up

chłodnia f refrigerator

chłodnica f radiator

chłodnieć vi cool (down), become cool

chłodnik m cold borsch

chłodno adv coolly; **jest ~** it is cool; **jest mi ~** I am ⟨I feel⟩ cool

chłodny adj cool; (oschły) reserved

chłodzić vt chill, cool; (zamrażać) refrigerate; **~ się** vr cool (down), become cool

chłonąć vt absorb, suck in

chłonność f absorbency, power of absorption

chłonny adj absorbent, absorptive

chłop m peasant; pot. fellow, chap

chłopak, chłopiec m boy, lad

chłopięctwo n boyhood

chłopięcy adj boyish; boy's, boys'

chłopka f peasant (woman)

chłopski adj peasant, rustic

chłopstwo n peasantry

chłost|a f flogging, lashing; **kara ~y** lash

chłostać vt flog, lash

chłód m cool, coolness, cold

chłystek m greenhorn

chmara f (*wielka ilość*) swarm, (*ludzi*) crowd

chmiel m bot. hop; (*artykuł przemysłowy*) hops pl

chmur|a f cloud; *przysł.* z **wielkiej ~y mały deszcz** much cry and little wool

chmurka f cloudlet

chmurny adj cloudy; *przen.* gloomy

chmurzyć vt, ~ **czoło** frown, knit the brow; ~ **się** vr become cloudy, cloud up

chochla f ladle

chochlik m sprite, imp, brownie; ~ **drukarski** the printer's imp

chochoł m straw-cover

cho|ciaż, cho|ć conj though, although, as; adv even so; at least; **~ć trochę** even so little; **~ć 5 pensów** fivepence at least

choćby conj even if; adv at the very least; ~ **jeden fakt** a single fact; ~ **nie wiem jak** (**się starał**) no matter how (hard he tried)

chodak m clog

chodnik m pavement, footpath, am. sidewalk; (*dywan*) carpet, rug

chodzić vi walk, go; (*w kartach*) lead; (*o pociągach*) run; ~ **do szkoły** go to school; ~ **na wykłady** attend lectures; ~ **na medycynę** study medicine; ~ **koło czegoś** busy oneself with sth (about sth); ~ **w czymś** (np. w mundurze) wear sth (e.g. uniform); ~ **za kimś** follow sb; **o co chodzi?** what is the matter?; **chodzi o twoje życie** your life is at stake; **o ile o mnie chodzi** as far as I am concerned

choina f pine

choinka f Christmas tree

choler|a f cholera; *pot.* **idź do ~y!** go to hell!

cholerny adj pot. bloody, damned

choleryczny adj choleric

cholewa f bootleg; **buty z ~mi** top boots

chomąto n horse-collar

chomik m zool. hamster

chorągiew f banner, flag; (*kościelna*) gonfalon

chorągiewka f pennon, banderole; (*na dachu*) weathercock

chorąży m standard-bearer; † wojsk. ensign

choreografia f choreography

chorob|a f illness, ailment, (*trwała*) disease; ~**a morska** seasickness; ~**a umysłowa** mental deficiency; insanity; **złożony ~ą** bedridden

chorobliwość f morbidity

chorobliwy adj morbid, sickly

chorobowy adj morbid; **urlop ~** sick leave; **zasiłek ~** sick benefit

chorować vt be ill (**na coś** with sth), suffer (**na coś** from sth), be afflicted (**na coś** with sth)

chorowity adj sickly

chory adj ill (**na coś** with sth), sick, unwell; **izba ~ch** sickward; **lista ~ch** sick-list

chować vt (*ukrywać*) hide, conceal; (*przechowywać*) keep; (*wkładać, np. do szuflady*) put (up); (*grzebać zwłoki*) bury; (*hodować*) breed, rear; (*wychowywać*) bring up, educate; ~ **do kieszeni** pocket; ~ **się** vr hide (**przed kimś** from sb), conceal oneself (**przed kimś** from sb); (*rosnąć, dobrze się trzymać*) grow, thrive

chowan|y pp od **chować**; s m **bawić się w ~ego** play (at) hide-and-seek

chód m gait, walk; (*o koniu*) pace; (*o maszynie*) action, going, working order; **na chodzie** in action, in working order; *pot.* **mieć chody** have connexions

chór m chorus; (*zespół śpiewaczy*)

i chór kościelny) choir; ~em in chorus

chóralny *adj* choral

chórzysta *m* chorister

chów *m* rearing, breeding

chrabąszcz *m* zool. chafer

chrapać *vi* snore

chrapliwy *adj* raucous, hoarse

chrobotać *vi* grate

chrom *m* chrome; *chem.* chromium; (*skóra*) box-calf

chromać *vi* † limp, halt

chromatyczny *adj* chromatic

chromow|y *adj* chromic; skóra ~a box-calf

chromy *adj* † limping, lame

chronicznie *adv* chronically

chroniczny *adj* chronic

chronić *vt* protect, preserve, shelter (*przed czymś* from sth), guard (*przed czymś* against sth): ~ się *vr* protect oneself, guard (oneself); (*chować się*) shelter, take shelter; (*szukać bezpiecznego miejsca*) take refuge

chronologia *f* chronology

chronologiczny *adj* chronological

chronometr *m* chronometer

chropawy *adj* rough, harsh, coarse

chropowaty *adj* rough, rugged

chrupać *vt* crunch

chrupki *adj* crisp

chrupot *m* crunch, crackle

chrust *m* faggots *pl*, brushwood; (*ciasto*) cracknel

chrypieć *vi* speak in a hoarse voice

chrypka *f* hoarseness, hoarse voice

chrypliwy *adj* hoarse, husky

chrystianizm *m* Christianity

chryzantema *f* chrysanthemum

chrzan *m* horse-radish

chrząkać *vi* hawk, (*ironicznie lub znacząco*) hem, (*o świni*) grunt

chrząstka *f* cartilage

chrząstkowy *adj* cartilaginous

chrząszcz *m* beetle, chafer

chrzciciel *m* baptist

chrzcić *vt* baptize, christen; ~ się *vr* be ⟨become⟩ christened

chrzcielnica *f* font

chrzciny *s pl* baptism; christening-party

chrzest *m* baptism, christening

chrzestn|y *adj* baptismal; ojciec ~y godfather; matka ~a godmother; rodzice ~i godparents

chrześcijanin *m* Christian

chrześcijański *adj* Christian

chrześcijaństwo *n* (*religia*) Christianity, Christianism; (*ogół chrześcijan*) Christendom

chrześniaczka *f* goddaughter

chrześniak *m* godson

chrzęst *m* rattle, rattling, clank

chrzęścić *vi* rattle, clank

chuchać *vi* puff, blow

chuchro *n* weakling, valetudinarian

chuć *f* concupiscence, lust

chuderlawy *adj* weakly, sickly, meagre

chudeusz *m* lean fellow

chudnąć *vi* become lean, lose flesh

chudoba *f* live stock; meagre property

chudy *adj* lean, meagre

chuligan *m* hooligan, rowdy

chusta *f* wrap, shawl; zbladł jak ~ he grew pale as death

chustka *f* kerchief; ~ do nosa handkerchief

chwalebny *adj* glorious, praiseworthy

chwalić *vt* praise, extol; ~ się *vr* boast (*czymś* of sth)

chwała *f* glory; praise

chwast *m* (*ziele*) weed; (*frędzla*) tassel

chwat *m* valiant fellow; *pot.* brick of a fellow

chwiać *vt* shake, sway; ~ się *vr* shake, sway, totter, reel, rock; (*wahać się*) hesitate; (*o cenach*) fluctuate

chwiejność *f* shakiness, tottering position; unsteadiness; hesitation, indecision; (*cen*) fluctuation

chwiejny *adj* shaky, tottering; unsteady; hesitating

chwil|a *f* moment, instant, while;

co ~a every moment, every now and again; **do tej** ~**i** up to this moment, until now; **lada** ~**a, każdej** ~**i** any moment ⟨minute⟩; **na** ~**ę** for a moment; **od tej** ~**i** from this time onward, from now on; **przed** ~**ą** a while ago; **przez** ~**ę** for a while; **w danej** ~**i** at the given moment; **w jednej** ~**i** at once; **w ostatniej** ~**i** at the last moment; **w wolnych** ~**ach** at one's leisure, in leisure hours; **nie mieć wolnej** ~**i** not to have a moment to spare; **za** ~**ę** in a moment; **z** ~**ą** on, upon; **z** ~**ą** **jego przybycia** on his arrival

chwilowy adj momentary, temporary

chwyt m grip, grasp, seizure; (sposób, zabieg) catch, trick; (w zapasach) grapple, catch; **mocny** ~ firm grasp

chwytać vt catch, seize; (mocno) grasp, grip; catch ⟨get⟩ hold (coś of sth); ~ **za broń** take up arms; ~ **za serce** go to sb's heart; ~ **się** vr catch (czegoś at sth), seize (czegoś on, upon sth); ~ **się za głowę** clutch one's head

chyba part ł adv probably, maybe; ~ **tak** I think so; ~ **tego nie zrobił** he can scarcely have done it; conj ~ **że** unless

chybić vi miss, fail, miscarry; **na** ~ł **trafił** at random, at a venture

chybiony adj abortive; ~ **cios** ⟨krok⟩ miss

chylić vt incline, bow; ~ **czoło do** reverence (przed kimś to sb); ~ **się** vr incline; (ku upadkowi) decline; verge (ku starości towards old age)

chyłkiem adv furtively, sneakingly

chytrość f cunning, slyness, astuteness

chytry adj cunning, sly, astute, crafty

chyży adj swift, brisk

ciałko n little body; biol. corpuscle; **białe** ~ **krwi** leucocyte; **czerwone** ~ **krwi** erythrocyte

ciało n (korpus) body; (żywe mięso) flesh; przen. (grono) staff; **jędrne** ~ firm flesh; **budowa ciała** physique; fiz. ~ **stałe** solid; astr. ~ **niebieskie** celestial body

ciarki pl creeps; **przechodzą mnie** ~ my flesh creeps, it makes my flesh creep

ciasno adv tightly, closely; ~ **nam w tym pokoju** we are cramped in this room

ciasnota f narrowness, tightness; ~ **mieszkaniowa** housing shortage; przen. ~ **umysłowa** narrow-mindedness

ciasny adj narrow, tight; (o mieszkaniu) cramped; (o butach) tight; (o umyśle) narrow

ciastko n cake, (owocowe, z kremem) tart, tarlet

ciast|o n dough, paste; pl ~a pastry

ciąć vt cut (na kawałki into pieces), (posiekać, porozcinać) cut up

ciąg m draught, (pociągnięcie) draw; (bieg) course; (wędrówka ptaków) flight (of birds); mat. sequence; ~ **dalszy** continuation; ~ **dalszy** (poprzedniego tekstu) continued; ~ **dalszy nastąpi** to be continued; **jednym** ~**iem** at a stretch; **w** ~**u roku** in (the) course of the year; **w dalszym** ~**u coś robić** continue to do sth

ciągle adv continually

ciągłość f continuity

ciągły adj continuous, continued

ciągnąć vt draw; pull; (wlec) drag, haul; (pociągać, nęcić) attract; (korzyści) derive; ~ **dalej** continue, carry ⟨go⟩ on; **tu ciągnie** there is a draught here; ~ **się** vr (rozciągać się) extend, stretch; (w czasie) continue, last, drag on

ciągnienie n (loterii) drawing

ciągnik m tractor

ciąż|a f pregnancy; być w ~y be pregnant

ciążenie n inclination; fiz. gravitation

ciąż|yć vi weigh, lie heavy, press heavily; (sktaniać się) incline, lean (do czegoś to sth); fiz. gravitate; na domu ~ą długi the house is encumbered with debts; ~y na mnie obowiązek it is incumbent on me; ~y na nim zarzut ... he is charged with ...

cichaczem adv furtively, stealthily

cichnąć vi calm down, become still

cicho adv in a low voice, softly; bądź ~! silence!; pot. hush!; ~ mówić speak in a low voice; ~ siedzieć ⟨stać⟩ sit ⟨stand⟩ still

cich|y adj still, silent, quiet; ~a zgoda tacit consent; przysł. ~a woda brzegi rwie still waters run deep

ciec vi flow, stream; (kapać) drip; (przeciekać) leak

ciecz f liquid, fluid

ciekawość f curiosity; przez ~ out of curiosity

ciekawy adj curious, inquisitive; (interesujący) interesting, curious; jestem ~ I wonder

ciekły adj liquid, fluid

cieknąć zob. ciec

cielec m, przen. złoty ~ golden calf

cielesny adj carnal, bodily, corporeal; (o karze) corporal

cielę n calf; pot. (głuptas) fool, simpleton

cielęcina f veal

cielęc|y adj calf, calf's; pieczeń ~a roast veal; skóra ~a calf skin

cielisty adj flesh-coloured

ciemię n crown (of the head), anat. top, vertex; przen. on jest nie w ~ bity he is nobody's fool, he is no fool

ciemięga m gawk, lout

ciemięzca m oppressor

ciemiężyć vt oppress

ciemnia f dark chamber

ciemnica f dark cell

ciemnieć vi darken, grow dark

ciemno adv darkly; jest ~ it is dark; robi się ~ it's getting dark

ciemnobłękitny adj dark-blue

ciemnoskóry adj dark-skinned, swarthy

ciemność f darkness, dark

ciemnota f obscurity; ignorance

ciemnowłosy adj dark-haired

ciemny adj dark; obscure; (o chlebie) brown; przen. ~ typ shady person

cieniować vt shade off, gradate

cienisty adj shady, shadowy

cienki adj thin, slender, (o tkaninie) fine

cienkość f thinness, fineness

cie|ń m shade; (odbicie człowieka, drzewa itp.) shadow; chodzić za kimś jak ~ń to shadow sb; pozostawać w ~niu keep in the background

cieplarnia f hothouse

ciepleć vi grow warm

ciepln|y adj thermic, thermal; energia ~a thermal ⟨heat⟩ energy

ciepło n warmth, heat; fiz. ~ utajone latent heat; trzymać w cieple keep warm; adv warmly; jest ~ it is warm; jest mi ~ I am warm; ubierać się ~ dress warmly

ciepłota f temperature

ciepły adj warm

ciernisty adj thorny

cierń m thorn

cierpi|eć vt vi suffer (coś sth, na coś, z powodu czegoś from sth); (znosić) bear; ~eć głód starve; ~eć na ból zębów have a toothache; nie ~ę tego I cannot bear it

cierpienie n suffering, pain; (dolegliwość) ailment

cierpki adj tart, acrid, harsh; ~e słowa harsh words

cierpkość *f* tartness, acridness; harshness

cierpliwość *f* patience; straciłem ~ I'm out of patience (do niego with him)

cierpliwy *adj* patient

cierpnąć *vi* grow numb, become torpid

ciesielstwo *n* carpentry

cieszyć *vt* gladden, delight, give pleasure; ~ się *vr* be glad (czymś of sth), rejoice (czymś at sth); ~ się dobrym zdrowiem enjoy good health

cieśla *m* carpenter

cieśnina *f* strait (zw. pl straits)

cietrzew *m* zool. black-cock

cięcie *n* cut, cutting; med. cesarskie ~ caesarean section

cięciwa *f* (łuku) string; mat. chord

cięgi *pl* sound cudgelling, licking; dostać ~ get a licking

cięt|y *pp* cut; *adj* (ostry, bystry) smart, quick-witted; (zgryźliwy) pungent, caustic; ~y dowcip ready wit; ~e pióro ready pen

ciężar *m* burden, load, weight; ~ właściwy (gatunkowy) specific gravity; ~ własny dead load; *lotn.* ~ całkowity all-up weight; być ~em encumber (dla kogoś sb), be a burden (dla kogoś to sb)

ciężar|ek *m* weight; *pl* ~ki gimnastyczne dumb-bells

ciężarna *adj f* pregnant

ciężarowy *adj*, wóz ~ goods van; samochód ~ lorry, *am.* truck

ciężarówka *f* lorry, *am.* truck

ciężki *adj* heavy, weighty; (o pracy, sytuacji) hard; (o chorobie) serious; (o ranie) dangerous; (trudny) difficult; ~e roboty hard labour; (o bokserze) ~ej wagi heavy-weight

ciężko *adv* heavily; hard; with difficulty; ~ pracować work hard; ~ strawny hard to digest, indigestible; ~ mi na sercu I have a heavy heart; ~ mu idzie

w życiu it goes hard with him; ~ mu idzie praca he finds it hard to work; ~ myślący slow of wit; ~ chory seriously ill

ciężkoś|ć *f* heaviness, weight; siła ~ci gravity; środek ~ci centre of gravity

ciołek *m* bull-calf

cios *m* blow, stroke; zadać ~ strike (deal) a blow

ciosać *vt* hew

cioteczn|y *adj*, brat ~y, siostra ~a first cousin

ciotka *f* aunt

cis *m* yew

ciskać *vt* hurl, throw; ~ się *vr* fret and fume

cisnąć *vt* press; (o bucie) pinch; ~ się *vr* press, crowd; *zob.* ciskać

cisz|a *f* stillness, calm, peace; głęboka ~a dead silence; proszę o ~ę! silence, please!

ciśnienie *n* pressure; ~ krwi blood pressure

ciuciubabk|a *f* blindman's buff; bawić się w ~ę play blindman's buff

ciułać *vt* scrape together, economize

ciupaga *f* hatchet; (kij alpinistyczny) alpenstock

ciura *m* lout, bumpkin

ciżba *f* throng, crowd·

ckliwość *f* mawkishness, nausea

ckliwy *adj* mawkish, nauseating

clić *vt* lay duty (coś on, upon sth)

cło *n* duty, customs, custom-duty; opłacanie cła clearance; wolny od cła duty-free; podlegający clu dutiable

cmentarz *m* cemetery, burial-ground, graveyard; (przy kościele) churchyard

cmokać *vi* smack; ~ językiem smack one's tongue

cnota *f* virtue

cnotliwość *f* virtuousness

cnotliwy *adj* virtuous

co *pron* what; co do as regards; co do mnie as for me; co mie-

siąc every month; **dopiero co**
just now; **co za pożytek z te-**
go? what's the use of it?, what
use is it?; **co za widok!** what a
sight!; **co z tego?** what of that?;
co mu jest? what's the matter
with him?

codziennie adv every day, daily

codzienny adj everyday, daily;
(*powszedni*) commonplace

cofać vt retire, withdraw; (*odwo-*
ływać) repeal, recall, retract;
(*zegarek*) put back; ~ **słowo** go
back on one's word; ~ **się** vr
draw back, withdraw, retreat,
retire

cofnięcie (się) n withdrawal, re-
traction

cokolwiek pron anything; whatever; (*nieco*) some, something;
~ **bądź** no matter what; ~ **on**
zrobi whatever he may do; ~
się stanie whatever may happen

cokół m socle, base

comber m saddle (of venison)

coraz adv, ~ **lepiej** better and
better; ~ **więcej** more and more

corocznie adv every year, yearly,
annually

coroczny adj yearly, annual

coś pron something, anything; ~
w tym rodzaju something like
that; ~ **niecoś** a little, something,
somewhat

córka f daughter

cóż pron for what; ~ **to?** what is it?;
no i ~? what now?; **więc** ~ **z**
tego? well, what of it?; ~ **z te-**
go, że what if, what though

cuchnąć vi stink (**czymś** of sth),
smell nasty

cucić vt bring back to consciousness, try to revive

cud m miracle, wonder, prodigy;
dokazywać ~**ów** work wonders;
~**em** by a miracle, miraculously

cudaczny adj queer, odd

cudak m odd man, crank

cudny adj wonderfully fine, wonderful

cudo n wonder, marvel, prodigy

cudotwórca m miracle worker,
thaumaturge

cudotwórstwo n thaumaturgy

cudown|y adj prodigious, miracu-
lous; (*niezwykle piękny, dobry*)
wonderful, marvellous; ~**y obraz**
miraculous image; ~**e dziecko**
prodigy

cudzołożyć vi commit adultery

cudzołóstwo n adultery

cudzoziemiec m foreigner, alien

cudzoziemski adj foreign, alien

cudzy adj somebody else's; other's,
another's, others'; alien; strange

cudzysłów m inverted commas pl,
quotation marks pl

cugl|e s pl reins; **popuścić** ~**i** give
reins

cukier m sugar; ~ **kryształowy**
crystal sugar; ~ **miałki** caster
sugar; ~ **w kostkach** lump sugar; **głowa cukru** loaf of sugar;
kostka cukru lump of sugar

cukierek m sweet, sweetmeat, am.
candy

cukiernia f confectioner's (shop),
confectionery

cukiernica f sugar-basin

cukiernik m confectioner

cukrownia f sugar-works

cukrownictwo n sugar industry

cukrzyca f med. diabetes

cukrzyć vt sugar

cumować vt mors. moor

cumy s pl mors. moorings

cwał m full gallop

cwałować vi ride at full gallop

cwaniak m pot. slyboots

cybernetyka f cybernetics

cyfra f cipher, digit

Cygan m gipsy; **cygan** (*oszust*)
cheat, trickster

cyganeria f Bohemia

cyganić vt vi pot. cheat, trick

cygański adj gipsy; Bohemian

cygarniczka f cigarette holder

cygaro n cigar

cyjanek m cyanide

cykl m cycle

cykliczny adj cyclic

cyklista *m* cyclist
cyklon *m* cyclone
cykoria *f* chicory
cykuta *f bot.* (water) hemlock
cylinder *m* (*walec*) cylinder; (*ka-pelusz*) top hat
cymbał *m pot.* (*dureń*) duffer, blockhead; *muz. pl* ~y dulcimer
cyna *f* tin
cynadry *s pl* kidneys
cynamon *m* cinnamon
cynfolia *f* tin-foil
cyngiel *m* trigger
cyniczny *adj* cynical
cynik *m* cynic
cynizm *m* cynicism
cynk *m* zinc
cynkować *vt* zinc, coat with zinc
cynober *m* cinnabar, Chinese red, vermillion
cynować *vt* tin, coat with tin
cypel *m* jut, point; (*przylądek*) promontory; (*wierzchołek*) peak
cyprys *m bot.* cypress
cyrk *m* circus
cyrkiel *m* a pair of compasses, compasses *pl*
cyrkowiec *m*, cyrkówka *f* circus performer
cyrkulacja *f* circulation
cyrkulacyjny *adj* circulatory
cysterna *f* cistern, tank; statek ⟨samochód⟩ ~ tanker
cytadela *f* citadel
cytat *m* quotation
cytować *vt* quote, cite
cytra *f muz.* zither
cytryna *f* lemon
cywilizacja *f* civilization
cywilizować *vt* civilize
cywiln|y *adj* civil; civilian; stan ~y status; urząd stanu ~ego registry office
cyzelować *vt* chase, chisel; *przen.* smooth
czad *m* coal smoke; *chem.* carbon oxide
czaić się *vr* lurk
czajka *f zool.* pe(e)wit
czajnik *m* tea-kettle; (*do zaparza-*

nia herbaty) teapot
czako *n* shako
czambuł, w ~ *adv* altogether, in the bulk, wholesale
czapka *f* cap
czapla *f zool.* heron
czapnik *m* capmaker
czaprak *m* horse-rug
czar *m* charm, spell; *pl* ~y witch-craft, sorcery, magic
czara *f* bowl
czarci *adj* diabolical, devilish, devil's
czarno *adv* blackly; ubierać się na ~ dress in black; malować na ~ paint black; ~ na białym down in black and white
czarnobrunatny *adj* brownish black
czarnogiełdziarz *m* black marketeer
czarnoksięsk|i *adj* magic; różdżka ~a sorcerer's wand
czarnoksiężnik *m* sorcerer
czarnooki *adj* black-eyed
czarnowłosy *adj* black-haired
czarnoziem *m* humus, (black) mould
czarn|y *adj* black; *przen.* ~y rynek black market; na ~ą godzinę against a rainy day
czarodziej *m* sorcerer, wizard
czarodziejka *f* sorceress
czarodziejski *adj* magic(al)
czarować *vt* charm
czarownica *f* witch, hag
czarownik *m* sorcerer, wizard
czarowny *adj* charming, enchanting
czart *m †* devil
czarujący *adj* charming, fascinating
czas *m* time; *gram.* tense; ~ przeszły preterite, past; ~ przyszły future; ~ teraźniejszy present; ~ miejscowy ⟨lokalny⟩ local time; wolny ~ leisure ⟨spare⟩ time; ~em sometimes; do ~u aż till, until; na ~ in (good) time; na ~ie timely, well-timed; nie na ~ie untimely, ill-timed; na jakiś ~ for a time; od ~u do ~u from time to time; od ~u jak..

since...; **od jakiegoś** ~**u** for some time now; **od owego** ~**u** ever since; **po pewnym** ~**ie** after a while; **przez cały ten** ~ all the time; **w sam** ~ just in time; **z** ~**em** in course of time; **za** ~**ów** at the time; **za moich** ~**ów** at my time

czasem *adv* sometimes

czasopismo *n* periodical

czasownik *m gram.* verb

czasowy *adj* temporal; temporary

czasza *f* bowl

czaszka *f* skull

czatować *vi* lurk (**na kogoś** for sb), lie in wait (**na kogoś** for sb)

czat|y *s pl* lying in wait, look-out; **być na** ~**ach** be on the look--out; **keep (a good) watch**

cząsteczka *f* particle; *chem. fiz.* molecule

cząstka *f* particle, small part; share

cząstkowy *adj* partial, fractional

czciciel *m* adorer, worshipper

czcić *vt* adore, worship; (*np. rocznicę*) celebrate; (*pamięć*) commemorate

czcigodny *adj* venerable, honourable

czcionk|a *f* letter, type; *pl* ~**i** letters, *zbior.* type

czczo, na czczo *adv* on ⟨with⟩ an empty stomach; **jestem na** ~ I have not had my breakfast

czczość *f* emptiness of the stomach; (*daremność*) vanity, futility

czczy *adj* (*pusty*) empty; (*daremny*) vain, futile

Czech *m* Czech

czek *m* cheque, *am.* check; ~**iem** by cheque; **honorować** ~ meet a cheque

czekać *vt* wait (**na kogoś** for sb), expect (**na kogoś** sb)

czekolada, czekoladka *f* chocolate

czekow|y *adj*, **książka** ~**a** a cheque--book; **rachunek** ~**y** cheque account, *am.* checking account; **obrót** ~**y** cheque system, transactions in cheques

czeladnik *m* journeyman

czeladź *f* † domestics *pl*, household

czelność *f* insolence, impudence

czelny *adj* insolent, impudent

czeluść *f* chasm, abyss, gulf

czemu *adv* why

czep|ek *m* bonnet, cap; *przen.* u-rodzić się w ~ku be born with a silver spoon in one's mouth

czepiać się *vr* cling, hang on (**czegoś** to sth), catch (**czegoś** at sth); (*szykanować, zaczepiać*) pick (**kogoś** at sb)

czepiec *m* hood, cap

czerep *m* shell, sherd; *pot.* (*czaszka*) skull

czereśnia *f* cherry; (*drzewo*) cherry-tree

czernić *vt* blacken, black; paint black

czernidło *n* blacking; *druk.* printing-ink

czernieć *vi* blacken, become black

czernina *f* black soup

czerń *f* blackness, black (colour); (*motłoch*) mob, rabble

czerpać *vt* draw; (*wygarniać*) scoop

czerpak *m* scoop

czerstwieć *vi* (*o chlebie*) become stale; (*krzepnąć*) become ruddy, grow vigorous

czerstwość *f* staleness; vigour

czerstwy *adj* (*o chlebie*) stale; (*krzepki*) hale, ruddy; **mieć** ~ **wygląd** look hale

czerwiec *m* June

czerwienić się *vr* redden, become red; (*na twarzy*) blush

czerwienieć *vi* redden, turn red

czerwień *f* red (colour), redness; (*w kartach*) hearts *pl*

czerwonka *f med.* dysentery

czerwony *adj* red

czesać *vt* comb; (*len*) hackle; (*wełnę*) card; ~ **się** *vr* to comb one's hair

czesanka *f* worsted, carded wool

czeski *adj* Czech

czesne *n* school-fees *pl*, tuition fee

cześć *f* honour, reverence; oddawać ~ do honour, pay reverence; ku czci, na ~ in honour (kogoś of sb)

często *adv* often, frequently

częstokół *m* palisade

częstokroć *adv* frequently, repeatedly

częstokrotny *adj* frequent, repeated

częstotliwość *f* frequency

częstotliwy *adj* frequent; reiterative; *gram.* frequentative

częstować *vt* treat (kogoś czymś sb to sth); ~ się *vr* treat oneself (czymś to sth); help oneself (czymś to sth)

częsty *adj* frequent

częściowo *adv* partly, in part

częściow|y *adj* partial, part *attr*; ~y etat part-time work; ~a spłata part-payment

cześ|ć *f* part, portion; (*udział*) share; ~ć składowa component (part); ~ć zamienna spare (part); lwia ~ć lion's share; pięć ~ci świata five continents; po ~ci partly; po największej ~ci for the most part, mostly; *gram.* ~ci mowy parts of speech

czkawka *f* hiccup

człek *m* = człowiek

człon *m* member

członek *m* member; (*kończyna*) limb

członkini *f* woman member

członkostwo *n* membership

człowieczek *m* little fellow, homuncule

człowieczeństwo *n* humanity; human nature

człowieczy *adj* human

człowiek *m* (*pl* ludzie) man (*pl* people), human being

czmychać *vi pot.* scamper off, bolt

czołg *m* tank

czołgać się *vr* crawl, creep

czoł|o *n* forehead, brow; (*pochodu, oddziału wojskowego*) head; marszczyć ~o frown; stawić ~o

face, brave; wysunąć się na ~o come to the front; na czele at the head; w pocie ~a in the sweat of the brow

czołobitny *m* servile

czołowy *adj* frontal; (*przodujący*) leading, chief

czołówka *f* forefront; *wojsk.* spearhead

czop *m* tap, plug

czopek *m* stopper; *techn.* spigot; *med.* suppository

czopować *vt* stop up, plug; tampon

czosnek *m* garlic

człónenko *n* small boat; (*tkackie*) shuttle

czółno *n* boat, canoe

czterdziestka *f* forty

czterdziestoletni *adj* (*o wieku*) forty years old; (*o okresie czasu*) forty years'

czterdziesty *num* fortieth

czterdzieści *num* forty

czternasty *num* fourteenth

czternaście *num* fourteen

czterokrotny *adj* fourfold

czteroletni *adj* (*o wieku*) four years old; (*o okresie czasu*) four years'

czterowiersz *m* quatrain

cztery *num* four

czterysta *num* four hundred

czub *m* tuft; (*hełmu, koguta*) crest; *przen.* brać się za ~y come to blows; *pot.* mieć w ~ie be tipsy

czubaty *adj* tufted, crested

czubić się *vr* bicker, squabble

czucie *n* feeling; paść bez ~a fall senseless

czuć *vt* feel; smell; ~ do kogoś urazę bear sb a grudge; ~ czosnkiem it smells of garlic; ~ się *vr* feel; ~ się dobrze feel well ⟨all right⟩; ~ się szczęśliwym feel happy

czujka *f wojsk.* vedette

czujność *f* vigilance, watchfulness; zmylić (czyjąś) ~ put (sb) off guard

czujny *adj* vigilant, watchful

czule adv tenderly, affectionately

czułość f tenderness, sensitiveness

czuły adj tender, affectionate; sensitive (na coś to sth)

czupryna f crop of hair

czupurny adj pugnacious

czuwać vi watch (nad kimś, czymś over sb, sth); keep vigilance; (nie spać) wake; sit up (przy chorym by a sick person)

czuwanie n watch, wake

czwartek m Thursday; **Wielki Czwartek** Maundy Thursday

czwarty num fourth; **jedna ~a** one fourth; **wpół do ~ej** half past three; **o ~ej** at four

czworak m, **na ~ach** on all fours

czworaki adj fourfold

czworo num four (children etc.)

czworobok m quadrilateral

czworokąt m quadrangle

czworonożny adj quadrupedal

czworonóg m quadruped

czwórka f four

czy conj w zdaniach pytających podrzędnych: if, whether; w zdaniach pytających głównych nie tłumaczy się: ~ wierzysz w to? do you believe that?; ~ ... ~ whether ... or; ~ tu ~ tam whether here or there; ~ chcesz tego ~ nie? do you want it or not?

czyhać vi lurk, lie in wait (na kogoś for sb)

czyj pron whose

czyjś pron somebody's, anybody's

czyli conj or

czyn m deed, act, action, feat; ~ bohaterski heroic deed, exploit; ~ pierwszomajowy First-May deed; wprowadzić w ~ carry into effect; człowiek ~u man of action

czynić vt do, act

czynienie n doing, acting; mieć z kimś do ~a have to do with sb

czynnik m factor, agent; ~ mia-

rodajny competent authority

czynność f activity, function, action; operation

czynny adj active; (pełniący obowiązki) acting; (o maszynie, automacie) in operation; **sklep jest ~y** the shop is open; gram. **strona ~a** active voice

czynsz m rent

czynszowy adj, **dom ~** tenement-house

czyrak m furuncle

czystka f purge

czysto adv cleanly, purely, neatly; **dochód na ~** net profit; **mówić ~ po polsku** speak good Polish; **przepisać na ~** make a fair copy (coś of sth); **wyjść na ~** get off clear

czystopis m fair copy

czystość f purity, cleanness, tidiness; (moralna) chastity

czysty adj clean, pure, neat; (schludny) tidy; (moralnie) chaste; handl. net; filat. mint; **~a angielszczyzna** good English; **~a prawda** plain truth; **~e sumienie** clear conscience; **~y arkusz** blank sheet; **~y dochód** net profit

czyszczenie n cleaning; med. purgation; (biegunka) diarrhoea

czyścibut m shoeblack

czyścić vt clean; purify; przen. i med. purge; (rafinować) refine

czyściec m purgatory

czytać vt vi read (coś sth, o czymś of, about sth); ~ po angielsku read English

czytanie n reading; **książka do ~a** reading-book; **nauka ~a** instruction in reading

czytanka f piece for reading, piece of reading-matter; (podręcznik) reader

czytelnia f reading-room

czytelnik m reader

czytelny adj legible

czyż conj = czy

czyżyk m zool. siskin

ć

ćma *f* zool. moth

ćmi|ć *vt* (*przyćemniać*) obscure, darken; *vt* (*dymić*) reek, smoke; ~ mi się w oczach my head swims

ćwiartka *f* quarter, one fourth (part); (*mięsa*) joint

ćwiartować *vt* quarter

ćwiczenie *n* exercise, drill; (*na fortepianie, skrzypcach itp.*) practising; (*trening*) training; (*na wyższej uczelni*) class

ćwiczyć *vt vi* exercise, drill, instruct; (*na fortepianie, skrzypcach itp.*) practise; (*trenować*) train; (*bić*) flog

ćwiek *m* nail

ćwierć *f* quarter, one fourth (part)

ćwierkać *vi* twitter, chirp

ćwikła *f* beetroot salad

d

dach *m* roof; bez ~u nad głową without shelter; mieć ~ nad głową have a shelter

dachówka *f* tile

dać *vt* give; ~ do zrozumienia give to understand; ~ komuś spokój let (leave) sb alone; ~ komuś w twarz slap sb's face; ~ możność enable (komuś sb); ~ wiarę give credit; ~ za wygraną give up; ~ znać give information, inform; daj mi znać o sobie let me hear from you; dano mi znać word came to me; ~ żyć let live; ~ przykład set an example; ~ ognia fire; ~ ognia do papierosa give a light; dajmy na to suppose

daktyl *m* bot. date; (*miara wiersza*) dactyl

daktyloskopia *f* finger-printing

dal *f* distance, remoteness; w ~i far away, in the distance; z ~a from afar; z ~a od off, away from

dalece *adv* greatly, by far; tak ~, że ... so far ⟨so much⟩ that ...; to such an extent that ...

dalej *adv* farther, further; i tak ~ and so on

daleki *adj* far, far-off, distant, remote

daleko *adv* far (off), a long way off; tak ~, że so far as; ~ idący far-reaching

dalekobieżny *adj* long-distance *attr*

dalekonośny *adj* long-range *attr*

dalokowidz *m* far-sighted person; *med.* presbyope

dalekowzroczność *f* far-sightedness; *med.* prebyopia

dalekowzroczny *adj* far-sighted

dalia *f* bot. dahlia

dalszy *adj comp* farther, further; (*następny*) next, following

daltonizm *m* daltonism

dama *f* lady; dame; (*w kartach*) queen; ~ serca lady-love

damasceński *adj* damask

damski *adj* ladies'

dane *s pl* data *pl*, evidence; (*możliwość, kwalifikacje*) makings, chance; bliższe ~ description; ~ osobiste personal details; mieć wszelkie ~ have every chance

danie *n* dish, course

danina *f* tribute

danser *m*, danserka *f* dancer

dansing *m* dancing

dantejski 498

dantejski *adj* Dantean

dany *adj i pp* given; **w ~ch warunkach** under the given conditions

dar *m* gift, present; **w darze** as a gift

darcie *n* tearing, rending; *(w kościach)* pains; *(pierza)* picking

daremnie *adv* in vain

daremny *adj* vain, futile

darmo *adv* gratis, gratuitously, for nothing; *(bezpłatnie)* free of charge; **na ~** in vain

darmozjad *m* sponger

darnina *f* turf; *poet.* sward, sod

darować *vt* give; present (komuś coś sb with sth); *(przebaczyć)* pardon, forgive; **~ komuś dług** remit sb's debt; **~ komuś winę ⟨grzechy⟩** absolve sb from guilt ⟨sins⟩; **~ komuś życie** spare sb's life

darowizna *f* donation, gift

darwinizm *m* Darwinism

darzyć *vt* present (kogoś czymś sb with sth); *(względami)* favour; **~ kogoś zaufaniem** put one's trust in sb

daszek *m* rooflet; *(osłona)* screen; *(u czapki)* peak

dat|a *f* date; **świeżej ~y** of recent date; *pot.* **być pod dobrą ~ą** be in one's cups, be tipsy

datować *vt*, **~ się** *vr* date

datownik *m* date-stamp, dater; *filat.* postmark

dawać *zob.* **dać**

dawca *m* giver, donor; **~ krwi** blood donor

dawka *f* dose

dawkować *vt* dose

dawniej *adv* formerly, in former times

dawno *adv* long ago, in times past; **jak ~ tu jesteś?** how long have you been here?

dawny *adj* old, old-time *attr*; *(poprzedni)* former; **za ~ch dni** in the old days; **od dawna** for ⟨since⟩ a long time

dąb *m* oak; **stawać dęba** *(o ko-*

niu) rear; jib; *przen.* **włosy stają mu dęba** his hair stands on end

dąć *vi* blow; **~ w róg** blow a horn

dąsać się *vr* sulk (na kogoś with sb), be in the sulks

dąsy *pl* sulks

dążenie *n* aspiration, endeavour, pursuit

dążność *f* tendency

dążyć *vi* aspire (do czegoś to sth, after sth), strive (do czegoś after sth), aim (do czegoś at sth); *(podążać)* make one's way, proceed

dbać *vi* care (o coś for sth), take care (o coś of sth), be concerned (o coś about sth), look (o coś after sth)

dbałość *f* care, solicitude (o coś for sth)

dbały *adj* careful (o coś of sth), solicitous (o coś for, about sth)

debata *f* debate

debatować *vi* debate (nad czymś sth, on sth)

debet *m handl.* debit

debit *m* the right to sell (periodicals)

debiut *m* début

debiutant *m* débutant

debiutantka *f* débutante

debiutować *vi* make one's début

decentralizacja *f* decentralization

decentralizować *vt* decentralize

dech *m* breath; **bez tchu** out of breath; **co tchu** as fast as possible, in all haste; **wypić jednym tchem** drink at one gulp; **zaczerpnąć tchu** draw one's breath

decydować *vi* determine, decide (o czymś sth); **~ na korzyść kogoś, czegoś** decide in favour of sb, sth; **~ się** *vr* determine; decide (na coś on sth)

decydujący *adj* decisive; **~ moment** decisive moment

decyzj|a *f* decision; **powziąć ~ę** come to ⟨arrive at⟩ a decision

dedykacja *f* dedication

dedykować *vt* dedicate

defekt *m* defect

defensyw|a *f* defensive; w ~ie on the defensive

deficyt *m* deficit

defilada *f* march past

defilować *vi* march past (przed kimś sb)

definicja *f* definition

definiować *vt* define

definitywny *adj* decisive, final

deformować *vt* deform, disfigure

defraudacja *f* embezzlement

defraudant *m* embezzler

degeneracja *f* degeneration

degenerować się *vr* degenerate

degradacja *f* degradation

degradować *vt* degrade

deka *n* nieodm. zob. dekagram

dekada *f* decade

dekadencja *f* decadence

dekagram *m* decagramme

dekatyzować *vt* shrink

deklamacja *f* declamation, recitation

deklamator *m* reciter

deklamować *vt* recite, declaim

deklaracja *f* declaration

deklarować *vt* declare

deklinacja *f* gram. declension

deklinować *vt* gram. decline

dekompletować *vt* render incomplete

dekoracja *f* decoration; teatr scenery; (wystawy sklepowej) window-dressing

dekoracyjny *adj* decorative

dekorator *m* decorator; teatr scene-painter

dekorować *vt* decorate

dekret *m* decree

dekretować *vt* decree

delegacja *f* delegation; (z pełnomocnictwem) commission; pot. (wyjazd służbowy) business trip

delegat *m* delegate

delegować *vt* delegate, depute

delektować się *vr* relish (czymś sth), delight (czymś in sth)

delfin *m* zool. dolphin

delicje *s pl* delicacies, dainties; pleasures

delikatesy *s pl* dainties; (sklep) delicatessen

delikatność *f* delicacy, subtlety

delikatny *adj* delicate, subtle

delikwent *m* delinquent

demagog *m* demagogue

demagogia *f* demagogy

demarkacyjn|y *adj*, linia ~a line of demarcation

demaskować *vt* unmask, show up, expose

demobilizacja *f* demobilization

demobilizować *vt* demobilize

demokracja *f* democracy

demokrata *m* democrat

demokratyczny *adj* democratic

demokratyzować *vt* democratize

demolować *vt* demolish

demon *m* demon

demoniczny *adj* demonic

demonstracja *f* demonstration

demonstracyjny *adj* demonstrative

demonstrować *vt* demonstrate

demontować *vt* dismantle

demoralizacja *f* demoralization

demoralizować *vt* demoralize; ~ się *vr* become demoralized

denat *m* defunct

denaturat *m* methylated spirit

denerwować *vt* get on sb's nerves, irritate, excite; ~ się *vr* get excited, become flustered (czymś about sth)

denko *n* (kapelusza) crown

dentysta *m* dentist

dentystyczny *adj* dental, dentist's

dentystyka *f* dentistry

denuncjacja *f* denunciation, information

denuncjant *m*, denuncjator *m* informer, denouncer

denuncjować *vt* inform (kogoś against sb), denounce (kogoś sb)

departament *m* department

depesza *f* telegram, wire; ~ radiowa radiogram

depeszować *vi* telegraph, wire

deponować *vt* prawn. deposit

deportacja *f* deportation

deportować *vt* deport

depozyt m deposit; **do ~u** on deposit

deprawacja f depravation

deprawować vt deprave

deprecjacja f depreciation

deprecjonować vt depreciate; **~ się** vr become depreciated

depresja f depression

deprymować vt depress

deptać vt vi trample, tread (coś sth, po czymś upon sth)

deptak m promenade

deputacja f deputation

deputat m (przydział) allowance, ration

derka f rug, blanket

dermatolog m dermatologist

dermatologia f dermatology

desant m descent; wojsk. landing, landing-operation

desantowy adj wojsk. landing; **oddział ~** landing party

deseń m design, pattern; (szablon) stencil

deser m dessert

deska f board, plank; pot. **od ~i do ~i** from cover to cover, from beginning to end; **do grobowej ~i** till death itself

desperować vi despair

despota m despot

despotyczny adj despotic

despotyzm m despotism

destrukcja f destruction

destrukcyjny adj destructive

destylacja f distillation

destylarnia f distillery

destylować vt distil

desygnować vt designate

desygnat m referent, designation

deszcz m rain; **pada ~** it rains; przen. **z ~u pod rynnę** out of the frying pan into the fire

deszczówka f rain-water

deszczułka f lath

detal m detail

detalicznie adv handl. by ⟨at⟩ retail; **sprzedawać ~** sell by retail

detaliczny adj retail attr; **handel ~** retail trade; **kupiec ~** retailer

detektyw m detective

detektywistyczny adj detective

determinować vt determine

detonacja f detonation

detonować vt abash, disconcert; vi (eksplodować) detonate; **~ się** vr lose countenance

detronizacja f dethronement

detronizować vt dethrone

dewaluacja f devaluation

dewaluować vt devaluate; **~ się** vr become devaluated

dewiz|a f device, motto; pl **~y** fin. foreign bills ⟨exchange⟩

dewocja f devotion, piety

dewotka f devotee, bigot

dezercja f desertion

dezerter m deserter

dezerterować vi desert

dezorganizacja f disorganization

dezorganizować vt disorganize

dezorientacja f disorientation, confusion

dezorientować vt disorientate, confuse; **~ się** vr become confused, lose one's way

dezynfekcja f disinfection

dezynfekować vt disinfect

dębczak m oakling

dębieć vi be taken aback, stand dumbfounded

dębina f oakwood

dętka f tire, tyre

dęt|y adj blown; hollow; **instrument ~y** wind-instrument; **orkiestra ~a** brass band

diabelski adj diabolical, devilish

diabeł m devil

diabełek m devilkin, imp

diagnostyka f diagnosis

diagnoz|a f diagnosis; **postawić ~ę** to diagnose, to make a diagnosis

diagram m diagram

dialekt m dialect

dialektyczny adj dialectical; **materializm ~** dialectical materialism

dialektyk m dialectician

dialektyka f dialectics

dialog m dialogue

diament m diamond

diametralny adj diametrical

diatermia f diathermy

diecezja f diocese
diecezjalny adj diocesan
diet|a f diet; (pieniężna) zw. pl ~y expense ⟨travelling⟩ allowance
dietetyczny adj dietetic
dla praep for, in favour of, for the sake of; uprzejmy ⟨dobry⟩ ~ kogoś kind ⟨good⟩ to sb
dlaczego adv why, what for
dlatego adv therefore, for that reason, that's why; ~ że conj because, for
dławić vt strangle, suffocate, choke; techn. throttle; ~ się vr suffocate
dławik m techn. throttle
dło|ń f palm; jasne jak na ~ni as clear as daylight
dłubać vt vi dig, bore; (w zębach) pick
dług m debt; wpaść w ~i incur debts; zaciągnąć ~ contract a debt; spłacić ~ pay off a debt
długi adj long; upadł jak ~ he fell down flat
długodystansowiec m sport long-distance runner
długo adv long, for a long time; jak ~ as long as; jak ~? how long?
długofalowy adj long-wave attr; przen. long-range attr
długoletni adj long-time, of long standing
długonogi adj long-legged
długopis m ball-point pen
długoś|ć f length; geogr. longitude; mieć x metrów ~ci be x meters long
długoterminowy adj long-term attr
długotrwały adj lasting, durable
długowieczność f longevity
długowieczny adj longeval; long-lived
dłuto n chisel
dłużnik m debtor
dłużny adj owing; jestem mu ~ I owe him
dłużyć się vr (o czasie) pass slowly

dmuchać vt blow, puff
dnieć vi dawn
dniówk|a f daywork, day's work; pracować na ~ę work by the day
dno n bottom
do praep to, into; (o czasie) till, until; aż do granicy as far as the frontier; co do mnie as for me; do cna through and through; do piątku till ⟨until⟩ Friday; łyżeczka do herbaty teaspoon; raz do roku once a year; idę do apteki I go to the chemist's; idę do przyjaciela I go to see my friend; iść do domu go home; przybyć do Londynu arrive at ⟨in⟩ London; wyjechać do Londynu leave for London; wejść do pokoju enter the room; wsadzić do więzienia put into prison
dob|a f day (and night), twenty-four hours; całą ~ę the clock round; w dzisiejszej ~ie at present, at the present time
dobiegać vi approach, be coming near
dobierać vt select, choose; assort (coś do czegoś sth with sth); być dobranym match (do czegoś sth); ~ się vr try to get (do czegoś at sth); dobrali się they are well matched
dobijać vt deal (kogoś sb) a death-blow; ~ targu strike a bargain; vi ~ do lądu reach land; ~ się vr try to enter; (osiągnąć) contend, scramble (czegoś for sth); ~ się do drzwi batter the door
dobitk|a f, na ~ę on top of all that
dobitny adj distinct, emphatic
doborowy adj choice, select
dobosz m drummer
dobór m selection, assortment; biol. ~ naturalny natural selection
dobrać zob. dobierać
dobranoc int good night!

dobrnąć *vi* wade through (**do cze-goś** to sth)

dobr|o *n* good; ~**o społeczne** public welfare; *handl.* **na moje** ~**o** to my credit; **dla mojego** ~**a** for my good; *pl* ~**a** fortune, riches; (*ziemskie*) landed property; ~**a ruchome** movable property, personalty

dobrobyt *m* well-being, prosperity

dobroczynność *f* beneficence, charitableness; charity

dobroczynn|y *adj* beneficent, charitable; **cele** ~**e** charities

dobroczyńca *m* benefactor

dobroć *f* goodness

dobroduszność *f* kind-heartedness, good nature

dobroduszny *adj* kind-hearted, good-natured

dobrodziej *m* benefactor

dobrodziejstwo *n* benefaction, boon; *prawn.* benefit (of the law)

dobrotliwy *adj* kind-hearted, good-natured

dobrowolnie *adv* of one's own free will, voluntarily

dobrowoln|y *adj* voluntary; free-will *attr*; **umowa** ~**a** amicable agreement

dobr|y *adj* good, kind; **nie wyjdzie z tego nic** ~**ego** no good will come of it; **to jest warte** ~**e 10 tysięcy** it is well worth 10 thousand; **to wyjdzie na** ~**e** this will come to good, this will take a good turn; **to mu nie wyjdzie na** ~**e** it will turn out badly for him; **w tej sprawie jedno jest** ~**e** there is one good part in this; **życzyć wszystkiego** ~**ego** to give one's best wishes; **a to** ~**e!** I like this!; **co** ~**ego?** what is the best news?; **przez** ~**e dwie godziny** for a good two hours

dobrze *adv* well, all right; **czuję się** ~ I'm (feeling) well; ~ **czy źle** right or wrong; **to ci** ~ **zrobi** this will do you good; ~ **ci tak!** it has served you right

dobudować *vt* build an annex, build on

dobudówka *f* annex

dobyć *zob.* **dobywać**

dobytek *m sing* property, goods (and chattels); (*inwentarz*) cattle

dobywać *vt* take out, get out, produce

doceniać *vt* (duly) appereciate

docent *m* docent

dochodowy *adj* profitable, payable; **podatek** ~ income tax

dochodzenie *n* investigation, research, inquiry

dochodzi|ć *vi* approach, get near, reach; come about; (*badać*) investigate (**czegoś** sth), inquire (**czegoś into** sth), claim; (*ścigać sądownie*) prosecute; ~ **trzecia godzina** it is getting on to three o'clock; **on** ~ **siedemdziesiątki** he is getting on for seventy, he is close on seventy; **rachunek** ~ **do 100 funtów** the bill amounts to £ 100; **jak do tego doszło?** how did it come about?

dochować *vt* preserve; (*tajemnicy, wiary*) keep; ~ **się** *vr* (*dzieci*) manage to bring up; (*inwentarza*) manage to rear (breed)

dochód *m* income, profit, proceeds *pl*; ~ **państwowy** revenue

dociągać *vt vi* draw (**do czegoś as far as** sth); reach; tighten; ~ **do końca** reach the end

dociekać *vt* investigate (**czegoś** sth), inquire (**czegoś into** sth)

dociekanie *n* investigation, inquiry, enquiry

dociekliwy *adj* inquisitive

docierać *vt* reach (**dokąd a place**), advance (**dokąd to a place**); get (**do czegoś at** sth); reach (**do czegoś** sth); *vt* (*silnik, samochód*) run in, *am.* break in

docinać *vi* taunt, sting (**komuś** sb)

docinek *m* taunt

doczeka|ć się *vr* live to see; **nie** ~**sz się** go no use waiting for him; ~**ć się późnej starości** live to an old age; **nie mogę się** ~**ć ...** I can hardly wait to ...

doczepiać *vt* attach, append

doczesny *adj* temporal, earthly

dodać *zob.* **dodawać**

dodatek *m* addition; appendix, supplement; *pl* **dodatki** accessories; (*krawieckie itp.*) materials, furnishings; ~ **do pensji, wynagrodzenia** extra pay; ~ **drożyźniany** cost-of-living bonus; ~ **mieszkaniowy** residence allowance; ~ **nadzwyczajny** (*do gazety*) extra edition; ~ **rodzinny** family bonus; **na** ~ in addition, besides

dodatkowo *adj* additionally, in addition, extra

dodatkowy *adj* additional, supplementary, extra

dodatni *adj* positive, advantageous; *fin.* (*o bilansie*) favourable, active; **strona** ~**a** good side

dodawać *vt* add; (*sumować*) add up, sum up; give in addition; ~ **ducha** cheer up; ~ **odwagi** encourage

dodawanie *n* addition

dogadać się *vr* come to an understanding; (*w obcym języku*) make oneself understood

dogadzać *vi* gratify, satisfy; pamper; indulge; ~**ć sobie** indulge oneself, do oneself well; **to mi** ~ this suits me, this is convenient to me

doglądać *vi* look (*kogoś, czegoś* after sb, sth), watch (*kogoś, czegoś* over sb, sth); (*pielęgnować chorego*) tend, nurse; (*pilnować trzody*) tend

dogmat *m* dogma

dogmatyczny *adj* dogmatic

dogmatyka *f* dogmatics

dogmatyzm *m* dogmatism

dogodnie *adv* conveniently; **jak ci będzie** ~ at your convenience

dogodność *f* convenience

dogodny *adj* convenient; **na** ~**ch warunkach** on easy terms

dogodzić *zob.* **dogadzać**

dogonić *vt* catch up (**kogoś** sb, **with** sb), overtake

dogorywać *vi* be in death-agony, be dying away, be breathing one's last

dogrzewa|ć *vi* warm additionally; scorch; **słońce** ~ the sun is scorching

doić *vt* milk

dojadać *zob.* **dojeść; nie** ~ starve, not eat enough

dojazd *m* approach, access; (*przed domem*) drive; (*dojeżdżanie*) regular travel

dojechać *vi* arrive (**dokąd** at ⟨in⟩ a place), reach (**dokąd** a place), (*konno, na motorze*) come riding (**dokąd** to a place)

dojeść *vt* finish eating, eat up the rest; **nie** ~ not to eat up one's fill

dojeżdżać *vi* travel regularly; *zob.* **dojechać**

dojeżdżający *adj i m* non-resident

dojmujący *adj* painful, penetrating; (*o bólu*) acute

dojn|y *adj,* **krowa** ~**a** milch cow

dojrzałoś|ć *f* maturity; **egzamin** ~**ci** secondary school-leaving examination

dojrzały *adj* ripe, mature

dojrzeć 1. *zob.* **dojrzewać**

dojrzeć 2. *vt* (*zobaczyć*) catch sight (**kogoś, coś** of sb, sth); *lit.* behold

dojrzewać *vi* ripen, grow ripe, mature; (*osiągnąć dojrzałość*) reach the age of manhood ⟨womanhood⟩

dojście *n* access, approach; (*do władzy*) accession

dojść *vi* arrive (**dokąd** at ⟨in⟩ a place), reach (**dokąd** a place); ~ **do skutku** come off ⟨about⟩; ~ **do sławy** win fame; ~ **do władzy** arrive at a power; ~ **do wniosku** arrive at ⟨to⟩ a conclusion; ~ **w czymś do doskonałości** bring sth to perfection; **doszedłem do przekonania** I came to believe; **doszło do porozumienia** an understanding has been established, an agreement has been reached; **jak do tego doszło?** how did this come about?; zob. **dochodzić**

dok m dock

dokarmiać vt nourish additionally

dokazać vt achieve, perform; ~ cudu work a miracle; ~ swego accomplish one's design, have one's way

dokazywać vi (swawolić) skylark, romp; zob. **dokazać**

dokąd adv where; † whither; ~ bądź anywhere, wherever

doker m docker

dokładać vt add, throw in; ~ do interesu have a losing business; ~ wszelkich starań do one's best

dokładnie adv exactly, precisely

dokładność f exactitude, precision

dokładn|y adj exact, precise; ~e badanie close examination

dokoła adv praep round (about), around

dokonać vt achieve, accomplish, bring about; ~ żywota end one's days; ~ się vr take place ⟨effect⟩, come off ⟨about⟩

dokonanie n achievement

dokonany adj (o fakcie) accomplished; gram. perfect

dokończenie n conclusion, end(ing)

dokończyć vt finish up, conclude

dokształca|ć vt impart further instruction; ~ć się vr acquire ⟨receive⟩ further instruction; szkoła ~jąca continuation school

doktor m doctor

doktorat m doctorate; **zrobić** ~ take the doctor's degree

doktorsk|i adj doctor's, doctoral; **praca** ~a a doctor's thesis

doktoryzować się vr take one's doctor's degree

doktryna f doctrine

dokuczać vi vex, harass, annoy

dokuczliwy adj vexing, annoying, grievous

dokument m document; record; ~ urzędowo poświadczony legalized deed

dokumentalny, dokumentarny adj documentary

dokumentować vt document

dol|a f lot, destiny; w ~i i niedoli through thick and thin

dolat|ywać vi come flying, reach; ~uje zapach the smell makes itself felt

dolega|ć vt pain, ail; co ci ~? what's the matter with you?, what ails you?; ~ mi artretyzm I am troubled with arthritis; nic mi nie ~ nothing is the matter with me

dolegliwość f suffering, pain, ailment

dolewać vt pour additionally; ~ sobie herbaty help oneself to more tea

doliczy|ć vt add; throw in, include (in a sum); vr ~łem się tylko pięciu I could count five only; nie mogłem się ~ć I could not make up the sum

dolina f valley; lit. dale

dolny adj lower

dołączyć vt annex, attach, enclose; ~ się vr join (do kogoś sb)

dołek m pit, hole; (na twarzy) dimple

dołożyć zob. **dokładać**

dom m house; home; **do** ~u home; **poza** ~em abroad, away from home, out of doors; w ~u at home; **czuć się jak u siebie w** ~ feel at home

domagać się vr demand, claim

domator m stay-at-home

domek m little house; ~ jednorodzinny cottage, bungalow

domena f domain

domiar m (podatkowy) supertax; **na** ~ wszystkiego to crown all

domierzyć vt fill the measure; (podatek) assess additionally

domieszać vt admix

domieszka f admixture

dominium n sing nieodm. dominion

domino n domino; (gra) dominoes pl

dominować vt prevail, predominate (nad kimś, czymś over sb, sth)

dominujący adj predominant

domniemany adj conjectural

domokrążca m pedlar, hawker

domorosły adj homeborn

domostwo n homestead

domownik m housemate

domow|y adj domestic, home ⟨house, indoor⟩ attr; gospodarstwo ~e housekeeping; wojna ~a civil war

domysł m conjecture, presumption

domyślać się vr conjecture, surmise; guess

domyślny adj quick to understand, quick-witted

doniczka f flower-pot

doniesienie n (wiadomość) report, communication; (denuncjacja) denunciation; handl. (komunikat) advice

donieść vt comunicate, report, announce; denounce (na kogoś sb), inform (na kogoś against sb); handl. advise; donoszą nam, że ... we are informed that ...

doniosłość f importance, weightiness

doniosły adj important, weighty

donosiciel m denunciator, denouncer, informer

donosić zob. donieść

donośność f (głosu) sonority; (strzału) range

donośny adj (o głosie) sonorous; (o strzale) of long range

dookoła = dokoła

dopadać vi get (czegoś at sth), reach (czegoś sth)

dopalać vt burn the rest, finish burning; ~ się vr be burning out

dopasować vt fit, adapt, adjust; ~ się vr adapt oneself, conform oneself

dopasowanie n adjustment, adaptation

dopełniacz m gram. genitive (case)

dopełniać vt complete, fill up; ful-

fil; ~ zobowiązań meet one's obligations; ~ ślubu keep one's vow

dopełniający adj complementary, supplementary

dopełnienie m completion; fulfilment; gram. object; ~ bliższe ⟨dalsze⟩ direct ⟨indirect⟩ object

dopędzić vt catch up (kogoś sb, with sb), overtake

dopiąć vt buckle up, button up; (osiągnąć) attain, achieve; ~ swego gain one's end

dopiero adv only; ~ co only just, just now; ~ wtedy not till then; a co ~ let alone

dopiln|ować vi see (czegoś to sth); ~uj, żeby to było zrobione see that it is done

dopingować vt spur on, incite, stimulate

dopis|ać vt write in addition, add in writing; vi (sprzyjać) favour, be favourable; pogoda ~uje the weather is fine; szczęście mu ~ało he met with success; he was successful ⟨lucky⟩; zdrowie mi ~uje I'm well; pamięć mi nie ~uje my memory fails me; szczęście mi nie ~ało I have failed

dopisek m postscript, footnote

dopłacać vt pay in addition

dopłata f additional payment, extra charge; (do biletu) excess fare; filat. postage due

dopłynąć vi reach (swimming, sailing, floating)

dopływ m (rzeki) tributary, affluent; (ludzi, pieniędzy) influx, inflow; (krwi) afflux; (towarów, prądu) supply

dopływać vi flow in; zob. dopłynąć

dopomagać vi help, aid, assist

dopominać się vr claim (o coś sth, u kogoś from sb)

dopóki conj as long as; dopóty ~ as long as, till

doprawdy adv really, truly

doprowadzać vt conduct, conduce,

lead, bring; ~ do doskonałości
bring to perfection; ~ do nędzy
reduce to misery; ~ do końca
bring to an end; ~ do rozpaczy
drive into despair; ~ do skutku
carry into effect; ~ do porządku put in order; ~ do szału
drive (sb) mad

dopuszczać vt vi admit; permit;
~ się vr commit (czegoś sth)

dopuszczalny adj admissible; per-
missible

dopuszczenie n admission

dopytywać się vr inquire, make
inquiries (o kogoś, coś after ⟨for,
about⟩ sb, sth)

dorabiać vt vi work in addition,
make additionally; ~ muzykę
do słów set the words to music;
~ się vr make one's way; grow
more prosperous

doradca m adviser

doradczy adj advisory

doradzać vi advise (komuś sb)

dorastać vi grow up; rise (do zadania, sytuacji to the task, situation)

doraźnie adv immediately, on the
spot

doraźny adj immediate; extem-
porary; (o postępowaniu sądo-
wym) summary

doręczać vt hand, deliver

doręczenie n delivery

dorob|ek m acquisition, property;
(np. naukowy) attainments pl,
production; być na ~ku make
one's way

dorobkiewicz m upstart, parvenu

doroczny adj annual, yearly

dorodny adj handsome

dorosły adj i m adult, grown-up

dorożka f cab

dorożkarz m cabman

dorównywać vi equal (komuś sb),
be equal, come up (komuś to sb)

dorsz m zool. cod

dorywczo adv occasionally, irreg-
ularly, by fits and starts

dorywcz|y adj occasional, impro-
vised; ~a praca odd job

dorzecze n (river-)basin

dorzucać vt throw in, add

dosadny adj forcible, emphatic

dosiadać vi mount (konia a horse,
on a horse)

dosięgać vi reach

doskonale adv perfectly, splendidly

doskonalić vt perfect; ~ się vr
perfect oneself

doskonałość f perfection

doskonały adj perfect, excellent

dosłowny adj literal

dosłużyć się vr gain through service; be promoted (stopnia puł-
kownika to the rank of colonel)

dosłyszalny adj audible

dosłyszeć vt hear, catch; nie ~
mishear; be hard of hearing

dostać vt get, receive, obtain,
attain, reach; ~ kataru catch
cold; ~ się vr get; ~ się do domu get home; ~ się do środka
get in; ~ się do niewoli be taken
prisoner; ~ się gdzieś arrive at
a place; ~ się w czyjeś ręce fall
⟨get⟩ into sb's hands; ~ się do
czegoś get at sth

dostarczać vt supply, provide (komuś czegoś sb with sth)

dostateczny adj sufficient; satisfactory; (o stopniu) passable;
fair; stopień ~ passing grade

dostat|ek m abundance; pod ~kiem
in abundance, in plenty, enough

dostatni adj abundant; (zamożny)
wealthy, well-to-do

dostawa f supply, delivery

dostawca m supplier, provider;
purveyor

dostawiać vt supply, deliver; (np.
więźnia) convoy, escort

dostąpić vi approach (do kogoś
sb); ~ łaski find favour (czyjejś with sb); ~ zaszczytów gain
⟨obtain⟩ honours

dostęp m access, approach

dostępny adj accessible, easy of
approach; (o książce, wykładzie)
popular

dostojeństwo n dignity

dostojnik m dignitary

dostojny *adj* dignified, worthy
dostosować *vt* adapt, adjust, fit;
~ **się** *vr* adapt oneself, conform
dostosowanie *n* adaptation, adjustment
dostroić *vt* tune (up), attune; ~
się *vr* adapt oneself, conform
dostrzec *vt* catch sight (**coś** of
sth), perceive
dostrzegalny *adj* perceptible
dostrzeganie *m* perception
dosyć *adv* enough, sufficiently; ~
tego enough of it, that's enough,
that will do
dosypać *vt* add, strew additionally
do syta *adv* amply; **najeść się** ~
eat one's fill
doszczętnie *adv* completely, utterly, down to the ground
doszczętny *adj* through, complete
dosztukować *vt* piece on, eke out
doścignąć *vt* overtake, catch up
dość *zob.* **dosyć**
dośrodkowy *adj* centripetal
doświadcz|ać *vt* (*doznawać*) experience (**czegoś** sth), go (**czegoś**
through sth); (*próbować, robić
doświadczenie*) test, put to the
test, try; ~**yć nieszczęścia** undergo a misfortune; **los go ciężko**
~**ył** fate has severely tried him
doświadczalny *adj* experimental
doświadczenie *n* (*życiowe*) experience; (*naukowe*) experiment;
robić ~ experiment, make an
experiment
doświadczony *adj* experienced,
expert
doświadczyć *zob.* **doświadczać**
dotacja *f* donation, endowment;
allowance
dotąd *adv* (*o miejscu*) up to here;
thus far; (*o czasie*) up to now,
so far
dotkliwy *adj* keen, acute, severe
dotknąć *vt* touch, feel; affect;
(*urazić*) hit, hurt; ~ **ważnej
sprawy** touch upon an important
question
dotknięcie *n* touch
dotrwać *vi* persevere, hold out
dotrzeć *zob.* **docierać**

dotrzymywać *vt* keep (**obietnicy,
słowa, tajemnicy** a promise,
one's word, a secret); ~ **komuś kroku** keep pace with sb,
keep up with sb; ~ **komuś towarzystwa** keep sb company; ~
placu hold one's ground; ~ **warunków** stand by ⟨keep⟩ the
terms
dotychczas *adv* up to now, so far
dotychczasow|y *adj* hitherto prevailing; ~**e wiadomości** the news
received up to now
dotycz|yć *vi* concern (**kogoś, czegoś** sb, sth), relate (**kogoś, czegoś** to sb, to sth), regard (**kogoś,
czegoś** sb, sth); **co** ~**y** with regard to, in respect of, relative
to; **as far as** sth **is concerned;
co mnie** ~**y** as for me; **to mnie
nie** ~**y** it is no concern of mine;
~**ący** relative (**kogoś, czegoś** to
sb, to sth), concerning
dotyk *m* feeling, touch
dotykać *zob.* **dotknąć**
dotykalny *adj* tangible, palpable
douczać *zob.* **dokształcać**
dowcip *m* joke, witticism; (*humor, bystrość*) wit
dowcipkować *vi* display one's wit
dowcipniś *m* wit
dowcipny *adj* witty

dowiadywać się *vr* inquire (**o kogoś, coś** after sb, sth, **od kogoś**
of sb)

do widzenia *int* good-bye!

dowiedzieć się *vr* get to know,
learn
dowierzać *vi* trust (**komuś** sb, in
sb); (*polegać*) rely, trust (**komuś,
czemuś** to sb, sth); **nie** ~ to
distrust, to mistrust (**komuś** sb)
dowieść *vt* (*doprowadzić*) bring,
lead; (*udowodnić*) prove; *zob.*
dowodzić
dowlec *vt* drag as far as; ~ **się**
vr come dragging along
dowodowy *adj* evidential, demonstrative, conclusive; **materiał** ~
evidence

dowodzenie n demonstration; (do-wództwo) command

dowodzić vt prove, demonstrate (czegoś sth), be demonstrative (czegoś of sth); (argumentować) argue; (komenderować) command

dowolnie adv (samowolnie) arbitrarily; (według woli) at will, at discretion

dowolność f (samowola) arbitrariness; (własne uznanie) discretion

dowolny adj (samowolny) arbitrary; (do uznania) discretional, optional; (bezpodstawny) unfounded; (jakikolwiek) any, whatever; w ~m kolorze of any colour you choose; w ~m kierunku in any direction

dowozić vt bring, supply

dowód m proof, evidence; (pamięci, wdzięczności) token, sign; (dokument) certificate; na ~ in proof ⟨token⟩; ~ osobisty identity card; ~ odbioru receipt; ~ rzeczowy legal instrument

dowódca m commander

dowództwo n command; objąć ~ take command

dowóz m supply

doza f dose

dozbroić vt rearm

dozbrojenie n rearmament

dozgonny adj lifelong

doznać vi experience, go through; (straty, krzywdy) suffer; ~ rozczarowania meet with disappointment; ~ wrażenia get an impression

dozorca m guard, overseer; (domowy) housekeeper, doorkeeper, porter; (więzienny) gaoler, jailer

dozorować vt oversee, supervise

dozować vt dose

dozór m supervision; (policyjny) surveillance

dozwalać vi allow, permit

dożycie n, ubezpieczenie na ~ life insurance

dożyć vi live till, live to see; ~

późnego wieku live to an old age; ~ stu lat live to be a hundred years old

dożynki s pl harvest home

dożywiać vt give supplementary alimentation

dożywienie n supplementary alimentation; extra food

dożywocie n life-estate; (renta) life-annuity; na ~ for life

dożywotni adj lifelong; kara ~ego więzienia imprisonment for life, life sentence

dół m pit, hole; lower part; bottom; na dole below, down; z dołu from below; na ~, w ~ downstairs; down hill; schodzić na ~ go down ⟨downstairs, downhill⟩

drab m pot. rascal, scoundrel

drabina f ladder; ~ sznurowa rope-ladder

dragon m wojsk. dragoon

dramat m drama

dramaturg m dramatist, playwright

dramaturgia f dramaturgy

dramatyczny adj dramatic

dramatyzować vt dramatize

drań m pot. scoundrel, rascal

drapacz m scraper; ~ chmur skyscraper

drapać vt scrape, scratch; ~ się vr, ~ się w głowę scratch one's head; (piąć się) clamber, scramble

draperia f drapery; (ścienna) hanging(s)

drapichrust m scamp

drapieżnik m beast ⟨bird⟩ of prey

drapieżność f rapacity

drapieżn|y adj rapacious; zwierzę ~e beast of prey

drapować vt drape

drasnąć vt scratch, graze; przen. (dotknąć) hurt

drastyczny adj drastic; (drażliwy) ticklish; indecent

dratwa f (shoemaker's) thread

drażetka f dragée; farm. dragée, pill

drażliwość *f* susceptibility, ticklishness

drażliwy *adj* susceptible, ticklish, touchy

drażnić *vt* irritate, gall, tease

drąg *m* pole, bar

drąż|ek *m* bar, rod; ~ki gimnastyczne bars

drążyć *vt* hollow out

drelich *m* drill(ing)

dren *m* drain

drenować *vt* drain

dreptać *vi* trip

dreszcz *m* shudder; *pl* ~e fit of shivers, cold fits

dreszczyk *m* thrill

drewniak *m* (*but*) clog; (*budynek*) wooden house

drewniany *adj* wooden

drewnieć *vi* lignify

drewno *n* log, piece of wood; timber

drezyna *f* trolley

dręczyć *vt* torment, harass, vex; ~ się *vr* worry, be vexed

drętwieć *vi* stiffen, grow stiff

drętwy *adj* stiff, numb, rigid

drgać *vi* shiver, tremble; (*o sercu, pulsie*) palpitate; (*o głosie, strunie itp.*) vibrate; (*o mięśniach, twarzy*) twitch

drganie *n* trembling; palpitation; vibration

drgawka *f* spasm, convulsion

drobiazg *m* trifle, detail

drobiazgowość *f* pedantry, punctiliousness

drobiazgowy *adj* pedantic, punctilious

drobić *vt* (*kruszyć*) crumble; (*drobno siekać*) mince; (*nogami*) trip

drobina *f* particle; *fiz.* molecule

drobnica *f* piece-goods

drobnostka *f* trifle

drobnostkowy *adj* punctilious, pedantic

drobnoustrój *m* microbe, microorganism

drobn|y *adj* tiny, minute; (*kupiec, rolnik*) small; (*pomniejszy*) petty; ~e wydatki pocket expenses; ~a suma petty sum; ~e *s pl* small change

droczyć się *vr* tease (z kimś sb)

dro|ga *f* way, road, track, route; ~ga dla pieszych footpath; ~ga powietrzna airway; ~ga wodna waterway; krótsza ~ga (*na przełaj*) short cut; wolna ~ga the way is clear; rozstajne ~gi cross-roads; być na dobrej ~dze be on the right path; iść tą samą ~gą go the same way; wejść komuś w ~gę get in sb's way; wybrać się w ~gę set out on one's way; zejść z ~gi (*ustąpić*) give way; ~gą lądową by land; ~gą na (*przez*) Warszawę by way of Warsaw; ~gą wodną by water, by sea; ~gą służbową through official channels; nie po ~dze out of the way; po ~dze on the way; pół godziny ~gi half-an-hour's walk (drive, ride); w pół ~gi half-way; w ~dze wyjątku by way of exception; szczęśliwej ~gi! good-bye!; † farewell!

drogeria *f* druggist's (shop), *am.* drugstore

drogista *m* druggist

drogo *adv* dear(ly), at a high price

drogocenny *adj* precious

drogowskaz *m* signpost, guidepost

drogow|y *adj* road *attr*; przepisy ~e traffic regulations; przewodnik ~y road-book; znaki ~e road signs

dromader *m* *zool.* dromedary

drozd *m* *zool.* thrush

drożdże *s pl* leaven, yeast

drożeć *vi* grow dear

drożyć się *vr* sell at a high price; (*robić ceremonie*) stand on ⟨upon⟩ ceremony

drożyzna *f* dearness, high prices, expensive cost of living

drożyźniany *adj*, dodatek ~ cost-of-living bonus

drób *m* poultry

dróżka *f* path

dróżnik *m* lineman, railway watchman

druczek *m* (blank) form; (*ulotka*) leaflet; (*drobny druk*) small print

drugi *num* second, other; **książka z ~ej ręki** second-hand book; **kupować z ~ej ręki** buy second-hand; **co ~ every other** ⟨second⟩; **co ~ dzień** every other ⟨second⟩ day; **~e tyle** twice as much; **jeden po ~m** one after another, one after each other; **po ~e** in the second place; **po ~ej stronie** on the other side; **z ~ej strony ... on the other hand ...**

drugorzędny *adj* second-class, second-rate, secondary

druh *m* friend, *pot.* crony; (*harcerz*) boy scout

druhna *f* bridesmaid; (*harcerka*) Girl Guide

druk *m* print(ing); (*przesyłka pocztowa*) printed matter; **w ~u** in the press; **drobny ~** small type; **tłusty ~** bold type; **omyłka ~u** misprint

drukarnia *f* printing-office

drukarsk|i *adj* printer's; typographical; **farba ~a** printer's ⟨printing⟩ ink; **błąd ~i** misprint; **maszyna ~a** printing machine

drukarz *m* printer

drukować *vt* print

drut *m* wire; *elektr.* (*sznur*) cord; **telegraf bez ~u** wireless; **~ do robienia pończoch** itp. knitting--needle; **robić na ~ach** knit

drutować *vt* wire; fasten with wire

druzgotać *vt* smash, shatter

drużba *m* bridesman, best man

drużyna *f* team, crew, troop; **~ ratownicza** relief party

drużynowy *m* group leader

drwa *s pl* wood, firewood

drwal *m* woodcutter

drwić *vi* mock (**z czegoś** at sth)

drwiny *s pl* mockery, raillery

dryblas *m pot.* tall fellow

dryfować *vi mors.* drift

dryg *m pot.* knack (**do czegoś** of sth); inclination

dryl *m* drill

drylować *vt* (*owoce*) seed, stone

drynda *f pot.* hackney, cab

dryndziarz *m pot.* cabby

drzazga *f* splinter

drzeć *vt* (*rwać*) tear; (*ubranie, buty*) wear out, use; **~ się** *vr* (*o ubraniu, butach*) wear out; (*krzyczeć*) scream

drzemać *vi* doze, nap

drzemka *f* doze, nap

drzewce *n* shaft

drzewko *n* little tree; (*choinka*) Christmas tree

drzewny *adj* wooden, wood-; **papier ~** wood-paper; **spirytus ~** wood-spirit; **węgiel ~** charcoal

drzewo *n* tree; (*ścięte*) wood, timber

drzeworyt *m* woodcut

drzwi *s pl* door; (*podnoszone*) trap; **~ wejściowe** front door

drzwiczki *s pl* little door; (*u pieca*) fire-door; (*u powozu, samochodu*) door

drżeć *vi* tremble, shiver; **~ o kogoś** tremble for sb; **~ z zimna** shiver with cold

drżenie *n* trembling, tremor

dubeltówka *f* double-barrelled gun

dublet *m* duplicate; double

dublować *vt* double

duch *m* ghost, spirit; **dodać ~a** cheer up, encourage; **podnosić na ~u** encourage, brisk up; **upadać na ~u** lose heart; **wyzionąć ~a** breathe one's last; expire; **nie ma żywego ~a** there is not a living soul; **zły** ⟨**dobry**⟩ **~** evil ⟨good⟩ genius

duchowieństwo *n* clergy

duchowny *adj* spiritual; ecclesiastical; **stan ~** clerical state; *s m* clergyman

duchowy *adj* spiritual, mental, psychical

dud|ek *m zool.* hoopoe; *przen.* dupe; **wystrychnąć na ~ka** make a dupe (**kogoś** of sb), dupe

dudnić *vi* resound, drone; (*o wodzie*) brawl

dudy *s pl muz.* bagpipes

dukat *m* ducat

duma *f* pride, haughtiness

dumka *f* lit. elegiac ditty

dumny *adj* proud (z **czegoś** of sth)

Duńczyk *m* Dane

duński *adj* Danish

duplikat *m* duplicate

dur 1. *m med.* typhus; ~ brzuszny typhoid fever

dur 2. *m nieodm. muz.* major

dureń *m* fool

durny *adj* silly, foolish

durszlak *m* colander

durzyć się *vr pot.* be infatuated (w kimś with sb)

dusiciel *m* strangler; *zool.* boa ~ boa constrictor

dusić *vt* strangle, stifle; ~ się *vr* stifle, suffocate; (o potrawie) stew

dusz|a *f* soul; (do żelazka) heater; z całej ~y with all my soul; nie ma tu żywej ~y there is not a living soul here; *pot.* nie mam grosza przy ~y I have not a farthing to bless myself with

duszkiem *adv* at a draught

dusznica *f med.* asthma

duszność *f* sultriness; *pl* ~ci oppression

duszny *adj* sultry, close

duszpasterski *adj* pastoral

duszpasterstwo *n* pastoral office

duszpasterz *m* pastor, clergyman

dużo *adv* much, many

duży *adj* great, big, large

dwa *num* two

dwadzieścia *num* twenty

dwakroć *num* twice

dwieście *num* two hundred

dwoi|ć *vt* double; ~ć się *vr* double; ~ mu się w oczach he sees double

dwoistość *f* doubleness, duality

dwoisty *adj* double, dual

dwojaczki *s pl* twins

dwanaście *num* twelve

dwoje *num* two

dworak *m* courtier

dworek *m* country house, cottage

dworować *vi* make fun (sobie z kogoś, czegoś of sb, sth)

dworski *adj* courtlike, courtly, court *attr*

dworskość *f* courtliness, courtly manners

dworzanin *m* courtier

dworzec *m* railway station

dwója *f pot.* (nota szkolna) bad mark

dwójka *f* couple, pair, two; = dwója

dwójnasób, w ~ *adv* doubly

dwór *m* court; (wiejski, szlachecki) manor-house, country-house; (dziedziniec) yard; na dworze out, outside, out of doors; na ~ out

dwudniowy *adj* two days'

dwudziestka *f* twenty, score

dwudziesty *num* twentieth

dwugłoska *f gram.* diphthong

dwugodzinny *adj* two hours'

dwujęzyczny *adj* bilingual

dwukropek *m* colon

dwukrotnie *adv* twice

dwukrotny *adj* twofold

dwuletni *adj* two years'

dwulicowość *f* duplicity

dwulicowy *adj* double-faced, hypocritical

dwumasztowiec *m mors.* two-master

dwumasztowy *adj mors.* two-masted

dwumian *m mat.* binomial

dwumiesięcznik *m* bimonthly

dwumiesięczny *adj* bimonthly

dwunastka *f* twelve

dwunastnica *f anat.* duodenum

dwunasty *num* twelfth

dwunożn|y *adj* two-legged; ~e stworzenie biped

dwuosobowy *adj* for two persons; (o grze) two-handed

dwupiętrowy *adj* three-storied

dwupłatowiec *m* biplane

dwuręczny *adj* two-handed

dwurzędowy *adj* double-rowed; (o marynarce) double-breasted

dwustronny *adj* two-sided; (o umowie) bilateral

dwutlenek *m chem.* dioxide
dwutomowy *adj* two-volume *attr*
dwutorowy *adj* double-track *attr*
dwutygodnik *m* biweekly
dwutygodniowy *adj* fortnightly
dwuwiersz *m* couplet
dwuzgłoskowy *adj gram.* disyllabic
dwuznacznik *m* quibble, equivoke
dwuznaczność *f* ambiguity
dwuznaczny *adj* equivocal, ambiguous
dwużeństwo *n* bigamy
dychawica *f med.* asthma
dychawiczny *adj med.* asthmatic
dydaktyczny *adj* didactic
dydaktyka *f* didactics
dyfteryt *m med.* diphtheria
dyfuzja *f fiz.* diffusion
dyg *m* curtsy
dygnitarz *m* dignitary (*zw. kościelny*); *pot.* topman
dygotać *vi* shiver
dygresja *f* digression
dykcja *f* diction
dykta *f* plywood
dyktando *n* dictation
dyktator *m* dictator
dyktatorski *adj* dictatorial
dyktatura *f* dictatorship; ~ proletariatu dictatorship of the proletariat
dykteryjka *f* anecdote
dyktować *vt* dictate
dylemat *m* dilemma
dyletancki *adj* dilettantish
dyletant *m* dilettante
dyliżans *m* stage-coach
dym *s* smoke; **puścić z ~em** send up in smoke; **pójść z ~em** go up in smoke ⟨flames⟩
dymić *vi* smoke, reek
dymisj|a *f* dismissal; resignation; **podać się do ~i** hand in one's resignation, resign
dymisjonować *vt* dismiss
dymny *adj* smoky
dynamiczny *adj* dynamic
dynamika *f* dynamics
dynamit *m* dynamite
dynia *f bot.* pumpkin
dyplom *m* diploma

dyplomacja *f* diplomacy
dyplomata *m* diplomat
dyrekcja *f* management
dyrektor *m* director, manager
dyrygent *m* conductor
dyscyplina *f* discipline
dysk *m* disc; *sport* discus
dyskretny *adj* discreet
dyskryminacja *f* discrimination
dyskusja *f* discussion
dyskwalifikować *vt* disqualify
dyspozycj|a *f* disposition; disposal; **być do czyjejś ~i** be at sb's disposal
dysproporcja *f* disproportion
dysputa *f* dispute, disputation
dysputować *vi* dispute (*o czymś* on, about sth)
dystans *m* distance
dystansować *vt* outdistance
dystrakcja *f* distraction, distractedness
dystrybucja *f* distribution
dystyngowany *adj* distinguished
dystynkcja *f* distinction
dysydent *m* dissident, dissenter
dyszeć *vi* gasp, pant
dyszel *m* thill
dyszkant *m muz.* treble
dywan *m* carpet, rug
dywersja *f* diversion
dywidenda *f* dividend
dywizja *f* division
dywizjon *m lotn.* wing
dyzenteria *f med.* dysentery
dyżu|r *m* duty; **mieć ~r** be on duty; **nie być na ~rze** be off duty
dyżurny *adj* on duty; *s m* officer ⟨clerk etc.⟩ on duty
dzban *m* jug, pitcher
dzbanek *m* jug
dziać *vt vi* knit
dziać się *vi* go on, happen, take place, occur; **co się tu dzieje?** what's up here?; **niech się dzieje, co chce** happen ⟨come⟩ what may; **co się z nim dzieje?** what's happening to him?
dziad *m* grandfather; old man; (*żebrak*) beggar; **zejść na ~y** go to the dogs

dziadek *m* grandpapa; (*żebrak*) beggar; ~ do orzechów nut-cracker(s)

dziadowski *adj* (*żebraczy*) beggarly; (*tandetny*) rotten

dział *m* section, division, part, sphere; *geogr.* ~ wód watershed

działacz *m* man of action; ~ społeczny social worker; ~ polityczny activist; ~ partyjny party worker

działać *vi* act, be active, operate; (*o leku*) be effective; (*o wrażeniu*) affect; ~ komuś na nerwy get on sb's nerves; zacząć ~ come into operation; ~ cuda work wonders

działalność *f* activity

działanie *n* activity; effect; operation; *mat.* rule

działka *f* lot, allotment, parcel

działo *n* cannon, gun

dzian|y *adj* knitted; wyroby ~e knitted goods

dziarski *adj* brisk, brave

dziąsło *n* gum

dzicz *f* savages, rabble, riff-raff

dziczeć *vi* become savage, grow wild

dziczyzna *f* venison

dzida *f* spear

dzieciak *m* kid

dzieciarnia *f* children, *zbior.* small fry

dziecięcy *adj* child's, children's; *med.* paraliż ~ infantile paralysis

dziecinada *f* childishness

dziecinnieć *vi* become childish

dziecinny *adj* childish

dzieciństwo *n* childhood

dziecko *n* child; (*do 7 lat*) infant; (*niemowlę*) baby

dziedzic *m* heir

dziedzictwo *n* inheritance, heritage

dziedziczka *f* heiress

dziedziczn|y *adj* hereditary; obciążenie ~e taint

dziedziczyć *vt* inherit

dziedzina *f* domain, sphere

dziedziniec *m* court, yard, courtyard

dziegieć *m* tar

dzieje *s pl* history

dziejopisarstwo *n* historiography

dziejopisarz *m* historian

dziejowy *adj* historic(al)

dziekan *m* dean

dziekanat *m* dean's office, deanery

dzielenie *n* division

dzielić *vt* divide; distribute; separate; (*podzielić*) share; *mat.* ~ć przez divide by; ~ się *vr* be divided; share (czymś z kimś sth with sb); 15 ~ się przez 3 15 can be divided by 3; ta książ-ka ~ się na 3 części this book is divided into 3 parts

dzielna *f mat.* dividend

dzielnica *f* quarter; district

dzielnik *m mat.* divisor

dzielność *f* bravery

dzielny *adj* brave

dzieło *n* work, act, deed

dziennie *adv* daily, a day; 2 razy ~ twice a day

dziennik *m* (*gazeta*) daily; (*pamiętnik*) diary; ~ buchalteryjny day-book; ~ lekcyjny class book ⟨register⟩

dziennikarski *adj* journalistic

dziennikarstwo *n* journalism

dziennikarz *m* journalist

dzienn|y *adj* daily, day's; praca ~a (*całodzienna*) day's work, (*wykonywana w dzień*) day--work; światło ~e daylight

dzień *m* day; ~ po dniu day by day; ~ powszedni workday, weekday; cały ~ the whole day long; co drugi ~ every other day; na drugi ~ on the next day; raz na ~ once a day; z dnia na ~ from day to day; za dnia by day, in the day-time; pewnego dnia one day; któregoś dnia some day, the other day

dzierżawa *f* lease, tenancy

dzierżawca *m* tenant, leaseholder, lessee

dzierżawczy *adj gram.* possessive

dzierżawić *vt* lease, take on lease, hold by lease

dzierżawn|y *adj,* **czynsz ~y** rental, rent-charge; **umowa ~a** leasehold deed

dzierżyć *vt* hold, keep

dziesiątka *f* ten

dziesiątkować *vt* decimate

dziesiąty *num* tenth

dziesięcina *f* tithe

dziesięciokrotny *adj* tenfold

dziesięciolecie *n* tenth anniversary

dziesięć *num* ten

dziesięciokroć *num* ten times

dziesiętny *adj* decimal

dziewczę *n* girl, maiden

dziewczęcy *adj* girl's, girlish, maidenly

dziewczyna *f* girl

dziewczynka *f* girl, *pot. (podlotek)* flapper

dziewiątka *f* nine

dziewiąty *num* ninth

dziewica *f* virgin, maiden

dziewictwo *n* virginity, maidenhood

dziewicz|y *adj* virgin(al), maiden; **~a gleba** virgin soil; **las ~y** virgin forest

dziewięć *num* nine

dziewięćdziesiąt *num* ninety

dziewięćdziesiąty *num* ninetieth

dziewięćset *num* nine hundred

dziewiętnastka *f* nineteen

dziewiętnasty *num* nineteenth

dziewiętnaście *num* nineteen

dziewka *f* maid; *uj.* wench

dzięcioł *m* woodpecker

dziękczynienie *n* thanksgiving

dziękczynny *adj* thankful; **list ~** letter of thanks

dzięki *s pl* thanks; *praep* thanks to, owing to

dziękować *vi* thank

dzik *m* (wild) boar

dziki *adj* wild, savage; *s m* savage

dziobać *vt* peck

dziobaty *adj (po ospie)* pock-marked

dziobek *m (np. imbryka)* spout, nozzle

dziób *m* beak, bill; *(okrętu)* prow

dzisiaj, dziś *adv* today; **~ rano** this morning; **~ wieczór** this

evening; **od ~ za tydzień** this day week

dzisiejszy *adj* today's, present, present-day; **w ~ch czasach** nowadays, these days

dziura *f* hole, opening, cavity

dziurawić *vt* hole, make holes

dziurawy *adj* leaky, full of holes

dziurkować *vt* perforate

dziw *m* marvel, wonder

dziwactwo *n* eccentricity, peculiarity

dziwaczeć *vi* become eccentric

dziwaczny *adj* eccentric, odd

dziwak *m* eccentric

dziwić *vt* astonish; **~ się** *vr* wonder, be astonished (**komuś, czemuś at sb, sth**); **nie ma się czemu ~** it is no wonder

dziwn|y *adj* strange, queer; **nic ~ego, że ...** no wonder that ...; **cóż ~ego, że ...** what wonder that

dziwo *n* marvel, wonder; prodigy

dziwoląg *m* monster, deformed creature, monstrosity, oddity

dzwon *m* bell; **bić w ~y** ring the bells

dzwonek *m* (hand-)bell; *(dzwonienie)* ring; *(telefoniczny)* call

dzwoni|ć *vi* ring; *(telefonować)* ring up (**do kogoś sb**); **~ć do drzwi** ring at the door; **~ mi w uszach** my ears tingle

dzwonko *n (ryby)* slice

dzwonnica *f* belfry

dzwonnik *m* bell-ringer

dźwięczeć *vt* sound, resound, ring

dźwięczność *f* sonority

dźwięczny *adj* sonorous

dźwięk *m* sound

dźwiękowy *adj* sound; **film ~** sound film; *pot.* talkies

dźwig *m (winda)* lift, *am.* elevator; *(żuraw)* crane

dźwigać *vt (nosić)* carry; *(podnosić)* lift, heave; **~ się** *vr* raise oneself, rise

dźwignia *f* lever

dżdżownica *f zool.* rainworm

dżdżysty *adj* rainy
dżem *m* jam
dżentelmen *m* gentleman
dżinsy *s pl* jeans, denims

dżokej *m* jockey
dżonka *f* junk
dżuma *f med.* plague
dżungla *f* jungle

e

ebonit *m* ebonite
echo *n* echo; *przen.* response
edukacja *f* education, instruction
edycja *f* edition
edykt *m* edict
efekt *m* effect
efektowny *adj* effective, showy
efektywny *adj* efficient, effective
efemeryczny *adj* ephemeral
efemeryda *f* ephemera
Egipcjanin *m* Egyptian
egipski *adj* Egyptian
egoista *m* egoist
egoistyczny *adj* egoistic, selfish
egoizm *m* egoism
egzaltacja *f* exaltation
egzaltować się *vr* go into ecstasies
(czymś over sth)
egzamin *m* examination, *pot.*
exam; zdawać ~ sit for an examination; zdać ~ pass an examination; nie zdać ~u fail in
an examination
egzaminując|y *adj* examinational;
komisja ~a board of examiners
egzaminator *m* examiner
egzaminować *vt* examine
egzekucja *f* execution
egzekucyjny *adj* executive; pluton ~ firing squad
egzekutor *m* executor
egzekutywa *f* executive (power)
egzekwować *vt* execute; *(pieniądze, należność itp.)* exact (coś
od kogoś sth from sb)
egzema *f med.* eczema
egzemplarz *m* copy
egzotyczność *f* exotism
egzotyczny *adj* exotic
egzystencja *f* existence

egzystencjalizm *m* existentialism
egzystować *vi* exist
ekierka *f* set-square
ekipa *f* crew, team
eklektyczny *adj* eclectic
ekonom *m* (land) steward
ekonomia *f* economy; *(nauka)*
economics
ekonomiczny *adj* economic(al)
ekonomika *f* economics
ekonomista *m* economist
ekran *m* screen
ekscelencja *f* excellency
ekscentryczność *f* eccentricity
ekscentryczny *adj* eccentric,
quaint
eksces *m* (*zw. pl* ~y) excesses,
disturbances
ekshumacja *f* exhumation
ekshumować *vt* exhume
ekskluzywny *adj* exclusive
ekskomunika *f* excommunication
eksmisja *f* eviction
eksmitować *vt* evict
ekspansja *f* expansion
ekspansywny *adj* expansive
ekspedient *m* (*w sklepie*) shop-
-assistant, salesman
ekspediować *vt* dispatch, forward;
sell
ekspedycja *f* dispatch; expedition; *(biuro)* forwarding department
ekspedycyjny *adj* expeditionary
ekspedytor *m* forwarding agent
ekspert *m* expert (w czymś at,
in sth)
ekspertyza *f* expert's report ⟨in-
quiry⟩
eksperyment *m* experiment

eksperymentować *vi* experiment
eksploatacja *f* exploitation
eksploatować *vt* exploit; (*robotnika*) sweat
eksplodować *vi* explode
eksplozja *f* explosion
eksponat *m* exhibit
eksponować *vt* expose, exhibit
eksport *m* export, exportation
eksporter *m* exporter
eksportować *vt* export
ekspress *m* express (train); (*list*) express letter
ekspresja *f* expression
ekstaza *f* ecstasy
eksterminacja *f* extermination
eksternista *m* extramural student (pupil)
eksterytorialny *adj* extraterritorial
ekstrakt *m* extract
ekstrawagancja *f* extravagance
ekstrawagancki *adj* extravagant
ekwipować *vt* equip, fit out
ekwipunek *m* equipment, outfit
ekwiwalent *m* equivalent
elastyczność *f* elasticity
elastyczny *adj* elastic
elegancja *f* elegance
elegancki *adj* elegant, smart
elegant *m* dandy
elegia *f* elegy
elektroda *f* electrode
elektroliza *f* electrolysis
elektroluks *m* vacuum-cleaner; Hoover
elektromagnes *m* electromagnet
elektrometr *m* electrometer
elektron *m* *fiz.* electron
elektronika *f* electronics
elektrotechnik *m* electrician
elektrotechnika *f* electrical engineering
elektrownia *f* power-station
elektryczność *f* electricity
elektryczny *adj* electric
elektryfikacja *f* electrification
elektryfikować *vt* electrify
elektryk *m* electrician
elektryzacja *f* electrisation

elektryzować *vt* electrify; *przen.* galvanize
element *m* element
elementarny *adj* elementary
elementarz *m* primer, ABC
elewacja *f* elevation
elewator *m* elevator, grain elevator
eliksir *m* elixir
eliminacja *f* elimination
eliminacyjn|y *adj* eliminating; zawody ~e trial heats
eliminować *vt* eliminate
elipsa *f* *mat.* ellipse; *gram.* ellipsis
elita *f* élite
emalia *f* enamel
emaliować *vt* enamel
emancypacja *f* emancipation
emancypantka *f* suffragette, *pot.* new woman
emancypować *vt* emancipate
emblemat *m* emblem
embrion *m* embryo
emeryt *m* pensioner, retired (officer, teacher etc.)
emerytować *vt* pension off
emerytowany *adj* retired
emerytur|a *f* retiring pension, retired pay; przejść na ~ę retire
emfatyczny *adj* emphatic
emfaza *f* emphasis
emigracja *f* emigration, exile
emigracyjny *adj* emigration *attr*; rząd ~ government in exile
emigrant *m* emigrant; (*polityczny*) émigré
emigrować *vi* emigrate
eminencja *f* eminence
emisariusz *m* emissary
emisja *f* emission, issue; *radio* broadcast
emitować *vt* emit, issue; *radio* broadcast
emocja *f* emotion
empiryczny *adj* empirical
empiryzm *m* empiricism
emulsja *f* emulsion
encyklika *f* encyclical

encyklopedia *f* encyclopaedia
encyklopedyczny *adj* encyclopaedic
energetyka *f* energetics
energia *f* energy
energiczny *adj* energetic, active, vigorous
entuzjastyczny *adj* enthusiastic
entuzjazm *m* enthusiasm
entuzjazmować się *vr* be enthusiastic (czymś about sth)
enuncjacja *f* enunciation
epiczny, epicki *adj* epic(al)
epidemia *f* epidemic
epika *f* epic poetry
epilepsja *f med.* epilepsy
epileptyk *m* epileptic
epilog *m* epilogue
episkopat *m* episcopate
epitet *m* epithet
epizod *m* episode
epoka *f* epoch
epokowy *adj* epoch-making
epopeja *f* epic, epopee
epos *m* epos
era *f* era
erotyczny *adj* erotic
erotyzm *m* eroticism
erudycja *f* erudition
erudyta *m* erudite (person)
erupcja *f geol. med.* eruption
esencja *f* essence
eskadra *f mors. lotn.* squadron
eskapada *f* escapade
eskorta *f* escort
eskortować *vt* escort
esteta *m* aesthete
estetyczny *adj* aesthetic
estetyka *f* aesthetics
Estończyk *m* Estonian
estoński *adj* Estonian
estrada *f* platform
etap *m* stage
eta|t *m* permanency, permanent

post; **być na ~cie** hold a regular post
etatowy *adj* permanent
etatyzm *m* State control
etażerka *f* what-not, shelf; *(na książki)* bookstand
eter *m* ether
etniczny *adj* ethnic
etnograf *m* ethnographer
etnografia *f* ethnography
etnograficzny *adj* ethnographic
etnolog *m* ethnologist
etnologia *f* ethnology
etyczny *adj* ethical
etyka *f* ethics
etykieta *f* etiquette; *(napis, kartka)* label, tag
etymologia *f* etymology
etymologiczny *adj* etymologic(al)
eugenika *f* eugenics
eukaliptus *m bot.* eucalyptus
Europejczyk *m* European
europejski *adj* European
ewakuacja *f* evacuation
ewakuować *vt* evacuate
ewangelia *f* gospel
ewangelicki *adj* Protestant
ewangeliczny *adj* evangelic(al)
ewangelik *m* Protestant
ewentualnie *adv* possibly, in case
ewentualność *f* contingency, eventuality
ewentualny *adj* contingent, possible, likely
ewidencj|a *f* register, registry; record; file; **biuro ~i** registry office
ewolucja *f* evolution; **~ drogą doboru naturalnego** the survival of the fittest
ewolucjonizm *m* evolutionism
ewolucyjny *adj* evolutionary

f

fabryczny *adj* manufactured, *attr* factory; znak ~ trade mark

fabryka *f* factory, works, (*tekstylna, papieru*) mill, plant

fabrykant *m* manufacturer

fabrykat *m* manufacture, manufactured article

fabrykować *vt* manufacture, make, produce

fabularny *adj*: film ~ feature film

fabuła *f* contents, plot

facet *m pot.* fellow, guy

fach *m* occupation, profession

fachowiec *m* expert, specialist

fachowy *adj* professional, expert

facjata *f* garret, attic; *pot.* (*twarz*) phiz

fagot *m muz.* bassoon

fajans *m* common china, faience

fajerka *f* fire-disk, fire-pan

fajerwerk *m* firework (*zw. pl*)

fajka *f* pipe

fajny *adj pot.* tip-top

fajtłapa *m pot.* galoot

fakt *m* fact

faktor *m* agent, broker

faktura *f handl.* invoice

faktycznie *adv* in fact, actually

faktyczny *adj* actual, real

fakultatywny *adj* optional

fakultet *m* faculty

fal|a *f* wave; (*bałwan*) billow; (*duża i długa*) roller; ~a zimna (gorąca) cold ⟨heat⟩ wave; (*radio*) zakres ~ wave-band

falanga *f* (*szyk*) phalanx; *polit.* Falange

falbana *f* flounce

falisty *adj* wavy, undulating

falochron *m* breakwater

falować *vi* wave, undulate

falset *m muz.* falsetto

falsyfikat *m* forgery, counterfeit

falsyfikować *vt* falsify, forge, counterfeit

fałda *f* fold, pleat

fałsz *m* falsehood, deceit

fałszerstwo *n* falsification, forgery

fałszerz *m* falsifier, forger

fałszować *vt* falsify, forge, counterfeit

fałszywy *adj* false; (*podrobiony*) spurious, forged

fanatyczny *adj* fanatical

fanatyk *m* fanatic

fanatyzm *m* fanaticism

fanfara *f* flourish (of trumpets)

fanfaron *m* swaggerer

fant *m* pawn, pledge; gra w ~y game of forfeits

fantasta *m* dreamer, visionary

fantastyczny *adj* fantastic(al)

fantazja *f* fantasy, phantasy; fancy

fara *f* parish church

faraon *m* Pharaoh

farba *f* dye, paint, colour; ~ drukarska printer's ink; ~ olejna oil-colour; ~ wodna water-colour

farbiarnia *f* dyer's, dye-works

farbować *vt* dye, paint, colour; ~ na czarno dye black

farmaceuta *m* pharmacist

farmacja *f* pharmacy

farmakologia *f* pharmacology

farmakopea *f* pharmacopoeia

farsa *f* farce

farsz *m* stuffing

fartuch *m* apron

fartuszek *m* pinafore

faryzeusz *m rel.* Pharisee

fasada *f* façade

fascynować *vt* fascinate, charm

fasola *f* bean (*zw. pl* beans); ~ szparagowa French beans

fason *m* pattern, fashion; (*szyk*) style, chic

fastryga *f* tacks

fastrygować *vt* tack

faszerować *vt* stuff

faszyna *f* fascine

faszysta *m* fascist

fatalista *m* fatalist

fatalizm *m* fatalism

fatalny *adj* fatal

fatyg|a *f* fatigue, trouble; zadać sobie ~ę take the trouble

fatygować *vt* fatigue, trouble; ~ się *vr* take trouble, trouble

fauna *f* fauna; ~ wodna aquatic fauna

faworek *m* crisped cake

faworyt *m* favourite

faworyzować *vt* favour

faza *f* phase

febra *f med.* ague, fever

federacja *f* federation

federacyjny *adj* federal

felczer *m* assistant surgeon

felieton *m* feuilleton

feminista *m* feminist

feniks *m* phoenix

fenomen *m* phenomenon

fenomenalny *adj* phenomenal

feralny *adj* disastrous, ominous

ferie *s pl* holiday, vacation

ferma *f* farm

ferment *m* ferment

fermentacja *f* fermentation

fermentować *vi* ferment

festiwal *m* festival

festyn *m* festive garden-party, feast

fetor *m* stench

fetysz *m* fetish

feudalizm *m* feudalism

feudalny *adj* feudal

fiask|o *n* fiasco; skończyć się ~iem come to grief, go by the board

figa *f* fig

fig|iel *m* joke, trick; spłatać ~la play a trick (komuś on sb)

figlarz *m* jester, joker

figlować *vi* joke, play tricks; (*o dzieciach*) romp

figowy *adj* fig *attr*; drzewo ~e fig-tree; listek ~y fig-leaf

figura *f* figure; statue; shape; ~ przydrożna roadside image; *przen.* wielka ~ big shot

fikać *vi vt* strike out (legs), gambol, kick up; ~ koziołki turn somersaults

fikcj|a *f* fiction, sham; podtrzymywać ~ę keep up the sham

fikcyjny *adj* fictitious

fiksować *vt* † (*utrwalać*) fix; *vi* (*wariować*) go mad

filantrop *m* philanthropist

filantropia *f* philanthropy

filar *m* pillar

filatelista *m* stamp-collector, philatelist

filatelistyka *f* philately

filc *m* felt

filharmonia *f* Philharmonic Hall

filia *f* branch (office)

filister *m* Philistine

filisterstwo *m* Philistinism

filiżanka *f* cup

film *m* film, moving picture; movie; ~ dokumentalny documentary; ~ długometrażowy full-length film; ~ fabularny feature film; ~ krótkometrażowy short subject, short film; ~ rysunkowy cartoon film; nakręcać ~ shoot a film; wyświetlanie ~u projection, screening

filmow|y *adj* film *attr*; atelier ~e film-studio; gwiazda ~a film star; kronika ~a a news-reel

filolog *m* philologist

filologia *f* philology

filologiczny *adj* philological

filozof *m* philosopher

filozofia *f* philosophy

filozoficzny *adj* philosophic(al)

filtr *m* filter

filtrować *vt* filter

filut *m* wag, jester

filuterny *adj* waggish

Fin *m* Finn

finalizować *vt* finish (up)

finał *m* final; *muz.* finale

finans|e *s pl* finances; minister ~ów *bryt.* Chancellor of the Exchequer, *am.* Secretary of the Treasury; ministerstwo ~ów *bryt.* Exchequer, *am.* Treasury

finansista *m* financier

finansować *vt* finance

finansowy *adj* financial

fiński *adj* Finnish

fiolet *m* violet
fioletowy *adj* violet
fiołek *m bot.* violet
fiord *m geogr.* fiord
firanka *f* curtain
firma *f* firm
firmament *m* firmament
fisharmonia *f muz.* harmonium
fiszbin *m* whalebone
fiszka *f* label, slip; *(żeton)* counter; *(w kartotece)* card
fizjolog *m* physiologist
fizjologia *f* physiology
fizjologiczny *adj* physiological
fizjonomia *f* physiognomy
fizyczn|y *adj* physical; pracownik ~y manual worker; wychowanie ~e physical training
fizyk *m* physicist
fizyka *f* physics
flaga *f* flag, banner
flak *m (zw. pl* ~i) intestines, guts; *(potrawa)* tripe
flakon *m* bottle, phial; *(do kwiatów)* flower-glass
Flamandczyk *m* Fleming
flamandzki *adj* Flemish
flanca *f* seedling
flanela *f* flannel
flank|a *f wojsk.* flank; uderzyć z ~i flank
flaszeczka *f* phial; *(na ocet, oliwę)* cruet
flaszka *f* bottle
flądra *f zool.* flounder
flegma *f* phlegm
flegmatyczny *adj* phlegmatic
flek *m* heel-tap
flet *m muz.* flute
flirciarka *f*, **flirciarz** *m* flirt
flirt *m* flirt, flirtation
flirtować *vi* flirt
flisak *m* raftsman
flora *f* flora
flota *f* fleet; ~ wojenna navy; ~ handlowa merchant marine
flotylla *f* flotilla
fluid *m* fluid
fluktuacja *f* fluctuation
fochy *s pl pot.* sulks; stroić ~ sulk, be in the sulks

foka *f zool.* seal
foksterier *m* fox-terrier
fokstrot *m* foxtrot
folgować *vi* indulge (komuś w jego kaprysach sb in his whims); slacken, relax; *(np. o deszczu, chłodzie)* abate; *(zelżeć)* ease off; ~ swym namiętnościom indulge one's passions
foliał *m* folio
folklor *m* folklore
folwark *m* (manorial) farm
fonem *m* phoneme
fonetyczny *adj* phonetic(al)
fonetyka *f* phonetics
fonoteka *f* record ⟨tape⟩ library
fontanna *f* fountain
foremny *adj* well-shaped, shapely
form|a *f* shape; *(w odlewnictwie)* mould; ~y towarzyskie good form, conventions; *zbior.* być w ~ie be in due form; nie być w ~ie be out of form
formacja *f* formation
formalista *m* formalist
formalizm *m* formalism
formalność *f* formality
formaln|y *adj* formal; kwestia ~a point of order
format *m* size
formować *vt* form, shape, mould; ~ się *vr* form
formularz *m* form
formuł(k)a *f* formula
formułować *vt* formulate, word
fornir *m* veneer
fornirować *vt* veneer
forsa *f pot. (pieniądze)* dough
forsować *vt* force; ~ się *vr* exert oneself
forsowny *adj* forced, intense
fort *m wojsk.* fort
forteca *f wojsk.* fortress
fortel *m* subterfuge
fortepian *m* (grand) piano
fortuna *f* fortune
fortyfikacja *f wojsk.* fortification
fortyfikować *vt wojsk.* fortify
fosa *f* ditch; *wojsk.* moat
fosfor *m chem.* phosphorus
fotel *m* arm-chair
fotogeniczny *adj* photogenic

fotograf m photographer
fotografia f (*technika*) photography; (*zdjęcie*) photograph, picture
fotograficzny adj photographic
fotografować vt photograph
fotokomórka f photo-cell
fotokopia f photocopy
fotometr m photometer
fotomontaż m (*technika*) photo-montage; (*obraz*) montage (photograph)
fotoreporter m camera-man
fotos m photo
fracht m freight
fragment m fragment
fragmentaryczny adj fragmentary
frak m dress-coat, tail-coat
frakcja f fraction; *polit.* faction
francuski adj French
Francuz m Frenchman
Francuzka f Frenchwoman
frank m franc
franko adj adv post-paid
frant m sly-boots; sly dog playing a fool
frasobliwy adj uneasy, sorrowful
fraszka f trifle; *lit.* limerick
fraza f phrase
frazeologia f phraseology
frazeologiczny adj phraseological
frazes m hollow phrase, cliché; *zbior.* ~y claptrap
fregata f *mors.* frigate
frekwencja f (*w szkole, na zebraniu itp.*) attendance
fresk m fresco
frędzla f fringe
front m front; *wojsk.* front, fighting line; **pójść na** ~ to go ⟨to be sent⟩ to the front; *przen.* **zmiana** ~u change of front
froterować vt polish
fruwać vi flitter, flutter; (*latać*) fly
frykas m delicacy, dainty (bit)
frywolny adj frivolous

fryz m *arch.* frieze
fryzjer m hairdresser, barber
fujara f pipe; *przen.* (*niedołęga*) galoot
fujarka f (*rural*) pipe
fundacja f foundation
fundament m foundation; (*podstawa*) groundwork
fundamentalny adj fundamental
fundator m founder
fundować vt found, establish; (*częstować*) treat (komuś coś sb to sth), stand (szklankę piwa glass of beer)
fundusz m fund
funkcja f function
funkcjonalny adj functional
funkcjonariusz m functionary
funkcjonować vi function, act
funt m pound; ~ **szterling** pound sterling
fura f cart
furażerka f forage-cap
furgon m baggage-cart
furi|a f fury, rage; **dostać** ~**i** fly into a fury
furiat m raging fellow
furman m carter
furor|a f furore; **zrobić** ~**ę** make a furore
furta f gate
furtka f wicket
fusy s pl (np. w kawie) grounds
fuszer m bungler, botcher
fuszerka f bungle, botch
fuszerować vt vi bungle, botch; make a bungle (coś of sth)
futbol m (association) football, soccer
futbolista m football player, footballer
futerał m case, cover
futro n fur
futryna f window-frame, door-frame
fuzja f fusion; (*strzelba*) rifle, gun

g

gabardyna *f* gabardine

gabinet *m* cabinet; (*pokój do pracy*) study

gablota *f* glass-case, show-case

gad *m* *zool.* reptile

gadać *vt* *vi* *pot.* talk, prattle; ~ od rzeczy talk nonsense

gadanie *n* *pot.* talk, prattle

gadatliwość *f* talkativeness

gadatliwy *adj* talkative

gaduła *m* *pot.* clapper

gadzina *f* reptile, viper

gafa *f* bloomer

gaj *m* grove

gajowy *m* gamekeeper

galaktyka *f* galaxy

galanteria *f* fancy-goods; (*uprzejmość*) gallantry

galar *m* scow

galaret(k)a *f* jelly

galera *f* *hist.* galley

galeria *f* gallery; ~ obrazów picture-gallery, gallery of pictures

galernik *m* galley-slave

galimatias *m* *pot.* muddle, jumble

galon *m* (*miara*) gallon; (*ozdoba*) galloon

galop *m* gallop; ~em at a gallop

galopować *vi* gallop

galowy *adj* gala; strój ~ gala-suit, gala-dress, gala-uniform

galwanizować *vt* galvanize

gałązka *f* twig

gałąź *f* branch

gałgan *m* rag; *pot.* (*łajdak*) rascal, scamp

gałganiarz *m* rag-and-bone man

gałka *f* ball, globe; (*u drzwi, laski*) knob

gama *f* *muz. i przen.* gamut, scale

gamoń *m* *pot.* lout, galoot

ganek *m* porch, veranda(h)

gangrena *f* gangrene

gangrenować *vt* gangrene

ganić *vt* blame

gap *m* gaper

gap|a *m* *f* gull, dupe; pasażer na ~ę stowaway; jechać na ~ę stow away

gapić się *vr* gape (na coś at sth)

garaż *m* garage

garb *m* hunch, hump

garbarnia *f* tannery

garbarz *m* tanner

garbaty *adj* hunch-backed

garbić się *vr* stoop

garbnik *m* tannin

garbować *vt* tan

garbus *m* hunchback

garderoba *f* (*szafa*) wardrobe; (*szatnia*) cloakroom; (*odzież*) stock of clothes, clothing

gardlany *adj* throat *attr*

gard|ło *n* throat; *przen.* wąskie ~ło bottle-neck; mieć ból ~ła have a sore throat; mieć nóż na ~le have the knife at one's throat

gardzić *vi* despise, scorn (czymś sth)

gardziel *f* gullet

garkuchnia *f* soup-kitchen

garn|ąć *vt* gather up; ~ do siebie hug; ~ się *vr* cling (do kogoś, czegoś to sb, sth); strive (do czegoś after sth); hunger (do nauki itd. after learning etc.); apply oneself (do czegoś to sth)

garncarnia *f* pottery

garncarstwo *n* pottery, ceramics

garncarz *m* potter

garnek *m* pot

garnirować *vt* trim, garnish

garnitur *m* (*ubranie*) suit (of clothes), clothes; *zbior.* set, fittings, mountings

garnizon *m* garrison; stać ⟨obsadzić⟩ ~em garrison

garnuszek *m* little pot, mug

garstka *f* handful; small number

garś|ć *f* handful; *przen.* trzymać w ~ci hold under one's thumb; wziąć się w ~ć pull oneself together

gasić *vt* extinguish, put out; (*pragnienie*) quench; (*wapno*) slake

gasnąć *vi* go out; (*umierać*) die away, expire

gastronomia *f* gastronomy

gastronomiczny *adj* gastronomical, catering

gaśnica *f* (fire-)extinguisher

gatunek *m* kind, sort; *biol.* species

gatunkowy *adj* specific, generic; ciężar ~ specific gravity

gawęda *f* chat; story, tale

gawędziarz *m* story-teller

gawędzić *vt* chat

gawiedź *f* rabble

gawron *m zool.* rook

gaz *m* gas; ~ świetlny lighting gas; ~ trujący poison-gas; ~ ziemny natural gas; zatruć ~em gas; zatruć się ~em be gassed

gaza *f* gauze

gazda *m* highland farmer

gazeciarz *m* newsman, newspaper--boy

gazela *f zool.* gazelle

gazeta *f* newspaper

gazetka *f* news-sheet; (*tajna*) underground paper

gazolina *f techn.* gasolene

gazomierz *m* gas-meter

gazownia *f* gas-works

gazow|y *adj* gaseous, gas *attr*; maska ~a gas-mask; kuchenka ~a gas-range

gaźnik *m* carburettor

gaża *f* salary, pay

gąbczasty *adj* spongy

gąbka *f* sponge

gąsienica *f zool.* caterpillar

gąsienicow|y *adj*, koło ~e caterpillar-wheel

gąsior *m zool.* gander; (*butla*) demijohn

gąszcz *m* (*gęstwina*) thicket; (*gęsty osad*) sediment

gbur *m* rude fellow, boor

gburowaty *adj* rude, coarse, boorish

gdakać *vi* cackle

gderać *vi* grumble (**na kogoś, coś** at sb, sth)

gdy *conj* when, as

gdyby *conj* if; jak ~ as if; ~ nie to but for that

gdyż *conj* for, because

gdzie *adv conj* where; ~ indziej elsewhere

gdziekolwiek *adv* anywhere

gdzieniegdzie *adv* here and there

gdzieś *adv* somewhere, someplace

gejzer *m* geyser

gen *m biol.* gene

genealogia *f* genealogy

genealogiczny *adj* genealogic(al)

generacja *f* generation

generalizować *vt vi* generalize

generał *m* general

generator *m elektr.* generator

genetyczny *adj* genetic

genetyka *f* genetics

geneza *f* genesis, origin

genialn|y *adj* full of genius; człowiek ~y man of genius; myśl ~a stroke of genius

geniusz *m* genius, man of genius

geodezja *f* geodesy

geograf *m* geographer

geografia *f* geography

geograficzny *adj* geographic(al)

geolog *m* geologist

geologia *f* geology

geologiczny *adj* geological

geometra *m* geometrician, (land) surveyor

geometria *f* geometry; ~ wykreślna descriptive geometry

geometryczny *adj* geometric(al)

georginia *f bot.* dahlia

germanista *m* student of German philology; Germanist

germanizm *m* germanism

germański *adj* Germanic

gerontologia *f* gerontology

gest *m* gesture

gestykulacja *f* gesticulation

gestykulować *vi* gesticulate

getry *s pl* (*długie*) gaiters, (*krótkie*) spats

getto *n* ghetto

gęb|a *f pot.* mug; *wulg.* stulić ~ę shut up

gęgać *vi* gaggle

gęsi *adj* goose *attr*; ~e pióro

goose quill; iść ~ego walk in Indian file

gęsina *f* roast goose

gęstnieć *vi* thicken

gęstość *f* thickness, density

gęstwina *f* thicket

gęsty *adj* thick, dense; (*np. o tkaninie*) close

gęś *f zool.* goose

gęślarz *m* rebeck player

gęśle *s pl* rebeck

giąć *vt* bend, bow; ~ się *vr* bend, bow (down)

gibki *adj* flexible, pliant

gibkość *f* flexibility, pliability

giełda *f* stock exchange; czarna ~ black market

giełdow|y *adj*, ceduła ~a list of quotations, stock-exchange list; makler ~y stock-broker

giełdziarz *m* stock-exchange operator, stock-jobber

giemza *f* chamois-leather

giermek *m hist.* shield-bearer, squire; (*w szachach*) bishop

giez *m* gadfly

giętki *adj* flexible, pliant

giętkość *f* flexibility, pliability

gięt|y *adj*, meble ~e bentwood furniture

gigant *m* giant

gigantyczny *adj* gigantic, giant

gilotyna *f* guillotine

gimnastyczny *adj* gymnastic

gimnastyk *m* gymnast

gimnastyka *f* gymnastics

gimnastykować się *vr* do gymnastics

gimnazjalista *m* grammar-school boy

gimnazjum *n sing nieodm.* grammar school

ginąć *vi* perish; go lost

ginekolog *m* gynaecologist

ginekologia *f* gynaecology

gips *m* plaster

gipsować *vt* plaster

girlanda *f* garland

giser *m* founder, moulder

gisernia *f* foundry

gitara *f muz.* guitar

glansować *vt* glaze

glazura *f* glaze; (*materiał*) glazing

glazurować *vt* glaze

gleba *f* soil

ględzić *vi pot.* twaddle

gliceryna *f* glycerine

glin *m chem.* aluminium

glina *f* clay

glinianka *f* clay-pit

glinian|y *adj* earthen; naczynia ~e earthenware *zbior.*

gliniasty *adj* clayey

glinka *f* potter's clay, argil

glista *f* (earth-)worm; (*ludzka*) ascarid

glob *m* globe

globalnie *adv* in the gross, in bulk

globalny *adj* total

globus *m* globe

gloria *f* glory; (*aureola*) halo

gloryfikować *vt* glorify

glosa *f* gloss

glukoza *f chem.* glucose

gładki *adj* smooth; plain; (*o włosach, futrze*) sleek; (*o manierach*) polished, refined; ~ materiał (*bez wzoru*) plain fabric

gładkość *f* smoothness, ease; (*obejścia*) refinement

gładzić *vt* smoothe, polish

głaskać *vt* stroke

głaz *m* rock; (*otoczak*) boulder

głąb 1. *f* = głębia

głąb 2. *m* (*np. kapusty*) stump

głębi|a *f* depth, deep; *przen.* profundity; w ~ lasu in the heart of the forest; z ~ serca from the bottom of one's heart

głębinowy *adj* deep-sea *attr*

głębok|i *adj* deep; *przen.* profound; w ~ą noc in the dead of night

głębokość *f* depth; profundity

głodny *adj* hungry

głodomór *m* starveling

głodować *vi* starve, hunger

głodow|y *adj* hunger *attr*; kuracja ~a hunger-cure; strajk ~y hunger-strike

głodówka *f* (*protestacyjna*) hunger-strike; (*lecznicza*) hunger-cure głodzić *vt* starve, famish; ~ się *vr* starve, famish; ~ się na śmierć starve oneself to death

głos *m* voice; (*w głosowaniu*) vote; (*dzwonka*) sound; **prawo** ~**u** right of vote; **większość** ~**ów** majority of votes; **czytać na** ~ read aloud; **dopuścić do** ~**u** give permission to speak; **mieć** ~ have a voice; **oddać** ~ **na kogoś** give sb one's vote; **prosić o** ~ ask for permission to speak; **u-dzielić** ~**u** give permission to speak, give the floor; **zabrać** ~ begin to speak, stand up to speak, take the floor

głosiciel *m* proclaimer

głosić *vt* proclaim, propagate

głoska *f gram.* sound

głosować *vi* vote, (*tajnie*) ballot; ~ **nad czymś** put sth to the vote; ~ **na kogoś** vote for sb

głosowanie *n* voting, poll, (*tajne*) ballot

głosownia *f gram.* phonetics

głosowy *adj* vocal

głosujący *m* voter

głośnia *f anat.* glottis

głośnik *m* megaphone, loud-speaker

głośno *adv* loud(ly), aloud, in loud voice

głośny *adj* loud; (*sławny*) famous

głow|a *f* head; ~**a kapusty** head of cabbage; **w kapeluszu na** ~**ie** with one's hat on; **z obnażoną** ~**ą** bare-headed; *przen.* **łamać sobie** ~**ę** rack one's brains (nad **czymś** about sth); **mieć coś na** ~**ie** have sth on one's hands; **on ma przewrócone w** ~**ie** he has a queer head; **on ma źle w** ~**ie** there is sth wrong in his head; **pobić na** ~**ę** rout, defeat thoroughly; **przychodzi mi do** ~**y** it occurs to me; **zmyć komuś** ~**ę** take sb to task; **co** ~**a to rozum** so many men, so many minds; **od stóp do głów** from top to toe

głowica *f* head; *arch.* capital

głowić się *vr* rack one's brains (nad **czymś** about sth)

głownia *f* firebrand

głód *m* hunger (**czegoś** for sth); (*powszechny*) famine; **poczuć** ~ become hungry; *przen.* ~ **mieszkaniowy** scarcity of lodgings; ~ **ziemi** land hunger

głóg *m bot.* hawthorn

główka *f* (small) head; ~ **maku** poppy-head

głównodowodzący *m* commander-in-chief

główn|y *adj* main, chief, principal, cardinal; (*o stacji, zarządzie*) central; (*o poczcie*) general; ~**a wygrana** first prize

głuchnąć *vi* grow deaf

głuchoniemy *adj* deaf and dumb, deaf-mute

głuchota *f* deafness

głuch|y *adj* deaf (**na lewe ucho** in the left ear); (*o dźwięku*) hollow, dull; ~**a cisza** dead silence; ~**a wieść** vague news; **być** ~**ym na prośby** turn a deaf ear to entreaties

głupi *adj* silly, stupid, foolish

głupiec *m* fool, blockhead

głupieć *vi* grow stupid

głupkowaty *adj* half-witted, dull

głupota *f* stupidity

głupstw|o *n* silly stuff, nonsense; (*drobnostka*) trifle; **pleść** ~**a** talk nonsense ⟨rot⟩

głusz|a *f* solitude, dead silence

głuszec *m zool.* capercaillie, wood-grouse

głuszyć *vt* deafen; (*przyciszać*) damp; *zob.* zagłuszać

gmach *m* edifice

gmatwać *vt* tangle, embroil

gmatwanina *f* tangle, imbroglio

gmerać *vi* fumble (**w czymś** at, in, with sth); **za czymś** after, for sth)

gmina *f* community; (*wiejska*) parish; (*miejska*) municipality, municipal corporation; **Izba Gmin** House of Commons

gminn|y *adj* communal; (*pospolity*) vulgar; **rada** ~**a** parish council

gnać vt drive; vi run

gnat m pot. bone

gnębiciel m oppressor

gnębić vt oppress; (dręczyć) worry; (dokuczać) harass

gniady adj bay

gniazdko n (little) nest; elektr. socket

gniazdo n nest; przen. ~ rodzinne hearth, home

gnicie n rotting, decay, putrefaction; **podlegający** ~u liable to decay

gnić vi rot, decay, putrefy

gnida f nit

gnieść vt press, squeeze; (ciasto) knead; ~ się vr press, crush

gniew m anger; **wpaść w** ~ get angry, burst out in anger

gniewać vt anger; ~ **się** vr be angry (na kogoś with sb, na coś at sth)

gniewliwy adj irritable, irascible

gniewny adj angry, irritated

gnieździć się vr nest, nestle (down)

gnoić vt (nawozić) dung, manure; ~ **się** vr (jątrzyć się) fester

gnojówka f liquid manure

gnom m gnome

gnój m dung, manure

gnuśnieć vi stagnate, be slothful

gnuśność f stagnation, sloth

gnuśny adj stagnant, slothful

gobelin m gobelin

godło n device; ~ **Polski** Polish ensign

godność f dignity

godny adj worthy; (pełen godności) dignified; ~ **podziwu** admirable; ~ **polecenia** recommendable; ~ **pożałowania** lamentable; ~ **szacunku** respectable; ~ **widzenia** worth seeing

gody s pl feast; (weselne) nuptials

godzić vt (najmować) engage, hire; (jednać) conciliate; vi hit (w coś sth), aim (w coś at sth); ~ **na czyjeś życie** attempt sb's life; ~ **się** vr agree, consent (na coś to sth); reconcile oneself (np. z losem to one's lot)

godzin|a f hour; ~y **nadliczbowe** overtime; ~y **przyjęć** reception, office-hours, consulting-hours; ~y **urzędowe** office hours; **pracować poza** ~ami **urzędowymi** work overtime; **pół** ~y half-an-hour; **która** ~? what time is it?; **jest** ~a **trzecia** it is three o'clock; **co dwie** ~y every second hour; przen. **na czarną** ~ę for a rainy day; **całymi** ~ami by the hours

godziwy adj suitable, fair

goić vt heal, cure; ~ **się** vr heal (up), be cured

golenie n shave; **maszynka do** ~a safety-razor

goleń m shin(-bone), anat. tibia

golić vt shave; ~ **się** vr shave, have a shave

golonka f pig's feet, pettitoes

gołąb m pigeon; **siwy jak** ~ snow-white

gołąbek m (także przen.) dove

gołębi adj dove-like

gołębiarz m pigeon-keeper

gołębica f dove

gołębnik m pigeon-house

gołoledź f glazed frost

gołosłowny adj unfounded, groundless

gołowąs m youngster

goł|y adj naked; (ogołocony) bare; (obnażony) nude; ~ym **okiem** with the naked eye; **na** ~ej **ziemi** on the bare ground; **z** ~ą **głową** bare-headed; **pod** ~ym **niebem** under the open sky; **z** ~ymi **rękoma** empty-handed; pot. ~y **jak święty turecki** as poor as a church mouse

gomółka f lump

gondola f gondola; lotn. nacelle

gong m gong

gonić vt chase, drive, pursue; vi run, chase, be after; ~ **ostatkami** be short (czegoś of sth); ~ **się** vr chase one another; race

goniec m messenger; (w hotelu) bell-boy; (w szachach) bishop

goniometr m goniometer

gonitwa f run, chase

góra

gont *m* shingle

gończy *adj*, list ~ warrant of arrest; pies ~ hound

gorąco 1. *adv* hot(ly); jest mi ~ I am ⟨feel⟩ hot; ~ dziękować thank warmly; *przen.* na ~ without a moment's delay

gorąco 2. *n* heat

gorący *adj* hot; ⟨o strefie⟩ torrid; *przen.* (płomienny) ardent, (żarliwy) fervent; *przen.* w ~ej wodzie kąpany hot-blooded; złapać na ~ym uczynku catch red-handed ⟨in the very act⟩

gorączka *f* fever; *przen.* excitement, passion; biała ~ delirium tremens; ~ złota gold fever ⟨rush⟩

gorączkować *vi* have a fever; ~ się *vr* be excited

gorączkowy *adj* feverish; stan ~ temperature

gorczyca *f bot.* mustard

gorczyczny *adj* mustard *attr*

gordyjski *adj* Gordian; *przen.* przeciąć węzeł ~ cut the Gordian knot

gorliwiec *m* zealot

gorliwość *f* zeal, fervour

gorliwy *adj* zealous, fervent

gors *m* breast; plastron

gorset *m* corset; stays *pl*

gorszy *adj comp* worse

gorszyć *vt* scandalize, demoralize; ~ się *vr* be scandalized (czymś at sth)

gorycz *f* bitterness

goryczka *f* bitter taste; *bot.* gentian

goryl *m zool.* gorilla

gorzałka *f* vodka

gorzeć *vi* burn, be ablaze

gorzej *adv comp* worse; tym ~ so much the worse; ~ się czuję I am worse

gorzelnia *f* distillery

gorzki *adj* bitter

gorzknieć *vi* become bitter

gospoda *f* inn, public house, tavern

gospodarczy *adj* economic

gospodarka *f* economy; (domowa) housekeeping, management

gospodarny *adj* economical

gospodarować *vi* farm; manage, administer; (w domu) keep house

gospodarstwo *n* (rolne) farm, farming; (domowe) household

gospodarz *m* (rolnik) farmer; landlord; (właściciel) master (of the house); (pan domu) host; (zarządca) manager

gospodyni *f* mistress (of the house); (pani domu) hostess; manageress; landlady

gosposia *f* housekeeper

gościć *vt* receive, entertain; (przyjąć na nocleg) put up; *vi* stay (u kogoś with sb)

gościec *m med.* gout

gościna *f* stay, visit

gościniec *m* highroad; † (podarunek) present, gift

gościnność *f* hospitality

gościnny *adj* hospitable; pokój ~ guest-room

gość *m* guest, visitor; (klient) customer, patron; (w pensjonacie) boarder

gotować *vt* cook, boil; (przygotowywać) prepare; ~ się *vr* (o wodzie, mleku) boil, (o potrawach) be cooking; (przygotowywać się) prepare (do czegoś, na coś for sth)

gotowość *f* readiness

gotow|y *adj* ready, prepared (na coś, do czegoś for sth); finished; ~e ubranie ready-made clothes

gotówk|a *f* cash, ready money; płacić ~ą pay (in) cash

gotycki *adj* Gothic

gotyk *m* Gothic (style); (pismo) Gothic letters

goździk *m bot.* carnation, pink

gór|a *f* mountain; (szczyt, górna część) top; ~a lodowa iceberg; do ~y nogami upside down; na górze up, above, at the top, (na piętrze) upstairs; z ~y down, downwards, downstairs, from above; u ~y stronicy at the top of the page; płacić z ~y pay in advance; **ręce do ~y!** hands up!; traktować z ~y look down (kogoś upon sb); **z ~ą** (ponad) over; brać ~ę get the upper hand (nad kimś of sb); **w ~ę rzeki** upstream; **zbocze** ~y hillside; **pod ~ę** uphill

góral m mountaineer, highlander

górka f hill

górnictwo n mining (industry)

górniczy adj mining

górnik m miner; **inżynier** ~ mining-engineer

górnolotny adj highflown

górn|y adj upper, superior; ~a **granica** upper ⟨top⟩ limit

górować vi prevail (nad kimś over sb), be superior (nad kimś to sb)

górski adj mountain attr; **łańcuch** ~ mountain-chain

górujący adj prevalent, predominant

górzysty adj mountainous

gra f play; game; teatr acting; (hazard) gamble; ~ słów play upon words, pun; **wchodzić w grę** come into play

grab m bot. hornbeam

grabarz m grave-digger

grabić vt (np. siano) rake; (rabować) rob, plunder

grabie s pl rake

grabieć vi grow numb

grabież f plunder

grabieżca m plunderer

grabieżczy adj rapacious

graca f hoe

gracja f grace, charm

gracować vt hoe

gracz m player; (hazardowy) gambler; ~ na **giełdzie** stock-exchange speculator; ~ na **wyścigach** betting-man; (w tenisie) ~ **podający** server, ~ **przyjmujący** striker

grać vi play; ~ na **giełdzie** operate on Change; ~ na **loterii** play in the lottery; ~ na **skrzypcach** play (on) the violin; ~ na **wyścigach** bet in horse-racing; ~ w **karty** ⟨w szachy⟩ play cards ⟨chess⟩

grad m hail; ~ **pada** it hails

gradacja f gradation

gradobicie n hailstorm

graficzny adj graphic

grafik m graphic artist

grafika f graphic art

grafit m miner. graphite

grafologia f graphology

grafoman m scribbler

grafomania f mania for scribbling

grajek m player, fiddler

gram m gram, gramme

gramatyczny adj grammatical

gramatyka f grammar

gramofon m gramophone

granat m (kolor) navy-blue; (owoc) pomegranate; (pocisk) grenade, shell; (kamień) garnet

granatnik m wojsk. howitzer

granatowy adj navy-blue

graniastosłup m prism

graniasty adj angular

granic|a f (kres, zakres) limit; (geograficzna, polityczna) border, frontier; (demarkacja) boundary; **za ~ą, za ~ę** abroad; **przekroczyć ~e** przyzwoitości transgress the laws of propriety; **wszystko ma swoje ~e** there is a limit to everything

graniczn|y adj border(ing), frontier attr; **kamień ~y** borderstone, landmark; **kordon ~y** military cordon, patrolled border; **linia ~a** boundary(-line)

graniczyć vi border (z czymś on sth)

granit m granite

granulacja f granulation

granulować vt granulate; ~ **się** vr granulate

grań f ridge

grasica f anat. thymus

grasować vi maraud, prowl; (o chorobach) spread, prevail

grat m pot. stick; przen. (o starym człowieku) fogey

gratis adv gratis, free of charge

gratisowy adj free of charge, gratuitous

gratka f windfall

gratulacja *f* congratulation

gratulować *vt* congratulate (komuś czegoś sb on sth)

gratyfikacja *f* gratuity, extra pay

grawer *m* engraver

grawerować *vt* engrave

grawerstwo *n* engraving

grawerunek *m* engraving

grawitacja *f* gravitation

grawitować *vi* gravitate (ku komuś, czemuś towards sb, sth)

grawiura *f* engraving

grdyka *f* anat. Adam's apple

grecki *adj* Greek

Grek *m* Greek

gremialnie *adv* in a body, in a mass

gremialny *adj* general

gremium *n sing nieodm.* staff, body

grenadier *m* grenadier

grępel *m* card

grępłować *vt* card

grobla *f* dam

grobowiec *m* tomb, sepulchre

grobow|y *adj* sepulchral; kamień ~y tomb-stone; *przen.* cisza ~a dead silence

groch *m* pea; (*potrawa*) peas *pl*; *pot.* ~ z kapustą hotch-potch

grochówka *f* pea-soup

grodzić *vt* hedge, fence

grodzki *adj* municipal

grom *f* thunderbolt; ~ z jasnego nieba bolt from the blue

gromada *f* crowd, throng; troop, group

gromadny *adj* numerous, collective

gromadzić *vt* accumulate, amass, heap up; ~ się *vr* assemble, gather

gromadzki *adj* communal, common

gromić *vt* thunder, storm (kogoś at sb); (*rozbijać, niszczyć*) rout, smash

gromki *adj* resonant, thunderous

gromnica *f rel.* blessed wax-candle

gromniczny *adj*, dzień Matki Boskiej Gromnicznej Candlemas

grono *n* bunch of grapes; (*grupa*) circle, company, staff

gronostaj *m zool.* ermine

gronostajow|y *adj*, futro ~e ermine

grosz *m* grosh; *przen.* penny; bez ~a penniless; co do ~a to a penny; ~ wdowi widow's mite

grot *m* pike, dart, bolt, arrow-head

grota *f* grotto, cave

groteska *f* grotesque

groz|a *f* horror, terror; przejąć ~ą strike with awe, terrify

grozi|ć *vi* threaten (komuś czymś sb with sth), menace; ~ nam burza we are threatened with a storm; ~ epidemia an epidemic is imminent

groźba *f* menace, threat

groźny *adj* threatening; terrible, dangerous, severe

grożący *adj* threatening, imminent

grób *m* grave; (*grobowiec*) tomb; *lit. i rel.* sepulchre

gród *m lit.* town; (fortified) castle

grubas *m* fatty

grubianin *m* boor

grubiański *adj* boorish, rude

grubiaństwo *n* boorishness, rudeness

grubieć *vi* grow stout, become thick, thicken

gruboskórny *adj* coarse-skinned, thick-skinned, coarse

grubość *f* thickness, stoutness; (*objętość*) bulk

gruby *adj* thick, stout, big, bulky; (*o suknie, rysach twarzy*) coarse; (*o błędzie*) gross; (*o głosie*) low, deep

gruchać *vi* coo

gruchn|ąć *vi* tumble down, bump; wieść ~ęła the rumour has been set afloat

gruchot *m* crash, rattle; (*o człowieku*) decrepit creature

gruchotać *vt* smash, shatter

gruczoł *m anat.* gland

gruczołowy *adj* glandular

gruda *f* clod (of earth)

grudka *f* (*np. zakrzepłej krwi*) clot; (*kulka*) globule

grudzień *m* December

grun|t *m* ground; (*rolny*) soil; (*dno*) bottom; (*istota rzeczy*) essence; do ∼tu thoroughly, to the core; w ∼cie rzeczy as a matter of fact, at bottom, essentially; na mocnym ∼cie on solid ground

gruntować *vt* (*opierać, bazować*) ground; (*sondować*) fathom, sound; *vi* bottom, touch bottom

gruntownie *adv* thoroughly

gruntowny *adj* solid, well-grounded; through

gruntowy *adj*, podatek ∼ land-tax

grupa *f* group

grupować *vi* group; ∼ się *vr* group

grusza *f* pear-tree

gruszk|a *f* pear; *przen.* ∼i na wierzbie castles in the air

gruz *m* rubbish, rubble; *pl* ∼y debris *zbior.*, ruin; rozpadać się w ∼y fall to ruin; leżeć w ∼ach lie in ruin

gruzeł *m* clot

Gruzin *m* Georgian

gruziński *adj* Georgian

gruźlica *f med.* tuberculosis, consumption

gruźliczy *adj* tuberculous

gruźlik *m* consumptive

gryczan|y *adj*, kasza ∼a buckwheat groats *pl*

gryf *m muz.* fingerboard

gryka *f bot.* buckwheat

grymas *m* grimace, caprice

grymasić *vi* be fastidious; (*przy jedzeniu*) be particular

grymaśny *adj* fastidious, capricious; (*przy jedzeniu*) particular

grynszpan *m chem.* verdigris

grypa *f med.* influenza, *pot.* flu(e), grippe

grysik *m* semolina

gryzący *adj* mordant, corrosive

gryzipiórek *m uj.* ink-slinger

gryzmolić *vt* scribble, scrawl

gryzoń *m zool.* rodent

gryźć *vt* bite, gnaw, nibble; (*np.*

o pieprzu) burn; (o sumieniu, troskach) prick, sting; ∼ się *vr* bicker, wrangle; (*martwić się*) worry, be grieved (*czymś* about sth)

grzać *vt* warm, heat; ∼ się *vr* warm (oneself); (*na słońcu*) bask

grzałka *f* heater; ∼ nurkowa immersion heater

grzanka *f* toast

grządka *f* bed

grząski *adj* quaggy

grzbiet *m* back; (*góry, fali*) crest

grzebać *vt* bury, inter; rake (up); *vi* fumble (w czymś at sth); dig (*np.* w kieszeni in the pocket)

grzebieniasty *adj* comblike

grzebień *m* comb; (*górski*) crest; ∼ koguci cock's comb, crest

grzech *m* sin

grzechotać *vi* rattle

grzechotka *f* rattle

grzechotnik *m zool.* rattlesnake

grzeczność *f* politeness, kindness, courtesy; wyświadczyć ∼ render a (kind) service

grzeczny *adj* polite, kind; (o dziecku) good

grzejnik *m* heater, radiator

grzesznik *m* sinner

grzeszny *adj* sinful

grzeszyć *vi* sin

grzęda *f* bed; (dla kur) perch

grzęznąć *vi* sink, get stuck

grzmiłeć *vi* thunder; ∼ it thunders

grzmocić *vt* thrash, thump

grzmot *m* thunder

grzyb *m* mushroom, fungus

grzybnia *f* mushroom spawn

grzywa *f* mane

grzywn|a *f* fine; ukarać ∼ą fine

gubernator *m* governor

gubernia *f* government

gubić *vt* lose; (*niszczyć*) destroy; ∼ się *vr* lose oneself, lose one's way, go lost; ∼ się w domysłach be lost in conjectures

guma *f* gum; (*na koła itp.*) rubber; (*elastyczna*) india-rubber; (*żywiczna*) resin; (*do wycierania*) eraser, india-rubber; ~ arabska gum arabic

gumować *vt* gum

gusła *s pl* sorcery, witchcraft

gust *m* taste; **w moim guście to my taste**

gustować *vi* take delight (w czymś in sth), relish (w czymś sth), like

gustowny *adj* in good taste, graceful, elegant

guwernantka *f* governess

guwerner *m* tutor, private instructor

guz *m* bump, bruise; *med.* tumour

guzdrać się *vr* dawdle, dillydally

guzik *m* button; **zapiąć na ~ button (on)**

gwałcić *vt* violate, rape

gwałt *m* violence; ~em forcibly

gwałtowny *adj* violent

gwar *m* clatter, murmur

gwara *f* dialect; slang

gwarancja *f* guarantee, security, *prawn.* guaranty

gwarant *m* guarantee

gwarantować *vt vi* guarantee

gwardia *f* guard (*także pl*); ~ przyboczna body-guard; (*królewska*) Life Guards

gwardzista *m* guardsman

gwarny *adj* noisy

gwarzyć *vi* chat

gwiazda *f* star

gwiazdka *f* starlet; (*w druku*) asterisk; (*wigilia*) Christmas Eve; (*podarunek świąteczny*) Christmas gift

gwiazdor *m* (film) star

gwiazdozbiór *m* constellation

gwiaździsty *adj* (*oświetlony gwiazdami*) starlit; (*ozdobiony gwiazdami*) starry

gwint *m* screw-thread

gwizd *m* whistle

gwizdać *vi* whistle

gwizdek *m* whistle

gwoździk *m* little nail; *zob.* goździk

gwóźdź *m* nail; **przybić gwoździami** nail

gzyms *m* cornice

h

habit *m* frock

haczyk *m* hook

hafciarka *f* embroiderer

haft *m* embroidery

haftka *f* clasp

haftować *vt vi* embroider

hak *m* hook

hala *f* hall; ~ targowa market-hall; ~ maszyn engine-room

halka *f* petticoat

halucynacja *f* hallucination

hałas *m* noise, fuss; **wiele ~u o nic** much ado about nothing

hałasować *vi* make a noise

hałastra *f* rabble

hałaśliwy *adj* noisy

hałda *f* heap, pile (of ore, coal)

hamak *m* hammock

hamować *vt* brake; (*wstrzymywać*) check, slacken; (*tłumić*) repress; ~ się *vr* restrain oneself

hamulec *m* brake; *przen.* restraint

handel *m* trade; commerce; ~ winem, zbożem itd. trade in wine, corn etc.; ~ wymienny barter; ~ zagraniczny foreign trade; prowadzić ~ carry on trade

handlarz *m* trader, dealer (winem, zbożem itd. in wine, corn etc.); ~ wędrowny pedlar

handlować vt trade, deal (**czymś in sth**)

handlowiec m tradesman, merchant

handlowość f commercial affairs

handlow|y adj commercial, mercantile; **izba ~a** chamber of commerce; **korespondencja ~a** commercial correspondence; **marynarka ~a** merchant marine; **statek ~y** merchant ship; **księga ~a** account book; **spółka ~** partnership; **towarzystwo ~e** trading company

hangar m hangar

haniebny adj shameful, disgraceful

hańba f shame, disgrace, dishonour

hańbić vt disgrace, dishonour

haracz m tribute

harce s pl (swawola) frolics, pranks; **wyprawiać ~** frolic, play pranks

harcerka f Girl Guide, am. girl scout

harcerstwo n scouting, boy scouts movement

harcerz m boy scout

harcmistrz m scoutmaster, scout leader

harcować vi (swawolić) frolic, romp

hardość f haughtiness

hardy adj haughty

harfa f muz. harp

harfiarz m harpist

harmonia f harmony; (instrument) concertina

harmoniczny adj harmonic

harmonijka f harmonica, mouth organ

harmonijny adj harmonious

harmonizować vt harmonize

harmonogram m plan of work, timetable

harować vi pot. sweat, drudge

harówka f pot. sweat, drudgery

harpun m harpoon

hart m hardness; techn. temper; (charakteru) fortitude

hartować vt harden; inure; techn.

temper; zob. **zahartowany; ~ się** vr harden, inure oneself

hasło n watchword; slogan; wojsk. password

haszysz m hashish

haubica f wojsk. howitzer

haust m draught; **jednym ~em** at a draught

hazard m hazard; (w grze) gamble

hazardować się vr gamble

heban m ebony

hebel m plane

heblować vt plane

hebrajski adj Hebrew

heca f pot. fun

hegemonia f hegemony

hej int heigh!, ho!

hejnał m trumpet-call

hektar m hectare

helikopter m helicopter

hellenista m Hellenist, Greek scholar

hełm m helmet

hemoglobina f biol. haemoglobin

hemoroidy s pl med. haemorrhoids

heraldyka f heraldry, heraldic art

herb m coat-of-arms; (na sygnecie) crest

herbaciarnia f tea-shop

herbata f tea

herbatnik m biscuit

heretycki adj heretical

heretyk m heretic

herezja f heresy

hermetyczny adj hermetic, air-tight, water-tight

heroiczny adj heroic

heroizm m heroism

herold m hist. herald

herszt m ringleader

hetman m hist. commander-in-chief; (w szachach) queen

hiacynt m bot. hyacinth

hiena f zool. hyena

hierarchia f hierarchy

hierarchiczny adj hierarchic

hieroglif m hieroglyph

higiena f hygiene

higieniczny adj hygienic

Hindus m Hindu

hinduski adj Hindu

hiobow|y *adj*, ~a wieść Job's ⟨dismal⟩ news

hiperbola *f* hyperbole; *mat.* hyperbola

hipnotyczny *adj* hypnotic

hipnotyzer *m* hypnotist

hipnotyzować *vt* hypnotize

hipnoza *f* hypnosis

hipochondria *f* hypochondria

hipochondryk *m* hypochondriac

hipokryta *m* hypocrite

hipokryzja *f* hypocrisy

hipopotam *m zool.* hippopotamus

hipoteczn|y *adj* mortgage *attr*; bank ~y mortgage bank; dłużnik ~y mortgager; pożyczka ~a mortgage loan

hipoteka *f* mortgage

hipotetyczny *adj* hypothetic

hipoteza *f* hypothesis

histeria *f* hysterics

histeryczny *adj* hysterical

histeryk *m* hysteric

historia *f* history; story

historyczny *adj* (*dotyczący historii*) historical; (*doniosły, epokowy*) historic

Hiszpan *m* Spaniard

hiszpański *adj* Spanish

hodować *vt* rear, breed, raise; (*uprawiać*) cultivate; (*o jarzynach*) grow

hodowca *m* (*bydła*) breeder; (*jarzyn itp.*) grower

hodowla *f* breeding, growth, culture

hojność *f* liberality, generosity, open-handedness

hojny *adj* liberal, generous, open-handed

hokej *m* hockey

Holender *m* Dutchman

holenderski *adj* Dutch

holować *vt* haul, tow, have in tow, tug

holownik *m* tugboat

hołd *m* homage; składać ~ pay ⟨do⟩ homage

hołdować *vi* pay ⟨do⟩ homage; (*wyznawać, np. zasady*) profess (*czemuś* sth)

hołota *f* rabble

hołysz *m* † pauper, have-not

homar *m zool.* lobster

honor *m* honour, *am.* honor

honorarium *n sing nieodm.* fee; (*autorskie*) royalty

honorować *vt* honour, respect

honorowy *adj* honourable

horda *f* horde

hormon *m biol.* hormone

horoskop *m* horoscope

horrendalny *adj* horrible, scandalous

horyzont *m* horizon

horyzontalny *adj* horizontal

hossa *f* boom

hotel *m* hotel

hoży *adj* brisk, spirited

hrabia *m* count, (*angielski*) earl

hrabina *f* countess

hrabstwo *n* county

hreczka *f bot.* buckwheat

huba *f* touchwood

hubka *f* tinder

huczeć *vi* roar, resound; make a noise

huczny *adj* resonant, clamorous; (*okazały*) sumptuous, pompous

huk *m* roar, bang; (*trzask*) crash

hulać *vi* carouse; run wild

hulajnoga *f* scooter

hulaka *m* carouser

hulanka *f* carousal

hulaszczy *adj* debauched, dissolute

hultaj *m* rogue, scamp

humanista *m* humanist

humanistyczn|y *adj* humanistic, humane; studia ~e humane studies; literatura ~a humanistic literature

humanistyka *f* humanities *pl*

humanitarny *adj* humanitarian, humane

humanizm *m* humanism

humor *m* humour, mood; (*kaprys*) whim, fancy

humoreska *f* humorous story; *muz.* humoresque

humorystyczny *adj* humoristic, humorous

humus *m geol.* humus

hura *int* hurrah!
huragan *m* hurricane
hurt *m* wholesale; ~em wholesale, in (the) gross
hurtownik *m* wholesaler
hurtow|y *adj*, handel ~y wholesale trade; sprzedaż ~a wholesale
huśtać *vt*, ~ się *vr* rock, swing
huśtawka *f* swing; *(podparta w środku)* seesaw
huta *f* foundry, steel-works, smelting-works; ~ szkła glass-works
hutnictwo *n* metallurgy

hutniczy *adj* metallurgic(al)
hutnik *m* founder
hybryda'*f* hybrid
hydra *f* hydra
hydrant *m* hydrant; hose
hydraulika *f* hydraulics
hydropatia *f* hydropathy
hydroplan *m* seaplane
hydroskop *m* hydroscope
hydrostatyka *f* hydrostatics
hydroterapia *f* hydrotherapy
hymn *m* hymn; ~ narodowy national anthem

i

i *conj* and; also, too; i tak dalej and so on
idea *f* idea
idealista *m* idealist
idealistyczny *adj* idealistic
idealizm *m* idealism
idealizować *vt* idealize
idealny *adj* ideal
ideał *m* ideal
identyczność *f* identity
identyczny *adj* identical
identyfikować *vt* identify
ideolog *m* ideologist
ideologia *f* ideology
ideologiczny *adj* ideological
ideowiec *m* idealist
ideowy *adj* ideological, attached to an idea
idiom *m* idiom
idiomatyczny *adj* idiomatic(al)
idiosynkrazja *f* idiosyncrasy
idiota *m* idiot
idiotyczny *adj* idiotic
idiotyzm *m* idiotism, idiocy
idylla *f* idyl(l)
iglast|y *adj*, drzewo ~e coniferous tree
iglica *f* needle; *(u broni palnej)* pin; *(na wieży)* spire
igła *f* needle; nawlec ~ę thread

a needle; *przen.* prosto z ~y brand-new
ignorancja *f* ignorance
ignorant *m* ignoramus
ignorować *vt* ignore, disregard
igrać *vt* play, sport
igraszka *f* frolic, play; toy, plaything
igrzysk|o *n* play, spectacle; *pl* ~a olimpijskie Olympic games
ikra *f zool.* roe; *pot.* spirit
ile *adv* how much, how many; tyle ... ~ as much ⟨many⟩ ... as; ~ masz lat? how old are you?; o ~ how far, so far as, in so far as, as long as; o ~ wiem for all I know
ilekroć *adv* how many times; *conj* whenever, as often as
iloczas *m* quantity (of a vowel)
iloczyn *m mat.* product
iloraz *m mat.* quotient
ilościowy *adj* quantitative
ilość *f* quantity
iluminacja *f* illumination
iluminować *vt* illuminate
ilustracja *f* illustration, picture
ilustrator *m* illustrator
ilustrować *vt* illustrate
iluzja *f* illusion

ił *m* loam

im *adv* the; **im ... tym ... the ... the ...;** ~ **więcej tym lepiej** the more the better

imać się *vr* take up

imadło *n* (hand-)vice, handle

imaginacja *f* imagination

imaginacyjny *adj* imaginary

imbir *m* ginger

imbryk *m* tea-pot

imieniny *s pl* name-day

imiennik *m* namesake

imienny *adj* nominal

imiesłów *m gram.* participle

imię *n* name, first ⟨Christian⟩ name; denomination; **z** ~**enia, na** ~**ę** by name; **w** ~**eniu** in the name (kogoś **of** sb); **dobre** ~**ę** good reputation; **jak ci na** ~**ę?** what's your name?

imigracja *f* immigration

imigrować *vi* immigrate

imitacja *f* imitation

imitować *vt* imitate

immatrykulacja *f* matriculation

immatrykulować *vt,* ~ **się** *vr* matriculate

impas *m* deadlock, blind alley; (w kartach) finesse

imperialista *m* imperialist

imperialistyczny *adj* imperialistic

imperializm *m* imperialism

imperium *n sing nieodm.* empire

impertynencja *f* impertinence

impertynencki *adj* impertinent

impertynent *m* impertinent person

impet *m* impetus, impulse

implikować *vt* imply

imponować *vt* impress (komuś sb)

imponujący *adj* impressive, imposing

import *m* import, importation

importować *vt* import

impregnować *vt* impregnate

impresjonizm *m* impressionism

impreza *f* enterprise; (widowisko) spectacle, show

improwizacja *f* improvisation

improwizować *vt* improvise

impuls *m* impulse

impulsywny *adj* impulsive

inaczej *adv* otherwise, differently; **tak czy** ~ one way or another; **bo** ~ or else

inauguracja *f* inauguration

inauguracyjny *adj* inaugural

inaugurować *vt* inaugurate

in blanko *adv* in blank

incydent *m* incident

indagacja *f* examination

indagować *vt* examine, interrogate

indeks *m* index

indemnizacja *f prawn.* indemnity, indemnification

Indianin *m* Indian

indiański *adj* Indian

Indonezyjczyk *m* Indonesian

indonezyjski *adj* Indonesian

indukcja *f* induction

indukcyjny *adj* inductive

indyczka *f* turkey-hen

indyjski *adj* Indian, Hindu

indyk *m* turkey

indywidualista *m* individualist

indywidualizm *m* individualism

indywidualność *f* individuality; (osoba) personality

indywidualny *adj* individual

indywiduum *n sing nieodm.* individual

inercja *f* inertia, inertness

infekcja *f* infection

inflacja *f* inflation

informacja *f* information (o czymś on ⟨about⟩ sth)

informacyjn|y *adj* informative; **biuro** ~**e** inquiry-office, intelligence-office

informator *m* informant; (publikacja) guide-book

informować *vt* inform; ~ **się** *vr* inquire (u kogoś **of** sb, w sprawie czegoś **for** ⟨after⟩ sth), get information (u kogoś **from** sb, w sprawie czegoś **about** sth)

ingerencja *f* interference

ingerować *vi* interfere (w coś with sth)

inhalacja *f* inhalation

inicjał *m* initial

inicjator *m* initiator

inicjatyw|a *f* initiative; **wystąpić z**

~ą take the initiative; z ~y on
the initiative
inicjować *vt* initiate
iniekcja *f med.* injection
inkasent *m* collector
inkaso *n* encashment
inkasować *vt* encash
innowacja *f* innovation
innowierca *m hist.* dissenter
inny *adj* other, different; kto ~
somebody else; ~m razem another time
inscenizacja *f* staging, mise-en-
-scene
inscenizować *vt* stage
inspekcja *f* inspection
inspektor *m* inspector
inspekty *s pl* hothouse, hotbed
inspiracja *f* inspiration
inspirować *vt* inspire
instalacja *f* installation; (*gazowa,
hydrauliczna*) plumbery
instalować *vt* install; put in; (*wodę, gaz, elektryczność*) lay on
instancj|a *f* instance, authority;
(*sądowa*) court; niższa ~a inferior court; wyższa ~a superior
court; w ostatniej ~i in the last
resort
instrukcj|a *f* instruction; *pl* ~e
(*dyrektywy, wskazówki*) direc-
tions
instruktor *m* instructor
instrument *m* instrument; appliance
instrumentalny *adj* instrumental
instynkt *m* instinct
instyktowny *adj* instinctive
instytucja *f* institution
instytut *m* institute
insygnia *s pl* insignia
insynuacja *f* insinuation
insynuować *vt* insinuate
integracja *f* integration
integralny *adj* integral
integrować *vt* integrate
intelekt *m* intellect
intelektualista *m* intellectualist
intelektualny *adj* intellectual
inteligencja *f* intelligence; (*warstwa społeczna*) the intellectuals

pl, intelligentsia
inteligent *m* intellectual; (*pracownik umysłowy, urzędnik*) white-
-collar worker
inteligentny *adj* intelligent
intencja *f* intention
intendent *m* superintendent, manager; *wojsk.* commissary
intendentura *f* board of management, supply department; *wojsk.*
commissariat
intensywność *f* intensity
intensywny *adj* intensive
interes *m* interest, business, affair;
człowiek ~u business man; dobry
~ good bargain; mieć ~ do kogoś have business with sb;
przyjść w ~ie come on business;
robić wielkie ~y do a great
business; to nie twój ~ it is no
business of yours; to leży w moim ~ie it is in my own interest
interesant *m* (interested) party,
client
interes|ować *vt* interest, concern;
to mnie wcale nie ~uje it is not
of any interest to me; ~ować się
vr be interested (czymś in sth),
be concerned (czymś about, with,
in sth), take interest (czymś in
sth)
interesowny *adj* self-interested,
selfish
interesujący *adj* interesting
internacjonalizm *m* international-
ism
internat *m* boarding-establish-
ment; (*szkoła*) boarding-school
internować *vt* intern
internowany *m* internee; obóz ~ch
internment camp
interpelacja *f* interpellation
interpelować *vt* interpellate
interpolacja *f* interpolation
interpolować *vt* interpolate
interpretacja *f* interpretation
interpretować *vt* interpret
interpunkcja *f* punctuation
interwencja *f* intervention
interweniować *vt* intervene
intonacja *f* intonation

intonować *vt* strike up (a tune); (*wymawiać z intonacją*) intone
intratny *adj* lucrative
introligator *m* bookbinder
introligatornia *f* bookbinder's (shop)
introligatorstwo *n* bookbinding
introspekcja *f* introspection
introspekcyjny *adj* introspective
intruz *m* intruder
intryga *f* intrigue, scheme
intrygant *m* intriguer, schemer
intrygować *vt* intrigue, scheme
intuicja *f* intuition, insight
intuicyjny *adj* intuitive
intymny *adj* intimate
inwalida *m* invalid; (*żołnierz*) disabled soldier ⟨sailor⟩
inwazja *f* invasion
inwektywa *f* invective
inwentaryzować *vt* take stock (coś of sth)
inwentarz *m* inventory, stock-book; żywy ~ livestock
inwersja *f* inversion
inwestować *vt* invest
inwestycja *f* investment
inwigilacja *f* invigilation
inwigilować *vt* invigilate; watch (kogoś, coś over sb, sth)
inżynier *m* engineer
inżynieria *f* engineering
Irlandczyk *m* Irishman
irlandzki *adj* Irish
ironia *f* irony
ironiczny *adj* ironical
ironizować *vi* speak with irony
irracjonalny *adj* irrational
irygacja *f* irrigation
irygator *m med.* irrigator
irys *m bot.* iris
irytacja *f* irritation
irytować *vt* irritate; ~ się *vr* become irritated (czymś at sth)
ischias *m med.* sciatica
iskra *f* spark

iskrzyć się *vr* sparkle
Islandczyk *m* Icelander
islandzki *adj* Icelandic
istnieć *vi* exist
istnienie *n* existence
istny *adj* real; ~ łajdak a very rogue
istota *f* being, creature; (*to, co zasadnicze*) essence, substance; ~ rzeczy heart of the matter; w istocie rzeczy as a matter of fact
istotnie *adv* in reality, really
istotny *adj* real, essential (dla kogoś, czegoś to sb, sth), substantial
iście *adv* really, truly
iść *vi* go, walk; ~ dalej go on; ~ po coś go and fetch ⟨get⟩ sth; ~ za kimś, czymś follow sb, sth; ~ w czyjeś ślady follow in sb's steps; jak ci idzie? how are you doing?; o co idzie? what's the matter?; interes idzie dobrze the business is a going concern; idzie o życie life is at stake
iwa *f bot.* sallow
izba *f* apartment, room; (*parlamentu, sala*) chamber; ~ handlowa Chamber of Commerce; Izba Gmin ⟨Lordów⟩ House of Commons ⟨of Lords⟩; ~ chorych sick-room
izolacja *f* isolation; (*elektryczna, cieplna*) insulation
izolacjonizm *m* isolationism
izolacyjny *adj* insulating
izolator *m* insulator
izolować *vt* isolate; *fiz.* insulate
izoterma *f fiz.* isotherm
izotop *m* isotope
Izraelita *f* Israelite
izraelski *adj* Israeli
iż *conj* that

j

ja *pron* I; to ja it's me, it is I; własne ja self

jabłecznik *m* cider

jabłko *n* apple; ~ Adama Adam's apple

jabłoń *f* apple-tree

jacht *m* yacht

jachtklub *m* yacht-club

jad *m* venom

jadalnia *f* dining-room

jadalny *adj* eatable, edible

jadło *n* food, fare

jadłodajnia *f* eating-house, restaurant

jadłospis *m* bill of fare

jadowity *adj* venomous

jaglan|y *adj*, kasza ~a millet-groats

jaglica *f med.* trachoma

jagnię *n* lamb

jagoda *f* berry; czarna ~ bilberry

jajecznica *f* scrambled eggs

jajk|o *n* egg; ~o na miękko ⟨na twardo⟩ soft ⟨hard⟩ boiled egg; ~a sadzone fried eggs; ~o święcone Easter egg

jajnik *m anat.* ovary

jak *adv conj part* how, as; ~ to? how is that?; ~ najprędzej as soon as possible; ~ najwięcej as much ⟨many⟩ as possible; ~ tylko as soon as; ~ bądź anyhow; tak ... ~ ... as ... as ...; nie tak ... ~ ... not so ... as ...; ~ gdyby as if; ~ również as well as; on jest taki ~ ja he is like me

jakby *adv conj* as if

jak|i *pron* what; ~a to książka? what book is this?; ~i bądź any one; ~im sposobem in what way, how; ~im bądź sposobem in any way; ~iś ty dobry! how good are you!; ~i ojciec taki syn like father like son

jakikolwiek *pron* any, whatever

jakiś *pron* some

jakkolwiek *conj* (al)though; *adv* anyhow, somehow, in any ⟨some⟩ way

jako *adv conj* as; ~ też also, as well as; ~ tako in a fashion, tolerably

jakoś *adv* somehow; ~ to będzie things will work out

jakościowy *adj* qualitative

jakość *f* quality

jałmużna *f* alms

jałowiec *m bot.* juniper

jałowieć *vi* grow barren, become sterile

jałowy *adj* barren, sterile; *przen.* futile, vain

jałówka *f* heifer

jama *f* pit, burrow; ~ ustna oral cavity

jamnik *m* badgerdog

Jankes *m* Yankee

Japończyk *m* Japanese

japoński *adj* Japanese

jar *m* ravine

jarmark *m* fair

jarosz *m* vegetarian

jarski *adj* vegetarian

jarzmo *n* yoke

jar|y *adj*, zboże ~e summer corn, spring crops

jarząbek *m zool.* hazelhen

jarzeniówka *f elektr.* glow-tube lamp

jarzębiak *m* rowan vodka

jarzębina *f bot.* sorb, rowan

jarzyn|a *f* vegetable, *zw. pl* ~y greens, vegetables

jarzynow|y *adj*, zupa ~a vegetable-soup

jasełka *s pl* Christmas play ⟨puppet-show⟩

jasiek *m* small pillow

jaskier *m bot.* buttercup

jaskinia *f* cave, cavern

jaskiniowy *adj*, człowiek ~ cave-man

jaskółka *f zool.* swallow

jaskrawy *adj* glaring; (*o kolorze*) garish; (*wierutny*) arrant, rank; (*rażący*) crass

jasno *adv* clearly, brightly; ~ **mówić** speak plain; **zrobiło się** ~ it downed

jasność *f* clearness, brightness

jasnowidz *m* seer

jasny *adj* bright, clear, light; (*o cerze, włosach*) fair

jastrząb *m zool.* hawk

jasyr *m hist.* slavery, captivity

jaszcz *m wojsk.* caisson

jaszczur *m zool.* salamander

jaszczurka *f zool.* lizard

jaśmin *m bot.* jasmine

jaśnieć *vi* shine

jatka *f* butcher's shop; *przen.* (*rzeź*) shambles

jaw *m*, **wyjść na** ~ come to light; **wydobyć na** ~ bring to light

jawa *f* waking; **sen na** ~**ie** day-dream

jawnie *adv* openly, evidently

jawność *f* publicity, evidence, openness

jawny *adj* manifest, evident, open, public

jawor *m bot.* sycamore

jaz *m* weir

jazda *f* ride, drive; (*podróż*) journey; (*krótka podróż*) trip; (*statkiem*) sail, voyage; ~**a konna** horsemanship; **prawo** ~**y** driver's ⟨driving⟩ license

jaźń *f* ego, self

jądro *n* kernel; *biol. fiz.* nucleus

jądrowy *adj* nuclear

jąkać się *vr* stammer

jąkała *m* stammerer

jątrzyć *vt* irritate, excite, chafe; (*podjudzać*) instigate; ~ **się** *vr* (*o ranie*) suppurate, fester

jechać *vi* go (*pociągiem* by train, *statkiem* by boat); ride (*konno* on horseback, *autobusem* in a bus, *samochodem* in a motor-car, *rowerem* a bicycle, on a bicycle); drive; travel

jeden *num* one, a; **ani** ~**en** not a

single; **co do** ~**nego** to the last man ⟨thing⟩; ~**en po drugim** one after another; **sam** ~**en** alone, all by himself; **wszystko** ~**no** all the same, no matter; **co to za** ~**en?** who is he?; **na** ~**no wychodzi** makes no difference

jedenasty *num* eleventh

jedenaście *num* eleven

jedlina *f* fir-wood; fir-grove

jednać *vt* conciliate, reconcile; (*sobie*) win; ~ **się** *vr* become reconciled

jednak *conj adv* but yet, still; however, nevertheless, after all, for all that

jednaki, jednakowy *adj* the same, equal, identical

jednakowo *adv* equally, alike, in the same way

jednoaktówka *f* one-act play

jednobarwny *adv* one-coloured, plain

jednoczesny *adj* simultaneous

jednocześnie *adv* simultaneously, at the same time

jednoczyć *vt*, ~ **się** *vr* unite, consolidate

jednodniowy *adj* one day's

jednogłośny *adj* unanimous

jednokierunkowy *adj*, **ruch** ~ one-way traffic

jednokomórkowy *adj* unicellular

jednokrotny *adj* single

jednolitość *f* uniformity

jednolity *adj* uniform

jednomyślnie *adv* unanimously, with one consent

jednomyślność *f* unanimity

jednomyślny *adj* unanimous

jednonogi *adj* one-legged

jednoosobowy *adj* single, one-man *attr*

jednopiętrowy *adj* one-storied

jednopłatowiec *m* monoplane

jednorazowy *adj* single

jednoręczny *adj* one-handed

jednoroczny *adj* one-year *attr*, one year's

jednorodny *adj* homogeneous

jednostajność *f* monotony

jednostajny *adj* monotonous

jednostk|a *f* unit, individual; **kult ~i** personality cult

jednostronność *f* unilaterality, one-sidedness

jednostronny *adj* unilateral, one--sided

jedność *f* unity

jednotorowy *adj* single-track, single-line

jednozgłoskowy *adj* monosyllabic

jednoznaczny *adj* synonymous

jedwab *m* silk

jedwabnik *m zool.* silkworm

jedynaczka *f* only daughter

jedynak *m* only son

jedynie *adv* only, solely, merely

jedynka *f* one

jednowładca *m* autocrat

jednowładztwo *n* autocracy

jedyny *adj* only, sole, single; *(wyjątkowy)* unique

jedzeni|e *n* eating; meal, food; **po ~u** after meal(s)

jeleń *m* deer; *(samiec)* stag

jelit|o *n* intestine; *pl* **~a** intestines, bowels

jełczeć *vi* become rancid

jemioła *f bot.* mistletoe

jeniec *m* prisoner, captive; **~ wojenny** prisoner of war

jesienny *adj* autumnal, *(o modzie, porze)* autumn *attr*

jesień *f* autumn, *am.* fall

jesion *m bot.* ash(-tree)

jesionka *f* overcoat

jesiotr *m zool.* sturgeon

jestestwo *n* being

jeszcze *adv* still, yet; beside; else; more; **~ długo** for a long time to come; **~ do niedawna** until quite recently; **~ dwie mile** another two miles; **~ do dzisiaj** to this very day; **~ jedna szklanka** one more glass; **~ pięć minut** another five minutes; **~ raz** once more; **czego ~ chcesz?** what more ⟨else⟩ do you want?; **czy (chcesz) ~ trochę chleba?** a little more bread?

jeść *vt vi* eat; **chce mi się ~** I'm hungry; **~ śniadanie** have break-

fast; **~ obiad** have dinner, dine; **~ kolację** have supper, sup

jeśli *conj* if; **~ nie** unless

jezdnia *f* road, roadway

jezioro *n* lake

jezuicki *adj* Jesuit; *przen. (podstępny)* Jesuitical

jezuita *m* Jesuit

jeździć *vi* travel, go; **~ po Polsce** travel about Poland; *zob.* **jechać**

jeździec *m* horseman, rider

jeż *m zool.* hedgehog

jeżeli *zob.* **jeśli**

jeżyć się *vr* bristle

jeżyna *f bot.* blackberry

jęczeć *vi* groan, moan; *(utyskiwać)* grumble (**na coś** at, about sth)

jęczmień *m bot.* barley; *(na oku)* stye

jędrny *adj* pithy, sappy; vigorous

jędza *f* shrew, vixen

jęk *m* groan, moan

języczek *m* little tongue; *(u wagi)* cock

język *m* tongue; language; **~ ojczysty** mother tongue; vernacular; **pokazać ~** put out one's tongue; *przen.* **zapomnieć ~a w gębie** lose one's tongue

językowy *adj* linguistic; *anat.* lingual

językoznawstwo *n* linguistics

jod *m* iodine

jodełk|a *f* small fir; **wzór w ~ę** herring-bone pattern

jodła *f bot.* fir(-tree)

jodoform *m* iodoform

jodyna *f* tincture of iodine, *pot.* iodine

jolka *f mors.* yawl

jon *m fiz.* ion

jowialność *f* joviality

jowialny *adj* jovial

jubilat *m* man celebrating his jubilee

jubiler *m* jeweller

jubileusz *m* jubilee

jucht *m* Russian leather

juczny *adj*, **koń ~** packhorse

judzić *vt* instigate, abet

Jugosłowianin *m* Yugoslav
jugosłowiański *adj* Yugoslav(ian)
junak *m* brave

junior *m* junior
juta *f bot.* jute

jurysdykcja *f* jurisdiction
juta *f* jute
jutr|o *adv* tomorrow; *n* next day, *lit.* morrow; do ~a till ⟨see you⟩ tomorrow
jutrzejszy *adj* tomorrow's
jutrzenka *f* morning star; *(brzask)* dawn
już *adv* already; ~ nie no more; ~ niedługo very soon; not any longer; ~ nigdy nevermore; ~ o piątej godzinie as early as 5 o'clock

k

kabał|a *f (wróżenie)* fortune-telling; *(trudne położenie)* scrape; wpaść w ~ę get oneself into a bad fix
kabaret *m* cabaret
kabel *m* cable
kabina *f* cabin; *(telefoniczna)* telephone booth; *(w samolocie)* cockpit
kabłąk *m* bow, arch
kabłąkowaty *adj* arched
kabotyn *m* buffoon
kabotyński *adj* buffoonish
kabura *f* holster
kabz|a *f pot.* purse; nabić ~ę load the purse
kacerz *m rel.* heretic
kacyk *m* cacique; *uj. (samowolny dygnitarz)* princeling, petty boss
kaczan *m* stump
kaczk|a *f zool.* duck; *przen. (fałszywa pogłoska)* canard, hoax; puszczać ~i na wodzie play ducks and drakes
kaczor *m zool.* drake
kadencj|a *f* cadence, rhythm; *(czas urzędowania)* term (of office); pełnić obowiązki przez jedną ~ę serve one term
kadet *m* cadet
kadłub *m* trunk; *(statku)* hull; *(rozbitego statku)* hulk; *(samolotu)* fuselage
kadra *f* staff; *wojsk.* cadre

kaduk *m*, prawem ~a illegally, lawlessly; do ~a! the duce!
kadzić *vt* incense
kadzidło *n* incense
kadź *f* tub
kafar *m* rammer, pile-driver
kafel *m* tile
kaftan *m* jacket; ~ bezpieczeństwa strait-jacket
kaftanik *m* bodice; *(dla dziecka)* vest
kaganek *m* oil-lamp
kaganiec *m* muzzle; *(pochodnia)* torch; nałożyć psu ~ muzzle the dog
kajać się *vr* repent (z powodu czegoś sth, of sth), do penance
kajak *m* canoe, kayak; płynąć ~iem canoe
kajdany *s pl* chains, fetters; *(na ręce)* handcuffs; zakuć w ~ put in chains ⟨handcuff⟩ (kogoś sb), put handcuffs (kogoś on sb), to handcuff; skruszyć ~ throw off the chains
kajuta *f* cabin
kakao *n nieodm.* cocoa
kakofonia *f* cacophony
kaktus *m* cactus
kalać *vt* foul, pollute
kalafior *m* cauliflower
kalafonia *f* colophony
kalambur *m* quibble, pun
kalarepa *f* kohl-rabi

kalectwo n crippledom, deformity; lameness

kaleczyć vt maim, mutilate; przen. ~ angielski murder one's English

kalejdoskop m kaleidoscope

kaleka m f cripple

kalendarz m calendar; ~ kartkowy block calendar

kalesony s pl drawers, pot. pants

kaliber m calibre

kaligrafia f calligraphy

kaligraficzny adj calligraphic

kalina f bot. guelder-rose

kalka f carbon-paper; (kopła przez kalkę) carbon-copy

kalkomania f transfer, decalcomania

kalkować vt calk, trace over

kalkulacja f calculation, computation

kalkul|ować vt calculate, compute; to się nie ~uje this is a losing deal

kaloria f calorie

kaloryczny adj caloric

kaloryfer m radiator, heater

kalosz m (rubber) overshoe, galosh

kalumni|a f calumny; rzucać ~e calumniate (na kogoś sb)

kalwin m Calvinist

kalwiński adj Calvinist

kał m excrement

kałamarz m inkstand

kałuża f puddle

kamasz m gaiter; (płytki) spat

kamea f cameo

kameleon m zool. chameleon

kamelia f bot. camellia

kamera f fot. camera

kameraln|y adj, muzyka ~a chamber music

kamerton m muz. tuning-fork

kamfora f camphor

kamieniarstwo n stone-cutting

kamieniarz m stone-cutter

kamienica f tenement-house, block of flats, am. apartment-house

kamieniołom m quarry

kamienisty adj stony

kamienn|y adj stone; węgiel ~y (black) coal; sól ~a rock-salt; przen. ~e serce heart of stone

kamienować vt stone

kamień m stone; drogi ~ precious stone; ~ graniczny landmark; ~ młyński millstone; ~ węgielny corner-stone; ~ do zapalniczek flint

kamizelka f waistcoat

kampania f campaign; ~ siewna sowing compaign; ~ wyborcza electioneering campaign; ~ żniwna harvest campaign

kamrat m pot. chum, pal

kamyk m pebble stone; (do zapalniczki) flint

Kanadyjczyk m Canadian

kanadyjski adj Canadian

kanalia f wulg. scoundrel, rascal

kanalizacja f (budowa kanałów) canalization; (urządzenie) sewerage, sewage works

kanalizować vt provide with a sewage system

kanał m canal; (morski) channel; (miejski) sewer; anat. duct

kanapa f sofa, settee

kanapka f couch; (przekąska) snack, sandwich

kanarek m canary

kancelaria f office

kancelaryjn|y adj office attr; papier ~y foolscap paper; praca ~a office duties

kancelista m clerk

kanciarz m pot. crook, swindler, trickster

kanclerz m chancellor

kandelabr m chandelier

kandydat m candidate

kandydatura f candidature

kandydować vi be a candidate (do czegoś for sth); (do parlamentu) contest a seat (in Parliament)

kangur m zool. kangaroo

kanikuła f dog-days

kanon m standard; (także muz.) canon

kanonada f cannonade

kanoniczny adj canonic(al)

kanonier m gunner

kanonierka *f wojsk.* gunboat
kanonik *m* canon
kanonizacja *f* canonization
kanonizować *vt* canonize
kant *m* edge; angle; (*u spodni*) crease; *pot.* (*oszustwo*) swindle, take-in, fraud
kantor 1. *m* (*kontuar, lada*) counter; (*biuro*) counting-house
kantor 2. *m* (*śpiewak*) chanter
kantyna *f* canteen
kanwa *f* canvas
kańczug *m* whip, scourge
kapa *f* covering, bed-cover; (*szata*) cope
kapać *vi* dribble, trickle
kapce *s pl* snowboots
kapeć *m* slipper
kapela *f* orchestra, band
kapelan *m* chaplain
kapelmistrz *m* bandmaster
kapelusz *m* hat; **bez** ~a with no hat on
kapelusznik *m* hatter
kaperować *vt hist.* privateer, go privateering; *vt* capture, win over
kaperstwo *n* privateering
kapiszon *m* hood; (*spłonka*) percussion cap
kapitalista *m* capitalist
kapitalistyczny *adj* capitalistic
kapitalizm *m* capitalism
kapitalny *adj* capital; **remont** ~ general overhaul
kapitał *m* capital; ~ **zakładowy** (*akcyjny*) capital stock; ~ **obrotowy** acting (circulating) capital
kapitan *m* captain
kapitel *m arch.* capital
kapitulacja *f* capitulation, surrender
kapitulować *vt* capitulate, surrender
kapituła *f* chapter
kaplica *f* chapel
kapłan *m* priest
kapłański *adj* priestly, sacerdotal
kapłaństwo *n* priesthood
kapłon *m* capon

kapota *f* (long) coat
kapral *m wojsk.* corporal
kaprys *m* caprice, whim, fad, fancy
kapryśny *adj* capricious, whimsical
kapsla *f* (*u butelki*) cap; (*u broni*) percussion cap; (*okucie*) capping
kapsułka *f* capsule
kaptować *vt* win (sobie kogoś sb to oneself); (*wyborców, klientów*) canvass
kaptur *m* hood; (*mnisi, u komina*) cowl
kapturek *m* hood; **Czerwony Kapturek** Red Riding Hood
kapusta *f* cabbage; ~ **kiszona** sauerkraut
kapuśniak *m* sauerkraut soup
kar|a *f* punishment; (*sądowa*) penalty; (*pieniężna*) fine; (*śmierci*) capital punishment, death-penalty; **podlegać karze** be punishable: **ponieść** ~ę undergo a punishment; **skazać na** ~ę **pieniężną** fine; **wymierzyć** ~ę inflict a penalty (komuś on sb); **pod** ~ą under (on) pain (np. *śmierci* of death)
karabin *m* rifle, gun; ~ **maszynowy** machine-gun
karać *vt* punish; (*sądownie, w sporcie*) penalize; ~ **grzywną** fine; ~ **śmiercią** inflict the capital punishment (kogoś on sb)
karafka *f* water-bottle; (*na alkohol*) decanter
karakuły *s pl* (*futro*) astrakhan
karalny *adj* punishable
karaluch *m zool.* cockroach
karambol *m* collision, clash
karaś *m zool.* crucian
karat *m* carat
karawan *m* hearse
karawana *f* caravan
karawaniarz *m* bearer, undertaker's man
karb *m* notch, score; **kłaść na** ~ put it down (kogoś, czegoś to sb, sth); **trzymać w** ~ach keep a tight hand (kogoś on sb)
karbid *m chem.* carbide

karbol *m chem.* carbolic acid

karbować *vt* notch, score; *(fałdować)* crease, fold; *(o włosach)* curl

karburator *m* carburettor

karcer *m* lock-up, detention

karciarz *m* gambler

karcić *vt* reprimand, reprove

karczma *f* tavern, inn

karczmarz *m* innkeeper

karczoch *m bot.* artichoke

karczować *vt (pnie, krzaki)* grub out; *(ziemię)* clear

kardiografia *f* cardiography

kardynalny *adj* cardinal, fundamental

kardynał *m* cardinal

kareta *f* carriage, coach

karetka *f* chaise; ~ **pogotowia** ambulance

kariera *f* career

karierowicz *m* pushing person, *pot.* climber

kark *m* neck; **chwycić za** ~ **collar**, seize by the neck; **mieć na** ~**u** have on one's hands; **pędzić na złamanie** ~**u** drive at a breakneck speed; **siedzieć komuś na** ~**u** be on sb's hand; **skręcić** ~ break one's neck

karkołomny *adj* breakneck *attr*

karłowaty *adj* dwarfish

karmazyn *m* crimson

karmel *m* caramel

karmelek *m* caramel, bonbon

karmić *vt* feed, nourish; *(piersią)* suckle; ~ **się** *vr* feed, live **(czymś** on sth)

karmin *m* carmine

karnawał *m* carnival

karność *f* discipline

karny *adj* disciplined, docile; *(o prawie)* penal; *(o sądzie)* criminal; *(karzący)* punitive (expedition etc.)

kar|o *n (w kartach) zw. pl* ~**a** diamonds

karoseria *f* body

karp *m* carp

kart|a *f* card; *(książki)* leaf, page; *(dokument)* charter; *(do gry)* playing-card; ~**a** **tożsamości** identity card; ~**a** **tytułowa** title-page; *(roz)dawać* ~**y** deal cards; **mieć dobrą** ~**ę** have a good hand; *przen.* **odkrycie** ~ show-down; **grać w otwarte** ~**y** show down; **odkryć** ~**y** show down; **stawiać na jedną** ~**ę** stake all on one card

kartel *m* cartel

kartka *f* leaf, slip (of paper); *(na bagażu, towarze)* label; ~ **żywnościowa na chleb** bread coupon; ~ **pocztowa** postcard

kartofel *m* potato

kartografia *f* cartography

karton *m* cardboard, pasteboard; *(pudło tekturowe)* carton

kartoteka *f* card-index

karuzela *f* merry-go-round

karygodny *adj* punishable, culpable

karykatura *f* caricature, cartoon

karykaturzysta *m* cartoonist

karzeł *m* dwarf

kasa *f* cash-desk, cashier's window; *(podręczna)* cash-box, cash-drawer; *(kolejowa)* booking-office, *am.* ticket-office; *(teatralna)* box-office; ~ **oszczędności** savings-bank

kasacja *f* cassation

kasacyjny *adj, sąd* ~ court of cassation ⟨of appeal⟩

kasetka *f* casket; cash-box

kasjer *m* cashier, *(bankowy)* teller

kask *m* helmet

kaskada *f* cascade

kasować *vt* cancel, annul

kasownik *m muz.* natural; *filat.* postmark, cancellation; *(datownik)* dater

kasta *f* caste

kastowość *f* caste system

kastrować *vt* castrate

kasyno *n* casino, club

kasza *f* groats

kaszel *m* cough

kaszka *f* gruel

kaszkiet *m* cap

kaszleć *vi* cough

kasztan *m* chestnut(-tree); *(koń)* chestnut

kat *m* executioner, hangman

katafalk *m* catafalque

kataklizm *m* cataclysm

katalizator *m chem.* catalyst, catalyser

katalog *m* catalogue

katalogować *vt* catalogue

katar *m* cold; catarrh; **nabawić się** ~u catch a cold

katarakta *f* cataract

katarynka *f* barrel-organ

katastrofa *f* catastrophe, calamity; *(np. kolejowa)* crash

katastrofalny *adj* catastrophic

katechizm *m* catechism

katedra *f* cathedral; *(na uniwersytecie)* chair

kategoria *f* category

kategoryczny *adj* categorical

katoda *f elektr.* cathode

katolicki *adj* Catholic

katolicyzm *m* Catholicism

katolik *m* Catholic

katorga *f* forced labour, penal servitude

katować *vt* torment, torture

katusze *s pl* torture

kaucj|a *f* security, deposit; *(sądowa)* bail; **za** ~ą **on bail**

kauczuk *m* caoutchouc

kaukaski *adj* Caucasian

kaw|a *f* coffee; **młynek do** ~y coffee-mill

kawaler *m (nieżonaty)* bachelor; *(galant)* gallant; *(orderu)* knight; *hist.* cavalier

kawaleria *f* cavalry

kawalerka *f* bachelor's flat

kawalerski *adj* bachelor's; **stan** ~ celibacy; **pokój** ~ bachelor's room

kawalerzysta *m* cavalry man, trooper

kawalkada *f* cavalcade

kawał *m* piece, lump; *(dowcip)* joke; **brzydki** ~ foul trick; **zrobić komuś** ~ play sb a trick, *(okpić)* bamboozle sb

kawał|ek *m* bit, morsel, piece; ~ek cukru lump of sugar; po ~ku piece by piece

kawiarnia *f* coffee-house, café

kawior *m* caviar

kawka *f zool.* jackdaw

kazać *vi* bid, order, let

kazanie *n* sermon

kazić *vt* pollute, corrupt, contaminate; *(alkohol)* denature

kazirodztwo *n* incest

kaznodzieja *m* preacher

kazuistyka *f* casuistry

kaźń † *f* torture; *(stracenie)* execution

każdy *pron* every, each, everybody, everyone; ~ z dwóch either

kącik *m* nook

kądziel *f* distaff; po ~i on the distaff side

kąkol *m* cockle

kąpać *vt* bathe; ~ się *vr* bathe, *(w łazience)* have a bath, *(w rzece, morzu)* have a bathe

kąpiel *f (w łazience)* bath, *(w rzece, morzu)* bathe; ~ słoneczna sun-bath

kąpielisko *n (miejscowość)* spa, watering place; *(zakład)* bath-house

kąpielowy *adj*, strój ~ bathing costume

kąsać *vt* bite

kąsek *m* bit, morsel

kąt *m* corner; *mat.* angle; ~ prosty right angle; ~ ostry acute angle; ~ rozwarty obtuse angle; ~ przeciwległy alternate angle; ~ przyległy contiguous angle; ~ załamania światła angle of refraction; pod ~em widzenia from the point of view

kątomierz *m* protractor

kątowy *adj mat.* angular

kciuk *m* thumb

kelner *m* waiter

kelnerka *f* waitress

keson *m techn. wojsk.* caisson

kędzierzawy *adj* curly, crisp

kędzior *m* curl, lock

kępa *f (drzew)* clump; *(pęk)* cluster; *(wysepka)* holm

kępka f cluster, (np. włosów) tuft
kęs m bit, morsel
kibic m looker-on; am. pot. kibitzer
kibić f waist, figure
kichać vi sneeze
kicz m daub; kitsch
kiecka f pot. skirt, frock
kiedy conj when, as; adv ever; ~ wrócisz? when will you be back?; rzadko ~ hardly ever; ~ indziej some other time
kiedykolwiek conj whenever; adv ~ indziej some other time
kiedyś adv once, at one time, (w przyszłości) some day
kielich m goblet, cup
kieliszek m glass
kielnia f trowel
kieł m (u człowieka) canine tooth; (u słonia) tusk; (u psa) fang
kiełbasa f sausage
kiełek m sprout, shoot
kiełkować vi sprout, shoot (forth)
kiełznać vt bit, bridle
kiep m simpleton, blockhead
kiepski adj mean, good for nothing
kier m (w kartach) zw. pl ~y hearts
kierat m treadmill
kiermasz m fair; ~ książki book-fair
kierować vi vt lead, direct, govern (czymś sth); drive (samochodem a car); (zarządzać) manage; ~ się vr proceed in the direction; be guided (czymś by sth); act (czymś according to sth)
kierowca m driver
kierownica f steering-wheel; (u roweru) handle bar
kierownictwo n management, administration, direction
kierowniczy adj managing, directive
kierownik s manager, director, head
kierunek s direction, course; przen. trend, tendency
kierunkow|y adj directional; (ra-

dio) **antena** ~a beam antenna
kiesa † f purse
kieszeń f pocket
kieszonka f small pocket
kieszonkowe n pocket money
kieszonkowiec m pickpocket
kij m stick, cane; dostać ~e get a good beating
kijanka f zool. tadpole
kikut m stump
kilim m rug, carpet
kilka, kilku num some, a few
kilkakrotnie adv several times, repeatedly
kilkakrotny adj repeated
kilkudniowy adj several days'
kilkuletni adj several years'
kilof m pickaxe
kilogram m kilogram(me)
kilometr m kilometre
kinematograf † m cinematograph; (kino) cinema
kinematografia f cinematography
kinetyka f kinetics
kino n cinema, pictures pl, pot. movies pl
kiosk m booth, stall, kiosk; (z gazetami) news stall ⟨stand⟩
kipieć vi boil
kir m pall, shroud
kisić vt (kwasić) sour; (marynować) pickle
kisiel m jelly, fruit cream
kisnąć vi sour, ferment
kiszk|a f intestine, gut; (wędlina) pudding, sausage; pot. zapalenie ślepej ~i appendicitis
kiść f bunch, tuft
kit m putty
kitel m smock-frock
kitować vt putty
kiwać vi wag, shake; beckon (na kogoś to sb); ~ głową nod; ~ ręką wave one's hand (na kogoś to sb); ~ się vr wag, totter
klacz f mare
klajster m glue, paste
klaka f claque
klakson m hooter
klamka f (door-)handle, latch

klamra *f* clasp, buckle; (*nawias*) bracket

klan *m* clan

klapa *f* flap; *techn.* valve; (*marynarki*) lapel; *pot.* (*niepowodzenie*) flop; ~ bezpieczeństwa safety-valve

klarnet *m muz.* clarinet; ~ basowy bass-clarinet

klarować *vt* clear, clarify; (*wyjaśniać*) explain

klarowny *adj* limpid, clear

klasa *f* class; (*sala szkolna*) classroom; (*rocznik szkolny*) form; ~ pracująca working class

klaskać *vi* clap (w ręce one's hands), (*bić brawo*) applaud

klasow|y *adj* class; świadomość ~a class consciousness; walka ~a class struggle

klasówka *f* school-work

klasycyzm *m* classicism

klasyczny *adj* classic(al)

klasyfikować *vt* classify

klasyk *m* classic

klasztor *m* cloister, monastery

klasztorny *adj* monastic

klatka *f* cage; *anat.* ~ piersiowa chest; ~ schodowa staircase

klauzula *f* clause

klawiatura *f* keyboard

klawisz *m* key; ~ biały natural

kląć *vi* swear (kogoś at sb); (*przekłinać, złorzeczyć*) curse (na kogoś sb); ~ się *vr* swear (na coś by sth)

klątwa *f* anathema, curse

klecić *vt pot.* botch up, concoct

kleić *vt* stick, glue (together), paste; ~ się *vr* stick

kleik *m* gruel

kleisty *adj* sticky

klej *m* glue, gum, paste

klejnot *m* jewel

klekot *m* rattle, clatter

klekotać *vi* rattle, clatter

kleks *m* blot

klepać *vt* hammer, beat; (*ziemię*) stamp; (*po plecach*) slap, clap

klepisko *n* threshing-floor

klepk|a *f* stave; *przen. pot.* brak

mu piątej ~i he is crackbrained; he has a screw loose

klepsydra *f* hourglass; (*ogłoszenie żałobne*) obituary notice

kler *m* clergy

kleryk *m* seminarist

klerykalizm *m* clericalism

klerykalny *adj* clerical; (*o kraju, instytucji*) priest-ridden

klerykał *m* clericalist

kleszcz *m zool.* tick

kleszcze *s pl* (*instrument*) pincers, pliers

klęczeć *vi* kneel, be on one's knees

klękać *vi* kneel down (przed kimś to sb)

klęsk|a *f* defeat, calamity, disaster; ponieść ~ę be defeated; zadać ~ę defeat

klient *m* client; *handl.* customer, patron

klientela *f* customers pl

klika *f* clique

klimat *m* climate

klimatyczn|y *adj* climatic; miejscowość ~a health-resort

klimatyzacja *f* air conditioning

klimatyzować *vt* condition

klin *m* wedge; wbijać ~em wedge in

klinga *f* (sword-)blade

kliniczny *adj* clinic

klisza *f* cliché; *fot.* plate

kloaka *f* sewer

kloc *m* log, block

klocek *m* block

klomb *m* flowerbed

klon *m bot.* maple

klops *m* meat-ball

klosz *m* glass-cover, glass-bell; (*abażur*) globe; lampshade

kloszow|y *adj*, ~e spodnie bell--bottomed trousers

klown *m* clown

klozet *m* water-closet

klub *m* club

klucz *m* key; *muz.* clef; ~ do nakrętek spanner; ~ francuski wrench; zamknąć na ~ lock

kluczow|y *adj* key, fundamental; nuta ~a keynote

kluć się *vr* hatch

kluska *f* dumpling

kładka *f* foot-bridge

kłak *m* flock, wisp; *pl* ~i *(pakuły)* oakum, wadding

kłam † *m*, zadać komuś ~ give sb the lie

kłamać *vi* lie *(przed kimś to sb)*

kłamca *m* liar

kłamliwy *adj* lying, deceitful, mendacious

kłamstwo *n* lie

kłaniajć się *vr* greet *(komuś sb)*, bow *(komuś to sb)*; ~j mu się ode mnie present him my compliments, give him my regards

kłaść *vt* lay, set, put; ~ się *vr* lie down

kłąb *m* clew, ball, roll; kłęby dymu wreaths of smoke

kłębek *m* ball, roll; *przen.* ~ nerwów bundle of nerves

kłębiasty *adj* billowy; *(o chmurze)* cumulous

kłębić się *vr* swell, surge; *(o dymie)* wreathe

kłoda *f* log, block; clog

kłopojt *m* embarassment, trouble, bother; być w ~cie be at a loss; mieć ~ty pieniężne have money troubles; narobić sobie ~tu get into trouble; narobić komuś ~tu get sb into trouble; wprawiać w ~t embarass, give trouble

kłopotać *vt* embarass, trouble; ~ się *vr* be troubled, bother *(o coś about sth)*

kłopotliwy *adj* troublesome, embarassing

kłos *m* ear; zbierać ~y glean

kłócić się *vr* quarrel *(o coś about sth)*; *(np. o kolorach, poglądach)* clash

kłódkja *f* padlock; zamknąć na ~ę padlock

kłótliwy *adj* quarrelsome

kłótnia *f* quarrel

kłucie *n (w boku)* stitch

kłuć *vt vi* sting, prick; ~ w oczy be an eyesore *(kogoś to sb)*

kłus *m* trot; ~em at a trot

kłusować 1. *vi (jechać kłusem)* trot

kłusować 2. *vi (uprawiać kłusownictwo)* poach

kłusownictwo *n* poaching

kłusownik *m* poacher

kmieć † *m* peasant, farmer

kmin(ek) *m* cumin

knajpa *f pot.* pub, tavern

knebel *m* gag

kneblować *vt* gag *(komuś usta sb)*

knedel *m* dumpling

knocić *vt pot.* bungle, botch

knot *m* wick

knuć *vt* plot, conspire

koalicja *f* coalition

kobiałka *f* wicker-basket

kobieciarz *m* ladies' man

kobiecość *f* womanhood

kobiec|y *adj* womanly, womanlike; *(o płci)* female; prawa ~e women's rights

kobierzec *m* carpet

kobieta *f* woman

kobra *f zool.* cobra

kobyła *f* mare

kobza *f muz.* bagpipe

kobziarz *m* bagpiper

koc *m* blanket, rug

kochać *vt* love; ~ się *vr* be in love *(w kimś with sb)*

kochanek *m* lover, love; paramour

kochanka *f* lover, love; mistress, paramour

koci *adj* catty, catlike; feline

kociak *m* kitten; *(dziewczyna)* sweet-and-twenty

kocię *n* kitten

kocioł *m* kettle, cauldron; *muz.* kettle-drum; ~ parowy steam-boiler

kocur *m* tomcat

koczować *vi* nomadize, migrate

koczownictwo *n* nomadism

koczowniczy *adj* nomadic, migratory

kod *m* code

kodeks *m* code

kodyfikacja *f* codification

kodyfikować *vt* codify

koedukacja *f* co-education

koegzystencja f co-existence
kogut m cock
koić vt soothe
koja f berth
kojarzenie n association
kojarzyć vt match; (pojęcia) associate; ~ się vr associate, be associated; pair
kojący adj soothing, alleviative
kojec m coop
kokarda f cockade
kokieteria f coquetry
kokietka f coquette
kokietować vt coquet (kogoś with sb)
koklusz m med. (w)hooping-cough
kokon m cocoon
kokos m coco-nut
kokoszka f (brood-)hen
koks m coke
koksownia f coking-plant
kolaboracja f collaboration
kolaborant m collaborator
kolaborować vi collaborate
kolacja f supper; jeść ~ę have supper, sup
kolano n knee; (rury) joint; (rzeki) bend, turn
kolarstwo n cycling
kolarz m cyclist
kolący adj stinging, thorny
kolba f (strzelby) butt-end; chem. flask; (do lutowania) soldering--iron
kolczasty adj prickly, thorny; drut ~ barbed wire
kolczyk m ear-ring; (u zwierząt) ear-mark
kolebka f cradle
kolec m prick, thorn; (u sprzączki) tongue
kolega m comrade, mate, companion; (z pracy) colleague; (szkolny) schoolmate, classmate
kolegialny adj collegiate
kolegium n sing nieodm. college; (grono) staff, board, committee
koleina f rut
kolej f railway, am. railroad; (następstwo) turn, succession; po ~i in turn, by turns; ~j na mnie

it is my turn
kolejarz m railwayman
kolej|ka f narrow-gauge railway; (ludzi) queue, line; (dań, kiełbasków) round; turn; stać w ~ce queue up, line up
kolejno adv in turn, by turns, successively
kolejność f succession, rotation; w ~ci by rotation
kolejny adj successive, next
kolekcja f collection
kolekcjoner m collector
kolekcjonować vt collect
kolektura f lottery office
kolektyw m collective body
kolektywizacja f collectivization
kolektywizm m collectivism
kolektywn|y adj collective; gospodarka ~a collective farming; gospodarstwo ~e collective farm
koleżanka f girl friend, colleague
koleżeński adj friendly
koleżeństwo n comradeship
kolęda f Christmas carol
kolędni|k m carol-singer, caroller; pl ~cy waits
kolędować vi carol
kolia f necklace
kolidować vi collide, clash
koligacja f affinity, connection
kolisty adj circular
kolizj|a f collision; popaść w ~ę come into collision
kolka f colic
kolokwium n sing nieodm. colloquy, examination
kolonia f colony, settlement; (wakacyjna) summer camp
kolonialny adj colonial; kupiec ~ grocer
kolonista m colonist
kolonizacja f colonization
kolonizator m colonizer
koloński adj, woda ~a eau de Cologne
kolor m colour; (w kartach) suit; dać do ~u follow suit
koloratura f coloratura
kolorować vt colour
kolorowy adj coloured

koloryt m colour, colouring
koloryzować vt colour
kolos m colossus; przen. giant
kolosalny adj colossal
kolportaż m distribution, hawking
kolporter m distributor, hawker
kolportować vt distribute, hawk
kolumna f column, pillar; wojsk. column
kolumnada f colonnade
kołatać vi rattle; knock (do drzwi at the door); przen. solicit (do kogoś o coś sb for sth ⟨sth from sb⟩)
kołchoz m kolkhoz
kołczan m quiver
kołdra f counterpane, coverlet
kołek m peg
kołnierz m collar
koło 1. praep by, near; about
koło 2. n wheel; (obwód; stowarzyszenie) circle; (do tortur) rack; ~ napędowe driving wheel; ~ zębate cog-wheel
kołodziej m wheelwright
kołowacizna f dizziness
kołować vi move round, circle
kołowrotek m spinning-wheel
kołowrót m windlass
kołow|y adj circular; ruch ~y vehicular traffic
kołtun m med. plica; (człowiek zacofany) fogey, stick-in-the-mud
kołysać vt rock, lull; ~ się vr rock, sway
kołysanka f cradle-song, lullaby
kołyska f cradle
komandor m commander; mors. commodore
komandos m commando
komar m zool. mosquito
kombajn m combine(-harvester)
kombatant m combatant
kombinacja f combination
kombinat m combine
kombinator m speculator, dodger
kombinezon m overalls
kombinować vt combine; speculate
komedia f comedy

komediant m pretender
komediopisarz m comedist
komenda f command
komendant m commander, commandant
komenderować vi command
komentarz m commentary
komentować vt comment (coś on ⟨upon⟩ sth), annotate
kometa f comet
komfort m comfort
komfortowy adj luxurious
komiczny adj comic, funny
komik m comedian
komin m chimney; (na dachu) chimney-pot; (lokomotywy, statku) funnel
kominek m fire-place
kominiarz m chimney-sweep
komis m commission; (sklep) commission-house; wziąć w ~ take on commission
komisariat m commissary's office; (ludowy) commissariat; ~ policji police-station
komisarz m commissary; (ludowy) commissar
komisja f commission, committee, board
komitet m committee
komityw|a f intimacy, friendly terms; w dobrej ~ie on good terms
komiwojażer m travelling agent
komnata † f apartment
komoda f chest of drawers
komora f chamber; cabin; (spiżarnia) larder; ~ celna customhouse
komorne n rent
komórka f closet; biol. elektr. cell
kompan m pot. chum, pal
kompania f company
kompas m compass
kompendium n sing nieodm. compendium, digest
kompensata f compensation
kompensować vt compensate (coś for sth)
kompetencja f competence
kompetentny adj competent

kompilacja *f* compilation
kompilator *m* compiler
kompilować *vt* compile
kompleks *m* complex
komplement *m* complement; prawić ~y pay compliments
komplet *m* full number ⟨assembly⟩; set; ~ stołowy dinner-set; ~ do herbaty tea-set; ~ ubrania suit of clothes
kompletny *adj* complete, thorough
kompletować *vt* complete
komplikacja *f* complication
komplikować *vt* complicate
komponować *vt* compose
kompost *m* compost
kompot *m* compote, stewed fruit
kompozycja *f* composition
kompozytor *m* composer
kompres *m* compress
kompresja *f* compression
kompresor *m* compressor
kompromis *m* compromise; iść na ~y compromise (w czymś on sth)
kompromisowy *adj* compromising
kompromitacja *f* discredit
kompromitować *vt* discredit, compromise; ~ się *vr* discredit oneself
kompromitujący *adj* compromising, disgraceful
komuna *f* commune; *hist.* **Komuna Paryska** Commune of Paris
komunalny *adj* communal
komunał *m* commonplace
komunard *m hist.* Communard
komunia *f* communion
komunikacja *f* communication; traffic
komunikat *m* announcement, news report
komunikować *vt* announce (komuś coś sth to sb), inform (komuś coś sb about sth); ~ się *vr* communicate; have intercourse
komunista *m* communist
komunistyczny *adj* Communist(ic); **Manifest Komunistyczny** Communist Manifesto; **Komunistyczna Partia Związku Radzieckiego** Communist Party of the Soviet Union

komunizm *m* communism
konać *vi* die away
konar *m* bough
koncentracja *f* concentration
koncentracyjny *adj* concentrative; obóz ~ concentration camp
koncentrować *vt* concentrate
koncepcja *f* conception
koncept *m* concept, idea; (zarys) draft
koncern *m* concern
koncert *m* concert; (utwór) concerto
koncesja *f* concession, licence
koncesjonować *vt* licence, grant a concession
koncha *f* conch, shell
kondensator *m techn.* condenser
kondensować *vt* condense
kondolencja *f* condolence; składać ~e condole (komuś z powodu czegoś with sb on ⟨upon⟩ sth)
kondor *m zool.* condor
kondukt *m*, ~ pogrzebowy funeral procession
konduktor *m* (kolejowy) guard, (tramwajowy) conductor
konduktorka *f* conductress
kondycja *f* condition
kondygnacja *f* level, tier
koneksja *f* connexion
konewka *f* watering-can
konfederacja *f* confederacy, confederation
konfederat *m* confederate
konfekcja *f* ready-made clothes
konferencja *f* conference
konferować *vi* confer
konfesjonał *m* confessional
konfident *m* informer, intelligencer
konfiskata *f* confiscation
konfiskować *vt* confiscate
konfitura *f* jam
konflikt *m* conflict
konfrontacja *f* confrontation
konfrontować *vt* confront
konfuzja *f* confusion
kongregacja *f* congregation
kongres *m* congress
koniak *m* cognac, brandy
koniczyna *f bot.* clover, trefoil

koniec *m* end, conclusion, close; **dobiegać końca** to draw near the end; **położyć ~** put an end; **wiązać ~ z końcem** make both ends meet; **aż do końca** up to the end; **bez końca** no end; **do samego końca** to the very end; **na ~ finally; na końcu języka** on the tip of one's tongue; **w końcu at ⟨in⟩ the end**

konieczność *f* necessity; **z ~ci** of necessity

konieczny *adj* necessary, indispensable

konik *m* pony; *(mania)* hobby; *pot. (spekulujący biletami)* scalper; *zool.* **~ polny** grass-hopper

koniokrad *m* horse-thief

koniugacja *f jęz.* conjugation

koniunktura *f* juncture, tide of the market; opportunity

koniuszek *m* tip

konkluzja *f* conclusion

konkretny *adj* concrete, real

konkurencja *f* competition

konkurencyjny *adj* competitive

konkurent *m* competitor, rival; *(zalotnik)* suitor

konkurować *vi* compete; *(zalecać się)* court *(do kogoś sb)*

konkurs *m* competition; **ogłaszać ~ na coś** offer sth for competition

konkursowy *adj* competitive

konnica *f* cavalry

konno *adv* on horseback

konn|y *adj* mounted; *(o zaprzęgu)* horse-drawn; **jazda ~a** horse-riding; **wyścigi ~e** horse-race

konopie *s pl* hemp

konosament *m handl.* bill-of-lading

konsekwencja *f* consequence, consistency

konsekwentnie *adv* in a consistent way, consistently

konsekwentny *adj* consistent, consequent

konserwa *f* preserve, tinned *(am. canned)* meat *⟨milk, fruit etc.⟩*

konserwacja *f* conservation

konserwatorium *n sing nieodm.* conservatory, conservatoire

konserwatysta *m* conservative

konserwatywny *adj* conservative

konserwatyzm *m* conservatism

konserwować *vt* conserve; *(o żywności)* preserve

konserwowy *adj*, **przemysł ~** canning industry

konsolidacja *f* consolidation

konsolidować *vt* consolidate

konspekt *m* draft; conspectus

konspiracja *f* conspiracy, plot

konspirator *m* conspirator

konspirować *vi vt* conspire, plot

konstatować *vt* state, ascertain

konstelacja *f* constellation

konsternacja *f* consternation, dismay

konstrukcja *f* construction

konstrukcyjny *adj* constructional

konstruktor *m* constructor

konstruktywny *adj* constructive

konstruować *vt* construct

konstytucja *f* constitution

konstytucyjny *adj* constitutional

konstytuować *vt* constitute

konsul *m* consul

konsularny *adj* consular

konsulat *m* consulate

konsultacja *f* consultation

konsultant *m* consultant; *(o lekarzu)* consulting physician

konsultować *vt* consult; **~ się** *vr* consult, confer

konsum *m* co-operative shop

konsument *m* consumer

konsumować *vt* consume

konsumpcja *f* consumption

konsumpcyjn|y *adj* consumptive; **towary ~e** consumers' goods

konsylium *n sing nieodm.* consultation

konsystorz *m* consistory

konszachty *s pl* collusion; **wchodzić w ~** enter into collusion

kontakt *m* contact; **nawiązać ~ contact (z kimś sb)**, come into contact **(z kimś with sb); stracić ~** be out of contact

kontaktować *vt vi* bring into contact, contact; **~ się** *vr* be in contact, keep in touch

kontekst *m* context

kontemplacja *f* contemplation

kontentować *vt* content; ~ **się** *vr* be contented (**czymś** with sth)

konto *n* account; **na** ~ on account

kontrabanda *f* smuggling, contraband

kontrabas *m* double bass

kontradmirał *m* rear admiral

kontrahent *m* contracting party

kontrakt *m* contract (**w sprawie czegoś** for ⟨of⟩ sth); ~ **o pracę** contract for work; ~ **sprzedaży** contract of sale

kontraktować *vt vi* contract

kontrapunkt *m muz.* counterpoint

kontrast *m* contrast

kontrastować *vt* contrast

kontratak *m* counter-attack

kontrofensywa *f* counteroffensive

kontrola *f* control

kontroler *m* controller

kontrolować *vt* control

kontrować *vi* (**w kartach**) double

kontrowersja *f* controversy

kontrowersyjny *adj* controversial

kontrrewolucja *f* counter-revolution

kontrrewolucjonista *m* counter-revolutionary

kontrrewolucyjny *adj* counter-revolutionary

kontrtorpedowiec *m mors.* destroyer

kontrwywiad *m* counter-espionage

kontrybucj|a *f* contribution; **nałożyć na kraj** ~**ę** lay a country under contribution

kontuar *m* counter

kontur *m* outline, contour

kontuzja *f* contusion

kontuzjować *vt* contuse

kontynent *m* continent

kontynentalny *adj* continental

kontyngent *m* contingent, quota; (**żołnierzy**) levy

kontynuować *vt* continue

konwalia *f bot.* lily of the valley

konwenans *m* conventionality, convention

konwencja *f* convention

konwencjonalny *adj* conventional

konwent *m* convention, assembly; (**klasztor**) convent

konwersacja *f* conversation

konwersacyjny *adj* conversational

konwojent *m* escort

konwojować *vt* convoy, escort

konwój *m* convoy, escort

konwulsja *f* convulsion

konwulsyjny *adv* convulsive

koń *m* horse; (**w szachach**) knight; ~ **gimnastyczny** vaulting-horse; ~ **mechaniczny** metric horse-power; ~ **parowy** horse-power; ~ **pociągowy** draught-horse; ~ **wierzchowy** saddle-horse; ~ **na biegunach** rocking-horse; **jechać na koniu** go on horseback; **wsiąść na konia** get ⟨mount⟩ on horseback

końcow|y *adj* final, ultimate; **stacja** ~**a** terminus

końcówka *f* ending, end; (*np. węża gumowego*) nozzle

kończyć *vt* end, finish, conclude, close; ~ **się** *vr* end, come to a close

kończyna *f* limb

kooperacja *f* co-operation

kooperacyjny *adj* co-operative

kooperatywa *f* co-operative society

kooptować *vt* co-opt

koordynacja *f* co-ordination

koordynować *vt* co-ordinate

kopa *f* three-score; (*stos*) pile; ~ **siana** haycock

kopać *vt* dig; (*nogą*) kick

kopalnia *f* mine; ~ **węgla** coal-mine; ~ **soli** salt-mine

koparka *f* excavator

kopcić *vi* smoke, give off soot

kopeć *m* soot, black

koper *m* dill

koperta *f* envelope

kopia 1. *f* (*odbitka*) copy, transcript

kopia 2. *f* (*broń*) lance

kopiec *m* mound; (*mogiła*) tumulus; (*kupa, stos*) pile; **kreci** ~ mole-hill kopiować *vt* copy

kopuła *f* cupola, dome

kopyto *n* hoof; (*szewskie*) last

kor|a *f* bark; odzierać drzewo z ~y bark the tree; *anat.* ~a mózgowa cortex

koral *m* coral

koralik *m* bead

korba *f* crank

korcić *vt* tempt

kordon *m* cordon; otaczać ~em cordon off

Koreańczyk *m* Korean

koreański *adj* Korean

korek *m* cork; *elektr.* fuse; (*w bucie*) lift

korekt|a *f druk.* proof; ~a kolumnowa page-proof; robienie ~y proof-reading

korektor *m* proof-reader

korektura *f* correction

korepetycja *f* private lesson

korepetytor *m* tutor, coach

korespondencja *f* correspondence

korespondent *m* correspondent

korespondować *vi* correspond

korkociąg *m* corkscrew; *lotn.* spin

korkować *vt* cork

kornet 1. *m* (*strój głowy zakonnicy*) coif, cornet

kornet 2. *m muz.* cornet

korniszon *m* gherkin

koron|a *f* crown; *dent.* cap; *dent.* nałożyć ~ę cap

koronacja *f* coronation

koronka *f* lace

koronować *vt* crown

korowód *m* procession

korporacja *f* corporation

korpulentny *adj* corpulent

korpus *m* trunk, body; *wojsk.* corps; ~ dyplomatyczny diplomatic corps; ~ kadetów corps of cadets

korsarstwo *n* piracy

korsarz *m* pirate

kort *m sport.* court

korupcja *f* corruption

koryfeusz *m* coryphaeus, leader

korygować *vt* correct

korytarz *m* corridor

koryto *n* trough; (*rzeki*) bed

korzec *m* bushel

korze|ń *m* root; zapuszczać ~nie take ⟨strike⟩ root

korzyć się *vr* humble oneself

korzystać *vi* profit (z czegoś by ⟨from⟩ sth), avail oneself (z czegoś of sth), use (z czegoś sth), have the use (z czegoś of sth)

korzystny *adj* profitable

korzyść *f* profit, advantage; na ~ to the advantage (czyjąś of sb); na moją ~ to my advantage

kos *m zool.* blackbird

kosa *f* scythe

kosiarka *f* mower

kosiarz *m* mower

kosić *vt* mow

kosmaty *adj* shaggy, hairy

kosmetyczka *f* (*torebka*) vanity-bag; (*kobieta*) cosmetologist; *am.* beautician

kosmetyczny *adj* cosmetic; gabinet ~ beauty parlour

kosmetyk *m* cosmetic

kosmetyka *f* cosmetics

kosmiczny *adj* cosmic

kosmografia *f* cosmography

kosmonauta *m* cosmonaut

kosmopolita *m* cosmopolite

kosmopolityzm *m* cosmopolitism

kosmyk *m* tuft, wisp

kosodrzewina *f* dwarf mountain pine

kostium *m* costume

kostka *f* small bone; (*w grze*) die; (*u ręki*) knuckle; (*u nogi*) ankle; (*sześcian*) cube; (*brukowa*) flag-stone; (*cukru*) lump

kostnica *f* ossuary

kostnieć *vi* grow stiff

kostny *adj* osseous

kosz *m* basket; ~ do śmieci waste-paper basket, dustbin; (*na ulicy*) litter-bin

koszary *s pl* barracks

koszmar *m* nightmare

koszt *m* cost, expense; ~em czegoś at the cost of sth; ~y podróży travelling expenses

kosztorys *m* estimate

koszt|ować *vt* cost; *(próbować)* taste; to mnie ~owało dużo pracy this cost me a lot of work; ile to ~uje? how much does it cost (is it)?

kosztowny *adj* expensive

koszula *f* shirt; *(damska)* chemise

koszulka *f (podkoszulek)* undershirt

koszyk *m* basket

koszykarstwo *n* basketry

koszykarz *m* basket-maker; *sport.* basketball player

koszykówka *f sport* basketball

kościec *m* skeleton; ~ moralny backbone

kościelny *adj* ecclesiastical, church- (rate etc.); *m* sexton

kościotrup *m* skeleton

kościół *m* church

kościsty *adj* bony

kość *f* bone; *(do gry)* die; ~ słoniowa ivory; *przen.* ~ niezgody bone of contention

koślawić *vt* distort, deform

koślawy *adj* deformed; *(kulawy)* lame; *(np. o meblach)* rickety

kot *m zool.* cat

kotara *f* curtain

kotek *m* kitten

koteria *f* coterie, clique

kotlet *m* cutlet, chop

kotlina *f* dell, hollow

kotłować się *vr pot.* boil, whirl

kotłownia *f* boiler-room; *(na statku)* stakehold

kotwic|a *f* anchor; podnieść ~ę weigh anchor; zarzucić ~ę cast anchor

kowadło *n* anvil

kowal *m* smith

koza *f zool.* goat

Kozak *m* Cossack

kozetka *f* settee

kozioł *m* (he-)goat, buck; *(u wozu)* box; *przen.* ~ ofiarny scapegoat

kozioł|ek *m (w zabawie i gimnastyce)* somersault; robić ⟨fikać⟩ ~ki turn somersaults

Koziorożec *m astr, geogr.* Capricorn

kożuch *m* sheepskin fur

kół *m* pale, stake

kółko *n* little wheel; circle; *(rolka)* truckle; *(obręcz do zabawy)* hoop; *(do kluczy itp.)* ring; *(towarzyskie)* circle

kpiarz *m* scoffer

kpić *vi* scoff, mock (z kogoś, czegoś at sb, sth)

kpiny *s pl* mockery

kra *f* floe, floating ice

krab *m zool.* crab

krach *m* crash, slump

kraciasty *adj* chequered

kradzież *f* theft

kraina *f* land, region

kraj *m* country, land; home; *(skraj)* verge, edge

krajać *vt* cut; *(o mięsie)* carve

krajobraz *m* landscape

krajowiec *m* native

krajowy *adj* native; home-made; home; przemysł ⟨rynek, wyrób⟩ ~ home industry ⟨market, product⟩

krakać *vi* croak

krakowiak *m (taniec)* Cracovienne

krakowianin *m* man of Cracow

kram *m (stoisko)* booth, stand; *pot. (zamieszanie)* mess

kran *m* tap, cock; *(żuraw)* crane; otworzyć ⟨zamknąć⟩ ~ turn on ⟨turn off⟩ the cock ⟨the tap⟩

kraniec *m* extremity, extreme, border

krańcowość *f* extremism

krańcowy *adj* extreme

krasa *f poet.* beauty

krasić *vt* season; *poet. (zdobić)* embellish, adorn, colour

krasnoludek *m* brownie

krasomówca *m* orator, rhetorician

krasomówstwo *n* oratory, rhetoric

kraść *vt* steal

krata *f* grate, grating, bars *pl*; *(drewniana)* lattice; *(deseń)* chequer

krater *m* crater

kratk|a *zob.* krata; materiał w ~ę chequered cloth

kratkować *vt* chequer

kratować *vt* grate

krawat *m* (neck)tie

krawcowa *f* dressmaker

krawędź *f* edge, verge, border; (*górska*) ridge

krawężnik *m* kerb-stone

krawiec *m* tailor

krawiectwo *n* tailoring

krąg *m* circle; ring; disk; **w kręgu przyjaciół** in the circle of friends

krążek *m* disk

krążenie *n* circulation

krążownik *m* cruiser

krążyć *vi* circulate, go round; (*o słońcu, planetach*) revolve; (*po morzu*) cruise; (*wędrować*) ramble

kreacja *f* creation, production

kreatura *f pog.* low creature

kreci *adj* mole, mole's; *przen.* ~a robota underhand dealings *pl*

kreda *f* chalk

kredens *m* cupboard

kredka *f* crayon; (*szminka*) lipstick

kredyt *m* credit; **na** ~ on credit

kredytować *vt* credit, give on credit

krem *m* cream

krematorium *n* crematorium

kremowy *adj* cream-coloured

kreować *vt* create; *teatr* (*rolę*) act

krepa *f* crape

kres *m* end, term, limit; **położyć** ~ put an end (**czemuś** to sth)

kreska *f* stroke; (*myślnik*) dash

kreskować *vt* line

kresy *s pl* borderland

kreślarz *m* draughtsman

kreślić *vt* draw, sketch

kret *m zool.* mole

kretowisko *n* molehill

krew *f* blood; **rozlew krwi** bloodshed; **puszczać** ~ bleed (**komuś** sb); **związki krwi** blood ties; **przelewać** ~ bleed, shed blood; **zachować zimną** ~ keep cool; **pełnej krwi** (*rasowy*) thorough-bred; **z zimną krwią** in cold blood

krewki *adj* sanguine, impetuous

krewny *m* relative, relation

kręcić *vt vi* turn, twist; (*włosy*) curl; *pot.* (*wykręcać się*) use crooked ways, quibble; ~ć głową shake one's head; ~ć się *vr* turn; (*wiercić się*) fidget, fuss about; ~ mi się w głowie my head turns

kręcony *adj* twisted; (*o włosach*) curly; (*o schodach*) winding

kręg *m anat.* vertebra

kręgle *s pl* ninepins

kręgosłup *m* spine, spinal column, backbone

kręgowiec *m zool.* vertebrate

krępować *vt* (*wiązać*) tie, bind; (*utrudniać*) constrain, hamper; (*żenować*) embarrass, make uneasy; ~ się *vr* be embarrassed, feel uneasy (**czymś** about sth)

krępy *adj* thickset

krętacki *adj* tricky

krętactwo *n* crooked ways *pl*, quibbling

krętacz *m* quibbler, shuffler

kręty *adj* winding, tortuous, crooked

krnąbrny *adj* refractory, intractable

krochmal *s* starch

krochmalić *vt* starch

krocie *s pl* heaps

kroczyć *vi* stride, pace

kroić *vt* cut

krojczy *s* cutter

krok *m* step, pace; **dotrzymać** ~u keep up (**komuś** with sb); **przedsięwziąć** ~ take steps; ~ **za** ~iem step by step; **na każdym** ~u at every step; **równym** ~iem in step; **nierównym** ~iem out of step

krokodyl *m zool.* crocodile

krokus *m bot.* crocus

kromka *f* slice

kronika *f* chronicle

kronikarz *m* chronicler, annalist

kropić *vt vi* (be)sprinkle; drip; ~ **deszcz** it drizzles

kropidło *n* sprinkler

kropielnica *f* font

kropka *f* point, dot; (*znak przestankowy*) full stop

kropkować *vt* dot

kropla *f* drop

krosn|o *n, zw. pl* ~a loom

krosta *f* pimple

krotochwila *f lit.* farce, burlesque

krowa *f zool.* cow

krój *m* cut

król *m* king

królestwo *n* kingdom

królewicz *m* king's son, prince royal

królewna *f* king's daughter, princess royal

królewski *adj* kingly, royal

królik *m zool.* rabbit

królikarnia *f* warren

królowa *f* queen; ~ piękności beauty queen

królować *vi* reign (nad kimś, czymś over sb, sth)

krót|ki *adj* short; (zwięzły, krótkotrwały) brief

krótko *adv* shortly; (zwięźle) in brief, in short

krótkofalowy *adj* short-wave *attr*

krótkofalówka *f pot.* short-wave set

krótkometrażówka *f pot.* short

krótkoterminowy *adj* short-term *attr*

krótkotrwały *adj* brief, short-lived *attr*

krótkowidz *m* myope

krótkowzroczność *f* myopia, short-sightedness

krótkowzroczny *adj* short-sighted

krówka *f* small cow; boża ~ lady-bird

krtań *f* larynx

kruchość *f* fragility, frailty

kruchta *f* church-porch

kruch|y *adj* fragile, frail, brittle; (chrupiący) crisp; (o mięsie) tender; ~e ciasto shortcake, shortbread

krucjata *f* crusade

krucyfiks *m* crucifix

kruczek *m pot.* (wybieg, sztuczka) trick, shift

krucz|y *adj* raven's; ~e włosy raven hair

kruk *m zool.* raven

krup|a *f, zw. pl* ~y groats; ~y jęczmienne barley-groats

kruszec *m* ore; (pieniądz metalowy) specie

kruszeć *vi* become brittle; crumble; (o mięsie) become tender

kruszyć *vt* crush, crumb; ~ się *vr* crumble

kruszyna *f* crumb

krużganek *m* gallery

krwawica *f* hard-earned money

krwawić *vi*, ~ się *vr* bleed

krwawy *adj* sanguinary, blood-thirsty

krwinka *f biol.* blood corpuscle

krwiobieg *m biol.* circulation of the blood

krwiodawca *m* blood-donor

krwionośn|y *adj*, naczynie ~e blood vessel

krwiożerczy *adj* bloodthirsty

krwisty *adj* sanguineous, blood-red

krwotok *m* haemorrhage

kry|ć *vt* (pokrywać) cover; (ukrywać) hide, conceal; ~ć się *vr* hide; za tymi słowami coś się ~je there is sth behind these words

kryjówka *f* hiding-place

kryminalista *m* criminal

kryminalny *adj* criminal

kryminał *m* jail

krynica *f poet.* spring, fount

krynolina *f* crinoline

krypta *f* vault

kryptonim *m* cryptonym

krystaliczny *adj* crystalline

krystalizować *vt*, ~ się *vr* crystallize

kryształ *m* crystal

kryterium *n* criterion

krytycyzm *m* criticism

krytyczny *adj* critical

krytyk *m* critic

krytyka *f* criticism, critique; (recenzja) review

krytykować *vt* criticise; (recenzować) review

kryza *f* ruff, frill

kryzys *m* crisis
krzaczasty *adj* bushy
krzak *m* bush, shrub
krzątać się *vr* busy oneself, bustle (koło czegoś about sth)
krzątanina *f* bustle
krzem *m chem.* silicon
krzemień *m* flint
krzemionka *f* silica
krzepić *vt* refresh, strengthen
krzepki *adj* vigorous
krzepnąć *vi* solidify; (*np. o krwi*) coagulate; (*mężnieć*) become vigorous
krzesać *vt* (*ogień*) strike
krzesiwo *n* flint; ~ z hubką tinder-box
krzesło *n* chair
krzew *m* shrub
krzewić *vt* spread, propagate; ~ się *vr* spread, multiply
krzt|a *f*, ani ~y not a whit
krztusić się *vr* choke, stifle
krzyczący *adj* clamorous; (*o kolorze*) glaring, loud; (*o niesprawiedliwości*) burning, gross
krzyczeć *vi* shout (na kogoś at sb); cry, shriek; ~ z bólu shout with pain; ~ z radości shout for joy
krzyk *m* cry, scream, shriek
krzykacz *m* crier, bawler
krzykliwy *adj* noisy
krzywd|a *f* wrong, harm, prejudice; wyrządzić ~ę wrong, do wrong (komuś sb); z moją ~ą to my prejudice; spotkała mnie ~a a harm has come to me
krzywdzący *adj* prejudicial, harmful, injurious (dla kogoś, czegoś to sb, sth)
krzywdzić *vt* wrong, harm, do wrong (harm)
krzywica *f med.* rickets, rachitis
krzywić *vt* crook, bend; ~ się *vr* make a wry face (na kogoś, na coś at sb, sth)
krzywo *adv* awry; (*pisać*) aslant, slantwise; (*patrzeć*) askance
krzywoprzysięgać *vt* perjure oneself
krzywoprzysięstwo *n* perjury
krzywoprzysięzca *m* perjurer

krzyw|y *adj* crooked; (*o minie, uśmiechu itp.*) wry; *mat.* ~a (linia) curve
krzyż *m* cross; *pl* ~e *anat.* loins
krzyżacki *adj*, zakon ~ Teutonic Order
Krzyżak *m* Teutonic Knight, Knight of the Cross
krzyżować *vt* (*układać na krzyż*) cross; (*rozpinać na krzyżu*) crucify; (*psuć plany*) thwart
krzyżowiec *m hist.* crusader
krzyżow|y *adj* cross, crossed, cross-shaped; *wojsk.* ogień ~y cross-fire; *hist.* wojna ~a crusade; *przen.* ~y ogień pytań cross-questions; badanie w ~ym ogniu pytań cross-examination
krzyżówka *f* crossword puzzle
krzyżyk *m* small cross, crosslet; *muz.* sharp
ksiądz *m* priest, clergyman
książeczka *f* booklet; ~ oszczędnościowa savings-bank book
książę *m* prince, duke
książęcy *adj* princely, ducal
książka *f* book; ~ szkolna school-book; ~ do czytania reading-book; ~ z obrazkami picture-book
księga *f* book; (*urzędowa, rejestracyjna*) register; (*główna w buchalterii*) ledger
księgarnia *f* bookseller's shop
księgarz *m* bookseller
księgować *vt* enter, book
księgowość *f* book-keeping
księgowy *m* book-keeper
księgozbiór *m* library
księstwo *n* duchy, principality
księżna, księżniczka *f* duchess, princess
księżyc *m* moon; przy świetle ~a by moonlight
ksylofon *m muz.* xylophone
kształcący *adj* instructive
kształcić *vt* educate, instruct
kształt *m* form, shape
kształtny *adj* shapely
kształtować *vt* form, shape
kto *pron* who; ~ inny who else;

somebody else; ~ bądź anybody,
anyone

ktokolwiek pron = kto bądź zob.
kto

ktoś pron somebody, someone; ~
inny somebody else

którędy pron which way

który pron who, which, that

któryś pron some

ku praep towards, to

Kubańczyk m Cuban

kubański adj Cuban

kubatura f cubature, cubic volume

kubek m cup

kubeł m pail, bucket

kubizm m cubism

kucharka f cook

kucharsk|i adj culinary; książka
~a cookery-book

kucharz m cook

kuchenka f (urządzenie) cooker

kuchnia f (pomieszczenie) kitchen;
(urządzenie do gotowania) stove,
range; (jakość potraw) dobra ~
good cooking

kucnąć vi squat down

kucyk m pony

kuć vt forge, hammer; (konia)
shoe; pot. (uczyć się na pamięć)
cram

kudłaty adj shaggy

kudły s pl shaggy hair

kufel m (beer-)mug, tankard

kufer m box, trunk

kuglarstwo n jugglery

kuglarz m juggler

kukiełka f puppet

kukiełkowy adj, teatr ~ puppet-
-show

kukła f puppet

kukułka f cuckoo

kukurydza f maze

kula f ball; (rewolwerowa itp.)
bullet; (geometryczna) sphere;
(proteza) crutch; (do gry) bowl;
~ śnieżna snowball; ~ ziemska
globe

kulawy adj lame

kulbaczyć vt saddle

kuleć vi limp, hobble

kulić się vr cower, squat

kulig m sleighing party

kulinarny adj culinary

kulis m coolie

kulis|y s pl scenes, wings; przen.
za ~ami behind the scenes

kulisty adj spherical, round

kulka f small ball, globule; (z papieru, chleba) pellet

kulminacyjny adj, punkt ~ cul-
minating point, climax

kult m cult, worship

kultura f culture, civilization; (u-
prawa) cultivation

kulturalny adj cultural, civilized;
(o umyśle, manierach) cultured

kultywować vt cultivate

kuluar m corridor, lobby

kułak m (pięść) fist; (uderzenie)
punch; bić ~iem punch

kum m godfather; pot. crony

kuma f godmother; pot. crony

kumkać vi croak

kumoszka f pot. gammer, gossip

kumoterstwo n favouritism, backing for family reasons; przen.
log-rolling

kumulacja f cumulation

kumulować vt, ~ się vr cumulate

kuna f zool. marten

kundel m cur

kunktator m cunctator

kunszt m art

kunsztowny adj artful, artistic

kup|a f heap, pile; składać na ~ę
heap up; przen. wziąć się do ~y
pull oneself together

kupić vt buy, purchase

kupiec m merchant, tradesman,
dealer; (drobny handlarz) shopkeeper

kuplet m cabaret song; (dwuwiersz) couplet

kupn|o n purchase; dobre ~o bar-
gain; siła ~a purchasing power

kupny adj (kupowany) purchased,
bought; ready-made

kupon m coupon

kupować vt = kupić

kura f hen

kuracja f cure, treatment

kuracjusz m patient; (np. w u-
zdrowisku) visitor

kuracyjn|y adj curative; **miejscowość** ~a health-resort
kuratela f guardianship, · trusteeship
kurator m trustee; administrator, curator
kuratorium n board of trustees; school-board
kurcz m cramp, spasm
kurczę n chicken
kurczowo adv spasmodically
kurczowy adj spasmodic
kurczyć vt, ~ **się** vr shrink; fiz. contract
kurek m cock; (kran) tap; (na wieży) weather-cock; **odwieść** ~ **u karabinu** cock a gun
kurhan m tumulus, barrow
kuria f curia
kurier m courier; (pociąg) express-train
kuriozum n curiosity
kuropatwa f zool. partridge
kurować vt treat, cure (na daną chorobę for a disease)
kurs m course; . ~ **dewizowy** rate of exchange
kursować vi run, circulate
kursywa f italics
kurtka f jacket
kurtuazja f courtesy
kurtuazyjny adj courteous
kurtyna f curtain
kurz m dust
kurzajka f wart
kurzawa f dust-storm; (snow-)drift
kurzyć vi raise dust; pot. (palić papierosa itp.) smoke; ~ **się** vr be ⟨get⟩ dusty; (dymić się) smoke, reek
kusiciel m tempter, seducer
kusić vt tempt, seduce; ~ **się** vr seek to obtain, attempt
kustosz m custodian, keep, trustee
kusy adj short-tailed; shortish; (nie wystarczający) scanty
kusza f cross-bow
kuśnierz m furrier
kuter m mors. cutter
kutwa m miser, niggard
kuty adj wrought, forged; (o ko-

niu) shod; (chytry) cunning
kuzyn m cousin
kuźnia f forge, smithy
kwadra f astr. quarter
kwadrans m quarter of an hour; ~ **na szóstą** a quarter past 5; **za** ~ **szósta** a quarter to 6
kwadrat m square
kwadratow|y adj square; **liczba** ~a a square number; **5 stóp** ~**ych** 5 square feet
kwakać vi quack
kwakier m Quaker
kwalifikacja f qualification
kwalifikować vt qualify; ~ **się** vr be qualified, qualify (do czegoś for sth)
kwalifikowany adj (o pracowniku) skilled
kwapić się vr be eager (do czegoś for, after sth; to do sth)
kwarantanna f quarantine
kwarc m miner. quartz
kwarta f quart
kwartalnie adv quarterly
kwartalnik m quarterly
kwartalny adj quarterly
kwartał m quarter
kwartet m quartet
kwas m acid; (zaczyn) leaven; pl ~**y** (w żołądku) acidity; przen. (niezadowolenie, dąsy) ill-humour
kwasić vt sour; ferment; (np. o-górki) pickle
kwaskowaty adj sourish, acidulous
kwasota f acidity
kwaszon|y adj, **kapusta** ~a sauerkraut
kwaśnieć vi sour, become sour
kwaśn|y adj sour, acid; ~a **mina** wry face
kwatera f lodging; wojsk. billet; ~ **główna** headquarters pl
kwatermistrz m quartermaster
kwaterować vt quarter; wojsk. billet; vi be quartered ⟨billeted⟩
kwaterunek m quartering; wojsk. billeting
kwesta f collection
kwestarz m collector
kwesti|a f question; ~a **pieniężna**

money matter; ~a gustu matter of taste; to nie ulega ~i there is no doubt about it

kwestionariusz *m* inquiry-sheet, questionnaire

kwestionować *vt* question, call in question

kwestor *m* bursar

kwestować *vi* collect (money)

kwestura *f* bursary

kwiaciarka *f* florist; (*uliczna*) flower-girl

kwiaciarnia *f* florist's shop

kwiat *m* flower; (*drzewa owocowego*) blossom; *przen.* w kwiecie wieku in the prime of life

kwiczeć *vi* squeak

kwiczoł *m zool.* fieldfare

kwiecień *m* April

kwiecisty *adj* flowery; (*o stylu*) florid

kwietnik *m* flower-bed

kwik *m* squeak

kwilić *vi* whimper

kwintesencja *f* quintessence

kwit *m* receipt; ~ bagażowy check; ~ celny certificate of clearance; ~ zastawny pawn-ticket

kwitariusz *s* receipt-book

kwitnąć *vi* bloom, blossom, flower; *przen.* flourish

kwitować *vt* receipt; ~ odbiór przesyłki acknowledge the receipt of a parcel

kwoka *f* sitting hen

kworum *n nieodm.* quorum

kwota *f* (sum) total, amount

labirynt *m* labyrinth, maze

laborant *m* laboratory assistant

laboratorium *n* laboratory

laboratoryjny *adj* laboratorial

lać *vt vi* (*nalewać*) pour; (*wylewać*) shed; (*odlewać np. metal*) cast; deszcz leje it pours; ~ się *vr* pour; (*strumieniem*) gush, flow, stream; krew się leje blood is being shed; pot leje mu się z czoła sweat trickles from his brow

lada 1. *f* chest, box, (*stół sklepowy*) counter

lada 2. *part* any, whatever; ~ chwila any minute; ~ dzień any day; ~ kto anybody; to zawodnik nie ~ he is far from being an average competitor

ladacznica *f* harlot

laguna *f* lagoon

laik *m* layman

lakier *m* varnish

lakierki *s pl* patent shoes

lakierować *vt* varnish

lakmus *m chem.* litmus

lakoniczny *adj* laconic

lakować *vt* seal

lalka *f* doll

lament *m* lament, lamentation

lamentować *vi* lament (nad kimś, czymś for, over sb, sth)

lamować *vt* border

lamówka *f* border, (*do ubrań*) lace

lampa *f* lamp; (*radiowa*) valve

lampart *m* leopard

lampas *m* (trouser-)galloon

lampion *m* lampion, Chinese lantern

lampa *f* lamp; (*radiowa*) valve; ~ nocna night-lamp; ~ wina glass of wine

lamus *m* lumber-room

lanca *m* lance

lancet *m* lancet

landrynka *f* fruit drop

lanie *n* pouring; (*odlewanie*) casting; *pot.* (*bicie*) good thrashing, flogging

lanolina *f* lanolin

lansować *vt* launch

lapidarny *adj* pointed, concise

lapis *m* lunar caustic, lapis infernalis

lapsus *m* lapse

larwa *f zool.* larva

las *m* wood, forest; **dziewiczy ~** virgin forest

laseczka *f* wand, (small) stick

lasecznik *m biol.* bacillus

lasek *m* grove

lask|a *f* stick, cane; **~a marszałkowska** speaker's staff, *bryt.* mace; **złożyć wniosek do ~i marszałkowskiej** table a motion

laskowy *adj*, **orzech ~** hazel-nut

lasować *vt* slake

latać *vi* fly; (*biegać*) run about

latarka *f* lantern; **~ elektryczna** (electric) torch, flashlight

latarnia *f* lantern, lamp; **~ morska** lighthouse; **~ projekcyjna** projection lantern

latarnik *m* lighthouse-keeper

lataw|iec *m* kite; **puszczać ~ca** fly a kite

lato *n* summer; **babie ~** (*okres*) Indian summer; (*pajęczyna*) gossamer

latorośl *f* shoot, offshoot; *przen.* offspring; **winna ~** vine

laufer *m* (*w szachach*) bishop

laur *m* laurel

laureat *m* laureate, prize-winner; **~ nagrody Nobla** Nobel-Prize winner

lawa *f* lava

lawenda *f bot.* lavender

laweta *f* gun-carriage

lawina *f* avalanche

lawirować *vi mors.* tack, beat about; *przen.* veer

lazaret *m †* hospital

lazur *m* azure, sky-blue

ląd *m* land; **~ stały** continent; **~em** by land

lądować *vi* land

lądowisko *n lotn.* landing-ground

lecieć *vi* fly; (*pędzić*) run, hurry; (*o czasie*) pass, slip away; **~ z góry** drop, fall down

leciwy *adj* advanced in years

lecz *conj* but

leczeni|e *n* treatment; **~e się** cure; **poddać się ~u** try a cure, follow a course of treatment

lecznica *f* clinic, nursing home

lecznictwo *n* therapeutics; health service

leczniczy *adj* medicinal; **środek ~** medicine

leczyć *vt* treat (**kogoś na coś** sb for sth); (*kurować*) cure (**kogoś z czegoś** sb of sth); (*goić*) heal; **~ się** *vr* undergo a treatment, take a cure

ledwie, ledwo *adv* hardly, scarcely; **~ dyszy** he can hardly breathe; **~ nie umarł** he nearly died; *conj* no sooner... than...; **~ wyszliśmy, zaczęło padać** no sooner had we left than it started to rain

legalizować *vt* legalize

legalny *adj* legal, rightful

legat *n* (*zapis*) legacy, bequest; (*papieski*) nuncio, legate

legawiec *m* pointer; (*długowłosy*) setter

legenda *f* legend

legendarny *adj* legendary

legia *f* legion; **~ cudzoziemska** foreign legion

legion *m* legion

legionista *m* legionary

legitymacja *f* identity card, certificate

legitymować *vt* indentify, establish sb's identity; **~ się** *vr* prove one's identity

legować *vt prawn.* bequeath

legowisko *n* couch, bed; (*dzikich zwierząt*) lair

legumina *f* pudding, sweet

lej *m* funnel; (*w ziemi*) crater

lejce *s pl* reins

lejek *m* funnel

lek *m* medicine

lekarski *adj* medical; **wydział ~** faculty of medicine

lekarstwo *n* medicine, remedy; **zażyć ~** take a medicine

lekarz *m* physician, doctor; *(urzędowy)* medical officer; **~ ogólnie praktykujący** general practitioner; **~ wojskowy** army surgeon

lekceważący *adj* disregardful, disdainful

lekceważenie *n* disregard, disdain, slight(ing)

lekceważyć *vt* disregard, disdain, slight

lekcj|a *f* lesson; **pobierać ~e angielskiego** take English lessons; **udzielać ~i angielskiego** give English lessons

lekk|i *adj* light; *sport* **~a atletyka** (light-weight) athletics; *(w boksie)* **waga ~a** light weight

lekkoatleta *m* (light-weight) athlete

lekkomyślność *f* light-mindedness, recklessness

lekkomyślny *adj* light-minded, reckless

lekkość *f* lightness; *(łatwość)* easiness

leksykografia *f* lexicography

lektor *m* lector, reader; *(prowadzący lektorat)* teacher

lektorium *n* reading-room

lektura *f* *(czytanie)* reading; *(materiał do czytania)* reading-matter

lemiesz *m* ploughshare

lemoniada *f* lemonade

len *m* flax

lenić się *vr* laze, idle

lenieć *vi* moult, shed one's hair; *(o gadach)* slough

leninizm *m* Leninism

leninowski *adj* Leninist

lenistwo *n* idleness, laziness

leniuch *m* lazy bones, idler, sluggard

leniuchować *vi* laze, idle one's time away

leniwiec *m zool.* sloth

leniwy *adj* idle, lazy

lennik *m hist.* vassal

lenno *n hist.* fief

leń *m* lazy-bones, idler

lep *m* glue; **~ na muchy** fly-paper

lepianka *f* mud-hut

lepić *vt* glue, stick; **~ z gliny** loam, make of loam; **~ się** *vr* stick, be sticky

lepiej *adv comp* better; **tym ~** all the better, so much the better; **~ byś poszedł sobie** you had better go

lepki *adj* sticky; *(przylepny)* adhesive

lepszy *adj comp* better; **kto pierwszy, ten ~** first come first served

lesisty *adj* woodèd, woody

leszcz *m zool.* bream

leszczyna *f bot.* hazel

leśnictwo *n* forestry, forest district

leśniczówka *f* forester's cottage

leśniczy, leśnik *m* forester

leśny *adj* forest- (law etc.); wood- (nymph etc.)

letarg *m med.* lethargy; *przen.* torpor

letni *adj (niegorący)* tepid, lukewarm; *attr (dotyczący lata)* summer

letnik *m* summer-visitor, holiday-maker

letnisko *n* health-resort, summer-resort

leukocyt *m biol.* leucocyte

lew *m* lion

lew|a *f (w kartach)* trick; **wziąć ~ę** take ⟨win⟩ a trick

lewar *m* lever; *(hydrauliczny)* siphon

lewatywa *f med.* enema

lewica *f* left hand ⟨side⟩; *polit.* the left, left wing

lewicowiec *m* leftist

lewkonia *f bot.* stock

lew|y *adj* left; **~a strona** wrong side; *(monety)* reverse; **na ~o** on the left, to the left

leźć vi pot. (wspinać się) climb, creep upwards; (wlec się) drag (oneself) along, shuffle

leżak m folding-chair, deck-chair

leże n couch, lodging, resting--place; wojsk. camp, quarters pl; ~ zimowe winter-quarters pl

leżeć vi lie; (znajdować się) be placed, be situated; (o ubraniu) dobrze ~ sit ⟨fit⟩ well; źle ~ sit badly

lędźwie s pl loins

lęgnąć się vr come out of the shell, hatch

lęk m fear; (groza) awe

lękać się vr fear (o kogoś, coś for sb, sth), be anxious (o kogoś, coś about sb, sth)

lękliwy adj timid

lgnąć vi adhere, stick; przen. cling, be attached

libacja f libation, pot. booze

liberalizm m liberalism

liberalny adj liberal

liberał m liberal

liberia f livery

libertyn m libertine

libra f druk. quire

libretto n libretto

licencja f licence

liceum n secondary ⟨grammar⟩ school

licho 1. adv poorly, meanly, shabbily

lich|o 2. n evil, devil; pot. co u ~a! what the deuce!

lichota f rubbish, trash

lichtarz m candlestick

lichwa m usury

lichwiarz m usurer

lichy adj poor, mean, miserable, shabby

lic|ować vi harmonize (z czymś with sth), become (z kimś, czymś sb, sth); to nie ~uje z tobą it does not become you

licytacj|a f auction; (w brydżu) bid; oddać na ~ę put up to auction; sprzedać na ~i sell by auction

licytator m auctioneer

licytować vt sell by auction, put

to auction; (w brydżu) bid

liczba f number; figure; gram. ~ pojedyncza ⟨mnoga⟩ singular ⟨plural⟩ (number); mat. ~ wymierna rational number

liczbowy adj numerical

liczebnie adv numerically, in number

liczebnik m gram. numeral, number

liczebny adj numerous; numerical

liczeni|e n calculation; maszyna do ~a calculating machine, calculator

licznik m mat. numerator; (automat) counter, meter; ~ elektryczny electrometer; ~ gazowy gas-meter; ~ w taksówce taxi-meter

liczny adj numerous

liczy|ć vt (obliczać) count, reckon, compute; (wynosić) number, count; (podawać cenę) charge; ~ć na kogoś depend ⟨rely⟩ on ⟨upon⟩ sb; klasa ~ 20 uczniów the class numbers 20 pupils; on ~ sobie około 60 lat he may be some 60 years old; ~ć się vr count; to się nie ~ that does not count; ~ć się z kimś, czymś take sb, sth into account; on się nie ~ z pieniędzmi he holds his money of no account

liczydło n abacus

liga f league

lignina f lignin

likier m liqueur

likwidacja f liquidation

likwidować vt liquidate, wind up

lila adj nieodm. lilac, pale violet

lilia f bot. lily

liliowy adj lily attr, lily-white; pale violet

liliput m Lilliputian, pygmy

limfa f biol. lymph

limfatyczny adj lymphatic

limit m limit

limuzyna f limousine

lin m zool. tench

lina f rope, line, cord

lincz m lynch law

linczować *vt* lynch
lingwista *m* linguist
lingwistyka *f* linguistics
lini|a *f* line; *(liniał)* rule, ruler; **cienkie** ~e *(na papierze)* faint lines
linijka *f (liniał)* ruler; *(wiersz)* line
liniowa|ć *vt* rule, line; *(o papierze)* **cienko** ~ny ruled ⟨lined⟩ faint
liniow|y *adj wojsk. mors.* line *attr*, of the line; **pułk** ~y line regiment; **oddziały** ~e troups of the line; **okręt** ~y *(pasażerski)* liner; *(wojskowy)* ship of the line
linoleum *n nieodm.* linoleum
linoskoczek *m* rope-dancer
linotyp *m druk.* linotype
linow|y *adj*, **kolejka** ~a a funicular railway
lipa *f bot.* lime, linden; *pot.* humbug
lipiec *m* July
lira *f muz.* lyre
liryczny *adj* lyrical
liryk *m* lyrist
liryka *f* lyric poetry
lis *m zool.* fox
list *m* letter; ~ **polecony** registered letter; ~ **żelazny** safe-conduct; ~y **uwierzytelniające** credentials
lista *f* list, register; ~ **obecności** attendance record; ~ **płacy** pay-sheet; ~ **zmarłych** death-roll
listek *m* leaflet
listonosz *m* postman
listopad *m* November
listownie *adv* by letter, in writing
listowny *adj* by letter, in writing
listowy *adj*, **papier** ~ letter-paper, note-paper
listwa *f* fillet, batten; *(mała, cienka)* slat
liszaj *m med.* herpes
liszka 1. *f (gąsienica)* caterpillar
liszka 2. *f (samica lisa)* vixen
liściasty *adj* leafy
liść *m* leaf

litania *f* litany
litera *f* letter
literacki *adj* literary
literalny *adj* literal
literat *m* man of letters
literatura *f* literature
litewski *adj* Lithuanian
litograf *m* lithographer
litografia *f* lithography
litościwy *adj* merciful
litość *f* mercy, pity
litować się *vr* take pity **(nad kimś** on sb)
litr *m* litre
liturgia *f* liturgy
liturgiczny *adj* liturgical
lity *adj* massive, solid; *(lany)* molten, cast
lizać *vt* lick; *pot.* **liznął trochę angielskiego** he has a smattering of English
lizol *m* lysol
lizus *m pot.* toady
lnian|y *adj* linen; **siemię** ~e linseed; **płótno** ~e linen
loch *m* dungeon
lodowaty *adj* glacial, icy
lodowiec *m* glacier
lodowisko *n* ice field; *(tor łyżwiarski)* skating-rink
lodownia *f* ice-chamber, ice-house
lodow|y *adj* ice *attr*, glacial; *geol.* **epoka** ~a Ice Age; **góra** ~a iceberg
lodówka *f* refrigerator, ice-box, *pot.* fri(d)ge
lody *s pl* ice-cream
lodziarz *m* iceman
logarytm *m mat.* logarithm
logiczny *adj* logical
logika *f* logic
lojalność *f* loyalty
lojalny *adj* loyal
lok *m* lock
lokaj *m* lackey
lokal *m* premises *pl*, place, room(s), apartment(s); ~ **rozrywkowy** place of entertainment
lokalizować *vt* localize, locate
lokalny *adj* local
lokata *f* investment
lokator *m* lodger; **dziki** ~ squatter

lokaut m lock-out

lokomocja f locomotion

lokomotywa f (railway-)engine, locomotive

lokować vt place, locate; (inwestować) invest

lombard m pawnshop

londyńczyk m Londoner

lont m fuse

lora f lorry

lornetka f (polowa) field-glasses pl; (teatralna) opera-glasses pl

los m lot, fate; (na loterii) lottery-ticket; (wybrana na loterii) prize; ciągnąć ⟨rzucać⟩ ~y draw ⟨cast⟩ lots; na ~ szczęścia at venture, at hazard; zdać się na ~ szczęścia chance one's luck

losować vt draw lots

losowanie n drawing of lots, lottery-drawing

lot m flight; widok z ~u ptaka bird's eye view

loteria f lottery; wygrana na ~i prize

lotka f zool. pinion; lotn. aileron

lotnictwo n aviation, aircraft: air force; ~ wojskowe Air Force; (w Anglii) Royal Air Force

lotnicz|y adj, baza ~a air-base; linia ~a air-line, airway; poczta ~a air-mail

lotnik m airman, flyer, flier

lotnisko n (cywilne) airport, aerodrome

lotniskowiec m aircraft carrier

lotny adj quick, bright; chem. volatile; wojsk. ~ oddział flying squad; piasek ~ quick ⟨shifting⟩ sand

lotos m bot. lotus

loża f box; (masońska) lodge

lód m ice

lśniący adj brilliant, lustrous

lśnić vi shine, glitter

lub conj or

lubić vt like, (bardzo) love; nie ~ dislike

lubieżnik m voluptuary

lubować się vr take pleasure, delight (w czymś in sth)

lud m people, folk

ludność f population

ludny adj populous

ludobójca m genocide

ludobójstwo n genocide

ludow|y adj people's attr; popular; pieśń ~a folksong; stronnictwo ~e peasant party; Polska Ludowa People's Poland; republika ~a people's republic

ludożerca m cannibal

ludzie s pl people, persons, men

ludzki adj human; ród ~ mankind

ludzkość f mankind; (człowieczeństwo) humanity; human nature

luf|a f barrel; otwór ~y muzzle

lufcik m vent-hole

luk m mors. scuttle, hatch; (okienko) porthole

luka f gap, breach

lukier m sugar-icing

lukratywny adj lucrative

luksus m luxury

luksusow|y adj luxury attr, luxurious; artykuły ~e fancy articles, articles of luxury

lunatyk m sleep-walker

lunąć vi (o deszczu) come down in a torrent; pot. (uderzyć) slap, hit

luneta f telescope

lupa f magnifying glass

lusterko m pocket-glass, hand-glass; ~ wsteczne rear-view mirror

lustracja f inspection; review

lustro n looking-glass, mirror

lustrować vt review, pass in review; inspect

lut m techn. solder

luteranin m Lutheran

lutnia f muz. lute

lutnista m lutenist

lutować vt solder

luty m February

luz m gap, breach; ~em loosely; separately

luzować vt replace, relay; wojsk. relieve

luźny adj loose

lwi adj lion's, leonine; przen. ~a część lion's share

lżyć vi insult (kogoś sb)

łabę|dź *m* swan; *przen.* ~dzi śpiew swan song

łach *m pot.* rag, tatter; *pl* ~y duds

łachman *m* rag, tatter

łacina *f* Latin

ład *m* order

ładny *adj* pretty, nice; neat

ładować *vt* load, charge

ładownica *f wojsk.* pouch

ładunek *m* load; (*okrętowy*) cargo; (*kolejowy*) freight; (*nabój*) cartridge; (*elektryczny*) charge

łagodnieć *vi* become mild, soften

łagodność *f* mildness, softness

łagodny *adj* mild, soft, gentle

łagodząc|y *adj* soothing; alleviating; okoliczności ~e extenuating circumstances

łagodzić *vt* appease, alleviate; soothe

łajać *vt* scold, chide

łajdacki *adj* roguish, villainous

łajdactwo *n* villainy

łajdak *m* villain

łaknąć *vi* be hungry; (*pożądać*) be desirous (*czegoś* of sth)

łakocie *s pl* sweets, dainties

łakomić się *vr* covet (*na coś* sth)

łakomstwo *n* greediness, gluttony

łakomy *adj* greedy (*na coś* of sth)

łamacz *m* breaker; ~ fal breakwater; ~ lodów icebreaker

łamać *vt* break; ~ głowę rack one's brains (*nad czymś* about sth); ~ się *vr* break

łamigłówka *f* puzzle, riddle, poser

łamistrajk *m* strike-breaker

łamliwy *adj* brittle, fragile

łan *m* corn-field

łania *f* hind

łańcuch *m* chain; ~ gór mountain range

łańcuchow|y *adj*, most ~y chain bridge; *chem.* reakcja ~a chain reaction

łańcuszek *m* little chain; (*u zegarka*) watch-chain

łapa *f* paw

łapać *vt* catch, seize

łapczywość *f* greed

łapczywy *adj* greedy (*na coś* for, of sth)

łapka 1. *f* little paw

łapka 2. *f* (*pułapka*) trap; ~ na myszy mouse-trap

łapownictwo *n* bribery

łapówk|a *f* bribe; dać ~ę bribe

łapserdak *m pot.* ragamuffin

łasica *f zool.* weasel

łasić się *vr* fawn (*do kogoś* on, upon sb)

łas|ka *f* grace, favour; akt ~ki act of grace; na ~ce at the mercy

łaskawość *f* kindness

łaskaw|y *adj* kind (*dla kogoś* to sb); gracious; bądź ~ to zrobić be so kind as to do it

łaskotać *vt* tickle

łaskotki *s pl* tickling

łasy *adj* greedy (*na coś* for, of sth)

łata 1. *f* patch

łata 2. *f* (*deska*) lath, batten

łatać *vt* patch, piece together

łatanina *f pot.* patch-work

łatwopalny *adj* inflammable

łatwość *f* easiness, ease, facility

łatwowierność *f* credulity

łatwowierny *adj* credulous

łatwy *adj* easy

ław|a *f* bench; ~a przysięgłych jury; kolega z ~y szkolnej schoolmate

ławica *f* bank; ~ ryb shoal of fish

ławka *f* bench; (*kościelna*) pew; (*szkolna*) desk

ławnik *m* alderman

łazić *vi* crawl, tramp, loaf; ~ po drzewach climb trees

łazienka *f* bathroom

łazik *m pot.* tramp, vagabond

łaźnia *f* vapour-bath

łączący *adj* binding, joining; *gram.* tryb ~ subjunctive mood łącznica *f techn.* (*kolejowa*) junction; (*telefoniczna*) exchange

łącznie *adv* together

łącznik *m* link; *wojsk.* liaison officer; *gram.* hyphen

łączność *f* connexion, union; służba ~ci signal-service; *wojsk.* officer ~ci signal officer

łączny *adj* joint; ~a suma sum total

łączyć *vt* join, unite, connect; ~ się *vr* unite, combine

łąka *f* meadow

łeb *m pot.* pate; na ~, na szyję headlong, head over heels

łechtać *f* tickle

łęk *m* saddle-bow

łgać *vi* lie, tell lies

łgarstwo *n* lie

łkać *vi* sob

łobuz *m* rogue, villain; urchin

łobuzerstwo *n* petty villainy; knavery

łodyga *f* stalk

łojówka *f* (*świeca*) tallow-candle

łokieć *m* elbow; (*miara*) ell; trącać ~ciem elbow

łom *m* crowbar; (*złodziejski*) jemmy, *am.* jimmy

łomot *m* crack, din

łono *n* bosom; womb; (*podołek*) lap

łopata *f* spade, shovel

łopatka *f* little shovel, spatula; *anat.* shoulder-blade

łopotać *vi* flap ⟨flutter⟩ (skrzydłami, żaglami the wings, the sails)

łoskot *m* crash, crack

łosoś *m zool.* salmon

łoś *m zool.* elk

łowca *m* hunter

łowczy *adj* hunting; pies ~ hound; *m* huntsman, master of the chase

łowić *vt* catch; ~ ryby fish, (na wędkę) angle

łowiectwo *n* hunting, huntsmanship

łowy *s pl* hunting, chase

łoza *f bot.* osier, wicker

łoże *n* bed; ~e małżeńskie marriage-bed; ~e śmierci death-bed; dziecko z nieprawego ~a illegitimate child

łożyć *vt* lay out, bestow; *vi* (ponosić koszty) bear expenses

łożysko *n* bed; *techn.* bearing; ~ kulkowe ball-bearing; ~ rzeki river-bed

łódka *f* (small) boat

łódź *f* boat

łój *m* tallow; (*barani etc.*) suet

łów *m* hunting, chase

łóżeczko *n* cot

łóżko *n* bed; (bez materaca i pościeli) bedstead; leżeć w ~u (chorować) keep to one's bed; położyć się do ~a go to bed; słać ~o make the bed

łubin *m bot.* lupine

łucznictwo *n* archery

łucznik *m* archer, bowman

łuczywo *n* resinous wood

łudzący *adj* delusive

łudzenie się *n* delusion

łudzić *vt* delude; ~ się *vr* be deluded, deceive oneself

ług *m* lye

łuk *m* bow; *arch.* (*sklepienie*) arch; *mat. fiz. elektr.* arc

łukowy *adj, elektr.* lampa ~a arc lamp; światło ~e arc-light

łuna *f* glow

łup *m* booty, spoil; paść ~em fall a prey (kogoś, czegoś to sb, sth)

łupać *vt* split, cleave; chip

łupek *m miner.* slate

łupić *vt* plunder, loot

łupież *m* dandruff

łupieżca *m* plunderer, looter

łupina *f* peel, hull, husk, shell

łuska *f* (*ryby*) scale; (*owocu*) husk; (*orzecha, grochu, naboju*) shell; *przen.* ~ spadła komuś z oczu the scale fell from sb's eyes

łuskać *vt* (*kukurydzę*) husk, peel, (groch, fasolę) hull, (migdały itp.) scale, (groch, orzechy) shell

łuszczyć się *vr* scale off

łydka *f* calf

łyk *m* draught, gulp; jednym ~iem at one gulp

łykać *vt* swallow, gulp
łyko *n* bast
łykowaty *adj* (*o mięsie*) tough, sinewy
łysek *m* pot. (*człowiek łysy*) baldpate
łysieć *vi* become bald
łysina *f* bald head
łysy *adj* bald
łyżeczka *f* (little) spoon, teaspoon
łyżka *f* spoon; (*zawartość*) spoonful; ~ do butów shoe-horn; ~

wazowa ladle; ~ zupy spoonful of soup
łyżwa *f* skate
łyżwiarstwo *n* skating
łyżwiarz *m* skater
łza *f* tear; lać gorzkie łzy shed bitter tears; zalewać się łzami be all in tears
łzawić *vi* water; gaz ~ący tear-gas
łzawy *adj* tearful; (*ckliwy*) maudlin

m

macać *vt* touch, feel; ~ po ciemku grope
macerować *vt* macerate
machać *vi* wave (ręką one's hand); wag (ogonem the tall); brandish (szablą the sword); ~ ręką na przywitanie ⟨pożegnanie⟩ wave welcome ⟨farewell⟩ (kogoś to sb); machnąć na coś ręką wave sth aside
machina *f* machine
machinacja *f* machination
machnąć *zob.* machać
macica *f* anat. uterus; ~ perłowa mother-of-pearl
macierz † *f* mother
macierzanka *f* bot. thyme
macierzyński *adj* maternal
macierzyństwo *n* maternity, motherhood
macierzysty *adj* mother *attr*; kraj ~ mother country; port ~ port of registry; home port
macka *f* tentacle, feeler
macocha *f* step-mother
maczać *vt* soak, steep, dip
maczuga *f* mace, club
magazyn *m* store, storehouse; *wojsk.* magazine; (*czasopismo*) magazine
magazynier *m* store-keeper

magazynować *vt* store up, keep in store
magia *f* magic, sorcery; czarna ~ black art
magiczny *adj* magic(al)
magiel *m* mangle
magik *m* magician
magister *m* master
magisterium *n* (*stopień*) master's degree
magistracki *adj* municipal
magistrant *m* candidate for the master's degree
magistrat *m* (*budynek*) town-hall; (*władza*) municipality
maglować *vt* mangle
magnat *m* magnate
magnes *m* magnet
magnetofon *m* tape-recorder
magnetyzować *vt* magnetize
magnez *m* chem. magnesium
magnezja *f* chem. magnesia
magnificencja *f* magnificence
magnolia *f* bot. magnolia
mahometanin *m* Mohammedan
mahometański *adj* Mohammedan
mahoń *m* mahogany
maić *vt* decorate with leaves
maj *m* May
majaczeć *vi* loom, appear dimly in the distance

majaczenie n hallucinations; ravings

majaczyć vi (*mówić od rzeczy*) talk deliriously, rave

majątek m property, fortune, estate

majeranek m bot. marjoram

majestat m majesty

majestatyczny adj majestic

majętność f property, estate

majętny adj wealthy, well-to-do

majolika f majolica

majonez m mayonnaise

major m major

majówka f May-party

majster m foreman, master; sl boss; ~ do wszystkiego jack of all trades

majstersztyk m masterpiece

majstrować vi pot. tamper (koło czegoś with sth)

majtek m sailor, mariner

majtki s pl drawers; pot. panties

mak m poppy; (*ziarno*) poppy-seed; jest cicho jak ~iem zasiał one might hear a pin drop

makaron m macaroni

makat|a f piece of tapestry; pl ~y tapestry zbior.

makieta f model

makler m handl. broker

makówka f poppy-head

makrela f mackerel

maksimum n nieodm. sing maximum

maksyma f maxim

maksymalny adj maximum

makuch m oil-cake

makulatura f waste-paper

malaria f med. malaria

malarstwo n painting

malarz m painter

malec m small boy, pot. nipper

maleć vi grow small, dwindle

maleństwo n little thing

malina f raspberry

malkontent m malcontent

malować vt paint; (*na szkle*) stain; (*na porcelanie*) enamel; ~ się vr (*szminkować się*) make up

malowidło n painting, picture

malowniczy adj picturesque

maltretować vt maltreat, ill-treat

malwa f bot. mallow

malwersacja f malversation, embezzlement

mało adv little, few; ~ kiedy very seldom; o ~ nearly; mieć ~ pieniędzy be short of money

małoduszność f pusillanimity

małoduszny adj pusillanimous

małoletni adj under age, minor

małoletniość f minority

małomówność f taciturnity

małomówny adj taciturn

małostkowość f petty-mindedness

małostkowy adj petty-minded

małowartościowy adj of little worth

małpa f (*człekokształtna*) ape; (*niższego rzędu*) monkey

małpować vt ape

mały adj small, little; (*drobny*) tiny

małż m zool. crustacean

małżeńsk|i adj matrimonial, marital, conjugal; para ~a a married couple

małżeństwo n marriage; married couple

małżonek m husband, spouse

małżonka f wife, spouse

mama f mamma, mummy, mammy

mamić vt delude, allure

mamona f mammon

mamrotać vt mumble, mutter

mamut m zool. mammoth

manatki s pl pot. goods and chattels, bag and baggage

mandat m mandate

mandolina f muz. mandolin(e)

manekin m mannequin, manikin, model

manewr m manoeuvre

manewrować vi manoeuvre

maneż m manege, riding-school

mangan m chem. manganese

mania f mania, obsession; ~ prześladowcza persecution mania; ~ wielkości megalomania

maniak m maniac

manicure [-kiur] m manicure; robić ~ to manicure

maniera *f* manner; (*zmanierowanie*) mannerism

manierka *f* flask; (*żołnierska*) canteen

manifest *m* manifesto

manifestacja *f* demonstration

manifestować *vi* demonstrate

manipulacja *f* manipulation

manipulacyjn|y *adj* manipulative; opłaty ~e handling charges

manipulować *vi* manipulate, handle

mankiet *m* cuff, wristband

manko *n* deficit, deficiency

manna *f* manna; kasza ~ semolina

manow|iec *m, zw. pl* ~ce wrong ways, impracticable tracts; sprowadzić na ~ce lead astray; zejść na ~ce go astray

mansarda *f* attic

manufaktura *f hist.* linen-drapery; manufacture

manuskrypt *m* manuscript

mańkut *m* left-handed person

mapa *f* map; (*morska*) chart

mara *f* spectre, phantom

maratoński *adj*, bieg ~ Marathon race

marcepan *m* marchpane

marchew *f* carrot

margaryna *f* margarine

margines *m* margin

margrabia *m* margrave

marionetka *f* marionette, puppet

marka *f* mark; ~ fabryczna trademark

markiz *m* marquis

markiza *f* (*żona markiza*) marchioness; (*osłona*) awning, marquee

markotny *adj* grumbling, discontent

marksista *m* Marxist

marksistowski *adj* Marxist, Marxian

marksizm *m* Marxism

marmolada *f* jam, (*zw. z pomarańcz*) marmalade

marmur *m* marble

marnieć *vi* languish, waste away, perish

marność *f* vanity

marnotrawca *m* spendthrift

marnotrawić *vt* waste, squander

marnotrawny *adj* prodigal

marnotrawstwo *n* prodigality

marnować *vt* waste, trifle away; ~ się *vr* be wasted, go to waste

marn|y *adj* miserable, meagre, mean; wszystko poszło na ~e it all dissolved into thin air

marsowy *adj* martial

marsz *m* march; *int* ~! *wojsk.* forward march!; (*wynoś się!*) clear off!, clear out!

marszałek *m* marshal

marszczyć *vt* wrinkle; ~ brwi knit one's brows; ~ się *vr* wrinkle, become wrinkled

marszruta *f* itinerary, route

martwica *f med.* necrosis

martwić *vt* vex, grieve, worry; ~ się *vr* worry (o kogoś, o coś about, over sb, sth), grieve, be grieved (o kogoś, o coś at, for sb, sth)

martw|y *adj* lifeless, dead; ~a natura still life; ~y sezon slack season; ~y punkt deadlock; stanąć na ~ym punkcie come to a deadlock

martyrologia *f* martyrology

maruder *m* marauder

marudzić *vt* (*guzdrać się*) loiter; (*gderać*) grumble

mary *s pl* bier

marynarka *f* marine; (*wojenna*) navy; (*część ubrania*) coat

marynarz *m* sailor, mariner

marynata *f* pickle, marinade

marynować *vt* pickle, marinade

marzanna *f bot.* madder

marzec *m* March

marzenie *n* dream, reverie

marznąć [-r-z-] *vi* freeze, feel ⟨be⟩ cold

marzyciel *m* dreamer

marzyć *vi* dream (o kimś, o czymś of sb, sth)

masa *f* mass; (*wielka ilość*) a lot, a great deal; *fiz.* ~ atomowa atomic ratio ⟨weight, mass⟩; *chem.* ~ cząsteczkowa molecular mass ⟨weight⟩; ~ drzewna wood pulp; ~ papiernicza paper-pulp; prawn. ~ upadłościowa bankrupt's estate

masakra f massacre

masakrować vt massacre

masaż m massage

masażysta m masseur

masażystka f masseuse

maselniczka f butter-box

maska f mask

maskarada f masquerade

maskować vt mask, disguise

masło n butter

masoneria f freemasonry

masować vt massage

masowo adv in a mass

masow|y adj massy, mass attr; ~a produkcja mass production

masówka f mass meeting

masyw m massif

masywny adj massive, solid

maszerować vi march

maszkara f (poczwara) monster; (maska) mask

maszt m mast

maszyn|a f machine, engine; ~a do pisania typewriter; pisać na ~ie typewrite; ~a do szycia sewing-machine; ~a parowa steam-engine

maszynista m engineer; (kolejowy) engine-driver

maszynistka f typist

maszynka f, ~ do golenia safety-razor; ~ do mięsa mincing-machine; ~ do gotowania cooker; ~ spirytusowa spirit lamp

maszynopis m typescript

maść f ointment; (konia) colour

maślanka f buttermilk

mat m (barwa) dull colour; (w szachach) mate; dać ~a checkmate (komuś sb)

mata f mat

matactwo n fraudulence, trickery, machination

matczyny adj maternal

matematyczny adj mathematical

matematyk m mathematician

matematyka f mathematics

materac m matress

materia f matter; stuff

materialista m materialist

materialistyczny adj materialistic

materializm m materialism; ~ dialektyczny dialectical materialism

materialn|y adj material; środki ~e material means, pecuniary resources

materiał m material, stuff; przen. makings

matka f mother; ~ chrzestna god-mother

matni|a f trap, snare; złapać w ~ę ensnare, entrap

matowy adj dull, mat

matrona m lit. matron

matryca f matrix; (w mennicy) die

matrymonialny adj matrimonial

matura f secondary-school leaving examination; matriculation

maturzysta m secondary-school graduate

maurytański adj Moorish; (styl) Moresque

mazać vt smear, daub

mazgaj m pot. sniveller, noodle

mazur m (muz. i taniec) mazurka

mazurek m muz. mazurka

maź m grease

mąci|ć vt trouble, disturb; ~ mi się w głowie my head reels

mączka f fine flour

mądrość f wisdom

mądry adj wise, sage

mąka f flour

mątwa f zool. cuttle-fish

mąż m man; husband; ~ stanu statesman; wychodzić za ~ marry, get married; jak jeden ~ to a man

mdleć vi faint, swoon away

mdli|ć v impers ~ mnie I feel sick

mdłości s pl sickness, qualm, nausea

mdły adj insipid, dull

mebel m piece of furniture; pl ~le (umeblowanie) zbior. furniture

meblować vt furnish

mecenas m Maecenas; (adwokat) lawyer, barrister

mech *m* moss
mechaniczny *adj* mechanical
mechanik *m* mechanic
mechanika *f* mechanics
mechanizacja *f* mechanization
mechanizm *m* mechanism
mecz *m sport* match; ~ sparingo-
wy spar
meczet *m* mosque
medal *m* medal
medium *n* medium
meduza *f zool.* jelly-fish
medycyna *f* medicine
medyczny *adj* medical
medyk *m* medical student
medykament *m* medicine, medic-
ament
megafon *m* loud-speaker
megaloman *m* megalomaniac
megalomania *f* megalomania
Meksykanin *m* Mexican
meksykański *adj* Mexican
melancholia *f* melancholy
melancholijny *adj* melancholy
melancholik *m* melancholiac
melasa *f* molasses *pl*
meldować *vt* report, announce; ~
się *vr* report oneself; (*zgłaszać
urzędowo przyjazd*) register
meldunek *m* report, notification;
(*meldowanie*) registration
melioracja *f* melioration
meliorować *vt* meliorate
melodia *f* melody
melodramat *m* melodrama
melodyjny *adj* melodious
melon *m* melon; (*kapelusz*) bowl-
er
memorandum *n* memorandum
memoriał *m* memorial
menażeria *f* menagerie
menażka *f* mess-tin
mennica *f* mint
menstruacja *f* menstruation, menses
mentalność *f* mentality
mentol *m* menthol
menu [meniu] *n nieodm.* menu,
bill of fare
menuet *m* minuet
mer *m* mayor

merdać *vi pot.* wag (ogonem the
tail)
mereżka *f* hemstitch
merynos *m zool.* merino
merytoryczny *adj* essential, substantial; rozważać sprawę pod
względem ~m consider a matter
on its merits
meszek *m* fine moss; (*puszek*)
down
met|a *f* goal, terminus; na dalszą
~ę in the long run, at long-range
metafizyczny *adj* metaphysical
metafizyka *f* metaphysics
metal *m* metal
metaliczny *adj* metallic
metalowy *adj* metal *attr*
metalurgia *f* metallurgy
metamorfoza *f* metamorphosis
meteor *m* meteor
meteorolog *m* meteorologist
meteorologia *f* meteorology
metoda *f* method
metodyczny *adj* methodical
metr *m* metre
metraż *m* surface in square metres
metro *n* underground (railway),
pot. tube; *am.* subway (railway)
metropolia *f* metropolis
metropolita *m* metropolitan
metrum *n nieodm. lit.* metre,
measure
metryczny *adj* (*system*) metric; (*w
prozodii*) metrical
metryka *f* birth ⟨marriage⟩ certificate
metyl *m chem.* methyl
mewa *f* (sea-)mew, sea-gull
mezalians *m* misalliance
męczarnia *f* torment, torture
męczennica *f*, męczennik *m* martyr
męczeński *adj* martyr's
męczeństwo *n* martyrdom
męczyć *vt* torment, torture; (*dokuczać*) vex; (*nużyć*) tire; ~ się *vr*
take pains, exert oneself, labour;
(*umysłowo*) rack one's brains
mędrek *m pot.* wiseacre
mędrzec *m* sage

męka f pain, fatigue, toil, torment

męski adj male; masculine; (*pełen męskości, mężny*) manful; **chór ~** chorus of men; **garnitur ~** men's suit; **obuwie ~e** men's boots; *gram.* **rodzaj ~** masculine gender

męskość f manhood, manliness

męstwo n bravery, valour

mętniactwo n *pot.* woolliness

mętny adj dull; (*nieprzejrzysty*) troubled, turbid

męty s pl grounds, dregs; **~ społeczne** *zbior.* scum of society

mężatka f married woman

mężczyzna m man, male

mężny adj brave, valiant

mgiełka f haze

mglisty adj hazy, misty, foggy

mgła f fog, mist

mgławica f mist; *astr.* nebula

mgnieni|e n twinkling; **w ~u oka** in the twinkling of an eye

miał m dust

miałki adj fine

miano n name

mianować vt name, appoint

mianowicie adv namely; (*w piśmie*) viz.

mianownik m *mat.* denominator; *gram.* nominative

miar|a f measure; (*skala*) gauge; **ubranie na ~ę** suit to measure; **brać ~ę** measure (**z kogoś** sb); **w ~ę jak się zbliżał** as he was approaching; **w jakiej mierze?** to what extent?; **w ~ę możności** as far as possible, to the best of my (your itd.) ability; **w pewnej mierze** in some measure, to a certain extent; **żadną ~ą** by no means

miarka f gauge; (*menzura*) burette

miarkować vt moderate; (*domyślać się*) guess, infer

miarodajny adj competent, authoritative

miarowy adj measured; (*rytmiczny*) rhytmic

miasteczko n little town; **wesołe ~ amusement park**

miasto n town, city

miauczeć vi mew

miazga f (*miąższ*) pulp; (*wyciśnięta masa*) squash

miażdżyć vt crush, squash

miąć vt rumple, crumple; **~ się** vr crumple, get crumpled

miąższ m pulp

miech m (pair of) bellows

miecz m sword

mieć vt have; **~ kogoś za coś** take sb for sth; **~ się dobrze** be (feel) well; **~ zamiar** intend, have the intention; **ma się na deszcz** it is going to rain, it looks like rain; **mam na sobie palto** I have my overcoat on; **miałem wyjechać** I was going to leave; **co miałem robić?** what was I to do?; **czy mam to zrobić?** shall I do it?; **ile masz lat?** how old are you?; **mam 30 lat** I am 30 years old; **jak się masz?** how do you do?, how are you?; **nie ma gdzie pójść** there's no place ⟨there's nowhere⟩ to go; **nie mam przy sobie pieniędzy** I have no money about me; **nie masz się czego bać** you needn't be afraid of anything; **nie ma jak Zakopane** there's nothing like Zakopane

miednica f (wash-) basin, *am.* washbowl; *anat.* pelvis

miedza f balk

miedziak m copper

miedzioryt m copper-plate

miedź f copper

miejsc|e n place; sport; (*przestrzeń*) room; (*posada*) situation, employment; **~e pobytu** residence; **~e przeznaczenia** destination; **~e siedzące** ⟨stojące⟩ sitting, ⟨standing⟩ room; **~e urodzenia** birthplace; **płatne na ~u** payable on the spot; **jest dużo ~a** there is plenty of room; **zająć ~e** ⟨siedzące⟩ take one's seat; **zrobić ~e** make room (**dla kogoś, czegoś** for sb, sth); **nie na**

~u out of place; na ~e in place, instead (kogoś, czegoś of sb, sth)
miejscownik *m gram* locative (case)
miejscowość *f* locality
miejscowy *adj* local
miejscówka *f* reserved seat ticket
miejsk|i *adj* municipal, town- *attr*, city- *attr*; rada ~a town-council, city-council
mieli|zna *f* shallow water, shoal; osiąść na ~źnie run aground
mielony *adj pp* ground; *zob.* mleć
mienić się *vr* change colour, shimmer
mienie *n* property
miernictwo *n* geodesy, surveying
mierniczy *adj* geodetic, surveying; s *m* (land-)surveyor
miernota *f* mediocrity
mierny *adj* mediocre, mean
mierzić [-r-z-] *vt* disgust, sicken
mierznąć [-r-z-] *vi* become disgusting
mierzwić *vt* tousle
mierzyć *vt* measure; *vi* (celować) aim (do kogoś, czegoś at sb, sth)
miesiąc *m* month; † (księżyc) moon; od dziś za ~ this day month
miesić *vt* knead
miesięcznie *adv* monthly, a month
miesięcznik *m* monthly
miesięczny *adj* monthly

mieszać *vt* mix; (np. zupę) stir; (karty) shuffle; (peszyć, wprowadzać w zakłopotanie) confuse; ~ się *vr* mix, become mixed; (wtrącać się) interfere, meddle (do czegoś with sth)
mieszanina *f* mixture
mieszanka *f* blend, mixture
mieszczanin *m* townsman, burgher, bourgeois
mieszczanka *f* middle-class woman, bourgeoisie
mieszczański *adj* middle-class *attr*, bourgeois; stan ~ middle class, bourgeoisie
mieszczaństwo *n* middle class, bourgeoisie

mieszek *m* bag; hand-bellows *pl*
mieszkać *vi* live, stay, reside; *poet.* dwell
mieszkalny *adj* habitable; dom ~ dwelling-house
mieszkanie *n* flat, lodgings *pl*
mieszkaniec *m* inhabitant, resident
mieszkaniow|y *adj*, problem ~y housing problem; urząd ~y housing office; dzielnica ~a residential district
mieścić *vt* comprise, contain; ~ się *vr* be comprised; be included; (zmieścić się) find enough room
mieścina *f* little ⟨paltry⟩ town
mięczak *m zool.* mollusc
międlić *vt* crush
między *praep* (o dwóch osobach, rzeczach) between; (o większej liczbie) among(st), amid(st)
międzymiastow|y *adj*, rozmowa ~a trunk call
międzynarodowy *adj* international
międzynarodówka *f* (organizacja) International; (hymn) Internationale
międzyplanetarny *adj* interplanetary
miękczyć *vt* make soft, soften, mollify
miękisz *m* pulp, flesh
miękki *adj* soft; (o mięsie) tender
miękko *adv* softly; jajka na ~ soft-boiled eggs
miękkość *f* softness
mięknąć *vi* soften, become soft
mięsień *m* muscle
mięsisty *adj* fleshy; (muskularny) barwny
mięsiwo *n* meat
mięso *n* flesh; (jadalne) meat
mięsożerny *adj* carnivorous
mięta *f* mint
miętosić *vt* knead, crumple
miętówka *f* peppermint (liqueur)
mig *m* twinkling; w ~, ~iem in a twinkling; mówić na ~i speak by signs
migać *vi* twinkle, glimmer
migawka *f fot.* shutter; ~ sekto-

rowa diaphragm shutter; ~
szczelinowa focal-plane shutter

migawkow|y adj, fot. **zdjęcie** ~e snapshot

migdał m almond

migotać vi twinkle, shimmer

migracja f migration

migrena f migraine

mijać vt pass, go past; vi (prze-mijać) pass away; ~ **się** vr pass (cross) each other; ~ **się z praw-dą** swerve from the truth

mikrob m microbe

mikrofon m microphone

mikroskop m microscope

mikroskopijny adj microscopic

mikstura f mixture

mila f mile

milczący adj silent

milczeć vi be ⟨keep⟩ silent

milczenie n silence; **pominąć** ~m pass over in silence

milczkiem adv stealthily, secretly

miliard m milliard; am. billion

milicja m militia

milicjant m militiaman

miligram m milligramme

milimetr m millimeter

milion m million

milioner m millionaire

milionowy adj millionth

militarny adj military

militarysta m militarist

militaryzm m militarism

militaryzować vt militarize

milknąć vi become silent; (cich-nąć) become quiet, calm down

milowy adj, **kamień** ~ milestone

miło adv agreeably; ~ **mi pana spotkać** I'm glad to see you; ~ **to usłyszeć** it's a pleasure to hear

miłosierdzi|e n mercy, charity; **sio-stra** ~a Sister of Mercy

miłosierny adj merciful, charitable

miłosny adj love attr, amatory, amorous; **list** ~ love letter

miłostka f love affair

miłość f love; ~ **własna** self-love; self-respect

miłośnik m amateur, lover

miłować vt love

miły adj pleasant, agreeable, dear,
beloved

mimiczny adj mimic

mimika f mimics, mimic art

mimo praep in spite of; (obok) by; adv past, by; ~ **to** nevertheless; ~ **woli** involuntarily; ~ **wszystko** after all

mimochodem adv by the way, in passing

mimowolny adj involuntary

mimoza f bot. sensitive plant

min|a 1. f (wyraz twarzy) air, countenance; **kwaśna** ~a wry face; **robić** ~y pull ⟨make⟩ faces

mina 2. f wojsk. mine

minąć vi pass, be past, be over; **dawno minęła 5 godzina** it is long past 5 o'clock; **burza minęła** the storm is over; ~ **się** vr pass ⟨cross⟩ each other; ~ **się z po-wołaniem** miss one's calling; zob. **mijać**

mineralny adj mineral

mineralogia f mineralogy

minerał m mineral

minia f minium

miniatura f miniature

minimalny adj minimal

minimum n nieodm. minimum

miniony adj past, bygone

minister m minister; ~ **handlu** President of the Board of Trade; ~ **oświaty** Minister of Education; ~ **skarbu** Chancellor of the Ex-chequer, am. Secretary of the Treasury; ~ **spraw wewnętrz-nych** Home Secretary; ~ **spraw zagranicznych** Foreign Secretary, am. Secretary of State; ~ **o-pieki społecznej** Minister of So-cial Welfare

ministerialny adj ministerial

ministerstwo n ministry

minuta f minute

miodownik m honey-cake

miodowy adj honey attr, hon-eyed; **miesiąc** ~ honeymoon

miotacz m thrower; wojsk. **bomb** bomb-thrower; ~ **min** mine-thrower; ~ **płomieni** flame-projector

miotać vt throw, fling, launch

miotła *f* broom
miód *m* honey; (*pitny*) mead
mirra *f* myrrh
mirt *m* myrtle
misa *f* bowl
misja *f* mission
misjonarz *m* missionary
miska *f* pan, bowl
misterium *n nieodm.* mystery
misterny *adj* fine
mistrz *m* master
mistrzostwo *n* mastership, mastery
mistrzowski *adj* masterly; master's, master *attr*
mistycyzm *m* mysticism
mistyczny *adj* mystic(al)
mistyfikacja *f* mystification
mistyfikować *vt* mystify
mistyk *m* mystic
miś *m* bear; (*z bajki*) Bruin; (*zabawka*) Teddy bear
mit *m* myth
mitologia *f* mythology
mitologiczny *adj* mythologic(al)
mitra *f* mitre
mitręga *f pot.* waste of time
mityczny *adj* mythical
mizantrop *m* misanthrope
mizantropia *f* misanthropy
mizdrzyć się *vr pot.* ogle (do kogoś at sb)
mizerak *m pot.* poor devil
mizeria *f* cucumber salad
mizernieć *vi* grow meagre ⟨wan⟩
mizerny *adj* meagre, wan
mknąć *vi* flit, fleet
mlaskać *vi* smack (językiem one's tongue)
mlecz *m* marrow; (*rybi*) soft roe
mleczarnia *f* dairy
mleczarstwo *n* dairying
mleczko *n* milk
mleczn|y *adj* milk *attr*, milky; *chem.* lactic; *astr.* Droga Mleczna Milky Way; bar ~y milk-bar; gospodarstwo ~e dairy-farm; ząb ~y milk-tooth
mleć *vt* grind, mill
mleko *n* milk; ~ zbierane skimmed milk
młockarnia *f* trashing-machine
młocka *f* thrashing

młode *adj* zob. młody; *s n* young ⟨little⟩ one
młodociany *adj* youthful; (*nieletni*) juvenile; sąd dla ~ch juvenile court
młodość *f* youth
młod|y *adj* young; pan ~y bridegroom; panna ~a bride; ~e drzewo sapling
młodzian *m* young man, youth
młodzieniaszek *m* stripling
młodzieniec *m* young man, youth
młodzieńczy *adj* youthful, adolescent; wiek ~ adolescence
młodzież *f* youth
młodzieżowy *adj* juvenile
młodzik *m* youngster, sapling
młokos *m* stripling
młot *m* hammer
młotek *m* hammer; (*drewniany*) mallet
młócić *vt* thrash
młyn *m* mill
młynek *m* (*ręczny*) handmill; (*do kawy*) coffee-mill
młyński *adj* mill *attr*; kamień ~ millstone, grindstone
mnemotechnika *f* mnemotechnics
mnich *m* monk
mniej *adv* lcss, fewer; ~ więcej more or less; ~sza o to never mind
mniejszość *f* minority
mniejszy *adj* smaller, less, minor
mniemać *vi* think, believe
mniemanie *n* opinion
mniszka *f* nun
mnog|i *adj* numerous; *gram.* liczba ~a plural (number).
mnogość *f* plurality, multitude
mnożeni|e *n* multiplication; tabliczka ~a multiplication table
mnożnik *m mat.* factor, multiplier
mnożyć *vt* multiply; ~ się *vr* multiply, increase in number
mnóstwo *n* multitude, a lot, lots; całe ~ ludzi lots of people
mobilizacja *f* mobilization
mobilizować *vt* mobilize
moc *f* might, power; *pot.* a lot; ~ prawna legal force, na ~y in virtue of, on the strength of;

w **mojej** ~y in ⟨within⟩ my power

mocarstwo f (great) power

mocarz m potentate, powerful man

mocno adv fast, firmly; ~ bić strike hard; ~ spać sleep fast; ~ stać na nogach stand firm on one's legs; ~ trzymać hold tight; ~ przekonany firmly convinced; ~ zobowiązany deeply obliged

mocny adj strong, vigorous, firm

mocować się vr wrestle

mocz m urine

moczar m marsh, bog

moczopędny adj diuretic

moczowy adj urinary; (o kwasie) uric; pęcherz ~ urinary bladder

moczyć vt wet, drench

modla f fashion; wchodzić w ~ę come into fashion; wychodzić z ~y grow out of fashion

model m model, pattern

modelarz m modeller, pattern-maker

modelka f model

modelować vt model, shape, fashion

modernizm m modernism

modernizować vt modernize

modlić się vr pray, say one's prayers

modlitewnik m prayer-book

modlitwa f prayer

modla f mould, form, fashion; na ~ę after the fashion

modniarka f milliner, modiste

mogiła f tomb, grave; ~ zbiorowa common grave

moknąć vi become moist, grow wet

mokry adj moist, wet

molekularny adj fiz. molecular

molekuła f fiz. molecule

molestować vt molest, torment, annoy

molo n mole, pier, jetty

moment m moment

momentalny adj instantaneous

monarcha m monarch

monarchia f monarchy

monarchiczny adj monarchic(al)

monarchista m monarchist

monet|a f coin; ~a zdawkowa small ⟨token⟩ coin; przen. brzęcząca ~a hard cash; przyjmować za dobrą ~ę accept at face value

monetarny adj monetary

mongolski adj Mongolian

Mongoł m Mongolian

monitor m monitor

monitować vt admonish

monizm m filoz. monism

monografia f monograph

monograficzny adj monographic

monogram m monogram

monokl m eye-glass

monolog m monologue, soliloquy

monologować vi soliloquize

monopol m monopoly

monopolizować vt monopolize

monoteizm m filoz. monotheism

monotonia f monotony

monotonny adj monotonous

monstrualność m monstrosity

monstrualny adj monstrous

monstrum n monster

montaż m mounting, fitting up; (składanie np. maszyny) assembly

monter m mechanic, fitter; (gazowy, wodociągowy) plumber; (liniowy, elektryk) lineman

montować vt mount, fit up; (składać, np. maszynę) assemble

monumentalny adj monumental

moralizator m moralizer

moralizować vi moralize (na temat czegoś on sth)

moralnoś|ć f (etyka) morality; (moralne postępowanie, obyczaje) morals pl; nauka ~ci moral teaching ⟨science⟩; świadectwo ~ci certificate of conduct; upadek ~ci corruption of morals ⟨manners⟩

moralny adj moral

morał m moral

mord m murder, manslaughter

morda f pot. muzzle

morderca m murderer

morderczy *adj* murderous

morderstwo *n* murder

mordęga *f pot.* toil, drudge

mordować *vt* murder; (*dręczyć*) torment; ~ **się** *vr* toil, drudge

morela *f* apricot; (*drzewo*) apricot-tree

morfina *f* morphia, morphine

morfologia *f* morphology

morganatyczny *adj prawn.* morganatic

morow|y *adj* pestilential; ~**e powietrze** pestilence; *pot.* ~**y chłop** a brick

mors *m zool.* walrus

morsk|i *adj* maritime; sea- *attr*; **bitwa** ~**a** sea-fight;. **brzeg** ~**i** sea-coast; **choroba** ~**a** seasickness; **podróż** ~**a** voyage

morwa *f* mulberry; (*drzewo*) mulberry-tree

morz|e *n* sea; **na** ~**u** at sea; **na pełnym** ~**u** on the high seas; **nad** ~**em** at the seaside; **za** ~**em** oversea

morzyć *vt* starve; *vr* ~ **się** (głodem) starve

mosiądz *m* brass

mosiężny *adj* brass *attr*; brazen

moskit *m zool.* mosquito

most *m* bridge

mostek *m* little bridge, footbridge; *anat.* sternum; (*rodzaj protezy*) bridge

moszcz *m* must

motać *vt* (*nawijać*) reel, wind

motek *m* reel, ball

motel *m* motel

motłoch *m* mob, rabble

motocykl *m* motor-cycle

motor *m* motor

motorowy, motorniczy *m* motor driver, *am.* motorman

motorówka *f* motor-boat

motoryzacja *f* motorization, mechanization

motoryzować *vt* motorize, mechanize

motyka *f* hoe

motyl *m zool.* butterfly

motyw *m* motif; (*bodziec*) motive

motywować *vt* motive, motivate, substantiate; give reasons (**coś** for sth)

mow|a *f* speech; *gram.* ~**a zależna** ⟨**niezależna**⟩ indirect ⟨direct⟩ speech; **wygłosić** ~**ę** make a speech

mozaika *f* mosaic

mozolić się *vr* toil, drudge (**nad czymś** at sth)

mozolny *adj* toilsome

mozół *m* pains *pl*, exertion

moździerz *m* mortar

może *adv* maybe, perhaps

możliwość *f* possibility, chance

możliwy *adj* possible

można *impers* it is possible, it is allowed, one can; **jak** ~ **najlepiej** as well as possible; **czy** ~ **usiąść?** may I sit down?; **jeśli** ~ **if** possible

możność *f* power; possibility

możny *adj* potent, powerful

móc *vi aux* can; be able; **mogę** I can; I may

mój *pron* my, mine

mól *m zool.* moth; *przen.* ~ **książkowy** bookworm

mór *m* pestilence

mórg *m* land measure

mówca *m* speaker, orator

mówić *vt* speak, say, tell, talk; **nie ma o czym** ~ nothing to speak of

mównica *f* platform

mózg *m* brain

mózgowy *adj* cerebral

mroczny *adj* gloomy, dusky

mrok *m* gloom, dusk

mrowić się *vr* teem, swarm (**od czegoś** with sth)

mrowie *n* swarm, teeming multitude

mrowisko *n* ant-hill

mrozić *vt* freeze, congeal, refrigerate

mroźny *adj* frosty

mrówka *f* ant

mróz *m* frost

mruczeć *vi* murmur, mumble, mutter

mrugać *vi* wink (**na kogoś** at sb), twinkle

mruk *m* mumbler, grumbler

mrukliwy *adj* mumbling, grumbling

mrużyć *vt* blink

mrzonka *f* fancy, reverie

msz|a *f* mass; **odprawiać ~ę** say mass

mszał *m* missal

mściciel *m* avenger

mścić *vt* avenge; **~ się** *vr* revenge oneself, take revenge (**na kimś** on sb)

mściwy *adj* revengeful, vindictive

mucha *f* fly

mufka *f* muff

mularstwo *n* masonry

Mulat *m* mulatto

mulisty *adj* slimy, oozy

muł 1. *m* slime, ooze

muł 2. *m* zool. mule

mułła *m* mullah

mumia *f* mummy

mundur *m* uniform

municypalny *adj* municipal

munsztuk *m* mouthpiece

mur *m* wall; **przen. przyprzeć do ~u** drive into a corner

murarz *m* bricklayer, mason

murawa *f* lawn

murowa|ć *vt* mason, build in stone ⟨in bricks⟩; **dom ~ny** house of stone ⟨of bricks⟩

Murzyn *m* Negro

mus 1. *m* necessity, compulsion; **z ~u** of necessity, forcibly

mus 2. *m* (*pianka*) mousse, froth

musieć *v aux* be obliged; have to; **muszę I must**, I am obliged

muskać *vt* stroke

muskularny *adj* muscular, brawny; sinewy

muskuł *m* muscle

musować *vi* effervesce, froth; (*o winie*) sparkle

muszka *f* fly; (*na twarzy*) beauty--spot; (*na lufie*) bead

muszkat *m* (*gałka muszkatołowa*) nutmeg

muszkiet *m* musket

muszkieter *m* musketeer

muszla *f* shell, conch; **~ klozetowa** lavatory pan

musztarda *f* mustard

musztra *f* drill

musztrować *vt* drill

muślin *m* muslin

mutacja *f* mutation

muza *m* Muse

muzealny *adj*, **przedmiot ~** museum-piece

muzeum *n* museum

muzułmanin *m* Moslem

muzułmański *adj* Moslem

muzyczny *adj* musical

muzyk *m* musician

muzyka *f* music

muzykalność *f* musicality

muzykalny *adi* musical

muzykant *m* musician, bandsman

my *pron* we

myć *vt* wash; **~ się** *vr* wash; (*dokładnie*) wash oneself

mydlarnia *f* soap-store

mydlarstwo *n* soap-trade

mydlarz *m* soap-boiler

mydlić *vt* soap; (*twarz do golenia*) lather; **~ się** *vr* soap

mydliny *s pl* (soap-)suds

mydło *m* soap

mylić *vt* mislead, misguide; **~ się** *vr* be mistaken (**co do czegoś** about sth), make a mistake, be wrong

mylny *adj* erroneous, wrong

mysz *f* mouse

myszkować *vi* mouse about (**za czymś** for sth)

myśl *f* thought, idea; **dobra ~** bright idea; **być dobrej ~i** be of good cheer; **mieć na ~i** mean, have in mind; **przychodzi mi na ~ it** occurs to me; **na samą ~** at the mere thought (**o czymś** of sth); **po mojej ~i** after my heart; **z ~ą o czymś** with a view to sth

myślący *adj* thinking, thoughtful, reflective

myśl|eć *vt vi* think; (*mniemać, zamierzać*) mean; **co o tym ~isz?** what do you think of it?; **~ę, że tak I** think so; **nie ~ę tego robić I** do not mean to do it; **o czym ~isz?** what are you thinking about?

myśliciel *m* thinker

myślistwo *n* hunting
myśliwiec *m lotn.* fighter
myśliwy *m* hunter, huntsman
myślnik *m gram.* dash
myślowy *adj* mental
myto *n* (*opłata*) toll
mżawka *f* drizzle
mżyć *vi* drizzle

n

na *praep* on, upon; at; by; for; in; na **dole** down; na **dworze** out of doors; na **górze** up; na **końcu** at the end; na **moją prośbę** at my request; na **pamięć** by heart; na **piśmie** in writing; na **sprzedaż** for sale; na **stare lata** in ⟨for⟩ one's old age; na **wiosnę** in spring; na **zawsze** for ever; **cóż ty na to?** what do you say to it?; **raz na tydzień** once a week; na **mój koszt** at my expense; na **ulicy** in the street; **głuchy na lewe ucho** deaf in his left ear; na **całe życie** for life; na **pierwszy rzut oka** at first sight; **iść na obiad** go to dinner; **umrzeć na tyfus** die of typhus

nabawić się *vr* bring upon oneself, incur; ~ **choroby** contract a disease; ~ **kataru** catch a cold; ~ **kłopotów** get into trouble

nabiał *m* dairy-goods, dairy-products

nabierać *vt* take; draw in; *pot.* (*oszukiwać*) take in; (*drażnić, żartować złośliwie*) tease

nabijać *vt* (*np. gwoździami*) stud; (*broń*) charge, load; *pot.* ~ **sobie głowę czymś** get an idea into one's head

nabożeństwo *n* divine service
nabożny *adj* pious
nabój *m* (*jednostka amunicji*) cartridge; *elektr.* charge; **ślepy ~ blank cartridge**

nabrać *zob.* nabierać
nabrzmiały *adj* swollen
nabytek *m* acquisition
nabywać *vt* acquire, obtain, purchase
nabywca *m* purchaser
nabywczy *adj* purchasing
nachodzić *vt* importune by coming; intrude (*kogoś upon sb*); *przen.* (*o myślach itp.*) invade, haunt
nachylać *vt* bend, bow, incline; ~ **się** *vr* bow, incline, stoop, lean
nachylenie *n* inclination, slope
naciągać *vt* stretch, strain; (*o łuku*) bend; *pot.* (*nabierać*) tease, take in; *vi* (*o herbacie*) draw
naciek *m* infiltration; deposit
nacierać *vt* (*trzeć*) rub; *vi* (*atakować*) attack (*na kogoś sb*)
nacięcie *n* notch, cut
nacinać *vt* notch, cut
nacisk *m* pressure, stress; **kłaść ~** stress, lay stress; **z ~iem** emphatically
naciskać *vt vi* press (*na coś sth, on sth*)
nacjonalista *m* nationalist
nacjonalizacja *f* nationalization
nacjonalizm *m* nationalism
nacjonalizować *vt* nationalize
na czele *adv* at the head
naczelnik *m* head, chief, manager; ~ **stacji** station-master
naczeln|y *adj* head-, chief; paramount; **~y dowódca** commander-

-in-chief; ~e dowództwo command-in-chief, supreme command; *zool.* ~e *pl* primates

naczyni|e *n* vessel; ~a gliniane *zbior.* earthenware, pottery; ~a kuchenne kitchen utensils; *anat.* ~a krwionośne blood-vessels

nać *f* top, leaves *pl*

nad *praep* over, above, on, upon, beyond; ~ chmurami above the clouds; ~ miarę beyond measure; Londyn leży ~ Tamizą London is situated on the Thames; niebo jest ~ naszymi głowami the sky is over our heads

nadal *adv* still; ~ coś robić continue to do sth ⟨doing sth⟩; on ~ pracuje he continues working

nadaremnie *adv* in vain

nadaremny *adj* vain

nadarz|ać się *vr* present itself, occur; ~yła się okazja an opportunity presented itself, an occasion arose

nadawać *vt* bestow, confer (coś, komuś sth on, upon sb); grant; (*na poczcie*) dispatch, post, send off; ~ czemuś wygląd czegoś make sth look like sth; ~ się *vr* be fit ⟨fitted⟩, be suited (do czegoś for sth)

nadawca *m* sender, consigner

nadążać *vi* keep pace (za kimś with sb)

nadbałtycki *adj* Baltic, situated on the Baltic

nadbiec *vi* come running

nadbrzeże *n* coast; embankment

nadbrzeżn|y *adj* coastal; miasto ~e river-side ⟨sea-side⟩ town

nadbudowa *f* superstructure

nadbudować *vt* raise a structure (na czymś above sth)

nadchodzi|ć *vi* approach, come round; ~ zima winter is drawing on; nadszedł pociąg the train is in

nadciągać *vi* draw near, approach

nadciśnienie *n* high blood-pressure

nadczłowiek *m* superman

nadejście *n* arrival

nadepnąć *vi* tread, step

nader *adv* excessively

nadesłać *vt* send (in)

nadetatowy *adj* supernumerary, not permanent, not on a permanent basis

nade wszystko *adv* above all

nadęty *adj* inflated, puffed up; (*zarozumiały*) bumptious

nadgraniczny *adj* border attr, frontier *attr*

nadjechać *vi* arrive, come driving

nadlecieć *vi* come flying

nadleśniczy *m* chief forester

nadliczbow|y *adj* supernumerary, overtime; godziny ~e overtime hours; praca ~a overtime work

nadludzki *adj* superhuman

nadmiar *m* excess, surplus

nadmienić *vt* mention

nadmiernie *adv* in ⟨to⟩ excess, excessively

nadmierny *adj* excessive

nadmorski *adj* maritime, coastal, sea-side

nadobny *adj* † handsome, pretty, fair

nadobowiązkowy *adj* optional, facultative

nadpłacić *vt* overpay, surcharge

nadpłata *f* overpay

nadpłynąć *vi* come swimming ⟨sailing⟩

nadprodukcja *f* overproduction

nadprogramow|y *adj* extra; praca ~a extra ⟨overtime⟩ work

nadprzyrodzony *adj* supernatural

nadpsuty *adj* a little spoiled

nadrabiać *vt* make up (coś for sth); *vi* work additionally; ~ czas make up for lost time; *przen.* ~ miną put on a good face to a bad business

nadruk *m* (*drukowany napis*) letter-head, overprint; *filat.* surcharge

nadskakiwać *vi* court (komuś sb); dance attendance (komuś on sb)

nadspodziewany *adj* unexpected, above all expectation

nadstawiać *vt* hold out; *przen.* ~

uszu prick up one's ears; *pot.*
~ karku risk one's neck

nadto *adv* moreover, besides; aż ~ too much, more than enough

nadużycie *vt* abuse, misuse; malversation

nadwartość *f* surplus value

nadwątlić *vt* impair

nadwerężyć *vt* impair

nadwodny *adj* situated on ⟨near⟩ the water, waterside-; (*np. o ptaku, roślinie*) aquatic, water *attr*

nadworny *adj* court *attr*; ~ dostawca court-purveyor

nadwozie *n* body (of a car)

nadwyżka *f* surplus

nadymać *vt* inflate, puff up; (*np. policzki*) blow out; ~ się *vr* swell

nadymić *vi* fill with smoke

nadziej|a *f* hope; mieć ~ę hope (na coś for sth), have good hope (na coś for sth)

nadziemny [d-z] *adj* above-ground

nadziemski [d-z] *adj* supermundane

nadzienie *n* stuffing

nadziewać *vt* (*np. na rożen*) stick; (*np. gęś*) stuff, fill

nadzór *m* superintendence; ~ policyjny police control

nadzwyczajn|y *adj* extraordinary; wydanie ~e extra edition; poseł ~y envoy extraordinary

nafta *f* oil; (*ropa*) petroleum; (*oczyszczona*) kerosene

naftalina *f* naphthaline

nagabywać *vt* importune, molest

nagana *f* blame, reprimand

nagi *adj* naked, bare

naginać *vt* bend

naglący *adj* urgent

naglić *vt* urge, press

nagłość *f* urgency, suddenness

nagłówek *m* heading; (*w gazecie*) headline

nagły *adj* urgent, sudden; w ~m wypadku in case of emergency

nagminny *adj* (*powszechny*) common, universal; (*epidemiczny*) epidemic

nagniotek *m* corn

nagonka *f* battue, drive

nagrać *vt* record

nagranie *n* recording

nagradzać *vt* reward, recompense; indemnify (komuś stratę sb for a loss)

nagrobek *m* tombstone, tomb

nagroda *f* reward; (*w sporcie, na konkursie itp.*) prize

nagrodzić zob. nagradzać

nagromadzenie *n* amassment, accumulation

nagromadzić *vt* heap up, accumulate

nagrzewać *vt* warm, heat

naigrawać się *vr* mock (z kogoś at sb), make fun (z kogoś of sb)

naiwność *f* naivety, simple-mindedness

naiwny *adj* naive, simple-minded

najazd *m* invasion, raid

najbardziej *adv* most (of all)

najecha|ć *vt* (*wtargnąć*) invade, overrun; *vi* (*wpaść*) dash (na kogoś, coś against sb, sth), run (na kogoś, coś into sb, sth); wóz ~ł na drzewo the car has struck against the tree

najem *m* hire

najemnik *m* hireling

najemny *adj* hired, mercenary

naje|ść się *vr* eat one's fill; ~dzony full

najeźdźca *m* invader

najeździć zob. najechać

najgorszy *adj* worst

najlepiej *adv* best

najlepszy *adj* best

najmniej *adv* least; co ~ at least

najmniejszy *adj* least, smallest

najmować *vt* hire, let

najpierw *adv* first, first of all

najście *n* invasion (na coś of sth)

najść *vi* invade (na dom, kraj a house, a country); come (na kogoś upon sb); zob. nadchodzić

najwięcej *adv* most

najwyżej *adv* highest; (*w najlepszym razie*) at most, at best

najwyższy *adj* highest; (*o sądzie,*

mądrości) supreme; *(o władzy)* sovereign; ~ czas high time; *gram.* stopień ~ superlative (degree)

nakaz m order, command

nakazywać vt order, command

nakleić vt stick, paste up

nakład m *(koszt)* expenditure; *(książki)* edition, issue, impression

nakładać vt lay on, put on; *(podatek, obowiązek)* impose; *(karę)* inflict

nakłaniać vt induce

nakręcać vt wind up, turn; *(film)* shoot; ~ numer telefonu dial

nakrętka f nut (of a screw), female screw

nakrycie n cover(ing); *(serwis)* service; ~ głowy head-gear

nakrywać vt cover; lay **(do stołu** the table)

nakrywka f cover, lid

nalegа|ć vi insist (na coś on sth); press, urge (na kogoś sb); ~ł na mnie, żebym to zrobił he urged me to do this

naleganie n insistence, solicitation

nalepiać vt stick, paste up

nalepka f label

naleśnik m pancake

nalewać vt pour (out)

należeć vi belong; ~y *(wypada)* it becomes; *(trzeba)* it is necessary; ~eć się vr be due

należnoś|ć f due, amount due; cała moja ~ć the whole amount due to me; zaległe ~ci *pl* arrears; ~ć nadal nie uregulowana the arrears still outstanding

należny adj due

należycie adv duly, properly

należyty adj fit, proper

nalot m raid; ~ powietrzny air-raid; *med.* rash, eruption

nałogowiec m addict

nałogowy adj habitual, addicted (to a habit); ~ piják habitual drunkard

nałóg m addiction, (bad) habit

namaszczać vt grease; *(olejami)* anoint

namaszczenie n anointment, unction

namawiać vt induce, persuade

namazać vt besmear, daub over

namiastka f substitute

namiestnictwo n regency

namiestnik m regent, governor--general

namiętność f passion

namiętny adj passionate

namiot m tent

namoczyć vt steep, soak

namoknąć vi become soaked

namow|a f persuasion; instigation; za ~ą persuaded (czyjąś by sb)

namulić vt slime, cover with slime

namydlić vt soap; *(twarz)* lather

namy|sł m reflexion, consideration; bez ~słu inconsiderately; po ~śle on consideration

namyślać się vr reflect (nad czymś on sth)

na nowo adv anew

naocznie adv with one's own eyes

naoczny adj ocular; ~ świadek eye-witness

naokoło adv round, all round, round about; *praep* round

na opak adv contrariwise, amiss

na oścież adv, otwarty ~ wide open; otworzyć ~ fling open

na oślep adv blindly; strzelać ~ shoot wild

naówczas adv *lit.* then, at that time

napad m attack, assault; *(o chorobie, gniewie)* fit; ~ rabunkowy robbery by assault

napadać vt attack, assail

napar m infusion

naparstek m thimble

naparzyć vt infuse

napastliwość f aggressiveness

napastliwy adj aggressive

napastnik m aggressor; *sport* forward

napastować vt attack; *(molestować)* importune, pester

napaść f attack, assault

napawać vt impregnate; imbue fill; ~ się vr become imbued;

(*rozkoszować się*) delight (**czymś** in sth)

napełniać *vt* fill (up); ~ **ponownie** refill; ~ **się** *vr* fill, become filled

na pewno *adv* certainly, to be sure

napęd *m* propulsion

napędow|y *adj* propulsive; **siła ~a** motive power

napędzać *vt* propel; (*wprawiać w ruch maszynę*) drive, run; (*przynaglać*) press, urge; *przen.* ~ **strachu** frighten

napić się *vr* have a drink; ~ **kawy** have a cup of coffee

napierać *vt* press; ~ **się** *vr* insist (**czegoś** on sth)

napięcie *n* tension, strain; *elektr.* voltage

napiętek *m* heel

napięty *adj* tense, taut; (*o stosunkach*) strained

napinać *vt* strain; (*łuk*) string

napis *m* inscription

napitek *m pot.* drink

napiwek *m* tip

napływ *m* inflow, influx; (*np. krwi, wody*) flush

napływać *vi* flow in; rush; (*przybyć gromadnie*) flock

napływowy *adj* inflowing, immigrant

napoczynać *vt* (*butelkę*) open; (*beczkę*) broach; make the first cut

napominać *vt* admonish

napomknąć *vt* mention

napomnienie *n* admonishment

napotykać *vt* meet (**coś** with sth), come (**coś** across sth)

napowietrzny *adj* aerial, air *attr*

napój *m* drink; ~ **bezalkoholowy** soft drink; ~ **alkoholowy** strong drink, alcoholic liquor; ~ **chłodzący** refreshing drink

napór *m* pressure

napraw|a *f* repair, reparation; **muszę dać zegarek do ~y** I must have my watch repaired

naprawdę *adv* indeed, really

naprawiać *vt* mend, repair, put right; make good; (*nadrabiać*)

make up (**coś for** sth); ~ **krzywdę** redress the wrong

naprędce *adv* hurriedly

naprężenie *n* tension, strain

naprężony *adj* = **napięty**

naprężyć *vt* ~ **się** *vr* stretch, strain; tauten

naprowadzać *vt* lead; (*myślowo*) suggest (**kogoś na coś** sth to sb)

naprzeciw *adv* opposite; *praep* opposite, against

na przekór *adv praep* in spite (**komuś, czemuś** of sb, sth)

na przemian *adv* alternately

naprzód *adv* forward, on; (*najpierw*) first, in the first place

na przykład *adv* for instance, for example

naprzykrzać się *vr* importune (**komuś** sb)

napuszony *adj* inflated, puffed; (*o stylu*) bombastic; (*zarozumiały*) bumptious

napychać *vt* cram, stuff, pack

narad|a *f* consultation, conference; **odbywać ~ę** hold a conference

naradzać się *vr* confer; (*radzić się*) take counsel (**z kimś** with sb)

naramiennik *m* armlet

narastać *vi* grow, augment; (*o procentach, dochodach, korzyściach*) accrue

naraz *adv* at once, suddenly

na razie *adv* for the present, for the time being

narażać *vt* expose (**na coś** to sth); ~ **na niebezpieczeństwo** endanger; ~ **na niewygody** put to inconvenience; ~ **się** *vr* risk (**na coś** sth), run the risk (**na coś** of sth); ~ **się na kłopoty** ask for trouble, get oneself into trouble; lay oneself open (**na plotki** to gossip); expose oneself (**na coś** to sth); ~ **się komuś** incur sb's displeasure

narciarstwo *n* skiing

narciarz *m* skier

narcyz *m bot.* narcissus

nareszcie *adv* at last

naręcze *n* armful

narkotyczny *adj* narcotic

narkotyk *m* narcotic

narkotyzować *vt* narcotize

narkoza *f* narcosis

narobić *vt* make, do; ~ długów get into debts; ~ hałasu ⟨zamieszania⟩ make a noise ⟨trouble⟩, *pot.* kick up a row ⟨a fuss⟩; ~ komuś kłopotu get sb into trouble; ~ sobie kłopotu get oneself into trouble

narodowościowy *adj* national, concerning nationality

narodowość *f* nationality

narodowy *adj* national

narodzenie *n* birth; Boże Narodzenie Christmas

narodzić się *vr* be born

narośl *f* excrescence, overgrowth

narowisty *adj* (*o koniu*) restive

narożnik *m* corner

narożny *adj* corner *attr*; dom ~ corner-house

naród *m* nation

nart|a *f* ski; *pl* ~y skis; a pair of skis; jeździć na ~ach ski

naruszać *vt* violate; (*np. honor, uczucie*) injure; (*np. spokój*) trouble, disturb; (*np. zapasy*) broach; (*np. gotówkę*) touch; ~ czyjeś interesy prejudice sb's interests; ~ czyjeś prawa encroach on ⟨upon⟩ sb's rights; ~ prawo ⟨regulamin itp.⟩ offend against the law ⟨the rules etc.⟩; ~ terytorium encroach on ⟨upon⟩ a territory

naruszenie *n* violation; (*zasady, umowy, obowiązków itp.*) breach; (*spokoju publicznego*) disturbance; prejudice, injury (*czegoś* to sth, czyjejś reputacji to sb's reputation); ~ prawa offence against the law

narwany *adj* crazy

narybek *m* fry

narząd *m* organ

narzecze *n* dialect

narzeczona *f* fiancée

narzeczony *m* fiancé

narzekać *vi* complain (na coś of sth)

narzekanie *n* complaint

narzędnik *m gram.* instrumental (case)

narzędzie *n* instrument, tool

narzucać *vt* throw in, cast up, put on; force, obtrude (coś komuś sth on sb); ~ się *vr* obtrude oneself (komuś on sb)

narzucanie się *n* obtrusion

narzuta *f* cover

narzutka *f* cape

nasenny *adj* soporific; środek ~ sleeping-draught

nasiadówka *f* hip-bath

nasiąkać *vi* imbibe (czymś sth), become imbued (czymś with sth)

nasienie *n* seed; *biol.* sperm

nasilenie *n* intensification, intensity

naskórek *m* epidermis

nasłuch *m* (*radiowy*) monitoring

nasłuchiwać *vi* listen intently (czegoś to sth); (*drogą radiową*) monitor

nastać *vi* set in, come on, ensue

nastarczyć *vt* supply sufficiently, satisfy; ~ potrzebom meet the needs

nastawać *vi* insist (na coś on sth); attempt (na czyjeś życie sb's life)

nastawiać *vt* set (right), put, put on ⟨right⟩; (*umysłowo, moralnie*) dispose; (*radio*) tune in (na dany program to a programme); *przen.* ~ uszu prick up one's ears

nastawienie *n* disposition; (*postawa*) attitude

następca *m* successor (tronu to the throne)

następnie *adv* next, subsequently, then

następny *adj* following, next, subsequent

następować *vi* follow (po kimś, czymś sb, sth); take place, set in

następstwo *n* succession; result; *gram.* ~ czasów sequence of tenses

naukowy

następujący *adj* following; (*kolejny*) consecutive, subsequent

nastraszyć *vt* frighten; ~ się *vr* be frightened, take fright (czymś at sth)

nastręczać *vt* procure; afford; (*sposobność*) offer; (*trudności*) present; (*wątpliwości*) cause; ~ się *vr* occur, be present, present itself

nastroić *vt* tune (up); (*usposobić kogoś*) predispose

nastroszyć *vt* creet, bristle up; ~ się *vr* bristle up

nastr|ój *m* mood, disposition, spirits; w dobrym ~oju in high spirits; mieć ~ój do czegoś be in the mood for sth; nie mieć ~oju be in no mood

nasturcja *f* bot. nasturtium

nasuwać *vt* shove, push; (*myśl*) suggest; (*wątpliwości*) cause; ~ się *vr* occur, arise

nasycać *vt* satiate; saturate; (*głód*) satisfy

nasycenie *n* satiation; chem. saturation; handl. (*rynku*) glut

nasycony *adj* satiate, satiated; chem. saturated

nasyłać *vt* send on

nasyp *m* embankment

nasypać *vt* strew, pour (in)

naszpikować *vt* lard, stuff

naszyć *vt* sew on, trim (czymś with sth)

naszyjnik *m* necklace

naśladować *vt* imitate

naśladowca *m* imitator

naśladownictwo *n* imitation; (*w przyrodzie*) mimicry

naśladowczy *adj* imitative

naświetlać *vt* enlighten, light up; (*wyjaśniać*) throw light (coś on sth); elucidate; med. irradiate; fot. expose

naświetlanie *n*, naświetlenie *n* elucidation; med. irradiation; fot. exposure

natarcie *n* rubbing, friction; (*atak*) attack, charge

natarczywość *f* importunity

natarczywy *adj* importunate

natchnąć *vt* inspire

natchnienie *n* inspiration

natężać *vt* strain

natężenie *n* intensity

natężony *adj* strained, intense

natknąć się *vr* meet (na kogoś, coś with sb, sth), come (na kogoś, coś across sb, sth)

natłoczyć *vt* crowd, cram

natomiast *adv* but, on the contrary, yet

natrafić *vt* meet (na kogoś, coś with sb, sth), encounter (na kogoś, coś sb, sth)

natrętność *n* importunity

natręt *m* importuner

natrętny *adj* importunate

natrysk *m* shower-bath

natrząsać się *vr* scoff (z kogoś at sb)

natu|ra *f* nature; z ~ry by nature; (*malować*) z ~ry from nature; płacić w ~rze pay in kind

naturalizacja *f* naturalization

naturalizm *m* naturalism

naturalizować *vt* naturalize; ~ się *vr* naturalize, become naturalized

naturalnie *adv* naturally; (*oczywiście*) of course

naturaln|y *adj* natural; rzecz ~a matter of course; portret ~ej wielkości life-size portrait

natychmiast *adv* at once, instantly; immediately, straight off

natychmiastowy *adj* instantaneous

nauczać *vt* teach, instruct

nauczanie *n* teaching, instruction

nauczk|a *f* lesson; dać ~ę teach a lesson (komuś sb)

nauczyciel *m* teacher

nauczyć się *vr* learn

nauka *f* (*szkolna*) instruction, lessons; (*wyższa*) study; (*wiedza*) learning, science

naukowiec *m* scholar

naukowość *f* scientific character; (*wiedza*) erudition, scholarship

naukow|y *adj* scientific; stopień ~y academic degree; praca ~a research work; **towarzystwo ~e** learned society

naumyślnie zob. **umyślnie**

nauszniki s pl ear-flaps

nawa f arch. nave; przen. ~ **państwowa** ship of State

nawadniać vt irrigate

nawalić vt pile up, heap; vi pot. (zawieść, nie dopisać) conk

nawał m mass, pot. heaps

nawała f crowd, invasion

nawałnica f tempest, hurricane

nawet adv even

nawias m parenthesis, brackets pl; ~**em mówię** by the way

nawiasowy adj parenthetical

nawiązać vt tie (up); ~ **do czegoś** refer to sth; ~ **korespondencję** enter into correspondence; ~ **rozmowę** engage in conversation; ~ **stosunki** enter into relations; ~ **znajomość** strike up an acquaintance

nawiązanije n reference; **w ~u do czegoś** with reference to sth

nawiedzać vt frequent; (o myślach, o duchach) haunt

nawierzchnia f toplayer, surface

nawijać vt wind up, reel

nawlekać vt (igłę) thread; (np. korale) string

nawodnienie n irrigation

nawoływać vt call; (wzywać) exhort; (przynaglać) urge (**kogoś do czegoś** sb to do sth)

nawozić vt manure

nawóz m manure

nawracać vt (konie) wheel; (na inną wiarę) convert; vi return; ~ **się** vr become converted (**na coś** to sth)

nawrócenie n conversion

nawrót m relapse, return

na wskroś adv throughout, clean through

nawyk m habit

nawykać vi become accustomed

nawykły adj accustomed

nawzajem adv mutually, one another, each other

nazajutrz adv on the next day

nazbyt adv too, excessively

naznaczyć vt mark; (ustalić) fix; (mianować) appoint

nazwa f name, designation

nazwisk|o n name, surname, family name; ~**iem Smith** Smith by name

nazywa|ć vt call, name; ~**ć kogoś osłem** call sb an ass; ~ **się** vr be called, be named; ~**m się X. Y. my name is X.Y.; jak się ~sz?** what is your name?; **to się ~ szczęście!** that's really good luck!

negacja f negation

negatyw m negative

negatywny adj negative

negliż m undress

negocjacje s pl negotiations

negować vt deny, disavow

nekrolog m obituary

nektar m nectar

neofita m neophyte

neologizm m neologism

neon m chem. neon; (reklama) neon sign; (lampa) neon lamp

ner|ka f kidney; med. **zapalenie ~ek** nephritis

nerw m nerve

nerwica f neurosis

nerwoból m neuralgia

nerwowość f nervousness

nerwowy adj nervous

neseser m dressing-case

netto adv net

neurastenia f neurasthenia

neurastenik m neurasthenic

neutralizować vt neutralize

neutralność f neutrality

neutralny adj neutral

neutron m chem. fiz. neutron

newralgia f med. neuralgia

newroza f med. neurosis

nęcić vt allure, entice

nędza f misery

nędzarz m pauper

nędznik m villain

nędzny adj miserable, wretched

nękać vt torment, molest

ni conj, adv, praef zob. **ani;** ~ **stąd** ~ **zowąd** without any reason

niańczyć vt nurse

niańka f nurse

niby *conj* as if; (*rzekomo*) apparently; *praef* (*pseudo-*) sham-, would-be; ~-doktor sham-doctor, would-be doctor

nic *pron* nothing; ~ a ~ nothing whatever; ~ podobnego nothing of the sort; ~ z tego this amounts to nothing; mnie ~ do tego it's no business of mine; ~ mi nie jest nothing is the matter with me; ~ mi po tym I have no use for it; ~ nie szkodzi it does not matter; nie mam ~ więcej do powiedzenia I have no more to say; odejść z niczym go away empty-handed; skończyć się na niczym come to nothing; to na ~ it's no use

nicość f nothingness

nicować *vt* turn

nicpoń *m* good-for-nothing

niczyj *adj* nobody's, no man's

nić f thread

nie *part* not; (*zaprzeczenie całej wypowiedzi*) no; jeszcze ~ not yet; już ~ no more; także ~ neither, not... either; ja tego także ~ wiem I do not know it either; wcale ~ not at all; ~ mniej no less; ~ więcej no more

nieagresja f non-aggression; pakt o ~i non-aggression pact

niebaczny *adj* inconsiderate, imprudent

niebawem *adv* shortly, before long

niebezpieczeństwo *n* danger; narazić na ~ endanger

niebezpieczny *adj* dangerous

niebiański *adj* celestial, heavenly

niebieskawy *adj* bluish

niebieski *adj* blue; *zob.* niebiański

niebieskooki *adj* blue-eyed

niebiosa *s pl rel.* Heavens

niebo *n* (*firmament*) sky; *rel.* Heaven; na ~ie in the sky; *rel.* in Heaven; pod gołym ~em under the open sky

nieborak *m* poor soul

nieboszczyk *m* deceased; jego oj-

ciec ~ his late father

niebotyczny *adj* sky-high

niebożę *n* poor thing

niebyły *adj* bygone; *prawn.* null and void

niebywale *adv* uncommonly

niebywały *adj* uncommon, unheard-of

niecały *adj* incomplete, not all; ~a godzina a short hour; ~e 10 minut a short ten minutes; ~e pół arkusza not so much as half a sheet

niech *part* let; ~ sobie idzie let him go

niechcąco *adv*, **niechcący** *adj* unintentionally

niechęć f unwillingness, reluctance (do czegoś to do sth); czuć ~ do kogoś bear sb a grudge

niechętny *adj* unwilling, reluctant; ill-disposed (komuś towards sb)

niechlujny *adj* dirty, slovenly

niechybny *adj* infallible

nieciekawy *adj* uninteresting

niecierpliwić *vt* try sb's patience; ~ się *vr* grow impatient

niecierpliwość f impatience

niecierpliwy *adj* impatient

niecka f kneading trough

niecny *adj* infamous, vile

nieco *adv* a little, somewhat

niecodzienny *adj* uncommon

nieczułość f insensibility (na coś to sth)

nieczuły *adj* insensible (na coś to sth); (*nie reagujący*) unresponsive (na coś to sth)

nieczynny *adj* inactive, inoperative

nieczystość f uncleanness, impurity, unchastity

nieczysty *adj* unclean, impure, unchaste

nieczytelność f illegibility

nieczytelny *adj* illegible

niedaleki *adj* not far distant; w ~ej przyszłości in the near future

niedaleko *adv* not far (away)

niedawno *adv* recently; (*onegdaj*)

the other day; of late; ~ **temu** not long ago

niedbalstwo n negligence, carelessness

niedbały adj negligent, careless

niedelikatność f indelicacy

niedelikatny adj indelicate

niedługi adj not long

niedługo adv soon, before long; not long

niedobitki s pl wrecks; remains; survivors

niedobór m deficit

niedobrany adj ill-suited

niedobry adj not good, bad; wicked

niedobrze adv not well, badly, ill; **czuć się** ~ feel sick

niedociągnięcie n shortcoming

niedogodność f inconvenience

niedogodny adj inconvenient

niedojadać vi underfeed

niedojrzałość f immaturity

niedojrzały adj immature; (o owocach) unripe

niedokładność f inaccuracy

niedokonany adj, czas ~ gram. imperfect (tense)

nie dokończony adj unfinished

niedokrwistość f med. anaemia

niedola f adversity

niedołęga m pot. galoot, noodle

niedołęstwo n awkwardness, inefficiency

niedołężny adj awkward, inefficient

niedomagać vi be suffering (na coś from sth), be indisposed

niedomaganie n indisposition; defect, imperfection, deficiency

niedomówienie n reticence

niedomyślny adj slow-witted, slow, dull

niedopałek m cigarette-end; (świecy) candle-end

niedopatrzenie n oversight; przez ~ through oversight

niedopełnienie n non-fulfilment

niedopuszczalność f inadmissibility

niedopuszczalny adj inadmissible

niedorostek m stripling, green-horn

niedorozwinięty adj underdeveloped; (umysłowo) mentally deficient

niedorozwój m underdevelopment; undergrowth; (umysłowy) underdevelopment

niedorzeczność f absurdity

niedorzeczny adj absurd

niedoskonałość f imperfection

niedoskonały adj imperfect

niedosłyszalny adj inaudible

niedostateczność f insufficiency

niedostateczny adj insufficient, inadequate; **stopień** ~ bad mark, am. failure

niedostatek m indigence, penury; (brak) deficiency, shortness; ~ **artykułów spożywczych** dearth of provisions

niedostępność f inaccessibility

niedostępny adj inaccessible

niedostrzegalny adj imperceptible

niedościgły adj unattainable, unsurpassable

niedoświadczenie n inexperience

niedoświadczony adj inexperienced

niedotykalny adj intangible

niedowarzony adj (niedojrzały) immature

niedowiarek m unbeliever

niedowidzieć vi be weak-sighted

niedowierzanie n distrust, mistrust

niedowład m med. paresis

niedozwolony adj prohibited, illicit

niedrogi adj inexpensive

nieduży adj small, little

niedwuznaczny adj unequivocal

niedyskrecja f indiscretion

niedyskretny adj indiscreet

niedyspozycja f indisposition

niedziela f Sunday

niedźwiadek m whelp (of a bear)

niedźwiedzica f she-bear; astr. **Wielka Niedźwiedzica** Great Bear

niedźwiedź m bear

nieestetyczny adj unaesthetic

niefachowy adj unprofessional, incompetent

nieformalny adj not formal, informal

niefortunny adj unfortunate, unsuccessful

niefrasobliwy adj carefree, unconcerned

niegdyś adv once, at one time

niegodny adj unworthy, undignified

niegodziwość f wickedness, villainy

niegodziwy adj wicked, villainous

niegościnny adj inhospitable

niegramatyczny adj ungrammatical, incorrect

niegrzeczność f (*nieuprzejmość*) unkindness, impoliteness; (*o dzieciach*) naughtiness

niegrzeczny adj (*nieuprzejmy*) unkind, impolite; (*o dzieciach*) naughty

niegustowny adj tasteless, in bad taste

nieharmonijny adj unharmonious

niehonorowy adj dishonourable, dishonest

nieistotny adj inessential

niejaki adj certain, a, some; ~ **p.** Smith a certain Mr. Smith, a Mr. Smith; od ~**ego czasu** for some time past

niejasność f dimness, vagueness, obscurity

niejasny adj dim, vague, obscure

niejed|en adj many a; ~**na dobra książka** many a good book

niejednokrotny adj repeated

niekarny adj undisciplined

niekiedy adv sometimes, now and then

niekompetentny adj incompetent

niekonsekwentny adj inconsistent

niekorzystny adj unprofitable, disadvantageous

niekorzyść f disadvantage, detriment; na ~ **to the detriment** (kogoś, czegoś of sb, sth)

niekształtny adj unshapely

niektóry adj some

niekulturalny adj uncultured

nieledwie adv all but

nielegalny adj illegal

nieletni adj under age, minor

nieliczn|y adj not numerous; ~**e wyjątki** a few exceptions

nielitościwy adj unmerciful

nielogiczność f illogicality

nielogiczny adj illogical

nieludzki adj inhuman

nieludzkość f inhumanity

nieład m disorder, confusion

nieładnie adv unhandsomely; to ~ it is not nice

niełaska f disfavour

niełaskawy adj unkind, unfavourable

niemal adv almost, nearly

niemało adv not a little, not a few, pretty much ⟨many⟩

niemały adj pretty big ⟨great, large⟩

niematerialny adj immaterial

niemądry adj unwise

Niemiec m German

niemiecki adj German

niemiłosierny adj unmerciful, merciless

niemiły adj unpleasant

niemniej adv, ~ **jednak** nevertheless, none the less

niemoc f impotence, infirmity

niemodny adj out of fashion, unfashionable, outmoded

niemoralność f immorality

niemoralny adj immoral

niemota f dumbness

niemowa m, f mute

niemowlę n infant, baby

niemożliwość f impossibility

niemożliwy adj impossible

niemrawy adj sluggish, tardy

niemy adj dumb; (*o filmie*) silent

nienaganny adj blameless, irreproachable

nienaruszalny adj inviolable

nienaruszony adj intact

nienasycony adj insatiable; *chem.* unsaturated

nienaturalny adj unnatural, affected

nienawidzić vt hate, detest

nienawistny adj hateful, detestable

nienawiść f hatred

nienormalny *adj* abnormal, anomalous

nieobecność *f* absence

nieobecny *adj* absent

nieobliczalny *adj* incalculable; (*niepoczytalny*) unreliable

nieobowiązkowy *adj* optional

nieobyczajność *f* immorality

nieobyczajny *adj* immoral

nieoceniony *adj* inestimable

nieoczekiwany *adj* unexpected

nieodłączny *adj* inseparable

nieodmienny *adj* invariable; *gram.* indeclinable

nieodparty *adj* irresistible; (*np. argument*) irrefutable

nieodpowiedni *adj* inadequate; unsuitable; unfit

nieodpowiedzialność *f* irresponsibility

nieodpowiedzialny *adj* irresponsible

nieodstępny *adj* inseparable

nieodwołalny *adj* irrevocable

nieodwracalny *adj* irreversible

nieodzowny *adj* indispensable

nieodżałowan|y *adj* ever memorable; ~ej pamięci the late lamented

nieoględność *f* inconsideration

nieoględny *adj* inconsiderate

nieograniczony *adj* unlimited

nieokiełznany *adj* unmanageable, unbridled

nieokreślony *adj* indefinite

nieokrzesany *adj* uncouth, rude

nieomal *adv* nearly, all but

nieomylność *f* infallibility

nieomylny *adj* infallible

nieopatrzność *f* improvidence, inconsideration

nieopatrzny *adj* improvident, inconsiderate

nieopisany *adj* indescribable

nieopłacalny *adj* unprofitable

nie opodal *adv praep* near by

nieoprawiony *adj* (*o książce*) unbound

nieorganiczny *adj* inorganic

nieosobowy *adj* impersonal

nieostrożność *f* incaution, inadvertence

nieostrożny *adj* incautious, inadvertent

nieoswojony *adj* (*dziki*) untamed

nieoświecony *adj* uneducated, ignorant

nie oznaczony *pp i adj* indefinite, indeterminate

niepalący *adj* not smoking; *s m* non-smoker

niepalny *adj* incombustible

niepamięć *f* oblivion

niepamiętny *adj* immemorable; forgetful (*czegoś* of sth); **od ~ch** czasów from times immemorial

nieparlamentarny *adj* unparliamentary

nieparzysty *adj* odd

niepełnoletni *adj* under age, minor

niepełnoletność *f* minority

niepełny *adj* incomplete

niepewność *f* uncertainty

niepewny *adj* uncertain; unreliable

niepiśmienny *adj* illiterate; *s m* illiterate

niepłatny *adj* unpaid, gratuitous

niepłodność *f* sterility

niepłodny *adj* sterile, barren

niepłonny *adj* infallible, certain

niepochlebny *adj* unflattering

niepocieszony *adj* inconsolable

niepoczytalność *f* irresponsibility

niepoczytalny *adj* irresponsible

niepodejrzany *adj* unsuspected

niepodległość *f* independence

niepodległy *adj* independent

niepodobieństwo *n* unlikelihood; improbability, impossibility

niepodobn|y *adj* unlike (*do kogoś, czegoś* sb, sth); **oni są do siebie ~i** they are dissimilar; they are unlike each other

niepodzielny *adj* indivisible

niepogoda *f* bad weather

niepohamowany *adj* unrestrained, irrepressible

niepojętny *adj* dull, unintelligent

niepojęty *adj* unintelligible, inconceivable

niepokalany *adj* unspotted, immaculate

niepokaźny *adj* inconspicuous

niepokoić *vt* disturb, disquiet; ~ się *vr* be alarmed, feel uneasy (czymś about sth)

niepokonany *adj* unconquerable, invincible

niepokój *m* anxiety, uneasiness (o kogoś, coś about sb, sth); trouble, disorder

niepolityczny *adj* impolitic

niepomierny *adj* incommensurable

niepomny *adj* oblivious, forgetful (na coś of sth)

niepomyślność *f* adversity

niepomyślny *adj* adverse, unfavourable, unsuccessful

niepopłatny *adj* unprofitable

niepoprawność *f* incorrigibility; incorrectness

niepoprawny *adj* incorrigible; incorrect

niepopularność *f* unpopularity

niepopularny *adj* unpopular

nieporadny *adj* awkward, unpractical

nieporęczny *adj* unhandy, inconvenient

nieporozumienie *n* misunderstanding

nieporównany *adj* incomparable

nieporuszony *adj* immovable

nieporządek *m* disorder

nieporządny *adj* disorderly, untidy

nieposłuszeństwo *n* disobedience

nieposłuszny *adj* disobedient

niepospolity *adj* uncommon

nieposzlakowany *adj* unblemished, unspotted

niepotrzebny *adj* unnecessary

niepowetowany *adj* irreparable, irretrievable

niepowodzenie *n* adversity, failure

niepowołany *adj* incompetent

niepowstrzymany *adj* unrestrainable, uncontrollable

niepowszedni *adj* uncommon

niepowściągliwość *f* incontinence

niepowściągliwy *adj* incontinent

niepozorny *adj* inconspicuous

niepożądany *adj* undesirable

niepożyteczny *adj* useless

niepraktyczny *adj* unpractical

nieprawda *f* untruth, falsehood; to ~ this is not true

nieprawdopodobny *adj* improbable

nieprawdziwy *adj* untrue

nieprawidłowość *f* irregularity, anomaly

nieprawidłowy *adj* irregular, abnormal

nieprawny *adj* illegal

nieprawomyślność *f* unorthodoxy

nieprawomyślny *adj* unorthodox

nieprawość *f* iniquity

nieprawy *adj* iniquitous

nieproporcjonalny *adj* disproportionate

nieproszony *adj* unbidden, uncalled-for

nieprzebaczalny *adj* unpardonable

nieprzebłagany *adj* implacable

nieprzebrany *adj* inexhaustible

nieprzebyty *adj* impassable

nieprzechodni *adj* gram. intransitive

nieprzejednany *adj* irreconcilable

nieprzejrzysty *adj* untransparent

nieprzekupny *adj* incorruptible

nieprzemakalny *adj* impermeable, waterproof, rainproof; płaszcz ~ raincoat

nieprzenikniony *adj* impenetrable

nieprzepuszczalny *adj* impermeable, impervious

nieprzerwany *adj* uninterrupted, continuous; (o locie, jeździe) *attr* non-stop

nieprześcigniony *adj* unsurpassable

nieprzewidziany *adj* unforeseen

nieprzezorność *f* improvidence

nieprzezorny *adj* improvident

nieprzezroczysty *adj* untransparent

nieprzezwyciężony *adj* invincible, insuperable

nieprzychylność *f* disfavour

nieprzychylny *adj* unfavourable, unfriendly

nieprzydatność *f* uselessness

nieprzydatny *adj* useless

nieprzyjaciel *m* enemy, lit. foe

nieprzyjacielski *adj* inimical; *attr* enemy; siły ~e enemy forces; działanie ~e hostilities

nieprzyjazny *adj* unfavourable, unfriendly

nieprzyjaźń *f* enmity

nieprzyjemność *f* disagreeableness

nieprzyjemny *adj* disagreeable, unpleasant

nieprzymuszony *adj* unconstrained

nieprzystępność *f* inaccessibility

nieprzystępny *adj* inaccessible; *(o cenach)* prohibitive

nieprzytomność *f* unconsciousness; *(roztargnienie)* absent-mindedness

nieprzytomny *adj* unconscious; *(roztargniony)* absent-minded

nieprzyzwoitość *f* indecency

nieprzyzwoity *adj* indecent

niepunktualność *f* unpunctuality

niepunktualny *adj* unpunctual

nierad *adj* reluctant, disinclined; **rad** ~ willy-nilly

nieraz *adv* many a time

nierdzewny *adj* rustless, rustproof; *(o stali)* stainless

nierealność *f* unreality

nierealny *adj* unreal

nieregularność *f* irregularity

nieregularny *adj* irregular

n-religijny *adj* irreligious

nierogacizna *f zbior.* swine

nierozdzielny *adj* inseparable

nierozerwalny *adj* indissoluble

nierozgarnięty *adj* dull

nierozłączny *adj* inseparable

nierozmyślny *adj* unpremeditated

nierozpuszczalność *f* indissolubility

nierozpuszczalny *adj* indissoluble

nierozsądny *adj* unreasonable, imprudent

nierozwaga *f* inconsideration, imprudence

nierozważny *adj* inconsiderate, imprudent

nierozwiązalny *adj* insoluble; *(o zagadnieniu)* irresolvable

nierozwinięty *adj* undeveloped; *(opóźniony w rozwoju)* backward

nierówność *f* inequality

nierówny *adj* unequal, uneven

nieruchliwy *adj* slow, impassive

nieruchomość *f* immobility; *(o majątku)* real estate; *pl* ~ci *prawn.* immovables

nieruchomy *adj* immovable, motionless; **majątek** ~ real estate

nierzadko *adv* often, not infrequently

nierząd *m* prostitution

nierzeczywisty *adj* unreal

nierzetelność *f* dishonesty

nierzetelny *adj* dishonest, unreliable

niesamowity *adj* uncanny

niesforność *f* unruliness, indocility

niesforny *adj* unruly, indocile

nieskalany *adj* immaculate, stainless

nieskazitelność *f* spotlessness; integrity

nieskazitelny *adj* unblemished, stainless

niesładny *adj* awkward

nieskończenie *adv* infinitely; ~ **mały** infinitesimal

nieskończoność *f* infinity

nieskończony *adj* infinite

nieskromny *adj* immodest

nieskuteczność *f* inefficacy

nieskuteczny *adj* ineffective, inefficacious

niesława *f* disrepute, dishonour

niesławny *adj* disreputable

niesłowny *adj* false to one's word, unreliable

niesłuszność *f* injustice, unfairness

niesłuszny *adj* unjust, unfair

niesłychany *adj* unheard-of

niesmaczny *adj* tasteless

niesmak *m* distaste (do czegoś for sth), disgust (do czegoś at, for sth)

niesnaski *s pl* dissension

niespełna *adv* nearly; ~ **rozumu** crack-brained

niespodzianka *f* surprise

niespodziewany *adj* unexpected

niespokojny *adj* unquiet

nie sposób *adv* it's impossible

niespożyty *adj* *(niestrudzony)* indefatigable; *(trwały)* everlasting

niesprawiedliwość *f* injustice

niesprawiedliwy *adj* unjust

nie sprzyjający *adj* unfavourable, adverse

niestałość *f* inconstancy, instability

niestały *adj* inconstant, unstable

niestawiennictwo *n* non-appearance

niestety *adv* unfortunately, *lit.* alas; ~ on nie wróci I'm afraid he will not come back; ~ nie mogę tego zrobić I'm sorry I can't do it

niestosowny *adj* unsuitable, improper

niestrawność *f* indigestion

niestrawny *adj* indigestible

niestrudzony *adj* indefatigable

niestworzony *adj*, *pot.* opowiadać ~e rzeczy tell tall stories

niesumienność *f* dishonesty, unscrupulousness

niesumienny *adj* dishonest, unscrupulous

nieswojo *adj* not at ease; czuć się ~ feel uneasy

nieswój *adj* strange; uneasy, ill at ease

niesymetryczny *adj* asymmetrical

niesympatyczny *adj* uncongenial

nieszczególny *adj* not peculiar, mediocre, tolerable, moderate

nieszczelny *adj* leaky, not tight

nieszczerość *f* insincerity

nieszczery *adj* insincere

nieszczęsny *adj* ill-fated, unfortunate; disastrous

nieszczęście *n* misfortune; disaster; bad luck; na ~ unfortunately; na moje ~ to my misfortune

nieszczęśliwy *adj* unfortunate, unhappy, unlucky

nieszkodliwy *adj* harmless

nieszpory *s pl* vespers

nieścisłość *f* inexactitude, inaccuracy

nieścisły *adj* inexact, inaccurate

nieść *vt* carry, bear, bring; (o kurze) lay

nieślubny *adj* illegitimate

nieśmiałość *f* timidity, shyness

nieśmiały *adj* timid, shy

nieśmiertelność *f* immortality

nieśmiertelny *adj* immortal

nieświadomość *f* unconsciousness, ignorance

nieświadomy *adj* unconscious, ignorant

nietakt *m* tactlessness

nietaktowny *adj* tactless

nietknięty *adj* intact, untouched

nietolerancja *f* intolerance

nietolerancyjny *adj* intolerant

nietoperz *m* bat

nietrafny *adj* improper, wrong; (strzał) missing the mark

nietrzeźwy *adj* inebriate; *pot.* tipsy, tight; w stanie ~m under the influence of drink

nietykalność *f* inviolability; (posłów) privilege; *prawn.* immunity

nietykalny *adj* inviolable; *prawn.* enjoying immunity

nie tyle *adv* not so much

nie tylko *adv* not only

nieubłagany *adj* implacable

nieuchronny *adj* unavoidable, inevitable

nieuchwytny *adj* unseizable

nieuctwo *n* ignorance

nieuczciwość *f* dishonesty

nieuczciwy *adj* unfair, dishonest

nieuczynny *adj* disobliging

nieudany *adj* unsuccessful, abortive

nieudolność *f* inability, incompetence, clumsiness

nieudolny *adj* incapable, incompetent, clumsy

nieufność *f* mistrust; wotum ~ci vote of censure

nieufny *adj* distrustful

nieugaszony *adj* unquenchable, inextinguishable

nieugięty *adj* inflexible

nieuk *m* ignoramus

nieukojony *adj* unappeasable, unappeased, inconsolable

nieuleczalny *adj* incurable

nieumiarkowany *adj* immoderate, intemperate

nieumiejętność *f* inability, unskilfulness

nieumiejętny *adj* incapable, unskilful

nieumyślny *adj* unintentional

nieunikniony *adj* unavoidable

nieuprzedzony *adj* unprejudiced

nieuprzejmość *adj* unkind, impolite

nieurodzaj *adj* sterile, infertile, barren

nieusprawiedliwiony *adj* unjustified; inexcusable

nieustanny *adj* incessant, unceasing

nieustraszony *adj* fearless

nieusuwalność *f* irremovability

nieusuwalny *adj* irremovable

nieutulony *adj* inconsolable

nieuwaga *f* inattention, inadvertence; **przez ~ę** through inadvertence, by oversight

nieuważny *adj* inattentive, inadvertent

nieuzasadniony *adj* unfounded

nieuzbrojony *adj* unarmed

nieużyteczny *adj* useless

nieużyty *adj* disobliging

niewart *adj* unworthy

nieważki *adj* imponderable

nieważność *f* invalidity

nieważny *adj* unimportant, trivial; *(np. dokument)* invalid

niewątpliwie *adv* undoubtedly, no doubt

niewątpliwy *adv* indubitable, undoubted

niewczesny *adj* inopportune, improper; unseasonable, untimely

niewdzięczność *f* ingratitude

niewdzięczny *adj* ungrateful

niewesoły *adj* joyless; unpleasant

niewiadom|y *adj* unknown; **~a** *s f mat.* unknown quantity

niewiara *f* disbelief, unbelief

niewiarygodny *adj* incredible

niewiasta *f* woman

niewidomy *adj* blind; *s m* blind man

niewidzialn|y *adj* invisible, unseen; *fiz.* **promienie ~e** obscure rays

niewiedza *f* ignorance

niewiele *adv* little, few

niewielki *adj* small, little

niewierność *f* unfaithfulness, faithlessness, disloyalty

niewierny *adj* faithless, unfaithful, disloyal

niewiniątko *n* innocent

niewinność *f* innocence

niewinny *adj* innocent

niewłaściwość *f* impropriety

niewłaściwy *adj* improper

niewol|a *f* slavery, captivity; **wziąć kogoś do ~i** take sb prisoner

niewolić *vt* force, constrain

niewolniczy *adj* slavish

niewolnik *m* slave

niewód *m* drag-net

niewprawny *adj* unskilled, inexpert

niewspółmierność *f* incommensurability

niewspółmierny *adj* incommensurable

niewyczerpany *adj* inexhaustible

niewygoda *f* inconvenience, discomfort

niewygodny *adj* inconvenient, uncomfortable

niewykonalny *f* impracticable, unfeasible

niewymierny *adj mat.* irrational

niewymowny *adj* ineffable, unspeakable; ineloquent

niewymuszony *adj* unaffected, unconstrained, free and easy

niewypał *m* blind shell, live shell; *pot.* dud

niewypłacalność *f* insolvency

niewypłacalny *adj* insolvent

niewypowiedziany *adj* unspeakable, unutterable

niewyraźny *adj* indistinct

niewyrobiony *adj* unwrought; *(niewprawny)* unskilled, inexperienced

niewyrozumiały *adj* intolerant, not indulgent, ruthless

niewysłowiony *adj* ineffable, unspeakable

niewystarczający *adj* insufficient

niewytłumaczony *adj* inexplicable

niewytrwały *adj* unenduring, not persistent

niewytrzymały *adj* = niewytrwały

niewzruszony *adj* unmoved, imperturbable

niezachwiany *adj* unshaken
niezadowalający *adj* unsatisfactory
niezadowolenie *n* discontent, dissatisfaction (z czegoś with sth)
niezadowolony *adj* discontented, dissatisfied (z czegoś with sth)
niezależność *f* independence (od czegoś, kogoś of sth, sb)
niezależny *adj* independent (od kogoś, czegoś of sb, sth)
niezamężna *adj* unmarried, single
niezamożny *adj* not well-to-do, indigent, of limited means
niezapominajka *f* forget-me-not
niezapomniany *adj* unforgotten
niezaprzeczalny *adj* incontestable, undeniable
niezaradny *adj* helpless, unpractical
niezasłużony *adj* ineffaceable
niezawisłość *f* independence (od kogoś, czegoś of sb, sth)
niezawisły *adj* independent (od kogoś, czegoś of sb, sth)
niezawodnie *adv* without fail, unfailingly
niezawodny *adj* unfailing, infallible
nieząbkowany *adj* *filat.* imperforate
niezbadany *adj* inexplorable, inscrutable
niezbędność *f* indispensability
niezbędny *adj* indispensable
niezbity *adj* irrefutable
niezbyt *adv* not all too
niezdarny *adj* awkward, clumsy
niezdatny *adj* unfit
niezdecydowany *adj* undecided
niezdolność *f* inability, incapability; ~ do pracy incapacity for work
niezdolny *adj* incapable, unable; ~ do służby wojskowej unfit for military service; ~ do pracy incapable of work
niezdrowy *adj* unhealthy, unwell; (*szkodliwy dla zdrowia*) unwholesome
niezdyscyplinowany *adj* undisciplined
niezgłębiony *adj* unfathomable, inscrutable
niezgoda *f* disagreement, discord, dissent
niezgodność *f* discordance; inconformity; (*charakterów*) incompatibility
niezgodny *adj* disagreeing, discordant; incompatible, inconsistent
niezgrabność *f* clumsiness, awkwardness
niezgrabny *adj* clumsy, awkward
nieziszczalny *adj* unrealizable, unattainable
niezliczony *adj* unnumerable, countless
niezłomny *adj* inflexible, unshaken
niezmącony *adj* untroubled, unruffled
niezmienność *f* immutability
niezmienny *adj* immutable, unchanging, invariable
niezmierność *f* immensity
niezmierny *adj* immense
niezmordowany *adj* indefatigable, tireless
nieznaczny *adj* insignificant, trivial, slight
nieznajomość *f* ignorance (czegoś of sth), unacquaintance (czegoś with sth)
nieznajomy *adj* unknown; *s m* unknown person, stranger
nieznany *adj* unknown, unfamiliar
nieznośny *adj* unsupportable, unbearable, intolerable
niezręczność *f* awkwardness
niezręczny *adj* awkward
niezrozumiałość *f* unintelligibility
niezrozumiały *adj* unintelligible, incomprehensible
niezrównany *adj* incomparable, matchless, unrivalled; człowiek ⟨przedmiot⟩ ~ nonsuch
niezrównoważony *adj* unbalanced
niezupełny *adj* incomplete
niezwłocznie *adv* immediately, without delay
niezwłoczny *adj* immediate, instant
niezwyciężony *adj* invincible

niezwykły adj uncommon, unusual

nieżonaty adj unmarried, single

nieżyczliwość adj unfriendliness; unkindness

nieżyczliwy adj unfriendly, ill-disposed (dla kogoś towards sb)

nieżyt m med. catarrh, inflammation

nieżywotny adj inanimate

nieżywy adj lifeless, dead

nigdy adv never, not ... ever

nigdzie adv nowhere, not ... anywhere

nijak adv nowise

nijaki adj indeterminate; no ... whatever; gram. rodzaj ~ neuter

nijako adv indeterminately; czuć się ~ feel queer

nikczemnik m villain

nikczemność f villainy, meanness

nikczemny adj villainous, mean; vile

nikiel m nickel

niklować vt nickel

nikły adj exiguous, scanty

niknąć vi vanish, disappear; (marnieć) waste away

nikotyna f nicotine

nikt pron none, no one, nobody, not anybody

nim conj = zanim

nimfa f nymph

niniejszy adj present; ~m zaświadczam I hereby testify

niski adj low; (o wzroście) short

nisko adv low; ~ mierzyć aim low; ~ kłaniać się bow low

nisza f niche

niszczący adj destructive

niszczeć vi waste away, decay

niszczyć vt destroy, spoil, ruin; (ubranie, obuwie) wear; ~ się vr. spoil, deteriorate; (o ubraniu, obuwiu) wear

nit m techn. rivet

nitka f thread

niwa f poet. corn-field

niweczyć vt destroy, frustrate

niwelacja f levelling

niwelować vt level

nizać vt thread, string

nizina f lowland

niż 1., conj than

niż 2. m lowland; (barometryczny) depression

niżej adv lower; down, below; ~ podpisany the undersigned

niższość f inferiority

niższy adj lower; (gatunkowo, służbowo) inferior

no part well, now, (well) then

noc f night; ~ą by night, at night; przez ~ overnight; dziś w ~y to-night; całą ~ all night long

nocleg m night's rest; (miejsce) place to sleep in

nocnik m chamber-pot

nocny adj night(ly); koszula ~a night-shirt; służba ~a night-duty; spoczynek ~y night's rest

nocować vi stay overnight, stay for the night

noga f leg; (stopa) foot; być na ~ach be up; do góry ~ami upside down; podstawić komuś ~ę trip sb up

nogawica f leg

nokturn m muz. nocturne

nomenklatura f nomenclature

nominacja f appointment

nominalny adj nominal

nonsens m nonsense

nora f burrow, hole

norka f zool. mink

norma f standard, norm

normalizacja f normalization

normalizować vt normalize, standardize

normalny adj normal

normować vt regulate

Norweg m Norwegian

norweski adj Norwegian

nos m nose; wycierać ~ blow one's nose; zadzierać ~a put up one's nose high; pot. mieć ~a have a sharp nose; wodzić za ~ lead by the nose

nosacizna f med. glanders

nosić vt (dźwigać) carry, bear; (mieć na sobie) wear; (brodę, wąsy) grow; ~ się vr (o ubraniu) wear; ~ się z myślą entertain an idea

nosorożec *m zool.* rhinoceros

nostalgia *f* nostalgia, homesickness

nosze *s pl* stretcher

nota *f* note

notarialny *adj* notarial

notariusz *m* notary public

notatka *f* note

notatnik *m*, notes *m* notebook

notoryczny *adj* notorious

notować *vt* take notes (coś of sth), put down; (*rejestrować na giełdzie*) quote

notowanie *n* record; (*kurs na giełdzie*) quotation

nowator *m* innovator

nowela *f* short-story; *prawn.* novel; (*dodatkowa ustawa*) amendment

nowelista *m* short-story writer

nowicjat *m* novitiate, probation time

nowicjusz *m* novice, probationer

nowina *f* news

nowoczesny *adj* modern, up-to-date

nowo narodzony *adj* new-born

noworoczny *adj* New Year's

nowość *f* novelty

nowotwór *m med.* tumour; *gram.* neologism

nowo wstępujący *adj i s m* (do uczelni, zawodu itp.) entrant

nowożytny *adj* modern

nowy *adj* new

nozdrze *n* nostril

nożownik *m* (*bandyta*) cutthroat; † (*rzemieślnik*) cutler

nożyce *s pl* shears, clippers

nożyczki *s pl* scissors

nożyk *m* knife, pocket-knife; (*do golenia*) blade

nów *m* new moon

nóż *m* knife

nucić *vt vi* hum; (*o ptakach*) warble

nuda *f* boredom

nudności *s pl* nausea, qualm

nudny *adj* tedious, wearisome, dull, boring; nauseating

nudziarz *m* bore

nudzi|ć *vt* bore; *imp* mnie to ~ I am tired of this; ~ się *vr* feel bored

numer *m* number

numeracja *f* numeration

numerować *vt* number

numerek *m* (*np. w szatni*) check

numizmatyka *f* numismatics

nuncjusz *m* nuncio

nurek *m* diver

nurkować *vi* dive; *lotn.* nose-dive

nurkowanie *n* diving; *lotn.* nose-dive

nurkowiec *m lotn.* dive-bomber

nurkowy *adj, lotn. lot* ~ nose-dive

nurt *m* current

nurt|ować *vt* penetrate, pervade; to mnie ~uje I feel uneasy about it

nurzać *vt* plunge, immerse; ~ się *vr* plunge, welter

nut|a *f* note; melody, tune; *pl* ~y music zbior.

nuż *part* there now; a ~ and if; a ~ przyjdzie suppose he comes; a ~ wygram what if I win?; a ~ mi się uda what if I succeed?

nużący *adj* tiring

nużyć *vt* tire (out), weary; ~ się *vr* grow weary, get tired

nylon *m* nylon

O

o *praep* of, for, at, by, about, with; **boję się o twoje bezpieczeństwo** I fear for your safety; **chodzić o lasce** walk with a stick; **powiększyć o połowę** increase by one-half; **prosić o coś** ask for sth; **o co chodzi?** what's the matter?; **o czym mówisz?** what are you speaking of ⟨about⟩?; **o 5 godzinie** at 5 o'clock

oaza *f* oasis

oba, obaj, obie, oboje *num* both

obalenie *n* overthrow; (*zniesienie*) abolition; *prawn.* (*wyroku*) reversal

obalić *vt* overthrow, upset; (*znieść*) abolish

obarcz|yć *vt* burden, charge; ~ony **smutkiem** laden with sorrow; ~**ony troską** care-laden

obaw|a *f* fear, anxiety; **z ~y for fear** (**przed czymś** of sth, **o coś** of sth); **żywić ~ę** be anxious (**o coś about sth**)

obawiać się *vr* fear (**czegoś** sth, **o coś** for sth), be afraid (**czegoś** of sth), be anxious (**o coś** about sth)

obcas *m* heel

obcesowo *adv* outright

obcęgi *s pl* tongs

obchodzenie się *n* dealing (**z kimś, czymś** with sb, sth), treatment (**z kimś, czymś** of sb, sth)

obchodzi|ć *vt* walk ⟨go⟩ round; (*prawo*) evade; (*święto, urodziny*) celebrate, observe; **to ciebie nic nie ~** it is no concern of yours; **to mnie szczególnie ~** it is of great concern to me; **to mnie nic nie ~** it is no concern of mine; ~**ć się** *vr* do (**bez czegoś** without sth), dispense (**bez czegoś** with sth), spare (**bez czegoś** sth); deal (**z kimś** with sb), treat (**z kimś** sb); **źle się ~ć** ill-treat (**z kimś** sb)

obchód *m* (*okrążenie*) round; (*obchodzenie święta*) observation; (*rocznicy*) celebration

obciągać *vt* pull down, make tight; (*np. fotel*) cover; *techn.* (*ostrzyć*) whet

obciąża|ć *vt* burden, charge; (*rachunek*) debit; **okoliczności ~jące** aggravating circumstances

obciążenie *n* charge, burden, ballast; (*rachunku*) debit

obcierać *vt* wipe (away, off); (*np. skórę do krwi*) rub (off)

obcinać *vt* cut; (*pensję, wydatki*) cut down; (*gałęzie*) lop; (*nożyczkami*) clip; (*paznokcie*) pare

obcisły *adj* tight, close-fitting

obcokrajowiec *m* foreigner, alien

obcokrajowy *adj* foreign, alien

obcować *vi* keep up intercourse, associate

obcowanie *n* intercourse

obcy *adj* strange, foreign; *s m* stranger

obczyzna *f* foreign country

obdarowywać *vt* present (**kogoś czymś** sb with sth)

obdartus *m pot.* ragamuffin

obdarty *adj* ragged

obdarzyć *vt* present (**kogoś czymś** sb with sth); (*nadać*) bestow (**czymś kogoś** sth upon sb); ~ **łaską** favour (**kogoś** sb), bestow favour (**kogoś** upon sb)

obdukcja *f* post-mortem examination

obdzielić *vt* give everybody his share; distribute

obdzierać *vt* take ⟨pull⟩ off; rob (**z czegoś** of sth); ~ **ze skóry** skin; ~ **z kory** bark

obecnie *adv* at present

obecnoś|ć *f* presence; **lista ~ci** attendance record, roll; **odczytać listę ~ci** call the roll; **odczytanie listy ~ci** roll-call

obecny *adj* present; być ~m na zebraniu attend a meeting

obejmować *vt* embrace; *(zawierać)* comprise, contain; *(przejmować, brać na siebie)* take over; ~ obowiązki enter on ⟨upon⟩ one's duties; ~ coś w posiadanie take possession of sth

obejrzeć *vt* have a glance (coś at sth), inspect

obejście *n* premises *pl*, homestead; *(sposób bycia)* manners *pl*, behaviour

obelga *f* insult, outrage

obelżywy *adj* insulting, outrageous

oberża † *f* tavern, inn

obezwładnić *vt* render unable, disable

obfitoś|ć *f* abundance, profusion, plenty; róg ~ci horn of plenty

obfitować *vi* abound (w coś with, in sth)

obfity *adj* abundant, plentiful, profuse

obiad *m* dinner; jeść ~ dine, have dinner

obicie *n* *(tapeta)* wallpaper, tapestry; *(pokrycie mebli itp.)* covering

obiecywać *vt* promise

obieg *m* circulation; puścić w ~ circulate; wycofać z ~u withdraw from circulation

obiegać *vt* circulate; run round

obiegowy *adj* circulating; pieniądz ~ currency; środek ~ circulating medium

obiekcja *f* objection

obiekt *m* object

obiektyw *m* objective; *fot.* lens

obiektywizm *m* objectivism

obiektywny *adj* objective

obierać *vt* *(wybierać)* elect, choose; *(zawód)* embrace; *(ziemniaki)* peel; *(owoce)* pare

obieralny *adj* elective, eligible

obietnic|a *f* promise; dotrzymać ~y keep the promise

obijać *vt* beat; *(materiałem)* cover, line; ~ gwoździami nail

objadać się *vr* overeat oneself

objaśniać *vt* explain, *(ilustrować)* illustrate

objaśniający *adj* explanatory

objaśnienie *n* explanation

objaw *m* symptom

objawiać *vt* show, reveal

objawienie *n* revelation

objazd *m* circuit, round

objazdow|y *adj,* droga ~a by-pass; sądowa sesja ~a circuit

objeżdżać *vt* go ⟨ride⟩ round; tour; *(omijać)* by-pass

objęcie *n* *(ramionami)* embrace; *(zajęcie, przejęcie)* taking over; *(w posiadanie)* taking possession; ~ obowiązków entering ⟨entrance⟩ on ⟨upon⟩ one's duties

objętość *f* volume, circumference, bulk

oblegać *vt* besiege, beleaguer

oblekać *vt* water, sprinkle, pour on; ~ się *vr* put on; ~ się potem be bathed in sweat; ~ się rumieńcem flush, blush

oblężenie *n* siege

obliczać *vt* count, calculate

oblicze *n* face

obliczenie *n* calculation, computation

obligacja *f* *(zobowiązanie)* obligation; *(papier wartościowy)* bond

oblizywać *vt* lick

oblubienica *f* bride, betrothed

oblubieniec *m* bridegroom, betrothed

obładow|ywać *vt* charge, (over)load, (over)burden; ciężko ~any heavy-laden

obława *f* chase, raid, round-up; *(myśliwska)* battue

obłąkan|y *adj* insane, mad, *pot.* loony; *s m* madman; *s f* ~a madwoman; szpital dla ~ych lunatic asylum, madhouse

obłęd *m* insanity, madness

obłędny *adj* insane, mad

obłok *m* cloud

obłowić się *vr* make one's pile, enrich oneself

obłożnie *adv*, ~ chorować be bedridden

obłoż|yć *vr* cover, overlay; (*warstwą czegoś*) layer; ~ony język coated tongue

obłuda *f* hypocrisy

obłudnik *m* hypocrite

obłudny *adj* hypocritical

obły *adj* oval

obmacać *vt* feel about, finger; *pot.* paw

obmawiać *vt* gossip (kogoś about sb), backbite, slander

obmierzły [-r-z-] *adj* disgusting, detestable

obmierz|nąć [-r-z-] *vi* become disgusting; to mi ~ło I am disgusted with it

obmowa *f* backbiting, slander

obmurować *vt* surround with a wall, wall in

obmyślać *vt* reflect (coś on, upon sth), turn over in one's mind; (*planować, knuć*) contrive, devise

obnażać *vt* bare, lay bare, uncover, strip; ~ się *vr* strip

obnażony *adj* bare, naked, nude

obniżać *vt* lower, abate; (*cenę*) reduce; (*zarobki*) cut down; (*wartość*) depreciate; ~ się *vr* sink, go down, decrease

obniżenie *n* lowering, abatement, reduction

obniżka *f* abatement, decrease; (*cen*) reduction, (*wartości*) depreciation; (*potrącenie*) deduction

obojczyk *m anat.* collar-bone

obojętnieć *vi* grow indifferent

obojętność *f* indifference

obojętn|y *adj* indifferent, impassive; (*nieważny*) unimportant; to mi jest ~e I don't care for it

obok *adv praep* near, by, near by

obopóln|y *adj* reciprocal, common; za ~ą zgodą by common consent

obora *f* cow-shed

obosieczny *adj* two-edged

obowiąz|ek *m* duty, (*zobowiązanie*) obligation; spełnić swój ~ek do one's duty; pełniący ~ki acting (np. kierownika manager); mieć ~ki (moralne) w stosunku do kogoś be under an obligation to sb

obowiązkowość *f* dutifulness

obowiązkowy *adj* (*wierny obowiązkom*) dutiful; (*urzędowo obowiązujący*) obligatory, compulsory

obowiązując|y *adj* obliging, obligatory; mieć moc ~ą be in force; nabrać mocy ~ej come into force

obowiązywać *vt vi* oblige, bind in duty; be in force

obozować *vi* encamp, be encamped; (*nocować w namiotach*) camp out

obozowisko *n* encampment

obozowy *adj* camp *attr*; sprzęt ~ camping outfit

obój *m muz.* oboe

obóz *m* camp; stanąć obozem encamp; rozbić ~ pitch a camp; zwinąć ~ decamp; break up a camp

obrabiać *vt* work; *pot.* ~ sprawę ⟨interes⟩ settle an affair ⟨a business⟩

obracać *vt* turn (over); ~ się *vr* turn; (*na osi*) revolve; (*przebywać*) move; gdzie on się teraz obraca? where may he be now?

obrachować *vt* calculate, sum up

obrachunek *m* calculation, settlement

obradować *vi* deliberate (nad czymś upon sth), confer; be in session

obramować *vt* frame, border; (*oblamować*) hem

obrastać *vi* overgrow

obraz *m* picture, painting; (*wizerunek, podobizna*) image

obraza *f* offence; ~ majestatu lese-majesty

obraz|ek *m* picture; illustration; książka z ~kami picture-book

oburzenie

obrazić *vt* offend, give offence; nie chciałem ~ I meant no offence; ~ się *vr* take offence (o coś at sth)

obrazowy *adj* pictorial, picturesque; (*o stylu*) figurative

obraźliwy *adj* offensive; susceptible, touchy

obrażenie *n* offence; (*uszkodzenie ciała*) injury; ~a cielesne bodily injuries

obrąbek *m* hem

obrączka *f* ring; ~ ślubna wedding ring

obręb *m* compass; w ~ie miasta within the town

obrębiać *vt* hem

obręcz *f* hoop; (*u koła*) tyre

obrok *m* fodder

obrona *f* defence; *sport zbior.* backs *pl*

obronność *f* defensive power

obronny *adj* defensive

obrońca *m* defender; (*sądowy*) lawyer, counsel for the defence; *sport* back

obrośnięty *adj* overgrown; hairy

obrotność *f* activity, adroitness

obrotny *adj* active, adroit

obrotowy *adj* rotative; podatek ~ turnover tax

obroża *f* (dog-)collar

obróbka *f* treatment, working

obrócić *zob.* obracać

obrót *m* rotation, turn; *handl.* turnover, return; ~ czekowy business in cheques; ~ gotówkowy cash transactions; przybrać pomyślny ~ take a favourable turn; *przen.* na pełnych obrotach in full swing

obrus *m* table-cloth

obrywać *vt* pluck, tear off

obrządek *m* rite, ritual

obrzęd *m* ceremony; rite

obrzędowy *adj* ceremonial, ritual

obrzęk *m* swell(ing), tumour

obrzękły *adj* swollen

obrzucać *vt* throw (kogoś czymś sth on sb), cover (czymś with sth), pelt (obelgami, kamieniami with abuse, with stones)

obrzydliwość *f* abomination

obrzydliwy *adj* abominable, disgusting

obrzyd|nąć *vi* become abominable; to mi ~ło I'm disgusted with it

obrzydzenie *n* aversion, abomination

obrzydzić *vt* make disgusting

obsada *f* stock, fitting; (*uchwyt*) handle; (*oprawka*) holder; (*załoga*) crew; (*personel*) staff; *teatr* cast

obsadka *f* penholder

obsadzać *vt* (*ogród*) plant; (*miejsce*) fill, occupy; (*personelem*) staff, man; ~ kimś urząd nominate sb for an office; *wojsk.* ~ załogą garrison

obserwacja *f* observation

obserwator *m* observer

obserwatorium *n* observatory

obserwować *vt* watch, observe

obsługa *f* service, attendance

obsług|iwać *vt* wait (kogoś on, upon sb), serve (kogoś sb), attend (kogoś to sb); (*w sklepie*) czy pana ktoś ~uje? are you being attended to?

obstalować *vt* order

obstalunek *m* order

obstawać *vi* insist (przy czymś on sth)

obstrukcja *f* obstruction; *med.* constipation

obsypywać *vt* strew (czymś kogoś sth upon sb); ~ pudrem powder

obszar *m* space, area

obszarnik *m* landowner

obszerny *adj* extensive, ample, spacious

obszycie *n* border, trimming

obszywać *vt* border, trim, sew round

obudzić *zob.* budzić

obumarły *adj* half-dead

obumierać *vi* die away, mortify

oburzać *vt* fill with indignation; revolt; ~ się *vr* become indignant (na kogoś with sb, na coś at sth)

oburzenie *n* indignation

oburzony adj indignant (**na kogoś with sb, na coś at sth**)

obustronn|y adj two-sided, bilateral; ~**a korzyść** mutual advantage

obuwie n footwear, shoes pl

obwieszczać vt proclaim, make known, announce

obwieszczenie n proclamation, announcement

obwiniać vt accuse (**kogoś o coś sb of sth**), charge (**kogoś o coś sb with sth**)

obwisać vi hang down, droop

obwoluta f wrapper; (**książki**) book-jacket

obwołać vt proclaim

obwód m circumference; mat. perimeter; (**okręg**) district

obwódka f border

oby part, ~ **on wyzdrowiał** may he recover; ~ **tak było** may it be so

obycie n good manners pl

obyczaj m custom, manner, way

obyczajny † adj moral, decent

obydwaj num both

obyty adj experienced, familiar

obywać się zob. **obchodzić się; bez tego nie mogło się obyć** this could not be spared

obywatel m citizen; (**członek danego państwa**) national; † ~ **ziemski** squire, landowner

obywatelsk|i adj civic, civil; **komitet** ~**i** civic committee; **prawa** ~**ie** civil rights; **straż** ~**a** civic guard

obywatelstwo n citizenship; nationality; **nadać** ~ nationalize, naturalize; **przyjąć** ~ naturalize

obżarstwo n gluttony

ocaleć vi remain safe, survive, be rescued

ocalenie n salvation, rescue

ocalić vt save, rescue

ocean m ocean

oceaniczny adj oceanic

ocena f estimate, estimation; opinion; (**recenzja**) review

oceniać vt estimate, appreciate,

value (**na pewną sumę** at a certain sum)

ocet m vinegar

ochładzać vt, ~ **się** vr cool (down)

ochłonąć vi calm down, compose oneself, recover

ochoczy adj willing, eager, ready

ochot|a f desire, willingness; **mam ~ę I would like, I have a mind** (**coś zrobić** to do sth)

ochotniczy adj voluntary

ochotnik m volunteer

ochraniać vt protect, shelter, preserve (**przed czymś** from sth)

ochrona f protection, shelter; ~ **przyrody** conservancy

ochronny adj protective, preventive

ochrypły adj hoarse

ochrypnąć vi become hoarse

ociągać się vr tarry, linger; ~ **z robieniem czegoś do** sth reluctantly

ociekać vi drip (**czymś** with sth)

ociemnia|ły adj blind; s m blind man; pl ~**li** the blind

ocieniać vt shade

ocieplać vt warm, make warm; ~ **się** vr grow warm

ocierać vt wipe (**off**); (**ścierać naskórek**) gall

ociężałość f heaviness, dullness

ociężały adj heavy, dull

ocknąć się vr awake

oclenie n clearance; **podlegający** ~**u** dutiable; **dać do** ~**a** declare; **mieć coś do** ~**a** have sth to declare

ocl|ić vt impose duty (**coś** on sth); ~**ony** duty-paid

octowy adj acetic

ocukrzyć vt sugar

oczarować vt charm, enchant

oczekiwać vi wait (**kogoś, czegoś for sb, sth**), look forward (**czegoś** to sth), await, expect (**kogoś, czegoś sb, sth**)

oczekiwani|e n expectation; **wbrew** ~**om** contrary to expectations

oczerniać vt slander, defame

oczko n eyelet; (**igły, rośliny**) eye;

(*sieci*) mesh; spuszczone ~ (*w pończosze*) ladder, *am.* runner
oczyszczać *vt* clean, cleanse, clear; (*np. wodę, powietrze*) purify; ~ z kurzu dust; ~ z zarzutów clear of blame
oczytany *adj* well-read
oczywistość *f* evidence, obviousness
oczywisty *adj* evident, obvious
oczywiście *adv* evidently, obviously, of course; ~! absolutely!, most certainly!
od *praep* from; off; of; for; (*począwszy od*) since; na **wschód od** Warszawy to the East of Warsaw; od czasu do czasu from time to time; już od dawna go nie widziałem I have not seen him for a long time now; od dwóch miesięcy for the last two months; od niedzieli since Sunday; od owego dnia from that day on; odpaść od ściany fall off the wall; od ręki directly, extempore, on the spot; od stóp do głów from top to toe; starszy od brata older than his brother
oda *f* ode
odbarwić się *vr* discolour
odbicije *n* beating back; (*odzwierciedlenie*) picture, image; (*np. w wodzie*) shadow; (*światła*) reflexion; (*uwolnienie*) relief, rescue; kąt ~a angle of reflexion; ~e się (*piłki*) bounce; (*kuli*) ricochet
odbić *zob.* odbijać
odbiegać *vi* run away; (*zbaczać*) deviate, stray (od czegoś from sth)
odbierać *zob.* odebrać
odbijać *vt* beat away ⟨back⟩; (*o druku*) print; (*o świetle*) reflect; (*o statku*) put off; (*o samolocie*) take off; (*uwolnić*) relieve, rescue; ~ się *vr* rebound; (*o głosie*) resound; (*kontrastować*) contrast (od czegoś with sth); (*w lustrze*) be reflected
odbiorca *m* receiver; (*nabywca*) buyer, purchaser

odbiorczy *adj* receiving; **aparat** ~ receiver
odbiornik *m* receiver; (*radio*) receiving ⟨wireless⟩ set, (radio) receiver
odbiór *m* receipt; ~ **radiowy** reception; **potwierdzić** ~ acknowledge the receipt
odbitka *f* copy, reprint
odblask *m* reflex
odbudowa *f* rebuilding, reconstruction
odbudować *vt* rebuild, reconstruct
odbywać *vt* execute, perform, do, make; ~ **zebranie** hold a meeting; ~ **studia** follow one's studies; ~ **podróż** make a journey; ~ **wykład** deliver a lecture; ~ się *vr* take place, go on, come off, proceed, be held
odchodzijć *vi* go away, leave, withdraw; ~ć od zmysłów be out of one's senses; pociąg ~ o godz. 10 the train leaves at 10
odchudzać się *vr* reduce weight, slim
odchylać *vt* draw aside, remove; ~ się *vr* deviate
odchylenie *n* deviation
odciągać *vt* draw away
odciążać *vt* relieve, alleviate
odcień *m* shade, hue
odcięcie *n* cutting off; *med.* amputation
odcinać *vt* cut off; *med.* amputate; (*oddzielać*) detach; ~ się *vr* (*ostro odpowiadać*) retort; (*kontrastować*) contrast (od czegoś with sth)
odcinek *m* sector; (*kupon*) coupon; (*koła*) segment; ~ **kontrolny** counterfoil
odcisk *m* impression; (*nagniotek*) corn; ~ **palca** finger-print
odciskać *vt* impress, imprint
odcyfrować *vt* decipher
odczepić *vt* detach, untie; ~ się *vr* become detached; *pot.* get rid (od kogoś of sb)
odczucie *n* feeling
odczuć *zob.* **odczuwać; to daje się** ~ it makes itself felt

odczuwać *vt* feel; notice; (*boleśnie*) suffer

odczyn *m chem.* reaction

odczynnik *m chem.* reagent

odczyt *m* lecture; **mieć** ~ lecture, give a lecture

odczytać *vt* read over;· (*dorozumieć się*) make out

oddać *vt* give back, render; (*dług*) pay back; (*np. list*) deliver; *hist.* ~ hołd pay homage; ~ przysługę do ⟨render⟩ service; ~ sprawiedliwość do justice; ~ wizytę pay a visit; ~ życie give life; ~ się *vr* (*poświęcić się*) devote oneself; ~ się rozpaczy abandon oneself to despair

oddalać *vt* remove; (*zwolnić*) dismiss; ~ się *vr* retire, withdraw

oddaleni|**e** *n* (*odległość*) distance; (*wydalenie*) ,dismissal; (*odsunięcie*) removal; **w** ~**u** in the distance, a long way off; **w pewnym** ~**u** at a distance; **z** ~**a** from afar

oddalony *adj* distant, remote

oddany *adj* devoted; given

oddawać *zob.* **oddać**

oddech *m* breath, respiration

oddychać *vi* breathe, respire

oddychanie *n* breathing, respiration

oddział *m* section; (*dział instytucji*) department; *wojsk.* detachment; (*filia*) branch (office)

oddziaływać *vi* affect (**na kogoś, coś** sb, sth), influence (**na kogoś, coś** sb, sth), act (**na kogoś, coś** on, upon sb, sth)

oddziaływanie *n* influence, action

oddzielać *vt* separate; ~ **się** *vr* separate, become separated

oddzielny *adj* separate

oddźwięk *m* echo; (*odzew*) response

odebrać *vt* take away ⟨back⟩, withdraw; (*otrzymać*) receive; ~ **sobie życie** take one's own life

odechcie|**ć się** *vr*, ~**ało mi się** I have lost the liking (**robić to to** do this), I no longer care (**tego** for it)

odegrać się *vr* win back, recover (one's money); (*zemścić się, zrewanżować się*) to get one's own back

odejmować *vt* take away; deduct; *mat.* subtract

odejmowanie *n* deduction; *mat.* subtraction

odejście *n* departure

odejść *zob.* **odchodzić**

odemknąć *vt* open; (*zamek*) unlock

odepchnąć *vt* push away ⟨back⟩, beat off; *zob.* **odpychać**

odeprzeć *zob.* **odpierać**

oderwać *zob.* **odrywać**

oderwani|**e** *n* tearing away; **w** ~**u od czegoś** apart from sth

odesłać *zob.* **odsyłać**

odetchnąć *vi* take breath; *przen.* ~ **z ulgą** heave a sigh of relief

odezwa *f* proclamation, address

odezwać się *zob.* **odzywać się**

odgadywać *vt* guess, unriddle, make out

odgałęzienie *n* branch

odganiać *vt* drive away

odgarniać *vt* shove away

odginać *vt* unbend

odgłos *m* echo, report; ~ **strzału** report; ~**y dzwonów** chime, ringing

odgrażać się *vr* threaten (**komuś** sb), utter threats

odgrodzić *vt* separate; (*np. parkanem*) fence off; (*ścianką*) partition off

odgrywać *vt* play, (*w teatrze*) act, perform

odgryzać *vt* bite off

odgrzebywać *vt* dig up

odgrzewać *vt* warm up again, warm over

odjazd *m* departure

odjeżdżać *vi* leave (**do Warszawy** for Warsaw), depart

odkażać *vt* disinfect

odkażający *adj*, **środek** ~ disinfectant

odkażanie *n* disinfection

odkąd *conj* since; *adv* since when, since what time

odkleić *vt* unglue, unstick; ~ się *vr* come unstuck

odkładać *vt* set aside, put away; (*pieniądze*) lay by ⟨up⟩; (*odraczać*) delay, put off, defer, postpone

odkłonić się *vr* return the bow

odkopać *vt* dig up, unearth

odkorkować *vt* uncork

odkręcić *vt* unwind; (*śrubę*) unscrew; (*kurek*) turn on

odkroić *vt* cut off

odkrycie *n* discovery; (*odsłonięcie*) uncovering

odkrywać *vt* discover, find out, detect; (*odsłonić*) uncover; (*karty*) show down

odkupiciel *m* redeemer

odkupić *vt* repurchase; *rel.* redeem

odkupienie *n* repurchase; *rel.* redemption

odkurzacz *m* vacuum-cleaner, Hoover

odlatywać *vi* fly away

odległość|ć *f* distance; **na ~ć, w pewnej ~ci** at a distance

odległy *adj* distant, remote

odlepiać *vt* unstick, unglue

odlew *m* cast

odlewać *vt* (*płyn*) pour off; *techn.* (*metal*) cast; mould

odlewnia *f* foundry

odliczać *vt* deduct, discount; (*przeliczyć*) count off

odliczenie *n* deduction, discount

odlot *m* flight, departure

odludek *m* recluse

odludny *adj* solitary

odłam *m* fraction, fragment

odłamać *m* break away ⟨off⟩

odłazić *vi* come off

odłączyć *vt* separate, set apart, disconnect; ~ **dziecko od piersi** to wean the baby; ~ **się** *vr* separate, sever oneself, go apart; (*wystąpić*) secede

odłożyć zob. **odkładać**

odłóg *m* (*zw. pl* ~**ogi**) fallow; **leżeć ~ogiem** lie fallow

odłupać *vt,* ~ **się** *vr* split off

odma *f med.* pneumothorax

odmarznąć [-r-z] *vi* thaw, melt off, unfreeze

odmawiać *vt* refuse, deny; (*modlitwę*) say

odmęt *m* whirlpool, eddy; *przen.* trouble, confusion

odmiana *f* change; variety; *gram.* declension, (*czasowników*) conjugation

odmieniać *vt* change, alter; *gram.* decline, (*czasowniki*) conjugate

odmienność *f* dissimilarity, difference; mutability

odmienny *adj* dissimilar (**od kogoś, czegoś to sb, sth**), different (**od kogoś, czegoś from sb, sth**); mutable

odmierzać *vt* measure off

odmłodzić *vt* make younger, rejuvenate; ~ **się** *vr* grow younger, rejuvenate, become rejuvenated

odmowa *f* refusal

odmowny *adj* negative

odmówić zob. **odmawiać**

odmrozi|ć *vt* thaw; ~**łem sobie palec** my finger has been frost-bitten, I have a frozen finger; (*spowodować odmarznięcie*) defrost

odmrożenie *n* frost-bite; (*np. mięsa zamrożonego*) defrosting

odmrożony *adj* frost-bitten

odmykać zob. **odemknąć**

odnajać *vt* let; hire

odnawiać *vt* renew, renovate

od niechcenia *adv* carelessly, negligently

odniesieni|e *n* carrying back; (*aluzja, zwrócenie się*) reference; **w ~u with reference ⟨regard⟩ (do czegoś to sth)**

odnieść *vt* bring back, carry; ~ **korzyść** derive profit (**z czegoś from sth**); ~ **wrażenie** get the impression; ~ **zwycięstwo** win a victory, zob. **odnosić**

odnoga *f* branch; (*kolejowa*) branch-line

odnosić *vt* zob. **odnieść**; ~ **się** *vr* (*traktować*) treat (**do kogoś sb**), behave (**dobrze do kogoś** well towards sb, **źle do kogoś** badly, shamefully towards sb); **tylko 3 pers** (*dotyczyć*) refer, apply (**do kogoś, czegoś** to sb, sth)

odnośnie *adv praep* respecting, with reference to (**do czegoś** to sth)

odnośnik *m* mark of reference; (*przypisek*) footnote

odnośny *adj* relative, respective

odnowa *f* renewal, restoration

odosobnić *vt* isolate

odosobnienie *n* isolation

odór *m* smell

odpadać *vi* fall off; (*zerwać, odstąpić*) break away

odpadki *s pl* waste, refuse, offal *zbior.*

odparcie *n* (*ataku*) repulse; (*zarzutu, argumentu*) refutation

odparować *vt* repel, parry; *chem.* evaporate

odparzenie *n* scalding, gall

odparzyć *vt* scald, gall

odpędzać *vt* drive away

odpiąć *vt* unbutton, undo

odpieczętować *vt* unseal

odpierać *vt* (*atak*) repel; (*zarzut, argument*) refute; (*atak słowny, oskarżenie*) retort

odpis *n* copy, duplicate

odpisać *vt* (*przepisać*) copy; (*odpowiedzieć pisemnie*) answer (in writing), write back

odpłacić *vt vi* repay, recompense; ~ **niewdzięcznością** repay with ingratitude; ~ **pięknym za nadobne** give tit for tat

odpłynąć *vi* (*o cieczy*) flow away; (*odjechać okrętem*) sail away; (*oddalić się wpław*) swim away; *przen.* (*ubywać*) drop away

odpływ *m* outflow; (*morza*) ebb

odpoczynek *m* rest, repose

odpoczywać *vi* rest, take a rest

odpokutować *vt* atone (**coś** for sth), expiate; *przen.* pay dearly

odporność *f* resistance (**na coś** to sth); (*o chorobie*) immunity (*np.* **na ospę** from smallpox)

odporny *adj* resistant (**na coś** to sth); (*o chorobie*) immune (*np.*

na ospę from smallpox); (*o przymierzu*) defensive

odpowiadać *vi* answer (**na coś** sth), reply (**na coś** to sth); (*być odpowiednim*) suit; ~**ć celowi** to answer the purpose; **to mi nie** ~ this does not suit me

odpowiedni *adj* adequate; suitable (**do kogoś, czegoś** to ⟨for⟩ sb, sth); **w** ~**m czasie** in due time

odpowiedzialność *f* responsibility, liability; **pociągnąć do** ~**ci** call to account; **pociągnąć do** ~**ci sądowej** arraign; **ponosić** ~**ć** bear the responsibility

odpowiedzialny *adj* responsible (**przed kimś** to sb, **za coś** for sth)

odpowiedź *f* answer, reply (**na coś** to sth)

odpór *m* resistance

odprasować *vt* iron

odprawa *f* dispatch; (*np. pracownika*) discharge, dismissal; (*zapłata*) separation pay; (*udzielenie instrukcji*) briefing; (*ostra odpowiedź*) retort, rebuff

odprawiać *vt* dispatch; (*zwalniać*) discharge, dismiss; (*np. nabożeństwo*) celebrate

odprężać *vt* relax

odprężenie *n* relaxation

odprowadzać *vt* (*towarzystwo*) accompany, escort, see off; (*np. wodę*) drain off; ~ **kogoś do domu** see sb home; ~ **kogoś do drzwi** see sb to the door

odpruć *vt* unsew, rip; ~ **się** *vr* come unsewn

odsprzedać *vt* resell

odsprzedaż *f* resale

odpust *m* indulgence; (*uroczystość kościelna*) kermess

odpuszczenie *n* remission, forgiveness

odpuścić *vt* remit, forgive, pardon

odpychać *vt* repulse; (*odtrącić*) repel; *zob.* **odepchnąć**

odpychający *adj* repulsive, repellent

odśrodkowy

odpychanie n repulsion

odra f med. measles pl

odrabiać vt do, perform; (np. zaległości) work off; ~ stracony czas make up for lost time; ~ lekcje do one's lessons 〈homework〉

odraczać vt put off, postpone, adjourn

odradzać vt dissuade (komuś coś sb from sth)

odrastać vi grow anew

odraza f repugnance (do czegoś to sth), disgust (do czegoś at, for sth)

od razu adv on the spot, at once

odrażający adj repulsive

odrąbać vt chop off

odrębność f separateness, peculiarity

odrębny adj separate, peculiar

odręczny adj autographic; (natychmiastowy, od ręki) off-hand attr; (o rysunku) free-hand attr

odrętwiały adj torpid, benumbed

odrętwienie n torpor

odroblin|a f bit; ani ~y not a bit

odroczenie n postponement; adjournment

odrodzenie n revival, regeneration; (okres) Renaissance

odrodzić się vr regenerate

odróżniać vt distinguish; ~ się vr differ

odróżnieni|e n distinction; w ~u in contradistinction (od czegoś to sth)

odruch m reflex, instinctive reaction

odruchowy adj instinctive

odrywać vt tear off; (uwagę, od nauki itp.) divert, distract; (siłą) rend; ~ wzrok turn one's sight away (od czegoś from sth); ~ się vr tear oneself away (od kogoś from sb); (o guziku itp.) come off

odrzec vi reply

odrzucać vt reject; throw away; drive back; (nie przyjmować) decline

odrzutowiec m jet-plane, pot. jet

odrzutowy adj jet-propelled; napęd ~ jet propulsion

odrzwia s pl arch. door-frame

odrzynać vt cut off

odsetek m percentage

odsetki s pl interest; ~ składane compound interest

odsiadywać vt sit out; ~ karę w więzieniu serve a sentence

odsiecz f relief, rescue; przybyć na ~ come to the rescue (miastu of the town), relieve (miastu the town)

odsiew m throw-out

odskocznia f spring-board, jumping-off ground

odskoczyć vi jump off, bounce

odskok m bounce

odsłona f teatr scene

odsłonić vt put aside, set apart

odstąpić vi step (draw) off; desist (od czegoś from sth); depart (od zasady from a rule); (odpaść) secede; vt (kogoś) leave, (coś) cede; ~ komuś miejsca resign one's place to sb

odstęp m interval, margin, distance; (w druku) space; w pewnych ~ach at intervals, w krótkich ~ach at short intervals

odstępca m apostate

odstępne n compensation

odstępstwo n apostasy; (odstąpienie, odchylenie) departure

odstraszyć vt deter (od czegoś from sth), frighten away

odstręczyć vt estrange, alienate; (odwieść, odradzić) dissuade

odsunąć vt shove 〈put〉 away, draw aside

odsyłacz m mark of reference

odsyłać vt send (back), convey

odsypać vt pour off

odszkodowani|e n indemnity, compensation, damages pl; ~a wojenne reparations; dać ~e indemnify (komuś za coś sb for sth)

odszukać vt find out

odśrodkowy adj centrifugal

odświeżyć *vt* refresh, renew; ~ się *vr* refresh oneself

odświętny *adj zob.* świąteczny; w ~m stroju in cne's Sunday best

odtąd *adv* from now on, from then on, ever since

odtrącać *vt* knock off, push away; (*odstręczać*) repel; (*nie przyjmować*) repudiate

odtrutka *f* antidote, counterpoison

odtwarzać *vt* reproduce, reconstruct, perform

odtwórca *m* reproducer, performer, (*zw. muzyczny*) executant

oduczać *vt* unteach; (*odzwyczajać*) disaccustom (*kogoś od czegoś* sb to do sth); ~ się *vr* unlearn; (*odzwyczajać się*) get out of the habit (*od czegoś* of sth)

odurzać *vt* dizzy, stupefy, intoxicate

odurzenie *n* stupor, stupefaction, intoxication

odwach *m* guardhouse

odwadniać *vt* drain; *chem. med.* dehydrate

odwag|a *f* courage; dodać ~i encourage (*komuś* sb); nabrać ~i pluck up heart

odwalić *vt* roll away, remove; *pot.* (*pozbyć się*) get over (**coś** with sth)

odwar *m* decoction

odważnik *m* weight

odważny *adj* courageous, brave

odważyć *vt* (*odmierzyć*) weigh out; ~ się *vr* (*ośmielić się*) dare, venture

odwdzięczyć się *vr* repay (np. za przysługę the service), show oneself grateful

odwet *m* retaliation, reprisal, revenge; w ~ za coś in revenge ⟨reprisal⟩ for sth

odwetowy *adj* retaliatory

odwiązać *vt* untie, unbind, detach; ~ się *vr* come loose, get detached

odwieczny *adj* eternal

odwiedzać *vt* call (**kogoś** on sb),

visit, come to see; (*uczęszczać*) frequent (**jakieś miejsce** a place)

odwiedziny *s pl* call, visit; przyjść w ~ make a call (**do kogoś** on sb)

odwijać *vt* unroll, unwrap, unwind

odwilż *f* thaw; jest ~ it thaws

odwlekać *vt* put off, delay

odwodnić *zob.* odwadniać

odwodnienie *n* drainage; *chem. med.* dehydration

odwodzić *vt* divert, draw off; (*odradzać*) dissuade (**od czegoś** from sth); ~ kurek u karabinu cock the gun

odwołać *vt* recall, repeal; (*cofnąć*) withdraw, retract; (*zamówienie*) countermand; ~ się *vr* appeal

odwołanie *n* repeal, recall; withdrawal; retractation; ~ się appeal; aż do ~a until further notice

odwód *m wojsk.* reserve

odwracać *vt* turn back, reserve; (*niebezpieczeństwo*) avert; (*uwagę*) divert; ~ się *vr* turn round

odwracalny *adj* reversible

odwrotność *f* reverse; *mat.* reciprocal

odwrotn|y *adj* inverse, inverted, contrary, reverse; ~a strona back, reverse

odwrót *m* retreat; (*odwrotna strona*) back, reverse; na ~ on the contrary, inversely

odwykać *zob.* odzwyczajać się

odwzajemniać się *vr* requite, repay (**komuś za usługę** sb's service), reciprocate (**komuś przyjaźnią** sb's friendship)

odyniec *m* boar

odzew *m* echo; *przen.* (*reakcja*) response; *wojsk.* countersign

odziedziczyć *vt* inherit

odzienie *n* clothing, clothes *pl*

odzież *f* clothes *pl*, dress, garments *pl*

odzieżowy *adj* clothing *attr*; przemysł ~ clothing trade

odznaczenie *n* distinction; (*o egzaminie*) z ~m with honours

odznaczyć *vt* distinguish; (*orde*

rem) decorate; ~ się *vr* distinguish oneself

odznaka *f* badge

odzwierciedlać *vt* reflect, mirror

odzwierciedlenie *n* reflex, mirror, image

odzwyczajać *vt* disaccustom (**kogoś czegoś** sb to sth); ~ **się** *vr* get out of the habit (**od czegoś** of sth, of doing sth)

odzyskać *vt* regain, recover, retrieve; ~ **przytomność** recover one's senses

odzywczy *adj* nutritive, nutritious

odżywiać *vt* nourish, feed; ~ **się** *vr* nourish oneself, feed

odżywianie *n* nutrition

ofensyw|a *f* offensive; **w** ~**ie** on the offensive

ofensywny *adj* offensive

oferować *vt* offer

oferta *f* offer, tender

ofiar|a *f* offering; (*datek*) contribution, charity; (*osoba ulegająca przemocy*) victim; (*poświęcenie*) sacrifice; **paść** ~**ą** fall a victim (**czegoś** to sth)

ofiarność *f* generosity, liberality; (*poświęcenie*) self-sacrifice

ofiarny *adj* sacrificial; (*gotowy do ofiar*) generous, liberal; (*pełen poświęcenia*) self-sacrificing

ofiarodawca *m* donor

ofiarować *vt* offer; ~ **usługi** render services

oficer *m* officer

oficjalny *adj* official

oficyna *f* back-premises *pl*, outhouse

ofuknąć *vt* pot. snub, rebuke

ogar *m* hound

ogarek *m* candle-end

ogarniać *vt* embrace; (*przeniknąć*

pervade; (*o strachu*) seize

ogień *m* fire; (*płomień*) flame; (*światło, płonący przedmiot*) light; **sztuczne ognie** fire-works; **dać ognia** (*do papierosa*) give a light; **otworzyć** ~ open fire; **podłożyć** ~ set fire (**pod coś** to sth); **zaprzestać ognia** cease fire

ogier *m* stallion

oglądać *vt* look (**kogoś, coś** at sb, sth), see; inspect; ~ **się** *vr* look back ⟨round⟩

oględność *f* circumspection

oględny *adj* cautious, circumspect

oględziny *s* *pl* examination, inspection; ~ **zwłok** post-mortem examination

ogłada *f* good manners *pl*, polish

ogładzać *vt* polish, refine

ogłaszać *vt* publish, make known; announce; (*w gazecie*) advertise

ogłoszenie *n* announcement; (*w gazecie*) advertisement

ogłuchnąć *vi* become deaf

ogłupiały *adj* stupefied

ogłupieć *vi* become stupid

ogłuszyć *vt* deafen, stun

ognik *m*, **błędny** ~ will-o'-the-wisp

ogniotrwał|y *adj* fireproof; **kasa** ~**a** safe

ogniow|y *adj* fire *attr*; **straż** ~**a** fire-brigade; *przen.* **próba** ~**a** ordeal

ognisko *n* fire, hearth; (*impreza pod gołym niebem*) bonfire; (*punkt centralny*) centre, focus; *fiz.* focus; ~ **domowe** hearth, home; ~ **kowalskie** forge; ~ **obozowe** camp-fire

ogniskować *vt* focus; ~ **się** *vr* centre, be focused

ognisty *adj* fiery, ardent

ogniwo *n* link; *elektr.* element

ogolić *vt* shave; ~ **się** *vr* shave, have a shave

ogołocić *vt* lay bare, denude (**z czegoś** of sth); (*pozbawić*) deprive (**z czegoś** of sth)

ogon *m* tail; (*u sukni*) train

ogon|ek *m* tail; (*kolejka*) queue; **stać w** ~**ku** queue up ogorzały *adj* sunburnt

ogólnik *m* generality

ogólnikowy *adj* general, vague

ogólny *adj* general, universal

ogół *m* generality, totality, the whole; ~em, na ~ on the whole, in general; w ogóle generally, in general

ogórek *m* cucumber

ogórkowy *adj* cucumber *attr*; *przen.* sezon ~ silly season

ograbić *vt* rob (kogoś z czegoś sb of sth)

ograniczenie *n* restraint, limitation, restriction

ograniczony *adj* limited, restricted; ~ umysłowo narrow-minded

ograniczyć *vt* limit, confine, restrain, restrict

ogrodnictwo *n* gardening

ogrodnik *m* gardener

ogrodzenie *n* fence, enclosure

ogrodzić *vt* fence in, enclose

ogrom *m* immensity

ogromny *adj* immense, huge

ogród *m* garden; ~ warzywny kitchen-garden

ogródek *m* little garden; ~ dziecięcy kindergarten

ogryzać *vt* gnaw away

ogryzek *m* fag-end, (owocu) core

ogrzewacz *m* heater

ogrzewać *vt* heat, warm

ogrzewanie *n* heating; centralne ~ central heating

ohyda *f* abomination

ohydny *adj* abominable

o ile *conj* as far as

ojciec *m* father; ~ chrzestny godfather

ojcostwo *n* fatherhood, paternity

ojcowizna *f* patrimony

ojcowski *adj* fatherly, paternal, father's

ojczym *m* step-father

ojczysty *adj* paternal; (np. kraj, miasto) native; język ~ mother tongue

okalać *vt* surround, encircle

okaleczenie *n* mutilation

okaleczyć *vt* mutilate, maim

okamgnieni|e *n*, w ~u in the twinkling of an eye

okap *m* eaves *pl*

okaz *m* specimen

okazały *adj* showy, magnificent, stately

okazanie *n* showing, demonstration; za ~m on presentation; *handl.* płatny za ~m payable at sight

okaziciel *m* holder; *handl.* (czeku) bearer

okazj|a *f* occasion; (sposobność) opportunity; (okazyjne kupno) bargain; z ~i czegoś on the occasion of sth; przy tej ~i on that occasion

okazowy *adj* model, specimen *attr*

okazyjnie *adv* occasionally, on occasion

okazyjn|y *adj* occasional; ~e kupno bargain

okazywać *vt* show; ~ się *vr* appear; turn out, prove; on okazał się oszustem he turned out ⟨proved⟩ to be an impostor

okiełznać *vt* bridle

okienko *n* window; (przerwa między zajęciami) break; (biletowe) booking-office window

okiennica *f* shutter

oklaski *s pl* applause

oklaskiwać *vt* applaud

okleić *vt* paste over

oklepany *adj* well-worn, trite

okład *m* cover, coating; (leczniczy) compress; z ~em and more than that; 50 lat z ~em 50 odd years

okładać *vt* cover, overlay; (bić) thrash

okładka *f* cover

okłamywać *vt* lie (kogoś to sb)

okno *n* window; ~ wystawowe show-window

oko *n* eye; (w sieci) mesh; (gra w karty) pontoon, twenty-one; mieć na oku have in view; mieć otwarte oczy be alive (na coś to sth); patrzeć komuś w oczy look sb in the face; stracić z oczu lose sight (kogoś, coś of sb, sth); **zejdź mi z oczu** get out of my sight; **na czyichś oczach** in the eyes of sb; **na pierwszy rzut oka** at first sight; **w cztery oczy** face to face

okolica f environs pl, neighbourhood

okolicznik m gram. adverbial

okolicznościowy adj occasional

okoliczność f circumstance; **zbieg ~ci** coincidence; **w tych ~ciach** under such circumstances

okoliczny adj adjacent, neighbouring

około praep about, near

okop m trench, entrenchment

okopać vt dig up; entrench; (jarzyny) hoe; **~ się** vr entrench oneself

okopcić vt smoke, blacken with soot

okostna f anat. periosteum

okowy s pl fetters; chains

okólnik m circular

okólny adj circular, circuitous

okpić vt cheat, pot. bamboozle

okradać vt steal (**kogoś z czegoś** sth from sb), rob (**kogoś z czegoś** sb of sth)

okrakiem adv astraddle

okrasa f fat, grease; (ozdoba) ornament

okrasić vt season with grease; (ozdobić) adorn

okratować vt rail ⟨wire⟩ in, grate

okratowanie n grating

okrąg m circuit, circumference, circle; (obszar) district

okrągły adj round

okrążać vt surround, encircle

okrążenie n encirclement

okres m period; (szkolny, kadencja) term; mat. (ułamka) recurring decimals pl

okresowy adj periodical

określać vt define, determine

określenie n definition, designation

określony adj definite

okręcać vt wind round

okręg zob. **okrąg**

okręgowy adj district attr

okręt m ship, vessel, boat; **~ bojowy** ⟨liniowy⟩ battleship; **~ handlowy** merchantman; **~ parowy** steamship; **~ wojenny** warship, man-of-war; **wsiąść na ~** go on board, embark; **wziąć towar na ~** take goods on board, embark goods; **~em** by ship; zob. **statek**

okrętow|y adj naval, ship attr, ship's attr; **agent ~y** shipping agent; **budownictwo ~e** naval constructions; **dziennik ~y** log-book; **lekarz ~y** naval surgeon, ship's doctor; **papiery ~e** ship's papers; **warsztaty ~e** dockyard; **załoga ~a** crew

okrężn|y adj circular; roundabout attr; **iść drogą ~ą** go a roundabout way

okroić vt cut around; (płacę, wydatki) cut down

okropność f horror

okropny adj horrible, terrible, awful

okruch m crumb, fragment, bit

okrucieństwo n cruelty

okruszyna f crumb

okrutnik m cruel man

okrutny adj cruel

okrycie n covering; (wierzchnie ubranie) overcoat

okrywać vt cover

okrzepnąć vi recover, become vigorous

okrzesać vt (ociosać) rough-hew; (ogładzić) polish

okrzyczany adj famous; notorious, (ill-)reputed

okrzyk m outcry, shout; **~i uznania** applause; **~ wojenny** battle-cry

okrzyknąć vt acclaim (**wodzem** leader)

oktawa f muz. lit. octave

okucie n ironwork, metal fitting; (konia) shoeing

okuć vt cover with metal; (konia) shoe; **~ w kajdany** fetter, chain, put in chains

okular m eyeglass, eye-piece; pl **~y** spectacles, eyeglasses

okularnik m zool. cobra, spectacle snake

okulista m oculist

okulistyka f ophtalmology

okultyzm m occultism

okup m ransom

okupacja f occupation

okupant m occupant

okupić vt ransom; ~ się vr buy oneself off

okupować vt occupy

olbrzym m giant

olbrzymi adj gigantic, giant attr; ~a siła giant strength

olcha f bot. alder(-tree)

oleander m bot. oleander

oleisty adj oily, oleaginous

olej m oil; ~ lniany linseed oil; ~ lotniczy aeroplane oil; ~ skalny rock oil

oligarcha m oligarch

oligarchia f oligarchy

olimpijski adj Olympic, Olympian

oliwa f olive-oil

oliwić vt oil

oliwka f olive(-tree)

oliwn|y adj olive attr; gałązka ~a olive-branch

olszyna f alder-forest

olśniewać vt dazzle

ołów m lead

ołówek m (lead-) pencil

ołtarz m altar

omack|iem adv gropingly; iść po ~u grope one's way

omal adv nearly

omamić vt delude, deceive

omamienie n delusion

omasta f grease

omaścić vt grease

omawiać vt discuss

omdlały adj faint(ed)

omdlenie n faint, swoon

omen m omen; zły ~ ill omen

omieszka|ć vt (zw. nie ~ć) fail; nie ~m zawiadomić cię o tym I shall not fail to let you know about it

omijać vt pass (coś by sth), evade, omit

omlet m omelette

omłot m thrashing; thrashed corn

omłócić vt thrash out

omnibus m omnibus, bus; (specjalista od wszystkiego) Jack of all trades

omotać vt entangle

omówić zob. omawiać

omówienie n discussion

omylić vt mislead; ~ się vr make a mistake, be mistaken (co do czegoś about sth)

omylność f fallibility

omylny adj fallible

omyłk|a f error, mistake; ~a drukarska misprint; przez ~ę by mistake

omyłkowy adj erroneous

on, ona, ono pron he, she, it; pl oni, one they

ondulacja f (włosów) wave; trwała ~ permanent wave

one zob. on

onegdaj adv the other day

ongiś adv once, at one time

oni zob. on

oniemiały adj dumb, stupefied

onieśmielać vt intimidate, make feel uneasy

ono zob. on

onuca f foot-clout

opactwo n abbey; (godność opata) abbacy

opaczny adj wrong, perverse

opad m fall; ~y deszczowe rainfall; ~y śnieżne snowfall; med. ~ krwi blood sedimentation

opadać vi fall, sink, drop; (o wodzie) subside; ~ z sił break down

opak, na ~ adv contrariwise, awry

opakować vt pack up

opakowanie n packing; container

opal m miner. opal

opalać vt scorch; (ogrzewać) heat; ~ się vr (na słońcu) sunburn, become sunburnt

opalanie n (ogrzewanie) heating; ~ się sun-bathing, sun-burning

opalenizna f sunburn

opalony pp i adj scorched; (na słońcu) sunburnt

opał m fuel

opamiętać się vr come to one's senses, collect oneself

opancerzyć vt armour

opanować vt master, subdue, control

opanowanie n mastery, control; (np. języka) command; ~ się self-control

opanowany adj (panujący nad sobą) self-possessed

opar m vapour; pl ~y fumes

oparcie n support; punkt ~a footing, hold; (u dźwigni) fulcrum

oparzelina f scald

oparzyć vt burn, scorch

opasać vt gird; encircle

opaska f band

opasły adj obese

opatentować vt take out a patent (coś for sth), patent

opatrunek m dressing

opatrunkowy adj dressing attr; punkt ~ dressing-station

opatrywać vt provide (w coś with sth); (ranę) dress

opatrznościowy adj providential

opatrzność f providence

opera f opera

operacj|a f operation; poddać się ~i undergo an operation

operator m operator; (chirurg) operating surgeon; ~ filmowy film camera man, projectionist

operatywny adj operative

operetka f operetta

operować vt operate (kogoś on, upon sb)

opędzać vt drive away ⟨back⟩; ~ potrzeby supply one's needs; ~ wydatki defray the expenses; ~ się vr try to get rid (przed kimś, czymś of sb, sth)

opętа|ć vt ensnare; possess; co cię ~ło? what possesses you?; być ~nym myślą be possessed with an idea; być ~nym przez diabła be possessed by the devil

opętanie n possession

opieka f protection, custody; (ku-

ratela) tutelage, guardianship; ~ społeczna social welfare

opiekować się vr protect, guard (kimś sb; have the custody (kimś of sb); take care (kimś, czymś of sb); ~ się chorym nurse a patient

opiekun m guardian, protector

opiekuńczy adj tutelary

opierać vt lean, rest; (uzasadniać) found, base; ~ się vr lean (o coś on ⟨upon, against⟩ sth); (polegać) rely, depend (na kimś, czymś on ⟨upon⟩ sb, sth); (przeciwstawiać się) resist (komuś sb); ten zarzut na niczym nie jest o-party this accusation is unfounded

opieszałość f sloth, sluggishness

opieszały adj sluggish

opiewа|ć vt praise (in song), chant; vi (brzmieć, orzekać) run, be worded, read; rachunek ~ na 10 funtów the bill amounts to £ 10; umowa ~ na 2 lata the contract runs for 2 years; ustawa ~ następująco the law reads as follows

opięty adj close-fitting

opilstwo n (habitual) drunkenness

opiłki s pl file-dust; (trociny) saw--dust

opinia f opinion

opiniować vt vi pronounce one's opinion (coś, o czymś, o kimś on sth, sb)

opis m description

opisać vt describe; mat. circumscribe

opisowy adj descriptive

opium n nieodm. opium

oplatać vt wreathe, entwine; (np. butelkę) cover with basket-work

oplątać vt entangle

opluć vt bespit

opłacać vt pay (coś for sth); ~ z góry prepay; ~ się vr pay

opłacony pp i adj (o liście, przesyłce) post-paid; z góry ~ prepaid

opłakany *adj* deplorable, lamentable

opłakiwać *vt* deplore, lament

opłata *f* charge; (*urzędowa*) duty; (*składka członkowska itp.*) fee; (*za przejazd*) fare; **jaka jest ~ za przejazd?** what is the fare?

opłatek *f* wafer

opłotek *m* (wicket-)fence, hurdle

opłucna *f anat.* pleura

opływać *vt* swim ⟨sail⟩ round, flow round; *vi* (*mieć pod dostatkiem*) abound (**w coś** in ⟨with⟩ sth)

opływow|y *adj*, **linia ~a** streamline

opodal *adv* at some distance, near by

opodatkować *vt* tax, (*w samorządzie*) rate

opodatkowanie *n* taxation, (*lokalne*) rating

opoka *f* rock

opon|a *f* (*u koła*) tyre; *anat.* **~y mózgowe** meninges

oponent *m* opponent

oponować *vi* oppose (**przeciwko czemuś** sth), object (**przeciwko czemuś** to sth)

opornie *adv* with difficulty

oporny *adj* refractory

oportunista *m* opportunist; time-server

oportunizm *m* opportunism

opowiadać *vt vi* tell, relate; **~ się** *vr* declare (**za kimś, czymś** for sb, sth)

opowiadanie *n* narrative, tale, story

opowieść *f* tale, story

opozycja *f* opposition

opozycyjny *adj* opposing

opój *m* drunkard

opór *m* resistance; **ruch oporu** resistance movement; **iść po linii najmniejszego oporu** take the line of least resistance; **stawiać ~** offer resistance, resist

opóźnia|ć *vt* retard, delay; **~ć się** *vr* be late, be slow; lag behind

opóźnienie *n* delay, retardation

opóźniony *pp i adj* retarded; **~ w rozwoju** backward; (*gospodarczo*) under-developed

opracować *vt* work out, elaborate

opracowanie *n* elaboration; (*szkolne*) paper

oprawa *f* frame; (*okładka książki*) binding; (*oprawianie*) mount

oprawca *m* hangman

oprawiać *vt* (*książkę*) bind; (*obraz w ramy*) frame; (*dawać oprawę*) mount

oprawka *f* collet; **~ żarówki** lamp--socket

opresja *f* oppression

oprocentować *vt bank. fin.* pay interest

oprocentowanie *n bank. fin.* interest

oprowadzać *vt* guide ⟨show⟩ round

oprócz *praep* except, save; **~ tego** besides

opróżniać *vt* empty; (*mieszkanie*) quit, leave; (*miasto, obóz*) evacuate; (*posadę, tron*) vacate

opryskać *vt* splash; **~ drzewa** ⟨rośliny⟩ spray trees ⟨plants⟩

opryskliwość *f* brusqueness, abruptness

opryskliwy *adj* brusque, abrupt

opryszek *m* brigand

oprzeć *zob.* **opierać**

oprzęd *m* cocoon

oprzytomnieć *vi* become conscious; recover (oneself)

optyczny *adj* optical

optyk *m* optician

optyka *f* optics

optymalny *adj* best; optimum *attr*

optymista *m* optimist

optymizm *m* optimism

opuchlina *f* swelling

opuchły *adj* swollen

opuchnąć *vi* swell

opukiwać *vt* sound; *med.* percuss

opustoszały *adj* deserted, desolate

opustoszyć *vt* desolate, lay waste

opuszczać *vt* (*pozostawiać*) leave; abandon; (*np. wyraz w zdaniu*) omit, leave out; (*lekcję, wykład*) miss; (*kurtynę, głowę itp.*) lower, drop; (*cenę*) abate; ~ się *vr* go down, let oneself down; (*zaniedbywać się*) grow remiss, become negligent

opuszczenie *n* omission; (*pozostawienie*) abandonment

oracz *m* ploughman

orać *vt* plough, till

orangutan *m zool.* orang-outang

oranżada *f* orangeade

oranżeria *f* hothouse, orangery

oraz *conj* and, as well as

orbita *f* orbit

order *m* order; decoration

ordynacja *f* regulation; system; (*majątek*) fee-tail

ordynans *m* orderly

ordynarny *adj* vulgar

ordynator *m* (*lekarz*) head of a ward

orędownik *m* intercessor

orędzie *n* proclamation, message

oręż *m* weapon, arms

orężny *adj* armed

organ *m* organ; ~y sądowe magistrates, magistracy; ~y władzy administrative board, police authorities, powers

organiczny *adj* organic

organista *m* organist

organizacja *f* organization

organizator *m* organizer

organizm *m* organism

organizować *vt* organize

organki *pl* mouth organ, harmonica

organy *s pl* *muz.* organ

orgia *f* orgy

orientacja *f* orientation

orientalny *adj* oriental

orientować *vt* orient, orientate; ~ się *vr* orient oneself; find one's way

orka *f* tillage, ploughing; *przen.* (*ciężka praca*) drudgery

orkiestra *f* orchestra, band

orlę *n* eaglet

orli *adj* (*o nosie*) aquiline; (*o wzroku*) eagle *attr*, eagle's *attr*

ornament *m* ornament

ornamentacja *f* ornamentation

orny *adj* arable

orszak *m* train; (*świta*) retinue; (*pogrzebowy itp.*) procession

ortodoksja *f* orthodoxy

ortodoksyjny *adj* orthodox

ortografia *f* orthography, right spelling

ortograficzny *adj* orthographical

ortopedia *f* orthopaedy

oryginalność *f* originality

oryginalny *adj* original, authentic; (*dziwaczny*) eccentric

oryginał *m* original; (*dziwak*) eccentric

orzech *m* nut; ~ kokosowy coconut

orzeczenie *n* pronouncement, statement; *gram.* predicate

orzecznik *m gram.* predicate

orzekać *vt vi* pronounce, state

orzeł *m zool.* eagle

orzeźwiać *vt* refresh

osa *f zool.* wasp

osaczyć *vt* drive to bay, beset

osad *m* sediment

osada *f* settlement

osadnictwo *n* colonization

osadnik *m* settler

osadzać *vt* settle; set, put; (*powodować osad*) deposit; ~ się *vr* settle; be deposited; *chem.* precipitate

osamotnienie *n* isolation, estrangement

osąd *m* judgment

osądzić *vt* judge; (*skazać*) sentence, condemn (**na coś** to sth)

oschły *adj* arid, dry

osełka *f* whetstone; (*masła*) piece

oset *m* thistle

osiadać zob. osiąść

osiadły *adj* settled; (*zamieszkały*) resident

osiągnąć *vt* reach, attain, obtain, aquire, achieve

osiągnięcie *n* attainment, achievement

osiąść *vt* settle; (*opaść*) sink, subside; (*o ptakach*) alight

osiedlać *vt* settle; ~ się *vr* settle, establish oneself

osiedle n settlement; ~ mieszka-
niowe housing estate; residential
district

osiedleniec m settler

osiem num eight

osiemdziesiąt num eighty

osiemdziesiąty num eightieth

osiemnasty num eighteenth

osiemnaście num eighteen

osiemset num eight hundred

osierocić vt orphan

osiodłać vt saddle

osioł m ass, donkey

oskarżać vt accuse (o coś ot sth),
charge (o coś with sth)

oskarżenie n accusation, charge;
wystąpić z ~m bring an accusation (przeciw komuś against sb)

oskarżony m the accused

oskarżyciel m accuser; ~ publiczny public prosecutor

oskrzel|e n anat. bronchus; pl ~a
bronchi; med. zapalenie ~i bronchitis

oskrzydlać vt wojsk. outflank

osłabiać vt weaken, enfeeble

osłabienie n weakness

osłaniać vt cover, protect, shelter

osławiony adj ill-reputed, notorious (z powodu czegoś for sth)

osłoda f solace, consolation

osłodzić vt sweeten

osłona f cover, shelter, protection

osłupiały adj stupefied

osłupieć vi become stupefied

osłupienie n stupor; wprawić w
~ stupefy

osmalić vt singe

osmarować vt besmear; przen. (o-
czernić) libel

osnowa f (tkacka) warp; (treść)
tenor, contents pl

osoba f person; (osobistość) personage

osobistość f personality, personage

osobisty adj personal; dowód ~
identity card

osobiście adv personally, in person

osobliwość f singularity, particu-
larity; curiosity

osobliwy adj singular, particular,
strange

osobnik m individual

osobny adj separate, isolated

osobowość f personality, individuality

osobowy adj personal; pociąg ~
passenger-train

osowiały adj depressed; być ~m
mope

ospa f med. smallpox; ~ wietrzna
chicken pox

ospały adj drowsy, sluggish

ospowaty adj pockmarked

ostateczność f finality; (krańcowość) extremity, extreme; w ~ci
in the end, ultimately; wpadać w
~ć go to extremes

ostateczny adj final, ultimate

ostatek m remainder, rest; na ~
finally, at last

ostatni adj last; (najświeższy, niedawno miniony) latest, recent;
~a moda latest fashion; ~a wola
last will; ~e wiadomości latest
news

ostatnio adv lately, recently

ostemplować zob. **stemplować**

ostentacja f ostentation

ostoja f mainstay

ostroga f spur

ostrokrzew m bot. holly

ostrosłup m mat. pyramid

ostrożność f caution, prudence

ostrożny adj cautious, careful

ostr|y adj sharp; (o bólu, kącie
itp.) acute; (spiczasty) pointed;
(o zimie itp. — przenikliwy)
keen; ~e pogotowie instant
readiness; ~e strzelanie ball-fir-
ing; przen. ~y język bitter
tongue

ostryga f oyster

ostrze n blade; (ostry brzeg) edge

ostrzegać vt warn (kogoś przed
kimś, czymś sb against ⟨of⟩ sb,
sth)

ostrzeżenie n warning (przed kimś,
czymś ot sb, sth)

ostrzyc vt zob. **strzyc**; muszę dać

sobie ~ włosy I must have a haircut

ostrzyć vt sharpen, whet, (na pasku) strop

osunąć się vr sink

oswobodzenie n liberation

oswobodziciel m liberator

oswobodzić vt liberate, free (od kogoś, czegoś from sb, sth)

oswoić vt tame, domesticate; (przyzwyczajać) accustom (z czymś to sth); ~ się vr become domesticated; become familiar (z czymś with sth), become accustomed (z czymś to sth)

oswojony adj tame; (przyzwyczajony) accustomed (z czymś to sth), familiar (z czymś with sth)

oszczep m spear; sport. javelin

oszczerca m calumniator, slanderer

oszczerczy adj slanderous, calumnious

oszczerstw|o n calumny, slander; rzucać ~a slander (na kogoś sb)

oszczędnościow|y adj economical; akcja ~a economy drive

oszczędnoś|ć f thrift, parsimony, economy; pl ~ci savings; kasa ~ci savings bank; robić ~ci economize, practise economy

oszczędny adj frugal, economical (w czymś, pod względem czegoś of sth), thrifty

oszczędz|ać, oszczędz|ić vt save, spare, economize; ~ć pieniędzy ⟨wydatków, czasu, trudu⟩ save money ⟨expenses, time, trouble⟩; ~ić komuś nieprzyjemności spare sb an unpleasantness

oszołomić vt stun, stupefy, benumb; (np. alkoholem) intoxicate

oszołomienie n stupor, stupefaction; (np. alkoholowe) intoxication

oszukać vt cheat, swindle

oszukańczy adj fraudulent

oszust m swindler, impostor

oszustwo n swindle, fraud

oś f (koła) axle; mat. astr. przen.
axis

ościenny adj adjacent

oścież, na ~ adv, otwarty na ~ wide open; otworzyć na ~ fling open

ość f (fish-)bone

oślep, na ~ adv blindly, at random

oślepiać vt blind; (o słońcu, świetle) dazzle

oślepnąć vi become blind

ośmielać vt embolden, encourage; ~ się vr venture, dare, make bold

ośmieszać vt ridicule; ~ się vr make oneself ridiculous

ośnieżyć vt snow over, cover with snow

ośrodek m centre

oświadczać vt vi declare; ~ się vr declare (za kimś for sb); propose (kobiecie to a woman)

oświadczenie n declaration

oświadczyny s pl proposal, declaration of love

oświat|a f education, civilization; minister ~y Minister of Education

oświatowy adj educational

oświecać vt (oświetlać) light; (kształcić) enlighten

oświecenie n enlightenment; O-świecenie (epoka) Enlightenment

oświetlenie n lighting, illumination

oświetlić vt light up

otaczać vt surround; wojsk. (okrążać) envelop

otchłań f abyss

oto part i int here, there, behold!; ~ on here he is; ~ jestem here I am

otoczenie n surroundings pl, environment

otoczyć zob. otaczać

otok m circumference; ~ czapki cap band

otomana f ottoman, couch

otóż adv i part now; ~ słuchaj! now listen!

otręby s pl bran zbior.

otrucie n poisoning

otruć vt poison

otrzaskać się vr become at home (z czymś with, in sth)

otrząsnąć vt shake down; ~ się vr shake oneself free (z czegoś from sth)

otrzewna f anat. peritoneum

otrzeźwić vi sober down, become sober

otrzymać vt get, receive, obtain

otuch|a f courage; dodać ~y encourage, hearten up (komuś sb); nabrać ~y take heart

otulić vt, ~ się vr wrap up

otwarcie adv frankly, openly, outright

otwartość f openness, frankness

otwarty adj open; (szczery) frank, plain

otwierać vt, ~ się vr open

otw|ór m opening, aperture; (wylot) orifice; (podłużny) slot; stać ~orem lie open

otyłość f obesity

otyły adj fat, obese

owa zob. ów

owacja f ovation

owad m insect

owadobójczy adj insecticide

owal m oval

owalny adj oval

owca f sheep

owczarek m zool. sheep-dog

owczarnia f sheepfold

owczarz m shepherd

owdowiały adj widowed

owdowieć vi become a widow ⟨a widower⟩

owieczka f lamb

owies m oat(s)

owijać vt wrap up; (okręcać) wind;

~ się vr wrap up ⟨oneself⟩; (okręcać się) wind round

owładnąć vi take possession (czymś of sth)

owo zob. ów

owoc m fruit; ~e konserwowe tinned ⟨am. canned⟩ fruit

owocarnia f fruitshop

owocny adj fruitful

owocować vi fruit, fructify

owrzodzenie n med. ulceration

owrzodziały adj med. ulcerous

owrzodzieć vi ulcerate, become ulcerous

owsianka f (zupa) porridge

owszem adv quite (so), certainly

ozdabiać vt adorn, decorate

ozdoba f adornment; decoration

ozdobny adj decorative, ornamental

oziębić vt chill, cool down; ~ się vr cool down, become cool

oziębłość f frigidity, coolness

oziębły adj frigid

ozimina f winter corn

oznaczać vt mark; (znaczyć, wyrażać) signify, mean

oznajmiać vt announce, make known

oznajmienie n announcement

oznaka f sign, token, mark, (numer np. bagażowego) badge

ozór m tongue

ożenek m marriage

ożenić się vr marry (z kimś sb), get married (z kimś to sb)

ożyć vi come to life, revive

ożywczy vt vivifying

ożywiać vt vivify, enliven, animate; ~ się vr become animated, brisk up

ożywienie n animation

ożywiony adj animated, brisk; (żyjący) animate

ó

ósemka *f* eight
ósmy *num* eighth
ów, owa, owo *pron* that

ówczesny *adj* then *attr;* ~ prezydent the then president
ówcześnie *adv* at that time

p

pach|a *f* arm-pit; pod ~ą under one's arm
pachnący *adj* fragrant
pachnieć *vi* smell, smell sweet (czymś of sth)
pachołek *m* fellow, groom, servant
pachwina *f anat.* groin
pacierz *m* prayer; odmawiać ~ say one's prayer
pacierzowy *adj anat.* spinal; rdzeń ~ spinal column
paciorek *m* bead
pacjent *m* patient
pacyfikacja *f* pacification
pacyfikować *vt* pacify
pacyfista *m* pacifist
pacyfizm *m* pacifism
paczka *f* packet, parcel
paczyć *vt,* ~ się *vr* warp
padaczka *f med.* epilepsy
pada|ć *vi* fall; deszcz ~ it rains; śnieg ~ it snows; ~ć trupem drop dead; ~ć na kolana go down on one's knees; ~ć ofiarą czegoś fall a victim ⟨a prey⟩ to sth; padł strzał a shot was fired; *zob.* paść
padalec *m zool.* slow-worm
padlina *f* carrion
paginacja *f* pagination
pagórek *m* hill
pagórkowaty *adj* hilly
pajac *m* harlequin
pająk *m* spider
pajęczyna *f* cobweb
paka *f* pack; (*skrzynia*) case

pakiet *m* packet
pakować *vt,* ~ się *vr* pack (up)
pakowani|e *n* packing; papier do ~a wrapping-paper
pakowny *adj* capacious; roomy
pakt *m* pact
paktować *vi* negotiate
pakuły *s pl* oakum
pakunek *m* package, parcel, bundle
pal *m* pale, stake; wbić na ~ impale
palacz *m* stoker; (*palący tytoń*) smoker
palarnia *f* smoking-room
palący *p praes i adj* burning; (*tytoń*) smoking; *s m* smoker; przedział dla ~ch smoking compartment
palec *m* finger; (*u nogi*) toe; ~ środkowy middle finger; ~ wielki thumb; ~ wskazujący index; stać na palcach stand on tiptoe
palenie *n* burning; combustion; (*w piecu*) stoking; (*papierosów*) smoking
palenisko *n* hearth
palestra *f* bar
paleta *f* palette
palić *vt vi* burn; (*w piecu domowym*) make fire; (*w piecu fabrycznym, lokomotywie itp.*) stoke; (*papierosy itp.*) smoke; ~ się *vr* burn, be on fire; *pot.* ~ się do czegoś be keen on sth
paliwo *n* fuel
palma *f* palm(-tree)

palnąć vi vt pot. fire; shoot; (u-
derzyć, grzmotnąć) discharge a
shot; strike; ~ głupstwo put
one's foot in it; ~ sobie w łeb
blow out one's brains

palnik m burner

paln|y adj combustible; **broń ~a**
fire-arms

palto n overcoat

pałac m palace

pałać vi glow, be inflamed (czymś
with sth); ~ zemstą breathe
nothing but vengeance; ~ żądzą
władzy burn with lust for power

pałąk m bow, arch

pałąkowaty adj bowlike, arched

pałeczka f wand, rod

pałk|a f stick, club, cudgel; (poli-
cyjna) truncheon; **bić ~ą** club,
cudgel

pamflet m lampoon, squib

pamiątk|a f keepsake, souvenir;
na ~ę in token of remembrance

pamiątkowy adj memorial, commemorative

pamięciowy adj memorial, of memory

pamię|ć f memory; **na ~ć** by
heart; **świętej ~ci mój ojciec** my
late father

pamiętać vt remember, keep in
mind

pamiętnik m diary

pamiętny adj memorable; mindful (czegoś of sth)

pan m gentleman; (np. domu) master; (feudalny) lord; (forma
grzecznościowa) you; (przed nazwiskiem) mister (skr. Mr); ~
Kowalski Mr Kowalski; ~ młody bridegroom

pancernik m armoured cruiser

pancerny adj armoured

pancerz m armour

panegiryk m panegyric

pani f lady; (np. domu) mistress;
(forma grzecznościowa) madam;
you; ~ Kowalska Mrs Kowalska

paniczny adj panic, pot. panicky

panienka f miss, maiden

panieński adj girlish, maiden(ly)

panieństwo n maidenhood

panika f panic, scare

panna f miss, maid; ~ młoda
bride; **stara ~** old maid

panoszyć się vr boss

pan|ować vi rule, reign (nad
czymś over sth); command (nad
czymś sth); ~ować nad sobą be
master of oneself, be self-possessed; **powszechnie ~ować** prevail; ~ować nad sytuacją have
the situation well in hand; ~uje
piękna pogoda the weather is
lovely; ~uje epidemia tyfusu
there is an epidemic of typhus

panowanie n rule, reign, command; ~ nad sobą self-control

pantalony s pl pantaloons

panteizm m filoz. pantheism

pantera f zool. panther

pantof|el m shoe; ranne ⟨nocne⟩
~le slippers; przen. być pod
~lem be henpecked

pantomima f teatr pantomime

panujący p praes i adj reigning,
ruling; (przeważający) dominant,
prevalent

pański adj lord's, gentleman's; (w
zwrotach grzecznościowych)
your, yours

państw|o n (kraj) state; (małżeńst-
wo) Mr and Mrs; proszę ~a! ladies and gentlemen!; ~o młodzi
bridal pair

państwow|y adj state attr; public;
przemysł ~y state-owned industry; **służba ~a** civil service

pańszczyzna f hist. serfdom; stat-
ute-labour

pańszczyźniany adj, **chłop ~** serf

papa 1. f tar-board

papa 2. m (ojciec) papa, dad

papier m paper; **arkusz ~u** sheet
of paper; ~ kancelaryjny fool-
scap; ~ listowy note-paper

papierek m slip

papieros m cigarette

papierośnica f cigarette-case

papiestwo n papacy

pasaż

papież *m* pope
papilot *m* curl-paper
papirus *m* papyrus
papka *f* pulp, mash
paplać *vi* prattle
paproć *f bot.* fern
papryka *f* paprika, red pepper
papuga *f zool.* parrot
par|a 1. *f* pair, couple; ~a mał-
żeńska married couple; do ~y to
match; rękawiczka nie do ~y
odd glove; ~ę a few; za ~ę dni
in a few days; ~ę razy once or
twice
para 2. *f (wodna)* steam, vapour
parabola *f mat.* parabola
parada *f* parade
paradoks *m* paradox
paradoksalny *adj* paradoxical
paradować *vi* parade
parafia *f* parish
parafialny *m* parish *attr*, paro-
chial
parafianin *m* parishioner
parafina *f* paraffin
paragraf *m* paragraph, section
paralityczny *adj* paralytic
paraliż *m med.* paralysis, palsy
paraliżować *vt* paralyse
parapet *m* parapet; *(okienny)* win-
dow-sill
parasol *m* umbrella
parasolka *f* umbrella; sunshade,
parasol
parawan *m* screen
parcela *f* lot, parcel
parcelować *vt* parcel out
parcie *n* pressure, pression
parias *m* pariah
park *m* park
parkan *m* fence, hoarding
parkiet *m* parquet
parking *m* park, parking-place
parkować *vt* park
parkowanie *n* parking; ~ wzbro-
nione no parking
parlament *m* parliament
parlamentarny *adj* parliamentary
parlamentariusz *m* bearer of a
white flag, negotiator
parny *adj* sultry, close
parobek *m* farm-hand

parodia *f* parody
parodiować *vt* parody
parokrotny *adj* repeated
paroksyzm *m* paroxysm; attack
parować *vi* vaporize, evaporate
parowanie *n* evaporation
parowiec *m* steamship, steamboat
parowóz *m* (steam-)engine, locomotive
parowy *adj* steam *attr; fiz.* koń ~
horse-power; statek ~ = parowiec
parów *m* ravine
parówka *f (kąpiel)* sweating bath;
(kiełbaska) frankfurter
parsk|ać *vi* snort; ~nąć śmiechem
burst out laughing
parszywy *adj* scabby, mangy
partactwo *n* botching, bungling;
botch, bungle
partacz *m* bungler, botcher
partaczyć *vt* bungle, botch
parter *m* ground-floor; *am.* first
floor; *teatr* pit
parti|a *f* party; *(część)* part; *(to-
waru)* lot; *(rola)* role, part; *(w
grze)* game; *(w brydżu)* po ~i
vulnerable; przed ~ą invulner-
able
partner *m* partner
partyjny *adj* party *(tylko attr)*;
s *m* party-man
partykularyzm *m* particularism
partykuła *f gram.* particle
partyzant *m* guerilla
partyzantka *f* guerilla war
parweniusz *m* upstart, parvenu
parytet *m fin.* parity, par; ~
złota gold parity; według ~u at
par
parzyć *vt* scald; *(np. herbatę)*
draw, infuse; *(poddawać działaniu pary)* steam; ~ się *vr (o
herbacie)* draw
parzysty *adj* even
pas *m* belt, girdle; popuszczać ⟨za-
ciskać⟩ ~a loosen ⟨tighten⟩ one's
belt; *pot.* wziąć nogi za ~ take
to one's heels
pasat *m* trade-wind
pasaż *m* passage; *(uliczka)* pas-
sage-way

pasażer *m* passenger

pas|ek *m* belt, girdle; *(do brzytwy)* strop; *(kreska, wzór)* stripe; materiał w ∼ki striped cloth; *(nielegalny handel)* black-market, profiteering

paser *m* receiver ⟨concealer⟩ of stolen goods

pasieka *f* apiary

pasierb *m* stepson

pasierbica *f* stepdaughter

pasj|a *f* passion; fury; wpaść w ∼ę fly into a fury

paskarz *m* black-market dealer, profiteer

pasmo *n* *(gór)* range; *(przędzy)* skein; strand; *(taśma)* band; *elektr. i radio* band; *(smuga)* streak; *elektr.* ∼ częstotliwości frequency band; *przen.* ∼ żywota thread of life

pas|ować 1. *vt vi* fit, suit; *(być do pary)* match; krawat ∼uje do ubrania the tie matches the suit

pasować 2. *vt*, ∼ kogoś na rycerza dub sb a knight

pasować 3. *vi* *(w kartach)* pass

pasożyt *m* parasite

pasożytniczy *adj* parasitic(al)

pasta *f* paste; ∼ do butów boot-polish; ∼ do podłogi floor-polish; ∼ do zębów tooth-paste

pastel *m* crayon, pastel; malować ∼ami crayon

pasterka *f* shepherdess; *(nabożeństwo)* Christmas midnight mass

pasterski *adj* pastoral

pasterstwo *n* pastoral life

pasterz *m* shepherd

pastewny *adj* pasture *attr*, fodder *attr*

pastor *m* pastor, minister

pastuch *m* herdsman

pastw|a *f* † prey; paść ∼ą fall a prey *(kogoś, czegoś* to sb, sth)

pastwić się *vr* treat with cruelty *(nad kimś* sb)

pastwisko *n* pasture

pastylka *f* tablet

pasywa *s pl fin.* liabilities

pasywny *adj* passive

pasza *f* fodder

paszcza *f* jaw

paszkwil *m* lampoon, libel

paszport *m* passport; biuro ∼ów passport office

pasztet *m* pie, pâté

paść 1. *vi* fall down, come down; *zob.* padać

paść 2. *(bydło)* pasture; ∼ się *vr* *(o bydle)* pasture, graze

patelnia *f* frying-pan

patent *m* patent

patetyczny *adj* pathetic

patolog *m* pathologist

patologia *f* pathology

patos *m* pathos

patriarcha *m* patriarch

patriarchalny *adj* patriarchal

patriota *m* patriot

patriotyczny *adj* patriotic

patriotyzm *m* patriotism

patrol *m* patrol

patrolować *vt* patrol

patron *m* patron ⟨saint⟩; *(szablon)* stencil

patronat *m* patronage, auspices *pl*

patronka *f* patroness

patronować *vt* patronize *(komuś, czemuś* sb, sth)

patroszyć *vt* eviscerate; *(kurę)* draw; *(rybę)* gut; *(zająca)* hulk

patrycjusz *m* patrician

patrzeć *vi* look *(na kogoś, coś* at sb, sth); ∼ na kogoś jak na wroga look on ⟨upon⟩ sb as a foe; ∼ na kogoś z góry look down upon sb; ∼ przez okno look out of the window; ∼ przez palce connive *(na coś* at sth); ∼ spode łba scowl *(na kogoś, coś* at sb, sth); ∼ uporczywie stare *(na kogoś, coś* at sb, sth); jest na co ∼ it is worth seeing

patyk *m* rod

patyna *f* patina

pauza *f* pause; *(szkolna)* break; *muz.* rest; *(myślnik)* dash

pauzować *vi* pause, make a pause

paw *m* peacock

pawilon *m* pavilion

paznok|ieć *m* nail; obcinać ∼cie pare nails

pesymistyczny

pazur *m* claw, *(szpon, także techn.)* clutch

paź *m* page

październik *m* October

październikowy *adj* October *attr*; Rewolucja Październikowa October Revolution

pączek *m* bud; *(ciastko)* doughnut

pączkować *vi* bud

pąk *m* bud

pchać *vt* push, thrust; ~ się *vr* push one another, crush

pchełki *s pl (gra)* tiddly-winks

pchła *f* flea

pchnięcie *n* push, thrust

pech *m* ill-luck

pedagog *m* pedagogue

pedagogia *f* pedagogy

pedagogika *f* pedagogics

pedał *m* pedal

pedant *m* pedant

pedanteria *f* pedantry

pedantyczny *adj* pedantic

pejcz *m* horsewhip

pejzaż *m* landscape

peleryna *f* cape; *(damska)* pelerine

pelikan *m* zool. pelican

pelisa *f* pelisse

pełnia *f* plenty, abundance, fullness; ~a księżyca full moon; w ~ completely, fully

pełnić *vt* perform, fulfil, accomplish; ~ obowiązek do one's duty

pełno *adv* plenty *(czegoś* of sth); mieć ~ czegoś be full of sth

pełnoletni *adj* adult, of age

pełnoletniość *f* majority, full age

pełnometrażowy *adj*, film ~ feature film

pełnomocnictwo *n (prawo)* power of attorney; *(dokument)* letter of attorney

pełnomocnik *m* plenipotentiary; authorized agent

pełnomocny *adj* plenipotentiary, authorized

pełnowartościowy *adj* praed of full value

pełny *adj* full; na ~m morzu on the high seas

pełzać *vi (poruszać się)* crawl, creep

pełznąć *vi (płowieć)* fade; lose colour; *zob.* pełzać

penicylina *f* penicillin

pensja *f (pobory)* salary; † *(szkoła)* girls' boarding-school

pensjonat *m* boarding-house

perfidia *f* perfidy

perfidny *adj* perfidious

perfumeria *f* perfumery

perfumować *vt* perfume, scent

perfumy *s pl* perfume, scent

pergamin *m* parchment

period *m (menstruacja)* periods, menses; † *(okres)* period

periodyczny *adj* periodical

perkal *m* calico

perkusja *f* percussion

perkusyjny *adj* percussive; instrument ~ percussion instrument

perliczka *f* zool. guinea-fowl

perła *f* pearl

peron *m* platform

peronówka *f* platform-ticket

Pers *m* Persian, Iranien

perski *adj* Persian, Iranien

personalny *adj* personal

personel *m* staff, personnel

personifikacja *f* personification

perspektywa *f* perspective, prospect, view

perswadować *vt* persuade, try to persuade *(komuś, żeby coś zrobił* sb into doing sth, *komuś, żeby czegoś nie zrobił* sb out of doing sth)

perswazja *f* persuasion

pertraktacje *s pl* negotiations

pertraktować *vi* negotiate *(w sprawie czegoś* sth)

peruka *f* wig

perwersja *f* perversion

perwersyjny *adj* perverse

peryferie *s pl* periphery; na ~ach on the outskirts

peryskop *m* periscope

pestka *f* stone, kernel, *(w jabłku, pomarańczy)* pip

pesymista *m* pessimist

pesymistyczny *adj* pessimistic

pesymizm m pessimism
petarda f petard
petent m petitioner
petycja f petition
pewien adj (niejaki) a, one, a certain; po pewnym czasie after some time; przez ~ czas for some time; zob. pewny
pewnik m axiom
pewno, na ~ adv certainly, for sure, assuredly; on na ~ przyjdzie he is sure to come
pewnoś|ć f certitude, certainty; (bezpieczeństwo) security; ~ć siebie self-assurance; z ~cią certainly
pewny adj sure, certain; (bezpieczny) safe, secure; ~ siebie self-assured, self-confident; czuć się ~m ⟨bezpiecznym⟩ feel sure ⟨safe⟩
pęcak m peeled barley
pęcherz m anat. bladder
pęcherzyk m anat. vesicle; (bąbel) blister; (bańka) bubble
pęczek m bunch, tuft
pęcznieć vi swell
pęd m (szybki bieg) rush, career; (napęd, impuls) impulse; (rozpęd) impetus; fiz. momentum; (dążenie, zamiłowanie) aspiration (do czegoś after ⟨for⟩ sth); bot. shoot, sprout; puszczać ~y shoot forth, sprout; całym ~em at full speed
pędzel m brush
pędzić vt drive; (życie) lead; (czas) spend; (wódkę) distil; vi run (za kimś after sb), race, hurry, scurry
pędzlować vt brush
pęk m (kwiatów, kluczy) bunch; (papierów) file; (wiązka) bundle
pęka|ć vi burst; (roztupać się) crack; ~ć z zazdrości burst with envy; serce mi ~ my heart breaks; głowa mi ~ my head is splitting
pękaty adj bulging, bulged; (przysadkowaty) dumpy, podgy
pępek m navel

pęta s pl fetters, chains; (końskie) hobble; zerwać ~ break the bonds
pętać vt fetter; (konia) hobble
pętelka, pęt|la f loop, noose; (o samolocie) robić ~lę loop, (całą) loop the loop
piać vi crow
piana f froth, foam; ~ mydlana lather
pianino n cottage ⟨upright⟩ piano
pianista m pianist
pianow|y adj foam attr; gaśnica ~a foam extinguisher
piasek m sand
piaskowiec m sandstone
piaskownica f sand-pit
piaskowy adj sandy, sand attr
piasta f nave
piastować vt (dzieci) nurse; (urząd) hold
piastun m guardian, foster-father; (godności, urzędu) holder
piastunka f nurse, foster-mother
piaszczysty adj sandy, sand-
piąć się vr climb (na drzewo a tree, po drabinie a ladder); (o roślinach) creep
piątek m Friday; Wielki Piątek Good Friday
piąty num fifth
pici|e n drinking; woda do ~a drinking water
pić vt vi drink; ~ mi się chce I'm thirsty
piec 1. m stove, fire-place; (piekarski) oven; techn. furnace; wielki ~ blast-furnace
piec 2. vt bake; (zw. o mięsie) roast; (palić) burn, scorch; ~ się vr bake, roast
piechota f infantry
piechotą adv on foot
piecyk m (little) stove; (do ogrzewania) heater; pot. (piekarnik) oven
piecz|a f care, charge (nad kimś, czymś of sb, sth); mieć ~ę take care (nad kimś, czymś of sb, sth); powierzyć coś czyjejś ~y trust sb with sth; pod ~ą in charge

pieczara *f* cavern
pieczarka *f bot.* champignon
pieczątka *f* seal, stamp
pieczeniarz *m* sponger
pieczeń *f* roast-meat; ~. cielęca
  roast veal; ~ wołowa roast beef
pieczęć *f* seal, stamp
pieczętować *vt* seal, stamp
pieczołowitość *f* solicitude
pieczołowity *adj* solicitous
pieczyste *n* roast-meat, roast
pieczywo *n* baker's goods; (*słodkie*)
  pastry
pieg *m* freckle
piegowaty *adj* freckled
piekarnia *f* bakery, baker's (shop)
piekarz *m* baker
piekieln|y *adj* hellish, devilish, in-
  fernal; maszyna ~a infernal machine; *przen.* ogień ~y hellfire
piekło *n* hell
pielęgniarka *f* nurse
pielęgniarz *m* (male) nurse
pielęgnować *vt* (*chorych*) nurse;
  (*rośliny*) cultivate; (*umiejętność*)
  foster, cultivate; (*ręce, fryzurę*)
  take care
pielgrzym *m* pilgrim
pielgrzymka *f* pilgrimage
pielucha *f* swaddling-cloth, napkin;
  am. diaper
pieniacz *m* litigious person
pieniądz *m* coin, piece of money;
  pl ~e money; drobne ~e (small)
  change
pienić się *vr* foam; (*o winie*)
  sparkle; ~ ze złości foam with
  rage
pieniężn|y *adj* pecuniary, money
  attr; kara ~a fine
pień *m* (*trzon, łodyga*) trunk;
  stem; (*pniak*) stump; zboże na
  pniu standing corn
pieprz *m* pepper
pieprzny *adj* peppery; (*nieprzyzwoity*) spicy
piernik *m* ginger-bread
pierś *f* breast; (*klatka piersiowa*)
  chest
pierścieniowy *adj* annular
pierścień *m* ring; (*włosów*) ring-

let; (*tłoka*) piston-ring
pierścionek *m* ring
pierwej *adv lit.* (at) first, before
pierwiastek *m* element; *chem.* element; *mat.* (*wartość*) root; *mat.*
  (*znak*) radical; ~ kwadratowy
  ⟨sześcienny⟩ square ⟨cube⟩ root;
  ~ piątego stopnia fifth root
pierwiastkowy *adj* original, primary; *mat.* radical
pierwiosnek *m bot.* primrose
pierworodny *adj* first-born; (*o
  grzechu*) original
pierwotniak *m zool.* protozoan
pierwotność *f* primordiality; (*pry-
  mitywizm*) primitiveness
pierwotny *adj* primordial; (*prymitywny*) primitive; (*pierwszy*)
  primary
pierwowzór *m* prototype
pierwszeństwo *n* priority
pierwszorzędny *adj* first-rate
pierwsz|y *num* first; na ~ego sty-
  cznia on the first of January;
  ~a pomoc first aid; ~y lepszy
  just any, at random; ~a godzina
  one o'clock; po ~e firstly, in
  the first place
pierzchać *vi* flee, take flight
pierze *n* feathers *pl*
pierzyna *f* eiderdown
pies *m* dog; *pot.* zejść na psy go
  to the dogs
pieszczota *f* caress
pieszczotliw|y *adj* caressing, cud-
  dlesome; ~e imię pet name; ~e
  słowo word of endearment
pieszo *adv* on foot
pieścić *vt* caress, pet, fondle
pieśń *f* song
pietruszka *f bot.* parsley
pietyzm *m* pietism
pięciobój *m sport* pentathlon
pięciokrotny *adj* fivefold
pięcioletni *adj* five-year *attr*; (*o
  wieku*) five-year old
pięcioraczki *s pl* quintuplets
pięcioraki *adj* fivefold
pięć *num* five
pięćdziesiąt *num* fifty
pięćdziesiąty *adj* fiftieth

pięćset *num* five hundred
piędź *f* span
pięknie *adv* beautifully, finely; jest ~ it is fine weather; wyglądać ~ look fine
pięknieć *vi* grow beautiful
piękno *n* beauty, the beautiful
piękność *f* beauty
piękn|y *adj* beautiful, handsome, lovely, fair; literatura ~a belles-lettres; ~a pogoda fine weather; sztuki ~e fine arts
pięściarz *m* boxer
pięść *f* fist
pięta *f* heel
piętnastoletni *adj* fifteen-year *attr*; (*o wieku*) fifteen-year old
piętnasty *num* fifteenth
piętnaście *num* fifteen
piętno *n* stigma, stamp; wycisnąć ~ impress a stamp
piętnować *vt* stigmatize, stamp
piętro *n* stor(e)y, floor
piętrzyć *vt* pile up; ~ się *vr* be piled up; (*wznosić się*) tower
pigułka *f* pill
pijak *m* drunkard
pijany *adj praed* drunk; drunken *attr*
pijaństwo *n* drunkenness
pijatyka *f* drinking-bout
pijawka *f zool.* leech
pik *m* spade
pika 1. *f* pike
pika 2. *f* (*tkanina*) piqué
pikantny *adj* piquant; (*nieprzyzwoity*) spicy
pikling *m* kipper
piknik *m* picnic
pikować *vt* (*tkaninę*) quilt; *vi lotn.* dive
pilnik *m* file
pilność *f* diligence
pilnować *vt* look after, watch; ~ swego interesu mind one's business; ~ się *vr* be on one's guard
pilny *adj* diligent, assidous; (*naglący*) urgent
pilot *m* pilot
pilotować *vt* pilot

pilśń *f* felt
piła *f* saw; *przen. pot.* (*nudziarz*) bore
piłka 1. *f* (*narzędzie*) hand-saw
piłka 2. *f* (*do gry*) ball; *sport* ~ nożna football, association football, soccer
piłkarz *m* football player, footballer
piłować *vt* (*piłą*) saw; (*pilnikiem*) file; *pot.* (*nudzić, dręczyć*) bore
pingwin *m zool.* penguin
piołun *m bot.* wormwood
piołunówka *f* absinth
pion *m* perpendicular; (*narzędzie*) plummet; *przen.* line
pionek *m* pawn
pionier *m* pioneer
pionowy *adj* vertical
piorun *m* lightning; trzask ~u thunderclap; rażony ~em thunderstruck
piorunochron *m* lightning-conductor
piosenka *f* ditty
piórko *n* feather; (*stalówka*) pen
piórnik *m* pencase
pióro *m* feather; (*do pisania*) pen; ~ wiosła blade; gęsie ~ quill; wieczne ~ fountain pen
pióropusz *m* plume
pipeta *f* pipette
piracki *adj* piratical
piractwo *n* piracy
piramida *f* pyramid
pirat *m* pirate
pirotechnik *m* pyrotechnist
pirotechnika *f* pyrotechnics
pisać *vt vi* write (ołówkiem, atramentem in pencil, in ink); ~ na maszynie typewrite; jak się ten wyraz pisze? how do you spell this word?; ~ się *vr* be written, be spelt; (*zgadzać się*) subscribe (na coś to sth)
pisarz *m* (*autor*) writer; † (*niższy urzędnik*) clerk, copyist
pisemnie *adv* in writing
pisemny *adj* written, in writing; egzamin ~ written examination
pisk *m* squeal, squeak

pisklę *n* nestling; *(kurczątko)* chickling

piskorz *m* zool. loach

pismo *n* writing, letter; *(czasopismo)* newspaper; periodical; *(charakter pisma)* handwriting; **na piśmie** in writing; **Pismo Święte** Holy Scripture

pisnąć *vi vt* zob. **piszczeć; nie ~ ani słówka** not breathe a word

pisownia *f* spelling

pistolet *m* pistol

piszczałka *f* pipe, fife

piszczeć *vi* squeak, squeal

piszczel *m* anat. shinbone, tibia

piśmidło *n* pog. scrawl

piśmiennictwo *n* letters *pl*, literature

piśmiennie *adv* in writing

piśmienn|y *adj* literate; *(pisemny)* written; **artykuły ~e** writing-materials, stationery

piwiarnia *f* beer-house

piwnica *f* cellar

piwny *adj* beer *attr*; *(kolor)* brown

piwo *n* beer; **~ z beczki** beer on draught; **dać na ~** give a tip

piwonia *f* bot. peony

piwowar *m* brewer

piżama *f* pyjamas *pl*

piżmo *n* musk

piżmowiec *m* zool. musk-rat

plac *m* ground; *(parcela)* lot, parcel; *(okrągły, u zbiegu ulic)* circus, (kwadratowy) square; **~ boju** battlefield; **~ budowy** building-ground

placek *m* cake

placówka *f* outpost

plaga *f* plague

plagiat *m* plagiarism; **popełnić ~** plagiarize

plakat *m* poster, bill

plakieta *f* plaque

plama *f* spot, stain

plamić *vt* spot, stain; **~ się** *vr* spot

plan *m* plan, scheme; **pierwszy ~** foreground; **dalszy ~** background

planeta *f* planet

planetarny *adj* planetary

planować *vt* plan; *vi lotn.* plane

planowanie *n* planning

planowo *adv* according to plan

planowy *adj* planned

plantacja *f* plantation

plantator *m* planter

plastelina *f* plasticine

plaster *m* plaster; **~ miodu** honeycomb

plasterek *m* (*np. szynki*) slice

plastik *m* = **plastyk** 2.

plastycznie *adv* plastically

plastyczność *f* plasticity

plastyczn|y *adj* plastic; **sztuki ~e** fine arts

plastyk 1. *m* (*artysta*) artist

plastyk 2. *m* (*masa plastyczna*) plastic

platerować *vt* plate

platery *s pl zbior.* plate

platforma *f* platform; *(wóz ciężarowy)* lorry

platoniczny *adj* Platonic

platyna *f* chem. platinum

plazma *f* plasm

plaża *f* beach

plądrować *vt vi* plunder

pląsać *vi* hop, toe and heel it

pląsy *s pl* dance, dancing

plątać *vt* entangle; **~ się** *vr* tangle, become entangled; *pot.* (łazić) slouch about

plątanina *f* tangle

plebiscyt *m* plebiscite

plecak *m* knapsack, rucksack

plecionka *f* plait; *(wyrób koszykarski)* wickerwork

plec|y *s pl* back; **za ~ami** behind one's back; **obrócić się ~ami** turn one's back (**do kogoś** on sb)

pleć zob. **plewić**

pled *m* plaid

plejada *f* pleiad

plemienny *adj* tribal, racial

plemię *n* tribe, race

plenarny *adj* plenary; full

plenić się *vr* multiply

plenum *n* nieodm. plenary session

pleść *vt* twist, plait; *(gadać)* babble

pleśnieć *vi* mould
pleśń *f* mould
plewa *f* chaff
plewić *vt* weed
plik *m* bundle
plisa *f* pleat
plisować *vt* pleat
plomba *f* lead, leaden seal; (*w zębie*) filling, stopping
plombować *vt* seal up, lead; (*ząb*) fill, stop
plon *m* crop, yield
plotka *f* gossip
plotkarka *f*, **plotkarz** *m* gossip(er)
plotkować *vi* gossip
pluć *vi* spit
plugawić *vt* (be)foul
plugawy *adj* foul, filthy
plus *m* (*znak*) plus sign; (*zaleta*) plus, advantage; *adv* (*ponadto*) plus
pluskać *vi* splash; ~ **się** *vr* splash
pluskiewka *f* tack, drawing-pin
plusz *m* plush
plutokracja *f* plutocracy
pluton *m* *wojsk.* platoon
plutonowy *adj* *wojsk.* lance sergeant
plwocina *f* spittle
płac|a *f* pay, salary, wages *pl*; **lista** ~ pay-sheet, pay-roll
płachta *f* sheet
płacić *vt* pay; ~ **gotówką** pay in cash; ~ **z góry** pay in advance, prepay
płacz *m* cry; crying, weeping; **wybuchnąć** ~**em** burst into tears
płakać *vi* cry, weep
płaski *adj* flat
płasko *adv* flatways, flatwise
płaskorzeźba *f* bas-relief
płaskowzgórze *n* tableland
płaszcz *m* overcoat, cloak; ~ **nieprzemakalny** (*deszczowy*) raincoat
płaszczyć *vi* flatten; ~ **się** *vr* become flat; *przen.* fawn (**przed kimś** on, upon sb)
płaszczyk *m* cape, mantle; *przen.* **pod** ~**iem** under the cloak
płaszczyzna *f* plain, level; *mat.*

plane
płat *m* (*kawał, szmat*) slice; (*mięsa*) collop; *anat.* lobe
płatać *vi* cut; ~ **figle** play tricks (**komuś** on sb)
płat|ek *m* *zool.* shred, piece; (*plasterek*) slice; (*kwiatu*) petal; (*śniegu*) flake; ~**ki owsiane** oat flakes
płatniczy *adj, fin.* **bilans** ~ balance of (accounts) payments; **środek** ~ legal tender
płatnik *m* payer
płatnoś|ć *f* maturity; ~**ć natychmiastowa** money down; **dzień** ~**ci** pay-day; *handl.* (*o wekslu*) date (time) of maturity
płatny *adj* payable, due; *handl.* (*o wekslu*) mature; (*płacony*) paid
płaz 1. *m* *zool.* amphibian
płaz 2. *m* the flat of a sabre; *przen.* **puścić coś** ~**em** pass sth over, connive at sth
płciow|y *adj* sexual, sex *attr*; **życie** ~**e** sexual life; **popęd** ~**y** sex instinct (urge)
płeć *f* sex; (*cera*) complexion; ~ **piękna** fair sex
płetwa *f* fin
płetwonurek *m* frogman
płochliwy *adj* shy
płochy *adj* frivolous
płodność *f* fertility
płodny *adj* fertile
płodozmian *m* rotation of crops
płodzenie *n* procreation
płodzić *vt* procreate; ~ **się** *vr* multiply
płomienny *adj* flaming, fiery; (*żarliwy*) ardent
płomień *m* flame
płonąć *vi* burn, be on fire; *przen.* ~ **ze wstydu** burn with shame
płonica *f* *med.* scarlet-fever
płonić się *vr* blush
płonny *adj* vain
płoszyć *vt* scare (away); ~ **się** *vr* be scared (**czymś** by sth)
płot *m* fence, ledge
płot|ek *m* *sport* hurdle; **bieg przez** ~**ki** hurdle-race
płowieć *vi* fade (away)

płow|y adj fallow; **zwierzyna ~a** fallow deer

płód m fruit, product; anat. phoetus

płótno n linen; (malarskie, żaglowe) canvas

płuc|o n lung; **zapalenie ~** pneumonia

płucny adj pulmonary

pług m plough; **~ śnieżny** snow-plough

płukać vt rinse, wash; **~ gardło** gargle

płyn m liquid; (do włosów, apteczny itp.) lotion

płynąć vi flow; (pływać) swim; (o statkach) sail; (o podróży morskiej) go by water, sail; **~ łódką** boat

płynny adj liquid; (o mowie) fluent

płyta f plate, slab; **~ gramofonowa** record; **~ kamienna** (do brukowania) flag-stone

płytki adj shallow; (np. o talerzu) flat

pływać vi swim; (np. o korku) float

pływak m swimmer; (w zbiorniku, u wędki itp.) float

pneumatyczny adj pneumatic

pniak m stump

po praep after; to, up to; for; past; zaraz po on, upon; po wykładach after the lectures; po dzień dzisiejszy up to the present day; po uszy up to the ears; posłać po taksówkę send for a taxi; kwadrans po piątej a quarter past five; zaraz po jego powrocie on his return; po co? what for?; po czemu? how much?; po kolei by turns; każdemu po szylingu one shilling each; po szylingu za sztukę one shilling apiece; po raz pierwszy for the first time; po pierwsze firstly, in the first place; mówić po angielsku speak English

pobić vt beat, defeat; **~ rekord** break ⟨beat⟩ the record; **~ się** vr come to blows

pobielać vt (metal) tin; (ścianę) whitewash

pobierać vt (np. pensję) receive; (np. podatek) collect; (lekcje) take; **~ się** vr get married

pobieżny adj superficial

pobliski adj near

pobliż|e n, **w ~u** near by

pobłażać vi be indulgent (komuś to sb); connive (czemuś at sth); **~ sobie** indulge oneself

pobłażliwość f indulgence

pobłażliwy adj indulgent

poboczny adj lateral; (o przedmiocie) secondary

pobojowisko n battlefield

poborca m (tax-)collector

poborowy adj conscript; s m conscript

pobory s pl salary

pobożn|y adj pious; pot. **~e życzenie** wishful thinking

pobór m (do wojska) conscription, levy; (podatku) collection, levy

pobranie n, **za ~m** to be paid on delivery, cash on delivery

pobrzeże n shoreland, seashore

pobudka f impulse, stimulus; wojsk. reveille

pobudliwość f excitability

pobudliwy adj excitable

pobudzić vt excite, impel; (zbudzić) wake up

pobyt m sojourn, stay; **miejsce stałego ~u** residence; **wiza ~owa** visitor's visa

pocałunek m kiss

pochlebca m flatterer

pochlebiać vi flatter (komuś sb)

pochlebn|y adj flattering; **~a opinia** high opinion

pochlebstwo n flattery

pochłaniа|ć vt absorb, swallow; **~ go nauka** he is absorbed in study

pochmurny adj cloudy; przen. (ponury) gloomy

pochodnia f torch

pochodny adj derivative, secondary

pochodzenie n origin, descent, extraction

pochodzić vi descend, be descended (od kogoś from sb), derive, be

pochopność 632

derived (od **kogoś, czegoś** from sb, sth); *(wynikać)* result (z czegoś from sth), proceed (z czegoś from sth)

pochopność *f* eagerness, hastiness

pochopny *adj* eager, hasty

pochować *vt (pogrzebać)* bury; zob. **chować**

pochód *m* procession; march

pochwa *f* sheath

pochwalać *vt* praise; *(uznawać)* approve (coś of sth)

pochwaln|y *adj* laudatory; **mowa** ~a eulogy

pochwała *f* praise

pochylenie *n* inclination

pochylić *vt* bend, bow; ~ **się** *vr* bow down

pochyłość *f* slope, slant

pochyły *adj* sloping, inclined

pociąg *m* train; *(skłonność)* attraction, inclination; *(upodobanie)* liking, fondness; ~ **osobowy** ⟨**towarowy**⟩ passenger ⟨goods⟩ train; ~ **pospieszny** fast ⟨express⟩ train

pociągać *vt vi* pull (coś sth, za coś at sth), draw; *(nęcić)* attract; ~ **do odpowiedzialności** call to account

pociągający *adj* attractive

pociągły *adj* oblong

pociągnięcie *n* draught, pull; *(np. w grze)* move

pociągowy *adj,* **koń** ~ draught ⟨draft⟩ horse

po cichu *adv* in a low voice; *(w tajemnicy)* tacitly; secretly

pocić się *vr* perspire, sweat

pociecha *f* consolation, comfort; **niewielka** ~ no great shakes

po ciemku *adv* in the dark

pocierać *vt* rub

pocieszać *vt* console, comfort, cheer up; ~ **się** *vr* console oneself

pocieszenie *n* consolation, comfort

pocieszny *adj* funny, droll

pocieszyciel *m* comforter

pocisk *m* missile, projectile; ~ **armatni** shell; ~ **zapalający** fire-ball

począć *vt* begin, commence; *(zajść w ciążę)* conceive; **co mam** ~? what am I to do?

począt|ek *m* beginning; origin; **na** ~**ek** to start with; **na** ~**ku** at the beginning, at the outset

początkowo *adv* at first, initially

początkowy *adj* initial, primary

początkujący *m* beginner

poczciwiec *m* good fellow

poczciwy *adj* good, good-hearted

poczekalnia *f* waiting-room

poczekani|e *n,* **na** ~**u** on the spot; off-hand; there and then

poczernić *vt* black(en)

poczernieć *vi* blacken, become black

poczerwienić *vt* redden, make red

poczerwienieć *vi* redden, become red; *(zarumienić się)* blush

poczesny *adj* honorable, respectable

poczęcie *n* beginning; *biol.* conception

poczęstunek *m* treat

poczt|a *f* post, mail; *(budynek)* post-office; ~**a lotnicza** air mail; ~**ą** by post; **odwrotną** ~**ą** by return of post

pocztow|y *adj* postal, post *attr;* **kartka** ~**a** post-card, *am.* postal card; **opłata** ~**a** postage; **stempel** ~**y** postmark; **unia** ~**a** postal union; **urząd** ~**y** post-office; **znaczek** ~**y** (postage-)stamp

pocztówka *f* post-card

poczucie *n* feeling; sense; ~ **obowiązku** ⟨**humoru**⟩ sense of duty ⟨humour⟩

poczuwać się *vr,* ~ **się do obowiązku** feel it one's duty; ~ **się do winy** admit one's guilt, feel guilty

poczwarka *f* chrysalis

poczwórny *adj* fourfold

poczynać *vt vi* begin, originate; ~ **sobie** behave

poczytać *vt* read (a little); zob. **poczytywać**

poczytalny *adj* accountable

poczytność *f* popularity

poczytny *adj* widely read, popular

poczytywać *vt* regard (**kogoś, coś sb, sth**; za kogoś, coś as sb, sth); ~ się za bardzo ważnego consider oneself very important; ~ sobie za wielki zaszczyt look upon something ⟨esteem sth⟩ as a great honour; ~ coś komuś za przestępstwo impute sth to sb as an offence

pod *praep* under, beneath, below; ~ drzwiami at the door; ~ karą śmierci on the penalty of death; ~ nazwiskiem X.Y. by the name of X.Y.; ~ ręką at hand; ~ tym względem in this regard; ~ Warszawą near Warsaw; bitwa ~ Warszawą battle of Warsaw; ~ warunkiem on condition; ~ wieczór towards the evening

podać *zob.* podawać

podagra *f med.* gout

podający *m (w tenisie)* server

podanie *n (prośba)* petition, application; *(legenda)* legend; *sport* service, pass; wnieść ~ file an application

podarek *m* gift, present

podarty *adj* torn, worn

podatek *m (państwowy)* tax; *(samorządowy)* rate

podatnik *m (państwowy)* tax-payer; *(samorządowy)* rate-payer

podatny *adj* susceptible (**na coś** to sth); subject (**na choroby** to diseases); *przen.* ~ grunt favourable conditions

podawać *vt* give, hand, pass; ~ rękę shake hands (**komuś** with sb); ~ na stół serve; ~ do wiadomości make known; ~ w wątpliwość call into question

podaż *f* supply, offer

podążać *vi* go, hurry along; ~ za kimś follow sb

podbicie *n (kraju)* conquest; *(podszycie)* lining; *(u stopy)* instep

podbiegać *vi* come running

podbiegunowy *adj* polar

podbijać *vt* run up; *(zawojować)*

conquer, subdue

podbój *m* conquest

podbródek *m* chin

podburzać *vt* incite, stir (up)

podchodzić *vi* come near, approach

podchwycić *vt* catch up

podciągać *vt* draw up; *(pod kategorię)* subsume

podcinać *vt* undercut; *(np. skrzydła)* clip

podcyfrować *vt* initial, sign

podczas *praep* during; ~ gdy *conj* while; whereas

podczerwon|y *adj fiz.* infra-red; promienie ~e infra-red radiation

poddać *vt* subject; *(np. twierdzę)* surrender; *(podsunąć myśl)* suggest; ~ próbie put to trial; ~ się *vr* surrender; *(operacji, egzaminowi)* undergo (an operation, examination); *(ulec)* submit

poddanie się *n* submission

poddany *m* subject; *hist.* serf

poddaństwo *n hist.* serfdom

poddasze *n* attic, garret

podejmować *vt* take up, undertake; *(np. gości)* entertain, receive; ~ kroki take steps; ~ pieniądze raise money; ~ się *vr* undertake (**czegoś** sth)

podejrzany *adj* suspect(ed); *(budzący podejrzenie)* suspicious

podejrzenie *n* suspicion

podejrzewać *vt* suspect (**kogoś o coś** sb of sth)

podejrzliwie *adv* suspiciously; patrzeć ~ look askance

podejrzliwość *f* suspiciousness

podejrzliwy *adj* suspicious

podejście *n* approach

podejść *vt (podstępnie)* circumvent, deceive; *vi zob.* podchodzić

podeptać *vt* trample under foot

poderżnąć *zob.* podrzynać

podeszły *adj,* ~ wiekiem aged, advanced in years

podeszwa *f* sole

podjazd *m* approach; *(droga do budynku)* drive(way)

podjazdow|y *adj,* walka ~a guerilla warfare

podjąć vt pick up; zob. podejmować

podjechać vi drive up, come riding

podjudzać vt abet, stir up

podkleić vt stick under

podkład m base, foundation; kolej. sleeper

podkładać vt put ⟨lay⟩ under

podkładka f pad, bolster

podkop m sap, subway

podkopywać vt undermine, sap

podkowa f (końska) horseshoe

podkradać się vr steal secretly

podkreślać vt underline; (uwydatniać) stress, lay stress

podkręcać vt twist up, screw up

podkuwać vt (konia) shoe; (but) tap

podlatywać vi fly up

podlegać vi be subject (komuś, czemuś to sb, sth); (karze, podatkowi itp.) be liable

podległy adj subject

podlewać vt water

podlizywać się vr fawn (komuś on, upon sb)

podlotek m young girl, pot. flapper, teen-ager

podłoga f floor

podłość f vileness

podłoże n substratum; (podstawa) base, background

podłożyć zob. podkładać

podług praep according to, after

podłużny adj oblong

podły adj vile, mean

podmalować vt ground, paint the background

podmiejski adj suburban

podminować vt undermine

podmiot m subject

podmiotowy adj subjective

podmuch m blast, puff

podmywać vt wash away, underwash; (o rzece, morzu) sap

podniebienie n palate

podniecać vt excite, incite, stir up (do czegoś to sth)

podniecenie n excitement; (podnieta) incitement

podniesienie n lifting, hoisting, elevation

podnieść zob. podnosić

podnieta f incitement, stimulus, incentive

podniosłość f sublimity

podniosły adj sublime, lofty

podnosić vt raise, lift, take up; (z ziemi) pick up; (ręce) hold up; (kotwicę) weigh; (pieniądze, ceny, podatki itp.) raise; (w banku, zasiłek itp.) draw; ~ bunt raise a revolt; ~ na duchu encourage, pot. buoy up; ~ zarzuty level charges; mat. ~ do kwadratu square, raise to the square; ~ się vr rise, get up

podnóże n (góry) foot; u ~a at the foot

podnóżek m footstool

podobać się vr please; ~ mi się tutaj I like this place; on mi się ~ I like him; jak ci się to ~? how do you like this?; rób, jak ci się ~ do as you please; weź, ile ci się ~ take as much ⟨many⟩ you please

podobieństwo n resemblance, likeness

podobizna n photo, image; likeness

podobnie adv likewise, alike; ~ jak like

podobno adv I suppose that, I understand that; on ~ wraca jutro he is supposed to come back tomorrow

podobny adj similar (do kogoś to sb), like (do kogoś sb); być ~m resemble (do kogoś sb)

podoficer m wojsk. non-commissioned officer

podołać vi be up (czemuś to sth), manage (czemuś sth)

podówczas adv at that time

podpadać vi fall (czemuś, pod coś under sth)

podpalacz m incendiary

podpalać vt set fire (coś to sth), set on fire (coś sth)

podpalenie n arson

podpałka f kindling-wood

podpatrywać *vt* watch furtively, spy

podpierać *vt* support, prop

podpinać *vt* fasten, buckle up

podpis *m* signature; złożyć ~ put one's signature (na czymś to sth)

podpisa|ć *vt* sign; subscribe (pożyczkę to a loan); niżej ~ny the undersigned

podpora *f* support, prop; *przen.* (ostoja) mainstay

podporucznik *m wojsk.* second lieutenant

podporządkować *vt* subordinate (komuś, czemuś to sb, sth); ~ się *vr* conform, submit

podpowiadać *vt* prompt (komuś sb)

podpórka *f* support, prop

podpułkownik *m wojsk.* lieutenant-colonel

podrabiać *vt* forge

podrastać *vi* grow up

podrażnić *vt* excite, irritate

podrażnienie *n* excitement, irritation

podręcznik *m* handbook

podręczn|y *adj* (znajdujący się pod ręką) handy, at hand; książka ~a reference book

podróbki *s pl* pluck zbior.

podróż *f* travel, journey; (krótka) trip; (morska) voyage; odbywać ~ make a journey

podróżnik *m* traveller

podróżny *m* traveller, passenger; *adj* travelling

podróżować *vi* travel

podrygi *s pl* gambols

podrygiwać *vi* gambol, skip

podrywać *vt* pull down; jerk; *przen.* sap; *pot.* (np. dziewczynę) pick up

podrzeć *vt* tear up

podrzędny *adj gram.* subordinate; (drugorzędny) second-rate

podrzucić *vt* throw up, toss; (np. ulotkę, dokument) foist; (niemowlę) expose

podrzutek *m* foundling

podrzynać *vt* undercut; ~ sobie gardło cut one's throat

podsądny *m* accused, defendant

podsekretarz *m* undersecretary

podskakiwać *vi* jump, leap up, bounce; (o cenach) rise, shoot up; ~ z radości leap for joy

podskok *m* jump, leap

podskórn|y *adj* subcutaneous, (o zastrzyku) hypodermic; woda ~a subsoil water

podsłuch *m* eavesdropping; (telefoniczny) wire-tapping; (radiowy) monitoring

podsłuchiwać *vt* overhear, eavesdrop; (w radiu) monitor

podstarzały *adj* aged, elderly

podstaw|a *f* base, basis; na tej ~ie on this ground; na ~ie czegoś on the ground of sth

podstawić *vt* put under; substitute (coś na miejsce czegoś sth for sth)

podstawow|y *adj* fundamental, essential; szkoła ~a elementary school

podstęp *m* trick

podstępny *adj* tricky, trickish

podsumować *vt* sum up

podsunąć *vt* shove, slip; (wsunąć ukradkiem) foist; (myśl) suggest

podsycać *vt* foment, excite; (ogień) feed, blow

podszeptywać *vt* whisper furtively; (podsunąć) prompt (komuś pomysł sb with an idea), suggest

podszewka *f* lining

podszycie *n* (lasu) undergrowth

podszyć *vt* (ubranie) line; ~ się *vr* pretend to be (pod kogoś sb), assume the character (pod kogoś of sb)

podścielić *vt* underlay, litter

podściółka *f* underlay, litter

podświadomość *f* subconsciousness

podświadomy *adj* subconscious

podtrzymywać *vt* support; (stosunki, poglądy itp.) maintain; (życie, nastrój) sustain; *przen.* (bronić kogoś, czyjejś sprawy) advocate

podupad|ać *vi* decline, go down;

~ać na siłach break up; ~ł na
zdrowiu his health broke down

poduszczeni|e n abetment, instigation; z czyjegoś ~a at sb's instigation

poduszka f (pościelowa) pillow;
(ozdobna) cushion; ~ do stempli
ink-pad

podwalina f foundation

podważyć vt lever; (łomem) lift
up; przen. (osłabić) weaken, sap,
shake

podwiązać vt tie up, bind up

podwiązka f garter, suspender

podwieczorek m afternoon tea

podwieźć vt (dostarczyć) supply;
~ kogoś (samochodem, autem)
give sb a lift

podwinąć vt turn up, tuck up

podwładny adj i sm subordinate

podwodn|y adj underwater attr,
submarine; mors. łódź ~a submarine

podwoić vt double

podwozie n chassis

podwójnie adv doubly, twofold

podwójn|y adj double, twofold;
~a gra double-dealing

podwórze n (court-)yard

podwyżka f augmentation; (cen)
rise; (płacy) increase

podwyższać vt raise, heighten; lift;
(powiększać) increase

podwyższenie n elevation

podzelować vt sole

podzia|ć vt put somewhere, misplace, lose; ~ć się vr be misplaced, go lost; gdzie się to ~ło?
what's become of it?

podział m division, partition; ~
godzin timetable

podziałka f scale

podzielać vt share

podzielić vt divide; ~ się vr share;
~ się z kimś wiadomościami impart news to sb

podzielny adj divisible

podziemie n underground

podziemny adj underground, subterranean

podziękować zob. dziękować

podziękowanie n thanks pl

podziw m admiration

podziwiać vt admire

podzwrotnikowy [-d-z-] adj tropical

podżegacz m abetter; ~ wojenny
war-monger

podżegać vt abet, instigate

poemat m poem

poeta m poet

poetka f poet, poetess

poetycki adj poetic(al)

poezja f poetry

pogadać vi pot. (także ~ sobie)
have a chat

pogadanka f chat; (popularny wykład) talk

poganiacz m driver

poganiać vt drive; urge, push on

poganin m heathen, pagan

pogański m heathen, pagan

pogaństwo n paganism

pogard|a f contempt, disdain; godny ~y contemptible

pogardliwy adj contemptuous, disdainful

pogardzać vt despise, disdain

pogarszać zob. pogorszyć

pogawędka f chat, talk

pogawędzić vi (także ~ sobie) have
a chat

pogląd m view, opinion

poglądow|y adj, lekcja ~a object-lesson

pogłaskać vt stroke, caress

pogłębiać vt deepen

pogłosk|a f rumour; chodzą ~i it
is rumoured

pogoda f weather; przen. (ducha)
serenity

pogodny adj fair; (na duchu) serene, cheerful

pogodzenie (się) n conciliation, reconciliation

pogodzić vt reconcile; ~ się vr
reconcile oneself (z kimś with
sb, z czymś to sth), become reconciled

pogoń f chase (za kimś after sb),
pursuit (za kimś of sb)

pogorszenie n change for worse,
deterioration

pogorszyć *vt* make worse, worsen, deteriorate; ~ **się** *vr* become worse, deteriorate

pogorzelec *m* victim of a fire

pogotowi|**e** *n* readiness; (*instytucja*) emergency service; **karetka** ~**a** ambulance; ~**e milicyjne** emergency police squad; ~**e ratunkowe** medical emergency service; **być w** ~**u** be on the alert

pogranicze *n* borderland

pograniczn|**y** *adj* border-, frontier-, bordering; **miasto** ~**e** frontier--town; **teren** ~**y** border-territory

pogrążyć *vt* sink, plunge; ~ **się** *vr* sink, plunge; *przen.* become absorbed; ~ **się w żalu** be overwhelmed by sorrow

pogrobowiec *m* posthumous child

pogrom *m* pogrom; (*rozbicie wojsk*) rout

pogromca *m* conqueror; (*zwierząt*) tamer

pogróżka *f* threat

pogrzeb *m* funeral, interment, burial

pogrzebacz *m* poker

pogrzebać *zob.* **grzebać**

pogrzebowy *adj* funeral; **orszak** ~ funeral procession

pogwałcenie *n* violation

pogwałcić *vt* violate

poić *vt* drink; (*konie*) water

pojawić się *vr* appear, turn up, make one's appearance

pojazd *m* vehicle, conveyance

pojąć *vt* comprehend, grasp; ~ **za mężа** ⟨**za żonę**⟩ take as a husband ⟨as a wife⟩; take in marriage

pojechać *vi* go (**dokąd** to a place), leave (**dokąd** for a place)

pojednać *vt* reconcile; ~ **się** *vr* reconcile oneself, become reconciled

pojednanie *n* reconciliation

pojednawczy *adj* conciliatory

pojedynczo *adv* singly, one by one

pojedynczy *adj* single; *gram.* singular

pojedynek *m* duel; **wyzwać na** ~ challenge to a duel

pojedynkować się *vr* duel, fight a duel

pojemnik *m* container

pojemność *f* capacity

pojemny *adj* capacious

pojęcie *n* idea, notion; **to przechodzi moje** ~ it passes my comprehension

pojętność *f* comprehension, apprehension

pojętny *adj* quick of apprehension, clever

pojmać *vt* seize, catch

pojmować *vt* comprehend, apprehend, grasp

pojmowanie *n* comprehension, apprehension

pojutrze *adv* the day after tomorrow

pokarm *m* food, nourishment

pokarmowy *adj* alimentary; **przewód** ~ alimentary canal

pokaz *m* show; display; ~ **lotniczy** air display; **na** ~ for show

pokazywać *vt* show, display, demonstrate; (*wskazywać*) point (**na kogoś** at sb); ~ **się** *vr* appear, come into sight

pokaźny *adj* considerable; showy, stately

pokątny *adj* clandestine; (*nielegalny*) unlicensed, illegal

poker *m* (*gra*) poker

poklask *m* applause

pokład *m* layer; *mors.* deck; **na** ~**d, na** ~**dzie** on board, aboard

pokładać *vt* lay, place; *przen.* ~ **nadzieję** set hopes (**w kimś, czymś** on sb, sth)

pokłon *m* bow, homage

pokło|**nić się** *vr* bow; ~**ń mu się ode mnie** present him my compliments, give him my regards

pokłosie *n* gleaning; *przen.* (*plon*) aftermath

pokłócić *vt* set at variance; ~ **się** *vr* fall out (**z kimś** with sb), *pot.* fall to ⟨at⟩ loggerheads

pokochać *vt* fall in love (**kogoś** with sb), become fond (**kogoś, coś** of sb, of sth)

pokojowy adj peace attr, peaceful; (znajdujący się w pokoju) indoor; okres ~ peace-time; układ ~ peace treaty; piesek ~ lap dog

pokojówka f chamber-maid

pokolenie n generation

pokonać vt (pobić) defeat; (przemóc) overcome, (trudność) surmount; ~ odległość cover a distance

pokora f humility

pokoruy adj humble

pokost m varnish

pokostować vt varnish

pokój f peace; (pomieszczenie) room; ~ stołowy dining-room; ~ sypialny bedroom; pokoje do wynajęcia rooms to let; Światowa Rada Pokoju World Peace Council; światowy ruch pokoju world peace movement; zawierać ~ make peace

pokrewieństwo n relationship, affinity

pokrewny adj related (komuś to sb), (duchowo) congenial (komuś sb, with sb)

pokrowiec m cover, dust-cloth

pokr|ój m; innego ~oju of another cast; tego ~oju of this stamp

pokrótce adv in short, briefly

pokrycie n (także fin.) cover, covering; ~ w złocie gold backing

pokryć vt cover; (koszty) defray

po kryjomu adv stealthily, secretly

pokrywa f cover, lid

pokrywać vt zob. pokryć; ~ się vr be covered; przen. (zbiegać się) coincide

pokrzepiać vt invigorate, strengthen; refresh; ~ na duchu fill with high spirits, cheer; ~ się vr refresh oneself

pokrzepienie n refreshment; invigoration; (duchowe) encouragement

pokrzywa f bot. nettle

pokrzywka f med. nettle-rash

pokupny adj saleable, in great demand

pokusa f temptation; ~ mnie bierze I fell tempted

pokusić się vr attempt, venture (o coś sth)

pokut|a f penance, penitance; odprawiać ~ę do penance

pokutować vi do penance; przen. (trwać nadal) linger on

pokwitować vt receipt

pokwitowanie n receipt

Polak m Pole

polana f glade, clearing

polano n billet

polarn|y adj polar; gwiazda ~a pole-star

polaryzacja f polarization

pole n field; ~ bitwy battlefield; ~ widzenia field of vision; przen. wywieść w ~ jockey, hoax

polec vi fall, be killed

polec|ać vt recommend; (powierzać) commend; handl. (zlecać) command; list ~ający letter of introduction; list ~ony registered letter

polecenie n recommendation; handl. (zlecenie) command; ~ wypłaty order of payment

poleg|ać vi consist (na czymś in sth); rely, depend (na kimś, czymś on sb, sth); na nim można ~ć he can be relied upon; nasze zadanie ~ na wspólnym wysiłku our task consists in a common effort; rzecz ~ na czymś innym the matter consists in sth else, the point of the matter is different

polemiczny adj polemic(al)

polemika f polemics

polepsz|ać vi improve, make better; ~ać się vr improve, grow better; (o zdrowiu) ~yło mu się he is better

polerować vt polish

polewa f glaze, enamel

polewaczka f watering-can

polewać vt (wodą) water; (pokrywać glazurą) glaze

polędwica *f* loin

policja *f* police

policjant *m* policeman

policzek *m* cheek, face; (*uderzenie w twarz*) slap; **wymierzyć komuś ~** slap sb's face

polisa *f* insurance policy

politechniczny *adj* polytechnic(al)

politechnika *f* polytechnical school, engineering college

politowanie *n* pity, mercy

politura *f* polish

politurować *vt* polish

polityczny *adj* political

polityk *m* politician

polityka *f* (*taktyka*) politics; (*kierunek postępowania, dyplomacja*) policy

polka *f* (*taniec*) polka; **Polka** Pole, Polish woman

polon *m* *chem.* polonium

polonez *m* (*taniec*) polonaise

polor *m* lustre, gloss; (*ogłada*) refinement

polot *m* imaginativeness, enthusiasm

polować *vi* hunt, chase (**na zwierzynę** the deer); shoot; *pot.* (*poszukiwać*) hunt (**na kogoś, coś** sb, sth)

polowanie *n* chase, hunting; **iść na ~** go hunting

polski *adj* Polish

polszczyzn|a *f* Polish (language); **mówić i pisać dobrą ~ą** speak and write good Polish

polubić *vt* take a liking (**kogoś, coś** for ⟨to⟩ sb, sth)

polubowny *adj* arbitral; **sąd ~** arbitration

poła *f* skirt

połać *f* stretch of land, expanse

poławiacz *m* fisherman, diver; **~ pereł** pearl-diver; **~ min** mine-sweeper

połączeni|e *n* connexion (*także kolejowe*); union; fusion; **w ~u z czymś** in connexion with sth

połączyć *vt* connect; unite; (*telefonicznie*) put through (**z kimś** to sb); **~ się** *vr* unite; become con-

nected; (*telefonicznie*) get through (**z kimś** to sb)

połow|a *f* half; (*środek*) middle; **~a roku** half a year; **w ~ie marca** in the middle of March; **na ~ę** by half; **za ~ę ceny** at half price

połowica *f*, *pot.* moja **~** my better half

połowiczny *adj* half; partial

położeni|e *n* situation; (*zw. trudne*) plight; **w ciężkim ~u** in sad ⟨sorry⟩ plight

położna *f* midwife

położyć *vt* lay (down), place, put; *przen.* **~** koniec put an end (**czemuś** to sth); **~ trupem** kill; **~ życie** sacrifice one's life; **~ się** *vr* lie down, go to bed; *zob.* kłaść

połóg *m* delivery, childbirth

połów *m* catch (**ryb** of fish), fishing; (*wynik połowu, ryby w sieci*) haul; **~ pereł** pearl-fishing; *przen.* **obfity ~** large booty

południe *n* midday, noon; **w ~** at noon; (*strona świata*) south; **na ~ od ...** to the south of ...; **przed ~m** in the morning, in the forenoon

południk *m* meridian

południowo-wschodni *adj* south-eastern

południowo-zachodni *adj* south-western

południow|y *adj* southern, south; **~a pora** noontide

połykać *vt* swallow

połysk *m* lustre, glitter, gloss, polish

połyskiwać *vi* glitter

pomadka *f* chocolate cream; **~ do ust** lipstick

pomagać *vi* help, aid, assist; be good, be of use (**na coś** for sth); **co to pomoże?** what's the use of it?; **płacz nic nie pomoże** it's no use crying

pomału *adv* slowly, little by little

pomarańcza *f* orange

pomarszczony adj wrinkled

pomawiać vt impute (kogoś o coś sth to sb), charge (kogoś o coś sb of sth)

pomazać vt smear over, besmear

pomiar m measurement; (geodezyjny) survey

pomiarkować się vr become aware (co do czegoś of sth)

pomiatać vi disdain, spurn (kimś sb)

pomidor m tomato

pomieszać vt mix up, stir up; (wprowadzić zamęt) confuse; ~ komuś szyki thwart sb's designs; zob. mieszać

pomieszani|e n confusion; ~e zmysłów insanity; dostać ~a zmysłów go mad

pomieszczenie n place, lodging, accomodation

pomieścić vt put, place; (mieścić w sobie) contain; (dać mieszkanie, nocleg) lodge, accomodate

pomiędzy zob. między

pomijać vt pass over, omit, overlook; ~ć milczeniem pass over in silence; ~jąc ... apart from ...

pomimo praep in spite of

pomniejszać vt diminish, belittle

pomniejszy adj minor, petty

pomnik m monument

pomny adj mindful (czegoś of sth)

pomoc f help, aid, assistance; sport half-back; ~ domowa maid-servant; ~e naukowe instructional aids; udzielenie pierwszej ~y first-aid treatment; przyjść komuś z ~ą come to sb's help; wzywać kogoś na ~, call on sb for help; przy ~y ⟨za ~ą⟩ czegoś with the aid ⟨by means, through the medium⟩ of sth; przy ~y kogoś with aid ⟨help⟩ of sb

pomocnica f (female) assistant

pomocniczy adj auxiliary

pomocnik m assistant

pomocny adj helpful

pomorski adj Pomeranian

pomost m platform; (ze statku) gangway

pomóc zob. pomagać

pomór m pestilence; (u bydła) murrain

pompa 1. f techn. pump; ~ ssąca suction pump

pomp|a 2. f (wystawność) pomp; z wielką ~ą in great state

pompatyczny adj pompous

pompować vt pump

pomsta f revenge

pomstować vi swear (na coś at sth)

pomyje spl slops

pomylić się vr make a mistake, commit an error, be mistaken (co do kogoś, czegoś about sb, sth)

pomyłk|a f mistake, error; przez ~ę by mistake

pomysł m idea

pomysłowość f ingenuity

pomysłowy adj ingenious

pomyślność f prosperity, success

pomyślny adj successful, favourable; (o wietrze) fair; ~ skutek good effect

pomywaczka f scullery-maid

ponad praep above; ~ miarę beyond measure; ~ moje siły beyond my power

ponadto adv moreover; besides; in addition

ponaglać vt urge, press

ponaglenie n urgency; (pismo) reminder

poncz m punch

ponętny adj alluring, enticing, attractive

poniechać vt give up, abandon

poniedziałek m Monday

poniekąd adv to some degree

ponieść zob. ponosić

ponieważ conj because, as, since

poniewczasie adv too late

poniewierać vt disregard; maltreat

poniewierka f miserable life; neglect

poniżać zob. poniżyć

poniżej praep under, below; adv underneath, below

poniżenie n humiliation, abasement

poniższy adj undernamed, undermentioned

poniżyć vt bring down, lower; degrade; abase, humble; ~ się vr degrade oneself, humble oneself

ponosić vt carry (away); (o uczuciach, namiętnościach) transport; ~ koszty ⟨odpowiedzialność⟩ bear the expenses ⟨the responsibility⟩; ~ karę śmierci ⟨śmierć, stratę⟩ suffer the death penalty ⟨death, a loss⟩; ~ klęskę sustain ⟨suffer⟩ a defeat

ponowić vt renew; (powtarzać) repeat

ponownie adv anew, again

ponowny adj repeated, new, another

ponton m pontoon

ponury adj gloomy

pończoch|a f stocking; ~y bez szwu seamless stockings

pończosznictwo n hosiery

poobiedni adj after-dinner attr

po omacku adv gropingly; iść ~ grope one's way; szukać ~ grope (czegoś for sth)

poparcie n support; na ~ in support (czegoś of sth)

popas m bait

popaść vi fall; ~ w kłopoty ⟨długi⟩ get into trouble ⟨debts⟩; ~ w nieszczęście fall into misfortune

popelina f poplin .

popełnić vt commit

popęd m impulse; inclination; ~ płciowy sex instinct; z własnego ~u of one's own free will

popędliwość f impetuosity

popędliwy adj impetuous

popędzać vt drive on, urge

popielaty adj ashen, grey

popielec m Ash-Wednesday

popielniczka f ash-tray

popierać vt support, back

popiersie n bust

popijać vt vi (małymi łykami) sip; (nałogowo) tipple

popiół m ashes pl, cinders pl

popis m display, show

popisowy adj exemplary, show attr, model attr

popisywać się vr display (czymś sth), show off (czymś sth)

poplecznik m supporter, adherent

popłaca|ć vi pay; to nie ~ it does not pay, there is no money in it

popłatny adj profitable, paying

popłoch m panic

popołudni|e n afternoon; po ~u in the afternoon

poprawa f improvement

poprawczy adj corrective; dom ~ penitentiary, reformatory

poprawiać vt correct, improve; (ustawę, tekst) amend; ~ się vr improve; (moralnie) mend one's ways; (na zdrowiu) get better, improve

poprawka . f correction; prawn. amendment; (egzamin) repeated examination

poprawność f correctness

poprawny adj correct

po prostu adv simply; plainly; mówiąc ~ to be plain

poprzeczka f sport cross-bar

poprzecznie adv crosswise

poprzeczny adj transversal

poprzedni adj previous, preceding; ~ego dnia the day before

poprzednik m predecessor

poprzednio adv previously, formerly

poprzedzać vt precede, go before; ~ przedmową preface

poprzek, w ~ adv crosswise, athwart, across

poprzestać vi be satisfied (na czymś with sth); na tym nie można ~ the matters cannot rest there

poprzez praep across, through

popularność f popularity

popularny adj popular

popularyzować vt popularize

popuszczać vt slacken, loosen, let loose; relax; (folgować) indulge (komuś w zachciankach sb in his whims); ~ wodze swej fantazji give reins ⟨give full rein⟩ to one's imagination; ~ pasa loosen one's belt

popychać vt push; ~ się vr push on, jostle

popychadło n drudge

popyt *m* demand (na coś for sth); ~ i podaż demand and supply

por 1. *m anat.* pore

por 2. *m bot.* leek

por|a *f* season, time; ~a obiadowa dinner time; 4 ~y roku 4 seasons of the year; do tej ~y till now, up to this time; o każdej porze at any time; w ~ę in good time

porabia|ć *vi*, co ~sz? what are you doing?

porachunek *m* reckoning, settling of accounts

porad|a *f* advice, counsel; udzielić ~y give advice; zasięgnąć czyjejś ~y take sb's advice; za czyjąś ~ą on sb's advice

poradnia *f* (*lekarska*) clinic for outpatients, dispensary

poradnik *m* guide-book, vade-me-cum

poranek *m* morning

poranny *adj* morning *attr*

porastać *vi* get overgrown, become grown over; *przen.* ~ w pierze feather one's nest

porazić *vt* strike; paralyze; defeat

porażenie *n* stroke, paralysis; ~ słoneczne sunstroke

porażka *f* defeat

porcelana *f* china

porcja *f* portion, share

poręcz *f* banister, handrail; (*u krzesła*) arm; *pl* ~e *sport* parallel bars

poręczenie *n* surety, guarantee

poręczny *adj* handy

poręczyciel *m* guarantee, guarantor; *prawn.* guaranty

poręczyć *zob.* ręczyć

poręka *zob.* poręczenie

pornografia *f* pornography

poronienie *n med.* abortion, miscarriage

poroniony *adj* abortive

porost *m* growth

porowaty *adj* porous

porozbiorowy *adj* post-partition *attr*

porozumieć się *vr* come to an understanding (z kimś with sb); make oneself understood (z kimś by sb); combine (żeby coś zrobić to do sth); (*kontaktować się*) communicate (z kimś with sb)

porozumieni|e *n* understanding, agreement; dojść do ~a come to an agreement

poród *m* childbirth, delivery

porównać, porównywać *vt* compare

porównanie *n* comparison

porównawczy *adj* comparative

poróżnić *vt* set at variance; ~ się *vr* fall out (z kimś with sb)

port *m* port, harbour; ~ lotniczy airport; komendant ~u harbour-master

porter *m* porter, stout

portfel *m* wallet; *handl.* (*wekslowy*) portfolio

portier *m* porter, door-keeper

portiernia *f* porter's quarters

portmonetka *f* purse

porto *n* (*opłata*) postage

portret *m* portrait

portretować *vr* portray

Portugalczyk *m* Portuguese

portugalski *adj* Portuguese

portyk *m* portico

poruczać † *vt* charge (komuś coś sb with sth); entrust (komuś coś with sth, sth to sb); ~ czyjejś opiece commit to sb's care

poruczenie *n* commission, charge

porucznik *m* lieutenant

poruszać *vt* move; stir; touch (kwestię upon a question); ~ się *vr* move, stir

poruszenie *n* movement, stir

poryw *m* impulse; (*zapał*) enthusiasm, rapture; ~ wiatru gust

porywać *vt* seize; snatch; carry off; (*kobietę*) ravish, rape; (*zw. dziecko*) kidnap; (*zachwycać*) enrapture; ~ się *vr* (z miejsca) start up; attempt (na coś sth)

porywający *adj* ravishing

porywczy *adj* rash

porząd|ek *m* order; w ~ku in (good) order; nie w ~ku out of order; coś nie jest w ~ku something is wrong with it; przywołać do ~ku call to order; **zrobić** ~ek put in order

porządkować vt order, put in order

porządkowy adj ordinal

porządny adj well-ordered, neat; (uczciwy) honest, decent

porzeczka f currant

porzucać vt abandon, give up, leave

posada f situation, employment, post; (podstawa) foundation

posadzić vt set, seat; (roślinę) plant

posadzka f (parquet) floor

posąg m dowry

posądzać vt suspect (kogoś o coś sb of sth)

posądzenie n suspicion (o coś of sth)

posąg m statue

posążek m statuette

poselstwo n legation; mission

poseł m (pełnomocny) envoy; (członek deputacji) deputy; (posłaniec) messenger; ~ do parlamentu bryt. member of Parliament; am. representative

posesja f property, real estate

posępny adj gloomy

posiadacz m owner, man of property

posiadać vt possess, own; **nie** ~ć **się z radości** (z wściekłości) be beside oneself with joy (fury)

posiadłość f property, possession

posiąść vt come into possession (coś of sth), get possession (coś of sth)

posiedzenie n sitting; **odbywać** ~ hold a sitting

posiew m sowing; grain sown; przen. seeds pl

posilać się vr refresh oneself, get refreshed

posiłek m meal, refreshment; (pomoc) pl ~ki reinforcements

posiłkować się vr make use (czymś of sth)

posiłkowy adj auxiliary (także gram.)

poskramiać vt tame; (konia)

break; (wroga, namiętności) subdue

poskromiciel m tamer

posłać 1. vt send, convey, dispatch

posłać 2. vt, ~ **łóżko** make bed

posłanie m message, mission; (pościel) bed clothes, bedding

posłaniec m messenger

posłuch m obedience; **dać** ~ give ear (czemuś to sth)

posłuchać vt (usłuchać) obey; (przysłuchiwać się) listen (czegoś to sth); (o audycji) listen in (czegoś to sth)

posłuchanie n audience; **otrzymać** ~ be received in audience

posługa f service; (domowa) housework

posługacz m servant

posługiwać się vr make use (czymś of sth), use

posłuszeństwo n obedience

posłuszny adj obedient; **być** ~m obey

posmak f aftertaste

pospolity adj vulgar, common

pospólstwo n populace, mob

posrebrzać vt silver

post m fast; **Wielki Post** Lent

postać f form, shape; figure; (osoba) person; (kreacja) character; **przybrać** ~ć take the form (shape); **w** ~ci in the shape (czegoś of sth)

postanawiać vt vi resolve, determine (coś on sth), make up one's mind

postanowienie n decision, resolution

postawa f (pozycja, prezencja) stature; (ustosunkowanie się) attitude

postawić vt set (up); (budynek) erect; (np. warunek) impose; (pytanie) put; ~ **na swoim** carry one's point; ~ **sobie zadanie** set oneself the task

posterunek m post, outpost; wojsk. sentry

postęp m progress, advance

postępek m act, action

postępować *vi* proceed, go on; (*zachowywać się*) behave (**w stosunku do kogoś** towards sb); deal (**z kimś** with sb); act (**zgodnie z czymś** up to sth)

postępowanie *n* advance; (*zachowanie się*) behaviour (**z kimś** towards sb), action; ~ **sądowe** legal proceedings

postępowy *adj* progressive

postny *adj* fasten, fast, meatless

postój *m* stay, stop, halting-place; ~ **taksówek** taxi-stand

postrach *m* terror, scare

postradać *vt* lose

postronek *m* rope; (*stryczek*) halter

postronny *adj* side *attr*, outside *attr*; alien, strange

postrzał *m* shot, gunshot-wound; (*ból*) crick

postrzelić *vt* wound by a shot

postrzelony *adj* wounded by a shot; (*szalony*) crazy

postscriptum *n nieodm.* postscript

postulat *m* postulate, demand

postument *m* pedestal

posucha *f* drought

posunięcie *n* move

posuwać *vt* move (forward), push on; *przen.* advance; ~ **się** *vr* move (forward), go along; *przen.* advance, make progress

posyłać *zob.* posłać

posyłk|a *f* parcel, packet; (*sprawunek*) errand; **chodzić na ~i** run errands; **chłopiec na ~i** errand-boy

posypywać *vt* strew over, powder

poszanowanie *n* respect, esteem

poszarpany *adj* rugged, (*strzępiasty*) jagged; *zob.* szarpać

poszczególnie *adv* individually, one by one

poszczególny *adj* individual; respective; separate; particular; **każdy ~ wypadek** each particular case

poszczerbiony *adj* jagged; *zob.* szczerbić

poszerzać *vt* widen

poszewka *f* pillow-case

poszkodowany *adj* injured, damaged; **zostać ~m** incur damage

poszlaka *f* trace, indication

poszlakowy *adj*, **materiał ~** circumstantial evidence

poszukiwacz *m* searcher, researcher; prospector; ~ **złota** gold-digger, gold-prospector

poszukiwa|ć *vt* search (**czegoś** for sth); seek (**czegoś** after sth), be in search (**czegoś** of sth); (*badać*) inquire (**czegoś** into sth); *prawn.* ~**ć na kimś szkody** sue sb for damages; ~**ny** sought after; wanted; (*o towarze*) in demand

poszukiwanie *n* search; (*naukowe*) research; **udać się na ~** go in search

poszycie *n* cover(ing); (*dachu*) thatch

pościć *vi* fast

pościel *f* bed-clothes

pościg *m* chase, pursuit

pośladek *m* buttock

pośledni *adj* inferior, mean

poślizg *m* slip, skid; **wpaść w ~** skid

poślizgnąć się *vr* slip

poślubić *vt* marry

pośmiertny *adj* posthumous

pośmiewisk|o *n* derision; **przedmiot ~a** laughing-stock

pośpiech *m* haste, hurry, speed

pośpieszyć (się) *vi vr* hasten, hurry

pośpiesznie *adv* hurriedly

pośpieszny *adj* hasty; **pociąg ~** fast ⟨express⟩ train

pośredni *adj* indirect, mediate, middle

pośrednictw|o *n* mediation; **za ~em** through the medium

pośredniczyć *vi* mediate

pośrednik *m* mediator, intermediary; *handl.* middleman

pośrodku *adv* in the middle

pośród *praep* among(st), amid(st)

poświadczać *vt* attest, testify

poświadczenie *n* attestation, certificate

poświęcać *vt* devote; dedicate; (*czynić ofiary*) sacrifice; (*świę-*

cić, *wyświęcać*) consecrate; ~ się *vr* sacrifice oneself; devote oneself

poświęcenie *n* devotion; (*ofiara*) sacrifice

pot *m* sweat, perspiration; lekarstwo na ~y sudorific; w pocie czoła by the sweat of one's brow

potajemny *adj* secret, clandestine

potakiwać *vi* say yes

potas *m chem.* potassium

potaż *m chem. techn.* potash

potąd *adv* (*o czasie*) till now; (*o miejscu*) down to here

potem *adv* afterwards

potencjalny *adj* potential

potencjał *m* potential

potentat *m* potentate

potęga *f* power, might; *mat.* power; druga ~ second power, square

potęgować *vt* augment, heighten, raise; ~ się *vr* increase, intensify

potępiać *vt* condemn; (*skazać na potępienie*) damn

potępienie *n* condemnation; damnation

potężny *adj* powerful, mighty

potknąć się *vr* stumble; *przen.* (*postąpić niewłaściwie*) make a slip

potknięcie się *n* stumbling; *przen.* (*niewłaściwy krok*) slip, lapse

potoczny *adj* current, common, familiar; język ~ colloquial speech

potoczysty *adj* flowing, fluent

potok *m* stream; *przen.* ~ słów ⟨łez⟩ flood of words ⟨tears⟩

potomek *m* descendant

potomność *f* posterity

potomstwo *n* progeny, issue

potop *m* flood, deluge

potrafić *vi* know how to do, manage

potraw|a *f* dish, fare; spis ~ bill of fare

potrawka *f* fricasseé

potrącać *vt* push, jostle; (*pieniądze*) knock off, deduct

potrącenie *n* push; (*sumy pieniężnej*) deduction

po trochu *adv* little by little

potroić *vt*, ~ się *vr* treble

potrójnie *adv* threefold

potrójny *adj* threefold

potrzask *m* trap; wpaść w ~ to be caught in a trap

potrząsać *vt* shake

potrzeb|a 1. *f* need, want; (*konieczność*) necessity; nagła ~ e-mergency; ~y życiowe necessaries of life; nie ma ~y there is no need; w razie ~y in case of need

potrzeba 2. *v imper* it is needed, it is necessary; tego mi ~ I need it; nie ~ mówić it is needless to say; ~ będzie dużo czasu, aby to skończyć it will take long to finish it

potrzebny *adj* needed, wanted, necessary

potrzeb|ować *vt* need, want, be in need of; będę ~ował dwóch godzin, aby to skończyć it will take me two hours to finish it; pociąg ~ uje dwóch godzin, aby tam dojechać the train needs two hours to get there

po trzecie *adv* in the third place

potulność *f* submissiveness, docility

potulny *adj* submissive, docile

poturbować *vt* drub

potwarca *m* slanderer

potwarz *f* slander, calumny

potwierdzać *vt* confirm, corroborate; (*odbiór czegoś*) acknowledge

potwierdzenie *n* confirmation, corroboration; ~ odbioru receipt, acknowledgement of the receipt

potworność *f* monstrosity

potworny *adj* monstrous

potwór *m* monster

potyczka *f* skirmish

potykać się *vr* (*walczyć*) skirmish; zob. potknąć się

potylica *f anat.* occiput

pouczać *vt* instruct

pouczający *adj* instructive

pouczenie *n* instruction

poufałość f intimacy, familiarity

poufały adj intimate, familiar

poufny adj confidential

powabny adj attractive, charming

powaga f gravity, seriousness; (autorytet) authority

powalać vt soil, dirty, make dirty; ~ się vr dirty oneself, become dirty; soil (one's hands, face)

powalić vt knock down, overthrow, bring to the ground; ~ się vr collapse

powała f ceiling

poważać vt respect, esteem

poważanie m respect, esteem; (w liście) z ~m yours truly, yours sincerely ⟨faithfully⟩; z głębokim ~m yours respectfully

poważny adj grave, serious, earnest; (znaczny) considerable; (autorytatywny) authoritative; (o wieku) advanced; ~ człowiek (wpływowy) man of consequence; (o kobiecie) w ~m stanie in the family way

powątpiewać vt doubt (o czymś sth, about sth), be in doubt (o czymś about sth)

powetować vt make up (sobie coś for sth), compensate; ~ sobie stracony czas make up for lost time

powiadamiać vt inform, let know

powiadomienie n information

powiastka f tale, story

powiat m district

powić vt lit. be delivered (dziecko of a child)

powidła s pl (plum) jam

powiedzenie n saying

powie|dzieć vt say; że tak ~m, ~dzmy so to say, say

powieka f eye-lid

powielacz m techn. mimeograph, duplicator; elektr. multiplier

powielać vt mimeograph, duplicate

powiernica f confidante

powiernik m confidant; prawn. trustee

powierzać vt confide, entrust

powierzchnia f surface; (teren) area

powierzchowność f superficiality; (prezencja) outward appearance

powierzchowny adj superficial; przen. shallow

powiesić vt hang (up); ~ się vr hang oneself

powieściopisarz m novelist

powieść 1. f novel

powieść 2. vt zob. wieść 2.; ~ się vr, jemu się powiodło he has been successful

powietrz|e n air; na wolnym ~u in the open air

powietrzn|y adj aerial; air; droga ~a airway; linia ~a airline; drogą ~ą by air

powiew m breath of wind, breeze; (silny) blast

powiewać vi blow; (na wietrze) stream; (pomachać) wave

powiększać vt enlarge, augment, increase, magnify; ~ się vr increase; (zw. o dochodach, majątku) accrue

powiększenie n enlargement, increase

powijaki s pl swaddling-clothes

powikłać vt entangle, complicate

powikłanie n entanglement, complication

powinien praed on ~ he should, he ought to; ja ~em I should, I ought to

powinność f duty

powinowactwo n affinity

powinowaty adj related; s m relation

powinszowanie n congratulation; z ~m Nowego Roku a happy New Year; z ~m imienin ⟨urodzin⟩ many happy returns of this day

powitanie n welcome, salutation

powlekać vt cover

powłoczka f pillow-case

powłoka f cover; (warstwa) coating

powodować vt cause, bring about, effect; (wywoływać) provoke

powodzenie n success, prosperity

powodzi|ć się vr get on, prosper;

dobrze mi się ~ I am prospering, I am getting on well; nie ~
mu się he is not prospering, he
is not doing well; źle mu się ~
he is doing badly; jak ci się ~?
how are you doing?; how are
you getting on?

powojenny adj post-war attr

powolny adj slow; (uległy) submissive, compliant

powołanie n call; (pobór) conscription; vocation (np. do stanu duchownego for the ministry)

powoływać vt call; (na stanowisko) appoint; (do wojska) call up;
~ się vr refer (na kogoś, coś to
sb, sth)

powonienie n (sense of) smell

powozić vt drive

powód m cause, reason (czegoś of
sth, do czegoś for sth); (w sądzie) plaintiff; z powodu by
reason of, on account of, because of; bez żadnego powodu
for no reason whatever

powództwo n complaint

powódź f flood

powój m bot. bindweed

powóz m carriage

powracać vi return, come back;
~ do zdrowia recover

powrotny adj recurrent; bilet ~
return ticket

powroźnik m rope-maker

powrót m return; ~ót do zdrowia
recovery; na ~ót, z ~otem back,
again; tam i z ~otem to and
fro

powróz m rope, cord

powstanie n coming into existence, formation, origin; (zbrojne)
rising, insurrection; biol. ~ gatunków origin of species

powstaniec m insurgent

powstawać vi stand up, rise; (zacząć istnieć) come into existence, arise; ~ zbrojnie rise up in
arms; ~ przeciw komuś (z in-
wektywą) inveigh against sb

powstawanie n formation

powstrzymanie n repression, sup-
pression, check

powstrzymywać vt restrain, keep
back, check; ~ kogoś od czegoś
keep sb from (doing) sth; ~ się
vr refrain (od czegoś from sth,
from doing sth)

powszechny adj universal, general;
(o szkole) primary

powszedni adj every-day, daily,
common; chleb ~ daily bread,
dzień ~ workday

powściągliwość f restraint, temperance

powściągliwy adj restrained, temperate, self-controlled

powtarzać vt repeat

po wtóre adv secondly, in the
second place

powtórka f repetition

powtórnie adv anew, again

powtórny adj repeated, second

powtórzenie n repetition

powyżej adv above

powyższ|y adj above, above-men-
tioned; ~a klauzula the above
clause

powziąć vt take, take up; form,
frame, conceive; ~ myśl form
⟨conceive⟩ an idea; ~ postanowienie arrive at a decision; ~
uchwałę pass a resolution

poza 1. f pose, attitude

poza 2. praep beyond, behind; (o-
prócz) except, apart from; ~
szkołą away from school; ~ tym
adv besides; nikt ~ tym nobody
else

pozagrobow|y adj, życie ~e after-
-life, life hereafter

pozbawiać vt deprive (kogoś czegoś sb of sth); ~ majątku dis-
possess

pozbywać się vr get rid (czegoś of
sth); (strachu) banish; (nałogu)
abandon

pozdr|awiać vt greet, hail, salute;
~ów go ode mnie give him my
kind regards ⟨my love⟩

pozdrowieni|e n greeting, saluta-
tion; serdeczne ~a love

pozew m summons, writ

poziom m level

poziomka f (wild) strawberry

poziomy *adj* horizontal; *przen.*
(*pospolity*) low, common

pozłacać *vt* gild

pozłota *f* gilding

pozna|ć *vt* become acquainted (ko-
goś, coś with sb, sth); (*rozpoznać*) recognize; ~ć się *vr* (z
kimś) make sb's acquaintance,
become acquainted with sb; ~
łem się z nim I made his acquaintance; ~łem się na nim
I saw him through

poznajomić *vt* acquaint (kogoś z
kimś sb with sb); ~ się *vr* become acquainted

poznani|e *n* recognition, perception,
knowledge; zdolność ~a perceptive faculty; nie do ~a out of
all recognition

poznawać *zob.* poznać

pozorny *adj* apparent, seeming

pozostać *zob.* pozostawać

pozostały *adj* remaining, left;
chem. residual; ~ przy życiu
surviving

pozosta|wać *vi* remain; stay be-
hind; be left; ~wać przy swoim
zdaniu persist in one's opinion;
~wać w domu stay at home;
~wać w łóżku keep to one's bed;
nie ~je mi nic innego jak tylko... there is nothing left for me
but...; niewiele mi ~je I have
not much left

pozostawiać *vt* leave; ~ za sobą
leave behind

pozować *vi* pose (na kogoś as sb),
set oneself up (na kogoś as sb);
~ malarzowi do portretu sit to
a painter for one's portrait

poz|ór *m* appearance, pretence,
pretext; zachowywać ~ory keep
up appearances; na ~ór seem-
ingly; pod ~orem under the pre-
tence; pod żadnym ~orem under no account; według wszelkich ~orów to all appearances

pozwać *vt* summon

pozwalać *vt* allow, permit, let; ~
sobie allow oneself; (*folgować
sobie*) indulge (na coś in sth);
~ sobie na poufałość take lib-

erties (z kimś with sb); mogę
sobie na to pozwolić I can afford it

pozwany *m* *prawn.* defendant

pozwolenie *n* permission

pozycja *f* position; (*zapis*) item,
entry

pozyskać *vt* gain, win

pozytyw *m* *fot.* positive

pozytywizm *m* positivism

pozytywny *adj* positive

pożałować *vt* (*zlitować się*) take
pity (kogoś *n* sb); (*odczuć żal*)
regret, repent; (*poskąpić*) begrudge (komuś czegoś sb sth)

pożar *m* fire

pożarn|y *adj*, straż ~a fire-bri-
gade

pożądać *vt* desire, covet

pożądanie *n* desire; (*żądza*) lust

pożądany *adj* desirable

pożegnać *vt* take leave (kogoś of
sb); ~ się *vr* say goodbye (z
kimś to sb)

pożegnalny *adj* farewell *attr*, parting

pożegnanie *n* leave-taking, leave,
farewell

pożerać *vt* devour

pożoga *f* fire, conflagration

pożreć *zob.* pożerać

pożyci|e *n* life; ~e małżeńskie
married life; ~e z ludźmi social
life; trudny w ~u hard to live
with

pożyczać *vt* (*komuś*) lend; (*od kogoś*) borrow

pożyczk|a *f* loan; udzielać ~i grant
a loan

pożyteczność *f* utility, usefulness

pożyteczny *adj* useful

pożyt|ek *m* use, utility, profit; od-
nosić ~ek derive an advantage
(z czegoś from sth); jaki z tego
~ek? what's the use of it?

pożywić *vt* nourish, feed; ~ się
vr refresh oneself

pożywienie *n* nourishment, refreshment food

pożywka *f* nutrient, nourishing
substance

pożywny *adj* nutritious, nourishing
pójść *zob.* iść
póki *zob.* dopóki
pół *num* half; demi-, semi-; ~ ceny half-price; ~ do drugiej half past one; ~ na ~ half-and--half; ~ roku half a year; ~żywy half-alive; dzielić się na ~ go halves
półbucik *m* low shoe
półfabrykat *m* half-finished product, semifacture
półfinał *m* *sport* semifinal
półgłosem *adv* half aloud
półgłówek *m* half-wit
półinteligent *m* half-educated man
półka *f* shelf; (*na bagaż, narzędzia*) rack; ~ na książki book--shelf
półkole *n* semi-circle
półksiężyc *m* half-moon; *poet.* crescent; (*godło islamu*) crescent
półkula *f* hemisphere
półmisek *m* dish
półmrok *m* twilight
północ *f* *geogr.* north; (*pora doby*) midnight; na ~ to the north (od Warszawy of Warsaw); na ~y in the north; o ~y at midnight
północno-wschodni *adj* north-eastern
północno-zachodni *adj* north-western
północny *adj* north, northern; midnight
półroczny *adj* half-yearly
półświatek *m* demi-monde
półtora *num* one and a half
półurzędowy *adj* semi-official
półwysep *m* peninsula
póty *zob.* dopóki
później *adv* later (on), afterwards; prędzej czy ~ sooner or later
późno *adv* late
późny *adj* late
prababka *f* great grandmother
prac|a *f* work; (*zatrudnienie*) job; (*trud*) labour; ~a akordowa piece-work; ~a dniówkowa time--work; partia ~y Labour Party; świat ~y labour; warunki ~y working conditions; bez ~y out of work; *przen.* syzyfowa ~a Sisyphean labours
pracodawca *m* employer
pracować *vi* work
pracowitość *f* industry
pracowity *adj* industrious, laborious
pracownia *f* workshop; laboratory
pracownik *m* worker; ~ fizyczny ⟨umysłowy⟩ manual ⟨intellectual⟩ worker
praczka *f* washerwoman
prać *vt* wash
pradziad *m* great grandfather; (*przodek*) ancestor
pragnący *adj* desirous (czegoś of sth); (*spragniony*) thirsty
pragnąć *vt vi* desire; be desirous (czegoś of sth); † (*być spragnionym*) be thirsty
pragnienie *n* desire; thirst; mieć ~ be thirsty
praktyczny *adj* practical
praktyk *m* practitioner
praktyk|a *f* practice; training, apprenticeship; odbywać ~ę serve one's apprenticeship, undergo training
praktykant *m* apprentice; (*kandydat przyjęty na próbę*) probationer
praktykować *vt vi* (*uprawiać praktykę*) practise; (*odbywać praktykę*) get practical training, be bound apprentice
pralinka *f* praline
pralka *f* washing-machine
pralnia *f* wash-house; (*pomieszczenie*) laundry; ~ chemiczna dry-cleaning shop, dry-cleaner's
prałat *m* prelate
pranie *n* washing
praojciec *m* ancestor
prasa *f* press; (*drukarnia*) printing-machine
prasować *vt* press; (*bieliznę, ubranie*) iron, press

prasow|y adj, kampania ~a press campaign
prawda f truth; to ~ that's true
prawdomówność f truthfulness, veracity
prawdomówny adj truthful, veracious
prawdopodobieństw|o n probability; według wszelkiego ~a in all probability
prawdopodobnie adv probably; on ~ powróci he is likely to come back
prawdopodobny adj probable, likely
prawdziwie adv indeed, truly
prawdziwość f genuineness, authenticity, reality, truth
prawdziwy adj true, genuine, real, authentic
prawica f right hand; polit. the Right
prawić vt vi discourse, talk; ~ kazanie sermonize, lecture (komuś sb); ~ komplementy pay compliments
prawidło n rule; (do butów) boot-tree
prawidłowość f regularity
prawidłowy adj regular, correct
prawie adv almost, nearly; praca jest ~ skończona the work is as well as done; ~ nigdy hardly ever; ~ tej samej wielkości about the same size
prawniczy adj juridical; wydział ~ Faculty of Law
prawnie adv (na mocy prawa) by right; by law; rightfully, lawfully
prawnik m lawyer
prawnuczka f great granddaughter
prawnuk m great grandson
prawny adj legal, lawful; (prawnie należny) rightful
prawo 1. na ~ adv on the right, to the right
prawo 2. n right; (przedmiotowe, ustawa) law; ~ autorskie copyright; ~ głosowania voting right; ~ jazdy driving-licence; ~ własności right of possession; ~ zwy-

czajowe common law; mieć ~ have the right; odwołać się do prawa go to law; studiować ~ read law; wyjąć spod prawa outlaw
prawodawczy adj legislative
prawodawstwo n legislation
prawomocność f validity, legal force
prawomocny adj valid
prawomyślny adj orthodox
praworządny adj law-abiding
prawosławny adj orthodox
prawość f righteousness, honesty
prawować się vr litigate (o coś about sth)
prawowierność f orthodoxy
prawowierny adj orthodox
prawowity adj legitimate
prawoznawstwo n jurisprudence
praw|y adj right; (uczciwy) honest, righteous; po ~ej stronie on the right hand (side)
prawzór m prototype
prażyć vt grill, burn
prąd m current; (strumień) stream; (kierunek, dążność) tendency, trend; elektr. ~ stały (zmienny) direct (alternating) current; pod ~ against the stream, upstream; z ~em with the stream, downstream
prątek m med. bacillus
prążek m stripe; w ~ki striped
prążkowany adj striped
precedens m precedent
precyzja f precision
precyzyjny adj precision attr; instrument ~ precision instrument
precyzować vt define precisely
precz adv away; int begone!, out of my sight!; ~ z wojną! down with war!
predestynacja f predestination
prefabrykat m prefabricated article
prefabrykować vt prefabricate
prefekt m prefect
prefiks m gram. prefix
prehistoryczny adj prehistoric
prelegent m lecturer

prelekcja *f* lecture

preliminaria *s pl polit.* preliminaries

preliminarz *m* preliminary estimate; ~ budżetowy budget estimates *pl*

preludium *n muz. i przen.* prelude

premedytacja *f* premeditation

premia *f* premium; *(nagroda)* prize; *(dodatek do płacy)* bonus

premier *m* prime minister, premier

premiera *f* first night, première

premiować *vt* pay a premium; pay a bonus; award a prize

prenumerata *f* subscription

prenumerator *m* subscriber

prenumerować *vt* subscribe (coś to sth)

preparat *m* preparation; *med.* microscopic section

prerogatywa *f* prerogative, privilege

presja *f* pressure; wywierać ~ę na kogoś to bring pressure, to bear on sb; pod ~ą under pressure

pretekst *m* pretext; pod ~em on the pretext

pretendent *m* claimant; *(do tronu, tytułu itp.)* pretender

pretendować *vi* claim (do czegoś sth); pretend (do czegoś to sth)

pretensja *f* pretense, pretension; *(roszczenie)* claim; występować z ~ami lay claims; mieć ~ę have a grudge (do kogoś against sb)

pretensjonalność *f* pretentiousness

pretensjonalny *adj* pretentious

prewencja *f prawn.* prevention (przed czymś of sth)

prewencyjny *adj* preventive

prezencja *f* presence

prezent *m* present, gift

prezentować *vt* present; *(przedstawiać)* introduce; dobrze się ~ have a good presence

prezes *m* chairman, president

prezydent *m* president

prezydium *n* presidium, board

prezydować *vi* preside (czemuś over sth)

prędki *adj* quick, swift, fast

prędko *adv* quickly, fast

prędkość *f* quickness, fastness; *fiz.* velocity, speed; ~ dźwięku speed of sound; ~ jazdy travelling speed; rate of travel

prędzej *adv* quicker, more quickly; *(wcześniej)* sooner, rather; czym ~ as soon as possible; ~ czy później sooner or later

pręga *f* stripe; w ~i striped

pręgierz *† m* pillory; *przen.* być pod ~em be pilloried; stawiać pod ~em pillory

pręgowany *adj* striped

pręt *m* rod, stick

prężność *f* elasticity; *przen.* expansiveness; *techn.* tension

prężny *adj* elastic; *przen. (dynamiczny)* expansive

probierczy *adj* test *attr.*, testing; *techn.* kamień ~ touchstone

problem *m* problem

problematyczny *adj* problematic

probostwo *n* parsonage

proboszcz *m* parson

probówka *f* test-tube

proca *f* sling

proceder *m* proceeding; *† (interes)* business, trade

procedura *f* procedure

procent *m* percentage; *(odsetki)* interest; na 5 ~ at 5 per cent; na wysoki ~ at a high rate of interest; przynosić ~ bear interest

proces *m* process; *(sądowy)* lawsuit, action; wytoczyć ~ bring an action (komuś against sb)

procesja *f* procession

procesować się *vr* be at law, litigate

proch *m* powder; *(pył)* dust; ~ strzelniczy gunpowder

prochownia *f* powder magazine

producent *m* producer

produkcja *f* production, output; ~a sceniczna performance; środki ~i means of production

produkcyjność *f* productivity

produkcyjny *adj* productive

produkować *vt* produce; ~ się *vr*

perform (czymś sth), display (czymś sth)

produkt m product; pl ~y products, zbior. produce; ~ uboczny by-product; ~y spożywcze provisions, victuals

produktywny adj productive

profanacja f profanation

profanować vt profane

profesor m professor

profesorski adj professorial, professor's

profesura f professorship

profil m profile

profilaktyczny adj prophylactic, preventive

prognoza f prognosis; ~ pogody weather-forecast

program m programme, program; ~ studiów curriculum

programowy adj programmatic, according to programme

progresja f progression

progresywny adj progressive; (o podatku) graduated

prohibicja f prohibition

projekcja f projection

projekcyjn|y adj, aparat ~y projector; kabina ~a projection room

projekt m project; plan; design; (zarys, szkic) draft; (ustawy) bill

projektować vt project, design, plan

proklamacja f proclamation

proklamować vt proclaim

prokurator m public prosecutor

prokuratura f public prosecutor's office

proletariacki f proletarian

proletariat m proletariat

proletariusz m proletarian

prolog m prologue

prolongata f prolongation, extension of the term

prolongować vt prolong, extend the term

prom m ferry, ferry-boat

promienieć vi´beam, radiate

promieniotwórczość f radioactivity

promieniotwórczy adj radioactive

promieniować vi radiate, beam forth

promieniowanie n radiation; ~ kosmiczne cosmic rays; ~ słoneczne solar radiation

promienny adj radiant, beaming

promień m beam, ray; mat. radius; ~ń słoneczny sunbeam; ~nie Roentgena x-rays pl

promocja f promotion, advancement

promować vt promote, advance

propaganda f propaganda

propagować vt propagate

propeller m techn. propeller

proponować vt offer, propose

proporcja f proportion

proporcjonalność f proportionality

proporcjonaln|y adj proportional; mat. odwrotnie ⟨wprost⟩ ~y inversely ⟨directly⟩ proportional; średnia ~a mean proportional

proporzec m banner

propozycja f proposal, suggestion

prorektor m prorector

proroctwo n prophecy

prorok m prophet

prorokować vt prophesy

prosić vt vi ask, beg (kogoś o coś sb for sth); request (o łaskę, odpowiedź a favour, a reply); ~ kogoś, ażeby coś zrobił ask sb to do sth; ~ na obiad invite for dinner; ~ o pozwolenie zrobienia czegoś request permission to do sth; proszę przyjść! come please!; proszę wejść! please come in!

prosię n young pig

proso n millet

prospekt n (publikacja) prospectus; f (widok) prospect

prosperować vi prosper

prostacki adj boorish, rude

prostactwo n boorishness, rudeness

prostaczek m simpleton

prostak m boor

prost|o adv directly, straight; po ~u simply

prostoduszność f uprightness, candidness

prostoduszny *adj* upright, candid
prostokąt *m mat.* rectangle
prostokątny *adj mat.* rectangular
prostolinijny *adj* rectilinear; (*prostoduszny*) simple-minded, candid
prostopadła *f mat.* perpendicular
prostopadłościan *m mat.* parallelepiped
prostopadły *adj mat.* perpendicular
prostota *f* simplicity
prostować *vt* straighten, make straight; (*błąd*) rectify, correct
prostownica *f techn.* straightener
prostownik *m elektr.* rectifier
prost|y *adj* direct, straight, right; simple, plain; **linia** ~**a** straight ⟨right⟩ line
proszek *m* powder; ~ **do zębów** tooth-powder; ~ **do prania** washing-powder
prośb|a *f* request, demand; (*pisemna*) petition; **wnosić** ~**ę apply** (o coś for sth); **zwracać się z** ~**ą** address a request (do kogoś to sb); **na jego** ~**ę** at his request
protegować *vt* patronize; ~**ny** protégé; ~**na** protégée
protekcja *f* patronage, protection
protekcjonizm *m* protectionism
protekcyjny *adj* protective
protektor *m* protector, patron
protektorat *m* protectorate
protest *m* protest; **założyć** ~ **lodge a protest**
protestancki *adj* Protestant
protestant *m* Protestant
protestantyzm *m* Protestantism
protestować *vi vt* protest
proteza *f* (*kończyny*) artificial limb; (*dentystyczna*) denture
protokół *m* record, report; (*dyplomatyczny*) protocol; (z *posiedzenia*) minutes; **prowadzić** ~ draft the report; **pisać** ~ (z *posiedzenia*) draw up the minutes; (*policyjny*) take down the evidence
prototyp *m* prototype
prowadzenie *n* (*przedsiębiorstwa*) management; ~ **się behaviour,**

conduct; **złe** ~ **się** misbehaviour, misconduct
prowadzić *vt* lead, guide, conduct; (*przedsiębiorstwo, gospodarstwo itp.*) manage, keep, run; (*rozmowę itp.*) carry on, hold; ~ **handel** carry on trade; *handl.* ~ **książki** keep books; ~ **wojnę** wage war; ~ **wóz** drive a car; ~ **się** *vr* behave; **źle się** ~ misbehave
prowiant *m* provisions *pl*
prowiantować *vt* provision
prowincja *f* province; (*w przeciwieństwie do stolicy*) provinces *pl*, country
prowincjonalny *adj* provincial, *attr* . country
prowizja *f* commission, percentage; *handl.* brokerage

prowizoryczny *adj* provisional
prowodyr *m* ringleader
prowokacja *f* provocation
prowokacyjny *adj* provocative
prowokator *m* provocateur
prowokować *vt* provoke, incite
proz|a *f* prose; ~**ą** in prose
prozaiczny *adj* prosaic
prozaik *m* prosaist
prozodia *f* prosody

prób|a *f* trial, test, proof; (*kandydata do zawodu*) probation; *teatr* rehearsal; (*usiłowanie*) attempt; **ciężka** ~**a** ordeal; *teatr* ~**a** generalna dress rehearsal; ~**a o-gniowa** trial by fire; ~**a złota** assay of gold; **na** ~**ę** by way of trial; *handl.* on approval; *teatr* **odbywać** ~**ę** rehearse (czegoś sth); **wystawić na** ~**ę** put to trial, put to the test; **wytrzymać** ~**ę** stand the test
próbka *f* sample, pattern
próbny *adj* tentative; (*o okresie próby*) probationary
próbować *vt* try, test; (*usiłować*) attempt; (*kosztować*) taste; ~ **szczęścia** try one's luck
próchnica *f med.* (*zębów*) caries
próchnieć *vi* moulder, decay, rot
próchno *n* rotten wood, rot
prócz *praep* save, except

próg *m* threshold, doorsill

prószyć *vt* powder; *(o śniegu)* flake; *(o deszczu)* drizzle

próżnia *f* void; *fiz.* vacuum

próżniactwo *n* idleness, laziness

próżniaczy *adj* idle, lazy

próżniak *m* idler

próżno *adj* vainly; **na ~** in vain

próżność *f* vanity

próżnować *vi* idle away one's time

próżny *adj* empty, void; *(zarozumiały, daremny)* vain

pruć *vt* unsew, unstitch; **~ się** *vr* get ⟨come⟩ unsewn

pruski *adj* Prussian; *chem.* **kwas ~** prussic acid

prycza *f* plank-bed

prym *m*, **wieść ~** have the lead

prymas *m* primate

prymitywny *adj* primitive

prymus *m* (*uczeń*) top-boy; *(maszynka)* primus (stove)

pryskać *vi* splash, sputter; *(łamać się)* burst

pryszcz *m* pimple

prysznic *m* shower-bath

prywatka *f* private dancing-party, party

prywatny *adj* private

pryzmat *m* prism

przaśny *adj* unleavened

prządka *f* spinner

prząść *vt* spin

przebaczać *vt* pardon, forgive

przebaczenie *n* pardon; **prosić kogoś o ~** beg sb's pardon

przebicie *n* piercing, perforation; *(np. opony)* puncture

przebieg *m* course, run

przebiegać *vt vi* run across, cross; *(np. o czasie)* pass; *(o sprawie)* take a course

przebiegłość *f* cunning, slyness

przebiegły *adj* cunning, sly

przebierać *vt vi (starannie wybierać)* pick and choose, sort; *(zmieniać komuś ubranie)* dress anew, change sb's clothes; **~ miarę** exceed all bounds, overdo sth; **nie ~ w środkach** not to be

particular about one's means; **~ się** *vr* change one's clothes; disguise oneself

przebijać *vt* pierce, cut through; *(w kartach)* take; **~ atutem** trump; **~ się** *vr* force one's way through, break through

przebitka *f* copy, duplicate

przebitkowy *adj*, **papier ~** onion-skin

przebłysk *m* glimmer, flash; **~ nadziei** flash of hope

przebój *m (sukces, szlagier)* hit; best-seller; **iść przebojem** fight one's way through

przebrać zob. **przebierać**

przebranie *n* disguise

przebrnąć *vt* muddle through

przebrzmiał|y *adj* extinct; **rzecz ~a** a has been

przebrzmieć *vi* die away, expire, blow over

przebudowa *f* reconstruction

przebudować *vt* reconstruct, rebuild

przebudzenie *n* awakening

przebudzić *vt* wake up, rouse; **~ się** *vr* wake, wake up

przebyć *vt* cross, pass; *(przestrzeń)* cover; *(doświadczyć)* experience; **~ chorobę** pass through an illness; **~ próbę** go through a trial

przebywać *vi* stay, live; zob. **przebyć**

przecedzać *vt* strain, filter

przeceniać *vt* overestimate; *(zmieniać cenę)* lower the price

przechadzać się *vr* walk, take a walk, stroll

przechadzk|a *f* walk; **pójść na ~ę** go for a walk

przechodni *adj* transitional; *gram.* transitive; **pokój ~** connecting room

przechodzić *vt vi* pass (by), cross, go over; *(mijać)* pass away ⟨by⟩; *(doświadczyć)* experience, undergo; **~ć przez ulicę** cross the street; **to ~ moje oczekiwania** it surpasses my expectations

przechodzień *m* passer-by

przechowanie n preservation, keeping; na ~ for safe keeping

przechowywać vt preserve, keep

przechwalać vt overpraise; ~ się vr boast, brag (czymś of, about sth)

przechwycić vt intercept

przechylić vt incline; przen. ~ szalę turn the balance; ~ się vr incline

przeciąg m draught, current of air; (okres trwania) space of time; na ~ tygodnia for a week; w ~u tygodnia within a week, in the course of a week

przeciągać vt vi draw; move, march along; (przedłużać) prolong, delay, protract; ~ na swoją stronę win over; ~ się vr drag on, be protracted; stretch oneself

przeciążać vt overburden, overcharge

przeciążenie n overcharge; (pracą) overwork

przeciekać vi leak, percolate

przecierać vt rub, wipe clear; ~ się vr (przejaśniać się) clear up; (o materiale) become threadbare

przecierpieć vt endure

przecież adv yet, still, after all; ~ to mówiłeś you did say it

przecięcie n cut, cutting; section, intersection

przeciętnie adv on an average

przeciętność f average; mediocrity

przeciętny adj average; (średni) mediocre; ~a s f average; powyżej ~ej above the average

przecinać vt cut through; intersect; (np. rozmowę) cut short; ~ się vr intersect

przecinek m comma

przeciw praep against; nie mam nic ~ temu I have no objections to it; I don't mind it; praef anti-, counter-

przeciwdziałać vi counteract (czemuś sth)

przeciwdziałanie n counteraction

przeciwieństw|o n opposition, contrast, contradistinction; być ~em be opposed (do czegoś to sth); w ~ie do czegoś in contradistinction to sth

przeciwko zob. przeciw

przeciwległy adj opposite (czemuś to sth)

przeciwlotnicz|y adj anti-aircraft attr; działo ~e anti-aircraft gun; obrona ~a air defence

przeciwnie adv on the contrary, just the opposite

przeciwnik m adversary, opponent

przeciwność f adversity

przeciwny adj contrary, opposite; (przeciwstawny) adverse; opposed; jestem temu ~ I am against it, I object to it; w ~m razie otherwise

przeciwprostokątna f mat. hypotenuse

przeciwstawiać vt oppose, set against; ~ się vr set one's face (czemuś against sth), oppose (czemuś sth)

przeciwstawienie n opposition, antithesis

przeciwwaga f counterpoise, counterweight

przecząco adv negatively, in the negative

przeczący adj negative

przeczenie n negation

przecznica f cross-street

przeczucie n foreboding, presentiment, misgiving

przeczulenie n oversensitiveness, hyperaesthesia

przeczulony adj oversensitive

przeczuwać vt forebode, have a presentiment

przeczyć vi deny (czemuś sth)

przeczyszczać vt cleanse; med. purge

przeczyszczający adj med. purgative

przeć vt vi press (on), push

przed praep before, in front of; ~ tygodniem a week ago

przedawnienie n prawn. negative prescription

przedawniony *adj prawn.* prescribed, lost by prescription

przeddzień *m* eve; w ~ on the eye

przede wszystkim *adv* first of all, above all

przedhistoryczny *adj* prehistoric

przedimek *m gram.* article

przedkładać *vt* submit, present; (*woleć*) prefer (**coś nad coś** sth to sth)

przedłużać *vt* lengthen, extend, prolong

przedłużenie *n* prolongation, extension

przedmieście *n* suburb

przedmiot *m* object; (*temat, zagadnienie*) subject, subject-matter

przedmiotowość *f* objectivity

przedmiotowy *adj* objective

przedmowa *f* preface

przedmówca *m* last ⟨previous⟩ speaker

przedni *adj* frontal, *attr* front, fore; (*lepszy gatunkowo*) fine, choice; ~**a noga** foreleg; **plan** ~ foreground; **straż** ~**a** vanguard

przednówek *m* time before the harvest

przedostać się *vr* penetrate (**do czegoś** into sth), get through, come through

przedobiedni *adj attr* before-dinner

przedostatni *adj* last but one; penultimate; ~**ej nocy** the night before last

przedpłata *f* subscription, payment in advance

przedpokój *m* antechamber, waiting-room

przedpole *n* foreground

przedpołudnie *n* forenoon; morning

przedpotopowy *adj* antediluvian

przedramię *n* forearm

przedrostek *m. gram.* prefix

przedrozbiorow|y *adj*, **Polska** ~**a** Poland before the partitions

przedruk *m* reprint

przedrzeźniać *vt* mock, mimic

przedsiębiorca *m* contractor

przedsiębiorczość *f* (spirit of) enterprise

przedsiębiorczy *adj* enterprising

przedsiębiorstwo *n* undertaking, business

przedsiębrać *vt* undertake

przedsięwzięcie *n* undertaking, enterprise

przedsionek *m* vestibule

przedsmak *m* foretaste

przedstawia|ć *vt* present, represent; (*wystawiać na scenie*) stage; (*przedkładać*) submit; (*np. sprawę*) describe; (*osobę*) introduce; ~**ć sobie** imagine; ~**ć się** *vr* present oneself, (*nieznanej osobie*) introduce oneself; **jak** ~ **się sprawa?** how does the matter stand?; **to się** ~ **inaczej** the matter is different

przedstawiciel *m* representative

przedstawicielstwo *n* agency; representation

przedstawienie *n* presentation; (*teatralne*) performance; (*osoby*) introduction

przedszkole *n* infant school, kindergarten

przedświt *m* dawn

przedtem *adv* before, formerly

przedterminowo *adv handl.* in anticipation; **zapłacić** ~ anticipate a payment

przedterminow|y *adj handl.* anticipated, anticipatory, anticipating; premature; ~**e dokonanie zapłaty** anticipation of payment

przedwczesny *adj* premature; (*zbyt wczesny*) precocious

przedwcześnie *adv* prematurely, before time; ~ **dojrzały** precocious

przedwczoraj *adv* the day before yesterday

przedwojenny *adj* pre-war *attr*

przedział *m* partition, division; (*we włosach*) parting; (*w pociągu*) compartment; ~ **dla palących, dla niepalących** smoker, non--smoker

przedzielić *vt* divide, part

przedzierać *vt* tear up, rend; ~ się *vr* force one's way through, break through

przedziurawić *vt* make a hole (coś in sth), pierce, perforate; (*bilet*) punch; (*oponę*) puncture

przeforsować *vt* force through

przegapić *vt* overlook, miss, let slip

przeginać *vt* bend

przegląd *m* review; (*sprawdzenie*) revision; inspection, survey

przeglądać *vt* review; (*sprawdzać*) revise; (*np. gazetę*) skim through; ~ się *vr* see oneself

przegłosować *vt* carry by vote; (*pokonać większością głosów*) outvote

przegrać *vt* loss at play, gamble away; (*bitwę, sprawę sądową*) lose; *muz.* play over

przegradzać *vt* separate, partition

przegrana *f* lost battle; (*strata*) loss

przegroda *f* partition

przegrupować *vt* regroup

przegryzać *vt* bite through; (*przekąsić*) have a snack

przegub *m* *anat.* wrist, joint

przeholować *vt* overshoot oneself

przeistoczyć *vt* transform

przejaśnić się *vr* clear up

przejaw *s* symptom, sign

przejawiać *vt* manifest; ~ się *vr* manifest oneself, show

przejazd *m* passage, thoroughfare; (*kolejowy*) crossing; w przejeździe, ~em on one's way

przejażdżka *f* drive, ride; (*wycieczka*) trip

przejecha|ć *vi vt* pass, ride, travel (np. przez Warszawę through Warsaw); (*rozjechać*) run over; ~ć cały kraj travel all over the country; ~ł go samochód he was run over by a car

przejezdny *m* passer-by; *adj* non-resident, transient

przejęcie *n* taking over; (*przechwycenie*) interception; ~ się high emotion, exaltation

przejęzyczenie (się) *n* slip of the tongue

przejmować *vt* take over; (*przechwycić*) intercept; ~ podziwem fill with admiration; ~ strachem seize with fear; ~ się *vr* be impressed, be moved (czymś by sth)

przejmujący *adj* impressive; (*o mrozie*) piercing; (*o bólu itp.*) keen

przejrzeć *vt* *vi* (*przeniknąć*) see through; (*odzyskać wzrok*) regain one's sight; *zob.* przeglądać

przejrzystość *f* transparency; (*wyrazistość*) clarity

przejrzysty *adj* transparent; clear

przejście *n* passage; (*przez jezdnię*) crossing; (*stadium przejściowe*) transition; (*doświadczenie*) experience, trial

przejść *vt* *vi* *zob.* przechodzić; ~ się *vr* take a walk

przekaz *m* transfer; (*historyczny*) record; (*bankowy*) draft; (*pocztowy*) order

przekazywać *vt* transfer, pass on, send, hand down, transmit

przekąs *m*, ⏉ ~om ironically, sneeringly

przekąska *f* snack, refreshment

przekąsić *vt* have a snack

przekątna *f* *mat.* diagonal

przekleństwo *n* curse

przeklęty *adj* cursed, damned

przeklinać *vt* curse (kogoś sb) swear (kogoś at sb)

przekład *m* translation

przekładać *vt* displace, transpose; (*przesuwać*) shift; (*układać na zmianę*) interlay; (*tłumaczyć*) translate; (*woleć*) prefer (coś nad coś sth to sth)

przekładnia *f* *techn.* gear

przekłuć *vt* pierce

przekomarzać się *vr* tease each other

przekonanie *n* conviction; mam ~ I am convinced

przekon|ywać *vt* convince, persuade (kogoś o czymś sb of sth);

jestem ~any I am convinced; **mocno ~any** confident (o czymś of sth); **~ywać się** *vr* convince oneself

przekonywający *adj* convincing, persuasive, weighty, potent

przekop *m* trench, ditch

przekor|a *f* contradictoriness; **przez ~ę** from (out of) spite

przekorny *adj* contradictory, contradictious

przekraczać *vt* cross; (*miarę, uprawnienia*) exceed; (*prawo*) infringe, violate

przekradać się *vr* steal through

przekreślać *vt* cross (out); (*skasować*) cancel, annul

przekręcać *vt* twist; (*przeinaczać*) distort

przekręcenie *n* twist; (*słów, faktów*) distortion

przekroczenie *n* crossing; (*prawa*) offence, trespass; *handl.* (*rachunku*) overdraft

przekroić *vt* cut (into two pieces)

przekrój *m* section; **~ podłużny** longitudinal section; **~ poprzeczny** cross-section

przekrwienie *n med.* congestion

przekształcać *vt* transform

przekształcenie *n* transformation

przekupić *vt* bribe

przekupień *m* huckster

przekupka *f* huckstress

przekupny *adj* venal, corruptible

przekupstwo *n* bribery, corruption

przekwitać *vi* cease blooming, fade

przekwitanie *n* fading; *med.* climacteric

przelać zob. **przelewać**

przelatywać *vi* fly by, flit by, pass

przelew *m* transfusion; *bank.* transfer; **~ krwi** bloodshed

przelewać *vt* pour over; pour into another vessel; transfuse; *bank.* transfer; (*krew, łzy*) shed; (*przekazywać władzę*) devolve

przelękły *adj* frightened

przelęknąć się *vr* take fright (czegoś at sth)

przeliczyć *vt* count over again; **~ się** *vr* miscalculate

przelot *m* flight, passage

przelotn|y *adj* fleeting, passing, fugitive; *zool.* **ptaki ~e** birds of passage

przelotowość *f* (*ulic*) traffic capacity

przeludnienie *n* overpopulation

przeludniony *adj* overpopulated

przeładować *vt* (*przeciążyć*) overload; (*przenieść ładunek*) tranship

przeładowanie *n* (*przeciążenie*) overloading; zob. **przeładunek**

przeładunek *m* transhipment, transfer

przełaj *m,* **na ~** athwart, across; **droga na ~** short cut; **iść na ~ take** a short cut

przełamać *vt* break through; (*opór*) surmount

przełączyć *vt* switch over

przełęcz *f* pass

przełknąć *vt* swallow

przełom *m* crisis, (*punkt zwrotny*) turning-point; (*wyłom, przerwa*) break-through; (*wyrwa*) breach

przełomowy *adj* critical, crucial

przełożona *f* schoolmistress, lady-superior

przełożony *m* principal, superior

przełożyć zob. **przekładać**

przełyk *m anat.* gullet, oesophagus

przemakać zob. **przemoknąć**

przemarsz *m* march past, march through, passage

przemarznąć [-r-z-] *vi* be penetrated with cold

przemawiać *vi vt* address; (*publicznie*) harangue (do kogoś sb); speak; advocate (za czymś sth)

przemądrzały *adj* sophisticated

przemęczać *vt* overstrain; **~ się** *vr* overwork

przemęczenie *n* overwork, overstrain

przemian *m,* **na ~** alternately, by turns, taking it in turn

przemiana *f* transformation; *biol.* **~ materii** metabolism

przemianować *vt* rename

przemienić *vt* transform, turn (coś w coś into sth)

przemieszczać *vt* displace

przemieszczenie *n* displacement

przemijać *vi* pass away, be over

przemijający *adj* passing, fleeting, transitory

przemilczeć *vt* pass over in silence, suppress, conceal

przemoc *f* superior force, violence; **ulec ~y** yield to a superior force

przemoczyć *vt* soak, drench; ~ **sobie nogi** get one's feet wet

przemoknąć *vi* be soaked, get wet; ~ **do nitki** get a nice soaking

przemowa *f* address, (*publiczna*) harangue

przemożny *adj* predominant, overpowering

przem|óc *vt* overpower, overwhelm; (*przezwyciężyć*) surmount, overcome; *vi* (*odnieść przewagę*) prevail; ~**óc się** *vr* control oneself

przemówić *zob.* przemawiać

przemówienie *n* speech, address, (*publiczne*) harangue

przemycać *vt* smuggle

przemysł *m* industry; **drobny ~** small industry; **wielki ~** large-scale industry; ~ **chałupniczy** domestic industry; ~ **kluczowy** basic ⟨key⟩ industry; ~ **lekki** ⟨ciężki⟩ light ⟨heavy⟩ industry; **odbudowa ~u** industrial rehabilitation; *przen.* **żyć własnym ~em** live by one's wits

przemysłowiec *m* industrialist, industrial producer

przemysłow|y *adj* industrial; **akcje ~e** industrials; **wyroby** ⟨towary⟩ ~**e** industrial goods

przemyśleć *vt* think over

przemyślny *adj* ingenious

przemyt *m* smuggling, contraband

przemytnik *m* smuggler

przenicować *vt* turn

przeniesienie *n* transfer; transmission

przenieść *vt* transfer; transport; remove; (*w księgowości*) carry over ⟨forward⟩; ~ **się** *vr* move

(do innego mieszkania to another flat)

przenigdy *adv* nevermore

przenikać *vt* *vr* penetrate; pervade; pierce

przenikliwość *f* penetrability; (*bystrość*) sagacity, perspicacity

przenikliwy *adj* penetrating; pervasive, pervading; (*bystry*) perspicacious, acute; (*o głosie*) shrill; (*o mrozie*) biting, bitter

przenocować *vt* put up for the night; *vi* stay overnight

przenosić *vt* (*światło, ciepło, dźwięk*) transmit; (*udzielać*) convey; (*woleć*) prefer (coś nad coś sth to sth); ~ **się** *vr* shift (z miejsca na miejsce from place to place); *zob.* przenieść

przenośnia *f* metaphor

przenośny *adj* portable; (*obrazowy*) metaphorical

przeoczenie *n* oversight

przeoczyć *vt* overlook, omit

przeor *m* prior

przeorysza *f* prioress

przepadać *vi* be lost, go lost; (*przy egzaminie*) fail; *przen.* ~ **za kimś, czymś** be crazy about sb, sth

przepalić *vt* burn through

przepasać *vt* girdle

przepaska *f* band

przepaścisty *adj* precipitous

przepaść *f* precipice, abyss

przepełniać *vt* overfill, cram; (*ludźmi*) overcrowd

przepełnienie *n* overfilling; overcrowding

przepędzać *vt* drive away; (*spędzać czas*) spend

przepierzenie *n* partition-wall

przepiękny *adj* most beautiful

przepijać *vt* spend on drink

przepiłować *vt* saw through; (*pilnikiem*) file through

przepiórka *f zool.* quail

przepis *m* prescription, regulation; (*kucharski*) recipe; ~y drogowe traffic regulations

przepisać *vt* (*lekarstwo*) prescribe; (*tekst*) rewrite, copy, write over again; ~ na czysto make a fair copy (coś of sth)

przepisowo *adv* according to regulations

przepisowy *adj* regular; *attr* regulation; strój ~ regulation dress; ~ rozmiar regulation size

przeplatać *vt* interlace

przepłacać *vt* overpay

przepływać *vt vi* (*o wodzie*) flow over ⟨across, through⟩; (*o człowieku*) swim over ⟨across⟩; (*o statku*) cross (przez morze the sea)

przepona *f anat.* diaphragm

przepowiadać *vt* prophesy, predict, foretell

przepowiednia *f* prophecy, prediction

przepracować się *vr* overwork oneself

przepracowanie *n* overwork

przepraszać *vt* beg (sb's) pardon, apologize (kogoś za coś to sb for sth); ~m! excuse me!, I beg your pardon!, (I'm) sorry!

przeprawa *f* passage; (*np. przez rzekę, morze*) crossing; przen. (*przykre zajście*) hard business, misadventure

przeprawiać *vt* carry over; ~ się *vr* cross (np. przez rzekę a river); ~ się na drugi brzeg cross over to the other side

przeproszenie *n* apology, excuse; za ~m by your leave

przeprowadzać *vt* carry over, convey, lead across; (*wykonywać*) carry out, carry into effect; ~ się *vr* move, remove

przeprowadzka *f* removal

przepuklina *f med.* hernia

przepustka *f* pass, permit

przepuszczać *vt* let through; allow to pass; (*marnować np. okazję*)

let out, miss

przepuszczalny *adj* permeable

przepych *m* luxury, pomp

przepychać *vt* push through; ~ się *vr* push through, force one's way

przerabiać *vt* do over again, refashion; (*opracować powtórnie*) revise; ~ lekcje do one's lessons; ~ sztukę na film adapt a play to the screen; ~ temat egzaminacyjny prepare a subject for the examination

przerachować zob. przeliczyć

przeradzać się *vr* undergo a change, be transformed

przerastać *vt* outgrow, grow over; rise above

przeraźliwy *adj* terrifying; (*o głosie*) shrill

przerażać *vt* appal, horrify; ~ się *vr* be appalled (czymś at sth)

przerażenie *n* terror

przeróbka *f* recast, revision, adaptation

przerw|a *f* break, pause, interruption, intermission; bez ~y without intermission

przerywać *vt* interrupt, break off; rend, tear asunder

przerzedzić *vt* thin, make thin; ~ się *vr* thin, become thinner

przerzucać *vt* throw over; shift; (*przeglądać*) look over

przerżnąć [r-ż] *vt* saw, cut in two

przesada *f* exaggeration

przesadzać *vt* exaggerate; (*roślinę*) transplant

przesączać *vt*, ~ się *vr* filter

przesąd *m* prejudice, superstition

przesądny *adj* superstitious

przesądzać *vt* prejudge, foreclose

przesiada|ć się *vr* (*z pociągu na pociąg*) change (trains); gdzie się ~my? where do we change?

przesiąkać *vi* be soaked, soak through, be imbued

przesiedlać *vt* remove, displace; ~ się *vr* migrate, move

przesiedlenie *n* displacement; ~ się migration

przesiedleniec *m* emigrant

przesieka *f* glade, clearing

przesiewać *vt* sift, sieve

przesilać się *vr* pass through a crisis

przesilenie *n* crisis; *pot.* ~ dnia z nocą solstice

przeskoczyć *vi vt* jump over; (*podpierając się rękami*) vault (*przez coś* over sth, sth)

przeskok *m* jump

przesłaniać *vt* screen (off)

przesłanka *f* premise

przesłona *f* screen; *fot.* shutter

przesłuchanie *n* examination, interrogation

przesłuchiwać *vt* examine, interrogate

przesmyk *m* (*przełęcz*) pass, defile; *geogr.* isthmus

przestać *vi* cease, stop, discontinue

przestankowanie *n* punctuation

przestarzały *adj* out of date, out of fashion, obsolete

przestawać *vi* associate (z kimś with sb); be satisfied (na czymś with sth); *zob.* przestać

przestawiać *vt* displace, transpose

przestawienie *n* displacement, transposition

przestąpić *vt* cross, step over

przestępca *m* criminal

przestępczość *f* criminality, delinquency; ~ wśród młodocianych juvenile delinquency

przestępczy *adj* criminal

przestępny *adj* criminal; *astr.* rok ~ leap-year

przestępstwo *n* offence; ~ dewizowe foreign currency offence; ~ walutowe currency offence

przestrach *m* fright

przestraszyć *vt* frighten; ~ się *vr* be frightened, take fright (czegoś at sth)

przestroga *f* warning, caution

przestronny *adj* spacious, roomy

przestrzegać *vt* (*ostrzegać*) warn (przed czymś of sth), caution (przed czymś against sth); (*zachowywać np. prawa, tradycję*)

observe; (*stosować np. zasady, przepisy*) keep

przestrzenny *adj* spatial

przestrzeń *f* space, room; ~ kosmiczna cosmic space

przestworze *n* infinite expanse

przesunięcie *n* shift, displacement

przesuwać *vt* shift, shove, move; (*wagony*) shunt; ~ się *vr* move, shift

przesycać *vt* surfeit, glut; *techn.* impregnate

przesyłać *vt* send, forward

przesyłka *f* parcel; (*wysyłanie*) dispatch; (*towarowa*) consignment; (*pieniężna*) remittance

przesyt *m* surfeit

przeszczep *m med.* transplantation

przeszczepiać *vt* transplant

przeszeregować *vt* regroup

przeszkadzać *vi* hinder, disturb, trouble (komuś sb); (*zawadzać*) obstruct (komuś, czemuś sb, sth); ~ komuś pisać prevent sb from writing; ~ komuś w odpoczynku disturb sb's rest

przeszko|da *f* hindrance, obstacle, impediment; *sport* bieg z ~dami obstacle race; wyścigi z ~dami steeplechase; stać na ~dzie stand in the way

przeszkolenie *n* schooling, training; re-education

przeszkolić *vt* school, train; re-educate

przeszło *adv* more than, beyond

przeszłość *f* past

przeszły *adj* past; *gram.* czas ~ past tense, preterite

przeszukać *vt* search

przeszyć *vt* sew through, stitch; (*przekłuć*) pierce, transfix

prześcieradło *n* sheet

prześcignąć *vt* outrun; *przen.* (*przewyższyć*) outdo; *dosł. i przen.* get ahead (kogoś of sb)

prześladować *vt* persecute; *przen.* (*nie dawać spokoju*) haunt, obsess

prześladowanie *n* persecution

prześladowcz|y *adj* persecutive; **mania** ~a persecution mania

prześliczny *adj* most beautiful

prześliznąć się *vr* glide through, slip through

przeświadczenie *n* conviction

przeświadczony *adj* convinced

przeświecać *vi* shine through

prześwietl|ać *vt fot.* overexpose; *med.* x-ray; ~ono mi płuca I had my lungs x-rayed

prześwietlenie *n med.* x-ray examination

przetaczać *vt* roll over; *kolej.* shunt; *med.* ~ krew transfuse

przetapiać *vt* recast, melt

przetarg *m* auction

przetarty *pp adj* (*o tkaninie*) threadbare

przeterminowany *adj* overdue

przeto *adv* therefore

przetoka *f med.* fistula

przetrawić *vt* digest

przetrwać *vt* outlast, survive

przetrząsnąć *vt* shake up; (*przeszukać*) search; (*teren*) comb out

przetrzymać *vt* keep (waiting); (*przetrwać*) outlast; (*ból, ciężkie położenie itp.*) endure

przetwarzać *vt* transform; turn into; manufacture

przetwór *m* manufacture, produce; *pl* **przetwory** preserves

przetwórczy *adj* manufacturing

przetwórnia *f* factory

przetykać *vt* (*przepychać, przewlekać*) pierce, pass through; (*o tkaninie*) interweave

przewag|a *f* superiority, preponderance; (*górowanie*) advantage; **mieć** ~ę have an advantage (**nad kimś** over sb); **zyskać** ~ę gain an advantage (**nad kimś** over sb)

przeważać *vt* outweigh, outbalance; *vi* prevail (**nad kimś** over sb); ~ **szalę** turn the scale

przeważający *adj* prevailing, prevalent

przeważnie *adv* for the most part, mostly

przeważny *adj* predominant, prevalent

przewiązać *vt* bind up; (*ranę*) dress

przewidywać *vt* foresee, anticipate

przewidywanie *n* foresight, anticipation

przewiercić *vt* bore through, pierce

przewiesić *vt* hang over, sling

przewietrzyć *vt* ventilate, air

przewiew *m* draught

przewiewny *adj* airy

przewieźć *zob.* przewozić

przewijać *vt* swathe, wrap up; (*ranę*) dress

przewinienie *n* offence, guilt

przewlekać *vt* (*opóźnić*) protract, delay; ~ **nitkę przez igłę** thread the needle; ~ **pościel** change the bedlinen; ~ **się** *vr* drag on

przewlekły *adj* protracted; *med.* chronic

przewodni *adj* leading

przewodnictwo *n* leadership; (*posiedzenia*) chairmanship; *fiz.* conductivity

przewodniczący *m* chairman

przewodniczyć *vi* preside (**zebraniu** over the meeting)

przewodnik *m* guide, leader; (*książka*) guide-book; *fiz.* (*ciepła*) conductor

przewodzić *vi* lead, command (**czemuś** sth), be at the head

przewozić *vt* bring over, transport, convey

przewozow|y *adj* transport *attr*, freight; **list** ~y bill of consignment, (*okrętowy*) bill of lading; **środki** ~e means of conveyance

przewoźnik *m* carrier; (*na promie, łodzi*) ferryman, boatman

przewód *m* channel, conduit; (*kominowy*) flue; (*gazowy*) pipe; *elektr.* wire; *prawn.* procedure; *anat.* ~ **pokarmowy** alimentary canal

przewóz *m* conveyance, carriage, transport

przewracać *vt* overturn, turn over, upset; ~ **kartki książki** thumb the book; ~ **się** *vr* overturn, tumble down

przewrotność *f* perversity
przewrotny *adj* perverse
przewrotowy *adj* subversive
przewrót *m* subversion, upheaval, revolution
przewyższać *vt* surpass, exceed
przez *praep* through, by, across, over; (*o czasie*) during, for, within, in; ~ cały dzień all the day long; ~ cały rok all the year round; ~ dwa miesiące for two months; ~ drogę across the road; ~ telefon on the telephone; ~ wdzięczność out of gratitude

przeziębić się *vr* catch cold
przeziębienie *n* cold
przeziębiony *adj*, jestem ~ I have a cold
przeznacz|ać *vt* destine (na coś, do czegoś for ⟨to⟩ sth); devote (coś na coś sth to sth); intend (coś na coś sth for sth, kogoś na coś sb to be sth, coś dla kogoś sth for sb); te książki ~one są do biblioteki these books are intended for the library
przeznaczenie *n* destination; (*los*) destiny, fate
przezorność *f* prudence, caution, providence
przezorny *adj* prudent, cautious, provident
przeźrocze *n* *fot.* slide
przeźroczystość *f* transparency
przeźroczysty *adj* transparent
przezwisko *n* nickname
przezwyciężać *vt* surmount, overcome
przezywać *vt* (kogoś) call sb names
przeżegnać *vt* cross; ~ się *vr* cross oneself, make the sign of the cross
przeżuwać *vt* chew
przeżycie *n* (*przetrwanie*) survival; (*doświadczenie*) experience
przeży|ć *vt* (*przetrwać*) survive, outlive; (*doświadczyć*) experience; (*spędzić okres czasu*) live through; on tego nie ~je this will be the death of him; ~łem okres biedy I lived through a pe-

riod of poverty; ~ł niejedną ciężką chwilę he experienced many a hardship; ~ł swego starszego brata he survived his elder brother
przeżytek *m* survival, relic (of the past)
przędza *f* yarn
przędzalnia *f* spinning-mill
przęsło *n* bay, span
przodek *m* ancestor; (*część przednia*) forepart, front
przodować *vt* lead, be ahead
przodownictwo *n* leadership, primacy
przodownik *m* leader; foreman; ~ pracy front-rank worker
przód *m* forepart, front; na przedzie at the head, in the front; z przodu in front; iść przodem go before
przy *praep* (near) by, at; with; on; about; ~ filiżance kawy over a cup of coffee; ~ pracy at work; ~ świetle księżyca by moonlight; ~ tej sposobności on that occasion; ~ twej pomocy with your help; ~ tym besides, too; ~ wszystkich swoich wadach with all his faults; nie mam ~ sobie pieniędzy I have no money about ⟨on⟩ me; usiądź ~ mnie sit by me
przybić *vt* fasten; (*gwoździami*) nail; *vi* ~ do brzegu land
przybiec *vi* come running
przybierać *vt* (*zdobić*) adorn; (*przyjmować*) assume; ~ wygląd ⟨imię⟩ assume a look ⟨a name⟩; *vi* (*o wodzie*) rise; ~ na wadze put on weight
przybliżać *vt* bring near(er); ~ się *vr* come near, approach (do kogoś sb)
przybliżeni|e *n* approximation, approach; w ~u approximately
przyboczn|y *adj*, straż ~a bodyguard
przybj|ór *m* (*wody*) rise; *pl* ~ory (*komplet użytkowy*) outfit, equipment, fittings *pl*; ~ory do

przybrać   664

pisania writing-materials, sta-
tionary *zbiór.*
przybrać *vt* zob. **przybierać**
przybrzeżn|y *adj* coast *attr*, river-
side *attr*; straż ~a coast guard
przybudówka *f* annex, penthouse
przybycie *n* arrival
przybysz *m* newcomer, arrival
przybytek *m* (*przyrost*) accruement, increase; (*budynek, miejsce*) haunt, abode; (*święty*) sanctuary
przyby|wać *vi* arrive (do Warsza-
wy at ⟨in⟩ Warsaw), come (do
Warszawy to Warsaw); (*powiększać się, narastać*) be added, increase; (*o wodzie w rzece*) rise;
~wa dnia the days are longer
and longer; ~ło dużo pracy there
is much additional work
przychodnia *f* clinic for outpatients, dispensary
przychodzi|ć *vi* come (dokądś to a
place), arrive (dokądś at ⟨in⟩ a
place); ~ć do kogoś (w odwiedziny) come to see sb; ~ć do
siebie come to, recover; ~ mi
do głowy (na myśl) it occurs to
me; ~ mi ochota I feel the desire (na coś of sth, zrobić coś to
do sth), I feel like (zrobić coś
doing sth); ~ mi z trudnością I
find it difficult
przychód *m* income
przychylać *vt* incline; ~ się *vr* incline, feel inclined (do czegoś to
sth); (*skłaniać się*) comply (do
czyjejś prośby with sb's request)
przychylność *f* favourable disposition, goodwill, favour
przychylny *adj* favourable, friendly, favourably disposed (dla kogoś towards sb)
przyciągać *vt* draw; (*pociągać*) attract; *vi* draw ⟨come⟩ near
przyciąganie *n* attraction; *astr. fiz.*
~ ziemskie gravitation
przyciemniać *vt* darken, dim
przycinać *vt* cut, clip; *vi* taunt
(komuś sb)
przycisk *m* (*akcent*) stress, accent;

(*dzwonka*) button; (*do papierów*)
weight
przyciskać *vt* press
przycupnąć *vt* squat down
przyczaić się *vr* lie in ambush (na
kogoś for sb)
przyczepić *vt* affix, attach; ~ się
vr cling, stick (do kogoś, czegoś
to sb, sth)
przyczepka *f* trailer; (*motocyklista*)
side-car
przyczółek *m* abutment; *arch.* pe-
diment; *wojsk.* ~ mostowy
bridgehead
przyczyn|a *f* cause, reason; z tej
~y for that reason
przyczynek *m* contribution
przyczynić się *vr* contribute (do
czegoś to sth)
przyczynowość *f* causality
przyczynowy *adj* causal
przyćmiewać *vt* dim, darken
przyda|ć *vt* add; ~ć się *vr* be of
some use; na co się to ~? what's
the use of it?
przydatność *f* usefulness, utility
przydatny *adj* useful, to the purpose
przydawka *f* *gram.* attribute
przydech *m* aspiration
przydeptać *vt* tread under foot
przydługi *adj* lengthy
przydomek *m* assumed name, by-
-name
przydrożny *adj* wayside *attr*
przydusić *vt* stifle, smother
przydymiony *adj* smoky
przydział *m* allotment: assignment,
(*np. chleba*) allowance
przydzielić *vt* allot, assign
przyganiać *vt* blame (komuś sb),
find fault (komuś with sb)
przygarnąć *vt* (*przytulić*) cuddle,
snuggle; *przen.* (*dać schronienie*)
shelter
przygasać *vi* go out: *przen.* become stifled, subside, abate
przyglądać się *vr* look (komuś,
czemuś at sb, sth), observe
przygłuszać *vt* (*przytłumiać*) stifle,
muffle

przygnębiać *vt* depress, deject

przygnębienie *n* depression, low spirits *pl.* dejection

przygnębiony *adj* depressed, downcast, *praed* in low spirits

przygniatać *vt* press down; oppress; *(ciążyć)* weigh heavy **(coś on, upon sth)**

przygoda *f* adventure, accident

przygodny *adj* accidental, casual

przygotowanie *n* preparation, arrangement

przygotowawczy *adj* preparatory

przygotowywać *vt* prepare, make ⟨get⟩ ready; ~ **do egzaminu** coach for the examination; ~ **się** *vr* make ready, prepare (oneself); ~ **się do egzaminu** prepare ⟨read⟩ for the examination; ~ **się na najgorsze ⟨na niespodziankę⟩** prepare oneself for the worst ⟨for a surprise⟩

przygrywać *vi* play the accompaniment (komuś to sb); accompany (komuś sb)

przygrywka *f* prelude, accompaniment; *(gra)* play

przyimek *m gram.* preposition

przyjaciel *m* friend

przyjacielski *adj* friendly

przyjaciółka *f* friend, girl-friend, lady-friend

przyjazd *m* arrival

przyjazny *adj* friendly

przyjaźnić się *vr* be on friendly terms

przyjaźń *f* friendship

przyjechać *zob.* przyjeżdżać

przyjemnie *adv* agreeably; jest mi ~ I am pleased; ~ **mi Pana poznać** I am glad ⟨pleased⟩ to make your acquaintance ⟨to meet you⟩; **tu jest** ~ it is nice here

przyjemność *f* pleasure; znajdować ~ take pleasure (w czymś in sth); **zrób mi** ~ **do me the pleasure**

przyjemny *adj* pleasant, agreeable

przyjezdny *adj* strange; *s m* stranger, arrival

przyjeżdżać *vi* come **(do pewnego miejsca to some place)**, arrive

(do pewnego miejsca at ⟨in⟩ some place)

przyjęcie *n* reception; *(zebranie towarzyskie)* party; *(np. do szkoły)* admission; *(do pracy)* engagement; *(daru, weksla)* acceptation; *(wniosku)* carrying; **godziny** ~ć reception-hours; office-hours; *(u lekarza)* consulting hours; **możliwy do** ~**cia** acceptable

przyjęty *adj (zwyczajem uznany)* received, customary

przyjmować *vt* receive; *(np. dar, weksel)* accept; *(np. do szkoły, towarzystwa)* admit; *(do pracy)* engage; ~ **wniosek** carry a motion; ~ **się** *vr* take root; be successful, prove a success; *(o roślinie, szczepionce)* take; *(o zwyczaju, modzie)* catch on

przyjście *n* arrival **(do pewnego miejsca at ⟨in⟩** some place)

przyjść *vi zob.* przychodzić; ~ **na umówione spotkanie** keep an appointment

przykazać *vt* order, command

przykazanie *n rel.* commandment

przyklaskiwać *vi* applaud **(komuś sb)**

przykleić *vt* stick, glue

przyklęknąć *vi* kneel down

przykład *m* example, instance; **na** ~ for instance ⟨example⟩; **brać** ~ **z kogoś** take example by sb; **dawać** ~ set an example; **ilustrować** ~**em** exemplify; **iść za** ~**em** follow an example

przykładać *vt* apply, put on; ~ **się** *vr* apply oneself

przykładny *adj* exemplary

przykręcać *vt* screw on

przykro *adv*, ~ **mi** I'm sorry, it pains me; ~ **mi to mówić** I regret to say this

przykrość *f* annoyance, pain, trouble; *(ciężka)* tribulation; **zrobić komuś** ~ cause sb pain

przykry *adj* annoying, painful, disagreeable

przykrycie *n* cover

przykrywać *vt* cover

przykrywka *f* cover, lid

przykrzy|ć się *vr*, ~ mi się I am bored

przykucnąć *vi* squat down

przykuwać *vt* chain, nail; *(np. u-wagę)* fix, arrest; ~ czyjąś uwagę fix ⟨draw, absorb⟩ one's attention

przylądek *m* cape, promontory

przylecieć *vi* come flying; *pot. (przybiec)* come running

przylegać *vi* lie close; fit close; adhere; *(o pokoju, domu)* be contiguous

przyleganie *n fiz.* adhesion

przyległość *f* contiguity; *(majątku, terytorium)* dependency

przyległy *adj* contiguous, adjacent *(do czegoś* to sth)

przylepić *vt* stick, glue; ~ się *vr* stick

przylepiec *m (plaster)* adhesive tape

przylgnąć *vi* stick, cling

przylot *m* arrival

przylutować *vt* solder

przyłączenie *n* annexation

przyłączyć *vt* annex, attach; ~ się *vr* join *(do kogoś, do towarzystwa* sb, a company)

przyłbica *f hist.* visor

przymawiać *vi* taunt *(komuś* sb); ~ się *vr* allude *(o coś* to sth)

przymiarka *f (u krawca)* fitting

przymierać *vi (głodem)* starve

przymierzać *vt (ubranie)* try on

przymierze *n* alliance

przymiot *m* quality

przymiotnik *m gram.* adjective

przymocować *vt* fasten, fix

przymówka *f* allusion, hint

przymrozek *m* light frost

przymrużon|y *pp i adj*, ~e oczy half-closed eyes

przymus *m* compulsion, constraint; pod ~em on ⟨under⟩ compulsion; ~ szkolny compulsory education

przymusow|y *adj* compulsory; *lotn.* ~e lądowanie forced landing

przynaglać *vt* urge, press

przynajmniej *adv* at least

przynależeć *vi* belong

przynależnoś|ć *f* appurtenance; *(partyjna)* membership; *(państwowa)* nationality; *pl* ~ci belongings; *(o majątku ziemskim)* appendages

przynależny *adj* belonging, appurtenant

przynęta *f* bait; *przen.* lure, enticement

przynosić *vt* bring; *(dochód)* bring in; *(plon)* yield; *(stratę, szkodę)* cause

przyobiecać *vt* promise

przypadać *vi* fall, come; *(o terminie płatności)* be due; ~ do gustu suit one's taste

przypadek *m* event, accident, case; *gram.* case

przypadkiem *adv* by chance, accidentally; spotkałem go ~ I happened to meet him

przypadkowo *adv* accidentally, by accident; czy masz ~ tę książkę? do you happen to have this book?; natknąć się ~ chance *(na kogoś, coś* on ⟨upon⟩ sb, sth)

przypadkowy *adj* accidental, casual

przypadłość *f* ailment, indisposition

przypalić *vt* singe; ~ się *vr* singe, become singed

przypasać *vt* gird on

przypatrywać się *vr* look *(czemuś* at sth), observe

przypędzić *vt* drive in; *vi* come hurrying

przypieczętować *vt* seal up

przypinać *vt* pin, fasten

przypisek *m* footnote; note, annotation

przypisywać *vt* assign, attribute, ascribe

przypłynąć *vi* come swimming ⟨sailing, flowing⟩; ~ do brzegu come to shore

przypływ *m* flow; ~ i odpływ flow and ebb, tide

przypodobać się *vr* endear oneself

przypominać *vt* remind *(komuś coś*

sb of sth); ~ sobie recall, recollect

przypomnienie n (*zwrócenie uwagi*) admonition; (*monit*) reminder; ~ sobie recollection

przypowieść f parable

przyprawa f condiment, spice

przyprawiać vt (*nadawać smak*) season; (*przymocować*) attach, fix; ~ o utratę cause a loss

przyprowadzać vt bring; ~ do porządku put in order

przypuszczać vt suppose, admit; ~ szturm assault (**do fortecy** a fortress)

przypuszczalnie adv supposedly, presumably

przypuszczalny adj supposed, presumable

przypuszczenie n supposition, admission

przyroda f nature

przyrodni adj, brat ~ step-brother; siostra ~a step-sister

przyrodniczy adj natural

przyrodnik m naturalist

przyrodoznawstwo n natural science

przyrodzony adj natural, innate

przyrost m increment; ~ naturalny birthrate

przyrostek m gram. suffix

przyrząd m apparatus, instrument

przyrządzać vt prepare, make ready; (*potrawę*) season, dress

przyrzeczenie n promise

przyrzekać vt promise

przysadka f, med. ~ mózgowa pituitary gland

przysiad m sport crouch, squat

przysiadać vt sit down, crouch; ~ się vr sit down close (**do kogoś** to sb), join (**do kogoś** sb)

przysięg|a f oath; złożyć ~ę take an oath; pod ~ą upon oath

przysięgać vi swear

przysięgły adj sworn; s m juryman; sąd ~ch jury

przysłaniać vt veil, shade

przysłowie n proverb

przysłowiowy adj proverbial

przysłówek m gram. adverb

przysłuchiwać się vr listen (**czemuś** to sth)

przysług|a f service; wyświadczyć ~ę do ⟨render⟩ a service

przysług|iwać vi have right, be entitled; ~uje mi prawo I have a right, I am entitled

przysłużyć się vr render a good service

przysmak m dainty, delicacy

przysmażać vr fry

przysparza|ć vt augment, add to, increase; cause; to mi ~ kłopotu this adds to my trouble

przyspieszać vt accelerate, hasten, speed up

przyspieszenie n astr. fiz. acceleration

przysporzyć zob. przysparzać

przysposabiać vt prepare, make fit ⟨ready⟩; adapt; prawn. adopt

przysposobienie n preparation; adaptation; prawn. adoption; ~ wojskowe military training, cadet corps

przyst|ać vi join (**do kogoś, do partii** sb, the party); ~ać na służbę enter into service; to nie ~oi it is unbecoming; ~ać na coś comply with sth; ~ać na warunki accept conditions

przystanąć vi stop short, halt

przystanek m stop, halt

przystań f harbour

przystawać vi adhere

przystawiać vt put close, place near

przystępność f accessibility

przystępny adj accessible, easy of approach; (o cenie) moderate

przystępować vi join (**do kogoś** sb); come near; accede (**do organizacji** to organization)

przystojny f good-looking, handsome, well-shaped

przystrajać vt adorn

przysuwać vt move ⟨shove, push⟩ nearer; ~ się vr draw ⟨move⟩ nearer

przyswajać vt assimilate; (*wiedzę*,

języki) acquire; (*poglądy, metody*) adopt; (*przywłaszczać sobie*) appropriate

przysyłać *vt* send (in); *vi* send (po kogoś, coś for sb, sth)

przysypywać *vt* (*np. ziemią*) cover; (*cukrem*) powder

przyszłość *f* future; **w ~ci** in future; **na ~ć** for the future

przyszły *adj* future; **~ tydzień itp.** next week etc.

przyszywać *vt* sew on

przyśnić się *vr* appear in a dream

przyśpieszać zob. **przyspieszać**

przyśrubować *vt* screw on

przytaczać *vt* (*cytować*) quote, cite; (*toczyć*) roll

przytakiwać *vi* say yes (komuś to sb); assent (czemuś to sth)

przytępić *vt* blunt, dull

przytknąć *vt* set, apply (coś do czegoś sth to sth)

przytłaczać *vt* press down, overwhelm

przytłumiać *vt* damp, suppress

przytoczyć zob. **przytaczać**

przytomnie *adv* with presence of mind, consciously

przytomność *f* consciousness; **~ u-mysłu** presence of mind; **stracić ~** lose consciousness; **odzyskać ~** recover

przytomny *adj* conscious

przytrafić się *vr* happen

przytrzymać *vt* detain, hold up; hold down; (*zatrzymywać*) keep back

przytulić *vt* snuggle, cuddle, hug (do piersi to one's breast); **~ się** *vr* cuddle, cling close; **~ się do siebie** cuddle together

przytułek *m* shelter, asylum; **~ ~ dla ubogich** almshouse; **dawać ~ shelter** (komuś sb)

przytwierdzić *vt* fasten, fix

przytyk *m* allusion

przytykać *vi* adjoin (do czegoś sth); (*graniczyć*) border (do czegoś on sth); zob. **przytknąć**

przywara *f* fault

przywiązanie *n* attachment

przywiązywać *vt* bind, tie (up), fasten; **~ się** *vr* attach oneself, become attached (do kogoś, czegoś to sb, sth)

przywidzenie *n* illusion, fancy

przywieźć zob. **przywozić**

przywilej *m* privilege

przywitać *vt* welcome, greet

przywitanie *n* welcome, greeting

przywłaszczać *vt* (*sobie*) appropriate; (*władzę, tytuł itp.*) usurp

przywłaszczenie *n* appropriation

przywoływać *vt* call

przywozić *vt* bring; convey; import

przywódca *m* leader

przywóz *m* import, importation; (*dostawa*) delivery

przywracać *vt* restore

przywrócenie *n* restoration

przywyknąć *vi* get accustomed (used) (do kogoś, czegoś to sb, sth)

przyznać *vt* (*np. nagrodę*) award; (*uznać rację*) admit; (*wyznaczyć*) assign; **muszę ~, że ...** I have to admit that ...; **~ się** *vr* confess, avow (do czegoś sth); *prawn.* **~ się do winy** plead guilty

przyzwalać *vi* consent (na coś to sth), concede (na coś sth)

przyzwoitość *f* decency

przyzwoity *adj* decent

przyzwolenie *n* consent (na coś to sth)

przyzwyczajać *vt* accustom (do czegoś to sth); **~ się** *vr* become accustomed, get used (do czegoś to sth)

przyzwyczajenije *n* habit; **nabrać złego ~a** fall into a bad habit; **nabrać dobrego ~a** form a good habit

przyzwyczajony *pp i adj* accustomed, used (do czegoś to sth)

przyzywać *vt* call

psalm *m* psalm

psałterz *m* psalter

pseudonim *m* pseudonym

psi *adj* dog's, dog; *attr* **~e życie** dog's life

psiakrew *int* damn it!, dash it!

psiarnia *f* kennel; *(sfora)* pack of hounds

psikus *m* trick; spłatać ~a play a trick (komuś on sb)

psocić *vi* play tricks

psota *f* trick

psotnik *m* wag

pstrąg *m* zool. trout

pstry *adj* motley; *(o koniu)* piebald

psuć *vt* spoil; *(pogarszać)* make worse, worsen; *(uszkadzać)* damage; ~ **się** *vr* spoil, get spoilt

psychiatra *m* psychiatrist

psychiatria *f* psychiatry

psychiczny *adj* psychical

psychika *f* psyche

psycholog *m* psychologist

psychologia *f* psychology

psychologiczny *adj* psychological

pszczelarz *m* bee-keeper

pszczelarstwo *n* bee-keeping

pszczoła *f* zool. bee

pszenica *f* wheat

ptactwo *n* birds *pl*; *(wodne, dzikie)* fowl; *(domowe)* poultry

ptak *m* bird; *pot.* niebieski ~ spiv

ptasi *adj* bird, bird's *attr*; ~e gniazdo bird's nest; *przen.* brak mu ~ego mleka he lives in clover

publicysta *m* journalist

publicystyka *f* journalism

publicznie *adv* in public

publiczność *f* public; *(na sali)* audience

publiczny *adj* public

publikacja *f* publication

publikować *vt* publish

puch *m* *(ptasi)* down; *(meszek)* fluff

puchacz *m* zool. eagle-owl

puchar *m* beaker, bowl; *sport* ~ przechodni challenge cup

puchlina *f* swelling; *(wodna)* dropsy

puchnąć *vi* swell

pucołowaty *adj* chubby

pucybut *m* bootblack

pucz *m* putsch

pudełko *m* box

puder *m* powder

puderniczka *f* compact, powder-box

pudło *n* box

pudrować *vt* powder

pugilares *m* wallet

pukać *vi* knock, rap (do drzwi at the door)

pukanie *n* knock

pukiel *m* curl, lock

pula *f* pool

pularda *f* fattened pullet

pulchny *adj* plump; *(o cieście)* crumby; *(o glebie)* friable

pulower *m* pull-over

pulpit *m* desk, writing-desk; *(do nut)* music-stand, music-desk

puls *m* pulse; mierzyć ~ feel the pulse

pulsować *vi* pulsate

pułap *m* ceiling

pułapka *f* trap; ~ **na myszy** mouse-trap

pułk *m* wojsk. regiment

pułkownik *m* colonel

pumeks *m* pumice-stone

punkt *m* point; *(inwentarza, programu itp.)* entry, item; ~ ciężkości centre of gravity; ~ oparcia point of support; ~ widzenia point of view; ~ wyjścia starting point; ~ zborny rallying point

punktualność *f* punctuality

punktualny *adj* punctual

pupil *m* favourite

purchawka *f* puff-ball

purpura *f* purple

purytanin *m* Puritan

pustelnia *f* hermitage

pustelnik *m* hermit

pust|ka *f* solitude, desert; vacancy; były ~i w teatrze the house was empty, there was a thin audience in the theatre; mieć ~ę w głowie be empty-headed; stać ~ami be abandoned ⟨empty⟩

pustkowie *n* desert

pustoszyć *vt* devastate, lay waste

pusty adj empty

pustynia f desert

pustynny adj desert; waste

puszcza f wilderness; primeval forest

puszczać vt let; let fall, let go; (o pogłosce) set afloat; vi (o farbie) come off; (o szwach) come apart; (o mrozie) break; ~ coś płazem pass sth over; med. ~ krew bleed; ~ latawca fly a kite; ~ pieniądze make ducks and drakes of one's money; ~ pąki bud; ~ w obieg circulate, put into circulation; ~ w ruch set going, set in motion; ~ wolno set free

puszek m down; (do pudru) powder-puff; (meszek) fluff

puszka f box; (blaszana) tin, am. can; ~ na pieniądze money-box

puszysty adj downy, fluffy

puścić zob. puszczać

puzon m muz. trombone

pycha f pride, haughtiness

pykać vt vi puff

pylić vi raise ⟨make⟩ dust

pył m dust

pyłek m mote; bot. pollen

pysk m muzzle, snout

pyskować vt pot. bark

pyszałek m conceited fellow

pyszałkowaty adj conceited, bloated

pysznić się vr pride oneself (czymś on sth)

pyszny adj proud; (wyborny) excellent

pyta|ć vt ask (o drogę one's way; o kogoś, coś about sb, sth; kogoś o zdrowie after sb's health); inquire (o kogoś, coś after ⟨for⟩ sb, sth); (wypytywać) interrogate; (egzaminować) examine; kto ~ł się o mnie? who has asked for me?

pytajnik m mark of interrogation; question-mark, question-stop

pytanie n question; inquiry (o kogoś after sb); (stawianie pytań, badanie) interrogation; trudne ⟨podchwytliwe⟩ ~ poser; zadać komuś ~ ask sb a question, put a question to sb

pytel m bolter

pyzaty adj chubby

r

rabarbar m bot. rhubarb

rabat m discount

rabin m rabbi

rabować vt rob (komuś coś sb of sth), plunder

rabunek m robbery, plunder

rabunkowy adj predatory; napad ~ hold-up

rabuś m robber, plunderer

rachityczny adj rickety

rachmistrz m accountant, calculator

rachować vt count, reckon, calculate

rachuba f calculation; (rachunko-**

wość) accountancy, book-keeping

rachun|ek m reckoning; account; (w sklepie, restauracji) bill; ~ek bieżący current account; ~ek bankowy banking account; mat. ~ek różniczkowy differential calculus; pl ~ki (lekcja) arithmetic; (gospodarskie) house-keeping accounts

rachunkowość f accountancy, book-keeping

racj|a f reason; (żywnościowa) ration; mieć ~ę be right; nie mieć ~i be wrong

racjonalista *m* rationalist

racjonalizacja *f* rationalization

racjonalizm *m* rationalism

racjonalizować *vt* rationalize

racjonalność *f* rationality, reasonableness

racjonalny *adj* rational, reasonable

raczej *adv* rather, sooner

raczek *m* (small) crab, crayfish

raczkować *vi* crawl on all fours

raczyć *vt* deign, condescend; ~ usiąść be pleased to sit down; *vt* (*częstować*) treat (**kogoś czymś** sb to sth); ~ się *vr* treat oneself

rad 1. *adj* glad (**z czegoś** of sth); pleased (**z czegoś** with sth); ~ bym wiedzieć I should like to know; ~ nie rad *pot.* willy-nilly

rad 2. *m chem.* radium

rad|a *f* (*porada*) advice, counsel; (*zespół*) council, board; ~a miejska city council; ~a zakładowa factory (institution) council; dać sobie ~ę manage (**z czymś** sth); nie ma na to ~y there's no help for it; pójść za czyjąś ~ą follow (take) sb's advice; zasięgać czyjejś ~y ask sb's advice, consult sb; jaka na to ~a? what can be done about it?

radar *m* radar

radca *m* counsellor; (*prawny*) counsel

radio *n* radio; (*aparat*) wireless set; **przez** ~ on the air, by wireless; **nadawać przez** ~ broadcast

radioaktywny *adj* radioactive

radiofonia *f* broadcasting

radionadawca *m* broadcaster

radioodbiornik *m* radio(-set), radio receiver

radioskopia *f* radioscopy

radiosłuchacz *m* listener, listener-in

radiostacja *f* broadcasting station

radiotelegrafista *m* wireless operator

radioterapia *f* radiotherapy

radiowy *adj attr* radio; **aparat** ~ wireless set; **program** ~ radio programme

radny *m* city (town) councillor, alderman

radosny *adj* joyous, joyful, cheerful

rado|ść *f* joy; **nie posiadać się z** ~ci be transported with joy; **sprawić komuś** ~ć make sb glad

radować *vt* gladden; ~ się *vr* rejoice (**czymś** at (in) sth)

radykalizm *m* radicalism

radykalny *adj* radical

radykał *m* radical

radzić *vt vi* advise (**komuś** sb); (*obradować*) deliberate (**nad czymś** on sth); ~ się *vr* consult (**kogoś** sb)

radziecki *adj* Soviet; **Związek Radziecki** the Soviet Union

rafa *f* reef

rafineria *f* refinery

raj *m* paradise

rajd *m* raid

rak *m zool.* crab, crayfish; *med.* cancer

rakieta 1. *f* rocket; ~ **międzyplanetarna** interplanetary rocket

rakieta 2. *f sport* racket

ram|a *f* frame; ~a okienna sash, window-frame; **oprawić w** ~ę frame; *przen.* **w** ~ach czegoś within the limits of sth

ramię *n* arm; (*bark*) shoulder; **wzruszać** ~onami shrug one's shoulders

rampa *f* ramp; (*towarowa*) platform; *teatr* footlights *pl*

rana *f* wound

randka *f* rendezvous, *pot.* date

ranga *f* rank

ranić *vt* wound, hurt

ranny 1. *adj* wounded

ranny 2. (*poranny*) *attr* morning

rano *adv* in the morning; **dziś** ~ this morning; **wczoraj** (**jutro**) ~ yesterday (tomorrow) morning; **z rana** in the morning

raport *m* report; account; **stanąć do** ~u appear to account; **wezwać do** ~u call to account

raportować *vt* report

rapsodia *f* rhapsody

raptem *adv* all of a sudden, abruptly

raptowny *adj* abrupt

rasa *f* race; *zool.* breed

rasizm *m* racialism

rasow|y *adj* racial; (*o zwierzętach czystej rasy*) thorough-bred; dyskryminacja ~a colour bar

raszpla *f* rasp

rat|a *f* instalment, part payment; na ~y by instalments, in part payments; sprzedaż ⟨kupno⟩ na ~y hire-purchase

ratować *vt* save, rescue; ~ się *vr* save oneself; ~ się ucieczką take to flight

ratownictwo *n* life-saving

ratownik *m* rescuer, *am.* life-guard

ratun|ek *m* rescue, salvation; wołać o ~ek cry for help; ~ku! help!

ratunkow|y *adj* saving, life-saving; łódź ~a life-boat; pas ~y life-belt

ratusz *m* town hall

ratyfikacja *f* ratification

ratyfikować *vt* ratify

raut *n* evening party

raz *s* (*cios*) blow; (*kroć*) time; jeden ~ once; dwa ~y twice; trzy ~y three times; innym ~em some other time; jeszcze ~ once more; na ~ie for the time being; od ~u at once; pewnego ~u once upon a time; po ~ pierwszy for the first time; ~ na zawsze once for all; ~ po ~ repeatedly, again and again; tym ~em this time; w każdym ~ie at any rate, in any case; w najgorszym ~ie if the worst comes to the worst, at worst; w najlepszym ~ie at best; w przeciwnym ~ie or else, otherwise; w ~ie jego śmierci in the event of his death; w ~ie potrzeby in case of need; w takim ~ie in such a case, so; za każdym ~em every time; *adv* once, at one time

razem *adv* together

razić *vt* strike; offend; shock; ~ oczy dazzle; ~ strzałami pelt with arrows; rażony piorunem thunderstruck; rażony paraliżem stricken with paralysis

razowy *adj* chleb ~ brown bread

raźny *adj* brisk

rażący *adj* striking, shocking; (*o świetle*) dazzling; (*o błędzie, postępku*) gross

rąbać *vt* hew; (*drzewo*) chop; (*rozłupywać*) split

rąbek *m* hem, border

rączka *f* little hand; (*uchwyt*) handle; (*steru*) tiller; (*obsadka do pióra*) penholder

rączy *adj* nimble, brisk

rdza *f* rust

rdzawy *adj* rusty

rdzenny *adj* original, true-borne, native

rdzeń *m* pith, marrow; core; ~ wyrazu root; *anat.* ~ pacierzowy spinal marrow

rdzewieć *vi* grow rusty

reagować *vi* react (na coś to sth)

reakcja *f* reaction

reakcjonista *m* reactionary

reakcyjny *adj* reactionary

reaktor *m* *fiz.* reactor

realia *s pl* realities *pl*

realista *m* realist

realistyczny *adj* realistic

realizm *m* realism

realizować *vt* realize, make real; (*czek, rachunek*) cash

realność *f* (*rzeczywistość*) reality; (*majątek nieruchomy*) real estate

realny *adj* real

reasekuracja *f* reinsurance

reasumować *vt* recapitulate

rebus *m* rebus

recenzent *m* reviewer

recenzja *f* review, critique

recenzować *vt* review

recepcja *f* reception; (*np. w hotelu*) reception desk ⟨office⟩

recepcyjny *adj* receptive; pokój ~ reception-room

recepta *f* prescription

rechot *m* croaking

recital [-czi-, -c-i-] *m muz.* recital

recydywa *f* relapse

recydywistą *m* recidivist

recytować *vt* recite

redagować *vt (szkicować)* draw up; *(opracowywać)* redact; *(gazetę, czasopismo)* edit

redakcja *f (czynność)* redaction, composition; *(szkic)* draft; *(biuro)* editor's office

redakcyjny *adj* editorial

redaktor *m* redactor; *(gazety, czasopisma)* editor; ~ naczelny editor in chief

redukcja *f* reduction; *(zwolnienie z pracy)* discharge; ~ zarobków wage-cut

redukować *vt* reduce; *(zwolnić z pracy)* discharge; dismiss; *(wydatki, ceny itp.)* cut (down)

reduta *f wojsk.* redoubt

refektarz *m* refectory

referat *m* report

referencja *f* reference

referent *m* reporter; clerk

referować *vt* report

refleks *m* reflex

refleksja *f* reflection

refleksyjny *adj* reflexive, reflective

reflektant *m (np. na posadę)* applicant; *(na kupno)* prospective buyer

reflektor *m* reflector

reflektować *vi* have in view (na coś sth); intend; ~ się *vr* come to one's senses, sober down

reforma *f* reform

reformacja *f* Reformation

reformować *vt* reform

refren *m* refrain

regał *m* book-shelf

regaty *s pl sport* regatta, boat-race

regencja *f* regency

regeneracja *f* regeneration

regenerować *vt* regenerate; ~ się *vr* regenerate, become regenerated

regent *m* regent

regionalny *adj* regional

regulacja *f* regulation

regulamin *m* regulations *pl*

regularność *f* regularity

regularny *adj* regular

regulator *m* regulator

regulować *vt* regulate; *(zegarek)* put right; *(ruch uliczny)* control; *(rachunek)* settle

reguła *f* rule; z ~y as a rule

rehabilitacja *f* rehabilitation

rehabilitować *vt* rehabilitate

reja *f mors.* yard

rejent *m* notary (public)

rejestr *m* register, record

rejestracja *f* registration

rejestrować *vt* register, record; *wojsk.* enroll; ~ się *vr* register

rejon *n* region

rejs *m* cruise

rekapitulować *vt* recapitulate, sum up

rekin *m zool.* shark

reklama *f* publicity, advertising

reklamacja *f* claim

reklamować *vt* claim; *(ogłaszać)* advertise

rekolekcje *s pl* retreat

rekomendacja *f* recommendation

rekomendować *vt* recommend; *(o liście)* register

rekompensata *f* compensation

rekontrować *vi (w brydżu)* re-double

rekonwalescencja *f* recovery, convalescence

rekonwalescent *m* convalescent

rekord *m* record; pobić ⟨ustanowić⟩ ~ break a record

rekordzista *m* record-holder

rekreacja *f* recreation, pastime

rekrut *m* recruit; pobór ~ów conscription

rekrutacja *f* recruitment

rekrutować *vt* recruit

rektor *m* rector; chancellor, president

rektyfikacja *f* rectification

rektyfikować *vt* rectify

rekwirować *vt* requisition

rekwizycja *f* requisition

rekwizyt *m* requisite; *teatr pl* ~y property *zbior.*, props

relacja f report, relation
relaks m relax
relatywizm m relativism, relativity
relegować vt (z uniwersytetu) rusticate
relief m relief
religia f religion
religijność f religiosity
religijny adj religious
relikwia f relic
remanent m remainder, remaining stock; sporządzanie ~u stock-taking; sporządzać ~ take stock
reminiscencja f reminiscence
remis m sport tie; draw
remisow|y adj, gra ~a tie game
remiza f shed, am. barn
remont m renovation, repair
remontować vt renovate, repair
ren m zool. reindeer
renegat m renegade
renesans m Renaissance
renifer m = ren
renkloda f bot. greengage
renoma f renown
renomowany adj renowned
renons m (w kartach) renounce
renta f income, annuity; (starcza) old-age pension; (inwalidzka) disability payment
rentgen m x-ray apparatus; pot. (prześwietlenie) radiograph
rentgenolog m Roentgenologist, radiologist
rentgenologia f Roentgenology, radiology
rentować się vr pay one's way, yield an income
rentowny adj paying, profitable
reorganizacja f reorganization
reperacj|a f reparation; repair; muszę dać buty do ~i I must have my shoes repaired
reperować vt repair, mend
repertuar m repertoire, repertory
repetent m repeater
repetować vt repeat
repetycja f repetition
replika f rejoinder, repartee; (obrazu, rzeźby) replica
replikować vi retort, rejoin

reportaż m reportage
reporter m reporter
represja f reprisal
reprezentacja f representation
reprezentacyjny adj representative
reprezentant m representative
reprezentować vt represent
reprodukcja f reproduction
reprodukować vt reproduce
republika f republic
republikanin m republican
republikański adj republican
reputacja f reputation, repute
resor m spring
resort m department, province; to nie należy do mojego ~u this is beyond my province
respekt m respect
respektować vt respect
restauracja f (jadłodajnia) restaurant; (odnowienie, przywrócenie) restoration
restaurator m restaurant-keeper; (konserwator) restorer
restaurować vt restore, renovate, repair
restrykcja f restriction
restytucja f restitution
reszt|a f rest, remainder; (pieniędzy) change; (osad) residue; do ~y utterly, to the last
reszt|ka f remnant; pl ~ki relics, remains
retorta f retort
retoryczny adj rhetorical
retoryka f rhetoric
retusz m retouch
retuszować vt retouch
reumatyczny adj rheumatic
reumatyzm m rheumatism
rewanż m (odwet) revenge; (odwzajemnienie) reciprocation, requital; sport return match, revenge; dać komuś możność ~u give sb his revenge
rewanżować się vt requite, reciprocate
rewelacja f revelation, sensation
rewelacyjny adj revelational, sensational

rewers *m* receipt; (*biblioteczny*) lending form

rewia *f wojsk.* review; *teatr* revue

rewident *m* controller

rewidować *vt* revise; (*obszukiwać*) search

rewizja *f* revision; (*obszukiwanie*) search

rewizjonista *m* revisionist

rewizjonizm *m* revisionism

rewizor *m* controller

rewizyta *f* return ⟨reciprocated⟩ visit

rewizytować *vt* return ⟨repay⟩ a visit

rewolucja *f* revolution

rewolucyjny *adj* revolutionary

rewolwer *m* revolver

rezeda *f bot.* reseda

rezerwa *f* reserve

rezerwat *m* reserve; (*łowiecki, rybny*) preserve; (*dla Indian itp.*) reservation

rezerwista *m* reservist

rezerwować *vt* reserve; (*miejsce w pociągu, teatrze itp.*) book

rezerwow|y *adj* reserve *attr*; (*zapasowy*) spare *attr*; części ~e spare parts

rezerwuar *m* reservoir

rezolucja *f* resolution

rezolutny *adj* resolute, determined

rezonans *m* resonance

rezultat *m* result

rezurekcja *f* resurection

rezydencja *f* residence

rezydent *m* resident

rezydować *vi* reside

rezygnacja *f* resignation

rezygnować *vi* resign (z czegoś sth, na rzecz kogoś to sb)

reżim *m* régime

reżyser *m* stage-manager; (*filmowy*) director

reżyseria *f* stage-management; (*filmowa*) direction

reżyserować *vt* stage-manage; (*film*) direct

ręcznie *adv* by hand; ~ robiony handmade

ręcznik *m* towel

ręczn|y *adj* hand *attr*, manual; bagaż ~y portable luggage; robota ~a handiwork; wózek ~y hand-barrow

ręczyć *vt* guarantee, warrant

ręk|a *f* hand; dać komuś wolną ~ę allow sb free play; iść komuś na ~ę play into sb's hands; to jest mi na ~ę this suits me; trzymać za ~ę hold by the hand; na swoją ~ę on one's own account; od ~i on the spot, offhand; pod ~ą at hand; pod ~ę arm in arm; ~a w ~ę hand in hand

rękaw *m* sleeve

rękawica *f* glove; (*bokserska*) boxing-glove; *hist.* (*rycerska*) gauntlet

rękawiczka *f* glove; (*z jednym palcem*) mitten

rękodzielnik *m* handicraftsman

rękodzieło *n* handicraft

rękojeść *f* handle; (*u szabli*) hilt

rękojmia *f* guaranty

rękopis *m* manuscript

robactwo *n* vermin

robaczywy *adj* worm-eaten

robak *m* worm

rober *m* (*w kartach*) rubber

robi|ć *vt* make, do; ~ć swoje do one's duty; ~ć na drutach knit; mało sobie z tego ~ę I make little of it; to mi dobrze ~ it does me good; ~ć się *vr tylko impers*: ~ się ciepło ⟨zimno, późno itp.⟩ it is getting warm ⟨cold, late etc.⟩

robocizna *f* working power, labour; (*zapłata*) wages *pl*; (*pańszczyźniana*) statute labour

robocz|y *adj* work, working *attr*; dzień ~y working day; siła ~a manpower; ubranie ~e working clothes; wół ~y draught-ox

robot *m* robot

robot|a *f* work, labour, job; ~y polne field-labour; ~y przymusowe forced labour; ~y ziemne earth works; ciężkie ~y (*karne*) hard labour, penal servitude; nie

mieć nic do ~y have nothing to do

robotniczy *adj* workman's, workman *attr*

robotnik *m* (*pracownik*) worker; (*pracownik fizyczny*) workman; (*wyrobnik*) labourer

robótki *s pl* needle-work, fancy-work

rocznica *f* anniversary

rocznie *adv* yearly, annually

rocznik *m* year-book; *wojsk.* class; *pl* ~**i** (*naukowe, literackie*) annals

roczny *adj* yearly, annual

rodaczka *f* (fellow-)countrywoman

rodak *m* (fellow-)countryman

rodowity *adj* true-born, native; ~ **Anglik** Englishman by birth

rodowód *m* pedigree

rodow|y *adj* (*dziedziczny*) ancestral; clan *attr*; clannish; (*plemienny*) tribal; **majątek ~y** patrimony; **szlachta ~a** hereditary nobility

rodzaj *m* kind, species, sort; *biol.* genus; *gram.* gender; ~ **ludzki** mankind; **coś w tym ~u** something of the kind; **najgorszego ~u** of the worst description; **wszelkiego ~u** of every description

rodzajnik *m gram.* article

rodzajowy *adj* generic

rodzeństwo *n* brothers and sisters

rodzice *s pl* parents

rodzicielski *adj* parental; parents' *attr*

rodzić *vt* bear, generate, produce

rodzimy *adj* native

rodzina *f* family

rodzinn|y *adj* family *attr*; natal, native; **majątek ~y** family estate; **miasto ~e** native town; **dodatek ~y** family allowance

rodzony *adj* full born, german; ~ **brat** brother german

rodzynek *m* raisin

rogacz *m* stag; *przen. pot.* (*zdradzony mąż*) cuckold

rogatka *f* turnpike; toll-bar

rogaty *adj* horned

rogatywka *f* four-cornered cap

rogowacieć *vi* become horny

rogowaty *adj* horny, corneous

rogowy *adj* horn *attr*, horny

rogoża *f* (*mata*) (door-)mat

rogówka *f anat.* cornea

roi|ć *vi* dream; ~**ć sobie** imagine, fancy; ~**ć się** *vr* swarm, team; **coś mu się** ~ he fancies sth, sth runs through his head

rojalista *m* royalist

rojny *adj* swarming, teaming

rok *s* (*pl* **lata**) year; ~ **przestępny** leap-year; ~ **szkolny** school-year; **co drugi** ~ every second year; **w przyszłym** ⟨**w zeszłym**⟩ ~**u** next ⟨last⟩ year; **przed laty** many years ago; **mam 18 lat** I am 18 years old

rokosz *m* mutiny

rokować *vi* (*pertraktować*) negotiate (**w sprawie traktatu, pożyczki** a treaty, a loan); (*zapowiadać*) augur; ~ **nadzieje** bid fair, give fair promise; **można** ~ **nadzieje, że on będzie miał powodzenie** he bids fair to succeed

rokowani|e *n* prognosis; *pl* ~**a** (*pertraktacje*) negotiations

rola 1. *f* (*pole*) arable land, field, soil

rol|a 2. *f* (*teatr i przen.*) part, role; **odgrywać** ~**ę** play a part

roleta *f* window-blind

rolka *f* (*szpulka*) reel; (*zwój*) roll; (*wałek*) roller

rolnictwo *n* agriculture

rolniczy *adj* agricultural

rolnik *m* farmer; agriculturist

roln|y *adj* agrarian; agricultural; land *attr*; **reforma** ~**a** agrarian reform; **bank** ~**y** land bank

romans *m* (*powieść*) romance, novel; (*miłostka*) love-affair

romansować *vi* flirt, carry a love-affair

romantyczność *f* romanticism

romantyczny *adj* romantic

romantyk *m* romantic; (*przedstawiciel romantyzmu*) romanticist

romantyzm m romanticism
romański adj (język) Romance; (styl) Romanesque
romb m mat. rhomb
rondel m stew-pan
rondo 1. n (u kapelusza) brim; muz. rondo
rondo 2. m (plac) circus
ronić vt (np. łzy) shed; med. miscarry
ropa f med. pus; ~ naftowa rock-oil, petroleum
ropieć vi fester, suppurate
ropień m med. abscess
ropucha f zool. toad
rosa f dew
Rosjanin m Russian
rosły adj tall
rosnąć vi grow
rosochaty adj forked
rosół m buillon, beef-soup
rostbef m roast beef
rosyjski adj Russian
roszad|a f (w szachach) castling; robić ~ę to castle
roszczenie n claim (o coś to sth, pod czyimś adresem on sb)
rościć vt (np. prawo, pretensje) claim (do czegoś sth), lay claim (do czegoś to sth)
roślina f plant; ~ pnąca creeper
roślinność f flora, vegetation
roślinny adj vegetable, vegetal
rotmistrz m wojsk. cavalry-captain
rowek m (small) channel; techn. groove
rower m (bi)cycle
rowerzysta m cyclist
rozbestwić vt make furious, enrage; ~ się vr become furious
rozbicie n disruption; (wrogich sił) defeat; ~ okrętu shipwreck
rozbić vt crush, smash, disrupt; (wroga) defeat; ~ się vr be crushed (smashed); (o statku) be shipwrecked; (o planie) be frustrated ⟨thwarted⟩
rozbierać vt undress: (rozkładać) decompose; (dom) pull down; (kraj) partition; (rozczłonkowywać) dismember; (np. maszynę)

dismantle, dismount; (np. zegarek) take apart; ~ się vr undress, strip; (zdejmować wierzchnie odzienie) take off (one's overcoat, hat etc.)
rozbieżność f divergence
rozbieżny adj divergent
rozbijać zob. rozbić
rozbiór m dismemberment; (tekstu) analysis; (kraju) partition
rozbiórka f (domu, maszyny itp.) demolition
rozbitek m castaway; przen. (życiowy) wreck
rozbój m robbery, piracy
rozbójnik m robber, highwayman; (morski) pirate
rozbrajać vt, ~ się vr disarm
rozbrat m rupture, disunion; wziąć ~ break, fall out (z kimś with sb), become divorced (z rozumem from one's senses)
rozbrojenie n disarmament
rozbrzmiewać vi resound
rozbudowa f extension, enlargement
rozbudowywać vt extend, enlarge; (np. praktykę, stosunki) build up; ~ się vr extend
rozbudzić vt awaken, arouse
rozchmurzyć vt clear up; przen. (rozweselić) cheer one's thoughts
rozchodzić się vr (o towarzystwie) break up, part; (o zgromadzeniu, grupie uczniów itp.) disperse; wojsk. break ranks; (roztączyć się) separate, come apart; (o wiadomościach itp.) spread abroad; (o towarze) sell well
rozchód m expense, expenditure
rozchwiać vt shake, make loose; ~ się vr be shaken, become loose
rozchwytać vt snatch up; (rozkupić) buy up
rozchylać vt, ~ się vr open, draw apart; ~ usta part one's mouth
rozciągać vt, ~ się vr extend, stretch, expand
rozciągłoś|ć f expansion, extent; w całej ~ci at full length; to the full extent
rozciągły adj extensive

rozcieńczyć *vt* dilute

rozcierać *vt* grind (**na proch to powder**); (*np. ciało*) rub

rozcinać *vt* cut up

rozczarować *vt* disillusion, disappoint; ~ **się** *vr* become disappointed

rozczarowanie *n* disillusionment, disappointment

rozczesać *vt* comb off

rozczłonkować *vt* dismember

rozczłonkowanie *n* dismemberment

rozczulać *vt* move (to pity), touch, affect; ~ **się** *vr* be moved, be touched; (*bawić się w sentymenty*) sentimentalize (**nad kimś, czymś over sb, sth**)

rozczyn *m* solution

rozdarcie *n* rent, tear; *przen.* (*wewnętrzne skłócenie*) disruption

rozdawać *vt* distribute; (*karty*) deal

rozdmuchiwać *vt* (*nadymać*) blow up, inflate; (*podsycać płomień*) fan

rozdrabniać *vt* fritter

rozdrapywać *vt* scratch; (*rozranić*) lacerate

rozdrażniać *vt* irritate

rozdrażnienie *n* irritation

rozdroże *n* crossroad(s)

rozdwoić *vt* divide, split, disunite

rozdwojenie *n* division, disunion, split

rozdymać *vt* blow up, inflate

rozdział *m* (*oddzielenie*) separation; (*podział*) division; (*rozdzielenie*) distribution; (*w książce*) chapter; (*we włosach*) parting

rozdzielać *vt* (*oddzielać*) separate, sever; (*podzielić*) divide; (*rozdawać*) distribute; (*wydzielać*) deal (**share**) out; (*nagrody*) give away (**out**)

rozdzielcz|y *adj* distributive; **punkt** ~**y** distributing point; **tablica** ~**a** *elektr.* switchboard, (*w samochodzie*) dash-board

rozdzierać *vt* rend, tear up, split; (*otwierać np. list*) tear open;

~**jący serce** heart-rending

rozdźwięk *m* dissonance, discord

rozebrać *zob.* **rozbierać**

rozedma *f med. także* ~ **płuc** emphysema

rozejm *m* armistice, truce

rozejść się *zob.* **rozchodzić się**

rozerwać się *vr* (*zabawić się*) divert oneself; (*pęknąć*) become ⟨get⟩ torn up

roześmiać się *vr* burst into laughter

rozeta *f* rosette

rozeznać *vt* discern; distinguish

rozgałęziacz *m elektr.* branch--joint, cluster

rozgałęziać się *vr* branch out, ramify

rozgałęzienie *n* ramification

rozgarniać *vt* pull apart, unroll, rake aside; (*ogień*) stir

rozgarnięty *adj* intelligent, clever

rozglądać się *vr* look round (**za kimś, czymś for sb, sth**)

rozgłaszać *vt* blaze, divulge, spread abroad

rozgłos *m* publicity, renown; resonance; **nabrać** ~**u** become renowned

rozgłośnia *f* broadcasting station

rozgłośny *adj* resounding; renowned

rozgnieść *vt* crush

rozgniewać *vt* anger, make angry; ~ **się** *vr* become angry (**na kogoś with sb, na coś at** ⟨**about sth**⟩)

rozgoryczenie *n* embitterment

rozgoryczyć *vt* embitter

rozgraniczenie *n* delimitation, demarcation

rozgraniczyć *vt* delimit, demarcate

rozgromić *vt* rout, defeat

rozgryźć *vt* bite through; *pot.* (*odgadnąć*) unriddle

rozgrzebywać *vt* dig up, rake up

rozgrzeszenie *n* absolution

rozgrzeszyć *vt* absolve

rozgrzewać *vt* warm up; ~ **się** *vr* warm oneself, get warm, warm up

rozhukany *adj* unbridled, unruly

rozhuśtać *vt* set swinging, set in motion

roziskrzony *adj* sparkling

roziskrzyć się *vi* begin to sparkle

rozjaśnić *vt*, ~ **się** *vr* clear up, brighten

rozjątrzyć *vt* irritate, exacerbate; chafe, rankle; ~ **się** *vr* become irritated, get exacerbated; rankle; *med.* suppurate

rozjechać się *vr* (*o towarzystwie, zgromadzeniu itp.*) break up, part

rozjemca *m* arbiter; *sport* umpire

rozjuszyć *vt* enrage, infuriate

rozkaprysić *vt* make capricious; ~ **się** *vr* become capricious

rozkapryszony *adj* capricious, whimsical

rozkaz *m* order, command; **na** ~ by order

rozkazujący *adj* imperious, imperative; *gram.* tryb ~ imperative

rozkazywać *vi* order, command

rozkiełznać *vt* unbridle

rozkleić *vt* unglue; (*rozlepić, np. afisze*) post up; ~ **się** *vr* unglue, come unglued; *pot.* (*stać się nieodpornym*) weaken, be moved

rozkład *m* disposition; (*psucie się*) decay, disintegration; (*jazdy, godzin*) time-table

rozkładać *vt* (*rozstawiać*) dispose, place apart; (*np. mapę*) spread open ⟨out⟩; (*rozwijać*) unfold; (*np. na wystawie*) display, lay out; (*rozbierać na części*) decompose, take to pieces; ~ **się** *vr* (*wyciągać się*) stretch out, spread; (*psuć się*) decay, decompose; (*rozpadać się*) disintegrate

rozkochać *vt* inspire with love; ~ **się** *vr* fall in love (**w kimś** with sb)

rozkołysać *vt* set swinging

rozkopać *vt* dig up

rozkosz *f* delight

rozkoszny *adj* delightful

rozkręcać *vt* unwind, unscrew

rozkruszać *vt* crumble, crush

rozkrzewić *vt* propagate, multiply

rozkuć *vt* unchain, unbind

rozkulbaczyć *vt* unsaddle

rozkupić *vt* buy up

rozkwit *m* flowering, efflorescence, bloom; **w pełni** ~**u** in full bloom

rozkwitać *vi* blossom, flourish

rozkwitły *adj* full-blown

rozlegać się *vr* spread, extend; (*o głosie*) resound, ring

rozległy *adj* extensive, vast

rozleniwiać *vt* make lazy; ~ **się** *vr* become lazy

rozlepiać *vt* (*np. afisze*) post up

rozlew *m* (*powódź*) flood; ~ **krwi** bloodshed

rozlewać *vt* (*np. mleko na podłogę*) spill; (*wlewać do naczyń*) pour out; (*krew, łzy*) shed; ~ **się** *vr* (*o rzece*) overflow; (*o płynie*) spill

rozliczać się *vr* settle accounts

rozliczenie *n* settling (of accounts), settlement; *handl.* clearing

rozliczny *adj* diverse, various

rozlokować *vt* accommodate, quarter; ~ **się** *vr* put up (**w hotelu** at a hotel), find accommodation

rozlosować *vt* dispose by lots (**coś** of sth)

rozluźnić *vt* loosen, relax; ~ **się** *vr* loosen, come loose

rozluźnienie *n* loosening, relaxation; (*obyczajów*) laxity

rozładować *vt* discharge, unload

rozłam *m* split, disruption

rozłamać *vt* break asunder, disrupt, split; ~ **się** *vr* be broken, go asunder

rozłazić się *vr* straggle, disperse; (*rozpadać się*) fall to pieces

rozłączać *vt* disjoin, disconnect; (*także techn.*) separate; (*np. telefon*) switch off; ~ **się** *vr* become disconnected; separate; (*telefonicznie*) switch off

rozłączenie *n* separation; (*także techn.*) disconnection

rozłożyć 680

rozłożyć *zob.* rozkładać; ~ się obozem encamp

rozłupać *vt* split, cleave; *(orzech)* crack

rozmach *m* impetus, swing

rozmaitoś|ć *f* variety; *pl* ~ci miscellany *zbior.*

rozmaity *adj* various, diverse

rozmaryn *m bot.* rosemary

rozmawiać *vi* talk, chat, converse

rozmia|r *m (wymiar)* size; *(zakres)* dimension, extent; w wielkim ~rze to a great extent, in a large measure

rozmienić *vt (pieniądze)* change

rozmieszczać *vt* dispose, arrange; locate; *(rozlokować)* quarter, accommodate

rozmieszczenie *n* disposition, arrangement; location; *(zakwaterowanie)* quartering, accommodation

rozmiękczać *vt* soften, make soft, mollify

rozmiękczenie *n* softening, emollescence; *med.* ~ mózgu encephalomalacia

rozmięknąć *vi* soften, become soft

rozminąć się *vr* miss (z kimś, czymś sb, sth) cross one another; ~ się z celem go wide ⟨fall short⟩ of the mark; ~ się z powołaniem miss one's calling; ~ z prawdą deviate from the truth

rozminować *vt* clear of mines

rozmnażać *vt*, ~ się *vr* multiply, breed

rozmnażanie się *n* multiplication

rozmoczyć *vt* wet, soak

rozmoknąć *vi* become wet, soak

rozmow|a *f* conversation; prowadzić ~ę carry on a conversation

rozmowny *adj* conversational

rozmówca *m* interlocutor

rozmówić się *vr* have a talk

rozmównica *f (także* ~ telefoniczna*)* telephone booth ⟨box⟩

rozmysł *m*, z ~em deliberately

rozmyślać *vi* meditate, reflect (nad czymś on ⟨upon⟩ sth)

rozmyślanie *n* meditation

rozmyślić się *vr* change one's mind

rozmyślnie *adv* deliberately

rozmyślny *adj* deliberate, premeditated

roznamiętnić *vt* impassion; ~ się *vr* become impassioned

rozniecić *vt (rozpalić)* kindle; *przen. (wywołać żywe uczucie)* stir up, inflame

roznosiciel *m* carrier; ~ gazet newspaper boy

roznosić *vt* carry; *(rozpowszechniać)* spread, distribute

rozochocić *vt* make merry; ~ się *vr* become merry, cheer up

rozognić *vt* inflame

rozpacz *f* despair; doprowadzić do ~y drive to despair

rozpaczać *vi* despair

rozpaczliwy *adj* desperate

rozpad *m* decay, decomposition

rozpadać się *vr* fall to pieces, collapse, break down

rozpadlina *f* crevice, cleft

rozpakować *vt*, ~ się *vr* unpack

rozpalać *vt (ogień)* make fire; ~ piec fire a stove; *przen. (wzmagać)* inflame; *(wyobraźnię)* fire

rozpamiętywać *vt* meditate (coś on sth)

rozpaplać *vt pot.* blab out

rozparcelować *vt* parcel out, break up

rozpasanie *n* profligacy

rozpasany *adj* dissolute, profligate

rozpatrywać *vt* consider, examine

rozpęd *m* impetus, start

rozpędzić *vt* disperse; *(tłum)* break up; *(rozruszać)* start, set in motion; ~ się *vr* break into a run

rozpętać *vt* unchain, unfetter; *pot. (np. wojnę)* unleash

rozpiąć *zob.* rozpinać

rozpieczętować *vt* unseal

rozpierać *vt* distend, extend; ~ się *vr* spread oneself

rozpierzchnąć się *vr* disperse

rozpieszczać *vt* pamper

rozpiętość *f* spread; *(mostu, łuku)* span; *przen. (zakres)* extent

rozpinać *vt (ubranie)* unbutton,

undo; (*rozciągać*) stretch out; (*żagiel*) spread

rozplatać *vt* untwist, untwine

rozplątać *vt* disentangle

rozplenić *vt*, ~ się *vr* multiply

rozpłakać się *vr* burst into tears

rozpłaszczyć *vt* flatten

rozpłatać *vt* split, cleave

rozpłomienić *vt* inflame

rozpływać się *vr* melt away, vanish; (o *pieniądzach*) melt; *przen.* descant (nad czymś on ⟨upon⟩ sth)

rozpoczynać *zob.* zaczynać

rozpogodzić się *vr* clear up

rozporek *m* fly

rozporządzać *vt* dispose (czymś of sth); (*dawać rozporządzenie*) order, decree

rozporządzenie *n* disposal (czymś of sth); (*dekret*) order, decree; do twego ~a at your disposal

rozpościerać *vt*, ~ się *vr* spread (out)

rozpowiadać *vt* talk abroad, divulge

rozpowszechniać *vt* spread, diffuse, propagate; ~ się *vr* spread

rozpowszechnienie *n* spread

rozpowszechniony *adj* wide-spread

rozpoznanie *n* discernment; *med.* diagnosis; *wojsk.* (*terenu*) reconnaissance

rozpoznawać *vt* recognize; discern; *med.* diagnose

rozpraszać *vt*, ~ się *vr* disperse

rozprawa *f* dissension, debate; (*np. naukowa*) treatise, dissertation; *prawn.* (*sądowa*) case; (*załatwienie sporu*) settlement

rozprawiać *vt* debate, discuss (o czymś sth); ~ć się *vr* settle matters; szybko ~ć się make short work (z czymś of sth)

rozprężać *vt* distend

rozprężenie *n* distension; (*odprężenie*) relaxation

rozpromienić *vt*, ~ się *vr* brighten up

rozprostować się *vr* straighten

rozproszenie *n* dispersion, dispersal

rozproszyć *zob.* rozpraszać

rozprowadzać *vt* lead; (*smar, farbę*) lay on; (*rozcieńczać*) dilute; (*towar, bilety itp.*) distribute

rozpruwać *vt* unsew, unstitch; (*rozrywać*) rip open

rozprzedawać *vt* sell

rozprzedaż *f* selling out, sale

rozprzestrzeniać *vt* spread, extend

rozprzestrzenianie *n* spread

rozprzęgać *vt* unharness; *przen.* (*rozluźniać*) dissolve, relax

rozprzężenie *n* dissoluteness, relaxation; ~ obyczajów laxity of morals

rozpusta *f* debauchery

rozpustnik *m*, rozpustnica *f* debauchee

rozpustny *adj* debauched

rozpuszczać *vt* (*płyn*) dissolve; (*odprawiać, zwalniać*) dismiss; (*wojsko*) disband, dismiss; (*puszczać wolno*) let go, dismiss; (*pogłoski*) spread; ~ się *vr* dissolve, (*topnieć*) melt

rozpuszczalnik *m chem.* solvent

rozpuszczalny *adj* soluble

rozpychać się *vr* jostle

rozpylacz *m* pulverizer

rozpylać *vt* pulverize

rozpytywać się *vr* inquire (o kogoś, coś after ⟨for⟩ sb, sth)

rozrabiacz *m pot.* troublemaker, stirrer

rozrabiać *vt* (*farbę, pastę itp.*) mix, dilute; (*rozbełtywać*) stir up; *vi pot.* make trouble, intrigue

rozrachunek *zob.* rozliczenie; *handl.* clearance

rozradzać się *vr* multiply, breed

rozrastać się *vr* grow larger, develop

rozrąbać *vt* cut asunder, split

rozrodczy *adj* genital, generative, procreative

rozróżniać *vt* distinguish; (*wyodrębniać*) discern

rozruch *m* start, setting in motion; *pl* ~y (*zamieszki*) uproar, riot

rozruszać *vt* set in motion, start; (*ożywić*) stir up; ~ się *vr* be roused, begin to stir

rozrywać vt tear; rend; (np. związek) disrupt; (list itp.) tear open

rozrywka f amusement, pastime

rozrzedzać vt rarefy; (rozcieńczać) dilute

rozrzewnić vt move, affect; ~ się vr be moved, become affected

rozrzewnienie n emotion, touch of tenderness

rozrzucać vt scatter; (pieniądze) squander

rozrzutność f extravagance

rozrzutny adj extravagant

rozsada f seedlings pl

rozsadnik m seed-plot

rozsadzać vt plant apart; (rozstawiać) space; (rozdzielać) separate; seat separately; (prochem) blow up

rozsądek m sense; zdrowy ~ common sense

rozsądny adj sensible, reasonable

rozsiewać vt sow; przen. (rozpraszać) disseminate

rozsławiać vt render famous

rozstaj m, na ~u at the parting of the ways

rozstajny adj, ~e drogi crossroads

rozstanie n parting, separation

rozstawać się vr part (z kimś from ⟨with⟩ sb, z czymś with sth)

rozstawiać vt place apart, space; (np. nogi) spread

rozstąpić się vr step asunder, get apart; part; (o ziemi) burst, open up

rozstęp m spread, space, gap

rozstroić vt put out of order, derange; (nerwy) shatter; (instrument) put out of tune

rozstrój m disharmony, discord; disorganization; (umysłowy) mental derangement; med. ~ nerwowy nervous breakdown; ~ żołądka dyspepsia, upset stomach

rozstrzelać vt shoot dead, execute

rozstrzel|ić vt (druk.) space out; ~one głosy scattered votes

rozstrzygać vt decide (coś sth), determine (o czymś sth); ~ kwestię decide the question; ~ o wyniku determine the result

rozstrzygający p praes adj decisive

rozstrzygnięcie n decision

rozsuwać vt draw aside; (zasłonę) draw; (stół) pull out

rozsyłać vt send out, distribute

rozsyłka f distribution

rozsypać vt scatter; ~ się vr be scattered, disperse; (rozpadać się) crumble

rozszarpać vt tear to pieces

rozszczepiać vr split, cleave

rozszczepienie n split

rozszerzać vt widen, broaden; enlarge; (szerzyć) diffuse, spread; ~ się vr widen, broaden; extend

rozszerzenie n extension, enlargement

rozsznurować vt unlace

rozszyfrować vt decode

rozścielać vt, ~ się vr spread

rozśmieszać vt make laugh

rozświecać vt light up

roztaczać vt, ~ się vr spread, extend; ~ opiekę keep guard (nad kimś, czymś over sb, sth)

roztajać vi thaw, melt away

roztapiać vt melt; (metal) smelt

roztargnienie n distractedness

roztargniony adj distracted

rozstawać się vr part company (z kimś with sb)

rozterka f distraction; discord; uneasiness

roztkliwiać vt move to pity; ~ się vr be moved to pity, sentimentalize (nad kimś, czymś over sb, sth)

roztłuc vt smash

roztoczyć zob. roztaczać; ~ opiekę nad kimś, czymś take sb, sth under one's protection

roztopić zob. roztapiać

roztopy s pl thawing snow

roztratować vt trample under foot

roztrąbić vt blaze abroad, divulge

roztrącić vt push asunder; (rozbić) smash

roztropność f prudence

roztropny *adj* prudent
roztrwonić *vt* squander away
roztrzaskać *vt* smash
roztrzepanie *n* distractedness
roztrzepany *adj* distracted, scatter-
-brained
roztwarzać *vt* dissolve; *(rozcieńczać)* dilute
roztwór *m* solution; *(nalewka)*
tincture
roztyć się *vr* grow fat
rozum *m (zdolność pojmowania)*
understanding; *(władze umysłowe)* reason; *(umysł)* intellect;
(rozsądek, spryt) wit; **chłopski** ~
common sense; **to przechodzi
ludzki** ~ this is beyond human
understanding; **on ma** ~ **w głowie** he has his wits about him
rozumie|ć *vt* understand; *(pojmo-
wać)* comprehend; ~ **się** *vr* understand (nawzajem each other);
(znać się) understand thoroughly, know thoroughly (na czymś
sth); **co przez to** ~sz? what do
you mean by it?; **ma się** ~ć of
course; **to** ~ **się samo przez się**
it stands to reason
rozumny *adj* reasonable, sensible
rozumować *vi* reason
rozumowanie *n* reasoning
rozumowy *adj* rational
rozwadniać *vt* dilute
rozwag|a *f* prudence; *(rozważanie)*
consideration; **wziąć pod** ~ę take
into consideration
rozwarty *adj* open; *mat. (o kącie)*
obtuse
rozważać *vt (rozpatrywać)* consider; *(zastanawiać się)* reflect (coś
on ⟨upon⟩ sth); *(ważyć częściami)*
weigh out
rozważny *adj* prudent
rozweselać *vt* gladden, cheer up,
exhilarate; ~ **się** *vr* cheer up,
become exhilarated
rozwiać *zob.* rozwiewać
rozwiązalny *adj (o zagadce, zagadnieniu)* solvable; *(o umowie, sto-
warzyszeniu itp.)* dissoluble
rozwiązanie *n (zagadki)* solution;
(zebrania, małżeństwa, umowy

itp.) dissolution; *(przedsiębiorstwa)* winding up; *med. (poród)*
delivery
rozwiązły *adj* dissolute
rozwiązywać *vt* untie, undo; *(zagadki, problemy)* solve; *(stowarzyszenie, małżeństwo, umowę)*
dissolve; *(zgromadzenie)* dismiss,
dissolve; *(przedsiębiorstwo)* wind
up
rozwidniać się *vr* dawn
rozwiedziony *adj* divorced
rozwierać *vt* open
rozwieszać *vt* hang about
rozwiewać *vt* blow away, scatter;
przen. (obawy, wątpliwości) dis-
pel; ~ **się** *vr* be blown away;
przen. vanish; *(przemijać)* blow
over
rozwijać *vt (np. paczkę)* unwrap;
(np. gazetę) unfold; *(np. zwój
sukna, papieru)* unroll; *(skrzydła,
żagiel)* spread; *(np. umysł, nowy
gatunek rośliny)* develop; *(np.
działalność)* display; ~ **się** *vr*
develop; unroll; *(o pączkach,
krajobrazie)* unfold
rozwikłać *vt* disentangle
rozwlekły *adj* prolix, diffuse
rozwodnić *zob.* rozwadniać
rozwodnik *m* divorcee
rozwodzić *vt* divorce; ~ **się** *vr*
divorce (z kimś sb); enlarge, di-
late (nad czymś on sth)
rozwojowy *adj* evolutionary
rozwolnienie *n pot.* diarrhoea
rozwozić *vt* convey, distribute
rozwód *m* divorce; **wziąć** ~ divorce (z kimś sb)
rozwój *m* development, evolution
rozwydrzony *adj* unbridled, wild
rozzłościć *vt* make angry, irritate;
~ **się** *vr* become angry
rozżalenie *n* resentment
rozżalony *adj* resentful
rozżarzyć *vt* make red-hot; ~ **się**
vr become red-hot
rożen *m* spit
ród *m (pochodzenie)* origin, stock;
(rasa) race; *(szczep)* tribe, *(w
Szkocji)* clan; ~ **ludzki** mankind;
rodem z Warszawy a native of

Warsaw; **rodem z Polski** Pole
⟨Polish⟩ by birth

róg *m* horn; *(myśliwski)* bugle;
(zbieg ulic, kąt) corner; **rogi jelenie** antlers; **~ obfitości** horn
of plenty; **na rogu** at the corner;
za rogiem round the corner;
przen. **przytrzeć komuś rogów**
take sb down a peg or two

rój *m* swarm

róść *zob.* rosnąć

rów *m* ditch; *wojsk.* **~ łączący**
communication-trench; **~ strzelecki** entrenchment, trench

rówieśnik *m* coeval; **on jest moim
~iem** he is of my age

równać *vt (wyrównywać)* even,
make even; level; *(porównywać)*
compare; *vt wojsk.* dress; **~ się**
vr be equal **(komuś, czemuś** to
sb, sth)

równanie *n mat.* equation; **~ pierwszego** ⟨**drugiego**⟩ **stopnia** linear ⟨quadratic⟩ equation; *(zrównanie)* equalization

równi|a *f* plane, level surface; **~a
pochyła** inclined plane; **na ~ z
kimś, czymś** on a level with sb,
sth; **on the same level as** sb,
sth

równie *adv* equally

również *adv* also, too, as well; **jak
~** as well as

równik *m geogr.* equator

równina *f* plain

równo *adv* even

równoboczny *adj* equilateral

równoczesny *adj* simultaneous;
(współczesny) contemporary

równoległobok *m mat.* parallelogram

równoległy *adj* parallel

równoleżnik *m geogr.* parallel

równomierny *adj* equal, uniform

równoramienny *adj mat.* isosceles

równorzędny *adj* of equal rank,
equivalent

równość *f* equality; *(gładkość)*
evenness

równouprawnienie *n* equality of
rights

równouprawniony *adj* having the
same rights

równowag|a *f* equilibrium, balance; **odzyskać ~ę** recover one's
balance; **stracić ~ę** lose one's
balance, be off one's balance; **utrzymać ~ę** be in equilibrium,
keep one's balance; **wyprowadzić z ~i** throw out of balance,
unbalance

równowartościowy *adj* equivalent

równowartość *f* equivalence;
(rzecz konkretna) equivalent

równoważnik *m* equipoise, equivalent

równoważny *adj* equiponderant

równoważyć *vt* balance

równoznaczny *adj* synonymous

równ|y *adj (gładki, płaski, prosty)*
even, flat, level; *(taki sam, jednakowy)* equal; *gram.* **stopień
~y** positive degree; **~y krok**
steady pace; **nie mający ~ego
sobie** unparalleled; **żyć jak ~y z
~ym** live as equals; **przestawać
z ~ymi sobie** mix with one's
equals

rózga *f* rod

róż *m* rouge

róża *f* rose; *(polna)* sweet briar;
med. erysipelas

różaniec *m* rosary

różdżka *f* wand; **~ czarodziejska**
magician's wand

różnica *f* difference; **~ zdań** diversity of opinions

różnicować *vt* differentiate

różniczka *f mat.* differential

różniczkować *vt mat.* differentiate

różni|ć się *vr* differ **(od kogoś, czegoś** from sb, sth; **pod względem
czegoś** in sth)

różnobarwny *adj* many-coloured

różnojęzyczny *adj* many-tongued

różnolity *adj* various, multiform

różnoraki *adj* manifold, diverse

różnorodność *f* heterogeneity; variety

różnorodny *adj* heterogeneous; various

różnoznaczny *adj* ambiguous, having a different meaning

różn|y *adj* (*odmienny*) different (**od czegoś** from sth); (*różniący się, przeciwstawny*) distinct (**od czegoś** from sth); (*rozmaity*) various; sundry; ~**e drobiazgi** sundries

różować *vt* put on rouge

różowy *adj* pink, rosy

rtęć *f chem.* mercury, quicksilver

rubaszność *f* coarseness

rubaszny *adj* coarse

rubin *m* ruby

rubryka *f* (*szpalta*) column; (*wolne miejsce w formularzu*) blank

ruch *m* movement; (*posunięcie, np. w szachach*) move; (*chód, np. maszyny*) motion; ~ **jednokierunkowy** one-way road; ~ **oporu** resistance movement; ~ **pasażerski** passenger-traffic; ~ **towarowy** goods-traffic; **puszczać w** ~ put in motion; **wprawić w** ~ put in motion, start; **w** ~**u** on the move

ruchliwość *f* mobility

ruchliw|y *adj* mobile, active; ~**a ulica** busy street; ~**e życie** busy life

ruchomości *s pl* movables, personalty, personal property

ruchom|y *adj* movable; ~**e schody** escalator

ruczaj *m poet.* brook

ruda *f* ore

rudera *f* hovel, dilapidated house

rudy *adj* brownish-red, rusty; (*rudowłosy*) red-haired

rufa *f mors.* stern

rugować *vt* (*ze służby*) dismiss; (*z miejsca*) eject

ruina *f* ruin

ruleta *f* roulette

rulon *m* roll

rum *m* rum

rumak *m lit.* steed

rumianek *m* camomile

rumiany *adj* ruddy, rosy

rumienić się *vr* become ruddy; (*na twarzy*) blush

rumieniec *m* blush, high colour

rumor *m* noise

rumowisko *n* debris

Rumun *m* Rumanian

rumuński *adj* Rumanian

runąć *vi* collapse, tumble down

runiczny *adj* runic

runo *n* fleece

rupiecie *s pl* lumber *zbior.* trash *zbior.*

ruptura *f med.* hernia

rura *f* pipe, tube

rurka *f* tube, tubule

rurociąg *m* pipe-line

rusałka *f* naiad

ruszać *vt vi* move, stir; (*dotykać*) touch; (*w drogę*) start (**dokądś** for a place); ~ **się** *vr* move, stir; (*być czynnym*) be busy, *pot.* be up and doing

ruszenie *n*, **pospolite** ~ *hist.* general levy

ruszt *m* (fire-)grate

rusztowanie *n* scaffolding

rutyna *f* routine

rutynowany *adj* practised

rwać *vt* tear; (*owoce, kwiaty*) pluck, pick; (*zęby*) draw; *vi* (*o bólu*) shoot; ~ **się** *vr* (np. *o ubraniu*) tear; (*mocno chcieć*) be eager (**do czegoś** for ⟨after⟩ sth, to do sth), *pot.* be keen (**do czegoś** on sth)

rwący *adj* (*o rzece*) rapid; (*o bólu*) stabbing, shooting

rwetes *m* bustle

ryb|a *f* fish; **łowić** ~**y** fish, catch fish, (*na wędkę*) angle; **iść na** ~**y** go fishing; *przen.* **gruba** ~**a** big shot

rybak *m* fisher, fisherman, (*wędkarz*) angler

rybołówstwo *n* fishing, fishery

rycerski *adj* chivalrous

rycerskość *f* chivalry

rycerstwo *n* chivalry, knighthood

rycerz *m* knight; **błędny** ~ knight-errant

rychło *adv* soon

rychły *adj* early, speedy

rycina *f* illustration, picture; (*sztych*) print

rycyna *f (olej)* castor-oil

ryczałt *m* lump sum; ~em in the lump

ryczeć *vi* roar; *(o krowie)* low; *(o ośle)* bray

ryć *vt vi (kopać)* dig; *(rylcem)* engrave; *(w drzewie)* carve

rydel *m* spade

rydwan *m poet.* chariot

rydz *m bot.* orange-agaric

rygiel *m* bolt

ryglować *vt* bolt

rygor *m* rigour

rygorystyczny *adj* rigorous

ryj *m* snout

ryk *m* roar; *(krowy)* low; *(osła)* bray

rylec *m* chisel

rym *m* rime, rhyme

rymarz *m* saddler

rymować *vt* rime, rhyme; ~ się *vr* rime

rynek *m* market, market-place

rynna *f* gutter-pipe, rain-pipe

rynsztok *m* gutter, sewer

rynsztunek *m* equipment, armour

ryps *m* rep(s)

rys *m (twarzy)* feature; *(charakteru)* trait

rysa *f* flaw, crack

rysopis *m* description

rysować *vt* draw; *(szkicować)* sketch; *(planować)* design; ~ się *vr (na tle)* be outlined, appear; *(pękać, np. o ścianie)* crack

rysownica *f* drawing-board

rysownik *m* draughtsman; *(kreślarz)* sketcher, designer

rysun|ek *m* drawing, *(szkic)* sketch; *(plan)* design; lekcja ~ków drawing-lesson; nauczyciel ~ków drawing-master

rysunkowy *adj,* film ~ cartoon--film; papier ~ drawing-paper

ryś *m zool.* lynx

rytm *m* rhytm

rytmiczny *adj* rhythmic

rytownictwo *n* engraving

rytownik *m* engraver

rytuał *m* ritual

rywal *m* rival

rywalizacja *f* rivalry

rywalizować *vt* rival *(z kimś sb),* compete *(z kimś with sb)*

ryza *f (papieru)* ream; trzymać kogoś w ~ch keep a tight hand on sb

ryzyko *n* risk; narażać się na ~ run the risk

ryzykować *vt* risk, hazard

ryzykowny *adj* risky

ryż *m* rice

ryży *adj* red, red-haired

rzadki *adj* rare; *(nieliczny)* scarce; *(o włosach)* thin; *(o zupie)* clear; *(o tkaninie)* loose

rzadko *adv* seldom, rarely

rzadkość *f* rarity; *(niewystarczalna ilość)* scarcity

rząd 1. *m* row, rank, file; *biol.* order; drugi z rzędu next, successive; 8 godzin z rzędu 8 hours at a stretch; rzędem in a row ⟨line⟩; ustawić się rzędem line up; w pierwszym rzędzie in the first place, first of all

rząd 2. *m* government, *am.* administration; management; *(panowanie)* rule; *pl* ~y government, management; ~ ludowy People's Government

rządca *m* governor, manager

rządowy *adj* government *attr,* state *attr;* governmental

rządzić *vi* govern; manage *(czymś sth);* rule *(czymś over sth)*

rzecz *f* thing; *(sprawa)* matter; do ~y to the point; przystąpić do ~y come to the point; na jego ~ on his behalf; to nie twoja ~ it is no business of yours; twoją ~ą jest to zrobić it is up to you to do it; w samej ~y in point of fact; jasna ~ of course; mówić od ~y talk nonsense; to jest nie do ~y it is beside the question, it is off the point

rzecznik *m* representative; *(orędownik)* advocate, spokesman

rzeczownik *m gram.* substantive, noun

rzeczowo *adv* to the point, positively

rzeczowy *adj* real, positive, essen-

tial; **człowiek** ~ **matter-of-fact man; dowód** ~ **material proof; materiał** ~ **evidence**
rzeczoznawca *m* expert
rzeczpospolita *f* republic
rzeczułka *f* rivulet
rzeczywistość *f* reality
rzeczywisty *adj* real, actual
rzednąć *vt* become rare; (*o włosach, mgle*) thin *vi*, become thin
rzeka *f* river
rzekomo *adv* allegedly; on ~ ma talent he is supposed to have a talent
rzekomy *adj* supposed, pretended, sham; (*niedoszły*) would-be; ~ bohater would be hero; ~ lekarz sham doctor
rzemień *m* strap
rzemieślnik *m* artisan, craftsman
rzemiosło *n* craft, trade
rzemyk *m* strap
rzepa *f* turnip
rzepak *m* rape
rzesza *f* crowd; *hist.* Rzesza Niemiecka German Reich
rzeszoto *n* sieve
rześki *adj* brisk, lively
rzetelność *f* honesty, integrity
rzetelny *adj* honest, fair
rzewny *adj* plaintive
rzezimieszek *m* pick-pocket
rzeź *f* slaughter, massacre
rzeźba *f* (*sztuka*) sculpture; (*dzieło*) piece of sculpture
rzeźbiarstwo *n* sculpture
rzeźbiarz *m* sculptor

rzeźbić *vt* carve, sculpture
rzeźnia *f* slaughter-house
rzeźnik *m* butcher
rzeźwy *adj* hale, brisk
rzępolić *vt* *pot.* fiddle
rzęsa *f* eye-lash
rzęsist|y *adj* abundant, copious, profuse; ~e łzy flood of tears; ~e oklaski thunder of applause; ~y deszcz heavy rain
rzęzić *vi* rattle
rznąć *zob.* rżnąć
rzodkiew *f bot.* radish
rzodkiewka *f bot.* radish
rzucać *vt* throw, cast; (*opuszczać*) leave; (*poniechać*) give up; ~ okiem have a glance (na coś at sth); ~ rękawicę challenge (komuś sb); ~ myśl make a suggestion; ~ się *vr* rush (na kogoś, coś at sb, sth); fling oneself; (*nerwowo*) toss; (*w wodę*) plunge
rzut *m* throw, cast; (*plan*) projection; na pierwszy ~ oka at first glance
rzutki *adj* brisk, lively, enterprising
rzutkość *f* briskness, activity
rzutować *vt* *vi* project
Rzymianin *m* Roman
rzymski *adj* Roman
rżnąć *vt* cut, carve; (*zabijać*) slaughter
rżeć *vi* neigh
rżenie *n* neigh
rżysko *n* stubble-field

S

sabotaż *m* sabotage
sabotażysta *m* saboteur
sabotować *vt* sabotage
sacharyna *f* saccharine
sad *m* orchard
sadło *n* grease, fat

sadowić *vt* seat, place; ~ się *vr* seat oneself, take a seat
sadownictwo *n* pomiculture
sadyba *f* abode, habitation
sadysta *m* sadist
sadyzm *m* sadism

sadza *f* soot
sadzać *vt* seat, place
sadzawka *f* pool
sadzić *vt* plant, set
sadzonka *f* seedling
safanduła *m* galoot
safian *m* morocco
sagan *m* kettle
sak *m* sack; (*sieć*) drag-net
sakrament *m* sacrament
sakwa *f* bag
sala *f* hall; (*w szpitalu*) ward
salaterka *f* salad-plate
saldo *n* balance
saletra *f* saltpetre
salina *f* *górn.* salt-mine
salmiak *m* *chem.* ammonium chloride
salon *m* drawing-room
salonka *f*, *bryt.* saloon-carriage, *am.* parlour-car
salutować *vt* salute
salwa *f* volley
sałata *f* (*roślina*) lettuce; (*surówka*) salad
sam *adj* alone; -self (myself, yourself itd.); same; very; ~ **jeden** all alone; ~ **na** ~ all alone, all by oneself; **na** ~**ym końcu** at the very end; **już na** ~**ą myśl** at the very thought; **rozumie się** ~**o przez się** it is a matter of course; **tak** ~**o** likewise, as well; **ten** ~ the same; **w** ~**ą porę** (just) in time; **on** ~ **to powiedział** he said it himself
samica *f* female
samiec *m* male
samobójca *m* suicide
samobójczy *adj* suicidal
samobójstwo *n* suicide; **popełnić** ~ commit suicide
samochód *m* car, motor-car; ~ **ciężarowy** motor-lorry, truck; ~ **turystyczny** touring-car
samochwalstwo *n* boastfulness
samochwał *m* braggart
samodział *m* homespun
samodzielność *f* independence, self-reliance
samodzielny *adj* independent, self-reliant

samogłoska *f* wovel
samogon *m* home-brew
samoistny *adj* self-existent, independent
samokrytyka *f* self-criticism
samokształcenie *n* self-instruction, self-education
samolot *m* (aero)plane, *am.* airplane
samolub *m* egoist
samolubny *adj* egoistic
samoobsługowy *adj* (*o barze, o sklepie, o stacji benzynowej*) *attr* self-service
samolubstwo *n* egoism
samoobrona *f* self-defence
samopas *adv* all by oneself, loosely, at large
samopoczucie *n* feeling; **dobre** ~ (feeling of) comfort; **złe** ~ (feeling of) discomfort
samopomoc *f* self-help
samorodek *m* (*złota*) nugget
samorodny *adj* autogenous; original, spontaneous
samorząd *m* autonomy, self-government; ~ **gminny** ⟨**miejski itp.**⟩ local government
samostanowienie *n* *polit.* self-determination
samotnik *m* recluse, solitary
samotność *f* solitude
samotny *adj* solitary
samouctwo *n* self-education, self-instruction
samouczek *m* handbook for self-instruction; ~ **języka angielskiego** English self-taught
samouk *m* self-taught person
samowładca *m* autocrat
samowładztwo *n* autocracy
samowola *f* arbitrariness
samowolny *adj* arbitrary
samowystarczalność *f* self-sufficiency
samowystarczalny *adj* self-sufficient
samozachowawczy *adj*, **instynkt** ~ instinct of self-preservation
samozapalanie się *n* spontaneous combustion

samozwaniec *m* usurper, false pretender

samozwańczy *adj* self-styled, false

sanatorium *n* sanatorium

sandał *m* sandal

sanie *s* *pl* sleigh, sledge

sanitariusz *m* nurse, hospital attendant ⟨orderly⟩

sanitariuszka *f* nurse

sanitarny *adj* sanitary; wóz ~ ambulance

sankcja *f* sanction

sankcjonować *vt* sanction

sanki *s* *pl* sledge, sled, toboggan

sanna *f* (*droga*) sleigh-road; (*jazda*) drive in a sleigh.

sanskryt *m* Sanskrit

sapać *vi* pant, gasp

saper *m* *wojsk.* sapper

sardynka *f* sardine

sarkać *vi* grumble (na coś at sth)

sarkastyczny *adj* sarcastic

sarkazm *m* sarcasm

sarkofag *m* sarcophagus

sarna *f* roe, deer; (*samiec*) buck; (*samica*) doe

sarni *adj*, ~a pieczeń roast venison; ~a skóra buckskin, doeskin

Sas *m* Saxon

saski *adj* Saxon

satelita *m* satellite

satrapa *m* *przen.* tyrant

satyna *f* satin

satyra *f* satire

satyryczny *adj* satirical

satyryk *m* satirist

satysfakcja *f* satisfaction

sączek *m* *chem.* filter

sączyć *vt*, ~ się *vr* trickle, drip

sąd *m* judgement; (*ocena*) opinion; (*instytucja*) court, law-court; ~ przysięgłych jury; ~ wojenny court-martial; ~ ostateczny Last Judgement

sądownictwo *n* judicature

sądow|y *adj* judicial; koszty ~e court fees; postępowanie ~e legal procedure; sprawa ~a lawsuit; wytoczyć sprawę ~ą bring a suit (komuś against sb); wyrok

~y sentence of the court

sądzić *vt* judge; ~ sprawę try a case; *vt* (*mniemać*) think

sąsiad *m* neighbour

sąsiadować *vi* neighbour

sąsiedni *adj* neighbouring; (*przylegly*) adjacent

sąsiedztwo *n* neighbourhood

scalić *vt* integrate

scena *f* scene; *teatr* stage

scenariusz *m* scenario; script

sceneria *f* scenery

sceniczny *adj* scenic

sceptycyzm *m* scepticism

sceptyczny *adj* sceptical

sceptyk *m* sceptic

schab *m* pork-chop

schadzka *f* rendezvous, *am.* *pot.* date

scheda *f* inheritance

schemat *m* scheme, plan

schematyczny *adj* schematic

schizma *f* schism

schlebiać *vi* flatter

schludny *adj* cleanly, neat

schnąć *vi* dry, become dry; (*usychać*) wither; (*marnieć*) wane, waste

schodek *m* step

schodow|y *adj*, klatka ~a staircase

schody *s* *pl* stairs; ruchome ~ escalator

schodzić *vi* go ⟨come⟩ down; (*z chodnika, ze sceny itp.*) get off; (*o czasie*) pass; ~ się *vr* come together, meet

scholastyczny *adj* scholastic

scholastyk *m* scholastic

scholastyka *f* scholasticism

schorowany *adj* sickly, poorly

schować *zob.* chować

schowek *m* hiding-place; (*bankowy*) safe

schron *m* shelter; (*betonowy*) pill-box

schronić *vt* shelter; ~ się *vr* shelter (oneself); take shelter

schronisko *n* shelter; (*w górach*) refuge; (*azyl*) asylum

schwytać *vt* seize, catch

schylać *vt*, ~ się *vr* bend, bow, incline

schyłek *m* decline

scyzoryk *m* penknife

seans *m* (*w kinie*) picture-show; (*spirytystyczny*) séance

secesja *f* secession

sedno *n* core, gist; trafić w ~ hit the mark

sejf *m* safe

sejm *m* Seym, Sejm

sekciarski *adj* sectarian

sekciarz *m* sectarian

sekcja *f* section; *med.* dissection; ~ pośmiertna post-mortem examination

sekcyjny *adj* sectional

sekre|t *m* secret; zachować coś w ~cie keep sth secret; pod ~tem in secret

sekretariat *m* secretariat

sekretarz *m* secretary; ~ stanu ⟨partii⟩ secretary of state ⟨party⟩

seksualny *adj* sexual

sekta *f* sect

sektor *m* sector

sekunda *f* second

sekundant *m* second

sekundować *vi* second (komuś sb)

sekutnica *f* shrew

sekwestr *m prawn.* sequestration

seledynowy *adj* sea-green

selekcja *f* selection

seler *m bot.* celery

semafor *m* semaphore

semantyka *f* semantics

semestr *m* semester, term

semicki *adj* Semitic

seminarium *n* (*duchowne*) seminary; (*uniwersyteckie*) seminar; (*nauczycielskie*) training-college

Semita *m* Semite

sen *m* sleep; (*marzenie senne*) dream

senat *m* senate

senator *m* senator

senior *m* senior

senność *f* sleepiness

senn|y *adj* sleepy; marzenie ~e dream

sens *m* sense, meaning; mieć ~ make sense; nie było ~u tego robić there was no sense in doing that

sensacja *f* sensation

sensacyjn|y *adj* sensational; film ~y, powieść ~a thriller

sentencja *f* maxim

sentyment *m* sentiment

sentymentalność *f* sentimentalism

sentymentalny *adj* sentimental

separacja *f* separation

separować się *vr* separate

seplenić *vi* lisp

ser *m* cheese

serc|e *n* heart; przyjaciel od ~a bosom friend; ~e dzwonu clapper; brać do ~a take to heart; ciężko mi na ~u I have a broken heart; mieć na ~u have at heart; bez ~a heartless; ~em i duszą heart and soul; z całego ~a with all one's heart; ze złamanym ~em broken-hearted

sercow|y *adj med.* cardiac; choroba ~a heart disease; sprawa ~a love affair

serdak *m* (sleeveless) jacket

serdeczność *f* cordiality

serdeczny *adj* cordial, hearty, heart-felt

serdelek *m* sausage

serduszko *n* little heart; (*pieszczotliwie*) sweet one, darling

serenada *f* serenade

seria *f* series; *filat.* issue, set

serio, na ~ *adv* in (good) earnest, seriously

serwantka *f* glass-case

serwatka *f* whey

serweta *f* table-cloth

serwetka *f* napkin; (*papierowa*) serviette

serwilizm *m* servilism

serwis 1. *m* (dinner, tea etc.) service, set

serwis 2. *m* (*w tenisie*) service

serwować *vt vi sport* serve

seryjny *adj* serial

sesja *f* session

setka *f* a hundred

setny *num* hundredth

sezon *m* season

sędzia *m* judge; (*polubowny*) arbit-

er; *sport* umpire, referee; ~ śledczy investigating magistrate

sędziwy *adj* aged, old

sęk *m* knag, knot

sękaty *adj* knaggy

sęp *m* vulture

sfera *f* sphere; (*np. towarzyska, społeczna*) circle

sferyczny *adj* spherical

sfinks *m* sphinx

sfora *f* pack

siać *vt* sow

siadać *vi* sit down, take a seat; ~ na konia mount a horse

siano *n* hay

sianokosy *s pl* hay-making

siarczan *m chem.* sulphate

siarczysty *adj*, mróz ~ bitter frost

siarka *f* brimstone, *chem.* sulphur

siarkowy *adj chem.* sulphuric

siatka *f* net; (*radio*) screen; *elektr.* grid

siatkówka *f anat.* retina; *sport* volley-ball

siąść *zob.* siadać

sidło *n* (*zw. pl.* ~a) snare, trap; zastawiać ~a lay a trap

siebie *sing pron* myself, yourself itd.; mieszkają daleko od siebie they live far from each other; blisko siebie close to each other

siec *vt* cut; (*chłostać*) lash; *zob.* siekać

sieczka *f* chaff

sieczna *f mat.* secant

sieć *f* net, network; (*pajęcza*) web; *elektr.* grid; ~ kolejowa rail-way-system; ~ wodociągowa water piping

siedem *num* seven

siedemdziesiąt *num* seventy

siedemdziesiąty *num* seventieth

siedemnasty *num* seventeenth

siedemnaście *num* seventeen

siedemset *num* seven hundred

siedlisko *n* seat; abode

siedmioletni *adj* seven years old; lasting seven years; plan ~ seven-en-year plan

siedzenie *n* seat

siedziba *f* seat

siedzieć *vi* sit; ~ cicho keep quiet;

~ w domu stay at home; ~ w więzieniu be in prison

siejba *f* sowing

siekacz *m* (*ząb*) incisor; (*narzędzie*) chopper

siekać *vt* chop; (*mięso*) hash; mięso ~ne hash; minced meat

siekanina *f* hash

siekiera *f* axe

sielanka *f* idyll

sielski *adj* rural

siemię *n* seed

siennik *m* strawbed

sień *f* entrance-hall, *am.* hall-way

sierociniec *m* orphanage, orphan-asylum

sieroctwo *n* orphanhood, orphan-age

sierota *m* orphan

sierp *m* sickle

sierpień *m* August

sierść *f* hair, bristle

sierżant *m* sergeant

siew *m* sowing

siewca *m* sower

siewnik *m* sowing-machine

się *pron* oneself; *nieosobowo*: one, people, you, they; musi ~ prze-strzegać reguł one must observe the rules; jeśli ~ chce coś zro-bić natychmiast, najlepiej ~ to zrobi samemu if one wants a thing done immediately, one had best do it oneself; nic ~ o tym nie wie there is no knowing; mówi ~, że ... people ⟨you, they⟩ say that ...; mówi ~, że zanosi się na bardzo mroźną zimę peo-ple ⟨they⟩ say it's going to be a very frosty winter; mówi ~, że on jest chory ⟨zachorował⟩ he is said to be ill ⟨to have been taken ill⟩

sięgać *vi* reach (po coś for sth); łąka ~ aż do rzeki the meadow reaches as far as the river

sikawka *f* quirt; (*strażacka*) fire-hose; (*pompa strażacka*) fire-en-gine

silić się *vr* make efforts, exert oneself

silnik m motor
silny adj strong
silos m silo
siła f strength; także elektr. power; force; ~a dośrodkowa ⟨odśrodkowa⟩ centripetal ⟨centrifugal⟩ force; ~a kupna purchasing power; ~a robocza man-power; ~a woli will power; ~y zbrojne armed forces; ponad moje ~y beyond my power; ~ą by force; w sile wieku in the prime of life; zabrakło mi ~ my strength failed me
siłacz m athlete, strong man
siłownia f elektr. power-station
siniak m bruise
sinus m mat. sine
siny adj livid; blue
siodlarstwo n saddlery
siodłać vt saddle
siodło n saddle
sioło n lit. hamlet
siostra f sister
siostrzenica f niece
siostrzeniec m nephew
siódemka f seven

siódmy num seventh
sito n sieve
siwek m grey horse
siwieć vi grow grey
siwowłosy adj grey-haired
siwy adj grey
skafander m diving-dress; lotn. pressure suit
skakać vi jump, leap, (podskakiwać) skip

skakanka f skipping-rope
skala f scale
skaleczenie n wound, injury, hurt
skaleczyć vt wound, injure, hurt
skalisty, ~ny adj rocky
skalp m scalp
skała f rock
skamielina f geol. fossil
skamienieć vi petrify; przen. become petrified
skandal m scandal
skandaliczny adj scandalous
skarb m treasure; (państwowy) bryt. Exchequer, am. Treasury

skarbiec m treasury
skarbnik m treasurer
skarbonka f money-box
skarga f complaint (na kogoś against sb, z powodu czegoś about sth); (sądowa) charge; wnieść ~ę bring a charge (na kogoś against sb)
skarłowaciały adj dwarfish
skarpa f scarp
skarpetka f sock
skarżyć vt accuse (kogoś o coś sb of sth); (do sądu) sue (kogoś o coś sb for sth), bring a suit (kogoś against sb, o coś for sth); vi (w szkole) denounce (na kogoś sb); ~ się vr complain (na coś of sth)
skaza f blemish, flaw
skazać vt condemn, sentence (na coś to sth); ~ na karę pieniężną fine
skazaniec m convict
skazić vt corrupt, contaminate; (żywność, napój) denaturate
skąd adv from where, where ... from
skądinąd adv from elsewhere; on the other hand; otherwise
skąpić vi stint (komuś czegoś sb of sth); begrudge (komuś czegoś sb sth)
skąpiec m miser, niggard
skąpstwo n avarice, miserliness, stinginess
skąpy adj avaricious, miserly, stingy; (o posiłku) meagre; (niewystarczający) scanty; ~ w słowach scanty of words
skiba f ridge
skinąć vi nod, beckon (na kogoś to sb)
skinienie n nod; na czyjeś ~ at sb's beck and call
sklejka f ply-wood
sklep m shop, am. store
sklepienie n vault; ~ niebieskie firmament
sklepikarz m shopkeeper
sklepiony adj vaulted
skleroza f med. sclerosis

skład *m* composition; (*magazyn*) store, warehouse; ~ **apteczny** chemist's shop, *am.* drugstore; ~ **główny** staple storehouse; ~ **osobowy** personnel

składać *vt* put together; (*np. list, gazetę*) fold; (*przedstawiać np. dokumenty, dowody*) submit; (*broń*) lay down; (*pieniądze*) lay by, save; (*pieniądze do banku*) deposit; (*jaja*) lay; (*czcionki*) compose; (*wizytę*) pay; (*egzamin*) undergo; ~ **narzędzia** (*po pracy*) down tools; ~ **ofiarę** (*poświęcać się*) make a sacrifice; ~ **ofiarę pieniężną** offer a money-gift; ~ **oświadczenie** make a statement; ~ **przysięgę** take an oath (**na coś** upon sth); ~ **sprawozdanie** render an account (**z czegoś** of sth); ~ **uszanowanie** pay one's respects; ~ **się** *vr* be composed; consist (**z czegoś** of sth); compose (**na coś** sth), go into the making (**na coś** of sth)

składany *adj* (*o odsetkach*) compound; (*o krześle, łóżku*) folding; **nóż** ~ clasp knife

skład|ka *f* contribution; (*zbiórka*) collection; **lista** ~**ek** collecting list

składnia *f gram.* syntax

składnica *f* store

składnik *m* component; (*potrawy, lekarstwa*) ingredient

składniowy *adj gram.* syntactical

skłaniać *vt* incline; (*głowę*) bow; induce (**kogoś do czegoś** sb to do sth); ~ **się** *vr* be (feel) inclined (**do czegoś to** do sth)

skłon *m* bend; bow; (*terenu*) slope

skłonność *f* inclination, disposition (**do czegoś** to sth, to do sth)

skłonny *adj* inclined, disposed

skłócić *vt* (*zmącić*) trouble, stir up; (*poróżnić*) set at variance

sknera *m* miser, niggard

sknerstwo *n* avarice, stinginess

skobel *m* hasp

skoczek *m* jumper, leaper; (*w szachach*) knight

skoczny *adj* brisk, lively

skoczyć *vi* make a dash; *zob.* **skakać**

skok *m* leap, jump; ~ **do wody** dive; *sport* ~ **w dal** long jump; ~ **o tyczce** pole-jump; ~ **wzwyż** high jump; *techn.* ~ **tłoka** stroke of a piston

skołatany *adj* shattered

skomleć *vi* whine

skomplikowany *adj* complicated, intricate

skonać *vi* die, expire

skonfederować *vt* confederate

skończony *adj* (*wytrawny, doskonały*) accomplished, consummate; *zob.* **skończyć**

skończy|ć *vt* finish; get through (np. **pracę** with work); ~**ć się** *vr* be finished, come to an end; be over; **lekcje się** ~**ly** the lessons are over; ~**ć się na niczym** come to nothing

skoro *adv* soon; *conj* (*w zdaniu czasowym*) as soon as; (*w zdaniu przyczynowym*) as, now that

skorowidz *m* index

skorpion *m* scorpion

skorup|a *f* crust; (*np. jajka, żółwia, orzecha*) shell; (*naczynia glinianego*) shard; *pl* ~**y** broken glass

skory *adj* quick, speedy

skośny *adj* oblique, slanting

skowronek *m* lark

skowyczeć *vi* whine

skowyt *m* whine

skóra *f* (*żywa na ciele*) skin; (*zwierzęca surowa*) hide; (*garbowana*) leather

skórka *f* skin; (*szynki, sera, owocu, kiełbasy*) rind; (*owocu, ziemniaka*) peel; (*chleba*) crust; (*na futro*) pelt; (*na buty, rękawiczki*) leather

skórn|y *adj*, **choroba** ~**a skin** disease

skórzany *adj* leather *attr*

skracać *vt* shorten, cut short; (*mowę, tekst*) abbreviate; (*książkę*) abridge

skradać się *vr* steal

skraj *m* (*przepaści, ruiny itp.*)

verge, brink; *(granica, kres)* border; *(miasta)* outskirts *pl*

skrajność *f* extremism

skrajny *adj* extreme

skrapiać *vt* besprinkle, water

skraplać *vt* liquefy; *(gaz, parę)* condense; ~ się *vr* liquefy; condense

skrawek *m* cutting; *(ziemi)* strip; *(papieru)* slip, scrap

skreślić *vt (skasować)* cancel, cross out, erase; ~ z listy strike off the list

skręcać *vt* twist, turn; *(kark)* break; *vi* turn (na prawo to the right)

skrępować *vt* pinion, tie up

skrępowany *adj* restricted; *(zażenowany)* embarrassed

skręt *m* twirl, torsion; *(zakręt)* turning; *med. (kiszek)* twisting

skrobaczka *f* scraper

skrobać *vt* scrape, rub, erase; *(ryby)* scale

skromność *f* modesty

skromny *adj* modest

skroń *f* temple

skropić *zob.* skrapiać

skrócić *zob.* skracać

skrót *m* abbreviation; shortening

skrucha *f* contrition

skrupić się *vr*, to się ~ na mnie I shall smart for it

skrupulatność *f* scrupulosity

skrupulatny *adj* scrupulous

skrupuł *m* scruple

skruszony *pp (pokruszony)* crumbled; *adj* contrite

skruszyć *vt* crumble; ~ się *vr* crumble; *(poczuć skruchę)* become contrite

skrypt *m* script; *(szkolny)* mimeographed text

skrytka *f* hiding-place; ~ pocztowa post-office box

skrytobójca *m* assassin

skryty *adj (tajny)* secretive, clandestine; *(powściągliwy w mowie)* reticent

skrzeczeć *vi* scream, screech; *(o żabie, wronie)* croak

skrzep *m* clot; *med.* blood clot

skrzętność *f* industry

skrzętny *adj* industrious

skrzydlaty *adj* winged

skrzydło *n* wing; *(np. stołu)* leaf; *(wiatraka)* sail

skrzynia *f* chest, coffer

skrzynka *f* box, case

skrzypaczka *f* violinist, fiddler

skrzypce *s pl* violin, fiddle

skrzypek *m* violinist, fiddler

skrzypieć *vi* creak

skrzyżowanie *m (dróg)* cross-roads *pl*; *zool. bot.* crossbreeding

skubać *vt* pick, plume, pull; *pot. (kogoś z pieniędzy)* fleece, drain; ~ ptaka pluck a bird; ~ trawę crop grass

skuć *vt* fetter, chain

skulić się *vr* cower, squat

skup *m* purchase

skupiać *vt* assemble, bring together; *(uwagę)* concentrate; *(wojsko)* mass; ~ się *vr* assemble, come together; become concentrated; *(duchowo)* collect oneself

skupienie *n* concentration

skupiony *adj* collected, concentrated

skupować *vt* buy up, purchase

skurcz *m med.* cramp, convulsion

skurczyć *vt*, ~ się *vr* shrink

skuteczność *f* efficacy

skuteczny *adj* efficacious

skut|ek *m* result, effect; bez ~ku to no purpose, of no effect; na ~ek tego as a result of it; dojść do ~ku take effect; doprowadzić do ~ku bring about, bring into effect; nie odnosić żadnego ~ku have no effect

skuter *m* (motor-)scooter

skutkować *vi* have effect

skwapliwy *adj* eager

skwar *m* oppresive heat

skwaśniały *adj* sour

skwer *m* square; *(ogród publiczny)* green

slawistyka *f* Slavic studies

słabnąć *vi* become weak, weaken; *(o kursach walut)* decline, go down

słabostka *f* foible

słabość f (*niedomaganie*) illness; (*skłonność*) weakness (**do czegoś** for sth)

słabowity adj sickly

słaby adj weak, feeble

słać vt (*wysyłać*) send; (*rozpościerać*) spread; ~ **łóżko** make a bed

słaniać się vr totter, faint away

sława f glory, fame, repute; **dobra** ⟨**zła**⟩ ~ good ⟨bad⟩ name

sławić vt glorify

sławny adj famous, renowned

słodkawy adj sweetish

słodk|i adj sweet; ~**a woda** fresh water

słodycz f sweetness; pl ~**e** sweets pl, confectionery *zbior.*; *am.* candies pl

słodzić vt sweeten, sugar

słoik m jar

słoma f straw

słomianka f straw-mat

słomian|y adj straw *attr*, grass *attr*; ~**a wdowa** grass-widow; ~**y wdowiec** grass-widower

słomka f straw; (*łodyga, źdźbło*) halm

słomkowy adj, **kapelusz** ~ straw-hat

słonecznik m sunflower

słoneczny adj sunny, sun *attr*; **zegar** ~ sun-dial; **promień** ~ sunbeam

słonina f lard

słoniow|y adj elephantine; **kość** ~**a** ivory

słoność f saltness; salinity

słony adj salt(y)

słoń m elephant

słońc|e n sun; **leżeć na** ~**u** lie in the sun

słota f foul weather

słotny adj rainy

słowacki adj Slovakian

Słowak m Slovak

Słoweniec m Slovene

słoweński adj Slovenian

Słowianin m Slav

słowiański adj Slav, Slavonic

słowik m nightingale

słownictwo n vocabulary

słownie adv *fin.* say

słownik m dictionary

słowny adj verbal; (*dotrzymujący słowa*) reliable; dependable

słow|o n word; **cierpkie** ⟨**gorzkie**⟩ ~**a** bitter words; **gra słów** pun, play upon words; **piękne** ~**a** fair words; ~**o wstępne** foreword; **wielkie** ~**a** big words; **innymi** ~**y** in other words; **na te** ~**a** at these words; ~**em** in short, in a word; ~**o w** ~**o** word for word; (*o narzeczeństwie*) **być po** ~**ie** be engaged; **cofnąć dane** ~**o** come back upon one's word; **dać** ~**o** pledge one's word; **daję** ~**o!** upon my word!; **dotrzymać** ~**a** keep one's word; **łapać za** ~**o** take sb at his word; **mieć ostatnie** ~**o** get the last word; **napisz mi parę słów** drop me a line or two; *pot.* **nie pisnąć ani** ~**a** not to breathe a word; **on nie mówi ani** ~**a po angielsku** he can't speak a word of English; **popamiętasz moje** ~**a!** mark my words!; **wyjął mi te** ~**a z ust** he took these words out of my mouth; **zamienić z kimś parę słów** have a word with sb; **złamać dane** ~**o** break one's word

słowotwórstwo n *gram.* word-formation

słód m malt

słój m jar; (*drzewa*) vein, stratum

słówko n word

słuch m hearing; pl ~**y** (*pogłoski*) reports, rumours pl; **chodzą** ~**y** it is rumoured

słuchacz m hearer, listener (*także radiowy*); (*student*) student; **liczni** ~**e** a numerous audience

słuchać vt hear (**kogoś, czegoś** sb, sth), listen (**kogoś, czegoś** to sb, sth); (*być posłusznym*) obey (**kogoś** sb); ~ **czyjejś rady** take ⟨follow⟩ sb's advice; ~ **radia** listen to the radio; ~ **wykładu** attend a lecture

słuchawka f headphone; ear-phone; (telefoniczna) receiver; (lekarska) stethoscope

sługa m servant; f maid-servant

słup m pillar, column, post, pole; ~ graniczny landmark; boundary-post; ~ telegraficzny telegraph-pole

słupek m bot. pistil; (np. rtęci, wody) column

słusznie adv rightly, with reason; (racja) that's right

słuszność f reasonableness, legitimacy; mieć ~ć be right; masz ~ć right you are; nie mieć ~ci be wrong

słuszny adj right, fair, reasonable, rightful

służalczość f servility

służalczy adj servile

służąca f maid-servant

służący m servant

służb|a f service; zbior. (personel) servants pl; na ~ie on duty; po ~ie, poza ~ą off duty; w czynnej ~ie on active duty; odbywać ~ę wojskową serve one's time in the army; pełnić ~ę be on duty

służbistość f officiousness

służbow|y adj service attr, official; droga ~a official channels pl; podróż ~a trip of duty, (dłuższa) tour of duty

służy|ć vi serve (komuś sb), be in the service (komuś, u kogoś of sb); (być pożytecznym) be of use ⟨service⟩ (komuś to sb); agree; tutejszy klimat mi nie ~ the climate here does not agree with me

słychać vi it is rumoured, they say; co ~? what's the news?

słynąć vi be renowned ⟨famous⟩ (jako as, z powodu czegoś for sth)

słynny adj renowned, famous

słyszalny adj audible

słyszeć vt hear

smaczn|y adj savoury, tasty; ~ego! I hope you'll enjoy your lunch ⟨dinner, tea⟩

smagać vt lash

smagły adj swarthy

smak m taste, flavour; bez ~u tasteless, insipid

smakołyk m dainty

smak|ować vt taste; jak ci to ~uje? how do you like it?

smalec m lard, fat

smar m grease

smarkacz m pot. whipper-snapper

smarkaty adj pot. snotty

smarować vt smear; (masłem) butter

smażyć vt, ~ się vr fry

smecz m sport smash

smętny adj melancholic

smoczek m dummy

smok m dragon

smoking m dinner-jacket, am. tuxedo

smolny adj pitchy

smoła f pitch

smrodliwy adj stinking, smelly

smród m stench

smucić vt make sad, sadden; ~ się vr be sad; sorrow (z powodu czegoś at ⟨over⟩ sth)

smukły adj slim, slender

smutek m sorrow, sadness

smutny adj sad, sorrowful

smycz f leash, lead

smyczek m bow

smyczkow|y adj, instrument ~y stringed instrument; orkiestra ~a string-orchestra

snop m sheaf; ~ światła shaft of light

snuć vt spin; ~ domysły conjecture; ~ marzenia spin dreams

snycerstwo n sculpture

snycerz m sculptor, carver

sobek m pot. egoist

sobie zob. siebie

sobota f Saturday

sobowtór m double

soból m zool. sable

sobór m synod

sobótka f St. John's eve

socjalista m socialist

socjalistyczny adj socialist

socjalizacja f socialization

socjalizm m socialism

socjalizować *vt* socialize
socjolog *m* sociologist
socjologia *f* sociology
socjologiczny *adj* sociological
soczewica *f bot.* lentil
soczewka *f* lens
soczysty *adj* juicy
soda *f* soda
sodow|y *adj*, woda ~a soda-water
sofa *f* sofa, couch
soja *f bot.* soy-bean
sojusz *m* alliance
sojuszniczy *adj* allied
sojusznik *m* ally
sok *m* juice; (*drzewa, rośliny*) sap
sokół *m zool.* falcon
solanka *f* (*pieczywo*) salt roll; (*źró-dło*) salt-spring
solenny *adj* solemn
solić *vt* salt
solidarność *f* solidarity
solidarny *adj* solidary, unanimous
solidny *adj* solid, reliable
solista *m* soloist
soliter *m* tape-worm
solniczka *f* salt-cellar
solny *adj*, kwas ~ hydrochloric acid
solo *adv* solo
sołtys *m* village administrator
sonata *f* sonata
sonda *f* plummet, sound
sondować *vt* sound
sonet *m* sonnet
sopel *m* icicle
sopran *m* soprano
sortować *vt* sort
sos *m* sauce; (*od pieczeni*) gravy
sosna *f bot.* pine
sośnina *f* pine-wood
sowa *f zool.* owl
sowity *adj* copious, lavish
sód *m chem.* sodium
sól *f* salt; ~ kamienna rock salt
spacer *m* walk
spacerować *vi* take a walk
spacja *f druk.* space
spacjować *vt druk.* space out
spaczenie *n* distortion; (*drzewa*) warping; *przen.* perversion
spać *vi* sleep; chce mi się ~ I am

sleepy; iść ~ go to bed; dobrze ⟨źle⟩ spałem I had a good ⟨a bad⟩ night's rest
spad *m* fall; (*pochyłość*) slope
spadać *vi* fall (down), drop
spad|ek *m* fall, drop (cen, tem-peratury in prices, in tempera-ture); (*pochyłość*) slope; (*scheda*) inheritance, legacy; zostawić w ~ku bequeath
spadkobierca *m* heir
spadkobierczyni *f* heiress
spadochron *m* parachute
spadochroniarz *m* parachutist
spadochronow|y *adj*, wojska ~e paratroops
spadzisty *adj* steep
spajać *vt* weld; (*lutować*) solder
spalać *vt* burn (out, up); (*zwłoki*) cremate; ~ się *vr* burn (away, out); *elektr.* (*o żarówce*) burn out; (*o korkach*) blow
spalanie *n* combustion
spalinow|y *adj*, gazy ~e combus-tion gases; silnik ~y internal combustion engine
spalony *adj sport* off-side
sparzyć *vt* scald, burn; (*pokrzywą*) sting; ~ sobie palce burn one's fingers; ~ się *vr* burn oneself
spawacz *m* welder, solderer
spawać *vt* weld, solder
spawanie *n* welding
spazm *m* spasm
spazmatyczny *adj* spasmodic
specjalista *m* specialist
specjalizować się *vr* specialize
specjalność *f* speciality
specjalny *adj* special
specyficzny *adj* specific
spekulacja *f* speculation
spekulant *m* speculator, *pot.* spiv
spekulatywny *adj* speculative
spekulować *vi* speculate
spelunka *f* den
spełniać *vt* (*obowiązek*) fulfil, do; (*wymagania, życzenia, prośby*) satisfy
spełznąć *vi zob.* pełznąć; ~ na niczym come to nothing

spędzać *vt* drive (up, down); (*czas*) spend; *med.* ~ płód procure abortion

spichlerz *m* granary

spiczasty *adj* pointed

spiec *vt* parch, scorch; *przen.* ~ raka blush

spieniężyć *vt* sell; (*czek, weksel itp.*) realize

spieniony *adj* foaming

spierać się *vr* contend (z kimś o coś with sb about sth)

spieszny *adj* hasty, speedy; (*naglący*) urgent

spieszy|ć się *vr* hurry, be in a hurry; *pot.* bustle up; zegarek ~ się the watch is fast

spięcie *n, elektr.* krótkie ~ short--circuit

spiętrzyć *vt* pile up; ~ się *vr* pile up, be piled up

spiker *m* (*radiowy*) announcer; *polit.* (w Anglii) speaker

spinacz *m* (paper-)fastener

spinać *vt* buckle, clasp, fasten

spinka *f* (do mankietów) stud; (do włosów) clasp

spirala *f* spiral; *techn.* coil

spiralny *adj* spiral

spirytus *m* spirit; ~ skażony methylated spirit

spis *m* list, catalogue, register; ~ inwentarza inventory; ~ ludności census; (w książce) ~ rzeczy (table of) contents; ~ potraw bill of fare

spisać *vt* list, catalogue, register; write down; ~ się *vr* (odznaczyć się) make one's mark, distinguish oneself

spisek *m* conspiracy, plot

spiskować *vi* conspire, plot

spiskowiec *m* conspirator

spiż *m* bronze

spiżarnia *f* pantry

splatać *vt* intertwine, interlace; (włosy) plait, braid; (np. linę) splice

spleśniały *adj* mouldy, musty

splot *m* (włosów) braid, plait; (liny) splice; (okoliczności) coincidence; *anat.* plexus; (węża) coil

splunąć *vi* spit

spluwaczka *f* spittoon

spłacać *vt* pay off, repay

spłaszczać *vt* flatten

spłata *f* repayment

spłatać *vt,* ~ figla play a trick (komuś on sb)

spław *m* floating, (tratwą) rafting

spławiać *vt* float, (tratwą) raft

spławny *adj* navigable

spłodzić zob. płodzić

spłonąć *vi* go up in flames

spłonka *f* techn. percussion cap

spłowiały *adj* faded

spłowieć *vi* fade

spłukiwać *vt* rinse, (silnym strumieniem) flush

spływać *vi* flow down

spocić się *vr* be all of a sweat

spocząć *vi* take a rest, repose oneself

spoczyn|ek *m* rest; w stanie ~ku (na rencie) retired

spoczywać *vi* rest, repose

spod *praep* from under

spodek *m* saucer

spodlenie *n* debasement

spodlić *vt* debase

spodnie *s pl* trousers; (bryczesy) breeches; (krótkie sportowe) plus-fours; (pumpy) knickerbockers

spodoba|ć się *vr* take sb's fancy; to mi się ~ło I liked ⟨enjoyed⟩ it

spodziewać się *vr* hope (czegoś for sth), expect (czegoś sth)

spoglądać *vi* look (na kogoś, coś at sb, sth), regard (na kogoś, coś sb, sth)

spoić *vt* (np. alkoholem) make drunk; zob. spajać

spoistość *f* compactness, coherence

spoisty *adj* compact, coherent

spojówka *f* anat. conjunctiva

spojrzeć *vi* have a glance (na kogoś, coś at sb, sth)

spojrzenie *n* glance; jednym ~m at a glance

spokojny *adj* quiet, calm, peaceful;

bądź o to ~! make your mind easy about that!

spokój m peace, calm; ~ umysłu peace of mind, composure; daj mi ~! let ⟨leave⟩ me alone!

spokrewnić się vr become related (z kimś to sb)

spoliczkować vt slap (kogoś sb's face)

społeczeństwo n society

społeczność f community

społeczn|y adj social; opieka ~a social welfare

społem adv in common

spomiędzy praep from among

sponad praep from above

spontaniczny adj spontaneous

sporadyczny adj sporadic

sporny adj controversial, disputable

sporo adv pretty much ⟨many⟩

sport m sport(s); ~ wodny aquatic sport, aquatics; ~y zimowe winter sports

sportow|y adj sporting, sports attr; (lekkoatletyczny) athletic; plac ~y sports field; przybory ~e sports kit; marynarka ~a sports jacket; ~e zachowanie się (godne sportowca) sporting conduct; klub ~y athletic club

sportsmen m sportsman

sportsmenka f sportswoman

spory adj pretty large, considerable

sporządzać vt make, prepare; (bilans, dokument) draw up; (lekarstwo) make up

sposobić vt, ~ się vr prepare (do czegoś for sth)

sposobnoś|ć f (sprzyjająca okoliczność) opportunity; (okazja, powód) occasion; mam mało ~ci mówienia po angielsku I have little opportunity of speaking English; przy tej ~ci on this occasion

sposobny adj fit, convenient

spos|ób m means, way; ~ób myślenia way of thinking; tym ~obem by this means, in this

way; w taki czy inny ~ób somehow or other; w żaden ~ób by no means

spostrzegać vt perceive, notice; catch sight (coś of sth)

spostrzegawczość f perceptiveness

spostrzegawczy adj perceptive, quick to perceive

spostrzeżenie n perception; (uwaga) observation, remark

spośród praep from among(st)

spotkanie n meeting; umówione ~ appointment; przyjść na ~ keep an appointment

spotwarzać vt calumniate

spot|ykać vt meet (kogoś sb); ~ykać się vr meet (z kimś sb); (napotykać) meet (z czymś with sth); ~kać się z trudnościami meet with difficulties

spowiadać vt confess; ~ się vr confess (z czegoś sth, przed kimś to sb)

spowiedź f confession

spowinowacić się vr become related (z kimś to sb)

spowodować vt cause, bring about

spowszednieć vi become common

spoza praep from behind

spożycie n consumption

spożywać vt consume

spożywca m consumer

spożywcz|y adj consumable; artykuły ~e consumer ⟨consumers'⟩ goods, articles of consumption

spód m bottom; u spodu at the bottom

spódnica f skirt

spójnia f union

spójnik m gram. conjunction

spółdzielca m co-operator

spółdzielczość f co-operation, co-operative movement

spółdzielczy adj co-operative

spółdzielnia f co-operative society

spółgłoska f gram. consonant

spół|ka f partnership, company; do ~i in common

spór m dispute, contention

spóźniać się vr be late; (o zegarze) be slow

spóźnienie n delay

spóźniony adj late, belated

spracowany adj overworked

spragniony adj thirsty; przen. eager (czegoś for sth, to do sth)

spraw|a f affair, matter; (sądowa) lawsuit, case, action; ~a honorowa affair of honour; ~a pieniężna money matter; ministerstwo ~ wewnętrznych Home Office; ministerstwo ~ zagranicznych Foreign Office; w ~ie czegoś in the matter of sth, about sth; to nie twoja ~a it is no business of yours; wytoczyć ~ę bring an action (komuś against sb); załatwić ~ę settle the matter; zdawać ~ę report (komuś z czegoś to sb about sth), give an account (komuś z czegoś sb of sth); zdawać sobie ~ę be aware (z czegoś of sth); realize (z czegoś sth)

sprawca m author

sprawdzać vt verify, test, check; ~ się vr come ⟨prove⟩ true

sprawdzian m test, criterion

sprawiać vt effect, bring about; (ulgę, przyjemność) afford; (przykrość, ból) cause; (wrażenie) make; ~ sobie procure, buy; ~ się vr behave

sprawiedliwość f justice; oddać ~ do justice; wymierzać ~ administer justice

sprawiedliwy adj just, righteous

sprawka f doing

sprawność f skill, dexterity, efficiency

sprawny adj skilful, dexterous, efficient

sprawować vt do, perform; (władzę) exercise; (urząd) hold, fill; (obowiązek) discharge, perform; ~ się vr behave

sprawowanie n (obowiązku) discharge, exercise; (władzy, urzędu) exercise; (zachowanie) conduct, behaviour

sprawozdanie n report, account; ~ radiowe running commentary; składać ~ report (z czegoś sth),

render an account (z czegoś of sth)

sprawozdawca m reporter; (radiowy) commentator

sprawun|ek m purchase; pl ~ki shopping; iść ⟨pójść⟩ po ~ki, załatwiać ~ki w sklepach go shopping

sprężać vt compress

sprężenie n compression

sprężyna f spring

sprężysty adj elastic

sprostać vi be equal, be up (czemuś to sth)

sprostować vt rectify, correct

sprostowanie n rectification

sproszkować vt pulverize

sprośność f obscenity

sprośny adj obscene

sprowadzać vt bring (in); lead down; (towar) procure, convey; (z zagranicy) import; (np. nieszczęście) bring about, cause; (np. do absurdu) reduce; ~ się vr (do mieszkania) take up one's quarters, move in

spróchniały adj rotten, (np. o zębie) decayed

spróchnieć vi become rotten

spryskać vt splash

spryt m cleverness, shrewdness; mieć ~ pot. have a knack (do czegoś for sth)

sprytny adj clever, shrewd

sprzączka f buckle, clasp

sprzątaczka f charwoman

sprzątać vt (usuwać) remove, carry off; (gruzy) cart away; (porządkować) put ⟨set⟩ in order; (pokój) do up, tidy up; ~ ze stołu clear the table

sprzątanie n tidying up, clearing

sprzeciw m objection

sprzeciwiać się vr object (czemuś to sth), oppose (czemuś sth)

sprzeczać się vr contend (o coś about sth), squabble

sprzeczka f contention, squabble

sprzeczność f contradiction; być w ~ci contradict each other

sprzeczny adj contradictory

sprzed *praep* from before
sprzedać *vt zob.* sprzedawać
sprzedajność *f* venality
sprzedajny *adj* venal
sprzedawać *vt* sell
sprzedawca *m* seller, (*ekspedient*) shop-assistant
sprzedaż *f* sale; na ~ for sale; w ~y on sale
sprzeniewierzenie *n* embezzlement
sprzeniewierzyć *vt* embezzle; ~ się *vr* become faithless
sprzęgać *vt* couple, join
sprzęgło *n techn.* coupling, clutch; włączyć ~ put in the clutch; wyłączyć ~ declutch
sprzęt *m* piece of furniture; implement; (*żęcie zboża*) harvest; ~ kuchenny kitchen utensils *pl*; ~ wojenny war material
sprzyjać *vi* favour (komuś, czemuś sb, sth), be favourable (komuś, czemuś to sb, sth)
sprzyjający *adj* favourable
sprzykrzyć *vt*, ~ć sobie coś become fed up with sth, be sick of sth; ~ć się *vr*, to mi się ~ło I am fed up with it ⟨sick of it⟩
sprzymierzeniec *m* ally
sprzymierzon|y *adj* allied; pań stwa ~e Allied Powers
sprzymierzyć się *vr* enter into an alliance
sprzysięgać się *vr* conspire
sprzysiężenie *n* conspiracy, plot
spuchnąć *vt* swell up
spuchnięty *adj* swollen
spust *m techn.* slip; (*u strzelby*) trigger
spustoszenie *n* devastation
spustoszyć *zob.* pustoszyć
spuszczać *vt* let down, lower, drop; (*wodę*) let off; (*oczy*) cast down; (*głowę*) droop; (*psa ze smyczy*) unleash; ~ się *vr* go down, descend; (*polegać*) rely (na kimś on sb)
spuścizna *f* inheritance
spychacz *m* bulldozer
spychać *vt* push down, shift back
srebrnik † *m* piece of silver, silver

coin
srebro *n* silver; ~ stołowe plate; *pot.* żywe ~ quicksilver, mercury
srebrzyć *vt* silver, plate with silver
srebrzysty *adj* silvery
srogi *adj* cruel, severe, fierce
srogość *f* severity, fierceness
sroka *f zool.* (mag)pie
srokaty *adj* piebald
sromotny *adj* shameful, disgraceful
srożyć się *vr* rage
ssać *vt* suck
ssak *m* mammal
ssanie *n* suction
ssąc|y *p praes i adj* sucking; suction *attr*; pompa ~a a suction pump
stabilizacja *f* stabilization
stacja *f* station
staczać *vt* roll down; ~ bój fight a battle; ~ się *vr* tumble ⟨roll⟩ down; *przen.* get low
sta|ć *vi* stand; ~ć mnie na to I can afford it; ~ć na czele be at the head; ~ć na kotwicy lie ⟨ride⟩ on the anchor; ~ć na warcie stand sentry; ~ć się *vr* happen, occur; become; co się ~ło? what happened?, what's up here?; co się z nim ~ło? what has become of him?; on ~ł się sławny he became famous; gdyby mu się coś ~ło should anything happen to him
stadion *m* stadium; sports ground
stadium *n* stage
stadło *n* couple
stado *n* herd, flock
stagnacja *f* stagnation
stajnia *f* stable
stal *f* steel
stale *adv* constantly, always
stalownia *f* steel-works
stalówka *f* nib
stałość *f* constancy, stability
stały *adj* constant, stable; (*o cenie*) fixed; (*o pogodzie*) settled; *fiz.* solid; ląd ~ continent; ~ mieszkaniec resident

stamtąd *praep* from there

stan *m* state, condition; *(kibić)* waist; *(część państwa)* state; ~ **cywilny** legal status; **urząd** ~**u cywilnego** registry-office; ~ **kawalerski, panieński** single state; ~ **małżeński** married state; ~ **liczebny** strength; ~ **oblężenia** state of siege; ~ **prawny** status; ~ **wojenny** state of war; *fin.* ~ **bierny** liabilities *pl*; ~ **czynny** assets *pl*; **mąż** ~**u** statesman; **zamach** ~**u** coup d'état; **zdrada** ~**u** high treason; **ludzie wszystkich** ~**ów** persons in every state of life; **być w** ~**ie** be able (**coś zrobić** to do sth); **w dobrym** ~**ie** in good condition

stan|ąć *vi (powstać)* stand up; *(zatrzymać się)* stop, halt, come to a standstill; **praca** ~**ęła** work has stopped; ~**ąć komuś na przeszkodzie** get in sb's way; **na tym** ~**ęło** there the matter was dropped

stancja *f* lodging

standard *m* standard

standaryzować *vt* standardize

stanik *m* bodice; *(biustonosz)* brassière, *pot.* bra

staniol *m* tinfoil

stanowczo *adv* decidedly; absolutely, definitely

stanowczość *f* firmness, peremptoriness

stanowczy *adj* firm, decided, peremptory

stanowi|ć *vt vi (ustanawiać)* establish, institute; *(wyjątek, prawa, różnice itp.)* make; *(decydować)* decide, determine (**o czymś** sth); **to** ~ **5 funtów** this amounts to 5 pounds

stanowisk|o *n* post, position; *(społeczne)* standing; *(pogląd)* standpoint, opinion; *(postawa)* attitude; **człowiek na wysokim** ~**u** man of high standing; **zająć przyjazne** ~**o** take a friendly attitude (**w stosunku do kogoś, czegoś** towards sb, sth); **zajmować** ~**o nauczyciela** fill the position ⟨post⟩ of teacher

starać się *vr* endeavour, make efforts, take pains, try; *(troszczyć się)* take care (**o kogoś, coś** of sb, sth); *(zabiegać)* solicit (**o coś** sth); ~ **się o posadę** apply for a job; ~ **się o rękę** court a woman

staranie *n (troska)* care; *(zabiegi)* solicitation, endeavour; **robić** ~**a** make efforts; apply (**np. o posadę** for a job)

staranność *f* carefulness; accuracy

staranny *adj* careful, solicitous; accurate

starcie *n* rubbing, friction; *(skóry)* abrasion; *(walka)* collision, conflict; *wojsk.* engagement

starczy *adj* senile

starczy|ć *vi* suffice; **jeśli mi tylko sił** ~ **to** the best of my power; **to** ~ that will do

starodawny *adj* ancient, antique; old-time *attr*

staromodny *adj* old-fashioned; out-of-date *attr*

starosta *m* prefect (of a district); *(kierownik grupy)* senior

starość *f* old age

staroświecki *adj* old-fashioned; old-world *attr*

starożytność *f* antiquity

starożytn|y *adj* ancient, antique; **s** *pl* ~**i** the ancients

starszeństwo *n* seniority

star|szy *adj* older, elder; senior; **s** senior, superior; *pl* ~**si** *(starszyzna)* the elders

starszyzna *f* the elders

start *m* start; *lotn. sport* take off

starter *m* starter, self-starter

startować *vi* start; *lotn., sport* take off

staruszek, starzec *m* old man

stary *adj* old, aged

starzeć się *vr* grow old

stateczność *f* steadiness; gravity

stateczny *adj* steady; *(zrównoważony)* staid; *(poważny)* grave

stat|ek *m* vessel, ship; ~**ek handlowy** merchantman; ~**ek parowy** steamship, steamer; ~**ek**

rybacki fishing boat ⟨vessel⟩; ~ek wojenny man-of-war; ~ek pocztowy mail boat ⟨ship⟩; ~kiem by ship; podróżować ~kiem sail, go by ship; wysyłać ~kiem ship, send by ship; wsiadać na ~ek take ship, go on board (a ship); na ~ek, na ~ku on shipboard, on board ship

statua *f* statue

statuetka *f* statuette

statut *m* charter; (*regulamin, przepisy*) statute; *handl.* articles of association

statyczny *adj* static

statyka *f* statics

statysta *m teatr* mute, supernumerary

statystyczny *adj* statistic(al)

statystyk *m* statistician

statystyka *f* statistics

statyw *m* tripod, stand

staw *m* pond; *anat.* joint

stawać *zob.* stanąć

stawiać *vt* set, put (up); (*np. butelkę, szklankę, drabinę*) stand; (*budować*) build, erect; (*pomnik*) raise; ~ czoło make a stand (komuś, czemuś against sb, sth), brave (komuś, czemuś sb, sth); ~ opór offer resistance (komuś, czemuś to sb, sth); ~ (wszystko) na jedną kartę stake everything on one card; ~ na konia back a horse; ~ 10 funtów na konia bet £ 10 on a horse: ~ się *vr* defy (komuś sb), show fight (komuś to sb); (*np. w sądzie*) appear, turn up

stawiennictwo *n* appearance

stawka *f* (*w grze*) stake; (*taryfa*) rate

staż *m* probation

stażysta *m* probationer

stąd *praep* (*z tego miejsca*) from here; (*dlatego*) hence

stąpać *vi* stride, step, tread

stchórzyć *vi* prove a coward, *pot.* show the white feather

stearyna *f* stearin

stempel *m* stamp; (*sztanca*) die;

(*podpora*) prop; (*pocztowy*) postmark

stemplować *vt* stamp, cancel; (*datownikiem pocztowym*) postmark; *filat.* obliterate; (*podpierać*) prop (up)

stenograf *m* stenographer, shorthand-writer

stenografia *f* shorthand, shorthand-writing

stenografować *vt* write in shorthand

stenotypist|a *m*, ~ka *f* stenotypist, shorthand-typist

step *m* steppe

ster *m* rudder; (*koło sterowe*) helm; u ~u at the helm

sterczeć *vi* stand ⟨stick⟩ out, (*ku górze*) stick up

stereoskop *m* stereoscope

stereotypowy *adj* stereotyped

sterling *zob.* funt

sternik *m* pilot, steersman

sterować *vi* steer (okrętem the ship)

sterowanie *n* control

sterta *f* stack; (*stos*) pile, heap

sterylizować *vt* sterilize

stebnować *vi* stitch

stęchlizna *f* fustiness

stęchły *adj* fusty

stękać *vi* moan, groan

stępić *vt* blunt; ~ się *vr* become blunt

stęskniony *pp i adj* pining, yearning (za kimś, czymś for sb, sth); ~ za ojczyzną homesick

stężać *vt chem.* concentrate

stężenie *n* hardening; *chem.* concentration

stłoczyć *vt* compress, cram

stłuc *vt* smash, break; (*np. kolano*) bruise

sto *num* one hundred

stocznia *f* shipyard

stodoła *f* barn

stoicyzm *m* stoicism

stoik *m* stoic

stoisko *n* stand

stojak *m* stand

stok *m* slope, hillside

stokrotka *f* daisy
stokrotny *adj* hundredfold
stolarz *m* carpenter, joiner
stolec *m* med. stool; oddawać ~ move one's bowels
stolica *f* capital; *rel.* Stolica Apostolska Holy See
stolnica *f* moulding-board
stołeczny *adj* metropolitan
stołek *m* stool
stołować *vt* board; ~ się *vr* board (u kogoś with sb)
stołownik *m* boarder
stołówka *f* canteen
stomatologia *f* stomatology
stonoga *f* zool. centipede
stop *m* (metalowy) alloy
stop|a *f* foot; ~a procentowa rate of interest; ~a życiowa standard of life; na ~ie wojennej on war footing; na przyjacielskiej ~ie on a friendly footing; od stóp do głów from top to toe; u stóp góry at the foot of the hill
stopić *vt* melt
stop|ień *m* degree, grade; (np. schodów) step; mający ~ień akademicki graduate; uzyskać ~ień (akademicki) graduate; w wysokim ~niu to a high degree
stopniały *adj* (o metalu) molten; (np. o śniegu) melted
stopnieć *vi* melt down
stopniować *vt* gradate, graduate
stopniowanie *n* gradation
stopniowo *adv* gradually, by degrees
stopniowy *adj* gradual
stora *f* (window-)blind
storczyk *m* bot. orchid
stos *m* pile, heap; (całopalny) stake; *fiz.* ~ atomowy atomic pile; ułożyć w ~ heap (up), pile (up)
stosowa|ć *vt* apply, adapt; ~ć się *vr* comply (np. do prośby with a request), conform (np. do przepisów, zwyczajów to rules, to usages); (odnosić się) refer (do czegoś to sth); sztuki ~ne applied arts
stosownie *adv* accordingly; ~ do

czegoś according to sth
stosowny *adj* suitable, appropriate (do kogoś, czegoś to sb, sth)
stosun|ek *m* relation; proportion; (związek) connexion; (postawa) attitude; (obcowanie) intercourse; *pl* ~ki (majątkowe itp.) means, circumstances; (polityczne, towarzyskie) relations
stosunkowy *adj* relative; proportional; comparative
stowarzyszenie *n* association
stożek *m* cone
stożkowaty *adj* conical
stóg *m* stack, rick
stół *m* table; (wikt, utrzymanie) board; nakrywać do stołu lay the table; przy stole at table
stracenie *n* execution
straceniec *m* desperado
strach *m* fear, fright; napędzać ~u alarm, terrify (komuś sb); ze ~u for fear (przed czymś of sth, o coś for sth)
stracić *vt* (ponieść stratę) lose; (pozbawić życia) execute
stragan *m* (huckster's) stand
straganiarka *f* huckstress
straganiarz *m* huckster
strajk *m* strike; ~ powszechny general strike
strajkować *vi* strike, go on strike
strajkujący *m* striker
strapienie *n* affliction, grief
strapiony *adj* afflicted, heartsick
straszak *m* toy pistol; (straszydło) bugbear
straszliwy *adj* horrible
straszny *adj* terrible, awful
straszy|ć *vt* frighten; (o duchach) haunt; w tym domu ~ this house is haunted
straszydło *n* także i przen. scarecrow
strat|a *f* loss; ponieść ~ę suffer a loss; ze ~ą at a loss
strategia *f* strategy
strategiczny *adj* strategic
stratny *adj*, być ~m be a loser
stratosfera *f* stratosphere
strawa *f* food, fare
strawny *adj* digestible

straż f guard, watch; być na ~y be on guard, keep guard; pod ~ą under guard

strażak m fireman

strażnica f watch-tower

strażnik m guard, (nocny) watch-man

strącić vt throw ⟨hurl⟩ down; precipitate (także chem.), deduct; (o samolocie) bring down; ~ z tronu dethrone

strączek, strąk m pod

strefa f zone; ~ podzwrotnikowa torrid zone; ~ umiarkowana temperate zone; ~ zimna frigid zone

streszczać vt make a summary (coś of sth), summarize; ~ się vr be brief

streszczenie n summary, précis

stręczyciel m (pośrednik) jobber; (do nierządu) procurer

stręczyć vt procure

strofa f stanza

strofować vt reprimand

stroić vt (ubierać) attire, deck; (fortepian) tune; ~ żarty make fun ⟨z kogoś, czegoś of sb, sth); ~ się vr dress oneself, deck oneself out

strojny adj smart, dressy

stromy adj steep, abrupt

stron|a f side; (stronica) page; gram. voice; (okolica) region, part; ~a zawierająca umowę contracting party; ~y świata quarters of the globe, cardinal points; stanąć po czyjejś ~ie take sides with sb; w tych ~ach in these parts; z jednej ~y... z drugiej ~y on the one hand... on the other hand; z mojej ~y for ⟨on⟩ my part; z prawej ~y on the right hand; z tej ~y on this side; ze wszystkich ~ on all sides

stronnictwo n party

stronniczość f partiality

stronniczy adj partial, biassed

stronnik m partisan

strop m ceiling

stropić vt put out of countenance; ~ się vr be put out of coun-tenance

stroskany adj afflicted, careworn

strój m attire, dress; muz. pitch

stróż m guard, guardian; (straż-nik) watchman; (dozorca) door--keeper: (portier) porter; anioł ~ guardian angel

strudzony adj wearied

strug m plane

struga f rill, stream

strugać vt whittle

struktura f structure

strumień m stream

struna f string, chord; ~ głosowa vocal cord

strup m crust

struś m zool. ostrich

strych m attic

strychnina f strychnin(e)

stryczek m halter, rope

stryj m uncle

stryjeczn|y adj, brat ~y, siostra ~a cousin

strzał m shot

strzała f arrow

strzaskać vt smash

strząsać vt shake off

strzec vt guard, protect (przed kimś, czymś from ⟨against⟩ sb, sth); ~ się vr be on one's guard (kogoś, czegoś against sb, sth)

strzecha f thatch

strzelać vi shoot, fire (do kogoś, czegoś at sb, sth)

strzelanina f firing

strzelba f rifle, gun

strzelec m shot, rifleman

strzelnica f shooting-galery; wojsk. shooting-range

strzelniczy adj, proch ~ gunpow-der

strzemienne n parting drink

strzemię n stirrup

strzęp m tatter, shred

strzępić vt shred, fray; ~ się vr fray, become frayed

strzyc vt shear, clip, (włosy) cut, crop; ~ sobie włosy have a hair-cut; ~ włosy krótko crop the

hair close; ~ uszami prick up
one's ears
strzykać *vt vi* squirt; *(boleć)*
twinge
strzykanie *n* twinge
strzykawka *f* syringe
strzyżenie *n* shearing; ~ włosów
haircut
student *m* student
studiować *vt* study
studium *n* study
studnia *f* well
studzić *vt* cool (down)
stuk *m* knocking, noise
stulecie *n* century; *(setna rocznica)* centenary
stuletni *adj (człowiek)* hundred
years old; wojna ~a Hundred
Years' War
stulić *vt* press close ⟨together⟩
stwardniałość *f* hardening, callo-
sity
stwardniały *adj* hardened, callous
stwarzać *vt* create; make; *(np.
sytuację, warunki)* bring about
stwierdzać *vt* confirm, corroborate; state
stwierdzenie *n* corroboration;
statement
stworzenie *n (czyn)* creation; *(istota)* creature; jak nieboskie ~ like
a wretched creature
stworzyciel, stwórca *m* creator
stworzyć *zob.* stwarzać, tworzyć
styczeń *m* January
styczna *f mat.* tangent
styczność *f* contact, contiguity;
utrzymywać ~ keep in touch
(z kimś with sb)
stygmat *m* stigma
stygnąć *vi* cool down
stykać się *vr* contact (z kimś sb),
meet (z kimś sb), be in touch
(z kimś with sb)
styl *m* style; ~ pływacki stroke;
~ życia way of life
stylista *m* stylist
stylistyczny *adj* stylistic
stylistyka *f* stylistics
stylowy *adj* stylish
stypa *f* wake
stypendium *n* sholarship

stypendysta *f* scholarship-holder
subiekcja *f* trouble, inconvenience
subiektywizm *m* subjectivism
subiektywny *adj* subjective
sublimat *m chem.* sublimate
sublokator *m* lodger
subordynacja *f* subordination
subskrybent *m* subscriber
subskrybować *vt* subscribe (coś to
sth)
subskrypcja *f* subscription (czegoś
to sth)
substancja *f* substance
subsydiować *vt* subsidize
subsydium *n* subsidy
subtelność *f* subtlety
subtelny *adj* subtle
subwencja *f* subvention, subsidy
subwencjonować *vt* subsidize
suchar *m* biscuit, *am.* cracker
sucharek *m* rusk
suchotniczy *adj* consumptive
suchotnik *m* consumptive
suchoty *s pl* consumption
suchy *adj* dry
sufiks *m gram.* suffix
sufit *m* ceiling
sufler *m* prompter
sugerować *vt* suggest
sugestia *f* suggestion
sugestywny *adj* suggestive
suka *f* bitch
sukces *m* success
sukcesja *f* succession; *(dziedzictwo)* inheritance
sukcesor *m* successor; inheritor
sukienka *f* frock
sukiennice *s pl* drapers' hall
sukiennictwo *n* cloth-manufacture
sukiennik *m* draper
suknia *f* frock, gown
sukno *n* cloth
sułtan *m* sultan
sułtanka *f* sultana
sum *m* sheat-fish
suma *f* sum, total; *(msza)* High
Mass
sumaryczny *adj* summary
sumienie *n* conscience; czyste ~
good ⟨clear⟩ conscience; nieczyste ~ bad ⟨guilty⟩ conscience
sumienność *f* conscientiousness

sumienny *adj* conscientious
sumować *vt* sum up
sunąć *vi* glide; *vt zob.* suwać
supeł *m* knot
supremacja *f* supremacy
surdut *m* frock-coat
surogat *m* surrogate, substitute
surowica *f* serum
surowiec *m* raw material
surowość *f* severity, crudeness
surowy *adj* raw; *przen.* severe, stern
surówka *f* raw stuff; *techn.* pig-iron; *(potrawa)* salad
susza *f* drought
suszarnia *f* drying-shed
suszka *f* blotter
suszyć *vt* dry; *przen.* ~ komuś głowę pester sb; *vi (pościć)* fast
sutanna *f* cassock
suterena *f* basement
sutka *f* nipple, teat
suwać *vt* shove, shuffle, slide
suwak *m* slide; *mat.* ~ logarytmiczny slide-rule; ~ rachunkowy calculating rule
swada *f* eloquence
swar *m* squabble, quarrel
swat *m* match-maker; *(zawodowy)* matrimonial agent
swatać *vt* make a match
swaty *s pl* match-making
swawola *f* licence, wantonness
swawolić *vi* wanton
swawolny *adj* wanton
swąd *m* reek
sweter *m* sweater, jersey; *(zapinany)* cardigan
swędzenie *n* itch
swędzić *vi* itch
swoboda *f* liberty, freedom; *(wygoda)* ease; *(lekkość ruchów, obejścia)* easiness
swobodny *adj* free; *(wygodny, lekki w obejściu)* easy, *(niewymuszony, powolny)* leisurely
swoisty *adj* specific, peculiar
swojski *adj* homely, familiar, congenial
sworzeń *m* bolt
swój *pron* his, her, my, our, your, their; postawić na swoim have

one's will; po swojemu in one's own way; swego czasu at one time
sybaryta *m* sybarite
sybarytyzm *m* sybaritism
syberyjski *adj* Siberian
sycić *vt* satiate
syczeć *vi* hiss
syfon *m* siphon
sygnalizacja *f* signalling
sygnalizacyjny *adj* signal *attr*; system ~ code of signals
sygnalizować *vt vi* signal
sygnał *m* signal; ~ świetlny signal-light
sygnatura *f* signature
sygnet *m* signet
syk *m* hiss
sylaba *f* syllable
sylogizm *m* syllogism
sylwet(k)a *f* silhouette
symbioza *f* symbiosis
symbol *m* symbol
symboliczny *adj* symbolic
symbolika *f* symbolism
symbolizować *vt* symbolize
symetria *f* symmetry
symetryczny *adj* symmetrical
symfonia *f* symphony
symfoniczny *adj* symphonic
sympatia *f* sympathy; *pot. (o dziewczynie)* flame; czuć ~ę have a liking (do kogoś for sb)
sympatyczny *adj* lovable, likable; *(ujmujący)* winning; *(swojski)* congenial
sympatyk *m* sympathizer
sympatyzować *vi* sympathize
symptom *m* symptom
symptomatyczny *adj* symptomatic
symulacja *f* simulation, malingering
symulant *m* simulator; *(symulujący chorobę)* malingerer
symulować *vi* simulate; *(udawać chorego)* malinger
syn *m* son
synagoga *f* synagogue
synchronizacja *f* synchronization
synchronizm *m* synchronism
synchronizować *vt vi* synchronize
syndyk *m* syndic

syndykat *m* syndicate

synekura *f* sinecure

synod *m* synod

synonim *m* synonym

synowa *f* daughter-in-law

syntaktyczny *adj gram.* syntactic

syntetyczny *adj* synthetic

synteza *f* synthesis

sypać *vt* strew, pour, scatter; *(np. kopiec, okopy)* throw up; ~ się *vr* pour

sypialnia *f* bedroom

sypialny *adj* sleeping *attr*; wagon ~ sleeping-car, sleeper

sypki *adj* loose; ciała ~e dry goods

syrena *f (mitologiczna)* siren, mermaid; *(alarmowa, fabryczna)* hooter; *(okrętowa, mgłowa)* foghorn; *(okrętowa)* ship's siren

syrop *m* syrup

Syryjczyk *m* Syrian

syryjski *adj* Syrian

system *m* system

systematyczny *adj* systematic

sytny *adj* substantial, nutritious

sytość *f* satiety

sytuacja *f* situation

sytuować *vt* situate

syt|y *adj* satiated, satiate; do ~a to satiety

szabla *f* sabre, sword

szablon *m* model, pattern; *(malarski)* stencil

szach *m (panujący)* Shah; *(w szachach)* check; ~ i mat checkmate

szachista *m* chessplayer

szachować *vt* check; *przen.* hold at bay

szachownica *f* chess-board

szachraj *m* cheat, swindler

szachrajstwo *m* cheat, swindle

szachrować *vi* cheat, swindle

szachy *s pl* chess

szacować *vt* estimate, rate (na 5 funtów at £ 5), appraise

szacunek *m (ocena)* estimate, appraisal; *(uszanowanie)* esteem, respect

szafa *f (na ubranie)* wardrobe; *(na książki)* bookcase; *(biurowa, lekarska)* cabinet

szafir *m* sapphire

szafka *f (oszklona)* case; *(na papiery itp.)* cabinet; *(nocna)* night-table

szafot *m* scaffold

szafować *vi* lavish

szafran *m* saffron

szajka *f* gang

szakal *m zool.* jackal

szal *m* shawl

szal|a *f* scale; przeważyć ~ę turn the scale

szalbierstwo *n* fraudulence, swindle

szalbierz *m* swindler

szaleć *vi* rage; be crazy (za kimś, czymś about sb, sth)

szaleniec *m* madman

szaleństwo *n* madness, folly

szalet *m* earth closet, latrine

szalik *m* scarf, *(wełniany)* comforter

szalka *f* scale; bowl

szalony *adj* mad

szalować *vt* board

szalupa *f* shallop

szał *m* fury, frenzy; wpaść w ~ fly into a fury; doprowadzić kogoś do ~u drive sb mad

szałas *m* shed, shanty

szambelan *m* chamberlain

szamotać się *vr* scuffle

szampan *m* champagne

szaniec *m* rampart

szanować *vt* esteem, respect; *(zdrowie, książki itp.)* be careful (coś of sth)

szanowny *adj* respectable, honourable

szansa *f* chance

szantaż *m* blackmail

szantażować *vt* blackmail

szantażysta *m* blackmailer

szarada *f* charade

szarańcza *f* locust

szarfa *f* sash, scarf

szargać *vt* foul, soil

szarlatan *m* quack, charlatan

szarotka *f bot.* edelweiss

szarpać *vt* tear, pull (coś sth, za coś at sth)

szaruga *f* foul weather

szary *adj* grey; *przen.* ~ człowiek man in the street; ~ koniec lower end, lowest place

szarzeć *vi* become grey; (*zmierzchać się*) grow dusky

szarża *f* charge; (*ranga*) rank

szarżować *vt* (*atakować*) charge

szastać *vi* squander

szata *f* garment, dress

szatan *m* satan

szatański *adj* satanic(al), fiendish

szatkować *vt* slice

szatnia *f* cloak-room

szczapa *f* splint, chip

szczaw *m* sorrel

szczątek *m* remnant, rest

szczebel *m* (*drabiny*) rung; (*stopień*) degree, level

szczebiot *m* chirrup

szczebiotać *vi* chirrup

szczecina *f* bristle

szczególność *f* peculiarity; **w ~ci** in particular

szczególny *adj* peculiar, particular

szczegół *m* detail

szczegółowo *adv* in detail

szczegółowy *adj* detailed, particular

szczekać *vi* bark

szczelina *f* cleft, crevice, chink

szczelny *adj* close, tight

szczeniak *m* whelp, cub

szczep *m* (*ogrodniczy*) graft, shoot; (*plemię*) tribe

szczepić *vt* (*drzewko*) graft; *med.* vaccinate; *med. i przen.* inoculate

szczepienie *n* (*drzewka*) graft, grafting; *med.* vaccination; *med. i przen.* inoculation

szczepionka *f med.* vaccine

szczerba *f* jag, notch

szczerbaty *adj* jagged; (*wyszczerbiony*) indented, notched; (*o zębach*) gap-toothed

szczerbić *vt* jag; (*nacinać*) indent

szczerość *f* sincerity

szczery *adj* sincere, plain; (*np. o złocie*) genuine

szczędzić *vt vi* spare

szczęk *m* jingle, clang

szczęka *f anat.* jaw; sztuczna ~ denture

szczękać *vi* clink, clang, jingle

szczęścić się *vr*, jemu się ~ he has good luck, he is successful ⟨prosperous⟩

szczęście *n* (*zdarzenie*) good luck; (*stan*) happiness; na ~e fortunately; mieć ~e be lucky, have good luck; próbować ~a try a chance

szczęśliwy *adj* happy; fortunate, lucky

szczodrość *f* liberality, generosity

szczodry *adj* liberal, generous

szczoteczka *f* (*do zębów*) tooth-brush

szczotka *f* brush

szczotkować *vt* brush

szczuć *vt* bait; *przen.* (*judzić*) abet

szczudło *n* stilt

szczupak *m zool.* pike

szczupleć *vi* become slim, reduce

szczupły *adj* slim; (*niedostateczny*) scarce, scanty

szczur *m* rat

szczycić się *vr* boast (czymś of sth)⟩, glory (czymś in sth)

szczypać *vt* pinch

szczypce *s pl* (*obcęgi*) tongs, (*kleszcze*) pincers, (*płaskie*) pliers

szczypta *f* pinch

szczyt *m* top, summit, peak; (*np. ambicji, sławy*) height; godziny ~u rush hours

szczytny *adj* sublime

szef *m* principal, chief, *pot.* boss

szeląg *m hist.* farthing

szelest *m* rustle

szeleścić *vi* rustle, (*np. o jedwabiu*) swish

szelki *s pl* braces, *am.* suspenders

szelma *m pot.* rogue

szelmowski *adj pot.* roguish

szemrać *vi* murmur; (*narzekać*) grumble (na coś at sth)

szeplenić *zob.* seplenić

szept *m* whisper

szeptać *vt vi* whisper

szereg *m* row, file, series; (*np. nie-*

szczęść succession; (*ilość*) number; w ~u wypadków in a number of cases

szeregować *vt* rank

szeregowiec *m* private (soldier)

szeregow|y *adj, techn.* połączenie ~e connexion in series; *s* ~y *wojsk.* private; *pl* ~i ranks and file

szermierka *f* fencing

szermierz *m* fencer; *przen.* champion

szeroki *adj* wide, broad

szerokość *f* width, breadth; *geogr.* latitude; (*toru*) gauge

szerokotorow|y *adj*, kolej ~a broad-gauge railway

szerszeń *m zool.* hornet

szerzyć *vt*, ~ się *vr* spread

szesnastka *f* sixteen

szesnasty *num* sixteenth

szesnaście *num* sixteen

sześcian *m* cube; *mat.* podnosić do ~u cube

sześcienny *adj* cubic

sześć *num* six

sześćdziesiąt *num* sixty

sześćdziesiąty *num* sixtieth

sześćset *num* six hundred

szew *m* seam; *med.* suture

szewc *m* shoemaker

szewiot *m* cheviot

szkalować *vt* slander

szkapa *f* jade

szkaradny *adj* hideous

szkarlatyna *f med.* scarlet-fever

szkarłat *m* scarlet

szkatuła *f* casket

szkic *m* sketch, outline

szkicować *vt* sketch, outline

szkicownik *m* sketch-book

szkielet *m* skeleton, frame, framework; (*statku, budowli*) carcass

szkiełko *n* glass; (*mikroskopowe*) slide

szklanka *f* glass

szklarz *m* glazier

szklisty *adj* glassy

szkliwo *n* glaze

szkło *n* glass

szkocki *adj* Scotch, Scots, Scottish

szkod|a *f* damage, detriment, harm; ~a, że ... it's a pity that ...; ~a o tym mówić it's no use talking about it; wyrządzić ~ę do harm (komuś sb, to sb); na czyjąś ~ę to the detriment of sb; jaka ~a! what a pity!

szkodliwość *f* harmfulness

szkodliwy *adj* injurious, harmful, detrimental

szkodnik *m* wrong-doer, mischief--maker; *pl* ~i *zool.* vermin *zbior.*

szkodzi|ć *vt* do harm, injure; nie ~! never mind!; it doesn't matter

szkolić *vt* school, train

szkolnictwo *n* school-system, education

szkoln|y *adj* school *attr*; kolega ~y schoolmate; książka ~a a school-book; sala ~a school--room; wiek ~y school age

szkoł|a *f* school; ~ła morska school of navigation; nautical school; ~ła podstawowa (powszechna) elementary school; ~ła średnia secondary school; ~ła wyższa high school; ~ła zawodowa school of engineering; chodzić do ~y go to school; w ~le at school

szkopuł *m* obstacle

szkorbut *m med.* scurvy

Szkot *m* Scotchman, Scotsman

Szkotka *f* Scotchwoman, Scotswoman

szkółka *f* (*drzew*) nursery

szkwał *m mors.* squall

szlaban *m* turnpike

szlachcic *m* (country) gentleman, one of the gentry

szlachetny *adj* noble, gentle

szlachta *f* gentry

szlafrok *m* dressing-gown

szlak *m* border; (*droga*) track, trail

szlakowy *m sport* stroke

szlam *m* slime

szlem *m* (*w kartach*) (grand) slam

szlemik *m* (*w kartach*) (little) slam

szlifierz *m* grinder, polisher

szlifować *vt* grind, polish

szlochać *vi* sob

szmaragd *m* emerald

szmat *m*, ~ czasu a very long time; ~ drogi long way

szmata *f* clout, rag

szmelc *m* scrap, scrap-iron; nadający się na ~ fit for scrap

szmer *m* murmur, rustle

szminka *f* paint, (*kredka*) lipstick

szmugiel *m* smuggle

szmuglować *vt* smuggle

sznur *m* rope, cord; string; ~ pereł (*korali itp.*) string of pearls ⟨beads etc.⟩

sznurek *m* string

sznurowadło *n* shoe-lace

szofer *m* chauffeur, driver

szopa *f* shed

szopka *f* puppet theatre; (*gwiazdkowa*) crib

szorować *vt* scour, scrub

szorstki *adj* rough, coarse

szorty *s pl* shorts

szosa *f* high road, highway

szowinista *m* jingoist

szowinizm *m* jingoism

szóstka *f* six

szósty *num* sixth

szpada *f* sword

szpagat *m* string; (*w tańcu, akrobacji*) splits *pl*

szpaler *m* lane, double row

szpalta *f* column

szpara *f* slit, (*w automacie*) slot; (*szczelina*) chink

szparag *m bot.* asparagus

szpecić *vt* uglify, disfigure

szpetny *adj* ugly

szpic *m* point; (*sztyft, kolec*) spike

szpicel *m pog.* sleuth, *pot.* tee

szpieg *m* spy

szpiegować *vt* spy (kogoś on sb)

szpik *m* marrow

szpikować *vt* lard

szpilka *f* pin; siedzieć jak na ~ch be on pins and needles

szpinak *m* spinach

szpital *m* hospital

szpon *m* claw, talon; (*także techn.*) clutch

szprot *m*, *pot.* szprotka *f* sprat

szpryca *f* syringe

szprycha *f* spoke

szprycować *vt* sprinkle

szpulka *f* spool, bobbin

szpunt *m* plug, stopper, (*w beczce*) bung

szrama *f* scar

szranki *s pl hist.* lists

szron *m* hoar-frost

sztab *m* staff

sztaba *f* bar; (*złota*) ingot

sztachety *s pl* fence, railing

sztafeta *f* courier; *sport* relay

sztaluga *f* easel

sztanca *f* die

sztandar *m* banner

szterling *m* = sterling *zob.* funt

sztokfisz *m* stockfish

sztolnia *f górn.* adit

sztucer *m* (*strzelba*) rifle

sztuczka *f* small piece; (*fortel*) trick

sztuczny *adj* artificial; (*nienaturalny*) affected

sztućce *s pl* cutlery *zbior.*; table-requisites

sztuk|a *f* art; (*kawałek, jednostka*) piece; (*bydła*) head; (*teatralna*) play; (*fortel*) artifice, trick; ~a mięsa boiled beef; ~i piękne fine arts

sztukateria *f* stucco

sztukować *vt* piece out, patch

szturchać *vt* jostle, prod

szturm *m* storm, attack; przypuścić ~ do twierdzy storm a fortress

szturmować *vt* storm, attack

sztych *m* (*uderzenie*) stab, thrust; (*rycina*) engraving

sztyft *m* pin, spike

sztygar *m górn.* foreman

sztylet *m* dagger

sztywnieć *vi* stiffen

sztywny *adj* stiff; (*np. o zapasach, postępowaniu*) rigid; (*o cenach*) fixed

szubienica *f* gallows

szubrawiec *m* scoundrel, rascal

szufla *f* shovel

szuflada *f* drawer

szuja *m pot.* scoundrel
szukać *vt* look (**kogoś, czegoś** sb, sth; **for** ⟨after⟩ sb, sth); (*w słowniku itp.*) look up (**czegoś** sth)
szuler *m* gambler
szum *m* roar, noise
szumieć *vi* roar
szumny *adj* roaring, boisterous
szumowiny *s pl* scum *zbior.*
szuter *m* gravel
szuwary *s pl* bulrush
szwaczka † *f* seamstress
szwadron *m wojsk.* squadron
szwagier *m* brother-in-law
szwagierka *f* sister-in-law
Szwajcar *m,* ~**ka** *f* Swiss
szwajcarski *adj* Swiss
Szwed *m,* ~**ka** *f* Swede
szwedzki *adj* Swedish
szyb *m* shaft
szyba *f* pane; (*w samochodzie*) wind-screen
szybki *adj* quick, swift, speedy, fast
szybko *adv* quick(ly), fast
szybkoś|ć *f* speed, velocity; **z** ~**cią 60 mil na godzinę** at the rate of 60 miles per hour
szybować *vi* soar; *lotn.* glide
szybowiec *m lotn.* glider
szychta *f* shift, relay
szyci|e *n* sewing; **maszyna do** ~**a** sewing-machine
szyć *vt* sew
szydełko *n* crochet-needle

szydełkow|y *adj,* **robota** ~**a** crochet
szyderca *m* scoffer
szyderczy *adj* scoffing
szyderstwo *n* scoff
szydło *n* awl
szydzić *vi* scoff (**z kogoś, czegoś** at sb, sth)
szyfr *m* code, cipher
szyfrować *vt* code, cipher
szyj|a *f* neck; **pędzić na łeb na** ~**ę** rush headlong; **rzucać się komuś na** ~**ę** fall upon somebody's neck
szyk 1. *m* (*porządek*) order; *wojsk.* ~ **bojowy** battle-array; *gram.* ~ **wyrazów** word order
szyk 2. *m* (*wytworność*) elegance, chic
szykanować *vt* annoy, vex
szykany *s pl* annoyances
szykowny *adj* elegant, smart
szyld *m* signboard
szyling *m* shilling
szylkret *m* tortoise-shell
szympans *m zool.* chimpanzee
szyna *f* rail; *med.* splint
szynk *m* pub
szynka *f* ham
szynkarz *m* publican
szyper *m mors.* skipper
szyszak *m hist.* helmet
szyszka *f* cone

Ś

ściana *f* wall
ścianka *f* (*przepierzenie*) partition
ściągaczka *f pot.* crib
ściągać *vt* draw down; pull down; (*zaciskać*) draw together, tighten; (*brwi, mięśnie*) contract; (*ludzi*) assemble; (*zdejmować buty*) pull off; (*ubranie*) take off; (*podatek*) raise, levy; (*pieniądze*) collect

(**od kogoś** from sb); (*wartę*) withdraw; *pot.* (*odpisywać*) crib; ~ **się** *vr* contract, (*kurczyć się*) shrink
ścieg *m* stitch
ściek *m* sewer, drain
ściekać *vi* flow down ⟨off⟩, drip off
ściemniać się *vr* darken, grow dark

ścienny *adj* wall *attr*; mural

ścierać *vt* wipe ⟨rub⟩ off; ~ **kurz** dust

ścierka *f* clout, duster

ściernisko *n* stubble-field

ścierpły *adj* benumbed, numb

ścierpnąć *vi* get numb

ścieśniać *vt* tighten; ~ **się** *vr* tighten; stand ⟨sit⟩ closer

ścieżka *f* path, footpath

ścięcie *n* cutting off; ~ **głowy** beheading, execution

ścięgno *n anat.* sinew, tendon

ścigać *vt* pursue, chase; ~ **się** *vr* race, run a race

ścinać *vt* cut off ⟨down⟩; (*drzewo*) fell; (*głowę*) behead; *sport* smash; *pot.* (*przy egzaminie*) plough; ~ **się** *vr* congeal, coagulate

ścisk *m* press, crush

ściskać *vt* compress, press, squeeze, tighten; (*obejmować*) embrace; ~ **komuś rękę** clasp sb's hand; ~ **się** *vr* press, embrace

ścisłość *f* (*dokładność*) exactness, preciseness; (*zwartość*) compactness

ścisły *adj* (*dokładny*) exact, precise, strict; (*zwarty*) compact, close

ściśle *adv* closely; (*ciasno*) tightly; (*dokładnie*) exactly, precisely, strictly; ~ **mówiąc** strictly speaking

ślad *m* trace, track, vestige; ~ **stopy** footmark, footprint; **iść** ~**em czegoś** trace sth; **iść w czyjeś** ~**y** walk ⟨follow⟩ in sb's steps; **nie ma ani** ~**u** ... not the least trace ... is left; **trafić na** ~ **czegoś** get a clue to sth

ślamazara *m f* sluggard

ślamazarny *adj* sluggish

śląski *adj* Silesian

Ślązak *m*, **Ślązaczka** *f* Silesian

śledczy *adj* inquiry *attr*; inquiring, examining; **sąd** ~ court of inquiry

śledzić *vt* (*obserwować*) watch; (*tropić*) trace; investigate

śledziona *f anat.* milt, spleen

śledztwo *n* inquiry, investigation

śledź *m zool.* herring

ślepiec *m* blind man

ślepnąć *vi* grow blind

ślepo *adv* blindly; **na** ~ blindly, at random

ślepota *f* blindness

ślepy *adj* blind; ~**y nabój** blank cartridge; ~**y zaułek** blind alley; *med.* **zapalenie** ~**ej kiszki** appendicitis

ślęczeć *vi* pore (**nad czymś** over sth)

śliczny *adj* lovely, most beautiful

ślimacznica *f techn.* worm-wheel; spiral

ślimak *m zool.* snail; *techn.* worm-gear

ślimakowaty *adj* spiral

ślina *f* spittle, saliva

ślinić *vt*, ~ **się** *vr* slaver

ślinka *f* spittle; ~ **mi idzie do ust** my mouth waters (**na widok czegoś** at sth)

śliski *adj* slippery

śliwa *f* plum-tree

śliwka *f* plum; (*drzewo*) plum-tree

śliwowica *f* plum-brandy

ślizgacz *m* scooter, gliding-boat

ślizgać się *vr* slide, glide; (*na łyżwach*) skate

ślizgawica *f* glazed frost

ślizgawka *f* (*tor*) skating-rink

ślub *m* wedding, marriage-ceremony; (*ślubowanie*) vow; **brać** ~ get married; **czynić** ~ make a vow, take a pledge

ślubny *adj* wedding *attr*, nuptial

ślubować *vt vi* vow, make a vow

ślusarz *m* locksmith

śluz *m* slime

śluza *f* sluice

śmiać się *vr* laugh (**z czegoś** at sth), make fun (**z czegoś** of sth); **chce mi się z tego** ~ that makes me laugh; *pot.* ~ **się do rozpuku** split one's sides with laughing; *pot.* ~ **się w kułak** laugh in one's sleeve

śmiałek *m* daredevil

śmiałość f boldness

śmiały adj bold

śmiech m laughter; wybuchnąć ~em burst out laughing

śmiecić vt litter, clutter

śmiecie s pl litter, sweepings pl

śmieć vi dare, venture

śmier|ć f death; wyrok ~ci death sentence; patrzeć ~ci w oczy look death in the face; skazać na ~ć sentence to death; przysł. raz kozie ~ć man can die but once

śmierdzieć vi stink, smell (czymś of sth)

śmiertelnik m mortal

śmiertelność f mortality

śmiertelny adj (o człowieku) mortal; (o grzechu, truciźnie itp.) deadly

śmieszność f ridiculousness, the ridiculous

śmieszny adj ridiculous, funny

śmieszyć vt make laugh

śmietana f sour-cream

śmietank|a f cream; zbierać ~ę skim milk

śmietnik m dump, dust-heap

śmiga f (wiatraka) sail

śmigło n propeller, airscrew

śmigłowiec m helicopter

śmigły adj swift, speedy

śniadanie n breakfast; jeść ~ breakfast, have breakfast

śniady adj swarthy

śni|ć vi dream; ~ło mi się I dreamt

śnieg m snow; pada ~ it snows

śniegowce s pl snow-boots

śnieżka f snow-ball

śnieżny adj snowy

śnieżyca f snow-storm

śpiączka f sleepiness; med. ~ (a-frykańska) sleeping-sickness

śpieszny zob. spieszny

śpieszyć zob. spieszyć

śpiew m song, singing; ~ kościelny chant; nauczyciel ~u singing-master

śpiewać vt vi sing; (intonować) chant

śpiewak f singer

śpiewnik m song-book

śpiewny adj melodious

śpioch m sleepyhead

śpiwór m sleeping-bag

średni adj middle, average, middling, medium; ~a szkoła secondary school; ~ wzrost medium height, middle size; radio ~e fale medium waves; wieki ~e Middle Ages

średnica f diameter

średnik m semicolon

średnio adv on the average; tolerably, pot. middling

średniowiecze n Middle Ages pl

średniowieczny adj medi(a)eval

średniówka f lit. caesura

środa f Wednesday

środ|ek m middle, centre; (sposób) means; fiz. ~ek ciężkości centre of gravity; ~ek drogi midway; ~ek leczniczy remedy; handl. fin. ~ek płatniczy legal tender, circulating medium; ~ki do życia means; ~ki ostrożności measures of precaution; złoty ~ek golden mean

środkowy adj central, middle

środowisko n environment

śródmieście n centre (of a town)

śródziemny adj mediterranean

śrub|a f screw; przykręcić ~ę put on the screw; zwolnić ~ę loosen the screw

śrubokręt m screwdriver

śrubować vt screw (up)

śrut m shot

świadczeni|e n service; ~a społeczne social services; ~a lekarskie medical benefits; ~a w pieniądzach i naturze disbursements in money and in kind

świadczyć vi attest, testify; bear witness (o czymś to sth); (składać zeznania) depose; ~ usługi render services

świadectwo n testimonial, certificate; testimony; (szkolne) report; ~ pochodzenia certificate of origin; ~ dojrzałości secondary-school certificate

świad|ek *m* witness; ~ek naoczny eye-witness; być ~kiem witness (czegoś sth)

świadomość *f* consciousness

świadomy *adj* conscious

świat *m* world; tamten ⟨drugi⟩ ~ next world; przyjść na ~ come into the world; na świecie in the world; po całym świecie all over the world

światło *n* light; ~ drogowe traffic light; ~ dzienne daylight; ~ księżyca moonlight; ~ słoneczne sunlight; przy świetle księżyca by moonlight

światłość *f* brightness

światły *adj* bright; (o umyśle) enlightened

światopogląd *m* world outlook, philosophy of life

światowiec *m* man of the world

świąteczny *adj* festive, festival; (np. o ubraniu) holiday *attr*

Świątki *s pl,* Zielone ~ Whitsuntide

świątynia *f* temple

świder *m* drill

świdrować *vt* drill, bore

świeca *f* candle; *techn.* ~ zapłonowa sparking-plug

świecić *vi* shine; *vt* (zapalać) light; ~ się *vr* shine, glitter

świecidełko *n* tinsel

świecki *adj* lay, secular

świeczka *f* candle

świecznik *m* candlestick

świergot *m* chirp

świergotać *vi* chirp

świerk *m bot.* spruce

świerszcz *m zool.* cricket

świerzb *m* itch, *med.* scabies

świerzbieć *vi* itch

świetlany *adj* luminous

świetlica *f* club

świetlik *m zool.* glow-worm

świetlny *adj* light *attr*, lighting; gaz ~ lighting-gas; rok ~ light--year

świetność *f* splendour

świetny *adj* splendid, glorious

świeżość *f* freshness

świeży *adj* fresh; recent, new

święcić *vt* consecrate; (obchodzić) celebrate

święcone *n* Easter repast

święto *n* holiday, festivity

świętojański *adj* St. John's; *zool.* robaczek ~ glow-worm

świętokradztwo *n* sacrilege

świętoszek *m* hypocritical bigot

świętość *f* sanctity, holiness

świętować *vi* have a holiday

święt|y *adj* holy, sacred; (przed imieniem) saint; ~y *s m,* ~a *s f* saint

świnia *f* swine

świnka *f* pig; *med.* mumps; *zool.* ~ morska guinea-pig

świński *adj* swine *attr*; swinish

świństwo *n* dirty trick

świsnąć *vi zob.* świstać; (porwać) *pot.* pinch

świst *m* whistle, whizz

świstać *vt vi* whistle

świstak *m zool.* marmot; *am.* groundhog

świstawka *f* whistle

świstek *m* scrap of paper

świt *m* daybreak, dawn; o ~cie at daybreak

świtać *vi* dawn

t

tabaka *f* snuff
tabakierka *f* snuff-box
tabela *f* schedule, table, list
tabletka *f* tablet
tablica *f* board; (*szkolna*) blackboard; (*tabela*) table; *techn.* ~ rozdzielcza switch-board
tabliczka *f* tablet; (*np. czekolady*) cake; ~ mnożenia multiplication table
tabor *m wojsk.* retrenched camp; army service columns *pl*; train; ~ kolejowy rolling-stock
taboret *m* tabouret
taca *f* tray, salver
taczać się *vr* wallow, roll; (*zataczać się*) stagger, reel
taczki *s pl* wheel-barrow
tafla *f* sheet, plate
taić *vt* hide, conceal (*przed kimś* from sb)
tajać *vi* thaw
tajemnic|a *f* secret, mystery; w ~y in secret, secretly
tajemniczość *f* mysteriousness
tajemniczy *adj* mysterious
tajemny *adj* secret, clandestine
tajność *f* secrecy
tajny *adj* secret
tak *part* yes; *adv* thus, so, as; ~ ..., jak as ... as, nie ~ ..., jak not so ... as; ~ sobie so-so; ~ czy owak anyhow; i ~ dalej and so on; czy ~? is that so?; bądź ~ dobry i poinformuj mnie be so kind as to inform me
taki *adj* such; co ~ego? what's the matter?; nic ~ego nothing of the sort; ~ biedny, ~ mądry so poor, so wise; ~ sam just the same; on jest ~ jak ty he is like you
takielunek *m mors.* rigging
taksa *f* rate, tariff, fee; ~ za przejazd fare
taksować *vt* estimate, rate (*na sumę* ... at the sum ...)
taksówk|a *f* taxi; jechać ~ą travel

⟨go⟩ by taxi, taxi
takt *m* tact; (*w muzyce*) time; (*odstęp w pięciolinii*) bar, measure; trzymać ~ keep time; wybijać ~ beat time
taktowny *adj* tactful
taktyczny *adj* tactical
taktyka *f* tactics
także *adv* also, too, as well; ~ nie neither, not ... either
talent *m* talent
talerz *m* plate
talia *f* waist; (*kart*) pack
talizman *m* talisman
talk *m* talcum
talon *m* coupon
tam *adv* there; (*wskazując*) over there; co mi ~ I don't care; kto ~? who's there?; ~ i z powrotem to and fro
tam|a *f* dam; *przen.* check, stop; położyć ~ę put a stop (*czemuś* to sth)
tamować *vt* dam; (*np. ruch*) obstruct; *przen.* check; (*krew*) staunch
tampon *m* tampon
tamtejszy *adj* from there, of that place
tamten *pron* that
tamtędy *adv* that way
tance|rz *m*, ~rka *f* dancer
tancmistrz *m* dancing-master
tandem *m* tandem
tandeta *f* rubbish, trash
tandetny *adj* shoddy, trashy
tangens *m mat.* tangent
tani *adj* cheap
taniec *m* dance
tanieć *vi* become cheap
tantiema *f* bonus
tańczyć *vt* dance, *pot.* hop
tapczan *m* couch, sofa-bed
tapeta *f* wall-paper
tapetować *vt* cover with wall-paper, paper
tapicer *m* upholsterer
tapicerka *f* upholstery

tara f handl. tare
taran m hist. battering-ram
taras m terrace
tarasować vt block, barricade
tarcie n friction
tarcza f target; (osłona) shield;
(np. słońca) disk; (np. zegarka)
dial
tarczyca f med. thyroid gland
targ m market
targać vt tear, pull
targnąć się vr attempt (na czyjeś
życie sb's life)
targować vt sell, fetch by sale; ~
się vr bargain, haggle (o coś
about sth)
tarka f grater, rasp
tarnina f blackthorn
tartak m sawmill
taryfa f tariff
tarzać się vr wallow, roll
tasak m chopper
tasiemiec m zool. tapeworm
tasiemka f tape
tasować vt shuffle
taśma f band; techn. tape; ~ filmowa band, film-band; ~ izola-
cyjna insulating tape; ~ karabinu maszynowego cartridge belt;
~ miernicza measuring tape

Tatar m Tartar
taternictwo n mountain-climbing
taternik m mountain-climber
tatuować vt tattoo
tatuś m zdrob. dad
tchawica f anat. trachea
tchnąć vt vi breathe, inspire
tchnienie n breath
tchórz m zool. polecat; (człowiek)
coward
tchórzliwy adj cowardly
teatr m theatre
teatraln|y adj theatrical; sztuka
~a play
techniczny adj technical
technik m technician
technika f technics
technologia f technology
teczka f brief-case, (na dokumenty) folder
tegoroczny adj this year's

teka f brief-case; (ministerialna,
bankowa itp.) portfolio
tekst m text
tekstylny adj textile
tektura f cardboard
telefon m telephone; przez ~ on
the telephone
telefonicznie adv telephonically;
(rozmawiać) by telephone
telefoniczn|y adj telephonic, tele-
phone; rozmowa ~a telephone
call; międzymiastowa rozmowa
~a trunk-call; rozmównica ⟨bud-
ka⟩ ~a telephone booth ⟨box⟩
telefonistka f telephonist
telefonować vt vi telephone; pot.
ring up (do kogoś sb)
telefoto n telephoto
telegraf m telegraph
telegraficznie adv telegraphically;
pot. by wire
telegraficzn|y adj telegraphical;
pot. wire attr; ~a wiadomość
telegraphical message; słup ~y
telegraph-pole
telegrafista m telegraphist, tele-
grapher
telegrafować vt vi telegraph, pot.
wire
telegram m telegram, pot. wire
telepatia f telepathy
teleskop m telescope
teleskopowy adj telescopic
telewizja f television, TV, pot. telly
telewizor m television ⟨TV⟩ set
temat m theme, subject, subject-
-matter
temblak m sling
temperament m temperament
temperatur|a f temperature; ~a
topnienia melting-point; ~a
wrzenia boiling-point; ~a zamarzania freezing-point; mierzyć ~ę
take the temperature
temperować vt temper; (ołówek)
sharpen
temp|o n time, measure, rate, tem-
po; w szybkim ~ie at a fast rate
temu adv, rok ~ one year ago;
dawno ~ long ago
ten, ta, to pron this; pl ci, te
these

tendencja f tendency; (*kierunek*) trend; ~ zniżkowa downward tendency

tendencyjny adj biased

tender m techn. tender

tenis m tennis

tenor m tenor

tenże pron the (very) same

teolog m theologian

teologia f theology

teoretyczny adj theoretical

teoretyk m theorist

teoria f theory

terakota f terracotta

terapia f therapeutics

terasa f terrace, bank

teraz adv now

teraźniejszość f present time, the present

teraźniejszy adj present (day); *gram.* czas ~ present tense

tercet m tercet; *muz.* trio

teren m area, space, territory, ground, country

terenowy adj local; country-, (*np. o samochodzie*) crosscountry attr

terenoznawstwo n local knowledge, topography

terkotać vi rattle

termin m term; (*rzemieślniczy*) apprenticeship

terminator m apprentice

terminologia f terminology

terminowo adv in time; at a fixed time, at fixed intervals

terminow|y adj term attr; fixed; (*np. egzamin*) terminal; kalendarz ~y memorandum; ~a dostawa delivery on term; ~a zapłata term payment

termit m zool. white ant

termometr m thermometer

termos m thermos flask

terpentyna f turpentine

terror m terror, terrorism

terrorysta m terrorist

terrorystyczny adj terrorist

terroryzować vt terrorize

terytorialny adj territorial

terytorium n territory

testamen|t m testament, will; za-

pisać w ~cie bequeath, leave as a legacy

testator m testator

teściowa f mother-in-law

teść m father-in-law

teza f thesis

też adv also, too; ~ nie neither, not ... either

tęcza f rainbow

tęczówka f anat. iris

tędy adv this way

tęgi adj stout; solid; (*mocny*) robust; able

tępić vt blunt, dull; (*niszczyć*) exterminate

tępota f dullness, bluntness

tępy adj dull, blunt

tęsknić vi long, yearn (za kimś for ⟨after⟩ sb); ~ za krajem be homesick

tęsknota f longing, yearning; ~ za krajem homesickness

tęskny adj longing, melancholy

tętent m tramp (of horses), hoof--beat

tętnica f artery

tętnić vi tramp, resound; (*o pulsie*) pulsate

tętno n pulse, pulsation

tężec m med. tetanus

tężeć vi stiffen; (*twardnieć*) solidify

tężyzna f vigour

tkacki adj textile

tkactwo n weaving, textile industry

tkacz m weaver

tkać vt weave

tkanina f tissue, texture, fabric

tkanka f anat. biol. tissue

tkliwość f tenderness, affectionateness

tkliwy adj tender, affectionate

tknąć vt touch

tkwić vi stick

tleć vi smoulder, burn faintly

tlen m chem. oxygen

tlenek m chem. oxide

tlić się vr burn faintly, smoulder

tło n background

tłocznia f press

tłoczyć vt press, crush; (*druko-*

wać) impress; ~ się *vr* crowd, crush

tłok *m (ścisk)* crowd, crush; *techn.* piston

tłuc *vt* pound, grind; *(rozbijać)* break, smash; *(np. orzechy)* crack; ~ się *vr* be smashed, be broken; *pot. (np. po świecie)* knock about

tłuczek *m* pestle

tłum *m* crowd, throng

tłumacz *m* translator; *(ustny)* interpreter; ~ **przysięgły sworn** translator

tłumaczenie *n* translation; interpretation; *(wyjaśnienie)* explanation

tłumaczyć *vt* translate (z polskiego na angielski from Polish into English); *(ustnie)* interpret; *(wyjaśniać)* explain; ~ się *vr* excuse oneself

tłumić *vt* stifle, muffle; *(np. bunt, uczucie)* suppress

tłumik *m muz.* sordine; *techn.* silencer

tłumnie *adv* in crowds

tłumny *adj* multitudinous, numerous

tłumok *m* bundle

tłustość *f* fatness

tłusty *adj* fat; *(o plamie, smarze)* greasy; *(gruby)* obese, stout; ~ **druk** fat-faced type, bold letters *pl*

tłuszcz *m* fat, grease

tłuszcza *f* mob, rabble

tłuścić *vt* grease

to *pron* zob. ten; **to moja książka** it is my book; **to twoja wina** it's your own fault

toalet|a *f* toilet; *(mebel)* toilet-table; *(ubikacja)* lavatory; **robić** ~ę make one's toilet

toaletow|y *adj* toilet *attr*; **mydło** ~e toilet soap; **papier** ~y toilet paper; **przybory** ~e articles of toilet

toast *m* toast; **wznosić czyjś** ~ propose sb's health

tobół *m* bundle, baggage

toczy|ć *vt* roll; *(nóż)* whet; *(obrabiać w tokarni)* turn; *(płyn z beczki)* draw; *(o robactwie)* gnaw, nibble, eat; *(niszczyć)* wear away; *(sprawę sądową)* carry on; *(wojnę)* wage; ~ć się *vr* roll; *(o sprawie, akcji itp.)* be in progress; *(o wojnie)* be waged; *(o płynie)* flow, run, gush; **rozmowa** ~ła się o pogodzie conversation was carried on about the weather; ~ły się rokowania negotiations were held ⟨were proceeding⟩

toga *f* gown, robe

tok *m* course, progress; **w** ~u in course

tokarka *f* turning-lathe

tokarz *m* turner

tolerancja *f* tolerance

tolerancyjny *adj* tolerant

tolerować *vt* tolerate

tom *m* volume

ton *m* tone, sound

tona *f* ton

tonacja *f muz.* key, mode

tonaż *m* tonnage

tonąć *vi* drown, be drowned; *(o okręcie)* sink

toniczny *adj* tonic

toń *f* depth, *poet.* deep

topaz *m* topaz

topić *vt* drown, sink; *(roztapiać)* melt, fuse; ~ się *vr* drown, be drowned, sink; *(roztapiać się)* melt (away)

topiel *f* whirlpool, abyss (of water), gulf

topielec *m* drowned man

topliwy *adj* fusible

topnieć *vi* melt

topografia *f* topography

topola *f bot.* poplar

toporek *m* hatchet

topór *m* axe

tor *m* track; *wojsk. (pocisku)* trajectory; ~ **boczny** side-track; ~ **główny** main-track; ~ **kolejowy** railway-track; ~ **wyścigowy** race-track

torba *f* bag

torebka *f* (hand-)bag

torf *m* peat

torfowisko *n* peat-bog

tornister *m* knapsack; *(szkolny)* satchel

torować *vt* clear; *przen.* ~ komuś drogę pave the way for sb

torpeda *f* torpedo

torpedować *vt* torpedo

torpedowiec *m* *(statek)* torpedo-boat; *(samolot)* torpedo-plane

tors *m* torso

tort *m* fancy-cake; *(przekładany)* layer-cake

tortur|a *f* torture; **brać na ~y** put to torture

torturować *vt* torture

totalizator *m* totalisator; ~ sportowy pool

totalitarny *adj* totalitarian

totalny *adj* total

towar *m* article, commodity; ~y *pl* goods; ~y codziennego użytku consumers' ⟨consumer⟩ goods; *pot.* ~y chodliwe marketable goods

towarowy *adj*, **dom ~** department store; **pociąg ~** goods-train, *am.* freight train

towaroznawstwo *n* knowledge of mercantile wares

towarzyski *adj* social

towarzystwo *n* society, company

towarzysz *m* comrade, companion

towarzyszyć *vi* accompany **(komuś sb)**

tożsamoś|ć *f* identity; **dowód ~ci** identity card

tracić *vt* lose; *(zadawać śmierć)* execute

tracz *m* sawyer

tradycja *f* tradition

tradycjonalizm *m* traditionalism

tradycyjny *adj* traditional

traf *m* chance, accident; ~em by chance, accidentally

trafiać *vi* hit **(w coś** sth; **na coś, kogoś** on ⟨upon⟩ sth, sb): **nie ~ miss, fail; ~ do przekonania** convince; **na chybił trafił** at a guess, at random; ~ **się** *vr* happen

trafność *f* aptness, pertinence, accuracy

trafny *adj* *(o strzale)* well-hit; *(odpowiedni)* just, exact; *(o odpowiedzi)* suitable; *(o sądzie, uwadze itp.)* pertinent, to the point

tragarz *m* porter

tragedia *f* tragedy

tragiczny *adj* tragic

tragikomedia *f* tragicomedy

tragizm *m* tragedy, the tragic

trakcja *f* traction

trak|t *m* highroad; tract; *(przebieg)* course; **w ~cie działania** in course of action

traktat *m* *(układ)* treaty; *(rozprawa)* treatise, tract; ~ **pokojowy** peace treaty

traktor *m* tractor; ~ **gąsienicowy** caterpillar-tractor

traktorzysta *m* tractor-driver

traktować *vt* handle, treat **(kogoś, coś** sb, sth)

tramwaj *m* tram, tramway, *am.* street car; **jechać ~em** go by tram

tran *m* cod-liver oil; ~ **wielorybi** whale-oil

trans *m* trance

transakcja *f* transaction

transatlantycki *adj* transatlantic

transformator *m* transformer

transfuzja *f* transfusion

transkrybować *vt* transcribe

transmisja *f* transmission

transmitować *vt* transmit

transparent *m* banner, streamer; *(przezrocze)* transparency

transport *m* transport; *(środek przewozowy)* conveyance

transportować *vt* transport, convey

tranzyt *m* transit

trapez *m* *mat.* trapezium; *sport* trapeze

trapić *vt* vex, molest, pester; ~ **się** *vr* worry, grieve **(czymś** about sth)

trasa *f* route, track; ~ **podróży** itinerary

trasant *m* *handl.* drawer

trasat *m* *handl.* drawee

trasować 1. *vt* trace

trasować 2. *vt* *handl.* draw

trwale

trata *f handl.* draft

tratować *vt* trample

tratwa *f* raft

trawa *f* grass

trawić *vt* digest; (*spędzać czas*) waste, expend; *techn.* etch; (*żerać*) consume, fret

trawienie *n* digestion; (*żeranie*) etching; consumption

trawnik *m* lawn, grassplot

trąba *f* trumpet; (*słonia*) trunk; (*powietrzna*) whirlwind

trąbić *vi* trumpet

trąbka *f muz.* trumpet; (*zwój*) roll

trącać *vt* push, jostle; (*łokciem*) elbow; ~ się *vr* knock, jostle; (*kieliszkiem*) clink

trącić *zob.* trącać; *vi* (*pachnieć*) smell (czymś of sth)

trąd *m med.* leprosy

trefl *m* (*karty*) club(s)

trema *f* fear, *pot.* jitters *pl*

tren 1. *m lit.* elegy, threnody

tren 2. *m* (*u sukni*) trail; train

trener *m* trainer, coach

trening *m* training, coaching

trenować *vt* train, coach; *vi* train, practise

trepanacja *f med.* trepanation

trepy *s pl* sandals

tresować *vt* train, drill; (*konia*) break in

tresura *f* training

treściwy *adj* concise, compendious

treść *f* content; (*zawartość książki*) contents *pl*

trębacz *m* trumpeter

trędowaty *adj* leprous; *s m* leper

triumf *m* triumph

triumfować *vi* triumph

trochę *adv* a little, a few; ani ~ not a little, not a bit

trociny *s pl* sawdust

trofe|um *n* trophy, *zw. pl* ~a trophies

trojaczki *s pl* triplets

trojaki *adj* triple

troje *num* three

trok *m* strap, *zw. pl* ~i straps

trolejbus *m* trolley-bus

tron *m* throne; wstąpić na ~ come to the throne; złożyć z ~u dethrone

trop *m* track, trace

tropić *vt* trace; (*śledzić*) shadow

tropikalny *adj* tropical

troska *f* care, anxiety

troskliwy *adj* careful (o kogoś, coś of sb, sth); attentive (o kogoś, coś to sb, sth)

troszczyć się *vr* trouble, be anxious (o kogoś, coś about sb, sth)

trotuar *m* pavement, *am.* sidewalk

trójbarwny *adj* three-coloured

trójca *f* trinity

trójka *f* three

trójkąt *m* triangle

trójkątny *adj* triangular

truchleć *vi* tremble for fear, be chilled with dread

truciciel *m* poisoner

trucizna *f* poison

truć *vt* poison

trud *m* pains *pl*, toil; zadawać sobie ~ take pains

trudnić się *vr* be engaged (czymś in sth), occupy oneself (czymś with sth), work (czymś at sth)

trudno *adv* with difficulty, hard; (*ledwie*) hardly; ~ mi powiedzieć I can hardly say; ~ to zrozumieć it is hard to understand

trudność *f* difficulty

trudny *adj* difficult, hard

trudzić *vt* fatigue, trouble; ~ się *vr* take pains, toil

trujący *adj* poisonous

trumna *f* coffin

trunek *m* drink

trup *m* corpse, dead body; paść ~em drop dead

trupa *f teatr* company, troupe

trupi *adj* cadaverous; ~a główka death's head

truskawka *f* strawberry

trust *m* trust

truteń *m zool.* drone

trutka *f* poisonous bait

trwać *vi* last, persist

trwale *adv* fast, firmly

trwałość f durability, fastness

trwały adj durable, lasting, permanent, fast

trwoga f fright, awe

trwonić vt waste, squander

trwożliwy adj timid

trwożyć vt alarm; ~ **się** vr feel alarmed (**czymś** at sth); be in fear (**czymś** of sth); (**niepokoić się**) be anxious (**o coś** about sth)

tryb m mode, manner, course; gram. mood; techn. cog, gear zbior.; ~ **życia** mode of life

trybun m tribune

trybuna f platform; (np. na wyścigach) stand

trybunał m tribunal

trychina f zool. trichina

trychinoza f med. trichinosis

trygonometria f trigonometry

trykot m tricot, undershirt

trykotaże s pl hosiery

trykotowy adj knitted, tricot attr

trylion num bryt. trillion; am. quintillion

tryskać vi spurt, spout; (o krwi, łzach) gush; (dowcipem) sparkle

trywialność f triviality

trywialny adj trivial

trzask m crack, crash

trzaskać vi crack (z bicza the whip); crash, bang (drzwiami the door)

trząść vt vi shake; ~ **się** vr shake; tremble; (z zimna) shiver

trzcina f reed, cane; ~ **cukrowa** sugar-cane

trzeba v imp it is necessary; ~ **ci wiedzieć** you ought to know; ~ **to było zrobić** I ought to have done it; ~ **na to dużo pieniędzy** this requires much money; ~ **mi czasu** ⟨**pieniędzy**⟩ I need time ⟨money⟩

trzebić vt clear

trzeci num third

trzeć vt rub

trzepaczka f dusting-brush; (do dywanów) carpet-beater

trzepać vt dust; (dywan) beat; shake

trzepotać vi flap (**skrzydłami** the wings); ~ **się** vr flutter

trzeszczeć vi crackle

trzewia s pl bowels

trzewik m shoe

trzeźwić vt sober, make sober, refresh

trzeźwieć vi sober, become sober

trzeźwość f sobriety

trzeźwy adj sober

trzęsawisko n quagmire

trzęsienie n trembling, shaking; ~ **ziemi** earthquake

trzmiel m zool. bumble-bee

trzoda f herd, flock; ~ **chlewna** swine zbior.

trzon m (podstawowa część) substance; (rękojeść) handle, hilt; techn. shaft, stem

trzonowy adj molar; **ząb** ~ molar

trzustka f anat. pancreas

trzy num three

trzydziesty num thirtieth

trzydzieści num thirty

trzykrotny adj threefold

trzyletni adj three years old, three-years'

trzymać vt hold, keep; ~ **język za zębami** hold one's tongue; ~ **kogoś za słowo** keep sb to his word; ~ **za rękę** keep by the hand; ~ **z kimś** side with sb; ~ **w szachu** checkmate; ~ **się** vr keep (oneself); hold out; ~ **się czegoś** keep to sth, hold to sth, przen. abide by sth; ~ **się dobrze** keep well; ~ **się razem** hold together, pot. stick together; ~ **się w pobliżu** keep close (**czegoś** to sth); ~ **się z dala** keep away, keep aloof (**od kogoś** from sb)

trzynasty num thirteenth

trzynaście num thirteen

trzysta num three hundred

tu adv here

tuba f tube; speaking-trumpet

tubka f tube

tubylczy adj indigenous, native

tuczny adj fat, fattened

tuczyć vt fatten; ~ **się** vr fatten, grow fat

tulejka *f* bushing; *(pochewka, gniazdko)* socket

tulić *vt* hug, fondle; ~ **się** *vr* hug, cuddle together

tulipan *m bot.* tulip

tułacz *m* wanderer

tułaczka *f* wandering

tułać się *vr* wander

tułów *m* trunk (of the body)

tuman *m* dust-cloud; *pot. (głupiec)* blockhead

tunel *m* tunnel

tunika *f* tunic

tupać *vi* stamp (nogami one's feet)

tupet *m* self-assurance

turban *m* turban

turbina *f* turbine

Turczynka *f* Turkish woman

turecki *adj* Turkish

Turek *m* Turk

turkot *m* rattle

turkus *m* turquoise

turniej *m* tournament

turnus *m* turn

turysta *m* tourist

turystyczn|y *adj* tourist; **samochód ~y** touring car; **biuro ~e** tourist agency

tusz *m* Indian ink; *(prysznic)* shower-bath

tusz|a *f* corpulence; stoutness

tutaj *adv* here

tuzin *m* dozen

tuż *adv* near by

twardnieć *vi* harden

twardo *adv* hard; **jajko na ~** hard-boiled egg

twardość *f* hardness

twardy *adj* hard; *(np. o mięsie)* tough

twaróg *m* (cheese-)curds *pl*

twarz *f* face; **rysy ~y** features; **dostać w ~** be slapped on the face; **jej jest z tym do ~y** this suits her; **uderzyć kogoś w ~** slap sb's face; **zmieniać się na ~y** change one's countenance; **~ą w ~** face to face

twierdza *f* stronghold

twierdząco *adv* affirmatively, in the affirmative

twierdzący *adj* affirmative

twierdzenie *n* affirmation, assertion; *mat.* theorem

twierdzić *vi vt* affirm, assert, maintain

tworzenie *n* creation; ~ **się** formation, origin

tworzyć *vt* create; form; ~ **się** *vr* form, be formed, arise, rise

tworzywo *n* material; *(sztuczne)* plastic

twój *pron* your, yours

twór *m* creation, creature, piece of work, product

twórca *m* creator, author, maker

twórczość *f* creation, creative power, production

twórczy *adj* creative

ty *pron* you

tyczka *f* pole, perch

tyczy|ć się *vr* concern, regard; **co się ~** as for, concerning

tyć *vi* grow fat, put on weight

tydzień *m* week; **dwa tygodnie** fortnight; **za ~ in** a week's time; **od dziś za ~** this day week

tyfus *m med.* typhus; ~ **brzuszny** enteric fever

tygiel *m* melting-pot, crucible

tygodnik *m* weekly

tygodniowo *adv* weekly

tygodniowy *adj* weekly

tygrys *m zool.* tiger

tyka *f* perch, pole

tykać *vi (o zegarze)* tick

tykwa *f bot.* gourd

tyle as much ⟨many⟩, so much ⟨many⟩

tylekroć *adv* so ⟨as⟩ many

tylko *adv* only, solely; ~ **co** just now; **skoro ~** as soon as

tyln|y *adj* back, hind, posterior; **~a straż** rearguard; **~e światło** rear-light

tył *m* back, rear; **obrócić ~em** turn back; **obrócić się ~em** turn one's back (do kogoś on sb); **do ~u** back, backward(s); **z ~u** (from) behind

tym *w zwrotach:* ~ **więcej** all the more; **im... tym...** the... the...; **im**

więcej, ~ lepiej the more the better

tymczasem *adv* meanwhile, in the meantime

tymczasowość *f* temporariness, provisional state

tymczasowy *adj* temporary, provisional

tymianek *m bot.* thyme

tynk *m* plaster

tynkować *vt* plaster

typ *m* type; character

typować *vt* mark out, destine; *sport* rate

typowy *adj* typical

tyrada *f* tirade

tyran *m* tyrant

tyrania *f* tyranny

tyrański *adj* tyrannical

tysiąc *num* thousand

tysiąclecie *n* millenary, millennium

tysięczny *num* thousandth

tytan *m* titan; *chem.* titanium

tytoń *m* tobacco

tytularny *adj* titular(y)

tytuł *m* title; **z jakiego ~u?** on what ground?

tytuł|ować *vt* entitle; address; **~ują go doktorem** he is spoken to as doctor

tytułow|y *adj* title *attr*; **strona ~a** title-page

u

u *praep* at, by, beside, with; **u jego boku** by his side; **u krawca** at the tailor's; **u nas w kraju** in this ⟨our⟩ country; **u Szekspira** in Shakespeare; **tu u dołu** down here; **tu u góry** up here; **mam u niego pieniądze** he owes me money; **mieszkam u niego I stay** with him; **zostań u nas** stay ⟨live⟩ with us

ubawić *vt* amuse; **~ się** *vr* amuse oneself, have much amusement

ubezpieczać *vt* insure (**od ognia** against fire), assure, secure; **~ się** *vr* insure oneself; **~ się na życie** insure one's life

ubezpieczalnia *f* (*instytucja*) National Insurance Centre; (*system*) National Health Insurance; (*przychodnia*) dispensary

ubezpieczenie *n* insurance, assurance; **~ na życie** life insurance; **~ od ognia** fire insurance; **~ społeczne** National Insurance Scheme; **~ na wypadek choroby** insurance against health risks

ubezpieczeniow|y *adj*, **polisa ~a**

insurance-policy; **agent ~y** insurance agent

ubić *vt* batter ⟨ram⟩ down; kill; (*jajka, śmietanę*) beat; **~ interes** *pot.* strike a bargain

ubiec *vt vi* escape, run; (*o czasie*) pass; elapse; (*wyprzedzić*) get the start (**kogoś** of sb); (*uprzedzić*) forestall, anticipate

ubiegać *zob.* **ubiec**; **~ się** *vr* contend (**o coś** for sth), solicit (**o coś** sth), compete (**o coś** for sth)

ubiegły *adj* past, last

ubierać *vt* dress, clothe; **~ się** *vr* dress, be clothed

ubijać *zob.* **ubić**

ubikacja *f* water-closet, W.C., lavatory

ubiór *m* dress, attire

ubliżać *vi* offend, disparage (**komuś** sb)

ubliżający *adj* offensive

uboczje *n*, **na ~u** out of the way

ubocznie *adv* incidentally

uboczny *adj* incidental, accessory; (*boczny*) lateral; **produkt ~** by--product

ubogi *adj* poor

ubolewać *vi* be sorry; feel sympathy (nad kimś for sb); deplore (nad kimś, czymś sb, sth)

ubolewanie *n* sympathy, condolence; godny ~a deplorable

ubożeć *vi* get poor

ubożyć *vt* impoverish, pauperize

ubój *m* slaughter

ubóstwiać *vt* idolize, adore

ubóstwianie *n* idolatry, adoration

ubóstwo *n* poverty

ubóść *vt* gore; *przen. (urazić)* hurt

ubrać *zob.* ubierać

ubranie *n* clothes *pl*, dress; *(dekoracja)* decoration

ubytek *m* decrease

ubywać *vi* decrease, diminish

ucho *n* ear; *(uchwyt)* handle; *(igły)* eye; *przen.* nadstawiać ~a prick up one's ears; słyszeć na własne uszy hear with one's own ears; puszczać mimo uszu turn a deaf ear; zakochać się po uszy be in love head over heels; po uszy w długach over head and ears in debts

uchodzić *vi* go away, escape, flee; pass (za kogoś for sth); to nie ~ it is not becoming

uchodźca *m* refugee, emigrant

uchodźstwo *n* emigration, exile

uchować *vt* preserve, save

uchronić *vt* safeguard, protect; ~ się *vr* protect oneself

uchwalać *vt* decree, *(ustawę)* enact; *(powziąć)* carry; ~ przez aklamację carry by acclamation

uchwała *f* decision, resolution

uchwyt *m* handle

uchybiać *vi* fail (np. obowiązkom to do one's duty); offend (np. czyjejś czci sb's honour); transgress (prawu the law)

uchybienie *n* fault; offence

uchylać *vt* put aside, remove; *(kapelusza)* raise, lift; *(uchwałę ttp.)* abolish, repeal; ~ się *vr* avoid (od czegoś, kogoś sth, sb); *(stronić)* shun (od czegoś, kogoś sth, sb); shirk (od obowiązku, odpowiedzialności responsibility, duty)

uciążliwość *f* difficulty, charge, importunity

uciążliwy *adj* burdensome, difficult, onerous

uciecha *f* pleasure, delight, joy

ucieczk|a *f* flight, escape; ratować się ~ą flee for life; zmusić do ~i put to flight

uciekać *vi* flee, fly, escape; ~ się *vr* resort, have recourse

uciekinier *m* fugitive; deserter

ucieleśniać *vt* embody

ucieleśnienie *n* embodiment

ucierać *vt* rub; *(ścierać)* wipe off; *(rozcierać)* grind

ucieszny *adj* funny

ucieszy|ć *vt* delight, gladden, make glad; ~ć się *vr* be (become) glad (czymś of ⟨at⟩ sth), find pleasure (czymś in sth); ~łem się na jego widok I was glad to see him

ucinać *vt* cut (off)

ucisk *m* pressure, oppression

uciskać *vt* press, oppress; *(np. o bucie)* pinch

uciszyć *vt* appease, calm; silence; ~ się *vr* calm down; become silent

uciśniony *adj* oppressed

uczciwość *f* honesty

uczciwy *adj* honest

uczelnia *f* school, university

uczennica *f* school-girl, pupil

uczeń *m* school-boy, pupil

uczepić *vt* hang on, append, fasten; ~ się *vr* hang on, become attached (czegoś to sth)

uczesanie *n* hair-do, hairdressing

uczestnictwo *n* participation

uczestniczyć *vi* participate, take part

uczestnik *m* participant, partner; *(przestępstwa)* accomplice

uczęszczać *vi* frequent; attend (np. na wykłady lectures); ~ do szkoły go to school

uczoność *f* erudition, learning

uczony *adj* erudite, learned; *s m* scholar, erudite

uczta *f* feast

ucztować vi feast

uczucie n feeling, sentiment; (*doznanie*) sensation; (*przywiązanie*) affection

uczuciowość f sensibility

uczuciowy adj sensitive, emotional

uczulać vt make sensitive; *med. fot.* sensitize

uczy|ć vt vi teach (kogoś sb, czegoś sth), instruct (kogoś sb, czegoś in sth); ~ć się vr learn (np. angielskiego English); jak dawno ~sz się angielskiego? how long have you been learning English?

uczyn|ek n deed, act; złapać na gorącym ~ku catch red-handed

uczynność f kindness, obligingness

uczynny adj obliging, kind

uda|ć zob. udawać; robota mu się nie ~ła his work was not a success; ~ł mu się jego plan he succeeded in his plan; ~ło mi się to zrobić I have succeeded ⟨I have been successful⟩ in doing it; jego plany nie ~ły się all his plans have failed; ~ło mi się zdać egzamin I was successful in passing the examination

udar m stroke; *med.* apoplexy; ~ słoneczny sunstroke

udaremnić vt frustrate, baffle

udatny adj felicitous, well-turned, fine

udawać vt feign, pretend, assume, sham; ~ chorobę sham ⟨pretend⟩ sickness; ~ się vr (iść) go, proceed, resort, make one's way; (*zwrócić się*) apply (do kogoś to sb, w sprawie czegoś for sth); (*poszczęścić się*) be successful, succeed, be a success

uderzać vt strike, hit; attack; ~ pięścią w stół strike one's fist on the table

uderzenie n blow, strike; (np. wiosłem, rakietą) stroke; attack; za jednym ~m at one stroke

udo m thigh

udogodnić vt make convenient, facilitate

udogodnienie n convenience, facilitation

udoskonalić vt bring to perfection

udostępnić vt make accessible

udowodnić vt prove; (*wykazać*) show

udręczenie n vexation, distress

uduchowienie n spiritualization; inspiration

udusić vt strangle, suffocate; (*potrawę*) stew; ~ się vr be choked, become suffocated

uduszenie n suffocation, strangulation

udział m share; part; (w przestępstwie) complicity; (los, dola) lot; brać ~ take part

udziałowiec m partner, share-holder

udzielać vt give, impart, communicate; (*użyczać*) grant; ~ nagany reprimand; ~ się vr be imparted; spread; (*obcować*) communicate; (o chorobie) be contagious

udzielenie n communication, imparting, giving; (pozwolenia, pożyczki itp.) grant

udzielny adj independent, sovereign

ufać vi trust (komuś sb, in ⟨to⟩ sb), confide (komuś in sb)

ufność f confidence

ufny adj confident, (pewny siebie) self-confident

uganiać się vr run (za czymś after sth)

uginać vt bend, bow; ~ się vr bow down; (np. o podłodze) give in; *przen.* (pod ciężarem) strain

ugłaskać vt wheedle, coax

ugniatać vt knead; press; (ziemniaki) mash

ugoda f agreement

ugodowy adj conciliatory

ugodzić vt hit; zob. godzić

ugór m fallow; leżeć ugorem lie fallow

ugruntować vt consolidate

ugryźć vt bite

ugrząźć vi stick

uiścić vt (dług) acquit, pay

ujadać vi bay

ujarzmić vt subjugate, subdue

ujawnić vt reveal, disclose

ująć vt (objąć) seize, grasp; (myślą) conceive; (sformułować) formulate; (zjednać) win, captivate; (odjąć) deduct, take away; ~ się vr intercede (za kimś in sb's cause), take (za kimś sb's part)

ujednostajnić vt make uniform, standardize

ujemny adj negative, unfavourable; (bilans) adverse, unfavourable

ujeżdżać vt (konia) break in

ujęcie n seizure, grasp; (sformułowanie) expression

ujma f disparagement, discredit

ujmować vt zob. **ująć**; przen. (przynosić ujmę) disparage

ujmujący adj winning, prepossessing

ujrzeć vt see, perceive

ujście n escape; (rzeki) mouth; przen. znaleźć ~ find a vent ⟨an outlet⟩

ujść zob. **uchodzić**; ~ czyjejś uwagi escape sb's notice

ukamienować vt stone to death

ukartować vt concert; (podstępnie) plot, conspire

ukartowan|y adj concerted; ~a sprawa put-up affair

ukazywać vt show; ~ się vr appear, show

ukąsić vt bite

ukąszenie n bite; (rana) bite

układ m disposition; (ułożenie) arrangement; (umowa) agreement; (plan) scheme; (system) system; (rozmieszczenie geogr., terenowe itp.) configuration, layout; ~y pl (pertraktacje) negotiations; wchodzić w ~y enter into negotiations (z kimś w sprawie czegoś with sb for sth)

układać vt arrange, dispose; (np. posadzkę) lay; (drzewo, siano itp.) stack; (porządkować) put in order; (pertraktować w sprawie warunków) negotiate the terms;

(np. tekst, opowiadanie) compose, set down; (planować, ustalać) make; ~ się vr settle down; come all right; (zgadzać się) agree, come to an arrangement ⟨agreement⟩

układny adj well-mannered, polite

ukłon m bow; ~y pl (pozdrowienia) regards, respects, zob. **pokłon**

ukłonić się vr bow (komuś to sb)

ukłucie n prick, puncture, sting

ukłuć vt prick, sting

ukochać vt take a liking (kogoś, coś for sb, sth), become fond (kogoś, coś of sb, sth)

ukochany adj beloved, dear, favourite

ukoić vt soothe, relieve

ukojenie n relief, alleviation

ukończenie n completion; (wyższych studiów ze stopniem) graduation

ukończyć vt complete, finish; (studia wyższe) graduate

ukos m slant, obliquity; na ~ aslant; patrzeć z ~a look askance

ukośny adj oblique

ukradkiem adv furtively, stealthily

Ukrainiec m Ukrainian

ukraiński adj Ukrainian

ukraść vt steal, (porwać) snatch

ukręcić vt twist, wring

ukrop m boiling water

ukrócić vt repress, check

ukrycie n concealment, hiding-place

ukryty adj hidden; disguised; secret; obscure

ukrywać vt conceal, hide (przed kimś, czymś from sb, sth); cover; disguise; suppress; ~ się vr hide (oneself), conceal oneself; cover oneself

ukształtować vt shape, form

ukwiecić vt adorn, embellish with flowers

ul m. beehive

ula|ć *vt* pour out; *techn.* cast, mould; *pot.* pasuje jak ~ł ⟨~ny⟩ fits to a miracle

ulatniać się *vr* evaporate, volatilize

ulatywać *vi* fly up, soar up

uleczalny *adj* curable

uleczyć *vt* cure, heal (z czegoś of sth)

ulega|ć *vi* give way, yield, succumb (komuś to sb); (*podporządkować*) submit; undergo (czemuś sth); nie ~ wątpliwości this is beyond all doubts; ~ć czyimś wpływom be influenced by sb, undergo sb's influence; ~ć pokusie yield to temptation; ~ć zepsuciu be subject to deterioration; ~ć zmianie undergo a change; ~ć zwłoce be delayed

ugłość *f* submission, submissiveness

uległy *adj* submissive

ulepszać *vt* better, improve

ulepszenie *n* betterment, improvement

ulewa *f* downpour

ulewny *adj* pouring; ~ deszcz downpour

ulg|a *f* relief, ease; (*ułatwienie, zniżka*) facility; doznać ~i be relieved, feel relief; sprawić ~ę relieve, alleviate

ulgowy *adj* reduced

ulic|a *f* street; iść ~ą go down ⟨up⟩ the street; boczna ~a by--street

uliczka *f* lane; boczna ~ by-lane

ulicznica *f* streetwalker

ulicznik *m* street-boy

ulotka *f* leaflet, (*uliczna*) handbill

ulotnić się *zob.* ulatniać się

ulotny *adj* (*zmienny*) volatile; (*przemijający*) passing, transitory

ultimatum *n* ultimatum; postawić ~ deliver an ultimatum

ultrafioletowy *adj* ultraviolet

ultramaryna *f* ultramarine

ulubieniec *m* favourite; darling

ulubiony *adj* favourite, beloved

ulży|ć *vi* relieve (komuś sb); (zła-

godzić np. ból) alleviate; ~ć sumieniu ease sb's conscience; *pot.* ~ło mi I'm feeling relieved, I felt relieved

ułamać *vt* break off

ułamek *m* fragment; *mat.* fraction

ułamkowy *adj* fragmentary; *mat.* fractional

ułan *m hist.* uhlan

ułaskawić *vt* pardon

ułaskawienie *n* pardon

ułatwić *vt* facilitate, make easier

ułatwienie *n* facilitation

ułomność *f* infirmity, disability

ułożenie *n* arrangement, composition; (*dobre wychowanie*) good manners *pl*

ułożony *pp* composed; *adj* well--mannered

ułożyć *vt* arrange, put in order; *zob.* układać

ułuda *f* illusion, delusion

ułudny *adj* illusive, delusive

umacniać *vt* fortify, confirm; (*utrwalać*) strenghten; ~ się *vr* consolidate; ~ się w przekonaniu be confirmed

umarły *adj i sm* deceased, dead

umartwiać *vt* mortify

umartwienie *n* mortification

umawiać się *vr* make an arrangement ⟨an appointment⟩; agree (co do czegoś ⟨upon⟩ sth); ~ z kimś arrange with sb (co do czegoś about sth); ~ co do dnia fix the day; ~ co do spotkania make a date; ~ o cenę settle the price

umeblowanie *n* furniture

umiar *m* moderation

umiarkowanie *n* moderation; (*wstrzemięźliwość*) temperance

umiarkowany *adj* moderate; (*wstrzemięźliwy*) temperate; (o cenach) reasonable

umie|ć *vt vi* know, be able, ~m czytać i pisać I know how to read and write; czy ~sz czytać? can you read?; czy ~sz po angielsku? do you speak English?;

czy ~sz to na pamięć? do you know it by heart?

umiejętność f science; (zdolność, wprawa) skill

umiejscowić vt locate, localize

umiejscowienie n localization

umierać vi die (z choroby, głodu of an illness, of starvation; od rany of a wound); ~ śmiercią naturalną die a natural death; przen. ~ ze strachu ⟨ciekawości⟩ die of fear ⟨curiosity⟩

umieszczać vt place, locate, put; (np. ogłoszenie) put up, set up; (w gazecie) insert

umilać vt render agreeable, make pleasant

umiłować vt become fond (coś of sth)

umiłowany adj beloved, favourite

umizgać się vr (zalecać się) court, woo (do kogoś sb); (przymilać się) blandish, wheedle (do kogoś sb)

umizgi s pl (zaloty) courtship, wooing; (przymilanie się) blandishment(s)

umknąć vi escape

umniejszać vt diminish, lessen

umocnić vt zob. umacniać

umocnienie n fixing, consolidation; pl ~a wojsk. fortifications, fieldworks

umocować vt fasten, fix

umoralnić vt render moral, moralize

umorzenie n sinking, amortization

umorzyć vt sink, amortize

umowa f agreement, contract; convention

umowny adj conventional

umożliwiać vt enable; make possible

umówić się zob. umawiać się

umundurować vt put in uniform

umundurowanie n supply of uniforms; dressing in uniforms; uniforms pl (of soldiers etc.)

umycie n washing

umyć vt wash; ~ się vr wash, (dokładnie) wash oneself

umykać vi escape; fly away, flit (away)

umysł m mind; **przytomność** ~**słu** presence of mind; **zdrowy na** ~**śle** of sound mind

umysłowość f mentality

umysłowy adj mental, intellectual; **pracownik** ~ intellectual worker

umyślnie adv on purpose, intentionally

umyślny adj intentional; (specjalny) special, express

umywalka f, **umywalnia** f wash-basin, am. wash-bowl

unaocznić vt demonstrate, make evident

unarodowić vt nationalize

unarodowienie n nationalization

uncja f ounce

unia f union

unicestwić vt annihilate

uniemożliwić vt make impossible

unieruchomić vt immobilize

uniesienie n (gniew) burst of passion, fit of anger; (zachwyt) enchantment, ecstasy

unieszczęśliwić vt make unhappy

unieszkodliwić vt render harmless

unieść vt lift, carry up ⟨away⟩; ~ **się** vr (w górę) soar up; (zachwycić się) become enraptured; ~ **się gniewem** fly into a passion

unieważnić vt annul, nullify, invalidate

unieważnienie n annulment, nullification, invalidation

uniewinnić vt acquit (kogoś od czegoś sb of sth), (uwolnić) exonerate (kogoś od czegoś sb from sth)

uniezależnić vt make independent; ~ **się** vr become independent (od kogoś, czegoś of sb, sth)

unifikacja f unification

uniform m uniform

unikać vi avoid (kogoś, czegoś sb, sth); (stronić) steer clear (kogoś, czegoś of sb, sth), shun

unikat m unique thing

uniwersalny *adj* universal
uniwersytet *m* university
uniżoność *f* humbleness
uniżony *adj* humble
uniżyć *vt*, ~ się *vr* humble, humiliate
unosić *vt* zob. unieść; ~ się *vr* (o ciężarze) heave; (np. na falach) float; (wisieć w powietrzu) hover
uodpornić *vt* make proof, immunize
uogólnić *vt* generalize
uosabiać *vt* impersonate, personify
uosobienie *n* impersonation, personification
upadać *vi* fall down, drop; ~ na duchu be disheartened; ~ na kolana drop on one's knees
upadek *m* fall
upadłość *f* bankruptcy
upadły *adj* fallen; *handl.* bankrupt; do ~ego to the utmost, *pot.* right to the bitter end; pracować do ~ego work oneself to death
upajać zob. upoić
upalny *adj* burning, torrid
upał *m* heat
upamiętnić *vt* render memorable
upaństwowić *vt* nationalize
uparty *adj* obstinate, stubborn
upaść zob. upadać
upatrywać *vt* watch for, track (kogoś, coś sb, sth); be on the look-out (czegoś, coś for sth); ~ sposobności watch for one's opportunity; ~ sobie następcę single out a successor
upełnomocnić *vt* empower, authorize
upełnomocnienie *n* power of attorney
upewnić *vt* assure, make sure (o czymś of sth); ~ się *vr* make sure (o czymś of sth)
upić się *vr* get drunk
upierać się *vr* persist (przy czymś in sth)
upiększenie *n* embellishment, decoration

upiększyć *vt* embellish
upiorny *adj* ghostly, ghostlike
upiór *m* ghost
upływ *m* flow, discharge, flux; ~ czasu lapse of time; ~ krwi loss of blood
upływać *vi* flow away; (o czasie) pass, elapse; (o terminie) expire, elapse
upodobanie *n* liking (do czegoś for sth)
upodobnić *vt*, ~ się *vr* assimilate, conform
upoić *vt* make drunk; intoxicate; inebriate; ~ się *vr* przen. (zachwycić się) enravish, enrapture
upojenie *n* intoxication; *przen.* (zachwyt) ravishment, rapture
upokorzenie *n* humiliation
upokorzyć *vt* humiliate, humble; ~ się *vr* humiliate oneself
upominać *vt* admonish, reprimand, scold; ~ się *vr* claim (o coś sth)
upominek *m* souvenir, keepsake
upomnienie *n* admonition, warning
uporać się *vr* get through (z czymś with sth)
uporczywość *f* obstinacy
uporczywy *adj* obstinate, stubborn
uporządkować *vt* order, put in order, adjust; (np. ubranie, pokój) tidy up
uposażenie *n* endowment; (pobory) salary, pay
uposażyć *vt* endow
upośledzenie *n* (fizyczne) debility; (umysłowe) feeble-mindedness, mental handicap, debility
upośledzić *vt* wrong (by nature), debilitate
upośledzony *adj* debilitated; (umysłowo) mentally handicapped
upoważnić *vt* authorize, empower
upoważnienie *n* authorization
upowszechniać *vt* diffuse, generalize, bring into general use
upowszechnienie *n* diffusion
upór *m* obstinacy
upragniony *adj* desired

upraszać *vt* request

upraszczać *vt* simplify

uprawa *f* (*np. roli, zbóż itp.*) cultivation; (*pszczół, jedwabników, bakterii*) culture

uprawiać *vt* cultivate; grow; (*gimnastykę, sporty itp.*) practise, exercise; (*praktykę lekarską itp.*) profess

uprawniać *vt* legalize; entitle, authorize

uprawnienie *n* right, title; authorization

uprawniony *pp i adj* entitled, authoritative

uprawny *adj* cultivable

uprawomocnić *vt* legalize; ~ się *vr* come into force, *prawn.* become valid

uprosić *vt* obtain by entreaty; (*kogoś*) move by entreaty; *zob.* upraszać

uprościć *vt* simplify

uprowadzenie *n* ravishment, abduction

uprowadzić *vt* carry off; (*porwać*) ravish, abduct; (*dziecko*) kidnap

uprzątać *vt* remove; (*pokój*) tidy up

uprząż *f* harness

uprzedni *adj* previous

uprzedzający *adj* (*ujmujący*) prepossessing; (*uprzedzająco grzeczny*) obliging, complaisant

uprzedzenie *n* (*np. faktu, pytania*) anticipation; (*niechęć*) prejudice; (*ostrzeżenie*) warning

uprzedzić *vt* (*poprzedzić*) precede, come before; (*np. fakt, pytanie*) anticipate; (*zapobiec*) avert, prevent; (*ostrzec*) warn; (*ujemnie zainspirować*) prejudice; (*życzliwie usposobić*) prepossess; ~ się *vr* become predisposed, become prejudiced

uprzejmość *f* kindness; przez ~ by courtesy; prosić o ~ ask a favour (*kogoś of sb*)

uprzejmy *adj* kind, obliging; bądź tak ~ i pomóż mi be so kind as to help me

uprzemysłowić *vt* industrialize

uprzemysłowienie *n* industrialization

uprzykrzyć *vt* make unpleasant, render annoying; ~ komuś życie make life unbearable for sb; ~ się *vr* be fed up

uprzystępnić *vt* render accessible; facilitate

uprzytomnić *vt* bring home (komuś coś sth to sb); ~ sobie realize (coś sth)

uprzywilejować *vt* privilege

upust *m* letting off, outlet; vent; (*krwi*) bloodletting; (*wody*) drain, drainage, floodgate; dać ~ give vent (czemuś to sth)

upuścić *vt* drop, let fall

upychać *vt* stuff, pack

urabiać *vt* form, fashion; (*np. glinę, ciasto*) knead, work

uraczyć *vt* treat (czymś to sth)

uradować *vt* make glad, gladden; ~ się *vr* become glad (czymś at ⟨of⟩ sth)

uradowany *adj* glad, delighted

uradzić *vt* agree, decide

uran *m chem.* uranium

uratować *vt* save, rescue

uraz *m* (*fizyczny*) hurt, injury; (*moralny*) shock; *med.* complex

uraza *f* resentment, grudge

urazić *vt* hurt, injure, offend

urągać *vi* deride (komuś sb), scorn (komuś sb)

urągowisko *n* derision, scorn

urlop *m* leave (of absence); ~ macierzyński maternity leave; ~ zdrowotny sick leave; ubiegać się o ~ apply for leave; na ~ie on leave

urna *f* urn

uroczy *adj* charming

uroczystość *f* solemnity, festivity

uroczysty *adj* solemn, festive

uroda *f* beauty, good looks *pl*

urodzaj *m* abundance (of crops), good harvest

urodzajność *f* fertility

urodzajny *adj* fertile

urodzeni|e *n* birth; **z ~a** by birth

urodzi|ć *vt* beget, bear; **~ć się** *vr* be born; **~łem się w r. 1925** I was born in 1925

urodziny *s pl* birthday

uroić *vt*, **~ coś sobie** imagine, take sth into one's head

urojenie *n* fancy

urojon|y *adj* imaginary; *mat.* **liczba ~a** abstract number

urok *m* charm, fascination

uronić *vt* shed, drop, let fall

urozmaiceni|e *n* variety, diversity; **dla ~a** for variety's sake

urozmaicić *vt* vary, diversify

urozmaicony *adj* varied, variegated

uruchomić *vt* put in motion, set going, start

urwa|ć *vt* tear off, pluck, pull off; (*np. rozmowę*) break (off), *pot.* snap; **~ć się** *vr* tear away, rush off; (*np. rozmowę*) break (away); **~ł się guzik** the button has come off

urwis *m* urchin

urwisko *n* precipice

urwisty *adj* precipitous, abrupt

urywek *m* fragment

urywkowy *adj* fragmentary

urząd *m* office, charge, function; **piastować ~** hold office; **objąć ~** come into office; **z urzędu** ex officio

urządzać *vt* arrange; organize; install; set up; **~ się** *vr* make one's arrangements; set oneself up

urządzenie *n* arrangement; organization; installation; appliance, establishment; (*umeblowanie*) furniture

urzec *vt* bewitch, enchant

urzeczenie *n* bewitchment, enchantment

urzeczywistnić *vt* realize, make real; **~ się** *vr* (*o śnie*) come true

urzędnik *m* official, (*niższy*) clerk, (*państwowy*) civil servant

urzędować *vi* be on duty, work

urzędowani|e *n* office work; go-

dziny ~a office hours; **koniec ~a** closing time

urzędowy *adj* official

usadowić *vt* place, settle; **~ się** *vr* (*np. w fotelu*) make oneself comfortable; (*osiąść*) settle down, establish oneself

usamodzielnić *vt* render independent; **~ się** *vr* become independent

uschły *adj* dry, dried, withered

uschnąć *vi* dry, wither

usiąść *vi* sit down, take a seat; (*o ptaku*) perch

usidlać *vt* ensnare

usilny *adj* strenuous, intense

usiłować *vi vt* make efforts, endeavour, attempt

usiłowanie *n* endeavour, attempt

uskrzydlić *vt* wing

uskutecznić *vt* effect, bring about

usłuchać *vt* obey; **~ czyjejś rady** follow sb's advice

usług|a *f* service, favour; **oddać ~ę** do a service; **do twoich ~** at your service

usługiwać *vi* serve; wait (**komuś on sb, przy stole** at table)

usłużność *f* complaisance

usłużny *adj* complaisant

usłużyć *vi* do a service; *zob.* usługiwać

usnąć *vi* fall asleep, get to sleep

uspokoić *vt* quiet, quieten, appease, calm; **~ się** *vr* become quiet; calm down, ease oneself

uspokojenie *n* tranquillization, appeasement (*zw. polit.*)

uspołecznić *vt* socialize

uspołecznienie *n* socialization

usposobić *vt* dispose

usposobienie *n* temper, disposition

usprawiedliwić *vt* justify; give reasons (**coś** for sth), excuse; **~ się** *vr* excuse oneself; apologize (**z powodu czegoś** for sth, **przed kimś** to sb)

usprawiedliwienie *n* justification; excuse (**za coś** for sth); apology

usprawnić *vt* render more efficient, rationalize

usprawnienie n rendering more efficient, rationalization

usta s pl mouth

ustalać zob. ustalić

ustalenie n settlement, consolidation, stabilization

ustalić vt settle; (ustanowić) establish, consolidate; stabilize; (utwierdzić, naznaczyć np. termin) fix; (np. zasadę) lay down

ustanawiać vt constitute; enact; fix, establish; ~ rekord set up a record

ustanowienie n constitution; enaction, establishment

ustatkować się vr settle down

ustawa f law

ustawać vi cease, stop; (być zmęczonym) weary

ustawiać vt set, arrange, place, dispose; ~ się vr range ⟨place⟩ oneself

ustawiczny adj incessant, unceasing

ustawodawca m legislator

ustawodawcz|y adj legislative; cia-ło ~e legislature

ustawodawstwo n legislation

ustawowy adj legal

usterka f fault, blemish, defect

ustęp m (w książce) paragraph, section; (klozet) lavatory

ustępliwy adj yielding

ustępować vi cede, give way, yield; (obniżyć cenę) lower

ustępstwo n concession

ustnie adv by word of mouth, orally

ustnik m mouthpiece

ustny adj oral, verbal

ustosunkować się vr take an attitude (do kogoś, czegoś towards sb, sth)

ustosunkowany adj having relations, well-connected

ustronie n recess, solitude

ustronny adj secluded, retired

ustrój m structure, constitution; organization; (system rządzenia) policy

ustrzec vt preserve, guard (od czegoś from sth); ~ się vr guard (przed czymś against sth), avoid (przed czymś sth)

usunięcie n removal; (dymisja) dismissal

usuwać vt remove; dismiss; ~ się vr withdraw

usychać vi wither, dry, become dry

usypać vt· pour out; (wznieść) raise, heap up

usypiać vi fall asleep; vt lull to sleep; zob. uśpić

usypiający adj soporific

uszanować vt respect

uszanowani|e n respect; składać ~e pay one's respects; przesyłać wyrazy ~a send one's respects; proszę złożyć mu ode mnie wyrazy ~a please give him my respects

uszczelka f packing; (np. w kranie) washer

uszczerb|ek m detriment; z ~kiem dla kogoś to the detriment of sb

uszczęśliwić vt make happy

uszczknąć vt pluck; pick (up)

uszczuplić vt curtail, cut short

uszczypliwość f mordacity, causticity

uszczypliwy adj mordacious

uszko n ear; (igły) eye

uszkodzenie n damage, impairment

uszkodzić vt damage, impair

uszlachetnić vt ennoble; refine

uścisk m embrace; grasp; ~ dłoni handshake

uścisnąć vt embrace; grasp; ~ ręce shake hands (komuś with sb)

uśmiać się vr have a good many laughs (z czegoś over sth)

uśmiech m smile; radosny ~ beam; szyderczy ~ sneer

uśmiech|ać się vr smile (do kogoś on ⟨at⟩ sb); szczęście ~nęło się do mnie fortune has smiled on me

uśmiercić vt kill, put to death

uśmierzyć vt appease, alleviate; calm; (*bunt*) suppress

uśpić vt lull to sleep; make drowsy; (*sztucznie*) narcotize, put to sleep

uświadomić vt enlighten, instruct, initiate; bring home (kogoś to sb); ~ sobie niebezpieczeństwo realize the danger

uświadomienie n enlightening, instruction, initiation; ~ klasowe class consciousness; ~ sobie czegoś realization ⟨awareness⟩ of sth

uświetnić vt illuminate, give splendour

uświęca|ć vt hallow, sanctify; (*przysłowie*) cel ~ środki the end justifies the means

utajon|y adj latent, secret; *fiz.* ciepło ~e latent heat

utalentowany adj talented, gifted

utarczka f skirmish, (*słowna*) squabble

utargować vt gain; make, realize

utarty adj common, well-worn; zob. ucierać

utensylia s pl utensils

utknąć vi stick, become fixed; (o rozmowie) break down; *przen.* ~ na martwym punkcie come to a standstill

utlenić vt oxidize

utlenienie n oxidation

utonąć vi be drowned; (np. o statku) sink

utonięcie n drowning; sinking

utopia f Utopia

utopić vt drown, sink; ~ się vr be drowned

utopijny adj Utopian

utożsamiać vt identify

utożsamienie n identification

utracjusz m spendthrift

utrapienie n worry, affliction

utrata f loss

utrudnić vt make difficult, impede

utrudnienie n difficulty, impediment

utrwalić vt consolidate, fix, stabilize; *techn. fot.* fix; ~ się vr

become fixed ⟨consolidated⟩

utrzeć zob. ucierać; pot. ~ nosa snub (komuś sb)

utrzymani|e n maintenance, livelihood, living; mieszkanie i ~e room and board; środki ~a cost of living; zarabiać na ~e earn one's living

utrzymywać vt vi keep; (stosunki) maintain; hold; (np. korespondencję) keep up, entertain; (twierdzić, podtrzymywać) maintain; ~ na wodzy restrain; ~ się vr maintain oneself; (trzymać się mocno) keep steady, hold one's own; ~ się z pracy umysłowej live by intellectual work

utulić vt hug, (uspokoić) appease

utwierdzić vt confirm, consolidate, fix

utwór m work, composition; *muz.* tune

utyć vi put on (weight)

utykać vi limp; vt fill

utylitarny adj utilitarian

utylitaryzm m utilitarianism

utyskiwać vi complain (na coś of sth)

uwag|a f attention; observation; remark; brać pod ~ę take into consideration; zwracać ~ę pay attention (na coś to sth), mind (na coś sth); nie zwracać ~i take no notice (na coś of sth); z ~i na coś considering sth; ~a winda! mind the lift!

uważa|ć vt vi pay attention (na coś to sth), be attentive; regard, count (za coś as sth); mind (na coś sth); take care (na coś of sth); see; think; reckon; ~m za właściwe I think it proper; ~m to za dobry film I think it is a good film; ~ go się za najlepszego ucznia he is reckoned to be the best pupil

uważny adj attentive

uwiąd m *biol.* marasmus, decrepitude

uwiązać vt bind, attach

uwidocznić vt make evident, make clear, render conspicuous, exhibit, manifest

uwiecznić vt immortalize

uwiedzenie n seduction

uwielbiać vt adore, worship

uwielbienie n adoration, worship

uwieńczyć vt crown

uwierać vt (o bucie) pinch

uwierzyć vt believe

uwierzytelniając|y adj, list.~y letter of credence; listy ~e credentials pl

uwierzytelnić vt legalize

uwiesić vt, ~ się vr hang on

uwijać się vr busy oneself, bustle (dookoła czegoś about sth)

uwikłać vt involve

uwłaczać vt defame (komuś sb); derogate (czemuś from sth)

uwłaszczać vt enfranchise; bestow property (kogoś on ⟨upon⟩ sb)

uwłaszczenie n enfranchisement

uwodziciel m seducer

uwodzić vt seduce

uwolnić vt set free (kogoś sb, od czegoś from ⟨of⟩ sth), set at liberty; deliver (kogoś sb, od czegoś from sth), release

uwolnienie n liberation, deliverance, release; prawn. acquittal

uwydatnić vt bring into prominence; enhance, set off

uwypuklić vt bring into relief, set off

uwzględnić vt take into consideration

uwziąć się vr set one's mind (na coś on ⟨upon⟩ sth), pot. become crazy (na coś about sth)

uzależnić vt make dependent (od kogoś, czegoś on ⟨upon⟩ sb, sth)

uzasadnić vt substantiate, justify; give reasons (coś for sth)

uzasadnienie n substantiation, justification; na ~ in support (czegoś of sth)

uzbrajać vt, ~ się vr arm

uzbrojenie n armament, arming, arms pl

uzda f bridle

uzdolnić vt enable

uzdolnienie n gift, talent, ability, capability

uzdolniony adj gifted, talented, able, capable

uzdrawiać vt heal, cure, restore to health; przen. (np. finanse) put on a healthy basis

uzdrowienie n cure, restoration (to health)

uzdrowisko n health-resort; spa

uzębienie n anat. dentition; techn. toothing

uzgadniać vt square, agree; (zharmonizować) adjust

uziemiać vt elektr. ground, earth

uziemienie n elektr. ground, earth

uzmysłowić vt demonstrate, make clear, objectify; ~ sobie realize

uznani|e n acknowledgement, regard, appreciation, recognition; do twego ~a at your discretion; możesz postąpić według własnego ~a you may use your own discretion; zasługujący na ~e worthy of acknowledgment, praiseworthy; z ~em appreciatively

uznawać vt acknowledge, recognize, appreciate; (potwierdzać) admit; (uważać za) find

uzupełniający adj supplementary

uzupełnić vt supplement, complete

uzupełnienie n supplement, completion

uzurpator m usurper

uzurpować vt usurp

uzwojenie n techn. winding

uzyskać vt gain, win, obtain

użądlić vt sting

użerać się vr pot. bicker (o coś about sth)

uży̧ci|e n use; (np. życia) enjoyment; przepis ~a directions for use; wyjść z ~a go out of use, fall into disuse; w codziennym ~u in daily use

użyczać vt grant, lend

użyć vt use; ~ sobie enjoy (czegoś sth), indulge (czegoś in sth)

użyteczność f utility

użyteczny adj useful

użytek m use

użytkować *vt* use, utilize
używać *vt* use; *(np. życia)* enjoy; *(np. siły)* exert
używalność *f* utilization, use

używalny *adj* utilizable
używany *adj* used; *(nie nowy)* second-hand
użyźniać *vt* fertilize

W

w, we *praep* in, into, at, by, for, on; **w Anglii** in England; **w ogrodzie** in the garden; **w domu** at home; **w Krakowie** in Cracow; **w dzień** by day; **w środę** on Wednesday; **grać w karty, w szachy, w piłkę nożną itd.** play cards, chess, football etc.; **wpaść w długi** get into debts
wabić *vt* decoy, allure, lure
wabik *m* decoy, allurement
wachlarz *m* fan; *przen. (np. spraw, zagadnień)* gamut
wachlować *vt* fan; ~ **się** *vr* fan (oneself)
wachmistrz *m wojsk.* sergeant-major (of cavalry)
wada *f* fault
wadliwy *adj* faulty
wafel *m* wafer
wag|a *f* weight; *przen.* importance; *(przyrząd)* balance, pair of scales; **na ~ę** by weight; *sport* **~a musza** fly weight; **~a kogucia** bantam-weight; **~a piórkowa** feather-weight; **~a lekka** light-weight; **~a lekkopółśrednia** half-welter-weight; **~a lekkośrednia** half-middle-weight; **~a średnia** middle-weight; **~a półciężka** half-heavy-weight; **~a ciężka** heavy-weight; *przen.* **przykładać ~ę** set store (do czegoś by sth)
wagary *s pl pot.* truancy; **iść na ~** play hookey
wagon *m (kolejowy)* carriage, *am.* car; wagon, còach; *(towarowy)* truck
wahać się *vr* hesitate, waver; *pot.* hang back; *(chwiać się)* shake,

totter; *(o cenach, kursach)* fluctuate; *fiz.* oscillate
wahadło *n* pendulum
wahanie *n* hesitation; *(cen, kursów)* fluctuation
wakacje *s pl* holiday(s), vacation
walać *vt* soil; ~ **się** *vr* soil; *(tarzać się)* roll, wallow
walc *m* waltz
walcować *vi* waltz; *vt* roll, *(metal)* flatten
walcownia *f* rolling-mill; ~ **blach** plating shop
walczący *adj* combatant
walczyć *vi* fight, struggle *(o coś* for sth)
walec *m* cylinder; *(drogowy)* roller
waleczność *f* valour
waleczny *adj* valiant, brave
walet *m (w kartach)* knave, jack
walić *vt (burzyć)* demolish, pull down, break down; *(uderzać)* strike; pound; ~ **się** *vr* tumble down; *(rozpadać się)* decay, crash down
Walijczyk *m* Welshman
walijski *adj* Welsh
walizka *f* case, suitcase
walka *f* struggle, fight
walny *adj* general, plenary, complete
walor *m* value
walut|a *f* currency; **~a złota** gold-standard; **przepisy ~owe** currency regulations
wał *m* embankment, rampart; *techn.* shaft
wałk|k *m* roller; *techn.* shaft; ~ **do ciasta** rolling-pin

wałęsać się *vr* roam, vagabondize

wampir *m* vampire; *zool.* vampire-bat

wandal *m* vandal

wandalizm *m* vandalism

wanienka *f* bathing-tub

wanna *f* bathtub

wapień *m* limestone

wapno *n* lime; ~ lasowane slaked lime; ~ niegaszone quick lime; ~ do bielenia whiting

wapń *m chem.* calcium

warcaby *pl* draughts

warchoł *m* troubler, troublemaker

warczeć *vi* growl

warga *f* lip; ~ dolna ⟨górna⟩ lower ⟨upper⟩ lip

wargowy *adj* labial

wariacja *f* variation; *(szaleństwo)* madness

wariacki *adj* mad, crazy, insane

wariant *m* variant

wariat *m* lunatic; szpital dla ~ów lunatic asylum

wariować *vi* be ⟨go⟩ mad

warkocz *m* braid, tress

warownia *f* fortress

warowny *adj* fortified

warstwa *f* layer, stratum

warszawianin *m* Varsovian

warsztat *m* workshop, *(tkacki)* loom

wart *adj* worth; nie ~e zachodu it is not worth the trouble

war|ta *f* guard; stać na ~cie stand guard; stanąć na ~cie, zaciągnąć ~tę mount guard

wartki *adj* rapid

warto *v impers* it is worth; nie ~ tego czytać it's not worth reading

wartościow|y *adj* valuable; papiery ~e securities; człowiek ~y man of great worth

wartość *f* value, worth; ~ dodatkowa surplus value; ~ ujemna negative value; to ma małą ~ it's of little value

warun|ek *m* condition, term; pod ~kiem on condition

warunkowy *adj* conditional

warzelnia *f (soli)* salt-works

warzywa *s pl* greens, vegetables

warzywny *adj*, ogród ~ kitchen-garden

wasal *m* vassal

wasz *pron* your, yours

waśń *f* quarrel, strife

wata *f* cotton-wool

watować *vt* wad

wawrzyn *m* laurel

waza *f* vase

wazelina *f* vaseline

wazon *m* flower-pot

ważka *f zool.* dragon-fly

ważki *adj* weighty

ważność *f* importance; *prawn.* validity

ważny *adj* important; *prawn.* valid; *(ważki)* weighty

ważyć *vt vi (odważać)* weigh; *(śmieć)* dare; ~ się *vr* dare

wąchać *vt* smell, sniff

wąs *m (zw. pl ~y)* moustache

wąski *adj* narrow

wąskotorow|y *adj* narrow-gauged; kolej ~a narrow-gauge railway

wątek *m techn.* woof; *przen.* matter, motif

wątły *adj* frail

wątpić *vi* doubt (w coś sth, about ⟨of⟩ sth)

wątpliwość *f* doubt

wątpliwy *adj* doubtful

wątroba *f anat.* liver

wąwóz *m* ravine, gorge

wąż *m* snake; *(gumowy)* hose, *(pożarniczy)* firehose

wbiec *vi* run in ⟨into⟩

wbijać *vt* drive in

wbrew *praep* in spite of

w bród *adv* in abundance; zob. bród

wcale *adv* quite, fairly; ~ nie not at all

wchłaniać *vt* absorb

wchodzić *vi* go ⟨come⟩ in, enter; ~ na górę go up; *przen.* ~ komuś w drogę cross sb's way; ~ w czyjeś położenie realize sb's position; ~ w grę come into

play; ~ w posiadanie czegoś gain possession of sth
wciągać *vt* draw in
wciąż *adv* continually
wcielać *vt* incarnate, embody; (*włączać*) incorporate; (*do szeregów*) enlist
wcielenie *n* incarnation; (*włączenie*) incorporation; *wojsk.* enlistment
wcielony *adj* incarnate; *pp* (*włączony*) incorporated; *wojsk.* enlisted; **diabeł** ~ devil incarnate
wcierać *vt* rub in ⟨into⟩; *med.* embrocate
wcieranie *n* rubbing in; *med.* embrocation
wcięcie *n* incision, notch
wcinać *vt* incise
wciskać *vt* press in; notch
wczasowicz *m* holiday-maker
wczasy *s pl* holiday
wczesny *adj* early
wcześnie *adv* early
wczoraj *adv* yesterday; ~ wieczorem last night
wdawać się *vr* meddle (w coś with sth), interfere
wdowa *f* widow
wdowiec *m* widower
wdrapać się *vr* climb up (na coś sth); (z trudem) clamber up
wdrażać *vt* inculcate (jakieś pojęcie komuś an idea on sb); implant; *prawn.* start; ~ kroki (sądowe) take steps; ~ się *vr* get implanted
wdychać *vt* inhale
wdzierać się *vr* break into; (na górę) clamber up
wdziewać *vt* put in
wdzięczność *f* gratitude; (uznanie) appreciation
wdzięczny *adj* grateful; (powabny) graceful; **być ~m** feel grateful (za coś for sth), appreciate (za coś sth)
wdzięk *m* grace
według *praep* after, by, according to
wegetacja *f* vegetation; *przen.*

hand-to-mouth existence
wegetować *vi* vegetate; *przen.* keep body and soul together
wejrzeć *vi* glance in; *przen.* investigate
wejrzenie *n* glance; **na pierwsze** ~ at first sight
wejście *n* entrance
wejść *vi* enter, go ⟨come⟩ in; ~ w modę ⟨w użycie⟩ come into fashion ⟨into use⟩; (o ustawie) ~ w życie come into force
weksel *m fin.* bill ⟨of exchange⟩
welon *m* veil
wełna *f* wool
wełniany *adj* woolly
wentyl *m* air-regulator; vent; (w instrumencie) valve
wentylacja *f* ventilation
wentylator *m* ventilator
wentylować *vt* ventilate
weranda *f* porch, verandah
werbel *m* drum, drum-call
werbować *vt,* ~ się *vr* enrol, enlist
werbunek *m* enrollment
werniks *m* varnish
werniksować *vt* varnish
wersja *f* version
wertować *vt* (książkę) thumb
werwa *f* verve
weryfikacja *f* verification
weryfikować *vt* verify
wesele *n* wedding
weselić się *vr* make merry
wesołek *m* jester, wag
wesołość *f* merriment, gaiety
wesoły *adj* merry, gay
westchnąć *vi* sigh; **ciężko** ~ heave a sigh
westchnienie *n* sigh
wesz *f* louse
wet *m w zwrocie:* ~ za ~ tit for tat
weteran *m* veteran
weterynarz *m* veterinary surgeon
wetknąć *vt* stick, thrust; (do ręki) slip
weto *n* veto; **założyć** ~ veto (przeciwko czemuś sth)

wewnątrz *praep i adv* in, inside, within

wewnętrzn|y *adj* inside, internal, inward, inner; sprawy ~e home affairs

wezbrać *zob.* wzbierać

wezwać *zob.* wzywać

wezwanie *n* call; (*sądowe*) summons

węch *m* smell, smelling

wędk|a *f* fishing-rod; łowić na ~ę angle (na coś for sth); fish

wędkarz *m* angler

wędlin|a *f* (*zw. pl* ~y) pork-meat article(s)

wędliniarnia *f* pork-butcher's shop, ham and sausage shop

wędrować *vi* wander, stroll

wędrowiec *m* wanderer

wędrowny *adj* wandering; (*o ptakach*) migratory

wędrówka *f* wandering, migration

wędzić *vt* smoke; cure

wędzidło *n* bit

wędzonka *f* cured bacon

węgiel *m* coal; *chem.* carbon; ~ kamienny hard coal

węgielny *adj*, kamień ~ corner--stone

węgieł *m* corner

Węgier *m* Hungarian

węgierski *adj* Hungarian

węglan *m chem.* carbonate

węglarz *m* coalman, coal-dealer

węglowodan *m chem.* carbohydrate

węglowodór *m chem.* hydrocarbon

węglow|y *adj* coal *attr, chem.* carbon *attr*; pole ~e coal-field; zagłębie ~e coal basin

węgorz *m zool.* eel

węszyć *vt* scent

węzeł *m* knot, tie; *mors.* knot; (*kolejowy*) junction

węzłow|y *adj*, punkt ~y point of junction; stacja ~a junction

wgląd *m* inspection, insight

wglądać *vi* look into, inspect

wgryzać się *vr* eat into; *przen.* penetrate (w coś through ⟨into⟩ sth)

wiać *vi* blow; (*ziarna*) winnow

wiadomo *v impers* it is known; nic nie ~ there is no knowing; o ile mi ~ for all I know

wiadomość| *f* news, a piece of information; *pl* ~ci information *zbior.*; dobra ~ć a piece of good news

wiadomy *adj* known

wiadro *n* pail, bucket

wiadukt *m* viaduct

wianek *m* wreath

wiara *f* faith, creed, belief

wiarogodność *f* credibility; authenticity

wiarogodny *adj* credible; authentic

wiarołomność *f* faithlessness, perfidy

wiarołomny *adj* faithless, perfidious

wiatr *m* wind; ~em podszyty thinly lined; rzucać słowa na ~ speak idly; *pot.* szukać ~u w polu run a wild-goose chase

wiatrak *m* windmill

wiąz *m bot.* elm

wiązać *vt* bind, tie; *chem.* combine; ~ ręce pinion

wiązadł|o *n* band, link; *anat.* ligament; ~a głosowe vocal chords

wiązanie *n* bond, (*domu*) framing

wiązanka *f* burch, nosegay

wiązka *f* bundle

wibracja *f* vibration

wibrować *vi* vibrate

wice *praef* vice-, deputy-

wiceadmirał *m* vice-admiral

wiceburmistrz *m* deputy-mayor

wiceprezydent *m* vice-president

wicher *m* wind-storm

wichrzyciel *m* troubler, trouble-maker

wichrzyć *vi* trouble, foment trouble

wić *vt* wreathe, twine, writhe

widelec *m* fork

widły *s pl* pitchfork

widmo *n* spectre; *fiz.* spectrum

widmowy *adj* spectral

widnieć *vi* appear, loom, become visible

widno adv, jest ~ it is light
widnokrąg m horizon
widny adj visible, clear
widocznie adv apparently
widoczność f visibility
widoczny adj visible
widok m view, sight, prospect; mieć na ~u have in view
widokówka f (picture-)postcard
widowisko n spectacle
widownia f the house; (publiczność) audience; (teren) scene
widywać vt see (frequently etc.)
widz m spectator, onlooker
widzenie n sight, view; vision; do ~a good-bye; punkt ~a point of view
widziadło n apparition, spectre
widzialność f visibility
widzialny adj visible
widzieć vt see; ~ się vr see (z kimś sb)

wiec m meeting
wiecha f wisp, bunch of straw
wiecheć m rag, wisp of straw
wieczerza f supper
wieczność f eternity
wieczny adj eternal
wieczorek m evening-party
wieczór m evening; ~orem in the evening
wieczysty adj perpetual, eternal
wiedza f knowledge, learning
wiedzieć vt vi know; chciałbym ~ I should like to know; o ile wiem as far as I know

wiedźma f witch
wiejski adj country attr, rural
wiek m age; (stulecie) century; ~ dziecięcy infancy; ~ męski manhood; ~ młodzieńczy youth, adolescence; ~ starczy old age
wieko n lid, cover
wiekopomny adj memorable, immortal
wiekowy adj aged
wiekuisty adj eternal
wielbiciel m adorer, admirer
wielbić vt adore, admire
wielbłąd m camel

wielce adv much, greatly, highly
wiele adv much, many
wielebny adj reverend
Wielkanoc f Easter
wielki adj great, large, big; (okazały, doniosły) grand; ~ czas high time
wielkoduszność f magnanimity, generosity
wielkoduszny adj magnanimous
wielkolud m giant
wielkość f largeness, greatness; magnitude
wielmożny adj mighty; (w tytule) honourable
wieloboczny adj multilateral
wielokąt m polygon
wielokrotn|y adj manifold; ~a s f mat. multiple
wieloryb m zool. whale
wieniec m wreath, crown
wieńczyć vt crown
wieprz m hog
wieprzowina f pork
wiercić vt drill, bore; ~ się vr fidget
wierność f fidelity, faithfulness
wierny adj faithful
wiersz f (linijka) line; (poemat) verse
wierszokleta m pot. poetaster
wierzba f willow
wierzch m top, surface; jechać ~em ride on horseback
wierzchni adj upper
wierzchołek m top, summit; mat. vertex
wierzchowiec m saddle-horse
wierzgać vi kick up
wierzyciel m creditor
wierzyć vi believe (komuś sb, czemuś, w coś sth)
wierzytelność f (outstanding) debt
wieszać vt, ~ się vr hang
wieszadło n rack, (kołek) peg
wieszak m hanger, rack
wieszcz m seer, bard
wieś f village; (w przeciwieństwie do miasta) country; na wsi in the country; mieszkaniec wsi countryman

wieść 1. *f* news, a piece of news, information; report; ~ **hiobowa** alarming news

wieść 2. *vt (prowadzić)* lead, conduct

wieśniaczka *f* countrywoman

wieśniak *m* countryman

wietrzeć *vi* decay, moulder; become vapid, lose smell; *(o skałach)* weather, be weathered; *przen. (z głowy)* evaporate

wietrzyć *vt* ventilate, aerate; *(np. zwierzynę)* scent, smell

wiewiórka *f* squirrel

wieźć *vt* carry, convey

wieża *f* tower; *(w szachach)* rook

wieżyczka *f* turret

więc *conj adv* now, well, therefore

więcej *adv* more; mniej lub ~ more or less; mniej ~ some, about, approximately

więdnąć *vi* wither, fade

większość *f* majority

większy *adj* greater, bigger, larger; po ~ej części for the most part

więzić *vt* detain, imprison

więzienie *n* prison

więzień *m* prisoner

wigilia *f* eve; Christmas Eve; *(posiłek)* Christmas Supper; w ~ę on the eve

wikariusz, wikary *m* vicar

wiklina *f* osier, wicker

wikłać *vt* entangle, complicate

wikt *m* board

wiktuały *s pl* provisions, victuals

wilgoć *f* moisture, humidity

wilgotny *adj* moist, humid

wilia *zob.* wigilia

wilk *m zool.* wolf

willa *f* villa

win|a *f* guilt, fault; poczuwać się do ~y feel guilty; *prawn.* przyznać się do ~y plead guilty

winda *f bryt.* lift, *am.* elevator

windykować *vt* vindicate

windziarka *f*, windziarz *m bryt.* lift-attendant, lift-boy

winiarnia *f* wine-shop

winić *vt* blame (kogoś sb, o coś for sth), inculpate

winien *adj* guilty; *(dłużny)* owing, indebted; jestem mu ~ pieniądze I owe him money; ~ śmierci worthy of death

winieta *f* vignette

winnica *f* vineyard

winny 1. *praed (winien)* guilty (czegoś of sth); *(o należności, szacunku, płatności itp.)* due (komuś to sb)

winn|y 2. *adj* wine *attr*; ~a latorośl vine

wino *n* wine

winobranie *n* vintage

winogrono *n* grape

winowajca *m* culprit, offender

winszować *vt* congratulate (komuś czegoś sb on sth)

wiolonczela *f muz.* (violon)cello

wiosenny *adj* spring *attr*

wioska *f* hamlet

wiosło *n* oar

wiosłować *vi* row

wiosn|a *f* spring; na ~ę in (the) spring

wioślarski *adj* rowing; wyścigi ~e boat-race

wioślarstwo *n* rowing

wioślarz *m* oarsman, rower

wiotki *adj* flimsy, frail

wiór *m* shaving

wir *m* whirl; *(wodny)* whirlpool, eddy

wiraż *m* turn(ing), bend

wirować *vi* whirl, rotate

wirówka *f* centrifugal machine, centrifuge

wirtuoz *m* virtuoso

wirus *m biol.* virus

wisieć *vi* hang

wisielec *m* hanged man

wisiorek *m* pendant

wisus *m pot.* urchin

wiśnia *f* cherry; *(drzewo)* cherry-tree

wiśniak *m* cherry-brandy

witać *vt* greet, welcome

witamina *f* vitamin

witraż *m* stained glass

witriol *m* vitriol

witryna *f* shopwindow, glass case

wiwat *m* cheer; ~! long live!

wiwatować *vi* cheer

wiwisekcja *f* vivisection

wiz|a *f* visa, *am.* visé; **otrzymać** ~ę get one's visa ⟨passport visaed⟩; **udzielać** ~y visa

wizerunek *m* effigy, portrait, likeness

wizja *f* vision

wizyt|a *f* call, visit; **złożyć** ~ę pay a visit

wizytacja *f* inspection, visitation

wizytator *m* inspector, visitor

wizytować *vt* inspect, visit; call ⟨kogoś on sb⟩

wizytowy *adj*, **bilet** ~ visiting card

wjazd *m* entrance, gateway, doorway

wjeżdżać *vi* drive in, enter

wkleić *vt* stick into

wklęsłość *f* concavity

wklęsły *adj* concave

wkład *m* (*inwestycja*) investment; (*depozyt*) deposit; (*przyczynek*) contribution; (*np. do notesu*) filler; *techn.* input

wkładać *vt* put ⟨lay⟩ in, inset; (*buty, ubranie itp.*) put on; (*kapitał*) invest; (*deponować*) deposit

wkładka *f* insertion; (*pieniężna*) payment; (*dodatek do książki itp.*) inset; *techn.* insert

w koło *adv* round about

wkoło *praep* round (about)

wkradać się *vr* steal in

wkręcać *vt* screw in; ~ **się** *vr* *pot.* (*wciskać się*) sneak ⟨steal⟩ in, insinuate oneself

wkroczyć *vi* enter

wkrótce *adv* soon

wkupić się *vr* pay for admission

wlać *vt* pour in

wlec *vt* drag; ~ **się** *vr* drag, trail along

wlepić *vt* stick in; *przen.* ~ **oczy** fix eyes

wlewać *vt* (*wszczepić*) infuse, inspire; *zob.* wlać; ~ **się** *vr* pour ⟨flow⟩ in

wleźć *vi* creep in; (*na drzewo*) climb up

wliczyć *vt* include (into an account)

w lot *adv* quickly, in a flash

wlot *m* inlet

władać *vi* be master (**czymś** of sth), have mastery (**czymś** over sth); (*panować*) rule (**czymś** over sth); ~ **biegle językiem angielskim** have a good command of English

władca *m* ruler, master

władza *f* power; (*urząd*) authority; (*fizyczna, umysłowa*) faculty

włama|ć się *vr* break (**np. do sklepu** into the shop); ~**no się do sklepu** the shop was broken into

włamanie *n* burglary

włamywacz *m* housebreaker, burglar

własnoręcznie *adv* with one's own hand

własnoręczny *adj* authentic, written with one's own hand

własność *f* property

własn|y *adj* own; **miłość** ~**a** self-love; **na** ~**ą rękę** on one's own authority; **oddać do rąk** ~**ych** deliver personally

właściciel *m* proprietor, owner

właściwość *f* propriety, peculiarity

właściwy *adj* proper, peculiar, right, specific

właśnie *adj* just, exactly

włączać *vt* include; *elektr.* connect, switch on; ~ **wtyczkę** plug in

włącznie *adv* inclusively; ~ **z...** inclusive of...

Włoch *m* Italian

włochaty *adj* hairy

włos *m* hair; ~**y** *pl* hair *zbior.*: **jasne** ~**y** fair hair; **farba do** ~**ów** hair-dye; **wypadanie** ~**ów** fall of the hair; **chcę sobie ostrzyc** ~**y** I want to have my hair cut; *przen.* **nie ustąpić ani na** ~ not to yield an inch; ~**y od tego stają mi na głowie** it makes my hair stand on end; o ~ within a hair's breath, narrowly

włoski *adj* Italian

włoskowatość *f* capillarity

włoskowaty *adj* capillary

włoszczyzna *f* soup-greens *pl*

włościanin *m* farmer, peasant

włośnica *f bot.* trichinosis

włożyć *vt* put (in); (*buty, ubranie, kapelusz*) put on

włóczęga *m* (*wędrówka*) ramble; (*osoba*) tramp, vagabond

włóczka *f* woollen yarn

włócznia *f* spear

włóczyć *vt* drag, shuffle; ~ **się** *vr* vagabondize, roam, stroll

włókiennictwo *n* textile industry

włókienniczy *adj* textile

włókniarz *m* textile worker, weaver

włóknisty *adj* fibrous

włókno *n* fibre

wmawiać *vt* make sb believe sth, suggest (*coś w kogoś* sth to sb)

wmieszać się *vr* interfere (*w coś* with sth), involve (*w coś* in sth)

wnet *adv* soon

wnęka *f* niche

wnętrze *n* interior

wnętrzności *s pl* bowels, intestines; *anat.* viscera *pl*

wnieść *vt* bring in; enter

wnikać *vi* penetrate, enter, get in

wnios|ek *m* conclusion; (*na posiedzeniu*) motion; petition; dojść do ~ku come to ⟨drive at⟩ a conclusion; przyjąć ⟨odrzucić⟩ ~ek carry ⟨reject⟩ a motion; wyciągnąć ~ek draw a conclusion; stawiać ~ek, ażeby odroczyć zebranie move that the meeting be adjourned

wnioskować *vt vi* conclude, infer

wnioskowanie *n* inference, conclusion

wniwecz *adv*, obrócić ~ annihilate, bring to nothing

wnosić *vt* zob. **wnieść**; (*prośbę*) put up; conclude, infer; *vi* (*stawiać wniosek*) move, propose

wnuczka *f* granddaughter

wnuk *m* grandson

woal *m* veil

wobec *praep* in the face of, in the presence of, before; ~ **tego, że...** considering that...

woda *f* water; ~ **podskórna** ground water; ~ **słodka** fresh water; (*przysłowie*) **cicha ~ brzegi rwie** still waters run deep

wodewil *m* vaudeville

wodnisty *adj* watery

wodnopłatowiec *m lotn.* hydroplane

wodny *adj* water *attr*; (*o roztworze*) aqueous; (*o sportach*) aquatic; znak ~ watermark

wodociąg *m* water-pipe; *pl* ~i (*sieć wodociągowa*) water-supply

wodolecznictwo *n* hydrotherapy

wodorost *m* water plant; (*morski*) seaweed

wodorow|y *adj* hydrogen *attr*, hydrogenous; bomba ~a hydrogen bomb, H-bomb

wodospad *m* waterfall

wodoszczelny *adj* watertight, waterproof

wodotrysk *m* fountain

wodować *vi lotn.* alight (on water); *mors.* launch (a ship)

wodowstręt *m* hydrophobia

wodór *m chem.* hydrogen

wodz|a *f* rein, bridle; *przen.* trzymać na ~y keep a tight rein (*kogoś* on sb); puścić ~e give way

wodzić *vt* lead, conduct; ~ **rej** have the lead

w ogóle *adv* zob. ogół

wojak *m pot.* warrior

wojenny *adj* war, military; sąd ~ court martial; stan ~ state of war

województwo *n* province, voivodeship

wojłok *m* felt

wojn|a *f* war; ~a domowa civil war; prowadzić ~ę wage war; wypowiedzieć ~ę declare war

wojować *vi* war

wojowniczy *adj* warlike, belligerent

wojownik *m* warrior

wojsk|o *n* troops *pl*, army; **za-ciągnąć się do ~a** enlist

wojskowość *f* military system, military questions ⟨affairs⟩ *pl*

wojskowy *adj* military; *s m* military man, soldier; **były ~ ex--serviceman**

wokalny *adj* vocal

wokoło *adv praep* round about

wol|a *f* will; **siła ~i** will power; **do ~i** at will, freely; **z własnej ~i** of one's own free will

wol|eć *vt* prefer (**kogoś, coś sb, sth; niż kogoś, niż coś to sb, to sth**), like better; **~ę tańczyć, niż czytać** I'd rather dance than read

wolno *adv* slowly; freely; *praed* it is allowed; **każdemu tu ~ wejść** everyone is allowed to come in

wolnomyśliciel *m* free-thinker

wolnomyślność *f* free-thinking

wolnomyślny *adj* free-thinking

wolnoś|ć *f* liberty, freedom; **na ~ci** at liberty; **wypuścić na ~ć** set free ⟨at liberty⟩

wolny *adj* free; (*o miejscu*) vacant; (*od podatku, obowiązku itp.*) exempt (**od czegoś** from sth); (*powolny*) slow; **dzień ~ od pracy** day off, day off duty; **~ czas** leisure, extra ⟨spare⟩ time; **~ stan** celibacy, single life; **~ od opłaty pocztowej** post-free

wolt *m elektr.* volt

woltametr *m elektr.* voltameter

woltomierz *m elektr.* voltmeter

wołacz *m gram.* vocative

wołać *vt* call

wołanie *n* call

wołowina *f* beef

wonny *adj* aromatic

woń *f* aroma, fragrance

worek *m* bag

wosk *m* wax

woskować *vt* wax

votum *n* vote; *rel.* ex voto; *prawn.* **~ zaufania** vote of confidence; **~ nieufności** vote of non-confidence ⟨censure⟩

wozić *vt* carry, convey

woźnica *m* driver

wódka *f* vodka

wódz *m* leader, commander; **~ naczelny** commander-in-chief

wójt *m* (village-)mayor

wół *m* ox

wór *m* bag, sack

wówczas *adv* at the time, then

wóz *m* (*fura*) cart, carriage; (*auto*) car; (*ciężarowy*) truck; (*ciężarowy kryty*) van; *pot.* (*kolejowy*) *bryt.* carriage, *am.* car; **~ meblowy** furniture van; *astr.* **Wielki ⟨Mały⟩ Wóz** Great ⟨Little⟩ Bear

wózek *m* hand-cart, (*kolejowy, ręczny*) truck; **~ dziecięcy** perambulator, *pot.* pram

wpad|ać *vi* fall in; (*nagle wbiegać*) rush in; (*napotkać*) run (**na kogoś across sb**); (*w oczy*) strike; (*w czyjeś ręce*) get (into sb's hands); (*w długi*) get (into debts), incur (debts); (*w gniew*) fly (into a rage); **~ło mi na myśl** it occurred to me

wpajać *vt* inculcate (**coś komuś sth on sb**)

wpaść *zob.* **wpadać; ~ do kogoś** drop in on sb

wpatrywać się *vr* stare (**w coś at sth**)

wpędzać *vt* drive in

wpierw *adv* first

wpis *m* registration, inscription

wpisać *vt* register, write down; **~ się** *vr* register, enter one's name

wpisowe *n* entrance fee, registration (fee)

wplątać *vt* entangle; **~ się** *vr* get entangled

wpłacać *vt* pay in

wpłata *f* payment

wpław *adv*, **przebyć rzekę ~** swim across

wpływ *m* influence; (*pieniędzy*) income, accruement; **wywierać ~** exert an influence

wpływać *vi* flow in; (*do portu*) enter; (*o pieniądzach, listach itp.*) come in; (*wywierać wpływ*) influence (**na kogoś sb**)

wpływowy adj influential

w poprzek adv across; crosswise

wpół adv half, by half; (w środku) in the middle; na ~ half; ~ do trzeciej half past two

wprawa f skill, practice

wprawdzie adv it is true, to be sure

wprawić vt put in, set in; (wyćwiczyć) train; ~ się vr become skilled

wprawny adj skilled, skillful

wprost adv straight, directly

wprowadzać vt introduce, lead in, bring in; ~ się vr (do mieszkania) move in

wprzęgać vt put (konie do wozu horses to the cart), yoke, harness

wprzód † adv first, before

wpust m entrance, inlet; (wąski otwór) slot

wpuszczać vt let ⟨put⟩ in

wpychać vt push ⟨stuff⟩ in

wracać vi return, come back; ~ do zdrowia recover

wrastać vi grow (w coś into sth)

wraz praep together with, alongside with

wrażać vt thrust in; impress (w pamięć on sb's memory)

wrażenie n impression; robić ~ impress (na kimś sb)

wrażliwość f sensibility

wrażliwy adj sensitive (na coś to sth)

wreszcie adv at last

wręcz adv plainly; walka ~ hand-to-hand fight, close encounter

wręczać vt hand in, deliver

wręczenie n delivery

wrodzony adj innate, inborn

wrogi adj hostile

wrogość f hostility

wrona f crow

wrota s pl gate, gateway

wrotki s pl roller skates

wróbel m sparrow

wrócić zob. wracać

wróg m foe

wróżba f omen, augury

wróżbiarstwo n fortune-telling

wróżbiarz m, wróżbiarka f fortune-teller

wróżyć vt vi augur, tell fortunes

wryć vt engrave (np. w pamięć on memory); sink; ~ się vr sink; become impressed

wrzask m shriek, scream, uproar

wrzawa f noise, uproar

wrzący adj boiling

wrzątek m boiling water

wrzeciono n spindle

wrzeć vi boil

wrzenie n boiling, ebullition; punkt ~a boiling point

wrzesień m September

wrzeszczeć vi scream, bawl, shriek

wrzos m bot. heather

wrzosowisko n heath, moor

wrzód m abscess, ulcer

wrzucać vt throw in

wsadzać vt put in, place; (np. kapelusz, buty) put on

wschodni adj eastern, east

wschodzić vi rise, come forth

wschód m east; na ~ od... (to the) east of...; ~ słońca sunrise

wsiadać vi get (do pociągu in ⟨into⟩ the train); mount (na konia ⟨rower⟩ on a horse ⟨a bicycle⟩); ~ na okręt go on board

wsiąkać vi infiltrate, permeate (w coś sth, through sth)

wskakiwać vi leap in ⟨on⟩

wskazówk|a f index, indication; (u zegara) hand; (rada) suggestion, hint; pl ~i (pouczenia) instructions, directions

wskazujący adj, palec ~ forefinger; gram. zaimek ~ demonstrative pronoun

wskazywać vt vi point (na coś at ⟨to⟩ sth), indicate, show

wskaźnik m index

w skos adv askew, aslant

wskroś praep, na ~ throughout, through and through

wskrzesić vt revive, resuscitate

wskrzeszenie n revival, resuscitation

wskutek praep on account of, in consequence of

wsławić *vt* make famous; ~ się *vr* become famous

wspak *adv*, na ~ contrariwise

wspaniałomyślność *f* magnanimity

wspaniałomyślny *adj* magnanimous

wspaniałość *f* magnificence, splendour

wspaniały *adj* magnificent, splendid

wsparcie *n* support, assistance

wspierać *vt* support, assist

wspinaczka *f* climbing

wspinać się *vr* climb up (na górę, na drzewo a hill, a tree)

wspomagać *vt* aid, help, assist

wspominać *vt* remember; (*robić wzmiankę*) mention

wspomnienie *n* remembrance, reminiscence

wspólnie *adv* in common, jointly

wspólnik *m* partner, co-partner; (*współpracownik*) associate; (*zbrodni, złego uczynku*) accomplice

wspólnota *f* community, partnership

wspólny *adj* common

współczesność *f* contemporaneity, contemporaneousness

współczesny *adj* contemporary, contemporaneous

współcześnie *adv* at the same time

współczucie *n* sympathy, compassion

współczuć *vt* have compassion

współczynnik *m* (*także gram.*) coefficient

współdziałać *vt* co-operate

współdziałanie *n* co-operation

współistnieć *vt* co-exist

współistnienie *n* co-existence

współmierny *adj* commensurable

współobywatel *m* fellow-citizen

współpraca *f* collaboration

współpracować *vt* collaborate

współpracownik *m* collaborator, (*prasowy, literacki*) contributor

współrzędność *f* co-ordination

współrzędny *adj* (*także gram.*) co-ordinate

współuczestnictwo *n* participation

współuczestniczyć *vi* participate

współudział *m* participation, co-operation

współwłaściciel *m* joint proprietor

współzawodnictwo *n* competition, contest

współzawodniczyć *vi* compete, contest (o coś for sth)

współzawodnik *m* competitor

współżycie *n* companionship, living together

współżyć *vi* live together

wstawać *vi* get up, rise

wstawiać *vt* put in, set in; insert; ~ się *vr* (*orędować*) intercede (u kogoś za kimś, za czymś with sb for sb, sth); (*błagać*) plead (u kogoś o coś with sb for sth); *pot.* (*upijać się*) get tipsy

wstawiennictwo *n* intercession

wstawka *f* insertion; (*np. w tekście*) interpolation

wstąpić *vi* enter, go in, come in; (*odwiedzić*) call (do kogoś on sb); *pot.* drop in (do kogoś at sb's place)

wstąpienie *n* entrance; (*na tron*) accession (to the throne)

wstążka *f* ribbon

wstecz *adv* backwards

wstecznictwo *n* reaction

wsteczność *f* backwardness

wsteczn|y *adj* reactionary, backward, retrograde; *techn.* bieg ~y back ⟨reverse⟩ gear; lusterko ~e rearview mirror

wstęga *f* ribbon

wstęp *m* entrance, admission; (*przedmowa*) preface, introduction; ~ wolny admission free

wstępny *adj* preliminary, introductory; egzamin ~ entrance examination

wstępować zob. wstąpić

wstręt *m* abomination, aversion

wstrętny *adj* abominable

wstrząs *m* shock

wstrząsający *adj* shocking, stirring

wstrząsnąć *vt* shock, stir, shake

wstrzemięźliwość *f* temperance, moderation

wstrzemięźliwy *adj* temperate, moderate

wstrzykiwać *vt* inject

wstrzymywać *vt* stop, hold up, keep back, suspend; ~ się *vr* abstain (od czegoś from sth); put off, delay (z czymś sth)

wstyd *m* shame; disgrace; ~ mi I am ashamed; jak ci tego nie ~? aren't you ashamed of it?; przynosić ~ bring shame (komuś on sb)

wstydliwość *f* bashfulness, shyness

wstydliwy *adj* bashful, shy

wstydzić się *vr* be ashamed (kogoś, czegoś of sb, sth)

wsunąć *vt* put in, slip

wsypać *vt* pour in; *pot.* (zdekonspirować) slip, peach (kogoś on sb)

wszczynać zob. wszcząć

wszechmoc *f* omnipotence

wszechmocny *adj* omnipotent, almighty

wszechnica *f* university

wszechstronność *f* universality, many-sidedness

wszechstronny *adj* universal, many-sided

wszechświat *m* universe

wszechświatowy *adj* universal, cosmic

wszechwiedzący *adj* omniscient

wszechwładny *adj* omnipotent, all-powerful

wszelaki *adj* diverse, of all kinds

wszelako *adv* lit. however, yet, but

wszelaki *adj* every, all

wszerz *adv* broadwise

wszędzie *adv* everywhere

wszystek *adj* all, whole

wścibiać *vt*, ~ nos meddle (w coś with sth)

wścibski *adj* meddling, interfer-

ing; *s m* meddler, busybody

wściekać się *vr* rage (na kogoś at (against) sb), become furious (na kogoś with sb)

wścieklizna *f med.* rabies

wściekłość *f* fury

wściekły *adj* furious; (o psie) mad, rabid

wśliznąć się *vr* sneak in

wśród *praep* among, amid

wtajemniczać *vt* initiate (w coś into sth)

wtajemniczenie *n* initiation

wtargnąć *vi* invade, make an inroad

wtedy *adv* then

wtoczyć *vt* roll in

wtorek *m* Tuesday

wtórować *vi* accompany (komuś sb)

wtrącać *vt* put in, insert; ~ się *vr* meddle (do czegoś with sth)

wtyczk|a *f* (także elektr.) plug; włączyć ~ę plug in

wtykać *vt* put in, insert; zob. wetknąć

w tył *adv* back, backwards

wuj *m* uncle

wujenka *f* aunt

wulgarny *adj* vulgar

wulkan *m* volcano

wulkaniczny *adj* volcanic

wulkanizować *vt* vulcanize

wwozić *vt* import

wy *pron* you

wybaczać *vt* pardon, excuse, forgive

wybaczalny *adj* pardonable

wybaczenie *n* pardon

wybaczyć zob. wybaczać; proszę ~ I beg your pardon, excuse me

wybawca *m* redeemer, saviour

wybawić *vt* redeem, save; deliver (od czegoś from sth)

wybawienie *n* deliverance, salvation

wybi|ć *vt* knock, beat out, strike out; (np. szybę) break; (wytłoczyć) stamp; (wychłostać) thrash; (wyścielić np. suknem) line, cover; (godzinę) strike; (ząb, oko) knock out; ~ć komuś coś z głowy put sth out of sb's head; ~ła piąta it has struck five; ~ć się vr (dojść do znaczenia) come to the top, make one's way, distinguish oneself, excel

wybiec vi run out

wybieg m evasion, shift, subterfuge

wybielać vt whiten, bleach

wybierać vt choose, select; elect; (np. owoce) pick out; (pocztę) pick up; (wyjmować) take out; ~ się vr set out (w drogę on one's way); ~ się do kogoś be going to call on sb, prepare to go on a visit

wybieralny adj eligible

wybijać zob. wybić; ~ takt beat time

wybitny adj prominent, remarkable, outstanding

wybladły adj pale, wan

wyblakły adj faded, discoloured

wyblaknąć vi fade, discolour

wyboisty adj full of holes

wyborca m elector; (do parlamentu) constituent

wyborcz|y adj electoral; okręg ~y constituency; ordynacja ~a electoral system

wyborny adj excellent

wyborowy adj choice

wybory s pl election

wybój m hole

wybór m choice, selection; election

wybrakowa|ć vt discard, sort out; towary ~ne cast-off goods, refuse zbior.

wybraniec m elect

wybredny adj fastidious, particular

wybrnąć vi get out, find a way out

wybryk m sally; excess

wybrzeże n seaside, strand, (plaża) beach

wybuch m explosion; outbreak; (np. wulkanu, epidemii) eruption

wybuchnąć vi explode; przen. (o wojnie) break out; (o uczuciach) burst out; ~ płaczem burst into tears; ~ radością burst with joy; ~ śmiechem burst out laughing

wybuchowy adj explosive; materiał ~ explosive

wybujać vi shoot up

wychodzi|ć vi go out, come out; (o oknach) open (na coś on sth); ~ć komuś na dobre turn to sb's account; ~ć na spacer go out for a walk; ~ć za mąż marry (za kogoś sb); ~ć z mody go out of fashion; to na jedno ~ it amounts to the same; ~ć z domu leave home

wychodźca m emigrant

wychodźstwo n emigration

wychować zob. wychowywać

wychowanek m foster-son; (uczeń) pupil

wychowanie n education, upbringing

wychowawca m educator, tutor

wychowawczy adj educational

wychowawczyni f woman tutor, tutoress

wychowywać vt bring up, educate; ~ się vr be brought up, be educated

wychwalać vt praise

wychylać vt put out; (wypijać) empty, drain off; ~ się vr lean out (np. z okna of a window) lean forward

wyciąg m extract; techn. hoist, lift; am. elevator

wyciągać vt draw out, stretch out; take out; (korzyści) derive (z czegoś from sth); (pieniądze) extort; (wniosek) draw; (np. ząb, pierwiastek) extract; (szufladę) pull open; (np. żagiel, flagę) hoist; ~ naukę moralną draw a moral; ~ się vr stretch oneself out

wycie n howl(ing)

wycieczk|a f excursion, trip; pójść na ~ę go on an excursion, take a trip

wyciek *m* leak

wyciekać *vt* leak, flow out

wycieńczać *vt* extenuate, exhaust

wycieńczenie *n* extenuation, exhaustion

wycieraczka *f* (*do butów*) (door-)mat, shoe-scraper; (*w samochodzie*) wiper

wycierać *vt* wipe (off), wipe out; scrape; (*np. buty*) sweep

wycięcie *n* cutting out

wycinać *vt* cut out; (*żłobić*) carve out; (*las*) clear

wycinek *m* cutting; *mat.* ~ koła sector; ~ prasowy press-cutting, press-clipping

wyciskać *vt* squeeze, extort; (*wytłaczać*) impress, imprint

wycofać *vt* withdraw, retire; ~ się *vr* withdraw; (*z czynnej służby itp.*) retire

wyczekiwać *vt* expect

wyczerp|ać *vt* exhaust, draw out, wear out; ~ać się *vr* wear out; (*np. o zapasie*) run short; moje zapasy ~ują się my supplies are running short; ~ała się moja gotówka I've run short of cash

wyczuwać *vt* sense, feel

wyczyn *m* stunt, performance, achievement

wyć *vi* howl

wyćwiczony *adj* trained, skilled

wyćwiczyć *vt* train; ~ się *vr* get training, acquire skill

wydać *zob.* wydawać

wydajność *f* productivity, yield, efficiency, output

wydajny *adj* productive, efficient

wydalać *vt* remove; (*np. z posady*) dismiss, *pot.* sack, fire

wydanie *n* edition, issue

wydalenie *n* removal; (*z posady*) dismissal

wydarzenie *n* event, occurrence

wydarzyć się *vr* happen, occur

wydatek *m* expense

wydatkować *vt* expend, lay out

wydatny *adj* prominent

wydawać *vt* (*pieniądze*) spend; (*płody*) bring forth, produce, yield; (*książki*) publish, issue; (*lekarstwo*) dispense; (*światło, ciepło itp.*) emit; (*np. obiad, przyjęcie*) give; deliver; (*w ręce sprawiedliwości*) deliver; (*zapach*) give out; ~ resztę give the change; ~ za mąż marry, get married; ~ się *vr* seem, appear

wydawca *f* publisher

wydawnictwo *n* publishing house; (*publikacja*) publication

wydąć *vt* (*nadmuchać*) inflate, swell; (*rozszerzyć*) expand; (*usta*) blow out, puff up

wydech *m* exhalation, breathing out

wydeptać *vt* tread (out)

wydłużać *vt* lenghten, prolong

wydma *f* dune

wydmuchać *vt* blow ⟨puff⟩ out

wydobrzeć *vi* recover

wydobycie *n* *górn.* output

wydobywać *vt* bring ⟨draw⟩ out, extract, get out; ~ się *vr* extricate oneself; get out

wydostać *vt* bring out, take out, get out; ~ się *vr* get out; extract oneself

wydra *f* *zool.* otter

wydrapać *vt* scratch out

wydrążać *vt* hollow out; excavate

wydrążenie *n* hollow; cavity

wydrwigrosz *m* *pot.* extortioner

wydusić *vt* *pot.* (*wymusić*) squeeze out, extort

wydychać *vt vi* breathe out, expire

wydymać *vt* swell (out), puff up, inflate, blow out; ~ się *vr* swell (out), become inflated

wydział *m* department; section; (*uniwersytecki*) faculty

wydziedziczać *vt* disinherit

wydziedziczenie *n* disinheritance

wydzielać *vt* set apart, detach; (*o zapachu, substancji*) secrete; (*przydzielać*) allot; (*rozdzielać*) distribute; ~ się *vr* be secreted

wydzielina f secretion

wydzierać vt tear out, wrench out

wyga m cunning fellow, old hand

wygadać vt pot. blab out; ~ się vr blab out (a secret)

wygarniać vt rake out; pot. speak out one's mind

wygasać vi go out; (o terminie) expire; be extinct

wygasić vt put out, extinguish

wygięcie n bend

wyginać vt bend

wygląd m appearance

wyglądać vi look out; (mieć wygląd) look, appear; ~ć na coś look like sth; ~ na deszcz it looks like rain; ~ć wspaniale look splendid; jak on ~? how does he look?

wygłodzić vt starve

wygłosić vt pronounce, express; (odczyt, mowę) deliver

wygnać vt drive out, expel

wygnanie n exile

wygnaniec m exile

wygniatać vt press out; (ciasto) knead

wygod|a f comfort; pl ~y (urządzenia) conveniences

wygodny adj comfortable, convenient

wygolony adj clean-shaven

wygon m pasture, common

wygospodarować vt economize

wygórowany adj excessive

wygrać vt win

wygran|a f win; (np. na loterii) prize, (zwycięstwo) victory; przen. dać za ~ą throw up the game

wygryzać vt bite out; pot. (wyrugować) oust

wygrzebywać vt dig out

wygrzewać się vr warm oneself; (na słońcu) bask

wygwizdać vt hiss off (the stage)

wyjałowić vt make sterile, sterilize

wyjałowienie n sterilization

wyjaśniać vt explain; ~ się vr clear up

wyjaśnienie n explanation

wyjawiać vt reveal, disclose

wyjazd m departure

wyjąt|ek m exception; z ~kiem except, save, but for (kogoś, czegoś sb, sth)

wyjątkowy adj exceptional

wyjąwszy praep except

wyjechać vi go out, go away, drive out; leave (np. do Warszawy for Warsaw); ~ w podróż go on a journey

wyjednać vt obtain

wyjezdn|e n, być na ~ym be on the point of leaving

wyjmować vt take out

wyjści|e n (czynność) going out, exodus; (miejsce) way out, exit; przen. issue; (w kartach) lead; punkt ~a starting-point; nie mieć ~a have no way out, pot. be in a fix; przed ~em z domu before leaving home

wyjść zob. wychodzić

wykałaczka f tooth-pick

wykarmić vt breed, feed; (wychować) bring up

wykaz m list, register

wykazywać vt show, demonstrate; (udowodnić) prove, indicate

wykipieć vi boil over

wyklarować vt clarify, clear up

wykląć vt excommunicate; curse

wykleić vt line

wyklęcie n excommunication

wyklinać zob. wykląć

wykluczać vt exclude

wykluczenie n exclusion

wykład m lecture; chodzić na ~y attend lectures; prowadzić ~y give lectures

wykładać vt (pieniądze) lay out, advance; (np. towar) display; (pokrywać) lay, line; (nauczać) lecture (coś on sth); (tłumaczyć) explain

wykładnik m mat. exponent; index

wykładowca m lecturer

wykładowy adj, język ~ language of instruction

wykoleić vt derail; ~ się vr run off the rails, derail; *przen.* swerve from the right path, go on the wrong track

wykolejenie n derailment

wykonać zob. wykonywać

wykonalność f practicability, feasibility

wykonalny adj practicable, feasible

wykonanie n execution

wykonawca m performer; (*testamentu*) executor

wykonawczy adj executive

wykonywać vt execute, perform, accomplish; (*zawód itp.*) exercise

wykończenie n finish

wykończyć vt finish (off)

wykopać vt dig out

wykorzenić vt root out

wykorzystać vt make the most (*coś* of sth), utilize

wykpić vt deride

wykraczać vi step over, go over; (*naruszać np. prawo, ustawę*) infringe (*przeciw czemuś* sth, upon sth), offend (*przeciw czemuś* against sth); ~ **przeciw prawu** infringe the law

wykradać vt steal; (*dzieci, ludzi*) kidnap; ~ się vr steal out

wykres m graph, diagram

wykreślić vt (*nakreślić*) trace, delineate; (*usunąć*) strike out, cross out, cancel

wykręcić vt turn round; (*np. śrubę*) unscrew; (*skręcać*) twist; distort; ~ się vr turn round; *pot.* (*wyłgiwać się*) extricate oneself; ~ się tyłem turn one's back (*do kogoś* on sb)

wykręt m shift

wykrętny adj shifty

wykroczenie n infringement, offence

wykroić vt cut out

wykruszyć vt crumble out

wykrycie n detection, discovery

wykryć vt reveal, detect

wykrzesać vt (*ogień*) strike

wykrzyczeć vt shout out

wykrzykiwać vi vociferate

wykrzyknąć vi cry out

wykrzyknik m gram. (mark of) exclamation

wykrzywiać vt twist, curve; ~ twarz make a wry face

wykształcenie n education

wykształcić vt educate

wykształcony adj educated, well--read

wykup m ransom

wykusz m bay window

wykupić vt ransom; (*towar*) buy up; (*zastaw, dług itp.*) redeem

wykuwać vt forge, beat out; *pot.* (*lekcje*) learn by rote

wykwintny adj elegant, refined

wykwit m efflorescence

wylatywać vi (*wyfrunąć*) fly out ⟨away⟩; (*w powietrze*) blow up; *pot.* (*wybiegać*) run out; (*spadać*) fall out; *pot.* (*być wyrzuconym z pracy*) be fired

wyląg m brood

wylecieć zob. wylatywać

wyleczyć vt cure, heal (*z czegoś* of sth); ~ się vr be cured, recover

wylew m flood, inundation; (*np. krwi*) effusion

wylewać vt pour out ⟨forth⟩; vi (*o rzece*) overflow (its bank)

wylęgać vt, ~ się vr brood, hatch

wylękły adj frightened

wyliczać vt enumerate; *sport* count out

wylosować vt draw out by lot

wylot n (*odlot*) flight, departure; (*otwór*) orifice, nozzle; (*np. komina*) vent; outlet; **na ~** throughout, through and through

wyludniać vt depopulate; ~ się vr become depopulated

wyludnienie n depopulation

wyładować vt unload, discharge

wyłamać vt break open ⟨down⟩

wyłaniać vt evolve, call into existence; ~ się *vr* emerge, appear

wyłączać *vt* exclude; *elektr.* switch off, disconnect

wyłączenie *n* exclusion; *elektr.* disconnection

wyłącznik *m elektr.* switch

wyłączność *f* exclusiveness

wyłączny *adj* exclusive

wyłogi *s pl* facings

wyłom *m* breach, break

wyłożyć *zob.* wykładać

wyłudzić *vt* trick (coś od kogoś sb out of sth)

wyłuskać *vt* husk, shell

wyłuszczyć *vt zob.* wyłuskać; (*przedstawić coś*) explain

wymagać *vt* require, exact

wymaganie *n* requirement

wymarcie *n* extinction

wymarły *adj* extinct

wymarsz *m* departure

wymaszerować *vi* march off

wymawiać *vt* pronounce; (*zarzucać*) reproach (komuś coś sb with sth); (*służbę, mieszkanie itp.*) give notice; ~ się *vr* decline (od czegoś sth)

wymazać *vt* efface, blot out

wymeldować *vt* announce departure; ~ się *vr* announce one's departure; *am.* (*w hotelu*) check out

wymiana *f* exchange

wymiar *m* dimension; measure; (*podatku*) assessment; (*sprawiedliwości*) administration

wymiatać *vt* sweep out

wymieniać *vt* change (coś na coś sth for sth), exchange (coś z kimś sth with sb); (*przytaczać*) mention; **wyżej** ~ony above-mentioned

wymienny *adj* exchangeable, exchange- (copy etc.); **handel** ~ barter

wymierać *vi* die out, become extinct

wymierny *adj* measurable; *mat.* rational

wymierzać *vt* measure out; apportion; (*podatek*) assess; (*sprawiedliwość*) administer

wymię *n* udder

wymijać *vt* pass (kogoś by sb), cross; (*uchylać się*) elude, evade

wymijający *adj* evasive

wymiotować *vt* vomit

wymłócić *vt* tresh out

wymoczki *s pl zool.* infusoria

wymowa *f* (*sposób wymawiania*) pronunciation; (*krasomówstwo*) eloquence

wymowny *adj* eloquent; (*wiele znaczący*) expressive, significant

wymóc *vt* exort

wymówka *f* (*zarzut*) reproach; (*pretekst*) pretext, excuse

wymuszać *vt* extort

wymuszenie *n* extortion

wymuszony *adj* extorted; (*nienaturalny*) affected, constrained

wymykać się *vr* escape, elude (komuś, czemuś sb, sth)

wymysł *m* invention, fiction

wymyślać *vt* think out, invent; *vi* (*lżyć*) abuse, revile, (*łajać*) scold (komuś sb)

wymyślić *vt* think out, find out; (*np. fabułę*) frame

wymyślny *adj* (*pomysłowy*) inventive, ingenious; (*wyszukany*) refined, sophisticated

wynagradzać *vt* reward

wynagrodzenie *n* reward; (*zapłata*) payment, (*pensja*) salary

wynajdywać *vt* find out

wynajmować *vt* (coś komuś) let; (od kogoś) hire, rent

wynalazca *m* inventor

wynalazek *m* invention

wynaleźć *zob.* wynajdywać; (*wymyślić*) invent; discover

wynarodowić *vt* denationalize

wynarodowienie *n* denationalization

wynędzniały *adj* emaciated

wynędznieć *vi* become emaciated

wynieść *zob.* wynosić

wynik *m* result, issue; outcome;

sport score; **w** ~**u czegoś** as a result of sth

wynikać *vi* result, follow; arise

wyniosłość *f* elevation, height, eminence; (*zarozumiałość*) haughtiness

wyniosły *adj* lofty, high, eminent; (*zarozumiały*) haughty

wyniszczać *vt* destroy, exterminate, waste

wyniszczenie *n* destruction, extermination, waste

wynos|ić *vt* carry out; (*podnosić*) elevate; raise; † (*wychwalać*) extol; (*o kosztach*) amount; **koszty wynoszą 1000 funtów** the expenses amount to £1,000; ~**ić pod niebiosa** extol to the skies; ~**ić się** *vr* (*wyjechać*) depart, *pot.* clear out; (*pysznić się*) elevate oneself

wynurzać *vt* bring to the surface; utter; reveal; ~ **się** *vr* emerge, come forth; (*zwierzać się*) unbosom oneself **przed kimś** to sb, **z czymś** with regard to sth); disclose (**z czymś** sth; **przed kimś** to sb)

wynurzenie *n* emergence; (*myśli, uczuć*) effusion

wyobcować *vt* exclude

wyobraźnia *f* imagination

wyobrażać *vt* represent, figure; ~ **sobie** imagine, *pot.* figure out

wyobrażalny *adj* imaginable

wyobrażenie *n* idea, notion

wyodrębniać *vt* (*oddzielać*) separate; (*wydzielać, wyróżniać*) single out

wyodrębnienie *n* (*oddzielenie*) separation; (*wydzielenie, wyróżnienie*) singling out, distinction

wyolbrzymić *vt* magnify

wypaczyć *vt*, ~ **się** *vr* warp

wypad *m wojsk.* sally

wypad|ać *vi* fall out; (*nagle wybiegać*) rush out; turn out; *impers* ~**a** (*zdarza się*) it happens, it so falls out; (*godzi się*) it becomes; **ile na mnie** ~**a?** how

much is due to me?; **na jedno** ~**a** it comes to the same; **to ci nie** ~**a** this does not become you; **to dobrze** ~**ło** it turned out well; **to szczęśliwie** ~**ło** it has turned out fortunately; **to za drogo** ~**a** it costs too much

wypad|ek *m* case, event; (*nieszczęśliwy*) accident; **w każdym** ~**ku** in any event; **w żadnym** ~**ku** in no case

wypadkowa *f fiz. mat.* resultant

wypalać *vt* burn; *med.* cauterize; ~ **się** *vr* burn out (**down**)

wypaplać *vt pot.* babble out

wypaść *zob.* **wypadać**

wypatrywać *vt* watch (**kogoś, czegoś** for sb, sth), look out (**kogoś, czegoś** for sb, sth)

wypełniać *vt* fill up; (*polecenie, rozkaz*) fill in; (*spełniać*) fulfil

wypełnienie *n* filling up; (*spełnienie*) fulfilment

wypędzać *vt* drive out, expel, turn out

wypić *vt* drink (off)

wypiek *m* baking; (*na twarzy*) flush

wypierać *vt* oust, push out; ~ **się** *vr* deny (**czegoś** sth)

wypis *m* extract

wypisywać *vt* write out, extract

wyplatać *vt* intertwine, interweave

wyplątać *vt* extricate; ~ **się** *vr* extricate oneself, become disentangled

wyplenić *vt* weed out

wypluć *vt* spit out

wypłacać *vt* pay out; (*gotówką*) pay down; (*np. robotnikom*) pay off

wypłacalność *f* solvency

wypłacalny *adj* solvent

wypłat|a *f* payment; (*np. robotnikom*) paying off; **dzień** ~**y** pay-day

wypłoszyć *vt* scare away

wypłowieć *vi* fade, discolour

wypłukać vt rinse, wash out

wypływ m outflow, issue

wypływać vi flow out; (wypłynąć) swim out; (o statku) sail out; (na powierzchnię) emerge; (wynikać) result, ensue

wypoczynek m rest

wypoczywać vi rest, take a rest

wypogadzać się vr clear up

wypominać vi vt reproach (komuś coś sb with sth)

wyporność f mors. displacement

wyposażenie n endowment; equipment

wyposażyć vt endow; equip

wypowiadać vt (wygłaszać) pronounce; (pracę, mieszkanie) give notice; (wojnę) declare; utter; speak; **wypowiedziano mu** (pracę, mieszkanie) na miesiąc z góry he was given a month's notice to quit

wypowiedzenie n pronouncement; (wojny) declaration; (np. pracy, mieszkania) notice; **dać** (otrzymać) **miesięczne** ~ give (get) a month's notice

wypożyczać vt lend out

wypożyczalnia f lending shop; ~ **książek** lending-library

wypracować vt elaborate, work out

wypracowanie n elaboration; (szkolne) composition

wyprać vt wash (off); launder

wypraszać vt obtain by entreaties; ~ **za drzwi** show the door

wyprawa f expedition; outfit, equipment; (ślubna) trousseau; (skóry) tanning

wyprawiać vt dispatch, send; (skórę) tan; ~ **się** vr (wyruszać) set out

wyprężać vt stretch out

wyprostować vt straighten

wyprowadzać vt lead out; (wywodzić) trace back (od czegoś to sth); ~**ć wniosek** draw a conclusion; ~**ć w pole** deceive; ~**ć z błędu** undeceive; **niejeden Amerykanin** ~ **swoje pochodzenie od polskich przodków** many an American traces his genealogy back to Polish ancestors; ~**ć się** vr move (into new quarters)

wypróbować vt test, try (out)

wypróbowany adj well-tried

wypróżniać vt empty

wyprysk m eczema

wyprzedawać vt sell out

wyprzedaż f clearance-sale, sale

wyprzedzać vt precede, come before; (np. ubiegać wypadki) forestall; get ahead (kogoś of sb)

wyprzęgać vt unharness; ~ **konie z wozu** take the horses from the cart

wypukłość f convexity

wypukły adj convex

wypuścić vt let out ⟨off⟩, let go; ~ **na wolność** set free, set at liberty

wypychać vt oust, push out; (wypełniać) stuff

wypytywać vt question, examine

wyrabiać vt manufacture, make; form; (uzyskiwać) procure; ~ **się** vr improve, acquire skill, develop

wyrachowany adj scheming, calculating, cold-hearted

wyraz m word; expression

wyrazisty adj expressive

wyraźny adj distinct, marked, explicit

wyrażać vt express; ~ **się** vr express oneself

wyrażenie n expression

wyrąb m cutting; (lasu) clearing

wyrąbać vt cut out; (las) clear

wyręczać vt (zastąpić) replace; (dopomóc) succour, relieve, help out; ~ **się** vr, **on się zawsze kimś wyręcza** he always has sb do his work for him

wyrobnica f charwoman, day-labourer

wyrobnik m day-labourer

wyrocznia f oracle

wyrodny adj degenerate

wyrodzić się vr degenerate

wyrok *m* sentence, verdict; **wydać** ~ pass a sentence

wyrostek *m* outgrowth; *(starszy chłopak)* stripling; *anat.* ~ robaczkowy appendix

wyrozumiałość *f* indulgence

wyrozumiały *adj* indulgent

wyrozumować *vt* reason out

wyr|ób *m* manufacture, make, article; ~oby krajowe home-made articles; ~oby żelazne hardware

wyrównać *vt* equalize, level, make even; *(rachunek)* settle, pay; *handl.* balance

wyrównanie *n* equalization, levelling; *(rachunku)* settlement, payment; *handl.* balance

wyróżniać *vt* distinguish, mark out

wyrugować *vt* remove, dislodge

wyruszyć *vi* start, set out **(w drogę** on a journey)

wyrwa *f* breach, gap

wyrwać *vt* pull out, tear out, extract

wyrządzać *vt* do, make, administer; ~ krzywdę do wrong

wyrzec się *vr* renounce

wyrzeczenie *n* renouncement, renunciation

wyrzucać *vt* throw out, expel; *(zarzucać)* reproach **(komuś coś** sb with **sth)**

wyrzut *m* (zarzut) reproach; *med.* eruption; ~y sumienia pangs of conscience; robić ⟨czynić⟩ ~y reproach **(komuś z powodu czegoś** sb with sth)

wyrzutek *m* outcast

wyrzynać *vt* cut out, carve; *(mordować)* slaughter

wysadzić *vt* set out; *(podróżnych)* drop, set down; *(na ląd)* land, strand; *(w powietrze)* blow up

wyschnąć *vi* dry up, become dry; *(wychudnąć)* become lean

wysepka *f* islet

wysiadać *vi* get out ⟨off⟩

wysiedlać *vt* expel, remove

wysiedlenie *n* expulsion, removal

wysilać *vt* exert; ~ się *vr* exert oneself, make efforts

wysiłek *m* effort

wyskakiwać, wyskoczyć *vi* spring out, jump out

wyskok *m* jump; *(wypad)* sally

wyskrobać *vt* scratch out, erase

wyskubać *vt* pluck out, pull out

wysłać *vt* send, dispatch; *zob.* **wysyłać**

wysłaniec *m* messenger, envoy

wysławiać 1. *vt (wychwalać)* extol, glorify

wysławiać 2. *vt* express; ~ się *vr* express oneself

wysłowienie *n* expression; elocution

wysłuchać *vt* give ear, hear

wysługiwać się *vr* lackey (komuś sb)

wysłużyć *vt* serve; render services

wysmażony *adj* fried, well-done

wysmukły *adj* slender

wysnuwać *vt* spin out, unravel; *(wnioski)* draw, deduce

wysoki *adj* high; *(o wzroście)* tall

wysokogórski *adj* high-mountain *attr*

wysokoś|ć *f* highness, height, altitude; *(sumy)* amount; *(zapłata)* w ~ci ... (payment) to the amount of ...; stanąć na ~ci zadania rise to the occasion

wyspa *f* island

wyspać się *vr* get enough sleep

wyspiarski *adj* insular

wyspiarz *m* islander

wyssać *vt* suck out

wystarać się *vr* procure (o coś sth)

wystarczający *adj* sufficient

wystarczyć *vi* suffice, be enough

wystawa *f* exhibition; *(pokaz)* display, show; *(sklepowa)* shop-window

wystawać *vi* stand out, jut

wystawca *m* exhibitor; *(np. czeku)* drawer

wystawiać *vt* put out; *(pokazać)* exhibit; *(w oknie sklepowym)* display; *(narażać)* expose; *(sztukę)* stage; *(czek)* draw; *(budować)* erect wystawność *f* splendour, pomp

wystawny *adj* pompous, ostentatious, showy

wystawow|y *adj*, okno ~e show-window

wystąpić *vi* step ⟨come⟩ forward, step out; (*ukazać się*) appear; (*w sądzie*) bring an action (accusation); (*np. z organizacji*) withdraw, retire; ~ w teatrze appear on the stage

występ *m* (*coś wystającego*) projection; (*publiczne wystąpienie*) appearance; gościnny ~ guest performance

występek *m* transgression; vice, depravity

występny *adj* transgressional; vicious, depraved

wystosować *vt* (*np. pismo*) address

wystraszyć *vt* frighten; ~ się *vr* take fright (*czegoś* at sth)

wystroić *vt* attire, dress up; ~ się *vr* dress oneself up

wystrzał *m* shot

wystrzegać się *vr* guard (*czegoś* against sth), avoid

wystrzelić *vt vi* fire, shoot

wysuszyć *vt* dry up

wysuwać *vt* move forward, push out; (*np. szufladę*) pull open; ~ się *vr* draw ahead, put oneself forward

wyswobodzenie *n* liberation, deliverance

wyswobodzić *zob.* oswobodzić

wysyłać *vt* forward; *fiz.* emit; *zob.* wysłać

wysypać *vt* pour out

wysypka *f med.* rash

wyszczególnienie *n* specification

wyszczerbić *vt* jag

wyszukać *vt* find out; search out; (*np. w słowniku*) look up

wyszukany *adj* (*wykwintny*) choice, exquisite; (*wymyślny*) elaborate, sophisticated

wyszydzać *vt* deride

wyszynk *m* retail of alcoholic drinks; (*miejsce*) *pot.* pub, *am.*

saloon

wyszywać *vt* embroider

wyścielać *vt* line, bolster up; (*np. ściółkę*) litter

wyścig *m* race; (*ubieganie się o pierwszeństwo*) competition, contest; ~i konne horse races ⟨racing⟩; ~ zbrojeń armament-race; *przen.* robić na ~i try to outdo (*z kimś* each other)

wyśledzić *vt* trace out, find out, discover

wyśliznąć się *vr* slip out

wyśmiać *vt* deride

wyśmienity *adj* excellent, exquisite

wyświadczyć *vt* do, render

wyświetlać *vt* (*np. sprawę*) clear up; (*film*) project, screen

wytarty *adj* threadbare, worn-out

wytchnąć *vi* take breath ⟨rest⟩

wytchnienie *n* rest, repose

wytępić *vt* exterminate

wytępienie *n* extermination

wytężać *vt* strain

wytężenie *n* strain, exertion

wytężony *adj* intense, strained

wytknąć *vt* put out; (*błąd*) expose, point out

wytłaczać *vt* (*wyciskać*) squeeze out, extract; (*drukować*) imprint, impress; (*nadawać kształt*) emboss

wytłumaczyć *vt* explain; ~ się *vr* excuse oneself

wytoczyć *vt* roll out; (*sprawę sądową*) bring a law-suit (*komuś* against sb), sue; (*płyn z beczki*) tap off

wytrawny *adj* experienced, consummate; (*o winie*) dry

wytrącić *vt* push out, knock out; ~ kogoś z równowagi throw sb out of balance

wytropić *vt* track, trace, search out

wytrwać *vi* hold out

wytrwałość *f* perseverance, endurance

wytrwały *adj* enduring, persevering

wytrysk *m* spout, jet; ejaculation

wytryskać *vt vi* spout, jet

wytrząść *vt* shake out

wytrzebić *vt* exterminate; *(las)* clear

wytrzeszczyć *vt*, ~ **oczy** goggle

wytrzeźwić *vt* make sober, sober down

wytrzeźwieć *vi* become sober, sober down

wytrzyma|ć *vt* *(znieść)* stand, endure; *vi* *(przetrzymać)* hold out, last (out); **to nie ~ przez zimę** this will not last out the winter

wytrzymałość *f* endurance

wytrzymały *adj* resistant; durable; *(zahartowany)* enduring; · *(o rzeczach)* fast, lasting

wytrzymani|e *n*, **nie do ~a** unbearable, past all bearing

wytwarzać *vt* produce, manufacture; *(tworzyć)* form

wytworność *f* distinction, exquisiteness

wytworny *adj* distinguished, exquisite

wytwór *m* product; piece of work

wytwórczość *f* productivity, production

wytwórczy *adj* productive

wytwórnia *f* factory, plant, mill

wytyczać *vt* *(granicę)* delimit, delimitate; *(linię)* draw, trace

wytyczna *f* directive line

wytyczny *adj* directive

wytykać *zob.* **wytknąć**

wyuzdany *adj* unbridled, licentious

wywabiać *vt* lure out, coax away; *(plamy)* take out

wywalczyć *vt* fight out, obtain by fighting

wywalić *vt* pot. *(np. drzwi)* break open; *(wyrzucić)* shove out

wywar *m* decoction

wyważyć *vt* weigh; *(np. drzwi)* force, unhinge

wywdzięczyć się *vr* express thanks, return

wywiad *m* interview; polit. i wojsk. intelligence; wojsk. *(zwiad)* reconnaissance

wywiadywać się *vr* inquire (**o kogoś, coś** after sb, about sth)

wywiązać się *vr* acquit oneself (**z czegoś** of sth); *(o chorobie, rozmowie)* set in, develop

wywierać *vt* *(np. wpływ)* exert; *(np. zemstę, złość)* wreak

wywieść *zob.* **wywodzić**; ~ **w pole** deceive

wywietrzeć *vi* evaporate, volatilize

wywietrzyć *vt* air, ventilate

wywijać *vi* wave, flourish, brandish; ~ **się** *vr* elude

wywlekać *vt* drag out, draw out

wywłaszczać *vt* expropriate

wywłaszczenie *n* expropriation

wywnętrzać się *vr* unbosom oneself (**przed kimś** to sb, **z czymś** regarding sth)

wywnioskować *vt* infer, conclude

wywodzić *vt* *(wyprowadzać)* lead out; *(np. pochodzenie)* derive; *(wywnioskować)* infer, deduce; *(dowodzić)* argue; ~ **się** *vr* be derived, originate

wywołać *zob.* **wywoływać**

wywoływać *vt* call out ⟨forth⟩; *(powodować)* evoke, cause, bring about; *fot.* develop

wywozić *vt* carry out; export

wywód *m* deduction, inference

wywóz *m* removal, carrying out; export

wywracać *vt* overturn, upset; ~ **się** *vr* overturn; *(o łodzi)* capsize

wywyższać *vt* elevate, raise; extol

wywyższenie *n* elevation

wyzbyć się *vr* get rid (**czegoś** of sth); deprive oneself (**czegoś** of sth)

wyzdrowieć *vi* recover

wyzdrowienie *n* recovery

wyziew *m* exhalation

wyznaczać *vt* *(mianować)* appoint; *(zaznaczać)* mark out; *(przydzielać)* allot

wyznacznik *m* mat. determinant

wyznać *zob.* **wyznawać**

wyznanie *n* *(przyznanie)* avowal;

(religijne) denomination; *(wiary)* confession; *(miłości)* declaration

wyznawać *vt (przyznawać)* avow, confess; *(np. religię)* profess; *(miłość)* declare

wyznawca *m* confessor, believer

wyzuć *vt* deprive, bereave (kogoś z czegoś sb of sth)

wyzwać *vt* challenge, provoke, defy

wyzwalać *vt* liberate, free; emancipate

wyzwanie *n* challenge, defiance; rzucić ~ throw down the gauntlet

wyzwolenie *n* liberation, deliverance

wyzwolić *vt* liberate, free; ~ się *vr* free oneself; ~ się na czeladnika qualify as a journeyman

wyzysk *m* exploitation

wyzyskiwacz *m* exploiter

wyzyskiwać *vt* exploit

wyzywać *zob.* wyzwać; *(przezywać)* call names (kogoś sb), abuse

wyzywający *adj* provocative

wyżebrać *vt* obtain by begging

wyżej *adv* higher; above

wyżeł *m* pointer

wyżłobić *vt* hollow out, groove

wyższość *f* superiority

wyższy *adj* higher; *(rangą itp.)* superior

wyżyć *vi* manage to live; ~ się *vr* live a full life

wyżymaczka *f* wringer

wyżymać *vt* wring

wyżyna *f* upland

wyżywić *vt* feed, nourish; ~ się *vr* make a living

wyżywienie *n* living, maintenace

wzajemność *f* mutuality, reciprocity

wzajemny *adj* mutual, reciprocal

w zamian *adv* in exchange, in return (za coś for sth)

wzbić się *vr* rise, soar up

wzbierać *vi* swell; rise

wzbogacać *vt* enrich; ~ się *vr* become rich

wzbogacenie *n* enrichment

wzbraniać *vt* forbid; ~ się *vr* refuse, decline (przed czymś sth)

wzbudzać *vt* excite, cause, inspire

wzbudzenie *n* excitement, inspiration; *fiz.* excitation

wzburzenie *n* stir, excitement

wzburzony *adj* stirred, troubled; *(o morzu)* rough

wzburzyć *vt* stir up, agitate, trouble

wzdąć *zob.* wzdymać

wzdłuż *praep* along; *adv* alongside, lengthwise

wzdrygać się *vr* shrink (przed czymś from sth)

wzdychać *vi* sigh (za kimś, czymś for sb, sth)

wzdymać *vt* inflate, puff up

wzgarda *f* contempt (dla kogos, czegoś for sb, sth)

wzgardliwy *adj* contemptuous, scornful

wzgardzić *vt* despise, spurn

wzgląd *m* regard, respect; consideration; pod ~ędem with regard (czegoś to sth); przez ~ąd in regard (na coś of sth); ze ~ędu with regard (na kogoś, na coś to ⟨for⟩ sb, to ⟨for⟩ sth)

względność *f* relativity

względny *adj* relative; *(stosunkowy)* considerate, indulgent

wzgórek *m* hillock

wzgórze *n* hill

wziąć *vt* take; *zob.* brać; ~ do niewoli take prisoner; ~ górę get the upper hand; ~ za złe take amiss; ~ się *vr*, ~ się do pracy set to work

wziewanie *n* inhalation

wziętość *f* popularity

wzięty *adj* popular, fashionable

wzlot *m* flight, ascent

wzmacniać *vt* strengthen, reinforce; intensify; *radio* amplify; ~ się *vr* gather strength

wzmagać *vt* increase, intensify; ~ się *vr* increase, grow more intense

wzmianka *f* mention (o czymś of sth)

wzmożenie *n* increase
wzmożony *adj* increased
wznak, na ~ *adv* on the back
wzniecić *vt* stir up, excite
wzniesienie *n* elevation
wznieść *zob.* wznosić
wzniosłość *f* sublimity; loftiness; (*wzniesienie*) elevation
wzniosły *adj* sublime; elevated, lofty
wznosić *vt* raise, lift, elevate, erect; ~ toast propose a toast; ~ się *vr* rise, ascend; *lotn.* climb
wznowić *vt* revive, renew; resume; (*np. książkę*) reprint
wznowienie *n* revival; resumption; (*np. książki*) reprint
wzorować *vt* pattern; (*modelować*) model; ~ się *vr* model oneself (na kimś, czymś on sb, sth); pattern (według czegoś after sth); follow the example
wzorow|y *adj* exemplary; model

attr; ~a szkoła model school
wzorzec *m* pattern, standard
wzorzysty *adj* figured; ~ materiał fancy cloth
wzór *m* pattern, model; design; *mat.* formula
wzrastać *vi* grow up
wzrok *m* sight; (*spojrzenie*) look
wzrokowy *adj* optical; visual
wzrost *m* growth, development; (*cen, kosztów*) rise, increase; (*człowieka*) stature, height; człowiek średniego ~u man of medium height
wzruszać *vt* move, affect, touch; ~ się *vr* be moved, be affected
wzruszający *adj* moving, touching
wzruszenie *n* emotion, affection
wzwyż *adv* up, upwards
wzywać *vt* bid, order, call; (*np. lekarza do domu*) call in; (*urzędowo, np. do sądu*) summon; ~ pomocy call for help

Z

z, ze *praep* with; from, off, out of; through, by; of; razem z kimś together with sb; jeden z wielu one out of many; jedno z dzieci one of the children; zrobiony z drzewa made of wood; pić ze szklanki drink out of a glass; przychodzę ze szkoły I am coming from school; wyjść z domu leave home; zdjąć obraz ze ściany take the picture off the wall; zejść (zboczyć) z drogi go out of one's way; żyć z hazardu live by gambling; ze strachu for fear; z nieświadomości through ignorance; to uprzejmie z twojej strony it is kind of you; *adv* (*około*) about
za *praep* for; behind; after; by; in; on; biegać za kimś run after sb; mieć kogoś za nic have no regard

for sb; trzymać za rękę hold by the hand; wyjść za mąż get married; dzień za dniem day by day; za czasów at ⟨in⟩ the time; za dnia by day; za godzinę in an hour; za gotówkę for cash; za każdym krokiem at each step; za miastem outside the town; za pokwitowaniem on receipt; za ścianą behind the wall; za zapłatą on payment; co to za człowiek? what (kind of) man is he?; co to za książki? what (kind of) books are these?
zabarwienie *n* hue, stain, dye
zabawa *f* amusement, entertainment, play; fun; ~ taneczna dance
zabawiać *vt* amuse; ~ się *vr* amuse oneself, have some fun
zabawka *f* toy, plaything

zabawny adj amusing, funny

zabezpieczenie n guarantee, security, protection; providing (kogoś for sb); placing in safety (czegoś sth)

zabezpiecz|yć vt safeguard, secure, place in safety; guarantee; ~yć rodzinę provide for one's family; ~yć się vr assure oneself, secure oneself, take measures of precaution; być ~onym be provided for; be placed in safety

zabić zob. **zabijać**

zabieg m measure, resource, endeavour; (lekarski) intervention; czynić ~i take measures; take pains

zabiegać vi strive (o coś for sth); make great endeavours (o coś towards sth); ~ komuś drogę cross sb's path

zabierać vt take, take off (away); ~ dużo czasu take much time; ~ głos begin to speak; ~ się vr get off, clear out; set (do czegoś about sth); ~ się do roboty set to work

zabijać vt kill; (np. beczkę) bung; (gwoździami) fix, provide with nails

zabliźnić się vr cicatrize, close up

zabłądzić vi go astray, lose one's way

zabłocić vt splash (cover) with mud; soil, make dirty

zabobon m superstition

zabobonny adj superstitious

zabol|eć vi begin to ache; przen. to mnie ~ało this has hurt me

zaborca m conqueror, invader

zaborczy adj rapacious; predatory; grasping; invasive

zabójca m killer, homicide, murderer

zabójczy adj murderous, killing, homicidal; destructive

zabójstwo n manslaughter, murder

zabór m conquest, occupation, annexation; annexed territory

zabrak|nąć vi fall short, run short (czegoś of sth); ~ło nam benzyny we ran short of petrol

zabrania|ć vt forbid, prohibit, interdict; ~ się pod karą... it is forbidden on (under) penalty (on pain) of...

zabudow|ać vt cover with buildings, build upon; close a passage with brick and mortar; plac został ~ny the plot has been built upon

zabudowani|e n building; pl ~a premises

zaburzenie n disorder, trouble

zabytek m monument, relic

zachcianka f fancy, caprice

zachęcać vt encourage

zachęta f encouragement

zachłanność f greed

zachłanny adj greedy

zachłysnąć się vr be choked

zachmurz|yć vt cloud; ~yć się vr cloud, be covered with clouds; become gloomy; ~one czoło frown

zachodni adj western, west

zachodzić vi arrive; (o wypadku) happen, occur; (o słońcu) set; (o kwestii) arise; ~ do kogoś call on sb; ~ komuś drogę cross sb's path

zachorować vi fall ill, be taken ill (na coś oł, with sth)

zachowanie (się) n behaviour, conduct

zachowawczy adj conservative

zachowywać vt preserve, keep; ~ ciszę keep silent; ~ ostrożność be on one's guard, be cautious; ~ pozory keep up appearances; ~ obyczaje observe customs; ~ się vr behave, deport oneself, bear oneself

zachód m west; (trud) pains pl, endeavour; ~ słońca sunset; na ~ west of

zachrypnąć vi get (grow) hoarse

zachrypnięty adj hoarse

zachwalać vt praise

zachwiać vt shake, cause to tremble; ~ się vr shake, be shaken, reel

zachwycać vt charm, enchant, fascinate; ~ się vr be charmed, be

enraptured (**czymś** with sth), rave (**czymś** about sth)
zachwyt m enchantment, rapture
zaciąg m *wojsk.* enrollment, recruitment
zaciąg|ać vt (*do wojska*) enroll, recruit; (*ciągnąć*) draw, drag; ~**ać dług** contract ⟨incur⟩ a debt; ~**nąć się** vr enlist, join up; ~**ać się papierosem** inhale the smoke
zaciekawić vt intrigue, puzzle, arouse curiosity, pique
zaciekły adj embittered; rapid; (*o wrogu*) sworn
zaciemnić vt obscure, eclipse; (*np. okna*) black out
zaciemnienie n obscurity; (*przeciwlotnicze*) black-out
zacierać vt efface, obliterate
zacieśnić vt tighten up
zacięty adj obstinate, stubborn
zacinać vt notch, slit, cut; ~ **się** vr (*w mowie*) hesitate, falter; (*o zamku, maszynie itp.*) jam, get jammed
zaciskać vt press together, compress, tighten up; ~ **pięść** clench one's fist; *przen.* ~ **pasa** tighten one's belt
zacisze n retreat, solitude
zacny adj honest, good
zacofanie n backwardness
zacofany adj backward, reactionary, rusty; ~ **gospodarczo** underdeveloped
zaczadzenie n asphyxia, suffocation
zaczadzieć vi become asphyxiated
zaczaić się vr lie in ambush; ~ **na kogoś** lay an ambush for sb
zaczarować vt enchant, bewitch
zacząć *zob.* **zaczynać**
zaczepiać vt hook on; (*podejść do kogoś*) accost; (*napaść*) attack
zaczepk|a f attack; **szukać** ~**i** pick a quarrel
zaczepn|y adj aggressive; **przymierze** ~**o-odporne** offensive and defensive alliance
zaczerwienić vt redden, make red; ~ **się** vr redden, (*zarumienić się*) blush

zaczyn m ferment
zaczynać vt vi begin, start, commence; ~ **się** vr begin, start, commence
zaćmić vt obscure, eclipse
zaćmienie n eclipse
zada|ć vt give, put; (*o zadaniu do opracowania*) set a task; ~**ć cios** deal a blow; ~**ć pytanie** put a question; ~**ć sobie trud** take the trouble; ~**ne lekcje** home lessons; **mamy dużo** ~**ne** we have many home lessons to do
zadanie n task; **dać** ~ set a task
zadatek m earnest, advance payment
zadatkować vt pay in earnest
zadawać *zob.* **zadać**; ~ **się** vr associate (**z kimś** with sb)
zadłużony adj (deeply) in debt; indebted
zadłużyć się vr get into debt
zadośćuczynić vt give satisfaction, do justice; ~ **prośbie** comply with the request
zadowalający adj satisfactory
zadowolenie n satisfaction, contentment; ~ **z samego siebie** self-complacency
zadowolić vt satisfy, gratify; ~ **się** vr content oneself
zadowolony adj satisfied, content(ed)
zadrapać vt scratch open, make sore with scratching
zadrasnąć vt scratch open; *przen.* hurt
zadrażnienie n irritation
zadrzewiać vt afforest
zadrzewienie n afforestation
zaduch m stifling air
zaduma f meditation, day-dream
zadusić vt stifle, choke, smother
Zaduszki s pl All Souls' Day
zadymka f snow-drift
zadyszany adj breathless
zadzierać vt vi lift ⟨pull⟩ up; tear open, rend; *pot.* ~ **nosa** give oneself great airs; ~ **z kimś** seek a quarrel with sb
zadziwiać vt astonish, amaze

zadzwonić *vi* ring; ~ **do kogoś** ring sb up

zagadka *f* riddle, puzzle

zagadkowy *adj* puzzling, enigmatic

zagadnąć *vt* address

zagadnienie *n* question, problem

zagaić *vt* (*np. posiedzenie*) open

zagajnik *m* grove

zagarniać *vt* take, capture

zagęszczać *vt* condense, compress

zagiąć *vt* bend, turn down

zaginąć *vi* go ⟨be⟩ lost

zaginiony *adj* lost

zaglądać *vi* peep; look up (**do książki** the book); call (**do kogoś** on sb)

zagłada *f* extinction, extermination

zagłębić *vt* plunge, sink; ~ **się** *vr* plunge, dive, sink; ~ **się w studiach** be engaged in study

zagłębie *n* basin; ~ **naftowe** oilfield; ~ **węglowe** coal-basin, coal-field

zagłębienie *n* hollow, cavity

zagłodzić *vt* famish

zagłuszać *vt* deafen, stun; (*audycję*) jam

zagmatwać *vt* entangle

zagmatwanie *n* entanglement

zagniewany *adj* angry (**na kogoś** with sb)

zagnieździć się *vr* nestle; *przen.* get a footing

zagorzały *adj* zealous, hot-headed

zagotować *vt* boil up; ~ **się** *vr* boil up

zagrabić *vt* seize, appropriate by force

zagranica *f* countries abroad, foreign countries

zagraniczny *adj* foreign

zagrażać *vt* threaten, menace

zagroda *f* farm-house, cottage

zagrodzić *vt* enclose

zagrożenie *n* menace, threat; **stan** ~**a** a state of emergency

zagrożony *adj* menaced

zagrzebać *vt* hide in the ground; bury; ~ **się** *vr* (o zwierzętach,

np. o krecie) burrow; *przen.* ~ **się w książkach** be buried in the books

zagrzewać *vt* warm up; *przen.* (*np. do boju*) rouse, inflame

zagwoździć *vt* nail up, peg, spike

zahamowanie *n* check, stoppage

zahartowany *adj* inured (**na coś** to sth)

zaimek *m* gram. pronoun

zainteresowanie *n* interest

zaintonować *vt* strike up (a tune)

zaiste *adv* truly, forsooth

zajadły *adj* fanatical, furious

zajaśnieć *vt* begin to shine

zajazd *m* inn; (*najazd*) foray

zając *m* hare

zająć *zob.* zajmować; ~ **się czymś** set about doing sth; ~ **się od ognia** catch fire

zajechać *vi* put up (**do gospody** at an inn); drive up

zajęcie *n* occupation, business, activities; (*np. mienia*) seizure, arrest

zajmować *vt* occupy, take possession (**coś** of sth); (*stanowisko*) fill; ~ **się** *vr* occupy oneself (**czymś** with sth), be engaged (**czymś** in sth)

zajście *n* incident

zajść *zob.* zachodzić; ~ **w ciążę** become pregnant

zakamieniały *adj* obdurate

zakatarzony *adj* having a cold

zakaz *m* prohibition

zakazić *vt* infect

zakazywać *vt* forbid, prohibit (**czegoś** sth)

zakaźny *adj* infectious, contagious

zakażenie *n* infection

zakąsić *vt* *vi* have a snack

zakąska *f* snack

zakątek *m* corner, nook

zaklęcie *n* spell; conjuration

zaklinać *vt* conjure, charm; (*błagać*) conjure

zakład *m* (*instytucja*) establishment, institute, institution; (*założenie się*) bet; ~ **drukarski** printing office; ~ **krawiecki** tailor's

shop; ~ **przemysłowy** industrial plant; ~ **ubezpieczeń** insurance company; **iść o** ~ make a bet
zakładać vt establish, found, institute; (np. okulary) put on; (ręce) cross; (fundament) lay; vi (logicznie) presume, assume; ~**ć się** vr bet, make a bet, stake; ~**m się z tobą o 5 funtów** I bet you 5 pounds
zakładka f tuck, fold, (w książce) bookmark
zakładnik m hostage
zakłopotanie n embarrassment, uneasiness
zakłócać vt trouble, disturb
zakłócenie n trouble, disturbance; ~ **porządku** disorder
zakochać się vr fall in love (w kimś with sb)
zakochany adj in love, enamoured
zakomunikować vt communicate
zakon m order
zakonnica f nun
zakonnik m monk
zakontraktować vt contract (coś for sth), arrange by contract; mors. (statek) charter
zakończenie n conclusion, ending; **na** ~ to end with, at the end
zakopać vt bury
zakorkować vt cork up
zakorzenić się vr strike root; przen. become deeply rooted
zakorzeniony adj deep-rooted, inveterate
zakradać się vr steel, creep
zakres m range, sphere, domain, scope
zakreślić vt (koło) circumscribe, (np. plan) outline; (zaznaczyć ołówkiem) mark
zakręcić vt turn, twist, screw up; ~ **się** vr turn round, wheel about; ~**ło mi się w głowie** I'm feeling dizzy
zakręt m turning, bend
zakryć vt cover
zakrwawić vt stain with blood
zakrzątnąć się vr bestir oneself, bustle about; pot. buckle (koło czegoś to sth)

zakrzyczeć vt shout down; ~ **kogoś** storm at sb
zakrzywić vt crook, curve, bend
zakuć vt, ~ **w kajdany** (en)chain, put in chains
zakup m purchase
zakuty adj (w kajdany) enchained; pot. (o łbie) thick-skulled, dull-witted
zakwitnąć vi (begin to) blossom
zalążek m germ, embryo
zalecać vt recommend, commend; ~ **się** vr court (do kogoś sb), woo (do kogoś sb); make love (do kogoś to sb)
zalecenie n recommendation
zaledwie adv scarcely, hardly, merely
zalegać vi be behind, be in arrears (z czymś with sth); (o pieniądzach) remain unpaid
zaległość f arrears pl
zaległy adj outstanding
zalepić vt glue over
zalesienie n afforestation
zaleta f virtue, advantage
zalew m inundation, flood; (zatoka) fresh-water bay
zalewać vt pour over; (o powodzi) inundate, flood
zależeć vi depend (od kogoś on sb); ~**y mi na tym** I am anxious about it; **nie** ~**y mi na tym** it does not matter to me; I don't care for it; **to** ~**y** it depends; **to** ~**y od ciebie** it depends on you; it's up to you
zależność f dependence
zależny adj dependent (od czegoś on sth)
zaliczać vt reckon, advance, pay in advance; (szeregować) classify, class; (np. semestr) attest; (wliczać) include
zaliczenie n inclusion; attestation; handl. **za** ~**m** cash on delivery
zaliczka f earnest; **tytułem** ~**i** in earnest
zalotnik m wooer, suitor
zaloty s pl courtship, wooing
zaludniać vt populate

zaludnienie n population
załadować vt load, charge
załagodzenie n mitigation, softening, appeasement
załagodzić vt allay, mitigate, compose, appease
załamać vt break down; (ręce) wring; ~ się vr break down
załamanie n break-down, collapse; fiz. refraction
załatwiać vt settle, arrange; (interesy) transact; ~ sprawunki shop; go ⟨do⟩ shopping; ~ się vr manage (z czymś sth); ~ się szybko make short work (z czymś of sth)
załatwienie n settlement, arrangement; (interesów) transaction
załączać vt enclose (do czegoś with sth); (dołączać) annex (do czegoś to sth); w ~eniu do... enclosed with...
załącznik m enclosure; (dodatek) annex
załoga f crew, wojsk. garrison
założenie n foundation; (przesłanka) presumption, premise; assumption, principle
założyciel m founder
założyć zob. zakładać
zamach m stroke; attempt (na życie on life); ~ stanu coup d'etat; za jednym ~em at one stroke
zamachowiec m assassin
zamarły adj dead
zamarzły [-r-z-] adj frozen
zamarznąć [-r-z-] vi freeze up, get frozen up
zamaskować vt mask, camouflage
zamaszysty adj vigorous, brisk
zamawiać vt (np. towar) order; (rezerwować) reserve (sobie for oneself)
zamazać vt efface, smear over
zamącić vt disturb, trouble
zamążpójście n marriage
zamek m (budowla) castle; (u drzwi) lock; ~ błyskawiczny zip-fastener, zipper
zameldować vt report, register; ~ się vr report oneself, register, am. (w hotelu) check in

zamęt m confusion, disturbance
zamężna adj married
zamglony adj hazy, foggy, misty; (szkło, oczy) cloudy
zamiana f exchange, change (na coś for sth)
zamiar m purpose, aim, design, intention; mieć ~ intend, mean
zamiast praep instead of
zamiatać vt sweep
zamieć f (śnieżna) snow-drift
zamienić vt change, exchange (coś na coś sth for sth)
zamienny adj exchangeable; (zapasowy) reserve, spare
zamierać vi die off, expire
zamierzać vt intend, mean, be going; ~ się vr raise one's hand to strike
zamierzchły adj remote, old, immemorial
zamieszać vt stir ⟨mix⟩ up
zamieszanie n confusion
zamieszczać vt place, put; (w prasie) insert, have printed
zamieszkać vi take lodgings; put up; reside
zamieszkały adj resident, living, domiciled
zamieszkanie n, miejsce ~a dwelling-place, abode, domicile
zamieszkiwać vi live; vt inhabit
zamilknąć vi become silent
zamiłowanie n predilection, love, liking (do czegoś for sth)
zamiłowany adj passionately fond (w czymś of sth)
zamknąć vt close, shut, (na klucz) lock; (w czterech ścianach) shut in, lock in, lock up
zamknięcie n closing device; lock; fastener, (pomieszczenie) seclusion, (zakończenie) close, closing; (ulicy) blocking
zamoczyć vt wet, soak
zamorski adj oversea
zamożność f prosperity, wealth
zamożny adj well-to-do, wealthy
zamówić zob. zamawiać
zamówienie n order
zamrażać vt freeze, refrigerate

zamroczenie *n* stupefaction, numbness

zamroczyć *vt* benumb, stupefy

zamsz *m* chamois-leather

zamulić *vt* fill with mud

zamurować *vt* wall up

zamydlić *vt* soap; *przen.* ~ komuś oczy throw dust in sb's eyes

zamykać *zob.* zamknąć

zamysł *m* design

zamyślenie *n* meditation

zamyślić *vt* design; ~ się *vr* be lost in thoughts

zamyślony *adj* lost in thoughts

zanadto *adv* too, too much, too many

zaniechać *vt* give up

zanieczyszczenie *n* soiling, pollution, impurity

zanieczyścić *vt* soil, foul, pollute

zaniedbanie *n* neglect, negligence

zaniedbywać *vt* neglect; *(np. okazję)* miss

zaniemóc *vi* become ill

zaniemówić *vi* become dumb

zaniepokoić *vt* alarm, make uneasy

zaniepokojenie *n* alarm, anxiety, uneasiness

zanieść *vt* carry; *(prośbę)* address

zanik *m* disappearance, loss, decay, atrophy

zanikać *vi* disappear, decline, dwindle

zanikły *adj* lost, decayed, atrophic

zanim *conj* before, by the time

zanocować *vi* stay for the night

zanosić *zob.* zanieść; ~ się na deszcz it is going to rain

zanotować *vt vi* make a note (coś of sth), note, put down

zanurzyć *vt* plunge, *(np. pióro)* dip; ~ się *vr* plunge

zaoczn|y *adj*, studia ~e extramural ⟨non-resident⟩ studies; wyrok ~y judgement by default

zaognić *vt* inflame

zaokrąglić *vt* round off

zaopatrywać *vt* provide, supply (w coś with sth), store; protect (okna na zimę the windows for the winter); *(na przyszłość)* provide (kogoś for sb)

zaopatrzenie *n* *(wyposażenie)* equipment; *(aprowizacja)* provision, maintenance; ~ w środki żywności victualling

zaopatrzony *adj* provided for

zaorać *vt* plough over

zaostrzyć *vt* sharpen, whet; *(sytuację)* aggravate

zaoszczędzić *vt* economize, save

zapach *m* smell, odour

zapadać *vi* sink, fall in; *(o nocy)* set in; *(o wyroku)* be pronounced, be passed; ~ na zdrowiu fall ill; ~ się *vr* fall in, sink, decay

zapadł|y *adj* sunken; ~a wieś out-of-the-way village

zapakować *vt* pack up

zapalczywość *f* impetuosity, vehemence

zapalczywy *adj* impetuous, vehement

zapalenie *n* ignition; *(światła)* lighting; *med.* inflammation; *med.* ~ otrzewnej peritonitis; ~ płuc pneumonia

zapaleniec *m* fanatic, enthusiast

zapalić *vt* *(światło)* light; *(podpalić)* set on fire; ~ ogień make fire; ~ się *vr* catch fire; *przen.* become enthusiastic (do czegoś about sth)

zapalniczka *f* (cigarette-)lighter

zapalny *adj* inflammable

zapał *m* ardour, enthusiasm

zapałka *f* match

zapamiętać *vt* retain in memory, note, memorize

zapamiętałość *f* frenzy, fury

zapamiętały *adj* frantic, furious

zapanować *vi* become prevalent; *(pokonać)* overmaster; *(nastać)* set in; ~ć nad sobą master oneself; ~ła piękna pogoda a fine weather has set in

zaparzenie *n* infusion

zaparzyć *vt* infuse

zapas *m* stock, store, reserve; ~ do ołówka refill; *pl* ~y supplies

zapasowy adj reserve, spare

zapasy s pl sport contest, wrestling-match

zapaśnik m wrestler, prize-fighter

zapatrywać się vr fix one's eyes (w coś on sth); be of opinion (na coś about sth)

zapatrywanie n view, opinion

zapełnić vt fill up

zapewne adv surely, certainly

zapewnić vt assure; (zabezpieczyć) secure

zapewnienie n assurance

zapiąć zob. zapinać

zapieczętować vt seal up

zapierać się vr deny (czegoś sth)

zapinać vt button up, buckle

zapis m (wpis) registration; (testament) legacy, bequest; (np. w grze) note, mark

zapisać vt write down, note; (lekarstwo) prescribe; ~ w testamencie bequeath; vr ~ się na uniwersytet matriculate at a university, enter a university; ~ się na wykłady subscribe to a course of lectures

zapity adj sottish

zaplątać vt entangle

zapłacić vt pay

zapłakany adj in tears

zapłata f payment

zapłodnić vt fructify, (kobietę) impregnate

zapłodnienie n fructification, impregnation

zapłon m ignition

zapłonąć vi flare up

zapobiegać vi guard (czemuś against sth), prevent, obviate (czemuś sth)

zapobieganie n prevention

zapobiegawczy adj preventive

zapobiegliwy adj industrious; provident

zapoczątkować vt inaugurate, start

zapodziać vt misplace, lose

zapominać vt forget; ~ się vr forget oneself

zapomnienie n oblivion

zapomoga f aid, subsidy

zapora f (przeszkoda) obstacle; (zagrodzenie) bar; ~ wodna barrage; (water) dam

zaporowy adj barrage; wojsk. ogień ~ barrage, curtain-fire

zapotrzebować vt demand, require

zapotrzebowanie n demand, requirement

zapowiadać vt announce

zapowiedź f announcement; (przedślubna) banns pl

zapoznać vt acquaint; ~ się vr get acquainted

zapoznanie n acquaintance

zapożyczyć się vr contract a debt, get into debt

zapracować vt earn

zapracowany adj earned; (przemęczony) overworked

zapragnąć vt become desirous (czegoś of sth)

zapraszać vt invite

zaprawa f (np. potrawy) seasoning; (murarska) mortar; (sportowa) training

zaprawiać się vr train (do czegoś for sth)

zaprawić vt season

zaprosić zob. zapraszać

zaproszenie n invitation

zaprowadzić vt lead, conduct; ~ nową modę start a new fashion; ~ nowe porządki establish a new order of things; ~ zwyczaj introduce a custom

zaprowiantowanie n provisioning; zbior. provisions pl

zaprzeczać vi deny (czemuś sth)

zaprzeczenie n denial

zaprzeć się zob. zapierać się

zaprzepaścić vt lose, dissipate, waste

zaprzestać vi desist (czegoś from sth), discontinue, stop

zaprzęg m team, harness

zaprzęgać vt put (do wozu to the cart)

zaprzyjaźnić się vr make friends

zaprzyjaźniony adj friendly, intimate

zaprzysiąc vt swear, confirm by oath

zaprzysiężenie n (kogoś) swearing-
-in; (czegoś) confirmation by
oath

zapusty s pl carnival

zapuszczać vt let in, throw in;
(brodę) grow; (zaniedbywać) neglect; ~ się vr plunge, penetrate

zapychać vt stuff, cram

zapyt|ać, zapyt|ywać vt ask; ~ać,
~ywać się vr question

zapytani|e n question; znak ~a
question-mark

zarabiać vt earn, gain; ~ na życie
earn one's bread (one's living)

zaradczy adj preventive; środek ~
preventive (means)

zaradny adj resourceful

zaraz adv at once, directly

zaraza f infection, pestilence

zarazek m bacillus, virus

zarazem adv at the same time, at
once

zarazić vt infect; ~ się vr become
infected

zaraźliwy adj infectious, contagious

zarażać zob. zarazić

zarażenie n infection

zardzewieć vi rust

zaręczyć się vr become engaged
(to be married)

zaręczyny s pl betrothal

zarobek m gain, earning

zarobkować vi earn by working

zarodek m germ, embryo

zaroić się vr begin to swarm

zarosły adj overgrown

zarosnąć vi overgrow

zarost m hair, beard

zarośla s pl thicket

zarozumialec m presumptuous fellow

zarozumiałość f self-conceitedness

zarozumiały adj presumptuous,
self-conceited, bumptious

zarówno adv, ~ jak as well as

zarumienić się vr redden, become
red; (np. ze wstydu) blush

zarys m outline, sketch, draft

zarysować się vr become deline-
ated; (pojawiać się) become visible

zarząd m administration, management; ~ główny board, council

zarządca m administrator, manager

zarządzać vt administer, manage
(czymś sth)

zarządzenie n disposition, order

zarządzić vt order

zarzewie n embers pl; (głownia)
firebrand

zarzucać vt (zaniechać) give up;
(coś na siebie) put on; reproach
(coś komuś sb with sth); (zasypywać) pelt; (pytaniami) molest;
(towarem) flood; vi (o aucie)
skid

zarzut m reproach, objection; bez
~u faultless; z ~y raise
objections (komuś to sb)

zasad|a f principle, maxim; chem.
alkali, base; z ~y as a rule

zasadniczy adj fundamental, cardinal

zasadzka f ambush

zasądzić vt (skazać) sentence; (sądownie przyznać) adjudge

zasępić vt depress; ~ się vr become gloomy

zasępiony adj gloomy, mournful

zasiadać vt sit down, take a seat,
sit; ~ do roboty set to work

zasiew m sowing; seed-corn

zasięg m (np. ramienia) reach; (zakres) domain, scope, sphere;
wojsk. (np. ognia) range

zasięgać vt (czyjeś rady) consult
sb; ~ informacji inquire

zasilać vt reinforce; (np. pieniędz-
mi) support

zasiłek m subsidy; ~ chorobowy
sick benefit

zaskarbić vt (sobie) gain

zaskarżyć vt accuse, bring an action

zasklepić vt vault; ~ się vr med.
cicatrize; przen. shut oneself in

zaskoczenie n surprise

zaskoczyć vt surprise

zaskórny adj (o wodzie) subterranean

zasłabnąć vi become ill

zasłaniać zob. zasłonić

zasłona f cover, veil, screen, blind, shelter

zasłonić vt (*zakryć*) cover, veil, cloak, (*osłonić*) screen, shelter

zasług|a f merit; położyć ~i deserve well (**dla kraju** of the country)

zasługiwać vi deserve, merit (**na coś** sth)

zasłużon|y adj well-deserved; ~a kara well-deserved punishment; ~y człowiek man of merit

zasłużyć vi deserve, merit (**na coś** sth); ~ się vr render service, make a contribution

zasłynąć vi become famous

zasmucić vt make sad, sadden; ~ się vr become sad, sadden

zasnąć vi fall asleep

zasobny adj wealthy, well-to-do; well stocked

zas|ób m store, stock; supply; ~oby pieniężne pecuniary resources; ~oby żywnościowe provisions; ~ób wyrazów vocabulary; stock of words ⟨vocabulary⟩

zaspa f (*piasku*) dune, (*śnieżna*) snow-drift

zaspać vi oversleep

zaspokoić vt satisfy; (*głód, ciekawość*) appease; (*pragnienie*) quench

zaspokojenie n satisfaction

zastać vt find

zastanawiać vt make think; ~ się vr reflect (**nad czymś** on sth)

zastanowienie n reflection

zastarzały adj inveterate

zastaw m pawn, pledge; dać w ~ put in pawn

zastawa f (*zapora*) barrage; (*stołowa*) table-service

zastawić vt bar, block; (*stół*) serve; (*w lombardzie*) pawn, pledge

zastąpić vt replace; (*drogę*) bar

zastęp m host

zastępca m substitute, representative, proxy, deputy

zastępczo adv in sb's place, temporarily

zastępczy adj substitutional

zastępować zob. zastąpić

zastępstwo n replacement, substitution, (*np. handlowe*) representation

zastosować vt apply, adapt; ~ się vr comply (**do czegoś** with sth), conform (**do czegoś** to sth)

zastosowanie n adaptation, application

zastój m stagnation

zastraszyć vt intimidate, frighten

zastrzegać vt reserve; ~ się vr stipulate (**, że** that)

zastrzelić vt shoot dead

zastrzeżenie n reservation, provision, restriction

zastrzyk m injection; ~ domięśniowy ⟨dożylny, podskórny⟩ intramuscular ⟨intravenous, hypodermic⟩ injection

zastrzyknąć vt inject

zastygnąć vi (*zakrzepnąć*) congeal

zasunąć vt shove, push

zasuszyć vt dry up

zasuwa f bar, bolt

zasypać vt cover, fill up; (*obsypać*) strew; przen. (*towarami*) flood

zasypiać vi drop off, fall asleep; zob. zaspać

zaszczepiać vt graft; med. inoculate

zaszczycać vt honour

zaszczyt m honour; przynosić ~ do credit (**komuś** sb)

zaszczytny adj honourable

zaszkodzić vi injure, prejudice, do harm

zasznurować vt lace, tie

zasztyletować vt stab

zaszyć vt sew up; ~ się vr hide oneself, shut oneself in

zaś conj but

zaślepienie n blindness, przen. infatuation

zaślubić vt marry

zaśmiecić vt make dirty, muck

zaświadczenie n certificate, attestation

zaświadczyć vt certify, attest

zaświecić *vt* light, make light; *vi* begin to shine

zaświtać *vi* dawn; ~ła mu myśl the idea dawned upon ⟨on⟩ him

zataczać *vt* roll; (*koło*) trace, describe; ~ się *vr* reel, tumble, stagger

zataić *vt* conceal

zatamować *vt* stop

zatarasować *vt* block, barricade

zatarg *m* conflict; popaść w ~ to get into conflict

zatem *conj* then, therefore, and, accordingly

zatęchły *adj* musty

zatęsknić *vi* (begin to) pine ⟨long⟩ (za kimś for sb)

zatkać *vt* stop; (*szpary*) calk

zatłuścić *vt* grease

zatoka *f* bay, creek

zatonąć *vi* sink

zatopić *vt* sink, drown

zatracenie *n* ruin, perdition

zatracić *vt* lose, waste; ~ się *vr* be lost

zatroskać się *vr* become anxious (o coś about sth)

zatrucie *n* poisoning

zatruć *vt* poison

zatrudniać *vt* employ; (*zajmować pracą*) keep busy

zatrudnienie *n* employment; (*zajęcie*) occupation

zatrwożyć *vt* alarm, frighten; ~ się *vr* become alarmed

zatrzask *m* thumb-lock; (*do drzwi*) safety-lock; (*do ubrania*) (snap)-fastener

zatrzasnąć *vt* slam

zatrzymać *vt* stop; (*nie oddać*) retain, keep; (*przetrzymać, aresztować*) detain; ~ się *vr* stop, remain

zatwardzenie *n* med. constipation

zatwierdzenie *n* confirmation; ratification

zatwierdzić *vt* confirm, sanction; ratify

zatyczka *f* plug

zatykać zob. zatkać

zaufać *vi* confide (komuś in sb)

zaufanie *n* confidence, credence; godny ~a trustworthy; darzyć ~em put trust (kogoś in sb); cieszyć się wielkim ~em be in a position of great trust; w ~u confidentially; wotum ~a zob. wotum

zaufany *adj* reliable; (*poufały*) intimate

zaułek *m* backstreet; *przen.* ślepy ~ blind alley

zausznik *m* sycophant

zauważyć *vt* notice; (*napomknąć*) remark; dający się ~ perceptible

zawada *f* hindrance, obstacle

zawadiaka *m* brawler, bully

zawadzać *vi* (*przeszkadzać*) hinder, impede

zawalić *vt* stop, obstruct; ~ się *vr* collapse, break down

zawał *m* med. heart failure

zawartość *f* capacity, contents *pl*

zawarty *pp* i *adj* contained, closed

zaważyć *vi* weigh

zawczasu *adv* in good time

zawdzięczać *vt* be indebted

zawezwać *vt* call, summon

zawiadamiać *vt* inform, let know; (*urzędowo*) advise

zawiadomienie *n* information, advice, announcement

zawiadowca *m*, ~ stacji station-master

zawiasa *f* hinge

zawiązać *vt* tie(up), bind; zob. nawiązać

zawiązek *m* germ, bud

zawieja *f* turmoil, storm, (*śnieżna*) snowdrift

zawierać, zawrzeć *vt* (*mieścić w sobie*) contain, include; (*znajomość*) make; (*małżeństwo*) contract; (*pokój*) conclude

zawierucha zob. zawieja

zawiesić *vt* hang up; (*w obowiązkach*) suspend; (*wypłatę*) stop; (*odroczyć*) adjourn

zawieszenie *n* suspension; ~ broni armistice

zawieść zob. zawodzić
zawieźć zob. zawozić
zawijać vt vi wrap up; ~ do portu enter a harbour
zawikłać vt entangle, complicate
zawikłanie n entanglement, complication
zawiły adj intricate
zawiniątko n bundle
zawinić vi be guilty (w czymś of sth); on w tym nie ~ł this is no fault of his; w czym on ~ł? what wrong has he done?
zawisły adj dependent (od czegoś on sth)
zawistny adj invidious, envious
zawiść f envy, invidiousness
zawitać vi call (do kogoś on sb)
zawlec vt drag
zawładnąć vi come into possession, take possession (czymś of sth)
zawodnik m competitor
zawodny adj deceptive, delusive; untrustworthy, unreliable
zawodowiec m professional
zawodowy adj professional
zawody s pl competition, contest; games pl
zawodzić vt vi (prowadzić) conduct, lead; (rozczarować) disillusion, disappoint, deceive; (nie udać się) fail; (rzewnie śpiewać) sing plaintively, harp; ~ się vr be deceived ⟨disillusioned⟩
zawojować vt conquer
zawołać vt call
zawołanie n call, appeal; (hasło) watch-word; na ~ at call, at any time
zawozić vt carry, convey
zawód m occupation, profession; (rozczarowanie) disappointment, disillusion, deception; zrobić ~ disappoint, disillusion
zawracać vi turn back; vt ~ komuś głowę bother sb
zawrócić zob. zawracać
zawrót m (głowy) dizziness
zawrzeć zob. zawierać
zawstydzić vt put to shame, make feel ashamed; ~ się vr feel a-
shamed

zawsze adv always, ever; na ~ for ever; raz na ~ once for all
zawziąć się vr become hot, be bent (na coś upon sth), persist (na coś in sth)
zawziętość f persistence
zawzięty adj persistent; ~ na coś keen on sth, crazy about sth
zazdrosny adj jealous (o kogoś, o coś of sb, sth)
zazdrościć vi envy (komuś czegoś sb sth)
zazdrość f jealousy, envy
zazębiać się vr overlap (o coś with sth)
zaziębienie n overlapping
zaziębić się vr catch cold
zaziębienie n cold
zaznaczyć vt mark; (podkreślić, wspomnieć) remark
zaznać vt experience
zaznajomić vt make acquainted; ~ć się vr become acquainted (z kimś with sb); make the acquaintance (z kimś of sb); ~łem się z nim I have made his acquaintance
zazwyczaj adv usually
zażalenie n complaint; wnieść ~ lodge a complaint
zażarty adj furious
zażądać vt demand, require
zażegnać vt ward off, prevent
zażyłość f intimacy
zażyły adj intimate
zażywać vt enjoy; (lekarstwo) take
ząb m tooth; ~ mądrości wisdom-tooth; ~ mleczny milk-tooth; ~ trzonowy molar; ból zębów tooth-ache
ząbkować vi teethe
ząbkomierz m filat. perforation-gauge
ząbkowany adj notched; filat. perforate
zbaczać vi deviate
zbankrutować vi become a bankrupt
zbankrutowany adj bankrupt
zbawca, zbawiciel m saviour
zbawiać vt save, redeem

zbawienie n salvation

zbawienny adj salutary

zbędność f superfluity

zbędny adj superfluous

zbić vt beat up ⟨down⟩; compact; nail together; (stłuc) break; (np. twierdzenie) refute

zbiec vi run away ⟨down⟩

zbieg m fugitive, escaped prisoner, escapee; (zbieżność) coincidence, concurrence, confluence; ~ okoliczności coincidence

zbiegać vi run away, run down; ~ się vr come hurriedly together; (kurczyć się) shrink; (o liniach) converge; (o wypadkach) coincide, concur

zbiegły adj run-away, fugitive

zbiegowisko n concourse, throng

zbieracz m collector

zbierać vt collect, gather, hoard; (np. owoce) pick; (np. płyn gąbką) sop; ~ się vr gather, assemble

zbieżność f convergence

zbieżny adj convergent

zbijać vt nail together; compact; (np. argument) refute; ~ pieniądze hoard money

zbiornik m reservoir, receptacle

zbiorowisko m gathering, crowd

zbiorowy adj collective

zbiór m collection; (zboża) harvest, crop

zbiórk|a f rally, assembly; (pieniężna) collection; miejsce ~i rallying-point

zbir m ruffian

zbity adj beaten; (zwarty) compact

zblednąć vi turn pale; (o barwie) fade away

z bliska adv from near, closely

zbliżać vt bring near; ~ się vr approach (do kogoś sb), come ⟨draw⟩ near, near

zbliżenie n approach; (w filmie) close-up

zbliżony adj approximate; related; (podobny) similar

zbłądzić vi err; (zabłąkać się) lose one's way

zbłąkany adj erring, stray

zbocze n slope

zboczenie n deviation; (psychiczne) aberration

zbolały adj aching

zborny adj, punkt ~ rallying-point

zboże n corn, grain

zbój m highwayman, brigand

zbór m Protestant church

zbroczony pp i adj, ~ krwią blood-stained

zbrodnia f crime; ~ stanu high treason

zbrodniarz m criminal

zbrodniczy adj criminal

zbroić vt arm; ~ się vr arm

zbroja f armour

zbroje|nie n (zw. pl ~nia) armament; wyścig ~ń armaments race

zbrojn|y adj armed; siły ~e armed forces

zbrojony adj (np. beton) armoured

zbrojownia f arsenal, armoury

zbryzgać vt besprinkle

zbrzyd|nąć vi become ugly; (stać się wstrętnym) become repulsive; to mi ~ło I am disgusted with it

zbudzić vt wake (up), awaken, rouse; ~ się vr wake (up), awaken

zburzenie n destruction, demolition

zburzyć vt destroy, demolish; (o budynku, rozebrać) pull down

zbutwiały adj mouldy

zbutwieć vi moulder

zbyć vt zob. zbywać; ~ pięknymi słówkami put off with fair words

zbyt adv too, too much; ~ wiele too much; sm sale

zbyteczny adj superfluous

zbytek m luxury

zbytkowny adj luxurious

zbytnio adv excessively

zbywa|ć vt sell, dispose (coś of sth); (brakować) lack; na niczym mi nie ~ i don't lack anything

z dala adv from afar

zdalnie adv from afar; ~ kiero-

wany telecommanded; *(o pocisku)* guided

zdanie *n* opinion, view; *gram.* sentence; ~ **główne** ⟨**podrzędne**⟩ main ⟨subordinate⟩ sentence; **moim** ~**m** in my opinion

zdarzać się *vr* happen, occur

zdarzenie *n* occurence, event, incident, happening

zdatny *adj* fit, suitable, apt

zdawać *vt* render, give over; *(egzamin)* pass; ~ **się** *vr (wydawać się)* appear, seem; surrender (np. na los to the fate); rely (na kogoś upon sb)

zdawkowy *adj* commonplace; ~ **pieniądz** small coin, silver and copper

zdążyć *vt* come in time; ~ **coś zrobić** succeed in making sth in time

zdechły *adj* dead

zdecydować *vt vi* decide; ~ **się** *vr* decide

zdejmować *vt* take off, remove; *fot.* take a picture (**kogoś, coś** of sb, sth); **strach go zdjął** he was seized by fear; **zdjęty podziwem** struck with amazement

zdenerwowany *adj* nervous, excited, flurried

zderzak *m* buffer; *(u samochodu)* bumper

zderzenie *n* crash, collision

zderzyć się *vr* crash, collide

zdesperowany *adj* desperate

zdjąć zob. **zdejmować**

zdjęcie *n* taking away ⟨off⟩; *fot.* photograph, *(migawkowe)* snap; *med.* ~ **rentgenowskie** radiograph

zdmuchnąć *vt* blow off

zdobić *vt* decorate, adorn

zdobniczy *adj* decorative

zdobycz *f* booty

zdobywać *vt* conquer

zdobywca *m* conqueror

zdolność *f* ability, capacity

zdolny *adj* able, capable, clever

zdołać *vi* be able

zdrada *f* treason, treachery, infi-

delity

zdradliwy *adj* treacherous

zdradzać *vt* betray

zdradziecki *adj* treacherous, perfidious

zdrajca *m* traitor

zdrapywać *vt* scratch off

zdrętwiały *adj* rigid, numb, torpid; *(z zimna)* numb with cold; ~**a ręka** numb hand

zdrętwieć *vi* stiffen, become torpid

zdrętwienie *n* torpor, numbness

zdrobniały *adj* diminutive

zdrojowisko *n* watering-place, spa

zdrowie *n* health; **wznieść czyjeś** ~ drink sb's health

zdrowotny *adj* salubrious, sanitary

zdrowy *adj* healthy, sound; *(służący zdrowiu)* wholesome; ~ **rozum** common sense

zdrożny *adj* perverse, vicious

zdrój *m* spring, well

zdrów *adj* healthy; **bądź** ~**!** good--bye!; **cały i** ~ safe and sound

zdruzgotać *vt* smash, shatter

zdrzemnąć się *vr* have a nap

zdumienie *n* astonishment

zdumiewać się *vr* be astonished (czymś at sth)

zdumiony *adj* amazed, astonished (czymś at sth)

zdun *m* stove-maker

zdusić zob. **zadusić**

zdwoić *vt* double

zdychać *vi* die

zdyszany *adj* breathless

zdyszeć się *vr* pant for breath

zdziałać *vt* perform, accomplish

zdziczeć *vi* become savage

zdziecinniały *adj* dotardly; ~ **człowiek** dotard

zdziecinnienie *n* dotage

zdzierać *vt* tear away; *(skórę)* skin; *(np. odzież)* tear, wear out; *przen.* overcharge, extort

zdzierstwo *n* *pot.* overcharge

zdziwić *vt* astonish; ~ **się** *vr* be astonished (czymś at sth)

zdziwienie *n* astonishment

ze *praep* zob. z

zebra *f* zebra

zebrać zob. zbierać

zebranie *n* meeting, assembly

zecer *m druk.* compositor

zechcieć *vi* become willing; czy ~iałbyś to zrobić? would you like to do this?

zegar *m* clock; ~ słoneczny sun-dial

zegarek *m* watch

zegarmistrz *m* watch-maker

zejście *n* descent; (*ze świata*) decease

zejść *vi* descend, go down; (*ze świata*) decease; ~ się *vr* meet

zelować *vt* sole

zelówka *f* sole

zelżeć *vi* slacken, relent

zemdleć *vi* faint away, swoon, pass out

zemdlenie *n* fainting, swoon

zemdlony *adj* faint, unconscious

zemst|a *f* revenge; przez ~ę out of revenge

zepchnąć *vt* push down

zepsucie *n* damage; corruption; depravation

zepsuć *vt* spoil, corrupt; deprave; ~ się *vr* spoil, be spoiled; be corrupted, be depraved

zepsuty *adj* (*uszkodzony*) damaged; (*zgniły*) rotten; *przen.* depraved, corrupted

zerkać *vi* look askance, cast furtive glances, gaze with twinkling eyes (na kogoś at sb)

zero *n* zero, nought

zerwać zob. zrywać

zerwanie *n* rupture

zeskoczyć *vi* leap down

zeskrobać *vt* scrape off

zesłać *vt* send down; (*wygnać*) deport

zesłanie *n* deportation

zespolenie *n* amalgamation, union

zespolić *vt*, ~ się *vr* amalgamate, unite

zespołow|y *adj* team-, collective; praca ~a team-work

zespół *m* group, body, team

zestarzeć się *vr* grow old

zestawiać *vt* compare, confront, put together, combine; (*np. bilans*) draw up

zestawienie *n* comparison, combination; computation

zestrzelić *vt* shoot down

zeszłoroczny *adj* last year's

zeszpecenie *ń* disfiguration, deformation

zeszpecić *vt* disfigure, deform

zeszyt *m* copy-book

ześlizgnąć się *vr* glide down

zetknąć zob. stykać

zetknięcie *n* contact

zetrzeć *vt* zob. ścierać; ~ kurz dust; ~ na miazgę crush; ~ na proch grind to dust

zew *m* call

zewnątrz *adv praep* outside, outward; z ~ from outside; na ~ outside

zewnętrzny *adj* outside, outward, exterior

zewsząd *adv* from everywhere, on every side

zez *m* squint

zeznanie *n* deposition, declaration

zeznawać *vt* depose, declare, give evidence

zezować *vi* squint

zezwalać *vi* allow, permit

zezwolenie *n* permission, consent

zębat|y *adj* indented, toothed; kolej ~a cog-wheel railway; koło ~e cog-wheel

zębowy *adj* dental

zgadywać *vt* guess

zgadzać się *vr* consent, agree (na coś to sth); harmonize

zgaga *f* heartburn

zgarnąć *vt* rake together

zgęszczać *vt*, ~ się *vr* thicken, condense

zgęszczenie *n* condensation

zgiełk *m* bustle, tumult

zgięcie *n* bend, turn

zginać *vt* bend, turn, bow; ~ się *vr* bend, bow

zginąć *vi* be killed; (*przepaść*) be lost; perish; (*zapodziać się*) get lost

zgliszcza s pl cinders

zgładzić vt kill, exterminate

zgłaszać vt announce, declare, report; offer, present; ~ **się** vr come forward, present oneself

zgłębiać vt sound, probe, fathom

zgłodniały adj starving

zgłosić zob. **zgłaszać**

zgłoska f syllable

zgłoszenie n announcement, declaration, report, presentation; ~ **się** vr appearance

zgłupieć vi become silly

zgnić vi rot, decay

zgnieść vt crush, squash

zgnilizna f putrefaction, corruption, decay; (moralna) depravity, moral debasement

zgniły adj rotten, putrid; (moralnie) depraved

zgo|da f consent (na coś to sth); (zgodność) harmony, concord; **w** ~**dzie** in agreement; **za** ~**dą** with the consent; ~**da!** agreed!

zgodnie adv according (np. **z planem** to the plan), in conformity, in compliance (np. **z rozkazem** with the order); (jednomyślnie) unanimously

zgodność f conformity, compliance, (jednomyślność) unanimity

zgodny adj (skłonny do zgody) compliant; conformable (np. **z tekstem** to the text); (jednomyślny) unanimous

zgon m decease

zgorszenie n offence, scandal

zgorszyć vt offend, scandalize, give offence

zgorzel f med. gangrene

zgorzkniały adj sour, rancid; przen. embittered, sullen

zgotować vt (przygotować) prepare

z góry adv beforehand, in advance

zgrabność f dexterity, skill

zgrabny adj dexterous, skillful; (dorodny) well-shaped

zgraja f gang

zgromadzenie n gathering, assembly

zgromadzić vt gather, assemble; ~

się vr gather, assemble

zgroza f horror

z grubsza adv roughly, in the rough

zgruchotać vt smash

zgryziony adj grieved

zgryzota f grief

zgryźć vt gnaw through; (moralnie) grieve, worry

zgryźliwy adj sarcastic

zgrzać się vr grow warm, get heated

zgrzebło n horse-comb

zgrzybiały adj decrepit

zgrzyt m creak

zgrzytać vi creak, grate; (zębami) gnash

zguba f loss; (klęska) perdition; **doprowadzić do** ~**y** bring to ruin

zgubić vt lose; ruin; ~ **się** vr go ⟨get⟩ lost

zgubny adj pernicious, ruinous

ziać vi exhale

ziarnisty adj granular

ziarnko n grain, granule

ziarno n grain, corn; (np. w owocu) kernel

ziele n herb, weed

zielenić się vr grow green

zieleniec m grass-plot

zieleń f greenness, green colour, (np. drzew) verdure

zielnik m herbarium

zielony adj green

ziemia f (kula ziemska) earth; (gleba) soil; (ląd) land, ground

ziemianin m country gentleman

ziemianka f dug-out; (kobieta) lady of the manor

ziemiaństwo n landed gentry

ziemiopłody s pl agricultural products

ziemniak m potato

ziemsk|i adj earthy, terrestrial; **kula** ~**a** terrestial globe; **skorupa** ~**a** the crust of the earth; **właściciel** ~**i** landowner

ziewać vi yawn

zięba f zool. finch

ziębić vt make cold, refrigerate

ziębnąć vt become cold

zięć *m* son-in-law

zima *f* winter

zimno *adv* coldly; jest ~ it is cold; jest mi ~ I am cold; *s n* cold

zimn|y *adj* cold, frigid; z ~ą krwią in cold blood

zimorodek *m zool.* kingfisher

zimować *vi* pass the winter

zioło *n* herb

ziomek *m* fellow-countryman

ziścić *vt* fulfill

zjadać *vt* eat; *przen. (niszczyć)* ruin

zjadliwy *adj* sarcastic; *med.* virulent

zjawa *f* phantom, apparition

zjawić się *vr* appear

zjawisko *n* phenomenon, vision

zjazd *m (zebranie)* congress, meeting, *(zlot, zbiórka)* rally; *(w dół)* descent

zjechać *vi* go down, descend; ~ z drogi make way; ~ się *vr* come together, assemble, meet

zjednać *vt* gain; ~ sobie win the favour *(kogoś of sb)*

zjednoczenie *n* unification, union

zjednoczony *adj* unified, joint, amalgamated; Organizacja Narodów Zjednoczonych United Nations Organization

zjednoczyć *vt* unify, unite

zjełczały *adj* rancid

zjeść *vt* eat up

zjeżdżać *zob.* zjechać

zlatywać *vi* fly down, rush down, come down; ~ się *vr* fly together, assemble

zlecać *vt* commission, charge *(komuś coś* sb with sth)

zlecenie *n* commission, order; *handl.* ~ wypłaty order of payment

z lekka *adv* lightly, softly

zlepek *m* conglomerate

zlepiać *vt*, ~ się *vr* stick together

zlew *m* sink

zlewać *vt* pour off; mix; ~ się *vr* flow together, join

zlewisko *n geogr.* watershed

zlewka *f chem.* beaker

zlewki *s pl* slops

zliczyć *vt* count, add up, compute

zlodowaciały *adj* glaciated

zlodowacieć *vi* turn into ice

zlot *m* rally; *(np. harcerski)* jamboree

złagodnieć *vi* soften, become mild

złagodzenie *n* softening, mitigation

złamać *vt* break; ~ się *vr* break, be broken; *zob.* łamać

złamanie *n (kości)* fracture; *(zobowiązania)* breach

złazić *vi* come ⟨climb⟩ down

złącze *n techn.* joint, connector

złączenie *n* junction, unification

złączyć *vt* join, unite, connect; ~ się *vr* join *(z kimś* sb); unite

złe *n* evil; brać za ~ take amiss; nic ~go no harm

zło *n* evil

złocić *vt* gild

złoczyńca *m* malefactor, evil-doer

złodziej *m* thief, *(kieszonkowy)* pick-pocket

złodziejstwo *n* larceny, theft

złom *m* scrap-iron, waste stuff

złorzeczenie *n* malediction, curse

złorzeczyć *vi* curse *(komuś* sb)

złościć *vt* irritate, make angry; ~ się *vr* bo angry *(na kogoś* with sb, na coś at sth), be irritated ⟨vexed⟩ *(na kogoś, coś* at ⟨with⟩ sb, sth)

złość *f* spite, anger; na ~ just to spite *(komuś* sb)

złośliwość *f* malice

złośliw|y *adj* malicious, spiteful; *med.* ~a anemia pernicious anaemia; nowotwór ~y malignant tumour

złośnik *m* irritable person

złotnik *m* goldsmith

złoto *n* gold

złoty 1. *adj* gold, *przen.* golden; ~ wiek golden age

złoty 2. *m (jednostka monetarna)* zloty

złowieszczy *adj* ominous, sinister

złowrogi *adj* ill-omened

złoże *n* stratum; *geol.* bed

złożenie *n* deposition; *(przysięgi)* taking

złożony adj folded; (skomplikowany) complicated, complex, compound; ~ chorobą bedridden

złożyć vt fold; (np. pieniądze) deposit; (przysięgę) take; (z urzędu) dismiss; (urząd) resign; (wizytę) pay; zob. składać

złuda f illusion

złudny adj illusory, deceptive

złudzenie n illusion

zły adj evil, bad, ill, wicked; (zagniewany) angry (na kogoś with sb); złe czasy hard times

zmagać się vr struggle

zmaganie n struggle

zmaleć vi grow smaller, diminish, decrease

zmanierowany adj mannered, affected

zmarły adj i sm deceased

zmarnować vt waste; ~ się vr get wasted

zmarszczka f wrinkle, crease

zmarszczyć vt, ~ się vr wrinkle (up), crease

zmartwić vt worry, grieve, afflict; ~ się vr become grieved (czymś at sth)

zmartwienie n worry, grief, affliction

zmartwychwstać vi rise from the dead

zmartwychwstanie n Resurrection

zmarznąć [-r-z-] vi be frozen

zmawiać się vr collude, conspire

zmaza f blemish, stain

zmazać vt efface

zmądrzeć vi become wise

zmęczenie n weariness, fatigue

zmęczony adj tired, weary

zmęczyć vt tire, fatigue; ~ się vr be ⟨get⟩ tired

zmian|a f change, alteration; (kolejność pracy) shift, turn; na ~ę in turn, alternately, for a change

zmiatać vt sweep

zmiażdżyć vt crush

zmieniać vt change, alter; ~ się vr change

zmienna f mat. variable; ~ niezależna ⟨zależna⟩ independent ⟨dependent⟩ variable

zmienność f mutability, changeability

zmienny adj mutable, changeable, variable

zmierzać vi aim, drive (do czegoś at sth)

zmierzyć vt measure

zmierzch m dusk, twilight

zmierzchać się vr grow dusky

zmieszać vt mix up; (skonfundować) confound, perplex, disconcert; ~ się vr become mixed up; (speszyć się) become confused, be disconcerted, be put out of countenance

zmieszanie n mixing up; (speszenie) confusion

zmieścić vt put, accomodate, place; ~ się vr find room enough

zmiękczyć vt soften, mollify

zmięknąć vi soften, become soft

zmiłować się vr have mercy, take pity (nad kimś on sb)

zmniejszenie n diminution, decrease, reduction

zmniejszyć vt diminish, reduce; ~ się vr diminish, decrease, dwindle

zmoczyć vt moisten, wet, soak

zmoknąć vi get wet, be soaked, pot. get a soaking

zmora f nightmare

zmordować vt tire out; ~ się vr become tired out

zmorzy|ć vt, sen mnie ~ł I was overcome with sleep

zmotoryzowany adj motorized

zmowa f collusion, conspiracy

zmóc vt overcome, overpower

zmówić vt (modlitwę) say; ~ się vr zob. zmawiać się

zmrok m dusk, twilight

zmurszały adj mouldy

zmurszeć vi moulder

zmuszać vt force, compel

zmykać vi bolt, scamper off

zmylić vt mislead, hoodwink

zmysł m sense; być przy zdrowych ~ach be in one's right senses

zmysłowość f sensuality

zmysłowy *adj* sensual
zmyślać *vt* invent
zmyślenie *n* invention, fiction
zmyślony *adj* fictitious, invented
znachor *m* medicine-man
znaczący *adj* significant
znaczek *m* sign, mark; *(poczto-wy)* (postage-)stamp
znaczenie *n* significance, meaning, importance
znacznie *adv* considerably, far
znaczny *adj* considerable, notable
znaczony *adj* labelled, marked
znaczyć *vt vi* mark; mean, signify; be of importance
znać *vt* know; ~ kogoś z nazwiska ⟨z widzenia⟩ know sb by name ⟨by sight⟩; dać komuś ~ let sb know; nie chcę go ~ I want to have nothing to do with him; nie dać o sobie ~ send no news; ~ się *vr* be acquainted (z kimś with sb); be familiar (na czymś with sth), *pot.* be well up (na czymś in sth); nie ~ się be ignorant (na czymś of sth)

znajd|ować *vt* find; ~ować się *vr* be (found); gdzie on się ~uje? where is he?; where can he be found?
znajomość *f* acquaintance; zawrzeć ~ make acquaintance
znajomy *m* acquaintance; *adj* known
znak *m* sign, mark, token; signal; ~ fabryczny trade mark; ~i drogowe road signs; ~ tożsamości earmark; ~ wodny watermark; ~ zapytania interrogation ⟨question⟩ mark, query; zły ~ omen; na ~ in token (czegoś of sth)
znakomitość *f* excellence, celebrity
znakomity *adj* excellent, exquisite
znalazca *m* finder
znalezienie *n* finding, discovery
znaleźć *vt* find, *(odkryć)* discover; ~ się *vr* be found, find oneself; know how to behave

znaleźne *n* finder's reward
znamienny *adj* characteristic
znamię *n* sign, stigma; *przen. (piętno)* impress
znamionować *vt* characterize
znany *adj* known; celebrated
znarowić *vt* spoil; *(konia)* make restive
znarowiony *adj* spoilt, *(o koniu)* restive
znawca *m* expert (czegoś in sth)
znawstwo *n* thorough knowledge
znęcać się *vr* torment, harass (nad kimś sb)
znękany *adj* depressed, worn out
zniechęcać *vt* discourage; ~ się *vr* be discouraged
zniechęcenie *n* discouragement
zniecierpliwić *vt* put out of patience; ~ się *vr* lose patience; grow impatient
zniecierpliwienie *n* impatience
znieczulający *adj*, środek ~ anaesthetic
znieczulenie *n* insensibility, *med.* anaesthesia
znieczulić *vt* make insensible, *med.* anaesthetize
zniedołężnieć *vi* become decrepit
zniekształcić *vt* disfigure, deform
znienacka *adv* all of a sudden
znienawidzić *vt* come to hate
znienawidzony *adj* hated, odious
znieprawić *vt* deprave, pervert
zniesienij|e *n (usunięcie)* abolition; *(unieważnienie)* annulment; nie do ~a intolerable, unbearable
zniesławić *vt* defame
zniesławienie *n* defamation
znieść *vt zob.* znosić
zniewaga *f* insult
znieważać *vt* insult
zniewieściałość *f* effeminacy
zniewieściały *adj* effeminate, womanish
zniewolenie *n* constraint; violation; *(kobiety)* rape
zniewolić *vt* constrain; violate
znikać *vi* vanish, disappear
znikąd *adv* from nowhere
znikomy *adj* transient; *(nieznaczny)* inconspicuous

zniszczeć *vi* decay, be ruined

zniszczenie *n* destruction, ruin

zniszczyć *vt* destroy, ruin

zniweczyć *vt* annihilate, destroy, thwart

zniżać *vt* lower, (*cenę*) reduce; ~ **się** *vr* go down, lower, be lowered

zniżka *f* reduction; (*giełdowa*) slump

zniżony *adj*, po ~ch **cenach** at reduced prices

znojony *adj* toilsome

znosić *vt* carry down; bring together, (*usuwać*) abolish; (*odzież, buty*) wear; (*unieważniać*) annul, abolish; (*ścierpieć*) suffer, endure, stand; (*jaja*) lay; ~ **się** *vr* (*o ubraniu, obuwiu*) wear; be worn out; (*utrzymywać stosunki*) have intercourse ⟨contacts⟩

znośny *adj* tolerable

znowu *adv* again

znój *m* toil

znudzenie *n* boredom

znudzić *vt* bore, weary; ~ć **się** *vr* become bored; be fed up (*czymś* with sth); **to mi się** ~ło I am fed up with it

znużenie *n* weariness

znużyć *vt* fatigue, weary; ~ **się** *vr* grow weary, become tired

zobaczeni|**e** *n* seeing; **do** ~a! good--bye!

zobaczyć *vt* catch sight (*coś* of sth), see; ~ **się** *vr* see (*z kimś* sb)

zobojętnić *vt* neutralize

zobojętnieć *vi* become indifferent

zobowiązanie *n* obligation, pledge; **podjąć** ~ enter into an obligation; **wziąć na siebie** ~ undertake an obligation

zobowiązywać *vt* oblige, bind; ~ **się** *vr* bind ⟨pledge⟩ oneself

zodiak *m*, **znaki** ~u zodiac signs

zoolog *m* zoologist

zoologia *f* zoology

zoologiczny *adj* zoological

zorza *f* aurora, morning-dawn, morning star; ~ **północna** ⟨polarna⟩ aurora borealis

z osobna *adv* separately; **wszyscy razem i każdy** ~ jointly and severally

zostal|**ć** *vi* remain; (*stać się*) become; **dom** ~ł **zburzony** the house was destroyed

zostawiać *vt* leave

zrastać się *vr* grow together, coalesce

zrazić *vt* zob. **zrażać**

zrazu *adv* at first

zrażać *vt* discourage; ~ **się** *vr* become discouraged; become prejudiced (*do kogoś* against sb)

zrąb *m* frame

zresztą *adv* besides, else, moreover, after all

zręczność *f* dexterity, skill

zręczny *adj* dexterous, skilful

zrobi|**ć** *vt* make, do, perform; ~ć **się** *vr* become, grow, get; ~ło **mi się niedobrze** I felt sick; ~ło **się zimno** it grew cold; ~ła **się wiosna** spring came

zrosnąć się *vr* zob. **zrastać się**

zrozpaczony *adj* desperate

zrozumiały *adj* comprehensible, intelligible

zrozumieć *vt* understand, comprehend

zrozumienie *n* understanding, comprehension

zrównać *vt* even, level, equalize

zrównanie *n* levelling, equalization

zrównoważyć *vt* balance

zrywać *vt* tear off; (*np. kwiaty*) pick, pluck; (*stosunki*) break off; *vi* break (*z kimś* with sb); ~ **się** *vr* start up; (*ze snu*) get up with a start; (*o wietrze*) rise

zrządz|**ić** *vt* cause, ordain; **los** ~ł the fate has ordained

zrzeczenie się *n* renunciation, resignation

zrzekać się *vr* renounce, resign (*czegoś* sth)

zrzeszać *vt*, ~ **się** *vr* associate, combine

zrzeszenie *n* association, combination

zrzęda *m, f* pot. grumbler

zrzędzić *vi* grumble (**na coś** at sth)

zrzucać *vt* throw off ⟨down⟩, drop

zrzut *m* drop(ping)

zsiadać *vi* dismount, descend; ~ **się** *vr* (*o mleku*) curdle

zsiadły *adj* (*o mleku*) curdled

zstępować *vi* descend

zszyć *vt* sew together

zszywka *f* (*do papieru*) (paper-) fastener

zubożały *adj* impoverished

zubożeć *vi* become poor

zuch *m* brave fellow, *pot.* dare-devil; (*w harcerstwie*) wolf-cub

zuchwalstwo *n* arrogance; (*śmiałość*) audacity

zuchwały *adj* arrogant, overbearing

zupa *f* soup

zupełny *adj* complete, entire

zużycie *n* (*spożycie*) consumption; (*zniszczenie*) waste, wear

zużyć *vt* consume; use (up); ~ **się** *vr* be used up, be worn out

zużytkować *vt* utilize

zużyty *adj* used up, worn out, (*o maszynie*) broken-down

zwa|ć *vt* call; ~**ć się** *vr* be called; **tak** ~**ny** so-called

zwada *f* squabble

zwalczyć *vt* combat, overpower, overcome

zwalić *vt* throw down; (*np. dom*) pull down; ~ **winę na kogoś** put all the blame on sb; ~ **się** *vr* tumble down, collapse

zwalniać *zob.* zwolnić

zwapnienie *n* calcification

zwariować *vi* go mad

zwariowany *adj* mad, crazy (**na punkcie czegoś** about sth)

zwarty *adj* close, compact

zwarzyć *vt* boil; damage, nip (by frost); (*o mleku*) curdle, turn; ~ **się** *vr* (*o mleku*) curdle, turn

zważać *vi* mind (**na coś** sth), (*uwzględniać*) pay attention (**na coś** to sth)

zważyć *vt* weigh; *przen.* (*rozważyć*) consider

zwątpić *vi* doubt, feel a doubt (**w coś** about sth)

zwątpienie *n* doubt, uncertainty

zwędzić *vt pot.* (*ukraść*) snaffle, pinch

zwęglić *vt* char; *chem.* carbonize; ~ **się** *vr* char, become carbonized

zwęzić *vt* narrow

zwiać *vr zob.* zwiewać

zwiady *s pl* reconnaissance

zwiastować *vt* announce

zwiastun *m* harbinger

związać *zob.* zawiązać

związ|ek *m* union, bond, alliance, conjunction, connection; *chem.* compound; ~**ek zawodowy** trade union; **w** ~**ku z...** in connection with...

związkow|y *adj* allied; Union *attr*; **republika** ~**a** Union republic

zwichnąć *vt* sprain, dislocate

zwichnięcie *n* sprain, dislocation

zwiedzać *vt* see, visit, frequent

zwierciadło *n* looking-glass, mirror

zwierzać się *vr* open one's heart (**komuś** to sb)

zwierzchni *adj* upper, superior

zwierzchnictwo *n* superiority, supremacy

zwierzchnik *m* superior, principal, *pot.* boss

zwierzenie *n* confidence

zwierzę *n* animal, (*dzikie*) beast; (*domowe*) domestic animal

zwierzęcy *adj* animal; brutal; **świat** ~ animal kingdom

zwierzyna *f* zbior. game

zwierzyniec *m* zoo

zwietrzały *adj* decomposed, (*o skałach*) weathered

zwietrzeć *vi* decompose, evaporate, (*o skałach*) weather

zwiewać *vi pot.* (*uciekać*) cut and run

zwiędły *adj* faded

zwiędnąć *vi* fade away

zwiększyć *vt* magnify, increase; ~ **się** *vr* increase, augment

zwięzłość *f* conciseness

zwięzły *adj* concise

zwijać *vt* roll, wind, (*żagle*) furl; (*interes*) wind up; ~ **się** *vr* roll

⟨curl up⟩ oneself; (*krzątać się*) bustle (**koło czegoś** about sth)

zwilżyć *vt* moisten

zwinąć *vt* zob. **zwijać**

zwinny *adj* nimble, quick

zwitek *m* scroll, roll

zwlekać *vt vi* delay, protract; (*odkładać*) put off

zwłaszcza *adv* particularly; ~ **że...** all the more since..., more particularly as...

zwłok|a *f* delay; (*odroczenie terminu*) respite; **uzyskać** ~**ę** obtain a respite; **bez** ~**i** without delay

zwłoki *s pl* corpse, mortal remains *pl*

zwodniczy *adj* seductive, delusive

zwodz|ić *vt* delude, deceive; **most** ~**ony** drawbridge

zwolennik *m* follower, adherent

z wolna *adv* slowly

zwolnić *vt vi* (*uwolnić*) free, set free, give leave; (*tempo*) slacken; (*odprężyć*) relax; (*pracownika*) dismiss

zwolnienie *n* (*uwolnienie*) release, (*o tempie*) slackening; (*odprężenie*) relaxation; (*z pracy*) dismissal; (*lekarskie*) medical officer's certificate

zwoływać *vt* call together

zwozić *vt* carry, bring in ⟨together⟩, get in

zwój *m* roll, scroll

zwracać *vt* give back, return; ~ **uwagę** pay attention (**na coś to** sth); call attention (**komuś na coś** sb's to sth); **on zwrócił mi na to uwagę** he called my attention to it; ~ **się** *vr* apply (**do kogoś o coś** to sb for sth), address (**do kogoś** sb)

zwrot *m* return; (*obrót*) turn; (*wyrażenie*) phrase

zwrotka *f* stanza

zwrotnica *f* switch

zwrotnik *m* tropic'

zwrotnikowy *adj* tropical

zwrotn|y *adj* returnable; (*o pieniądzach*) repayable; *gram.* reflexive; **cło** ~**e** drawback; **punkt** ~**y** turning-point

zwrócić zob. **zwracać**

zwycięski *adj* victorious; (*w zawodach itp.*) champion *attr*

zwycięstwo *n* victory

zwycięzca *m* victor, coqueror; (*w zawodach*) winner, champion

zwyciężać *vt vi* conquer, be victorious

zwyczaj *m* custom, habit; **mieć** ~ have the habit (**czegoś** of sth); be wont; **wejść w** ~ grow into the habit, become a custom, become customary; **starym** ~**em** according to the old custom

zwyczajny *adj* usual, common; ordinary

zwyczajow|y *adj* customary; **prawo** ~**e** common law

zwykle *adv* *usually*; **jak** ~ as usual

zwykły *adj* common

zwyrodniały *adj* degenerate

zwyrodnienie *n* degeneration

zwyżka *f* rise, augmentation

zwyżkować *vi* rise

zwyżkow|y *adj*, **tendencja** ~**a** upward tendency

zygzak *m* zigzag

zysk *m* gain, profit; **czysty** ~ net profit

zyskać *vt* profit (**na czymś by** sth), gain

zyskowny *adj* profitable

zza *praep* from behind, from beyond

zziajać się *vr* be out of breath

zziębnąć *vi* become chilled

zziębnięty *adj* chilled

zżyć się *vr* become familiar

zżymać się *vr* fret and fume; *pot.* be cross (**na kogoś with** sb)

Ź

źdźbło n stalk, halm, (*trawy*) blade

źle *adv* badly, ill

źrebak, źrebię n foal

źrenic|a f pupil, *przen.* apple of the eye; strzec jak ~y oka cherish like the apple of one's eye

źródlany *adj* spring (water)

źródł|o n source, spring, well; *przen.* source; authority; gorące ~a hot springs, thermae; *przen.* ~o zła origin ⟨root⟩ of an evil; mieć swoje ~o w czymś to rise ⟨to spring⟩ from sth; ~o dochodu source of income

źródłosłów m *gram.* etymology

źródłowy *adj* spring (water); (*oparty na źródłach*) first-hand, original

Ż

żaba f frog

żaden *pron* no, none; ~ z dwóch neither

żag|iel m sail; rozwinąć ⟨zwinąć⟩ ~le unfurl ⟨furl⟩ the sails

żagiew f firebrand, torch

żaglowiec m sailing-boat

żaglow|y *adj*, płótno ~e canvas, sail-cloth

żak m *hist.* school-boy

żakiet m jacket

żal m regret, grief, pity; ~ mi (*przykro mi*) I am sorry; (*żałuję*) I regret; ~ mi go I pity him; czuję ⟨mam⟩ do niego ~ I bear him a grudge

żalić się *vr* complain (na coś of sth)

żaluzja f blind

żałoba f mourning; (*odzież*) mourning-dress; (*żałobny strój kobiecy*) weeds *pl*

żałobny *adj* mourning, mournful; (*orszak, marsz*) funeral *attr*

żałosny *adj* lamentable, deplorable

żałować *vt* regret; grudge (komuś czegoś sb sth)

żandarm m gendarme

żar m glow, red-heat; (*zapał*) ar-

dour

żarliwość f ardour

żarliwy *adj* ardent

żarłoczność f gluttony

żarłoczny *adj* greedy, gluttonous

żarłok m glutton

żarna s *pl* handmill

żarówka f bulb

żart n joke, jest; ~em in jest

żartobliwy *adj* facetious, jocose

żartować *vi* jest, joke

żartowniś m joker

żarzyć się *vr* glow

żąć *vt* mow, cut

żądać *vt* demand, require

żądanie n demand, request; na ~ at request

żądło n sting

żądny *adj* desirous (czegoś of sth), eager (czegoś for sth); ~ sławy anxious for fame

żądza f eagerness, desire

że *conj* that; *part* then; przyjdźże! come then!; do come!

żebrać *vi* ask alms, beg

żebrak m beggar

żebro n rib

żeby *conj* that, in order that ⟨to⟩

żeglarski adj nautical

żeglarstwo n sailing (profession), navigation

żeglarz m seaman, sailor, navigator

żeglować vi sail, navigate

żegluga f navigation; ~ powietrzna aviation

żegna|ć vt bid farewell; ~j! farewell!; ~ć się vr take leave (z kimś of sb); rel. cross oneself; zob. pożegnać

żelatyna f gelatine, jelly

żelazisty adj ferruginous

żelaziwo n ironware; (złom) scrap-iron

żelazko n (flat-)iron

żelazn|y adj iron; kolej ~a railway, am. railroad; list ~y safe-conduct

żelazo n iron; ~ kute wrought-iron; ~ lane cast-iron; ~ surowe pig-iron

żelazobeton, żelbeton m ferro-concrete, reinforced concrete

żeliwo n cast-iron

żeniaczka f pot. marriage

żenić vt marry (z kimś to sb), give in marriage; ~ się vr marry (z kimś sb), take a wife

żenować się vr feel embarrassed (czymś at sth)

żeński adj female, woman's, women's; feminine

żer m pasture, feed

żerdź f pole, rod; (dla kur) roost

żeton m counter, fish

żgać vt stab

żłobek m crib; (dla dzieci) crèche; techn. groove

żłobić vt groove

żłopać vt pot. gulp

żłób m crib, manger

żmija f adder, viper

żniwiarka f (maszyna) reaping machine; (kobieta) reaper

żniwiarz m reaper

żniwo n harvest

żołądek m stomach

żołądkowy adj stomach, gastric

żołądź f acorn; (w kartach) club (zw. pl clubs)

żoł|d m (soldier's) pay; na ~dzie in the pay

żołdak m pog. mercenary, hireling

żołnierski adj soldier's, military

żołnierz m soldier

żona f wife

żonaty adj married (z kimś to sb)

żółcić vt dye ⟨make⟩ yellow

żółciowy adj biliary, bilious; med. kamień ~ gall-stone

żółć f bile

żółknąć vi turn yellow

żółtaczka f med. jaundice

żółtawy adj yellowish

żółtko n yolk

żółtodziób m pog. greenhorn

żółty adj yellow

żółw m tortoise, (morski) turtle

żółwi adj, ~m krokiem at a snail's pace

żrący adj corrosive, caustic

żreć vt pot. eat greedily; chem. corrode

żubr m zool. aurochs

żuchwa f jaw-bone

żuć vt chew

żuk m scarab, beetle

żuławy s pl marsh-lands pl

żupa f salt-works pl

żur m sour soup

żuraw m crane; (studzienny) draw-well

żurnal m fashion-journal, ladies' magazine

żużel m slag; ~ wielkopiecowy furnace slag

żwawy adj brisk, quick

żwir m gravel

życie n life; (utrzymanie) livelihood, living, subsistence; zarabiać na ~ earn one's livelihood ⟨one's living⟩

życiorys m life, biography

życiow|y adj vital; mądrość ~a worldly wisdom, sagacity

życzenie n wish, desire

życzliwość f benevolence, goodwill

życzliwy adj well-wishing, favourable, friendly, favourably disposed (dla kogoś towards sb) życzyć *vt* wish; ~ **sobie** wish, desire

żyć *vi* live, be alive

Żyd *m* Jew

żydowski *adj* Jewish

Żydówka *f* Jewess

żyjątko *n* little creature, animalcule

żylak *m* varix

żylasty *adj* varicose, veinous, (*o mięsie*) tough

żyletka *f* safety-razor; (*ostrze*) razor-blade

żyła *f* vein; (*minerału*) seam

żyrafa *f* giraffe

żyrandol *m* chandelier

żyrant *m handl.* endorser

żyro *n handl.* endorsement

żyrować *vt handl.* endorse

żyto *n* rye

żywcem *adv* alive

żywica *f* resin

żywiciel *m* bread-winner

żywiczny *adj* resinous

żywić *vt* nourish, feed; (*np. rodzi-* nę) maintain; (*nadzieję*) entertain; ~ **się** *vr* feed, live (**czymś** on sth)

żywienie *n* feeding

żywioł *m* element

żywiołowy *adj* elemental

żywnościow|y *adj* alimentary; **artykuły** ~**e** victuals, provisions, articles of food

żywo *adv* quickly, briskly; † **jako** ~ forsooth, in truth

żywopłot *m* hedge

żywot *m* life; (*życiorys*) biography

żywotność *f* vitality

żywotny *adj* vital

żyw|y *adj* living, alive; (*ruchliwy*) lively, brisk, quick, *pot.* snappy; ~**e srebro** quick-silver, mercury; **kłamać w** ~**e oczy** lie with impudence; **nie widzę** ~**ej duszy** I see no living creature; **do** ~**ego** to the quick; **ledwie** ~**y** half-dead

żyzność *f* fertility

żyzny *adj* fertile

APPENDIX
DODATEK

GEOGRAPHICAL NAMES*

NAZWY GEOGRAFICZNE

Adriatyk, Morze Adriatyckie Adriatic, Adriatic Sea
Afganistan Afghanistan
Afryka Africa
Alabama Alabama
Alaska Alaska
Albania Albania; **Ludowa Socjalistyczna Republika Albanii** People's Socialist Republic of Albania
Alberta Alberta
Aleksandria Alexandria
Algier Algiers
Algieria Algeria
Alpy Alps
Amazonka Amazon
Ameryka America; ~ **Północna (Południowa)** North (South) America
Amsterdam Amsterdam
Andora Andorra
Andy Andes
Anglia England
Ankara Ankara
Antarktyda Antarctic; Antarctic Continent
Antyle Antilles
Apeniny Appenines
Arabia Saudyjska Saudi Arabia
Argentyna Argentina
Arizona Arizona
Arkansas Arkansas
Arktyka Arctic
Ateny Athens
Atlantyk, Ocean Atlantycki Atlantic, Atlantic Ocean
Atlas Atlas Mts

Auckland Auckland
Australia Australia; **Związek Australijski** Commonwealth of Australia
Austria Austria
Azja Asia; ~ **Mniejsza** Asia Minor
Azory Azores
Bagdad Bag(h)dad
Bahama the Bahamas
Bajkał Baikal
Bałkany Balkans; **Półwysep Bałkański** Balkan Peninsula
Bałtyk, Morze Bałtyckie Baltic, Baltic Sea
Bangladesz Bangladesh
Bejrut Beirut, Beyrouth
Belfast Belfast
Belgia Belgium
Belgrad Belgrade
Berlin Berlin; ~ **Zachodni** West Berlin
Bermudy the Bermudas
Berno Bern(e)
Beskidy Beskid Mts
Białoruś Byelorussia; **Białoruska SRR** Byelorussian SSR
Birma Burma
Birmingham Birmingham
Boliwia Bolivia
Bonn Bonn
Boston Boston
Brasilia Brasilia (*stolica*)
Brazylia Brazil (*państwo*)
Bruksela Brussels
Brytania Britain; **Wielka** ~ Great Britain
Budapeszt Budapest

* *Skróty*: Ils i Mts *odpowiadają wyrazom* Islands i Mountains

Buenos Aires Buenos Aires
Bukareszt Bucharest
Bułgaria Bulgaria; Ludowa Republika Bułgarii People's Republic of Bulgaria
Cambridge Cambridge
Canberra Canberra
Cejlon Ceylon, zob. Sri Lanka
Chicago Chicago
Chile Chile
Chiny China; Chińska Republika Ludowa Chinese People's Republic
Cieśnina Beringa Bering Strait
Cieśnina Kaletańska Strait of Dover
Cieśnina Magellana Strait of Magellan
Connecticut Connecticut
Cypr Cyprus
Czechosłowacja Czechoslovakia; Czechosłowacka Republika Socjalistyczna Socialist Republic of Czechoslovakia
Dakota Południowa South Dakota
Dakota Północna North Dakota
Damaszek Damascus
Dania Denmark
Dardanele Dardanelles
Delaware Delaware
Delhi Delhi
Detroit Detroit
Djakarta Djakarta
Dover Dover
Dublin Dublin
Dunaj Danube
Edynburg Edinburgh
Egipt Egypt
Ekwador Ecuador
Etiopia Ethiopia
Europa Europe
Filadelfia Philadelphia
Filipiny Philippines, Philippine Ils
Finlandia Finland
Floryda Florida
Francja France
Gdańsk Gdansk
Gdynia Gdynia
Genewa Geneva
Georgia Georgia
Ghana Ghana
Gibraltar Gibraltar

Glasgow Glasgow
Góry Skaliste Rockies, Rocky Mts
Grecja Greece
Greenwich Greenwich
Grenlandia Greenland
Gwatemala Guatemala
Gwinea Guinea
Haga the Hague
Haiti Haiti
Hawaje, Wyspy Hawajskie Hawaii, Hawaiian Ils
Hawana Havana
Hebrydy Hebrides
Hel Hel Peninsula
Helsinki Helsinki
Himalaje Himalaya
Hiszpania Spain
Holandia Holland, the Netherlands
Idaho Idaho
Illinois Illinois
Indiana Indiana
Indie India
Indonezja Indonesia
Indus Indus
Iowa Iowa
Irak Irak, Iraq
Iran Iran
Irlandia Ireland, (Republika Irlandzka) Eire
Islandia Iceland
Izrael Israel
Jamajka Jamaica
Jangcy-Ciang, Jangcy Yangtse-Kiang
Japonia Japan
Jawa Java
Jemen Yemen
Jerozolima Jerusalem
Jordania Jordan
Jugosławia Yugoslavia, Jugoslavia; Socjalistyczna Federacyjna Republika Jugosławii Socialist Federative Republic of Yugoslavia
Kair Cairo
Kalifornia California
Kambodża Cambodia
Kanada Canada
Kanał La Manche English Channel
Kanał Panamski Panama Canal

Kanał Sueski Suez Canal
Kansas Kansas
Karolina Południowa South Carolina
Karolina Północna North Carolina
Karpaty Carpathians, Carpathian Mts
Katowice Katowice
Kaukaz Caucasus
Kenia Kenya
Kentucky Kentucky
Kolorado Colorado
Kolumbia Columbia; (państwo) Colombia
Kolumbii Dystrykt District of Columbia
Kongo Congo
Kopenhaga Copenhagen
Kordyliery Cordilleras
Korea Korea; Koreańska Republika Ludowo-Demokratyczna Democratic People's Republic of Korea; ~ Południowa South Korea
Kornwalia Cornwall
Korsyka Corsica
Kostaryka Costa Rica
Kraków Cracow
Kreta Crete
Krym Crimea
Kuba Cuba; Socjalistyczna Republika Kuby Socialist Republic of Cuba
Kuwejt Kuwait, Kuweit
Labrador Labrador
La Manche = Kanał La Manche
Laos Laos
Leningrad Leningrad
Liban Lebanon
Liberia Liberia
Libia Lybia, Libia
Lichtenstein Lichtenstein
Liverpool Liverpool
Lizbona Lisbon
Londyn London
Los Angeles Los Angeles
Luizjana Louisiana
Luksemburg Luxemburg
Łódź Lodz
Madagaskar Madagascar
Madryt Madrid

Maine Maine
Malaje Malaya
Malajski Archipelag Malay Archipelago
Malajski Półwysep Malay Peninsula
Malezja Malaysia
Malta Malta
Manchester Manchester
Manitoba Manitoba
Maroko Morocco
Martynika Martinique
Maryland Maryland
Meksyk Mexico
Melanezja Melanesia
Melbourne Melbourne
Massachusetts Massachusetts
Michigan Michigan
Minnesota Minnesota
Missisipi Mississippi
Missouri Missouri
Monachium Munich
Monako Monaco
Mongolia Mongolia; Mongolska Republika Ludowa Mongolian People's Republic
Montana Montana
Montreal Montreal
Morze Arabskie Arabian Sea
Morze Bałtyckie Baltic Sea
Morze Czarne Black Sea
Morze Czerwone Red Sea
Morze Egejskie Aegean Sea
Morze Jońskie Ionian Sea
Morze Karaibskie Caribbean Sea
Morze Kaspijskie Caspian Sea
Morze Marmara Marmara, Sea of Marmara
Morze Martwe Dead Sea
Morze Północne North Sea
Morze Śródziemne Mediterranean Sea
Morze Tyrreńskie Tyrrhenian Sea
Morze Żółte Yellow Sea
Moskwa Moscow
Nebraska Nebraska
Nepal Nepal
Nevada Nevada
New Hampshire New Hampshire
New Jersey New Jersey
Niagara, Wodospad Niagara Niagara Falls

Niemiecka Republika Demokratyczna German Democratic Republic
Niger Niger
Nigeria Nigeria
Nil Nile
Norwegia Norway
Nowa Fundlandia Newfoundland
Nowa Gwinea New Guinea
Nowa Południowa Walia New South Wales
Nowa Szkocja Nova Scotia
Nowa Zelandia New Zealand
Nowe Delhi New Delhi
Nowy Jork New York
Nowy Meksyk New Mexico
Nowy Orlean New Orleans
Nysa Nysa
Ocean Atlantycki = Atlantyk
Ocean Indyjski Indian Ocean
Ocean Lodowaty Północny Arctic Ocean
Ocean Spokojny = Pacyfik
Odra Odra
Ohio Ohio
Oklahoma Oklahoma
Oksford, Oxford Oxford
Ontario Ontario
Oregon Oregon
Oslo Oslo
Ottawa Ottawa
Pacyfik, Ocean Spokojny Pacific Ocean
Pakistan Pakistan
Panama Panama
Paragwaj Paraguay
Paryż Paris
Pekin Peking
Pensylwania Pennsylvania
Peru Peru
Phenian Pyongyang
Pireneje Pyrenees
Polinezja Polynesia
Polska Poland; **Polska Rzeczpospolita Ludowa** Polish People's Republic
Portugalia Portugal
Poznań Poznan
Praga Prague
Quebec Quebec
Queensland Queensland
Ren Rhine

Republika Federalna Niemiec Federal Republic of Germany
Republika Południowej Afryki Republic of South Africa
Reykjawik Reykjavik
Rhode Island Rhode Island
Rodezja Rhodesia
Rosja Russia; **Rosyjska Federacyjna Socjalistyczna Republika Radziecka** Russian Soviet Federative Socialist Republic
Rumunia R(o)umania; **Socjalistyczna Republika Rumunii** Rumanian Socialist Republic
Rzym Rome
Sahara Sahara
San Francisco San Francisco
San Marino San Marino
Sardynia Sardinia
Sekwana Seine
Senegal Senegal
Singapur Singapore
Skandynawia Scandinavia
Sofia Sofia
Somalia Somalia
Sri Lanka Sri Lanka
Stany Zjednoczone Ameryki United States of America
Sudan Sudan
Suez Suez
Sumatra Sumatra
Sycylia Sicily
Sydney Sydney
Syjam *hist.* Thailand; *zob.* **Tajlandia**
Syria Syria
Szczecin Szczecin
Szkocja Scotland
Sztokholm Stockholm
Szwajcaria Switzerland
Szwecja Sweden
Śląsk Silesia
Taiwan Taiwan
Tajlandia Thailand
Tamiza Thames
Tasmania Tasmania
Tatry Tatra Mts
Teheran Teheran
Tel Awiw Tel Aviv
Tirana Tirana
Teksas Texas
Tennessee Tennessee

Terytoria   Północno-Zachodnie
   North-West Territories
Terytorium   Północne   Northern
   Territory
Tokio Tokyo
Toronto Toronto
Tunezja Tunisia
Tunis Tunis
Turcja Turkey
Tybet Tibet
Uganda Uganda
Ulster Ulster
Ułan Bator Ulhan Bator
Ural Ural
Urugwaj Uruguay
Utah Utah
Vermont Vermont
Walia Wales
Warszawa Warsaw
Waszyngton Washington
Watykan Vatican City
Wellington Wellington
Wenecja Venice
Wenezuela Venezuela
Węgry Hungary; Węgierska Repu-
   blika Ludowa Hungarian Peo-
   ple's Republic
Wiedeń Vienna
Wielka Brytania Great Britain
Wietnam Vietnam; Socjalistyczna
   Republika Wietnamu Socialist
   Republic of Vietnam
Wiktoria Victoria
Wirginia Virginia; ~ Zachodnia
   West Virginia

Wisconsin Wisconsin
Wisła Vistula
Włochy Italy
Wołga Volga
Wrocław Wroclaw
Wyoming Wyoming
Wyspy Brytyjskie British Ils
Wyspy Kanaryjskie Canary Ils
Wyspy Normandzkie Channel Ils
Zair Zaire
Zambia Zambia
Zatoka Adeńska Gulf of Aden
Zatoka Baskijska Biscay, Bay of
   Biscay
Zatoka Botnicka Bothnia, Gulf of
   Bothnia
Zatoka Gdańska Gulf of Gdansk
Zatoka Gwinejska Gulf of Guinea
Zatoka Meksykańska Gulf of Me-
   xico
Zatoka Perska Persian Gulf
Zatoka Św. Wawrzyńca Gulf of St
   Lawrence
Zjednoczona Republika Arabska
   hist. United Arab Republic
Zjednoczone Królestwo Wielkiej
   Brytanii i Północnej Irlandii U-
   nited Kingdom of Great Britain
   and Northern Ireland
Związek   Australijski   Common-
   wealth of Australia
Związek Radziecki Soviet Union;
   Związek Socjalistycznych Repu-
   blik Radzieckich Union of Soviet
   Socialist Republics

A LIST OF PROPER NAMES
SPIS IMION WŁASNYCH

Adam Adam
Agnieszka Agnes
Albert Albert
Aleksander Alexander
Alicja Alice
Ambroży Ambrose
Amelia Amelia
Andrzej Andrew, zdrob. Andy
Anna Ann, Anna, zdrob. Nan, Nancy
Antoni Anthony, zdrob. Tony
Antonina Antonia
Artur Arthur
August Augustus
Barbara Barbara
Bartłomiej Bartholomew
Benedykt Benedict
Bernard Bernard
Błażej Blase
Cecylia Cecilia, Cecily
Cyryl Cyril
Daniel Daniel
Diana Diana
Dionizy Dionysius
Dominik Dominic
Dorota Dorothy
Edmund Edmund
Edward Edward, zdrob. Ted
Edyta Edith
Eleonora Eleanor, zdrob. Nell, Nelly
Elżbieta Elisabeth, Elizabeth, zdrob. Bess, Betsy
Emilia Emily
Ernest Ernest
Eugeniusz Eugene, Gene
Ewa Eve, Eva
Feliks Felix
Filip Philip
Franciszek Francis

Franciszka Frances
Fryderyk Frederic(k)
Gabriel Gabriel
Grzegorz Gregory
Gustaw Gustavus
Helena Helen, Helena, zdrob. Nell, Nelly
Henryk Henry, Harry
Henryka Harriet, Harriot
Horacy Horace, Horatio
Hugo Hugh
Ignacy Ignatius
Irena Irene
Izabela Isabel
Jakub Jacob, James, zdrob. Jim
Jan John, zdrob. Jack
Janina Jane, Jean
Jerzy George
Joanna Joan, Joanna
Józef Joseph
Józefa Josephine
Judyta Judith
Julia Julia, Juliet
Julian Julian
Juliusz Julius
Justyna Justine
Karol Charles
Katarzyna Catherine, Katherine, zdrob. Kathleen, Kitty, Kate
Klara Clara, Clare
Klaudiusz Claudius
Konstancja Constance
Konstanty Constantine
Krystyn Christian
Krystyna Christina
Krzysztof Christopher, zdrob. Kit
Ksawery Xavier
Leon Leo
Leonard Leonard
Leopold Leopold

Ludwik Lewis, Louis
Łucja Lucy
Łukasz Lucas, Luke
Magdalena Magdalene, *zdrob.* Maud
Małgorzata Margaret, *zdrob.* Marjory, Peggy
Marcin Martin
Maria Mary, *zdrob.* Molly
Mateusz Matthew
Michał Michael, *zdrob.* Micky, Mike
Mikołaj Nicholas, *zdrob.* Nick
Oskar Oscar
Patrycy Patrick, *zdrob.* Pat
Paweł Paul
Piotr Peter
Rajmund Raymond
Robert Robert, *zdrob.* Rob, Bob
Róża Rose
Ryszard Richard, *zdrob.* Dick

Stanisław Stanisla(u)s
Stefan Stephen
Sylwester Silvester
Szymon Simon
Tadeusz Thadd(a)eus
Teodor Theodore, *zdrob.* Theo
Teresa Theresa
Tobiasz Tobias, *zdrob.* Toby
Tomasz Thomas, *zdrob.* Tom, Tommy
Urszula Ursula
Walenty Valentine
Wawrzyniec Laurence, Lawrence
Wiktor Victor
Wiktoria Victoria, *zdrob.* Vic
Wincenty Vincent
Wojciech Adalbert
Zenon Zeno
Zofia Sophie, Sophia
Zuzanna Susan
Zygmunt Sigismund

A LIST OF ABBREVIATIONS IN COMMON USE
SPIS NAJCZĘŚCIEJ UŻYWANYCH SKRÓTÓW

a.	albo or
adm.	admirał admiral
adw.	adwokat lawyer, barrister
afr., afryk.	afrykański African
ag.	agencja agency
AK	Armia Krajowa *hist.* Home Army
AL	Armia Ludowa *hist.* People's Army
am.	amerykański American
AM	Akademia Medyczna Medical Academy
Am. Płd., Amer. Płd.	Ameryka Południowa South America
Am. Płn., Amer. Płn.	Ameryka Północna North America
ang.	angielski English
AR	Agencja Robotnicza Workers' Press Agency
art.	artykuł article; artysta artist; $\sim$ mal. (= artysta malarz) painter; $\sim$ rzeźb. (= artysta rzeźbiarz) sculptor
ASP	Akademia Sztuk Pięknych Academy of Fine Arts
asyst.	asystent assistant
austral.	australijski Australian
AWF	Akademia Wychowania Fizycznego Academy of Physical Education
AZS	Akademicki Związek Sportowy University Sports Association (of Poland)
BCh	Bataliony Chłopskie *hist.* Peasants' Battalions
bhp, BHP	bezpieczeństwo i higiena pracy safety and hygiene of work
bm.	bieżącego miesiąca the current month
BN	Biblioteka Narodowa National Library
BOT	Biuro Obsługi Turystycznej Tourist Service Agency
bp	biskup bishop
BPK	Bułgarska Partia Komunistyczna Bulgarian Communist Party
br.	bieżącego roku this year, the current year
bryt.	brytyjski British
BTZ	Biuro Turystyki Zagranicznej Foreign Tourist Service Office
BU	Biblioteka Uniwersytecka University Library
BWKZ	Biuro Współpracy Kulturalnej z Zagranicą Office for Cultural Relations with Foreign Countries

C, C°	stopień Celsjusza degree centigrade
CAF	Centralna Agencja Fotograficzna Central Press Photo Agency
cd.	ciąg dalszy continued
cdn.	ciąg dalszy nastąpi to be continued
CDT	Centralny Dom Towarowy Central Department Store
Cepelia	zob. CPLiA
CH	Centrala Handlowa Commercial Centre
ChRL	Chińska Republika Ludowa Chinese People's Republic
CHZ	Centrala Handlu Zagranicznego Commercial Centre for Foreign Trade
CK	Centralny Komitet Central Committee
cm	centymetr centimetre
cm²	centymetr kwadratowy square centimetre
cm³	centymetr sześcienny cubic centimetre
CO, C.O., c.o.	centralne ogrzewanie central heating
CPLiA	Centrala Przemysłu Ludowego i Artystycznego Union of Co-operative Folk and Artistic Industry
CPN	Centrala Produktów Naftowych Commercial Centre for Oil Industry
CRZZ	Centralna Rada Związków Zawodowych Central Council of the Trade Unions
CSH	Centralna Składnica Harcerska Scouts' Central Stores
CSRS	Czechosłowacka Republika Socjalistyczna Socialist Republic of Czechoslovakia
CWF	Centrala Wynajmu Filmów Film Distribution Office
cz.	część part
CZ	Centralny Zarząd Headquarters
czł.	członek member
dag	dekagram decagram
dca, d-ca	dowódca commander
Desa	Dzieła Sztuki i Antyki Works of Art and Antiques
dkg	(do 1965 r. dekagram) zob. dag
dł.	długość length
dn.	dnia this ... day of ...
doc.	docent docent
dol.	dolar dollar
dosł.	dosłownie literally
dot.	dotyczy refers; dotyczący concerning
dr	doktor doctor
ds., d/s	do spraw for ... affairs (matters)
DS	Dom Studencki Students' Home (Hostel)
DW	Dom Wypoczynkowy rest-home
dyr.	dyrektor director
EKG, ekg	elektrokardiogram electrocardiogram
etc.	łac. et cetera = i tak dalej et cetera
ew.	ewentualnie possibly; otherwise
EWG	Europejska Wspólnota Gospodarcza European Economic Community

Fiat	**Włoska Fabryka Samochodów w Turynie** Italian Automobile Factory Turin
FJN	**Front Jedności Narodu** National Unity Front
FN	**Filharmonia Narodowa** National Philharmonic Society
fot.	**fotografował** photographed by; **fotograf** photographer
FP	**Film Polski** Polish Cinema (Film)
FPK	**Francuska Partia Komunistyczna** French Communist Party
FSO	**Fabryka Samochodów Osobowych** Motor-Car Factory
FSZMP	**Federacja Socjalistycznych Związków Młodzieży Polskiej** Federation of Socialist Unions of Polish Youth
f.szt.	**funt szterling** pound sterling
FWP	**Fundusz Wczasów Pracowniczych** Workers' Holiday Fund
g	**gram** gram(me)
g.	**godzina** hour
gat.	**gatunek** sort
gen.	**generał** General
GKKFiT	**Główny Komitet Kultury Fizycznej i Turystyki** Central Committee of Physical Culture and Tourism
GL	**Gwardia Ludowa** *hist.* People's Guard
gm.	**gmina** commune
GOPR	**Górskie Ochotnicze Pogotowie Ratunkowe** Volunteer Mountain Rescue Service
gosp.	**gospodarka** economy; **gospodarczy** economic
górn.	**górnictwo; górniczy** mining
gr	**grosz** grosh
GS	**Gminna Spółdzielnia** Village Co-operative
GUS	**Główny Urząd Statystyczny** Chief Statistical Office
ha	**hektar** hectare
h.c.	**honoris causa** *łac.* (= dla zaszczytu) honoris causa
ib., ibid.	**ibidem** *łac.* (= ten sam) ibidem, there, in the same place
i.e.	**id est** *łac.* (= to jest) i.e., that is
il.	**ilustracja** figure, illustration; **ilustrował** illustrated by
im.	**imienia** memorial
in.	**inny** other; **inaczej** or, otherwise
inż.	**inżynier** engineer
it	**informacja turystyczna** tourist information
itd.	**i tak dalej** and so on
itp.	**i tym podobne** and the like
jedn.	**jednostka** unit
jęz.	**język** language
jw.	**jak wyżej** as above
k.	**koło** near
KC	**Komitet Centralny** Central Committee

KC PZPR	Komitet Centralny Polskiej Zjednoczonej Partii Robotniczej Central Committee of the Polish United Workers' Party
kg	kilogram kilogram
kier., Kier.	kierownik head, manager
k.k., kk	kodeks karny Penal Code
kl.	klasa class
km	kilometr kilometre; karabin maszynowy machine gun
km²	kilometr kwadratowy square kilometre
KM	koń mechaniczny horse-power (h.p.)
km/g	kilometry na godzinę kilometres per hour
KP	Komunistyczna Partia Communist Party
KPA	Komunistyczna Partia Australii Communist Party of Australia
KPCh	Komunistyczna Partia Chin Chinese Communist Party
KPCz	Komunistyczna Partia Czechosłowacji Communist Party of Czechoslovakia
KPK	Komunistyczna Partia Kanady Communist Party of Canada
KPNZ	Komunistyczna Partia Nowej Zelandii Communist Party of New Zealand
KPP	Komunistyczna Partia Polski hist. Communist Party of Poland
KPSZ	Komunistyczna Partia Stanów Zjednoczonych Communist Party of the United States
kpt.	kapitan captain
KPWB	Komunistyczna Partia Wielkiej Brytanii Communist Party of Great Britain
KPZR	Komunistyczna Partia Związku Radzieckiego Communist Party of the Soviet Union
KRL-D	Koreańska Republika Ludowo-Demokratyczna The Democratic People's Republic of Korea
KRN	Krajowa Rada Narodowa hist. National People's Council
ks.	ksiądz Reverend; książę Duke
kw.	kwadratowy square; kwartał three months
l	litr litre
la, LA	lekka atletyka athletics
lek.	lekarz physician
LK	Liga Kobiet Women's League
LOK	Liga Obrony Kraju National Defence League
Lot	zob. PLL „Lot"
LPA	Liga Państw Arabskich League of Arab States
LRB	Ludowa Republika Bułgarii People's Republic of Bulgaria
LSRA	Ludowa Socjalistyczna Republika Albanii Socialist People's Republic of Albania
LWP	Ludowe Wojsko Polskie Polish People's Army
łac.	łaciński Latin

m	metr metre
m.	miasto town, city; miesiąc month
MCK	Międzynarodowy Czerwony Krzyż International Red Cross
MFBRO	Międzynarodowa Federacja Bojowników Ruchu Oporu International Federation of the Fighters of the Resistance Movement
MFSM	Międzynarodowa Federacja Schronisk Młodzieżowych International Youth Hostels Federation
mgr	magister Master of Arts (M.A.)
MHD	Miejski Handel Detaliczny Municipal Retail Trade
MHW	Ministerstwo Handlu Wewnętrznego Ministry of Internal Trade
MHZ	Ministerstwo Handlu Zagranicznego Ministry of Foreign Trade
mies.	miesiąc month; miesięcznie monthly
mieszk.	mieszkaniec, mieszkańców inhabitant(s)
Min.	Ministerstwo Ministry
min	minuta minute
min.	minister Minister
m.in.	między innymi among others
mjr	major major
MKiS	Ministerstwo Kultury i Sztuki Ministry of Culture and Art
MKNiK	Międzynarodowa Komisja Nadzoru i Kontroli International Commission of Supervision and Control
MKOl	Międzynarodowy Komitet Olimpijski International Olympic Committee
m kw.	metr kwadratowy square metre
mld	miliard milliard, am. billion
mln	milion million
mm	milimetr millimetre
mm²	milimetr kwadratowy square millimetre
MO	Milicja Obywatelska Civic Militia
MOP	Międzynarodowa Organizacja Pracy International Labour Organization
MOŚ	Ministerstwo Ochrony Środowiska Ministry of the Environment
MPiK	Klub Międzynarodowej Prasy i Książki International Press and Book Club
MPK	Miejskie Przedsiębiorstwo Komunikacyjne Municipal Transport Enterprise
MPR-L	Mongolska Partia Ludowo-Rewolucyjna Mongolian People's Revolutionary Party
MRL	Mongolska Republika Ludowa Mongolian People's Republic
m/s, M/s	statek motorowy motorship
m.st.	miasto stołeczne capital city
MSW	Ministerstwo Spraw Wewnętrznych Ministry of Internal Affairs, am. Ministry of the Interior
MSZ	Ministerstwo Spraw Zagranicznych Ministry of Foreign Affairs

MTK	**Międzynarodowe Targi Książki** International Book Fair
MTP	**Międzynarodowe Targi Poznańskie** Poznan International Fair
MZS	**Międzynarodowy Związek Studentów** International Union of Students

n.	**nad** on
nad.	**nadawca** sender
NASA	**Narodowa Agencja do Spraw Aeronautyki i Przestrzeni Kosmicznej** *am.* National Aeronautics and Space Administration
NATO	**Organizacja Paktu Północnego Atlantyku** North Atlantic Treaty Organization
nb.	**nota bene** *łac.* nota bene
NBP	**Narodowy Bank Polski** National Bank of Poland
n.e.	**naszej (nowej) ery** Anno Domini (A.D.)
NK	**Naczelny Komitet** Chief Committee
NOT	**Naczelna Organizacja Techniczna** Chief Technical Organization
np.	**na przykład** for instance
nr	**numer** number
NRD	**Niemiecka Republika Demokratyczna** German Democratic Republic
NSPJ	**Niemiecka Socjalistyczna Partia Jedności (SED)** Socialist Unity Party of Germany
NZ	**Narody Zjednoczone** United Nations

ob., Ob.	**obywatel, obywatelka** citizen
OHP	**Ochotniczy Hufiec Pracy** Voluntary Labour Corps
OIT	**Ośrodek Informacji Turystycznej** Tourist Information Centre
OJA	**Organizacja Jedności Afrykańskiej** Organization of African Unity
OKP	**Ogólnopolski Komitet Pokoju** All-Poland Peace Committee
ONZ	**Organizacja Narodów Zjednoczonych** United Nations Organization, UNO
OPA	**Organizacja Państw Amerykańskich** Organization of American States
ORMO	**Ochotnicza Rezerwa Milicji Obywatelskiej** Volunteer Reserve of the Civic Militia
ORP	**Okręt Rzeczypospolitej Polskiej** Polish Navy Ship
ORT	**Obsługa Ruchu Turystycznego** Tourist Traffic Service

p., P.	**pan, pani, panna** Mr, Mrs, Miss
p.	**patrz** see; **piętro** floor
PAGART,	
Pagart	**Polska Agencja Artystyczna** Polish Artistic Agency
PAN	**Polska Akademia Nauk** Polish Academy of Sciences
PAP	**Polska Agencja Prasowa** Polish Press Agency
par.	**paragraf** paragraph

PBP „Orbis"	Polskie Biuro Podróży „Orbis" Polish Travel Office 'Orbis'
PCK	Polski Czerwony Krzyż Polish Red Cross
PCW	polichlorek winylu (*tworzywo sztuczne*) polyvinyl
PDT	Powszechny Dom Towarowy Universal Department Store
PGR	Państwowe Gospodarstwo Rolne State Farm
PHZ	Przedsiębiorstwo Handlu Zagranicznego Foreign Trade Enterprise
PISM	Polski Instytut Spraw Międzynarodowych Polish Institute of International Affairs
PKF	Polska Kronika Filmowa Polish News-Reel
PKiN	Pałac Kultury i Nauki Palace of Culture and Science
PKO,	Powszechna Kasa Oszczędności National Savings Bank
PKO, Pekao	Polska Kasa Opieki Polish Guardian Bank, Ltd
PKOl	Polski Komitet Olimpijski Polish Committee for Olympic Games
PKOP	Polski Komitet Obrońców Pokoju Polish Committee of Partisans of Peace
PKP	Polskie Koleje Państwowe Polish State Railways
PKS, Pekaes	Państwowa Komunikacja Samochodowa Polish Motor Communications
pkt	punkt point; station
PKWN	Polski Komitet Wyzwolenia Narodowego *hist.* Polish Committee of National Liberation
PLL „Lot"	Polskie Linie Lotnicze „Lot" Polish Airlines 'Lot'
PLO	Polskie Linie Oceaniczne Polish Ocean Lines
płd.	południe south; południowy South; southern
płd.-wsch.	południowo-wschodni south-east
płd.-zach.	południowo-zachodni south-west
płk	pułkownik colonel
płn.	północ north; północny North; northern
płn.-wsch.	północno-wschodni north-east
płn.-zach.	północno-zachodni north-west
PMH	Polska Marynarka Handlowa Polish Merchant Marine
PMW	Polska Marynarka Wojenna Polish Navy
p.n.e.	przed naszą ⟨nową⟩ erą before Christ (B.C.)
POP	Podstawowa Organizacja Partyjna (PZPR) Basic Party Organization (of the Polish United Workers' Party)
por.	porównaj compare; porucznik lieutenant
poz.	pozycja item
pp., PP.	panowie, panie, państwo Messrs, Mesdames, Mr and Mrs
ppłk	podpułkownik lieutenant-colonel
ppor.	podporucznik second lieutenant
PPR	Polska Partia Robotnicza *hist.* Polish Workers' Party
PPS	Polska Partia Socjalistyczna *hist.* Polish Socialist Party
PR	Polskie Radio Polish Radio
PRiTV	Polskie Radio i Telewizja Polish Radio and Television
PRL	Polska Rzeczpospolita Ludowa Polish People's Republic
proc.	procent per cent

prof.	profesor professor
PS	postscriptum postscript
P.T.	pleno titulo *łac.* (= pełnym tytułem) full-titled
pt.	pod tytułem under the title
p-ta	poczta post office
PTTK	Polskie Towarzystwo Turystyczno-Krajoznawcze Polish Tourist Country-Lovers' Society
PW	Państwowe Wydawnictwo State Publishing House
PZLA	Polski Związek Lekkiej Atletyki Polish Athletic Union
PZMot, PZM	Polski Związek Motorowy Polish Automobile and Motor-Cycle Federation
PZPN	Polski Związek Piłki Nożnej Polish Football Union
PZPR	Polska Zjednoczona Partia Robotnicza Polish United Workers' Party
PZU	Państwowy Zakład Ubezpieczeń Polish National Insurance
PŻM	Polska Żegluga Morska Polish Steamship Co.
r.	rok(u) year
red.	redaktor editor
RFN	Republika Federalna Niemiec Federal Republic of Germany
RM	Rada Ministrów The Cabinet
RN	Rada Narodowa People's Council
RP	Rada Państwa State Council; Rzeczpospolita Polska Polish Republic
RPK	Rumuńska Partia Komunistyczna Rumanian Communist Party
RWPG	Rada Wzajemnej Pomocy Gospodarczej Council for Mutual Economic Aid
RZ	Rada Zakładowa Works Committee
s.	strona page
SA, S.A.	spółka akcyjna Joint Stock Company, *am.* Incorporated Company
SAM, sam	sklep samoobsługowy self-service shop
SD	Stronnictwo Demokratyczne Democratic Party
sek.	sekunda second
SFRJ	Socjalistyczna Federacyjna Republika Jugosławii Socialist Federative Republic of Yugoslavia
sierż.	sierżant sergeant
SPATiF	Stowarzyszenie Polskich Artystów Teatru i Filmu Association of Polish Theatre and Film Artists
SRR	Socjalistyczna Republika Rumunii Socialist Republic of Rumania
SRW	Socjalistyczna Republika Wietnamu Socialist Republic of Vietnam
st.	starszy older; senior; stopień, stopnie degree(s)
str.	strona page
St. Zjedn.	Stany Zjednoczone United States
szkoc.	szkocki Scotch; Scottish
SZMW	Socjalistyczny Związek Młodzieży Wojskowej Socialist Union of Military Youth

SZSP	**Socjalistyczny Związek Studentów Polskich** Socialist Union of Polish Students
ŚFMD	**Światowa Federacja Młodzieży Demokratycznej** World Federation of Democratic Youth
ŚFZZ	**Światowa Federacja Związków Zawodowych** World Federation of Trade Unions
ŚKOP	**Światowy Komitet Obrońców Pokoju** World Committee of Partisans of Peace
ŚOZ	**Światowa Organizacja Zdrowia** World Health Organization
śp.	**świętej pamięci** the late
ŚRP	**Światowa Rada Pokoju** World Council of Peace
św.	**święty** Saint; **świadek** witness
t	**tona** ton
t.	**tom** volume
tab.	**tabela** table
tabl.	**tablica** figure
tel.	**telefon** telephone
Telex	**Telegraph Exchange** bryt. dalekopis
tj.	**to jest** that is (i.e.)
TKKF	**Towarzystwo Krzewienia Kultury Fizycznej** Society for the Propagation of Physical Culture
TKKŚ	**Towarzystwo Krzewienia Kultury Świeckiej** Society for the Propagation of Lay Culture
TOS	**Techniczna Obsługa Samochodów** Automobile Technical Service
tow.	**towarzysz(ka)** comrade; **towarzystwo** society
TOZ	**Towarzystwo Opieki nad Zwierzętami** Society for the Protection of Animals
TPD	**Towarzystwo Przyjaciół Dzieci Society** of the Friends of Children
TV	**telewizja** television
tys.	**tysiąc** thousand
tzn.	**to znaczy** that is to say, namely
tzw.	**tak zwany** the so-called
ub.	**ubiegły** last (month, year etc.)
UJ	**Uniwersytet Jagielloński** Jagiellonian University
UKF	**fale ultrakrótkie (o dużych częstościach drgań)** ultra-short waves
ul.	**ulica** street
UNESCO	**Organizacja Narodów Zjednoczonych do spraw Oświaty, Nauki i Kultury** United Nations Educational, Scientific and Cultural Organization
UNICEF	**Fundusz Narodów Zjednoczonych Pomocy Dzieciom** United Nations Children's Fund
UP-T	**Urząd Pocztowo-Telekomunikacyjny** Post and Telecommunication Office
ur.	**urodzony** born
URM	**Urząd Rady Ministrów** Bureau of the Cabinet
USC	**Urząd Stanu Cywilnego** Registry
UW	**Uniwersytet Warszawski** University of Warsaw; **Układ Warszawski** Warsaw Treaty

w.	wiek century
W. Bryt.	Wielka Brytania Great Britain
wg	według according to
WłPK	Włoska Partia Komunistyczna Communist Party of Italy
w m.	w miejscu local
WP	Wojsko Polskie Polish Army
WRL	Węgierska Republika Ludowa Hungarian People's Republic
wsch.	wschód east; wschodni East; eastern
WSPR	Węgierska Socjalistyczna Partia Robotnicza Hungarian Socialist Workers' Party
ww.	wyżej wymieniony above mentioned
W-Z	(trasa) Wschód-Zachód East-West (thoroughfare)
zach.	zachód west; zachodni West; western
ZAIKS	Stowarzyszenie Autorów ZAIKS Authors' Association ZAIKS
zał.	załącznik enclosure; założony; założył founded
ZBoWiD	Związek Bojowników o Wolność i Demokrację Association of Fighters for Liberty and Democracy
zca, z-ca	zastępca deputy
z d.	z domu maiden name
ZG	Zarząd Główny Board (of Administration, of Directors), headquarters, governing body
ZHP	Związek Harcerstwa Polskiego Polish Scouting Union
ZKJ	Związek Komunistów Jugosławii League of Communists of Yugoslavia
ZKPI	Zjednoczona Komunistyczna Partia Irlandii United Communist Party of Ireland
ZLP	Związek Literatów Polskich Union of Polish Writers
zł	złoty zloty
zm.	zmarł(a) died
ZMS	Związek Młodzieży Socjalistycznej Socialist Youth Union
ZNP	Związek Nauczycielstwa Polskiego Polish Teachers' Association
zob.	zobacz see
ZSL	Zjednoczone Stronnictwo Ludowe United Peasants' Party
ZSMP	Związek Socjalistycznej Młodzieży Polskiej Union of Polish Socialist Youth
ZSRR	Związek Socjalistycznych Republik Radzieckich Union of Soviet Socialist Republics
ZURiT, ZURT	Zakład Usług Radiotechnicznych i Telewizyjnych Radio and Television Engineering Service Station
ZUS	Zakład Ubezpieczeń Społecznych Social Insurance Institution
zw.	związek union, association
Zw. Radz.	Związek Radziecki Soviet Union
Zw. Zaw., ZZ	Związki Zawodowe Trade Unions
ŻP	Żegluga Polska Polish Shipping

A LIST OF IRREGULAR VERBS

CZASOWNIKI Z ODMIANĄ TZW. NIEREGULARNĄ

bać się: boję, boisz, boi ... boją się; bój się; bojąc się; bał(a, -o, -y), *pl m* bali się; bano się

boleć *v imp:* boli, bolą; bolący; bolał(a, -o, -y); bolenie

bóść: bodę, bodziesz, bodzie ... bodą; bódź; bodąc(y); bódł, bodła, -ło,-ły, *pl m* -li; bodzony, *pl m* -dzeni; bodzenie

brać: biorę, bierzesz, bierze ... biorą; bierz; biorąc; brał(a, -o, -y), *pl m* -li; po-, za/brawszy; po-, za/brany; brano; branie

być *praes:* jestem, jesteś, jest(eśmy, -eście), są; *fut* będę, będziesz, będzie ... będą; bądź; będąc(y); byłem, był(a, -o, -y), *pl m* -li; bycie

chcieć: chcę, chcesz, chce ... chcą; chciej; chcąc(y); chciał(a, -o, -y), *pl m* chcieli; zachciawszy; chciano

ciąć: tnę, tniesz, tnie ... tną; tnij; tnąc(y); ciął, cięła, -ło, -ły, *pl m* -li; pociąwszy; cięty, *pl m* cięci; cięto; cięcie

ciec: ciekę, ciecziesz, ciecze ... cieką; cieknij, ciekmąc; ciekmął, ciekmęła, -ło, -ły, *pl m* -li; ciekmięty; *pl m* -nięci; ciekmięcie

czcić: czczę, czcisz, czci ... czczą; czcij; czcząc(y); czcił(a, -o, -y), *pl m* -li; uczciwszy; czczony, *pl m* czczeni; czczono; uczczenie

czyścić: czyszczę, czyścisz, czyści ... czyszczą; czyść; czyszcząc(y); czyścił(a, -o, -y), *pl m* -li; czyściwszy; oczyszczony; czyszczono; czyszczenie

dostać: dostanę, dostaniesz, dostanie ... dostaną; dostań; dostając; dostał(a, -o, -y), *pl m* -li; dostawszy; dostano; dostanie

drzeć: drę, drzesz, drze ... drą; drzyj; drąc(y); darł(a, -o, -y), *pl m* -li; zdarłszy; zdarty, *pl m* zdarci; darto; darcie

gnieść: gniotę, gnieciesz, gniecie ... gniotą; gnieć; gniotąc(y); gniótł, gniotła, -ło, -ły, *pl m* gnietli; przygniótłszy; gnieciony, *pl m* gnieceni; gnieciono; gniecenie

gryźć: gryzę, gryziesz, gryzie ... gryzą; gryź; gryząc(y); gryzł(a, -o, -y), *pl m* -li; ugryzłszy; ugryziony, *pl m* -zieni; gryziono; gryzienie

grząźć: grzęznę, grzęźniesz, grzęźnie ... grzęzną; grzęźnij; grzęznąc(y); grzązł(a, -o, -y), *pl m* grzęźli/grzęznął, -nęła, -nęło, -nęły, *pl m* -nęli; ugrzęzłszy/-znąwszy; ugrzęźnięty, *pl m* -nięci; grzęźnięto; ugrzęźnięcie

iść: idę, idziesz, idzie ... idą; idź; idąc(y); szedł, szła, szło, szły, *pl m* szli; szedłszy

jechać: jadę, jedziesz, jedzie ... jadą; jedź; jadąc(y); jechał(a, -o, -y), *pl m* -li; jechawszy; przejechany; jechano; jechanie

jeść: jem, jesz, je ... jedzą; jedz; jedząc(y); jadł(a, -o, -y), *pl m* jedli; jadłszy; zjedzony, *pl m* -dzeni; jedzono; jedzenie

-iść: pójdę, pójdziesz, pójdzie ... pójdą; pójdź; *p see* iść: poszedł *etc.*

kłaść: kładę, kładziesz, kładzie ... kładą; kładź; kładąc; kładł(a, -o, -y), *pl m* -li; kładłszy; kładziony, *pl m* -dzeni; kładziono; kładzenie

kraść: kradnę, kradniesz, kradnie ... kradną; kradnij; kradnąc(y); kradł(a, -o, -y), *pl m* -li; ukradłszy; skradziony, *pl m* -dzeni; kradziono; kradzenie/kradnięcie

lec, legnąć: legnę, legniesz, legnie ... legną; legnij; legł(a, -o, -y), *pl m* -li; ległszy; legnięcie

leźć: lezę, leziesz, lezie ... lezą; leź; leząc(y); lazł(a, -o, -y), *pl m* leźli; leziono; lezienie

łgać: łżę, łżesz, łże ... łżą; łżyj; łżąc(y); łgał(a, -o, -y), *pl m* -li; wyłgany; łgano; łganie

mieć: mam, masz, ma ... mają; miej; mając(y); miał(a, -o, -y), *pl m* mieli; miany; miano

mieść: miotę, mieciesz, miecie ... miotą; mieć; miotąc(y); miótł, miotła, -ło, -ły, *pl m* mietli; wymiótłszy; mieciony, *pl m* -ceni; mieciono; miecenie

mleć: mielę, mielesz, miele ... mielą; miel; mieląc(y); mełł(a, -o, -y), *pl m* mełli; mielony; mielono; mielenie

móc: mogę, możesz, może ... mogą; wzmóż; mogąc(y); mógł, mogła, -ło, -ły, *pl m* mogli; (w)zmożony, *pl m* zmożeni; wzmożono; wzmożenie

mrzeć: mrę, mrzesz, mrze ... mrą; mrzyj; mrąc(y); marł(a, -o, -y), *pl m* -li; zmarły, *pl m* -li; marcie

mścić: mszczę, mścisz, mści ... mszczą; mścij; mszcząc(y); mścił(a, -o, -y), *pl m* -li; pomściwszy; pomszczony, *pl m* -szczeni; mszczono; mszczenie

-naleźć: znaleźć, znajdę, znajdziesz, znajdzie ... znajdą; znajdź; znalazł(a, -o, -y), *pl m* -leźli; znalazłszy; znaleziony, *pl m* -zieni; znaleziono; znalezienie

nieść: niosę, niesiesz, niesie ... niosą; nieś; niosąc(y); niósł, niosła, -ło, -ły, *pl m* nieśli; niósłszy; niesiony, *pl m* -sieni; niesiono; niesienie

oblec: oblokę, obleczesz, oblecze ... obleką; oblecz; oblókł, oblokła, -ło, -ły, *pl m* oblekli; oblókłszy; obleczony/oblóczony, *pl m* obleczeni; obleczono; obleczenie

orać: orzę, orzesz, orze ... orzą; orz; orząc(y); orał(a, -o, -y), *pl m* -li; zaorawszy; orany; orano; oranie

paść¹ (*fall down*): padnę, padniesz, padnie ... padną; padnij; padł(a, -o, -y), *pl m* padli; padłszy; padły, *pl m* -li; padnięcie

paść² (*pasture*): pasę, pasiesz, pasie ... pasą; paś; pasąc(y); pasł(a, -o, -y), *pl m* paśli; pasiony, *pl m* -sieni; pasiono; pasienie

piec: piekę, pieczesz, piecze ... pieką; piecz; piekąc(y); piekł(a, -o, -y), *pl m* -li; pieczony, *pl m* -czeni; pieczono; pieczenie

pleć: pielę, pielesz, piele ... pielą; piel *etc. see* mleć

pleść: plotę, pleciesz, plecie ... plotą; pleć; plotąc(y); plótł, plotła, -ło, -ły, *pl m* pletli; plótłszy; pleciony, *pl m* -ceni; pleciono; plecenie

prać: *see* brać

-prząc: zaprzęgę, zaprzężesz, zaprzęże ... zaprzęgą; zaprząż/zaprzęż; zaprzągł, zaprzęgła, -ło, -ły, *pl m* -li; zaprzągłszy; zaprzężony, *pl m* -żeni; zaprzężono; zaprzężenie

prząść: przędę, przędziesz, przędzie ... przędą; przędź/prządź; przędąc(y); prządł, przędła, -ło, -ły, *pl m* -li; uprządłszy; przędziony; przędziono; przędzenie

przeć: *see* drzeć

rosnąć, róść: rosnę, rośniesz, rośnie ... rosną; rośnij; rosnąc(y); rósł, rosła, -ło, -ły, *pl m* rośli; wyrósłszy; rośnięcie

rozpostrzeć: *see* drzeć

rozumieć: rozumiem, rozumiesz, rozumie ... rozumieją; rozum(iej); rozumiejąc(y); rozumiał(a, -o, -y), *pl m* rozumieli; zrozumiawszy; zrozumiany, *pl m* -mieni; rozumienie

rwać: rwę, rwiesz, rwie ... rwą; rwij; rwąc(y); rwał(a, -o, -y), *pl m* rwali; wyrwawszy; rwany; rwano; rwanie

rzec: rzeknę, rzekniesz, rzeknie († rzecze) ... rzekną; rzeknij; rzekł(a, -o, -y), *pl m* -li; rzekłszy; rzeczony; rzeczono; wyrzeczenie

-siąc: przysięgnę, przysięgniesz, przysięgnie ... przysięgną; przysięgnij; przysięgając(y); przysiągł, -sięgła, -ło, -ły, *pl m* -li; przysiągłszy; przysięgły, *pl m* -li; przysięgnięcie

siąść: siądę, siądziesz, siądzie ... siądą; siądź; siadł(a, -o, -y), *pl m* siedli; siadłszy; osiadły, *pl m* osiedli

siec: *see* piec

słać¹: ślę, ślesz, śle ... ślą; ślij; śląc(y); słał(a, -o, -y), *pl m* słali; posławszy; posłany; słano; słanie

słać²: ścielę, ścielesz, ściele ... ścielą; ściel; ścieląc(y); *see* słać¹

spać: śpię, śpisz, śpi ... śpią; śpij; śpiąc(y); spał(a, -o, -y), *pl m* -li; wyspawszy się; wyspany; spano; spanie

spiąć: *praes* zepnę, zepniesz, zepnie ... zepną; zepnij; spiął, spięła, spięły, *pl m* -li

ssać: ssę, ssiesz, ssie ... ssą; ssij; ssąc(y); ssał(a, -o, -y), *pl m* -li; ssawszy; wyssany; ssano; ssanie

stać¹: stoję, stoisz, stoi ... stoją; stój; stojąc(y); stał(a, -o, -y), *pl m* stali; stawszy; wystany; stano; stanie

stać²: staje, stało

stać³ się: stanę, staniesz, stanie ... staną się; stań się; stał(a, -o, -y), *pl m* -li się; stawszy się; stanie się

strzec: strzegę, strzeżesz, strzeże ... strzegą; strzeż; strzegąc(y); strzegł(a, -o, -y), *pl m* -li; dostrzegłszy; strzeżony, *pl m* -żeni; strzeżono; strzeżenie

strzyc: *see* strzec

śmieć: *see* umieć

tłuc: tłukę, tłuczesz, tłucze ... tłuką; tłucz; tłucząc(y); tłukł(a, -o, -y), *pl m* -li; stłukłszy; tłuczony, *pl m* -czeni; tłuczono; tłuczenie

trząść: trzęsę, trzęsiesz, trzęsie ... trzęsą; trząś; trzęsąc(y); trząsł, trzęsła, -ło, -ły, *pl m* -li; zatrząsłszy; trzęsiony, *pl m* -sieni; trzęsiono; trzęsienie

trzeć: *see* drzeć

umieć: umiem, umiesz, umie ... umieją; umiej; umiejąc(y); umiał(a, -o, -y), *pl m* umieli; umiawszy; umiany; umiano; umienie

wledzleć: wiem, wiesz, wie ... wiedzą; wiedz; wiedząc(y); wiedział(a, -o, -y), *pl m* wiedzieli; dowiedziawszy się; wiedziany; wiedziano; dowiedzenie się

wieść: wiodę, wiedziesz, wiedzie ... wiodą; wiedź; wiodąc(y); wiódł, wiodła, -ło, -ły,

pl m wiedli; wiódłszy; wiedziony, *pl m* -dze-ni; wiedziono

wieźć: wiozę, wieziesz, wiezie ... wiozą; wieź; wioząc(y); wiózł, wiozła, -ło, -ły, *pl m* wieźli; wiózłszy; wieziony, *pl m* -zieni; wie-ziono; wiezienie

wlec: wlokę, wleczesz, wlecze ... wloką; wlecz; wlokąc(y); wlókł, wlokła, -ło, -ły, *pl m* wlekli; wlókłszy; wleczony, *pl m* -cze-ni; wleczono; wleczenie

wrzeć: wrę, wresz/(wy-, za-, ze)wrzesz, wre/ (wy-, za-, ze)wrze, wrzemy, wrzecie, wrzą/ (wy-, za-, ze)wrą; wrzyj; wrąc/wrząc(y); wrzał(a, -o, -y), *pl m* -li, *but:* wy-, za-, z/-warł(a, -o, -y), *pl m* -li; wy-, za-, z/warłszy; wy-, za-, z/warty, *pl m* -rci; zawarto; wrze-nie (wy-, za-, z/warcie)

wściec się: *see* rzec; wściekły, *pl m* -kli; wściekano się; wścieknięcie

wyląc: wylęg(n)ę, wylęgniesz/wylężesz, wylęgnie/wylęże ... wylęgną; wylęgnij; wyląkł, wylęgła, -ło, -ły, *pl m* -li; wylęgłszy; wylęgły, *pl m* -li; wylęgniecie się

wziąć: wezmę, weźmiesz, weźmie ... wezmą; weź; wziął, wzięła, -ło, -ły, *pl m* -li; wziąwszy; wzięty, *pl m* wzięci; wzięto; wzięcie

zawrzeć, zewrzeć: *see* wrzeć

zląc się, zlęknąć się: zlęknę, zlękniesz, zlęknie ... zlękną się; zlęknij się; ziąkł, zlękła, -ło, -ły, *pl m* -li się; ziąkłszy się; zlęknięty, *pl m* -ęci; zlęknięcie się

zwać: *see* rwać; *a.* zowię, zowiesz, zowie, zowią

żreć: *see* drzeć

Note: With verbs marked *pf.*, which are inflected by means of prefixes, the insertion of -e- is necessary in case of two or more consonants.

rozebrać (*but*: rozbiorę), odeprzeć (*but*: odparł), podejść, podeszła (*but*: podszedł), rozciąć (*but*: rozetnę) *etc.*